LA GUERRE, LE PRINCE ET SES SUJETS

BURGUNDICA

XXVIII

*Publié sous la direction de
Jean-Marie Cauchies
Centre européen
d'études bourguignonnes
(XIVe-XVIe s.)*

La guerre, le prince et ses sujets

Les finances des Pays-Bas bourguignons sous les règnes
de Marie de Bourgogne et de Philippe le Beau (1477-1506)

AMABLE SABLON DU CORAIL

BREPOLS

Collection
BURGUNDICA

Peu de périodes, de tranches d'histoire ont suscité et continuent à susciter auprès d'un large public autant d'intérêt voire d'engouement que le « siècle de Bourgogne ». Il est vrai qu' à la charnière de ce que l'on dénomme aussi vaguement que commodément « bas moyen âge » et « Renaissance », les douze décennies qui séparent l'avènement de Phillipe le Hardi en Flandre (1384) de la mort de Philippe le Beau (1506) forment un réceptacle d'idées et de pratiques contrastées. Et ce constat s'applique à toutes les facettes de la société. La collection *Burgundica* se donne pour objectif de présenter toutes ces facettes, de les reconstruire – nous n'oserions écrire, ce serait utopique, de les ressusciter – à travers un choix d'études de haut niveau scientifique mais dont tout « honnête homme » pourra faire son miel. Elle mettra mieux ainsi en lumière les jalons que le temps des ducs Valois de Bourgogne et de leurs successeurs immédiats, Maximilien et Philippe de Habsbourg, fournit à l'historien dans la découverte d'une Europe moderne alors en pleine croissance.

Illustration de couverture : Romains finançant l'effort de guerre pendant les guerres puniques– *Romuléon* de Sébastien Mamerot, fin du xve siècle (BnF, Fr 364, fol. 176v).

© 2019, Brepols Publishers n.v., Turnhout, Belgium.

All rights reserved. No part of this publication may be reproduced, stored in a retrieval system, or transmitted, in any form or by any means, electronic, mechanical, photocopying, recording, or otherwise without the prior permission of the publisher.

D/2019/0095/100
ISBN 978-2-503-58098-2
e-ISBN 978-2-503-58099-9
DOI: 10.1484/M.BURG-EB.5.115792

ISSN 1780-3209
eISSN 2295-0354

Printed in the EU on acid-free paper.

Table des matières

Introduction générale	7
Sources	23
Bibliographie	33
Table des abréviations	61
Chapitre 1. Des archives et des hommes. Les documents comptables de l'État bourguignon	63
Chapitre 2. Le domaine princier pendant la crise de 1477-1493	101
Chapitre 3. Face à Louis XI : la grande confrontation (1477-1479)	125
Chapitre 4. D'un incendie à l'autre. Guerre d'usure et rébellions périphériques (1480-1482)	157
Chapitre 5. Maximilien face à la Flandre (1483-1488)	185
Chapitre 6. La guerre inexpiable (1488-1489)	221
Chapitre 7. Un douloureux redressement (1490-1493)	245
Chapitre 8. La part de la guerre (1477-1493)	273
Chapitre 9. Financer la guerre. Négocier avec les assemblées représentatives	287
Chapitre 10. Financer la guerre. Le recours aux expédients	313
Chapitre 11. La comptabilité de la guerre	353
Chapitre 12. L'appel aux communautés et aux vassaux. Milices urbaines, levées rurales, convocations des nobles	375
Chapitre 13. L'échec de la nouvelle ordonnance	397

Chapitre 14. L'armée de Maximilien et d'Albert de Saxe. Une armée professionnelle et non permanente — 415

Chapitre 15. Les communautés face à l'impôt princier — 439

Conclusion générale — 465

Annexe I. Aides et compositions levées en Flandre — 479

Annexe II. Tableau général des aides, subsides et compositions levés dans les principautés des pays de par-deçà (1477-1493) — 537

Carte des Pays-Bas bourguignons — 602

Diagrammes — 603

Index — 613

Introduction générale

En 1473, le chancelier Hugonet développait en un long discours, prononcé devant les États généraux des pays de par-deçà – c'est-à-dire le bloc septentrional des possessions du duc de Bourgogne, embrassant tout le Bénélux actuel et une partie de la France du Nord – les raisons pour lesquelles le duc Charles le Téméraire demandait que lui soit accordé un subside général d'un montant de 500 000 *ridders*. Ce discours, chef d'œuvre de rhétorique politique, visait à imposer une révolution fiscale et financière majeure. En effet, l'État bourguignon était resté fidèle jusque-là au principe voulant que le monarque accomplisse sa mission en y employant ses revenus personnels, sans rien prélever sur ceux de ses sujets[1]. « Le roi doit vivre du sien[2] » : tel était l'article principal du dogme auquel étaient priés d'adhérer tous les souverains de la chrétienté occidentale, sous peine d'entrer dans la catégorie des mauvais rois, ou pire, dans celle des tyrans.

Les ducs de Bourgogne y étaient d'autant plus sensibles qu'ils avaient fait de la lutte contre l'impôt l'un de leurs principaux arguments de propagande au cours de la sanglante guerre civile entre Armagnacs et Bourguignons. Scandaleuse démagogie, selon la plupart des auteurs, sauf les plus compréhensifs envers la cause bourguignonne[3]. Et en effet, on a beau jeu de souligner l'hypocrisie de ducs de Bourgogne qui vécurent largement aux dépens des contribuables français, ou plutôt de ceux qui habitaient le domaine royal, soumis aux aides et aux fouages, en attendant la taille[4]. Ce jugement, cependant, paraît excessivement sévère. Après tout, Dieu les avait placés à la tête du duché de Bourgogne, non du royaume de France, et c'était leurs sujets qu'ils devaient d'abord protéger. Ils y parvinrent, puisque leurs peuples gagnèrent un répit de plus d'un demi-siècle, par rapport aux sujets directs du roi de France, pour lesquels l'impôt était devenu permanent depuis le début du xve siècle. Mais depuis son avènement en 1461, Louis XI n'avait de cesse d'abattre l'État bourguignon, le seul, avec l'État breton, à mettre en péril l'unité du royaume. L'Angleterre, ancienne alliée du duc

---

1 Ainsi que le dit Jean Jouvenel des Ursins : « en droit demaine, vous avez vostre demaine et chascun particulier le sien » (Jacques Krynen, *L'empire du roi. Idées et croyances politiques en France, xiiie-xve siècle*, Paris, Gallimard, « bibliothèque des histoires », 1993, p. 280).

2 Voir sur ce point l'ouvrage fondamental de Lydwine Scordia, « *Le roi doit vivre du sien* ». *La théorie de l'impôt en France, xiiie-xve siècles*, Paris, Institut d'études augustiniennes, « Collection des études augustiniennes », n° 40, 2005.

3 Bertrand Schnerb estime ainsi que Jean sans Peur n'était pas partisan des « grandes tailles » (*Jean sans Peur. Le prince meurtrier*, Paris, Payot, « Biographie Payot », 2005, p. 168-170).

4 Michel Mollat du Jourdin, « Recherches sur les finances des ducs Valois de Bourgogne », *Revue historique*, 219, 1958, p. 285-321.

8   INTRODUCTION GÉNÉRALE

de Bourgogne, sombrait dans la guerre civile, et ne pouvait plus intervenir comme auparavant sur le continent. L'équilibre des forces s'était donc renversé en faveur de Louis XI, qui comptait bien en profiter. Voilà en somme ce qu'expliqua Hugonet aux représentants de la Flandre, de l'Artois, du Brabant, du Hainaut, du comté de Namur, de la Hollande, de la Zélande, et de quelques autres annexes. Il faut bien le dire, tout cela était factuellement vrai. Il avait encore raison lorsqu'il indiquait que l'année précédente, pour financer la campagne qui avait mené Charles le Téméraire sous les murs de Beauvais, où il avait essuyé une humiliante déconvenue, le duc de Bourgogne avait dû emprunter massivement de l'argent, en vendant des rentes perpétuelles dont les intérêts viendraient en déduction de ses revenus ordinaires, à savoir ceux qu'il tirait de son domaine personnel.

On ne pouvait plus continuer comme cela, il fallait désormais des ressources financières stables, destinées au financement d'une armée permanente, qui défendrait les Pays-Bas bourguignons de la menace que représentait la puissante armée du roi de France. Car en effet, *ceste guerre touche riens plus a nostre tres redoubté seigneur en soy particulier, que a chacun de nous*[5]. Après deux années de négociations, les assemblées représentatives des principautés composant les pays de par-deçà acceptèrent finalement d'accorder l'aide des 500 000 *ridders*. Malheureusement, les résultats ne furent pas à la hauteur, ni pour le prince, ni pour ses sujets. Loin d'assurer une meilleure sécurité à ces derniers, les compagnies d'ordonnance de Charles le Téméraire furent employées à de très coûteuses guerres en direction, non du royaume de France, mais des terres d'Empire, en Gueldre, à Cologne et en Alsace. Les Suisses écrasèrent Charles le Téméraire, qui perdit la vie à Nancy, le 5 janvier 1477. C'en était fini de la dynastie des Valois de Bourgogne, car la fille unique du duc défunt épousa Maximilien de Habsbourg, ouvrant ainsi une nouvelle page de l'histoire européenne. On peut dire que le Moyen Âge, qu'on a coutume de faire s'arrêter en France à la mort de Louis XI, en 1483, avait pris fin quelques années plus tôt aux Pays-Bas.

La transition du domain state au tax state

Ainsi que l'ont théorisé Mark Ormrod et Richard Bonney dans leur très séduisant et brillant modèle explicatif[6], c'est à la fin du Moyen Âge que s'opère la transition entre deux régimes, ou pour mieux dire, deux ordres financiers. Dans le premier, qui prend fin au cours du XIVe siècle, c'est le domaine, c'est-à-dire les terres et les droits qui appartiennent en propre au prince, qui fournit à ce dernier la plus grande partie de ses revenus. Le second, qui lui succède, se caractérise par la mise en place d'une fiscalité moderne et permanente, où le prince doit prélever sur ses sujets les subsides indispensables au développement et à la perpétuation de l'appareil administratif et judiciaire. Passer de l'un à l'autre, c'est passer de l'âge de la seigneurie à celui de l'État.

---

5 John BARTIER, « Un discours du chancelier Hugonet aux États Généraux de 1473 », *BCRH*, 107, 1942, p. 148.

6 William Mark ORMROD, Margaret BONNEY et Richard BONNEY (éd.), *Crises, Revolutions and Self-Sustained Growth. Essays in European Fiscal History, 1130-1830*, Stamford, Shaun Tyas, 1999.

Comme toute tentative de modélisation, celle-ci a ses limites, et l'on peut en reprocher le caractère téléologique, faisant de la transformation des royaumes ou des principautés médiévales en États modernes un phénomène inéluctable. Pourtant, catégoriser et distinguer différents stades de développement de l'État n'implique pas qu'on doive considérer qu'ils se succèdent nécessairement et qu'aucune construction politique ne saurait y échapper… En tout cas, on doit bien constater que l'exemple bourguignon adhère parfaitement au modèle Ormrod-Bonney. On peut ainsi dater très précisément (1473) le passage du *domain state* au *tax state*, puisque du jour au lendemain pour ainsi dire, le rapport entre recettes ordinaires et recettes fiscales s'est renversé, passant de deux pour un en faveur des premières à deux pour un en faveur des secondes.

On sait les résistances qu'a suscitée l'introduction de la gabelle, des aides, des fouages et des tailles dans le royaume de France. On sait que même après que les Valois se sont sentis assez forts pour ne plus solliciter l'accord préalable des États généraux avant de tailler leurs sujets, les apparences ont été sauvegardées, puisque les nouveaux impôts sont toujours qualifiés de « recettes extraordinaires ». Les agents chargés de leur levée continuent d'être appelés « élus sur le fait des aides ordonnées pour la guerre », comme s'ils étaient toujours élus par les assemblées d'états, comme si les impôts étaient des aides librement consentis par les sujets du roi, et comme s'ils devaient cesser au retour de la paix. Cette opposition entre « domaine » et « recettes extraordinaires » fournies par l'impôt imprègne profondément la pensée politique médiévale, mais peut-être plus encore l'historiographie moderne. Le roi ou le prince peut-il encore « vivre du sien » à la fin du Moyen Âge ? Les opinions divergent. Lydwine Scordia estime que « l'attachement à l'idée d'un roi vivant « du sien » répond à une conception de la royauté idéale, peu réaliste dans le contexte des XIVᵉ et XVᵉ siècles[7]. » Pour Marc Boone également, constatant la violente opposition rencontrée par les ducs de Bourgogne dans leurs efforts en vue d'accroître les revenus tirés des droits indirects, « il est donc clair que, malgré la base idéologique qui veut que le prince vive du sien, le recours à l'ordinaire, comme on dénomme traditionnellement le domaine du prince, ne suffit pas ou peu[8] ». Que les besoins du prince aient été par définition insatiables, sans doute, mais cela signifie-t-il que le domaine ne leur donnait pas les moyens d'assurer les fonctions que leurs sujets attendaient d'eux, et dont ils souhaitaient au demeurant limiter l'étendue ? La théorie médiévale de l'impôt était-elle à ce point déconnectée de la réalité ? En France, c'est ce que les gens du roi se sont employés à démontrer aux assemblées d'états, pour faire triompher le principe de l'impôt permanent, non sans succès, semble-t-il.

Seul le dépouillement des archives comptables centrales des États princiers permet de mesurer le décalage éventuel entre « imaginaire de l'impôt » et sa réalité. C'est à cet exercice que s'est livré Maurice Rey, dans son beau livre sur les finances de Charles VI. Sa conclusion est beaucoup plus nuancée : « Ne croyons pas que ces vues

---

7 Lydwine Scordia, « *Le roi doit vivre du sien* » …, p. 39 et 277.
8 Marc Boone, « Systèmes fiscaux dans les principautés à forte urbanisation des Pays-Bas méridionaux (Flandre, Brabant, Hainaut, Pays de Liège) au bas moyen âge (XIVᵉ-XVIᵉ siècle) », in *La fiscalità nell'economia europea secc. XIII-XVIII*, Florence, 2008, p. 675.

[le principe selon lequel le roi doit se contenter de son domaine] soient demeurées purement théoriques : des régions entières hors de la France, nous le verrons ailleurs, restèrent fidèles, après l'établissement de l'impôt, aux anciennes habitudes ; et la levée d'un subside ne s'y effectuait qu'après consultation des populations[9] ». La question est donc plus complexe qu'il y paraît… Les recettes domaniales sont constituées par l'ensemble des revenus dont la coutume reconnaît la propriété au prince. Leur ancienneté est donc leur seul point commun. Encore est-elle parfois relative, tout autant que leur légitimité. Au Moyen Âge, on peut contester certaines taxes coutumières plus violemment encore que les impositions directes. Philosophes et juristes, lorsqu'ils débattaient de la légitimité de l'impôt, s'interrogeaient sur l'usage qui en était fait, plutôt que sur son caractère coutumier. Un impôt dont la finalité est injuste est assimilable à un vol[10]. Les contribuables du Moyen Âge ne semblent pas non plus avoir manifesté de révérence excessive à l'ancienneté des prélèvements auxquels ils étaient astreints : toute dépense au profit du seigneur, de la municipalité ou du roi était une dépense de trop dès lors que la contrepartie ne leur était pas immédiatement sensible. Ainsi, à la fin du règne de Louis XI, les sujets du roi de France ne se révoltent pas contre la taille, pourtant écrasante, à l'heure où le royaume est en guerre, mais plutôt contre les taxes indirectes ou les petits prélèvements jugés arbitraires ou infondés[11].

L'hétérogénéité caractérise le domaine médiéval : s'y mêlent des revenus de toute nature, privée ou publique, relevant de toutes les catégories qui constituent aujourd'hui les recettes publiques, soit les recettes du domaine de l'État, les taxes, et même parfois les impôts et les emprunts. En la matière, comparaison n'est pas raison, tant la diversité est grande en Europe. Ainsi, le domaine bourguignon a bénéficié de la forte avance administrative et financière des comtes de Flandre, qui ont incorporé à leur domaine des recettes de nature fiscale dès l'époque féodale. En Angleterre, les très importants revenus tirés de la douane de la laine, recette de nature extraordinaire à l'origine, régulièrement prorogée par le Parlement anglais, ont été rapidement intégrés au domaine – d'où d'ailleurs le mot anglais utilisé pour désigner la douane, « customs », c'est-à-dire les droits coutumiers perçus sur les importations et les exportations[12]. De l'autre côté de la Manche, la douane de la laine trouve son équivalent dans la gabelle, taxe nouvelle progressivement instaurée dans le second quart du xive siècle, qui devient très vite une recette ordinaire, quoique jamais formellement incluse dans la catégorie des revenus domaniaux. Dans d'autres États dynastiques européens, le prince devait se contenter de revenus seigneuriaux réduits à la propriété du sol. Ainsi, les acceptions médiévale et contemporaine du « domaine » se recoupent plus ou moins d'un endroit à l'autre.

---

9 Maurice Rey, *Le Domaine du roi et les Finances extraordinaires sous Charles VI (1388-1413)*, Paris, Imprimerie nationale, 1965, p. 41.

10 Eberhard Isenmann, « Medieval and Renaissance Theories of State Finance », in *Economic Systems and State Finance*, 1995, p. 21-52.

11 Jean-François Lassalmonie, *La Boîte à l'enchanteur. Politique financière de Louis XI*, Paris, Comité pour l'histoire économique et financière de la France, « Histoire économique et financière de la France », 2002, p. 505-508.

12 William Mark Ormrod, « England in the Middle Ages », *in* Richard Bonney (éd.), *The Rise of the Fiscal State in Europe*, 1999, p. 32-33.

Pourtant, comme l'a souligné Tim Soens dans un article important[13], un fait demeure, majeur, qui distingue l'État bourguignon de la monarchie française. Jusqu'aux années 1460 incluses, c'est le domaine qui finance l'appareil administratif et judiciaire de l'État bourguignon, sa Cour et sa politique de prestige. Les aides sont demandées avec parcimonie aux assemblées représentatives des principautés, et tout est fait pour qu'elles soient payées par les communautés, au moyen d'impositions indirectes, plutôt que par des prélèvements sur la fortune ou les revenus des particuliers. Même si les droits indirects agrégés au domaine, perçus à l'entrée et à la sortie des marchandises dans les anciennes principautés des Pays-Bas bourguignons, apportent des revenus substantiels aux ducs de Bourgogne, la ponction opérée par le prince sur la richesse produite est minime, pour ne pas dire dérisoire. Au fond, les seuls prélèvements fiscaux significatifs et permanents sont le fait des villes, dont les finances reposent pour l'essentiel sur la taxation de la consommation de la bière et du vin. Et c'est de cette fiscalité urbaine que dérive la plus grande partie des aides consenties au prince par les assemblées représentatives des Pays-Bas bourguignons, au moins en Flandre, en Brabant, en Hollande et en Zélande.

Performance exceptionnelle ? Tour de force réalisé par les ducs de Bourgogne et les maîtres de leurs finances ? En réalité, c'est une fois de plus la monarchie française qui se démarque des autres États dynastiques. Les rois d'Angleterre, qui sous Henri V, paraissaient sur le point de mettre en place une fiscalité directe permanente aussi lourde que celle que faisaient peser les Valois sur leurs sujets, ont dû finalement y renoncer et revenir au modèle ancien, fondé sur le domaine. Jean-Philippe Genet constate ainsi qu'en Angleterre, « l'État fiscal a reflué » au cours du XVe siècle[14]. Un demi-siècle plus tard, Henri VII parvenait même, dans un contexte économique général paraît-il défavorable aux finances domaniales, à augmenter quasiment de moitié les revenus ordinaires de la monarchie anglaise[15].

Il faut le dire et le redire avec force, les réformateurs arc-boutés sur leur exigence de maîtrise des dépenses et qui rejetaient toujours avec la même vigueur le principe d'une imposition permanente étaient dans le juste. Leurs revendications n'avaient rien de chimérique. Seul le roi de France ne s'y pliait pas. Non bien sûr que les autres princes n'aient pas souhaité l'imiter ! Les assemblées représentatives et l'idéologie dominante les obligeaient pourtant à se contenter de leurs revenus domaniaux en temps de paix – et à se résigner à ne conduire que des guerres courtes ou intermittentes. La politique expansionniste de Charles le Téméraire, puis la crise de 1477-1493 ont mis un terme à l'orthodoxie financière des Valois de Bourgogne. En 1473, l'aide de 500 000 *ridders* par an, accordée pour six ans par les États généraux des pays de par-deçà, fournit enfin au duc l'assise financière indispensable à l'entretien d'une armée permanente. Après sa mort, la violente réaction politique qui suivit

---

13 Tim Soens, « Évolution et gestion du domaine comtal en Flandre sous Louis de Male et Philippe le Hardi (1346-1404) », *Revue du Nord*, 2001/1, n° 339, p. 25-63.

14 Jean-Philippe Genet, « France, Angleterre, Pays-Bas. L'État moderne », *in* Patrick Boucheron (éd.), *Histoire du monde au XVe siècle*, 2009, p. 135-154.

15 Charles Derek Ross, *Edward IV*, Londres, Eyre Methuen, « English Monarchs », 1974, p. 371-387.

ne put remettre en cause sa révolution copernicienne. L'effondrement des revenus domaniaux, conséquence des guerres continuelles et de la perte de la plus grande partie des fiefs français de Marie de Bourgogne, rendit en effet impossible tout retour en arrière. Après 1494, alors qu'est revenue la paix, en général peu favorable à des innovations fiscales majeures, Philippe le Beau parvient en quelques années à imposer à l'ensemble de ses territoires le principe d'une fiscalité permanente, dont la seule évocation suffisait quelques années auparavant à faire se soulever toutes les villes de Hollande, de Brabant et surtout de Flandre. Le dernier quart du XVe siècle correspond donc à une mutation majeure dans l'histoire des Pays-Bas.

Les finances publiques à la fin du Moyen Âge : un terrain d'études privilégié

Depuis les années 1970[16], les études sur les finances médiévales ont connu un extraordinaire développement. Le grand programme de recherches dirigé par W. P. Blockmans et Jean-Philippe Genet sur l'État moderne leur a consacré une large place[17]. Une série de colloques et d'ouvrages collectifs se sont succédé à intervalles rapprochés à la fin des années 1990 et au début des années 2000[18]. Beaucoup de ces travaux ont été menés dans une perspective européenne, avec une dimension collaborative très affirmée, allant jusqu'à généraliser l'usage de grilles de dépouillement et d'analyses strictement normées[19]. Les résultats obtenus ont souvent été remarquables, et remarquablement convergents.

On peut distinguer, parmi les études consacrées à la fiscalité publique à la fin du Moyen Âge, deux branches principales, l'une s'intéressant plutôt aux États princiers, et l'autre aux villes – les cités-États, notamment italiennes, faisant commodément office de point de rencontre. S'agissant des premiers, la plupart des auteurs s'accordent

---

16 Dans le sillage de l'œuvre de Jean FAVIER (éd.), *Finance et fiscalité au bas Moyen Âge*, Paris, Société d'édition d'enseignement supérieur, « Regards sur l'histoire », 15, 1971.

17 Jean-Philippe GENET (éd.), *Genèse de l'État moderne. Prélèvement et redistribution. Actes du colloque de Fontevraud 1984*, Paris, Éditions du CNRS, 1987 ; Willem Pieter BLOCKMANS, Jean-Philippe GENET et Richard BONNEY (éd.), *Economic Systems and State Finance*, Oxford, European Science Foundation, Clarendon Press, « The Origins of the Modern State in Europe », 1995.

18 *L'argent au Moyen Âge. Finances, fiscalité, monnaie. Actes du XXVIIe congrès de la Société des médiévistes de l'enseignement supérieur*, Clermont-Ferrand, 30 mai-1er juin, 1997, Paris, Publications de la Sorbonne, « Publications de la Sorbonne », n° 51, 1998 ; Albert RIGAUDIÈRE, Philippe CONTAMINE, Jean KERHERVÉ (éd.), *L'impôt au Moyen Âge. L'impôt public et le prélèvement seigneurial, fin XIIe-début XVIe siècle. Actes du colloque tenu à Bercy les 14, 15 et 16 juin 2000*, Paris, Comité pour l'histoire économique et financière de la France, « Histoire économique et financière de la France », 2002.

19 Sur la structure des recettes des États européens : *La fiscalità nell'economia europea secc. XIII-XVIII – Fiscal Systems in the European Economy from the 13th to the 18th Centuries. Atti della « Trentanovesima Settimana di Studi »*, 22-26 avril 2007, Simonetta CAVACIOCCHI (éd.), Fondazione Istituto internazionale di storia economica F. Datini, Florence, 2008 ; sur les finances des villes : *La fiscalité des villes au Moyen Âge. Occident méditerranéen*, Denis MENJOT et Manuel SÁNCHEZ MARTÍNEZ (éd.), t. 1, *Étude des sources. France méridionale, Catalogne et Castille*, Toulouse, Privat, « Le Midi et son histoire », 1996, t. 2, *Les systèmes fiscaux. Occident méditerranéen*, Toulouse, Privat, « Le Midi et son histoire », 1999, t. 3, *La redistribution de l'impôt*, Toulouse, Privat, « La fiscalité des villes au Moyen-Âge », 2002, t. 4, *La gestion de l'impôt*, Toulouse, Privat, « La fiscalité des villes au Moyen-Âge », 2005.

à reconnaître le rôle décisif qu'a joué la guerre dans le développement des grandes monarchies européennes, entraînant dans son sillage la mise en place d'une fiscalité fort moderne par ses techniques et ses finalités. Nous y reviendrons. L'histoire urbaine, quant à elle, est devenue le lieu d'une histoire totale, associant histoire économique et financière, histoire sociale, histoire des mentalités. La vigoureuse école flamande en est l'une des plus brillantes praticiennes, dans le sillage de W. Prevenier, W. P. Blockmans et M. Boone. Les Français ne sont pas en reste, avec les travaux de Bernard Chevalier et d'Albert Rigaudière. Les historiens belges de langue néerlandaise se sont particulièrement intéressés aux relations intenses et difficiles entre le duc de Bourgogne et les grandes villes de Flandre. Ils ont démontré qu'elles étaient loin d'être toujours conflictuelles, en raison de la symbiose des milieux dirigeants. Persista cependant toujours un républicanisme urbain, soutenu par une riche idéologie, constituant un projet politique alternatif à celui des ducs de Bourgogne, qui ont rendu totalement obsolète la vision dépréciative et à sens unique qu'avaient Henri Pirenne et ses émules des soulèvements qui ont secoué la Flandre aux XIVe et XVe siècles.

Pourtant, si les finances des ducs de Bourgogne eux-mêmes ont suscité l'intérêt de nombreux auteurs, elles n'ont pas fait l'objet d'études systématiques, sinon pour le règne de Philippe le Hardi[20], alors même que l'historiographie bourguignonne s'est profondément renouvelée, grâce aux ouvrages et aux entreprises éditoriales de W. Paravicini, B. Schnerb et J.-M. Cauchies. Michel Mollat du Jourdin a consacré deux gros articles aux finances des deux derniers ducs Valois, tandis que B. Sornay et M.-A. Arnould ont publié de très importants documents de synthèses dressés par la Chambre des comptes à la demande de Philippe le Bon. Par ailleurs, de nombreuses études ont été menées dans le cadre des anciennes principautés, parfois sur le domaine, mais le plus souvent sur les aides. Récemment, dans une étude comparative menée à l'échelle européenne, Jean-François Lassalmonie s'est employé à corriger la légende faisant des ducs de Bourgogne les plus riches princes d'Occident[21].

Trop d'archives tuent-elles les archives?

La raison de cette lacune est en réalité facile à trouver. Les Chambres des comptes des Pays-Bas bourguignons ont laissé une quantité considérable d'archives, et ce en dépit de nombreuses destructions, liées aux aléas historiques, aux mauvaises conditions de conservation sous l'Ancien Régime, ou au zèle d'officiers soucieux de faire de la place dans des locaux trop exigus[22]. On s'est parfois désolé de ces pertes, non sans

---

20 Andrée Van Nieuwenhuysen, *Les finances du duc de Bourgogne Philippe Le Hardi, 1384-1404. Économie et politique*, Bruxelles, Éditions de l'Université de Bruxelles, 1984 ; *Les finances du duc de Bourgogne Philippe le hardi, 1384-1404. Le montant des ressources*, Bruxelles, Académie royale de Belgique, « Mémoires de la classe des lettres », 1990.

21 Jean-François Lassalmonie, « Le plus riche prince d'Occident », in *La cour de Bourgogne et l'Europe. Le rayonnement et les limites*, 2013, p. 63-82. Les chiffres qu'il propose paraissent eux-mêmes devoir être légèrement révisés à la baisse pour le règne du Téméraire.

22 Sur ces destructions, voir Max Bruchet, *Répertoire numérique. Série B : Chambre des comptes de Lille, Fascicule 1 : Introduction, bibliographie*, Lille, imprimerie L. Danel, 1921, p. 13-15.

un soupçon d'hypocrisie, car la masse d'archives subsistantes semble être encore trop importante, « parfois presque « embarrassante » »[23], et avoir découragé toute entreprise de dépouillement systématique. Comment appréhender ces centaines de milliers de pièces justificatives, ces dizaines de milliers de comptes conservés pour le seul Moyen Âge à la seule Chambre des comptes de Lille ?

Il nous a semblé que si le dépouillement des archives comptables de l'État bourguignon a pu en faire reculer certains, ce n'est ni par paresse, ni parce qu'il était impossible de le faire. Plusieurs tendances lourdes de la recherche universitaire concourent à le décourager : l'horreur des chiffres et le discrédit qui frappe désormais l'histoire quantitative n'incitent guère à un entreprendre un travail considérable, pour s'exposer au bout du compte à un procès en néo-positivisme... Par ailleurs, le volume de la documentation exigeait de procéder à des estimations, par définition toujours sujettes à caution, tout particulièrement lorsqu'il existe encore des archives permettant de les vérifier, mais trop nombreuses pour qu'on puisse le faire systématiquement. C'est en assumant ce risque qu'a commencé une aventure... qui a duré plus longtemps que prévu. À coup sûr, l'exploitation de cette masse impose une méthode et un travail préalable de sélection des sources les plus pertinentes pour le sujet. À partir du moment où les aides fournissaient plus de 85% des recettes globales de l'État, et où le domaine ne servait plus que de revenu d'appoint ou de réserve sur laquelle gager des emprunts, il était facile de donner la priorité au dépouillement des comptes des aides, croisé avec celui, classique, des registres de la recette générale, et les pièces justificatives, états, documents de synthèse élaborés par les gens de finance du prince. Pour le domaine, on s'est contenté de l'étude d'un compte à valeur de spécimen – celui de la recette générale de Flandre pour l'année 1487 – et du dépouillement des assignations du receveur général sur le domaine princier, en prenant soin d'en retrancher les assignations passées en deniers rendus et non reçus, ou réglées sur d'autres recettes que celle prévue initialement.

On peut ainsi disposer d'une vue d'ensemble, en forme de « pesée globale », sur le flux des recettes tirées du domaine des différentes principautés, et de leur évolution pour l'ensemble de notre période. Cela ne nous conduira nullement à minorer l'importance du domaine non seulement dans les idéaux politiques du temps, thème bien connu des historiens, mais aussi dans la pratique financière propre à l'État bourguignon. S'agissant des aides, le dépouillement, qui pouvait s'appuyer sur l'admirable recensement établi par R.-H. Bautier et J. Sornay[24], a été exhaustif. Par ailleurs, les mentions marginales figurant dans la recette générale des finances, ainsi que les comptes des villes et châtellenies de Flandre permettent de reconstituer, partiellement ou en quasi-totalité, de nombreux comptes aujourd'hui disparus.

---

23 Bertrand SCHNERB, « Les archives des ducs de Bourgogne. Tradition, inventaires, publications », in *La cour de Bourgogne et l'Europe. Le rayonnement et les limites*, 2013, p. 31.

24 Robert-Henri BAUTIER et Janine SORNAY, *Les Sources de l'Histoire économique et sociale du Moyen Âge*, série 2. vol. 1, fasc. 1, *Archives centrales de l'État bourguignon (1384-1500), Archives des principautés territoriales. 1. Les principautés du Sud. 2. Les principautés du Nord (supplément). Comtés de Hollande et Zélande et duché de Gueldre*, par Michel Van Gent. Mise à jour du fasc. 2, additions et corrections, Paris, « Sources de l'Histoire économique et sociale », 2001.

INTRODUCTION GÉNÉRALE   15

Ce travail systématique permet, nous le croyons, de renouveler en profondeur la question des finances publiques bourguignonnes, qui ont été jusqu'à présent été étudiées à travers deux sources principales. La première est constituée par les registres de la recette générale des finances, qui, pour former une série presque continue, n'en présentent pas moins une très forte hétérogénéité. La seconde sont les « actes » des assemblées d'états, en fait les mentions de leurs séances et de leurs décisions trouvées dans les archives municipales des villes qui y envoyaient leurs députés, parmi les dépenses de messageries, les vacations attribuées à leurs délégués, ou les registres de délibérations des corps de ville[25]. Ces mentions, soigneusement compilées, sont un gisement de première importance pour l'historien. Pourtant, s'agissant des impositions, elles sont insuffisantes. On y trouve certes le montant des aides accordées par les assemblées représentatives des différentes principautés. Encore faut-il s'assurer qu'elles aient été réellement levées. Des rabais accordés à certaines villes appauvries ou dévastées venaient en réduire le rendement. Pendant le règne personnel de Philippe le Beau, les remises d'impôts accordées pour des raisons politiques et économiques à Ypres, Bruges, Gand et au Franc représentaient un manque à gagner pour le prince de plus d'un tiers par rapport au montant théoriquement accordé par les Quatre Membres de Flandre[26] ! À l'inverse, en 1485-1486, Maximilien a fait lever par anticipation, en un peu plus d'un an, la quasi-totalité de l'aide de 127 000 *ridders* par an pendant trois ans, accordée au printemps 1485. Ces anticipations et ces rabais ont provoqué de très importantes distorsions par rapport au montant voté par les assemblées d'états et au calendrier des échéances. Le détail des comptes révèle bien d'autres surprises.

Par ailleurs, seules la Flandre, la Hollande et la Zélande ont fait l'objet d'une publication de sources relatives à l'histoire des assemblées représentatives. L'histoire financière du Brabant, pour lequel il a été impossible de se livrer à des dépouillements similaires en raison du médiocre état de conservation des archives des villes du duché, reste ainsi plongée dans l'obscurité la plus totale, alors même que les comptes des receveurs des aides de Brabant ont quasiment tous été conservés. Les comptes des aides offrent de surcroît cet avantage supplémentaire, par rapport à la recette générale des finances, qu'ils restituent la temporalité des recettes et des dépenses.

---

25 Pour la Flandre, voir Willem Pieter BLOCKMANS, *Handelingen van de Leden en van de Staten van Vlaanderen*, vol. 4, *Regeringen van Maria van Bourgondië en Filips de Schone (5 januari 1477-26 september 1506)*, CRH, Bruxelles, 1982. Pour la Hollande, voir Hendrik KOKKEN, *Steden en staten. Dagvaarten van steden en Staten van Holland onder Maria van Burgundië en het eerste regentschap van Maximiliaan van Oostenrijk, 1477-1494*, La Haye, « Hollandse historische reeks », 16, 1991, et Hendrik KOKKEN, M. VROLIJK, Johannes Gradus SMIT, M. J. C. SWÜSTE, *Bronnen voor de geschiedenis der dagvaarten van de Staten en steden van Holland voor 1544*, t. IV, 1477-1494, 2ᵉ partie, *Teksten*, La Haye, Instituut voor Nederlandse Geschiedenis, « Rijks geschiedkundige publicatiën. Grote Serie », 2006. Pour la Zélande, J. W. J. BURGERS, Marie-Charlotte LE BAILLY, Johannes Gradus SMIT, E. T. VAN DER VLIST (éd.), *Bronnen voor de geschiedenis der dagvaarten van de Staten van Zeeland voor 1572*, La Haye, Huygens Instituut voor Nederlandse Geschiedenis, « Rijks geschiedkundige publicatiën. Grote Serie », 2011.

26 En 1498, les rabais représentent 41 399 l. sur 120 000 l. accordées par la Flandre (ADN, B 6775, 2ᵉ compte de Jérôme Lauwerin, receveur général des aides de Flandre).

16 INTRODUCTION GÉNÉRALE

Les échéances fiscales y sont précisées, et l'on peut mettre en regard celles-ci et les assignations du conseil des finances. Il devient alors possible de mettre en relation trois échelles de temps : celle de la prévision budgétaire et de l'assignation ; celle de l'encaissement des recettes, et enfin celle du règlement des assignations.

Recettes ou dépenses ? Approche chronologique ou thématique ? De quelques problèmes cornéliens...

La question de savoir s'il faut étudier en premier lieu les recettes ou les dépenses est l'une des premières que se pose l'historien amené à travailler sur les finances, quelle que soit l'époque. Philippe Hamon, pour les finances de François Ier, constatant l'absolu « primat des dépenses », choisit de commencer par elles la première partie de son ouvrage, dressant pour l'ensemble du règne un tableau global et synthétique du budget de la monarchie. Jean-François Lassalmonie a retenu le parti inverse, avançant pour ce faire d'aussi bonnes raisons, fondées sur la distinction essentielle et extrêmement pertinente qu'il établit entre recettes et dépenses, d'une part, besoins et moyens, de l'autre[27]. Par ailleurs, il remarque que les comptes médiévaux et modernes s'ouvrent toujours sur les chapitres des recettes. Nous nous en serions voulu, en tant que fier citoyen d'une nation qui a toujours aimé les troisièmes voies, de ne pas proposer une autre approche que les deux qui précèdent.

En effet, il nous semble que la dialectique recettes/dépenses ou moyens/besoins n'est pas aussi absolue que cela. Autant la guerre est le domaine de l'urgence, des expédients, le lieu d'une insupportable pression sur les hommes et les finances, Moloch engloutissant l'État domanial hérité du Moyen Âge, devant qui tout doit céder, autant les autres postes de dépenses d'un État princier admettent une grande souplesse, sans doute supérieure à celle que nous connaissons aujourd'hui. Quel fournisseur d'un palais républicain quelconque accepterait aujourd'hui d'être payé avec un ou deux ans de retard ? Quel fonctionnaire de ne pas recevoir de gages pendant la même durée, voire de devoir renoncer à un trimestre ou à un semestre entier de rémunération ? Pas l'auteur de ces lignes, en tout cas. Les serviteurs de Maximilien et de Philippe le Beau, eux, l'admettaient. Ces aléas mêmes faisaient partie du service qu'ils rendaient à leur souverain. Il nous semble donc que dans le premier cas, la guerre, les moyens courent derrière les besoins avec des jambes toujours trop courtes, tandis que dans le second, on peut au contraire adapter assez facilement les dépenses aux recettes, en anticipant celles-ci, ou en retardant celles-là.

Par ailleurs, à mesure que notre réflexion et nos dépouillements avançaient, se posait la question du choix entre une approche chronologique d'un côté, et méthodique de l'autre. À nouveau, Philippe Hamon et Jean-François Lassalmonie nous démontrent la pertinence de l'une et de l'autre, en fonction des situations et des objets étudiés. Le présent ouvrage résulte d'une thèse qui portait à l'origine sur la période qui s'étend de 1477 à 1506, et qui se compose de deux séquences chronologiques distinctes, dont l'une se prêtait plutôt à un traitement chronologique, et l'autre à

---

27 Jean-François LASSALMONIE, *La Boîte à l'enchanteur...*, p. 5-6.

un traitement thématique. L'extraordinaire complexité de l'histoire politique des années 1477-1493 interdit en effet un traitement en bloc. Ces quinze années forment un feuilleton haletant, où se succèdent les coups de théâtre, les retournements de situation et d'allégeance. Que de situations dramatiques, au sens littéraire du terme. Au contraire de la guerre des Deux Roses, contemporaine de la crise néerlandaise, il ne s'est pas trouvé de Shakespeare flamand ou wallon pour exploiter cette matière si riche : la mort tragique de Marie de Bourgogne, les soulèvements de Gand et de Bruges, le supplice de tant de serviteurs de la maison de Bourgogne, la captivité de Maximilien de Habsbourg, l'acharnement et le courage de ces Flamands épris d'autonomie et de liberté(s).

Une autre raison, cette fois d'ordre épistémologique, interdisait de faire l'économie d'une analyse chronologique fine, représentant une part conséquente du présent ouvrage – environ le tiers. L'histoire sert à rendre compte à un public contemporain de réalités passées, en utilisant les outils d'analyse contemporains, mais également en restituant le cadre d'analyse et de compréhension contemporain de la période traitée. Or les finances, au Moyen Âge, ne constituent pas un champ autonome de l'administration « publique ». On ne cherche pas, par exemple, à avoir « des finances saines » – objectif devenu aujourd'hui une fin en soi. On cherche à trouver les moyens nécessaires à l'accomplissement d'une entreprise ou d'un projet ponctuel (mariage, traité, conquête, croisade...), ou bien on passe son temps à ajuster les recettes aux dépenses ou réciproquement, pour assurer dans les meilleures conditions le fonctionnement de la Cour et des institutions centrales. Il n'existait pas de « budget », et personne n'en ressentait le besoin ; il n'y avait que des états prévisionnels de recettes et de dépenses, partiels et destinés à des objets particuliers.

Les finances sont donc le domaine du pragmatisme et du court terme, et elles sont intimement liées à la conjoncture politique. Mieux que cela, elles furent à la fois un enjeu central de la lutte pour le pouvoir, et le moyen de la gagner. En 1984, Yves-Marie Bercé faisait remarquer au colloque de Fontevraud que l'approche trop exclusivement quantitativiste et sur la longue durée qu'on avait alors de l'histoire de la fiscalité et de l'État pouvait avoir des effets pervers : « Une méthode non plus myope à la mode érudite mais devenue désormais presbyte se contentait d'enregistrer quelques succès des anciennes législations fiscales, de sorte que l'histoire de l'impôt prenait la figure d'une trajectoire vigoureuse, dessinée par des volontés politiques claires et par des projets victorieux. [...] Chemin faisant, on s'est éloigné de l'individu, on a perdu de vue l'enracinement quotidien des faits socio-politiques, les dimensions mesquines qui donnent leur vraie couleur aux événements[28]. »

Cela est bien sûr particulièrement vrai en temps de crise. Comment juger l'action de Maximilien pendant les quinze années durant lesquelles il a gouverné les Pays-Bas, d'abord en tant que prince régnant du chef de sa femme, ensuite en tant que régent, autrement que séquence par séquence ? Entre 1477 et 1482, il a défendu avec une

---

28 Yves-Marie Bercé, « Pour une étude institutionnelle et psychologique de l'impôt moderne », *in* Jean-Philippe Genet (éd.), *Genèse de l'État moderne. Prélèvement et redistribution. Actes du colloque de Fontevraud 1984*, Paris, 1987, p. 161.

remarquable ténacité l'héritage de sa femme contre un Louis XI qui le dominait de toute la puissance du royaume le plus peuplé et le plus fiscalisé d'Europe. Entre 1483 et 1485, il est parvenu à s'imposer à toutes les principautés des pays de par-deçà et à briser la résistance flamande. Entre 1485 et 1488, son gouvernement à la fois tyrannique et inefficace se solda par un monstrueux échec. La lieutenance générale d'Albert de Saxe, entre 1488 et 1493, restaura l'autorité du prince et l'unités des Pays-Bas, mais elle laissa derrière elle un champ de ruines. Après 1493, le règne personnel de Philippe le Beau présente au contraire une grande unité, pour lequel une analyse thématique apparaît la plus appropriée. Il fera l'objet d'un autre ouvrage, consacré à la naissance des Pays-Bas modernes, qui pourrait tout aussi bien s'intituler « la Bourgogne, après la Bourgogne et sans la Bourgogne ». C'est en effet à l'issue de la refondation des années 1494-1506 qu'on peut juger du succès du projet politique des ducs de Bourgogne, et certainement pas au soir du 5 janvier 1477.

Un chapitre préliminaire est consacré aux sources d'archives. Trop rares sont les travaux qui leur réservent la place qui leur est due. Il existe de ce point de vue un très fort contraste entre la virulence des débats historiographiques, qui portent bien souvent sur l'usage qu'il convient de faire des corpus documentaires et la confiance à leur accorder, et le peu de lignes qu'y consacrent les auteurs de monographies historiques. Il nous a paru d'autant plus indispensable de le faire que la diplomatique réserve une place encore assez modeste aux archives financières et comptables, en tout cas par rapport à d'autres typologies, comme les actes de chancellerie (même si beaucoup de ces derniers ont une portée financière). L'historiographie récente a revalorisé les archives, qui ne sont plus perçues uniquement comme un réservoir de données à débiter à l'unité, mais sont devenues un objet d'études à part entière[29]. Les documents comptables, dans toute leur diversité (comptes, mais aussi pièces justificatives) et quel qu'en fût le producteur (officiers de finance, chambres des comptes, communautés), forment un véritable écosystème qu'on se doit d'envisager de manière globale.

La première partie est consacrée aux événements des années 1477-1493. Elle s'ouvre par un chapitre sur le domaine du prince, amputé de moitié dès les premières semaines de l'année 1477, puis soumis à une érosion constante et rapide. La disparition presque complète des recettes ordinaires déstabilisa les bases mêmes de l'État de finances bourguignon, et rendit le prince plus dépendant que jamais des assemblées représentatives. Chaque année, et même bien souvent plusieurs fois par an, Maximilien ou ses commissaires devaient solliciter auprès de chacune d'elles (Membres de Flandre, états de Hollande, de Zélande, de Brabant, de Hainaut, du comté de Namur, de la châtellenie de Lille, Douai et Orchies) les aides et subsides nécessaires à la conduite des opérations militaires contre la France ou les rebelles de tous poils. On observera donc cet effroyable marathon, épuisant, frustrant et sans doute terriblement angoissant car jamais, pendant ces quinze années, Maximilien ne fut en mesure de sécuriser plus de quelques semaines ou de quelques mois le

---

29 Étienne ANHEIM et Pierre CHASTANG, « Les pratiques de l'écrit dans les sociétés médiévales », *Médiévales*, 56, 2009, p. 5-10.

financement de la Cour et des armées. On espère évidemment que ce marathon sera plus agréable aux lecteurs du présent travail qu'à Maximilien et à ses officiers de finance… Il nous a semblé en tout cas que le pari méritait d'être tenté, car il vaut toujours mieux éprouver une vérité que simplement la savoir.

Les deuxième et troisième parties rouvriront un dossier a priori déjà bien fatigué à force d'avoir été compulsé : la guerre. Le but du présent travail n'est évidemment pas de rappeler l'importance du financement de la guerre dans la genèse de l'État moderne. Il est d'aller plus loin, en adoptant une approche profondément matérialiste, avec la conviction que la matière précède et façonne la culture. Si la théorie politique médiévale veut que le meilleur rempart du roi contre les dangers qui le menacent soit l'amour de ses sujets, ce n'est pas seulement pour des motifs religieux ou philosophiques, ou parce que les esprits du temps n'étaient pas capables de penser les relations entre le prince et ses sujets autrement qu'en termes de relations personnelles ou affectives. C'est la conséquence d'une réalité bien concrète, à savoir que les monarchies et les principautés médiévales étaient dépourvues de police et d'armée ; à ce titre, elles devaient s'appuyer sur des principes d'obéissance librement acceptée, faisant consensus, et pouvant passer pour innés, comme ceux par lesquels un fils obéit « naturellement » à son père.

Une telle profession de foi peut paraître au mieux comme à contre-courant, au pire comme surannée, en ces temps où l'histoire culturelle triomphe au point d'absorber l'ensemble de la discipline historique. À coup sûr, elle peut être soumise à la critique. Nous la prendrons en tant que postulat de départ, qui même au cas où il s'avérerait faux, permettra de renouveler la question des finances princières au Moyen Âge. Car en effet, les travaux portant sur l'État, la guerre et les finances se sont très peu penchés sur la question du rapport entre les moyens et les résultats. La guerre coûtait affreusement cher, c'est entendu, mais que pouvait-on financer avec 50 000 l., 100 000 l., un million de livres ? Gagne-t-on ou perd-on une guerre pour des raisons financières ? Force est de constater que l'on manipule souvent ces chiffres sans jamais s'interroger sur leur contre-valeur en service militaire. La question est d'autant plus intéressante qu'il est facile de mesurer les résultats. On peut gloser à l'infini sur la justice royale : est-elle meilleure que la justice seigneuriale ? Plus juste ? Assure-t-elle convenablement l'ordre public ? Redoutables problèmes ! À la guerre, on gagne ou on perd.

La dernière raison qui nous a poussé à réserver une place centrale à la guerre est que les années 1477-1493 virent se succéder ou s'affronter plusieurs types d'organisation militaire, correspondant à des projets politiques différents, à des modes de financement différents, et, à l'évidence, à des niveaux d'efficacité radicalement différents. Après la mort de Charles le Téméraire, les villes de Flandre tentèrent de réactiver leurs milices communales et de renouer avec les jours glorieux de la bataille des éperons d'or (Courtrai, 1302). Loin de s'y être opposé, Maximilien essaya au contraire d'acclimater dans les campagnes cette institution bon marché et susceptible de mobiliser une masse considérable de combattants. Nous verrons qu'on ne saurait considérer ces efforts comme d'avance condamnés à l'échec, au nom de la victoire inéluctable des armées de métier. Celles-ci, pourtant, finirent par l'emporter, mais pas telles que Maximilien l'aurait voulu. Après avoir ressuscité les compagnies d'ordonnance, sur le modèle de l'armée du roi de France, il fallut y renoncer, en raison de leur coût écrasant et de leur manque de souplesse. Professionnelles, les armées de Maximilien le furent, mais sur un pied temporaire, et le recours à des mercenaires aguerris mais saisonniers, les lansquenets, apparut comme la seule réponse adaptée aux contraintes économiques et politiques avec lesquelles devait composer le roi des Romains. Cette courte période constitue donc un champ d'observation absolument unique par la variété du répertoire des modes d'organisation militaire expérimentés, en résonance ou non avec l'idéologie politique dominante, au gré des rapports de forces entre Maximilien et ceux qui s'opposaient au renforcement de l'emprise de l'État sur la société.

En guise de conclusion provisoire, afin de décentrer la réflexion, un dernier chapitre traitera de la question de la pression fiscale sur les communautés, du point de vue desquelles nous nous placerons. Alors que les grandes villes de Flandre ont monopolisé une grande partie de la production historiographique, les comptes des petites villes et des châtellenies rurales flamandes permettent d'apprécier la diversité des situations et des solutions qui furent trouvées pour s'acquitter des impositions princières tout en faisant face à une crise démographique, économique et financière d'une ampleur sans précédent depuis au moins un siècle.

Quelques précisions avant de commencer

Les études bourguignonnes, comme d'autres champs de la discipline historique, sont parcourues par quelques querelles d'ordre sémantique. L'une des plus virulentes concerne l'expression d'État bourguignon, dont Jean-Marie Cauchies a résumé les tenants et les aboutissants[30]. Récemment, dans un essai stimulant et très bien documenté, Élodie Lecuppre-Desjardin a radicalement dénié la qualité d'État à la construction politique des ducs de Bourogne, se ralliant à la proposition de la « principauté de Bourgogne », acceptant seulement de la faire précéder de l'épithète « Grande ». Sa critique porte principalement sur l'absence de ce sentiment national, ou plutôt de ce sentiment de généralité que certains ont cru voir naître sous la forme d'une « burgondisation » progressive des possessions de la maison Valois de Bourgogne. Tout en reconnaissant que la Bourgogne réunissait beaucoup des attributs d'un État et après avoir rappelé que l'État peut exister sans nation, elle affirme : « Toutefois, l'État en ce qu'il constitue un modèle de gouvernement, peut faire figure d'abstraction politique utile à la prise de conscience nationale », et constate que la construction idéologique nécessaire à la formation d'une communauté nationale ne put « s'implanter dans les esprits »[31]. Dans sa démonstration, l'absence de nation l'emporte donc très largement sur l'absence d'État, et si celle-là fait l'objet d'un large consensus

---

30 Jean-Marie Cauchies, « État bourguignon ou états bourguignons ? De la singularité d'un pluriel », *in* Peter C. M. Hoppenbrouwers, Antheun Janse et Robert Stein (éd.), *Power and Persuasion. Essays on the Art of State Building in Honour of W. P. Blockmans*, Turnhout, 2010, p. 49-58 ; en contrepoint, Bertrand Schnerb, *L'État bourguignon, 1363-1477*, Paris, Perrin, 1999.

31 Élodie Lecuppre-Desjardin, *Le royaume inachevé des ducs de Bourgogne : XIVᵉ-XVᵉ siècles*, Paris, Belin, 2016, p. 337-338.

parmi les historiens, il paraît difficile de soutenir celle-ci. Car si l'agrégat territorial sur lequel régnaient les ducs de Bourgogne est le seul de son temps à avoir reçu de la part des historiens modernes l'appellation d'« État bourguignon », n'est-ce pas précisément parce qu'il s'agit d'un État sans peuple ni nation ? Quant à la nature affective, contractuelle et éminemment liquide des relations unissant le prince à ses serviteurs et à sa noblesse, qu'elle souligne à bon droit et avec talent, on la retrouve partout en Europe jusqu'à l'apogée des monarchies bureaucratiques. Aujourd'hui encore, peut-on gouverneur seul, sans l'appui de réseaux informels de toutes sortes, sans qu'il entre de passions humaines dans le gouvernement des hommes ?

Bien sûr, le caractère composite de l'assemblage territorial gouverné par les Habsbourg-Valois saute aux yeux – raison pour laquelle on usera uniquement du terme de « principauté », de préférence à « province », tant le particularisme et le sentiment identitaire y demeuraient puissants. Cela, pourtant, ne semble pas devoir nous interdire l'emploi du terme « État » à moins de vouloir en donner une définition trop restrictive. Il nous semble qu'un critère est particulièrement déterminant pour juger de la pertinence de ce terme appliqué aux principautés et royaumes médiévaux : c'est celui de l'existence d'une fiscalité autonome, c'est-à-dire la capacité à lever des impôts sans l'accord préalable d'un autre prince, au moyen d'une administration propre. C'est ce qui pour le royaume de France, permet de distinguer la Bretagne et la Bourgogne des autres grands fiefs, apanages et principautés, pourvus d'un conseil de gouvernement, d'une cour, d'une chancellerie, d'institutions judiciaires, parfois d'une chambre des comptes, mais où les agents du roi détenaient le monopole fiscal – au prix d'une redistribution partielle de l'impôt sous forme de pensions.

S'il peut exister un État avant le chemin de fer et les assurances sociales, alors on peut parler d'État bourguignon, surtout après le tournant de 1472-1473, que ce soit du point de vue des services qu'il rendait aux gouvernés, des techniques mises en œuvre pour assurer ses missions, ou encore de l'adhésion des populations à ce qu'il incarnait, fût-ce dans le cadre d'une fédération de principautés unies par des liens assez lâches. Ce faisant, il convient bien sûr de ne pas confondre État et État moderne, et de garder à l'esprit que ce que nous appelons l'« État » n'entrait que partiellement dans le cadre de pensée des contemporains de Charles le Téméraire et de Maximilien.

Dans le même ordre d'idée, on parlera d'assemblées représentatives, et non d'assemblées « dites » représentatives. Par définition, aucune assemblée n'est parfaitement représentative, à moins de réunir l'ensemble d'une communauté politique – c'est alors un régime de démocratie directe. Ce n'est pas parce qu'une assemblée est parfaitement et étroitement oligarchique qu'elle ne représente pas un plus grand nombre d'acteurs ou de sujets qu'elle-même.

Enfin, précision importante pour une étude d'histoire financière, la valeur monétaire de référence utilisée est la monnaie de compte utilisée par les comptables centraux de l'État bourguignon, en l'occurrence la livre de 40 gros, qu'on appellera ainsi, plutôt que livre d'Artois (terme utilisé en Brabant), ou livre de Flandre, notamment pour ne pas la confondre avec la livre parisis de Flandre, valant 20 g., c'est-à-dire beaucoup moins que la livre parisis de France. La livre de 40 gros a en outre l'avantage d'avoir un cours très proche de celui de la livre tournois, et de faciliter ainsi les comparaisons avec le royaume. D'autres monnaies de compte ont été utilisées, telles que la livre de gros de Flandre, valant 6 livres de 40 gros, le *ridder* ou la couronne (48 gros), le franc (32 gros aux Pays-Bas, mais 36 gros en Franche-Comté), ou encore le *clinkaert* (30 gros). À chaque fois qu'on les a utilisées, on en a proposé une conversion en livres de 40 gros, à leur suite, entre parenthèses.

Sources

Sources manuscrites

Archives départementales du Nord

Chambre des comptes de Lille

Séries générales

B 1610-1612 : registres des chartes (1475-1506).
B 644-646 : ordonnances monétaires, 1454 – 1507.
B 1706 : traités de paix.
B 18844-18846 : registres de copies des lettres missives reçues, 1478-1506.

Recette générale des finances

a.) Registres

B 2115 (septembre-décembre 1477), [**1478 en déficit**], B 2118 (1479), B 2121 (1480), B 2124 (1481), B 2127 (1482), [**1483 en déficit**], B 2130 (1484), [**1485 en déficit**], B 2133 (1486), [**1487 en déficit**], B 2136 (1488), B 2138 (1489), B 2140 (1490), B 2142 (1491), B 2144 (1492), B 2146 (1493).

b.) Pièces justificatives du receveur général des finances

B 2112-2114 : mandements et pièces diverses pour 1477-1478 (49 pièces).
B 2117 : id., 1478 (33 pièces).
B 2119 : id., 1479 (10 pièces).
B 2122-2123 : id., 1480-1482, 1492 (20 pièces).
B 2125-2126 : id., 1481-1482, 1485, 1491 (31 pièces).
B 2128 : id., 1481-1482, 1492 (19 pièces).
B 2129 : id., 1483 (13 pièces).
B 2131 : id., 1484-1485, 1494 (31 pièces).
B 2132 : id., 1485 (36 pièces).
B 2134 : id., 1486-1488, 1491 (17 pièces).
B 2135 : id., 1487 (17 pièces).
B 2137 : id., 1488 (20 pièces).
B 2139 : id., 1489 (7 pièces).

B 2141 : id., 1486-1491 (31 pièces).
B 2143 : id., 1482, 1491-1492 (19 pièces).
B 2145 : id., 1492-1493, 1513 (31 pièces).
B 2147 : id., 1492-1494 (33 pièces).
B 2149 : id., 1493-1495 (25 pièces).
B 2150 : id., 1491, 1494 (19 pièces).
B 2152-2154 : id., 1493, 1495 (31 pièces).
B 2156 : id., 1493, 1495 (3 pièces).
B 2157-2158 : id., 1496 (4 pièces).
B 2160 : id., 1497 (6 pièces).
B 2163 : id., 1497 (1 pièce).
B 2164 : id., 1487 (3 pièces).
B 19998 : id., 1487 (1 pièce).
B 20134-20135 : id., 1477-1478, 1492, 1494-1495 (5 pièces).

c.) Contrôle des finances

B 2120 : registre du contrôle, 1478 et 1479.

B 2116 : registre du contrôle, septembre-décembre 1477.

d.) Recette de l'artillerie

B 3518 : pièces et mandements divers, [1479] (9 pièces).
B 3519 : id., 1459-1486 (12 pièces, dont de nombreux états récapitulatifs sur les aides de Flandre accordées entre 1477 et 1482, ne provenant pas de la recette de l'artillerie).
B 3521 : id., 1477-1498 (105 pièces).
B 3522 : id., 1478-1485 (32 pièces).
B 3523 : id., 1484-1488 (35 pièces).
B 3524 : id., 1478-1489 (36 pièces).
B 3534 : inventaires de l'artillerie de plusieurs places, 1477-1488 (6 pièces).
B 3535 : pièces et mandements divers, 1480 (1 pièce).
B 3536 : id., 1480-1481 (4 pièces).
B 20167 : fragments de comptes divers, 1479, 1487 (2 pièces).

e.) Trésorerie générale des guerres

B 3540 : pièces diverses, 1488-1507 (12 pièces).
B 3541 : comptes 1er et 2e de Charles Le Clercq, trésorier des guerres (1506-1511).
B 3568 : montres d'armes, 1480 (1 pièce).
B 20171-20172 : pièces diverses (1477-1497) (11 pièces).
Cumulus 18284 : pièces diverses (1485-1490) (4 pièces).

SOURCES 25

f.) Comptes des aides

Flandre
B 4183 : compte de Jean du Loo des aides levées dans le *Westquartier* en 1488 et 1489.
B 6768 : compte du quartier d'Ypres de la première année de l'aide de 500 000 *ridders* accordée en 1473.
B 6771-6772 : compte de Pierre de Bins, conseiller et commis à la recette de l'aide de 40 000 *ridders* à payer en 16 ans accordée par la Flandre à Marguerite d'York (1477-1484).
B 6773 : compte de feu Jean du Loo, dit Legaigneur, des aides de Flandres en 1482.
B 6774-6775 : 1er et 2e comptes de Jérôme Lauwerin, receveur général des aides de Flandre (1497-1498).
B 6776 : compte de Jérôme Lauwerin, receveur général des aides de Flandre (1507-1508).
B 6871-6872 : pièces diverses relatives aux aides de Flandre, 1489-1506 (14 pièces).

Lille, Douai, Orchies
B 6904 : pièces diverses sur les aides de Lille, Douai et Orchies, 1490-1505 (9 pièces).
B 6937 : id., 1490-1502 (9 pièces).
B 6942 : état prévisionnel des dépenses assises sur l'aide accordée à l'archiduc Philippe pour trois ans, 1489.
B 6943 : enquêtes de la Chambre des comptes de Lille à Comines, 1490-1518.
B 7596 : quittances, 1486-1489 (6 pièces).

Hainaut
Cumulus 16213-16214 : compte sommaire des aides accordées en 1478 et 1479, 1486 et 1487.
B 6884 : compte des aides accordée par le Hainaut et Valenciennes en 1483-1485.
B 12432 : compte de l'aide accordée pour la Joyeuse Entrée de Maximilien en 1484 et d'autres aides, 1484-1485.
B 12433-12436 : compte des aides accordées par le Hainaut, 1485-1493.
B 12615 : compte de la part du clergé dans l'aide de 6 000 l. accordée en 1479 pour le paiement des gens de guerre.
B 12618-12619 : pièces comptables relatives aux aides de Hainaut (1479-1495).

g.) Comptes du domaine

Flandre
B 4123, 5e compte de Roland Le Fèvre, receveur général des domaine et aides de Flandre, Artois et seigneurie de Malines, 1487.

Lille, Douai, Orchies
B 4402-4413, comptes de la châtellenie de Lille, 1477-1493.

SOURCES

Archives générales du royaume

<u>Chambre des comptes de Bruxelles (Brabant, Limbourg et Outre-Meuse)</u>

a.) Cartulaires et recueils historiques
Reg. 16, fol. 36 à 41 : mémoire sur les charges du domaine de Brabant.
Reg. 16, fol. 82 à 107 : état des parties du domaine ducal amputées par les concessions faites aux états et aux villes par Marie et Maximilien (fin xve siècle).
Reg. 18, fol. 1 à 107 : état des recettes et dépenses du domaine de Brabant, Limbourg et Outre-Meuse et seigneurie de Malines, relevé des engagères et aliénations rachetables et des charges pesant sur ces domaines (1482-1483).
Reg. 18, fol. 108 à 146 : relevé des rentes et charges du domaine de Brabant (1490).

b.) Registres généraux
Cahier n° 997 : mise à jour datée du 18 novembre 1490 d'une enquête faite l'année passée sur les charges et diminutions pesant sur le domaine de Flandre, Hainaut et Namur depuis la mort de Charles le Téméraire.

c.) Comptes des aides et subsides

Flandre
Reg. 48837 : compte du quartier d'Ypres, pour sa quote-part des subventions accordées par la Flandre de septembre 1483 à décembre 1484.

Brabant
Reg. 15729 : registre de deux comptes rendus par Jan van Olmen, conseiller et receveur général de Brabant, contenant 14 contributions, 1478-1480.
Reg. 15730 : registre de cinq comptes rendus par Jan van Olmen, contenant 9 contributions, 1483-1486.
Reg. 15731 : registre de trois comptes rendus par Jan van Olmen, contenant 10 contributions, 1486-1488.
Reg. 15732 : registre de six comptes rendus par Jean van der Eyck, contenant 12 contributions, 1490-1495.

Quartier de Bruxelles
Reg. 48799 : compte rendu par les députés de Bruxelles de la quote-part de la ville et du quartier de Bruxelles dans la contribution de 120 000 couronnes accordée en avril 1479 pour le paiement de 6 000 hommes de guerre.

Quartier d'Anvers
CC 30896 : compte des commis de la ville d'Anvers de la portion des ville et quartier de l'aide de 120 000 couronnes naguère accordée en avril 1479.
CC 30895 : compte des commis de la ville d'Anvers des 25 000 couronnes levées dans leur quartier en septembre 1479.

Duché de Limbourg et pays d'Outre-Meuse
Reg. 15808 : volume contenant un compte rendu par Frédéric de Wittem, chevalier, drossard de Limbourg, de deux contributions (1478-1480), et un compte rendu par Gilles Rave, receveur du duché de Limbourg, de l'aide accordée par les pays d'Outre-Meuse à l'occasion de la Joyeuse Entrée de Philippe et de son mariage avec Jeanne de Castille.

Duché de Luxembourg et comté de Chiny
Reg. 15906 : volume contenant un compte rendu par Gilles de Busleiden, receveur général de Luxembourg, de deux contributions, et un compte rendu par Valérien de Busleiden, receveur général et particulier de Luxembourg, d'une aide accordée par les états en 1500, 1492-1502.

Comté de Hainaut
Reg. 51284 : compte rendu par Olivier du Buisson, pour les états de Hainaut, d'une contribution accordée en 1489.

Comté de Namur
Reg. 16591-16595 : comptes rendus par Jean Salmon, receveur des aides du comté de Namur, des aides levées de 1479 à 1485.
Reg. 16596-16598 : comptes rendus par Jacques Mathys, alias Maty, receveur des aides du comté de Namur, des aides levées de 1486 à 1488.
Reg. 16599-16615 : comptes rendus par Jacques du Marchié, receveur général des domaines et des aides au comté de Namur, des aides levées de 1490 à 1502.

d.) Flandre – comptes des villes et châtellenies

Reg. 31788-31799 : Audenarde (quartier de Gand), 1486-1501.
Reg. 32124-32130 : Biervliet (quartier de Gand), 1485-1498.
Reg. 32223-32246 : Courtrai, 1477-1502.
Reg. 32529-32549 : Bruges, 1477-1496.
Reg. 35302-35313 : Grammont (quartier de Gand), 1485-1498.
Reg. 38051-38057 : Termonde (quartier de Gand), 1484-1501.
Reg. 38702-38720 : Ypres, 1478-1496.
Reg. 41912-41919 : Châtellenie d'Audenarde (quartier de Gand), 1478-1502.
Reg. 42587-42613 : Franc de Bruges, 1477-1501.
Reg. 42931-42940 : Châtellenie de Courtrai (quartier de Gand), 1478-1500.
Reg. 43185-43187 : Châtellenie de Furnes, 1487-1491.
Reg. 44303-44315 : Châtellenie d'Ypres, 1478-1500.

Nationaal Archief

<u>Chambre des comptes de La Haye</u>

a.) Comptes des aides
GRRek. 3388-3403 : compte des aides accordées par la Hollande, 1478-1497.

Archives municipales de Lille

Comptes de la ville, reg. n° 16216-16238 : 1477-1502 (lacunes, 1490, 1494, 1500).
Registres aux titres, reg. n° 15879 et 15882 : 1477-1505.

Sources imprimées, guides de sources et inventaires

BASIN Thomas, *Histoire de Louis XI*, Charles SAMARAN et Marie-Cécile GARAND (éd.),
   Paris, les Belles lettres, « Les Classiques de l'histoire de France au Moyen Âge », 1963-
   1972, t. III, *1477-1483*, p. 67.
BAUTIER Robert-Henri et SORNAY Janine, *Les sources de l'histoire économique et sociale
   du Moyen Âge. Série 2. Les États de la maison de Bourgogne. Vol. 1, Fasc. 2. Archives des
   principautés territoriales. Les principautés du Nord*, Paris, Éditions du CNRS, 1984.
BAUTIER Robert-Henri et SORNAY Janine, *Les sources de l'histoire économique et sociale du
   Moyen Âge. Série 2. Les États de la maison de Bourgogne. Vol. 1, Fasc. 1. Archives centrales
   de l'État bourguignon (1384-1500), Archives des principautés territoriales. 1. Les principautés
   du Sud. 2. Les principautés du Nord (supplément). Comtés de Hollande et Zélande et duché
   de Gueldre*, par Michel VAN GENT. *Mise à jour du fasc. 2. Additions et corrections*, Paris,
   Éditions du CNRS, 2001.
BLOCKMANS Willem Pieter, *Handelingen van de Leden en van de Staten van Vlaanderen.
   Vol. 4. Regeringen van Maria van Bourgondië en Filips de Schone (5 januari 1477-26
   september 1506). T. 1. Tot de vrede van Kadzand (1492). T. 2. Na de vrede van Kadzand
   (1492)*, Bruxelles, « Commission royale d'histoire. Publications in-quarto », 1973, 1982.
BOONEN Willem, *Geschiedenis van Leuven, geschreven in de jaren 1593 en 1594*, Edward VAN
   EVEN (éd.), Louvain, Vanbiesem et A. Fonteyn, 1880.
VIGNEULLES Philippe de, *La chronique de Philippe de Vigneulles*, Charles BRUNEAU (éd.),
   Metz, Les arts graphiques de Metz, 1927.
BUEIL Jean de, *Le Jouvencel*, Léon LECESTRE (éd.), Paris, H. Laurens, 1887.
BRUCHET Max, *Répertoire numérique. Série B : Chambre des comptes de Lille*, Lille,
   imprimerie L. Danel, 1921.
BURGERS J. W. J., LE BAILLY Marie-Charlotte, SMIT J. G., VAN DER VLIST E. T. (éd.),
   Bronnen voor de geschiedenis der dagvaarten van de Staten van Zeeland voor 1572, La
   Haye, Huygens Instituut voor Nederlandse Geschiedenis, « Rijks geschiedkundige
   publicatiën. Grote Serie », 2011.
CAUCHIES Jean-Marie, *Ordonnances générales de Philippe le Bon, 1430-1467*, Bruxelles,
   Service public fédéral Justice, « Recueil des ordonnances des Pays-Bas », 2013.

CHARLES VIII, *Lettres de Charles VIII, roi de France*, Paul PÉLICIER, Bernard de MANDROT (éd.), Paris, Société de l'histoire de France, Renouard, H. Laurens, 1898.

CHMEL Joseph (éd.), *Urkunden, Briefe und Actenstücke zur Geschichte Maximilians I. und seiner Zeit*, Stuttgart, der Verein, 1845.

CLÈVES Philippe de, *L'introduction de toutes manières de guerroyer (…) sur mer. Édition critique du ms. français 1244 de la Bibliothèque nationale de France*, Jacques PAVIOT (éd.), Paris, H. Champion, « Bibliothèque de l'École des Hautes Études. 4. Section Sciences Historiques et Philologiques », t. 333, 1997.

– *Instruction de toutes manières de guerroyer, tant par terre que par mer, et des choses y servantes*, Paris, G. Morel, 1558.

Chroniques liégeoises, Sylvain BALAU et Émile FAIRON (éd.), Bruxelles, M. Lamertin, CRH, 1931.

COMMYNES Philippe de, *Mémoires*, Joël BLANCHARD (éd.), Paris, Librairie générale française, 2001.

DADIZEELE Jean de, *Mémoires de Jean de Dadizeele, souverain-bailli de Flandre, haut-bailli de Gand, capitaine-général de l'armée flamande, conseiller, chambellan et maître d'hôtel de Maximilien d'Autriche et de Marie de Bourgogne, ambassadeur en Angleterre, etc.*, Joseph Bruno Marie Constantin KERVYN DE LETTENHOVE (éd.), Bruges, impr. de Vandecasteele-Werbrouck, « Recueil de chroniques, chartes et autres documents concernant l'histoire et les antiquités de la Flandre occidentale. IIIe série. Documents isolés, chartes et keuren », 1850.

Dagboek van Gent van 1447 tot 1470, met een vervolg van 1477 tot 1515, Victor FRIS (éd.), Gand, C. Annoot-Braeckman, 1901.

DERVILLE Alain (éd.), *Enquêtes fiscales de la Flandre wallonne, 1 : L'enquête de 1449*, Lille, Commission historique du Nord, « Enquêtes fiscales de la Flandre wallonne », 1983.

– *Enquêtes fiscales de la Flandre wallonne, 1449-1549, 2 : Les enquêtes de 1469, 1485 et 1491*, Lille, Commission historique du Nord, « Enquêtes fiscales de la Flandre wallonne », 1989.

– *Enquêtes fiscales de la Flandre wallonne, 1449-1549, 3 : Les enquêtes de 1498 et 1505*, Lille, Commission historique du Nord, Revue du Nord, « Collection Histoire », 19, 2003.

DESPARS Nicolaes, *Cronijcke van den lande ende graefscepe van Vlaenderen … van de jaeren 405 tot 1492*, J. de JONGHE (éd.), Bruges, 1839-1842.

DIEGERICK Isidore Lucien Antoine, *Correspondance des magistrats d'Ypres députés à Gand et à Bruges pendant les troubles de Flandre sous Maximilien, duc d'Autriche, roi des Romains*, Bruges, impr. de Vandecasteele-Werbrouck, 1853.

– *Inventaire analytique et chronologique des chartes et documents appartenant aux archives de la ville d'Ypres*, Bruges, impr. de Vandecasteele-Werbrouck, 1853.

Documents relatifs aux troubles du pays de Liége, sous les princes-évêques Louis de Bourbon et Jean de Horne, 1455-1505, Pierre François Xavier de RAM (éd.), Bruxelles, Hayez, « Collection de chroniques belges inédites », 1844.

DOPPERE Romboudt de, *Fragments inédits de Romboudt de Doppere, découverts dans un manuscrit de Jacques de Meyere. Chronique brugeoise de 1491 à 1498*, Henri Dussart (éd.), Bruges, impr. de L. de Plancke, 1892.

DUMONT Jean (éd.), *Corps universel diplomatique du droit des gens…* , Amsterdam, P. Brunel R. et G. Wetstein, 1726-1731.

FRUIN Robert Jacob (éd.), *Enqueste ende informatie upt stuck van der reductie ende reformatie van den schiltaelen voertijts getaxeert ende gestelt geweest over de landen van Holland ende Vrieslant, gedaen in den jaere 1494*, Leyde, E. J. Brill, 1876.

GACHARD Louis Prosper, *Rapport à M. le ministre de l'Intérieur sur différentes séries de documens concernant l'histoire de la Belgique, qui sont conservées dans les archives de l'ancienne Chambre des Comptes de Flandre, à Lille*, Bruxelles, Hayez, 1841.

– *Analectes historiques*, Bruxelles, Hayez, 1856-1871.

– *Rapport à M. le ministre de l'Intérieur sur les anciens comptes des villes et des châtellenies conservés aux Archives générales du royaume*, Bruxelles, impr. de Deltombe, 1851.

GILLIODTS VAN SEVEREN Louis, *Inventaire des archives de la ville de Bruges*, Bruges, impr. de E. Gailliard, 1871-1885.

GROB Jacques, VANNÉRUS Jules (éd.), *Dénombrements des feux des duché de Luxembourg et comté de Chiny*, t. 1, *Documents fiscaux de 1306 à 1537*, Bruxelles, CRH, P. Imbreghts Kiessling et compagnie, « Collection des chroniques belges inédites », 1921.

HEDA Willem, *Historia episcoporum trajectensium, auctore Wilhelmo Heda*, Bernardus FURMERIUS (éd.), Franeker, R. Doyema, 1612.

Histoire des guerres et troubles de Flandres, in Joseph Jean DE SMET (éd.), *Recueil des chroniques de Flandre*, t. IV, « Chroniques belges inédites », Bruxelles, Hayez, 1865, p. 503-586.

Histoire des Païs-Bas, in Joseph Jean DE SMET (éd.), *Recueil des chroniques de Flandre*, t. III, « Chroniques belges inédites », Bruxelles, Hayez, 1856, p. 689-742.

KOKKEN Hendrik, VROLIJK M., SMIT Johannes Gradus, SWÜSTE M. J. C., *Bronnen voor de geschiedenis der dagvaarten van de Staten en steden van Holland voor 1544*, t. IV, *1477-1494. 2e partie. Teksten*, La Haye, Instituut voor Nederlandse Geschiedenis, « Rijks geschiedkundige publicatiën. Grote Serie », 2006.

LOUIS XI, *Lettres de Louis XI, roi de France*, Étienne CHARAVAY, Bernard de MANDROT, Joseph VAËSEN (éd.), Paris, SHF, H. Loones (H. Laurens), 1883-1909.

MACHIAVEL Nicolas, *L'art de la guerre*, Jean-Yves BORIAUD (trad.), Paris, Perrin, « Tempus », 2011.

MASSELIN Jean, *Journal des États généraux de France tenus à Tours en 1484 sous le règne de Charles VIII*, Adam BERNIER (éd.), Paris, Imprimerie royale, « Collection de documents inédits sur l'histoire de France », 1835.

MAXIMILIEN Ier, « Lettres inédites de Maximilien, duc d'Autriche, roi des Romains et empereur, sur les affaires des Pays-Bas, 1478-1508 », Louis-Prosper GACHARD (éd.), BCRH, t. 2, 1851, p. 263-448, et t. 3, p. 193-328.

MÉZIÈRES Philippe de, *Le Songe du vieil pelerin*, George William COOPLAND (éd.), Cambridge, Cambridge University Press, 1969.

– *Le Songe du vieil pelerin*, Joël BLANCHARD (trad.), Paris, Pocket, 2008.

MOLINET Jean, *Chroniques*, Georges DOUTREPONT, Omer JODOGNE (éd.), Bruxelles, Palais des Académies, 1935.

NICOLAY Jehan, *Kalendrier des guerres de Tournay (1477-1479)*, Frédéric HENNEBERT (éd.), Tournai, Malo et Levasseur, 1853.

PIRENNE Henri, CUVELIER Joseph, GACHARD Louis Prosper, DHONDT Jan et DOEHAERD Renée (éd.), *Actes des États généraux des anciens Pays-Bas*, t. 1, *Actes de 1427 à 1477*, Bruxelles, Palais des académies, 1948.

SOURCES **31**

ROBERT Gérard, *Journal de Dom Gérard Robert, religieux de l'abbaye de Saint-Wast d'Arras*, Arras, impr. de Vve J. Degeorge, 1852.

ROMBAUT Josse Ange, *Bruxelles illustrée, ou Description chronologique et historique de cette ville, tant de son ancienneté, que de son état présent*, Bruxelles, Pauwels, 1777.

SCHNERB Bertrand, « Les archives des ducs de Bourgogne. Tradition, inventaires, publications », in *La cour de Bourgogne et l'Europe. Le rayonnement et les limites*, 2013, p. 27-32.

SEUR Jean de, *La Flandre illustrée par l'institution de la Chambre du Roi à Lille, l'an 1385*, Lille, 1713.

STUART Béraud, *Traité sur l'art de la guerre de Berault Stuart, seigneur d'Aubigny*, Élie de COMMINGES (éd.), La Haye, Martinus Nijhof, 1976.

TESSIER Georges, *Diplomatique royale française*, Paris, Picard, 1962.

VANDER LINDEN Herman, *Itinéraires de Marie de Bourgogne et de Maximilien d'Autriche (1477-1482)*, Bruxelles, M. Lamertin, 1934.

Vlaamsche kronyk, in Charles PIOT et Josse de WEERT (éd.), *Chroniques de Brabant et de Flandre*, Bruxelles, Hayez, « Collection des chroniques belges inédites », 1879, p. 173-858.

WELLENS Robert, « Les sources d'archives de l'histoire des états généraux des Pays-Bas », *Anciens pays et assemblées d'états. Standen en landen*, 62, 1973, p. 123-159.

Chronique des faits et gestes admirables de Maximilien I durant son mariage avec Marie de Bourgogne, translatée du flamand en français, Octave DELEPIERRE (éd.), Bruxelles, A. Wahlen et Compagnie, 1839.

Bibliographie

AERTS Erik, « L'histoire institutionnelle du duché de Brabant pendant l'Ancien Régime : état de la recherche », *Revue belge de philologie et d'histoire*, 80-2, 2002, p. 457-490.

– « Les comptes du duché de Brabant au bas Moyen Âge et la recherche historique », *Bulletin trimestriel du Crédit communal de Belgique*, 142, 1982, p. 275-294.

AERTS Erik et BAELDE Michel, *Les institutions du gouvernement central des Pays-Bas habsbourgeois (1482-1795)*, Bruxelles, AGR, « Studia », 56, 1995.

AERTS Erik et VAN DER WEE Herman, *Vlaams-Brabantse muntstatistieken 1300-1506*, t. I, *De aanmuntingsgegevens van de zilvermunten*, t. II, *De aanmuntingsgegevens van de gouden munten*, Louvain, 1980.

L'argent au Moyen Âge. Finances, fiscalité, monnaie. Actes du XXVIIe congrès de la Société des médiévistes de l'enseignement supérieur, Clermont-Ferrand, 30 mai-1er juin, 1997, Paris, Publications de la Sorbonne, « Publications de la Sorbonne », 51, 1998.

L'Angleterre et les pays bourguignons. Relations et comparaisons, XVe-XVIe s. Rencontres d'Oxford (22 au 25 septembre 1994), Jean-Marie CAUCHIES (éd.), Neuchâtel, « PCEEB », 35, 1995.

ANHEIM Étienne et CHASTANG Pierre, « Les pratiques de l'écrit dans les sociétés médiévales », *Médiévales*, 56, 2009, p. 5-10.

ARNOULD Maurice-Aurélien, « Les lendemains de Nancy dans les Pays de par-deçà (janvier-avril 1477) », in *Le privilège général… 1477*, 1985, p. 1-78.

– « Le premier budget du duc Charles de Bourgogne, 1467-1468 », *BCRH*, 150, 1984, p. 226-271.

– « Une estimation des revenus et des dépenses de Philippe le Bon en 1445 », *Acta historica bruxellensia*, 3, 1974, p. 131-219.

– « Les origines du conseil des finances des anciens Pays-Bas », *Revue du Nord*, t. 54, n° 212, 1972, p. 108-109.

– « L'incidence de l'impôt sur les finances d'un village à l'époque bourguignonne. Boussoit-sur-Haine (1400-1555) », *Contributions à l'histoire économique et sociale*, 1, 1962, p. 39-112.

– *Les dénombrements de foyers dans le comté de Hainaut, XIVe-XVIe siècle*, Bruxelles, Palais des Académies, 1956.

– « Les Cahiers de taille de Hoves-Graty (1465-1517). Les finances et la population d'un village Hennuyer à l'aube des temps modernes », *Annales du Cercle archéologique de Mons*, 57, 1940, p. 185-238.

– « L'Empereur Maximilien songea-t-il à ériger les Pays-Bas en royaume ? », *Revue de l'Université de Bruxelles*, 1936, p. 263-285.

Arras et la diplomatie européenne, XVe-XVIe siècles, Denis CLAUZEL, Charles GIRY-DELOISON et Christophe LEDUC (éd.), Arras, Artois presses université, 1999.

BIBLIOGRAPHIE

Art de la guerre, technologie et tactique en Europe occidentale à la fin du Moyen Âge et à la Renaissance. Rencontres de Bruxelles (19 au 22 septembre 1985), Jean-Marie CAUCHIES (éd.), Bâle, « PCEEB », 26, 1986.

Aspects de la vie économique des pays bourguignons, 1384-1559. Dépression ou prospérité ? Rencontres de Douai (25 au 28 septembre 1986), Jean-Marie CAUCHIES (éd.), Bâle, « PCEEB », 27, 1987.

BAERTEN Jean, « Een internationaal verdrag gesloten te Tongeren (26 september 1489) », *Limburg*, 55, 1976, p. 245-249.

BAKS Paul, « Albrecht der Beherzte als erblicher Gubernator und Potestat Frieslands. Beweggründe und Verlauf seines friesischen "Abenteuers" », in *Herzog Albrecht der Beherzte (1443-1500)*, 2002, p. 103-141.

BANGS Jeremy D., « Holland's Civic Lijfrente Loans (xv[th] century). Some Recurrent Problems », *Publication du centre européen d'études burgondo-médianes*, 23, 1983, p. 75-82.

BARBICHE Bernard, *Les institutions de la monarchie française à l'époque moderne*, xvie-xviiie *siècle*, Paris, Presses universitaires de France, « Collection Premier cycle », 2001, 2e édition [1999].

BARTIER John, « Quelques réflexions à propos de Raymond de Marliano et de la fiscalité à l'époque de Charles le Téméraire », *Bijdragen en mededelingen betreffende de geschiedenis der Nederlanden*, 95, 1980, p. 349-362.

– *Légistes et gens de finances du xve siècle. Les conseillers des ducs de Bourgogne Philippe le Bon et Charles le Téméraire*, Bruxelles, Palais des Académies, 1955.

– « Un discours du chancelier Hugonet aux États Généraux de 1473 », *BCRH*, 107, 1942, p. 127-156.

BAYLEY Charles Calvert, *War and Society in Renaissance Florence. The « De Militia » of Leonardo Bruni*, Toronto, University of Toronto Press, 1961.

BECK Patrice, « Le vocabulaire et la rhétorique des comptabilités médiévales. Modèles, innovations, formalisation. Propos d'orientation générale », *Comptabilités. Revue d'histoire des comptabilités*, 4, 6 novembre 2012, http://journals.openedition.org/comptabilites/840.

BERCÉ Yves-Marie, « Pour une étude institutionnelle et psychologique de l'impôt moderne », in Jean-Philippe GENET (éd.), *Genèse de l'État moderne. Prélèvement et redistribution. Actes du colloque de Fontevraud 1984*, Paris, 1987, p. 161-168.

BISCHOFF Georges, « Un "condottiere" austro-bourguignon, Frédéric Cappler (v. 1440-† 1506) », in *Pays bourguignons et autrichiens (xive-xvie siècles)*, 2006, p. 145-160.

BISCHOFF Georges, « "Vive Osteriche et Bourgogne !" Un preux Franc-Comtois au service de Maximilien Ier, Louis de Vaudrey », in Paul DELSALLE et Laurence DELOBETTE (éd.), *La Franche-Comté à la charnière du Moyen Âge et de la Renaissance. Actes du colloque de Besançon, 10-11 octobre 2002*, Besançon, Presses universitaires franc-comtoises, « Cahiers d'études comtoises et jurassiennes », 67, 2004, p. 161-186.

– « Maximilien Ier et la Franche-Comté. Noblesse comtoise et noblesse autrichienne (1477-1495) », in Jean-Marie CAUCHIES (éd.), *Les relations entre États et principautés, des Pays-Bas à la Savoie. Rencontres de Montbéliard (26 au 29 septembre 1991)*, Neuchâtel, « PCEEB », 32, 1992, p. 85-97.

– « Une enquête. La noblesse austro-bourguignonne sous le règne de Maximilien Ier », in Jean-Marie CAUCHIES (éd.), *Les Pays de l'entre-deux au Moyen Âge. Questions d'histoire des territoires d'Empire entre Meuse, Rhône et Rhin. Actes du 113ᵉ Congrès national des sociétés savantes*, Strasbourg, 1988, Section d'histoire médiévale et de philologie, Paris, Éditions du CTHS, 1990, p. 123-138.

BLOCKMANS Frans, « Le contrôle par le prince des comptes urbains en Flandre et en Brabant au Moyen-Age », in *Finances et comptabilité urbaines du xiiiᵉ au xvᵉ siècle. Actes du colloque international de Blankenberge, 6 septembre 1962*, Bruxelles, Pro Civitate, « Collection histoire pro civitate. Série in-8° », 7, 1964, p. 287-338.

BLOCKMANS Willem Pieter, « Breaking the Rules. The Emergence of the States General in the Low Countries in the Fifteenth and Sixteenth Centuries », in *Zelebrieren und Verhandeln. Zur Praxis ständischer Institutionen im frühneuzeitlichen Europa*, 2009, p. 185-194.

– « Wie weit und wie tief ? : Die politische Integration der burgundisch-habsburgischen Niederlande », in Werner MALECZEK (éd.), *Fragen der politischen Integration im mittelalterlichen Europa*, Ostfildern, Thorbecke, 2005, p. 449-471.

– « La représentation de la noblesse en Flandre au xvᵉ siècle », in Jacques PAVIOT et Jacques VERGER (éd.), *Guerre, pouvoir et noblesse au Moyen Âge. Mélanges en l'honneur de Philippe Contamine*, Paris, Presses de l'Université de Paris-Sorbonne, 2000, p. 93-99.

– « Städtenetzwerke in den Niederlanden », in Wilhelm JANSSEN et Margret WENSKY (éd.), *Mitteleuropäisches Städtewesen in Mittelalter und Frühneuzeit. Edith Ennen gewidmet*, Cologne, Böhlau, 1999, p. 91-104.

– « The Low Countries in the Middle Ages », in *The Rise of the Fiscal State in Europe*, 1999, p. 281-308

– « Flemings on the Move. A profile of Representatives, 1384-1506 », in *Liber alumnorum Walter Prevenier*, 1999, p. 307-326.

– « La répression des révoltes urbaines comme méthode de centralisation dans les Pays-Bas bourguignons », in *Milano e Borgogna. Due stati principeschi tra medioevo e Rinascimento*, 1990, p. 5-9.

– « Voracious States and Obstructing Cities. An Aspect of State Formation in Preindustrial Europe », *Theory and society*, 18, 1989, p. 733-755.

– « Alternatives to Monarchial Centralisation. The Great Tradition of Revolt in Flanders and Brabant », in Elisabeth MÜLLER-LUCKNER et Helmut Georg KOENIGSBERGER (éd.), *Republiken und Republikanismus im Europa der Frühen Neuzeit*, Munich, Oldenbourg, 1988, p. 145-154.

– « Princes conquérants et bourgeois calculateurs. Le poids des réseaux urbains dans la formation des États », in *La ville, la bourgeoisie et la genèse de l'État moderne (xiiᵉ-xviiiᵉ siècles)*, 1988, p. 167-181.

– « Patronage, Brokerage and Corruption as Symptoms of Incipient State Formation in the Burgundian-Habsburg Netherlands », in Antoni MACZAK et Elisabeth MÜLLER-LUCKNER (éd.), *Klientelsysteme im Europa der frühen Neuzeit*, Munich, Oldenbourg, « Schriften des Historischen Kollegs. Kolloquien », 9, 1988, p. 117-126.

– « Finances publiques et inégalité sociale dans les Pays-Bas aux xivᵉ-xviᵉ siècles », in Jean-Philippe GENET (éd.), *Genèse de l'État moderne. Prélèvement et redistribution. Actes du colloque de Fontevraud 1984*, Paris, 1987, p. 77-90.

– « Engelbrecht, Graf von Nassau und Vianden, Herr von Breda (1451-1504) », in *Lexikon des Mittelalters*, 1986, vol. 3, p. 1920-1921.

- « La position du comté de Flandre dans le royaume à la fin du XVe siècle », in *La France de la fin du XVe siècle. Renouveau et apogée*, 1985, p. 71-89.
- « Breuk of continuïteit ? De Vlaamse privilegiën van 1477 in het licht van het staatsvormingsproces met franse samenvatting en uitgave van het privilegie voor het graafschap Vlaanderen, 11 februari 1477 », in *Le privilège general... 1477*, 1985, p. 97-144.
- « La signification "constitutionnelle" des privilèges de Marie de Bourgogne (1477) », in *Le privilège général... 1477*, 1985, p. 495-516.
- « De representatieve instellingen in het Zuiden 1384-1482 », in *Algemene geschiedenis der Nederlanden (1977)*, t. 4, 1980, p. 156-163.
- « A Typology of Representative Institutions in Late Medieval Europe », *Journal of Medieval History*, 4, 1978, p. 189-215.
- *De volksvertegenwoordiging in Vlaanderen in de overgang van middeleeuwen naar nieuwe tijden (1384-1506)*, Bruxelles, « Verhandelingen van de Koninklijke Academie voor Wetenschappen, Letteren en Schone Kunsten van België, Klasse der Letteren », 1978.
- « Autocratie ou polyarchie ? La lutte pour le pouvoir politique en Flandre de 1482 à 1492, d'après des documents inédits », *BCRH*, 140, 1974, p. 257-368.
- « Typologie van de volksvertegenwoordiging in Europa tijdens de late middeleeuwen », *Tijdschrift voor geschiedenis*, 87, 1974, p. 483-502.
- « La participation des sujets flamands à la politique monétaire des ducs de Bourgogne (1384-1500) », *Revue belge de numismatique et de sigillographie*, 119, 1973, p. 103-134.
- « Nieuwe gegevens over de gegoede burgerij te Brugge in de 13e en vooral 15e eeuw », in *Studien betreffende de sociale strukturen te Brugge, Kortrijk en Gent in de 14e en 15e eeuw*, 1971, p. 133-154.

BLOCKMANS Willem Pieter et GENET Jean-Philippe (éd.), *Visions sur le développement des États européens. Théories et historiographies de l'État moderne. Actes du colloque tenu à Rome, 18-31 mars 1990*, Rome, Paris, École française de Rome, « Collection de l'École française de Rome », 171, 1993.

BLOCKMANS Willem Pieter, MERTENS Jacques et VERHULST Adriaan E., « Les communautés rurales d'Ancien Régime en Flandre. Caractéristiques et essai d'interprétation comparative », in *Les communautés rurales. Rural communities. Bd. 5. Europe occidentale et Amérique. Synthèse générale*, « Recueils de la Société Jean Bodin », 44, 1987, p. 223-248.

BLOCKMANS Willem Pieter et PREVENIER Walter, *Les Pays-Bas bourguignons*, Paris, Albin Michel, 1983.

BLOCKMANS Willem Pieter et *alii*, *Studien betreffende de sociale strukturen te Brugge, Kortrijk en Gent in de 14e en 15e eeuw*, Gand, Afdeling geschiedenis van de Faculteit der letteren en wijsbegeerte van de Rijksuniversiteit, « Studia historica Gandensia », 139, 1971.

BLOK Petrus Johannes, « De financiën van het graafschap Holland », *Bijdragen voor vaderlandsche geschiedenis en oudheidkunde*, 3, 1886, p. 36-130.

BOIS Guy, *Crise du féodalisme. Économie rurale et démographie en Normandie orientale, du début du 14e siècle au milieu du 16e siècle*, Paris, Presses de la Fondation nationale des sciences politiques, Éditions de l'École des hautes études en sciences sociales, « Cahiers de la Fondation nationale des sciences politiques », 202, 1976.

BOONE Marc, « Le rêve de l'État-ville. Ambitions gantoises, réalités bourguignonnes et conflits juridico-financiers (ca. 1430) », in *Le gouvernement des communautés politiques à la fin du Moyen Âge*, 2011, p. 369-394.

– « La Hollande, source de capital social pour un Flamand ambitieux ? : les intérêts et les aventures de Pierre Lanchals, grand commis de l'État burgundo-habsbourgeois (vers 1441/42-1488) », in *Essays W. P. Blockmans*, 2010, p. 197-223.

– *À la recherche d'une modernité civique. La société urbaine des anciens Pays-Bas au bas Moyen Âge*, Bruxelles, Éditions de l'Université de Bruxelles, 2010.

– « Un grand commis de l'État burgundo-habsbourgeois face à la mort. Le testament et la sépulture de Pierre Lanchals, Bruges, 1488 », in *Miscellanea Pierre Cockshaw*, 2009, p. 63-88.

– « Langue, pouvoirs et dialogue. Aspects linguistiques de la communication entre les ducs de Bourgogne et leurs sujets flamands (1385-1505) », *Revue du Nord*, 2009/1, n° 379, p. 9-34.

– « Systèmes fiscaux dans les principautés à forte urbanisation des Pays-Bas méridionaux (Flandre, Brabant, Hainaut, Pays de Liège) au bas moyen âge (XIVe-XVIe siècle) », in *La fiscalità nell'economia europea secc. XIII-XVIII*, 2008, p. 657-683.

– « La justice politique dans les grandes villes flamandes : étude d'un cas, la crise de l'État bourguignon et la guerre contre Maximilien d'Autriche (1477-1492) », in Yves-Marie BERCÉ (éd.), *Les procès politiques (XIVe-XVIIe siècle). Actes du colloque tenu à Rome les 20, 21 et 22 janvier 2003, organisé par l'École française de Rome, l'École nationale des chartes, l'Université de Paris IV*, Rome, École française de Rome, 2007, p. 183-218.

– « The Dutch Revolt and the Medieval Tradition of Urban Dissent », *Journal of Early Modern History*, 11, 2007, p. 351-375.

– « Le crédit financier dans les villes de Flandre (XIVe-XVe siècles) : typologie des crédirentiers, des créditeurs et des techniques de financement », *Barcelona. Quaderns d'història*, 13, 2007, p. 59-78.

– « Armes, coursses, assemblees et commocions. Les gens de métiers et l'usage de la violence dans la société urbaine flamande à la fin du Moyen Âge », *Revue du Nord*, 2005/1, n° 359, p. 7-34.

– « La justice en spectacle. La justice urbaine en Flandre et la crise du pouvoir "bourguignon" (1477-1488) », *Revue historique*, 305, 2003, p. 43-65.

– « Les villes et l'argent des contribuables. Le rêve d'un impôt princier permanent en Flandre à l'époque bourguignonne », in *L'impôt au Moyen Âge*, 2002, p. 323-342.

– « "Cette frivole, dampnable et desraisonnable bourgeoisie" : de vele gezichten van het laatmiddeleeuwse burgerbegrip in de Zuidelijke Nederlanden », in Joost J. KLOEK (éd.), *Burger. Een geschiedenis van het begrip « burger » in de Nederlanden van de Middeleeuwen tot de 21ste eeuw*, Amsterdam, Amsterdam University Press, « Reeks Nederlandse begripsgeschiedenis », 4, 2002, p. 33-53.

– « Élites urbaines, noblesse d'État. Bourgeois et nobles dans la société des Pays-Bas bourguignons (principalement en Flandre et en Brabant) », in *Liber Amicorum Raphael de Smedt*, 2001, p. 61-85.

– « Apologie d'un banquier médiéval. Tommaso Portinari et l'État bourguignon », *Le Moyen Âge*, 105, 1999, p. 31-54.

- « La domesticité d'une grande famille patricienne gantoise d'après le livre de comptes de Simon Borluut (1450-1463) », in *Les niveaux de vie au Moyen Âge. Mesures, perceptions et représentations*, 1999, p. 77-90.
- « Stratégies fiscales et financières des élites urbaines et de l'État bourguignon naissant dans l'ancien comté de Flandre (XIVe-XVIe siècle) », in *L'argent au Moyen Âge*, 1998, p. 235-253.
- « Droit de bourgeoisie et particularisme urbain dans la Flandre bourguignonne et habsbourgeoise (1384-1585) », *Revue belge de philologie et d'histoire*, 74, 1996, p. 707-726.
- « L'industrie textile à Gand au bas Moyen Âge ou les résurrections successives d'une activité réputée moribonde », in *La draperie ancienne des Pays-Bas*, 1993, p. 15-58.
- « Biografie en prosopografie, een tegenstelling ? Een stand van zaken in het biografisch onderzoek over Pieter Lanchals (ca. 1430/40-1488). Een Bruggeling in dienst van de Bourgondische staat », *Millennium*, 7, 1993, p. 4-13.
- « Overheidsfinanciën in de middeleeuwse zuidelijke Nederlanden », *Tijdschrift voor fiscaal recht*, 117, 1993, p. 105-115.
- « "Plus dueil que joie". Les ventes de rentes par la ville de Gand pendant la période bourguignonne : entre intérêts privés et finances publiques », *Bulletin trimestriel du Crédit communal de Belgique*, 45, 1991, p. 3-26.
- *Geld en macht. De Gentse stadsfinancien en de Bourgondische staatsvorming (1384-1453)*, Gent, « Verhandelingen der Maatschappij voor Geschiedenis en Oudheidkunde te Gent », 15, 1990.
- *Gent en de Bourgondische hertogen, ca. 1384-ca. 1453. Een sociaal-politieke studie van een staatsvormingsproces*, Bruxelles, AWLSK, « Verhandelingen van de Koninklijke academie voor wetenschappen, letteren en schone kunsten van Belgïe », 133, 1990.
- « Het vorstelijk domein te Gent (ca. 1385-ca.1453). Speelbal tussen vorstelijke centralisatie en stedelijke particularisme ? », *Handelingen der Maatschappij voor Geschiedenis en Oudheidkunde te Gent*, 42, 1988, p. 69-93.
- « Dons et pots-de-vin, aspects de la sociabilité urbaine au bas Moyen Âge. Le cas gantois pendant la période bourguignonne », *Revue du Nord*, t. 70, n° 278, 1988, p. 471-487.
- « De gentse verplichte lening van 1492-1493 », *BCRH*, 147, 1981, p. 247-305.

BOONE Marc et BRAND Hanno, « De ondermijning van het Groot Privilege van Holland, Zeeland en West-Friesland volgens de instructie van 21 december 1477 », *Holland*, 24, 1992, p. 2-21.

BOONE Marc et PRAK Maarten Roy, « Rulers, Patricians and Burghers. The Great and the Little Traditions of Urban Revolt in the Low Countries », *in* Karel DAVIDS et Jan LUCASSEN (éd.), *A Miracle Mirrored – The Dutch Republic in European Perspective*, Cambridge, Cambridge University Press, 1995, p. 99-134.

BORGNET Jules, « Troubles du comté de Namur en 1488 », *Annales de la Société archéologique de Namur*, 2, 1851, p. 27-56.

BOSCH Rudolf A. A., « The Impact of Financial Crises on the Management of Urban Fiscal Systems and Public Debt. The Case of the Duchy of Guelders, 1350-1550 », *in* R. W. M. van SCHALK (éd.), *Economies, Public Finances, and the Impact of Institutional Changes in Interregional Perspective. The Low Countries and Neighbouring German Territories (14th-17th centuries)*, Turnhout, Brepols, « Studies in European Urban History », 36, 2015, p. 113-134.

BIBLIOGRAPHIE 39

Bos-Rops Jeannette Adriana Maria Yvonne, « Guerres du comte et argent des villes. Les relations financières entre les comtes de Hollande et Zélande et leurs villes (1389-1433) », in *Finances et financiers des princes et des villes à l'époque bourguignonne*, 2004, p. 29-40.

– « The Power of Money. Financial Officers in Holland in the Late 15th and early 16th Centruy », in *Powerbrokers in the Late Middle Ages*, 2001, p. 47-66.

– « I. Kamerheer, kanselier, tresorier. Financieel beheer in de Nederlandse gewesten voor de overgang naar het bourgondisch-Habsburgse statencomplex », in *Van tresorier tot thesaurier-generaal. Zes eeuwen financieel beleid in handen van een hoge Nederlandse abstdrager*, Hilversum, Verloren, 1996, p. 3-15.

Brouwere J. de, « Les dénombrements de la châtellenie d'Audenarde (1469-1801) », *BCRH*, 103, 1938, p. 513-546.

Brouwers Dieudonné, *Les aides dans le Comté de Namur au xve siècle*, Namur, A. Wesmael-Charlier, « Documents inédits relatifs à l'histoire de la Province de Namur », 1929.

Brulez Wilfrid, « Bruges et Antwerp in the 15th and 16th Centuries: an Antithesis? », *Acta historiae Neerlandica*, 6, 1973, p. 1-26.

Brusten Charles, « Les compagnies d'ordonnance dans l'armée bourguignonne », in Daniel Reichel (dir.), *Grandson 1476. Essai d'approche pluridisciplinaire d'une action militaire du xve siècle*, Lausanne, Centre d'histoire et de prospective militaires, 1976, p. 112-169.

– « L'armée bourguignonne de 1465 à 1477 », *Revue internationale d'histoire militaire*, 20, 1959, p. 452-466.

Buntinx Willy, « De enquête van Oudenburg. Hervorming van de repartitie van de beden in het graafschap Vlaanderen (1408) », *BCRH*, 134, 1968, p. 75-137.

Buylaert Frederik, *Repertorium van de Vlaamse adel (ca. 1350 – ca. 1500)*, Gand, Academia Press, « Historische monografieën Vlaanderen », 1, 2011.

Buylaert Frederik, Van Camp J. et Verwerft Bert, « Urban Militias, Nobles and Mercenaries. The Organisation of the Antwerp Army in the Flemish-Brabantine Revolt of the 1480s », *The Journal of Medieval Military History*, 9, 2011, p. 146-166.

Cauchies Jean-Marie, « Un État inventeur de formes d'organisation ? », in *La cour de Bourgogne et l'Europe. Le rayonnement et les limites*, 2013, p. 109-116.

– *Ordonnances générales de Philippe le Bon, 1430-1467*, Bruxelles, Service public fédéral Justice, « Recueil des ordonnances des Pays-Bas, première série, 1381-1506 », 2013.

– « "Service" du prince, "sûreté" des villes. À propos de privilèges délivrés aux confréries ou serments d'archers et d'arbalétriers dans les Pays-Bas au xve siècle », *Revue du Nord*, 2012/4, n° 395, p. 419-434.

– « État bourguignon ou états bourguignons ? : de la singularité d'un pluriel », in Peter C. M. Hoppenbrouwers, Antheun Janse et Robert Stein (éd.), *Power and Persuasion. Essays on the Art of State Building in Honour of W. P. Blockmans*, Turnhout, Brepols, 2010, p. 49-58.

– « Un sauf-conduit de Maximilien d'Autriche pour le duc Jean II de Clèves (1483) », *Les cahiers de Mariemont*, 37/38, 2008, p. 35-40.

– « Philippe de Clèves en son temps. Féodalité et service des princes », in *Entre la ville, la noblesse et l'État. Philippe de Clèves (1456-1528)*, 2007, p. 7-20.

- « Servitudes et temps de guerre (1480). Notre-Dame de Pamele (Maagdendale) et ses fermes d'Ellezelles et de Flobecq », *Revue du Nord*, 2004/3-4, n° 356-357, p. 785-794.
- *Philippe le Beau. Le dernier duc de Bourgogne*, Turnhout, Brepols, « Burgundica », 6, 2003.
- « Les étrangers dans l'entourage politique de Philippe le Beau », *Revue du Nord*, 2002/2-3, n° 345-346, p. 413-428.
- « "Grands" nobles, "petits" nobles, non-nobles dans les conseils de Maximilien d'Autriche et Philippe le Beau pour les Pays-Bas », in *Les élites nobiliaires dans les Pays-Bas au seuil des temps modernes*, 2001, p. 49-62.
- « Maximilien d'Autriche et le traité d'Arras de 1482. Négociateurs et négociations », in *Arras et la diplomatie européenne*, 1999, p. 143-164.
- « Baudouin de Bourgogne (v. 1446-1508), bâtard, militaire et diplomate. Une carrière exemplaire ? », *Revue du Nord*, t. 77, n° 310, 1995, p. 257-282.
- « Liste chronologique des ordonnances de Charles le Hardi, Marie de Bourgogne, Maximilien d'Autriche et Philippe le Beau pour le comté de Hainaut (1467-1506) », *Bulletin de la Commission royale des anciennes lois et ordonnances de Belgique*, 31, 1986, p. 1-125.
- *La législation princière pour le comté de Hainaut, ducs de Bourgogne et premiers Habsbourg 1427-1506. Contribution à l'étude des rapports entre gouvernants et gouvernés dans les Pays-Bas à l'aube des temps modernes*, Bruxelles, Facultés universitaires Saint-Louis, « Publications des facultés universitaires Saint Louis », 24, 1982.
- « L'essor d'une législation générale pour les Pays-Bas bourguignons dans le dernier quart du XVe siècle : aperçu et suggestions », *Publication du Centre européen d'études burgondo-médianes*, 21, 1981, p. 59-70.

CAZAUX Yves, *Marie de Bourgogne, témoin d'une grande entreprise à l'origine des nationalités européennes*, Paris, A. Michel, 1967.

CHARBONNIER Pierre, « L'impasse fiscale à la fin du Moyen Âge. Quelques exemples », in *L'argent au Moyen Âge*, 1998, p. 173-186.
- « La crise de la seigneurie à la fin du Moyen Âge vue de "l'autre France" », in *Seigneurs et seigneuries au Moyen Âge. Actes du 117e congrès national des sociétés historiques et scientifiques*, 1992, Clermont-Ferrand, Paris, Éditions du CTHS, 1993, p. 111-122.

CHAUNU Pierre, GASCON Richard, *Histoire économique et sociale de la France*, t. I, 1er vol, *De 1450 à 1660. L'État et la ville*, Paris, Presses universitaires de France, « Histoire économique et sociale de la France », 1977.

Les chevaliers de l'ordre de la Toison d'or au XVe siècle. Notices bio-bibliographiques, Raphaël DE SMEDT (éd.), 2e édition revue et enrichie, Francfort-sur-le-Main, P. Lang, « Kieler Werkstücke », 3, 2000.

CHEVALIER Bernard, *Les bonnes villes de France du XIVe au XVIe siècle*, Paris, Aubier-Montaigne, « Collection historique », 21, 1982.

Cinq-centième anniversaire de la bataille de Nancy (1477). Actes du colloque organisé par l'Institut de recherche régionale en sciences sociales, humaines et économiques de l'Université de Nancy II (Nancy, 22-24 septembre 1977), Nancy, « Annales de l'Est. Mémoires », 62, 1979.

CLAUZEL Denis, *Finances et politique à Lille pendant la période bourguignonne*, Dunkerque, Éditions des Beffrois, « Collection Histoire », 1982.

Cockshaw Pierre, *Prosopographie des secrétaires de la cour de Bourgogne (1384-1477)*, Ostfildern, Thorbecke, 2006.

– *Le personnel de la chancellerie de Bourgogne-Flandre sous les ducs de Bourgogne de la maison de Valois. 1384-1477*, Courtrai-Heule, Commission internationale pour l'histoire des assemblées d'états, « Anciens pays et assemblées d'états », 79, 1982.

– « L'atelier monétaire de Furnes (1489-1490) », *Bulletin trimestriel du cercle d'études numismatiques*, 13, 1976, p. 70-76.

– « Les textes monétaires imprimés sous le règne de Philippe le Beau (1482-1506) », in *Villes d'imprimerie et moulins à papier du XIVe au XVIe siècle. Aspects économiques et sociaux. Acte du colloque international tenu à Spa, 11 au 14 septembre 1973*, Bruxelles, Crédit communal de Belgique, « Histoire pro civitate. Série in-8° », 43, 1976, p. 165-196.

Collet Abbé, « Philippe de Crèvecoeur, maréchal d'Esquerdes », *Mémoires de la société académique de l'arrondissement de Boulogne-sur-Mer*, 28, 1917, p. 376-468.

Colot Louis, « Jacques de Savoie, comte de Romont, homme lige de la maison de Bourgogne », *Publication du Centre européen d'études burgondo-médianes*, 20, 1980, p. 89-102.

Contamine Philippe, « Lever l'impôt en terre de guerre. Rançons, appatis et souffrances de guerre dans la France des XIVe et XVe siècles », in *L'impôt au Moyen Âge*, 2002, vol. 1, p. 11-40.

– « Face à l'offensive française. Rapport communiqué à Louis XI sur les forces dont Marie de Bourgogne pourrait disposer (Arras, 9 mars 1477) », in *Liber Amicorum Raphael de Smedt*, 2001, p. 153-163.

– « L'armée de Charles le Téméraire. Expression d'un État en devenir ou instrument d'un conquérant ? », *in* Maurice Vaïsse (éd.), *Aux armes, citoyens ! Conscription et armée de métier des Grecs à nos jours*, Paris, Armand Colin, 1998, p. 61-77.

– « La mémoire de l'État. Les archives de la Chambre des comptes du roi de France, à Paris, au XVe siècle », in *Des pouvoirs en France, 1300-1500*, 1992, p. 237-250.

– « Les industries de guerre dans la France de la Renaissance. L'exemple de l'artillerie », *Revue historique*, 271, 1984, p. 249-280.

– « The War Literature of the Late Middle Ages: the Treatises of Robert de Balsac and Béraud Stuart, Lord of Aubigny », in *La France aux XIVe et XVe siècles. Hommes, mentalités, guerre et paix*, Londres, Variorum reprints, 1981, p. 102-121.

– « L'art de la guerre selon Philippe de Clèves, seigneur de Ravenstein (1456-1528). Innovation ou tradition ? », *Bijdragen en mededelingen betreffende de geschiedenis der Nederlanden*, 95, 1980, p. 363-376.

– « René II et les mercenaires de langue germanique. La guerre contre Robert de la Marck, seigneur de Sedan (1496) », in *Cinq-centième anniversaire de la bataille de Nancy (1477)*, 1979, p. 377-394.

– « De la puissance aux privilèges. Doléances de la noblesse française envers la monarchie aux XIVe et XVe siècles », in *La Noblesse au Moyen Âge, XIe-XVe siècles*, 1976, p. 235-257.

– « Les compagnies d'aventure en France pendant la guerre de Cent Ans », *Mélanges de l'École française de Rome. Moyen Âge, temps modernes*, 87, 1975, p. 365-396.

– *Guerre, État et société à la fin du Moyen Âge. Études sur les armées des rois de France, 1337-1494*, Paris, La Haye, Mouton, « École pratique des hautes études. 6e section. Sciences

économiques et sociales. Centre de recherches historiques. Civilisations et sociétés »,
24, 1972.

– « L'artillerie royale française à la veille des guerres d'Italie », *Annales de Bretagne*, 71,
1964, p. 221-261.

COOLS Hans, « Les frères Henri, Jean, Antoine et Corneille de Glymes-Bergen. Les Quatre
Fils Aymon des Pays-Bas bourguignons », *in* Jean-Marie CAUCHIES, Graeme SMALL,
et Andrew BROWN D. (éd.), Neuchâtel, *Le héros bourguignon. Histoire et épopée*, 2001,
« PCEEB », 41, 2001, p. 123-133.

– *Mannen met macht. Edellieden en de moderne staat in de Bourgondisch-Habsburgse landen
(1475-1530)*, Zutphen, Walburg Pers, 2001.

– « Le prince et la noblesse dans la châtellenie de Lille à la fin du XVe siècle : un exemple
de la plus grande emprise de l'État sur les élites locales ? », *Revue du Nord*, t. 77, n° 310,
1995, p. 387-406.

COUTIEZ Yannick, « La part du Comté de Hainaut dans les ressources financières de
Philippe le Bon », *Mémoires et publications de la société des sciences, des arts et des lettres
du Hainaut*, 91, 1980.

CROUY-CHANEL Emmanuel de, *Canons médiévaux. Puissance du feu*, Paris, REMPART,
« Patrimoine vivant », 2010.

CUNNINGHAM Sean, *Henry VII*, London, New York, Routledge, « Routledge historical
biographies », 2007.

CURRY Anne Elizabeth, « Les "gens vivans sur le païs" pendant l'occupation anglaise de la
Normandie (1417-1450) », in *La guerre, la violence et les gens au Moyen Âge*, 1996, p. 209-
221.

– « The First English Standing Army? Military Organization in Lancastrian Normandy,
1420-1450 », *in* Charles Derek ROSS (éd.), *Patronage, Pedigree and Power in Later
Medieval England*, Gloucester, 1979, p. 193-214.

CURVEILLER Stéphane, « Les relations d'une ville du littoral flamand et de son
hinterland : Dunkerque et Bergues au Moyen Âge », *in* Noël COULET et Olivier
GUYOTJEANNIN (éd.), *La ville au Moyen Âge. Actes du 120e Congrès national des sociétés
historiques et scientifiques, Section d'histoire médiévale et philologie, Aix-en-Provence, 23-29
octobre 1995, t. 1, Ville et espace*, Paris, Éditions du CTHS, 1998, p. 213-231.

CUVELIER Joseph, *Les dénombrements de foyers en Brabant (XIVe-XVIe siècle)*, Bruxelles,
P. Imbreghts, « Collection des chroniques belges inédites », 1912.

DAMEN Mario, « Convocatie en representatie. De Staten van Brabant in de late
middeleeuwen », *Noordbrabants historisch jaarboek*, 29, 2012, p. 30-45.

– « Taxation for Princes and Officers. The Council of Holland and the "aides" in the
Burgundian Period », in *Powerbrokers in the late Middle Ages*, 2001, p. 27-46.

– *De staat van dienst. De gewestelijke ambtenaren van Holland en Zeeland in de Bourgondische
periode (1425-1482)*, Haarlem, Hilversum, Historische vereniging Holland, Verloren,
« Hollandse studiën », 36, 2000.

DAUCHY Serge, « Le douaire de Marguerite d'York, la minorité de Philippe le Beau et le
Parlement de Paris – 1477-1494 », *BCRH*, 155, 1989, p. 49-127.

DE GELAEN Eric, « De gevolgen van de opstand tegen Maximiliaan van Oostenrijk voor
het Vlaamse platteland », *Handelingen van de Koninklijke Geschied- en Oudheidkundige
Kring van Kortrijk*, 40, 1973, p. 183-244.

DE ROOVER Raymond, *The Rise and Decline of the Medici Bank, 1397-1494*, Cambridge (Mass.), Harvard University Press, « Harvard Studies in Business History », 21, 1963.

DEPRETER Michael, « Le prince et les États de Flandre wallonne. Des diplomaties concurrentes ? Modalités et enjeux du traité de Wavrin (14 décembre 1488) », in *Négociations, traités et diplomatie dans l'espace bourguignon (XIVe-XVIe siècles)*, 2013, p. 179-200.

– *De Gavre à Nancy (1453-1477). L'artillerie bourguignonne sur la voie de la « modernité » ?*, Turnhout, Brepols, « Burgundica », 18, 2011.

DERVILLE Alain, « La fiscalité d'État dans l'Artois et la Flandre wallonne avant 1569 », *Revue du Nord*, t. 74, n° 294, 1992, p. 25-52.

– « Pots-de-vin, cadeaux, racket, patronage. Essai sur les mécanismes de décision dans l'État bourguignon », *Revue du Nord*, t. 56, n° 222, 1974, p. 341-364.

DERVILLE Alain et DELMAIRE Bernard, « L'agriculture de la Flandre wallonne d'après les enquêtes fiscales (1449-1549) », *Revue du Nord*, 2008/2, n° 375-376, p. 269-302.

DERYCKE Laurence, « The Public Annuity Market in Bruges at the End of the 15th Century », in *Urban Public Debts*, 2003, p. 165-181.

DEVAUX Jean, « Les soulèvements urbains de 1477 sous le regard des chroniqueurs du temps », in *Actes du LIe Congrès de la Fédération des Cercles d'archéologie et d'histoire de Belgique*, 1994, vol. 2, p. 391-411.

– « Le rôle politique de Marie de Bourgogne au lendemain de Nancy. Vérité ou légende ? », *Le Moyen Âge*, 97, 1991, p. 389-405.

DEVILLERS Léopold, « Le Hainaut après la mort de Marie de Bourgogne. 1482-1483 », *BCRH*, t. 8, 1880, p. 169-312 ; « Le Hainaut sous la régence de Maximilien d'Autriche. 1483-1485 », 10, 1882, p. 327-445 ; « Le Hainaut sous la régence de Maximilien d'Autriche, 2e partie. 1486-1487 », 14, 1886, p. 191-270 ; « 3e partie. 1488-1489 », 15, 1888, p. 154-306 ; « 4e et dernière partie. 1490-1494 », 16, 1889, p. 411-516.

DEVRIES Kelly, *Guns and Men in Medieval Europe, 1200-1500. Studies in Military History and Technology*, Aldershot, Ashgate, « Variorum Collected Studies Series », 747, 2002.

DHONDT Jan, « Les origines des États de Flandre », *Anciens pays et assemblées d'états. Standen en landen*, 1, 1950, p. 1-54.

DOELEMAN F., « Le tonlieu zélandais et le privilège de Zierikzee », *Revue belge de philologie et d'histoire*, 62-4, 1984, p. 682-688.

DOUXCHAMPS-LEFÈVRE Cécile, « Le privilège de Marie de Bourgogne pour le comté de Namur (mai 1477) », in *Le privilège général… 1477*, 1985, p. 235-252.

La draperie ancienne des Pays-Bas. Débouchés et stratégies de survie (14e-16e siècles). Actes du colloque tenu à Gand le 28 avril 1992, Marc BOONE et Walter PREVENIER (éd.), Louvain, Apeldoorn, Garant, « Studies in Urban, Social, Economic and Political History of the Medieval and Modern Low Countries », 1993.

DUBOIS Henri, « 1477 : une rupture dans la vie économique des pays bourguignons ? », in *Cinq-centième anniversaire de la bataille de Nancy (1477)*, 1979, p. 147-174.

DUMOLYN Jan, PAPIN Kristof, « Y avait-il des « révoltes fiscales » dans les villes médiévales des Pays-Bas méridionaux ? L'exemple de Saint-Omer en 1467 », *Revue du Nord*, 2012/4, n° 397, p. 827-870.

Economic Systems and State Finance, Willem Pieter BLOCKMANS, Jean-Philippe GENET et Richard BONNEY (éd.), Oxford, European Science Foundation, Clarendon Press, « The Origins of the Modern State in Europe », 1995.

EECKENRODE Marie VAN, *Les états de Hainaut sous le règne de Philippe Le Bon (1427-1467)*, Courtrai-Heule, Commission internationale pour l'histoire des assemblées d'états, « Anciens pays et assemblées d'états », 107, 2011.

Emotions in the Heart of the City, 14th-16th Century, Élodie LECUPPRE-DESJARDIN et Anne-Laure VAN BRUAENE (éd.), Turnhout, Brepols, « Studies in European Urban History (1100-1800) », 5, 2005.

ENNO VAN GELDER, « De muntpolitiek van Philips de Schone, 1482-1496 », *Jaarboek voor munt- en penningkunde*, 38, 1951, p. 42-54.

Entre la ville, la noblesse et l'État. Philippe de Clèves (1456-1528) : homme politique et bibliophile, Jelle HAEMERS, Céline VAN HOOREBEECK et Hanno WIJSMAN (dir.), Turnhout, Brepols, « Burgundica », 13, 2007.

L'envers du décor. Espionnage, complot, trahison, vengeance et violence en pays bourguignons et liégeois. Rencontres de Liège (20 au 23 septembre 2007), Jean-Marie CAUCHIES et Alain MARCHANDISSE (éd.), Neuchâtel, « PCEEB », 48, 2008.

L'État moderne, genèse. Bilans et perspectives. Actes du colloque tenu à Paris les 19-20 septembre 1989, Jean-Philippe GENET (éd.), Paris, Éditions du CNRS, 1990.

Finance et fiscalité au bas Moyen Âge, Jean FAVIER (éd.), Paris, Société d'édition d'enseignement supérieur, « Regards sur l'histoire », 15, 1971.

Finances et financiers des princes et des villes à l'époque bourguignonne, Jean-Marie CAUCHIES (éd.), Turnhout, Brepols, « Burgundica », 8, 2004.

FINER Samuel E., « State- and Nation-Building in Europe: the Role of the Military », in Charles TILLY (éd.), *The Formation of National States in Westerne Europe*, Princeton, Princeton University Press, « Studies in Political Development », 1975, p. 84-163.

La fiscalità nell'economia europea secc. XIII-XVIII – Fiscal Systems in the European Economy from the 13th to the 18th Centuries. Atti della « Trentanovesima Settimana di Studi », 22-26 avril 2007, Simonetta CAVACIOCCHI (éd.), Fondazione Istituto internazionale di storia economica F. Datini, Florence, 2008.

La fiscalité des villes au Moyen Âge. Occident méditerranéen, t. 3, *La redistribution de l'impôt*, Denis MENJOT et Manuel SÁNCHEZ MARTÍNEZ (éd.), Toulouse, Privat, « La fiscalité des villes au Moyen-Âge », 2002.

FOUW Arie de, *Philips Van Kleef, een Bijdrage tot de kennis van zijn leven en karakter, academisch proefschrift*, Groningue, Batavia, J. B. Wolters' uitgevers-maatschappij, 1937.

La France de la fin du xve siècle. Renouveau et apogée. Économie – Pouvoirs – Arts – Culture et consciences nationales. Actes du colloque international du CNRS tenu à Tours, 3-6 oct. 1983, Bernard CHEVALIER et Philippe CONTAMINE (éd.), Paris, Éditions du CNRS, 1985, p. 71-89.

La France des principautés. Les Chambres des comptes, xive et xve siècles. Actes du colloque tenu aux Archives départementales de l'Allier, à Moulin-Yzeure, les 6, 7 et 8 avril 1995, Philippe CONTAMINE, Olivier MATTÉONI (dir.), Paris, CHEEF, 1996 ; *Textes et documents*, 1998.

FRIS Victor, *Histoire de Gand depuis les origines jusqu'en 1913*, 2e édition, Gand, G. De Tavernier, 1930.

FURIÓ DIEGO Antoni, « La dette dans les dépenses municipales », in *La fiscalité des villes au Moyen Âge*, t. 3, *La redistribution de l'impôt*, 2002, p. 321-350.

FURIÓ DIEGO Antoni, SANCHEZ Manuel, SESMA MUÑOZ José Angel, « Old and New Forms of Taxation in the Crown of Aragon (13th-14th Centuries) », *La fiscalità nell'economia europea secc. XIII-XVIII*, 2008, p. 121-122.

GANDILHON René, *Politique économique de Louis XI*, Paris, Presses universitaires de France, 1941.

GARNIER Pierre-Louis, « Les services de la Trésorerie des guerres et de la Recette de l'artillerie de Charles le Téméraire. », *Revue du Nord*, t. 79, n° 322, 1997, p. 969-991.

Genèse de l'État moderne. Prélèvement et redistribution. Actes du Colloque de Fontevraud 1984, Jean-Philippe GENET (éd.), Paris, Éditions du CNRS, 1987.

GENET Jean-Philippe, « France, Angleterre, Pays-Bas. L'État moderne », *in* Patrick BOUCHERON (éd.), *Histoire du monde au xve siècle*, Paris, Fayard, 2009, p. 135-154.

GENT Michel J. van, « The Dukes of Burgundy and Dordrecht. A Financial Account of their Relationship from 1425 to 1482 », in *Les relations entre princes et villes*, 1993, p. 61-74.

GENT Michel Joost van, « *Pertijelike saken* ». *Hoeken en Kabeljauwen in het Bourgondisch-Oostenrijkse tijdperk*, Den Haag, Stichting Hollandse historische reeks, « Hollandse historische reeks », 22, 1994.

GILLES Henri, *Les États du Languedoc au xve siècle*, Toulouse, E. Privat, 1965.

GODFROID-LAURENT Arlette, « Les finances de la ville de Lessines d'après les comptes de sa "Massarderie" (1463-1555) », *Annales du Cercle royal d'histoire et d'archéologie d'Ath*, 41, 1964/1966, p. 95-218.

GRESSER Pierre, « Les conséquences financières, pour le domaine comtal, de la conquête du comté de Bourgogne par Louis XI », *in* Jean KERHERVÉ et Albert RIGAUDIÈRE, *Finances, pouvoirs et mémoire. Mélanges offerts à Jean Favier*, 1999, p. 397-411.

GROUSTRA-WERDEKKER Aafje H., « Bourgondisering van het hertogdom Gelre vóór het tractaat van Venlo 1473-1543 », *in* Jean-Marie CAUCHIES (éd.), *Pays bourguignons et terres d'Empire (xve-xvie siècle). Rapports politiques et institutionnels. Rencontres de Nimègue (21 au 24 septembre 1995)*, Neuchâtel, « PCEEB », 1996, p. 89-103.

Guerre et société en France, en Angleterre et en Bourgogne, xive-xve siècle. Rencontre franco-britannique de Londres, 20-22 mars 1989, Philippe CONTAMINE, Charles GIRY-DELOISON et Maurice Hugh KEEN (éd.), Villeneuve-d'Ascq, Centre d'histoire de la région du Nord et de l'Europe du Nord-Ouest, « Histoire et littérature régionales », 8, 1991.

Guerre, pouvoir et noblesse au Moyen Âge. Mélanges en l'honneur de Philippe Contamine, Jacques PAVIOT et Jacques VERGER (éd.), Paris, Presses de l'Université de Paris-Sorbonne, « Cultures et civilisations médiévales », 22, 2000.

Herzog Albrecht der Beherzte (1443-1500). Ein sächsischer Fürst im Reich und in Europa, André THIEME (éd.), Cologne, Böhlau, « Quellen und Materialien zur Geschichte der Wettiner », 2, 2001.

KRUSE Holger, « Les malversations commises par le receveur général Martin Cornille à la cour de Philippe le Bon d'après l'enquête de 1449 », *Revue du Nord*, t. 77, n° 310, 1995, p. 283-312.

La guerre, la violence et les gens au Moyen Âge. Actes du 119ᵉ congrès des Sociétés historiques et scientifiques, 26-30 octobre 1994, Amiens, Section d'histoire médiévale et philologie, Philippe CONTAMINE et Olivier GUYOTJEANNIN (éd.), Paris, Éditions du CTHS, 1996.

GUILLAUME Henri-Louis-Gustave, *Histoire des bandes d'ordonnance des Pays-Bas*, Bruxelles, Hayez, 1873.

– *Histoire de l'organisation militaire sous les ducs de Bourgogne*, Bruxelles, Hayez, 1848.

GUNN Steven J., « State Development in England and the Burgundian Dominions, *c.* 1460 – *c.* 1560 », in *L'Angleterre et les pays bourguignons*, 1995, p. 133-149.

GUNN Steven J., GRUMMITT David et COOLS Hans, *War, State and Society in England and the Netherlands, 1477-1559*, Oxford, Oxford University Press, 2007.

Habsburger Herrschaft vor Ort – weltweit (1300-1600). Beiträge der internationalen wissenschaftlichen Tagung auf Schloß Lenzburg bei Zürich, 9.-11. Oktober 2008, Simon TEUSCHER et Thomas ZOTZ (éd.), Ostfildern, Thorbecke, 2013.

HAEMERS Jelle, « A Financial Revolution in Flanders? Public Debt, Representative Institutions, and Political Centralisation in the County of Flanders during the 1480s », in R. W. M. van SCHALK (éd.), *Economies, Public Finances, and the Impact of Institutional Changes in Interregional Perspective. The Low Countries and Neighbouring German Territories (14ᵗʰ-17ᵗʰ centuries)*, Turnhout, Brepols, « Studies in European Urban History », 36, 2015, p. 135-160.

– *De strijd om het regentschap over Filips de Schone. Opstand, facties en geweld in Bruge, Gent en Ieper (1482-1488)*, Gand, Académia Press, 2014.

– « L'anniversaire gantois de Marie, duchesse de Bourgogne (27 mars 1483). Autour de la participation des sujets urbains à un service commémoratif pour une princesse décédée », in Agostino PARAVICINI BAGLIANI (éd.), *Le Corps du Prince*, Florence, SISMEL – Edizioni del Galluzzo, « Micrologus », 22, 2014, p. 341-363.

– « Un régent "qui est à l'origine de tous les maux et désordres du pays" ou "das ungetreu volck zur Flanndren" ? À propos de la politique d'un prince "étranger" dans des pays "infidèles". Maximilien d'Autriche aux Pays-Bas bourguignons. 1477-1492 », in Michel PAULY (éd.), *L'héritière, le prince étranger et le pays. Le mariage de Jean l'Aveugle et d'Elisabeth de Bohême dans une perspective comparative européenne*, Luxembourg, « Publications du CLUDEM », 38, 2013, p. 241-262.

– « Faire son prouffit. Die Finanzpolitik Maximilians I. und die städtischen Aufstände in den Niederlanden (1477-1488) », in *Habsburger Herrschaft vor Ort – weltweit : (1300-1600)*, 2013, p. 187-210.

– « Un miroir à double face. Les chroniques de Jean Molinet et de Nicolas Despars », *Le Moyen Âge*, 118-2, 2012, p. 269-299.

– *For the Common Good. State Power and Urban Revolts in the Reign of Mary of Burgundy (1477-1482)*, Turnhout, Brepols, « Studies in European Urban History », 17, 2009.

– « Le meurtre de Jean de Dadizeele 1481. L'ordonnance de cour de Maximilien d'Autriche et les tensions politiques en Flandre », in *L'envers du décor. Espionnage, complot, trahison, vengeance*, 2008, p. 227-248.

– « Philippe de Clèves et la Flandre. La position d'un aristocrate au cœur d'une révolte urbaine (1477-1492) », in *Entre la ville, la noblesse et l'État. Philippe de Clèves (1456-1528)*, 2007, p. 21-99.

– « A Moody Community ? Emotion and Ritual in Late Medieval Urban Revolts », in *Emotions in the Heart of the City, 14th-16th Century*, 2005, p. 63-82.

HAEMERS Jelle et BUYLAERT Frederik, « War, Politics, and Diplomacy in England, France and the Low Countries, 1475-1500. An Entangled History », *in* Hannes KLEINEKE (éd.), *The Yorkist Age. Proceedings of the 2011 Harlaxton Symposium*, Donington, 2013, p. 195-220.

HAEMERS Jelle et DUMOLYN Jan, « Les bonnes causes du peuple pour se révolter. Le contrat politique en Flandre médiévale d'après Guillaume Zoete (1488) », *in* François FORONDA (dir.), *Avant le contrat social. Le contrat politique dans l'Occident médiéval*, « Histoire ancienne et médiévale », 2011, p. 327-346.

HAEMERS Jelle et LAMBERT Bart, « Pouvoir et argent. La fiscalité d'État et la consommation du crédit des ducs de Bourgogne (1384-1506), *Revue du Nord*, 2009/1, n° 379, p. 35-59.

HAEMERS Jelle et VERBIST Botho, « Het Gentse gemeenteleger in het laatste kwart van de vijftiende eeuw. Een politieke, financiële en militaire analyse van stadsmilities », *Handelingen der Maatschappij voor Geschiedenis en Oudheidkunde te Gent*, 62, 2008, p. 291-326.

HAEMERS Jelle et LECUPPRE-DESJARDIN Élodie, « Conquérir et reconquérir l'espace urbain. Le triomphe de la collectivité sur l'individu dans le cadre de la révolte brugeoise de 1488 », in *Voisinages, coexistences, appropriations. Groupes sociaux et territoires urbains*, 2007, p. 119-142.

HAMON Philippe, « « Aux armes, paysans ! » : les engagements militaires des ruraux en Bretagne de la fin du Moyen Âge à la Révolution », *Mémoires de la société d'histoire et d'archéologie de Bretagne*, 92, 2014, p. 221-244.

– « Combattre pour le bien commun ? La mobilisation armée des populations rurales durant la Guerre de Bretagne (1487-1491) », *Quaestiones Medii Aevi Novae*, 20, 2015, p. 171-191.

– « *Messieurs des finances* ». *Les grands officiers de finance dans la France de la Renaissance*, Paris, CHEEF, « Études générales », 1999.

– *L'argent du roi. Les finances sous François Ier*, Paris, CHEEF, « Études générales », 1994.

HARSIN Paul, *Études critiques sur l'histoire de la principauté de Liège, 1477-1795*, t. I, *La principauté de Liège à la fin du règne de Louis de Bourbon et sous celui de Jean de Hornes (1477-1505)*, Liège, 1955.

HÉBERT Michel, *Parlementer. Assemblées représentatives et échange politique en Europe occidentale à la fin du Moyen Âge*, Paris, de Boccard, « Romanité et modernité du droit », 2014.

HEINIG Paul-Joachim, « Ein bitter-freudiges Familientreffen. Maximilian I. und sein Vater in Löwen (24. Mai 1488) », in *Liber Amicorum Raphael de Smedt*, 2001, p. 183-195.

HÉLIOT Pierre, « Louis XI et le Boulonnais », *Bibliothèque de l'École des chartes*, 100, 1939, p. 112-144.

HENDERIKX Peter A., « De vorming in 1555 van het markizaat van Veere en de aard en herkomst van de aan het markizaat verbonden goederen en heerlijkheden », *in* Peter BLOM, Hans COOLS, Simon GROENVELD, Peter HANDERIKX, Paul REM, Louis SICKING, *Borsele – Bourgondië – Oranje. Heren en markiezen van Veere en Vlissingen*, Hilversum, Verloren, 2009, p. 61-104.

HENIN Catherine, *La charge d'audiencier dans les anciens Pays-Bas (1413-1744)*, Bruxelles, Éditions de l'Université de Bruxelles, « Faculté de philosophie et lettres », 109, 2001.

HENNE Alexandre et WAUTERS Alphonse, *Histoire de la ville de Bruxelles*, Bruxelles, Perichon, 1845.

HENNEMAN John Bell, « France in the Middle Ages », in *The Rise of the Fiscal State in Europe*, p. 101-122.

HÉRICOURT Achmet d', *Les sièges d'Arras. Histoire des expéditions militaires dont cette ville et son territoire ont été le théâtre*, Arras, Topino, 1844.

HIRSCHAUER Charles, *Les états d'Artois de leurs origines à l'occupation française, 1340-1640*, Paris, Bruxelles, H. Champion, H. Lamertin, 1923.

HOLLEGGER Manfred, « Burgundische Regierungs-, Verwaltungs- und Finanztechniken in Österreich ? Zum Institutionentransfer um 1500 », in *Pays bourguignons et autrichiens (XIVe-XVIe siècles). Une confrontation institutionnelle et culturelle*, 2006, p. 91-103.

HOMMEL Luc, *Marguerite d'York ou la Duchesse Junon*, Paris, Hachette, 1959.

– *Marie de Bourgogne ou le Grand héritage*, Bruxelles, A. Goemaere, Paris, Plon, 1945.

HOUTTE Jean Arthur Van, « Anvers aux XVe et XVIe siècles. Expansion et apogée », *Annales. Économies, Sociétés, Civilisations*, 16-2, 1961, p. 248-278.

HUGENHOLTZ Frederik Willem Nicolaas, « Crisis en herstel van het Bourgondisch gezag, 1477-1493. Filips de Schone en Maximiliaans tweede regentschap, 1493-1515 », in *Algemene Geschiedenis der Nederlanden*, vol. IV, *De Bourgondisch-Habsburgse monarchie, 1477-1567*, Utrecht, W. De Haan, 1952, p. 1-50.

L'impôt au Moyen Âge. L'impôt public et le prélèvement seigneurial, fin XIIe-début XVIe siècle. Actes du colloque tenu à Bercy les 14, 15 et 16 juin 2000, Albert RIGAUDIÈRE, Philippe CONTAMINE, Jean KERHERVÉ (éd.), Paris, CHEEF, 2002.

L'impôt dans les villes de l'Occident méditerranéen, XIIIe-XVe siècle. Actes du colloque tenu à Bercy les 3, 4 et 5 octobre 2001, Denis MENJOT, Albert RIGAUDIÈRE et Manuel SÁNCHEZ MARTÍNEZ (éd.), Paris, CHEEF, 2005.

ISENMANN Eberhard, « Medieval and Renaissance Theories of State Finance », in *Economic Systems and State Finance*, 1995, p. 21-52.

ISRAEL Jonathan Irvine, *The Dutch Republic. Its Rise, Greatness, and Fall, 1477-1806*, Oxford, Clarendon Press, « Oxford History of Early Modern Europe », 1995.

JAMME Armand, « Le pape, ses légats et la rétribution du service d'armes dans l'Italie du XIVe siècle », *in* Patrice BECK, Philippe BERNARDI et Laurent FELLER (éd.), *Rémunérer le travail au Moyen Âge. Pour une histoire sociale du salariat*, Paris, Picard, 2014, p. 461-501.

JANSEN Hubertus Petrus Henricus, « Modernization of the Government. The Advent of Philip the Good in Holland », *Bijdragen en mededelingen betreffende de geschiedenis der Nederlanden*, 95, 1980, p. 254-264.

JANSEN Hubertus Petrus Henricus et HOPPENBROUWERS Peter C. M., « Military Obligations in Mediaeval Holland. The Burden of the Host », *Acta historiae Neerlandica*, 13, 1980, p. 1-24.

JANSMA Taeke Sjord, « Philippe le Bon et la guerre hollando-wende (1438-1441) », *Revue du Nord*, t. 42, n° 165, 1960, p. 5-18.

JAPPE ALBERTS Wybe, *De Staten van Gelre en Zutphen*, Groningue, J. B. Wolters, 1950.

JASSEMIN Henri, *La Chambre des comptes de Paris au xve siècle, précédé d'une étude sur ses origines*, Nogent-le-Rotrou, Picard, 1933.

JEAN Mireille, « Les gens de Comptes à Lille à la fin du xve siècle », in *Powerbrokers in the Late Middle Ages*, 2001, p. 87-100.

JONES Philipp J., « The Machiavellian Militia. Innovation or Renovation? », in *La Toscane et les Toscans autour de la Renaissance. Cadres de vie, sociétés, croyances. Mélanges offerts à Charles-M. de La Roncière*, Aix-en-Provence, Publications de l'Université de Provence, 1999, p. 11-52.

JONGKEES Adriaan Gerard, « Armement et action d'une flotte de guerre. La contribution des comtés maritimes à l'armée générale des Pays de par-deçà en 1477 », in *Art de la guerre, technologie et tactique en Europe occidentale*, 1986, p. 71-86.

– « Het Groot Privilegie van Holland en Zeeland (14 maart 1477) », in *Le privilège général… 1477*, 1985, p. 145-234.

– « La Hollande bourguignonne, son intérêt pour les ducs Valois », *Publication du Centre européen d'études burgondo-médianes*, 18, 1977, p. 65-75.

La Justice dans les États bourguignons et les régions voisines aux xive-xvie siècles. Institutions, procédure, mentalités. Rencontres de Luxembourg (28 septembre au 1er octobre 1989), Jean-Marie CAUCHIES (éd.), Neuchâtel, « PCEEB », 30, 1990.

KAEUPER Richard W., *Guerre, justice et ordre public. L'Angleterre et la France à la fin du Moyen Âge*, Jean-Philippe GENET et Nicole GENET (trad.), Paris, Aubier, « Collection historique », 1994.

KAUCH Pierre, « Le Trésor de l'Épargne, création de Philippe le Bon », *Revue belge de philologie et d'histoire*, 11, 1932, p. 703-719.

KERHERVÉ Jean, « Le budget de la guerre en Bretagne d'après l'"estat" de 1482-1483 », in *Guerre, pouvoir et noblesse au Moyen Âge. Mélanges en l'honneur de Philippe Contamine*, 2000, p. 363-392.

– *L'État breton aux 14e et 15e siècles. Les ducs, l'argent et les hommes*, Paris, Maloine, 1987.

KLUIT Adriaan, *Historie der hollandsche staatsregering tot aan het jaar 1795*, Amsterdam, W. Brave, 1802.

KOENIGSBERGER Helmut Georg, *Monarchies, States Generals and Parliaments. The Netherlands in the Fifteenth and Sixteenth Centuries*, Cambridge, Cambridge University Press, « Cambridge Studies in Early Modern History », 2001.

– « Fürst und Generalstaaten. Maximilian I. in den Niederlanden (1477 bis 1493) », *Historische Zeitschrift*, 242, 1986, p. 557-581.

KOKKEN Hendrik, *Steden en staten. Dagvaarten van steden en Staten van Holland onder Maria van Burgundië en het eerste regentschap van Maximiliaan van Oostenrijk, 1477-1494*, La Haye, Stichting Hollandse historische reeks, 1991.

KOLTZ Jean-Pierre, « Erzherzog Maximilian von Österreich 1480 in Luxemburg », *Les amis de l'Histoire*, 2, 1959, p. 41-78.

KRYNEN Jacques, *L'empire du roi. Idées et croyances politiques en France, xiiie-xve siècle*, Paris, Gallimard, « bibliothèque des histoires », 1993.

LABANDE-MAILFERT Yvonne, *Charles VIII. Le vouloir et la destinée*, Paris, Fayard, 1986.

– « Autour de traité de Senlis. La Bourgogne en question », in *Cinq-centième anniversaire de la bataille de Nancy (1477)*, 1979, p. 249-268.

LANHERS Yvonne, « Notes sur la prévôté de Virton pendant l'occupation barroise (1478-1519) », *Le pays gaumais*, 36/37, 1975, p. 201-222.

LASSALMONIE Jean-François, « Le plus riche prince d'Occident », in *La cour de Bourgogne et l'Europe. Le rayonnement et les limites*, 2013, p. 63-82.

– *La boîte à l'enchanteur. Politique financière de Louis XI*, Paris, CHEFF, 2002.

– « L'abbé Le Grand et le compte du trésorier des guerres pour 1464. Les compagnies d'ordonnance à la veille du bien public », *Journal des Savants*, 2001, p. 43-92.

– « La politique fiscale de Louis XI (1461-1483) », in *L'argent au Moyen Âge*, 1998, p. 255-265.

– « Les finances de la monarchie française sous le gouvernement des Beaujeu (1483-1491) », *Études et documents*, 6, 1994, p. 3-142.

LECUPPRE-DESJARDIN Élodie, *Le royaume inachevé des ducs de Bourgogne, XIVe-XVe siècles*, Paris, Belin, 2016.

– *La ville des cérémonies. Essai sur la communication politique dans les anciens Pays-Bas bourguignons*, Turnhout, Brepols, « Studies in European Urban History (1100-1800) », 4, 2004.

LEEUWEN Jacoba van, « Rebels, Texts and Triumph. The Use of Written Documents During the Revolt of 1477 in Bruges », *in* Petra SCHULTE, Marco MOSTERT, Irene VAN RENSWOUDE (éd.), *Strategies of Writing. Studies on Text and Trust in the Middle Ages*, Turnhout, Brepols, « Utrecht Studies in Medieval Literacy », 13, 2008, p. 301-322.

– « Balancing Tradition and Rites of Rebellion. The Ritual Transfer of Power in Bruges on 12 February 1488 », *in* Jacoba van LEEUWEN (éd.), *Symbolic Communication in Late Medieval Towns*, Louvain, Leuven University Press, « Mediaevalia Lovaniensia. Series 1, Studia », 37, 2006, p. 65-81.

LEGUAI André, « Les révoltes rurales dans le royaume de France, du milieu du XIVe siècle à la fin du XVe », *Le Moyen Âge*, 88, 1982, p. 49-76.

– « Les oppositions urbaines à Louis XI en Bourgogne et en Franche-Comté », *Annales de Bourgogne*, t. 53, 1981, p. 31-37.

– « La conquête de la Bourgogne par Louis XI », *Annales de Bourgogne*, 49, 1977, p. 7-12.

LESORT André, *La succession de Charles le Téméraire à Cambrai (1477-1482)*, Cambrai, impr. de Régnier frères, 1903.

LEVELEUX-TEIXEIRA Corinne, ROUSSELET-PIMONT Anne, BONIN Pierre et *alii* (éd.), *Le gouvernement des communautés politiques à la fin du Moyen Âge. Entre puissance et négociation : villes, finances, État. Actes du colloque en l'honneur d'Albert Rigaudière, Paris, 6-8 novembre 2008*, Paris, Éditions Panthéon-Assas, 2011.

LEYTE Guillaume, *Domaine et domanialité publique dans la France médiévale, XIIe-XVe siècles*, Strasbourg, Presses universitaires de Strasbourg, 1996, p. 321-414.

Liber alumnorum Walter Prevenier, Willem Pieter BLOCKMANS, Marc BOONE et Thérèse de HEMPTINNE (éd.), Louvain, 1999.

Liber Amicorum Raphael de Smedt, t. 3, *Historia*, PAVIOT Jacques (éd.), Louvain, Peeters, « Miscellanea Neerlandica », 25, 2001.

LOUSSE Émile, « The Estates of Brabant to the End of the Fifteenth Century. The Make-up of the Assembly », *in* Phyllis MACK et Margaret C. JACOB (éd.), *Politics and Culture in Early Modern Europe. Essays in Honor of H. G. Koenigsberger*, Cambridge, Cambridge University Press, 1987, p. 95-100.

MADDENS Niklaas, « Hoe zwaar drukten de beden op de Kortrijkse stadkas (1538-1567) ? », in *Recht en instellingen in de oude Nederlanden tijdens de middeleeuwen en de nieuwe tijd*, 1981, p. 405-418.

MANDROT Bernard de, *Relations de Charles VII et de Louis XI, rois de France, avec les cantons suisses (1444-1461, 1461-1483). Étude historique*, Zurich, Impr. de J. J. Ulrich, 1881.

MARSILJE Jannis Willem, « Les modes d'imposition en Hollande (1477-1515) », in *Finances et financiers des princes et des villes à l'époque bourguignonne*, 2004, p. 101-112.

MATTÉONI Olivier, « Les cours en France (seconde moitié du XIVe-fin du XVe siècle) », in *La cour de Bourgogne et l'Europe. Le rayonnement et les limites*, 2013, p. 421-438.

– « La Chambre des comptes du roi de France et l'affirmation de l'État au milieu du XVe siècle. Le registre KK 889 (Musée AE II 523) des Archives nationales de France », in *Le gouvernement des communautés politiques à la fin du Moyen Âge*, 2011, p. 279-292.

– « Codicologie des documents comptables (XIII-XVe siècles). Remarques introductives », *Comptabilité(S). Revue d'histoire des comptabilités*, 2, 23 mai 2011, http://journals. openedition.org/comptabilites/382.

– « Vérifier, corriger, juger. Les Chambres des comptes et le contrôle des officiers en France à la fin du Moyen Âge », *Revue historique*, 309, 2007, p. 31-70.

– « La conservation et le classement des archives dans les Chambres des comptes de la principauté bourbonnaise à la fin du Moyen Âge », in *La France des principautés. Les chambres des comptes, XIVe et XVe siècles*, 1996, p. 65-81.

MECHELEER Lieve de, « Un officier du prince par temps agités. Les avatars du maïeur Lodewijk Pynnock pendant une période troublée à Louvain (1477 et 1488-1489) », in *Liber alumnorum Walter Prevenier*, 1999, p. 351-369.

MERTENS Wenceslaus, « De betekenis van de stedelike financien voor de centrale economische politiek in de Bourgondische Nederlanden. Financiel beheer en economische politiek te Mechelen tussen 1439 en 1490 », *Handelingen van de Koninklijke Kring voor Oudheidkunde, Letteren en Kunst van Mechelen = Bulletin du Cercle Archéologique, Littéraire et Artistique de Malines*, 90, 1986, p. 92-128.

Milan et les États bourguignons, deux ensembles politiques princiers en Moyen Âge et Renaissance, XIVe-XVIe s. Rencontres de Milan (1er au 3 octobre 1987), Jean-Marie CAUCHIES (éd.), Bâle, « PCEEB », 28, 1988.

Miscellanea in memoriam Pierre Cockshaw, 1938-2008. Aspects de la vie culturelle dans les Pays-Bas méridionaux, XIVe-XVIIIe siècle, Frank DAELEMANS et Ann KELDERS (éd.), Bruxelles, Bibliothèque royale de Belgique, « Archives et Bibliothèques de Belgique », 82, 2009.

MISKIMIN Harry A., *Money and Power in Fifteenth-Century France*, New Haven, Connecticut, Yale University Press, « Yale Series in Economic History », 1984.

MOLLAT DU JOURDIN Michel, « Une enquête à poursuivre. La situation financière de Charles le Téméraire dans les derniers temps de son règne », in *Cinq-centième anniversaire de la bataille de Nancy (1477)*, 1979, p. 175-185.

– « Recherches sur les finances des ducs Valois de Bourgogne », *Revue historique*, 219, 1958, p. 285-321.

MONIER Raymond, *Les institutions financières du comté de Flandre du XIe siècle à 1384*, Paris, Domat-Montchrestien, 1948.

52 BIBLIOGRAPHIE

MOUREAUX VAN NECK Anne, « Un aspect de l'histoire financière du Brabant au Moyen Âge. Les aides accordées aux ducs entre 1356 et 1430 », *Annales de la société royale d'archéologie de Bruxelles*, 51, 1966-1962, p. 65-94.

MUNRO John H. A., *Bullion Flows and Monetary Policies in England and the Low Countries, 1350-1500*, Aldershot, Ashgate, Variorum, « Collected Studies Series », 355, 1992.

– *Wool, Cloth and Gold. The Struggle for Bullion in Anglo-Burgundian Trade, 1340-1478*, Bruxelles Toronto, Éditions de l'Université de Bruxelles, University of Toronto Press, 1973.

Négociations, traités et diplomatie dans l'espace bourguignon. Rencontres de Calais (20 au 23 septembre 2012), Jean-Marie CAUCHIES (éd.), Neuchâtel, « PCEEB », 53, 2013, p. 179-200.

Les niveaux de vie au Moyen Âge. Mesures, perceptions et représentations. Actes du colloque international de Spa, 21-25 octobre 1998, Jean-Pierre SOSSON, Claude THIRY, Sandrine THONON, Tania VAN HEMELRYCK (éd.), Louvain-la-Neuve, Academia Bruylant, 1999.

La Noblesse au Moyen Âge. XIe-XVe siècles. Essais à la mémoire de Robert Boutruche, Philippe CONTAMINE (éd.), Paris, Presses universitaires de France, 1976

NUYTTENS Michel et ZOETE Antoine, « De vier Leden en de Staten van Vlaanderen », *in* Walter PREVENIER et Beatrijs AUGUSTYN (éd.), *De gewestelijke en lokale overheidsinstellingen in Vlaanderen tot 1795*, Bruxelles, Archives générales du royaume, 1997, p. 67-80.

ORMROD William Mark, « Poverty and Privilege. The Fiscal Burden in England (XIIIth-XVth Centuries) », in *La fiscalità nell'economia europea secc. XIII-XVIII*, 2008, p. 637-656.

– « England in the Middle Ages », in *The Rise of the Fiscal State in Europe*, 1999, p. 19-52.

ORMROD William Mark, BONNEY Margaret et BONNEY Richard (éd.), *Crises, Revolutions and Self-Sustained Growth. Essays in European Fiscal History, 1130-1830*, Stamford, Shaun Tyas, 1999.

PARAVICINI Werner, « Terreur royale : Louis XI et la ville d'Arras, avril 1477 », *Revue belge de philologie et d'histoire*, 89-2, 2011, p. 551-583.

– *Menschen am Hof der Herzöge von Burgund. Gesammelte Aufsätze*, Stuttgart, Thorbecke, 2002.

– « The Court of the Dukes of Burgundy. A Model for Europe? », *in* Ronald G. ASCH and Adolf M. BIRKE (éd.), *Princes, Patronage, and the Nobility. The Court at the Beginning of the Modern Age, c. 1450-1650*, 1991, Oxford, Oxford University Press, « Studies of the German Historical Institute London », p. 69-102.

– « Structure et fonctionnement de la cour bourguignonne au XVe siècle », in *Milan et les états bourguignons*, 1988, p. 67-74.

– « Soziale Schichtung und soziale Mobilität am Hof der Herzöge von Burgund », *Francia*, 5, 1977, p. 127-182.

– *Guy de Brimeu. Der burgundische Staat und seine adlige Führungsschicht unter Karl dem Kühnen*, Bonn, L. Röhrscheid, « Pariser historische Studien », 12, 1975.

PAUWELIJN Cécile, « De gegoede burgerij van Kortrijk in de 15de eeuw (1433-1496) », in *Studien betreffende de sociale strukturen te Brugge, Kortrijk en Gent in de 14e en 15e eeuw*, 1971, p. 155-213.

PAVIOT Jacques, « Un État de noblesse et de chevalerie ? », in *La cour de Bourgogne et l'Europe. Le rayonnement et les limites*, 2013, p. 205-215.

– La politique navale des ducs de Bourgogne. 1384-1482, Villeneuve-d'Ascq, Presses universitaires de Lille, « Économies et sociétés », 1995.

Pays bourguignons et autrichiens (xive-xvie siècles). Une confrontation institutionnelle et culturelle. Rencontres d'Innsbruck (29 septembre au 2 octobre 2005), Jean-Marie CAUCHIES (éd.), Neuchâtel, « PCEEB », 46, 2006, p. 145-160.

PERROY Édouard, « L'artillerie de Louis XI pendant la campagne d'Artois (1477) », *Revue du Nord*, t. 26, 1943, n° 103, p. 171-196, n° 104, p. 293-315.

PETIT Roger, *Les aides et subsides dans le Luxembourg de 1360 à 1565. Contribution à l'étude du développement de la fiscalité dans une principauté territoriale*, Bruxelles, CRH, 2013.

– « Le Luxembourg et le recul du pouvoir central après la mort de Charles le Téméraire », in *Le privilège général… 1477*, 1985, p. 373-448.

POTTER David, *War and Government in the French Provinces. Picardy, 1470-1560*, Cambridge, Cambridge University Press, 1993.

Powerbrokers in the Late Middle Ages. The Burgundian Low Countries in a European context, Robert STEIN (éd.), Turnhout, Brepols, « Burgundica », 4, 2001.

The Power of Space in Late Medieval and Early Modern Europe : the Cities of Italy, Northern France and the Low Countries, Marc BOONE et Martha C. HOWELL (éd.), Turnhout, Brepols, « Studies in European Urban History (1100-1800) », 30, 2013.

PREVENIER Walter, « *Utilitas Communis* in the Low Countries (13th-15th Centuries). From Social Mobilisation to Legitimation of Power », *in* Élodie LECUPPRE-DESJARDIN et Anne-Laure van BRUAENE (éd.), *De bono communi. The Discourse and Practice of the Common Good in the European City (13th-16th c.) = Discours et pratique du Bien Commun dans les villes d'Europe (xiiie au xvie siècle)*, Turnhout, Brepols, « Studies in European Urban History », 22, 2010, p. 205-216.

– « La démographie des villes du comté de Flandre aux xive et xve siècles. État de la question. Essai d'interprétation », *Revue du Nord*, t. 65, n° 257, 1983, p. 255-276.

– « Financiën en boekhouding in de Bourgondische periode. Nieuwe bronnen en resultaten », *Tijdschrift voor geschiedenis*, 82, 1969, p. 469-481.

– « Les États de Flandre depuis les origines jusqu'en 1790 », *Anciens pays et assemblées d'états*, 33, 1965, p. 17-59.

– « Réalité et Histoire. Le quatrième membre de Flandre », *Revue du Nord*, t. 43, n° 169, 1961, p. 5-14.

– « De beden in het graafschap Vlaanderen onder Filips de Stoute (1384-1404) », *Revue belge de philologie et d'histoire*, 38, 1960, p. 330-365.

PREVENIER Walter et AUGUSTYN Beatrijs (éd.), *De gewestelijke en lokale overheidsinstellingen in Vlaanderen tot 1795*, Bruxelles, Archives générales du royaume, 1997.

PRINS Izak, *Het Faillissement der hollandsche steden : Amsterdam, Dordrecht, Leiden en Haarlem in 1494*, Amsterdam, S. L. van Looy, 1922.

Le Privilège général et les privilèges régionaux de Marie de Bourgogne pour les Pays-Bas. 1477, Willem Pieter BLOCKMANS (éd.), Courtrai-Heule, Commission internationale pour l'histoire des assemblées d'états, « Anciens pays et assemblées d'états », 80, 1985.

RABELER Sven, *Niederadlige Lebensformen im späten Mittelalter. Wilwolt von Schaumberg (um 1450-1510) und Ludwig von Eyb d. J. (1450-1521)*, Stegaurach, Gesellschaft für Fränkische Geschichte, 2006.

BIBLIOGRAPHIE

RAPP Francis, « Strasbourg et Charles le Hardi. L'ampleur et le prix de l'effort militaire », in *Cinq-centième anniversaire de la bataille de Nancy (1477)*, 1979, p. 395-414.

Recherches sur les États généraux et les états provinciaux de la France médiévale. Actes du 110e congrès national des sociétés savantes, Montpellier, 1985, Paris, Éditions du CTHS, 1986.

REDLICH Fritz, *The German Military Enterpriser and his Work Force, a Study in European Economic and Social History*, Wiesbaden, F. Steiner, « Vierteljahrschrift für Sozial- und Wirtschaftsgeschichte », 47-48, 1964.

REIFFENBERG Frédéric Auguste Ferdinand Thomas de, *Histoire de l'ordre de la Toison d'or, depuis son institution jusqu'à la cessation des chapitres généraux, tirée des archives mêmes de cet ordre et des écrivains qui en ont traité…* , Bruxelles, Fonderie et impr. normales, 1830.

Les relations entre princes et villes aux XIVe-XVIe siècles. Aspects politiques, économiques et sociaux. Rencontres de Gand (24 au 27 septembre 1992), Jean-Marie CAUCHIES (éd.), Neuchâtel, « PCEEB », 33, 1993.

REY Maurice, *Le domaine du roi et les finances extraordinaires sous Charles VI (1388-1413)*, Paris, Imprimerie nationale, 1965.

RICHARD Jean, « Le destin des institutions bourguignonnes avant et après Charles le Téméraire », in *Cinq-centième anniversaire de la bataille de Nancy (1477)*, 1979, p. 291-304.

RIGAUDIÈRE Albert, *Saint-Flour, ville d'Auvergne au bas Moyen Âge. Étude d'histoire administrative et financière*, Paris, Presses universitaires de France, « Publications de l'Université de Rouen », 72, 1982.

The Rise of the Fiscal State in Europe. 1200-1815, Richard BONNEY (éd.), Oxford, Oxford University Press, 1999.

ROGERS Clifford J., « The Artillery and Artillery Fortress Revolutions Revisited », in Nicolas PROUTEAU, Emmanuel de CROUY-CHANEL, Nicolas FAUCHERRE (dir.), *Artillerie et fortification, 1200-1600*, Rennes, PUR, 2011, p. 75-80.

ROOSE Hanne, « "Ou vous ne me respondez point, ou je suis devenu sourt". Willem Rijm in opstand tegen Maximiliaan van Oostenrijk (1482-1492) », Handelingen der Maatschappij voor Geschiedenis en Oudheidkunde te Gent, 64, 2010, p. 129-166.

ROSS Charles Derek, *Edward IV*, London, Eyre Methuen, « English Monarchs », 1974.

ROTT Édouard, *Histoire de la représentation diplomatique de la France auprès des cantons suisses, de leurs alliés et de leurs confédérés*, Berne, Paris, Staemfli, Alcan, 1900.

RYCKBOSCH Wouter, *Tussen Gavere en Cadzand. De Gentse stadsfinanciën op het einde van de middeleeuwen (1460-1495)*, Gand, « Verhandelingen der Maatschappij voor Geschiedenis en Oudheidkunde te Gent », 31, 2007.

SABLON DU CORAIL Amable, « L'État princier à l'épreuve. Financer et conduire la guerre pendant la crise de l'État bourguignon (1477-1493) », *Revue historique*, vol. 679, 2016, p. 549-576.

– « L'armée, le Prince et ses sujets. Le financement de la guerre aux Pays-Bas bourguignons après la mort de Charles Le Téméraire, 1477-1482 », *Revue internationale d'histoire militaire*, 83, 2003, p. 289-308.

– « Les étrangers au service de Marie de Bourgogne. De l'armée de Charles le Téméraire à l'armée de Maximilien (1477-1482) », *Revue du Nord*, 2002/2-3, n° 345-346, p. 389-412.

– *Aspects militaires de la guerre pour la succession de la Bourgogne, de Nancy au traité d'Arras (5 janvier 1477-23 décembre 1482)*, Thèse inédite de l'École des chartes, Paris, 2001.

SALAMAGNE Alain, « La défense des villes des Pays-Bas à la mort de Charles le Téméraire (1477) », in *La guerre, la violence et les gens au Moyen Âge*, 1996, p. 295-307.

– « L'attaque des places-fortes au XVe siècle à travers l'exemple des guerres anglo- et franco-bourguignonnes », *Revue historique*, 289, 1993, p. 65-113.

SANTAMARIA Jean-Baptiste, *La Chambre des comptes de Lille, de 1386 à 1419. Essor, organisation et fonctionnement d'une institution princière*, Turnhout, Brepols, « Burgundica », 20, 2012.

– « Un maître prévaricateur à la Chambre des comptes de Lille sous Philippe le Bon : Roland du Bois », *Revue du Nord*, 2009/2, n° 380, p. 421-447.

SCHÄFFER Roland, *Reinprecht von Reichenburg (1434-1505). Feldhauptmann und Landeshauptmann der Steiermark. Die steirische Landesverwaltung um 1500*, [Universität Graz], 1981.

SCHAÏK Remigius Wenceslaus Maria van, « The Sale of Annuities and Financial Politics in a Town in the Eastern Netherlands Zutphen, 1400-1600 », in *Urban Public Debts*, 2003, p. 109-126.

SCHAUFELBERGER Walter, *Der Alte Schweizer und sein Krieg. Studien zur Kriegführung vornehmlich im 15. Jahrhundert*, Zurich, Europa-Verlag, 1952.

SCHEURKOGEL J., « Het Kaas- en Broodspel », *Bijdragen en mededelingen betreffende de geschiedenis der Nederlanden*, 94, 1979, p. 189-211.

SCHIRMER Uwe, « Die finanziellen Einkünfte Albrechts des Beherzten, 1485-1500 », in *Herzog Albrecht der Beherzte (1443-1500)*, 2002, p. 143-176.

SCHNEIDER Jean, « Un conseiller des ducs de Bourgogne. Georges de Bade, évêque de Metz (1459-1484) », in *Cinq-centième anniversaire de la bataille de Nancy (1477)*, 1979, p. 305-338.

SCHNERB Bertrand, *La noblesse au service du prince. Les Saveuse. Un hostel noble de Picardie au temps de l'État bourguignon (v. 1380-v. 1490)*, Turnhout, Brepols, « Burgundica », 27, 2018.

– *Jean sans Peur. Le prince meurtrier*, Paris, Payot, « Biographie Payot », 2005.

– « Un aspect de la politique financière de Jean sans Peur. La question des dépenses de guerre », in *Finances et financiers des princes et des villes à l'époque bourguignonne*, 2004, p. 11-28.

– *L'État bourguignon, 1363-1477*, Paris, Perrin, 1999.

– « La préparation des opérations militaires au début du XVe siècle : l'exemple d'un document prévisionnel bourguignon », in *Guerre et société en France, en Angleterre et en Bourgogne*, 1991, p. 189-196.

– « Un thème de recherche. L'exercice de la justice dans les armées des ducs de Bourgogne (fin XIVe-fin XVe s.) », in Jean-Marie CAUCHIES (éd.), *La justice dans les États bourguignons et les régions voisines aux XIVe-XVIe siècles. Institutions, procédure, mentalités. Rencontres de Luxembourg, 28 septembre au 1er octobre 1989*, Neuchâtel, « PCEEB », 30, 1990, p. 99-115.

SCORDIA Lydwine, « *Le roi doit vivre du sien* ». *La théorie de l'impôt en France, XIIIe-XVe siècles*, Paris, Institut d'études augustiniennes, « Collection des études augustiniennes », 40, 2005.

SICKING Louis H. J., *La naissance d'une thalassocratie. Les Pays-Bas et la mer à l'aube du Siècle d'or*, Paris, Presses universitaires de Paris Sorbonne, « Histoire maritime », 2015.
– « Ten faveure van Veere en de vorst. De heren van Veere als makelaars in macht tussen zee en vasteland, ca. 1430-1558 », in *Borsele – Bourgondië – Oranje. Heren en markiezen van Veere en Vlissingen*, 2009, p. 27-60.
– « La Hollande dans l'État bourguignon. », Revue du Nord, 2005/1, n° 359, p. 35-50.
SICKING Louis H. J. et HAEMERS Jelle, « De vlaamse opstand van Filips van Kleef en de nederlandse opstand van Willem van Oranje. Een vergelijking. », *Tijdschrift voor geschiedenis*, 119, 2006, p. 328-347.
SMAGGHE Laurent, « 3 avril 1477. L'exécution du chancelier Hugonet et du sire de Humbercourt. Mécanismes compassionnels et rhétorique de l'émotion dans le plaidoyer de Marie de Bourgogne », in *Emotions in the Heart of the City, 14th-16th century*, 2005, p. 177-196.
SMALL Graeme et DUMOLYN Jan, « Parole d'État et mémoire "collective" dans les pays bourguignons. Les discours prononcés devant des assemblées représentatives (xve-xvie siècle) », in Jean-Marie CAUCHIES (éd.), *Mémoires conflictuelles et mythes concurrents dans les pays bourguignons (ca 1380-1580). Rencontres de Luxembourg (22 au 25 septembre 2011)*, Neuchâtel, « PCEEB », 52, 2012, p. 15-28.
SMET J. de, « Le dénombrement des foyers en Flandre en 1469 », BCRH, 99, 1935, p. 105-150.
SOENS Tim, « Évolution et gestion du domaine comtal en Flandre sous Louis de Male et Philippe le Hardi (1346-1404) », *Revue du Nord*, 2001/1, n° 339, p. 25-63.
SOMMÉ Monique, « L'artillerie et la guerre de frontière dans le Nord de la france de 1477 à 1482 », in *Art de la guerre, technologie et tactique en Europe occidentale*, 1986, p. 57-70.
SORNAY Janine, « Les états prévisionnels des finances ducales au temps de Philippe le Bon », in *Études bourguignonnes. Finance et vie économique dans la Bourgogne médiévale, linguistique et toponymie bourguignonnes. Actes du 109e congrès national des sociétés savantes, Dijon, 1984, Section d'histoire médiévale et de philologie*, Paris, Comité des travaux historiques et scientifiques, 1987, p. 35-94.
SOSSON Jean-Pierre, « Les xive et xve siècles. Un "âge d'or de la main-d'oeuvre" ? Quelques réflexions à propos des anciens Pays-Bas méridionaux », in *Aspects de la vie économique des pays bourguignons*, 1987, p. 17-38.
SPITZBARTH Anne-Brigitte, « La diplomatie bourguignonne sous Philippe le Bon. Une diplomatie modèle ? », in *La cour de Bourgogne et l'Europe. Le rayonnement et les limites*, 2013, p. 183-203.
SPUFFORD Peter, « Dans l'espace bourguignon 1477 – un tournant monétaire ? », in *Cinq-centième anniversaire de la bataille de Nancy (1477)*, 1979, p. 187-204.
– *Monetary Problems and Policies in the Burgundian Netherlands, 1433-1496*, Leiden, E. J. Brill, 1970.
STABEL Peter, « Militaire organisatie, bewapening en wapenbezit in het laatmiddeleeuwse Brugge », *Revue belge de philologie et d'histoire*, 89, 2011, p. 1049-1073.
– *Dwarfs Among Giants. The Flemish Urban Network in the late Middle Ages*, Leuven, Apeldoorn, Garant, « Studies in Urban Social, Economic and Political History of the Medieval and Modern Low Countries », 8, 1997.

– « Décadence ou survie ? Économies urbaines et industries textiles dans les petites villes drapières de la Flandre orientale (14ᵉ-16ᵉ siècles) », in *La draperie ancienne des Pays-Bas*, 1993, p. 63-84.

STEIN Robert, *Magnanimous Dukes and Rising States. The Unification of the Burgundian Netherlands, 1380-1480*, Oxford, Oxford University Press, « Oxford Studies in Medieval European History », 2017.

STEIN Robert, BOELE Anita et BLOCKMANS Willem Pieter, « Whose Community? The Origin and Development of the Concept of *Bonum commune* in Flanders, Brabant and Holland (twelfth-fifteenth Century) », in *De bono communi. The Discourse and Practice of the Common Good in the European City*, 2010, p. 149-170.

STRUICK Jules Edouard Anne Louis, *Gelre en Habsburg, 1492-1528*, Arnhem, S. Gonda-Quint-D. Brouwer en zoon, 1960.

THIEME André, « Herzog Albrecht der Beherzte im Dienste des Reiches. Zu fürstlichen Karrieremustern im 15. Jahrhundert », in *Herzog Albrecht der Beherzte (1443-1500)*, 2002, p. 73-101.

THOEN Erik, « Landbouwproductie en bevolking in enkele gemeenten ten zuiden van Gent gedurende het Ancien Régime (14ᵈᵉ-18ᵈᵉ eeuw) », *in* Christiaan VANDENBROEKE et Adriaan E. VERHULST (éd.), *Landbouwproduktiviteit in Vlaanderen en Brabant 14ᵈᵉ-18ᵈᵉ eeuw*, Gand, « Studia historica Gandensia », 223, 1979, p. 131-200.

– « Oorlogen en platteland. Sociale en ekonomische aspekten van militaire destruktie in Vlaanderen », *Tijdschrift voor geschiedenis*, 91, 1978, p. 363-378.

THOEN Erik et SOENS Tim, « The Social and Economic Impact of Central Government Taxation on the Flemish Countryside (end 13ᵗʰ-18ᵗʰ Centuries) », in *La fiscalità nell'economia europea secc. XIII-XVIII*, 2008, p. 957-972.

THORPE Lewis, « Philippe de Crèvecoeur, seigneur d'Esquerdes. Two Epitaphs by Jean Molinet and Nicaise Ladam », *BCRH*, 119, 1954, p. 183-206.

TILLY Charles, *Contrainte et capital dans la formation de l'Europe, 990-1990*, Denis-Armand CANAL (trad.), Paris, Aubier, « Aubier histoires, Librairie européenne des idées », 1992.

TILMANS Karin, « Republican Citizenship and Civic Humanism in the Burgundian-Habsburg Netherlands, 1477-1566. », *in* Martijn VAN GELDEREN, Quentin SKINNER (éd.), *Republicanism. A Shared European Heritage*, Cambridge, Cambridge University Press, 2002, p. 107-125.

TITS-DIEUAIDE Marie-Jeanne, « L'évolution du prix du blé dans quelques villes d'Europe occidentale du XVᵉ au XVIIIᵉ siècle », *Annales*, 42, 1987, p. 529-548.

– *La Formation des prix céréaliers en Brabant et en Flandre au XVᵉ siècle*, Bruxelles, Éditions de l'Université de Bruxelles, 1975.

TOUREILLE Valérie, *Robert de Sarrebrück ou L'honneur d'un écorcheur, v. 1400-v. 1462*, Rennes, Presses universitaires de Rennes, 2014.

TRACY James Donald, « On the Dual Origins of Long-Term Urban Debt in Medieval Europe », in *Urban Public Debts*, 2003, p. 13-24.

– *A Financial Revolution in the Habsburg Netherlands. Renten and Renteniers in the County of Holland, 1515-1565*, Berkely, University of California Press, 1985.

– *Holland under Habsburg Rule, 1506-1566. The Formation of a Body Politic*, Berkeley, University of California Press, 1985.

BIBLIOGRAPHIE

Urban Public Debts. Urban Government and the Market for Annuities in Western Europe, 14th-18th centuries, Marc BOONE, Carolus Augustinus DAVIDS et Paul JANSSENS (éd.), Turnhout, Brepols, « Studies in European Urban History », 3, 2003.

UYTTEBROUCK André, *Le gouvernement du duché de Brabant au bas moyen âge, 1355-1430*, Bruxelles, Éditions de l'Université de Bruxelles, 1975.

UYTVEN Raymond van, « 1477 in Brabant », in *Le privilège general… 1477*, 1985, p. 253-285.

– « Vorst, adel en steden. Een driehoeksverhouding in Brabant van de twaalfde tot de zestiende eeuw », *Bijdragen tot de geschiedenis*, 59, 1976, p. 93-122.

– « Politiek en economie. De crisis der late 15e eeuw in de Nederlanden », *Revue belge de philologie et d'histoire*, 53, 1975, p. 1097-1149.

– « La Flandre et le Brabant. "Terres de promission" sous les ducs de Bourgogne ? », *Revue du Nord*, t. 43, n° 172, 1961, p. 281-317.

– *Stadsfinanciën en stadsekonomie te Leuven van de 12ᵉ tot het einde der 16ᵉ eeuw*, Bruxelles, Palais des Académies, 1961.

UYTVEN Raymond van et BLOCKMANS Willem Pieter, « Constitutions and their Application in the Netherlands during the Middle Ages », *Revue belge de philologie et d'histoire*, 47, 1969, p. 399-424.

UYTVEN Raymond van, BRUNEEL Claude, COPPENS Herman et AUGUSTYN Beatrijs, *De gewestelijke en lokale overheidsinstellingen in Brabant en Mechelen tot 1795*, Bruxelles, Archives générales du royaume, 2000.

VAN BRUAENE Anne-Laure, « L'écriture de la mémoire urbaine en Flandre et en Brabant (XIVᵉ-XVIᵉ siècle) », in *Villes de Flandre et d'Italie (XIIIᵉ-XVIᵉ siècles). Les enseignements d'une comparaison*, 2008, p. 149-164.

VAN CAUWENBERGHE Eddy, *Het Vorstelijk domein en de overheidsfinanciën in de Nederlanden. 15ᵈᵉ en 16ᵈᵉ eeuw. Een kwantitatieve analyse van Vlaamse en Brabantse domeinrekeningen*, Bruxelles, Crédit communal de Belgique, « Histoire Pro Civitate. Série in 8° », 61, 1982.

VAN DER WEE Herman, *The Growth of the Antwerp Market and the European Economy (Fourteenth-Sixteenth Centuries)*, Louvain, Publications universitaires, 1963.

VAN DER WEE Herman et CAUWENBERGHE Eddy H. G. van, « Histoire agraire et finances publiques en Flandre du XIVᵉ au XVIIᵉ siècle », *Annales*, 28, 1973, p. 1051-1065.

VAN NIEUWENHUYSEN Andrée, *Les finances du duc de Bourgogne Philippe le Hardi, 1384-1404. Le montant des ressources*, Bruxelles, Académie royale de Belgique, « Mémoires de la classe des lettres », 1990.

– *Les finances du duc de Bourgogne Philippe Le Hardi, 1384-1404. Économie et politique*, Bruxelles, Éditions de l'Université de Bruxelles, 1984.

VAN ROMPAEY Jan, *De Grote raad van de hertogen van Bourgondië en het parlement van Mechelen*, Bruxelles, Palais des Académies, 1973.

VANDER LINDEN Herman, *Itinéraires de Marie de Bourgogne et de Maximilien d'Autriche (1477-1482)*, Bruxelles, M. Lamertin, 1934.

VANNÉRUS Jules, *Dénombrements luxembourgeois du quinzième siècle (1472-1482)*, Bruxelles, Palais des Académies, 1941.

VAUGHAN Richard, « 500 Years after the Great Battles », *Bijdragen en Mededelingen betreffende de Geschiedenis der Nederlanden*, 1980, p. 377-390.

VERBRUGGEN Jan-Frans, *De slag bij Guinegate, 7 augustus 1479. De verdediging van het graafschap Vlaanderen tegen de Koning van Frankrijk, 1477-1480*, Bruxelles, « Travaux du Centre d'histoire militaire », 27, 1993.

VERHULST Adriaan E., « L'économie rurale de la Flandre et la dépression économique du bas Moyen Âge », *Études rurales*, 10, 1963, p. 68-80.

La Ville, la bourgeoisie et la genèse de l'État moderne (XIIe-XVIIIe siècles). Actes du colloque de Bielefeld, 29 novembre-1er décembre 1985, Jean-Philippe GENET et Neithard BULST (éd.), Paris, Éditions du CNRS, 1988.

Villes de Flandre et d'Italie (XIIIe-XVIe siècles). Les enseignements d'une comparaison, Élisabeth CROUZET-PAVAN, Élodie LECUPPRE-DESJARDIN et Marc BOONE (dir.), Turnhout, Brepols, « Studies in European Urban History », 12, 2008.

VILTART Franck, « La garde et les ordonnances militaires de Charles de Téméraire : des modèles militaires ? », in *La cour de Bourgogne et l'Europe. Le rayonnement et les limites*, 2013, p. 157-181.

The Voices of the People in Late Medieval Europe. Communication and Popular Politics, Jan DUMOLYN, Jelle HAEMERS, Hipólito Rafael OLIVA HERRER et Vincent CHALLET (éd.), Turnhout, Brepols, « Studies in European Urban History », 33, 2014.

VRANCKEN Valérie, « Papieren munitie. Een pamflet over verraad tijdens de Brusselse opstand tegen Maximiliaan van Oostenrijk (1488-1489) », *Handelingen der Koninklijke Zuid-Nederlandse Maatschappij voor Taal- en Letterkunde en Geschiedenis*, 66, 2013, p. 47-62.

– « Opstand en dialoog in laatmiddeleeuws Brabant. Vier documenten uit de Brusselse opstand tegen Maximiliaan van Oostenrijk (1488-1489) », *BCRH*, 181, 2015, p. 209-266.

WAILLY Natalis de, *Mémoire sur les variations de la livre tournois depuis le règne de Saint Louis jusqu'à l'établissement de la monnaie décimale*, Paris, Imprimerie Impériale, 1857.

WALTHER Andreas, *Die burgundischen Zentralbehörden unter Maximilian I. und Karl V*, Leipzig, Duncker und Humblot, 1909.

WELLENS Robert, « Les instructions des députés de Douai aux États Généraux des Pays-Bas en 1488 », *Revue du Nord*, t. 62, n° 246, 1980, p. 573-578.

– *Les États généraux des Pays-Bas des origines à la fin du règne de Philippe le Beau, 1464-1506*, Courtrai-Heule, Commission internationale pour l'histoire des assemblées d'états, « Anciens pays et assemblées d'états », 64, 1974.

– « La révolte brugeoise de 1488 », *Handelingen van het Genootschap voor Geschiedenis. Gesticht onder de benaming Société d'Emulation te Brugge*, 102, 1965, p. 5-52.

WIESFLECKER Hermann, *Kaiser Maximilian I, t. 5, Der Kaiser und seine Umwelt : Hof, Staat, Wirtschaft, Gesellschaft und Kultur*, Munich, R. Oldenbourg, 1986.

– *Kaiser Maximilian I, t. 2, Reichsreform und Kaiserpolitik. 1493-1500. Entmachtung des Königs im Reich und in Europa*, Munich, R. Oldenbourg, 1975.

– *Kaiser Maximilian I, t. 1, Jugend, burgundisches Erbe und Römisches Königtum bis zur Alleinherrchaft, 1459-1493*, Munich, R. Oldenbourg, 1971.

WILLEMS Bart, « Militaire organisatie en staatsvorming aan de vooravond van de Nieuwe Tijd. Een analyse van het conflict tussen Brabant en Maximiliaan van Oostenrijk, 1488-1489 », *Jaarboek voor middeleeuwse geschiedenis*, 1, 1998, p. 261-285.

WITTEVEEN-ROBERT Danièle, « Une particularité comptable de la recette générale des finances des anciens Pays-Bas. Le chapitre des "deniers comptés et non reçus" », in

Recherches sur l'histoire des finances publiques en Belgique, Bruxelles, Institut d'histoire de l'Université libre de Bruxelles, « Acta historica Bruxellensia », 2, 1970, p. 25-41.

WYMANS Gabriel, « L'exemplaire montois du Grand Privilège de Marie de Bourgogne (11 février 1477) », *Annales du Cercle archéologique de Mons*, 70, 1976, p. 81-116.

XHAYET Geneviève, *Réseaux de pouvoir et solidarités de parti à Liège au bas Moyen Âge. 1250-1468*, Liège, Publications de l'Université de Liège, 1997.

– « Raes de Heers, un "Condottiere" liégeois du XVe siècle », *Le Moyen Âge*, 93, 1987, p. 408-442.

YANTE Jean-Marie, « Économie urbaine et politique princière dans le Luxembourg (1443-1506) », in *Finances et financiers des princes et des villes à l'époque bourguignonne*, 2004, p. 79-100.

ZILVERBERG Siegfried Boudewijn Johan, *David van Bourgondië, bisschop van Terwaan en van Utrecht (+ ou - 1427-1496). « David de Bourgogne, évêque de Térouanne et d'Utrecht (+ ou - 1427-1496) »*, Groningue, J. B. Wolters, 1951.

ZOETE Antoine, *De beden in het graafschap Vlaanderen onder de hertogen Jan zonder Vrees en Filips de Goede (1405-1467)*, Bruxelles, « Verhandelingen van de Koninklijke Academie voor Wetenschappen, Letteren en Schone Kunsten van België, Klasse der Letteren », 149, 1994.

– « De haardtelling van 1469 in Veurne ambacht », *BCRH*, 156, 1990, p. 55-13.

Table des abréviations

ADN : Archives départementales du Nord
AGR : Archives générales du royaume
BCRH : Bulletin de la Commission royale d'histoire
CHEEF : Comité pour l'histoire économique et financière de la France
CRH : Commission royale d'histoire
Handelingen… : Willem Pieter BLOCKMANS, *Handelingen van de Leden en van de Staten van Vlaanderen, vol. 4, Regeringen van Maria van Bourgondie en Filips de Schone (5 januari 1477-26 september 1506)*
NA : Nationaal Archief
PCEEB : Publications du centre européen d'études bourguignonnes (XIVe-XVIe s.)
SHF : Société de l'histoire de France

CHAPITRE 1

Des archives et des hommes

Les documents comptables de l'État bourguignon

La recette générale des finances, les comptes des aides et, pour la Flandre, les comptes des villes et châtellenies constituent les trois piliers de la présente étude. Leur croisement permet d'estimer, au plus près de la réalité, les flux de recettes et de dépenses de l'État central, dans le cadre de ses relations avec les communautés, villes, districts ou principautés. Les comptes des aides, en particulier, entretiennent un dialogue permanent avec les registres de la recette générale des finances.

C'est à des fins de vérification et de contrôle que la plupart des documents d'archives comptables étaient établis. Depuis le xive siècle, la plupart des principautés territoriales s'étaient dotées d'institutions spécialisées et permanentes pour l'exercer. Les seuls Pays-Bas bourguignons disposaient de trois chambres des comptes établies à Lille, La Haye et Bruxelles. C'est à la première que revenait le contrôle des comptables centraux, au premier rang desquels le receveur général des finances. L'historiographie des chambres des comptes médiévales en général, et de la Chambre des comptes de Lille en particulier, a été profondément renouvelée ces dernières années. J.-B. Santamaria a récemment consacré une étude fondamentale à la naissance et au développement de cette institution complexe, loin d'avoir toujours été conforme à un idéal de « rationalité administrative »[1]. Olivier Mattéoni[2] et Patrice Beck[3] ont également livré de précieuses contributions sur les modalités techniques du travail des chambres des comptes, tout autant que sur ses enjeux politiques et symboliques. Ainsi, la procédure de contrôle est à présent bien connue, de même que les limites de son efficacité.

Au-delà de celle-ci, il convient cependant d'envisager la chaîne comptable dans son ensemble, c'est-à-dire comme un processus impliquant plusieurs officiers de finance et de nombreux créanciers ou ayant-droits, agents du prince ou particuliers en affaire avec lui, et de voir comment s'y inscrivent les documents produits – comptes tenus par les officiers de finance, ainsi que les pièces justificatives, trop souvent négligées, car elles constituent en quelque sorte un angle mort entre l'histoire des

---

1 Jean-Baptiste SANTAMARIA, *La Chambre des comptes de Lille, de 1386 à 1419. Essor, organisation et fonctionnement d'une institution princière*, Turnhout, Brepols, « Burgundica », 20, 2012.

2 Olivier MATTÉONI, « Vérifier, corriger, juger. Les Chambres des comptes et le contrôle des officiers en France à la fin du Moyen Âge », *Revue historique*, 309, 2007, p. 31-70 ; « Codicologie des documents comptables (xiiie-xve siècles). Remarques introductives », *Comptabilité(S). Revue d'histoire des comptabilités*, 2, 23 mai 2011, http://journals.openedition.org/comptabilites/382.

3 Patrice BECK, « Le vocabulaire et la rhétorique des comptabilités médiévales. Modèles, innovations, formalisation. Propos d'orientation générale », *Comptabilité(S). Revue d'histoire des comptabilités*, 4, 6 novembre 2012, http://journals.openedition.org/comptabilites/840.

64   CHAPITRE 1

institutions de contrôle et la diplomatique royale ou princière. La présentation qui
va suivre adopte donc le point de vue de l'historien qui cherche à comprendre et
à évaluer ses sources ; elle vise également à initier le lecteur, de la manière la plus
simple et pédagogique possible, aux techniques comptables en usage dans les pays
bourguignons au tournant du XVe et du XVIe siècle.

I.   La gestion des finances centrales de l'État bourguignon

La gestion des finances du prince consiste d'abord à ordonnancer des dépenses
à partir des recettes disponibles, à savoir le revenu net du domaine et le produit des
aides accordées par les assemblées représentatives, auxquels s'ajoutent des recettes
extraordinaires, ressortissant le plus souvent à la catégorie de l'emprunt sous toutes
ses formes (ventes de rentes, emprunts forcés, avances...). Les ducs de Bourgogne
confèrent à certains de leurs conseillers le soin de procéder à cette opération, qui
était véritablement la base de tout le système financier. Ce faisant, ils eurent à choisir
entre deux modes de délégation, ayant chacun leurs avantages et leurs inconvénients.
Le premier consistait à se reposer sur un trésorier unique ou sur une poignée de
spécialistes des finances, et le second à appliquer les principes de collégialité et de
polyvalence, propres à la plupart des conseils de gouvernement médiévaux. Les ducs
de Bourgogne hésitèrent entre l'un et l'autre, y compris au cours de la période assez
resserrée que constituent les années 1477-1493.

Après l'abolition des innovations institutionnelles du Téméraire au début de 1477,
on promulgua le 10 novembre 1477 les « ordonnances nouvelles sur la conduite des
finances »[4], dans le cadre de la remise en ordre générale des institutions qui suivit
l'arrivée de Maximilien. Les nouvelles ordonnances se traduisirent par le rétablissement
de fait de l'organisation mise en place en 1468 par Charles le Téméraire. On institua
une commission des finances composée de trois commis, d'un secrétaire et d'un
contrôleur, dont les offices furent très vite fusionés, et d'un clerc, tous placés sous
l'autorité d'un surintendant des finances. Les trois commis sur le fait des domaine et
finances (Pieter Bogaert, Pieter Lanchals et Nicolas de Gondeval), le contrôleur (Jean
Gros) et le secrétaire (Nicolas de Ruter) qui composaient alors la commission des
finances étaient tous d'anciens proches collaborateurs de Charles le Téméraire[5]. Le
surintendant des finances disparut au cours de l'année 1480, ce dont le fonctionnement
de la commission ou conseil des finances ne se ressentit guère.

En décembre 1487, dans un contexte financier et politique particulièrement
tendu, alors que la révolte grondait en Flandre, Maximilien publia une nouvelle
ordonnance sur le fait des finances. Il ressuscitait cette fois la section spécialisée du

---

4   Jan VAN ROMPAEY, *De Grote raad van de hertogen van Bourgondië en het parlement van Mechelen*,
    Bruxelles, Palais des Académies, 1973, p. 124-127.
5   Jelle HAEMERS, « *Ende hevet tvolc goede cause jeghens hemlieden te rysene* ». *Stedelijke opstanden en
    staatsvorming in het graafschap Vlaanderen (1477-1492)*, thèse de doctorat soutenue à l'Université de
    Gand, 2006, p. 64-71.

Conseil instituée par Philippe le Bon en 1447. Elle comptait six grands seigneurs, dont Philippe de Clèves et Philippe de Bourgogne. Cette ordonnance n'eut guère de suites, en raison de la révolte de Bruges et de l'embrasement général des Pays-Bas. Ainsi, les ordonnances de 1477 et 1487 poussaient à l'extrême deux logiques, privilégiant l'une l'efficacité et le professionnalisme, l'autre la délibération et le contrôle réciproque. En réalité, la gestion des finances centrales s'est toujours située entre ces deux pôles, et a toujours été partagée entre les techniciens comptables et un groupe de spécialistes issus de la haute noblesse, très stable, et très affûté sur les questions financières. Les uns et les autres étaient désignés sous le nom de « commis sur le fait des domaine et finances ». L'implication des grands seigneurs dans les finances princières constitue à n'en pas douter une spécificité du modèle bourguignon, notamment par rapport à la France. Les commis sur le fait des domaine et finances étaient assistés dans leur travail par le receveur général des finances, qui, après une période de latence s'étendant du 1er janvier au 1er octobre 1477, fut en charge de l'enregistrement de toutes les recettes et de toutes les dépenses centrales.

Le compte annuel qu'il tenait était la clef de voûte documentaire de la comptabilité de l'État. La fonction des registres de la recette générale n'est cependant pas aussi évidente qu'il y paraît. À première vue, il ne s'agit que d'une mise en ordre et au propre des opérations financières décidées au conseil des finances, en recette et en dépense. Un travail de greffier, en quelque sorte. Il ne s'agit pas d'un instrument de prévision budgétaire, puisqu'il est établi à la fin d'un exercice annuel, mais il enregistre des assignations qui reposent sur un travail d'estimation des recettes disponibles ou à venir. Est-ce à dire que les registres de la recette générale ne sont bons qu'à être contrôlés, ou à aider au contrôle des comptes des receveurs subordonnés ? « Le compte n'est-il qu'un instrument de gestion, ou alors un document plus complexe, qui affirme aussi les droits du prince ou du seigneur, tout en en confortant les fondements[6] ? » Une analyse formelle de ces registres permet-elle d'en savoir plus ?

Description sommaire des registres de la recette générale

Les registres de la recette générale se présentent sous la forme de cahiers de parchemin cousus ensemble, et pourvus d'une couverture en parchemin plus épais, mais toujours souple. Sur la couverture est indiquée le nom du receveur, sa titulature complète, l'exercice couvert par le compte, en l'occurrence, les années calendaires, du 1er janvier au 31 décembre, et surtout le quantième du compte tenu par un même receveur, qui sert de référence principale, voire unique, aux maîtres de la Chambre des comptes de Lille. Ceux-ci attachent en effet une importance moindre aux périodes couvertes, qui varient d'un endroit à l'autre, et d'une catégorie de comptes à une autre. Le compte présenté au contrôle est avant tout un document personnel, produit par un individu occupant une fonction déterminée, et qui s'inscrit dans une série. Ainsi, le compte de 1482 est-il désigné comme étant le *compte troisiesme de Loys Quarré*,

---

6 Olivier MATTÉONI, « Codicologie des documents comptables... », § 2.

66   CHAPITRE 1

conseiller et receveur général de toutes les finances de mon tres redoubté seigneur. L'écriture est élégante, très ample, et occupe un bon tiers de l'espace disponible.

Le format des cahiers de parchemin est toujours le même, soit environ 25 centimètres par 35/40. Le parchemin est un vélin de très bonne qualité, mince et clair, même s'il n'est pas exempt de défauts, taches et déchirures recousues, à l'instar des comptes royaux français de la même époque. L'écriture, une gothique bâtarde de module moyen, est très soignée, quoiqu'assez cursive. Les marges sont larges, et les interlignes également. Il est rare que le bloc central de texte compte plus de sept à dix mots par ligne. Des marque-page sont insérés en début de chapitre, sur le bord des pages, dans le sens de la hauteur. Les folios sont soigneusement numérotés, ce qui est loin d'être systématique, par exemple, pour les comptes des villes et châtellenies de Flandre.

Les initiales ornées sont systématiques en tête de chapitre, mais l'ampleur de la décoration varie considérablement dans un même registre. L'ornementation se limite le plus souvent à des cadelures et à des torsades, qui peuvent cependant se déployer sur une dizaine de centimètres en haut à gauche des pages de titre, et témoignent d'une grande sûreté et d'une parfaite maîtrise graphique. Les lettres ornées sont rarement figuratives, mais on en trouve tout de même, au moment le plus inattendu, au détour d'un chapitre que rien ne signale particulièrement à l'attention du maître des comptes.

Tout cela témoigne d'une esthétique médiévale qui répugne à l'uniformité, mais recherche au contraire la variété des formes et l'étonnement du spectateur, auquel on offre un point de vue et des motifs toujours nouveaux. En somme, les clercs du receveur général appliquaient dans leur travail les préceptes que le Florentin Alberti voulait au même moment (1485) faire triompher pour l'architecture urbaine : « Au cœur de la ville, il est préférable que les rues ne soient pas rectilignes, mais qu'elles ne cessent de se perdre en détours, comme le cours tranquille d'une rivière. Elles semblent ainsi fort longues et propres à donner une idée avantageuse de la cité, cependant qu'elles peuvent lui éviter maintes surprises désagréables. En outre, le passant qui suit ces détours des rues va découvrir à chaque pas une perspective nouvelle, et la porte d'entrée de chaque habitation a son espace particulier[7]. »

Ainsi voyons-nous se succéder, dans le compte de 1482 de la recette générale, pour les chapitres consacrés aux recettes du domaine de Brabant, Luxembourg, Gueldre, Flandre, Artois et Hainaut des initiales ornées toutes différentes, mais encore assez sobres. Puis, pour la Hollande, le A majuscule d'*Autre recepte en Hollande* est figuré par un animal fantastique ailé à tête de loup, aux longues oreilles de cochon, pourvu d'une queue se terminant en motif géométrique carré, en train d'égorger une espèce de héron[8]. Un petit chien est accroché par la queue au long cou du prédateur, comme une bannière à sa hampe. Au chapitre suivant, consacré à la recette du domaine de Zélande, on retrouve la bête ailée à tête de loup, le cou tordu en 8, en train de mordre un gigantesque briquet posé à la verticale – symbole bourguignon s'il en est – dont

---

7   Cité par Lewis MUMFORD, *La Cité à travers l'histoire*, Paris, Le Seuil, 1961, 1964 (trad. Guy et Gérard Durand), « Esprit », p. 392-393.

8   ADN, B 2127, fol. 21r.

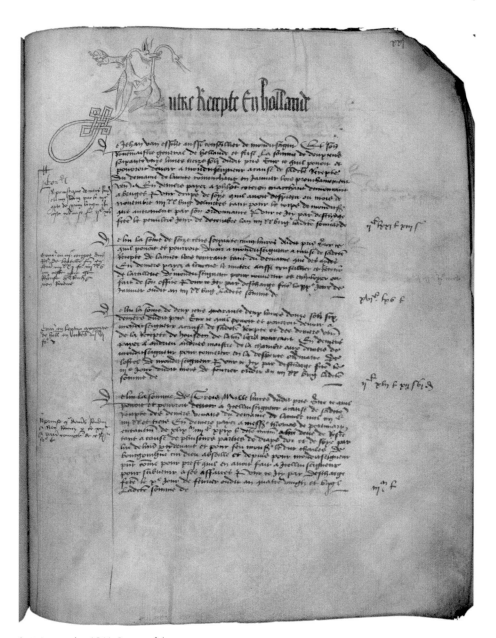

Lettrine ornée, ADN, B 2127, fol. 21r

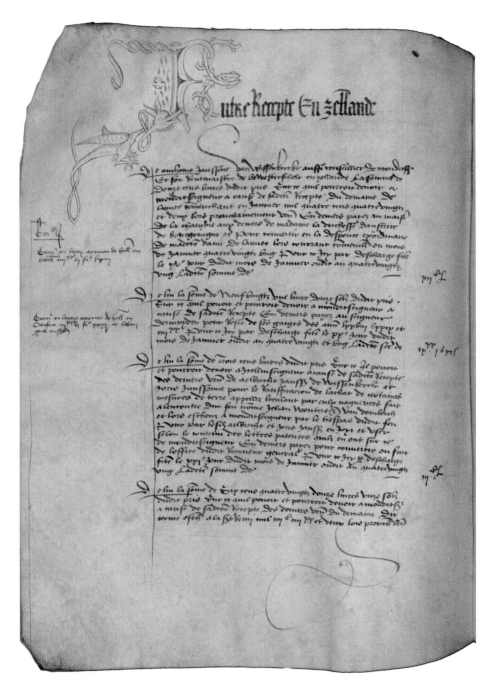

Lettrine ornée, ADN, B 2127, fol. 26v

l'une des boucles passe, par effet de trompe-l'œil, au travers du parchemin[9]. Après la Zélande vient le comté de Namur. Retour alors à une initiale plus sobre, rehaussée de trois petits visages nichés entre trois traits verticaux, à gauche de la hampe, presque verticale, du A de *Autre*[10]. Enfin s'ouvre la deuxième partie, réservée à l'*Autre recepte des aides*. Le premier A est orné d'un fou tenant un sceptre sur la hampe verticale, et de deux chiens rampant sur l'autre face, arrondie, de la lettre[11].

Les comptes de la recette générale font donc l'objet d'une présentation singulière. Dans un cadre général de sobriété et de rigueur, prennent place des éléments graphiques d'une grande richesse, mais dont toute couleur est bannie – contrairement aux chartes ornées royales françaises du siècle précédent. L'emblématique est sinon absente, du moins très allusive. Dans le compte de 1482, seul le briquet se rattache à un univers symbolique spécifiquement bourguignon. La forme matérielle des registres de la recette générale manifeste à la fois le respect scrupuleux des normes exigées d'un document destiné à être impitoyablement commenté, rectifié, rayé ou gratté par le personnel de la Chambre des comptes de Lille, et la volonté de le distinguer des autres registres de sa catégorie en lui donnant un éclat particulier. On peut également supposer que le receveur général et ses clercs n'ont pas ménagé leur peine pour présenter un document susceptible de capter la bienveillance des auditeurs, et de leur signaler le sérieux de ceux qui l'avaient mis en forme.

Le coût de confection de ces comptes était loin d'être négligeable ; il apparaît dans le chapitre de la *despence commune* de la recette générale, couvrant les frais d'écriture et d'achat d'encre et de parchemin. Pour un registre dodu, comme celui de 1505, qui compte 460 folios, la dépense monte à 80 l. 17 s[12]. Pour celui de 1501, réduit à 170 folios, elle tombe à 37 l. 7 s[13]. Une page revient donc à 3 ou 4 sous, soit l'équivalent d'un jour de salaire d'un ouvrier non qualifié. Le coût par feuillet semble diminuer à mesure que s'épaissit le compte, ce qui est somme toute logique. Ainsi, le receveur des aides de Hainaut consacre 60 sous à la façon du compte de l'année 1496, soit plus de 5 sous par feuillet[14]. Les dizaines de milliers de pages scrutées chaque année par la Chambre des comptes de Lille représentaient donc un coût de plusieurs milliers de livres de 40 g. ; somme considérable, qui devait être très supérieure aux gages du personnel de ladite Chambre. Un demi-siècle plus tôt, en France, l'ordonnance de Mehun-sur-Yèvre s'efforçait de réduire ces frais administratifs en prescrivant aux officiers comptables une écriture plus dense, en leur fournissant un modèle disponible à la Chambre des comptes, et en limitant leur défraiement à 2 sous par page[15].

Rien n'indique cependant un effort documentaire en vue de constituer des séries parfaitement homogènes par leur contenu. Le receveur général ne présente toujours

---

9   *Ibid.*, fol. 26v. Je remercie Laurent Hablot de m'avoir éclairé sur cet « effet de réel », courant semble-t-il dans les manuscrits décorés de l'époque.

10 *Ibid.*, fol. 29v.

11 *Ibid.*, fol. 32r.

12 ADN, B 2191, fol. 459r.

13 ADN, B 2177, fol. 169r.

14 ADN, B 12438, fol. 11r.

15 Olivier Mattéoni, « Codicologie des documents comptables… », § 4.

qu'un seul compte, même lorsqu'il assume en même temps d'autres fonctions. Le compte de la trésorerie des guerres est ainsi inclus dans le compte de la recette générale des années 1480-1482, lorsque Louis Quarré tenait les deux offices simultanément. Cela explique la brièveté des comptes de la recette générale des finances entre 1484 et 1491, lorsque Louis Quarré eut perdu la trésorerie des guerres et qu'un argentier eut pris en charge les dépenses extraordinaires. Que l'argentier Simon Longin soit nommé receveur général, en 1492, tout en conservant ses anciennes fonctions, et voilà le compte qui enfle de 120 à 210 feuillets[16] !

Ni le conseil des finances, ni la Chambre des comptes n'ont donc cherché à constituer plusieurs collections de référence, auxquelles ils auraient pu se reporter, correspondant chacune à une fonction stable et bien définie. La Chambre des comptes contrôle d'abord des hommes, et non des institutions. Quant aux commis et aux trésoriers des finances, ils ne travaillaient pas à partir des registres de compte clôturés, mais à partir d'états prévisionnels, en recette et en dépense, régulièrement demandés aux receveurs du domaine et des aides[17]. Les registres de la recette générale étaient donc avant tout des outils de travail pour la Chambre des comptes. Celle-ci, quoique n'en ayant pas été l'auteur, en est bien le « producteur », au sens archivistique le plus parfait du terme, par la fonction qu'elle leur destinait, et par les exigences qu'elle a imposées.

Recettes et dépenses, décharges et lettres de recette

Si une certaine fantaisie est de mise dans la décoration des lettres ornées, la structure interne des registres est strictement normée, et toujours identique d'une année sur l'autre. Ils s'ouvrent sur les recettes, réparties par pays, au sein de trois grandes divisions, correspondant aux recettes du domaine, à celles des aides, et à celles des « parties extraordinaires ». Au sein de chacune de ces divisions, les principautés se succèdent dans l'ordre de leur dignité, comme dans la titulature homologuée par la chancellerie. On met ainsi à la suite les duchés, puis les comtés, puis les seigneuries, sans tenir compte d'autres critères tels que la date de rattachement à l'ensemble bourguignon, ou encore l'importance relative des revenus. Une telle classification, outre qu'elle permet de retrouver facilement les décharges assignées sur tel ou tel receveur, met en valeur l'impressionnante succession de pièces inscrites au tableau de chasse des ducs de la maison de Valois.

Les trois grandes divisions retenues pour les recettes appellent plusieurs remarques. Il est logique de commencer par le domaine princier, source de revenus la plus ancienne et la plus légitime, puis d'enchaîner sur les aides. Les « parties extraordinaires » suscitent plus d'interrogations. Leur appellation suggère-t-elle

---

16 ADN, B 2142 et 2144.

17 Dans les chapitres des comptes des receveurs des aides et du domaine sont consignées les vacations payées aux receveurs venus présenter leurs états prévisionnels de recettes et de dépenses, et prendre les instructions des commis des domaine et finances. Exemple d'état prévisionnel encore conservé : ADN, B 6942, fol. 1r-v, état des assignations à prendre sur l'aide de 4 500 l. par an pendant trois ans accordée par la châtellenie de Lille, Douai et Orchies en 1488.

tout d'abord que les aides sont devenues des recettes ordinaires ? Il est plus juste de dire que la présence d'un chapitre des aides est devenue ordinaire depuis plusieurs décennies, même si les impositions ne sont pas encore permanentes partout, et que le montant des aides accordées est soumis à de très importantes variations d'une année sur l'autre. Par ailleurs, de nombreuses « parties extraordinaires » correspondent à des emprunts dont on prévoit le remboursement sur la recette du domaine ou des aides. Ainsi, le registre de 1477 porte en recette, dans les parties extraordinaires, pas moins de 12 125 l. empruntées à quarante-six officiers comptables, baillis, receveurs, écoutètes, fermiers de tonlieux, dont le remboursement devait se faire sur leur recette des deux, quatre, six, voire treize années à venir[18]. Il aurait été tout aussi logique de les porter au chapitre du domaine, qui comprend de fréquentes assignations sur les recettes des années à venir. C'est ici l'ampleur de l'opération qui justifie une telle répartition, ainsi que le fait que ces assignations correspondent à une entrée d'argent immédiate – au contraire des assignations sur les recettes des années à venir, pour le règlement desquelles le créancier est prié d'attendre que l'échéance arrive. On trouve également dans les parties extraordinaires les ventes de rentes dont les intérêts sont pris sur les revenus du domaine.

La notion d'« extraordinaire » se confond parfois avec celle de « casuel », car beaucoup de recettes relèvent en fait du domaine du prince, mais correspondent à des sources de revenus dont le montant n'est pas prévisible ni fixe d'une année sur l'autre. Tel est le cas du produit des confiscations, de la redevance payée par les prêteurs sur gages ou *compaignons tenant table de prest*, du droit de sceau de l'audience de la chancellerie, ou des exploits du Grand Conseil. Tel est encore le cas des restes des comptes de receveurs ayant quitté leurs fonctions et dont les comptes accusaient un bénéfice pour le compte du prince, ou du droit de quint et requint pour la transmission de fiefs nobles. La plupart de ces recettes finiront pas abonder le Trésor de l'Épargne lorsque celui-ci sera reconstitué sous Philippe le Beau. C'est également dans les parties extraordinaires qu'on trouve les profits du monnayage, en général très modiques, sauf pendant la tourmente de 1488-1489, lorsque les manipulations monétaires constituèrent l'ultime source de revenus pour Maximilien. Les « parties extraordinaires » comprennent enfin les reliquats des recettes des aides levées et administrées par les assemblées d'états, les dons et subventions exceptionnelles accordés par les villes et les principautés, ainsi que les amendes et compositions payées par les rebelles. Pour l'historien qui tente d'ordonner les recettes et les dépenses de l'État bourguignon selon une logique parlant à ses contemporains – sans pour autant négliger les logiques classificatoires du XVe siècle – les parties extraordinaires sont un gigantesque fourre-tout, exigeant un travail considérable de redistribution des recettes par catégorie.

La partie consacrée aux dépenses comprend deux divisions principales. La première est celle des « deniers baillés aux officiers qui en doivent compter », qui enregistre les lettres de recette signées par les officiers payeurs, en reconnaissance des sommes mises à leur disposition par le receveur général pour l'accomplissement

---

18   ADN, B 2115, fol. 23r-28v.

de leurs missions. L'ordre est immuable à partir du registre de l'année 1479 : les premiers chapitres sont ceux des maîtres des chambres aux deniers, en commençant par le prince – Maximilien passant devant Marie entre 1479 et 1482 – suivi par son épouse et ses enfants. Après eux viennent le trésorier des guerres, puis le receveur de l'artillerie. Il s'agit bien d'un ordre protocolaire. On voit ainsi que le commis à la dépense extraordinaire, institué en 1484, figure dans le compte de cette année entre le trésorier des guerres et le receveur de l'artillerie. Lorsque, sans que ses fonctions changent, il est qualifié d'« argentier » à partir de 1486, devenant ainsi un officier payeur permanent, son chapitre de dépenses remonte d'un cran, s'intercalant désormais entre celui du maître de la chambre aux deniers de Maximilien et celui du trésorier des guerres. La partie des « deniers baillés aux officiers qui en doivent compter » est très brève, et n'excède jamais une douzaine de feuillets, malgré l'importance des sommes qui leur sont remises, qui font l'objet d'une dizaine ou d'une vingtaine de quittances par an et par officier payeur. L'usage qui est fait de ces fonds est indiqué en termes très généraux. On se contente le plus souvent de dire qu'elles sont destinées « pour son office ». C'est particulièrement vrai pour les maîtres de la Chambre aux deniers, qui reçoivent des allocations globales pour effectuer de très nombreux paiements de sommes en général modiques qu'on ne retrouve pas dans la recette générale. En 1486, les 255 000 l. délivrées à l'argentier font l'objet d'un chapitre de dépense qui n'occupe qu'un seul feuillet[19] ! Les parties enregistrées dans le chapitre du trésorier des guerres donnent à peine plus de précisions.

Après les « deniers baillés aux officiers qui en doivent compter » viennent les chapitres de dépenses payées directement par le receveur général. Celui-ci, pour les justifier, doit présenter aux maîtres des comptes les quittances signées par le bénéficiaire, et/ou un secrétaire du duc. Ces chapitres de dépenses sont quant à eux très développés. En 1479-1482, puis de 1491 à 1506, c'est-à-dire avant la création de l'office d'argentier et après sa suppression de fait, leur disposition est la suivante :
- Gages et pensions ;
- Petite messagerie ;
- Ambassades et gros voyages ;
- Dons et récompenses ;
- Autre dons par mandement particulier ;
- Écurie par mandement particulier ;
- Dons et aumônes ;
- Défraiements ;
- Joyaux, menues et grosses parties ;
- Deniers payés aux secrétaires ;
- Deniers payés en l'acquit de mond. s^r ;
- Deniers délivrés ès mains de mond. s^r ;
- Deniers rendus et non reçus ;
- Deniers pris à frais et finance ;
- Dépense commune.

---

19 ADN, B 2133, fol. 84r-v.

Lettre de recette absolute: quittance d'Alard Coopman pour une somme de 4 000 l. donnée par Simon Longin, receveur général, qu'il m'a délivrée pour en faire paiement à m^{gr} le duc de Saxen, sur son deu, portant le seing manuel d'Alard Coopman, avec une adresse des commis sur le fait des domaine et finances au dos, consentant que lad. somme soit rabattue de la recette de Simon Longin, signée par Thierry Le Bègue le même jour (ADN, B 2145, n° 70015, 25 novembre 1492)

L'ordre des chapitres est strictement suivi, même si tous ne sont pas systématiquement présents dans chacun des comptes. La logique semble être de commencer par les postes de dépenses les plus fixes, correspondant à des fonctions permanentes, puis de présenter les libéralités du prince et ses dépenses privées, avant de clore sur les chapitres plus techniques, que sont les intérêts des emprunts souscrits auprès des banquiers (« deniers pris à frais et finance »), les réassignations de décharges qui n'ont pu être honorées (« deniers rendus et non reçus ») et les frais d'élaboration du registre de la recette générale, les vacations et les gages du receveur (« dépense commune »). On reviendra sur ces diverses catégories de dépenses. Qu'il suffise pour l'heure de savoir que les chapitres les plus volumineux sont ceux de la petite messagerie et des dons et récompenses. La première remplit en 1479 pas moins de 120 feuillets sur 390, soit près d'un tiers du registre, pour une dépense totale de moins de 3 000 l., soit à peine 1% de

74 CHAPITRE 1

la dépense de cette année[20]. Il s'agit d'une rubrique très intéressante, qui recense, à travers les vacations payées aux chevaucheurs de l'écurie, toutes les dépêches portées aux officiers, civils et militaires, ou aux ambassadeurs du prince, et en résume parfois la teneur.

Les décharges et les lettres de recette

En recette sont reportées les assignations sur les receveurs du domaine, des aides et des parties extraordinaires. Elles portent le nom de « décharges », car elles autorisent le receveur sur la caisse duquel est imputé un ordre de paiement à porter celui-ci en dépense de son propre compte. Il est donc légalement *déchargé* de la somme correspondante. La forme diplomatique de l'assignation peut à bon droit surprendre l'observateur contemporain : c'est une quittance, par laquelle le receveur général reconnaît avoir reçu du receveur du domaine ou des aides une certaine somme. Or, d'un point de vue comptable, il s'agit de l'exact contraire, puisque l'opération n'a pas encore été exécutée. Au dos de la décharge-quittance, la signature d'un conseiller du prince, « commis sur le fait des domaine et finances », atteste la régularité de l'ordonnancement, et autorise le receveur particulier à porter la somme en dépense sur son compte. Le commis peut en profiter pour donner quelques précisions sur le paiement effectif de la somme, mais cela n'a rien de systématique. Cette observation est fondamentale pour le bon usage des sources comptables : combien d'historiens citent ces quittances comme la preuve qu'un paiement a été effectué en faveur de tel ou tel personnage, alors qu'il ne s'agit que d'un ordre de paiement, qui ne présente aucune garantie qu'il ait été exécuté !

Lorsque des fonds sont attribués, non pas à un créancier du prince, mais à un officier payeur, qui aura lui-même à régler diverses dépenses, tel que le maître de la Chambre aux deniers ou le trésorier des guerres, celui-ci doit à son tour donner au receveur général une quittance, qui prend alors le nom de « lettre de recette absolue », puisque l'officier payeur devra inscrire cette somme dans le chapitre des recettes de son compte. Ainsi, le receveur général, pour qui toutes les opérations se font en sens inverse, par rapport aux receveurs du domaine et des aides d'un côté, et aux officiers payeurs de l'autre, inscrit en recette des décharges sur les premiers, et en dépense des lettres de recette au profit des seconds.

Ainsi :
Décharge = dépense pour les receveurs du domaine ou des aides = recette pour le receveur général = quittance signée par le receveur général
Lettre de recette = recette pour les officiers payeurs = dépense pour le receveur général = quittance signée par l'officier payeur

L'ordonnance de 1477 stipulait que toutes les décharges devaient être signées du signet armorié du surintendant et des seings manuels du receveur général, du contrôleur et du secrétaire signant en finance[21]. On observe un important décalage

---

20 ADN, B 2118, fol. 109r-228v.
21 ADN, B 1610, fol. 190r (187r d'après la numérotation portée au crayon à papier par les archivistes).

Assignation de 2 000 l. en faveur du prince de Chimay, faisant postérieurement l'objet d'un rabais et d'un rééchelonnement (ADN, B 2134, n° 69433, 1486/1506)

entre la pratique et ces prescriptions, de toute façon rapidement rendues obsolètes par la disparition du surintendant. Les décharges sont en effet signées par le duc, par le receveur général des finances, et par deux commis aux finances, dont l'un était un noble, et l'autre un professionnel de la finance, le plus souvent qualifié de « trésorier commis sur le fait des domaine et finances ». Le signet ducal était absolument requis. Ainsi, en septembre 1479, il fallut ordonner au receveur des aides de Hainaut d'accepter une décharge qu'il avait rejetée parce que celui-ci manquait, et pour cause, puisqu'il avait été perdu à la bataille de Guinegatte, en même temps que le sceau du secret[22]. Pendant la lieutenance générale d'Albert de Saxe, celui-ci interdit également aux receveurs des aides et du domaine de payer quoi que ce soit sans décharge scellée de son signet[23].

Les mentions des commis sur le fait des domaine et finances apposées au dos de la décharge apportent parfois de précieuses informations sur la mise en paiement, effective ou

---

22 ADN, B 12618, n° 152751.
23 Le 20 mars 1492, Albert de Saxe mande à Olivier du Buisson, receveur des aides de Hainaut, de payer 1 000 l. à La Mouche *nonobstant la deffence que vous avons nagaires faicte de non paier aucuns deniers sans descharge signée de nostre signet* (ADN, B 12619, n° 152795).

non, de la dépense. Ainsi d'une décharge de 2 000 l., émise le 9 décembre 1486 en faveur du prince de Chimay, pour la solde de la garnison qu'il entretenait au château et dans la ville de Chimay. Au dos de celle-ci, les commis des finances nous apprennent que l'assignation n'avait pu être payée en 1486, et qu'un accord avait été conclu avec le prince de Chimay le 31 décembre 1505 : celui-ci renonçait à plus d'un tiers de la somme qui lui était due, soit 700 l., tandis que le paiement du reste était rééchelonné. Finalement, 325 l. lui furent versées le 13 mai 1506 par le receveur général, 325 l. le 12 novembre suivant, et encore 325 l. le 8 avril 1507[24].

L'examen attentif des décharges peut donc nous dévoiler la complexité des mécanismes de l'État de finance bourguignon, incorporant renégociations constantes des créances, réassignations et étalement des échéances. Par ailleurs, on peut identifier grâce à elles les commis les plus influents, car ils étaient très loin de se répartir équitablement la validation des décharges. Ainsi, sur les vingt-trois décharges conservées aux Archives du Nord pour l'année 1485, dont vingt-et-une portent des signatures encore lisibles, quatorze d'entre elles ont été signées par Pieter Lanchals[25]. Les lettres de recette, quant à elles, ne sont signées que par l'officier payeur en faveur de qui elles ont été établies, mais elles doivent être endossées par un commis sur le fait des domaine et finances[26].

La logique floue de la recette générale

Telle est la pratique. En apparence, tout est simple. D'un côté les recettes, de l'autre, les dépenses. La réalité est en fait d'une redoutable complexité, car la pratique des assignations brouille la frontière entre recettes et dépenses. En effet, les décharges ne se contentent pas d'indiquer la recette sur laquelle doit être prélevée une certaine somme d'argent. Elles mentionnent également l'usage qui en sera fait. Elles peuvent le faire soit de manière très générale : « au trésorier des guerres, pour son office », soit de manière très précise : « au trésorier des guerres, pour le paiement du comte de Zollern et les 1 120 Allemands à pied au service de mond. s^r en garnison à Werden ». Parfois, on indique l'usage de la somme, mais pas l'officier chargé d'effectuer le paiement, maître de la chambre aux deniers, receveur de l'artillerie, ou autre. On aura alors simplement, dans l'exemple ci-dessus : « pour le paiement du comte de Zollern et les 1 120 Allemands à pied au service de mond. s^r en garnison à Werden ». Au contraire des comptes des receveurs des aides et du domaine, où le chapitre des recettes récapitule les entrées d'argent et le chapitre des dépenses les sorties, le compte du receveur général n'enregistre en réalité que des dépenses, les « recettes » n'étant pas autre chose que des affectations de recettes. Ainsi, la décharge équivaut à une autorisation d'engagement, pour reprendre la terminologie en usage dans l'administration française contemporaine.

Parfois, le receveur général adopte la logique d'une comptabilité en partie double. Il existe alors une équivalence parfaite entre le montant d'une ou plusieurs

---

24 ADN, B 2134, n° 69433. La décharge est transcrite dans le compte de 1486 du receveur général (ADN, B 2133, fol. 32r).

25 ADN, B 2132, n° 69338 à 69360.

26 Exemple : B 2145, n° 70015.

décharges inscrites au chapitre des recettes, et une ou plusieurs quittances inscrites au chapitre des dépenses. Ainsi, les 1 200 l. versées au comte de Zollern pour ses 1 120 combattants à pied se retrouvent en recette, dans le registre du receveur général, le 30 novembre 1482, dans le chapitre des parties extraordinaires, et on y apprend que la somme a été fournie par la ville d'Anvers, en guise d'avance sur sa portion de l'aide des 1 600 chevaux et 6 000 piétons accordée par le Brabant pour combattre les rebelles liégeois[27]. On la retrouve également en dépense, dans le chapitre des dépenses faites au profit de Hue du Mont, trésorier des guerres[28]. On y glane quelques détails supplémentaires : la somme est versée aux gens de guerre en prêt sur ce qui leur est dû depuis le 20 novembre, depuis qu'ils servent le comte Albert de Zollern. Mais c'est bien loin d'être systématique ! Ainsi, le compte de 1482 du receveur général des finances enregistre 22 quittances signées par le trésorier des guerres, pour un total de 24 160 l. Seules 10 d'entre elles correspondent à des décharges qu'on retrouve dans le chapitre des recettes du receveur général, pour une somme de 12 935 l. 19 s.

La recette générale des finances est donc un mélange inextricable de comptabilité en partie double et en partie simple. Le principe général qui la gouverne est que l'affectation d'une recette doit toujours être liée à une dépense bien identifiée, fût-ce par la seule mention des fonctions de l'officier payeur auquel est destinée la somme indiquée. Les pratiques changent à partir de 1500/1501, dans le cadre d'une grande réforme des recettes des aides et du domaine, tendant à restreindre les fonctions des receveurs à celles de simples collecteurs. Dès lors se multiplient les assignations au profit du receveur général portant sur tout le « clair de la recette » disponible. Dans les comptes des receveurs, on voit que cela se traduit par des transferts de fonds beaucoup plus fréquents au profit du receveur général, qui centralise désormais dans sa caisse l'ensemble des recettes de l'État[29].

Dans certains cas, il est manifeste que les commis des finances sont partis d'une recette disponible, qu'ils ont affectée à une dépense dont le montant était à peu près équivalent ; dans d'autres, on voit au contraire qu'ils sont partis d'une dépense à effectuer, qu'ils ont ensuite répartie entre plusieurs recettes. Parfois, les deux logiques se croisent. Ainsi, le 24 mars 1493, on s'occupe de réassigner quelque 15 000 l., dues au prince de Chimay à cause de sa pension, et qui avaient fait l'objet de deux décharges en 1491, finalement rendues et non reçues. L'intégralité de la somme est répartie sur la recette des aides de la châtellenie de Lille, Douai et Orchies, à raison de 12 464 l. 16 s. 2 d. sur la troisième année de l'aide ayant lors cours, dont les termes échoyaient en 1494, 1 335 l. 3 s. 10 d. sur l'aide à accorder à l'occasion de l'inauguration de Philippe le Beau, et 1 200 l. sur une bien vague « première aide à accorder »[30]. À l'évidence, la première assignation, précise au denier près, suggère que le conseil des finances a attribué au prince de Chimay l'intégralité de la recette encore disponible sur la dernière année de l'aide triennale de 1492-1494. Il s'agit en réalité d'un ajustement,

---

27 ADN, B 2127, fol. 60v.
28 *Ibid.*, fol. 68v.
29 Voir notamment les comptes tenus par les receveurs de Brabant (Archives générales du royaume, Chambre des comptes de Bruxelles, ci-après abrégé « AGR, CC », reg. 15751, 15759, 15765, 15773).
30 ADN, B 2146, fol. 41r-v (chapitre des aides de la châtellenie de Lille, Douai et Orchies).

78   CHAPITRE 1

car la première assignation, en date de 1491, prévoyait de régler 13 800 l. sur les mêmes termes de la même aide[31]; le conseil des finances s'était donc vu contraint de reporter 1 335 l. 3 s. 10 d. sur une autre recette.

Pour corser encore un peu plus le tout, il n'est pas rare que certaines quittances soient en fait établies *a posteriori*, pour régulariser un certain nombre d'opérations effectuées dans l'urgence. C'est plus particulièrement vrai pour les dépenses militaires, souvent les plus chaotiques. Ainsi, le Brabant accorde au printemps 1486 une aide de 50 000 l. pour une nouvelle expédition contre les Liégeois. La plus grande partie de cette somme est immédiatement mise à la disposition du trésorier des guerres par le receveur des aides de Brabant. Le receveur général met plusieurs années à raccrocher les wagons. En 1487, il enregistre deux assignations sur cette aide, pour un montant de 3 341 l. 8 s[32]. En 1491 a lieu la purge : une décharge de 44 088 l. 11 s. 6 d. est émise le 4 février, inscrite en recette du compte de Louis Quarré[33]. En dépense, elle est comprise dans une lettre de recette globale, compilant pas moins de dix assignations du même jour sur la recette de Brabant, d'un montant de 78 552 l. 11 s. 6 d[34]. Ce n'est donc que cinq ans après avoir été exécutée que l'opération apparaît dans le registre de la recette générale. Quant au receveur des aides de Brabant, il devra attendre 1494 pour que son compte des aides de l'année 1486 soit clôturé à la Chambre des comptes de Bruxelles. Cela alors même que le conseil des finances en était parfaitement au courant, puisque le receveur de Brabant avait passé pas moins de dix jours à Malines, en février 1486, pour présenter aux commis des finances le rôle d'assiette de l'aide et l'affectation prévisionnelle des recettes[35].

II.   Le contrôle par la Chambre des comptes : mise en réseaux des comptes

Une fois le registre constitué par le receveur général et ses clercs, convenablement orné de ses artistes lettrines, muni de ses liasses de pièces justificatives, vient alors le temps du contrôle. Le registre de la recette générale devient dès lors le terrain sur lequel les maîtres des comptes peuvent déployer tout leur professionnalisme, toute leur rigueur, et toute leur science du calcul. L'audition d'un compte revêt la forme d'un jugement porté sur un comptable[36]. L'officier audité doit se présenter en personne, ou

---

31 ADN, B 2146, fol. 191v (chapitre des deniers rendus et non reçus).

32 AGR, CC, reg. 15730, compte des aides de Brabant de Jan van Olmen pour l'année 1486, chapitre des dépenses, fol. 27v.

33 ADN, B 2142, fol. 30r-v.

34 ADN, B 2142, fol. 89v (23 000 l. prêtées par Bruxelles, Louvain, Anvers en 1486, 600 l. par Anvers en octobre 1487, 452 l. par le clergé en 1485, 200 l. sur l'aide de 12 000 l. accordée en février 1486, 800 l. sur les 25 000 l. accordées en janvier 87, 7 412 l. sur l'aide de 50 000 écus votée en décembre 1484, 44 088 l. 11 s. 6 d. sur les 50 000 l. votées en avril 1486, 2 000 l. sur le 12e denier voté en avril 1485).

35 AGR, CC, reg. 15730, compte des aides levées en 1486, fol. 30v-31r.

36 Olivier MATTÉONI, « Vérifier, corriger, juger. Les Chambres des comptes et le contrôle des officiers en France à la fin du Moyen Âge », *Revue historique*, 641, p. 41-45.

DES ARCHIVES ET DES HOMMES   79

se faire représenter par un clerc dûment mandaté, muni de son compte et de ses pièces justificatives. « Il n'existe pas à Lille, à la différence de Paris, de manuel de l'auditeur des comptes ; les gens de Lille se réfèrent directement aux ordonnances, ce qui explique le nombre d'extraits et de copies manuscrits qui nous en sont parvenus[37]. » La principale référence réglementaire, à l'époque moderne, est la grande ordonnance du 5 octobre 1541[38], promulguée peu après une autre ordonnance similaire pour la Chambre des comptes de Bruxelles, le 29 août 1541. Elle est postérieure à notre période, mais la plupart de ses articles ne font que rappeler ou confirmer des dispositions antérieures, héritées d'une ancienne tradition et très proches des procédures employées à Paris à la même époque, beaucoup mieux connues[39]. Par ailleurs, une longue instruction donnée à la Chambre des comptes de Lille, postérieure aux années 1430, publiée par L.-P. Gachard qui l'a attribuée à tort à Philippe le Hardi[40], fait apparaître une très forte continuité des pratiques d'un siècle à l'autre[41]. Une grande partie des articles de l'ordonnance de Philippe le Bon sont en effet repris tels quels, au prix d'une mise à jour orthographique et syntaxique minimale.

L'ordonnance de 1541 prévoyait que les comptes fussent audités par trois personnes, à savoir deux maîtres, assistés d'un auditeur ou d'un clerc. La mesure ayant finalement paru inapplicable, faute de personnel en nombre suffisant, on dressa une liste restrictive de quatre-vingt-quatre comptes qui devaient être audités par au moins deux officiers de la Chambre, les autres – soit 190 – pouvant continuer d'être contrôlés par un seul maître ou auditeur[42]. Tous les comptes généraux du domaine et des aides figuraient sur cette liste, ainsi bien évidemment que le compte du receveur général, pour lequel l'instruction de Philippe le Bon prescrivait déjà que *tous lesd. gens des comptes, ou le plus, seront presens* lors de l'audition, ou du moins *deux maistres et ung clerc, afin de mieulx advertir que la teneur des mandements et lettres soit gardé selon leur forme, pourveu que les doubtes, s'aucunes en y sont, ilz escripvent et rapportent au grant bureau, par devant tous les maistres qui en determineront, comme cy devant est escript*[43]. L'ordonnance de 1541 reprend cette disposition dans son article 36.

Les lettres ducales relatives à l'organisation et aux procédures des chambres des comptes mentionnent les pièces justificatives que doivent présenter les officiers comptables du prince à l'appui de leurs comptes. En revanche, c'est dans les ordonnances sur la direction des finances que l'on trouve les signatures et autres signes de validation nécessaires qu'elles devaient revêtir, dans la mesure où cela dépendait du mode

---

37 Mireille JEAN, *La chambre des comptes de Lille, 1477-1667. L'institution et les hommes*, Paris, École des chartes, « Mémoires et documents de l'École des chartes », 36, 1992, p. 39

38 Publiée par Jean de SEUR, *La Flandre illustrée par l'institution de la Chambre du Roi à Lille, l'an 1385*, Lille, 1713, p. 15-61.

39 Henri JASSEMIN, *La Chambre des comptes de Paris au XVe siècle, précédé d'une étude sur ses origines*, Paris, éditions Auguste Picard, 1933.

40 Jean-Baptiste SANTAMARIA, « Un maître prévaricateur à la Chambre des comptes de Lille sous Philippe le Bon : Roland du Bois », *Revue du Nord*, 2009/2, n° 380, p. 441.

41 Louis-Prosper GACHARD, *Inventaire des archives des Chambres des Comptes, précédé d'une notice historique sur ces anciennes institutions*, Bruxelles, M. Hayez, t. I, 1837, pièce justificative n° 3, p. 74-80.

42 Mireille JEAN, *La chambre des comptes de Lille, 1477-1667...*, p. 40-42.

43 Louis-Prosper GACHARD, *Inventaire des archives des Chambres des Comptes...*, p. 75.

d'organisation adopté et du partage des responsabilités en matière d'ordonnancement des dépenses. L'ordonnance du 10 octobre 1477, mentionnée plus haut, introduisait ainsi le tout nouveau surintendant des finances dans le dispositif d'authentification. Elle précisait également que ce n'était que pour les dépenses de messagerie d'un montant inférieur à deux livres de 40 gros que le receveur pouvait être *creu par son affirmacion*[44], sans qu'il ait à apporter de preuve écrite de la régularité de l'opération.

Les pièces rendues par le receveur général et les autres officiers comptables sont d'une grande diversité. Elles étaient enfilées, puis rendues sous forme de liasses, en même temps que le compte. Selon toute vraisemblance, les liasses étaient constituées de manière à correspondre à l'ordre des parties inscrites en recette et en dépense. Une liasse permettait donc de contrôler un intervalle de folios, sans que le maître ait à la défaire. C'est en tout cas ce qu'on croit pouvoir déduire de la mention « n^{ième} lyache » qu'on voit figurer tout en haut à droite de certaines pages du registre de la recette générale. Elle doit signaler aux maîtres des comptes qu'il leur faut à présent passer d'une liasse de pièces justificatives à la suivante.

Le contrôle des recettes du receveur général

Le contrôle des recettes du receveur général consistait en la vérification de la concordance entre son compte et ceux des receveurs sur lesquels étaient assignées ses décharges. Le résultat des investigations des maîtres des comptes est soigneusement reporté dans les marges. Ainsi, le 17 septembre 1497, une décharge de 1 000 l. est émise en faveur du receveur général, pour les frais du voyage en Espagne de Marguerite d'Autriche, sur la recette des aides de Flandre, et plus précisément sur l'aide de 120 000 l. par an pendant quatre ans accordée par la Flandre en 1497, à prendre sur la deuxième année, aux termes de la Saint-Jean et de Noël 1498. Le maître des comptes constate que cette décharge figure dans le deuxième compte de Jérôme Lauwerin des aides de Flandre, au folio 17[45]. Cinq-cents ans plus tard, nous pouvons en effet la retrouver dans le compte et au folio indiqués[46]. Ces mentions marginales sont précieuses, car on peut ainsi en déduire l'année effective de règlement de l'assignation. De plus, lorsque les comptes des aides ont disparu, les annotations de contrôle permettent au moins d'en reconstituer le chapitre des dépenses.

Nous sont alors révélés certains écarts. Ainsi, en 1482, on apprend qu'une décharge de 399 l. 3 s. assignée en 1482 sur la recette du domaine de Flandre de l'an 1483 n'a pas pu être honorée, et que le bénéficiaire – en l'occurrence le maître de la Chambre aux deniers de Marie, qui devait régler un boucher ayant fourni la cour – a dû attendre plus de trente ans avant de recouvrer la somme correspondante, inscrite en dépense dans le neuvième compte de Philippe Haneton, exécuteur testamentaire de Philippe le Beau, donc sans doute une dizaine d'années après la mort de l'archiduc, vers 1515-1516[47]. Les

---

44 ADN, B 1610, fol. 190r (187r d'après la numérotation portée au crayon à papier par les archivistes).
45 ADN, B 2159, fol. 42r.
46 ADN, B 6775, fol. 17r.
47 ADN, B 2127, fol. 15v.

mentions marginales permettent aussi de connaître le sort des décharges assignées sur une recette incertaine, et notamment de celles, très nombreuses, assignées sur des aides qui n'avaient pas encore été accordées par les assemblées représentatives. L'assignation se fait alors sur *la premiere aide devant estre accordée* par telle ou telle principauté, voire sur la deuxième ou la troisième année d'une aide dont on ignore à la fois le montant et la durée. On sait ainsi qu'une décharge de 1 000 l., en date du 24 décembre 1493, assignée sur la première aide à accorder par la Flandre, a dû être réassignée par le receveur général en 1498, et qu'au contraire, une décharge de 1 000 l. sur les « aides par ci-devant accordées et qui s'accorderaient de là en avant » par la Flandre, en date du 26 décembre 1493, a été réglée par Roland Le Fèvre sur les aides de 1493[48].

Comment ce travail minutieux se traduit-il dans les comptes ? Tout d'abord, l'abréviation « cor^d. », soit « *corrigendum* » ou « *corrigenda* » est visible en haut de chaque page, à l'extrême gauche. Elle est comprise dans un trait en forme d'accolade courant devant toutes les parties qui doivent être vérifiées par les correcteurs dans les comptes des receveurs ou des payeurs. Lorsqu'une décharge a pu être trouvée dans le compte correspondant, une annotation marginale le signale, et indique le folio où elle figure. Un deuxième trait, accolé à la partie corrigée, le confirme.

Contrairement à la Chambre des comptes de Paris, les maîtres de Lille utilisent très peu le latin. La concision de la langue latine permet parfois de gagner de la place et du temps : il est plus rapide d'écrire *causa ibi* que *pour la cause declairée oud. compte* ; on trouve donc de temps à autre cette formule latine à la fin d'une phrase en français[49]. La plupart des annotations sont assez développées, et fort explicites. Point de cuistrerie ou d'hermétisme destinés à dérouter le non-initié ! On trouve ainsi, lorsque la décharge a été retrouvée dans le chapitre de dépenses d'un receveur : *Prise par le ixe compte dud. Roland Le Fevre de la recepte generale (de Flandre) f° II^cLII*[50].

Ces annotations sont de loin les plus fréquentes, car tout de même, comme nous le verrons, la grande majorité des assignations prescrites par le conseil des finances débouchent sur un règlement conforme à l'ordonnancement initial. Cependant, chaque année, un certain nombre d'assignations, soit environ 5 à 10 % de celles enregistrées par le receveur général, ne pouvaient être réglées – on disait qu'elles ne pouvaient « sortir effet » – car les caisses du receveur assigné étaient désespérément vides. La mention reportée en marge était alors semblable à celle-ci : *Ceste descharge de II^mII^cL l. est rendue ou second compte Simon Longin de l'argenterie du roi f^o CXV comme non ayant sorty a la cause illec declairée*[51]. Dans ce cas, l'argentier a bien délivré une quittance au receveur général, comme s'il avait été payé, mais n'a pu ensuite se faire régler par le receveur sur lequel avait été assignée la somme de 2 250 l. (en l'occurrence le receveur de l'espier de Furnes).

---

48 ADN, B 2144, fol. 32v.
49 Ainsi pour une décharge de 624 l. 7 s. 7 d. ob., en date du 14 janvier 1481, rendue et non reçue au 8e compte de Simon Longin, « sur une partie de 600 l. *causa ibi* » (ADN, B 2124, fol. 30r).
50 ADN, B 2127, fol. 10v.
51 Décharge du 20 mai 1489 (ADN, B 2138, fol. 6v).

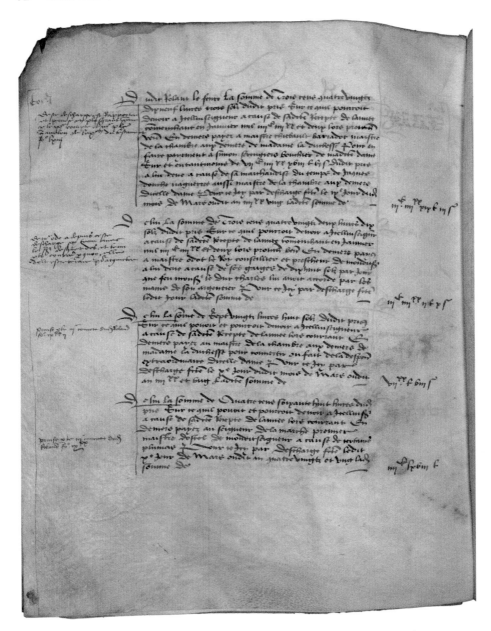

La procédure de correction : à l'extrême gauche, l'accolade englobant l'abréviation Cor$^{d.}$ et courant tout près du bord de la page (le trait est ici assez pâle) signale que les parties doivent être vérifiées par les maîtres de la Chambre des comptes. Celle du haut a été retrouvée dans le compte d'un officier payeur (en l'occurrence le 9e compte de Philippe Haneton de l'exécution testamentaire de Philippe le Beau), comme l'indiquent la mention marginale et le deuxième trait immédiatement à gauche du texte. La deuxième partie, annulée car le bénéficiaire s'est rendu coupable de trahison en ralliant Louis XI, ne figure dans aucun autre compte, comme l'indiquent la mention marginale et l'absence de trait vertical (ADN, B 2127, fol. 15v).

Il est beaucoup plus fréquent cependant, que la décharge non honorée fasse l'objet d'une nouvelle assignation de la part du receveur général, l'année suivante ou beaucoup plus longtemps après. Dans ce cas, la dépense figure dans un nouveau chapitre de recettes, et, en dépense, dans le chapitre des « deniers rendus et non reçus ». Il s'agit d'une spécificité de la comptabilité bourguignonne, attestée encore au XVIIe siècle[52]. Les contrôleurs de la Chambre des comptes reportent en marge de la recette n'ayant pas sorti effet le numéro de compte et de folio du receveur général où l'on peut trouver la réassignation… Réassignation qui peut elle-même être à nouveau rendue et non reçue, et faire l'objet d'une ou de plusieurs nouvelles réassignations, car il n'est pas rare qu'une décharge portant sur une somme très importante soit réassignée sur plusieurs caisses. On peut alors suivre le parcours du combattant de certains créanciers du duc, qui recouvrent progressivement leur dû, année après année.

Voici Adolphe de Nassau. Le 17 février 1489, il obtient une assignation de 16 000 l. de 40 g. sur les trois premières années de la première aide qui serait accordée par la Hollande[53]… décharge plutôt fragile, dont Adolphe ne peut strictement rien tirer. Cette assignation est portée dans les deniers rendus et non reçus de l'année 1492[54], et remplacée par plusieurs nouvelles assignations, dont une de 2 000 l., sur les aides de Flandre, qui est effectivement payée, car elle a été assignée sur des contributions en cours de levée[55]. Cependant, la réassignation la plus importante, d'une valeur de 12 000 l. de 40 g., est à nouveau à prendre sur la première aide à accorder par la Hollande[56]. À nouveau, elle est déclarée rendue et non reçue en 1494, et réassignée sur la première aide à accorder par la Flandre[57]. En marge de la nouvelle décharge ne figure aucune mention de contrôle. Qu'est devenue la créance ? Il est plus que probable que les 12 000 l. font partie d'un lot d'anciennes obligations échangées contre 37 000 l. « appointées avec lui [Adolphe de Nassau] le 6 mars dernier [1498 n. st.] pour tout ce qui peut lui être dû de sa pension et autrement de tout le passé jusqu'au 28 février 1498[58] ». Ces 37 000 l. résultent donc d'une négociation menée avec les comptables du prince, qui s'est certainement traduite par l'abandon par Adolphe de Nassau d'une partie des sommes qui lui étaient dues. Cet imposant forfait de 37 000 l. a donné lieu à pas moins de 21 décharges, dont plusieurs rendues et non reçues les années suivantes… Bref, à la mort de Philippe le Beau, le comte de Nassau n'était pas au bout de ses peines !

Ainsi, les maîtres des comptes mettent en relation les comptes du receveur général les uns avec les autres, et avec les comptes des receveurs et des payeurs qui exécutent

---

52 Witteveen-Robert Danièle, « Une particularité comptable de la recette générale des finances des anciens Pays-Bas. Le chapitre des "deniers comptés et non reçus" », in *Recherches sur l'histoire des finances publiques en Belgique*, Bruxelles, Institut d'histoire de l'Université libre de Bruxelles, « Acta historica Bruxellensia », 2, 1970, p. 25-41.

53 ADN, B 2138, fol. 32v.

54 ADN, B 2144, fol. 208r.

55 *Ibid.*, fol. 30v.

56 *Ibid.*, fol. 41v.

57 ADN, B 2148, fol. 35v.

58 ADN, B 2162, fol. 57r.

les opérations décidées par le conseil des finances. Les maîtres de la Chambre de Lille tissent patiemment un véritable réseau, dont la cohérence garantit la véracité et la régularité des comptes, ainsi que l'honnêteté des agents comptables de l'État bourguignon. On conçoit que tout cela prenne du temps, et parfois beaucoup plus que ce que prescrivait l'ordonnance de 1541, qui recommandait que les comptes fussent clôturés dans un délai de six mois suivant la fin de l'exercice couvert par ceux-ci[59]. En temps normal, les maîtres de la Chambre des comptes parvenaient à respecter un délai de six à dix mois. Ainsi, le compte de 1486 a été clos le 17 octobre 1487, celui de 1488 le 11 septembre 1489, celui de 1489 le 3 juin 1490[60]. En revanche, lorsque la pression des événements fait voler en éclat les procédures et le formalisme habituels, le temps nécessaire au contrôle s'en trouve démesurément allongé. Ainsi, le registre de 1490 n'a été clos que le 7 avril 1492, celui de 1492 le 15 juillet 1499, en même temps que celui de 1493 et 1494. Les choses rentrent ensuite progressivement dans l'ordre. Les registres de 1495, 1496 et 1497 sont clos entre les mois de mai et juillet 1500, ceux de 1499 et 1500 les 13 et 14 juillet 1501, celui de 1502 le 12 mai 1503, c'est-à-dire parfaitement dans le délai prescrit par l'ordonnance de 1541.

Le contrôle de la Chambre des comptes, outre qu'il n'est pas aussi régulier qu'il le devrait, est également limité par d'autres contraintes. En effet, les maîtres n'avaient sous la main que les comptes des receveurs des aides et du domaine des pays et principautés relevant de la Chambre des comptes de Lille, à l'exclusion donc du Brabant, de la Hollande, de la Zélande et de leurs dépendances (Limbourg et Frise). La vérification des décharges assignées sur les recettes des territoires néerlandophones du nord et de l'est exigeait des missions auprès des chambres des comptes de Bruxelles et de La Haye. Les maîtres et les auditeurs de Lille y faisaient faire des extraits des comptes des recettes des aides et du domaine. Pour chaque assignation retrouvée chez leurs collègues brabançons et hollandais, on indiquait, en marge des parties correspondantes, dans les registres de la recette générale, une mention telle que celle-ci : *corrigé en l'extrait apporté de Brouxelles en juillet IIII*^{xx} *II, f° LIX.*

Travail considérable, accompli avec un retard qui ne l'était pas moins, car de telles missions étaient rares. Pour le Brabant, elles étaient même exceptionnelles, puisqu'on ne recense que trois extraits, rapportés de Bruxelles en juillet 1482, en mai 1498 et janvier 1506. Au fur et à mesure de l'arrivée à Lille de ces extraits progressait le travail de vérification des registres de la recette générale. Ainsi, 37 des 38 décharges assignées sur le domaine de Brabant en 1486 figurent dans l'extrait de 1498, tandis que la dernière a été trouvée dans l'extrait de 1506[61]. En 1490, sur les 49 décharges assignées sur le domaine de Brabant, 33 décharges ont été retrouvées dans l'extrait de 1498 et 13 décharges dans celui de 1506, pendant que 3 décharges étaient rendues ou non reçues ou finalement réglées sur d'autres recettes[62]. Ainsi, ce n'est respectivement

---

59 Article XIII de l'ordonnance (Jean de Seur, *La Flandre illustrée…*, p. 19).
60 Date figurant au dernier folio des comptes des années citées.
61 ADN, B 2133, fol. 1r-6r.
62 ADN, B 2140, fol. 1r-10r.

qu'au bout de vingt et seize ans que les assignations effectuées sur le domaine de Brabant en 1486 et 1490 ont pu être intégralement vérifiées !

Les registres de la recette générale des aides étaient donc clôturés avant que le contrôle ait été complet. Un article de l'instruction de Philippe le Bon recommande du reste expressément de se contenter dans un premier temps de collationner les comptes audités avec les comptes disponibles aux archives de la Chambre : *Item, que* […] *leursd. comptes seront corrigiez, en ce qui se pourra corriger, par les comptes estans en ladicte chambre, sanz attendre apres la cloison d'iceulx comptes, afin qu'il ne soit mis en oubly*[63]. Sage prescription, faute de laquelle aucun compte n'aurait jamais été clôturé, car de fait, il n'y a pas un seul registre de la recette générale qui n'ait son lot de décharges non corrigées. En dépit de ces limites, on ne peut qu'être favorablement impressionné par le systématisme du contrôle, et par l'esprit de suite de ces maîtres, qui remettaient sans cesse l'ouvrage sur le métier afin de le parfaire. Le taux de contrôle est remarquable, compte tenu de sa difficulté. Ainsi, sur les 253 assignations sur le domaine et les aides enregistrées en 1494, seules 15 n'ont pu être corrigées, soit moins de 6%. En 1490, le pourcentage de décharges non vérifiées est quasiment identique : 19 décharges sur 272, soit près de 7%, mais le paiement des énormes amendes imposées aux villes rebelles de Brabant vient réduire la performance des maîtres des comptes, qui ne sont tout de même pas allés vérifier les comptes des villes de Bois-le-Duc, Bruxelles et Louvain : et voici, d'un coup d'un seul, pas moins de 47 assignations encore en attente de contrôle[64], malgré les missions de 1498 et 1506 ! Pourtant, la procédure de contrôle par extrait, appliquée par les maîtres de Lille auprès de leurs collègues de Bruxelles et de La Haye, semble d'abord avoir été prévue à l'origine pour la vérification, dans les comptes des villes, des sommes versées aux receveurs du duc au titre des rentes, aides, dons et emprunts[65]. Les villes brabançonnes ont sans doute été rétives aux investigations des maîtres des comptes du prince, surtout venus de Lille, en dehors de l'audition annuelle, effectuée sur place à l'occasion du renouvellement des municipalités.

La rareté des missions des maîtres et auditeurs lillois auprès de la Chambre des comptes de Bruxelles fait donc leur prix, d'autant que l'extrait de juillet 1482 semble assez modeste, comparé à ceux de 1498 et 1506, dont les décharges collationnées dans les archives de Bruxelles se comptent par centaines. La mission de 1498 est immédiatement postérieure à l'échec de la fusion des trois chambres des comptes[66]. Peut-être la brève existence de cette deuxième chambre de Malines (1496-1498)

---

63 Louis-Prosper GACHARD, *Inventaire des archives des Chambres des Comptes…*, p. 75.

64 ADN, B 2140, fol. 61v-107v.

65 L'instruction de Philippe le Bon prévoyait des missions composée d'un maître et d'un clerc *pour aller devers lesd. villes et chastellenies dont ilz n'auront lesd. comptes et extrairont, ès comptes d'icelles dont ilz n'auront le double, les payemens qu'elles ont faictes à nosd. receveurs (…) afin de savoir se desd. receveurs auront tout rendu ce qu'ilz doivent, et aussi pour savoir au juste ce que lesd. bonnes villes et chastellenies nous doivent de reste* (Louis-Prosper GACHARD, *Inventaire des archives des Chambres des Comptes…*, p. 78).

66 La Chambre des comptes de Bruxelles est reconstituée le 27 février 1498, et celle de Lille le 24 mai 1498 seulement (*ibid.*, p. 16 et pièces justificatives n° 44 et 45).

a-t-elle convaincu les maîtres de Bruxelles d'ouvrir plus généreusement leurs archives à leurs collègues de Lille. Une meilleure collaboration entre les chambres était sans doute le prix à payer pour que le prince accepte de répondre aux sollicitations pressantes de ses maîtres et auditeurs des comptes, qui brûlaient tous rentrer chez eux, à Lille, Bruxelles ou La Haye. À Bruxelles, aucune procédure ne fut cependant mise en place afin de rendre ces missions régulières. On constate au contraire que les voyages auprès de la Chambre des comptes de La Haye ont été beaucoup plus nombreux. Les registres de 1482, 1486 et 1490 mentionnent ainsi des extraits rapportés en septembre 1481, avril et novembre 1482, mai 1483, mai 1493, décembre 1495, juillet 1496, juillet 1500, juillet 1507, septembre 1510. Les relations entre Lille et La Haye ont donc été beaucoup plus étroites qu'entre Bruxelles et Lille. Nouvelle manifestation du particularisme brabançon? Plus probablement, continuité historique, puisque la Chambre des comptes de La Haye avait été instituée par des maîtres lillois. Quoi qu'il en fût, l'ordonnance de 1541 entendit clairement mettre fin à ces retards. L'article 53 stipule en effet:

> « Item, que lesd. (de la Chambre des) comptes de Lille feront devoir de recouvrer de deux ans en deux ans les extraits des chambres des comptes de Brabant et de La Haye, pour faire les corrections des parties prises en dépense des comptes des receveurs generaux, et particuliers officiers sortissans en ses païs par les décharges du receveur général des finances, trésorier des guerres, receveurs de l'épargne et autres officiers, afin de faire les corrections sur les comptes dud. receveur comme il est accoustumé, sans en ce endormir huit ou dix ans comme il a été fait du passé[67]. »

Le contrôle des dépenses du receveur général

Les dépenses des comptables audités par les chambres des comptes faisaient l'objet d'un contrôle beaucoup plus serré, dont les modalités ont été fixées très tôt. Sur ce point, l'instruction de Philippe le Bon et l'ordonnance de 1541 sont une fois encore absolument semblables. Les deux textes distinguent d'un côté les dépenses ordinaires (rentes, gages des officiers, etc.), reconductibles d'année en année, et de l'autre les nouvelles dépenses, que seules peuvent autoriser des mandements ducaux, voire des grandes lettres patentes, elles-mêmes enregistrées et donc vérifiées par la chancellerie. Les dépenses ordinaires sont vérifiées à partir des comptes des années précédentes, et le receveur concerné devait, au moment de sa prise de fonction, prêter serment de les régler à l'échéance prévue.

On trouve très peu de dépenses ordinaires dans le compte du receveur général. Celles-ci étaient surtout l'affaire des receveurs du domaine, chargés du paiement des rentes assises sur le domaine et des gages dus à la plupart des officiers rétribués par le prince. On en trouve dans les comptes des officiers payeurs, mais en définitive assez peu quand même. La renaissance de l'armée permanente, reconstituée en novembre

---

67 Jean de SEUR, *La Flandre illustrée...*, p. 30.

1477, fut contrariée et brève, comme on le verra, et le paiement des compagnies d'ordonnance, soumis à un contrôle particulièrement sévère, n'a jamais été traité comme une dépense de routine. Même à l'hôtel du prince, si les gages étaient fixes, ils étaient journaliers, et dépendaient donc de la présence du personnel de la Cour, constatée chaque jour sur des rôles, les « escroes ». Seul le chapitre des « gages et pensions » comporte des dépenses exactement semblables d'une année sur l'autre. Encore les pensions servies par Marie, Maximilien, et même Philippe le Beau étaient-elles peu nombreuses ; en valeur absolue, elles représentaient à peine un vingtième ou un trentième de ce que Louis XI consacrait à ce poste de dépenses à la fin de son règne. De plus, gages et pensions furent payés de manière très aléatoire jusqu'en 1494.

Tout le reste – les ambassades, les voyages petits ou « gros », les « autres deniers payés en l'acquit de mond. s^r par mandements particuliers », la plupart des dépenses militaires – était de nature extraordinaire, et devait être scrupuleusement justifié. Les ordres prescrivant une dépense non ordinaire peuvent prendre la forme d'un mandement au sens diplomatique du terme, c'est-à-dire d'une petite lettre patente scellée sur simple queue de parchemin. Les lettres patentes sont réservées aux actes les plus importants, soit par le volume de la somme en jeu, soit par la force d'authentification nécessaire pour surmonter d'éventuelles résistances de la part des chambres des comptes, dans le cas des donations notamment, ou des remises d'impôts accordées aux communautés trop appauvries pour payer leur quote-part des subsides votés par les assemblées représentatives. Pour la plupart des dépenses extraordinaires cependant, on juge suffisante une simple lettre émise hors chancellerie, sur papier, revêtue de la signature du duc et du contreseing d'un secrétaire, et scellée de son signet de cire rouge, plaqué au bas de l'acte. Ces lettres, qu'on appelle très souvent aussi des mandements, lorsqu'on prend en considération leur finalité plutôt que leur forme, sont en réalité très proches des lettres de sceau plaqué, catégorie bien connue de la diplomatique royale française. Dans le formulaire à l'usage de la chancellerie française établi en 1427 par Odart Morchesne, notaire et secrétaire du roi, figure d'ailleurs, parmi les trente-et-un modèles de lettres de finance proposés, un *mandement a la descharge d'un officier*[68], qui en est l'exact équivalent.

Lettre patente ou simple lettre de sceau plaqué, dans tous les cas, l'ordre ducal est endossé par un ou deux commis sur le fait des domaine et finances, qui autorisent le paiement de la somme indiquée dans l'acte. Deux ou trois autorités, en plus du duc – à supposer que Maximilien n'ait pas eu recours, comme les rois de France à partir de Louis XI, à un secrétaire de la main habilité à contrefaire sa signature – assurent donc le contrôle des mandements financiers de l'État bourguignon : le secrétaire chargé de l'expédition de l'acte, les commis sur le fait des domaine et finances, et, dans le cas des lettres patentes, le personnel de la chancellerie ducale, lors de l'audience du sceau.

Le mandement doit nécessairement être accompagné d'une quittance. Qu'il manque l'une ou l'autre, et la dépense doit être rayée. Que la quittance soit signée par un autre que le bénéficiaire mentionné dans le mandement ou son représentant,

---

68 http://elec.enc.sorbonne.fr/morchesne/14-10.

88   CHAPITRE 1

dûment accrédité, et la dépense doit être rayée[69]. Cependant, tous ceux qui reçoivent de l'argent du prince ne signent pas de quittances. Ainsi, le capitaine d'une compagnie de gens de guerre signe pour tous ses hommes. Le maître de la chambre aux deniers ne fait pas signer de quittances journalières à tous les officiers domestiques de l'hôtel princier. En tiennent lieu les escroes qu'il établit quotidiennement et qui sont vérifiés par les contrôleurs de la dépense ordinaire de l'hôtel. Les quittances sont néanmoins extrêmement nombreuses. Il est rare qu'elles soient signées par le seul bénéficiaire du paiement, privilège réservé aux grands seigneurs, disposant d'un sceau reconnaissable par tous. En général, elles sont signées par un secrétaire ducal. Le secrétaire est bien souvent le seul à signer, même lorsque le bénéficiaire est de toute évidence capable de le faire.

Les nobles signent et scellent les quittances, qui prennent alors la forme d'actes seigneuriaux, d'autant que les quittances sont scellées sur simple queue de parchemin[70]. Les personnages de moindre envergure co-signent les quittances avec les secrétaires ducaux[71]. Le tout-venant se contente de tendre la main pour recevoir son dû, et laisse les secrétaires authentifier la régularité de l'opération[72]. La grande majorité des quittances sont en parchemin, qui reste le support par excellence de l'acte à valeur probatoire. Le papier est utilisé concurremment avec le parchemin à la recette de l'artillerie, pour les toutes petites dépenses, qui ne justifient pas l'emploi d'une matière si coûteuse[73].

Par ailleurs, on peut encore réclamer des attestations complémentaires, pour s'assurer qu'un service avait bien été rendu, ou qu'un objet meuble (joyaux, pièces d'artillerie, tentes…) avait bien été remis à celui à qui il était destiné. Les attestations pouvaient encore remplacer une autre pièce justificative, normalement exigible, mais qu'on n'avait pas été en capacité de produire. Ainsi, lorsque le trésorier des guerres manquait d'argent pour solder les troupes, il arrivait qu'on délivre aux gens de guerre un certificat attestant qu'ils avaient servi en armes de telle date à telle date, ou pendant

---

69 Louis-Prosper GACHARD, *Inventaire des archives des Chambres des Comptes…*, p. 76, et Jean de SEUR, *La Flandre illustrée…*, articles XXIII et XXIV, p. 22.

70 Tel, le 19 mai 1490, « Georges de Beustain », soit Georg von Ebenstein, illustre capitaine de lansquenets, pour une somme de 4 200 florins du Rhin, correspondant à trois mois de solde de ses 350 hommes (ADN, B 2141, n° 69854).

71 ADN, B 2145, n° 70001, 3 janvier 1492 : quittance par Hans Monhem, écuyer allemand, capitaine de gens de guerre allemands à pied en garnison à La Veere, de 642 l. 8 s. versées comptant par le trésorier des guerres, revêtue du seing manuel de Hans Monhem et de celui de Jean Le Caudrelier, secrétaire de Marie et Maximilien.

72 ADN, B 2125, n° 68741, 16 septembre 1491 : quittance par Rentz van Riperghe, Allemand, de 44 l. 12 s. payées comptant par Alard Coopman, trésorier des guerres, en prêt et paiement sur ses gages et ceux de quatre compagnons de guerre allemands à pied servant à Damme, authentifiée par Florent Hauweel, secrétaire du roi des Romains.

73 Si toutes les quittances portant sur des sommes importantes sont libellées sur parchemin, le support des quittances pour des petits montants est assez aléatoire. Ainsi, on utilise le parchemin pour une quittance de 7 l. pour le transport par voie fluviale de la grosse bombarde de fer *Namur* (ADN, B 2134, n° 69458, 18 septembre 1486), mais le papier pour une quittance de 18 l. pour la livraison de fers de pique (ADN, B 2132, n° 69374, 3 janvier 1485), ou pour une quittance de 60 s. pour le transport, toujours par voie fluviale, de cinq courtauds de bronze (ADN, B 2132, n° 69371, 13 septembre 1485).

un temps déterminé[74]. En principe, l'attestation était signée par un commandant supérieur, mais parfois, il fallait se contenter de la déclaration du commandant de la compagnie, souvent un grand seigneur qui avait dû lui-même avancer l'argent de la solde, sans aucun contrôle de l'administration militaire[75]. Mode de fonctionnement peu satisfaisant au regard de la procédure habituelle, transposée de la pratique française. Au centre de celle-ci se trouvait la montre d'armes, soit le passage en revue des gens de guerre par un commissaire aux montres dûment mandaté, suivie de leur paiement par un clerc du trésorier des guerres, puis par une prestation de serment des combattants, qui promettaient de servir bien et loyalement, et de ne pas partir sans le congé de leur capitaine[76]. Un grand parchemin, signé et scellé sur simple queue par le commissaire, et également appelé « montre d'armes », ou « déclaration des gens de guerre servant sous m^gr Untel », attestait tout cela en même temps. Le trésorier devait ainsi présenter aux maîtres de la Chambre des comptes, outre la montre d'armes, une quittance signée par le capitaine, et le mandement ducal – une lettre de sceau plaqué, adressée au commissaire nommé pour une et une seule revue, qui précisait le nom du ou des capitaines, le nombre et le type des combattants, le temps de service devant être payé aux gens de guerre, ainsi que le montant des gages ordonnés[77]. La plupart des attestations étaient rédigées sur papier, et authentifiées par le seing manuel de l'autorité certificatrice, voire par son sceau[78]. Par ailleurs, la majorité des certifications rendues pour l'artillerie étaient apposées directement au bas des quittances, et ne faisaient donc pas l'objet d'un acte séparé.

Enfin, à chaque changement de règne, le nouveau prince n'était nullement tenu d'acquitter les dépenses prescrites par l'ancien duc et qui n'avaient pas encore été honorées. Un exécuteur testamentaire était nommé – Thibaud Barradot pour Marie de Bourgogne, Philippe Haneton pour Philippe le Beau – qui était chargé de régler les dépenses ordonnées par le défunt, en collectant des arriérés de recette non recouvrés, ou en encaissant des subsides accordés par les assemblées représentatives pour apurer les dettes passées. Les créanciers ou les ayant-droits du prince avaient alors

---

74 Ainsi, le 23 novembre 1486, Jean de Salazar, capitaine de Thérouanne, atteste que Henri Salmon et Édouard Helys, hommes d'armes, et Jean Bourgeois, archer, natifs d'Angleterre, ont servi pendant sept mois, dont ils n'ont été payés que pour trois mois (ADN, B 2134, n° 69414, certificat en papier, signé par Salazar).

75 Tel Engilbert de Nassau, qui assure avoir entretenu à ses frais, quinze mois durant, en 1490-1491, une compagnie de 80 cavaliers et 50 piétons (ADN, B 2143, n° 69924, 1er décembre 1491).

76 Voir par exemple la montre des gens de guerre nouvellement recrutés pour le renforcement de la garnison d'Aire et Saint-Omer, passés en revue le 11 juin 1477 par Arnoul de Trazegnies, seigneur d'Arnemuiden, conseiller, chevalier et chambellan (ADN, B 2112, n° 68104).

77 Dossier presque complet – fort rare pour la période – dans ADN, B 2125 : sous le n° 68725, on trouve un mandement du 29 mars 1482, adressé au comte de Zollern, lui demandant de passer à montres, à Bruges, les 21 Allemands à pied de Mathys Wiltfang et les 65 Allemands à pied de Hans Henninger, pour un mois de solde à compter de leur revue, à 4 l. 10 s. par combattant, le capitaine compté double ; sous le n° 68736, la montre de la compagnie de Hans Henninger ; sous les n° 68811 et 68812, les quittances des deux capitaines.

78 Ainsi Corneille de Berghes appose-t-il son grand sceau plaqué le 15 août 1489, pour attester les services rendus par le seigneur de Chièvres en 1488 (ADN, B 2139, n° 69699).

le choix entre s'armer de patience, et attendre dans ce cas parfois plusieurs dizaines d'années, ou solliciter du nouveau duc des lettres par lesquelles il faisait sienne la dette de son prédécesseur, rendant ainsi toute leur valeur aux anciens mandements. Le plus souvent, comme on l'a déjà vu à travers certains exemples cités plus haut, on devait renoncer à une grande partie de sa créance. De même, les dépenses ordinaires faisaient à chaque changement de règne l'objet d'une révision générale, et il fallait un mandement ou une ordonnance pour que les receveurs du domaine soient autorisés à reprendre le paiement des rentes ou des gages des officiers du prince[79].

Pour l'agent du prince qui ne faisait pas partie du monde des officiers de finance, ainsi que pour les particuliers, se faire payer son dû pouvait prendre la forme d'un chemin de croix ou d'un cauchemar administratif. Voici Olivier de la Marche, qui a acheté, par le « commandement et ordonnance » de Charles le Téméraire, 130 plumets d'hommes d'armes, le même nombre de plumes de chanfrein et autant de plumes d'archers pour les hommes de la garde ducale, *tous chargées d'orfavrerie branlant*, pour la somme de 468 l. de 40 g. En 1482 – donc au moins six ans après qu'il a avancé la somme – il parvient à s'en faire rembourser, mais il a dû pour cela produire des lettres patentes de Marie et de Maximilien, l'autorisant à recevoir de l'argent pour une dépense ordonnée par le duc défunt, une quittance, et une certification du garde des joyaux de Charles le Téméraire, dépositaire des précieux plumets. Le maître des comptes précise en marge qu'il conviendra également de vérifier l'inventaire des joyaux dressé par le garde, qui dut, à n'en pas douter, avoir quelque difficulté à justifier la disparition probable des orgueilleux plumets dans les désastres de Morat ou de Nancy[80].

Fraudes et corruption: les limites du contrôle

Ce savant et rigoureux édifice laisse-t-il de l'espace aux manipulations illicites et aux malversations ? Que oui ! Sans encore aborder de front et dans son ensemble la question de la corruption, des pots-de-vin et des rapports de clientèle, dont on sait qu'ils ont joué un rôle fondamental dans la construction de l'État bourguignon, force est de constater que les occasions de fraude comptable sont nombreuses. Tout d'abord, il faut observer que le contrôle des « officiers qui en doivent compter » est en fin de compte assez léger. Pour l'essentiel, on attend d'eux qu'ils fournissent la quittance de celui ou ceux qui avaient reçu de l'argent de leurs mains. Pour les officiers responsables de multiples dépenses de faible montant, la certification de contrôleurs particuliers suffisait. Le contrôleur de la dépense ordinaire de l'hôtel, déjà cité, tient ce rôle auprès du maître de la Chambre aux deniers. Le receveur de l'artillerie est quant à lui suivi à la fois par le contrôleur et le maître de l'artillerie ou son lieutenant, qui signent systématiquement les états des paiements faits aux charretiers, fondeurs,

---

79 Louis-Prosper GACHARD, *Inventaire des archives des Chambres des Comptes…*, p. 75 et Jean de SEUR, *La Flandre illustrée…*, article XVII, p. 20-21 qui prévoit en outre une amende de six carolus d'or pour chaque partie de dépense ordinaire omise par le receveur.
80 ADN, B 2127, chapitre des deniers payés en l'acquit de mond. s[r], fol. 287v-288r.

maréchaux-ferrants, etc.[81] Par ailleurs, les dépenses prises en charge directement par le receveur général sont inscrites sur un rôle mensuel, établi au conseil des finances[82].

Le monde des officiers de finance était un microcosme qui favorisait les ententes et les arrangements aux dépens du prince et de ses créanciers. La Chambre des comptes de Lille elle-même n'était pas à l'abri de graves dérives : en 1428, on mit au jour un système de corruption généralisée, dans lequel se trouva compromis une grande partie du personnel supérieur de la cour. La sujétion dans laquelle se trouvaient les officiers qui devaient présenter leurs comptes, tout autant que les affinités qu'ils entretenaient avec les maîtres, les avaient fait se prêter à toutes les fraudes possibles, des plus savantes aux plus grossières. On manipulait le cours des monnaies, on modifiait le montant des dépenses, on rajoutait des parties indues en dépense ; surtout, on trafiquait les *chigrues*, c'est-à-dire les mandements rendus surannés par la mort du prince qui les avait signés[83]. Les maîtres acceptaient de les inscrire en dépense, contre une ristourne allant jusqu'à la moitié de la somme due, qui allait directement dans leurs poches. Comme le fait remarquer J.-B. Santamaria, les maîtres des comptes ne faisaient que privatiser une pratique largement employée par le prince pour dégonfler sa dette. En somme, il voulait être le seul à pouvoir gruger ses fournisseurs et ses serviteurs…

Cette affaire est exceptionnelle, par son ampleur, et également par le nombre de personnes impliquées. À cette époque, les effectifs de la Chambre étaient très faibles, de sorte que la collégialité de son fonctionnement était toute relative, et qu'il suffisait à un tout petit groupe de personnes de s'entendre pour maximiser les profits illicites. On peut supposer qu'à la fin du XVe siècle, de telles opportunités de fraude s'étaient réduites, du moins au sein de la Chambre des comptes. En revanche, les difficultés financières de l'État bourguignon entre 1477 et 1493 accrurent très fortement la pression sur les créanciers du prince, certainement prêts à consentir d'importants rabais pour voir la couleur d'une partie au moins de leur dû. Lorsque la quittance était signée, il n'y avait strictement aucun moyen de s'assurer que l'intégralité de la somme avait bien été versée à son bénéficiaire. Cette fraude, de loin la plus pratiquée, ne nécessitait aucune complicité, mais seulement un officier indélicat et une victime consentante. Il est évidemment impossible d'estimer la part que représentaient ces prélèvements illégaux opérés par ceux qui maniaient les deniers du prince.

La richesse des officiers de finance, tout à fait hors de proportion avec les gages annuels auxquels ils pouvaient prétendre, laisse entendre qu'ils étaient importants. Le receveur général Martin Cornille, à la fin des années 1440, retenait pour lui pas moins du tiers des gages impayés des officiers et serviteurs de l'hôtel du duc[84]. Cornille

---

81 Pratique de co-certification mise en place dans les années 1470 (Michael Depreter, *De Gavre à Nancy (1453-1477). L'artillerie bourguignonne sur la voie de la « modernité » ?*, Turnhout, Brepols, « Burgundica », 18, 2011, p. 33).

82 Les mentions de ces rôles sont systématiques, au début de chaque mois : voir par exemple, pour le chapitre des deniers payés en l'acquit de mond. s[r], mentionné ci-dessus, fol. 286v et suivants.

83 Jean-Baptiste Santamaria, « Un maître prévaricateur… », p. 430-436.

84 Holger Kruse, « Les malversations commises par le receveur général Martin Cornille à la cour de Philippe le Bon d'après l'enquête de 1449 », *Revue du Nord*, t. 77, n° 310, 1995, p. 283-312.

n'avait peur de rien, ni de personne : le grand bâtard Antoine lui-même dut consentir à ce que les soldes des garnisons établies au Luxembourg soient réglées au taux d'un florin du Rhin par livre, ce qui entraînait un manque à gagner de 5% pour les gens de guerre. *A contrario*, il ne faudrait pas exagérer la noirceur de la « face sombre » du modèle bourguignon. Importants à l'échelle individuelle – surtout pour les victimes – les scandales les plus retentissants, qui firent l'objet d'enquêtes, de procès et d'amendes, comptent en milliers de livres l'argent détourné sur plusieurs années, ce qui, rapporté à l'ensemble des recettes et des dépenses des ducs de Bourgogne, reste assez marginal. De même, les comptes des villes et châtellenies enregistrent sans doute très régulièrement le versement de pots-de-vin ou de gratifications aux personnages influents de la Cour, mais cela ne représentait qu'une très faible part de leurs dépenses, de l'ordre de quelques pourcents par an.

III. Le prince et les communautés : les archives relatives à la levée des aides

Les comptes généraux des aides

Les comptes et les pièces relatives aux aides constituent l'une des sources les plus importantes pour l'étude des finances des ducs de Bourgogne. Les comptes sont d'autant plus précieux qu'ils sont en général très synthétiques. En une vingtaine ou une trentaine de feuillets, ils concentrent une extraordinaire quantité d'informations sur les circonstances du vote de l'aide, l'assiette, l'usage de l'argent collecté, et les modalités particulières de levée et de dépense, qui peuvent varier fortement, d'un pays à l'autre, et parfois d'une année sur l'autre, en fonction du contexte politique. Ces comptes ont été dans l'ensemble bien conservés, sauf pour la Flandre, pour laquelle on dispose cependant d'une source de substitution encore plus précieuse, à savoir les comptes des villes et châtellenies contrôlés par la Chambre de Lille, et transférés à Bruxelles en 1770-1771, à la suite de la convention diplomatique du 16 mai 1769.

La présentation des comptes des aides, comme celle de la recette générale des finances, suit des règles précises, appliquées dans toutes les parties des Pays-Bas bourguignons. Ils sont rédigés sur des cahiers de papier ou de parchemin et s'ouvrent, le cas échéant, par la copie des lettres patentes de commission du nouveau receveur[85]. Ensuite, le receveur indique la date du vote des subsides par les assemblées représentatives, leur montant, la raison pour laquelle ils ont été accordés, et donc l'usage qu'il était prévu d'en faire, la date des échéances, etc. Suit l'assiette de l'aide, c'est-à-dire la liste des districts, villes ou villages imposés, avec leur quote-part. La Flandre est ainsi divisée en quarante-neuf villes ou châtellenies, la plus importante étant Bruges (le « Transport de Flandre », révisé en 1408, qui déterminait la clé de répartition des subsides entre les villes et châtellenies de Flandre, lui avait attribué une quote-part de 15,71%), la plus petite correspondant à la localité de Hoeke, dont la quote-part était de 0,01%. La

---

85 Par exemple, 1er compte de Jérôme Lauwerin des aides de Flandre (ADN, B 6774).

Hollande et la Frise comptaient quant à elle quarante-deux circonscriptions, de taille et d'importance tout aussi dissemblables[86], tandis que le petit comté de Namur était divisé en huit villes, prévôtés et bailliages, en plus de la quote-part du clergé, établie à part. En Hainaut, seul est indiqué le montant total de l'aide. L'assiette détaillée ne figure en effet que dans le compte remis aux états. Qu'elle soit ou non transcrite dans le compte des aides, l'assiette fait de toute façon l'objet d'un document particulier, établi par la Chambre des comptes ou une commission *ad hoc*.

Viennent ensuite les dépenses, à commencer par les rabais accordés aux communautés appauvries, soit par suite d'un long déclin, comme Ypres ou les établissements religieux brabançons, soit à cause des malheurs du temps, guerre ou catastrophe naturelle. Ce chapitre est le plus important lorsqu'il s'agit de mesurer le produit réel d'une aide accordée par les assemblées représentatives. Il fait l'objet d'un contrôle très serré de la part des maîtres des comptes, qui n'hésitent pas à rayer de nombreuses parties insuffisamment justifiées[87]. Le receveur devait produire une copie authentique des lettres patentes d'octroi, qui indiquaient le taux du rabais, sa durée et les aides auxquelles il s'appliquait. Pour ne pas l'avoir fait, et s'être contenté de rendre un « billet de grâce », soit un état général des rabais accordés aux villes et châtellenies de Flandre, tout de même signé par l'archiduc et vérifié par les trésoriers des finances le 12 mai 1497, Jérôme Lauwerin dut attendre près de sept ans avant qu'une lettre patente du 8 mars 1504 n'ordonne aux maîtres des comptes de « passer en la dépense » du receveur de Flandre les remises d'impositions, c'est-à-dire de l'en décharger[88]. Par ailleurs, le receveur des aides devait également apporter les « lettres de reconnaissance » des représentants des communautés, attestant que le rabais avait bien été pris en compte lors du recouvrement de leur part de l'impôt, à raison d'une lettre par échéance fiscale[89]. Après les déductions fiscales, le receveur des aides porte en dépense les assignations du receveur général qu'il est en mesure d'honorer. Le compte se clôt sur les dépenses d'ordre technique et administratif, à savoir les gages du receveur – dont le calcul est très régulièrement contesté et révisé à la baisse par les chambres des comptes[90] – les vacations du receveur et de ses clercs auprès du conseil des finances et ailleurs, puis les frais de confection du compte.

En principe, les aides votées par les assemblées représentatives pour leurs besoins propres, font l'objet d'un compte à part, tenu par le receveur des aides ou par une commission nommée par les états. Il arrive cependant que les comptes

---

86 Non compris les districts autonomes de Putten, Strijen et Voorne.

87 Ceci a entraîné quelques corrections de notre part, car nous avons tenu compte des années de mise en œuvre effective du rabais, non des années de validation de ces rabais par les maîtres des comptes.

88 ADN, B 6774, fol. 1r-v.

89 Il en subsiste assez peu (ADN, B 2141, n° 69802, 11 février 1491 : attestation des échevins de la ville de Cassel au sujet de la remise d'aide pour la portion de Renescure de l'aide de 108 000 l. accordée en 1487, scellée du scel aux causes de la ville).

90 Ainsi, en 1485, le receveur des aides de Brabant réclamait 3 000 l. au titre de l'aide du 12ᵉ denier, soit 600 l. par tranche de 25 000 l. (2,4 %). Les maîtres des comptes ne lui accordèrent que 223 l. (AGR, CC, reg. 15730, compte de l'aide du 12ᵉ denier, fol. 34r).

des aides accordées au prince les mentionnent, pour mémoire[91], ou parce que le receveur des aides en a administré une partie[92]. Par ailleurs, si la réfection des digues ou les gratifications accordées à la duchesse douairière ne relevaient assurément pas du périmètre des chambres des comptes, certaines aides levées pour la guerre prêtaient à des interprétations divergentes, selon qu'elles étaient destinées à la défense commune, à une entreprise de conquête personnelle du prince, ou à un conflit considéré comme la guerre privée d'une principauté (telle la guerre contre les rebelles d'Utrecht, supportée par le seul comté de Hollande). Il pouvait alors s'ensuivre une véritable guerre documentaire livrée par les maîtres des chambres des comptes à l'encontre des assemblées représentatives ou, ce qui revient à peu près au même, aux grandes villes auxquelles avaient été déléguées la recette et la dépense de ces subsides dans leur quartier. Les Chambres des comptes réclamaient alors de pouvoir auditer ces comptes, ou les reconstituaient à l'aide d'extraits collectés dans les archives des villes[93]. Les comptes, remis de mauvaise grâce, souvent lacunaires, étaient examinés sans bienveillance par les maîtres, qui réclamaient des pièces justificatives manquantes, ou à tout le moins des lettres du prince les autorisant à s'en dispenser[94].

Les comptes tenus par les receveurs des aides de Hollande, de Brabant[95] et du petit comté de Namur ont été admirablement conservés, puisqu'il n'en manque quasiment aucun entre 1478 et 1500. On peut d'autant plus s'en réjouir que dans la recette générale des finances, les annotations portées par les maîtres des comptes en marge des chapitres des aides de Brabant, Hollande et Frise se limitent à la mention des extraits rapportés de Bruxelles et de La Haye, et ne permettent donc pas de connaître les années de règlement effectif des assignations sur les aides de ces deux grandes principautés, qui fournirent de 35 à 45% des recettes fiscales de l'ensemble des pays de par-deçà au cours de cette période.

Pour la Zélande, on s'est contenté de croiser la recette générale des finances avec les accords conclus entre le prince et les états de l'archipel à chaque fois que ces derniers consentaient la levée d'un nouveau subside. Ces accords ont été publiés par les éditeurs des *Bronnen voor de geschiedenis der dagvaarten van de Staten van*

---

91 Ainsi, le 4e compte de Jean de la Croix des aides de Hainaut recense cinq aides accordées en 1486-1487, dont il n'a pas rendu compte aux auditeurs de Lille (ADN, Cumulus 16214, fol. 1r).

92 Ainsi, la portion des prélats de Brabant pour les aides accordées pour la guerre en 1479-1480, ou encore les restes dus par les trois états d'une aide accordée au printemps 1480 (AGR, CC, reg. 15729, compte des aides levées en 1479-1482, fol. 1r-2v, 4r).

93 Tel cet état des impôts levés *par manière de maentghelt* à Bruges en 1478, 1479 et 1480, manifestement extrait des comptes de Bruges (ADN, B 3519, n° 124372).

94 Tel ce compte rendu par la ville d'Anvers pour la part du quartier d'Anvers d'une aide accordée pour la guerre en 1479, frénétiquement annoté par les maîtres de la Chambre des comptes de Bruxelles (AGR, reg. 30896, fol. 3r et suivants).

95 Les vingt-deux comptes des aides de Brabant accordées entre 1478 et 1500 ont été rassemblés dans cinq registres. À l'intérieur de chaque registre, les comptes sont foliotés de 1 à n. C'est pourquoi les références aux comptes des aides de Brabant commencent par la cotation du registre, suivie de l'intitulé du compte, suivi du numéro de folio à l'intérieur de ce compte.

Zeeland[96]. On connaît ainsi les modalités de leur levée, ainsi que le montant des aides, y compris les assiettes levées pour les dépenses à la charge de l'assemblée, qu'il s'agisse du paiement de rentes, des vacations des receveurs, ou bien des subsides levés pour l'armement de navires de guerre chargés de protéger marchands et pêcheurs. Ces accords permettent de s'assurer que la quasi-totalité des subsides levés en Zélande apparaissent bien dans la recette générale. Par ailleurs, si l'archipel s'est résigné assez tôt à la permanence de l'impôt, les états ont toujours été extrêmement rétifs aux demandes de subsides complémentaires. Ils ont ainsi refusé de contribuer à la reconquête de la Gueldre et à la guerre d'Utrecht. Dans ces conditions, nous avons cru pouvoir faire l'économie du dépouillement des comptes des aides, afin de concentrer nos efforts sur les principautés pour lesquelles manquaient ces données essentielles.

Pour les autres principautés, il faut renoncer à l'exhaustivité. En Hainaut, la mort prématurée du receveur Anselme Malet a contraint sa veuve à rendre un compte très abrégé des aides accordées en 1478-1479, dont il manque en outre deux feuillets sur quatre[97]. Aucun compte n'a été rendu des aides accordées pour la défense du Hainaut en 1482, 1483 et 1484, les états s'en étant arrogé l'administration et le contrôle[98], or la totalité de leurs archives ont disparu dans la tourmente de 1940. La visibilité des officiers du prince sur les finances de Hainaut s'améliore considérablement à partir de 1484, car le receveur des aides prend désormais la peine d'indiquer les aides levées par les états et dont il ne rendait compte qu'à ces derniers. Le receveur Jean de la Croix, qui a succédé à Anselme Malet, n'a laissé que cinq comptes qui couvrent les années 1482 à 1489, dont seuls subsistent les deuxième, troisième et quatrième. Fort heureusement, les sources de substitution sont aussi variées qu'intéressantes. Tout d'abord, l'érudit Léopold Devillers a dépouillé à la fin du XIXe siècle un nombre considérable de sources aujourd'hui disparues, qu'il a publiées en grande partie dans le Bulletin de la Commission royale d'histoire, dans cinq articles consacrés à la première régence de Maximilien (1482-14894)[99]. Parmi elles se trouve le premier compte de Jean de la Croix. Il a par ailleurs relevé dans les registres des consaux de Mons et dans le compte du massard de cette ville tout ce qui se rapportait aux événements politiques et militaires de ces années ; il y a glané une formidable quantité d'informations sur les assemblées d'états, aussi bien de Hainaut que des Pays-Bas, sur les subsides accordés par le Hainaut, sur les mesures de défense prises par le grand bailli de Hainaut et sur les prêts et avances consentis par la ville au prince. En plus

---

96 *Bronnen voor de geschiedenis der dagvaarten van de Staten van Zeeland…* (liste des comptes dépouillés, p. LIX et suivantes).

97 ADN, Cumulus 16213, fol. 1 et 4. Le compte a été jugé si sommaire qu'il a été ordonné de surseoir à sa clôture et d'en renvoyer l'examen à la Saint-Jean-Baptiste 1483, alors qu'il avait été présenté par sa veuve le 28 janvier 1483.

98 ADN, B 6884, fol. 2r.

99 Léopold DEVILLERS, « Le Hainaut après la mort de Marie de Bourgogne. 1482-1483 », *BCRH*, t. 8, 1880, p. 169-312 ; « Le Hainaut sous la régence de Maximilien d'Autriche. 1483-1485 », 10, 1882, p. 327-445 ; « Le Hainaut sous la régence de Maximilien d'Autriche, 2e partie. 1486-1487 », 14, 1886, p. 191-270 ; « 3e partie. 1488-1489 », 15, 1888, p. 154-306 ; « 4e et dernière partie. 1490-1494 », 16, 1889, p. 177-260, 411-516.

des comptes présentés à la Chambre des comptes de Lille, il subsiste un compte des aides de Hainaut présenté aux états pour l'année 1489[100], transféré à Bruxelles pour une raison inconnue en 1861, qui mentionne les subsides levés pour le règlement des rentes émises par les états pour le paiement des aides accordées depuis 1477. Par ailleurs, Léopold Devillers a relevé dans les registres des conseils de Mons les montants des impositions levées par les états pour le paiement des rentes, des frais d'administration générale, des vacations, etc., jusqu'en 1495.

Le Luxembourg ne contribua plus aux aides après 1477. En effet, si Marie de Bourgogne finit par faire triompher ses droits à la succession du duché, ce fut au prix de concessions politiques qui remirent en cause une politique d'intégration du duché au sein des Pays-Bas bourguignons vieille de trente ans. Ainsi, il n'était plus question d'imposition permanente. Quelques aides seulement furent accordées par les états, pour un usage strictement local, à savoir une aide de 4 000 florins en 1482 pour couvrir les frais de la guerre contre deux barons rebelles[101] et une aide de 16 gros (soit 8 sous de Flandre) par feu en 1492[102]. Enfin, la ville de Malines, l'une des rares grandes villes des Pays-Bas à avoir toujours soutenu Marie et Maximilien, leur a accordé plusieurs subsides, qui apparaissent dans le chapitre des aides en 1479, mais qui par la suite figurent dans celui des parties extraordinaires[103].

Les comptes des aides de Flandre ont en revanche quasiment tous disparu, Flandre gallicante aussi bien que flamingante, à l'exception de trois d'entre eux, qui présentent tous un caractère d'exception : le compte des aides de Flandre pour l'année 1482, tenu par Jean du Loo, dit Legaigneur (c'est ainsi qu'il signe), a été reconstitué après coup, après sa mort et le naufrage financier qui l'avait précédée[104]. En effet, le décès de la duchesse en mars 1482 avait entraîné la suspension immédiate de la levée des aides en cours, et donc l'insolvabilité de Jean du Loo. A également passé les siècles le compte tenu par Roland Le Fèvre des subsides levés dans le *Westquartier* de Flandre pendant la rébellion de 1488-1489[105]. Document fort intéressant, puisqu'il comprend les recettes des rentes vendues sur le corps des villes de la côte flamande encore fidèles à Maximilien (Dunkerque, Furnes, Nieuport, Dixmude), ainsi que les compositions levées sur les campagnes pour le paiement des garnisons. Enfin, il subsiste aux Archives générales du royaume un compte partiel, qui est celui des aides levées dans le quartier d'Ypres en 1483-1484[106], que la ville d'Ypres avait rendu à la Chambre des comptes de Lille en 1485, ce que Bruges et Gand refusèrent manifestement de faire, puisque c'est aux archives municipales de ces deux villes que

---

100 AGR, CC, reg. 51284.
101 Roger PETIT, « Le Luxembourg et le recul du pouvoir central après la mort de Charles le Téméraire », in *Le privilège général… 1477*, 1985, p. 406-417.
102 Le recouvrement de cette aide souleva de nombreuses difficultés. Les restes de l'aide de 1492 furent levés en même temps que l'aide de 1495 (AGR, CC, reg. 15906).
103 ADN, B 2118, fol. 40v ; B 2130, fol. 63r, B 2146, fol. 65v-66r et 68v.
104 ADN, B 6773, cahier de 13 feuillets avec une addition.
105 ADN, B 4183, cahier de 10 feuillets.
106 AGR, CC, reg. 48837, compte de Jean Colard des subventions, assises et levées au quartier d'Ypres, de septembre 1483 à décembre 1484.

se trouvent aujourd'hui conservés les comptes des aides levées dans leurs quartiers pendant le premier conseil de régence (1483-1485)[107].

Faut-il se résoudre à ne rien savoir, ou si peu, des aides levées en Flandre, en particulier pendant les années de crise ? Par bonheur, la stabilité de l'assiette de la taille en Flandre flamingante nous offre une échappatoire. Puisque la quote-part de chaque ville ou châtellenie de Flandre n'a pas été remise à jour entre 1408 et 1517, on peut, à partir du montant des aides payées par les plus grandes villes et par un échantillon suffisamment large de petites villes et châtellenies, en déduire avec une marge d'erreur assez faible le produit réel des aides de Flandre.

Les comptes des villes et châtellenies de Flandre

Pour les besoins de notre enquête, 151 comptes de villes et de châtellenies ont été dépouillés afin d'y relever toute contribution aux aides accordées par les Membres de Flandre, qu'il s'agît d'aides mises à la disposition de Marie et de Maximilien ou d'aides administrées et dépensées par des commissions nommées par les Membres. Les villes et châtellenies de Flandre ont par ailleurs engagé de nombreux frais pour leur propre défense, posté des garnisons ou des guetteurs, armé des navires pour la protection des côtes. Elles ont aussi contribué en nature, en fournissant des hommes équipés et armés. Rien de tout cela n'apparaît dans la recette générale des finances, et rien de tout cela ne serait apparu dans les comptes des aides quand bien même on les aurait conservés. À plus forte raison n'y auraient jamais été enregistrés les subsides accordés aux villes rebelles, voire même aux Français, en 1488-1489. Ces comptes forment donc une mine absolument prodigieuse, et particulièrement pour les années de crise, qui se caractérisèrent par la disparition presque complète du dialogue fiscal institutionnel dans les Pays-Bas bourguignons.

Les caractéristiques formelles des comptes des villes et châtellenies, ainsi que leur structure, varient beaucoup, de même que leur volume et l'étendue des exercices comptables. Le plus souvent cependant, le compte est audité et clos chaque année par les commissaires chargés de surveiller le renouvellement des bancs échevinaux – les châtellenies rurales étant peu ou prou dotées des mêmes institutions communales que les villes. Une copie authentifiée par les commissaires est ensuite remise à la Chambre des comptes de Lille. Les exercices comptables des châtellenies rurales s'étendent parfois sur deux ans (châtellenies de Courtrai et d'Ypres), voire trois ans (châtellenie d'Audenarde). Dans les villes comme dans les campagnes, les comptes sont souvent interrompus avant terme, notamment lorsque les échevinages sont renversés à la suite d'une crise politique. Les comptes des villes grandes ou moyennes présentent une plus grande unité, et se distinguent des comptes des châtellenies rurales par la diversité des recettes, dont la plus grande partie provient des taxes sur la consommation des boissons alcoolisées (accises). Les comptes des châtellenies ressemblent plutôt à ceux des receveurs des aides : ils s'ouvrent sur les recettes des

---

107 Jelle HAEMERS, *De strijd om het regentschap over Filips de Schone. Opstand, facties en geweld in Bruge, Gent en Ieper (1482-1488)*, Gand, Académia Press, 2014, p. 132-133, 297.

98 CHAPITRE 1

impositions directes – en réalité, les assiettes ordonnées pour régler les contributions dues au prince (*pointingen*) ou pour subvenir aux frais d'administration et aux besoins particuliers de la châtellenie (*zettingen*). Les défauts de paiement ou les arriérés dus par les paroisses n'apparaissent pas toujours. Parfois, ils figurent en dépense, dans le chapitre des deniers rendus et non reçus, parfois ils sont mentionnés dans un cahier inséré dans le compte, mais le plus souvent, le recouvrement des impayés relève de la comptabilité privée du receveur de la châtellenie. La levée de chaque *pointing* ou *zetting* nécessite l'autorisation préalable du receveur des aides de Flandre, qui délivre pour ce faire des lettres d'octroi. Les dépenses sont ordonnées méthodiquement, par chapitre pour les plus grosses châtellenies, ou en vrac et dans un ordre chronologique approximatif pour les plus petites. Dans les comptes de ces dernières, les folios ne sont pas toujours numérotés, à l'exception – significative – des folios contrôlés par la Chambre des comptes parce qu'y figurent les versements au receveur des aides de Flandre. Le tout venant des menues dépenses de messageries et des vacations diverses des magistrats de la châtellenie, qui représentent l'écrasante majorité des items, ne fait pas l'objet d'un examen approfondi, et l'on se contente pour elles d'une déclaration sur l'honneur du receveur et des bourgmestres.

Afin d'optimiser les dépouillements, nous avons tenu compte de la densité historiographique, extrême pour les grandes métropoles flamandes, conséquente pour les villes moyennes, et comparativement beaucoup plus faible pour les campagnes, ce qui justifiait de cibler en priorité les comptes des châtellenies. De tous, ceux du Franc de Bruges, qui constituent une série absolument complète, sont les plus volumineux, les plus complets et les mieux ordonnés. À partir de 1490, on y trouve un état annuel des arriérés encore dus par les paroisses ou localités trop appauvries pour s'acquitter de leur quote-part, ce qui est absolument exceptionnel, et permet de suivre la sortie de crise et la reconstitution progressive des capacités contributives de la châtellenie jusqu'aux premières années du xvɪᵉ siècle. Presque aussi complètes sont les séries de la châtellenie d'Ypres (1478-1494, 1496-1500), de la châtellenie de Courtrai (1478-1480, 1482-1485, 1488-1500), de la châtellenie d'Audenarde (1478-1486, 1490-1502). Ces quatre châtellenies permettent de disposer d'un échantillon satisfaisant des campagnes des trois quartiers, d'importance relativement similaire d'un quartier à l'autre (2,2% du Transport de 1408 pour la châtellenie d'Ypres sur les 8,8% attribués à l'ensemble des campagnes du quartier d'Ypres, soit 25%; 5,54% pour les châtellenies de Courtrai et Audenarde sur les 25,56% des campagnes du quartier de Gand, soit 22%, et 11,9% pour le Franc de Bruges sur les 27,58% des campagnes du quartier de Bruges, soit 43%) et bien réparti dans l'espace (région littorale, districts méridionaux frontaliers de l'Artois occupé par les Français, districts orientaux frontaliers du Brabant).

On a également utilisé les comptes de la grande châtellenie de Furnes (4,55% du Transport de 1408), correspondant aux années 1487 à 1491, période cruciale, puisque le terroir de Furnes constituait le cœur du *Westquartier* de Flandre, seul district homogène encore loyal à Maximilien pendant la guerre civile. Audenarde (0,75% du Transport de 1408) et Courtrai (1,25%), villes moyennes situées à la frontière orientale du comté, qui avaient profité du déclin relatif des trois métropoles flamandes, offrent à nos yeux un profil encore différent. Si les comptes d'Audenarde ont été assez mal conservés (1486, 1491-1492, 1494-1497), ceux de Courtrai forment une série presque complète, puisque seuls manquent les comptes de 1487 et 1494 – par ailleurs conservés aux archives municipales de cette ville.

La méthode adoptée pour reconstituer les recettes des aides de Flandre a consisté à extrapoler le résultat des dépouillements des comptes de ces quatre châtellenies à l'ensemble de la Flandre, à l'exception d'Ypres, Bruges et Gand. La quote-part de ces trois cités était en effet trop importante (38,07% à elles trois) pour ne pas risquer de fausser les calculs en cas d'erreur. En outre, les troubles politiques qui les affectèrent firent grandement fluctuer leur contribution aux subsides accordés au prince. On a donc additionné l'extrapolation des châtellenies de Flandre avec les données connues pour les trois métropoles. Lorsque les sources font défaut, on a procédé par estimation, en tenant compte du contexte politique. Pour la ville de Gand, la remarquable monographie de Wouter Ryckbosch[108] recense en annexe toutes les versements effectués par la ville de Gand au titre des aides jusqu'en 1495, relevés dans les comptes encore conservés, qui présentent malheureusement quelques lacunes. Les travaux que Jelle Haemers a consacrés aux crises politiques flamandes des années 1477-1488 se sont beaucoup appuyés sur l'étude des finances de Bruges[109]. Nous les avons complétés par le dépouillement des seuls chapitres de dépenses des copies des comptes de la cité marchande déposées à la Chambre de Lille, aujourd'hui conservées à Bruxelles. Il fallait faire de même avec Ypres, car le troisième Membre de Flandre, dont la quote-part aux aides de Flandre avait été fixée en 1408 à 8,58%, se voyait presque systématiquement accorder un rabais tenant compte de son déclin économique et démographique. Ce rabais n'était cependant pas fixe : il variait du tiers aux deux tiers, et parfois, il arrivait que l'on se contentât d'une contribution forfaitaire encore plus faible.

Les villes et châtellenies mentionnées jusqu'ici appartiennent toutes à la Flandre flamingante. Compte tenu du désert documentaire qui caractérise la châtellenie de Lille, Douai et Orchies, il était absolument nécessaire de confronter la recette générale des finances, ainsi que les pièces isolées rendues par le receveur des aides de Lille, Douai et Orchies, avec les comptes de la ville de Lille aujourd'hui conservés aux Archives municipales de Lille, et fort heureusement presque complets, puisqu'il n'y manque, entre 1477 et 1502, que les comptes des années 1490 et 1494. Siège de la gouvernance de Lille, Douai et Orchies, et de la Chambre des comptes supérieure des pays de par-deçà, résidence princière, ville francophone, Lille resta bien sûr

---

108 Wouter Ryckbosch, *Tussen Gavere en Cadzand. De Gentse stadsfinanciën op het einde van de middeleeuwen (1460-1495)*, Gand, « Verhandelingen der Maatschappij voor Geschiedenis en Oudheidkunde te Gent », vol. 31, 2007.

109 Jelle Haemers, *For the Common Good. State Power and Urban Revolts in the Reign of Mary of Burgundy (1477-1482)*, Turnhout, Brepols, « Studies in European Urban History », n° 17, 2009, et notamment p. 185-206 ; « Faire son prouffit. Die Finanzpolitik Maximilians I. und die städtischen Aufstände in den Niederlanden (1477-1488) », in *Habsburger Herrschaft vor Ort – weltweit (1300-1600)*, 2013, p. 187-210 ; « A Financial Revolution in Flanders ? Public Debt, Representative Institutions, and Political Centralisation in the County of Flanders during the 1480s », in *Economies, Public Finances, and the Impact of Institutional Changes in Interregional Perspective. The Low Countries and Neighbouring German Territories (14th-17th centuries)*, 2015, p. 135-160.

loyale à Marie et à Maximilien. La ville, en première ligne face à l'invasion française, de 1477 à 1482, puis à nouveau en 1487-1488, engagea de très lourdes dépenses pour remettre à niveau ses fortifications et assurer la sécurité de son plat pays. Mais c'est par les facilités financières qu'elle accorda au prince que Lille contribua le plus notablement à la victoire de Maximilien, puisque la cité avançait une grande partie des aides accordées par la châtellenie – on connaît ainsi leur montant – dont elle se faisait ensuite rembourser par le receveur des aides.

CHAPITRE 2

Le domaine princier pendant la crise de 1477-1493

Le projet politique porté par les ducs de Bourgogne dérivait du modèle capétien, dans lequel le roi ne cessait d'affirmer son pouvoir souverain, mais depuis le début du XVe siècle, il s'était également construit en opposition aux excès de leurs cousins d'Orléans et des Marmousets, acharnés à accroître les droits du roi aux dépens de ses sujets. Si Charles le Téméraire avait invoqué le péril français pour acclimater le principe d'un impôt permanent, justifié dès lors qu'il permettait de financer un service d'utilité publique, en l'occurrence la défense commune, il n'en demeurait pas moins que le domaine continuait de fournir un tiers des revenus généraux de l'État bourguignon. Bradé par le roi de France, le domaine faisait de la part des ducs l'objet de soins constants, en vue de le préserver, mais aussi d'en augmenter le rapport. La mort de Charles le Téméraire, l'invasion française et les concessions accordées aux principautés lui portèrent en quelques semaines un coup mortel. Les crises politiques à répétition, puis une quinzaine d'années de guerres continuelles achevèrent de le ruiner. En 1493, le domaine n'était plus qu'une ressource résiduelle et sa quasi-disparition était devenu un problème politique majeur.

En raison de l'extraordinaire complexité du domaine des ducs de Bourgogne, multipliée encore par les spécificités propres à chacun des pays de par-deçà, l'objet de ce chapitre est nécessairement limité. Il est d'abord de rappeler la nature des principales recettes domaniales ou agrégées au domaine en raison de leur caractère coutumier, ainsi que le rôle dévolu aux revenus ordinaires dans l'État de finance bourguignon, et notamment leur distribution entre usages locaux et centraux. Nous nous livrerons à une « pesée globale » des recettes tirées du domaine, et tâcherons de mesurer l'ampleur et de déterminer les étapes de leur effondrement entre 1477 et 1493. Enfin, nous en examinerons les causes.

I. Le poids du domaine dans les recettes de l'État bourguignon au XVe siècle

Jusqu'au règne de Charles le Téméraire, les recettes domaniales représentaient largement plus de la moitié du budget bourguignon – 61% des recettes totales sous le règne de Philippe le Bon, et encore 53% sous celui de son fils[1]. Le poids du domaine dans la recette générale bourguignonne découle d'une part de l'importance absolue

---

1 Michel MOLLAT DU JOURDIN, « Recherches sur les finances des ducs Valois de Bourgogne », *Revue historique*, 219, 1958, p. 312.

des revenus tirés du domaine, trois à quatre fois plus importants que ceux du domaine royal français[2], et d'autre part du volume somme toute modeste des dépenses de l'État bourguignon jusqu'aux dernières années du règne de Charles le Téméraire : 320 000 à 345 000 livres tournois en moyenne annuelle de 1384 à 1467[3], soit quatre à huit fois moins que le budget de la monarchie française durant la même période. Cela suffisait pourtant à faire vivre dans l'opulence les organes centraux de l'État bourguignon qui, du moins en temps de paix, se confondaient avec la Cour du prince.

Le domaine bourguignon : un ensemble complexe

Lorsqu'on considère la place occupée par le domaine dans les finances bourguignonnes, il faut ne jamais oublier que ne revenaient au receveur général que l'excédent des comptes des receveurs particuliers du domaine. Les receveurs du domaine, à leur tour, ne maniaient qu'une partie des deniers des officiers locaux (baillis, prévôts et autres juges-administrateurs) qui acquittaient de nombreuses dépenses nécessaires au maintien de l'ordre, à l'exercice de la justice, ou encore à l'entretien des bâtiments appartenant au prince. Même les comptables subalternes, qui encaissaient les tonlieux ou les redevances dues par les paysans qui exploitaient le domaine du prince, défalquaient de leurs recettes les frais administratifs liés à la tenue des comptes, tels que leurs gages, vacations, écritures, etc. Les assignations sur le domaine qui sont reportées dans la recette générale des finances n'en sont donc que le *net du net*.

Si l'on voulait reconstituer dans leur ensemble la recette et la dépense publiques du prince, et mesurer la réalité du prélèvement princier sur la richesse produite par les habitants des pays de par-deçà, il faudrait donc consolider tous les comptes des officiers locaux. Tâche considérable… devant laquelle les maîtres de la Chambre des comptes n'ont heureusement pas toujours reculé. Maurice-Aurélien Arnould a ainsi étudié et édité un état général des finances domaniales, dressé à la demande de Philippe le Bon en 1445, sans doute le premier réalisé pour toutes les possessions bourguignonnes[4]. On relève alors pour l'ensemble du domaine, y compris les pays de par-delà, Bourgogne et Franche-Comté, une recette totale de 315 700 l. de 40 g., sur laquelle le revenu net, après déduction des charges, devait être de 170 933 l., soit 54,1%. L'enquête menée par les maîtres et les auditeurs des comptes semble avoir été aussi exhaustive qu'approfondie, puisque M.-A. Arnould a pu retrouver l'état dressé en Hainaut, dont les chiffres ont été repris pour l'état général de 1445. Ce document compile les données rassemblées par le receveur de Hainaut (pour les officiers de recette) et par le grand bailli de Hainaut (pour les officiers de justice du comté, soit les châtelains, prévôts et baillis). Toutes les dépenses courantes des bailliages et

---

2 En 1461, le roi de France ne tirait plus que 55 000 l. t. de son domaine (Jean-François LASSALMONIE, *La Boîte à l'enchanteur…*, p. 60), soit quinze fois moins qu'en 1330 (820 000 l. : Maurice REY, *Le Domaine du roi…*, p. 3).

3 Michel MOLLAT DU JOURDIN, « Recherches sur les finances… », p. 305.

4 Maurice-Aurélien ARNOULD, « Une estimation des revenus et des dépenses de Philippe le Bon en 1445 », in *Recherches sur l'histoire des finances publiques en Belgique*, Bruxelles, Institut d'histoire de l'Université libre de Bruxelles, « Acta historica bruxellensia », 3, 1974, p. 174-205.

prévôtés de Hainaut y sont relevées avec un soin et une précision extrêmes. Dans ce pays rural et forestier, les revenus agricoles, tirés des cens en nature et en argent dus par les tenanciers, des ventes de bois ou de denrées, dominaient largement. Les dépenses y étaient élevées, et servaient pour la plupart à rétribuer les très nombreux agents du prince chargés de mesurer les grains, d'arpenter les forêts, de traquer les animaux nuisibles, de surveiller les charbonniers, etc. Comme partout, il fallait aussi entretenir les granges et les bâtiments publics. Les amendes et exploits de justice n'abondaient la recette du Hainaut qu'à hauteur de 17%. D'une recette locale à l'autre, les charges absorbent en moyenne la moitié du revenu brut.

Pour l'ensemble des Pays-Bas bourguignons, la proportion de ce que Michel Mollat appelle les « revenants-bons », soit l'excédent dont le receveur général a pu disposer pour effectuer ses opérations, est extrêmement variable d'un endroit à l'autre. Le domaine le plus grevé par les charges est celui d'Artois (14,2% de recette nette seulement), et le plus disponible pour les opérations du receveur général celui du Brabant (73,6%)[5]. Une génération plus tard, en 1467, les recettes ont progressé de 34%. L'état général prévisionnel de l'exercice 1467-1468, préparé à partir des exercices précédents, fait en effet apparaître une recette nette estimée à 226 000 l. de 40 g. pour le domaine[6]. On se gardera de tirer des conclusions hâtives de cette augmentation, car l'état de 1467-1468 n'indique pas le revenu brut des principautés, de sorte qu'on ignore si toutes les charges ordinaires ont bien été déduites. On retiendra toutefois des états de 1445 et 1467 que le volume global des recettes domaniales nettes se situait autour de 200 000 l. de 40 g. pendant l'âge d'or bourguignon.

En Flandre, le revenu brut semble avoir été très stable pendant cette période. L'état général des finances de 1445 fait apparaître un bénéfice prévisionnel de 32 277 l. de 40 g., sur une recette totale de 75 877 l. de 40 g. (42,5%). En 1467, une fois déduits les fiefs, rentes, pensions, autres charges ordinaires pesant sur les recettes particulières et les parties du domaine engagées, la recette du domaine de Flandre s'élève à 65 600 l. de 40 g., dont 32 000 l. de 40 g. à la disposition du receveur général[7]. Le chiffre est considérable, puisqu'il se situe un peu au-dessus du montant moyen annuel des aides accordées au duc par les Membres de Flandre entre 1430 et 1471, soit 52 500 l. de 40 g.[8] Dans la châtellenie de Lille, la recette moyenne enregistrée par le receveur local entre 1477 et 1494 est de 5 500 l. de 40 g. par an ; pour l'ensemble de la châtellenie de Lille, Douai et Orchies, les aides accordées par les états n'ont dépassé ce chiffre qu'un an sur trois sous Jean sans Peur et Philippe le Bon[9]. Sans surprise, la Flandre

---

5 *Ibid.*, p. 214.

6 Maurice-Aurélien ARNOULD, « Le premier budget du duc Charles de Bourgogne, 1467-1468 », *BCRH*, 150, 1984, p. 226-271.

7 Janine SORNAY, « Les états prévisionnels des finances ducales au temps de Philippe le Bon », in *Études bourguignonnes*, 1987, p. 35-94. Il s'agit là d'un autre document prévisionnel établi à la fin de l'année 1467, au même moment que l'état général.

8 Willem Pieter BLOCKMANS, *De volksvertegenwoordiging...* , p. 437.

9 Antoine ZOETE, *De beden in het graafschap Vlaanderen onder de hertogen Jan zonder Vrees en Filips de Goede, 1405-1467*, Bruxelles, Académie des sciences, lettres et arts de Belgique, 1994, annexes, p. 170-173.

est de toutes les principautés celle où les revenus domaniaux sont les plus importants. Comparativement, la contribution du Brabant et de la Hollande semble plus réduite, même rapportée à leur population[10].

II. Structure des recettes

Eddy van Cauwenberghe propose de distinguer trois catégories de revenus domaniaux, que nous reprendrons volontiers en raison de leur pertinence. Ce sont :
– les revenus liés à la propriété du sol, tels que les cens dus par les tenanciers, les fermages ou la vente des denrées produites sur la réserve seigneuriale ;
– les revenus découlant du régime seigneurial, tels que les banalités, les droits de mutation sur les successions serviles ou les tenures, les corvées ou les rentes dues pour le rachat des corvées ;
– les revenus de nature publique, tels que les amendes et exploits de justice, droits de passage, tonlieux, prélèvements sur les accises ou droits indirects perçus par les villes.

Il n'est pas possible d'estimer la proportion des recettes de chacune des catégories définies par Cauwenberghe. En effet, les comptes anciens du domaine distribuent les chapitres de recettes selon des critères relevant de logiques différentes, correspondant soit à un mode de prélèvement (rentes fixes, rentes révisables, fermes), soit au comptable dont provient la recette (officiers de justice, *renneurs* flamands), soit, comme nous le faisons aujourd'hui, à l'origine de la recette (monnaie, part du duc sur les accises urbaines, etc.). Il faudrait donc se livrer à un travail minutieux d'analyse de l'ensemble des recettes enregistrées par les receveurs du domaine, soit plusieurs centaines d'opérations chaque année, et qualifier leur nature publique, privée ou seigneuriale : tâche délicate, souvent arbitraire, et de toute façon rendue impossible par le manque de précisions sur la nature de certaines recettes. L'analyse d'un compte, à savoir celui qu'a tenu Roland Le Fèvre pour la Flandre en 1487, permettra au lecteur de se figurer les principales sources de revenus composant le domaine du prince, ainsi que les principaux postes de dépenses. Pourquoi 1487 ? Il ne subsiste de la recette du domaine de Flandre, entre 1477 et 1506, que les comptes de 1477-1479, 1487, 1498 et 1501-1502, dont la recette s'échelonne de 67 000 livres parisis de Flandre de 20 g. (1477) à 140 000 l. de 20 g. (1501). Le compte de 1487, qui porte en recette 129 960 l. de 20 g., soit environ 65 000 l. de 40 g., est donc l'un des plus gras de la période. Il correspond par ailleurs à un contexte relativement médian, après la reprise en main de la Flandre par Maximilien, et juste avant la grande crise de 1488-1489. Il paraissait donc être le plus à même de fournir un instantané de qualité.

Sur la longue durée, on constate que le revenu brut global du domaine de Flandre, s'il se maintient, s'est tout de même effrité depuis le règne de Philippe le Hardi.

---

10 Willem Pieter BLOCKMANS, « The Low Countries in the Middle Ages », *in* Richard BONNEY (éd.), *The Rise of the Fiscal State in Europe*, 1999, p. 295-297.

Ainsi, la recette moyenne des cinq exercices conservés, entre 1394 et 1402, s'établit à un peu plus de 90 000 l. de 40 g., y compris Malines et Anvers. En un peu moins d'un siècle, la diminution des recettes a donc été de l'ordre de 23%[11] – compte non tenu de la lente érosion du cours du gros de Flandre, qu'on a considérée comme non signifiante sur la longue durée, puisqu'elle affectait autant les dépenses que les recettes. La structure du domaine princier a peu changé entre le début et la fin du XVe siècle. L'ancien domaine, soit les revenus découlant de la propriété du sol, des droits seigneuriaux et de l'exercice de la justice, déjà très marginal sous Philippe le Hardi, poursuit son déclin. Si en 1487, les antiques briefs et espiers rapportent encore 10 000 l. de 40 g., soit à peu près autant qu'en 1403[12], les exploits et restes de comptes des baillis et autres officiers s'inscrivent en très net repli, puisqu'ils ne rapportent plus que 5 500 l. en 1487[13], soit trois fois moins qu'en 1394-1402. Il s'agit là des vestiges d'un ordre financier désormais révolu, tandis que les recettes découlant de l'économie d'échanges ont pris un formidable essor. Elles proviennent pour l'essentiel des tonlieux et autres droits perçus sur les laines ainsi que sur la bière brassée ou importée, et sur le hareng mis en tonneau ou importé. Leur progression ne suffit certes pas tout à fait à enrayer le déclin du vieux domaine ; elle est cependant spectaculaire.

Elle s'explique par le dynamisme commercial des Pays-Bas bourguignons, mais aussi par la politique volontariste des ducs, qui, sans créer à proprement parler de nouveaux péages, ont su revaloriser les taxes perçues sur les marchandises dont le potentiel fiscal était le plus intéressant. Ainsi, la rentabilité du tonlieu de Gravelines explose lorsque Philippe le Bon impose à partir de 1438 un nouveau tarif sur les laines importées d'Angleterre[14]. Auparavant, seule la laine exportée hors de Flandre était taxée. Les exportations de laine étant devenues entre-temps négligeables, et les tisserands flamands consommant de plus en plus de laines espagnoles et anglaises, le duc en a tiré les conséquences, au grand déplaisir de ses sujets, car la taxe augmentait le prix de revient des draps tissés en Flandre. Lors de la soumission de la Flandre en 1485, le tonlieu de Gravelines, aboli en 1477, est restauré et affermé pour six ans à Tommaso Portinari, pour 12 000 l. de 40 g. par an, auxquelles s'ajoute un supplément de 960 l. de 40 g. par an[15]. La taxe sur les importations s'élevait alors à 5 saluts d'or par *charpelière* ou *serpelière* de laine (soit environ 1 080 livres de poids). Le tonlieu de Gravelines était l'équivalent flamand de l'Étape de Calais, l'une des principales sources de revenus ordinaires pour les souverains anglais. Ceux-ci avaient la main beaucoup plus lourde que les ducs de Bourgogne, puisque la taxe atteignait le tiers de la valeur de la laine exportée. Sous Édouard IV, la douane de la laine à Calais

---

11 En retranchant environ 5 000 l. de 40 g. pour les revenus tirés d'Anvers, réintégré au duché de Brabant (Tim Soens, « Évolution et gestion du domaine comtal… », p. 56) ; Andrée Van Nieuwenhuysen, *Les finances du duc de Bourgogne Philippe le Hardi, 1384-1404. Le montant des ressources…*, p. 253.

12 Tim Soens, « Évolution et gestion du domaine comtal … », p. 28-29.

13 ADN, B 4123, compte du receveur général de Flandre rendu pour l'année 1487.

14 L. P. Gachard, *Rapport à M. le ministre de l'intérieur sur différentes séries de documents concernant l'histoire de la Belgique, qui sont conservées dans les archives de l'ancienne Chambre des Comptes de Flandre, à Lille*, Bruxelles, Hayez, 1841, p. 68-70.

15 ADN, B 4123, fol. 63-64v.

106   CHAPITRE 2

rapportait entre 25 000 et 30 000 livres sterling par an, soit environ de 200 000 à 250 000 l. de 40 g., c'est-à-dire autant que la totalité du domaine bourguignon[16] ! C'est une théorie classique que celle qui voit en la lourdeur de la taxe sur la laine exportée d'Angleterre l'un des principaux facteurs du développement de la draperie anglaise. On observe en effet un peu partout la diffusion croissante des draps venus d'Outre-Manche à la fin du XVe siècle, mais les textiles flamands conservaient encore de très fortes positions dans le commerce international[17].

Malgré son taux relativement marginal par rapport à l'Étape de Calais, le tonlieu de Gravelines rapportait à lui seul presque autant que l'ancien domaine qui avait fourni aux comtes de Flandre des XIIe et XIIIe siècles l'essentiel de leurs revenus, et dépassait très largement la recette brute du domaine du comté de Namur tout entier[18]. Après l'octroi sur la laine de Gravelines, viennent les divers droits perçus sur la denrée de très grande consommation qu'est la bière. Ils rapportent près de 11 000 l. de 40 g., dont la plus grande partie perçue sur la bière importée de Zélande et de Hollande, ou *hoppenbier*. Les importations de bière hollandaise, qui s'élevaient déjà à près de 100 000 tonneaux par an vers 1395[19], semblent avoir encore augmenté entre-temps, pour atteindre environ 140 000 tonneaux en 1487[20]. Le hareng faisait l'objet d'un droit de 2 s. 6 d. par last de hareng mis en caque dans les ports flamands. Les fermes de celui-ci s'élèvent à près de 4 200 l. de 40 g. pour l'année 1487 – ce qui suppose donc un volume minimal de l'ordre de 35 000 à 40 000 lasts mis en caque sur l'ensemble du littoral flamand, soit environ 70 000 tonnes, chiffre considérable. Enfin, les tonlieux perçus dans les ports flamands sur tout type de marchandises au départ et à l'arrivée sont affermés pour un peu plus de 6 000 l. de 40 g. Se détachent par leur importance les tonlieux de Damme, L'Écluse, Rupelmonde et Nieuport.

L'octroi sur la laine, les droits sur la bière, ceux sur le hareng et les tonlieux sur toutes les marchandises, ont été affermés pour plus de 34 000 l. de 40 g. par an en 1487[21]. La part de ces quatre taxes dans la recette globale du domaine de Flandre

---

16   Charles Derek Ross, *Edward IV…*, *loc. cit.*

17   Sur le déclin de la draperie néerlandaise à la fin du Moyen Âge, et les corrections qu'il convient d'apporter à cette thèse, voir Marc Boone et Walter Prevenier (éd.), *La draperie ancienne des Pays-Bas. Débouchés et stratégies de survie (14e-16e siècles). Actes du colloque tenu à Gand le 28 avril 1992*, Louvain, Apeldoorn, Garant, « Studies in Urban, Social, Economic and Political History of the Medieval and Modern Low Countries », 1993.

18   Willem Pieter Blockmans, « The Low Countries… », p. 286.

19   Andrée Van Nieuwenhuysen, *Les finances du duc de Bourgogne Philippe Le Hardi, 1384-1404. Économie et politique…*, p. 284-285, et Tim Soens, « Évolution et gestion du domaine comtal… », p. 59-63, qui recense une recette de 11 256 l. parisis, soit 5 628 l. de 40 g., correspondant à la taxation de 112 000 tonneaux environ.

20   Les fermes du droit de 2 g. par tonneau sur le *hoppenbier* s'élevaient à 9 020 l. de 40 g. par an en 1485-1487, dont 1 680 l. de 40 g. correspondant à des droits supplémentaires imposés par le duc. Le nombre de tonneaux taxés se serait donc élevé à 7 140 multiplié par 20, soit 142 800, non compris le *hoppenbier* de Termonde et de Malines, concédé à la douairière Marguerite d'York (ADN, B 4123, fol. 64r-67r), mais y compris le tonlieu de Hulst et des Quatre-Métiers, concédé au même fermier que le *hoppenbier* de ce district.

21   Le montant des baux d'affermage figure pour information dans le texte correspondant à chaque recette.

aurait atteint les 45% de la recette totale, si la guerre contre la France n'avait contraint Roland Le Fèvre à décharger les fermiers de leurs obligations financières à l'égard du prince à compter du 25 août 1487[22]. L'écrasante majorité de ces taxes étaient perçues dans les principaux ports de la Flandre. En cette fin de xve siècle, le salut du domaine princier vient donc de la mer et du commerce. De la mer, du commerce... et des villes, dont le prince s'efforce de capter une partie de la fiscalité indirecte. Ce sont en effet les droits indirects sur le grain, le vin et la bière ou « accises », qui fournissent aux villes l'écrasante majorité de leurs ressources. Ces accises étaient levées par autorisation du prince, accordée pour un certain nombre d'années. Dans la partie la plus méridionale des pays de par-deçà, les ducs de Bourgogne ou leurs prédécesseurs avaient obtenu que les villes leur cèdent un quart du produit de ces taxes. Dans la châtellenie de Lille, le receveur du domaine en a retiré de 2 111 l. à 2 719 l. de 40 g. entre 1477 et 1494, ce qui représentait pas moins de 36 à 48% de ses recettes[23].

En Flandre flamingante, le duc devait se contenter d'une simple redevance négociée avec les villes à chaque renouvellement des accises. Le montant de ces redevances était proportionnel à l'emprise politique du prince sur les municipalités. Relativement importante à Bruges, où elle équivalait à 5% de la recette des accises, la redevance versée par Gand n'était que de... 180 l. de 40 g. sous le règne de Philippe le Hardi[24]. Dans tous les cas, on était fort loin des 25% que touchait le duc sur les villes d'Artois ou à Lille. Il était tentant d'étendre ce prélèvement aux villes de la Flandre flamingante. L'enjeu était de taille, lorsqu'on sait que les accises ont rapporté à Bruges de 2 à 3 millions de gros par an en 1478-1481, soit de 50 000 à 75 000 l. de 40 g.[25] ! Après la répression de la révolte de Bruges, Philippe le Bon était parvenu en 1438 à s'arroger un septième des recettes de la ville[26]. Ce droit s'est ajouté à une rente perpétuelle de 4 800 l. de 40 g. par an que la ville de Bruges avait accordé à Jean sans Peur, précisément pour être exonéré du droit du 7e denier[27]. Le duc avait fait coup double avec les Brugeois, et il marqua également des points un peu partout en Flandre. Le principe de la cession du quart des accises au duc fut acquis dans le Franc de Bruges dès 1386. Idem à Courtrai, quelques années plus tard, à la faveur de la faillite des finances municipales, mises sous tutelle en 1393[28]. Comme toujours,

---

22 Le receveur de Flandre n'a porté en recette que 23 500 l. au titre de ces fermes. Par ailleurs, n'apparaît parfois que la recette nette. Ainsi, pour le tonlieu de Gravelines, au lieu d'indiquer en recette 12 000 l. de 40 g. et en dépense 6 000 l. de 40 g. pour le remboursement des emprunts contractés auprès de Portinari, le receveur s'est contenté de porter 6 000 l. de 40 g. en recette. D'autres rentes, viagères ou perpétuelles, grevaient la recette d'autres fermes.

23 4 223 l. de 20 g. en 1492 (ADN, B 4411), et 5 438 l. de 20 g. en 1479 (ADN, B 4404).

24 A. Van Nieuwenhuysen, *Les finances du duc de Bourgogne Philippe Le Hardi, 1384-1404. Économie et politique...*, p. 273-281.

25 Jelle Haemers, *For the Common Good...*, p. 199.

26 Marc Boone, « "Plus dueil que joie". Les ventes de rentes par la ville de Gand pendant la période bourguignonne : entre intérêts privés et finances publiques », *Bulletin trimestriel du Crédit communal de Belgique*, 45, 1991, p. 3-26.

27 Jelle Haemers, « *Ende hevet tvolc...* », p. 217-219.

28 A. Van Nieuwenhuysen, *Les finances du duc de Bourgogne Philippe Le Hardi, 1384-1404. Économie et politique...*, p. 277-278.

108 CHAPITRE 2

Gand s'avéra être une noix autrement plus dure à casser. Le domaine ducal n'y avait guère évolué depuis fort longtemps. C'était un peu comme si le temps s'y était arrêté depuis l'apogée de la Flandre féodale. Les tarifs des six tonlieux de la ville, établis par Baudouin IX en 1199, n'avaient jamais été révisés, et les particuliers auxquels de nombreuses recettes étaient encore inféodées n'étaient guère liés au duc[29]. La répression de la révolte de 1447-1453 n'avait que peu changé les choses. Certes, la ville avait été condamnée à une forte amende, et il avait fallu procéder à une vente massive de rentes pour la payer ; certes, le duc contrôlait désormais l'élection des échevins. Il n'était cependant pas parvenu à détourner à son profit une partie de la fiscalité municipale.

III. Les dépenses assignées sur le domaine : quelle disponibilité des revenus domaniaux pour le prince ?

Une partie des recettes domaniales servait à financer des dépenses incompressibles. Dans la châtellenie de Lille, la grande affaire est l'entretien du château de Lille et de sa garnison, forte d'une grosse cinquantaine d'hommes[30], dont le coût, parfaitement stable, était de 2 005 l. 14 s. 2 d. de 40 g. par an. Cette très modeste force absorbait donc à elle seule environ 36% des recettes annuelles de la châtellenie. En Flandre flamingante, la garnison de la forteresse de L'Écluse, dont les effectifs étaient fort proches de ceux du château de Lille[31], revenait un peu plus cher dans l'absolu – environ 2 500 l. de 40 g. – mais beaucoup moins dans le relatif – 4,1% des dépenses totales de Roland Le Fèvre. S'y ajoutaient les gages des capitaines des châteaux d'Audenarde, Rupelmonde, Dunkerque, Courtrai, Nieuport et Saeftingen, soit, en 1487, 840 l. de 40 g.[32], ainsi que ceux de Charles de Saveuse, capitaine de Gravelines et Bourbourg, soit 960 l. de 40 g. C'est sur leurs gages que les capitaines payaient la solde des quelques sergents ou arbalétriers assignés à la garde de ces places. On peut encore y ajouter la plus grande partie des sommes consacrées à la réparation

---

29 Marc BOONE, « Het vorstelijk domein te Gent (ca.1385-ca.1453) : speelbal tussen vorstelijke centralisatie en stedelijke particularisme ? », *Handelingen der Maatschappij voor Geschiedenis en Oudheidkunde te Gent*, 42, 1988, p. 69-93.

30 42 sergents, 4 arbalétriers mis *de nouvel*, un chapelain, un maçon, un couvreur un artilleur, un portier des bailles, un portier de la seconde porte, un charpentier, deux *gaites*, un soudoyer et garde des garnisons (ADN, B 4402, recette du domaine de la châtellenie de Lille rendu pour l'année 1477).

31 Le capitaine du château (Philippe de Clèves), aux gages de 600 l. de 40 g., 6 hommes d'armes, un prêtre, 6 portiers, 25 arbalétriers, dont 2 canonniers (dont l'un est en même temps charpentier) et un artilleur, 12 piquiers, un maître des garnisons (ADN, B 4123, fol. 117v-118r).

32 240 l. de 40 g. pour le capitaine de Rupelmonde, 200 l. pour les capitaines de Courtrai et de Dunkerque, 150 l. pour celui de Saeftingen (rayé en 1487 par faute de commission et de quittance), 50 l. pour celui de Nieuport (rayé par faute de commission et de quittance). Le receveur n'a pas eu à régler les 50 l. de gages du capitaine de Biervliet (prises sur les exploits du bailliage), les 60 l. de celui de Male (payées par le receveur de Male en 1487), ni les gages, non précisés, du capitaine d'Audernarde, payés par le receveur de Marguerite d'York, Audenarde faisant partie de son douaire (ADN, B 4123, fol. 118r-119r).

des châteaux, maisons et autres édifices appartenant au prince, soit un peu plus de 5 000 l. de 40 g. en 1487. Tout compris, Roland Le Fèvre ne consacrait pas plus de 15% de ses recettes à la défense locale.

C'est également la recette du domaine de Flandre qui subvenait aux frais de fonctionnement des deux plus grandes institutions du comté, à savoir la Chambre du conseil de Flandre et la Chambre des comptes de Lille. Les gages et les pensions du président, du procureur général et des sept conseillers du Conseil sont comptés pour 1 831 l. 8 s. de 40 g. en 1487, y compris les gages mis en reste (2,95%) ; les gages, les pensions viagères et les robes du président, des quatre conseillers, des deux auditeurs et du clerc de la Chambre des comptes pour 2 008 l. (3,3%). Les frais de gestion du domaine de Flandre, soit les gages versés à Roland Le Fèvre (240 l. de 40 g.), et un forfait de 324 l. de 40 g. par an pour ses voyages, le défraiement de ses clercs, etc., ne dépassent pas 664 l., soit à peine plus de 1%. On le voit, la charge de l'administration « centrale » du comté de Flandre est légère et n'absorbe qu'un peu moins de 23% de la recette. La règle commune est celle de la responsabilisation et de l'autonomie des officiers civils et militaires du prince, qui sont incités à réduire au minimum le nombre de leurs serviteurs et de leurs clercs, payés sur leurs propres deniers. La coutume règne ici en maître, et donc la stabilité, remarquable lorsque l'on compare ces dépenses avec l'état prévisionnel de 1467.

La plus grande partie de la recette du domaine de Flandre est donc disponible pour les financiers du prince, à commencer par le receveur général, qui a pu assigner sur la Flandre pour 18 611 l. de 40 g. de dépenses, représentant plus de 30% des débours de Roland Le Fèvre. Mais le receveur général n'est pas le seul à émarger sur le domaine de Flandre. Plusieurs très hauts personnages reçoivent ainsi des mains de Roland Le Fèvre des pensions parfois très importantes, notamment Philippe de Bourgogne, seigneur de Beveren (4 000 l. de 40 g.), Jean de Bourgogne, protonotaire apostolique (900 l. de 40 g.) et le chancelier de Flandre et de Bourgogne Jean Carondelet, seigneur de Champvans (qui reçoit une pension de 8 f. de 32 g. par jour passé en Flandre ou en Brabant, soit, sur le compte de 1487, 1 164 l. 16 s. pour 182 jours en 1486-1487). Les gages des chapelains de Maximilien et de leurs suppôts (1 650 l. de 40 g. en 1487), qu'on se serait plutôt attendu à trouver dans le compte du maître de la Chambre aux deniers du prince, sont également inscrits en dépense de la recette de Flandre. Le Fèvre paye encore les pensions de personnages plus secondaires, et notamment de vieux serviteurs de la maison de Bourgogne retirés du monde, tel ce Martin Baillet, âgé de 87 ans, ancien chevaucheur de l'écurie, qui reçoit 3 gros par jour, ou Jean Rodrigue, ancien écuyer de cuisine, à qui l'on sert 60 l. par an, ou encore la veuve de Jean d'Humières (100 l. par an)[33]. On peut estimer à une dizaine de milliers de livres la part consacrée par Roland Le Fèvre à rétribuer ou à récompenser des serviteurs dont les fonctions ou les missions dépassaient les frontières de la Flandre, soit environ 15% de la dépense portée sur le compte de 1487.

Enfin, le caractère relativement assuré et régulier des revenus domaniaux donnait une assise solide au crédit du prince, lorsque celui-ci souhaitait emprunter des sommes

---

33   ADN, B 4123, fol. 113v-125r, gages et pensions à volonté et à rappel.

importantes auprès des particuliers ou des villes. Les intérêts des rentes vendues sur le domaine de Flandre consommaient ainsi 17% des recettes de Roland Le Fèvre en 1487. Nous y reviendrons. On peut d'ores et déjà retenir de l'étude de ce compte de la recette de Flandre plusieurs leçons importantes, aisément transposables aux autres pays de par-deçà. En premier lieu, on observe que la ponction du receveur général sur le revenu brut total consolidé du domaine est importante, mais le plus souvent inférieure à la moitié. Elle est ainsi de l'ordre de 35% à 50% pour la Flandre. Cette part est très variable selon les endroits. Ainsi la contribution de certains districts aux recettes provinciales ou générales est à peu près nulle, telle la châtellenie de Lille[34]. Cette première observation est aussitôt modérée par le fait que la disponibilité de ces recettes pour les finances centrales est plus grande qu'il y paraît au premier abord si l'on ajoute aux assignations du receveur général les pensions assises sur le domaine et surtout les intérêts des rentes émises pour le prince (la part totale prise par « l'État central » monte alors à 67% des dépenses de Roland Le Fèvre en 1487, et à 15/20% de celles du receveur de Lille de 1477 à 1494). Le coût réel de l'infrastructure administrative et judiciaire de l'État bourguignon apparaît donc comme léger, voire très léger. Peu ou prou, l'ancien domaine, soit le prélèvement opéré par le prince au titre de ses anciens droits de seigneur féodal, suffit à le financer.

IV. Les recettes domaniales pendant la crise

Une « pesée globale » : la descente aux enfers du domaine bourguignon

Les recettes domaniales se sont littéralement effondrées après l'avènement de Marie de Bourgogne, ainsi que le montre le volume annuel de dépenses assignées sur le domaine de 1479 à 1493, comparé aux états prévisionnels de 1467, estimant le montant des recettes disponibles pour les assignations du receveur général. D'emblée, la perte des deux Bourgognes, de la Picardie, du comté de Boulogne et de la plus grande partie de l'Artois amputait le domaine de près de la moitié de la recette nette prévue dix ans plus tôt (107 744 l. de 40 g., soit 47,5%[35], voir diagramme n° 1). Ces territoires ne contribuaient aux recettes extraordinaires qu'à hauteur de 25% environ à la fin du règne de Charles le Téméraire, mais la part qu'ils représentaient dans le domaine du prince était beaucoup plus importante. On peut d'ailleurs supposer, à la suite de W. P. Blockmans[36], que ce n'est pas là l'effet du hasard. Sans doute la faiblesse des revenus ordinaires dans les principautés les plus riches des pays de par-deçà avait-elle été prise en compte lorsqu'on négocia les aides sexennales en 1472/1473. La

---

34 Sur les comptes de la châtellenie de Lille correspondant aux années 1477 à 1483, et 1489 à 1494, qui enregistrent une recette totale cumulée de l'ordre de 55 000 l. de 40 g., à peine plus de 500 l. ont été employées par le receveur général des finances ou le receveur du domaine de Flandre, soit moins de 1%. Encore Roland Le Fèvre a-t-il dû verser 306 l. de 40 g. en 1489-1490 pour financer des travaux de réfection du château (ADN, B 4403 à 4413).

35 M.-A. Arnould, « Le premier budget… », p. 247.

36 W. P. Blockmans, « The Low Countries in the Middle Ages… », p. 296.

perte de la plupart des possessions françaises et de la Franche-Comté a d'abord été compensée par une surexploitation du domaine brabançon et surtout flamand. Cela ne dure qu'un temps, et dès 1480-1482, les recettes domaniales chutent de moitié par rapport au règne précédent, malgré les avances ponctuelles demandées aux receveurs du domaine, inscrites dans le chapitre des parties extraordinaires. Inexorable, la descente aux enfers se poursuit et s'accentue au cours des guerres civiles. En 1492 et 1493, le receveur général ne se risque pas à assigner plus de 20 000 à 30 000 l. sur le domaine, soit à peine un dixième de ce qui était encore disponible au début du règne de Charles le Téméraire.

Encore les assignations du receveur général ne donnent-elles qu'une vision tronquée de la situation. On peut aller plus loin dans l'analyse, au moins pour les principautés relevant directement de la Chambre des comptes de Lille (Flandre, Hainaut, Artois, comté de Namur). Pour celles-ci, les maîtres de la Chambre des comptes de Lille ont indiqué en marge sur quels comptes des receveurs généraux du domaine ont été inscrites les assignations du receveur, ou si elles ont été portées dans le chapitre des deniers rendus et non reçus. On peut ainsi mesurer l'écart entre les prévisions faites par les gens de finance au moment de l'assignation et les opérations effectivement réalisées. Sans surprise, on constate qu'en années de grande tension financière, on s'efforce d'étaler dans le temps le règlement des créances. Ainsi, en 1479[37], sur les quelque 94 000 l. de dépenses assignées sur le domaine de Flandre, seules 12 000 l. ont été assignées sur la recette de l'année en cours (1479), et 2 000 l. sur le reste des recettes de l'année précédente (1478). On a reporté plus de 70 000 l. sur l'exercice suivant (1480), 7 000 l. sur l'année 1481, et même près de 1 500 l. sur l'année 1482[38].

Les receveurs du domaine de Flandre furent-ils en mesure d'honorer leurs obligations ? D'une manière générale, et fort logiquement, on remarque un différentiel constant entre prévision et exécution, qui croît à mesure que s'allonge le délai qui sépare la date de l'assignation et celle de l'échéance de paiement prévue. L'écrasante majorité des dépenses assignées sur l'année 1479 ont bien été réglées dans les comptes correspondants des receveurs des quartiers d'Ypres, Bruges et Gand (93%). En revanche, pour les assignations faites en 1479 sur les recettes de 1480, seules 44 327 l. 13 s. 8 d. (63% du total) ont été inscrites dans le premier compte de Roland Le Fèvre, commençant le 1er janvier 1480 – après la fusion des recettes d'Ypres, Gand et Bruges en une seule recette générale de Flandre. 19 920 l. ont été comptés en deniers rendus et non reçus. Le ratio décharges assignées / décharges inscrites en dépense dans le compte prévu est à peu près le même pour 1481 (58%).

Lorsqu'on embrasse l'ensemble de la période 1479-1493 (voir diagramme n° 2), on voit que les assignations du receveur général sont d'une grande irrégularité : 94 000 l. de 40 g. en 1479, 21 000 l. de 40 g. seulement l'année suivante ; 37 000 l. de 40 g. en 1490, 9 000 l. de 40 g. en 1491. Cette irrégularité s'accompagne d'une incapacité à réduire suffisamment les assignations au cours des années suivant les pics de dépenses

---

37 ADN, B 2118, compte du receveur général pour l'année 1479, fol. 11r-23r.
38 De plus, 1 152 l. 12 s. ont été assignées sur les deux années 1479 et 1480, et 540 l. sur des recettes dont on n'a pas indiqué l'échéance précise.

pour maintenir un équilibre entre les entrées et les sorties. L'étalement des dépenses dans le temps est une tâche malaisée, comme en témoigne l'importante proportion de décharges rendues et non reçues signalée plus haut. Le bénéficiaire d'une assignation sur le domaine est donc confronté à un risque, difficilement quantifiable, mais en général compris entre 10% et 30%, de ne pas pouvoir en obtenir le règlement dans les délais prévus et/ou sur la caisse prévue. S'agit-il pour autant toujours d'un défaut de planification ? En réalité, dans certains cas, le receveur général prenait sans doute ses aises avec les créanciers de Marie et de Maximilien en toute connaissance de cause. En assignant plus de dépenses que ne pouvait en supporter une caisse locale, il trouvait le moyen de les faire patienter, et donc de se créer une marge de manœuvre appréciable. Il n'abusait pas pour autant de la confiance des bénéficiaires de ces assignations, qui avaient une assurance raisonnable d'être payés, soit conformément aux modalités promises – cas tout de même très majoritaire – soit sur d'autres receveurs, après une éventuelle réassignation. Le tout était de ne pas être pressé…

Deuxième tendance marquante, le volume des assignations payées par le receveur de Flandre, plus régulier, diminue cependant constamment. On peut distinguer trois séquences relativement homogènes. En 1479-1481, le receveur de Flandre peut encore régler en moyenne 32 500 l. de 40 g. d'assignations chaque année pour le compte du receveur général. Après la régence de 1483-1485, et malgré la restauration du tonlieu de Gravelines, le revenu disponible a fondu de moitié, et s'inscrit dans une fourchette de 15 000 à 18 000 l. de 40 g. entre 1486 et 1489. À partir de 1490, le domaine de Flandre, totalement laminé, ne peut rendre plus de 6 000 à 9 000 l. par an jusqu'à la fin des guerres civiles, en 1493.

La Flandre est-elle un cas isolé ? Le receveur général aurait-il jonglé avec les différentes recettes provinciales, afin de compenser l'épuisement de l'une par l'autre, soigneusement tenue en réserve ? De toute évidence, non. Ainsi, le receveur a assigné 52 000 l. de 40 g. sur le domaine de Brabant en 1479, et seulement 27 000 l. de 40 g. l'année suivante. On observe la même tendance à la baisse des revenus domaniaux disponibles pour les opérations du receveur général en Hollande (29 000 l. de 40 g. en 1479, et 12 000 l. de 40 g. en 1480) comme en Hainaut (7 000/7 500 l. en 1479-1480, et seulement de 1 500 à 2 500 l. de 1481 à 1493). Quel désastre, quand on compare ces chiffres à ceux de l'état particulier des revenus et des charges du comté de Hainaut dressé en 1445, estimant alors le revenu brut du domaine comtal à plus de 24 146 l., et le revenu net à 13 362 l.[39] ! L'effondrement y a donc été plus précoce qu'en Flandre, et l'essentiel des revenus s'est évaporé dès la fin du bref règne de Marie de Bourgogne. En Brabant, les assignations probablement réglées[40] sur le domaine sont en moyenne

---

39   Maurice-Aurélien ARNOULD, « Une estimation des revenus et des dépenses… », p. 212.

40   En effet, les mentions marginales des maîtres des comptes permettent seulement de savoir si la décharge a été portée en deniers rendus et non reçus, ou si elle a été portée en dépense d'un compte contrôlé lors d'une mission effectuée à la Chambre des comptes de Bruxelles (voir *supra*), qui peut être celui du domaine de Brabant, mais peut aussi bien en être un autre, tel que celui des aides de Brabant. L'analyse des assignations sur le domaine de Flandre tend cependant à montrer que la part des assignations rendues et reçues, mais réglées sur un autre compte que celui prévu initialement est faible (de l'ordre de 5%).

de 27 500 l. de 40 g. par an entre 1479 et 1482, pour chuter à environ 9 000 l. de 40 g. entre 1486 et 1490, puis à 2 500 l. de 40 g. en 1491-1492. On retrouve ici, avec quelques nuances, les trois paliers mis en évidence en Flandre (voir diagramme n° 3).

Les causes de l'effondrement des recettes domaniales sont multiples. Les troubles politiques, l'état de guerre quasi-permanent et le contexte économique général semblent avoir conjugué leurs effets pour ruiner le splendide domaine bourguignon. De tous ces facteurs, il s'agit à présent d'en dégager les plus décisifs, ou à tout le moins, de voir comment ils s'articulent, se compensent, s'additionnent ou sont corrélés les uns aux autres.

La conjoncture économique ?

L'effondrement des revenus domaniaux est trop brutal, le lien avec les événements des années 1477-1493 trop évident pour qu'on lui attribue des causes lointaines, sinon de manière très marginale. Pour autant, n'y en aurait-il pas tout de même une part revenant à la conjoncture économique ? Ou encore, la crise politique et militaire n'aurait-elle fait que précipiter la chute des revenus domaniaux, qui aurait été de toute façon inexorable, compte tenu de la baisse structurelle de la rente seigneuriale ? C'est la thèse avancée par G. Bois : n'y aurait-il pas eu « Hiroshima en Normandie » dans les années 1435-1450, que le système seigneurial serait de toute façon entré en décadence[41]. Certains auteurs remettent pourtant en cause l'existence d'une « crise du féodalisme »[42]. La reprise démographique et économique de la seconde moitié du xve siècle avait en effet entraîné une hausse des prix agricoles et des revenus seigneuriaux. Si elle était encore loin de compenser l'affaiblissement – pour le coup, inéluctable – des cens et des redevances fixés en argent, minés par l'inflation, d'autres revenus commençaient à en prendre le relais, notamment ceux tirés des bois, des marais, ou des prés[43]. Bientôt, les seigneurs exploiteraient de manière rationnelle et attentive leurs biens, repris en faire-valoir direct ou affermés à des conditions désormais plus favorables.

En Flandre, une révision générale des cens et des redevances dus par les tenanciers au prince permit de redresser les comptes des espiers dès la fin du xive siècle[44]. La hausse des revenus tirés du vieux domaine est même spectaculaire entre le début et la fin du xive siècle, si l'on en juge par un état des finances flamandes présenté au comte Louis de Nevers en 1332, qui fait apparaître une recette très inférieure à celle qu'engrangeaient les receveurs de Philippe le Hardi[45]. Sans doute, la Flandre sortait-elle

---

41 Guy Bois, *Crise du féodalisme. Économie rurale et démographie en Normandie orientale, du début du 14e siècle au milieu du 16e siècle*, Paris, Presses de la Fondation nationale des sciences politiques, Éditions de l'École des hautes études en sciences sociales, « Cahiers de la Fondation nationale des sciences politiques », n° 202, 1976, p. 351-355.

42 Pierre Charbonnier, « La crise de la seigneurie à la fin du Moyen Âge vue de "l'autre France" », in *Seigneurs et seigneuries au Moyen Âge. Actes du 117e congrès national des sociétés historiques et scientifiques, 1992, Clermont-Ferrand*, Paris, Éditions du CTHS, 1993, p. 111-122.

43 Guy Bois, *Crise du féodalisme…*, p. 318-328.

44 Andrée Van Nieuwenhuysen, *Les finances du duc de Bourgogne Philippe Le Hardi…*, p. 65-67 ; Tim Soens, « Évolution et gestion du domaine comtal… », p. 28-32.

45 Raymond Monier, *Les institutions financières du comté de Flandre du xie siècle à 1384*, Paris, Domat-Montchrestien, 1948, p. 29-30.

en 1332 d'un cycle de crises particulièrement graves, mais enfin il est significatif qu'une telle reprise n'ait pas été affectée par la Peste noire et les opérations militaires des années 1340. Un siècle et demi plus tard, les années immédiatement antérieures à la grande crise des années 1485-1493 furent florissantes dans les Pays-Bas méridionaux. Ainsi, en Flandre, la production céréalière atteignit en 1475-1480 un sommet qui ne serait dépassé qu'au XVIIIe siècle[46] ! En guise de conclusion très provisoire, en attendant de nouvelles études précises et quantifiées, on dira que si les sources de revenu propres au régime seigneurial – corvées, redevances liées au servage, cens – déclinent en effet à peu près partout, l'exploitation de la terre reste profitable, et la grande propriété foncière également. Enfin, on a vu comment, à la différence des petits seigneurs, les souverains pouvaient compenser la baisse relative et provisoire des revenus tirés des terres qui leur appartenaient en propre, par les recettes des tonlieux, des marchés ou des douanes, qui progressèrent fortement au tournant des XIVe et XVe siècles. Ce sont elles qui en Flandre comme en Angleterre constituaient désormais les recettes les plus substantielles et les plus dynamiques du domaine princier.

Un domaine contesté ?

Après la mort du Téméraire, le domaine fut attaqué de tous les côtés. Certains articles du Grand Privilège et des privilèges accordés aux principautés remirent en cause certaines conquêtes récentes des ducs de Bourgogne, ou même des acquis plus anciens. Ainsi, en Hollande, les grands et petits offices municipaux, dont avait disposé le prince à son profit, furent restitués aux villes, et les nouveaux péages supprimés[47]. Supprimée également partout, la taxe du 6e denier, très impopulaire auprès des élites, imposée par Charles le Téméraire aux fieffés ne servant pas en personne à l'armée pour le rachat de leurs obligations militaires[48]. Les Flamands s'employèrent à retrancher du domaine tout ce qui pouvait nuire à la draperie et au commerce. Les taxes sur le hareng caqué et la bière importée de Hollande et d'Angleterre furent abolies en même temps que le tonlieu de Gravelines. Les villes de Flandre exigèrent de valider la liste des taxes et tonlieux légitimes dont les marchands devaient s'acquitter[49]. En effet, si les métropoles flamandes ne juraient que par la fiscalité indirecte, c'était uniquement sur la consommation locale de la bière, du vin, des grains et du hareng,

---

46 Erik THOEN, « Landbouwproductie en bevolking in enkele gemeenten ten zuiden van Gent gedurende het Ancien Régime (14de-18de eeuw) », *in* Christiaan VANDENBROEKE et Adriaan E. VERHULST (éd.), *Landbouwproduktiviteit in Vlaanderen en Brabant 14de-18de eeuw*, Gand, « Studia historica Gandensia », 223, 1979, p. 131-200.

47 P. J. BLOK, « De Financiën van het graafschap Holland », *Bijdragen voor vaderlandsche Geschiedenis* », t. III, 1886, p. 36-48.

48 John BARTIER, « Quelques réflexions à propos de Raymond de Marliano et de la fiscalité à l'époque de Charles le Téméraire », *Bijdragen en mededelingen betreffende de geschiedenis der Nederlanden*, 95, 1980, p. 349-362.

49 Willem Pieter BLOCKMANS, « Breuk of continuïteit ? De Vlaamse privilegiën van 1477 in het licht van het staatsvormingsproces met franse samenvatting en uitgave van het privilegie voor het graafschap Vlaanderen, 11 februari 1477 », *in Le privilège général… 1477*, 1985, p. 137-138 (articles 29 à 34 du privilège accordé à la Flandre).

c'est-à-dire des denrées de première nécessité. Mais qu'on ne s'avisât pas de gêner la production ou la circulation des marchandises, alors que les Pays-Bas vivaient de plus en plus de la réexportation vers l'Empire de biens venus d'Angleterre, d'Espagne ou de la Baltique, ou encore l'importation de matières premières indispensables aux activités artisanales ou proto-industrielles, comme la laine…

Il existait d'autres solutions que l'abolition pure et simple, sans contrepartie, des taxes jugées nocives à l'économie. On pouvait aussi les remplacer par une rente annuelle servie au prince, financée par une hausse des accises municipales, tandis que le péage ou le droit contesté était supprimé. C'est ce que firent les Brugeois pour les petits tonlieux, ou *kleine tollen*, de L'Écluse, auxquels fut substituée une rente annuelle de 360 l. de 40 g. payée par les Brugeois[50]. Bruges racheta également, beaucoup trop cher d'ailleurs, le « grand tonlieu », inféodé à Pierre de Luxembourg, comte de Saint-Pol, et le droit sur la *grute*, un additif de plantes aromatiques destiné à améliorer le goût de la bière[51], partagé avec Louis de Bruges, seigneur de La Gruuthuse[52].

Ainsi, les tonlieux et droits indirects faisaient l'objet d'un dialogue constant et dynamique entre le prince et les bourgeois des villes. Tout cela ne donne pas du tout l'impression d'un domaine sanctuarisé et figé par la coutume, ou irrémédiablement voué au déclin. Des péages étaient déplacés[53], supprimés, augmentés, assouplis, remodelés. Les traités commerciaux conclus avec les puissances étrangères venaient en permanence modifier leur rendement, à la hausse, ou plus généralement, à la baisse. L'évolution des relations avec l'un des principaux partenaires commerciaux des Pays-Bas, l'Angleterre, était suivie avec la plus grande attention par les milieux marchands. Bonnes ou excellentes jusqu'en 1492, elles se dégradèrent quand Henri VII signa le traité d'Étaples avec la France ; en représailles, Maximilien soutint le prétendant Perkin Warbeck, un aventurier qui se fit passer pour le second fils d'Édouard IV. En septembre 1493, Henri VII décréta l'embargo contre l'archiduc Philippe ; en avril 1494, on interdit la vente des laines et draps anglais aux Pays-Bas. On revint peu après à de meilleures dispositions. « L'entrecours de marchandise » du 24 février 1496 supprimait les restrictions commerciales ainsi que tous les tonlieux de moins de cinquante ans, à l'importation et à l'exportation[54].

---

50 Jelle HAEMERS, « *Ende hevet tvolc…* », p. 75-76. D'autres droits abolis, jadis perçus sur les navires venus jeter l'ancre à L'Écluse, sont mentionnés pour mémoire dans le compte de la recette du domaine de Flandre de 1487.

51 Andrée VAN NIEUWENHUYSEN, *Les finances du duc de Bourgogne Philippe Le Hardi, 1384-1404. Économie et politique…*, p. 283.

52 Jelle HAEMERS, *For the Common Good…*, p. 210-216. Le seigneur de La Gruuthuse avait en principe le monopole de la fourniture de la grute, et ce droit était prélevé sur chaque tonneau brassé avec de la grute ne provenant pas de ses domaines (Tim Soens, « Évolution et gestion du domaine comtal… », p. 37-38).

53 Tel le tonlieu de Yersekeroord, établi sur l'Escaut oriental, puis étendu au Honte, de plus en plus fréquenté par les marchands à mesure que l'Escaut oriental s'ensablait (F. DOELEMAN, « Le tonlieu zélandais et le privilège de Zierikzee », *Revue belge de philologie et d'histoire*, 62-4, 1984, p. 682).

54 Jean-Marie CAUCHIES, *Philippe le Beau. Le dernier duc de Bourgogne*, Turnhout, Brepols, « Burgundica », 6, 2003, p. 104-106.

116 CHAPITRE 2

Le dialogue fiscal entre le prince et ses sujets était donc loin de se résumer à l'adage « le roi doit vivre du sien ». Très riche, sa finalité était de rendre la ponction opérée par l'État la plus efficace possible pour le premier, et la plus légère possible pour les seconds. Peu importait qu'un tonlieu fût ancien, s'il était mauvais pour les affaires ! On préférait encore augmenter les prélèvements obligatoires qu'étaient les accises pour le racheter ou le prendre à ferme. Par ailleurs, il était aussi dans l'intérêt des Membres de Flandre et des autres assemblées représentatives d'amoindrir le domaine, et donc les ressources propres du prince, pour rendre ce dernier encore plus dépendant des subsides qu'ils lui accordaient[55]. Les bourgeois des villes et les réformateurs de 1477, cependant, ne pensaient pas qu'à l'argent et à la prospérité économique. Charles le Téméraire et ses prédécesseurs avaient voulu rationaliser l'administration du domaine pour en augmenter les revenus ; les États généraux de 1477 entendirent la moraliser. Ainsi, l'affermage des offices, pratique courante, régulièrement condamnée par les assemblées représentatives, fut aboli par les privilèges de 1477[56]… pour refaire surface quelques mois plus tard, comme le révèle une instruction ducale adressée en décembre 1477 à Pierre Lanchals et Jacob Croesink, envoyés en Hollande et en Zélande pour redresser les comptes domaniaux et lever des subsides et des emprunts[57].

Car en fin de compte, le terrain cédé fut très vite repris. La violence de la crise de 1477, qui s'était traduite par une remise en cause générale de la place de l'État central dans l'ensemble des Pays-Bas bourguignons, a fait vaciller l'autorité des ducs Valois, mais ne l'a nullement entamée. Dès la fin de l'année 1477, celle-ci fut suffisamment affermie pour que Marie et Maximilien puissent rétablir en 1478 et 1479 la plupart des droits sur les marchandises[58]. Dernière reconquête, le tonlieu de Gravelines fut à nouveau affermé en 1485. Face aux velléités réformatrices de leurs sujets, Marie et Maximilien de Habsbourg défendirent victorieusement leurs droits anciens.

Un domaine aliéné ?

À l'opposé d'un Louis XI, bradant à ses proches le peu qui restait du domaine royal français avec une folle prodigalité, Philippe le Bon et Charles le Téméraire avaient jalousement veillé à l'intégrité de leur domaine, ne dédaignant jamais, lorsque l'occasion s'en présentait, racheter de vastes domaines qui leur échappaient encore. En Hollande, où la haute noblesse, aussi puissante qu'indépendante, est encore mal intégrée à l'État bourguignon[59], l'absorption progressive des plus grands fiefs ou des alleux aristocratiques était un enjeu politique de première importance. Ainsi, en 1456, Philippe le Bon avait acheté les seigneuries de Putten et Strijen à Jacques

---

55 Comme le fait remarquer Tim Soens (« Évolution et gestion du domaine comtal… », p. 52-53).

56 Le Grand Privilège de 1477 le proscrivait pour les offices de justice ; allant plus loin encore, l'article 15 du privilège accordé à la Flandre étendait cette interdiction à tous les offices (Willem Pieter Blockmans, « Breuk of continuïteit … », *ibid.*).

57 Marc Boone et Hanno Brand, « De ondermijning van het Groot Privilege van Holland, Zeeland en West-Friesland volgens de instructie van 21 december 1477 », *Holland*, 24, 1992, p. 2-21.

58 Jelle Haemers, *For the Common Good…*, p. 42-44.

59 Louis H. J. Sicking, « La Hollande dans l'État bourguignon », *Revue du Nord*, 2005/1, n° 359, p. 35-50.

de Gaasbeeek[60]. Les Borselen, les Egmont, les Brederode, et autres Wassenaar courbèrent l'échine jusqu'à la mort du Téméraire, mais profitèrent de l'affaiblissement du pouvoir central, en 1477, pour monnayer leur soutien à Marie et Maximilien, alors que reprenait la guerre civile entre *Hoeken* et *Kabeljauwen*. En mai 1477, Wolfart de Borselen acheta ainsi les seigneuries de Flessingue, Westkapelle, Brouwershaven et Domburg, pour 14 872 l. 4 sous de 40 g.[61]

Dans l'ensemble cependant, ces cessions restèrent exceptionnelles et temporaires. Ainsi, en 1494, Philippe le Beau obtint de Wolfart de Borselen que les seigneuries vendues en 1477 soient restituées au domaine après sa mort[62]. Il fallait des circonstances exceptionnelles pour motiver des aliénations, qui portaient en général sur des biens précédemment confisqués. En 1480, la seigneurie d'Eperlecques, confisquée par Philippe le Bon à Antoine de Croy, rendue en 1477 et aussitôt rachetée par Marie et Maximilien, fut engagée au profit de la veuve de Guy de Brimeu, seigneur d'Humbercourt, pour 24 000 l. de 40 g. En 1482, Olivier de La Marche versa 2 000 l. de 40 g. pour le rachat à son profit d'une seigneurie confisquée par le duc en Hainaut[63]. Tout juste le duc consentait-il avec un peu plus de facilité la remise des droits de succession, comme il le fit en 1486, au profit de Guillaume de Croy, pour les seigneuries hennuyères et brabançonnes que lui avait transportées son père Philippe, seigneur de Croy et comte de Porcien[64], ou, sans doute pour des raisons diplomatiques, le 1er juillet 1493, en faveur de Jean d'Armagnac, duc de Nemours, qui cédait alors ses seigneuries de Condé et Leuze à son frère Louis, comte de Guise[65].

On ne peut qu'être frappé par la résistance opposée par Marie et Maximilien à toute aliénation de leur domaine. Ils défendirent farouchement les droits et les terres qui composaient leur domaine, même dans ces circonstances dramatiques. Sans doute y avaient-ils été incités par leurs officiers de finance, en particulier par les maîtres de la Chambre des comptes de Lille, vigilants gardiens de l'orthodoxie financière[66], comme l'étaient leurs collègues parisiens vis-à-vis de leur souverain. On ne peut dire cependant que l'opposition de ces derniers ait dissuadé les rois de France de s'engager dans la voie de la liquidation progressive de leur domaine. Maximilien lui-même savait passer outre les récriminations des maîtres des comptes, lorsqu'il s'agissait de placer ses favoris, tel le très jeune Roland Le Fèvre, promu receveur de Flandre à l'âge de 21 ans, ou lorsqu'il rognait les gages des officiers, voire les contraignait à prêter de l'argent au trésor ducal. Ainsi donc, c'est bien l'effet d'une volonté politique personnelle de Marie et de Maximilien, s'ils tinrent à conserver la propriété de leur domaine foncier, et y réussirent globalement, à défaut de pouvoir

---

60 Michel Van Gent, « Comtés de Hollande et Zélande et duché de Gueldre » in *Les sources de l'histoire économique et sociale du Moyen Âge…*, p. 652.

61 ADN, B 2115, fol. 20r-v.

62 P. J. Blok, « De Financiën van het graafschap… », p. 36-48.

63 Jelle Haemers, *For the Common Good…*, p. 48 (renvoie à ADN, B 2127, fol. 60r).

64 4 735 l. 17 s., dont 4 200 l. pour les seigneuries hennuyères (ADN, B 2133).

65 Pour la somme de 4 000 l. (ADN, B 2148, fol. 65r).

66 Sur l'opposition de la Chambre des comptes à certaines mesures de Marie et Maximilien, voir Jelle Haemers, *For the Common Good…*, p. 93-97.

118 CHAPITRE 2

maintenir le niveau de leurs revenus. Volonté personnelle, qui s'inscrit cependant dans la tradition bourguignonne, comme en témoignent les succès de la politique menée par Philippe le Hardi en Flandre, pour accroître systématiquement ses recettes ordinaires, qu'il s'agît de réformer le domaine ancien, d'acheter des seigneuries, des tonlieux, ou à défaut, des rentes sur ceux-ci[67].

Les ravages de la guerre

L'état de guerre quasi-permanent entre 1477 et 1493 est le premier responsable de la chute des revenus domaniaux. Elle a eu un impact direct, par la destruction des campagnes d'une grande partie des Pays-Bas bourguignons, et par la perte des deux Bourgognes, de l'Artois, de la Picardie et du Boulonnais dès 1477. En quelques mois, Louis XI mit la main sur un domaine dont les recettes étaient deux fois plus importantes que celles de tout le domaine royal français ! Il est vrai qu'il s'empressa de le dépecer pour rémunérer les nobles bourguignons qui embrassèrent le parti français après la mort du Téméraire[68]. Pour Marie de Bourgogne, les pertes ne s'arrêtaient pas là. Il fallait encore retrancher le domaine de Gueldre, ainsi que les 30 600 florins de rentes perpétuelles dues par les Liégeois au duc de Bourgogne pour prix de leurs révoltes à répétition, auxquelles Marie fut contrainte de renoncer sous la pression des événements en 1477[69]. L'occupation de Tournai par les Français privait également la duchesse des 15 000 francs de 32 g., valant 12 000 l. de 40 g., que versaient chaque année à son père les échevins de la cité royale, pour s'assurer la bienveillance de leur puissant voisin. Bien que ce tribut ait été rétabli dès l'évacuation de la ville par les Français en 1478, les maîtres de la Chambre des comptes de Lille ne trouvèrent en 1490 nulle trace d'un quelconque paiement effectué à ce titre par les Tournaisiens depuis cette date[70].

Après le terrible choc de 1477, aucune région des Pays-Bas n'a été épargnée par les troubles, la guerre civile ou la guerre étrangère. La guerre contre la France, en 1477-1482, a ravagé une grande partie de la Flandre maritime et gallicante, du Hainaut et du Luxembourg. Le Brabant a été très durement atteint en 1488-1489. La Flandre a connu entre 1485 et 1492 une véritable apocalypse. Une guerre civile perlée a frappé la quasi-totalité des villes de Hollande entre 1478 et 1493. La domination bourguignonne a été contestée en Luxembourg et à Liège, à Utrecht et en Gueldre. Si le Luxembourg resta dans le giron bourguignon, et si David de Bourgogne parvint à sauver sa mitre à Utrecht en se plaçant sous la protection de Maximilien, la Gueldre et le prince-évêque de Liège regagnèrent leur liberté.

On a vu à travers le compte du domaine de Flandre de 1487 à quel point les recettes des péages portuaires étaient sensibles à la guerre. La piraterie et la guerre navale

---

67 Tim Soens, « Évolution et gestion du domaine comtal… », p. 32-36.

68 Pour la Franche-Comté, voir Pierre Gresser, « Les conséquences financières, pour le domaine comtal, de la conquête du comté de Bourgogne par Louis XI », in Jean Kerhervé et Albert Rigaudière, Finances, pouvoirs et mémoire. Mélanges offerts à Jean Favier, 1999, p. 397-411.

69 Paul Harsin, Études critiques sur l'histoire de la principauté de Liège, 1477-1795, t. I, La principauté de Liège à la fin du règne de Louis de Bourbon et sous celui de Jean de Hornes (1477-1505), Liège, 1955, p. 31-56.

70 AGR, CC, cahier n° 997, fol. 4v-5r.

LE DOMAINE PRINCIER PENDANT LA CRISE DE 1477-1493   119

pouvaient réduire à néant, presque du jour au lendemain, les échanges commerciaux entre les Pays-Bas et leurs partenaires économiques de la façade atlantique et de la Baltique. La guerre a donc des conséquences à court, moyen et long terme. En effet, si le trafic commercial peut reprendre dès la signature d'un traité de paix, il faut des années, voire une génération entière pour qu'un terroir se remette d'une guerre menée sur son sol[71]. La guerre a également bouleversé la géopolitique économique des Pays-Bas. Le déclin de Bruges aurait-il pu être enrayé si la métropole flamande avait pris le parti de Maximilien durant les troubles? C'est ce que laisse penser la fortune d'Anvers, soutien indéfectible du roi des Romains. Il ne s'agissait là que d'un transfert interne aux Pays-Bas, dont les conséquences pour les finances de Philippe le Beau, à tout prendre, ont sans doute été faibles. Il en va tout autrement des émissions massives de rentes auxquelles Marie et Maximilien ont procédé.

La hausse de l'endettement

La chute des revenus domaniaux tient également aux ventes massives de rentes destinées au financement de la guerre. Les rentes étaient assises sur une source de revenu bien définie – espiers de telle ou telle localité, tonlieu, part du prince des accises de telle ou telle ville, etc. – ce qui garantissait aux rentiers le paiement des annuités auxquels ils avaient droit. Les rentes pouvaient être vendues soit directement par le prince, soit, cas le plus fréquent, par les villes au nom du prince, les municipalités ne faisant qu'apporter leur caution au paiement des annuités. Les rentes étaient soit perpétuelles et transmissibles aux héritiers de celui qui les avait achetées – d'où leur nom de rentes « héritables » – soit viagères. Pour les premières, l'intérêt le plus communément pratiqué était le denier 15, c'est-à-dire un denier versé pour 15 deniers prêtés, soit 6,67% par an, mais il pouvait dans certains cas monter au denier 14 (7,14%), ou, beaucoup plus souvent, baisser au denier 16 (6,25%). Les rentes viagères étaient servies jusqu'à la mort de la personne dont le bailleur de fonds avait fait l'ayant-droit de la rente. Elles pouvaient être à une vie – il n'y avait alors qu'un seul ayant-droit – et étaient vendues au denier 8 (12,5% par an), soit à deux vies, c'est-à-dire au bénéfice de deux personnes, l'une succédant à l'autre après son décès, et elles rapportaient alors 10% par an (denier 10).

Les unes après les autres, les recettes locales furent grevées par les ponctions opérées au profit des rentiers. La recette générale recense une partie de ces émissions dans le chapitre des parties extraordinaires :

- 16 834 l. 2 s. 6 d. de rentes en 1477, pour 1 504 l. 5 s. 6 d. d'intérêts annuels[72].
- 36 000 l. de rentes en 1479, pour 2 400 l. d'intérêts annuels[73].
- 38 900 l. de rentes en 1480, pour 2 840 l. d'intérêts annuels[74].

---

71 Voir *infra*, chapitre 15.

72 5 374 l. 2 s. 6 d. de rentes perpétuelles au denier 15 (358 l. 5 s. 6 d. d'intérêts par an) et 11 460 l. de rentes viagères à deux vies au denier 10 (1 146 l. d'intérêts annuels) (ADN, B 2115, fol. 20v-21r).

73 2 000 écus de 48 g. de rentes perpétuelles au denier 15 sur la ville de Bruges (ADN, B 2118, fol. 53r).

74 8 800 l. de rentes à deux vies au denier 10 (880 l. d'intérêt par an), 11 200 l. de rentes héritables au denier 16 (880 l. d'intérêt par an), 18 900 l. de rentes perpétuelles au denier 15 (1 260 l. d'intérêt par an) (ADN, B 2121, fol. 62v-65v).

CHAPITRE 2

- 13 600 l. de rentes en 1481, pour 1 000 l. d'intérêts annuels[75].
- 15 000 l. de rentes en 1486, pour 1 000 l. d'intérêts annuels[76].
- 12 475 l. de rentes en 1489, pour 910 l. d'intérêts annuels[77].

S'y ajoutent encore, pour 1489, pas moins de 72 377 l. 8 s. de 40 g. provenant des rentes vendues sur le domaine de *Westflandre* et garanties par les villes de Nieuport, Dunkerque, Dixmude et Furnes, pour des intérêts cumulés de 5 004 l. de 40 g., soit 6,9%[78]. Sur le capital emprunté, seules 5 976 l. de 40 g. l'avaient été sous forme de rentes viagères, à une ou deux vies, valant 600 l. de 40 g. d'intérêts annuels. Les revenus annuels du domaine se voyaient ainsi chargés d'un fardeau de très longue durée, représentant environ 10% de la recette totale du domaine de Flandre en 1487, et près d'un tiers de la recette disponible pour les assignations du receveur général. Mauvaise affaire pour les finances du prince ! Les rentes avaient été émises au pire moment de la crise monétaire, après plusieurs dévaluations. L'ordonnance monétaire de décembre 1489, qui triplait la valeur de la livre de 40 gros par rapport à la dernière dévaluation, multipliait dans les mêmes proportions le taux d'intérêt réel par rapport au capital de départ.

Ces 205 186 l. de rentes débusquées dans la recette générale ont amputé les recettes ordinaires de près de 15 000 l. de 40 g. par an. Encore manque-t-il la plus grande partie de 1477, ainsi que la totalité de 1478, 1483, 1485 et 1487, qui correspondent à des exercices où les besoins d'argent du duc ont été particulièrement élevés. Ainsi, les Brugeois ont vendu pour 36 000 l. de 40 g. de rentes au denier 15 en avril 1478[79]. Par ailleurs, de nombreuses rentes ont échappé au receveur général des finances, malgré les efforts déployés par celui-ci pour les enregistrer, comme en témoignent les décharges faites *a posteriori* pour les rentes émises en 1489 sur le *Westquartier* de Flandre. Dans ce cas précis, il est impensable d'imaginer que ce n'est que dans cette toute petite partie des Pays-Bas bourguignons que l'on a procédé à des ventes massives de rentes pour renflouer les caisses de l'État, alors que plus aucun impôt ne pouvait être levé dans les conditions habituelles. De même, en février 1482, 1 800 l. de rentes au denier 15, pour un capital de 27 000 l., vendues sur le domaine de la ville de Bruges, ne figurent pas dans le registre du receveur général des finances[80].

Les maîtres des chambres des comptes s'efforcèrent de dresser des états des « charges et diminutions du domaine ». Il en subsiste un certain nombre, à Lille et

---

75 4 000 l. de rentes à deux vies au denier 10 sur le tonlieu d'Anvers (400 l. d'intérêt par an), 9 600 l. de rentes héritables au denier 16 sur le corps de la ville de Delft (600 l. d'intérêt par an) (ADN B 2124).

76 1 000 l. de rentes au denier 15 émises sur le tonlieu d'Anvers (ADN, B 2133, fol. 74v).

77 2 800 l. de rentes au denier 14 sur la ville de Brielle et le pays de Voorne (200 l. d'intérêts), 3 000 l. sur la ville de Gorinchem au denier 15 (200 l. d'intérêts), 2 925 l. sur la ville de Termonde au denier 15 (195 l. d'intérêts), 3 150 l. de rentes viagères sur la ville de Termonde (315 l. d'intérêts) (ADN, B 2136, fol. 72v-79r).

78 Compte de Jean du Loo des aides et deniers levés en Westflandre en 1488 et 1489, ADN, B 4183, fol. 8r-v. L'argent ainsi emprunté a fait l'objet de quatre décharges intégrées *a posteriori* dans le compte de la recette générale des finances de 1491 (ADN, B 2142, fol. 55r-v, 68r).

79 Jelle HAEMERS, *For the Common Good…*, p. 49.

80 ID., « *Ende hevet tvolc…* », p. 84.

LE DOMAINE PRINCIER PENDANT LA CRISE DE 1477-1493   **121**

à Bruxelles, le plus souvent incomplets et rédigés à partir d'informations parcellaires. Ainsi, un cahier rédigé sur ordre du duc de Saxe à la fin de l'année 1490 compile pour l'essentiel des données trouvées dans les registres de la recette générale[81]. Tous cependant témoignent d'un emballement des ventes de rentes après 1477. En Brabant, chaque année ou presque, on procéda à une ou deux ventes de rentes dans les principales villes du duché[82]. Il s'agissait là d'une nouveauté manifeste. Ainsi, les maîtres des comptes de Lille ne purent recenser plus d'une dizaine d'émissions un peu substantielles sur le domaine de Flandre, pour l'ensemble des règnes de Jean sans Peur et Philippe le Bon. Quoiqu'on ne puisse toujours établir le montant du capital initial emprunté, il semble que celui-ci ait été assez nettement inférieur à 100 000 l. pour cinq à six décennies, soit une moyenne, quasi dérisoire, de 1 000 à 1 500 l. par an[83]. Les premiers Valois de Bourgogne n'avaient donc grevé de rentes leur domaine qu'avec une grande parcimonie. Elles étaient le plus souvent viagères, et visaient à récompenser leurs serviteurs ou leurs officiers, non à payer les intérêts d'un emprunt[84]. Charles le Téméraire procéda à une seule opération du type de celles appelées à se généraliser après sa mort, mais de très grande ampleur : en 1472, afin de financer la campagne militaire qu'il préparait contre Louis XI, il vendit pas moins de 7 300 l. de 40 g. de rentes au denier 16 pour le seul comté de Flandre[85]. Il leva ainsi près de 120 000 l. de 40 g. Loin de vouloir renouveler l'expérience pour ses guerres ultérieures, Charles le Téméraire s'en servit comme d'un argument majeur lors des négociations de l'aide de 500 000 *ridders* : le prince avait déjà assez dépensé du sien pour la défense de ses pays. Il fallait une ressource ordinaire nouvelle pour l'armée permanente, car la ruine du patrimoine personnel du duc finirait par tourner au préjudice de ses sujets, qui se trouveraient contraints d'y suppléer à un moment ou à un autre.

En 1487, Roland Le Fèvre consacrait pas moins de 10 600 l. de 40 g. au paiement des rentes viagères et perpétuelles vendues par les villes pour le compte du prince, soit 17% de ses dépenses totales. Dans la châtellenie de Lille, où les rentes émises avant la crise de 1477 avaient suffi à réduire à néant l'excédent qui aurait pu être mis à la disposition de la recette générale, le total des intérêts servis aux rentiers s'élevait à 935 l. de 40 g. (20% de la dépense prise sur le domaine de Lille), dont 600 l. au titre des rentes vendues en 1472, pour un capital emprunté total de 12 350 l. de 40 g.[86] Cette dette est tenace : un tiers seulement des intérêts (335 l. de 40 g.) correspondait à des rentes viagères à deux vies, s'effaçant d'elles-mêmes avec le temps. Les rentes de 1472 étaient perpétuelles, quoique rachetables en théorie. En théorie, car au-delà d'un certain niveau d'endettement, il devient très difficile de revenir en arrière. Ainsi,

---

81 AGR, CC, cahier n° 997.

82 AGR, CC, reg. 16, fol. 42r et suivants.

83 *Ibid.*, fol. 17r-22r.

84 Tim SOENS, « Évolution et gestion du domaine comtal… », p. 40-49.

85 Dont 3 300 l. placées à Gand, 1 780 l. à Bruges, 600 l. à Lille, 480 l. à Courtrai, 360 l. à Douai et 360 l. à Ypres (AGR, CC, cahier n° 997, fol. 20r-23r).

86 3 350 l. pour des rentes viagères au denier 10, et 9 000 l. pour des rentes perpétuelles au denier 15, pour 935 l. d'intérêts annuels.

en 1494, quoique aucune nouvelle rente n'ait été émise entretemps, le receveur de Lille devait encore débourser 854 l. de 40 g. pour ces rentiers (254 l. pour les rentes viagères, et toujours 600 l. pour les rentes perpétuelles)[87].

La facilité et la rapidité avec laquelle les recettes ordinaires étaient dissipées en quelques campagnes d'emprunts contraste avec le temps et les épreuves qu'il avait fallu surmonter pour développer le domaine princier. Ainsi, les intérêts des 72 000 l. de rentes au denier 15 vendues en 1478 et 1479 par la ville de Bruges équivalaient exactement à la rente péniblement arrachée aux Brugeois par Jean sans Peur pour le rachat du 7e denier. Le capital levé paraît considérable. En réalité, il suffisait tout juste à payer pendant quatre mois seulement les soldes des bien modestes compagnies d'ordonnance reconstituées à l'automne 1477 !

Conclusion

En dépit de l'effondrement, relatif et absolu, des recettes, ce serait une lourde erreur de sous-estimer le rôle économique, politique et même financier que joue le domaine au sein de l'État burgondo-Habsbourg. Le prince restait en effet un très important propriétaire foncier. Un très grand nombre de ses sujets y travaillaient en tant que tenanciers et exploitants agricoles. Même si au terme de la crise politique des années 1477-1493, le domaine n'alimentait plus guère les caisses centrales du duc, ses recettes servaient toujours à assurer le fonctionnement quotidien de la structure administrative et judiciaire locale de l'État bourguignon. Le domaine faisait vivre un nombre considérable d'officiers subalternes, de sergents, de commis et de clercs, qui assuraient l'ordre public, et étaient la manifestation la plus visible du pouvoir du prince. On est du reste frappé par la stabilité et la modicité du coût de fonctionnement de la technostructure de l'État bourguignon.

Enfin, même en restreignant l'analyse aux seules finances centrales, la crise politique et financière née de l'après 1477 avait été porteuse d'une innovation majeure, à savoir l'émergence d'une dette consolidée assise sur le domaine. Si la vente de rentes destinées à abonder le trésor central n'est en rien une nouveauté, les opérations antérieures à la mort de Charles le Téméraire revêtaient encore un caractère exceptionnel et ponctuel. Après 1477, il était devenu manifeste que les dépenses permanentes de l'État central ne pouvaient plus être financées par l'excédent des recettes ordinaires locales des possessions bourguignonnes. En revanche, le domaine servait désormais à financer les intérêts d'une dette publique croissante, et constituait un fonds de réserve pour de nouvelles levées de capitaux auprès des élites économiques des pays de par-deçà. Sans domaine, pas d'emprunts possibles, même cautionnés par les villes, car jamais elles n'auraient pu prendre à leur charge un tel fardeau. Ainsi, le domaine permettait de mobiliser une partie des ressources nécessaires pour faire face à des besoins de financement extraordinaires.

---

87 ADN, B 4402-4413, comptes du domaine de Lille (1477-1494).

La mutation du rôle assigné au domaine dans le système financier de l'État bourguignon avait d'importantes conséquences politiques et même sociales. Il n'était certes pas anodin qu'un nombre croissant de notables tirent désormais une part de leurs revenus du domaine bourguignon. De nombreux marchands étaient ainsi devenus des rentiers, peut-être à leur corps défendant, car on ignore dans quelle mesure les notables qui souscrivaient aux rentes cédaient à la pression politique, ou bien croyaient investir utilement en prêtant au prince. Enfin, et c'est que nous verrons dans les pages qui suivent, le rétrécissement de la base patrimoniale des finances du prince contraignait ce dernier à demander plus de subsides, et plus souvent, aux assemblées représentatives des principautés des pays de par-deçà.

CHAPITRE 3

Face à Louis XI : la grande confrontation (1477-1479)

Le 5 janvier 1477, Charles le Téméraire rencontrait son destin sous les murs de Nancy. Les loups avaient à peine eu le temps de goûter à la chair déjà gelée du grand duc d'Occident qu'un animal beaucoup plus redoutable sortait de sa tanière. Dès le 9 janvier, Louis XI ordonnait à Georges de La Trémoille d'entrer en Bourgogne[1]. Le sort des deux Bourgognes, isolées et dépourvues de troupes, paraissait déjà scellé. Le 25 janvier, les états de Bourgogne prononçaient le rattachement du duché au domaine royal[2]. La Trémoille et Charles d'Amboise, ne s'arrêtant pas en si bon chemin, franchirent avec 700 lances les frontières de l'Empire et prirent méthodiquement possession de la Franche-Comté.

Ce n'est que le 24 janvier que Marguerite d'York et Marie de Bourgogne, la veuve et la fille de Charles le Téméraire, se résignèrent à annoncer la mort du duc de Bourgogne à leurs sujets, dans une lettre circulaire adressée aux villes[3]. Habilement rédigée, la missive portait un discours de vérité et d'apaisement. Vérité, car ces nouvelles de la défaite et de la mort du Téméraire, *aurions bien cause de plustost les taire que les publier ne manifester.* Apaisement, car les duchesses reconnaissaient la dureté du gouvernement de Charles et rappelaient les *grans deniers qu'il a levé sur vous comme autrement*; elles annonçaient la réunion des États généraux pour *allégier et soulagier vous et autres desd. pays des charges que par cy-devant avez eu et supporté,* et pour aviser à la protection des territoires menacés par l'invasion française. Ainsi, dès les tout premiers jours du règne de Marie de Bourgogne, la question fiscale et la guerre furent au cœur des préoccupations gouvernementales.

I.   Le chaos : 1477

L'invasion française

En Picardie, les villes de la Somme n'opposèrent aucune résistance aux lieutenants du roi, déjà en alerte, et qui avec Amiens, reprise en 1471, disposaient d'une place avancée en territoire ennemi. Pendant ce temps, le roi mobilisait une armée d'une vingtaine de milliers d'hommes. Il en prit le commandement et entra aussitôt en

---

1 *Lettres de Louis XI, roi de France,* Étienne CHARAVAY, Bernard de MANDROT, Joseph VAËSEN (éd.), Paris, Société de l'histoire de France, H. Loones (H. Laurens), 1883-1909, t. VI, n° 949, p. 111-112.

2 André LEGUAI, « La conquête de la Bourgogne par Louis XI », *Annales de Bourgogne,* 49, 1977, p. 7-12.

3 Louis Prosper GACHARD, *Analectes historiques,* Bruxelles, Hayez, 1871, t. V, n° LIX, p. 155-157.

campagne. Dès le 9 février, il se trouvait à Péronne, qui avait capitulé cinq jours auparavant. Trois semaines plus tard, il entrait en Artois. Louis XI avait envoyé en éclaireurs plusieurs de ses capitaines, accompagnés par des émissaires chargés de négocier le ralliement des élites locales à coup de promesses, d'offices et de pensions. Dans les premiers jours de février, Lens et la place stratégique de Thérouanne étaient tombées aux mains des Français. Le 3 mars, jour de l'arrivée de Louis XI à Bapaume, Philippe de Commynes et l'amiral de Bourbon arrachaient aux échevins d'Arras la permission de faire entrer des troupes dans la cité épiscopale. Le 16 mars, les habitants de la ville prêtaient serment à Louis XI. Certes, les Arrageois ne s'y étaient résolus qu'à condition de réserver les droits de Marie sur l'Artois, mais la capitale du comté était neutralisée et virtuellement assiégée, car les Français avaient fortifié la cité épiscopale contre la ville, qui s'était développée autour de l'abbaye de Saint-Vaast[4].

Le 18 février, les états de la Comté de Bourgogne se plaçaient sous la protection de Louis XI, en attendant le mariage de Marie de Bourgogne avec le dauphin Charles, prélude à une annexion pure et simple[5]. Ainsi, moins de deux mois après la mort du Téméraire, la jeune Marie de Bourgogne, sa fille unique, avait déjà perdu une bonne partie de son « grand héritage », et il était évident que rien n'arrêterait Louis XI, qui frappait déjà aux portes de la Flandre. L'ivresse de la victoire, autant que le penchant naturel du roi à abuser de son avantage lorsqu'il voyait ses adversaires à terre, lui avaient ôté tout sens de la mesure. Une fois de plus, la force primerait le droit – ou plus exactement, ferait plier le droit aux besoins de Louis XI. Pourquoi se serait-il privé ? Il lui fallait sans doute ménager l'Angleterre, mais Édouard IV, discrédité auprès du Parlement par le traité de Picquigny et sa retraite peu glorieuse de 1475, n'était pas en position d'intervenir sur le continent avant longtemps, si tant est qu'il en ait eu envie. Le 21 juillet 1477, alors que leurs alliés bourguignons étaient en pleine déroute, les Anglais acceptaient de prolonger les trêves de Picquigny[6]. Tous les autres ennemis de Louis XI étaient morts ou neutralisés. Face au festin qui lui était offert, le roi voulait s'emparer des beaux morceaux, avant que les autres puissances européennes ne réagissent à une rupture aussi manifeste des équilibres géostratégiques antérieurs. En face de lui, qu'y avait-il, sinon une orpheline mal entourée et des sujets rebelles ?

La jeune et fragile Marie de Bourgogne, abandonnée de tous, et l'ogre français : telle est l'image laissée par l'historiographie savante aussi bien que par les biographes de la duchesse, qui ont parfois cédé aux facilités du romantisme[7]. Il est vrai que sa

---

4   Amable SABLON DU CORAIL, *Croix fourchues contre croix droites. Aspects militaires de la guerre pour la succession de la Bourgogne, de Nancy au traité d'Arras (5 janvier 1477-23 décembre 1482)*, thèse inédite de l'École des chartes, Paris, 2001, p. 6-19.

5   Louis de LA TRÉMOILLE, *Archives d'un serviteur de Louis XI, documents et lettres, 1451-1481*, publiés d'après les originaux, Nantes, E. Grimaud, 1888, p. 105-109.

6   Joseph CALMETTE et Georges Henri Marie PÉRINELLE, *Louis XI et l'Angleterre, 1461-1483*, Paris, A. Picard, « Mémoires et documents publiés par la Société de l'École des chartes », 1930, p. 223-228.

7   Les biographies de référence sont celles de Luc HOMMEL, *Marie de Bourgogne ou le Grand héritage*, Bruxelles, A. Goemaere, Paris, Plon, 1945 ; Yves CAZAUX, *Marie de Bourgogne, témoin d'une grande entreprise à l'origine des nationalités européennes*, Paris, Albin Michel, 1967 et Georges-Henri DUMONT, *Marie de Bourgogne*, Paris, Fayard, 1982. Ces ouvrages pèchent par leur acharnement à attribuer à la

FACE À LOUIS XI : LA GRANDE CONFRONTATION (1477-1479)

situation était pour le moins délicate, tant la politique autoritaire et volontariste de Charles le Téméraire, qui prenait à contre-pied depuis si longtemps les aspirations politiques de ses sujets, ne pouvait qu'appeler une réaction très violente en sens contraire. Pourtant, sa légitimité était grande et paradoxalement, sa faiblesse même la protégeait. Son jeune âge autant que l'*imbecillitas sexus* ne pouvait qu'exciter l'attachement de ses sujets flamands, qui n'aimaient jamais tant leur prince qu'éloigné, faible ou mineur. Les droits de Louis XI n'étaient incontestables que sur la Picardie, rachetée en 1463 en application du traité d'Arras de 1435. Il avait des arguments à faire valoir sur le comté de Boulogne, au nom de la famille de La Tour d'Auvergne[8], et, avec beaucoup de mauvaise foi, pouvait invoquer le statut d'apanage attaché au duché de Bourgogne[9]. Sur tout le reste, le dossier qu'il aurait pu présenter devant une cour d'arbitrage féodal européenne, si elle avait existé, était absolument vide. La mort même de Charles le Téméraire interdisait à Louis XI de justifier ses entreprises militaires par la commise de ses fiefs pour félonie qu'il avait prononcée à son encontre. On comprend que Philippe de Commynes ait préféré recommander le mariage de Marie avec le jeune dauphin Charles. Option bien douteuse, cependant. Le dauphin, alors âgé d'un peu plus de six ans, était de santé fragile. Son père approchait la soixantaine d'années, un âge qu'aucun roi de France n'avait encore atteint depuis l'avènement d'Hugues Capet. Aux Pays-Bas, Marie était hors d'atteinte de Louis XI et pouvait rompre à tout moment un mariage qui n'aurait pas été consommé.

Les États généraux de février 1477

Ceux qui avaient le plus à craindre étaient les membres de l'entourage de Charles le Téméraire. Pour se sauver, il ne leur restait plus qu'à devancer les revendications politiques des grandes villes des Pays-Bas. Après un peu moins de trois semaines de flottement, le gouvernement bourguignon convoqua donc les États généraux des pays de par-deçà. On ne pouvait guère douter de la tournure qu'ils prendraient. La précédente session, qui s'était tenue sous la présidence de Marguerite d'York, en avril et en mai 1476, entre les batailles de Grandson et de Morat, avait été un fiasco retentissant[10]. Marie de Bourgogne et sa belle-mère se trouvaient peu ou prou dans la situation du dauphin Charles après la capture de Jean le Bon à Poitiers. Il leur fallait lâcher du lest, et c'est ce qu'elles firent. Les États généraux siégèrent à partir du 3 février 1477 à Gand, la ville la plus hostile à la politique de Charles le Téméraire, et celle qui en avait le plus pâti. Dans son discours inaugural, Marie annonça la suppression

---

duchesse Marie un premier rôle qu'elle ne tenait probablement pas : voir à ce sujet la mise au point de Jean Devaux, « Le rôle politique de Marie de Bourgogne au lendemain de Nancy. Vérité ou légende ? », *Le Moyen Âge*, t. 97, 1991, p. 389-405.

8 Pierre Héliot, « Louis XI et le Boulonnais », *Bibliothèque de l'École des chartes*, t. C, 1939, p. 112-144.

9 Voir sur ce point la démonstration de Bertrand Schnerb, *L'État bourguignon, 1363-1477*, Paris, Perrin, 1999, p. 40-42.

10 Robert Wellens, *Les États généraux des Pays-Bas des origines à la fin du règne de Philippe le Beau, 1464-1506*, Heule, Courtrai, Commission internationale pour l'histoire des assemblées d'états, « Anciens pays et assemblées d'états », 64, 1974, p. 143-152.

de l'aide de 500 000 *ridders* accordée pour six ans en 1473 pour financer l'armée permanente, ainsi que l'envoi d'une ambassade auprès de Louis XI pour solliciter la paix. D'emblée, la duchesse confiait à ses sujets le soin d'assurer sa sécurité et celle des Pays-Bas bourguignons. La mesure coûtait cher, mais elle était adroite : les États généraux devaient à présent prendre leurs responsabilités.

Louis XI eut pourtant beau jeu d'aviver les tensions au sein de l'ambassade bourguignonne, qui rassemblait des représentants des États et des conseillers de la duchesse. Avec une confondante naïveté, Marie fit remettre au roi une lettre le priant de ne traiter qu'avec la duchesse douairière, le seigneur de Ravenstein, Guy de Brimeu, seigneur d'Humbercourt et le chancelier Hugonet. C'était donner au roi la preuve de la duplicité des principaux conseillers de la duchesse, qui voulaient à tout prix éviter d'associer les représentants des États généraux aux négociations. Louis XI s'empressa de la remettre aux membres d'une deuxième ambassade, envoyée par les États auprès du monarque à la fin du mois de février. Le 12 ou le 13 mars 1477, le pensionnaire de Gand humiliait publiquement la duchesse en exhibant la lettre en pleine séance, après qu'elle eut nié son existence[11]. Ce faux-pas causa la perte de Guy de Brimeu et de Guillaume Hugonet, envoyés à l'échafaud peu après. Adolphe de Clèves, seigneur de Ravenstein, pourtant tout aussi compromis qu'eux par la fameuse lettre, mais protégé par sa naissance et par ses réseaux, était ainsi parvenu à se débarrasser de rivaux politiques et à prendre le pouvoir à la Cour. Il était alors le chef de file d'un parti aristocratique allié aux élites gantoises et brugeoises modérées, attachées aux traditions représentatives de la Flandre, mais soucieuses de tenir à l'écart du pouvoir les éléments les plus radicaux des métiers[12]. De fait, le positionnement politique d'Adolphe de Clèves était le plus à même de créer les conditions d'un relatif consensus, et l'on ne peut contester que dans les premières semaines, les États généraux aient pris la mesure de la menace française. Avant le 11 février, ils décidèrent en effet de lever pas moins de 100 000 hommes pour s'y opposer, dont 34 000 devaient être rassemblés pour le 1er mars[13]. La Flandre devait en fournir 12 000, le Brabant 8 000, la Hollande et la Zélande 6 000, l'Artois et le Boulonnais 4 000, le Hainaut 3 000 et le comté de Namur 1 000[14]. Les députés ne paraissent pas s'être préoccupés du coût de cette levée en masse – pas moins de 136 000 l. de 40 g. par mois, en appliquant à l'ensemble de l'armée la solde la plus basse qu'il était prévu d'attribuer aux gens de pied, soit 4 l. par mois – qui était insoutenable plus de quelques mois.

Les contingents accordés par les principautés néerlandaises ne coïncident pas avec leur quote-part dans l'aide de 500 000 *ridders*. Ainsi, la contribution du Brabant s'élevait à 108 400 *ridders*, soit seulement 14,5% de moins que la Flandre, tandis que le contingent brabançon de 1477 était d'un tiers inférieur à celui des Flamands. Il est

---

11 Henri PIRENNE, Joseph CUVELIER, Louis Prosper GACHARD, Jan DHONDT et Renée DOEHAERD (éd.), *Actes des États généraux des anciens Pays-Bas*, t. 1, *Actes de 1427 à 1477*, Bruxelles, Palais des académies, 1948, p. 281-285.

12 Voir les longs développements que consacre Jelle HAEMERS aux milieux dirigeants (*For the Common Good…*, p. 103-136 (noblesse), p. 137-146 et 185-187 (Bruges), p. 236-242 (Gand)).

13 Robert WELLENS, *Les États généraux des Pays-Bas…*, p. 153-174.

14 *Actes des États généraux des anciens Pays-Bas…*, pièce n° 6, p. 303-304.

FACE À LOUIS XI : LA GRANDE CONFRONTATION (1477-1479)

probable que les députés des États ont réparti les contingents en proportion du nombre de chefs de ménage ou d'hommes valides en âge de porter les armes. C'est du moins ce que laisse supposer un extrait du registre aux résolutions de la ville de Mons : *et lors avoient lesd. s^rs de Ravestein et de Liége conclud que ceux doud. pays de Brabant, qui se trouvoient 8 000 hommes, l'un gens aidables de 60 à 80 mil hommes, et environ de 200 à 300 lanches, […] se joinderoient ensemble pour secourir et aidier led. pays de Haynnau et le pays de Namur, et ceux du pays de Flandres feroient ottel aide et secours aud. pays d'Artois, se affaire en avoient*[15]. On aurait donc décidé de remettre à l'ordre du jour le système des aidants et des partants, les premiers devant se cotiser pour armer et solder les seconds, suivant en cela une vieille coutume médiévale, attestée aux temps carolingiens, qui ressurgit régulièrement de loin en loin[16]. L'hypothèse paraît d'autant plus plausible qu'elle correspond assez bien avec ce que l'on sait de la démographie des Pays-Bas bourguignons à la veille de la guerre. Le dernier dénombrement effectué en 1472 en Brabant avait recensé un peu plus de 85 000 feux[17]. En Hainaut, l'assiette de 1469, fondée sur le dénombrement de 1458, faisait état d'un peu plus de 29 000 feux[18]. En Flandre, les chiffres du dénombrement partiel de 1469 et croisés par W. Prevenier avec ceux de 1408 et 1517, laissent supposer une population comprise entre 140 000 et 150 000 feux[19]. On aurait donc pensé mobiliser environ un homme pour dix feux, en appliquant un rabais à la Flandre, que pouvait justifier l'effort exceptionnel qu'elle consentait malgré tout par rapport à sa quote-part dans l'aide de 500 000 *ridders*.

Le printemps des villes néerlandaises

Si les États généraux de février 1477 avaient été plutôt bénévolents à l'égard de Marie de Bourgogne, elle ne le devait pas qu'aux concessions politiques qu'elle accorda, dont la suppression de l'aide de 500 000 *ridders* et surtout la promulgation du Grand Privilège, le 11 février 1477, furent les plus spectaculaires. La bonne tenue de cette assemblée tenait surtout à sa composition : les gouvernements municipaux qui y avaient envoyé leurs représentants étaient encore aux mains des partisans de Charles le Téméraire, dont les commissaires avaient étroitement surveillé les renouvellements annuels des bancs échevinaux. Le Grand Privilège, que suivit

---

15 *Ibid.*

16 Le système, formalisé sous le règne de Charlemagne et de Louis le Pieux (Philippe CONTAMINE, *La guerre au Moyen Âge*, Paris, PUF, 1994, p. 101), obligeait à l'origine les hommes libres les plus pauvres à s'associer pour envoyer l'un d'eux à l'ost. Il fut ensuite transposé à l'échelle des communautés. Ainsi, les États généraux de Langue d'oïl décidèrent en octobre 1356, après le désastre de Poitiers, d'imposer les revenus des clercs et des nobles, et de faire lever et entretenir par les bonnes villes un soldat pour 100 feux (Françoise AUTRAND, *Charles V*, Paris, Fayard, 1994, p. 251). Ce principe est également à l'origine de l'institution, cette fois permanente, des francs-archers, chaque paroisse du royaume étant en principe tenue de pourvoir aux frais d'armement d'un franc-archer.

17 Joseph CUVELIER, *Les dénombrements de foyers en Brabant, xive-xvie siècle*, Bruxelles, 1912, p. CLXV.

18 Maurice-Aurélien ARNOULD, *Les dénombrements de foyers dans le comté de Hainaut, xive-xvie siècle*, Bruxelles, Palais des Académies, 1956, p. 156.

19 Walter PREVENIER, « La démographie des villes du comté de Flandre aux xive et xve siècles. État de la question. Essai d'interprétation », *Revue du Nord*, t. 65, n° 257, 1983, p. 255-276.

aussitôt l'octroi de privilèges particuliers aux principautés néerlandaises, n'avait fait que retarder d'un mois ou deux l'inévitable. En mars et en avril, la plupart des grandes villes des Pays-Bas furent secouées par des émeutes qui renversèrent les conseils en place[20]. La chasse aux collaborateurs du tyran était lancée. Elle allait de pair avec la reconquête des privilèges urbains restreints par Charles le Téméraire ou Philippe le Bon. À Bruges, les métiers prennent les armes dès le 23 février. Le 6 mars, le traité de paix d'Arras, imposé par Philippe le Bon aux Brugeois révoltés en 1438, est solennellement lacéré. Le 30 mars, un nouveau privilège est scellé, mais le refus de Marie de Bourgogne de procéder au renouvellement immédiat du Magistrat provoque une *wapening* des métiers, qui occupent la place du marché avec tentes et bannières au milieu du mois d'avril. Le 19 avril, une nouvelle équipe dirigeante prend ses fonctions et le 21 avril, un second privilège, plus étendu que le précédent, est ratifié par la duchesse[21].

Ce n'est pas le lieu ici d'une longue énumération de ces soulèvements, qui se succédèrent jusqu'au mois de mai. Le bilan de ces révolutions urbaines est sans appel : au printemps 1477, toutes les grandes villes de Flandre étaient au pouvoir de virulents adversaires de la politique centralisatrice du duc défunt. En Hollande, la guerre civile avait repris. Le dernier épisode de la lutte entre *Hoeken* (« Hameçons ») et *Kabeljauwen* (« Cabillauds ») allait commencer. Constitués dans les années 1349-1350 à la faveur du conflit successoral entre Marguerite de Bavière et son fils Guillaume V, les deux partis s'étaient perpétués, se nourrissant de chaque pomme de discorde. La victoire de Philippe le Bon sur Jacqueline de Bavière, en 1428, avec l'aide des *Kabeljauwen* semblait y avoir mis un terme. Las ! La mort de Charles le Téméraire révéla la profondeur des divisions au sein des élites urbaines et nobiliaires de Hollande. En avril, Gouda et Dordrecht, deux des six chef-villes de Hollande, ainsi que Hoorn et Schoonhoven étaient tombées aux mains des *Hoeken* – donc des adversaires de ceux qui avaient cautionné la politique de Charles le Téméraire[22].

Les villes du Brabant se soulevèrent quelques jours après l'arrestation par les Gantois d'une partie de leurs magistrats, pendant la première moitié du mois de mars[23]. Les équipes dirigeantes furent déposées, jugées et lourdement condamnées ; de nouvelles constitutions, accordant plus de droits politiques à la classe moyenne des artisans, déverrouillèrent un temps l'accès aux fonctions publiques. En mai, Marie de Bourgogne fut reçue en Brabant. Comme le voulait la coutume depuis 1356, elle confirma les privilèges de ses sujets par une grande charte, la « Joyeuse Entrée » (*Blijde Intrede*)[24], qui fut pour l'occasion largement complétée de nouvelles

---

20 Jean DEVAUX, « Les soulèvements urbains de 1477 sous le regard des chroniqueurs du temps. », *Actes du LIe Congrès de la Fédération des Cercles d'Archéologie et d'Histoire de Belgique*, 1994, p. 391-411.

21 Jelle HAEMERS, « *Ende hevet tvolc...* », p. 213-239.

22 Michel Joost VAN GENT, « *Pertijelike saken* ». *Hoeken en Kabeljauwen in het Bourgondisch-Oostenrijkse tijdperk*, Den Haag, Stichting Hollandse historische reeks, « Hollandse historische reeks », n° 22, 1994, p. 163-167.

23 Raymond VAN UYTVEN, « 1477 in Brabant », in *Le privilège général... 1477*, 1985, p. 254.

24 Willem BOONEN, *Geschiedenis van Leuven, geschreven in de jaren 1593 en 1594*, Edward VAN EVEN (éd.), Louvain, Vanbiesem en A. Fonteyn, 1880, p. 61.

dispositions, destinée à la rendre plus explicite. Les villes, notamment Bruxelles, en profitèrent pour se faire accorder quelques grâces complémentaires[25]. En Flandre, les nouveaux gouvernements au pouvoir étaient soutenus par une large majorité de métiers, mais également par une grande partie des élites. Ainsi, à Gand, le grand bailli Jan/Jean van/de Dadizeele s'imposa comme le principal chef militaire de la cité et coopéra étroitement avec la nouvelle loi. Si elle profita des événements de 1477 pour régler ses comptes avec les anciens conseillers du Téméraire, cette aristocratie flamande joua un rôle de médiation essentiel entre la duchesse et ses sujets avides de revanche et de libertés ; le seigneur de Dadizeele le fait d'ailleurs remarquer avec une sobre complaisance dans ses mémoires[26]. À Bruges, c'est le riche et influent Louis de la Gruuthuse qui tint ce rôle : écoutète de Bruges, élu capitaine général de la ville, il était en même temps premier chambellan et chevalier d'honneur de Marie de Bourgogne[27]. Tous deux étaient étroitement liés au seigneur de Ravenstein.

Pendant ce temps, les Français achevaient la conquête du Boulonnais et de l'Artois. La révolte d'Arras, après la cruelle exécution des membres d'une délégation envoyée par la municipalité auprès de Marie de Bourgogne[28], retarda à peine l'avancée de l'armée royale. La ville, défendue par une faible garnison et violemment bombardée par l'artillerie de Louis XI, capitula le 5 mai, moins d'une dizaine de jours après le début du siège. Quelques jours plus tard, l'armée royale entrait en Hainaut, s'emparant de Landrecies, de Bouchain et du Quesnoy à l'issue de sièges aussi brefs que vigoureux. Le 23 mai 1477, une véritable catastrophe s'abattit sur la Flandre : Olivier le Daim parvint à faire entrer une garnison française à Tournai, enclave royale au milieu des Pays-Bas bourguignons, dont les échevins avaient toujours observé une neutralité prudente. Le sulfureux conseiller-barbier de Louis XI avait bénéficié dans son entreprise du soutien du petit peuple pour forcer les portes de la ville, au propre comme au figuré[29]. Les effectifs de la garnison, qui ne comptait dans les premiers jours que quelques dizaines de lances, furent très vite portés à plusieurs milliers d'hommes. De Tournai, les Français pouvaient ravager impunément toute

---

25 Alexandre HENNE et Alphonse WAUTERS, *Histoire de la ville de Bruxelles*, Bruxelles, Perichon, 1845, p. 285.

26 Ainsi, lors du second soulèvement brugeois, il s'attribue une bonne part des négociations conduites avec les rebelles qui débouchent sur l'octroi d'un nouveau privilège et sur le renouvellement de la loi (*Mémoires de Jean de Dadizeele, souverain-bailli de Flandre, haut-bailli de Gand, capitaine-général de l'armée flamande, conseiller, chambellan et maître d'hôtel de Maximilien d'Autriche et de Marie de Bourgogne, ambassadeur en Angleterre, etc.*, Bruges, imprimerie de Vandecasteele-Werbrouck, « Recueil de chroniques, chartes et autres documents concernant l'histoire et les antiquités de la Flandre occidentale », 1850, p. 10). C'est également lui qui contribue à la répression d'un soulèvement de quelques métiers en février 1479 (Jelle HAEMERS, « Le meurtre de Jean de Dadizeele 1481. L'ordonnance de cour de Maximilien d'Autriche et les tensions politiques en Flandre », in *L'envers du décor. Espionnage, complot, trahison, vengeance*, 2008, p. 240).

27 Jelle HAEMERS, *For the Common Good…*, p. 109-112.

28 Werner PARAVICINI, « Terreur royale : Louis XI et la ville d'Arras, avril 1477 », *Revue belge de philologie et d'histoire*, 89-2, 2011, p. 551-583.

29 Jehan NICOLAY, *Kalendrier des guerres de Tournay (1477-1479), par Jehan Nicolay, publié d'après un manuscrit de la bibliothèque de Paris*, Frédéric HENNEBERT, Tournai, Malo et Levasseur, 1853, t. I, p. 38-42.

la vallée de la Lys et la frange occidentale du Hainaut, poussant leurs raids jusqu'à Audenarde et Lille. Quelques jours plus tard, le 29 mai, Louis XI faisait son entrée à Cambrai, siège d'une principauté épiscopale impériale, sur laquelle avait fait main basse Philippe le Bon, qui y avait placé l'un de ses fils bâtards. Comme à Tournai, le roi promit de respecter les privilèges de la cité et s'empressa d'y installer une garnison et un gouverneur, Louis de Maraffin, qui se distingua par sa brutalité et son avidité[30]. Le roi reprit ensuite le chemin du Hainaut. Le 11 juin, Avesnes était prise d'assaut et mise à sac par ses troupes.

En un peu plus d'un mois, la situation militaire s'était dramatiquement dégradée. Une grande partie du comté de Flandre était désormais exposée aux raids terrestres et maritimes. En cinq mois de guerre, les Bourguignons avaient été les spectateurs impuissants de l'invasion française. L'armée du Téméraire évaporée en Lorraine, la défense avait été tout entière prise en main par les autorités locales – du moins celles qui étaient restées fidèles à Marie de Bourgogne. Aucune opération militaire n'avait pu être entreprise, sinon l'introduction à Arras d'un renfort de quelques centaines d'hommes, partis de Douai, dont la plus grande partie fut massacrée par deux compagnies d'ordonnance qui les prirent en embuscade[31]. Les survivants, loin de retarder la chute d'Arras, fournirent à Louis XI un prétexte tout trouvé pour assiéger la capitale de l'Artois. Mais qu'était donc devenue la levée en masse décidée par les États de 1477 ?

La défense des Pays-Bas : chacun pour soi... et Dieu pour les Français (avril-août 1477)

En réalité, en l'absence d'un pouvoir central suffisamment fort pour obliger les pays de par deçà à tenir leurs engagements, la contribution militaire et financière de chacune des principautés fut strictement subordonnée à ses intérêts immédiats. Le Brabant, séparé des Français par le vaste comté de Hainaut, se contenta d'y envoyer quelques garnisons[32]. La Hollande obtint de remplacer son contingent par une flotte de trente-six bâtiments servis par 5 000 marins et gens de guerre. Des navires furent bel et bien achetés et armés, pour la majorité par les grandes villes de Hollande[33], car les petites villes et les communautés rurales rechignèrent à fournir leur quote-part, mais la flotte ainsi constituée ne servit guère plus de quatre mois, de juillet au début du mois de novembre. Son plus bel exploit, célébré assez longtemps par les auteurs locaux, fut de s'emparer d'une caraque génoise qui avait eu le malheur de croiser sa

---

30 André LESORT, *La succession de Charles le Téméraire à Cambrai (1477-1482)*, Paris, Alph. Picard et fils, 1903.

31 Jean MOLINET, *Chroniques*, Georges DOUTREPONT, Omer JODOGNE (éd.), Bruxelles, Palais des Académies, 1935, t. I, p. 188-189.

32 Amable SABLON DU CORAIL, « L'armée, le Prince et ses sujets. Le financement de la guerre aux Pays-Bas bourguignons après la mort de Charles Le Téméraire, 1477-1482 », *Revue internationale d'histoire militaire*, n° 83, 2003, p. 295.

33 Même les villes gouvernées par les *Hoeken* y contribuèrent (Michel Joost VAN GENT, « *Pertijelike saken* » ..., p. 181).

FACE À LOUIS XI : LA GRANDE CONFRONTATION (1477-1479)   133

route[34]. Bref, la contribution de la Hollande et de la Zélande, si elle tenait compte de la riche tradition navale de ces comtés amphibies, ne correspondait en rien aux priorités de la défense des Pays-Bas, alors que les armées françaises progressaient vers le nord sans rencontrer de résistance structurée.

À la fin du mois de mars, l'Artois et le Boulonnais étaient entièrement envahis ; aussi ne purent-ils participer à l'effort de guerre commun. Le comté de Namur, enfin, n'avait aucunement les moyens de solder ne fût-ce que 1 000 hommes, alors que sa contribution à l'aide de 500 000 *ridders* n'était que de 7 560 l., soit l'équivalent d'à peine plus d'un mois et demi de solde de ce contingent. En d'autres termes, le Brabant et la Hollande n'avaient pas réellement besoin de participer à l'effort commun, tandis que les autres principautés n'étaient plus en mesure de le faire. Seul le comté de Flandre était dans la nécessité de pourvoir activement à la défense de ses frontières, et en avait les capacités financières.

Les *Handelingen* ne nous livrent que des informations partielles sur les séances des Membres de Flandre dans les premiers mois de 1477[35]. On n'y apprend que peu de choses sur la mise en œuvre de l'ambitieux plan de mobilisation des États généraux de Gand, sinon que dès le mois de mars, il n'était plus question d'un contingent de 12 000 hommes, mais de 5 000 hommes, pour lequel un *maendgeld* – soit un impôt versé par tranche mensuelle pour le paiement des soldes des gens de guerre – commençait à être sollicité dans le quartier de Bruges[36]. Les comptes des villes et châtellenies de Flandre ne nous en disent guère plus. En extrapolant à toute la Flandre l'effectif du contingent de Courtrai, à partir de sa quote-part du Transport de 1408, le comté aurait entretenu environ 3 000 hommes pour quinze jours en avril, 7 000 hommes en mai et 10 000 hommes en juin[37].

Le compte de Courtrai, autant que les récits détaillés des opérations militaires dans la chronique de Jean Molinet, qu'on peut encore croiser avec la correspondance de Louis XI, font apparaître que l'effort de guerre n'a commencé réellement qu'à la mi-avril, c'est-à-dire après que les armées du roi de France eurent conquis tout le comté d'Artois et Boulogne. Il fallut donc pas moins de deux mois et demi pour que les résolutions des États généraux de 1477 connussent une traduction concrète, au moins en Flandre. Quel fut le résultat de cette mobilisation tardive sans doute, mais importante sur le plan financier et humain ? Une suite de désastres militaires, tragique répétition de Cassel, Roosebeke ou Gavere. En juin 1477, les Flamands construisirent un camp à Espierres (Spiere), qui commandait l'accès à un pont sur l'Escaut, et s'y retranchèrent avec leurs milices. Ils lancèrent un raid massif contre Tournai le 27 juin

---

34 Adriaan Gerard JONGKEES, « Armement et action d'une flotte de guerre. La contribution des comtés maritimes à l'armée générale des Pays de par-deçà en 1477 », in *Art de la guerre, technologie et tactique en Europe occidentale à la fin du Moyen Âge et à la Renaissance*, 1986, p. 71-86. La charge fut répartie à raison d'un tiers pour les six chef-villes de Hollande, un tiers pour les campagnes et les petites villes de Hollande, et un tiers pour la Zélande, dont un navire pour Brielle, qui contribuait à part.

35 *Handelingen…*, t. I, p. 10-34.

36 *Ibid.*, p. 19-20. Il est toutefois possible que ce contingent de 5 000 hommes constituât la portion du quartier de Bruges pour la levée des 12 000 hommes.

37 Voir annexe I, aides accordées par la Flandre, aide n° 1.

134 CHAPITRE 3

1477. Les faubourgs de Tournai furent réduits en cendre, mais, alors qu'il couvrait la retraite de ses hommes, leur commandant en chef, le duc Adolphe de Gueldre, fut attaqué par quelques dizaines de lances françaises, jeté à bas de son cheval et tué. La mort du capitaine général fut fatale aux Flamands, qui se dispersèrent aussitôt. Trois jours plus tard, les Brugeois et quelques autres contingents se firent tailler en pièces par la cavalerie lourde française et leurs alliés tournaisiens[38]. Le calvaire des Flamands ne s'arrêta pas là. Philippe de Crèvecœur, qui venait de faire allégeance à Louis XI, infligea trois défaites écrasantes aux milices flamandes qui défendaient le canal du Neuffossé, entre l'Aa et la Lys, durant la première quinzaine d'août. Ces désastres firent l'objet d'une lettre circulaire triomphante de Louis XI à ses bonnes villes[39]… et de quelques lignes navrées dans les chroniques de Molinet[40].

Les embarras du vainqueur

Ce qui sauva la Flandre de l'invasion, ce fut le peu de goût qu'avait Louis XI pour les sièges de grandes villes, opérations longues, coûteuses et aléatoires, en raison de l'efficacité encore limitée de l'artillerie et du concours que pouvait apporter la population à la garnison. Le siège d'Arras fut le seul d'envergure qu'il conduisit en personne de tout son règne, et l'on a vu à quel point il avait été préparé par le désarmement matériel et moral des habitants de la ville, l'assassinat de leurs magistrats et l'occupation de la cité épiscopale. Il ne suffisait pas de prendre une ville ; il fallait encore la conserver. La garde d'Arras, où la population restait très hostile aux Français, immobilisait une gigantesque garnison de 800 à 1 000 lances, et celle de Tournai, isolée en pays ennemi, francophile sans doute, mais où il existait un parti favorable à une stricte neutralité, représentait déjà une charge très lourde, sans parler des autres places frontières, dont les plus importantes étaient Thérouanne et Béthune[41]. Louis XI savait qu'une conquête ne pouvait être durable que si la population, ou au moins les élites, acceptaient de se soumettre.

Crèvecœur n'avait de toute façon aucune chance de s'emparer de Saint-Omer sans un train d'artillerie très conséquent, or les pièces les plus lourdes du parc royal avaient été envoyées en Bourgogne[42]. En effet, les maladresses de La Trémoille avaient

---

38 Jean MOLINET, *Chroniques…*, p. 215-218, Jean NICOLAY, *Kalendrier des guerres…*, p. 69-83.

39 *Lettres de Louis XI…*, t. VI, n° 1018, p. 216-218.

40 Jean MOLINET, *Chroniques…*, t. I, p. 218 : *Dame Fortune, en ce tempore, fut aux Flamens dure marrastre, non pas au pont d'Espierres seullement, mais au Noeuf-Fossé et pluseurs frontières èsqueles, jassoit ce que curieuse garde et diligente veille y fut mise du parti de madamoiselle, toutesvoyes, Franchois penetrèrent la conté, l'adommagèrent en pluseurs fachons, bruslèrent la valée de Cassel, pillèrent les gros villages et leurs avantcoureurs boutèrent les feus jusques à IIII lieues près de Gand.*

41 Amable SABLON DU CORAIL, *Croix fourchues contre croix droites…*, p. 210-223.

42 Les *Trois Frères de Langres* et le *Chien d'Orléans*, présents au siège de Dole en septembre 1477, correspondent sans doute à la *Bombarde d'Orléans* et aux trois pièces *Langres, Pontoise* et *Meaux* qui avaient accompagné le roi en Artois au printemps précédent. On constate par ailleurs que l'artillerie lourde cesse d'être mentionnée dans les sources narratives après l'entrée du roi en Hainaut ; Molinet affirme ainsi que les boulets de l'artillerie française étaient trop petits pour endommager les murailles de la ville d'Avesnes, pourtant modeste, le 10 juin 1477 (*Chroniques…*, t. I, p. 199 : *pour ce que lad.*

FACE À LOUIS XI : LA GRANDE CONFRONTATION (1477-1479)   135

provoqué la rébellion du prince d'Orange, qui avait rapidement fait tache d'huile dans toute la Franche-Comté et une partie du duché de Bourgogne[43]. Les habitants de Dijon se soulevèrent en juin 1477. Les autorités municipales parvinrent de justesse à reprendre le contrôle de la situation, sauvant ainsi la ville d'une répression féroce. Les Suisses, mécontents d'avoir tiré si peu de bénéfices de leurs victoires sur Charles le Téméraire, alors qu'ils convoitaient la Franche-Comté, ouvrirent des négociations avec les Bourguignons et laissèrent le prince d'Orange enrôler des mercenaires suisses[44]. Au début de l'automne, les Français furent sévèrement battus à Gray et à Dole, où le seigneur de Craon perdit toute son artillerie. C'en était trop pour Louis XI, qui révoqua enfin La Trémoille et le remplaça par Charles d'Amboise. Le nouveau gouverneur des deux Bourgognes se montra à la hauteur de sa tâche, mais la Franche-Comté ne fut totalement pacifiée qu'en août 1479. Le centre de gravité des opérations françaises s'était donc durablement déplacé à l'est. Les pays de par-deçà étaient toujours exposés aux raids de dévastation menés par la cavalerie française, mais ils étaient désormais à l'abri de la conquête.

Bilan financier des opérations militaires de janvier à septembre 1477

La Flandre avait supporté l'essentiel du coût financier et humain de la guerre contre la France jusqu'à l'arrivée de Maximilien d'Autriche aux Pays-Bas, en août 1477. En particulier, les frais de la campagne du pont d'Espierres, qui avait duré un peu plus de deux mois, furent exorbitants. À la fin de l'été 1477, Bruges avait déjà dépensé près de 15 000 livres. En extrapolant à l'ensemble de la Flandre le montant des dépenses militaires engagées par les villes de Courtrai, Gand et Bruges avant le mois de septembre 1477, on peut estimer le coût des opérations contre Tournai et pour la défense du Neuffossé à environ 120 000 l. de 40 g.[45] Très vite, les Flamands se rendirent compte de la charge écrasante qu'allait représenter la guerre contre la France. Les états de Flandre, réunis à Gand du 10 au 14 juin, furent priés d'accorder un subside pour financer le camp d'Espierres[46]. À la session suivante, tenue du 18

---

muraille estoit de forte dure pierre et leurs engiens par trop petis, ilz ne l'adommagèrent point ; voir sur ce sujet Amable SABLON DU CORAIL, *Croix fourchues contre croix droites…*, p. 30-31 et Édouard PERROY, « L'artillerie de Louis XI pendant la campagne d'Artois (1477) », *Revue du Nord*, t. 26, 1943, n° 103, p. 171-196, n° 104, p. 293-315).

43 André LEGUAI, « Les oppositions urbaines à Louis XI en Bourgogne et en Franche-Comté », *Annales de Bourgogne*, t. 53, 1981, p. 31-37, et Georges BISCHOFF, « "Vive Osteriche et Bourgogne !" Un preux Franc-Comtois au service de Maximilien Ier, Louis de Vaudrey », in *La Franche-Comté à la charnière du Moyen Âge et de la Renaissance*, 2003, p. 166.

44 Bernard de MANDROT, *Relations de Charles VII et de Louis XI, rois de France avec les cantons suisses (1444-1461, 1461-1483)*, Zurich, Imprimerie de J. J. Ulrich, 1881, p. 158-160.

45 Voir annexe I, aides accordées par la Flandre, aide n° 1. Pour une vue d'ensemble sur les aides accordées par les principautés des pays de par-deçà entre 1477 et 1493, voir les diagrammes n° 4 et 5 ; pour la Flandre, voir diagramme n° 7, pour le Brabant, voir diagramme n° 6.

46 *Handelingen…*, t. I, p. 26-27.

au 24 juin, Bruges et Gand concédèrent une aide de 2 000 combattants à cheval et 2 000 combattants à pied, soit environ 15 000 couronnes par mois[47].

La levée de cette aide des 4 000 hommes se heurta à de nombreuses difficultés : Ypres refusa d'y contribuer sur la base du Transport de 1408, qui la désavantageait grandement. Or, le privilège du comté de Flandre précisait dans son article 18 que les impositions levées en Flandre devaient être accordées à l'unanimité des Membres (et non à la majorité simple), et que la matrice de répartition serait le Transport de 1408[48]. L'intransigeance des Flamands, ou, si l'on préfère, leur attachement aux anciens privilèges des Membres, débouchait ainsi sur le blocage du mécanisme représentatif, dont dépendait pourtant le succès de leur projet politique. Par ailleurs, on demandait à l'Église de payer le tiers de la somme, ce qui était déraisonnable. Le 8 août, les autorités de la châtellenie d'Audenarde envoyaient des représentants à Gand pour discuter du paiement de l'aide, sans doute pour faire part de leurs difficultés à réunir les fonds[49]. Additionnées, les quotes-parts des châtellenies et des villes en butte aux ravages des gens de guerre du roi représentaient entre le cinquième et le quart du Transport[50]. L'urgence de la situation incita pourtant les communautés les plus riches à contribuer généreusement à la défense commune, quoique de manière très inégale. Ainsi, le Franc semble avoir payé plus que sa quote-part, tandis que Bruges prenait en charge la solde de certaines garnisons[51], de sorte que les sommes levées à l'occasion de cette contribution ont pu s'élever à environ 25 000 / 30 000 livres.

Pris dans son ensemble, l'effort de guerre consenti par les Flamands était donc considérable. Dans la nouvelle configuration politique qui avait émergé de la « révolution » de 1477, les deux principales cités flamandes avaient retrouvé toute leur puissance d'antan, en particulier sur leur quartier. Les Brugeois avaient obtenu que le Franc de Bruges, élevé au rang de quatrième Membre de Flandre, fût radié du collège représentatif[52]. C'était désormais sur elles que reposait l'organisation de la défense du comté, bien plus que sur les capitaines nommés par Marie de Bourgogne et son entourage. Leur contribution fut en effet très importante, et les obligea à recourir à une mesure d'exception, habituellement honnie des gouvernements urbains, à savoir l'imposition directe. Les dépenses militaires de Bruges en 1477, soit plus de 37 000

---

47 *Ibid.*, p. 28-30.

48 Willem Pieter BLOCKMANS, « Breuk of continuïteit ?... », in *Le privilège général... 1477*, 1985, p. 134.

49 *Handelingen...*, t. I, p. 34.

50 Ville et châtellenie d'Ypres (10,78 %), Poperinge, Thourout et Merville (1,85 %), ville et châtellenie de Bailleul (1,65 %), ville et terroir de Cassel (2,80 %), ville et châtellenie d'Audenarde (1,85 %), ville et châtellenie de Courtrai (5,79 %) ; les quotes-parts du Transport de 1408 figurent, entre autres sources, dans les comptes des aides de Flandre pour 1497-1498 (ADN, B 6774).

51 Voir annexe I, aides accordées par la Flandre, aide n° 2. Bruges a payé 1 492 l. 9 s. 4 d. gros, soit 8 954 l. 16 s. de 40 g., pour la solde de la compagnie du seigneur de Zottegem, soit près de trois fois son assiette théorique, auxquelles s'ajoutèrent encore 4 471 l. de 40 g. pour les soldes des garnisons de Saint-Omer et de Gravelines (Louis GILLIODTS VAN SEVEREN, *Inventaire des archives de la ville de Bruges*, Bruges, imprimerie de E. Gailliard, 1871, t. VI, p. 169, et AGR, CC, reg. 32529, fol. 151r-v).

52 Walter PREVENIER, « Réalité et Histoire : le quatrième membre de Flandre », *Revue du Nord*, t. 43, n° 169, 1961, p. 5-14.

FACE À LOUIS XI : LA GRANDE CONFRONTATION (1477-1479)

livres, correspondent à peu de choses près au montant d'une très lourde taxe de 33% sur le revenu des bourgeois, qui aurait rapporté aux finances de la ville plus de 6 000 livres de gros en 1477, soit 36 000 l. de 40 g.[53] Compte tenu de la disparité des contributions financières des villes et châtellenies de Flandre en 1477, la prudence nous incite à retenir une fourchette large pour l'ensemble du comté, comprise entre 130 000 et 150 000 livres, un total qui n'est que de peu inférieur à la quote-part de la Flandre dans l'aide de 500 000 *ridders*, soit 127 000 *ridders* ou 152 400 l. de 40 g.

Le prélèvement dut être d'autant plus difficile à supporter que la guerre s'accompagna d'une crise économique majeure, de la dévastation des riches campagnes de la vallée de la Lys et des monts de Flandre, et d'une effusion de sang telle que la Flandre n'en avait pas connu depuis la révolte de Gand, une génération auparavant. Ce qui frappe plus encore que l'ampleur de cette mobilisation financière et humaine est cependant la monstrueuse inefficacité des milices communales, battues avec une facilité déconcertante par les Français. On était plus près de la répression de la grande Jacquerie de 1358 que de la gloire de Courtrai... « L'entrecours de marchandise », sur lequel reposaient la richesse et la prospérité du comté, était gravement perturbé. Une ou deux fois par mois, des convois de plusieurs dizaines de charrettes quittaient Tournai, chargées du butin arraché aux paysans flamands. En août 1477, la faillite militaire des États généraux et des Flamands était totale.

Les frais supportés par les autres principautés, quoique non négligeables, semblent avoir été beaucoup moins importants. Nous n'avons aucune idée précise du montant des sommes mobilisées par le Brabant pour la défense du Hainaut, mission qui lui avait été assignée par les États généraux, comme nous l'avons vu plus haut, mais leur implication paraît avoir été chichement mesurée... En mars, les états de Brabant prévenaient le Hainaut de l'envoi d'une compagnie de 200 lances, 200 archers et 400 piquiers[54]. Il est probable que ces renforts ont été envoyés à Valenciennes, place particulièrement exposée, puisque d'après Molinet, la garnison de Valenciennes aurait compté environ 2 200 hommes à l'été 1477, dont 120 lances commandées par Philippe de Clèves, Corneille de Berghes et Giacomo Galeotto, 100 cavaliers sous Jean d'Egmont, 20 lances et 300 fantassins d'Anvers et 10 lances et 200 fantassins de Malines[55]. En juin, au siège d'Avesnes, la garnison était composée de 500 à 600 Brabançons[56]. Les soldes de ces quelques centaines de cavaliers et de ces fantassins ont pu tourner autour de 5 000 / 8 000 l. par mois, somme assez modique, donc, mais nous ignorons peut-être l'existence d'autres garnisons postées dans des places moins importantes. Il paraît raisonnable d'estimer la contribution du Brabant à une cinquantaine de milliers de livres pour toute l'année 1477.

---

53 Willem Pieter BLOCKMANS, *De Volksvertegenwoordiging...* , p. 625, n. 69.
54 *Actes des États généraux des anciens Pays-Bas...* , pièce n° 6, p. 303-304.
55 Jean MOLINET, *Chroniques...* , t. I, p. 220 et 237.
56 *Ibid.*, p. 198-201.

De mai à juillet 1477, le Hainaut subit de plein fouet l'invasion française. La partie la plus prospère du comté, au sud et à l'ouest, fut méthodiquement dévastée par les troupes royales. La population du Hainaut passa de quelque 29 400 feux en 1458 à moins de 22 000 en 1479, soit une baisse de 25,5% entre les deux recensements[57]. Les états de Hainaut se refusèrent à accorder des aides qu'ils auraient été bien en peine de recouvrer auprès des contribuables. Les villes, les communautés religieuses et la noblesse du pays émirent des rentes, dont une partie fut remboursée en 1479 et 1480[58]. On en ignore le montant, mais en tout état de cause, les quelques centaines de livres de rentes viagères vendues par les abbés, les nobles et les conseils des villes du Hainaut ne firent certainement pas rentrer plus d'une dizaine de milliers de livres dans les caisses du receveur.

La contribution hollandaise et zélandaise à l'effort de guerre paraît avoir été du même ordre que celle du Brabant, ce qui, pour un armement naval, représente une somme considérable. La flotte réunie et armée au cours du printemps 1477 coûta en effet fort cher, bien que seules cinq grandes villes et cinq petites villes aient réellement pris part à la mobilisation navale[59]. La part de ces dix villes dans les aides de Hollande étant d'environ 40/45%, dont la moitié pour Leyde, Gouda et Haarlem, dont les archives ont été dépouillées par A. G. Jongkees, on peut estimer, très grossièrement, le coût de l'armement de la flotte hollandaise à 50 000 / 60 000 l. de 40 g. La Zélande y contribua également, à hauteur de 15 000 à 20 000 l. environ, puisque les états levèrent en 1477-1479 deux assiettes de 18 000 l. en tout pour couvrir les frais de leurs armements[60], ce qui aurait fait des trois croisières de l'été et de l'automne 1477 l'une des opérations navales les plus coûteuses de toute l'histoire des Pays-Bas bourguignons, après le siège de Calais en 1436[61].

Ainsi, avant l'arrivée de Maximilien de Habsbourg aux Pays-Bas, la guerre contre la France avait occasionné une dépense de l'ordre de 250 000 à 300 000 livres de 40 g., dont la moitié ou plus pour le seul comté de Flandre. Louis XI consacrait alors près de trois millions de livres tournois à la guerre contre l'État bourguignon[62]. L'écart entre les budgets militaires des deux adversaires n'était plus de un à deux ou trois, comme c'était le cas sous le règne de Charles le Téméraire, mais de un à huit ou dix, et cela alors même que les autres ennemis de Louis XI étaient hors d'état de lui nuire. Les sujets de Marie et Maximilien allaient devoir se résoudre à payer plus d'impôts et à mieux répartir la charge entre eux.

---

57 Maurice-Aurélien ARNOULD, *Les dénombrements de foyers dans le comté de Hainaut…*, p. 156.

58 ADN, B 12615, assiette de la portion du clergé d'une aide de 36 000 l. de 40 g., dont 14 410 l. de 40 g. furent employés au paiement des arrérages et au rachat de 730 l. de rentes viagères vendues entre le 1er mars 1477 et 1479.

59 Adriaan Gerard JONGKEES, « Armement et action d'une flotte de guerre… », p. 77.

60 Voir annexe II, tableaux synthétiques des aides accordées par les principautés (Zélande).

61 Jacques PAVIOT, *La politique navale des ducs de Bourgogne, 1384-1482*, Villeneuve-d'Ascq, Presses universitaires de Lille, 1995, p. 180-181 et 328-329.

62 Sur les dépenses militaires de Louis XI à la fin de son règne, voir Jean-François LASSALMONIE, *La boîte à l'enchanteur…*, p. 519-598.

II. La reprise en main : un fragile consensus (1477-1478)

L'arrivée de Maximilien à la bourse plate

Le mariage de Marie de Bourgogne avec Maximilien d'Autriche, l'un des multiples fiancés de la grande héritière, avait été très rapidement décidé par l'intéressée et ses conseillers. Les États généraux réunis à Louvain du 25 avril au 23 mai ne s'opposèrent pas au mariage autrichien, annoncé en présence de la duchesse[63], sous réserve de l'habituelle confirmation des privilèges généraux et particuliers – bien vaine précaution, comme on le verra. Maximilien, qui avait quitté Vienne le 20 mai 1477, passa tout le mois de juillet à Cologne. Le 5 août, il arrivait à Maastricht, puis, quelques jours plus tard, le 11, il faisait son entrée à Bruxelles. Le 18 août, il voyait pour la première fois Marie de Bourgogne, et le mariage fut célébré dès le lendemain[64]. Molinet pouvait à nouveau déployer tout son talent d'historiographe, et célébrer le sauveur venu protéger les pays bourguignons des *Franchois, [qui] nommer se devoyent Ferochois, comme crueulx et plains de mortele ferocité*, et des entreprises de leur maître, Louis XI, assimilé à Pharaon, Nabuchodonosor, à un *venimeulx dragon*. Molinet exalte la beauté du blond chevalier de Germanie : *La face est angelicque, le regard est amoureux, le maintieng est plaisant, le corpz est venuste et les membres de meismes, tant bien proportionnéz selon la formosité du corpz que Pigmalion, l'artificiel entailleur, n'y scaroit que responde, c'est Narcisus resssuscité*[65]. Sans doute l'*artificiel entailleur* eût-il donné un coup de burin au prodigieux appendice nasal de l'archiduc, mais on ne pouvait contester au jeune homme l'allure ni le port princier.

Maximilien n'avait malheureusement pas grand-chose d'autre à apporter à ses nouveaux sujets. C'était du moins l'avis, froid et pragmatique, de Commynes.

> […] Ce duc Maximilian vint à Coulongne, ou aulcuns des serviteurs de ladicte damoiselle allerent au devant de luy. Et croy bien qu'ilz le trouverent mal fourny d'argent, et luy en porterent, car son père a esté le plus parfaictement chiche homme, prince que aultre, qui ayt esté de nostre temps. Le dessusdict filz d'Empereur fut amené à Gand, accompaigné de sept ou huit cens chevaulx ; et fut achevé ledict mariage, qui de prime face ne porta point grand utilité aux subgectz de ladicte damoiselle, car en lieu d'apporter argent, il leur en failloit. Leur nombre n'estoit point suffisant à une telle puissance que celle du roy[66].

L'opinion de Basin, comme souvent lorsqu'il évoque d'autres personnages que sa bête noire Louis XI, est à la fois plus mesurée et plus juste : « Or, l'illustre Maximilien parvint enfin aux confins de la région où ses sujets l'attendaient depuis longtemps. Il ne disposait que d'une petite armée. Néanmoins, sa venue apporta consolation

---

63 Robert WELLENS, *Les États Généraux des Pays-Bas* … , p. 175-177.
64 Georges-Henri DUMONT, *Marie de Bourgogne* … , p. 204-233.
65 Jean MOLINET, *Chroniques* … , t. I, p. 224-235.
66 Philippe de COMMYNES, *Mémoires* … , p. 431.

140   CHAPITRE 3

et secours aux habitants qui avaient déjà perdu presque tout espoir[67] ». Prince impécunieux, Maximilien donna aux sujets de son épouse un indéniable réconfort moral. L'archiduc envoya dès le 27 août une lettre à Louis XI, dans laquelle il faisait sienne la querelle franco-bourguignonne, et demandait la restitution de toutes les conquêtes royales. Aucune défaite, aucun revers ne le ferait jamais dévier de sa route. Le recouvrement de l'intégralité du conglomérat territorial hérité des ducs de Bourgogne de la maison de Valois allait être l'obsession de sa vie, peut-être plus encore que la réforme des institutions du Saint Empire romain germanique, qui lui valut également son lot d'avanies et de déconvenues.

La restauration de l'automne 1477

Maximilien arrivait au moment le plus propice à ses intérêts. La succession de désastres qui avait frappé les Pays-Bas bourguignons depuis la mort du Téméraire avait profondément ébranlé les élites politiques des villes les plus hostiles à la politique centralisatrice de l'ancien duc. Les États généraux n'avaient pas mieux réussi que Charles le Téméraire à se défaire du tenace Louis XI. Enhardi par ses succès, le roi de France n'avait même pas essayé de négocier avec eux. Le doute puis la résignation prirent le dessus. Les pays de par-deçà avaient besoin d'un maître ; les désastres de l'été 1477 avaient dissipé l'épaisse couche de méfiance et de rancœur qui obscurcissait le jugement des Flamands. Marie et Maximilien profitèrent du départ de Louis XI, qui quitta le théâtre des opérations septentrional en octobre 1477, pour reprendre en main les affaires publiques.

Cette remise en ordre prit des allures de contre-révolution. La réorganisation de la direction des finances en constitua la pierre angulaire. On promulgua le 10 novembre 1477 des « ordonnances nouvelles sur la conduite des finances »[68], qui se traduisaient par le rétablissement de fait de l'organisation mise en place en 1468. La nomination des membres de la nouvelle commission des finances et celle de Jean de Nieuwenhove fils Michel à la recette des aides de Flandre marquaient le retour aux affaires de l'équipe dirigeante en place à la fin du règne de Charles le Téméraire. Le 22 novembre 1477, Maximilien faisait examiner la Joyeuse Entrée de Brabant – déclinaison brabançonne du Grand Privilège – pour y traquer les innovations préjudiciables à ses droits[69]. Il fut malgré tout contraint de jurer de s'y conformer, mais quelques jours plus tard, le 9 décembre, à Louvain, il faisait exclure du conseil les nouveaux magistrats imposés par les émeutiers du printemps, et révoquait le droit de certaines professions artisanales modestes à se constituer en métier[70]. Le privilège de 1477 réduisait les compétences du Grand Conseil ; Maximilien contourna ces dispositions en expédiant lettres patentes sur lettres patentes pour soustraire les affaires judiciaires

---

67   Thomas BASIN, *Histoire de Louis XI*, Charles SAMARAN et Marie-Cécile GARAND (éd.), Paris, les Belles lettres, « Les Classiques de l'histoire de France au Moyen Âge », 1963-1972, t. III, *1477-1483*, p. 67.

68   Jan VAN ROMPAEY, *De Grote raad van de hertogen van Bourgondië…*, p. 124-127.

69   Raymond VAN UYTVEN, « 1477 in Brabant », in *Le privilège général… 1477*, 1985, p. 274-275.

70   *Ibid.*, p. 265-266.

FACE À LOUIS XI : LA GRANDE CONFRONTATION (1477-1479)   141

des cours de justice urbaines[71]. La mesure la plus importante prise à l'automne 1477 fut sans aucun doute la restauration des compagnies d'ordonnance. Les 800 lances de la « nouvelle ordonnance » reçurent leur premier mois de solde à la fin du mois de novembre[72]. L'argent provenait de la fonte de la vaisselle ducale[73].

S'il avait fallu recourir à des expédients pour financer les quelque 20 000 l. mensuelles que coûtait la nouvelle ordonnance, Marie et Maximilien savaient qu'ils pourraient très bientôt compter sur des ressources stables et durables. En effet, jugeant les esprits préparés aux mesures les plus désagréables, ils se risquèrent à demander la restauration de l'aide de 500 000 *ridders* dès la fin de l'été 1477. Ils sollicitèrent les assemblées représentatives des principautés, plutôt que de convoquer une nouvelle session des États généraux. En août 1477, alarmés par leurs défaites, les Membres de Flandre furent les premiers à accepter. Les députés les plus intransigeants refusèrent d'abord de laisser le duc disposer à sa guise des fonds réunis, et proposèrent de lui fournir des compagnies de gens de guerre soldés par leurs soins. Dès la réunion suivante, les Membres en écartèrent l'idée. Il n'avait fallu que trois semaines pour revenir sur l'abolition de l'aide la plus emblématique et la plus détestée du gouvernement de Charles le Téméraire[74]. Le 7 septembre, la Flandre vota une aide de 127 000 *ridders*, à payer en trois termes annuels exigibles les 4 janvier, 4 mai et 4 septembre, à partir du 4 janvier 1478. L'aide devait avoir cours pendant trois ans, au lieu de six années pour les 500 000 *ridders* accordés par les États généraux de 1473[75]. Elle serait en outre immédiatement suspendue si la guerre s'achevait avant l'expiration des trois années. À la différence de l'aide sexennale de 1473, le subside accordé en septembre 1477 était essentiellement temporaire et n'avait pas vocation à être renouvelé ; en aucun cas il ne devait servir à financer une nouvelle armée permanente.

Maximilien obtenait satisfaction sur le chapitre si important de la maîtrise budgétaire de la dépense. Le produit de l'aide de 127 000 *ridders* serait directement versé dans les caisses du receveur des aides de Flandre, Jean de Nieuwenhove, et le receveur général des finances du duc de Bourgogne en aurait « l'entremise ». En revanche, la levée de l'impôt était toujours étroitement encadrée par les Membres de Flandre. Elle se déroula sans difficulté, et le rendement de l'aide fut dans l'ensemble excellent. On accorda un rabais de 50% à la ville d'Ypres, moins important que les deux tiers habituels – et qui resta en travers de la gorge des intéressés, qui ne cessèrent de faire valoir leur pauvreté aux sessions ultérieures du collège des Membres

---

71 Jelle HAEMERS, *For the Common Good…*, p. 67-72.

72 Voir *infra*, chapitre 13.

73 ADN, B 2115, fol. 20v, recette des parties extraordinaires, décharge de 19 652 l. 14 s. 4 d., provenant de la fonte de plusieurs parties de la vaisselle ducale d'or et d'argent blanc et doré, pour le paiement des gens de guerre, 19 novembre 1477.

74 *Handelingen…*, t. I, p. 36-42, réunions des Membres à Gand, du 17 au 26 août 1477, puis du 31 août au 7 septembre.

75 La durée de l'aide de 500 000 *ridders* avait été le principal point d'achoppement des négociations de 1473. Tandis que le Hainaut, la Hollande et la Zélande, la Picardie, l'élection d'Amiens étaient prêts à l'accorder pour six ans, la Flandre, l'Artois et la châtellenie de Lille ne souhaitaient pas aller au-delà de trois ans (R. WELLENS, *Les États généraux…*, p. 132-142).

142   CHAPITRE 3

de Flandre[76] – ainsi que divers dégrèvements au profit des châtellenies les plus touchées par les pillages des gens de guerre français. En l'absence du registre de la recette générale des aides de 1478, on ne peut croiser les assignations du receveur général avec les comptes des villes et châtellenies. Néanmoins, l'échantillon dont on dispose pour les villes et châtellenies est large (20,79% du Transport de 1408 sur les 61,93% auxquels monte la quote-part des petites villes et châtellenies hors Bruges, Gand et Ypres), et y figurent les contributions des châtellenies d'Ypres, Courtrai et Audenarde, particulièrement touchées par la guerre. Par ailleurs, nous savons que Bruges et Gand ont versé la quasi-totalité de leur quote-part[77]. On peut donc estimer le rendement de l'aide aux alentours de 135 000 l. / 140 000 l. de 40 g., soit environ 90% du montant voté par les Membres.

Le Brabant semble avoir emboîté le pas à la Flandre, puisque les 108 400 couronnes (130 080 l. de 40 g.) dont ils autorisèrent la levée devaient être recouvrées un peu plus tard que l'aide flamande, les 1er mars, 1er juillet et 1er novembre 1478. La répartition fit l'objet d'âpres contestations de la part du clergé et de la noblesse, appuyés par Louvain et les petites villes de Vilvorde, Nivelles et Lierre, qui réclamaient un nouveau mode de répartition des impôts, fondé sur une estimation des biens et des revenus, ou à défaut, le maintien des anciennes quotes-parts[78]. Anvers, Bruxelles et Bois-le-Duc s'y opposèrent, de sorte que Maximilien confia le soin d'établir l'assiette de l'aide à la Chambre des comptes de Bruxelles, sous réserve d'une correction ultérieure des états[79]. Le travail fut laborieux et suscita de nombreuses protestations[80]. Les conséquences en furent limitées, et l'on put encaisser près de 95% des 108 400 couronnes qui avaient été accordées, soit un peu plus de 123 000 l. de 40 g.

La Hollande, quant à elle, connaissait une recrudescence des troubles civils entre *Hoeken* et *Kabeljauwen*. Un fragile équilibre entre les uns et les autres s'était établi au printemps 1477, au prix de concessions politiques, garanties par le lieutenant-gouverneur (*stathouder*) de Hollande, Wolfart de Borselen, personnage conciliant de nature, mais enclin à favoriser les *Hoeken*, tandis que les membres du Conseil de Hollande, avec lesquels il gouvernait, étaient au contraire partisans des *Kabeljauwen*. Les états de Hollande refusèrent de contribuer à la restauration de l'aide générale de 500 000 *ridders*, en raison du coût d'entretien de la flotte armée l'été précédent; en outre, Marie et Maximilien n'avaient même pas encore été officiellement investis comtesse et comte de Hollande, puisqu'ils n'y avaient pas fait leur joyeuse entrée[81].

---

76 *Handelingen…*, t. I, p. 50, 53, 57-59, 85.

77 Voir annexe I, aides accordées par la Flandre, aide n° 3.

78 AGR, CC de Brabant, reg. 15729, compte de Jan van Olmen pour l'année 1478, fol. 1v : […] *dat men de vors. somme soude heffen na den rijcdom oft* per capita *oft ten uutersten na de leste quotacie intlanx gedaen.*

79 *Ibid.* : *Altijt nochtan op verbeeteren ende ter coorectien vanden staten vanden lande.*

80 Le clergé refusa de payer plus de 4 000 couronnes, au lieu des 6 128 couronnes à lui assignées, de sorte que *heeft elc van hen betailt na hen goetdunken.* Le quartier de Louvain, quant à lui, ne voulut pas verser plus que sa portion de l'aide sexennale de 1473. Enfin, Bois-le-Duc et Anvers rejetèrent le réajustement à la hausse de leur portion survenu après la levée du premier terme (AGR, *ibid.*).

81 Michel Joost VAN GENT, « *Pertijelike saken* » …, p. 182.

FACE À LOUIS XI : LA GRANDE CONFRONTATION (1477-1479)

Maximilien s'y rendit en mars 1478, seul, car son épouse était enceinte de Philippe le Beau. On lui accorda alors une aide de 45 000 l. par an pendant trois ans, dont deux tiers à la charge de la Hollande, et un tiers à celle de la Zélande[82]. La Hollande renouait donc avec la pratique antérieure à l'instauration de l'aide de 500 000 *ridders* sur l'ensemble des Pays-Bas[83] ; elle y trouvait son avantage, car la fiscalité était à présent contenue dans des limites acceptables, plus en rapport avec leur richesse et leur population que l'aide de 500 000 *ridders*, dont on voit bien que les quotes-parts résultaient avant tout de rapports de force politiques. Avec 30 000 l. par an au lieu de 101 600 l., la pression fiscale était divisée par trois en Hollande. Elle le fut même bien plus que cela, car une crise politique majeure empêcha la levée de l'aide qui venait d'être accordée. Les villes *Hoeken* décidèrent unilatéralement d'augmenter d'un tiers le montant de l'aide accordée, la portant ainsi à 60 000 l. (40 000 l. pour la Hollande), afin de gagner les faveurs de Maximilien, tout en laissant entendre que les *Kabeljauwen* étaient prêts à reconduire l'ancienne aide de 101 600 l., afin de monter l'opinion contre leurs adversaires[84]. Dans la confusion qui s'ensuivit, Maximilien ne put faire mieux qu'emprunter de l'argent aux villes qui lui étaient le plus favorables, et parmi elles, par un paradoxe apparent, les villes *Hoeken*, qu'il avait ménagées[85], et qui se sentirent obligées de faire un geste. Alkmaar, Hoorn, Leyde, Delft, Gouda et surtout Dordrecht lui prêtèrent 22 975 l. de 40 g. entre le 18 juin et le 16 octobre 1478, dont elles devaient être remboursées sur leur part de la première aide qui serait accordée par les états de Hollande[86]. La Zélande accorda sa part de l'aide révisée à la hausse, soit 20 000 l.[87] L'usage était en effet de répartir les subsides entre les deux comtés maritimes à raison d'un tiers pour la Zélande et deux tiers pour la Hollande, les états de Zélande restant toutefois libres de valider ou non leur portion de manière tout à fait autonome.

Le comté de Namur accepta lui aussi d'accorder une aide pour la guerre, mais seulement pour une année, et d'un montant nettement inférieur aux 6 300 *ridders* (7 560 l. 40 g.) auxquels avait été fixée sa quote-part de l'aide de 500 000 *ridders*. Les états votèrent la levée d'une aide de 6 200 livres de 40 g., dont on retrancha plus de 1 400 l. pour certains districts rattachés au Brabant et à la Gueldre[88]. La contribution du Hainaut fut également très faible, puisque le comté n'accorda qu'un subside de 8 000 l. de 40 g. pour subvenir aux frais du train d'artillerie de l'armée réunie par

---

82 *Ibid.*, p. 205.

83 Louis H. J. SICKING, « La Hollande… », p. 43. La part attribuée initialement à la Hollande et à la Zélande dans la mobilisation prévue par les États généraux de février 1477, soit 6 000 hommes sur 34 000, avant que leur contribution ne soit changée en l'armement d'une flotte navale, était donc plus en adéquation avec leur démographie que leur quote-part de l'aide de 127 000 *ridders*.

84 Michel Joost VAN GENT, « *Pertijelike saken* » …, p. 205-206.

85 *Ibid.*, p. 197-202.

86 10 000 l. pour Dordrecht, 4 500 l. pour Leyde et Gouda, 2 250 l. pour Delft, 1 125 l. pour Alkmaar et 600 l. pour Hoorn (NA, Chambre des comptes de La Haye, rek. 3389).

87 Voir annexe II, tableaux synthétiques des aides accordées par les principautés (Zélande).

88 ADN, B 16591, 1er compte de Jean Salmon, receveur des aides du comté de Namur, pour un an fini le 1er février 1479.

144   CHAPITRE 3

le duc en mai 1478[89], qui s'ajouta à deux paiements de 4 000 l. et 960 l., effectués respectivement en octobre 1477 et mars/avril 1478 pour le paiement d'un mois de solde de 200 lances (1477) et de la compagnie de Jean de Salazar, en garnison à Maubeuge (1478). Ces 12 960 l. furent intégralement financées par l'émission de rentes[90].

Le financement de la campagne de 1478

Le temps de la contre-offensive était venu. La recréation des compagnies d'ordonnance était intervenue alors que Maximilien, après avoir fait sa joyeuse entrée à Lille, faisait la tournée des places les plus exposées aux attaques françaises en Flandre wallonne et en Hainaut, incendiant au passage les faubourgs de Tournai. À la fin du mois de février 1478, il était de retour à Gand. Entre-temps, rassurés et aiguillonnés par la vigoureuse reprise en main de la direction de la guerre par le jeune archiduc, les Membres de Flandre avaient décidé la levée d'une aide complémentaire de 5 000 combattants pendant quatre mois, d'avril à juillet 1478. Certes, le gouvernement bourguignon avait demandé 6 000 combattants pour six mois, mais la nouvelle imposition avait été accordée aussi vite que l'aide de 127 000 *ridders*[91].

L'argent du subside devait servir au paiement de mercenaires suisses, au tarif de trois sous par jour, soit 4,5 l. de 40 g. par mois – soit encore 90 000 l. de 40 g. À la différence de l'aide de 127 000 *ridders*, il devait être levé et administré par des commis nommés par Ypres, Bruges et Gand. Le recrutement de mercenaires étrangers ne signifiait pas que l'on renonçait aux milices communales, car un effort était accompli dans le même temps pour en améliorer l'efficacité[92]. En mai 1478, à la veille d'une très importante campagne militaire, les Membres discutaient de la mobilisation de 15 000 hommes, cette fois levés en Flandre. Il n'est guère question de ces 15 000 hommes, ni dans les *Handelingen*[93], ni dans les comptes des villes et châtellenies de Flandre, sinon dans celui de la ville de Courtrai, qui, pour sa portion des 15 000 hommes, a soldé 169 combattants en juin-juillet[94]. Cependant, on constate que Courtrai n'a pratiquement rien versé pour sa part de l'aide des 5 000 hommes, alors que la plupart des autres villes et châtellenies dont on a dépouillé les comptes (Ypres, Franc de Bruges, châtellenies d'Ypres et Audenarde), à l'exception de la châtellenie de Courtrai, ont au contraire payé l'intégralité de leur quote-part des 5 000 hommes, et n'ont fourni aucun soldat[95].

Ainsi, la levée de 15 000 hommes semble correspondre à une sorte de contribution de remplacement pour les communautés flamandes qui, comme Bruges[96],

---

89   ADN, Cumulus 16213, fol. 1r.
90   ADN, B 12615, assiette de la portion du clergé des aides accordées en 1477-1479.
91   *Handelingen*…, t. I, p. 49-52. Deux réunions des Membres avaient suffi, du 24 au 31 janvier, puis du 7 au 11 février 1478.
92   Voir *infra*, p. 386.
93   *Handelingen*…, t. I, p. 56, 60, 68 (respectivement dans les comptes de Nieuport, Gand et Ypres).
94   AGR, compte de la ville de Courtrai, reg. 33224, fol. 80v.
95   Voir annexe I, aides accordées par la Flandre, aide n° 4.
96   *Handelingen*…, t. I, p. 59.

preféraient fournir des contingents équipés et soldés plutôt que de l'argent[97]. Les gens des métiers ne pouvant être mobilisés aussi longtemps que des mercenaires, il paraissait sans doute cohérent de demander plus d'hommes, servant pour une durée limitée à quelques semaines. Ainsi, la grande majorité des petites villes et des châtellenies auraient préféré le paiement du subside des 5 000 hommes, tandis que les grandes villes, attachées à leurs milices, auraient fourni des hommes : un choix éminemment politique ! De l'échantillon des comptes des villes et châtellenies – le même que pour l'aide de 127 000 *ridders* – il ressort que le rendement de l'aide des 5 000/15 000 hommes fut similaire à celui de l'aide de 127 000 *ridders*, à quelques nuances près, car il fallut renégocier les rabais. Ypres obtint cette fois un rabais de 81% sur sa quote-part, limitée à 80 soldes de gens de guerre[98] ; en revanche, il est probable que comme Courtrai, les villes et châtellenies qui ont envoyé des contingents à l'armée ducale aient dû s'acquitter de frais supplémentaires, pour l'habillement et l'équipement de leurs troupes.

Il ne semble pas que le Brabant ait accordé un subside complémentaire pour la campagne du printemps et de l'été 1478. On ne peut cependant tout à fait exclure l'hypothèse d'un subside entièrement levé et dépensé par les quatre chef-villes du duché, comme cela avait été le cas en Flandre. Elle est cependant très peu probable, dans la mesure où le receveur des aides de Brabant, même lorsque la gestion d'une aide lui échappait, avait le plus souvent (mais pas toujours !) l'entremise de la part du clergé[99], ou des résidus non encore encaissés plusieurs mois après l'expiration d'un subside[100]. Or ni le compte de 1478 de Jan van Olmen, ni le suivant, qui enregistre précisément toutes les queues de subsides accordés par les états de Brabant jusqu'en 1482, ne mentionne une aide complémentaire pour la guerre. En revanche, il est fait mention dans le compte de 1478 de Jan van Olmen d'un don de 1 000 l. consenti par Anvers en octobre 1478 pour le paiement de gens de guerre, et le registre de la recette générale des finances de 1479 indique que trois décharges, d'une valeur totale de 2 612 l., ont été levées sur les villes et villages de la mairie de Bois-le-Duc, « pour un mois qu'ils devaient avoir servi mond. seigneur en son armée de France en 1478[101] ». Ainsi, les aides additionnelles pour la campagne de 1478 semblent avoir été négociées quartier par quartier, voire ville par ville, et leur montant paraît fort limité. Par ailleurs, les pays d'Outre-Meuse furent également mis à contribution, et

---

97 Ce qui conforte encore cette hypothèse est que l'addition des 850 l. de 40 g. payées par Courtrai pour la solde de son contingent et des 370 l. versées aux Gantois pour la part de Courtrai de l'aide de 5 000 hommes est très proche de ce qu'aurait été la quote-part totale de Courtrai pour l'aide des 5 000 hommes, si elle avait été réglée entièrement en numéraire, soit 1 125 l.

98 AGR, CC, compte de la ville d'Ypres, 1478, reg. 38702, fol. 62r-63v. Les rabais d'Ypres et de la châtellenie d'Audenarde s'élevèrent à 6 653 l. de 40 g. On peut donc évaluer le rendement de cette aide à environ 85 000 l. sur les 90 000 l. auxquelles devaient monter les soldes des 5 000 combattants.

99 C'est le cas de l'aide de 61 400 couronnes accordée en septembre 1479 et de l'aide de 400 lances accordée dans les premiers mois de 1480 (AGR, CC, reg. 15729, compte des aides levées en 1479-1482, fol. 1r-v).

100 Ainsi, les quartiers de Bruxelles, Anvers et Louvain ont accordé en mai 1481 une aide de 8 314 couronnes correspondant aux restes de l'aide de 108 400 couronnes votée en avril 1480 (*ibid.*)

101 ADN, B 2118, fol. 48r-v et 66r.

fournirent un peu plus de 8 000 l. au receveur des aides de Brabant, qui servirent au paiement de mercenaires allemands[102].

Ainsi donc, la pompe à finances était réamorcée partout, sauf en Hollande, et bien entendu dans les terres occupées par les Français. En additionnant les subsides accordés par la Flandre, le Brabant, le Hainaut, la Zélande, le comté de Namur, et les emprunts consentis par les villes de Hollande, Maximilien avait pu lever aux alentours de 400 000 / 420 000 l. de 40 g. sur ses sujets entre janvier et septembre 1478 soit l'équivalent des deux tiers de l'aide de 500 000 *ridders*. Comme l'année précédente, la Flandre supportait l'essentiel du fardeau de la guerre, en fournissant environ 220 000 l., soit plus de la moitié du prélèvement opéré sur l'ensemble des pays de par-deçà. Ce n'était pas encore l'opulence, ni même l'aisance, mais cela suffit à donner à Maximilien les moyens d'arracher l'initiative aux Français. La nouvelle armée permanente de 800 lances coûtant environ 240 000 l. par an, il restait de quoi financer une grande armée pour une campagne brève.

Celle-ci fut décisive, et il n'est pas exagéré de dire qu'elle fut la plus réussie de toutes celles entreprises par Maximilien, malgré l'absence de faits d'armes retentissants ou de grandes batailles rangées. Au cours de l'hiver 1477-1478, outre les habituelles courses menées par les garnisons des deux belligérants en pays ennemi, Français et Bourguignons concentrèrent leurs efforts autour de l'Escaut et dans la région de Tournai, les premiers devant régulièrement escorter des convois pour ravitailler la ville[103], les seconds s'efforçant de les en empêcher, tout en soulageant la pression sur Valenciennes. L'avantage resta aux Français, qui poursuivirent leurs raids en Flandre et en Hainaut, mais on voyait bien que la prochaine campagne serait décisive. Louis XI fut le premier à prendre l'initiative. Après avoir semble-t-il hésité entre Saint-Omer et Valenciennes, c'est finalement cette dernière place qu'il décida d'attaquer, en privilégiant la voie indirecte, c'est-à-dire en assiégeant la petite ville de Condé sur l'Escaut, qui *estoit quasy l'almaire au pain des Valenciennois*[104]. Condé capitula après un siège-éclair, mené à bien entre le 29 avril et le 1er mai. L'armée royale ravagea ensuite une grande partie du Hainaut, s'approchant même de Mons. Le sort de Valenciennes, désormais tout à fait isolée, paraissait scellé. Pendant ce temps, Maximilien tenait un chapitre de la Toison d'or à Bruges, le premier de son règne, quelques mois seulement après son arrivée aux Pays-Bas, manifestation éclatante de sa volonté de perpétuer l'héritage bourguignon – non sans susciter la réprobation de Molinet, qui, par un subtil déplacement de la critique, compare Bruges la joyeuse et la festive, *plaine de paresse*, et Condé, qui *courroit aux assaulx, par besoing, pour querir proesse*[105].

Perfidies au demeurant infondées, car dès le 6 mai, Maximilien était à Mons pour préparer la contre-attaque. Un vent de panique souffla aussitôt sur les Français, que

---

102   AGR, CC, reg. 15729, *ibid.*

103   Ainsi les 23 septembre, le 8 novembre, le 11 décembre, le 31 décembre 1477 (Jehan NICOLAY, *Kalendrier des guerres…*, t. I, p. 139, 156-157, 160-161, 182-183, 220-222). Pour Thomas Basin, « s'ils [les Tournaisiens] subissaient de légers dommages, ils en causaient aux autres de beaucoup plus grands et de beaucoup plus étendus » (Thomas BASIN, *Histoire de Louis XI…*, t. III, p. 73).

104   Jean MOLINET, *Chroniques…*, t. I, p. 256.

105   *Ibid.*, t. I, p. 258.

le roi eut la plus grande peine à apaiser[106]. La plupart des places qu'ils occupaient en Hainaut étaient de taille médiocre et leurs fortifications ne permettaient pas de soutenir un siège prolongé. Maximilien quitta Mons le 29 mai, à la tête d'une armée de 20 000 hommes. Deux jours plus tard, il faisait camper ses troupes au sud du confluent de la Haine et de l'Escaut, à Crespin, Saint-Saulve et Valenciennes[107]. Le 2 juin, les Français abandonnèrent sans combattre la ville de Condé, après avoir dépouillé les habitants de leurs biens, pendant que ceux-ci assistaient à un *Te Deum* célébrant les victoires royales, prétend Molinet[108] ! Maximilien fit ensuite son entrée à Valenciennes, et se prépara à assiéger Le Quesnoy, défendue par le comte de Dammartin, fort inquiet à cette idée. De toute façon, pour Louis XI, les jeux étaient faits. Il n'avait aucune envie d'affronter Maximilien et les Flamands, qui présentaient un front uni, alors que les Anglais sortaient enfin de leur léthargie et faisaient croiser leur flotte devant Harfleur[109]. L'invasion du Hainaut et l'occupation de Cambrai, terres d'Empire, avaient soulevé une indignation générale, qui n'était pas pour rien dans la présence, au sein de l'armée de Maximilien, d'un important contingent allemand. Dès le 24 janvier 1478, les Suisses avaient signé un traité de paix avec Marie et Maximilien, qui s'engageaient à verser 150 000 florins pour que les cantons renoncent au droit de conquête qu'ils prétendaient avoir sur la Franche-Comté. Surtout, l'archiduc et la duchesse avaient pu enrôler en masse des mercenaires venus des cantons, au grand mécontentement du roi de France[110].

Par l'un de ces spectaculaires revirements dont il était coutumier, Louis XI décida de proposer une trêve à ses adversaires. Le 8 juin, il signait à Cambrai une trêve de huit jours, valable du 10 au 17 juin[111]. Le 11 juin, la garnison française évacuait Tournai. Louis XI, qui avait chanté « Joli mois de mai, quand reviendras-tu » avec les bourgeois de Tournai, à la fin d'un repas bien arrosé servi sur une péniche amarrée aux berges de l'Escaut à Condé, le 3 mai 1478[112], les avait abandonnés aux représailles des Flamands et des Hennuyers sans le moindre état d'âme. Le 2 juillet, les Tournaisiens furent contraints de signer un nouveau traité de neutralité avec les Bourguignons, fort rigoureux[113]. Ils s'engageaient à rester neutres pour toute la durée du conflit, à verser à nouveau une rente annuelle au duc et à restituer tout ce qu'ils auraient pris. Les biens qui leur avaient été confisqués par les Bourguignons, en revanche, ne leur

---

106 Comme en témoigne la lettre du roi au comte de Dammartin, qui le prévenait, à tort, que les Bourguignons avaient mis le siège devant Condé (*Lettres de Louis XI...*, t. VII, n° 1131, p. 47-48, 8 mai 1478).

107 Herman VANDER LINDEN, *Itinéraires de Marie de Bourgogne et de Maximilien d'Autriche (1477-1482)*, Bruxelles, M. Lamertin, 1934, p. 35-36.

108 Jean MOLINET, *Chroniques...*, t. I, p. 266-268.

109 Joseph CALMETTE et Georges Henri Marie PÉRINELLE, *Louis XI et l'Angleterre...*, p. 233-234.

110 Édouard ROTT, *Histoire de la représentation diplomatique de la France auprès des cantons suisses, de leurs alliés et de leurs confédérés*, Berne, Paris, Staemfli, Alcan, 1900, t. I, p. 49-51.

111 Jean MOLINET, *Chroniques...*, t. I, p. 270-271 et AN K 72, Pièces n° 21 et 21², donnant les textes de deux trêves, la première datée du 8 juin 1478, valable du 10 jusqu'au 17 inclus, la seconde du 15 juin, prorogeant les premières jusqu'au 22 inclus.

112 Jehan NICOLAY, *Kalendrier des guerres...*, t. I, p. 246-247.

113 *Ibid.*, p. 270 et suivantes.

148   CHAPITRE 3

seraient pas rendus. D'après Thomas Basin, qui confirme ainsi les accusations de Jean Nicolay, les Flamands, après tous les dommages que les Tournaisiens leur avaient fait subir, les haïssaient tellement que le traité fut mal appliqué : « Les gens de la Flandre et du Hainaut, voisins de Tournai, refusaient aux Tournaisiens l'observation des trêves, les massacrant, les dépouillant ou les maltraitant s'ils se rendaient dans leurs villes pour effectuer des achats en commun[114] ». Voilà ce qu'il en coûtait de se fier à la parole de Louis XI, ce prétendu ami des bourgeois ! Affamés par les Bourguignons, contraints d'envoyer leurs femmes et leurs enfants en lieu sûr, escortés par les armées royales, pour faciliter le ravitaillement de la place pendant l'hiver, les Tournaisiens avaient commencé à murmurer contre Louis XI, au point que les représentants du roi durent faire percer au fer rouge quelques mauvaises langues… Le roi de France, pour sa part, pensant qu'un tiens vaut mieux que deux tu l'auras, se rappela une dernière fois aux bons souvenirs de ses fidèles sujets en exigeant d'eux une somme forfaitaire de 13 000 écus qui les déchargerait dorénavant de la rente annuelle qu'ils lui devaient jusque-là[115]. Enfin ! Les Tournaisiens pouvaient toujours se consoler : Louis XI avait autorisé les archers de la ville à ajouter une fleur de lys aux armes de leur compagnie[116]…

Pendant ce temps, Maximilien franchissait l'Escaut à Bouchain le 10 juin, puis arrivait à Douai le lendemain ou le surlendemain. Jean de Dadizeele et un important contingent flamand qui avaient repoussé une incursion française au-delà du Neuffossé, purent faire leur jonction avec l'armée principale. Les armées française et bourguignonne, toutes deux bien regroupées, comptant plus de 20 000 hommes chacune, se firent face de part et d'autre de la Deûle à Pont-à-Vendin, durant plus d'un mois, tandis que se déroulaient les négociations. Le 11 juillet 1478, Louis XI et Maximilien signèrent une trêve d'un an[117]. Elle prévoyait notamment la neutralisation de Cambrai et du Cambrésis, dont les Français étaient partis le 14 juin[118]. Une petite garnison mixte franco-bourguignonne fut installée au château de Selles. Elle était commandée par Jacques de Luxembourg, seigneur de Richebourg, pour les Français, et par son neveu et homonyme, Jacques de Luxembourg, seigneur de Fiennes pour les Bourguignons[119]. L'annexion de Cambrai au royaume de France attendrait exactement 200 ans de plus. Une conférence bipartite de douze membres chargée de négocier un hypothétique traité de paix, devait se réunir à Cambrai dans les six mois.

---

114   Thomas BASIN, *Histoire de Louis XI…*, t. III, p. 79.

115   Louis XI accusait réception de 7 500 écus à déduire des 13 000 écus le 13 juillet 1478 (*Lettres de Louis XI*, t. VII, n° 1185, p. 120-121).

116   Jehan NICOLAY, *Kalendrier des guerres…*, t. I, p. 247.

117   Jean Molinet en donne le texte intégral, *op. cit.*, p. 277-287.

118   *Ibid.*, p. 270-272.

119   Sur le sort de la famille de Luxembourg, écartelée entre France et Bourgogne, et plus généralement les stratégies familiales des lignages possessionnés de part et d'autre de la frontière entre domaine royal et pays de par-deçà, voir David POTTER, *War and Government in the French Provinces. Picardy, 1470-1560*, Cambridge, Cambridge University Press, 1993, p. 47-48, 66-67.

III. Union et désunion : la campagne militaire de 1479 et la contestation flamande

Les États généraux s'invitent dans la politique militaire et diplomatique de Maximilien : les assemblées de l'automne et de l'hiver 1478-1479

Maximilien était donc parvenu, sans coup férir ou presque, à chasser les Français de Tournai, du Hainaut et de Cambrai. La retraite précipitée de l'armée royale laissa un goût amer à Louis XI, qui en rejeta la responsabilité sur Antoine de Dammartin. Le grand maître de France fut disgracié, et dix capitaines d'ordonnance congédiés sans ménagement, tandis que leurs compagnies étaient cassées. Le roi ramenait ainsi les effectifs de l'armée permanente de 4 000 à 3 000 lances. Il s'agissait, non de faire des économies, mais de dégager des disponibilités financières suffisantes pour recruter des mercenaires suisses, tout en se débarrassant des capitaines compromis dans le fiasco du printemps 1478[120]. La restauration de l'autorité ducale opérée par Maximilien à l'automne 1477, puis sa promenade militaire triomphale en Hainaut, cependant, ne réglaient pas tout. Les Français tenaient solidement l'Artois, et les dernières places encore tenues par les partisans de Marie et Maximilien dans le duché de Bourgogne venaient d'être soumises par Charles d'Amboise[121]. Les troubles persistaient en Hollande, tandis qu'en Luxembourg, une partie de la noblesse contestait les droits de Marie de Bourgogne sur le duché.

Sur le plan intérieur, Maximilien dépendait du comté de Flandre, et donc des gouvernements de Bruges et de Gand, pour plus de la moitié de ses ressources. Il lui fallait à tout prix élargir son assise financière. Vis-à-vis du roi de France, si la défense des pays de par-deçà pouvait s'accommoder d'un budget militaire relativement restreint après la consolidation du front en 1478, la reconquête de l'Artois, sans parler des Bourgognes, exigeait des moyens d'une tout autre ampleur. Louis XI, qui entretenait en Artois environ 2 000 lances et plusieurs milliers de mortes-payes et de francs-archers, consacrait à la défense de ses frontières septentrionales pas moins d'un million de livres tournois[122]. Pour reprendre les villes d'Artois, et notamment Arras, puissamment fortifiée, les Bourguignons devaient entreprendre des sièges de longue durée, mobilisant plusieurs dizaines de milliers de fantassins pendant plusieurs mois.

Ni les Brabançons, ni les Flamands ne souhaitaient s'engager sur cette voie. En septembre 1478, ils invoquèrent une disposition du Grand Privilège de 1477, qui autorisaient les États généraux des pays de par-deçà à se réunir de leur propre initiative. Maximilien et Marie les prirent de vitesse et convoquèrent les représentants

---

120 Amable SABLON DU CORAIL, *Croix fourchues contre croix droites…*, p. 60-61.

121 Jean de ROYE, *Journal connu sous le nom de Chronique scandaleuse. 1460-1483*, Bernard de MANDROT (éd.), Paris, Société de l'histoire de France, H. Laurens, 1894-1896, t. II, p. 74-75.

122 Sur les effectifs maintenus en garnison par Louis XI en Artois, voir Amable SABLON DU CORAIL, *Croix fourchues contre croix droites…*, p. 211-224 (à partir notamment du relevé des compagnies d'ordonnance mentionnées dans les lettres de rémission de la chancellerie royale aux Archives nationales). La solde de 2 000 lances d'ordonnance revenait à 720 000 l. par an (sans compter les gages du capitaine et des gradés).

des pays de par-deçà dans la petite ville flamande de Termonde (Dendermonde) en septembre 1478[123]. Pour sauver la face, ils avaient été contraints d'accepter un débat général avec leurs sujets, et soumettre leurs projets militaires, diplomatiques et fiscaux à leur approbation. Dans son discours d'ouverture, prononcé le 2 septembre 1478, le chancelier Jean de la Bouverie mit en avant le succès remporté en Hainaut par Maximilien. Il tenta d'expliquer qu'il fallait continuer à entretenir une armée pour la défense des frontières, dont les effectifs seraient de 1 000 lances et 3 000 archers. Lorsque viendrait la belle saison, on lèverait 24 000 combattants pour la reconquête de l'Artois. Marie et Maximilien demandaient donc une augmentation immédiate des compagnies d'ordonnance, et prévoyaient une reprise des opérations offensives contre la France à l'été 1479. Voilà qui promettait d'être cher et singulièrement risqué...

Les députés des États généraux rentrèrent chez eux le 17 septembre, informèrent les assemblées locales des demandes du gouvernement et prirent leurs instructions. On se retrouva à Bruxelles le 30 septembre 1478. Non sans un certain bon sens, les représentants des principautés jugèrent qu'il n'y avait pas lieu d'augmenter les effectifs des garnisons, mais qu'au contraire, la trêve avec la France permettait de les réduire. On décida donc de ne solder que 500 lances pendant l'hiver 1478-1479, décision effectivement mise en œuvre[124]. Les économies réalisées sur les soldes de l'ordonnance devaient servir à financer les frais de l'hôtel princier, pour compenser l'effondrement des revenus domaniaux. Délibération essentiellement théorique, car pendant ce temps, rien n'était fait pour estimer précisément les recettes et les dépenses, et ajuster les unes aux autres. Tandis que la Flandre se préparait à verser le premier terme de la deuxième année de l'aide de 127 000 *ridders*, les états de Brabant se faisaient prier pour prolonger l'aide de 108 400 *ridders*.

Une nouvelle réunion des États généraux eut lieu au début de l'année suivante. Flamands et Brabançons avaient pris goût au débat parlementaire, et n'entendaient pas se voir imposer une politique aussi aventureuse que coûteuse. C'est à Pierre de Luxembourg, comte de Saint-Pol, lieutenant général des Pays-Bas, qu'échut la délicate mission de convaincre la représentation des pays de par-deçà du bien fondé de la guerre. Lors de la première session, réunie à Termonde du 6 au 19 février 1479, la Flandre et le Brabant se déclarèrent prêts à reprendre quelques places autour d'Aire et Saint-Omer, afin de soulager la pression des Français sur les deux dernières villes d'Artois encore aux mains des Bourguignons. Ils demandèrent au comte de Saint-Pol et aux capitaines bourguignons l'établissement d'un « concept » de la guerre[125]. Ce document fut rédigé et soumis aux députés. C'est sans doute à ce moment que fut décidé le siège de Thérouanne, l'une des principales places d'armes françaises, « fenêtre par où dégorgeait le mauvais vent français », selon l'expression de Molinet, située à quelques kilomètres seulement de Saint-Omer.

---

123 Robert WELLENS, *Les États généraux des Pays-Bas...*, p. 179-181.

124 Le 19 janvier 1479, deux décharges de 13 450 l. 4 s. et 452 l. 8 s. 1 d. étaient levees sur les aides de Flandre pour le paiement d'un mois de solde des 500 lances de l'ordonnance (ADN, B 2118, fol. 39v).

125 *Handelingen...*, t. I, p. 91-92.

Désastreuse victoire : la campagne de Guinegatte et ses suites

Les discussions avaient été difficiles, mais une fois le concept approuvé, Flandre et Brabant acceptèrent de desserrer les cordons de leurs bourses. Dès le mois de février, les Membres de Flandre avaient décidé d'accorder une aide de 7 000 hommes – aide qui devait ensuite faire l'objet de négociations aux États généraux afin d'arracher au prince quelques contreparties. Au terme d'une très longue seconde session des États généraux, tenue à Termonde et à Anvers du 28 février au 8 avril 1479, le duché et le comté s'accordèrent pour fournir chacun la solde de 7 000 hommes pendant six mois. Pour autant, la négociation avait été peu satisfaisante pour Maximilien ; en effet, contrairement à l'aide de 5 000 hommes accordée par la Flandre en 1478, qui était une imposition additionnelle, venant en plus de l'aide de 127 000 *ridders*, le subside des 7 000 hommes remplaçait cette dernière, dont seul le premier terme de la deuxième année fut effectivement levé en janvier 1479, soit 42 333 *ridders*. Comme en 1478, le Brabant refusa d'accorder plus d'un subside pour la guerre, et le duc dut finalement se contenter de 6 000 hommes pendant six mois, taxés à 20 000 *ridders* par mois, payable en deux fois, de trois mois en trois mois[126].

Ainsi, au début du printemps 1479, le financement prévu pour la campagne à venir était légèrement inférieur à celui de l'année précédente, soit un peu plus de 300 000 *ridders* (360 000 l. de 40 g.), au lieu d'environ 400 000 l. de 40 g. en 1478[127]. Ces sommes excédaient de peu le montant nécessaire au paiement des compagnies d'ordonnance : l'état des sommes distribuées en avril et en mai 1479 par les commis à recevoir l'aide des 7 000 combattants montre que la solde des 520 lances et des 200 archers anglais entretenus par la Flandre représentait une charge de 17 000 l. par mois, sur les 25 512 l. de recettes mensuelles prévisionnelles de l'aide[128]. Il ne restait donc qu'environ un tiers de net pour préparer une véritable opération militaire. Encore avait-il fallu concéder aux Flamands *vele articlen* dès le début du mois de mars pour obtenir l'octroi de l'aide[129]. Ces contreparties consistaient en un contrôle accru sur les compagnies d'ordonnance. On s'était en effet plaint des violences des gens de

---

126   Compte des commis de la ville de Bruxelles de la portion des ville et quartier de l'aide de 120 000 couronnes accordée en avril 1479, AGR, CC, reg. 48799.

127   42 333 *ridders* pour le 1er terme de l'aide de 127 000 *ridders* (voir annexe I, aides accordées par la Flandre, aide n° 5), 140 000 *ridders* pour les six mois de 7 000 hommes accordés par la Flandre, soit 23 333 *ridders* par mois pour la Flandre, et 120 000 écus de 48 g. pour les six mois des 6 000 hommes accordés par le Brabant.

128   ADN, B 3519, n° 124374, copie de l'état des sommes versées en avril et mai 1479 par les états de Flandre pour le paiement des 7 000 combattants levés pour six mois à partir du premier avril 1479. L'assiette prévue était de 28 000 livres par mois, soit 4 livres ou 5 francs par homme et par mois, soit 140 000 écus en tout. Une note des gens des comptes qui ont examiné ce rapport précise qu'en fait, la recette n'était que de 25 512 livres par mois, puisque sur les 7 000 hommes, on avait accordé 3 890 cavaliers, payés à 5 francs, tandis que les 3 110 autres étaient des fantassins payés à 4 francs. Il s'agissait bien sûr de contingents « fiscaux », visant à réduire encore un peu plus le montant de l'aide accordée à Maximilien.

129   *Handelingen*…, t. I, p. 96-97.

CHAPITRE 3

guerre, au cours de l'hiver précédent[130]. Ainsi, des représentants des Membres de Flandre passèrent en revue les compagnies d'ordonnance à la charge du comté entre le 22 avril et 11 mai 1479, puis à nouveau au début du mois de juin[131].

Maximilien avait sécurisé pour quelques mois le paiement de ses ordonnances, mais il n'avait pas le premier denier pour recruter des mercenaires, comme il l'avait fait en 1478. Par ailleurs, les effectifs de l'armée permanente bourguignonne, même portés à environ 1 000 / 1 200 lances[132], restaient très inférieurs à ceux de leurs adversaires. Dès le mois d'avril 1479, Maximilien demandait aux Membres de Flandre une aide complémentaire de 3 000 hommes, sans succès semble-t-il[133]. Il devrait donc s'appuyer exclusivement sur l'infanterie des milices communales de Flandre, dont il ordonna la mobilisation pour le siège de Thérouanne. En juillet, alors que les contingents des milices et les ordonnances se concentraient autour de Saint-Omer, des représentants des Membres de Flandre et des états de Brabant débattaient d'une demande d'un subside complémentaire de 100 000 *ridders*, à répartir entre la Flandre (60 000 *ridders*), et le Brabant (40 000 *ridders*)[134]. Maximilien, qui avait déjà convoqué les milices flamandes, et qui savait qu'il ne pourrait les garder bien longtemps mobilisées, décida d'entrer en campagne à la fin du mois de juillet. Le 29 juillet 1479, il mettait le siège devant Thérouanne. Quelques jours plus tard, les Français tentaient de le faire lever. La victoire de Guinegatte, remportée dans la douleur le 7 août 1479, se traduisit par la retraite de l'armée de Philippe de Crèvecœur, et le massacre des francs-archers français. Malheureusement, Maximilien ne put exploiter son succès, car les milices flamandes, durement éprouvées par les combats, rentrèrent dans leurs foyers.

Il n'empêche que la victoire avait réchauffé l'ardeur combattante des Flamands, qui accordèrent aussitôt une aide de 100 000 *ridders*, pour payer les arrérages des soldes des gens d'armes et *continuer et sieuyr* la victoire de Guinegatte[135]. Le Brabant lui-même – du moins les trois quartiers méridionaux d'Anvers, Louvain et Bruxelles, à l'exclusion donc du quartier de Bois-le-Duc – accorda une rallonge de 61 400 couronnes en septembre 1479[136]. L'archiduc put ainsi réunir à partir de la mi-septembre une nouvelle armée, qui se mit en marche le 6 octobre. Las ! Il était trop tard, l'élan avait été brisé ; l'armée bourguignonne se dispersa d'elle-même au bout d'une dizaine de jours seulement, après avoir obtenu des résultats dérisoires. Les Français reprirent l'initiative et dévastèrent la Flandre maritime à la fin du mois d'octobre 1479. Cette contre-offensive consacrait l'échec complet de la campagne militaire de 1479, dont

---

130   *Ibid.*, p. 80-88.

131   *Handelingen…*, t. I, p. 102, 104-105.

132   Voir *infra*, p. 399-401.

133   *Handelingen…*, t. I, p. 101.

134   *Ibid.*, p. 107-108.

135   ADN, B 3519, n° 124377, sans doute au cours de la réunion des Membres tenue du 20 au 31 août 1479, consacrée à la nouvelle mobilisation prévue pour le 4 septembre (*Handelingen…*, t. I, p. 112-113).

136   AGR, CC, reg. 15729, fol. 1r-v, compte pour les années 1479-1482 de Jan van Olmen, qui a rendu le compte de la part du clergé, soit 2 232 couronnes. La part du quartier d'Anvers s'est élevée à 25 000 couronnes (AGR, CC, reg. 30896).

FACE À LOUIS XI : LA GRANDE CONFRONTATION (1477-1479)

le bilan était exactement contraire à celui de la campagne de 1478 : beaucoup de sang versé, une bataille victorieuse, et des résultats stratégiques nuls.

Tout cela avait coûté fort cher. En théorie, les contribuables flamands avaient dû payer un tiers de l'aide de 127 000 *ridders*, deux tiers de l'aide de 96 000 *ridders* pour la solde des 7 000 combattants, soit quatre mois au lieu des six prévus, puisque cette deuxième aide fut à son tour suspendue et remplacée par l'aide de 100 000 *ridders*. Le total de ces trois contributions représentait la somme de 286 000 l. La levée de ces aides se fit dans une grande confusion. Elles furent assises selon des modalités très diverses. Ainsi, les Gantois, responsables du recouvrement de ces subsides dans leur quartier, commencèrent en avril 1479 à lever chaque mois un tiers de l'aide de 127 000 *ridders* sur les châtellenies d'Audenarde[137] et de Courtrai[138], et donc probablement sur les autres districts ruraux de leur quartier. Il était prévu de le lever pendant six mois. Le compte de la châtellenie de Courtrai évoque une aide de 254 000 *ridders*. C'était en effet à cette somme qu'équivalaient six termes de l'aide de 127 000 *ridders*, mais jamais les Membres de Flandre n'avaient accordé un tel subside. Manifestement, les Gantois avaient décidé de prendre un peu d'avance sur les aides qui seraient accordées à l'avenir, aux dépens de leur quartier. Sans doute cela facilitait-il également le travail que de recourir à l'assiette d'une aide bien connue, qui servait de référence depuis 1472. Par ailleurs, comme l'année passée, certaines villes ou châtellenies préférèrent envoyer des hommes plutôt que de verser de l'argent. Ce fut le cas du Franc de Bruges, qui paya une partie de l'aide de 7 000 hommes et de l'aide de 100 000 *ridders* de cette manière – les soldes versées aux sergents de la châtellenie dépassant d'ailleurs très largement ce qui restait à payer sur ces deux aides[139]. La ville d'Ypres opta quant à elle pour une troisième solution, à savoir payer directement les mercenaires allemands du comte de Zollern et les gens de guerre des ordonnances en garnison sur les frontières[140]. La châtellenie d'Ypres fit de même, tout en soldant en outre d'importants contingents de miliciens pour les campagnes de Guinegatte et d'octobre 1479[141].

---

137 Ainsi, les *pointers* de la châtellenie d'Audenarde levèrent pas moins de trois termes de l'aide de 127 000 *ridders*, en avril et mai 1479, pour commencer à payer l'aide de 7 000 hommes, le premier avec le rabais de 40% dont bénéficiait alors la châtellenie, les deux autres, levés en même temps, sans aucune remise. Suivirent encore six assiettes jusqu'en octobre, dont cinq correspondaient à peu près à l'équivalent d'un terme de l'aide de 127 000 *ridders*, pour le paiement de l'aide de 100 000 couronnes et les soldes du contingent de la châtellenie envoyé à l'armé en juillet et septembre 1479 (AGR, CC, reg. 41912, fol. 4v-7v).

138 AGR, CC, reg. 42932, fol. 9r-11v.

139 Le Franc paya comptant 24 257 l. 4 s. de 20 g. pour les 7 000 combattants, un peu plus de 2 150 l. de 20 g. en prêt aux sergents du Franc, et 2 643 l. 4 s. de 20 g. pour un mois de solde des 50 lances du seigneur de Zottegem (AGR, CC, reg. 42589, fol. 147v-149r). Il ne versa en revanche que 19 782 l. 8 s. de 20 g. en argent comptant pour l'aide de 100 000 couronnes, soit environ 70% de sa quote-part, les soldes payées aux sergents du Franc dépassant de beaucoup les 30% restants (AGR, CC, reg. 42590, fol. 122r-136r, 150r-155v).

140 AGR, CC, reg. 38703, fol. 84v-85r.

141 AGR, CC, reg. 44303, fol. 81v-82r.

CHAPITRE 3

De tout ce désordre, émerge cependant un fait majeur, à savoir l'importance massive des sommes versées par les communautés de Flandre pour la guerre, qui en certains cas, a excédé de beaucoup leur quote-part théorique des trois aides accordées pour 1479. Ainsi, la châtellenie d'Ypres, dont l'assiette, pour les aides de 100 000 *ridders* et de 7 000 combattants, s'élevait à 5 174 l., a payé 8 569 l., soit un surplus de près de 66%, qui ne fut jamais remboursé. De même, la contribution réelle de la châtellenie de Courtrai dépassa de quelques centaines de livres sa part du Transport de 1408, et cela malgré un rabais de 40% appliqué aux méga-assiettes ordonnées par les Gantois pour la levée de l'aide de 96 000 *ridders*. Même Ypres, en s'acquittant d'environ 60% de sa quote-part, avait consenti un effort important, en renonçant à son rabais habituel des deux tiers, et même à celui de 50% qu'on avait appliqué en 1478, au grand mécontentement de ses bourgeois. Parmi les comptes dépouillés, seul celui de la ville de Courtrai fait apparaître une contribution nettement inférieure à l'assiette théorique. Les deux principales métropoles flamandes, Bruges et Gand, ont semble-t-il été un peu moins généreuses que les campagnes de leur quartier[142]. L'extrapolation à la Flandre des dépouillements des comptes des villes et châtellenies toujours conservés indique un résultat légèrement supérieur à 260 000 l., soit une somme très proche du montant théorique accordé par les Membres de Flandre, les trop-payés des uns compensant globalement les défaillances des autres[143]. Il faut encore y ajouter les 45 000 l. du premier terme de la deuxième année de l'aide de 127 000 *ridders*, ainsi que les 20 000 l. d'un don consenti par le clergé, soit un peu plus de 330 000 l. pour toute l'année 1479[144].

La contribution du Brabant à l'effort de guerre fut beaucoup plus importante qu'en 1478. Par habitant, elle a même sans doute été supérieure à celle des contribuables flamands. Les deux aides accordées par le Brabant s'élevaient à 181 400 couronnes, soit 217 680 l. de 40 g. Le rendement de l'aide de 120 000 couronnes s'avéra relativement bon, et peut être estimé aux alentours de 85/90%. Comme en 1478, le quartier de Louvain contesta sa quote-part ; il refusa de se plier à l'assiette décidée par la Chambre des comptes, légèrement différente de celle qui avait été votée par les états de Brabant, ce qui entraîna un manque à gagner de 4 358 écus[145]. Le compte du quartier de Bruxelles de cette aide fait en outre apparaître un résidu de 11 586 l. 8 d. sur sa quote-part de 40 924 l. Toutefois, si l'on y ajoute les dépenses rayées par les maîtres des comptes faute de pièces justificatives, mais effectivement exécutées, soit 6 897 l., le défaut n'était plus que de 11,5%[146]. Le compte du quartier d'Anvers fait état de chiffres presque identiques, avec un défaut de 9 430 l. sur 44 539 l., dont 4 628 l. de parties rayées. Le compte d'Anvers de l'aide de 61 400 couronnes, à laquelle ne contribua pas le quartier de Bois-le-Duc, indique que ce second subside

---

142 En particulier Bruges (voir annexe I, aides accordées par la Flandre, aide n° 6).

143 Voir annexe I, aides accordées par la Flandre, aide n° 6.

144 Voir annexe II, tableaux synthétiques des aides accordées par les principautés (Flandre).

145 Bilan dressé par les maîtres de la Chambre des comptes de Bruxelles à la fin du compte des commis d'Anvers de l'aide de 120 000 couronnes naguère accordée en avril 1479 (AGR, CC, reg. 30896, p. 15-16).

146 AGR, CC, reg. 48799.

FACE À LOUIS XI : LA GRANDE CONFRONTATION (1477-1479)

fut intégralement versé aux gens de guerre ou aux officiers comptables du prince[147], mais il est malheureusement le seul qui ait été conservé de cette aide, outre celui de la portion du clergé, dont le receveur général de Brabant, Jan van Olmen, eut l'entremise. De toute manière, il apparaît que ce qui était encore dû par les quartiers de Brabant finit par être réglé au receveur général des finances. S'y ajoutèrent deux subsides à titre de don ponctuel, de la part du clergé (4 000 l.), et de l'ensemble des états pour les gens de guerre combattant en Gueldre (3 600 l.)[148].

À côté des quelque 330 000 l. et 220 000 l. dont s'étaient respectivement acquittés la Flandre et le Brabant, la contribution des autres principautés des Pays-Bas bourguignons fut dérisoire. Amsterdam et Haarlem versèrent 8 240 l. en février 1479, par anticipation sur la première aide à accorder par la Hollande, toujours en pleine guerre civile[149]. La châtellenie de Lille, Douai et Orchies, s'occupa de sa défense, et la ville de Lille engagea des frais considérables pour ses fortifications[150], se contentant d'accorder un prêt de 1 200 l. de 40 g., remboursable « sur parole de prince » pour la solde de la compagnie du seigneur de Chantereine[151]. Le Hainaut, enfin à l'abri des incursions françaises, put lever une aide très importante – par rapport à ses facultés contributives – de 36 000 l., mais l'essentiel de cette somme servit au remboursement des rentes émises en 1477 et 1478, à l'exception d'un subside de 8 000 l. accordé à Marie et Maximilien pour la garde du pays et d'une subvention de 750 l. destinée à relever les fortifications du Quesnoy[152]. S'y ajouta la reconduction pour un an de l'aide de 4 800 l. accordée par les états de Namur en 1478[153], ainsi que la deuxième année de l'aide de 20 000 l. octroyée par la Zélande en 1478[154].

En 1479, les pays de par-deçà avaient donc dépensé un minimum de 560 000/570 000 l. de 40 g. pour leur défense commune, sans y compter les frais pris en charge directement par les communautés frontalières pour leur protection, soit l'entretien des fortifications, le recrutement de guetteurs, de personnel spécialisé tels que les couleuvriniers, les garnisons additionnelles, l'achat d'armes, de munitions, de poudre, etc. On tangentait désormais le niveau de pression fiscale atteint dans la seconde moitié du règne de Charles le Téméraire, alors que la base territoriale de l'État bourguignon s'était singulièrement rétrécie, et qu'une grande partie de celle-ci était désormais exposée aux attaques françaises. Les dépenses militaires avaient cru de près de 50% entre 1478 et 1479, et tout cela en pure perte. Quelques semaines après Guinegatte, les Français remportèrent une très grande victoire navale. Une flotte d'une quarantaine

---

147 Le compte accuse même un solde créditeur en faveur d'Anvers de 942 écus 1 s. 7 d., soit un peu plus de 1 130 l. (AGC, CC, reg. 30895).

148 Voir annexe II, tableaux synthétiques des aides accordées par les principautés (Brabant).

149 NA, Chambre des comptes de La Haye, rek. 3389.

150 3 777 l. 7 s. en 1478 (AM de Lille, reg. 16217, fol. 3r), et 6 529 l. 7 s. de 20 g. en 1479 (AM de Lille, reg. 16218, fol. 4r).

151 AM de Lille, reg. 16217, fol. 6r.

152 B 12615, assiette de la portion du clergé de cette aide.

153 ADN, B 16592, 2e compte de Jean Salmon, receveur des aides du comté de Namur, pour un an fini le 1er février 1480.

154 Voir annexe II, tableaux synthétiques des aides accordées par les principautés (Zélande).

de bâtiments capturait la plus grande partie de la flotte qui venait de commencer la saison de la pêche au hareng, soit 400 navires flamands, hollandais et zélandais, ainsi que de quatre-vingts navires chargés de céréales importées de Prusse[155]. Le coup porté à l'économie néerlandaise était d'une grande violence, et remettait même en cause la sécurité alimentaire des grandes métropoles flamandes et hollandaises, de plus en plus dépendante des achats à l'étranger de céréales que leurs campagnes, tournées vers les cultures d'exportation, ne produisaient plus en quantité suffisante.

Le coût politique de la double campagne avortée de 1479 fut très lourd. Elle fut à n'en pas douter la cause de la détérioration des rapports entre Maximilien et ses sujets flamands. Ce qui concourait à les envenimer était que chacun pouvait rejeter sur l'autre partie la responsabilité du fiasco. Les Flamands pouvaient se plaindre d'avoir dépensé beaucoup d'argent pour de si piètres résultats ; Maximilien, quant à lui, avait beau jeu de dire qu'à force de repousser sans cesse le vote et la levée de subsides pour la guerre, en agissant à peu près toujours à contre-temps, les Flamands n'avaient cessé d'entraver son action.

Conclusion

L'échec de la campagne de l'été et de l'automne 1479 marquait la fin des opérations militaires de haute intensité. La campagne de 1478 avait porté un coup d'arrêt décisif à l'expansion française vers le nord. Après l'évacuation du Hainaut par Louis XI, Tournai retourna dans l'orbite bourguignonne, tandis que les Français de la garnison mixte du château de Selles en furent chassés en avril 1479, mettant ainsi fin à la neutralisation du Cambrésis[156]. La campagne de 1479 avait quant à elle administré la preuve que Maximilien n'était pas en mesure de reprendre l'Artois aux Français. Pendant ce temps, Louis XI, après avoir écrasé la révolte de Beaune et de l'Auxois au printemps 1478[157], avait conquis toute la Franche-Comté. Il ne restait désormais plus rien des pays de par-delà. Les nobles bourguignons et comtois qui avaient animé la résistance contre les Français prirent le chemin des Pays-Bas. Marie et Maximilien devaient à présent secourir cette noblesse devenue hors-sol, aussi mal vue des néerlandophones que l'entourage allemand de l'archiduc. L'objectif de Louis XI était désormais de consolider ses conquêtes de 1477, tout en entretenant la division au sein des Pays-Bas. Il avait compris que les opérations militaires de grand style n'avaient fait que favoriser l'union des pays de par-deçà derrière leurs princes. Désormais, il se contenterait de les déstabiliser, au moyen d'une guerre économique sans merci, livrée aux frontières, sur mer, dans les conseils des villes de Flandre et auprès des dirigeants de la grande banque italienne.

---

155 Jacques Paviot, *La politique navale des ducs de Bourgogne...*, p. 183.
156 Jean Molinet, *Chroniques...*, t. I, p. 293-296.
157 J. Robert de Chevanne, « Les début de la campagne de 1478 en Bourgogne », *Mémoires de la Société d'archéologie de Beaune*, 44, 1931-1932, p. 295-303.

CHAPITRE 4 ───────────────────────

D'un incendie à l'autre

Guerre d'usure et rébellions périphériques (1480-1482)

Les miliciens flamands à peine rentrés chez eux, les Français renouvelaient leurs violentes attaques. À la fin de l'année 1479, Jean de Dadizeele se tint en alerte constante, craignant que les armées royales ne franchissent le Neuffossé pour semer la mort et la dévastation en Flandre maritime[1]. Les États généraux, convoqués comme les années précédentes au cours du premier trimestre 1480 pour préparer les opérations militaires du printemps et de l'été suivant, furent un cinglant désaveu pour Maximilien[2]. À la première session, tenue à Malines du 5 au 15/18 janvier 1480, l'archiduc fit part de sa volonté de reprendre l'offensive contre Louis XI, et demanda la reconduction de l'aide de 500 000 *ridders* pour trois ans. Les députés répondirent qu'ils souhaitaient au contraire l'ouverture de pourparlers avec la France. Lors de la reprise des débats, le 30 janvier, les représentants des États, beaucoup moins nombreux, rejetèrent en bloc les demandes du gouvernement bourguignon. Il ne restait plus qu'à mener des négociations bilatérales avec les assemblées représentatives des pays de par-deçà…

Si la guerre contre la France, au-delà des différences d'approche sur la stratégie à adopter ou les moyens à mettre en œuvre, avait fait l'objet d'un relatif consensus politique en 1477-1479, celui-ci vola en éclat à partir de 1480. Le fossé allait se creuser entre un Maximilien toujours aussi déterminé à sauver l'héritage bourguignon, et des assemblées représentatives de plus en plus dubitatives sur la prolongation d'une guerre qui leur paraissait sans issue. La reprise des opérations offensives contre la France étant désormais inenvisageable, il fallait organiser la défense des frontières, c'est-à-dire engager des dépenses considérables pour entretenir des gens de guerre dont la seule utilité était de limiter, sans les empêcher complètement, les destructions opérées par les compagnies d'ordonnance françaises lors de leurs courses dans les campagnes flamandes. La présence des très importantes garnisons françaises de Thérouanne, Béthune et Arras suffisait donc à faire peser une forte pression sur les finances de l'État bourguignon, et donc sur la politique intérieure des pays de par-deçà. Cette « guerre de frontières[3] » était une guerre au sens plein, dont il ne faut surtout pas négliger les conséquences, en en faisant une sorte d'élément invariant de la civilisation médiévale. La guerre représentait une perturbation très profonde de l'ordre économique, social et politique.

───────────────────

1 Jean de DADIZEELE, *Mémoires…*, p. 90-98.
2 Robert WELLENS, *Les États Généraux des Pays-Bas…*, p. 184-185.
3 Monique SOMMÉ, « L'artillerie et la guerre de frontière dans le Nord de la France de 1477 à 1482 », in *Art de la guerre, technologie et tactique en Europe occidentale*, 1986, p. 57-70.

I. Face à Louis XI : l'impasse

Il paraissait plus que jamais nécessaire de solder au moins un millier de lances sur les frontières de l'Artois et du Hainaut, dont le coût mensuel s'élevait à plus de 25 000 l. par mois, soit, pour une année, 300 000 l. Cette somme dépassait déjà la quote-part de la Flandre et du Brabant de l'aide de 500 000 *ridders* (respectivement 127 000 et 108 400 *ridders*, soit 282 400 l. de 40 g.), alors que les autres principautés se trouvaient hors d'état de contribuer à l'effort de guerre contre la France. Encore fallait-il que les soldes des gens de guerre soient versées régulièrement, faute de quoi les protecteurs se transformaient aussitôt en pillards, et donc en facteur de désordre supplémentaire. Le plus dramatique, pour les conseils de Gand, de Bruges et des grandes villes brabançonnes, était que l'acceptation de ce lourd fardeau ne faisait que prolonger la guerre, qui ruinait peu à peu « l'entrecours de marchandises » sur lequel reposait leur prospérité.

La guerre contre la France : une charge de plus en plus mal répartie

Les signes du fléchissement de la volonté des Pays-Bas méridionaux de poursuivre la guerre furent d'abord peu sensibles. Le Brabant accorda un subside très modique, au tout début de l'année 1480, pour la solde de 400 lances pendant six semaines, qui s'éleva probablement à environ 11 000 livres[4]. La somme suffisait à peine à son objet pourtant modeste, qui aurait nécessité environ 17 000 l. pour des lances à quatre combattants, mais après tout, le Brabant n'avait rien accordé l'hiver précédent. Par ailleurs, les états du duché consentirent en avril 1480 à prolonger d'un an l'aide de 108 400 *ridders*, afin de financer une campagne militaire contre les barons luxembourgeois qui refusaient encore de reconnaître la succession de Marie de Bourgogne. Cependant, fut exempté de cette aide le quartier de Bois-le-Duc, en raison de la guerre de Gueldre. Les établissements religieux du duché, dont la situation économique ne cessait de se dégrader, refusèrent quant à eux de payer leur quote-part, pourtant ramenée à 2 500 couronnes, au lieu des 6 128 couronnes qu'ils avaient dû acquitter sur cette aide en 1478[5]. D'autres difficultés, sans doute liées à la remise à jour du dénombrement de 1472, furent la cause d'un manque à gagner supplémentaire de 8 314 couronnes, dont les états accordèrent le recouvrement en 1481. Ainsi, le rendement de l'aide ne dut pas dépasser les 70%, soit 90/95 000 l. de

---

4 Jan van Olmen eut l'entremise de la seule portion du clergé, qui s'élevait à 340 couronnes (AGR, CC, reg. 15729, compte des aides accordées entre 1479 et 1482, fol. 1r et 4r). Le clergé de Bois-le-Duc fut compris dans l'assiette de cette aide, dont les états laïques du quartier de Bois-le-Duc furent par ailleurs exemptés. Dans une configuration similaire, la part du clergé d'une aide de 7 500 couronnes accordée en septembre 1481 était de 3,71% (*ibid.*, fol. 4v). En appliquant ce taux à l'aide des 400 lances, le total accordé aurait été de 10 997 l.

5 Le duc leur accorda le 7 décembre 1481 une lettre de grâce leur faisant remise totale pour tous les arriérés d'impôts qu'ils n'avaient pu ou voulu acquitter (*ibid.*, fol. 1v).

D'UN INCENDIE À L'AUTRE   159

40 g.[6] La contribution du Brabant à la guerre contre la France fut donc de l'ordre de 110 000 l. de 40 g. pour l'année 1480.

Il s'agissait là des premiers symptômes de la désagrégation de l'unité politique des Pays-Bas, caractérisés par le désengagement progressif de certaines communautés qui refusaient de s'associer à l'effort collectif, pour donner la priorité à la défense locale, alors que se multipliaient les foyers de troubles civils ou de conflits armés. En Flandre, les Membres se désolidarisaient les uns des autres. En effet, s'ils accordèrent en décembre 1479 un subside modeste, de 2 000 hommes pendant trois mois, soldés à trois sous par jour, soit 9 000 l. de 40 g. par mois, à lever de janvier à mars 1480[7], c'était sous le coup de la panique provoquée une nouvelle fois par les incursions françaises[8]. À l'examen des comptes des villes et châtellenies de Flandre, on s'aperçoit que les trois quartiers procédèrent de manière très différente, transformant cette aide en autant de subsides particuliers. Le quartier d'Ypres, très fragilisé par les guerres, fut taxé à 150 hommes seulement[9]. Dans son quartier, Gand leva sur les villes et les châtellenies leur portion d'un subside de 15 000 couronnes par mois, soit deux fois le montant du subside voté par les Membres. Comme en 1479, les Gantois amassaient une confortable trésorerie aux frais des habitants des petites villes et des châtellenies de leur quartier. Les Brugeois firent de même, puisqu'ils demandèrent au Franc de Bruges de leur verser l'équivalent d'un terme de l'aide de 127 000 *ridders*, qui n'avait plus été levée depuis deux ans, en guise de provision sur le subside accordé pour l'entretien des gens de guerre pendant l'hiver – le montant d'un terme de l'aide de 127 000 *ridders* excédant très largement la part du Franc dans l'aide des 2 000 hommes[10].

L'aide des 2 000 hommes pendant trois mois s'avéra être l'un des derniers subsides accordés par le collège des Trois Membres à Marie de Bourgogne. En effet, sans se séparer tout à fait d'Ypres et de Bruges, puisqu'ils continuèrent à se concerter avec leurs délégués, les Gantois imposèrent une sorte d'autonomie fiscale complète pour leur quartier. Ils prorogèrent en effet la levée des 15 000 couronnes par mois, tandis que Bruges et Ypres parvenaient à trouver un terrain d'entente avec Maximilien,

---

6 Soit 108 400 couronnes desquelles sont soustraites les 8 314 couronnes de reste de la portion des états laïques des trois quartiers de Louvain, Bruxelles et Anvers ; la portion de Bois-le-Duc, soit 15% (environ 16 000 couronnes), et celle de l'état ecclésiastique (6 128 couronnes). Le défaut aurait été de l'ordre de 30 000 couronnes, pour un total effectivement levé de 75 000 couronnes, soit 90/95 000 livres de 40 g.

7 Voir annexe I, aides accordées par la Flandre, aides n° 7 (pour les quartiers d'Ypres et de Bruges) et n° 8 (pour le quartier de Gand).

8 Les Membres de Flandre siégèrent presque continûment entre le 5 novembre et le 13 décembre pour aviser de la protection des frontières. Au début du mois de décembre 1479, des représentants de Bruges et d'Ypres furent dépêchés à Bruxelles pour réclamer l'assistance du duc contre les Français. Dans l'urgence, entre le 3 et le 5 décembre, le quartier de Gand décida de lever 2 000 soldats pour la garde des frontières, chaque ville devant prêter de l'argent en avance sur la première aide (*Handelingen…*, t. I, p. 120-124).

9 Voir annexe I, aides accordées par la Flandre, aide n° 7.

10 AGR, CC, reg. 42590, fol. 150r-v (quittances du 23 décembre 1479 et du 21 février 1480, pour 6 047 l. de 40 g.). Un terme de l'aide de 127 000 *ridders* équivalait à un tiers de cette somme, soit 50 800 l., c'est-à-dire près de deux fois les 27 000 l. de l'aide de 2 000 hommes pendant trois mois.

160   CHAPITRE 4

en consentant la levée d'un subside de 200 000 couronnes à lever en cinq mois. Ce subside fit l'objet d'un accord ratifié par les deux parties le 22 avril 1480[11]. Ainsi, Gand d'un côté, Ypres et Bruges de l'autre, vécurent sous des régimes absolument séparés, l'argent des Gantois servant à solder des miliciens, tandis que celui des quartiers d'Ypres et de Bruges était affecté au paiement des compagnies d'ordonnance ducales, comme le révèlent de très intéressants états récapitulatifs dressés par la Chambre des comptes de Lille[12]. Il convient cependant de ne pas additionner le montant brut de ces deux aides, car les deux quartiers d'Ypres et de Bruges ne devaient payer que leur part de l'aide de 200 000 couronnes, soit 120 000 couronnes (60,66% arrondis à 60%), et le quartier de Gand sa part du Transport de 1408 (39,34%) d'une aide de 15 000 couronnes par mois, soit 6 000 couronnes. On a donc procédé à la répartition de ces deux aides comme si elles avaient été accordées par les Trois Membres, sans doute pour faciliter le travail d'assiette, puisqu'on n'avait pas à ajuster les quotes-parts du Transport de 1408 ; on s'épargnait ainsi une opération complexe. Peut-être aussi voulait-on maintenir la fiction de l'unité des Trois Membres, qui avaient agi sinon en coordonnant leurs efforts, du moins en acceptant en toute connaissance de cause leurs différences d'approche radicales. La levée de ces deux aides fut interrompue par les trêves conclues avec Louis XI à Notre-Dame d'Esquerchin le 21 août 1480.

En fin de compte, la Flandre avait payé en théorie 60% d'une aide de 200 000 couronnes finalement levée pour quatre mois au lieu de cinq, soit 96 000 couronnes, et 40% d'une aide de 15 000 couronnes par mois pendant sept mois, soit 42 000 couronnes, auxquelles il faut encore ajouter la part des quartiers d'Ypres et de Bruges du subside des 2 000 hommes par mois accordé pour le premier trimestre 1480[13]. Comme en Brabant, toutes sortes de dysfonctionnements, aisément compréhensibles compte tenu de la confusion croissante avec laquelle les aides de Flandre étaient négociées, accordées puis levées, vinrent réduire le rapport de ces aides. Par ailleurs, on ignore si la ville de Gand a contribué à l'aide de 15 000 couronnes. En effet, les comptes généraux ne font apparaître la levée d'aucun subside ni pour le prince, ni pour la guerre, entre 1480 et 1483[14]. Il est possible, sinon probable, que cette aide ait fait l'objet d'un compte séparé qui aurait été perdu. On ne peut cependant tout à fait exclure que les Gantois se soient entièrement déchargés du coût de la guerre sur leur quartier. Cela aurait été en effet conforme à l'article 7 de l'acte d'union de juillet 1482, par lequel les Trois Membres s'engageaient à secourir les petites villes et châtellenies *aux frais de ces dernières*[15]. L'aide gantoise, dont la levée est attestée à Courtrai et dans la châtellenie d'Audenarde, aurait donc rendu environ 32 000 l.

---

11 Copie collationnée et authentifiée par Thibaud Barradot aux Archives du Nord (B 3519, n° 124382).

12 ADN, B 3519, n° 124379 et 124381.

13 Puisque la part du quartier de Gand de cette aide est comprise dans l'aide des 15 000 couronnes pendant sept mois.

14 Wouter RYCKBOSCH, *Tussen Gavere en Cadzand...*, p. 45 et 332.

15 *[...] zo zoude ende zal die stede alzo versocht dierer cleender stede of casselrie bijstaen, hulpe ende secours doen naer redene ende recht ter voorseyder cleender stede of casselrie coste* (Willem Pieter BLOCKMANS, « Autocratie ou polyarchie ? La lutte pour le pouvoir politique en Flandre de 1482 à 1492, d'après des documents inédits », *BCRH*, t. 140, 1974, p. 319).

ou 50 000 l. selon que l'on y ajoute ou pas la quote-part de la capitale du comté[16]. Par ailleurs, la ville d'Ypres, qui avait pourtant fait un effort significatif en 1479, se montra cette fois intraitable, en n'accordant que 3 000 couronnes sur l'aide de 200 000 couronnes, au lieu de 17 160 couronnes pour sa portion du Transport de 1408, dont ils ne payèrent finalement que 1 818 l., soit moins de 10%. L'audit du compte de l'aide de 200 000 couronnes effectué par les maîtres de la Chambre des comptes de Lille indique que 80 413 couronnes ont été finalement levées sur les quartiers d'Ypres et de Bruges, soit 96 500 l. (dont 7 000 l. d'arriérés réglés en 1481), auxquelles on peut ajouter environ 12 000 l. pour la part de ces mêmes quartiers dans l'aide des 2 000 hommes qui a eu cours au premier trimestre 1480[17].

Ainsi, la Flandre aurait dépensé quelque 135 000 / 150 000 livres de 40 g. pour la défense de ses frontières en 1480, soit un peu moins de la moitié de sa contribution de l'année précédente. On ignore si le Hainaut a pris l'initiative d'entretenir à ses frais des garnisons pour sa sécurité, car on ne dispose pour les années 1480 à 1485 que d'un état récapitulatif très succinct des aides accordées au prince[18]. Seule y figure une aide de 5 000 l. octroyée à Maximilien pour la campagne de Luxembourg d'août 1480, mais il est précisé que d'autres aides ont eu cours pour la sécurité du pays et certaines affaires particulières[19]. De même, le compte de la ville de Lille de 1480 ne porte aucune dépense de guerre, ni don ou prêt accordé au prince pour ses affaires. Chacun a donc pourvu aux nécessités locales, dans un souci d'économie maximale, sans que Maximilien ait pu coordonner de quelque manière que ce fût la politique de défense des pays de par-deçà, et donc élaborer une stratégie générale. Pour la guerre contre la France et l'entretien de ses compagnies d'ordonnance, il ne disposait plus que des ressources accordées au compte-gouttes par les quartiers de Bruges et d'Ypres et les états laïques des quartiers de Louvain, Anvers et Bruxelles – et encore, en acceptant un contrôle serré de la part des commissaires des états, qui limitait sa capacité à redéployer ses unités, chacun refusant de voir partir vers d'autres théâtres d'opérations les compagnies qui les protégeaient des menaces intérieures et extérieures.

Après l'échec des États généraux, les négociations particulières menées avec le Brabant et la Flandre se traduisirent ainsi par un nouveau resserrement de la base contributive à un niveau infra-principautaire. Cette tendance s'accentua lorsque les Français décidèrent de porter la guerre en Luxembourg, où les troubles reprenaient

---

16   Voir annexe I, aides accordées par la Flandre, aide n° 8, aide de 15 000 couronnes par mois pendant sept mois, levée dans le quartier de Gand.

17   Voir annexe I, aides accordées par la Flandre, aide n° 7.

18   ADN, B 19998, n° 19531.

19   *Et si certiffions en outre que de tous autres aydes mis sus oud. pays de Haynnau à le requeste du roy nostre dit sire et pour les affaires d'icelui pays par lesd. estas despuis led. an 1480 jusques le jour du datte cy dessoubz escripte, tant pour le payement et sauldées de pluiseurs gens de guerre entretenuz durant led. temps oud. pays pour le garde d'icelui contre les ennemis, comme pour ung don de 4 000 l. fait à nostre tres redoubtee dame madame la duchesse de Bourgoigne etc., pour son voyage d'Engleterre, aussi pour pluiseurs voyages et ambassades faiz pour led. pays pour les paix de Franche et Flandres, avec pour les debtes et rentes viaigieres deues par led. pays et autrement, led. Jehan de La Croix, receveur desd. aydes en a fait et rendu bon et leal compte à nous, comme commis et deputéz de par lesd. estas, tellement que nous nous en tenons pour bien contens et apaisiéz.*

162 CHAPITRE 4

de plus belle. En mai-juin 1480, Charles d'Amboise, dont les forces étaient rendues disponibles par la soumission de la Franche-Comté, envahit le Luxembourg. Le 4 ou le 5 juin 1480, il s'emparait de Virton[20]; Carignan tombait entre ses mains après le 10 juin[21]. Les Français coururent ensuite les campagnes autour d'Arlon et de Luxembourg. Les Français, depuis Mézières, ravagèrent ensuite le Hainaut en juillet, autour de Chimay et de Beaumont[22], puis le Namurois en août[23]. Ils ne tentèrent pourtant pas d'assiéger les villes les plus importantes, comme Marche-en-Famenne, Arlon, Luxembourg ou Thionville. Les objectifs de Louis XI étaient limités, et ils avaient été atteints : il avait allumé un nouvel incendie aux lisières orientales des Pays-Bas bourguignons.

En juin, le roi négociait une trêve à Esquerchin-lèz-Douai. Maximilien demanda une suspension des hostilités pour deux ans[24]. Louis XI ne lui accorda que trois mois, reconductibles quatre mois supplémentaires. L'accord était signé le 21 août 1480. En dépit de sa fragilité, la trêve de Notre-Dame d'Esquerchin donnait à Maximilien et à ses sujets un répit dont ils avaient le plus grand besoin. Le roi de France n'y était pas forcément perdant. Les relations avec l'Angleterre n'avaient cessé de se détériorer depuis le début de l'année, au point qu'un traité d'alliance put être négocié par Marguerite d'York avec son frère Édouard IV pour le compte de sa belle-fille Marie de Bourgogne au début du mois d'août. Ce traité ne présentait pas de danger immédiat pour Louis XI. Il prévoyait en effet que Maximilien se substituerait au roi de France, au cas où celui-ci suspendrait le versement de sa rente annuelle de 50 000 écus par an au Trésor anglais. En contrepartie, il obtenait la permission de recruter 6 000 archers anglais, mais à ses frais[25]. La mise en œuvre de ce traité nécessitait des fonds importants, dont Maximilien n'avait pas le premier denier. Il n'empêche que le roi de France jugeait plus prudent de ne pas pousser à bout l'Angleterre, alors que toutes les conditions étaient réunies pour que les Pays-Bas bourguignons sombrent dans le chaos.

Le temps des trêves : 1480-1481

Français et Bourguignons prolongèrent les trêves, de trois mois d'abord, jusqu'au 30 juin 1481, puis d'un an, jusqu'au 30 juin 1482[26]. Leur brièveté et la méfiance réciproque des deux adversaires conduisirent les Flamands à prendre des mesures défensives en mars 1481, alors que se négociait la suspension d'armes du printemps. Après de très

---

20 AN, JJ 206, n° 606, lettre de rémission octroyée pour des faits qui s'y étaient produits le 5 juin, juste après la prise de la ville. Molinet dit que Virton capitula *environ la Pentecouste*, qui tombait cette année-là le 21 mai (Jean Molinet, *Chroniques…*, t. I, p. 327-328).

21 Amable Sablon du Corail, *Croix fourchues contre croix droites…*, p. 70-71.

22 ADN, B 2121, fol. 193r-v, le prince d'Orange, le seigneur de Chantereine et le comte de Nassau rendent compte au duc *de la convine des Franchois, qui lors tiroient contre le pays de Haynnau ou quartier de Chimay.*

23 ADN, B 2121, fol. 222r, Maximilien avertit le 21 août 1480 l'évêque de Liège de la descente des Français.

24 Dépêche adressée par Maximilien au comte de Romont, qui dirigeait les négociations pour le compte des Bourguignons (AD Nord, B 2121, fol. 184v).

25 Joseph Calmette et Georges Henri Marie Périnelle, *Louis XI et l'Angleterre…*, p. 240-250.

26 Jean Molinet, *Chroniques…*, t. I, p. 366 ; D. et Th. Godefroy et Père N. Lenglet-Dufresnoy, *Mémoires de Messire Philippe de Comines*, Paris, 1747, t. IV, p. 71-72.

longues discussions avec les représentants de Maximilien, qui demandèrent une aide de 50 000 couronnes pour la défense du comté, ils accordèrent 21 200 couronnes, une somme équivalant donc à ce qui avait été voté pour le même objet au premier trimestre 1480[27]. Pourquoi en effet aurait-on accordé plus d'argent pour l'entretien des garnisons pendant une trêve que pendant la saison creuse des opérations militaires en temps de guerre ouverte ? Le rendement de ce subside fut convenable, mais moins de la moitié des 18 000 à 23 000 l. ainsi levées (environ 75 à 88% du montant accordé) put être mise à la disposition des gens de guerre de l'ordonnance ducale[28]. À la fin de l'année, de multiples alertes incitèrent les Membres de Flandre à mettre à nouveau la main à la poche. En octobre, Gand leva sur son quartier sa quote-part d'une aide de 20 000 couronnes, soit environ 8 000 couronnes[29], tandis que Bruges et Ypres consentaient plusieurs avances à Maximilien pour la solde des ordonnances en garnison sur les frontières de l'Artois, et entretenaient à leurs frais des garnisons complémentaires[30]. Enfin, le clergé de Flandre, sollicité à part, offrit un don de 8 000 l. à la fin de l'année[31].

Tout compris, la Flandre dépensa de l'ordre de 50 000 à 60 000 l. pour sa défense en 1481, dont 30 000 à 40 000 l. au maximum servirent à payer la solde des compagnies d'ordonnance ducales, soit à peine de quoi entretenir 100 lances. La somme était donc très insuffisante pour Maximilien, mais point dérisoire pour le contribuable flamand, par ailleurs confronté au renchérissement des vivres. L'hiver 1480-1481, glacial, fut en effet suivi d'un printemps pourri, fatal à la récolte de l'été 1481. La disette menaçait, d'autant que Louis XI avait refusé de lever l'embargo sur les exportations de céréales[32]. La succession de ces trêves courtes et mal assurées, et la nécessité de se prémunir du risque d'une reprise des hostilités tous les trois ou quatre mois, représentaient un coût significatif : en juin 1481, à la veille de l'ultime prolongation des trêves, cette fois pour une année entière, les Membres de Flandre se préparaient à ordonner une mobilisation générale des milices du comté, qui furent passées en revue en juillet suivant. Pour éviter des frais inutiles, les habitants du Franc obtinrent d'être inspectés sur leur lieu de résidence[33].

---

27   *Handelingen…*, t. I, p. 163-169.

28   Voir annexe I, aides accordées par la Flandre, aide n° 10. Même incertitude qu'en 1480 sur la contribution de Gand à cette aide, d'où la fourchette proposée. Comme l'année passée, il est plus que douteux que la quote-part du quartier de Gand ait été reversée aux compagnies d'ordonnance. Même dans le quartier de Bruges, on constate que le Franc ne paya comptant que 58% de sa quote-part, les échevins gardant le reste pour assurer leur défense avec leurs propres moyens.

29   Voir annexe I, aides accordées par la Flandre, aide n° 11 : rapport d'environ 6 000 à 9 500 l., compte tenu de l'incertitude quant à la participation de la ville de Gand.

30   Voir annexe I, aides accordées par la Flandre, aide n° 12 : rapport d'environ 25 000 à 30 000 l., dont la plus grande partie payée aux gens de guerre du duc (6 000 l. avancées par le Franc de Bruges, qui entretint également 130 hommes de pied à ses frais d'octobre à décembre 1481).

31   Produit de l'aide assigné en deux fois, le 28 octobre (6 000 l. pour l'office du receveur général) et le 10 décembre 1481 (1 200 l. pour les soldes de la compagnie de Charles de Saveuse) (ADN, B 2124, fol. 29v).

32   *Lettres de Louis XI…*, t. VIII, lettre n° 1543, p. 312-314, lettre à Humbert de Batarnay et Palamède de Forbin, 13 novembre 1480.

33   *Handelingen…*, t. I, p. 177-183.

164 CHAPITRE 4

La contribution du Brabant fut plus faible encore que celle de la Flandre. Le duché subissait en effet le contrecoup des troubles en Gueldre, à Liège et en Luxembourg, et de nombreuses villes avaient engagé de lourdes dépenses pour la protection de leurs frontières septentrionales et orientales depuis 1479. Maximilien avait pourtant réussi à mettre au pas les Bruxellois. En mars 1480, il avait fait décapiter deux des meneurs de 1477. En deux temps, juin 1480 et avril 1481, on en revint au régime strictement oligarchique qui prévalait avant la mort de Charles le Téméraire[34]. Malgré cela, les états laïques des quartiers de Bruxelles, Louvain et Anvers n'autorisèrent que la levée des restes impayés de l'aide de 108 400 couronnes accordée l'année précédente, soit 8 314 couronnes, ainsi qu'un très modeste subside de 1 000 combattants pour deux mois pour le secours du Luxembourg en août 1481, soit 7 750 couronnes. S'y ajoutèrent une subvention de 1 000 couronnes pour aider l'évêque de Cambrai à payer la garnison de sa cité, et une autre du même montant pour la garnison de Saint-Ghislain en Hainaut[35]. L'addition de ces pourboires ne dépassait pas les 22 000 l. de 40 g. Aussi modestes que fussent ces subsides, huit villages et petites villes étaient trop pauvres pour fournir leur quote-part. Plus que par le manque à gagner qu'elles représentaient pour le trésor ducal – moins de 1% des 22 000 livres[36] – ces défaillances étaient significatives de l'épuisement général des Brabançons. Ce n'était certes pas la reconduction pour trois ans de l'aide de 4 800 l. accordée par les états du comté de Namur au début de l'année 1480 qui allait compenser cet effondrement général des recettes des aides[37].

La désagrégation des structures fiscales et militaires d'État se poursuivait donc. Les micro-subsides et les avances consenties par les villes et les châtellenies ne représentaient qu'une très faible partie des soldes dues aux gens de guerre, même après la réduction des effectifs de la nouvelle ordonnance à 600 lances durant l'hiver 1480-1481[38]. Les garnisons devaient vivre à crédit dans les villes fermées où elles étaient postées, ou de réquisitions et de rapines dans les campagnes. Tel avait été le prix à payer après l'échec des États généraux du printemps 1480 : Maximilien avait refusé de soumettre sa politique à l'approbation des états ; il n'avait plus qu'à vivre d'expédients, tandis que ses sujets n'avaient plus qu'à subir les violences des gens de guerre et l'insécurité aux frontières. Suivant un processus qu'on reverra à l'œuvre en 1488-1492, la guerre cessait d'être une affaire publique d'État, pour devenir l'affaire des communautés d'habitants et des capitaines. La guerre disparaissait ainsi de la comptabilité centrale des ducs de Bourgogne[39], sans que son coût en diminuât pour autant. S'il est vrai que

---

34 Alexandre HENNE et Alphonse WAUTERS, *Histoire de la ville de Bruxelles*, Bruxelles, Perichon, 1845, p. 288-291.

35 AGR, CC, reg. 15729, aides accordées entre 1479 et 1482, fol. 1v.

36 86 l. 7 s. 6 d. sur l'aide de 8 314 couronnes (0, 86%) ; 80 l. 2 s. 6 d. sur les 7 750 couronnes (0,90%) ; 5 l. 16 s. sur les 2 000 couronnes (0,25%) (*ibid.*, fol. 115r-117r).

37 AGR, reg. 16593 et 16594, 3ᵉ et 4ᵉ comptes des aides de Namur pour les années 1480 et 1481.

38 Voir *infra*, p. 403.

39 Cela est particulièrement sensible en Flandre, où l'on peut comparer les avances consenties par les villes et châtellenies avec le compte de la recette générale des finances. Sur les quelque 7 000 l. versées par le Franc de Bruges en prêt à Marie et Maximilien ou à leurs gens de guerre, seules 600 l. sont enregistrées dans le registre de 1481 de la recette générale des finances (assignation de 1 200 l. du 8

D'UN INCENDIE À L'AUTRE **165**

le fardeau de la guerre contre la France s'allégea, en raison des trêves qui suspendirent les opérations pendant près de deux ans, Maximilien fut confronté dans le même temps à deux conflits, qui pour être périphériques, n'en représentèrent pas moins de redoutables épreuves pour une grande partie des pays de par-deçà.

II. Conflits périphériques : le Luxembourg et le théâtre gueldro-hollandais

Ces deux conflits présentent de grandes similitudes. Ils révèlent la fragilité de l'agrégat territorial constitué en un temps record par Philippe le Bon, ainsi que la manière dont les troubles politiques pouvaient affecter de vastes régions, par le jeu des réfugiés, équivalents locaux des *fuoroscitti* des cités-États italiennes, ou des rivalités et des alliances des principaux lignages aristocratiques. Dans les Pays-Bas septentrionaux comme en Luxembourg, les grands seigneurs étaient restés au centre du jeu politique, profitant du voisinage de grandes principautés hostiles aux ducs de Bourgogne. À Utrecht comme à Liège, un prince-évêque étroitement lié à la maison de Valois peinait à s'imposer à ses remuants sujets, et se voyait contraint de jouer une partie serrée et ambiguë avec Maximilien.

Insurrection en Gueldre, guerre civile en Hollande, guerre contre Utrecht

Le duché de Gueldre, conquis par la force en 1473, n'avait jamais accepté l'annexion imposée par Charles le Téméraire. Après la mort d'Adolphe de Gueldre au pont d'Espierres, sa sœur Catherine d'Egmont reprit le flambeau de la résistance contre les Bourguignons, au nom de ses neveux, retenus à la Cour de Marie et de Maximilien. S'il existait un parti favorable aux Bourguignons, mené par Guillaume d'Egmont, oncle d'Adolphe de Gueldre et ancien gouverneur du duché pour le compte de Charles le Téméraire, les villes et la plus grande partie de la noblesse étaient farouchement attachées à l'indépendance de la Gueldre[40]. Au printemps 1478, Catherine tenait Nimègue et ses partisans s'étaient emparé de Leerdam, d'où ils lançaient des raids en Hollande[41]. Au début de l'année 1479, l'archiduc y envoya le maréchal de son hôtel, Adolphe de Nassau, ainsi que Reinprecht von Reichenburg. La guerre de Gueldre fut pour l'essentiel l'affaire de l'entourage allemand de l'archiduc, qui mit à la disposition de ses capitaines de l'artillerie[42] et des fonds, gérés par le maître de sa Chambre

---

novembre 1481, pour un prêt sur la première aide à accorder par le conseil du Franc (ADN, B 2124, fol. 29v), correspondant en fait à un prêt partagé entre le Franc et la ville de Bruges, dont le Franc paya sa part le 3 novembre 1481 (AGR, CC, reg. 42592, fol. 7v)).

40 Wybe JAPPE ALBERTS, *De Staten van Gelre en Zutphen*, Groningen, « Bijdragen van het Instituut voor Middeleeuwse Geschiedenis der Rijksuniversiteit te Utrecht », 1950-1956, t. II, 1956, p. 107-122.

41 Michel Joost VAN GENT, « *Pertijelike saken* » … , p. 204.

42 ADN, B 3521, n° 124668, 18 janvier 1479, mandement de Maximilien au maître de l'artillerie de délivrer à Adolphe de Nassau 6 serpentines, 32 *hacquebusses* et 4 tonneaux de poudre pour faire campagne en Gueldre. Le 4 mars 1479, Maximilien lui faisait encore donner la « serpentine de Nancy », deux

aux deniers, André Andries. La Gueldre constitua donc un théâtre distinct, et pour ainsi dire autonome. Les opérations furent financées principalement par les villes de Hollande et par le quartier de Bois-le-Duc, qui fut pour cette raison exempté en 1480 des aides accordées par le Brabant pour la guerre contre la France, ainsi qu'on l'a vu précédemment. La guerre fut du reste victorieuse, puisqu'au printemps 1480, les rebelles ne tenaient plus que Nimègue, tandis que les Austro-Bourguignons, maîtres d'Arnhem[43] et de Venlo[44], assiégeaient l'importante place de Wageningen[45], sur le Rhin.

En dépit de ces succès, la Gueldre resta un foyer de troubles, qui contribuait à déstabiliser les régions voisines, notamment la Hollande, où le stathouder Wolfart de Borselen avait de plus en plus de mal à gouverner le comté, face à des *Kabeljauwen* très agressifs. En février 1479, ceux-ci avaient tenté de prendre Hoorn par la force. En juillet, ils chassèrent les *Hoeken* de Leyde, auparavant dirigée par une commission mixte composée de représentants des deux partis. Au même moment, ils s'en prirent au stathouder, à La Haye. Des émeutiers assiégèrent le palais comtal, tuèrent des serviteurs de Wolfart de Borselen, et saccagèrent les maisons de partisans des *Hoeken*. Le gouverneur se réfugia à Rotterdam, puis sur ses terres à Veere, suivi par une minorité des membres du Conseil de Hollande. De leur côté, les villes *Hoeken* refusaient de participer aux sessions des états de Hollande. Les institutions furent ainsi paralysées jusqu'en janvier 1480, tandis que Hollandais et Zélandais refusaient toujours de reconduire l'aide de 1473-1476, invoquant le privilège de 1477 qui stipulait que Marie et Maximilien devaient leur en faire la demande en personne[46].

Maximilien se rendit à Gorinchem, en janvier 1480, sans son épouse, à nouveau sur le point d'accoucher, cette fois de Marguerite d'Autriche. On y discuta de diverses matières, devant les représentants de toutes les villes gouvernées par les deux partis. Les relations de l'archiduc se dégradèrent avec les *Hoeken*, lorsqu'il décida de renouveler la composition du Conseil de Hollande, en y nommant de nombreux étrangers, en contradiction avec le privilège de 1477, mais sans doute dans le souci de s'élever au-dessus des partis. Maximilien, au cours d'un long séjour en Hollande, du début de février jusqu'à la mi-juin 1480[47], remplaça Wolfart de Borselen, trop compromis avec les *Hoeken*, par l'énergique Josse de Lalaing le 26 mai 1480[48]. Le jour de la nomination de Josse de Lalaing, on trouva avec les *Kabeljauwen* un accord sur les impositions qui devaient être levées en Hollande. Les *Hoeken* s'y rallièrent peu après, et les états de Hollande votèrent, conjointement avec la Zélande, une aide

---

moyennes et une petite pour les campagnes de Gueldre et Zutphen (AD Nord, B 3521, n° 124663).

43 En février 1480, un chevaucheur portait une lettre de Maximilien à la garnison d'Arnhem et une autre à l'évêque d'Utrecht, les avertissant que ceux de Nimègue se préparaient à envahir le Brabant (ADN, B 2121, fol. 124r).

44 Le 15 janvier 1480, un chevaucheur de l'écurie portait une lettre de Maximilien à Adolphe de Nassau, alors à Venlo (ADN, B 2121, fol. 109r).

45 Le siège dura au moins du 10 mars (ADN, B 3536, n° 125725, 1480, fragment d'un compte de paiement des gages d'écuyers et piétons allemands en Gueldre) jusqu'au 17 juin (ADN, B 2121, fol. 168r, lettre adressée par Maximilien à R. de Reichenburg, capitaine général de l'armée assiégeant la ville).

46 Michel Joost VAN GENT, « *Pertijelike saken* » …, p. 213-237.

47 Herman VANDER LINDEN, *Itinéraires*…, p. 70-78.

48 Michel Joost VAN GENT, « *Pertijelike saken* » …, p. 241-258.

de 80 000 *clinkaerts* de 30 gros, soit 60 000 l., dont les deux tiers à la charge de la Hollande et de la Frise et le tiers à celle de la Zélande[49]. Par un heureux contraste avec le Brabant et la Flandre – du moins du point de vue de Maximilien – cette aide devait durer dix ans, suivant en cela une pratique assez ancienne. Hollande et Zélande avaient en effet été parmi les premières principautés néerlandaises à avoir expérimenté l'imposition permanente, puisqu'elles accordèrent dès la fin des années 1420 des impositions ordinaires, pour des durées allant jusqu'à dix ans, auxquelles s'ajoutaient ponctuellement des aides extraordinaires[50].

Maximilien gagnait dans l'immédiat d'importantes et salutaires disponibilités en argent frais, car l'aide avait été accordée à partir de 1478[51] – c'est-à-dire de la réception de Marie en tant que comtesse de Hollande, à l'occasion de la brève tournée inaugurale que fit Maximilien en Zélande et en Hollande en mars-avril 1478[52] – de sorte que les trois premières années furent recouvrées en 1480. Le rendement de l'aide fut en outre extrêmement bon et frisa les 100%, en dépit d'un certain désordre, car les nombreuses défaillances et contestations furent compensées par des recettes additionnelles et par une partie de l'*overschot*, soit le petit supplément prévu au moment de l'assiette pour couvrir les frais administratifs et les éventuels défauts[53]. De même, le remboursement partiel des sommes avancées par les villes depuis 1477, dont le total s'élevait à 51 115 livres de 40 g. en mai 1480[54], ne diminua pas les recettes de Maximilien, car les 20 670 l. 14 s. 6 d. déduites de l'aide de 80 000 *clinkaerts* au titre du remboursement des prêts accordés en 1477-1479 furent compensées par de nouvelles avances consenties par les villes au cours des premiers mois de l'année 1480. Près de 110 000 l. entrèrent donc dans les caisses de Maximilien en 1480. On put ainsi régler des assignations en souffrance depuis le printemps 1479 pour l'hôtel de la duchesse, et surtout financer les opérations militaires en Gueldre. De plus, un prêt de 18 000 l. fut consenti par les

---

49 NA, Chambre des comptes de La Haye, rek. 3388, fol. 1r.

50 Jeannette Adriana Maria Yvonne Bos-Rops, « Guerres du comte et argent des villes. Les relations financières entre les comtes de Hollande et Zélande et leurs villes (1389-1433) », in *Finances et financiers des princes et des villes à l'époque bourguignonne*, 2004, p. 29-40.

51 Elle remplaçait donc en Hollande l'aide de trois ans accordée en mai 1478, qui n'avait jamais été levée, et prolongeait de sept ans celle qui avait pu être recouvrée en Zélande en 1478-1480… en principe, car la Zélande, furieuse d'avoir été tenue à l'écart, refusa d'accorder la prolongation (Michel Joost van Gent, « Pertijelike saken » …, p. 273).

52 Herman Vander Linden, *Itinéraires* …, p. 30-32.

53 Ainsi, Dordrecht et le district de Sud-Hollande refusèrent de payer plus que la 12e partie de l'aide (8,33%) au lieu de la 9e partie (11,11%) réclamée. Dans le Kennemerland, les villages relevant du seigneur d'Egmont excipèrent d'un privilège de leur seigneur, mal interprété ; certains villages furent exemptés en raison des destructions qu'ils avaient subies du fait de la guerre, etc. En revanche, le district de Huesden accepta de payer sa portion de l'ancienne aide de 127 000 *ridders* pendant trois ans, en contrepartie de certaines grâces. De même, le terroir de Putten accepta d'accorder un subside équivalant au 75e denier de l'aide, soit 2 400 l., venant en plus de l'assiette de l'aide (NA, Chambre des comptes de La Haye, rek. 3388).

54 10 000 l. prêtées par Dordrecht en 1477 ; 3 600 l. par Haarlem en 1479-1480 ; 13 950 l. par Delft entre 1478 et 1480 ; 9 000 l. par Leyde en 1480 ; 7 940 l. par Amsterdam en 1479-1480 ; 1 800 l. par Gouda en 1480, 600 l. par Alkmaar en 1478 ; 1 600 l. par Rotterdam en 1479-1480 ; 1 125 l. par Hoorn et son plat pays en 1478 ; 1 500 l. par Schoonhoven et son plat pays en 1480 (*ibid.*).

168   CHAPITRE 4

villes de Hollande pour l'armement de navires de guerre, qui devait être remboursé par un *pontgheld* sur la marchandise et par un *lastgeld* sur le hareng.

L'incendie avait donc été étouffé en Hollande et maîtrisé en Gueldre. Malheureusement, il fallut tout recommencer l'année suivante. De nombreux *Hoeken*, mécontents du rapprochement de Maximilien avec les *Kabeljauwen*, se réfugièrent à Utrecht, grande cité épiscopale sous protectorat bourguignon, dont l'évêque, David de Bourgogne, était l'un des enfants illégitimes de Philippe le Bon. Comme à Liège, la vie politique d'Utrecht était dominée par la rivalité entre l'évêque et le gouvernement municipal. Avec le soutien des métiers, Jan, seigneur de Montfoort, était devenu le vrai maître de la cité après la mort de Charles le Téméraire. Partisan des *Hoeken*, Montfoort leur accorda volontiers l'asile et soutint très activement leur cause. Le 20 janvier 1481, profitant du froid extrême qui avait gelé l'eau des canaux et des fossés, les *Hoeken* s'emparèrent de Leyde[55], faisant basculer cette grande ville dans leur camp. Maximilien réagit avec célérité, se fit accorder une aide de 5 000 combattants par les états de Hollande[56], et mit à disposition de Josse de Lalaing les 1 500 mercenaires anglais qu'il avait appelés en août 1480[57]. La guerre civile, d'assez basse intensité, se caractérisait par une suite de minuscules coups de main, menés par quelques centaines d'hommes montés sur deux ou trois grandes barques. Peu sanglants, ils se terminaient par la capture et la mise à l'amende des vaincus, ou leur expulsion des villes conquises. C'est au cours de l'une de ces opérations que Jean d'Egmont put reprendre le contrôle de Dordrecht dans la nuit du 5 au 6 avril 1481[58]. Quelques jours plus tard, Leyde se soumettait et sollicitait le pardon de Maximilien, qui reçut l'amende honorable des bourgeois le 17 avril.

Cette tentative avortée des *Hoeken* permit à Maximilien de punir les villes qui avaient embrassé le parti de la sédition, et d'en tirer de substantielles indemnités. Leyde, la plus lourdement condamnée, dut verser 50 000 livres, dont 20 000 sur le champ et le reste en trois ans, à raison d'un sixième tous les six mois. Les deux tiers devaient être pris en charge sur le corps de la ville, et le reste sur les particuliers[59]. Le recouvrement en fut du reste difficile, puisqu'un clerc parti au début du mois de mai chercher à Leyde 6 000 l. ne revint qu'avec 2 000 livres[60]. La plus grande partie du produit de la composition de Leyde fut aussitôt assignée par le receveur général des finances[61], qui

---

55   Siegfried Boudewijn Johan ZILVERBERG, *David van Bourgondië, bisschop van Terwaan en van Utrecht*, Groningue, J. B. Wolters, 1951, p. 68 ; Michel Joost VAN GENT, « *Pertijelike saken* » … , p. 281-282.

56   Dont il faut cependant soustraire la part qu'auraient dû prendre en charge les villes rebelles, soit 1 248 hommes. De son côté, la Zélande refusa de fournir les 1 000 hommes demandés (Michel Joost VAN GENT, « *Pertijelike saken* » … , p. 287).

57   Amable SABLON DU CORAIL, « Les étrangers au service de Marie de Bourgogne. De l'armée de Charles le Téméraire à l'armée de Maximilien (1477-1482) », *Revue du Nord*, 2002/2 (n° 345-346), p. 394-399.

58   Michel Joost VAN GENT, « *Pertijelike saken* » … , p. 297-301.

59   *Ibid.*, p. 308.

60   ADN, B 2124, fol. 120v-121r.

61   41 200 livres, entre mai et septembre 1481 (ADN, B 2124, fol. 43r-46r) dont 10 000 l. ont été assignées sur la deuxième année de la composition. Par ailleurs, vingt personnes, parmi les plus compromises, devaient payer des amendes à volonté, à fixer ultérieurement, dont le produit devait être déduit de la

expédia également des décharges sur les amendes imposées à Leerdam (600 l. sur les 1 200 l. appointées avec eux pour leurs *mesuz commis à l'encontre de mond. s*), Hoorn (4 000 l.), Gouda (3 000 l.) et Alkmaar (1 000 l.)[62]. Ces recettes extraordinaires étaient d'autant mieux venues qu'après le rattrapage de 1480, l'aide de 80 000 *clinkaerts* était entrée en 1481 dans son rythme de croisière. Comme en 1480, les nouvelles avances des villes et districts de Hollande compensèrent le remboursement des prêts consentis les années précédentes, de sorte que le revenu net de la quatrième année de cette aide correspondit presque exactement au montant de l'aide, soit 40 000 l. de 40 g. pour la Hollande. Il faut encore y ajouter l'aide des 5 000 combattants, sur laquelle le receveur général assigna 16 970 l. 10 s. de 40 g.[63], ainsi qu'un subside de 7 200 l. accordé par les villes de Haarlem, Delft et Amsterdam en mars 1481[64].

À l'est, le nouveau duc de Clèves, Jean II, qui venait de succéder à son père et qui était pressé de s'illustrer, réclama avec virulence le paiement des services de guerre rendus par l'ancien duc aux Bourguignons, et en Gueldre, Venlo s'était rebellée contre Maximilien en septembre 1480[65]. Une nouvelle campagne militaire, dirigée par l'archiduc en personne, fut nécessaire pour soumettre Nimègue[66], puis Venlo[67]. Les états du duché de Gueldre reconnurent Maximilien et Marie comme duc et duchesse de Gueldre en août 1481 et l'on trouva un accord avec Catherine d'Egmont, qui neutralisait pour un temps les éléments les plus hostiles aux Bourguignons en Gueldre. Il s'agissait là d'un très grand succès. En revanche, à Utrecht, le seigneur de Montfoort avait renforcé son pouvoir après une émeute populaire, survenue le 7 août 1481. Amersfoort, l'autre grande ville de l'évêché, se joignit à lui, et Montfoort eut l'habileté de faire appel à Engilbert de Clèves pour gagner le soutien de son frère aîné le duc Jean II de Clèves. Engilbert fut élu protecteur, ou *ruward*, d'Utrecht en février 1482[68]. Les *Hoeken* d'Utrecht lancèrent de nombreux raids en Hollande, particulièrement destructeurs. Conséquence immédiate, on suspendit l'aide de 80 000 *clinkaerts* pendant toute la durée de la guerre contre Utrecht, alors que pendant son

---

part due par les particuliers de la ville. En fin de compte, pour récupérer une partie de leurs privilèges perdus, les nouveaux maîtres de Leyde acceptèrent de n'en déduire que la moitié, soit environ 4 500 l., puisque dix-huit des vingt rebelles furent astreints à un total de 9 500 l. d'amende, le montant des peines infligées aux deux derniers étant inconnu (Michel Joost VAN GENT, « Pertijelike saken » …, p. 313 et 323).

62   ADN, B 2124, fol. 46r-49r et Michel Joost VAN GENT, « Pertijelike saken » …, p. 319-320.

63   ADN, B 2124, fol. 30r-31r. On peut donc supposer que cette aide fut levée pour un mois, à 4 l. ou 4,5 l. par combattant, soit 20 000 à 22 500 l. – soit que l'aide ait été dès l'origine prévue pour cette durée, soit qu'elle fût suspendue après la rapide soumission de Leyde.

64   ADN, B 2124, fol. 30r.

65   Le 23 septembre 1480, un chevaucheur de l'écurie portait à Thierry de Palaut une lettre de Maximilien lui ordonnant de poster des garnisons dans plusieurs places à cause de la rébellion de Venlo (ADN, B 2121, fol. 248v).

66   Nimègue et Grave se soumirent en mai 1481 (Wybe JAPPE ALBERTS, *De Staten van Gelre en Zutphen* …, p. 133).

67   ADN, B 2124, fol. 148v, le duc envoyait le 3 août 1481 un messager annoncer aux villes de Bruges, Gand, Ypres, Lille, Douai la prise de Venlo et les prévenir de son arrivée prochaine.

68   Thomas BASIN, *Histoire de Louis XI* …, t. III, p. 166-169 et Michel Joost VAN GENT, « Pertijelike saken » …, p. 339.

séjour dans les confins septentrionaux des pays de par-deçà, Maximilien s'était efforcé de renégocier à la hausse l'aide décennale, dont il trouvait le montant trop faible. Les états de Hollande refusèrent, et demandèrent à nouveau que Marie de Bourgogne les sollicite en personne. Pour la troisième fois, la duchesse était enceinte ! Elle accoucha d'un fils, François, qui mourut peu de temps après sa naissance, et jamais la duchesse ne put se rendre dans les comtés maritimes. Les Hollandais étaient d'autant moins disposés à accorder un subside complémentaire qu'ils devaient déjà supporter le coût d'une nouvelle contribution de guerre, ou *ruitergeld*, soit l'équivalent local du *maendgeld* flamand, c'est-à-dire une imposition mensuelle destinée à payer les soldes d'un contingent déterminé, en l'occurrence 5 000 hommes[69]. La Zélande refusa pour sa part d'y contribuer avec 2 500 hommes supplémentaires, mais accorda en revanche trois aides pour six ans, à savoir une aide de 14 gros par mesure de terre *steenschietens*[70], soit environ 28 000 l. de 40 g., ainsi que trois petits subsides de 2,5 gros *bi den brede*, soit environ 7 500 l. de 40 g., pour l'entretien de l'état de Marie de Bourgogne (3 000 l.), de ses deux jeunes enfants (1 500 l.), et de Marguerite d'York (3 000 l.)[71].

Tout bien considéré, la Hollande n'avait que peu profité de la nouvelle configuration née de la mort de Charles le Téméraire. Certes, l'aide de 500 000 *ridders* avait été enterrée, mais la pression fiscale fut extrême pendant toute la durée de la crise de 1480-1483 : aides et compositions cumulées s'élevèrent à 130 000 / 140 000 l. en 1480, et à 100 000 l. au moins en 1481, soit l'équivalent de la quote-part de l'aide de 500 000 *ridders* dévolue à la Hollande (101 600 l. de 40 g.). À partir des derniers mois de 1481, le coût de la guerre d'Utrecht fut proprement colossal[72]. La mobilisation des Hollandais n'empêcha pas la destruction de nombreuses localités, notamment Hoorn et Naarden, mises à sac par le seigneur de Montfoort. Pour Maximilien, cette guerre avait été une opération somme toute profitable, au moins en 1480-1481, lorsqu'il put dégager quelques surplus pour sa trésorerie, qui apparaissent dans les assignations du receveur général[73]. La Zélande, quant à elle, semble avoir été épargnée par les troubles, et le rythme des assignations sur les aides de Bewestenschelde et Beoostenschelde suggère que les impôts furent levés sans difficulté[74].

---

69 Michel Joost VAN GENT, « *Pertijelike saken* » …, p. 328-330.

70 Sur les modalités du vote et de la levée des aides en Zélande, voir Peter A. HENDERIKX, « De vorming in 1555 van het markizaat van Veere en de aard en herkomst van de aan het markizaat verbonden goederen en heerlijkheden », in *Borsele – Bourgondië – Oranje. Heren en markiezen van Veere en Vlissingen*, 2009, p. 63-70.

71 Voir annexe II, tableaux synthétiques des aides accordées par les principautés (Zélande).

72 Voir *infra*, p. 189.

73 Ainsi, Thibaud Barradot bénéficia de plusieurs décharges sur les aides de Hollande pour la dépense ordinaire de l'hôtel de Marie de Bourgogne : 10 000 l. en 1480 (ADN, B 2121, fol. 33v), 5 000 l. sur l'amende de Leyde (ADN, B 2124, fol. 43r) et 2 000 l. sur celle de Hoorn (ADN, B 2124, fol. 45v) en 1481.

74 En 1480, 330 l. sur l'année fiscale 1479-1480, 14 781 l. 10 s. sur les recettes de l'année fiscale 1480-1481, 7 339 l. sur l'année fiscale 1481-1482 et 1 500 l. sur l'année fiscale 1482-1483 (ADN, B 2121, fol. 38r-40r). En 1481, 15 417 l. 1 s. 6 d. sur l'année fiscale 1481-1482, 20 202 l. 18 s. sur l'année fiscale 1482-1483, 1 149 l. 16 s. sur les aides des années à venir (ADN, B 2124, fol. 32v-35v).

Face aux Lorrains, aux barons rebelles et au Sanglier des Ardennes

La mort du Téméraire se traduisit par un reflux immédiat et spectaculaire de l'influence bourguignonne dans les Ardennes, meurtries par les révoltes liégeoises et leur féroce répression. Louis de Bourbon, évêque de Liège et oncle de Marie de Bourgogne, humilié par Charles le Téméraire aussi bien que par ses sujets, entendait bien tirer parti de sa proximité avec la duchesse, auprès de laquelle il demeura jusqu'au début du mois d'avril, pour prendre sa revanche. On imagine la satisfaction qu'il dut ressentir à la chute de son ancien tuteur, Guy de Brimeu, seigneur de Humbercourt, gouverneur de la principauté de Liège au nom du duc de Bourgogne. Le 19 mars 1477, Marie de Bourgogne renonça à toutes les prétentions qu'elle pouvait avoir sur Liège en faveur de Louis de Bourbon. Rentré à Liège, il abolit le régime mis en place par Charles le Téméraire, sous la pression de la population, et consentit à gouverner avec les états de la principauté, qu'il s'engagea à consulter en matière fiscale, monétaire et diplomatique. Peu après, il suspendit le paiement de la rente annuelle et perpétuelle de 30 600 florins que les villes de Liège et d'Huy devaient au duc de Bourgogne, au titre de l'indemnité de guerre de 457 000 florins imposée en 1465 et 1466[75].

La situation politique du duché de Luxembourg était quant à elle fort complexe. Annexé un peu plus de 35 ans auparavant, le Luxembourg constituait pour les Pays-Bas bourguignons une sorte de marche, peu peuplée, peu développée, où le servage était encore largement répandu, et où des barons aussi puissants que peu enclins à obéir sans sourciller à leur duc cherchaient à étendre leurs possessions. Les revenus que les ducs de Bourgogne tiraient du Luxembourg étaient faibles. Le domaine rapportait à peine plus de 8 000 l. en 1472[76], et la part du Luxembourg dans l'aide de 500 000 *ridders* n'était que de 12 000 *ridders* (14 400 l.), et encore s'agissait-il là d'une totale nouveauté. Ainsi, il fallait peu de choses pour que le coût du maintien de l'ordre de cette vaste région forestière en excédât les recettes. Les forteresses seigneuriales, très nombreuses, conservaient une capacité de nuisance qu'elles avaient perdu à peu près partout ailleurs. Si leurs murailles ne résistaient pas mieux à l'artillerie à feu, la rudesse du pays, incapable de faire vivre longtemps des armées de plus de quelques milliers d'hommes, le relief et les mauvaises routes rendaient aussi difficiles que peu rentables les opérations militaires de grande envergure.

En février-mars 1477, sans que le duché ne bénéficie d'une charte de privilèges semblable à celles des autres pays de par-deçà, Marie abolissait toutes les innovations politiques et administratives introduites par son père. Cela n'empêcha pas une grande partie de la noblesse luxembourgeoise de refuser de lui prêter hommage et de contester ses droits à la couronne ducale, également revendiquée par le roi de Bohême, Ladislas Jagellon, l'empereur et le duc de Lorraine. Ce dernier s'était par ailleurs emparé des prévôtés de Damvillers, Virton et Marville, après la débâcle bourguignonne sous les murs de Nancy. Marie de Bourgogne parvint à se faire reconnaître duchesse de Luxembourg

---

75 Paul Harsin, *Études critiques...*, t. I, p. 31-56.
76 Roger Petit, « Le Luxembourg et le recul du pouvoir central après la mort de Charles le Téméraire », in *Le privilège général... 1477*, 1985, p. 409.

par les états dès le mois d'avril 1477. Son mariage avec Maximilien réglait la question des revendications habsbourgeoises, et la paix fut conclue le 24 janvier 1478 avec René II, qui gardait ses conquêtes cinq ans, après quoi ces dernières devenaient rachetables pour la somme de 20 000 florins. Quant au roi de Bohême, s'il dépêchait encore des émissaires en Luxembourg pour rallier à sa cause la noblesse du pays en octobre 1479[77], il n'avait guère les moyens d'intervenir aussi loin de ses états. Marie de Bourgogne et ses conseillers firent également un calcul politique risqué, en misant, parmi tous les lignages aristocratiques luxembourgeois, sur la famille de La Marck, l'une des plus puissantes, et certainement la plus ambitieuse. Les possessions de Robert, seigneur de Sedan, et de ses frères Guillaume, le Sanglier des Ardennes, et Evrard, seigneur d'Arenberg, s'égrenaient entre Meuse et Moselle, du nord de la Lorraine à l'évêché de Liège.

Le 30 mars 1477, Evrard était nommé gouverneur de Luxembourg. Il succédait à Rodolphe, marquis de Hochberg, en fonction depuis 1468. Au même moment, Guillaume récupérait ses fiefs et ses titres : l'évêque de Liège lui rendit l'avouerie de Hesbaye et la seigneurie d'Aigremont, tandis que Marie et Maximilien lui accordèrent 15 000 florins pour le dédommager de la destruction de sa résidence, et lui inféodaient à nouveau la terre de Lummen. Il tenait le château de Logne, jadis engagé aux La Marck par l'abbé de Stavelot, ainsi que la forteresse de Franchimont, dont il était à la fois l'avoué et le seigneur engagiste. Son réseau de places fortes, puis son élection aux fonctions de grand mayeur de la ville de Liège en faisait le baron le plus puissant de la principauté[78].

Le gouvernement bourguignon avait donc réussi à faire reconnaître son autorité en Luxembourg, au prix de concessions qui n'engageaient pas l'avenir, mais qui avaient coûté fort cher dans l'immédiat, et qui instauraient un équilibre politique très précaire. Dans les mois qui suivirent la mort de Charles le Téméraire, les partisans de Marie de Bourgogne purent mettre la main sur le trésor de guerre ducal, au château de Luxembourg, où Charles avait décidé de concentrer ses réserves de numéraire destinées à financer les opérations en Suisse et en Lorraine. Plus de 208 000 livres passèrent ainsi entre les mains de Laurent Le Mutere, alors clerc du trésorier des guerres Hues de Dompierre, à la fin de l'année 1476 et au début de 1477. Une partie servit à régler les soldes dues aux gens de guerre de l'armée bourguignonne de Lorraine ; par ailleurs, Marie de Bourgogne et ses conseillers firent rapatrier en Flandre 50 000 l. en avril 1477[79]. Il resta sur place des sommes suffisantes pour maintenir une présence militaire bourguignonne significative, face aux aux Lorrains et aux routiers de toutes nations qui se répandirent un peu partout après la déconfiture de Charles le Téméraire. Ce sont en effet pas moins de 69 245 l. 8 s. qui furent employées en 1477 pour *les payemens des sept mois des gens de guerre qui furent en garnison és villes du pays de Luxembourg en l'an LXXVII*[80], ce qui correspond aux soldes d'environ 400 lances à quatre combattants par mois.

---

77 AD Nord, B 2118, fol. 197v-198r, petite messagerie, lettre envoyée au comte de Chimay lui demandant d'interdire aux émissaires du roi de Bohême d'entrer en Luxembourg.

78 Paul HARSIN, *Études critiques…*, t. I, p. 70-80.

79 Roger PETIT, « Le Luxembourg et le recul du pouvoir central… », p. 408.

80 ADN, B 3540, n° 125839, fol. 6r, cahier authentique des parties que les exécuteurs testamentaires de Hues de Dompierre n'ont voulu accepter de Laurent le Mutere.

Jusqu'en 1479, le nouveau système politique mis en place par Marie et Maximilien fonctionna sans trop de heurts. À l'été 1479, le comte de Chimay, aidé par des contingents locaux et quelques renforts venus de Malines, put même recouvrer plusieurs places occupées par des routiers soutenus plus ou moins ouvertement par Louis XI et par le duc de Lorraine. Certaines d'entre elles se trouvaient dangereusement proches de Luxembourg. Il reprit Esch-sur-Alzette et Pétange, ainsi que Virton, qui capitula le 27 juin 1479. Au sud de cette place, il s'empara également de Villette et de Gorcy. Il libéra Richemont, au sud de Thionville, et prit Falkenstein, près de Vianden[81]. La campagne de Charles d'Amboise, en 1480, et les manœuvres de Louis XI firent s'effondrer la fragile alliance des Bourguignons et de la famille La Marck. Robert de La Marck était en effet un vassal du roi de France, dont l'intérêt était d'étendre son influence dans cette partie de l'Empire, entre Lorraine et Luxembourg. Quant à Guillaume, rongé par l'ambition, la place de brillant second de l'évêque de Liège ne pouvait le satisfaire. En 1480, il rompit avec lui, tandis que Louis XI lui attribuait une pension de 18 000 l. tournois par an[82]. Il allait falloir plus d'un quart de siècle aux Habsbourg et aux évêques de Liège pour se débarrasser des La Marck et instaurer une paix durable dans la région ardennaise.

En juillet 1480, Maximilien dépêchait en urgence le prince d'Orange, Olivier de la Marche, le seigneur de Chantereine et Engilbert de Nassau, *ordonnéz sur les frontieres de Lucembourg durant l'absence de mond. s^r pour entendre a ses affaires*[83]. Ils purent ensuite s'emparer de deux des principaux points d'appui de Guillaume de La Marck, Durbuy (22 août) et Logne (7 ou 8 septembre), avant de mettre au pas le seigneur de Salm-Château, l'abbé de Stavelot et le comte de Virnembourg (capitulation de Beaumont, le 21 septembre)[84]. Ce furent là les seuls résultats appréciables de la campagne, qui prit fin à Luxembourg, où s'étaient concentrées la plus grande partie des compagnies d'ordonnance, arrivées en désordre, au terme d'un long périple émaillé de nombreux incidents. Quelques semaines après son entrée à Luxembourg, en compagnie de Marie de Bourgogne, le 29 septembre 1480, Maximilien dut écraser dans le sang une mutinerie de mercenaires suisses en octobre, qui réclamaient leur solde en menaçant de lui faire subir le sort de son beau-père (25-27 octobre)[85]. Entretemps, il avait tout de même pu se faire reconnaître le 7 octobre 1480 comme *mary et bail* de Marie de Bourgogne, ainsi que pour le « vrai, naturel et héritier seigneur et prince » du duché. Maximilien s'engagea à entretenir les « privilèges, franchises, libertés, bonnes et anciennes coutumes », formule assez vague, qui n'avait plus rien à voir avec la suppression pure et simple des mesures de Philippe le Bon et Charles le Téméraire promise en 1477[86].

---

81 Jean MOLINET, *Chroniques…*, t. I, p. 299-300 et ADN B 2121, fol. 472v.
82 Jean-François LASSALMONIE, *La boîte à l'enchanteur…*, p. 543.
83 ADN, B 2121, fol. 185v.
84 Amable SABLON DU CORAIL, *Croix fourchues contre croix droites…*, p. 73-74.
85 Jean-Pierre KOLTZ, « Erzherzog Maximilian von Österreich 1480 in Luxemburg », *Les amis de l'Histoire*, 2, 1959, p. 41-78.
86 Roger PETIT, « Le Luxembourg et le recul du pouvoir central… », p. 399.

Il laissa les quatre compagnies du seigneur de Boussu, du comte de Chimay, de Claude de Vaudrey et du prince d'Orange en garnison en Luxembourg, en plus de celle d'Evrard de La Marck. Les agissements de son frère Guillaume commençaient à rendre suspect ce dernier, qui perdit sa charge de gouverneur en novembre, au profit de Claude de Neufchâtel, seigneur du Fay. Les effectifs des quatre compagnies d'ordonnance furent ramenés à 25 lances chacune au début de l'année 1481. Les troubles persistèrent cette année-là, et les capitaines de Maximilien assiégèrent la place de Rodemack en mai 1481[87]. On ignore si le siège fut mené à son terme, mais en septembre suivant, le nouveau gouverneur annonçait la prise de la place de Chiny[88]. C'est sans doute pour cette petite opération que le Brabant consentit l'aide de 1 000 combattants déjà mentionnée, accordée en août et assise au début du mois de septembre, dont les 9 000 livres servirent aux soldes des ordonnances en campagne au Luxembourg. Il y avait là à peine de quoi payer un trimestre des 100 lances qui y maintenaient un ordre précaire.

III. La mort de Marie de Bourgogne et la signature du traité d'Arras

Victoire politique de Maximilien en Flandre à l'automne 1481

Après la prolongation pour un an de la trêve avec la France, alors que les troubles paraissaient contenus en Luxembourg et en Gueldre, et circonscrits à Utrecht, Maximilien voulut remettre au pas la Flandre. Cela passait par une confrontation directe avec ses adversaires à Bruges et à Gand. Dans la capitale flamande, la situation se tendit brusquement pendant l'été, saison propice à l'agitation politique, car c'était à la fin du mois d'août et en septembre qu'on élisait chaque année les nouveaux bancs échevinaux, puis les doyens et chef-doyens des métiers[89]. L'hostilité des édiles gantois à la politique belliciste et taxatrice de Maximilien n'avait fait que croître depuis 1480. Beaucoup d'entre eux avaient fait partie du gouvernement rebelle de 1449-1453, et entendaient faire respecter leurs privilèges restaurés en 1477. Or depuis quelques temps, les partisans du duc contestaient ouvertement la politique des autorités en place depuis 1477. En juillet 1481, celles-ci décident de nommer une commission pour juger Jacques de Wymeersch, un tisserand qui dénonçait la corruption des magistrats de la ville. Sans surprise, il est condamné et on lui interdit d'occuper

---

87 ADN, B 2124, fol. 117v-119v.
88 ADN, B 2124, fol. 144v.
89 Willem Pieter BLOCKMANS, *De volksvertegenwoordiging...*, p. 72-73. Sur la procédure élective, au sein de la fédération des métiers du textile (*weverij*), la participation des valets et la « solidarité verticale » qui s'y manifestait entre valets, maîtres et notabilités pour assurer la domination des tisserands sur les autres, notamment les foulons, voir Marc BOONE, *Gent en de Bourgondische hertogen, ca. 1384-ca. 1453. Een sociaal-politieke studie van een staatsvormingsproces*, Brussel, AWLSK, « Verhandelingen van de Koninklijke academie voor wetenschappen, letteren en schone kunsten van België », 133, 1990, p. 59-71.

des fonctions publiques. Jean de Dadizeele, membre de la commission, est alors convoqué par Maximilien. Après avoir d'abord refusé, il se rend à Anvers, où il est blessé à mort par Philippe de Hornes, seigneur de Gaesebeke. Ce noble brabançon, membre de la commission en charge de la surveillance du renouvellement annuel des lois des villes de Flandre[90], avait été contraint de céder sa place à un parent de Dadizeele. Vengeance personnelle, ou assassinat commandité ? Toujours est-il que le 11 décembre, les Gantois condamnaient Gaesebeke au bannissement. La sentence fut cassée par le Grand Conseil, mais maintenue par les Gantois, tandis que Maximilien graciait le meurtrier, qui, par provocation, *portoit au col ung grand large colier d'or, ayant plusieurs clous, à façon d'un colier dont l'on est accoustumé armer les mauvais chiens, disant que c'estoit pour se deffendre contre les Gantois*[91]. La rupture avec Gand était désormais consommée[92].

À Bruges, c'est Maximilien qui prend l'initiative des poursuites judiciaires. Dans la nuit du 9 au 10 décembre 1481, il fait arrêter trois des plus importantes personnalités de la ville, à savoir Willem Moreel, Jan van Riebeke et Jan van Nieuwenhowe fils Klaas. Ils sont accusés de s'être opposés au prince en plusieurs occasions, et d'avoir été à l'origine des troubles de 1477. Les accusés se défendent bec et ongles. C'est grâce à leur médiation que l'ordre a pu être rétabli à Bruges, et ils ont toujours loyalement soutenu le prince, au péril de leur vie – Willem Moreel n'avait-il pas été membre de la commission des finances jusqu'au 31 août précédent, et Jan van Nieuwenhove n'avait-il pas été adoubé à Guinegatte par Maximilien lui-même ? Ils sortent libres de l'audience. Ajournés au 1er avril, ils sont en fait tirés d'affaire, et l'on renonce à toute poursuite contre eux. Le dénouement de ce procès public, plutôt inattendu, est une spectaculaire réconciliation de Maximilien avec les accusés et leurs soutiens. Ainsi, le 18 février, le couple princier dîne chez Martin Leem, qui avait occupé conjointement avec Moreel les fonctions de surintendant des finances en 1479-1480. L'arrestation des trois Brugeois était en réalité une manœuvre d'intimidation de Maximilien, qui avait convoqué une réunion des Membres de Flandre, et voulait empêcher à l'avance toute opposition aux demandes d'impôts qu'il comptait y faire[93].

La complexe machination de Maximilien se traduisit par des avancées notables lors des négociations avec les Membres de Flandre, d'autant que le renouvellement annuel des bancs échevinaux de Bruges, en septembre 1481, avait été très favorable aux partisans de l'archiduc, qui pouvait donc compter sur une délégation brugeoise par avance acquise aux sollicitations fiscales qu'il présenterait[94]. La rupture avec les Gantois laissait le champ libre aux représentants du duc, qui convoquèrent les petites villes et les châtellenies du quartier de Gand, en infraction avec le privilège flamand de 1477. Lors de la première réunion des Membres, tenue du 26 au 31 décembre 1481 à

---

90 Jelle HAEMERS, « Le meurtre de Jean de Dadizeele... », p. 227-248.
91 *Histoire des Païs-Bas, in* Joseph Jean DE SMET (éd.), *Recueil des chroniques de Flandre*, t. III, « Chroniques belges inédites », Bruxelles, Hayez, 1856, p. 699.
92 Jelle HAEMERS, *For the Common Good...*, p. 72-75.
93 Analyse détaillée de cet épisode particulièrement important pour comprendre la politique intérieure de Bruges par la suite dans Jelle HAEMERS, *De strijd om het regentschap...*, p. 37-53.
94 *Ibid.*, p. 59.

CHAPITRE 4

Bruges, Maximilien réclama le rétablissement de l'aide de 127 000 *ridders*, ainsi qu'une aide complémentaire de 20 000 *ridders* pour l'état de sa femme et de ses enfants[95]. Les Gantois tentèrent de s'y opposer, mais s'étant piégés eux-mêmes, eurent pour seul auditoire de leurs récriminations les villes et les châtellenies de leur quartier, placées dans une position très difficile, et contraintes d'envoyer simultanément des représentants à Bruges et à Gand. Elles purent toutefois s'abriter derrière leur capitale pour justifier leur refus de contribuer aux aides qui seraient accordées par les quartiers d'Ypres et de Bruges[96]. Anticipant l'heureuse issue des pourparlers, Maximilien avait nommé dès le 23 janvier 1482 un receveur général de la portion de la Flandre de l'aide de 500 000 *ridders*, que l'archiduc n'avait donc toujours pas renoncé à ressusciter dans tous les Pays-Bas[97].

Il atteignit presque son but, puisqu'en février/mars 1482, il obtint d'Ypres et de Bruges une contribution forfaitaire unique de 50 000 *ridders* pour les restes encore dus au titre des aides anciennement accordées jusqu'à la fin décembre 1481, et une nouvelle aide de 75 000 *ridders* par an pendant la durée de la guerre, *par maniere de provision pour l'entretien des gens de guerre*. Cette aide devait être intégralement levée sur les deux quartiers, le premier terme échéant le 4 mai suivant[98] ; elle correspondait approximativement à la quote-part des quartiers d'Ypres et de Bruges dans l'aide de 127 000 *ridders*. On demanda très vite des anticipations à Bruges, au Franc et aux villes du *Westquartier*[99]. La levée des 50 000 *ridders* se heurta en revanche à une forte opposition, car les villes et les châtellenies entendaient qu'en soient déduits les avances et les prêts qu'ils avaient consentis pour le paiement des gens de guerre les années précédentes[100]. Il n'empêche que Maximilien était parvenu à restaurer l'aide de 127 000 *ridders* sur 60% du comté de Flandre, et cette fois, c'était bien un receveur nommé par lui qui devait en avoir la gestion, plutôt qu'une commission choisie par les Membres.

Du côté des autres principautés, en revanche, ce n'était guère brillant. En Brabant, on assista à un timide dégel du dialogue avec les organes représentatifs. Les états – le quartier de Bois-le-Duc à nouveau uni à ceux de Bruxelles, Louvain et Anvers – avaient

---

95   *Handelingen…*, t. I, p. 189-193.

96   *Ibid.*, p. 193-207.

97   Compte reconstitué de ces deux aides, tenu par Jean du Loo, dit Legaigneur, présenté à la Chambre des comptes en 1498 (ADN, B 6773, fol. 1r).

98   L'assiette de Bruges était ainsi de 6 475 écus et demi pour le premier des trois termes de l'aide, soit 25,90% de la contribution totale, au lieu des 15,71% du Transport de 1408 (assiette des deux aides, ADN, B 6773, fol. 1r-5v).

99   Jean du Loo put recouvrer 17 465 l. 2 s. 9 d. avant la mort de Marie de Bourgogne survenue avant l'échéance du premier terme (*ibid.*). Par ailleurs, les dépenses de petite messagerie portées dans le compte de la recette générale des finances indiquent que du 8 janvier au 9 février 1482, un clerc est allé solliciter de la ville de Bruges le paiement d'un mois des compagnies des seigneurs de Saveuse et de Beveren, et de couleuvriniers à Aire, Saint-Omer et Renescure, à déduire des aides prochaines. L'avance, effectivement accordée, s'élevait à 5 661 l. (ADN, B 2127, fol. 133v-134r).

100 Refus de Bruges, car *auparavant led. octroy ilz dient avoir employé* [l'équivalent de leur portion] *à la garde et deffence dud. pays* (ADN, B 6773, fol. 1r). Mentions similaires pour le Franc, les villes et châtellenies de Cassel, Bergues, Furnes, Bailleul et Warneton.

accepté en novembre 1481 d'accorder 40 000 l. pour l'entretien de l'archiduc, de la duchesse et de leurs enfants. L'assise fiscale de Maximilien demeurait beaucoup trop étroite pour envisager la reprise des opérations offensives contre Louis XI. Il restait encore un espoir au jeune couple princier. Louis XI, moribond, pouvait s'accrocher à la vie et faire venir dans sa chambre toutes les amulettes autorisées par la religion catholique ; il n'avait plus que quelques mois à vivre. Maximilien attendait avec impatience le moment où il serait libéré du tyran, reclus au Plessis-du-Parc, et où il pourrait profiter de la minorité qui s'annonçait, le dauphin Charles n'ayant alors que onze ans. On peut supposer que c'est pour s'enquérir de la santé de son ennemi que le 23 décembre 1481, Maximilien convoquait un serviteur du seigneur de Boussu, qui s'était rendu auprès de Louis XI pour lui livrer deux chiens de chasse, et qui avait dû rencontrer le monarque peu de temps après qu'une nouvelle attaque cérébrale l'eut frappé[101]. C'était compter sans la chance insolente du roi de France. Le 27 mars 1482, Marie de Bourgogne mourait à vingt-cinq ans des suites d'une chute de cheval. Ce drame, qui bouleversa le jeune Maximilien, intervenait au plus mauvais moment, quelques semaines seulement après la restauration de son autorité dans la plus grande partie de la Flandre, au prix d'une exacerbation des tensions à Bruges et d'une rupture radicale avec Gand.

La revanche des Gantois (avril-décembre 1482) : les Flamands ont-ils trahi ?

À bien des égards, la situation était pire qu'en 1477. À peine trois semaines après la mort de Marie de Bourgogne, on renouvelait les conseils de Bruges et du Franc. Willem Moreel et ses amis y firent un retour fracassant. Alors que Gand restait aux mains de la faction arrivée au pouvoir en 1477, et qu'Ypres se tenait prudemment en retrait, toute la Flandre échappait désormais à l'archiduc[102]. La déception qu'il avait suscitée était à la mesure des espoirs qu'avait fait naître son arrivée, puis la brillante campagne de 1478. C'est donc dans les pires conditions qu'il allait devoir demander aux États généraux des pays de par-deçà, qu'il n'avait plus réunis depuis l'échec de la session de janvier/mars 1480, de l'investir en tant que régent et tuteur de ses enfants Philippe et Marguerite, âgés respectivement de trois et deux ans. La première session des États généraux se réunit à Gand du 28 avril au 3 mai 1482. Son déroulement nous est connu par un rapport très détaillé écrit par un membre de la délégation du comté de Namur[103]. Les Brabançons, premiers à parler en raison de la préséance qu'avait le duché de Brabant sur le comté de Flandre, reprochèrent à Maximilien ses manquements continuels à la lettre et à l'esprit des privilèges constitutionnels de 1477, systématiquement contournés, ignorés ou ouvertement bafoués. Ils réclamèrent un entretien particulier avec l'archiduc, pour obtenir de nouvelles assurances sur ce point, avant de le reconnaître comme mambour et gouverneur du Brabant.

---

101 ADN, B 2124, fol. 164r.
102 Jelle HAEMERS, *De strijd om het regentschap …*, p. 66-67.
103 Louis Prosper GACHARD, *Analectes historiques …*, t. III, n° CCXLIII, p. 1-31, et Robert WELLENS, *Les États Généraux des Pays-Bas …*, p. 185-194.

CHAPITRE 4

Les Flamands, représentés par le Gantois Willem Rijm, premier pensionnaire du banc de la *keure*, s'en prirent également à Maximilien. Ils pointèrent les mêmes infractions aux privilèges de 1477 que les Brabançons, et refusèrent de se prononcer tout de suite sur la légitimité des demandes de Maximilien. En effet, la Flandre avait connu bien des crises et bien des changements de dynastie, mais pas une fois en cinq siècles leur comte n'avait été un jeune enfant mineur[104]. Rijm prit ouvertement le parti de Louis XI, en rejetant la responsabilité de la guerre contre la France d'abord sur Charles le Téméraire, vassal qui avait manqué à ses obligations féodales, puis, sinon sur Marie et Maximilien eux-mêmes, du moins sur leur mariage, qui selon lui, aurait mis un terme aux négociations prometteuses (!) ouvertes par les Flamands en 1477, « ce à quoy ilz n'ont parvenu, tant par le mariage que avint de leurd. princesse comme aultrement, ne scevent à quel moyen, et ont eu la guerre continuelle, jusques à présent que led. trespas est advenu ». Le comte de Flandre, quel qu'il fût, devrait de toute façon prêter hommage au roi de France, et il faudrait bien trouver un accord avec lui. Bref, les Gantois jouaient la carte de leur spécificité par rapport aux autres principautés néerlandaises, en faisant valoir leur appartenance française. On était loin des matines de Bruges !

L'argumentation, pertinente sur le plan juridique, n'était sans doute pas la plus à même de rallier les suffrages des autres principautés, dont la Flandre se désolidarisait ouvertement. Le discours de Rijm fut aussitôt suivi par celui de Jean Le Légast, qui parla au nom du Hainaut, de Valenciennes et de la Hollande, c'est-à-dire de l'ensemble territorial hérité de Jacqueline de Bavière. Il fit valoir que pour ce qui les concernait, la coutume ne souffrait aucune ambiguïté : c'était à Maximilien qu'appartenait le « bail, administration et gouvernement d'iceulx ses enffants et de tous lesd. pays et seigneuries »[105]. C'est sans doute autant la radicalité de la position flamande que la clarté du soutien apporté par Le Légast qui convainquirent le Brabant d'emboîter le pas aux « loyalistes » dès le surlendemain de la philippique de Rijm.

Les débats des États généraux se déroulaient sous haute pression, car les Français avaient rompu les trêves aussitôt connue la mort de Marie de Bourgogne. De toutes parts arrivaient des nouvelles d'incendies, de pillages et de mort. C'en était trop. Les représentants des principautés brossèrent le tableau le plus sombre de la misère générale qui régnait partout. Les Brabançons étaient « si foullez, traveilliez, amenris et apovris que plus ne leur estoit possible de l'endurer » ; les Flamands étaient « fort foullez, travailliez, pilliez, brullez et destruis à cause de lad. guerre » ; les habitants d'Aire et Saint-Omer s'apitoyaient sur leurs « pertes et domages innumérables à eulx avenuz » ; les représentants du Luxembourg, arrivés plus tard, firent savoir que leur « povre pays » était « foullé et destruit journellement ».

Dans ce contexte dramatique, et alors que le Luxembourg et le Hainaut réclamaient des secours d'urgence, aucune mesure générale ne fut prise. Le Brabant s'engagea seulement à prêter assistance aux pays dont la défense lui avait été confiée (Cambrésis,

---

104 Sur le caractère inédit de la succession de 1482, voir Willem Pieter BLOCKMANS, « Autocratie ou polyarchie ? … », p. 266-267.

105 Louis Prosper GACHARD, *Analectes historiques…*, t. III, n° CCXLIII, p. 13.

Hainaut, Luxembourg, Namur, Liège), et la Flandre à continuer à garder ses frontières comme elle l'avait fait jusqu'alors. Maximilien fit valoir que la pauvreté générale imposait précisément la mise en commun de ressources plus rares, afin d'intervenir en force là où l'ennemi attaquerait :

> « Il véoit bien le bon désir et affection desdis estas, meismes de Flandres et Brabant, que monstroient vouloir de chascun garder les frontières de son quartier ; mais son oppinion estoit que ceste manière de faire ne asseuroit lesd. pays : car, se ceulx de Flandres gardoient leur quartier, et que les ennemys descendissent à Luxembourg ou Namur ou Haynnau, ilz ne seroient reboutez, se n'estoit par grant puissance, car ceulx de Flandres se excuseroient ; et pareillement, se le cas advenoit en Flandres, les autres pays feroient le cas pareil, et aussi considéré que les pays sont povres, et que n'avons tous ghuères de puissance[106]. »

Il se heurta à un mur. Il n'était pas question de confier un seul denier à l'archiduc. À l'issue de sa harangue inaugurale, Guillaume Rijm avait même demandé une sorte d'audit général, au nom de la responsabilité qu'avaient les États vis-à-vis des jeunes enfants de Marie et Maximilien, auxquels ils auraient le devoir de rendre compte de leur action une fois ceux-ci devenus majeurs : « ilz (les Flamands) estoient d'avis qu'ilz volloient veoir l'estat et gouvernement des pays […] pour le tout remettre à bonne raison, et congnoistre ce que appertenoit ausd. enffants, pour en rendre compte en temps advenir ». Le pensionnaire de Gand avait raison : là était la clé d'une prise de pouvoir réelle des États généraux. Cependant, les États de 1482 administrèrent la preuve éclatante de ce qu'étaient les pays de par-deçà après un demi-siècle d'intégration bourguignonne : une fédération de principautés souvent rivales, qui ne partageaient qu'une dynastie et une monnaie, et qui n'avaient ni les moyens, ni l'envie de créer des instances de gouvernement communes. De cet échec, le prince pouvait faire une force, car à l'évidence, il était le seul à pouvoir incarner le bien commun à une échelle supra-régionale.

Malheureusement pour lui, les pays de par-deçà étaient unanimes pour considérer que dans l'immédiat, l'intérêt général commandait non pas d'organiser une défense unifiée, mais de solliciter la paix au plus vite. Les Flamands annoncèrent qu'ils avaient déjà pris la décision d'envoyer une ambassade auprès de Louis XI. Les États généraux demandèrent à Maximilien de les informer enfin de l'avancement des négociations avec le roi, ce qui leur fut accordé. Au nom de l'archiduc, Jean d'Auffay indiqua qu'elles étaient au point mort, car Louis XI ne voulait rien céder. Il réclamait le mariage du dauphin et de Marguerite d'Autriche, qui apporterait en dot les possessions bourguignonnes occupées par les troupes françaises – excepté le duché de Bourgogne, d'ores et déjà réuni à la Couronne. Le roi demandait qu'on lui cédât en plus la châtellenie de Lille, Douai et Orchies, ou, si cela lui était refusé, les villes d'Aire et Saint-Omer, les dernières places tenues par les troupes de Maximilien en Artois. En dépit de ces nouvelles peu encourageantes, la Flandre, le Brabant et même

---

106 *Ibid.*, p. 27.

le fidèle Hainaut firent savoir le 2 mai qu'ils étaient d'avis d'envoyer une ambassade auprès du roi, comprenant des délégués des États.

Ainsi, on voit que la position des Flamands, en dépit de sa forme provocante, sinon outrageante, correspondait aux aspirations de l'ensemble des Pays-Bas bourguignons, qui entendaient reprendre leur destin en main, et faire appliquer enfin les dispositions du Grand Privilège, notamment l'article 10, qui obligeait le prince à consulter les États généraux en matière de guerre et de politique étrangère. C'était bien Maximilien qui n'avait pas tenu ses engagements, et non les Flamands, qui étaient de loin ceux qui avaient consenti les plus lourds sacrifices. Ils avaient porté presque tout le poids de la guerre contre le roi de France, qui était pourtant leur suzerain, et avec lequel il faudrait bien un jour s'entendre, comme le rappelait Rijm. Tant qu'à attendre la mort de Louis XI pour récupérer les territoires occupés par les troupes françaises, pourquoi le faire en subissant les raids continuels des compagnies d'ordonnance en Flandre méridionale, et surtout les effets encore plus dévastateurs du blocus économique qui leur était imposé ? Louis XI avait conclu avec les Vénitiens et les Génois des traités leur interdisant de commercer avec les Flamands. Cédant en partie aux pressions françaises, les Hanséates renoncèrent à faire étape à Bruges pour leurs marchandises à destination de la France[107].

La situation économique générale ne cessait en outre de se dégrader. Dans toute l'Europe du Nord-Ouest, la disette de l'automne 1481 s'était transformée en famine au cours de l'hiver 1481-1482. Aussi loin qu'à Tours, il fallut attendre l'été 1483 pour que les stocks de grain soient enfin reconstitués[108]. En Flandre, soumise au blocus français et à un embargo de Dantzig sur les blés de Prusse entre 1480 et 1483, les prix s'envolèrent et atteignirent le triple du prix moyen constaté sur la période 1450-1475, il est vrai extrêmement favorable[109]. Les villes flamandes engagèrent des dépenses très importantes pour nourrir leur population et éviter une explosion sociale. En 1482, Ypres acheta plusieurs centaines de setiers de blé, importé principalement d'Espagne, ensuite revendu à bas prix. Elle y consacra plus de 3 700 l. de 40 g., soit 18% de ses dépenses[110].

Bref, l'obstination de Maximilien n'avait guère de sens. Elle ruinait les Pays-Bas, et ce faisant, obérait leur capacité à reprendre plus tard la guerre contre la France, lorsque les conditions politiques seraient plus favorables. En attendant, il fallait pourvoir de toute urgence à la sécurité des frontières. Les Membres de Flandre multiplièrent les réunions à partir des premiers jours d'avril, au point que la concertation entre Ypres, Bruges et Gand fut continue jusqu'en septembre. Les trois cités prirent en main la défense du comté, non sans quelques hésitations, car elles étaient partagées entre leur idéal de gouvernement autonome et leur peur des Français, qui les rappelaient violemment au réel. Ainsi, alors qu'en mai, ils demandaient au Franc de Bruges

---

107 René Gandilhon, *Politique économique de Louis XI*, Paris, Presses universitaires de France, 1941, p. 389-392.

108 Bernard Chevalier, *Tours, ville royale, 1356-1520. Origine et développement d'une capitale à la fin du Moyen Âge*, Vander-Nauwelaerts, Louvain, Paris, 1975, p. 388-400.

109 Jelle Haemers, « *Ende hevet tvolc…* », p. 280-286.

110 AGR, CC, reg. 38706, fol. 100r-101v.

de renvoyer les 200 gens de guerre recrutés à Malines, car ils étaient étrangers au comté[111], en septembre, les états de Flandre, assemblés après de nouvelles défaites militaires, furent bien près de reconnaître le droit à la régence de Maximilien, pour que celui-ci vienne secourir le comté avec ses capitaines[112]. L'opposition farouche de Gand empêcha l'investiture de Maximilien[113], tandis que Bruges aurait préféré une politique de collaboration avec ce dernier, sous réserve que l'archiduc laissât la réalité du pouvoir aux Membres, et notamment le contrôle des nominations dans tous les organes administratifs, judiciaires et politiques du comté[114].

Les dépenses militaires de la Flandre crurent à une vitesse vertigineuse. On se contenta d'abord d'asseoir ce qui semblait devenir la référence pour la protection des frontières pendant l'hiver et au début du printemps, à savoir une aide de 21 200 couronnes. La levée du subside se fit dans la confusion, associant les contributions en argent comptant des villes et châtellenies du quartier de Gand, plus éloignées du théâtre des opérations, et les paiements directs aux gens de guerre effectués par les communautés les plus exposées aux attaques françaises[115]. Il fallut très vite changer d'échelle. Comme en 1480, chaque quartier assit un *maendgeld* selon des modalités différentes. Alors que le quartier de Gand n'accorda que 72 000 couronnes (sa quote-part de deux aides de 60 000 et 120 000 couronnes)[116], les quartiers d'Ypres et de Bruges consentirent un effort double, soit leur quote-part d'une aide de 240 000 couronnes (144 000 couronnes), assortie toutefois de rabais et remises[117]. Les *Handelingen*, autant que les comptes des villes et châtellenies, portent le témoignage de la diversité des pratiques, des échéances et des délais effectifs de paiement, d'une ville ou d'une châtellenie à l'autre. Les châtellenies de Courtrai et d'Audenarde payèrent ainsi leur portion d'une aide de 60 000 couronnes en mai, puis leur part d'une nouvelle aide de 120 000 couronnes en septembre, tandis que Courtrai ne contribua qu'à la seconde, mais envoya en juillet/août un contingent de 92 hommes à Poperinge pour garder le Neuffossé[118]. Le Franc de Bruges versa de l'argent comptant dès le printemps 1482, participa également au « voyage de Poperinge » avec pas moins de 995 hommes, puis paya le solde de l'aide de 240 000 couronnes, à nouveau en argent comptant, en septembre 1482 et au début de 1483[119]. La châtellenie d'Ypres distribua de nombreuses sommes d'argent au capitaine chargé de sa défense, Josse de Corteville, qui put ainsi

---

111   *Handelingen...*, t. I, p. 214.

112   *Ibid.*, p. 243.

113   Willem Pieter BLOCKMANS, « Autocratie ou polyarchie ? ... », p. 272-277.

114   Jelle HAEMERS, *De strijd om het regentschap...*, p. 74-76.

115   Voir annexe I, aides accordées par la Flandre, aide n° 13 : rapport compris entre 28 000 et 31 000 l.

116   *Ibid.*, aide n° 14 : aide de 60 000 couronnes assise par lettre de placard des échevins de Gand en date du 15 mai 1482 (châtellenies de Courtrai et d'Audenarde, AGR, CC, reg. 42933, fol. 7r-10v et reg. 41913, fol. 2v-3r) et aide de 120 000 couronnes assise par lettre de placard en date du 23 septembre 1482 (*ibid.*) : rapport compris entre 50 000 et 84 000 l.

117   Voir annexe I, aides accordées par la Flandre, aide n° 15 : rapport d'environ 130 000 l. Le Franc de Bruges reçut sa quittance pour le paiement du premier terme le 24 septembre 1482 (AGR, CC, reg. 42594, fol. 108r).

118   AGR, CC, reg. 33228, fol. 51v.

119   Voir annexe I, aides accordées par la Flandre, aide n° 15.

payer les quelques centaines d'hommes postés à Bailleul, sans doute mobilisés au titre des obligations militaires imposées aux communautés flamandes[120].

Il ressort de tout cela que les impôts levés sur la Flandre sous l'autorité des Membres, quoiqu'inférieurs aux estimations que W. P. Blockmans en donnait en 1974[121], furent considérables. Si l'on additionne les avances accordées au titre des aides de 50 000 et 75 000 *ridders*, l'aide de 21 200 couronnes, les aides du quartier de Gand et celle des quartiers d'Ypres et de Bruges, le total cumulé des sommes levées et dépensées pour la guerre s'inscrit dans une fourchette comprise entre 230 000 et 265 000 l. de 40 g.[122] Le prélèvement opéré équivalait à 1,6 ou 1,7 fois l'aide de 127 000 *ridders*. Une fois de plus, ces dépenses massives n'eurent guère d'effets sur le champ de bataille. Les effectifs mobilisés par les Flamands ne pouvaient couvrir efficacement la frontière et interdire aux compagnies françaises, très mobiles, de mettre en coupe réglée les campagnes de la vallée de la Lys et de Flandre maritime. Le 28 juillet 1482, Philippe de Crèvecoeur portait un coup très dur à ses ennemis en s'emparant d'Aire-sur-la-Lys, l'une des « cinq vierges » (avec Saint-Omer, Lille, Douai et Valenciennes), dont Molinet célébrait la résistance en 1477, et qui verrouillaient tant bien que mal l'accès de la Flandre.

Aussi inefficace qu'ait été la politique de défense des Membres de Flandre, elle fut très coûteuse, et cela seul suffit à écarter l'idée d'une trahison flamande. Les comptes des villes et châtellenies de Flandre montrent que les Membres ont engagé les sommes les plus importantes immédiatement après la mort de Marie de Bourgogne, et après la chute d'Aire. Convaincus de l'inanité de la politique belliciste de Maximilien, ils ont néanmoins pris des mesures exceptionnelles pour se protéger et pour négocier en position de force avec les Français. Les contingents envoyés par Courtrai et le Franc de Bruges au voyage de Poperinge suggèrent que les Flamands ont entretenu, le long du Neuffossé, une armée de 8 000 hommes pendant un mois et demi. S'ils ont agi à contre-temps, c'est-à-dire avant la campagne d'été des Français et juste après la chute d'Aire-sur-la-Lys, on ne saurait sous-estimer l'ampleur de l'effort consenti par les Flamands contre la France.

Pendant ce temps, le Brabant ne voulait ni ne pouvait les aider, car le volcan liégeois s'était à nouveau réveillé. Cette fois, il ne s'agissait plus d'une éruption, mais bien d'une explosion : le 30 août 1482, activement soutenu par les Français, Guillaume de La Marck assassinait l'évêque Louis de Bourbon et prenait le pouvoir dans la Cité ardente. Son frère Evrard de La Marck, l'ancien gouverneur de Luxembourg, se ralliait à lui, tandis qu'il faisait élire son fils au trône épiscopal. Les Brabançons et les capitaines de Maximilien, sous la direction de Philippe de Clèves, réagirent rapidement et envahirent la principauté de Liège, s'emparant de Saint-Trond, Looz et Hasselt dans la première quinzaine de septembre. Les hostilités s'enlisèrent ensuite. Les rebelles liégeois reprirent une partie du terrain perdu, saccageant même la ville

---

120 AGR, CC, reg. 44305, fol. 16r-25v et 44306, fol. 10r-16v.

121 Cet auteur évalue à 825 000 l. de 20 g., soit 412 500 l. de 40 g., les contributions levées sur la Flandre en 1482 (Willem Pieter BLOCKMANS, « Autocratie ou polyarchie ? … », p. 259).

122 Voir annexe II, tableaux synthétiques des aides accordées par les principautés (Flandre).

de Landen, en Brabant, le 28 novembre 1482. Philippe de Clèves retrouva l'initiative par la suite, mais la brillante victoire qu'il remporta le 9 janvier 1483 sur les Liégeois à Hollogne-sur-Geer ne fut nullement décisive, et les combats continuèrent les mois suivants[123].

En fin de compte, seul le Hainaut put épauler les Flamands, et il le fit à sa modeste mesure : les états accordèrent 1 500 l. en avril, et 13 000 l. en août et septembre, pour le paiement des garnisons du Quesnoy, de Maubeuge, Aymeries, Chimay, Solre-le-Château, Trélon, Berlaimont et Beaumont[124]. Ainsi donc, chacune des trois grandes principautés des pays de par-deçà avait sa propre guerre à mener : le Brabant contre Liège, la Hollande contre Utrecht, et la Flandre contre Louis XI. Il était normal que les villes de Flandre fussent à la manœuvre dans les négociations avec les Français. Se joua donc une partie de billard à trois bandes, entre les Flamands, Maximilien et Louis XI. Il ne semble pas que la chute d'Aire-sur-la-Lys ait été un moment décisif – au contraire même, au regard de la mobilisation de la Flandre immédiatement après. On a vu que les Flamands furent même tentés de reconnaître Maximilien à la régence pour obtenir sa protection et l'assistance de ses capitaines – ces « Welches » qu'on caillassait, canonnait, dépouillait ou assassinait lorsque les esprits s'échauffaient. Ainsi, comme l'avait déjà pointé W. P. Blockmans, les initiatives militaires des Français ont plutôt ralenti les négociations, alors que dès le mois de mai, aux États généraux d'Alost, les Flamands avaient obtenu de Maximilien qu'il leur confiât la garde des jeunes Philippe et Marguerite.

Dès ce moment, l'archiduc avait perdu. En juin, Maximilien nommait les ambassadeurs chargés de le représenter auprès du roi de France. Le 12 juillet 1482, les Membres signaient un acte d'Union, destinés à arbitrer les différends susceptibles de survenir entre les trois villes flamandes, à garantir le respect de leurs privilèges, notamment contre les mauvais conseillers du prince, et à agir en commun pour le bien des affaires du comté, et en premier lieu pour la prospérité économique[125]. En septembre, malgré la prise d'Aire, et alors que les Anglais pouvaient difficilement ignorer les pourparlers en cours, qui allaient directement à l'encontre du traité de Picquigny, puisqu'il était question de marier le dauphin à Marguerite d'Autriche plutôt qu'à l'une des filles d'Édouard IV, ce dernier confirmait les trêves de 1477. La mort du roi d'Angleterre le 9 avril suivant, puis l'assassinat de ses fils par Richard de Gloucester, mettait hors-jeu le plus puissant des alliés de Maximilien d'Autriche[126]. Dans ces conditions, il n'y avait plus qu'à passer sous le joug. Le 23 décembre 1482, le traité d'Arras mettait un terme à la guerre pour la succession de Bourgogne[127]. Il consacrait la victoire de Louis XI, et préparait la réunion au domaine de l'Artois et

---

123 Paul HARSIN, *Études critiques…*, t. I, p. 80-106.
124 Léopold DEVILLERS, « Le Hainaut après la mort de Marie de Bourgogne », *BCRH*, t. 8, 1880, p. 199-201, 227-231.
125 Willem Pieter BLOCKMANS, « Autocratie ou polyarchie ? … », p. 313-320.
126 Joseph CALMETTE et Georges Henri Marie PÉRINELLE, *Louis XI et l'Angleterre…*, p. 251-256.
127 Sur la conférence d'Arras, voir Jean-Marie CAUCHIES, « Maximilien d'Autriche et le traité d'Arras de 1482. Négociateurs et négociations », in *Arras et la diplomatie européenne, XVᵉ-XVIᵉ siècles*, 1999, p. 143-164.

de la Franche-Comté. Maximilien fit un peu traîner la ratification, mais Louis XI ne voulait pas s'éteindre avant de mettre un point final à l'œuvre de sa vie. Les Flamands remirent Marguerite d'Autriche aux émissaires français au printemps 1483 ; elle arriva à Amboise le 22 juin. Elle fut presque aussitôt délivrée de son nouveau beau-père : Louis XI mourut le 30 août 1483.

CHAPITRE 5

Maximilien face à la Flandre (1483-1488)

Le traité d'Arras, à tout prendre, n'était pas une si mauvaise nouvelle pour Maximilien. Il avait enfin les mains libres pour conduire à leur terme les conflits périphériques qui l'empêchaient de consacrer toutes ses ressources à la reconquête de l'Artois et des Bourgognes, en tirant parti de la mort imminente de Louis XI. La guerre d'Utrecht lui permit d'affirmer son charisme princier et de relégitimer son gouvernement, tandis que ses lieutenants contenaient tant bien que mal les troubles à Liège. Comme son beau-père Charles le Téméraire, il allait recourir à la force pour asseoir son pouvoir dans les pays de par-deçà. Les années 1483-1485 furent marquées par une militarisation croissante du gouvernement de Maximilien, processus qui culmina avec la guerre victorieuse contre la Flandre, symbolisée par l'entrée de l'archiduc à Gand, à la tête de ses lansquenets, en juillet 1485. Comme le Téméraire – peut-être plus encore – Maximilien fut aveuglé par ses succès et par sa haine de la France. À cet égard, son élection comme roi des Romains, puis la reprise de la guerre contre les Beaujeu, marquèrent un tournant majeur dans sa politique. L'oppression fiscale qu'il imposa à ses sujets flamands ne peut être comparée qu'à celle que Louis XI fit subir au royaume dans les dernières années de sa vie. Au moins la politique du roi de France s'était-elle soldée par de très grands succès. Deux ans après le triomphe flamand de Maximilien, les désastres militaires de l'été 1487 ruinèrent tout son crédit. La culture politique des Pays-Bas, infiniment sensible aux abus de pouvoir, ne pouvait tolérer un tel gouvernant, régent et étranger de surcroît. En 1488, le nouveau roi des Romains avait tout perdu, victime d'une roue de Fortune devenue folle.

I.   La reconquête intérieure

Victoire à Utrecht, victoire à Liège

Maximilien passa la plus grande partie de l'année 1483 à combattre les rebelles d'Utrecht et de Liège, soutenus par le duc de Clèves. Les maîtres des deux cités épiscopales, Jan de Montfoort à Utrecht et Guillaume de La Marck à Liège, lui donnèrent bien du fil à retordre. Le premier avait infligé de graves défaites aux Hollandais à la fin de 1481[1]. Depuis lors, les hostilités s'étaient enlisées dans l'habi-

---

1   Sortie victorieuse des Trajectins contre les Hollandais près d'IJsselstein le 13 octobre 1481, prise et incendie de Naarden, le 10 décembre, prise de Wageningen le 14 décembre, et victoire sur les Hollandais, près du *Bemuurde Weerd*, peu de temps après (Thomas BASIN, *Histoire de Louis XI…*,

186   CHAPITRE 5

tuelle succession d'escarmouches et de raids de pillage qui caractérisait les guerres menées sans ressources suffisantes pour espérer emporter la décision. Le second, sévèrement battu par les Brabançons à Hollogne-sur-Geer en janvier 1483, s'était retranché dans la place de Huy, que l'archiduc assiégea en mars 1483. Maximilien accepta une trêve le mois suivant et ouvrit des négociations avec les états du pays de Liège. Ses représentants exigèrent la reprise du versement des rentes perpétuelles, le paiement des arriérés dus depuis 1477, ainsi que l'exil de Guillaume de La Marck hors de la principauté. Ces articles furent acceptés, non sans arrière-pensées[2]. Dans l'immédiat, la ville de Huy fut remise entre les mains de Philippe de Clèves[3], tandis que l'élection du nouveau prince-évêque, toujours en suspens, attendait la décision du Saint-Siège. Les chanoines réfugiés à Louvain avaient en effet élu Jean de Hornes après le meurtre de Louis de Bourbon, contre le candidat des Bourguignons, le protonotaire apostolique Jacques de Croy. Un troisième candidat se manifesta, en la personne de Charles de Bourbon, cardinal-archevêque de Lyon, frère de l'évêque défunt – et donc également de Pierre de Beaujeu. En fin de compte, le pape valida l'élection de Jean de Hornes en décembre 1483.

Le traité de Tongres, conclu le 22 mai 1484 entre Jean de Hornes et La Marck, également scellé par les états du pays de Liège et plusieurs grands seigneurs, dont Engilbert de Nassau et Evrard de La Marck, devait mettre un terme à la guerre civile. Il prévoyait le versement de copieuses indemnités à Guillaume de La Marck et à ses partisans, en contrepartie desquelles l'évêque pourrait reprendre le contrôle des principales forteresses engagées ou inféodées à ses adversaires[4]. Le pays de Liège devait également s'acquitter d'un don de 40 000 florins du Rhin pour l'avènement du nouveau prince-évêque[5]. L'exécution du traité de Tongres, édit de pacification interne à la principauté, se heurta à d'innombrables difficultés, tout comme celle du traité de paix conclu avec l'archiduc. En septembre suivant, Philippe de Clèves n'avait toujours pas vu la couleur de la première échéance des 30 000 l. qui lui avaient été promises pour prix de ses services de guerre en avril 1483[6]. En dépit de toutes ces réserves, le nouvel évêque put faire sa joyeuse entrée à Liège en novembre 1484.

Malgré la perte du registre de 1483 de la recette générale des finances, et bien que la Chambre des comptes de Bruxelles n'ait pas conservé le compte des aides de la guerre de Liège tenu par les quartiers de Louvain, Bruxelles et Anvers (à supposer qu'il leur ait été remis), nous disposons grâce au chroniqueur de Louvain Willem

---

t. III, p. 154-163, Michel Joost VAN GENT, « *Pertijelike saken* » …, p. 333-334 ; les rançons tirées des prisonniers hollandais rapportèrent pas moins de 20 966 l. à Utrecht (*ibid.*, p. 337)).

2   P. F. X. de RAM (éd.), *Documents relatifs aux troubles du pays de Liége, sous les princes-évêques Louis de Bourbon et Jean de Horne, 1455-1505*, Bruxelles, CRH, Hayez, 1844, pièce n° C, p. 707-709.

3   ADN, B 3521, n° 124596, 13 mai 1483 : mandement au receveur de l'artillerie de délivrer à Philippe de Clèves des hacquebutes pour la défense du château de Huy.

4   P. F. X. de RAM (éd.), *Documents relatifs aux troubles…* , n° CX, p. 745-757.

5   Paul HARSIN, *Études critiques…* , t. I, p. 151-160.

6   P. F. X. de RAM (éd.), *Documents relatifs aux troubles…* , n° CXI, p. 757-758, lettre de Maximilien et Philippe aux états de Liège, du 15 septembre 1484.

MAXIMILIEN FACE À LA FLANDRE (1483-1488)   187

Boonen de larges extraits de celui-ci, qu'il a transcrits à la fin du XVIe siècle[7]. Ce compte enregistre par moins de 233 890 livres de dépenses entre le 2 septembre 1482 et le 12 avril 1483, dont plus de 150 000 l. pour les trois derniers mois de campagne, incluant le siège de Huy[8]. De même, le comté de Namur paraît avoir suspendu pour la durée de la guerre l'aide de 4 800 l. par an pendant trois ans accordée en 1480, qui fut levée en 1480, 1481 et 1484[9], et l'on peut supposer que, comme en Hollande, ce fut au service de l'effort de guerre contre l'ennemi.

Quelques décharges inscrites dans le compte de la recette générale, pour la fin de l'année 1482, laissent apparaître les miettes laissées à Maximilien des aides levées pour la guerre par Anvers, Bruxelles et Louvain : une assignation de 1 200 l., le 30 novembre 1482, en faveur du trésorier des guerres, assise sur les revenus d'une aide de 1 600 cavaliers et 6 000 fantassins votée par les états de Brabant *pour remettre sus l'armée et tirer en Liège*[10]. On peut supposer que c'est cette aide qui permit de solder la petite armée de 2 000 à 2 500 hommes, dont 500 à 600 cavaliers, qui fit campagne de septembre à novembre 1482[11]. S'y ajouta une aide de 12 000 l. accordée à Maximilien, pour l'artillerie, les écoutes et « autres choses touchant le fait de son état » pour son voyage de Liège[12], ainsi qu'un don de 4 800 l. consenti par Louvain et Anvers en octobre pour les frais de son armée de Liège[13]. Sans doute peu satisfait de ces pourboires, Maximilien osa une transgression inédite. Le 21 mars 1483, il assit d'autorité une aide de 4 000 l. pour la guerre de Liège. Les états de Brabant protestèrent violemment et exigèrent le remboursement de l'argent déjà collecté[14]. Après que Maximilien eut *van hueren misgrippen gecorrigeert* certains bourgeois délégués auprès des états – probable allusion à l'arrestation et à l'exécution de cinq d'entre eux, accusés d'avoir comploté avec les Flamands pour hâter la remise aux

---

7   Willem Boonen, *Geschiedenis van Leuven…*, p. 65-69.

8   De septembre à novembre, la guerre fut livrée avec des moyens relativement limités : les capitaines de Maximilien disposèrent de 500 à 632 cavaliers, et de 1 415 à 1 715 fantassins. Leurs soldes cumulées représentaient déjà la bagatelle de 32 386 l. En décembre, le comte de Zollern et une bande de 1 370 combattants allemands furent recrutés, faisant monter le total des soldes pour ce mois-ci à 15 693 l. Un effort maximal fut consenti du 1er janvier jusqu'au siège de Huy, soit trois mois et demi, pendant lesquels on solda de 1 600 à 2 248 cavaliers et jusqu'à 4 000 fantassins, dont un millier d'Allemands. Pour ce gros trimestre, les quartiers de Louvain, Anvers et Bruxelles durent débourser près de 180 000 l. (*ibid.*).

9   AGR, CC, reg. 16593-16595, 3e, 4e et 5e comptes des aides de Namur tenus par Jean Salmon, receveur des aides du comté.

10 ADN, B 2127, fol. 60v.

11 En effet, au tarif de 5 l. par cavalier et 4 l. par piéton, appliqué en Flandre en 1479 (ADN, B 3519, n° 124374), le montant de cette aide aurait été de 32 000 l. pour un mois – ce qui équivaut à peu près au montant des soldes versées de septembre à novembre 1482 par les commis à tenir le compte de la guerre nommés par Anvers, Bruxelles et Louvain.

12 ADN, B 2127, fol. 60v.

13 *Ibid.*, fol. 59v.

14 AGR, CC, reg. 15730, compte de l'aide de 4 000 l., fol. 1r-v, copie de la lettre de protestation des états, en date du 22 avril : […] *Soe scriven wij aen u, begerende ende niet te min ernstelic versuckende dat ghij afdoende des ghij van dien hebt begonnen emmet jegelyken dair af ghij ennige taxen hebt uutgesonden of ontfangen die selve restitueert of doet restitueren den gheven dair die af comen zijn sonder vertreck.*

188 CHAPITRE 5

Français de Marguerite d'Autriche[15] – il finit par imposer sa volonté. Un mandement du 27 mai 1483 ordonna la levée des 3 000 l. restantes : une bien maigre somme... Si la crise politique du printemps 1483 lui avait permis de se débarrasser de dangereux adversaires et de mettre au pas les élites brabançonnes, Maximilien était hors d'état de prolonger la guerre contre Liège, et c'est sans doute pour cela qu'il se résolut à accorder une trêve à Guillaume de La Marck, au moment où celui-ci paraissait aux abois. En un peu plus de six mois, les quartiers d'Anvers, Bruxelles et Louvain avaient dépensé l'équivalent de deux fois leur quote-part de l'aide de 500 000 *ridders*, qui s'élevait, rappelons-le, à 108 400 *ridders* (130 080 l.) ; à lui seul, le dernier mois de guerre leur avait coûté près de 70 000 l.

Après cette campagne en demi-teinte, qui avait tout de même permis de mettre le Brabant et le comté de Namur à l'abri des troubles qui affectaient la principauté de Liège, Maximilien prit le commandement des opérations contre Utrecht. Les Hollandais, exaspérés par les dommages que leur portaient les rebelles, étaient déterminés à lui donner tous les moyens nécessaires pour en venir à bout. Depuis les échecs essuyés à la fin de l'année 1481, Jan de Montfoort et ses alliés d'Utrecht et d'Amersfoort avaient pu s'emparer de Vianen et de Hoorn en 1482. Cette dernière ville fut rapidement reprise et mise à sac par les milices hollandaises et les hommes de Josse de Lalaing, le 20 juillet 1482[16]. Plusieurs centaines d'habitants furent tués et la ville ruinée. Il était temps de mettre un terme à ces violences. Les habitants d'Utrecht eux-mêmes se lassaient de la dictature du seigneur de Montfoort ; le 21 avril, ils prirent les armes, capturèrent Montfoort et ses partisans, et rappelèrent l'évêque. Malheureusement pour David de Bourgogne, quelques jours plus tard, le 7 mai, une bande armée envoyée par le duc de Clèves parvint à entrer de nuit dans Utrecht, mal défendue, et à restaurer le gouvernement rebelle. Qui pis est, l'évêque était désormais leur prisonnier[17].

Le siège d'Utrecht par Maximilien dura plus de deux mois, de la fin du mois de juin 1483 au 31 août suivant[18]. Il fut très difficile, car les « routiers » du duc de Clèves opposèrent une farouche résistance aux Hollando-Bourguignons. Utrecht fut soumise à un intense bombardement et à plusieurs assauts. Le siège coûta la vie au stathouder de Hollande, Josse de Lalaing, mortellement blessé de deux coups de hacquebutes, et au comte Frédéric-Albert de Zollern, lors de la prise du faubourg fortifié de *Bemuurde Weerd*. La ville dut finalement capituler ; l'amende *pourfitable* imposée aux Trajectins, plutôt modérée, s'élevait à 20 000 livres, à régler aux Saint-Martin (11 novembre) 1484 et 1485[19]. L'ordre était cette fois définitivement

---

15 Willem Pieter BLOCKMANS, « Autocratie ou polyarchie ? ... », p. 277 ; Alexandre HENNE et Alphonse WAUTERS, *Histoire de la ville de Bruxelles*..., p. 295.

16 Michel Joost VAN GENT, « *Pertijelike saken* » ..., p. 343-344 et 352-353.

17 Thomas BASIN, *Histoire de Louis XI*..., t. III, p. 256-269.

18 *Ibid.*, p. 268-283 et Jean MOLINET, *Chroniques*..., t. I, p. 419-424 (qui date du 31 août l'acte de capitulation, alors qu'il s'agit de la date de l'accord préliminaire), Michel Joost VAN GENT, « *Pertijelike saken* » ..., p. 363-367.

19 *Ibid.* ; 3 000 l. ont été assignées en 1484 sur le terme de la Saint-Martin 1484, et 5 500 l. sur celui de la Saint-Martin 1485 le 13 et le 18 janvier 1484 (ADN, B 2130, fol. 48v-49v).

MAXIMILIEN FACE À LA FLANDRE (1483-1488)   189

rétabli à Utrecht, bien que l'autre grande ville rebelle de la principauté épiscopale, Amersfoort, ne fût soumise qu'en janvier 1484. Après sa victoire, Maximilien fit campagne contre le duc de Clèves à la fin de l'automne 1483[20]. Le 15 décembre, Maximilien et Jean II de Clèves signèrent un traité de paix, par lequel ce dernier rendait à l'archiduc la ville d'Arnhem, dont le duc s'était emparé en janvier 1482, avec la complicité des habitants[21]. L'archiduc avait remporté un très grand succès, en restaurant l'influence bourguignonne jusqu'aux confins de la Frise et jusqu'aux principautés ecclésiastiques impériales de Munster et Cologne. La Gueldre, beaucoup plus prudemment administrée que sous le gouvernement de Charles le Téméraire[22], semblait s'être résignée à son sort, au point que la recette du domaine du duché put dégager quelques excédents pour le trésor central de l'État bourguignon en 1481-1482, minimes, sans doute, mais qui prouvent qu'Adolphe de Nassau, maréchal d'Autriche et gouverneur du duché de Gueldre et du comté de Zutphen, tenait bien en main la région et ses villes frondeuses[23].

En 1484, les états de Hollande décidèrent d'asseoir une imposition spéciale pour le remboursement des rentes vendues par les villes et des autres dettes contractées à cette occasion. D'un montant de 600 000 livres de 40 g., elle devait être levée en six ans. Finalement, on dut la suspendre en 1486 pour faire face aux nouvelles demandes fiscales de Maximilien, et seul un peu moins du tiers de cette *omslag* record fut recouvré[24]. Son montant, proprement colossal, donne une idée de l'ampleur des sacrifices financiers consentis, en attendant un dépouillement approfondi des nombreux comptes qui documentent cette guerre, complété par des investigations dans les comptes des villes de Hollande, semblables à celles qu'a poussées A. G. Jongkees pour les armements navals de 1477. Comme les Brabançons, les Hollandais levèrent et administrèrent eux-mêmes les subsides de guerre, mais ils se résolurent finalement à demander l'assistance de Maximilien. D'après Willem Heda, auteur d'une chronique d'Utrecht, les villes de Hollande auraient promis à Maximilien jusqu'à 80 000 florins

---

20 La campagne dut s'étaler entre la fin du mois de septembre et le mois de décembre (Daniel de Praet, seigneur de Merwede, fut engagé avec 400 Allemands à compter du 27 septembre 1483 (B 2129, n° 69156) ; le 19 décembre, Jacques, comte de Hornes, accusait réception de 1 000 l. versées par le trésorier des guerres pour ses services de guerre, *à ses tres grans frais, missions et despens*, et pour avoir entretenu à l'encontre du duc de Clèves 100 combattants à cheval depuis le 1er octobre jusqu'à ce jour (ADN, B 2129, n° 69158) ; autres quittances pour services de guerre contre Utrecht et le duc de Clèves : ADN, B 2129, n° 69154, 69157, 69161).

21 Jean-Marie CAUCHIES, « Un sauf-conduit de Maximilien d'Autriche pour le duc Jean II de Clèves (1483) », *Les cahiers de Mariemont*, 37/38, 2008, p. 35-40. Le duc de Clèves était seigneur engagiste d'Arnhem, en raison des importantes dettes de guerre qu'avaient contractées les ducs de Bourgogne pour les services militaires de son père Jean Ier (Wybe JAPPE ALBERTS, *De Staten van Gelre en Zutphen...*, p. 138-147).

22 Aafje H. GROUSTRA-WERDEKKER, « Bourgondisering van het hertogdom Gelre vóór het tractaat van Venlo 1473-1543 », in *Pays bourguignons et terres d'Empire (xvᵉ-xviᵉ siècle). Rapports politiques et institutionnels*, 1996, p. 95-97.

23 ADN, B 2124, fol. 9v (7 830 l., dont il est vrai 7 000 l. pour la composition de Zutphen, après sa soumission) ; ADN, B 2127, fol. 9v-10r (3 163 l.).

24 Hendrik KOKKEN, *Steden en staten...*, p. 229 (sur les comptes encore conservés, p. 236).

190   CHAPITRE 5

par mois pour les frais du siège[25]. L'armée mobilisée contre Utrecht comptait 6 000 à 7 000 hommes d'après Molinet, 12 000 à 14 000 hommes selon Basin, dont un grand nombre de mercenaires allemands plutôt impatients – qui d'ailleurs menacèrent de mettre la ville à sac après la capitulation d'Utrecht et se rendirent coupables de nombreuses violences, couvertes ou non par Maximilien. Le siège ayant duré plus de deux mois, il fallut les payer au moins trois mois ; en retenant les chiffres avancés par Molinet, plus raisonnables, la Hollande dut donc verser au moins 90 000 / 120 000 l. pour cette seule opération. Cela équivalait au montant de la quote-part du comté dans l'ancienne aide de 500 000 *ridders*. S'y ajoutaient encore les frais des garnisons payées au début de l'année, et la campagne contre le duc de Clèves, que les états de Hollande financèrent à hauteur de 20 000 livres[26]. Au moins les résultats avaient-ils été au rendez-vous : Maximilien avait rempli avec honneur le rôle qu'on attendait de lui.

La Flandre libérée : l'expérience de l'autonomie politique

Pendant que Maximilien pacifiait les confins orientaux et septentrionaux des pays de par-deçà, les négociations avec la Flandre patinaient. Les deux sessions des États généraux, tenues à Gand du 25 janvier 1483 au 13 mars, puis du 26 avril 1483 jusque vers le 10 mai ne débouchèrent sur aucun résultat concret[27]. L'archiduc accepta de relever de leurs fonctions de très nombreux officiers de justice et de finances, et de les remplacer par des hommes choisis par les Membres. L'épuration administrative frappa même la Chambre des comptes et le Conseil de Flandre ; le garde du trésor des chartes, pas plus que l'audiencier et garde du sceau n'y échappèrent[28]. Rien n'y fit : l'archiduc dut se résigner à installer en Flandre un conseil de régence composé d'un représentant de chacun des Membres et de nobles flamands dont les opinions étaient compatibles avec le programme politique des gouvernements des métropoles du comté, à savoir Adolphe de Clèves, seigneur de Ravenstein, Philippe de Bourgogne, seigneur de Beveren et Louis de Bruges, seigneur de la Gruuthuse[29]. S'y joignit un peu plus tard le Gantois Adrien Vilain, seigneur de Ressegem. Maximilien devait recevoir en contrepartie une somme équivalente aux revenus du domaine, estimés à 20 000 couronnes par an – une somme nettement inférieure aux assignations du receveur général de Flandre entre 1477 et 1482, mais qui reflétait avec assez d'exactitude le niveau réel des recettes annuelles du domaine de Flandre.

Le conseil fut constitué le 5 juin 1483, mais son existence demeurait suspendue à la volonté de l'archiduc. De fait, le compromis ne dura guère, et ne survécut pas à la mort de Louis XI et à la reddition d'Utrecht. L'ambassade flamande dépêchée en France auprès du nouveau roi fut arrêtée par Lancelot de Berlaymont, un seigneur

---

25 Willem HEDA, *Historia episcoporum trajectensium, auctore Wilhelmo Heda*, Bernardus FURMERIUS (éd.), Franeker, R. Doyema, 1612, p. 399-400.

26 ADN, B 2130, fol. 50v, assignation de 3 333 l. 6 s. 8 d. sur la part de Haarlem de l'aide de 20 000 l. naguère accordée par les six chef-villes de Hollande pour la guerre de Clèves.

27 Robert WELLENS, *Les États Généraux des Pays-Bas…*, p. 195.

28 Jelle HAEMERS, *De strijd om het regentschap…*, p. 84-87 et annexe 1, p. 291-294.

29 Willem Pieter BLOCKMANS, « Autocratie ou polyarchie ? … », p. 278-289.

MAXIMILIEN FACE À LA FLANDRE (1483-1488)   191

hennuyer qui était par ailleurs le gendre de Guillaume de La Marck, alors réconcilié avec Maximilien. Au début du mois d'octobre, l'archiduc prononçait la dissolution du conseil de régence, mais celui-ci refusa de se séparer. Les Flamands firent connaître leurs positions aux autres principautés néerlandaises, et adressèrent des dépêches très menaçantes aux échevins de Mons, qu'ils sommèrent de faire libérer les ambassadeurs détenus par Berlaymont[30]. Les bourgeois, qui n'y pouvaient mais, demandèrent à Maximilien de hâter son voyage inaugural en Hainaut.

Les conséquences de cette crise institutionnelle dépassèrent ainsi très vite les frontières de la Flandre, et divisèrent profondément la noblesse des pays de par-deçà. Le conseil de régence ne comptait pas moins de cinq chevaliers de la Toison d'or, après le ralliement du comte de Romont et du puissant Wolfart de Borselen, seigneur de Veere. Deux d'entre eux, le seigneur de Ravenstein et Philippe de Beveren, étaient petit-fils d'un duc de Bourgogne. Ces personnages, ainsi que le comte de Romont, étaient au cœur des réseaux aristocratiques qui avaient soutenu Marie et Maximilien après la mort de Charles le Téméraire[31]. Une médiation des chevaliers de la Toison d'or, parrainée par le Grand Bâtard Antoine de Bourgogne, à Termonde, en juin 1484, proposa à Maximilien le titre de « père et mambour », contre certaines garanties, mais les négociations s'enlisèrent rapidement. Il ne restait plus à Maximilien qu'à prendre le sentier de la guerre.

Jusqu'alors, cette période de troubles politiques n'avait affecté que la classe dirigeante de Flandre et de Brabant. Après la guerre contre la France, les dévastations, la destruction des flottes de pêche, le blocus et la famine, les Pays-Bas méridionaux bénéficièrent d'une salutaire pause fiscale. Les Membres de Flandre accordèrent à la toute fin de l'année 1482 une série d'aides destinées à financer les ambassades envoyées en France, ainsi que l'entretien de modestes garnisons sur les frontières. Une fois de plus, on ne peut qu'être frappé par le manque de coordination entre les Membres et par la diversité de leurs politiques fiscales vis-à-vis de leur quartier. Alors que Bruges se contenta d'asseoir une contribution de 8 333 couronnes, soit 10 000 l. de 40 g., la châtellenie d'Ypres dut acquitter sa part d'une aide de 24 000 l., tandis que Gand infligea à son quartier une punition de 48 000 livres de 40 g.[32] Bruges ne contribua pas à l'aide de 10 000 l., ni Ypres, qui se contenta de payer le tiers de la pension promise par les Membres à Charles de Saveuse, soit 200 l. de 40 g.[33] L'ensemble de ces aides par quartier s'éleva à environ 17 000 l., ce qui dut suffire, puisqu'on attendit octobre 1483 pour asseoir une nouvelle aide de 10 000 couronnes sur le comté, toujours pour l'entretien des garnisons des forteresses de L'Écluse, Rupelmonde, Saeftingen et Liedekerke[34].

---

30 Léopold DEVILLERS, « Le Hainaut sous la régence de Maximilien. 1483-1485 » ..., p. 355-356.
31 Sur la question des partis aristocratiques après la mort de Charles, voir l'importante contribution de Jelle HAEMERS, « Philippe de Clèves et la Flandre. La position d'un aristocrate au cœur d'une révolte urbaine (1477-1492) », in *Entre la ville, la noblesse et l'État. Philippe de Clèves (1456-1528), homme politique et bibliophile*, 2007, p. 21-99.
32 Voir annexe I, aides accordées par la Flandre, aide n° 16.
33 AGR, CC, reg. 38707, fol. 83v.
34 *Handelingen* ..., t. I, p. 309-314, et compte de la châtellenie d'Ypres, du 31 mai 1482 au 11 février 1484 (AGR, CC, reg. 44306, fol. 5v-6r).

192 CHAPITRE 5

Entretemps, le conseil de régence avait été mis en place. Cela se traduisit par une nette évolution en matière fiscale. En effet, si l'on ignore encore la contribution de Gand à l'aide de 10 000 couronnes, au moins celle-ci fut-elle levée dans les mêmes conditions dans tout le reste du comté[35]. Évolution, ou révolution ? On peut légitimement se poser la question, car l'action du conseil de régence changeait la nature même de la sécession flamande. La Flandre n'était plus la juxtaposition de trois cités tentées à des degrés divers par le rêve de « l'État-ville »[36], unies par un acte d'Union qui n'était guère plus qu'un code de bonnes pratiques. La Flandre disposait désormais d'un gouvernement commun, représentant l'ensemble des élites politiques flamandes, unies par une tradition politique dont les origines remontaient à plus de trois siècles. Auprès du conseil de régence se développa une sorte d'embryon d'administration centrale, en la personne de quelques messagers, clercs et juristes de haut vol, mis à disposition par les Membres pour assurer une liaison permanente avec les conseils d'Ypres, Bruges et Gand[37]. Le conseil de régence et les trois cités formaient à présent une « fédération de cités-États[38] ».

Le conseil de régence vécut sa courte existence en ayant constamment à l'esprit le risque d'une intervention militaire de Maximilien. Celle-ci parut imminente après la fin de la campagne contre le duc de Clèves. Une aide de 40 000 couronnes fut votée en décembre 1483[39] pour le paiement des gens de guerre à pied et à cheval mis sur les frontières. Après l'échec de la médiation des chevaliers de la Toison d'or, deux nouvelles contributions de 20 000 et 40 000 couronnes furent assises sur la Flandre et levées en juin et octobre 1484 sur le quartier d'Ypres[40], en février et août sur le quartier de Gand[41]. Ces trois aides furent levées dans d'excellentes conditions. Les comptes des villes et châtellenies dépouillés, qui représentent près de la moitié du Transport de Flandre pour les petites villes et les campagnes, ne mentionnent aucun rabais, à l'exception de la petite localité de Merville (0,2% du Transport de 1408). Par ailleurs, Ypres bénéficia à nouveau de son abattement coutumier des deux-tiers. Les comptes des aides levées dans le quartier de Gand en 1483 et 1484, qui ont été conservés, indiquent que les recettes totales furent légèrement supérieures au montant théorique des quatre subsides accordés pour ces années[42]. Les aides levées

---

35 Voir annexe I, aides accordées par la Flandre, aide n° 17.

36 Marc Boone, « Le rêve de l'État-ville : ambitions gantoises, réalités bourguignonnes et conflits juridico-financiers (ca. 1430) », in *Le gouvernement des communautés politiques à la fin du Moyen Âge. Entre puissance et négociation. Villes, finances, État*, Paris, 2011, p. 369-394.

37 Jelle Haemers, *De strijd om het regentschap...*, p. 112-113.

38 *Ibid.*, p. 114.

39 *Handelingen...*, t. I, p. 297. Les Membres s'étant coordonnés de manière permanente en 1483-1484, les liaisons entre les villes de Flandre ont été regroupées en une seule session (*ibid.*, p. 283-300).

40 AGR, CC, reg. 48837, compte de Jean Colard des subventions assises et levées au quartier d'Ypres, depuis septembre 1483 jusqu'en décembre 1484. Jean Colard a été commis par les Trois Membres de Flandre à la recette des aides du quartier d'Ypres par commission en date du 24 septembre 1483.

41 AGR, CC, reg. 41914, compte de la châtellenie d'Audenarde, fol. 1r-v.

42 10 265 l. de gros, alors que la quote-part du quartier de Gand pour les aides de 10 000, 40 000, 20 000 et 40 000 couronnes accordées en 1483-1484 s'élève à 8 800 l. g. (Jelle Haemers, *De strijd om het regentschap...*, p. 132-133).

entre décembre 1483 et octobre 1484 permirent donc probablement de recouvrer sur toute la Flandre de 100 000 à 105 000 l. de 40 g., soit l'équivalent des soldes de 2 000 hommes à pied ou 400 lances à cheval pendant un an[43]. La sécurité du comté paraissait donc bien assurée, d'autant que les milices restaient sur le pied de guerre, et pouvaient être mobilisées à tout moment. Par ailleurs, environ un dixième des recettes des aides levées en 1483-1484 servit à l'entretien de l'hôtel du prince, soit approximativement 10 000 à 15 000 l., une somme modeste, mais proportionnée aux usages que pouvait en faire un jeune enfant assigné à résidence au Prinsenhof et ceux qui étaient chargés de sa garde et de son éducation[44].

II. La soumission de la Flandre : le triomphe de Maximilien

La veillée d'armes : 1484

L'année 1484 commença fort bien pour Maximilien, qui put recueillir les dividendes de ses victoires. En Hollande, la levée de l'aide de 80 000 *clinkaerts* par an pendant dix ans accordée en 1479, suspendue pour la durée de la guerre contre Utrecht, put reprendre. Le rendement des termes de Noël 1483, Saint-Jean-Baptiste et Noël 1484 fut faible, en raison des destructions causées par les opérations militaires, et de la reprise des remboursements des avances de 1478-1480. Sur les 90 000 livres qu'auraient dû rapporter ces trois termes pour un an et demi de l'aide, le receveur général de Hollande ne put en recouvrer que 50 000 l., sur lesquelles le receveur général des finances assigna environ 44 500 livres[45]. Encore certaines assignations correspondaient-elles au remboursement de nouvelles avances faites par les chef-villes hollandaises. En revanche, les compositions d'Amersfoort (3 000 l. assignées en 1484 par le receveur général[46]) et d'Utrecht (8 500 l.[47]), ainsi que la perception du produit des amendes imposées à Haarlem (6 720 l.[48]) et à Leyde (7 900 l.[49]) pour leurs rébellions passées et autres *mesuz*, assurèrent au trésor de Maximilien des entrées complémentaires et fort appréciables. De même, la Zélande paya régulièrement l'aide ordinaire, dont le montant avait été porté à 28 000 l. en 1481[50].

---

43 Voir annexe I, aides accordées par la Flandre, aide n° 18, qui regroupe les trois subsides levés principalement pour la défense du comté en 1484. L'échantillon représente pour les campagnes 26% sur les 62% de leur quote-part totale, et comprend les districts frontaliers les plus susceptibles d'avoir bénéficié de rabais.

44 Jelle HAEMERS, *De strijd om het regentschap…*, p. 132-133.

45 NA, Chambre des comptes de La Haye, rek. 3392, premier compte de Thomas Beuckelaere, nommé le 27 novembre 1483 à la recette des aides de Hollande, des aides levées aux termes de Noël 1483, Saint-Jean-Baptiste et Noël 1484.

46 ADN, B 2130, fol. 49v.

47 *Ibid.*, fol. 48v-49v.

48 *Ibid.*, fol. 62v-63r, 65r-v.

49 *Ibid.*, fol. 62r-63v.

50 Le receveur général assigna 50 740 l. 6 d. sur les aides de Zélande en 1484, à peu près également réparties entre les années échues aux Saint-Jean-décolace 1484 et 1485 (ADN, B 2130, fol. 40v-47r).

194 CHAPITRE 5

En janvier, Maximilien se rappela au bon souvenir de ses sujets des Pays-Bas méridionaux. Il obtint des états de Brabant le vote d'une aide de 24 000 l., à lever à la Chandeleur et à la Saint-Rémi (1er octobre) 1484[51], ainsi qu'une aide de 4 000 l. pour la dépense de Philippe et Marguerite, à lever à la Chandeleur suivante[52]. Par ailleurs, les états de Brabant accordèrent environ 8 000 l. pour les garnisons de Cambrai, Huy et Saint-Trond, et pour acquitter la moitié de certains dons promis à Philippe de Clèves, Engilbert de Nassau et au comte de Zollern[53]. Maximilien fit ensuite son entrée solennelle en Hainaut, en tant que régent du comté pour son fils, en février – ce qui explique sans doute l'inquiétude des Flamands, qui mobilisèrent les milices de la châtellenie de Courtrai au même moment. Les négociations avec les états du comté et la ville de Valenciennes débouchèrent sur le vote d'une aide de 12 125 l. de 40 g., à lever à la saint Jean-Baptiste 1484 et à la Chandeleur 1485, complétée, à la demande de Maximilien, d'une aide de 1 750 l. pour le règlement des dettes de Marie de Bourgogne, à lever aux mêmes termes[54].

L'addition des aides et des compositions de Zélande, de Hollande et d'Utrecht, des aides de Brabant et de Hainaut représentaient un total d'environ 150 000 / 160 000 livres tournois, à lever entre Noël 1483 et le début de l'année 1485. On était loin de l'aide de 500 000 *ridders* des années 1473-1476, d'autant que les revenus du domaine, fort diminués par la guerre et les aliénations, étaient toujours amputés de ceux de la Flandre. Il n'empêche que l'essentiel était de restaurer le crédit princier et de régler les dernières dettes de guerre laissées en souffrance. C'était chose faite à la fin de l'année 1484, comme l'indique la nature des assignations opérées par le receveur général, qui put rembourser les avances consenties par les villes[55], les nobles[56] ou certains prêts accordés par des marchands italiens[57].

Maximilien se décida alors à ouvrir les hostilités en pleine saison froide. Pour la première fois, les fantassins allemands et suisses allaient composer son corps de bataille principal. Le 26 novembre, il s'empara de Termonde. Le 3 ou le 5 janvier 1485, il marqua un nouveau point en capturant Audenarde avec une petite troupe

---

51 AGR, CC, reg. 15730, compte de Jan van Olmen des aides levées en 1483 et 1484, fol. 1r-v.

52 *Ibid., voere die costen vortijden gedaen by mynen geneedich. heere hertogen Philippe onsen jongen prinche ende mewrouwen der coninginnen van Vranckerijcke zijne zuster.*

53 7 828 l., dont 3 728 l. pour les garnisons, 1 200 l. pour le premier terme de 2 000 couronnes accordées à Philippe de Clèves, 2 500 l. pour le premier terme de 5 000 l. accordées à Engilbert de Nassau, et 400 l. de don pour une fois pour Jean-Frédéric de Zollern (AGR, CC, reg. 15730, compte de Jan van Olmen des aides levées en 1483 et 1484, fol. 28v).

54 Dont respectivement 2 250 l. et 250 l. de 40 g. à la charge de la ville de Valenciennes (2e compte de Jean de la Croix des aides de Hainaut, levées en 1484-1485, ADN, B 12432, fol. 1r-v). Sur le vote de ces aides, voir aussi Léopold DEVILLERS, « Le Hainaut sous la régence de Maximilien. 1483-1485 » …, p. 371-372 et 374-375, extraits de la séance du conseil de Mons du 17 et du 23 janvier 1484.

55 Entre autres, 8 066 l. 13 s. 4 d. remboursées à Amsterdam, Dordrecht, Delft, Leyde et Gouda en juin 1484 pour 7 500 l. de rentes, avec les intérêts (ADN, B 2130, fol. 38r-v).

56 Ainsi, Jean d'Egmont se voit-il assigner 4 000 l. sur les aides de Hollande en avril 1484, pour le premier terme des 36 000 l. négocié avec lui pour les services de guerre rendus par son père Guillaume, à rembourser sur huit ans (*ibid.*, fol. 37r).

57 Pour ne prendre que le plus illustre : 7 000 l. assignées à Tommaso Portinari sur les compositions d'Utrecht en janvier 1484 (*ibid.*, fol. 49r-v) et 3 000 l. sur celles d'Amersfoort (*ibid.*, fol. 49v).

MAXIMILIEN FACE À LA FLANDRE (1483-1488)   195

de 400 cavaliers et 2 000 fantassins allemands, avec le soutien d'une partie de la population[58]. Dans les semaines qui suivirent, ses troupes mirent à sac Grammont et Ninove, deux gros bourgs ouverts à l'est du quartier de Gand[59]. Maximilien avait décidé de frapper ses adversaires à la tête : il s'en prenait au quartier de Gand, espérant sans doute convaincre les Brugeois, qui avaient cherché à éviter un conflit armé direct au cours des négociations passées, de composer avec lui. La chute de Termonde et d'Audenarde portait un coup sévère à ses ennemis gantois. Désormais, c'était tout le plat pays de Gand qui se trouvait à la merci de Maximilien. Le trafic fluvial sur l'Escaut était interrompu, alors que la principale source de richesse de Gand, après l'industrie textile, était le commerce du grain, très favorisé par le privilège de l'étape dont bénéficiait la capitale flamande. Cela était d'autant plus fâcheux que la récolte de l'été 1484 avait été particulièrement abondante, au point que le Hainaut demanda en septembre la suspension de l'embargo des exportations de céréales vers la Flandre, car on manquait de débouchés pour écouler les surplus[60].

Au sein même du comté, les lignes de fracture se multiplièrent, entre les trois Membres, entre les villes et les campagnes, entre factions politiques au sein des villes. À Gand, le métier des bateliers, l'une des corporations les plus puissantes, commença à « murmurer » contre le gouvernement de la ville. Après la chute d'Audenarde, la ville de Courtrai refusa de laisser entrer une garnison gantoise, malgré les insistances et les menaces. Le conseil de régence dut se résigner à ce que Courtrai assure sa sécurité par elle-même – et *a minima*, puisque la ville se contenta d'une garnison de 60 hommes[61].

Le conseil de régence réagit par une action militaire aussi inefficace que dangereuse sur le plan politique. Il ordonna la levée de 20 000 hommes pour un mois[62]. Cette mesure fut globalement mal appliquée, et la participation des villes et châtellenies paraît avoir été très inférieure à ce que l'on attendait d'eux. Ypres fournit ainsi un capitaine à trois chevaux, 57 piétons et trois *busmeesters* (canonniers), payés 21 à 26 jours, soit seulement 0,3% de 20 000 hommes, au lieu de sa quote-part de 8,58%, la châtellenie d'Ypres 356 hommes (1,8% de 20 000 hommes au lieu de 2,2%), le Franc de Bruges 550 hommes (2,75% au lieu de 11,90%), qui furent passés en revue le 17 décembre 1484 et payés pour 14 jours à compter de cette date[63]. Les comptes de Courtrai et de sa châtellenie ne mentionnent pas l'envoi d'un contingent à l'armée flamande, mais il est possible que la châtellenie ait reporté sur les paroisses la charge

---

58 3 janvier pour Molinet, 5 janvier pour le *Dagboek van Gent…*, p. 259 ; selon cette dernière source, la ville fut livrée (*by verraderye ghelevert*) au roi des Romains par Wauter van Reckem.

59 Jean MOLINET, *Chroniques…*, t. 1, p. 438-445.

60 Léopold DEVILLERS, « Le Hainaut sous la régence de Maximilien. 1483-1485 » …, p. 380-386.

61 AGR, CC, reg. 33231, fol. 62v-64r.

62 Les comptes des villes et châtellenies de Flandre recensent les paiements des soldes des hommes levés en décembre 1484 (annexe I, aides accordées par la Flandre, aide n° 19). Seul celui de la ville d'Ypres mentionne l'objet de cette levée, en l'occurrence l'entretien de 20 000 hommes pendant un mois en Brabant. Celui de la châtellenie d'Ypres évoque simplement la levée de 20 000 hommes, payés pour deux fois 14 jours.

63 Voir annexe I, aides accordées par la Flandre, aide n° 19.

196 CHAPITRE 5

de la mobilisation, puisque le compte de 1485 indique le paiement de deux trompettes qui servirent le châtelain de Courtrai au cours du « voyage de Brabant »[64].

C'est en effet en Brabant que l'armée, commandée par le comte de Romont, décida de porter la guerre, pendant la seconde quinzaine de décembre, et peut-être encore au début du mois de janvier 1485. Les Flamands s'avancèrent jusqu'aux faubourgs de Bruxelles, et y commirent d'importantes destructions. Molinet évoque une armée de 12 000 à 15 000 hommes, ce qui paraît élevé, à moins, comme c'est tout à fait possible, qu'une forte mobilisation des métiers de Gand ait compensé la faible participation des autres villes et des districts ruraux. L'armée se dispersa rapidement, à cause de la *caquesanne* – la dysenterie – nous dit Molinet, mais les Flamands n'avaient de toute façon pas les moyens d'assiéger Bruxelles, et le manque d'argent commençait déjà à se faire sentir[65]. Le plus grave était que cette agression caractérisée contre le Brabant – précédée à l'été par la construction de redoutes garnies d'artillerie à Kallo, près des bouches de l'Escaut, destinées à empêcher les marchands étrangers de venir aux foires d'Anvers[66] – ne pouvait que convaincre les états du duché d'apporter un soutien financier et politique inconditionnel à Maximilien : *Et ainsi furent lesd. de Flandres desceus de leur intention, car où ils pensoient attraire lesd. d'Anvers à leur cordelle, ils devindrent leurs ennemis : lesquels deux villes firent de grans secours de gens et d'argent à mond. seigneur*[67]. Sans doute l'attaque flamande peut-elle être considérée comme une simple réaction aux mesures de rétorsion ordonnées par Maximilien, et très volontiers appliquées par les villes brabançonnes, Anversois en tête, qui avaient interdit aux marchands de Bruges l'accès à leurs foires[68]. Une réponse militaire de cette ampleur et de cette violence était cependant le plus sûr moyen de conforter la légitimité de l'action de Maximilien aux yeux des autres principautés néerlandaises.

Les pays de par-deçà contre la Flandre

Peu après Noël 1484, le Brabant accorda une aide de 50 000 couronnes, soit 60 000 l., à payer en quatre termes et sur deux ans, les 1er avril et 1er octobre des années 1485 et 1486. Mais c'est au printemps que le duché consentit un effort financier exceptionnel, en anticipant la levée des trois derniers termes de l'aide de 60 000 l., et en accordant un nouveau subside, dit du 12e denier. Ce subside devait, comme son nom l'indique, prendre la forme d'un impôt de quotité équivalant à un douzième du revenu des particuliers. Par ailleurs, il devait être levé dans l'ensemble des principautés reconnaissant le gouvernement de Maximilien. En vérité, il s'agissait là d'une spectaculaire innovation. Outre que le principe même d'un impôt de quotité était âprement contesté par les assemblées représentatives, et techniquement très

---

64 AGR, CC, reg. 42934, fol. 70r.

65 Faute de liquidités disponibles, la châtellenie d'Ypres, qui avait payé les 14 premiers jours de son contingent, demanda aux paroisses de payer les 14 jours suivants, les soldes versées devant être ensuite déduites des assiettes suivantes.

66 *Histoire des Païs-Bas…*, p. 703.

67 *Ibid.*

68 Jelle HAEMERS, *De strijd om het regentschap…*, p. 147.

MAXIMILIEN FACE À LA FLANDRE (1483-1488)   197

difficile à mettre en place, une contribution généralisée à l'ensemble des pays de par-deçà remettait en cause la clé de répartition entre principautés établie pour l'aide de 500 000 *ridders*.

De fait, toutes les provinces parvinrent à substituer au 12e denier un subside forfaitaire. En Brabant, plutôt que de convoquer les états, Maximilien négocia séparément avec les chef-villes, à commencer par les plus puissantes des quatre, à savoir Bruxelles et Anvers. Anvers d'abord, puis Bruxelles acceptèrent de verser 20 000 l., la Chambre des comptes de Brabant établissant ensuite en proportion l'assiette de leurs quartiers[69]. La ville de Louvain ne fut pas taxée, mais accepta de payer directement des gens de guerre, par ordonnance de Maximilien. Par ailleurs, le compte de Jan van Olmen enregistre pour cette aide une recette de près de 90 000 l., dont les maîtres de la Chambre des comptes de Bruxelles précisent en marge du registre qu'elle ne portait que sur les quartiers du Brabant, hors les quatre chef-villes, taxées à part. Jan van Olmen se plaignait d'ailleurs en préambule de n'avoir eu que très partiellement l'entremise de cette aide, parce que la Chambre des comptes ne lui avait pas adressé l'assiette, et que l'argent levé n'était pas passé entre ses mains, de sorte qu'il avait été contraint de reporter sur son compte, à l'aveuglette, *acquist voere acquist ende descharge voere descharge*, c'est à dire de transcrire les pièces justificatives qu'il avait pu se procurer sans pouvoir s'assurer de la régularité des opérations. Il précise qu'il ne rend ce compte que *ten dien eynde dat hij bij weldoene egeen verlies en hebbe*, pour qu'on ne puisse le lui reprocher par la suite.

On ignore si les 20 000 l. « ou environ » furent payées par Bruxelles et Anvers ensemble, ou séparément. Compte tenu de la quote-part du quartier d'Anvers pour le 12e denier, et compte tenu de l'assiette de l'aide de 1484, il semblerait que ces 20 000 l. aient été payées par Bruxelles et Anvers ensemble, la première prenant à sa charge environ les deux tiers de cette somme, et Anvers le tiers restant[70]. Cependant, un compte postérieur établi par le fils de Jan van Olmen et sa sœur après la mort du receveur[71] indique que la part du quartier de Bois-le-Duc a été de 26 000 l., alors que

---

69 *Mijn geneed. heeren, in behulpe ende onderstands van den vors. oerloge, gehadt heeft ende gehaven die partien ende sommen van penningen van den viere hootsteden (sic) van Brabant, op elcken van hen terstont hier na vercleert ende in ontfange geset, ende dat alsoe begonst zijnde ende innegeset wesende heeft de selve mijn geneed. heere terstont bij den luden van zijnre reekencameren te Bruessel doen setten ende taxeren het platte lant ende alle die anderen cleine steden van Brabant na de gelande van der sommen bij den vors. steden van Antwerpen ende Bruessel* (AGR, CC, reg. 15730, compte de Jan van Olmen du 12e denier accordé en 1485, fol. 1r).

70 On constate un rapport de un à deux entre Anvers et Bruxelles dans l'assiette de l'aide de 1484, où Bruxelles avait été taxée à 1 346 l. et Anvers à 651 l. Anvers aurait donc payé environ 6 500 / 7 000 l. en 1485, ce qui est parfaitement compatible avec le rapport entre la part de la ville et celle du reste de son quartier : en 1484, Anvers a payé 651 l. sur les 3 363 l. de la portion du quartier d'Anvers, soit 19% (AGR, CC, reg. 15730, compte de Jan van Olmen des aides de 1483-1484) ; en 1485 le quartier d'Anvers (hors Anvers) a été taxé à hauteur de 30 666 l. pour le 12e denier ; en y ajoutant une assiette de 7 000 l. pour la ville d'Anvers, la part de cette dernière aurait été de 18,58%.

71 AGR, CC, reg. 15731, compte extraordinaire de Jan van Olmen, fils de Jan van Olmen, pour lui et sa sœur, de certaines décharges et « autres parties, dont led. feu Olmen apparaît avoir eu l'entremise », fol. 9v.

le compte du 12e denier indique pour les petites villes et les campagnes une assiette de 15 648 l. 15 s. La ville de Bois-le-Duc aurait donc contribué à hauteur de 10 000 l., soit beaucoup plus que ce qu'elle payait habituellement[72], ce qui nous oblige à rester prudents pour Anvers et Bruxelles. Il manque enfin le montant des sommes acquittées directement par Louvain, de sorte que la recette totale de cette aide se trouve comprise entre 125 000 / 130 000 l. au minimum[73], et 145 000 / 150 000 l. maximum[74]. Ce maximum est inférieur d'environ 10 à 15% à la somme que Maximilien prétendait avoir reçu du Brabant lorsque ses représentants négocièrent l'aide du 12e denier avec la ville de Mons et les états de Hainaut, à savoir 140 000 écus (168 000 l.)[75] – mais évidemment, les commissaires du prince avaient intérêt à surévaluer la somme accordée par le Brabant pour inciter les Hennuyers à les imiter.

Ainsi, avant le 21 avril 1485, date des premières assignations du receveur général sur l'aide du 12e denier[76], Maximilien avait pu s'assurer de la levée d'environ 200 000 l., équivalant à une fois et demi la quote-part du Brabant de l'aide de 500 000 *ridders*, en un délai extrêmement court. L'accord d'Anvers et de Bruxelles, les villes les plus exposées aux incursions flamandes, avait entraîné celui des autres quartiers. La réaction en chaîne s'étendit à l'ensemble des pays de par-deçà. En Hainaut, des négociations particulières furent conduites avec les établissements religieux, Mons, Valenciennes, les petites villes et la noblesse, comme l'indiquent les instructions données aux commissaires princiers, datées du 21 avril 1485[77]. Au lieu du 12e denier, ils étaient autorisés à négocier un fouage de 60 patards par feu urbain, soit 3 l., et 30 patards par feu rural, soit 1,5 l. Autre innovation : Maximilien comptait se passer de l'accord des nobles pour lever le fouage dans les campagnes, mais il laissait à ses représentants le soin de juger s'il était nécessaire de les consulter[78]. Cela ne signifiait pas pour autant qu'on allait demander leur avis aux villageois, seulement priés de faire connaître leur nombre d'habitants afin d'établir l'assiette. Mons accorda un subside de 4 200 l. au tout début du mois de mai, tandis que les nobles – qu'on n'osa tout de même pas ignorer – s'accordèrent avant le 16 juin avec les commissaires de Maximilien

---

72 470 l. sur 1 940 l. assises sur le quartier de Bois-le-Duc pour l'aide de 1484, soit 24,2% de la portion du quartier, au lieu de 39,8% en 1485. Les remises accordées n'ont pas dépassé les 3 000 l.

73 Soit 90 000 l. pour les quatre quartiers, hors les chef-villes, 20 000 l. pour Bruxelles et Anvers, 10 000 l. pour Bois-le-Duc et 5 000 à 10 000 l. pour Louvain.

74 Si Anvers et Bruxelles se sont acquittées chacune de 20 000 l.

75 Léopold DEVILLERS, « Le Hainaut sous la régence de Maximilien. 1483-1485 » …, p. 419-420.

76 Assignations que l'on ne trouve pas dans le registre de la recette générale, puisque celui de 1485 n'a pas été conservé, mais dans le compte du 12e denier de Jan van Olmen. S'y ajoutent les décharges originales remises à la Chambre des comptes et encore conservées (une vingtaine), ainsi que quelques autres inscrites dans le registre de 1486 de la recette générale (ADN, B 2133, fol. 66r-67v).

77 ADN, B 18844, n° 29557, 21 avril 1485 : *Instruction pour mess. de Fiennes, de Molembais, de Saint Py, chevaliers, conseillers et chambellans, et messire Olivier, seigneur de La Marche, aussi chevalier et conseiller et premier maistre d'ostel de mon tres redoubté seigneur, m^{gr} l'archiduc d'Austrice, duc de Bourgoigne, de Brabant, conte de Haynnau etc, de ce qu'ilz auront a faire devers les gens d'eglise, nobles hommes, bonnes villes et plat pays du conté de Haynnau devers lesquelz mond. s^r les envoye presentenent.*

78 *Ibid. : Et se lesd. commissaires treuvent qu'il soit besoing de mander les nobles hommes dud. plat pays pour avoir l'acord esd. villaiges desd. sommes, ilz requerront le grant bailli de Haynnau qu'il les mande.*

MAXIMILIEN FACE À LA FLANDRE (1483-1488)

sur un montant, très modéré, de 6 000 l. pour les communautés rurales[79]. En tout, un peu moins de 14 000 l. furent levées sur le Hainaut[80], soit à peine la moitié de la quote-part du Hainaut de l'aide de 500 000 *ridders*.

La Hollande, de son côté, fut également sollicitée, alors même qu'elle avait déjà accepté de payer, outre l'aide ordinaire de 53 333 *clinkaerts*[81], les arriérés qui auraient dû être levés en 1482-1483, soit 80 000 *clinkaerts*. Le paiement de ces arriérés devait être étalé sur trois ans, à partir de la Saint-Jean-Baptiste 1485[82]. Comme les années précédentes, il fallut en déduire les remboursements d'avances consenties par les villes, ainsi que d'assez nombreuses remises d'impôts, de sorte que le rapport de l'aide ordinaire ne dépassa pas les 40 000 l. de 40 g. Pour la guerre contre la Flandre, la Hollande accorda à la place du 12ᵉ denier un gros subside de 80 000 livres, dont le rendement approcha les 95 %[83]. Ainsi donc, ce sont près de 115 000 / 120 000 livres qui furent levées sur la Hollande et la Frise en 1485. Contrairement au Brabant, il ne semble pas qu'il y ait eu d'anticipations sur les échéances habituelles, soit la Saint-Jean-Baptiste et Noël 1485[84]. La somme était là aussi très considérable, sensiblement supérieure à la quote-part de la Hollande dans l'aide des 500 000 *ridders* (101 600 l.), et il faut sans doute encore y ajouter les derniers versements des amendes infligées aux villes punies pour leurs sympathies envers les *Hoeken*.

La Zélande ajouta à l'aide ordinaire de 28 000 l. un premier subside de 10 000 l. par an pendant trois ans en octobre 1484, puis une deuxième aide complémentaire, à lever en une fois, de 20 000 l. en juin 1485[85]. Ainsi, au printemps 1485, Maximilien s'était assuré d'une réserve de près de 400 000 l. pour ses campagnes contre les Flamands. Il devait ce succès à la coopération des principales villes de Brabant, de Hollande et de Hainaut, qui avaient de gros intérêts en jeu dans cette affaire. Le rôle moteur de ces métropoles est également mis en relief, cette fois *a contrario*, par l'effacement, ou au moins la mise entre parenthèse des états de Brabant et de Hainaut en tant

---

79 Léopold DEVILLERS, « Le Hainaut sous la régence de Maximilien. 1483-1485 » ..., p. 419-428.

80 ADN, B 12433, fol. 1r-2v, compte de Jean de la Croix, des dons et appointements faits au lieu du 12ᵉ denier.

81 NA, Chambre des comptes de La Haye, rek. 3393, 2ᵉ compte de Thomas Beuckelaere de l'aide ordinaire levée en 1485.

82 NA, Chambre des comptes de La Haye, rek. 3396, 1ᵉʳ compte de Thomas Beuckelaere des arriérés de l'aide ordinaire pour 1482-1483, pour les quatre premiers termes levés en 1485-1486.

83 La part de Dordrecht fut ramenée de 6 667 l. à un forfait de 1 600 l., compte tenu du délabrement de ses finances (NA, Chambre des comptes de La Haye, rek. 3398, compte de Thomas Beuckelaere des 80 000 l. accordées par les états de Hollande et de Frise). Le compte est ici un compte simplifié, car il ne comprend pas l'assiette, rendue dans un compte à part présenté aux états (*ibid.*, fol. 1r-v). N'y figurent donc pas non plus les rabais probablement accordés aux régions dévastées par la guerre d'Utrecht ; en revanche, cette aide extraordinaire n'a pas dû donner lieu à des remboursements d'avances consenties par les villes sur des aides antérieures. Les assignations sur cette aide – pas moins de 76 285 l. et 15 s. – laissent supposer que les rabais, remises et remboursements ont été limités.

84 La première assignation date du 12 juin 1485, alors que la guerre avec la Flandre touchait à sa fin, et très peu de temps avant la première échéance, tandis que les premières décharges sur les contributions accordées par le Brabant à la place du 12ᵉ denier ont été expédiées le 21 avril, immédiatement après la fin des négociations.

85 Annexe II, tableaux synthétiques des aides accordées par les principautés (Zélande).

qu'instances de dialogue principales, et par la très faible contribution des campagnes du Hainaut, pourtant l'une des provinces les plus loyales au pouvoir central.

Même la Gueldre, quatre ans après sa reconquête, fut sollicitée. Après un premier échec en juin 1485, les états invoquant les privilèges du duché, Maximilien ordonna à ses représentants de passer outre et de lever un fouage, en procédant sans doute comme en Brabant et en Hainaut, c'est-à-dire en négociant directement avec les communautés. Celles-ci, cependant, résistèrent, et on dut à nouveau convoquer les états du duché en août. Les représentants de Maximilien essuyèrent un nouveau refus. En novembre, en présence de Maximilien, les états assemblés à Grave n'osèrent pas refuser deux *pontschattingen*, dont la première devait être levée à Noël. Le terme, dérivé de *pond* (la livre) et *schatting* (l'estimation), suggère un impôt de quotité, reposant sur une évaluation des biens et des revenus, comme aurait dû l'être le subside du 12e denier. En réalité, la levée de cet impôt fut extrêmement difficile, en raison de la mauvaise volonté générale, et en 1487 encore, le recouvrement des arriérés se heurtait à toutes sortes de difficultés[86]. Il n'empêche que le receveur général des finances a porté en recette un certain nombre d'assignations sur cette aide, pour un total de 30 531 l., sans mentions marginales de contrôle, mais qui n'ont pas été portées en deniers rendus et non reçus et ont donc très certainement été réglées sur le produit de ce subside[87].

Face à cette mobilisation financière de grande ampleur, le conseil de régence de Flandre se révéla incapable d'opposer une défense efficace aux armées de Maximilien. Il n'avait pas trouvé son Guillaume d'Orange, soit un grand seigneur pourvu d'une autorité suffisante pour imposer une direction centrale. Après l'échec de la campagne de Brabant, les Membres multiplièrent les initiatives désordonnées. Une aide de 40 000 couronnes fut à nouveau votée en novembre/décembre 1485, mais celle-ci ne fut levée ni dans le Franc de Bruges, ni à Courtrai, qui ne voulut pas porter son regard au-delà de l'horizon qui s'étendait depuis ses murailles, et s'estima quitte avec les frais qu'elle engageait pour entretenir sa toute petite garnison. On constate de si grandes disparités d'une ville ou d'une châtellenie à l'autre qu'il est impossible d'estimer le volume, même approximatif, des dépenses militaires pour l'ensemble du comté[88]. Lorsqu'on additionne les contributions en argent ou en hommes (converties en argent) de chacune des villes et châtellenies de Flandre, et qu'on les compare avec leur quote-part du Transport de 1408, on voit que les habitants de la châtellenie d'Ypres payèrent près de 4 000 l. entre décembre 1484 et juin 1485, soit l'équivalent de leur quote-part d'une aide de 180 000 l., tandis que le Franc de Bruges, nettement moins exposé à la guerre que la châtellenie d'Ypres, ne dépensa à cet effet, et pour la même

---

86 Wybe JAPPE ALBERTS, *De Staten van Gelre en Zutphen*…, p. 151-156.

87 7 412 l. en 1486 (ADN, B 2133, fol. 34r-35r), 819 l. en 1489 (ADN, B 2138, fol. 25v), 21 300 l. en 1490 (ADN, B 2140, fol. 37v), dont 20 000 l. pour une décharge du 1er décembre 1485, 1 300 pour une décharge du 4 juillet 1485, 1 000 l. dans le registre de 1491 pour une décharge du 15 décembre 1485 (ADN, B 2142, fol. 39r) ; il s'agit là d'un minimum, puisque les registres de 1485 et de 1487 ont été perdus – cependant, les décharges de 1485 inscrites dans le registre de 1491 laissent penser que ce total en représente tout de même la plus grande partie.

88 Tableau synthétique des dépenses de guerre des villes et châtellenies de Flandre entre décembre 1484 et juin 1485 en annexe I, aides accordées par la Flandre, aide n° 19.

période, qu'un peu moins de 13 000 l., soit l'équivalent de sa quote-part d'une aide de 106 000 l. Les contributions de Bruges et de Courtrai furent encore inférieures, de même que celles des districts partiellement occupés par l'ennemi (châtellenies de Courtrai et d'Audenarde). On ne doit pas être trop loin de la vérité en situant dans une fourchette de 70 000 à 110 000 l. les dépenses que les communautés flamandes consacrèrent à leur défense au cours du premier semestre 1485.

C'est dans ce contexte de crise politique, militaire et financière aiguë qu'il faut situer la mesure d'exception prise par les Membre de Flandre, lorsqu'ils décidèrent d'émettre des rentes gagées non plus seulement sur le corps d'une ville, mais sur les revenus publics de tout le comté, pour un total maximal de 100 000 couronnes, soit 120 000 l. de 40 g.[89] Le receveur de Bruges vendit ainsi 110 lettres de rentes au denier 15, pour un capital emprunté de 34 248 l. de 40 g.[90] À supposer qu'il ait centralisé les opérations pour tout le quartier de Bruges, et si Ypres et Gand ont vendu un montant équivalent, correspondant à leur quote-part du Transport de 1408, le total des fonds ainsi levés tournerait autour de 90 000 l. pour tout le comté. Cette sorte d'emprunt de guerre aurait donc été un relatif succès financier et politique pour le conseil de régence et les Membres. Cela ne suffisait pas à faire pencher la balance en leur faveur, car Maximilien disposait toujours d'une importante supériorité de moyens financiers, de l'ordre de deux à un, mais la souscription du printemps 1485 réduisait considérablement l'écart, d'autant que les opérations offensives coûtaient nécessairement plus cher. En revanche, la dispersion des forces et le manque de coordination étaient toujours aussi criants chez les partisans du conseil de régence, et c'est cela qui fit en définitive la différence. Après la razzia opérée en Brabant, les Flamands se montrèrent incapables de monter une nouvelle campagne d'envergure. Leur stratégie, exclusivement défensive, consistait à multiplier les garnisons pour faire face aux courses menées depuis Audenarde et Termonde par les capitaines de Maximilien, qui infligèrent de nombreux revers aux milices locales[91]. Il ne restait plus qu'un dernier espoir : une intervention française. Le conseil de régence dut mettre son destin entre les mains des Beaujeu.

L'intervention française et la capitulation de la Flandre

Les Beaujeu suivaient avec attention les événements des Pays-Bas. Ils savaient que Maximilien n'avait jamais accepté le traité d'Arras, et qu'il guetterait la moindre occasion de revenir sur les abandons territoriaux auxquels il avait dû se résoudre

---

89 Jelle HAEMERS, « A Financial Revolution in Flanders? Public Debt, Representative Institutions, and Political Centralisation in the County of Flanders during the 1480s », in *Economies, Public Finances, and the Impact of Institutional Changes in Interregional Perspective. The Low Countries and Neighbouring German Territories (14th-17th centuries)*, 2015, p. 140-141.

90 Jelle HAEMERS, *De strijd om het regentschap...*, p. 138.

91 En mai 1485, *par ung jour de la Penthecouste*, 3 000 Gantois conduits par Adrien Vilain, seigneur de Ressegem, étaient battus par la garnison d'Audenarde (Jean MOLINET, *Chroniques...* t. I, p. 449-450). Quelques jours plus tard, les Bourguignons tendaient une embuscade aux portes de Gand (*ibid.*, p. 450-451).

sous la pression des États généraux des pays de par-deçà. Les Beaujeu n'ignoraient pas non plus que se préparait à l'intérieur du royaume une violente réaction des opposants à la politique de Louis XI. L'ancien monarque avait tendu à l'extrême les ressorts de son royaume. Les Beaujeu s'empressèrent de relâcher la pression, en diminuant fortement les impôts et en accordant de nombreuses concessions aux princes territoriaux du royaume[92]. Toutes ces mesures d'apaisement n'empêchèrent pas les troubles d'éclater. Le duc d'Orléans réclamait la direction du conseil royal et la tutelle du jeune Charles VIII. Il se rapprocha très vite du duc de Bretagne François II, le seul des ennemis de Louis XI que ce dernier n'avait pas réussi à abattre, et qui vivait depuis plusieurs années dans la crainte d'une invasion française. François II avait été l'un des rares princes à soutenir le fragile gouvernement de Maximilien, à qui il avait accordé un prêt de 24 600 l. en juin 1482, par l'intermédiaire de Tommaso Portinari[93]. Ainsi se formait une coalition débordant largement des frontières du royaume. Dans ces conditions, les Beaujeu ne pouvaient voir que d'un très bon œil les revendications politiques des villes et de la noblesse de Flandre. Les deux conseils de régence de Flandre et de France correspondirent régulièrement.

La tension monta vite entre les Beaujeu et Maximilien. Le 9 décembre 1483, peu après l'arrestation de l'ambassade flamande par Lancelot de Berlaymont, Charles VIII accordait une surséance de dix ans pour les appels interjetés sur les cas criminels jugés par les lois de Bruges et d'Ypres. Cette suspension de la possibilité de faire appel au Parlement de Paris, même partielle et temporaire, était une faveur exceptionnelle, confortant l'autonomie des justices urbaines[94]. Le 25 octobre 1484, Charles VIII concluait une alliance avec les Flamands, alors que se précisait la menace d'une intervention militaire de Maximilien en Flandre et d'une sédition menée par le duc d'Orléans en France. Louis d'Orléans rompit avec les Beaujeu en janvier 1485, mais sa prise d'armes échoua très vite, de sorte qu'il fut obligé de rentrer dans le rang et de reprendre sa place, trop secondaire à son goût, au Conseil du roi[95]. Les Beaujeu avaient les mains libres pour intervenir en Flandre.

Le maréchal d'Esquerdes, Philippe de Crèvecœur, prit la tête d'un corps expéditionnaire de 500 lances et 4 000 à 6 000 fantassins. Il tenta d'abord de poster une garnison à Tournai, mais les habitants, échaudés par l'expérience de l'occupation française en 1477-1478, refusèrent de lui ouvrir leurs portes. Il alla ensuite à Gand, menacée par Maximilien, qui avait lui aussi décidé d'entrer en campagne, à la tête d'une armée de 12 000 fantassins, dont un grand nombre de redoutables mercenaires suisses et allemands, et 3 000 cavaliers, *la plus belle armée que pieça* [Maximilien] *avoit eu*[96]. À la fin du mois de mai, les deux armées se retrouvèrent face à face sous les murs d'Audenarde, les Franco-Flamands retranchés dans l'abbaye d'Ename, sur l'Escaut, à

---

92 Paul PÉLICIER, *Essai sur le gouvernement de la Dame de Beaujeu*, Chartres, 1882, p. 40-61 ; sur les finances, voir Jean-François LASSALMONIE, « Les finances de la monarchie française sous le gouvernement des Beaujeu (1483-1491) », *Études et documents*, 6, 1994, p. 3-142.

93 ADN, B 2127, fol. 56v.

94 *Ordonnances des rois de France...*, t. XIX, p. 215-218.

95 Paul PÉLICIER, *Essai sur le gouvernement...*, p. 91-106.

96 Jean MOLINET, *Chroniques...* t. I, p. 447-449.

quelques centaines de mètres au nord-est de la ville. Finalement, Maximilien se retira, après avoir laissé de grosses garnisons à Audenarde et Termonde, emmenant avec lui une dizaine de milliers d'hommes dans le pays de Waas, qu'il pilla méthodiquement, puis en Zélande, où les Brugeois s'étaient emparés de Flessingue, qu'ils avaient mise à sac. Maximilien, afin de lutter contre les pirates flamands et de protéger le trafic commercial, réunit une flotte d'une centaine de navires à Anvers. Au début du mois de juin, il attaqua L'Écluse, et y captura plusieurs navires marchands[97]. Bruges subissait désormais un blocus commercial complet. Très vite, la volonté des adversaires de l'archiduc s'effondra. Les Flamands abandonnèrent leur camp d'Ename dans la nuit du 28 au 29 mai et renoncèrent à assiéger Audenarde. À Gand, le 7 juin, une émeute chassa du pouvoir la poignée de politiciens et de notables qui accaparaient mandats électifs et charges publiques depuis 1477. Sous les yeux des Français, les Gantois élurent une nouvelle équipe dirigeante, tandis que l'ancienne était prestement jugée et condamnée. Willem Rijm fut décapité le 14 juin, en compagnie de Daniel Onredene, premier échevin du banc de la *keure*[98]. Crèvecœur avait déjà quitté la capitale flamande le 11 juin, trouvant sans doute malsain l'air qu'on y respirait. Il laissa derrière lui quantité d'armes ainsi que toute son artillerie. Le 15 juin, après avoir campé dans les faubourgs de Tournai, il rentra en Artois. Sa campagne avait été un échec total. Au même moment, les Brugeois se débarrassaient de la faction au pouvoir depuis la mort de Marie de Bourgogne. Au début du mois de juin, Willem Moreel et ses partisans durent fuir la ville et se réfugier à Tournai[99].

Maximilien envoya aussitôt des ambassadeurs négocier la paix avec les Flamands. Le 22 juin, une trêve de douze jours était conclue et le 28 juin, le traité de L'Écluse mettait un terme aux quelque trois années de gouvernement autonome flamand. Les conditions de paix furent singulièrement clémentes. Maximilien était reconnu comme tuteur de Philippe le Beau ; il se voyait promettre une indemnité de guerre à payer en trois ans, à partir de Noël 1485, mais dont le montant devait être fixé ultérieurement[100]. En réalité, les esprits restaient très échauffés, et la paix n'avait pas fait l'unanimité. Du reste, les Gantois avaient élu des échevins qui étaient sans doute très hostiles à la mainmise de Rijm, Onredene, des frères Jan et Frans van Coppenhole et des cousins Adrien Vilain[101] sur le gouvernement de la ville, mais n'étaient nullement des partisans de Maximilien. Le meneur de la révolution du 7 juin, Mathijs Peyaert, avait pris part aux précédents soulèvements de Gand contre les ducs de Bourgogne en 1451-1453 et 1467[102]. La victoire de Maximilien, survenue comme par effraction à la suite d'un coup de force, n'était pas encore assez nette. Les comptes de la guerre civile n'avaient pas été soldés.

---

97 Hermann WIESFLECKER, *Kaiser Maximilian I*, vol. 1, *Jugend, burgundisches Erbe und Römisches Königtum bis zur Alleinherrchaft, 1459-1493*, München, R. Oldenbourg, 1971, p. 174-175.

98 Jelle HAEMERS, *De strijd om het regentschap…*, p. 154-157.

99 *Ibid.*, p. 153-154.

100 Jean MOLINET, *Chroniques…* t. I, p. 458-462.

101 Sur Adrien Vilain, seigneur de Ressegem, et son cousin et homonyme, Adrien Vilain, seigneur de Liedekerke, voir Jelle HAEMERS, *For the Common Good…*, p. 125-126.

102 Jelle HAEMERS, *De strijd om het regentschap…*, p. 155.

III. La tyrannie fiscale de Maximilien et la reprise de la guerre contre la France

Peur sur la Flandre : la revanche de Maximilien

L'archiduc-régent voulut faire sentir aux Flamands qu'ils étaient ses sujets et qu'il était chez lui. Le 7 juillet, il entrait à Gand à la tête de 5 000 mercenaires allemands. La cohabitation entre l'entourage du prince et les habitants de la capitale flamande fut difficile. Les autorités de la ville firent arrêter certains soldats qui s'étaient rendus coupables de violences. Aussitôt, leurs camarades marchèrent sur la prison et exigèrent leur libération. On leva alors les bannières des métiers, qui se rassemblèrent le 11 juillet, mais se dispersèrent dès le lendemain, sous les assauts des lansquenets et le feu de l'artillerie princière[103]. Il est vrai que dans un contexte aussi inhabituel, alors que la ville subissait une véritable occupation, le traditionnel rituel politique flamand, caractérisé par l'occupation en armes de l'espace public, s'en trouvait bouleversé. Maximilien, qui de toute façon n'était guère disposé à saisir les subtilités du dialogue politique qui s'était noué entre les comtes de Flandre et leurs villes depuis le XIIᵉ siècle, n'avait plus affaire qu'à des désobéissants sujets. Le choix de la confrontation était sans doute plus conforme à son tempérament et à sa propre culture politique, tout en rejoignant celle de ses prédécesseurs de la maison de Valois[104]. L'archiduc avait les mains libres pour se livrer à une franche répression et prendre le contrôle de la première ville de Flandre. Le 15 juillet, sept meneurs de la vraie-fausse insurrection étaient décapités[105]. Le 22 juillet, l'ensemble des privilèges accordés à Gand depuis 1477 par Marie de Bourgogne et au nom de Philippe le Beau, ainsi que par Louis XI et Charles VIII, étaient solennellement lacérés. Maximilien fit même effacer les armes de France du perron du marché au poisson, pour mettre à leur place son propre blason. En agissant ainsi, il manifestait on ne peut plus clairement sa volonté de détacher le comté de Flandre du royaume.

C'est dans ces circonstances exceptionnelles que se réunirent les états de Flandre, entre le 14 et le 24 juillet, pour décider du montant de l'indemnité à verser à Maximilien. Alors que les têtes des opposants roulaient à terre – à Bruges, cinq d'entre elles furent exposées aux Halles de la ville, qu'elles ornèrent de sinistre manière jusqu'en 1488[106] – les discussions avaient toutes les raisons de ne pas s'éterniser. De fait, dès le 17 juillet, on s'accorda sur une aide de 127 000 *ridders* par an pendant trois ans, à lever aux termes de la Saint-Jean-Baptiste et de Noël, à partir de Noël 1485. Elle correspondait évidemment à l'aide ordinaire levée sous Charles le

---

103 *Ibid.*, p. 189.
104 Willem Pieter BLOCKMANS, « La répression des révoltes urbaines comme méthode de centralisation dans les Pays-Bas bourguignons », in *Milano e Borgogna. Due stati principeschi tra medioevo e Rinascimento*, 1990, p. 5-9.
105 *Dagboek van Gent…*, p. 262-263.
106 Jelle HAEMERS, *De strijd om het regentschap…*, p. 178.

Téméraire, et c'est bien à celle-ci que se référèrent les états de Flandre[107]. Au regard de l'extraordinaire tour de vis fiscal qui allait suivre quelques mois plus tard, on est frappé par la prudence de Maximilien en ce début d'été 1485, et l'on est même étonné qu'ait pu être considérée comme une punition, ou en tout cas comme un juste dédommagement du prince[108], la restauration pour trois années seulement de l'aide accordée à Charles le Téméraire à partir de 1473. D'une certaine manière, on réaffirmait ainsi le caractère exceptionnel, et donc temporaire, de cette aide qui devait être dans l'esprit de Charles le Téméraire une imposition ordinaire – et dont on a vu qu'elle était somme toute modique par rapport à la quote-part des autres principautés dans l'aide des 500 000 *ridders*.

Si le montant de l'aide « accordée » à Maximilien était donc mesuré, ses conseillers et lui-même étaient disposés à ne faire aucune concession susceptible d'en limiter le rendement. Ainsi, Ypres ne bénéficia que d'un rabais d'un tiers, au lieu des deux tiers habituels[109]. La châtellenie d'Audenarde, qui avait sans aucun doute été durement touchée par la guerre, n'obtint aucun rabais. La ville de Grammont, dévastée par les lansquenets, fut incapable de payer ses termes, de sorte qu'on lui fit grâce de la totalité de l'aide ordinaire, mais seulement à partir de septembre 1486. En revanche, la ville d'Audenarde n'eut qu'à acquitter la moitié de son assiette habituelle, en reconnaissance des services rendus par elle pendant la guerre. C'est donc surtout par la parcimonie des remises d'impôts que l'aide de 127 000 *ridders* manifesta le plus clairement sa nature de composition financière due par des rebelles à leur prince vainqueur. Par ailleurs, on leva par anticipation le terme de Noël 1485 quelques semaines seulement après le vote de l'aide. Le Franc de Bruges sollicita ainsi un banquier florentin, Lorenzo Comtus, et un génois, Stena Spinola, pour régler cette échéance, tandis que la ville d'Audenarde vendait des rentes viagères au denier 10 pour le compte de sa châtellenie[110]. La châtellenie d'Ypres, quant à elle, sollicita ses contribuables dès la fin du mois d'août, mais elle avait déjà, on ne sait par quel moyen, versé à Roland Le Fèvre la plus grande partie de ce qu'elle lui devait pour le terme de Noël 1485. Par ailleurs, la Flandre dut également accorder une aide de 10 000 couronnes par an pendant trois ans pour Marguerite d'York, à payer aux mêmes termes que l'aide de 127 000 *ridders*[111].

Autre gain notable, quoique marginal à côté de la soumission de la Flandre flamingante, une contribution fut levée sur la châtellenie de Lille, Douai et Orchies, pour la première fois depuis 1477. Pendant la guerre contre la France, Lille et Douai avaient consacré toutes leurs ressources à l'amélioration de leurs fortifications et à leur garnison, tandis que les campagnes avaient été pillées de fond en comble, et la petite

---

107 *Handelingen…*, t. I, p. 355-361 (*zulken zettinghe als wijlen zalegher memorien den hertoghen Karelen, lest overleden, lestwaerf gheconsentheert was, etc.*).

108 On rappelle bien en effet que cette aide a été accordée *ter cause van der payse* (*ibid.*).

109 Voir annexe I, aides accordées par la Flandre, aide n° 20.

110 Vente de 15 livres de gros de rente viagère au denier 10 (soit un capital de 900 l. de 40 g.) sur la ville d'Audenarde, pour lesquelles les *hofpointers* et le receveur de la châtellenie se sont engagés par lettres scellées le 13 août (AGR, CC, reg. 41914, fol. 3r-v).

111 *Handelingen…*, *ibid.*

ville d'Orchies incendiée lors de l'occupation de Tournai par les Français[112]. Pendant le gouvernement du conseil de régence, bien que le château de Lille fût resté entre les mains du seigneur d'Espierres, fils de Louis de La Gruuthuse et donc partisan du conseil, la châtellenie s'était bien gardée de trop se compromettre avec lui. Priés de contribuer aux aides de Flandre, les états de Lille, Douai et Orchies jouèrent la montre : *Sur ce furent prinses pluiseurs excuses par devers nostred. tres redoubté seigneur et les Membres de Flandres affin de tousjours delayer la chose le plus que l'on pourroit, esperant que traictié de paix se trouveroit entre nostred. tres redoubté seigneur m^{gr} le duc Philippe et mon tres redoubté seigneur l'archiduc d'Austrice son pere, et que par ce moyen l'on demoureroit quitte dud. ayde[113].* La châtellenie versa un peu plus de 2 000 l., avancées par Lille, pour le paiement de la garnison d'Orchies et le défraiement du seigneur d'Espierres ; elle fit ensuite le nécessaire pour que, après la soumission de la Flandre, celui-ci se dessaisisse du château[114]. Après l'octroi de l'aide de 127 000 *ridders*, les états de la châtellenie n'eurent d'autre choix que d'accorder également une aide à Maximilien, pour trois ans également, d'un montant de 11 000 l. de 40 g.[115] Ce subside équivalait à un peu plus de la moitié de la quote-part de la châtellenie dans l'aide de 500 000 *ridders*, mais pour un district qui avait perdu près d'un tiers de sa population entre 1476 et 1485[116], la somme n'avait rien de symbolique.

C'est sans doute avec soulagement que les Flamands virent leur nouveau régent s'en aller en Allemagne à la fin de l'année afin de briguer la couronne de roi des Romains. Ils ne s'en sortaient pas si mal. La guerre avait été rapide et n'avait touché que les lisières orientales du quartier de Gand. La ville des Artevelde avait été punie et ramenée à peu de choses près aux clauses du traité de Gavre, imposé par Philippe le Bon en 1453. Les campagnes de leur quartier avaient-elles à s'en plaindre ? Le Franc de Bruges retrouva son statut de quatrième Membre le 18 octobre 1485[117], tandis que le plat pays d'Ypres pouvait à nouveau s'adonner à la draperie, y compris de haute qualité, en principe réservée aux métiers urbains, sans craindre les incursions de la milice des chaperons rouges qui avait détruit leur outillage[118]. Le coût de la paix

---

112 Incendie évoqué dans la lettre d'exemption complète des aides obtenue par Orchies en 1492 (ADN, B 2145, n° 69959).

113 AM Lille, reg. 16224, compte de la ville, 1485, fol. 120v.

114 Le seigneur d'Espierres demanda en effet le paiement de 3 000 écus de 48 gros, pour le remboursement d'une semblable somme que son père avait payée à son prédécesseur, Philippe Pot, seigneur de la Roche, lorsque celui-ci quitta ses fonctions en 1477. La ville de Lille paya cette somme, financée par l'émission de rentes en juillet et en août 1485 (AM Lille, reg. 16224, compte de la ville de 1485, fol. 122r).

115 Annexe II, tableaux synthétiques des aides accordées par les principautés (Lille, Douai, Orchies).

116 Hans Cools, « Le prince et la noblesse dans la châtellenie de Lille à la fin du xve siècle. Un exemple de la plus grande emprise de L'État sur les élites locales ? », *Revue du Nord,* t. 77, n° 310, 1995, p. 387-406.

117 Walter Prevenier, « Réalité et Histoire… », p. 5-14.

118 Ainsi, en 1484, la ville d'Ypres versa 380 l. pour le doyen des chaperons rouges, avec 25 de ses hommes, 21 archers de la guilde de Saint-Sébastien, 22 couleuvriniers et 19 autres hommes envoyés à Nieuwkerke, pour faire respecter le privilège de la draperie urbaine (AGR, CC reg. 38704, compte de la ville d'Ypres pour l'année 1484, fol. 84r). Autre mention de la destruction des métiers à tisser dans

était modéré, et même en y ajoutant les frais des opérations brouillonnes et limitées du conseil de régence, soit 100 000 l. environ, le total des impositions levées sur la Flandre en 1485 n'a pas dû dépasser les 160 000 l. à plus ou moins 20 000 l. près[119]. Bien sûr, cela s'approchait de la moyenne des prélèvements obligatoires depuis 1477, mais n'avait que peu de choses à voir avec les amendes colossales imposées aux villes hollandaises, ou même à Utrecht. Rapportés à la population, les subsides accordés par les Brabançons et les Hollandais pour financer la guerre contre la Flandre ont sans doute induit une pression fiscale par ménage nettement supérieure.

L'élection impériale et la reprise de la guerre contre la France

En février 1486, à Francfort-sur-le-Main, Maximilien se fit élire roi des Romains par les princes allemands. Son accession au trône impérial était désormais assurée, alors que son père, Frédéric III, avait dépassé les soixante-dix ans. Cette élection, bien que prévisible, changeait la donne pour le nouveau monarque, qui atteignait à peine ses trente ans. Le changement radical de sa politique à l'égard de ses sujets néerlandais, jusqu'alors plutôt prudente, est peut-être la conséquence du tournant psychologique qu'elle a représenté pour Maximilien. Ses horizons politiques s'étaient soudain élargis. Alors que tout lui réussissait, il avait plus hâte que jamais de prendre sa revanche sur la France. Le contexte politique ne lui était malheureusement pas très favorable. Les Beaujeu tenaient toujours solidement les rênes du pouvoir. En août 1485, le duc d'Orléans avait à nouveau tenté de soulever le royaume contre eux, sans plus de succès qu'auparavant[120]. En Bretagne, François II devait lui-même faire face à la révolte d'une partie de ses sujets et se vit contraint de signer un traité d'amitié avec Charles VIII en novembre 1485. Entre-temps, en Angleterre, Henri Tudor avait renversé et tué Richard III.

Par ailleurs, le pays de Liège fut à nouveau le théâtre de troubles graves, et cela par la faute même de Maximilien, qui prêta son concours, au moins passif, à l'évêque de Liège dans la guerre privée qui l'opposait à Guillaume de La Marck. Dans des circonstances mal éclaircies, ce dernier fut arrêté à Maastricht le 17 juin 1485 et exécuté le lendemain[121]. Ce qui devait être le dénouement de la crise ouverte par l'assassinat de l'évêque Louis de Bourbon en 1482 déclencha en réalité une nouvelle vague de violences. La nouvelle de l'exécution du Sanglier des Ardennes souleva aussitôt le « peuple de Liège ». La ville prit à son service 1 500 Allemands venus de

---

la lettre de remise d'impôts accordée à la châtellenie de Cassel le 18 novembre 1485 (ADN, B 2132, n° 69306). Sur l'organisation de la production textile dans les campagnes par les villes de Flandre, voir Jelle HAEMERS, *De strijd om het regentschap...*, p. 141-143.

119 Compte tenu des rabais accordés pour le premier terme de l'aide de 127 000 *ridders*, le rendement de celui-ci a dû s'élever à 65 000 / 67 000 l. (voir annexe I, aide n° 20). On y ajoute le premier terme de l'aide de 10 000 couronnes due pour la douairière, soit environ 5 000 l., ainsi que les 90 000 l. que donne la moyenne de l'extrapolation à la Flandre des dépenses militaires des villes et châtellenies en 1485.

120 Paul PÉLICIER, *Essai sur le gouvernement...*, *ibid.*

121 Jean MOLINET, *Chroniques...*, t. I, p. 455-458.

la Flandre récemment soumise et s'allia avec les frères de Guillaume de La Marck. Le 22 juillet, Maximilien et Jean de Hornes signèrent un traité d'assistance mutuelle fortement contraignant pour ce dernier, qui reconnaissait Maximilien comme avoué du pays de Liège. Après plusieurs mois de troubles, la paix fut à nouveau proclamée le 25 avril 1486[122]. Rien n'était réglé : Maximilien était bien incapable d'imposer sa tutelle à un évêque lui-même bien incapable d'imposer son autorité à ses sujets. Des opérations militaires d'envergure limitée se poursuivirent contre les La Marck, qui tenaient toujours de nombreux points d'appui, notamment Franchimont, Logne, Aigremont et Stokkem.

Au cours du premier semestre 1486, tandis que Maximilien tenait sa cour à Francfort et recevait l'hommage des princes allemands, diverses mesures furent prises pour maintenir l'ordre aux Pays-Bas. Une aide de 20 000 l. fut accordée en février 1486 par la Flandre pour l'entretien des garnisons pendant l'absence de l'archiduc[123]. Les *Handelingen* nous apprennent que cette aide a été sollicitée pour le paiement de 2 000 fantassins et 800 cavaliers pendant deux mois, pour la protection des frontières du pays de Liège[124]. Ainsi, nouvel indice de la restauration du pouvoir central, les Flamands contribuaient à la défense du Brabant.

C'était tout de même le duché qui, comme à l'accoutumée, devait prendre la plus grande part du fardeau. Les états de Brabant votèrent pas moins de trois aides pour la guerre contre Liège : une aide de 30 000 l., en octobre 1485, à lever sur le champ, *terstont ende tot een termijn*, et dont le produit fut avancé au moyen de l'émission de rentes viagères au denier 10 sur Bruxelles, Louvain et Anvers, aux frais des états[125] ; une aide de 12 200 l. accordée en même temps que l'aide flamande, en février 1486[126], et enfin une aide de 50 000 l., en avril 1486, qui nécessita des négociations un peu plus âpres, brillamment conduites par le comte de Nassau[127]. Toutes ces aides furent payées intégralement ou presque. Si le quartier de Bois-le-Duc se déclara trop pauvre pour contribuer à l'aide de 30 000 l., et bénéficia d'une remise totale sur celle-ci, le manque à gagner qui en résulta, soit 4 456 l. 13 s. 6 d.[128], fut compensé par une assiette complémentaire de 4 700 l. accordée par les états pour le remboursement de sommes avancées à des gens de guerre par Corneille de Berghes et Henri de Zwaef[129]. La guerre de Liège était décidément une diversion bien coûteuse, à l'heure où Maximilien voulait mobiliser toutes ses ressources pour la reconquête de l'Artois.

---

122 Paul HARSIN, *Études critiques…* , t. I, p. 161-189.

123 Voir annexe I, aides accordées par la Flandre, aide n° 21.

124 *Handelingen…* , t. I, p. 374-377.

125 AGR, CC, reg. 15730, compte de l'aide de 30 000 l., fol. 1r : aide accordée *om der oerloge wille van Ludicke*.

126 AGR, CC, reg. 15730, compte des aides de 12 200 l. et 50 000 l. accordées en 1486, fol. 1r.

127 *Ibid.*, aide accordée *om bekeert te wordene in de betalingen van den luden van wapenen om te wederstaene die opsetten ende voernemen. des lants van Ludicke tegen die vanden voirs. lande van Brabant*. Les Brabançons ne voulurent d'abord pas accorder plus de 30 000 l. : *Hoe wel die van den drie staten niet meer consenteren en wouden dan XXX^m l., soe worden zij nochtan dair toe bij mijn heere van Nassouw […] geinduceert dat zij admitteerden de voirs. L^m l.*

128 AGR, CC, reg. 15730, compte de l'aide de 30 000 l., fol. 32r-v.

129 *Ibid.*, fol. 1r et 30r.

Par ailleurs, Bruges et le Franc, appuyés par Philippe de Clèves et le comte de Nassau, prirent l'initiative d'armer une flotte de huit navires, montés par 1 000 hommes, pour protéger la saison de la pêche au hareng. Elle devait être financée par une aide de 12 000 couronnes, soit 14 400 livres de 40 g., empruntées en septembre 1485, puis assises sur les habitants du quartier de Bruges en janvier 1486[130]. Bruges et le Franc demandèrent la participation des autres Membres à cette aide[131], mais sans succès. Enfin, le Franc jugea opportun de verser une gratification de 10 400 l. à Maximilien pour le remercier d'avoir rétabli la châtellenie dans son statut de quatrième Membre ; Nassau et Philippe de Clèves, ainsi que d'autres, dont l'identité n'est pas précisée, obtinrent quant à eux un don de 4 420 l. pour la même raison[132]. Ce don n'englobait pas la part du Franc d'une gratification de 25 000 l. de 40 g. accordée cette fois par les Trois Membres pour récompenser tous les hauts personnages qui avaient favorisé « l'avancement » de la paix[133].

À la fin du printemps 1486, Maximilien revint aux Pays-Bas, les bras chargés de cadeaux pour ses plus fidèles soutiens. Jean d'Egmont, nommé stathouder de Hollande et Frise après la mort de Josse de Lalaing, se vit récompenser par l'érection de sa seigneurie éponyme en comté[134]. Le 9 avril 1486, la veille du couronnement de Maximilien à Aix-la-Chapelle, le comté de Chimay avait été promu au rang de principauté[135]. Son retour signalait surtout la reprise de la guerre avec la France. Quoique le traité d'Arras n'eût pas été formellement dénoncé, l'intervention armée du maréchal de Crèvecœur, ainsi que la lacération des privilèges accordés par Louis XI et Charles VIII à Gand avaient mis l'archiduc et le roi de France en état de belligérance.

Si la crainte de la reprise des hostilités était sans doute dans tous les esprits, l'Artois et la Picardie, du côté du roi de France, et le Hainaut et la Flandre, du côté du roi des Romains, restaient à peu près complètement démilitarisés, à l'exception sans doute d'Arras. Les Beaujeu, qui ne disposaient plus que du tiers des moyens financiers de Louis XI entre 1477 et 1483, devaient en outre surveiller les marches bretonnes et se prémunir contre des soulèvements susceptibles d'éclater un peu partout à l'instigation de leurs adversaires. En juin 1486, si l'on en croit Jean Molinet, le bruit courut que les Français voulaient renforcer leur présence militaire en Artois et mettre une garnison à Thérouanne, qui avait été l'une de leurs principales places d'armes pendant la guerre pour la succession de Bourgogne. Dans la nuit du 8 au 9

---

130 AGR, CC, reg. 42597, compte du Franc de Bruges pour la fin de l'année échevinale 1485-1486, fol. 194v. Une *pointing* de 7 647 l. 12 s. fut assise sur le Franc par lettre d'octroi du receveur général de Flandre en date du 28 janvier 1486. Le montant correspond exactement à la quote-part du Franc d'une imposition limitée au quartier de Bruges.

131 Le collège des Membres délibère sur la demande de remboursement partiel présenté par Bruges et le Franc entre avril et juin 1486 (*Handelingen...*, t. I, p. 366-381).

132 AGR, CC, reg. 42597, fol. 10v-11r.

133 Voir annexe I, aides accordées par la Flandre, aide n° IV.

134 Michel Joost van Gent, « Pertijelike saken »..., p. 371.

135 Jean-Marie Cauchies, « Liste chronologique des ordonnances de Charles le Hardi, Marie de Bourgogne, Maximilien d'Autriche et Philippe le Beau pour le comté de Hainaut (1467-1506) », *Bulletin de la Commission royale des anciennes lois et ordonnances de Belgique*, 31, 1986, p. 1-125, ordonnance n° 170.

210   CHAPITRE 5

juin, un capitaine depuis bien longtemps au service des ducs de Bourgogne et de Maximilien, Jean de Salazar, prit les devants et s'empara de la ville avec 700 à 900 hommes[136]. Ce raid, qui rappelle celui de François de Surienne contre Fougères en 1449, eut les mêmes conséquences. Désormais, Maximilien était en guerre ouverte contre le roi de France, sans avoir eu le temps de prendre ses dispositions.

Alors que les délégations venues de tous les Pays-Bas se pressaient pour féliciter le nouveau roi des Romains, ses capitaines tentèrent en vain de prendre Saint-Quentin à la fin du mois de juin[137]. Les Beaujeu envoyèrent d'urgence des compagnies d'ordonnance en renfort. Ce n'est que le 31 juillet que Maximilien envoya une lettre de défi au roi de France, à laquelle les Beaujeu répondirent un mois plus tard[138] – nouvel indice que Maximilien fut tout aussi pris de court que ses ennemis par la reprise soudaine des hostilités. La nouvelle fut accueillie avec consternation par les populations frontalières. Ainsi, la ville de Saint-Omer, l'un des piliers de la défense de la Flandre entre 1477 et 1482, refusa longtemps d'accueillir une garnison allemande, et ne s'y résigna qu'à la fin du mois de janvier 1487. Encore les bourgeois n'acceptèrent-ils de le faire que dans un délai de trois semaines, s'il s'avérait que les Français continuaient de s'attaquer à leur plat pays[139]. Maximilien passa tout le mois de juillet à rassembler une armée de 14 000 à 15 000 hommes, parmi lesquels 3 000 à 4 000 Suisses et autant de lansquenets[140]. Parti d'Arques, il ravitailla Thérouanne, prit la petite ville de Lens et son château, mais dut s'en retourner très vite à Lille, à cause du manque de vivres. Comme en août 1479 et en octobre 1479 en Artois, et comme en octobre 1480 en Luxembourg, son armée se dispersa au cours du mois de septembre, faute de soldes, sans avoir obtenu aucun résultat significatif. Est-ce à dire que Maximilien n'avait pas osé solliciter la bourse de ses sujets ? Tout au contraire, il les écrasa d'impôts dans des proportions jusqu'alors inconnues aux Pays-Bas.

Maximilien, ou la spoliation légale : la Flandre rançonnée

Maximilien convoqua les Membres de Flandre au tout début du mois de juillet pour leur demander le vote d'une aide exceptionnelle pour la guerre. Exceptionnelle, elle l'était dans tous les sens du terme. Quatrième subside de l'année, elle devait permettre l'entretien de 15 000 combattants à pied pendant trois mois, à 4,5 livres de 40 g. par homme et par mois, pour un total de 202 500 l. de 40 g., à lever aux termes de la Saint-Jean-Baptiste – c'est-à-dire sur le champ, puisque la Saint-Jean était déjà passée lorsque les Membres furent avisés de cette nouvelle demande – et de Noël

---

136 Jean MOLINET, *Chroniques…*, t. I, p. 521-524.
137 *Lettres de Charles VIII, roi de France*, Paul PÉLICIER (éd.), Société de l'histoire de France, Paris, Renouard, H. Laurens, 1898, t. I, lettre n° 70, p. 116-117, lettre de remerciement adressée aux habitants de Saint-Quentin pour leur bonne tenue lors de l'attaque par surprise de leur ville par le seigneur de Montigny, accompagné de 1 500 à 2 000 hommes.
138 *Ibid.*, lettre n° 77, p. 125-132.
139 Jean MOLINET, *Chroniques…*, t. I, p. 549-551.
140 *Ibid.*, p. 542-545.

1486. Il s'agissait tout simplement de la contribution la plus lourde jamais levée en Flandre en une seule fois. Il semble que les négociations aient duré plus longtemps que ce qu'escomptaient le roi des Romains et ses représentants, puisqu'on en débattait encore à la fin du mois d'août[141] et que, alors que le receveur général indiquait dans une assignation expédiée le 23 juillet que le subside avait été « lors naguère accordé[142] », une autre assignation en date du 14 août évoquait « l'aide qui se devait lors accorder au lieu des 15 000 combattants que le roi avait requis d'eux[143] ». Rien n'y fit, les Quatre Membres furent contraints d'accorder l'aide demandée[144].

Les gens de finance du roi des Romains firent également anticiper la levée des deux derniers termes de l'aide de 127 000 *ridders*, soit Noël 1487 et la Saint-Jean-Baptiste 1488[145]. Le total des sommes exigées des Flamands pour l'année 1486 s'élève ainsi à 527 300 l., non comprises les aides complémentaires pour la duchesse douairière (12 000 l.), la récompense de 25 000 l. à verser aux courtiers de la paix de L'Écluse, à payer en trois termes (Saint-Jean-Baptiste et Noël 1486, Saint-Jean-Baptiste 1487), soit 16 667 l. pour 1486, sans oublier l'aide de 14 400 l. pour la protection de la flotte de pêche et les gratifications complémentaires attribuées par le Franc de Bruges (environ 14 000 l.). Seul avait échappé aux anticipations le terme de la Saint-Jean-Baptiste 1487, que les financiers du prince avaient sans doute gardé en réserve pour faire face aux imprévus. Modeste poire pour la soif, aussitôt entamée, car le Franc de Bruges versa les deux tiers de cette échéance dès le printemps 1486[146]. Ainsi, en quelques semaines, les contribuables flamands apprirent que leurs impôts avaient été multipliés par quatre par rapport aux dernières années du règne de Charles le Téméraire, qui leur avaient déjà laissé un si mauvais souvenir ! À eux seuls, ils devaient fournir à peu de choses près l'équivalent de la *totalité* de l'aide de 500 000 *ridders* assise sur les Pays-Bas bourguignons en 1472-1473.

Comment réagirent les villes et les châtellenies face à cette avalanche d'impôts, à lever sur le champ ? C'est ce que nous examinerons dans un autre chapitre[147]. Les années 1486-1487 constituent en effet un tournant pour la Flandre. Avant 1486, la Flandre a toujours pu s'acquitter sans problèmes des contributions qui lui étaient demandées – abstraction faite, bien entendu, du rabais quasi-institutionnel d'Ypres et des remises accordées à certaines communautés victimes de la guerre ou de catastrophes naturelles. À partir de 1487, le comté serait confronté à des problèmes récurrents de défauts de paiement. Dans un premier temps, la Flandre parut supporter sans broncher le fardeau écrasant que Maximilien lui imposa. On peut

---

141 *Handelingen...*, t. I, p. 381-390.
142 ADN, B 2133, fol. 42r.
143 *Ibid.*, fol. 43v.
144 Voir annexe I, aides accordées par la Flandre, aide n° 23.
145 *Ibid.*, aide n° 22.
146 6 000 l. avancées en avril et en août 1486, sur sa portion de 9 071 l. (AGR, CC, reg. 42597, fol. 195v-196r). Bruges paya également en 1486 le terme de la Saint-Jean-Baptiste 1487, mais ne versa rien au titre de l'anticipation de la dernière année de l'aide de 127 000 *ridders* (voir annexe I, aides accordées par la Flandre, aides n° 22 et n° 24).
147 Voir *infra*, chapitre 15.

212 CHAPITRE 5

estimer à 83/84% le rendement des trois aides principales, soit 430 000 / 435 000 livres de 40 g.[148] En y ajoutant encore l'aide de la douairière, les dons aux grands seigneurs et la flotte de protection, soit 50 000 à 55 000 l. environ, on approche des 500 000 l., soit près du double des recettes de l'État bourguignon à la fin du règne de Philippe le Bon !

Ainsi, les contribuables fournirent de leur poche l'intégralité des sommes colossales exigées par le roi des Romains et ses officiers. Ceci est loin d'être anodin, et il nous faudra en tenir compte lorsque nous nous pencherons sur la question ô combien délicate du prélèvement par habitant. Pour la première fois sans doute de l'histoire du comté de Flandre, le prince réussit à tirer réellement profit de la richesse de ses sujets. Pendant la seconde moitié du XVe siècle, les ducs de Bourgogne n'avaient pu lever sur la Flandre qu'une moyenne de 60 000 l. par an au titre des aides accordées par les Membres. Cela n'était même pas le tiers de la taille que Louis XI levait sur la Basse-Auvergne en 1480-1483[149], et à peine plus du vingtième de ce que la Normandie, la poule aux œufs d'or de la France médiévale, versait au même moment au trésor royal[150] ! Maximilien avait plus que corrigé cette anomalie flagrante.

L'extraordinaire choc fiscal de 1486 a été globalement sous-estimé, ou plus exactement fondu dans une critique générale du fiscalisme débridé de Maximilien[151]. Ainsi, les estimations auxquelles est parvenu W. P. Blockmans à partir des chapitres des dépenses de messagerie et de vacation des villes et châtellenies, complétés par un dépouillement ponctuel des chapitres de dépenses proprement fiscales[152], ne rendent pas compte de la réalité des prélèvements, car elles ignorent les anticipations ordonnées en 1486. En effet, les Membres de Flandre ne furent semble-t-il consultés que pour la forme : l'anticipation de la dernière année de l'aide de 127 000 *ridders* n'est mentionnée qu'une seule fois dans les *Handelingen* édités par W. P. Blockmans, au début du mois de septembre[153]. C'est encore le compte de la recette générale des finances qui nous donne le plus d'informations sur ce point. Dans le compte de 1486, les premières assignations sur l'anticipation de la troisième année, passées en septembre et octobre 1486, indiquent que la levée avait été « lors ordonnée par mond. seigneur pour subvenir à ses affaires ». À partir du 9 novembre, les décharges portent sur l'anticipation « lors accordée ». Il semble donc que les Membres donnèrent leur

---

148 Le montant des rabais recensés s'élève à 85 972 l., soit 16,3% des 527 300 l. pour les aides de 20 000 l., 127 000 *ridders* (quatre termes) et 202 500 l. Ils semblent assez exhaustifs, et le seul district important pour lequel nous ne disposons d'aucune information est la châtellenie de Courtrai (4,34% du Transport de 1408).

149 Jean-François LASSALMONIE, *La boîte à l'enchanteur...*, p. 465.

150 *Ibid.*, p. 596.

151 Jelle HAEMERS, « Faire son prouffit. Die Finanzpolitik Maximilians I. und die städtischen Aufstände in den Niederlanden (1477-1488) », in *Habsburger Herrschaft vor Ort – weltweit (1300-1600)*, 2013, p. 187-210.

152 Willem Pieter BLOCKMANS, « Autocratie ou polyarchie ? ... », pour les estimations des aides levées, et du même auteur, *De volksvertegenwoordiging...*, p. 610-630, liste des aides demandées et des aides accordées.

153 *Handelingen...*, t. I, p. 391.

MAXIMILIEN FACE À LA FLANDRE (1483-1488)   213

autorisation de guerre lasse en novembre[154], alors que Maximilien était de toute façon décidé à passer outre. Les anticipations ont donc été la cause d'un décalage majeur entre les échéances fiscales théoriques et les dates de levée effective, que révèlent du reste les comptes des villes de Bruges et de Gand étudiés par J. Haemers[155] et W. Ryckbsoch[156]. Si les grandes villes avaient l'habitude d'avancer l'argent des aides au moyen d'émissions de rentes, le fait majeur est ici que les châtellenies et les petites villes durent également procéder à des anticipations, principalement financées au moyen d'impositions directes.

IV. Le dramatique échec de la régence de Maximilien

La guerre contre la France : l'enlisement

Jamais Maximilien n'avait disposé de telles ressources pour accomplir le projet qui lui tenait à cœur depuis si longtemps : la reconquête des territoires arrachés par Louis XI à Marie de Bourgogne en 1477. Au demi-million de livres extrait des poches flamandes, s'ajoutaient en effet les contributions des autres provinces. En Hollande courait toujours l'aide ordinaire de 80 000 *clinkaerts*, qui rapporta environ 32 000 l. en 1486, déductions faites des rabais, des frais administratifs et des remboursements aux villes[157], augmentée par le rattrapage des arriérés dus pour les impayés de 1482-1483, soit environ 10 000 l. en 1486[158]. Fut en outre votée une aide supplémentaire en mai 1486, d'un montant de 70 000 l., à payer en trois fois, aux termes de la Saint-Jean-Baptiste et de Noël 1486 et à la Saint-Jean-Baptiste 1487. Elle devait servir à l'armement d'une flotte pour la protection de la pêche au hareng, mais Maximilien en disposa en réalité à son gré, et pas une seule assignation sur le produit net de cette aide, soit 60 000 l., ne servit à régler des dépenses d'armement naval[159]. La Zélande accorda elle-aussi une aide complémentaire à l'aide ordinaire, également destinée à « mettre sus l'armée par mer[160] », et également détournée de son objet, d'un montant de 43 000 livres, à lever en trois ans, à partir de la Saint-Jean-décollace (29 août) 1486, dont 21 000 l. en 1486-1487[161].

---

154 ADN, B 2133, fol. 44v-49r. Une assignation, à la date du 20 septembre, soit peu après la réunion des Membres mentionnée dans les *Handelingen*, indique que l'anticipation avait été accordée, mais c'est la seule avant celles de novembre : il s'agit donc sans doute d'une erreur relevant du *wishful thinking*…

155 Jelle HAEMERS, *De strijd om het regentschap*…, p. 226.

156 Wouter RYCKBOSCH, *Tussen Gavere en Cadzand*…, p. 33.

157 NA, Chambre des comptes de La Haye, rek. 3394, troisième compte de Thomas Beuckelaere de l'aide de 80 000 *clinkaerts* pour l'année 1486.

158 NA, Chambre des comptes de La Haye, rek. 3396, premier compte de Thomas Beuckelaere des arriérés dus pour les termes de la Saint-Jean-Baptiste 1482, Noël 1482 et Saint-Jean-Baptiste 1483, à lever en trois ans, pour les années 1485 et 1486.

159 NA, Chambre des comptes de La Haye, rek. 3399, compte de Thomas Beuckelaere de l'aide de 60 000 livres accordée en 1486.

160 ADN, B 2133, fol. 62r.

161 Voir annexe II, tableaux synthétiques des aides par principauté (Zélande).

214   CHAPITRE 5

Le Brabant était toujours occupé par les affaires liégeoises, et ne consentit pas d'aides supplémentaires en plus du subside de 50 000 l. voté en avril 1486. Le Hainaut se résolut en revanche à un effort significatif, et accorda une aide de 23 100 l. pour la solde de 400 combattants à cheval et 1 000 à pied pendant trois mois. Cette contribution était la plus importante levée sur le Hainaut depuis 1477, et elle s'ajoutait à un don de 5 000 l., à l'occasion de l'élection de Maximilien, *en fourme de prest*, pour l'aider à payer les droits dus aux officiers de l'Empire[162]. Les négociations furent expédiées en deux jours, les 3 et 4 août 1486, et l'on arriva à trouver un moyen terme entre la demande initiale des représentants de Maximilien (500 combattants à cheval et 1 500 à pied pour trois mois) et la première proposition des députés de Mons (400 combattants à cheval et 600 à pied pour deux mois)[163]. Valenciennes accorda également des subsides, mais on en ignore le montant. Enfin, l'aide de 11 000 l. par an pendant trois ans avait toujours cours dans la châtellenie de Lille, Douai et Orchies.

Le roi des Romains disposait ainsi de moyens financiers sans précédents, s'élevant à près de 700 000 l. pour le second semestre 1486 et le début de l'année 1487. C'était environ 50% de plus que ce que lui avaient procuré la Flandre et le Brabant pour les campagnes de 1478 et de 1479. En face de lui, les Beaujeu devaient faire face aux périls intérieurs, à la montée des tensions à la frontière bretonne, alors que la principale source de revenus de la monarchie française, la taille, avait été ramenée à moins de la moitié de ce qu'elle était à la fin du règne de Louis XI, soit environ deux millions de livres tournois[164]. Pour la première fois, Maximilien disposait de ressources comparables, sinon supérieures à celles de ses adversaires, car les frontières du nord de la France ne pouvaient être qu'un théâtre d'opérations très secondaire pour les Beaujeu, qui se préparaient à la conquête de la Bretagne.

Pourtant, après la prise de Thérouanne – encore dépourvue de garnison française – la guerre prit un tour très décevant. On a déjà évoqué l'échec complet de la campagne d'août-septembre 1486 en Artois. Comment l'armée de Maximilien a-t-elle bien pu trouver le moyen de se disperser, alors qu'un flot ininterrompu de numéraire coulait de la Flandre ? Gageons que les Flamands, qui savaient compter, se sont posés la même question. Nous y répondrons en temps voulu[165]. Le 9 septembre, deux Gantois étaient exécutés pour une tentative de sédition[166]. Faut-il y voir une conséquence du tour de vis fiscal de l'été 1486 ? En tout cas, le gouvernement dut sentir le danger, car il fit preuve d'une plus grande modération après l'anticipation de la dernière année de l'aide de 127 000 *ridders* en octobre/novembre 1486. Sur le terrain, les capitaines de Maximilien n'avaient pas pu exploiter leurs premiers succès du printemps. À la fin du mois de septembre 1486, les Beaujeu avaient très fortement renforcé leur présence militaire. 1 000 lances se trouvaient en garnison en

---

162   ADN, Cumulus 16214, quatrième compte de Jean de la Croix des aides de Hainaut, 1486-1487.

163   Léopold DEVILLERS, « Le Hainaut sous la régence de Maximilien. 1486-1488 » ..., p. 218-220.

164   Jean-François LASSALMONIE, « Les finances de la monarchie française sous le gouvernement des Beaujeu (1483-1491) », *Études et documents*, 6, 1994, p. 131.

165   Voir *infra*, p. 368.

166   *Dagboek van Gent...*, p. 264.

MAXIMILIEN FACE À LA FLANDRE (1483-1488)   215

Artois et Picardie, et 300 lances supplémentaires défendaient la Champagne[167], sans compter les gens de pied, nombreux, car les Beaujeu avaient décidé de restaurer les francs-archers supprimés par Louis XI[168].

Maximilien devait maintenant défendre son unique conquête, à savoir la place de Thérouanne, que le maréchal de Crèvecœur s'efforçait de reprendre et soumettait à un sévère blocus. Maximilien ravitailla la place entre le 30 janvier et le 2 février 1486, desserrant ainsi l'étau français. Molinet porte cela au crédit du roi des Romains[169], mais au regard de l'effort financier imposé aux Flamands, c'était un peu… peu. Encore avait-il dû solliciter l'assistance des milices de Flandre, aux frais des villes et des châtellenies. Le Franc envoya ainsi 302 sergents, qui servirent pendant seize jours[170], la ville d'Ypres 55 hommes et quatre serpentines[171], et la châtellenie d'Ypres 80 hommes[172]. La Flandre dut ainsi fournir quelque 2 000 hommes au roi des Romains, au prix de 3 000 / 4 000 l. de 40 g.[173] Les Membres de Flandre furent réunis en février 1487 pour délibérer sur une nouvelle demande présentée par le gouvernement, étrangement modérée par rapport aux précédentes, puisqu'il s'agissait cette fois de cautionner un emprunt de 40 000 couronnes de 48 g., soit 48 000 l. de 40 g., qui devait être contracté auprès de marchands. La proposition fut très rapidement acceptée, et à la session suivante, tenue à Bruges en présence de Maximilien du 22 au 27 février, les villes apportèrent leur obligation pour garantir le prêt[174]. Comme on pouvait le craindre, ce qui devait n'être qu'une caution prit en mars 1487 la forme d'une levée d'impôt, destiné au remboursement des marchands. Il ne s'agissait en théorie que d'une avance sur la prochaine aide, mais chacun savait à quoi s'en tenir, et il y eut de nombreuses résistances. Si Bruges y contribua, ce ne fut pas le cas de Gand, ni d'Ypres, pas plus que de Grammont, Termonde et Biervliet, petites localités déjà en difficulté, il est vrai. Il est donc douteux qu'on ait pu rassembler plus de 35 000 livres à cette occasion, et il est tout aussi douteux que cet argent ait été employé à rembourser les marchands[175]. Il n'empêche. Que le roi des Romains ait demandé aussi peu, sous la forme d'une garantie ou d'une avance, et qu'il ait été présent en personne pour recevoir les obligations des villes montrent que le rapport de forces politique avait commencé à basculer. Le ton, délibérément conciliant et pédagogique, d'une lettre

---

167 *Lettres de Charles VIII…*, t. I, n° 79, p. 134-136, lettre du roi au maréchal de Gié, le 30 septembre 1486.

168 Paul PÉLICIER, *Essai sur le gouvernement…*, p. 114.

169 Jean MOLINET, *Chroniques…*, t. I, p. 552-554.

170 Au prix de 1 694 l. 9 s. de 20 g., soit 847 l. 4 s. 6 d. de 40 g. (AGR, CC, reg. 42598, fol. 152r).

171 AGR, CC, reg. 38711, fol. 84v-85r.

172 AGR, CC, reg. 44309, fol. 23r-v. On ne précise pas qu'ils ont été levés pour le ravitaillement de Thérouanne, mais c'est probable, puisqu'ils furent payés pour seize jours et que le nombre d'hommes correspond en proportion avec celui du contingent du Franc.

173 On ignore si le quartier de Gand fut mis à contribution, mais c'est douteux, car les comptes de Biervliet et de Grammont n'y font pas allusion, et les villes et châtellenies du quartier de Gand étaient tout de même fort éloignées de la frontière française. En appliquant la quote-part du Franc à l'ensemble des quartiers d'Ypres et de Bruges, le contingent aurait compté environ 1 500 hommes.

174 *Handelingen…*, t. I, p. 395-397.

175 Voir annexe I, aides accordées par la Flandre, aide n° 25.

CHAPITRE 5

qu'il adressa le 11 février au Magistrat d'Ypres pour les convoquer à Bruges et préparer les esprits à la demande qu'il allait leur présenter, va également dans ce sens[176].

Il est vrai qu'il était plutôt gênant d'avouer qu'un pactole aussi colossal s'était littéralement évaporé en quelques mois, pour des résultats aussi minces. Voilà qui prêtait le flanc aux critiques traditionnelles portées à l'encontre de souverains mal inspirés, étrangers de surcroît : à coup sûr, Maximilien avait détourné à son profit l'argent des impôts des Flamands, pour financer l'élection impériale et satisfaire son entourage allemand et ses conseillers dévoyés, au premier rang desquels le receveur général de Flandre, Roland Le Fèvre, ainsi que les trésoriers Pieter Lanchals et Thibaud Barradot, personnalités bien connues à Bruges.

Désastres militaires au printemps, déroute financière à l'été (1487)

Après le succès de la reprise de Thérouanne était venu la stabilisation ; après la stabilisation, le reflux. Un raid manqué contre Guise s'était soldé par la mort de Frédéric de Hornes, seigneur de Montigny. Le pire était à venir. Le 27 mai 1487, Philippe de Crèvecœur entra à Saint-Omer à la faveur de la nuit et de complicités internes[177]. L'habileté du maréchal et une poignée d'hommes – à peine 700 d'après Molinet – avaient suffi pour faire tomber la deuxième ville d'Artois, verrou stratégique de première importance, au-delà duquel s'étendaient les monts de Flandre, les châtellenies de Cassel et Bailleul et le *Westquartier*. Cette surprise, autant que le peu d'empressement qu'avaient mis les autorités de la ville pour ouvrir leurs portes aux garnisons de Maximilien, illustrent la profonde impopularité de la guerre contre la France, qui tournait à présent au désastre. Sur tous les fronts, les Beaujeu accumulaient les victoires. La Guyenne venait d'être soumise, tandis qu'en Bretagne, les Français s'emparaient de Vannes et de Ploërmel en juin 1487[178].

Dans le Nord, la situation empira encore. Le 14 juin, les Français prirent Renescure, l'un des châteaux les mieux fortifiés de la région, qu'ils garnirent aussitôt de plusieurs centaines d'hommes. Thérouanne était désormais complètement isolée derrière Saint-Omer et Aire, tenues par 500 à 600 lances françaises. Ses jours étaient comptés. Le 24 juin, Maximilien parvint à forcer le blocus une seconde fois, apportant des vivres et quelques renforts. Il ne put retarder que d'un mois la chute de la place, qui capitula le 25 juillet[179]. Quelques jours plus tard, le maréchal de Crèvecœur tendit une embuscade à ses ennemis sous les murs de Béthune, après avoir fait croire aux capitaines bourguignons que des habitants étaient prêts à leur ouvrir les portes de la cité. Ce stratagème, classique dans la petite guerre que se livraient Français et Bourguignons, réussit au-delà de toute espérance. Plusieurs centaines d'hommes

---

176 « Lettres inédites de Maximilien, duc d'Autriche, roi des Romains et empereur, sur les affaires des Pays-Bas, 1478-1508 », Louis-Prosper GACHARD (éd.), *BCRH*, t. 2, 1851, p. 321-327.

177 Jean MOLINET, *Chroniques* ..., t. I, p. 557-559 ; lettre de Charles VIII aux habitants de Tours le 2 juin (*Lettres de Charles VIII* ..., t. I, n° 115, p. 193-194).

178 Paul PÉLICIER, *Essai sur le gouvernement* ..., p. 125-149.

179 Jean MOLINET, *Chroniques* ..., t. I, p. 568-570.

furent tués ou capturés[180]. Parmi les prisonniers figurait Engilbert de Nassau, le seigneur le plus puissant des Pays-Bas avec Philippe de Clèves. Les Français capturèrent également Charles d'Egmont, duc de Gueldre déchu, qui, élevé à la cour de Bourgogne après la soumission définitive du duché à Maximilien, semblait en avoir pris son parti et faisait ainsi son apprentissage militaire dans l'armée du roi des Romains. Ce qui n'était qu'une grosse escarmouche, impliquant des effectifs très limités, ne dépassant pas les 3 000 hommes pour les deux forces en présence, était donc un extraordinaire succès pour les Français. Entre les mains des Beaujeu, Charles d'Egmont, alors âgé de dix-neuf ans, pouvait être facilement retourné contre ses anciens « protecteurs », et incité à reconquérir son duché, avec le soutien du roi de France. Quant à Engilbert de Nassau, richement possessionné en Brabant et en Luxembourg, il était un homme-clé pour la stabilité de la zone ardennaise et son maintien dans l'obéissance bourguignonne. En outre, sa rançon promettait d'être très forte : déjà capturé à Nancy en 1477, il avait dû verser 50 000 florins pour sa libération[181]. Cette fois, il fut rançonné à 80 000 florins, mais le roi de France en paya lui-même la moitié au maréchal de Crèvecœur, afin qu'il puisse servir d'intermédiaire pour le règlement de la paix entre les deux souverains[182].

Maigre consolation, au même moment, l'arrivée à Saint-Malo d'un corps de troupes burgondo-flamand commandé par le bâtard Baudouin de Bourgogne, obligeait les Français à se porter à sa rencontre et à lever le siège de Nantes[183]. L'opération avait été financée au moyen d'un emprunt, sans doute forcé, auprès de quarante bourgeois de Bruges, qui permit de rassembler 24 000 l. de 40 g.[184] Maximilien avait peut-être réussi à sauver François II, mais pas à se sauver lui-même. Saint-Omer, Thérouanne et Béthune consacraient l'échec de sa stratégie, face à un Crèvecœur qui excellait dans une guerre faite de courses et d'escarmouches, adaptées aux forces mobiles mais peu nombreuses dont il disposait. Dernière mauvaise nouvelle, Henri VII Tudor écrasait les derniers partisans des York à la bataille de Stoke le 16 juin 1487 ; l'un des meilleurs capitaines de Maximilien, Martin Schwarz, engagé comme mercenaire, y perdit la vie[185]. D'un tempérament pragmatique, le monarque anglais saurait se réconcilier avec Maximilien ; en attendant, les relations entre les deux alliés traditionnels étaient au plus bas.

Maîtres de Thérouanne, de Saint-Omer, d'Aire et de Renescure, les Français s'étaient emparés de tous les bastions avancés qui protégeaient le quartier d'Ypres et la Flandre maritime des incursions des troupes royales. Sur mer, l'action des pirates

---

180 *Ibid.*, p. 571-577.

181 Francis RAPP, « Strasbourg et Charles le Hardi. L'ampleur et le prix de l'effort militaire », in *Cinq-centième anniversaire de la bataille de Nancy (1477)*, 1979, p. 411.

182 Paul PÉLICIER, *Essai sur le gouvernement…*, p. 159.

183 Jean-Marie CAUCHIES, « Baudouin de Bourgogne (v. 1446-1508), bâtard, militaire et diplomate. Une carrière exemplaire ? », *Revue du Nord*, t. 77, n° 310, 1995, p. 257-282.

184 Jelle HAEMERS, *De strijd om het regentschap…*, p. 214-215. Cette somme est presque identique au montant d'un prêt accordé par le même François II à Maximilien en juin 1482 (24 600 l., payées par Thomas Portinari, ADN, B 2127, fol. 56v). S'agit-il d'un remboursement ?

185 Jean MOLINET, *Chroniques…*, t. I, p. 562-565.

218   CHAPITRE 5

français fut encore plus décisive. À partir de l'été 1487, les routes commerciales maritimes étaient totalement paralysées, au point que les adjudicataires du *hoppenbier*, du droit de grute, des tonlieux de L'Écluse et de Biervliet furent déchargés de leur ferme à compter du 25 août[186]. C'est dans ce contexte de dépression économique généralisée que Maximilien devait trouver l'argent nécessaire à la poursuite de la guerre. Depuis le début de l'année, il n'avait pu compter que sur l'emprunt de 40 000 couronnes, partiellement couvert par les contributions des châtellenies, et sur ce qui n'avait pas encore été anticipé du terme de la Saint-Jean-Baptiste 1487 de l'aide de 127 000 *ridders*, soit 30 000 à 40 000 l. Il était urgent de solliciter des Membres de Flandre un nouveau subside.

Les négociations, comme on pouvait s'y attendre, furent laborieuses. Pour donner plus de solennité à la consultation, et pour ne pas se trouver seul face aux délégués des villes, Maximilien convoqua les états de Flandre. On préféra les réunir à Bruges plutôt qu'à Gand, du 20 au 29 mars, puis du 4 au 13 avril. Le roi des Romains, présent en personne, demanda une aide pour « l'entretien de son état », de 100 000 l. par an pendant trois ans. Autrement dit, il sollicitait une nouvelle aide ordinaire et généraliste, qui ne manquerait pas d'être complétée par des subsides destinés plus spécifiquement à la conduite de la guerre. En l'occurrence, il exigeait dès maintenant de chaque chef de feu un service de guerre de quinze jours, rachetable au moyen d'une taxe équivalant à quinze jours de la dépense annuelle moyenne de chaque ménage[187]. Cette fois, la coupe était pleine. Lors de la deuxième session des états, au début du mois d'avril, on ne donna aucune réponse au prince, à cause des « opinions divergentes » des Membres[188]. Doux euphémisme… Les discussions s'enlisèrent très vite et se poursuivirent sans résultat aucun jusqu'à la fin du mois de mai. Les Gantois envoyèrent deux délégations auprès de Maximilien pour lui présenter leur réponse, bien sûr négative. Le gouvernement gantois sentait la révolte gronder dans les ateliers de la ville. Il lui fallait donner des gages aux métiers, et donc durcir son attitude à l'égard du prince. En mai, on ne demanda plus qu'une seule aide, en l'occurrence la reconduction de l'aide de 127 000 *ridders*. À la mi-juillet, il en était encore question lors d'une réunion des Membres, à laquelle les Gantois refusèrent de participer. Les autres entendaient poser leurs conditions, telles que l'exemption du logement des gens de guerre, ou encore la déduction de ce qui avait été levé pour le prêt de 40 000 couronnes, exigées par les châtellenies d'Ypres et de Bailleul[189].

Malgré le refus de Gand, qui consacrait l'échec du dialogue institutionnel avec le collège des Membres, un premier terme de 63 500 *ridders* fut levé partout ailleurs, y compris dans les petites villes et les districts ruraux du quartier de Gand[190], atteinte

---

186   ADN, B 4123, fol. 64r-v et suivants.

187   Jelle HAEMERS, *De strijd om het regentschap…*, p. 216 et *Handelingen…*, p. 399 et 406.

188   […] *De welke andwoorde, mids den diverschen opinioenen, niet ghegheven en was* (*Handelingen…*, t. I, p. 401).

189   *Ibid.*, p. 409.

190   Comme l'attestent une reconnaissance des échevins de Biervliet d'avoir bénéficié d'une exemption totale sur cette aide (ADN, B 2147, n° 70133), et le compte de la ville de Grammont, exemptée du principal de l'aide, mais pas des frais administratifs de la levée du terme de 63 500 ridders, dont on

directe aux prérogatives de la capitale sur sa zone d'influence. Ce qui devait être la reconduction de l'aide de 127 000 *ridders* fut donc globalement tronquée d'un terme – celui de Noël 1487 – de la contribution de Gand, mais aussi de celle d'Ypres, qui fit peut-être valoir qu'elle avait pris à sa charge de lourdes dépenses pour entretenir une garnison à ses frais, maintenant que la cité se trouvait directement exposée aux attaques françaises. Compte tenu de toutes ces restrictions, le rapport du terme de 63 500 *ridders* dut s'élever à environ 55 000 / 60 000 livres[191]. Il n'était pas question de convoquer à nouveau les Membres de Flandre avant plusieurs mois. Ainsi, pour toute l'année, Maximilien n'avait pu réunir qu'un vrai-faux prêt de 40 000 couronnes, le résidu du dernier terme encore disponible de l'aide de 127 000 *ridders* accordée en 1485, ainsi qu'un subside limité et à-demi illégal. L'addition du tout ne dépassait pas les 150 000 livres, soit trois à quatre fois moins que l'année précédente.

La situation des finances de Maximilien était d'autant plus précaire que les négociations conduites avec les états de Brabant pendant l'hiver 1486-1487 avaient été aussi décevantes qu'en Flandre. Après plusieurs mois de discussions serrées, les Brabançons n'accordèrent qu'un subside de 50 000 l., à lever à la Saint-Jean-Baptiste 1487, mais dont la moitié devait servir à rembourser les avances faites en juillet 1486 précédent par les principales villes du duché[192]. Déduction faite des remises d'impôts et des remboursements aux villes, il ne restait plus qu'une vingtaine de milliers de livres disponibles pour les assignations du receveur général. Mieux que les Flamands, les états de Brabant surent en outre imposer à Maximilien une liste de revendications très strictes[193]. À nouveau sollicités à la fin de l'année, les états de Brabant se montrèrent un peu plus conciliants. Au lieu des 108 400 couronnes (130 080 l. de 40 g.) demandées par le régent, ils accordèrent une aide de 100 000 l., à régler aux termes de Noël 1487 et de la Saint-Jean-Baptiste 1488. Il fallut cependant en déduire les deux tiers de la portion du clergé, très appauvri, soit 8 000 l., ainsi que la totalité de la portion de Bruxelles, soit plus de 12 000 l., au titre du remboursement d'une avance de 20 000 l. qu'elle avait accordée en juillet 1486, dont 8 000 l. seulement avaient été remboursées sur l'aide de 50 000 l. levée à la Saint-Jean-Baptiste 1487[194].

Les représentants du roi des Romains essuyèrent de semblables déconvenues auprès des états de Hainaut, en juillet 1487. Ils demandèrent rien de moins qu'une aide équivalant à leur portion des 500 000 *ridders*, soit 28 000 *ridders*, et ce pour les trois années à venir. Ils obtinrent seulement 6 000 écus pour une fois, soit 7 200 l.,

---

sait par ailleurs qu'il fit l'objet d'une répartition sur les paroisses du district d'Alost et Grammont le 19 juillet (AGR, AGR, CC, reg. 35304, fol. 62v-63r).

191 Voir annexe I, aides accordées par la Flandre, aide n° 26.
192 Présentation très détaillée du contexte du vote dans AGR, CC, reg. 15731, compte de Jan van Olmen de l'aide de 50 000 l. et d'autres subsides annexes, fol. 1r-v. On y apprend que Maximilien avait demandé 100 000 l., que les Brabançons proposèrent 50 000 l., à lever en deux ans, aux termes des Saint-Jean-Baptiste 1487 et 1488, dont la moitié devait servir aux remboursements des villes. Finalement, les représentants de Maximilien faisant valoir leur besoin pressant d'argent, et les villes refusant de retarder plus leur remboursement, on décida de lever les deux termes en même temps, à la Saint-Jean-Baptiste 1487.
193 Voir *infra*, p. 304-308.
194 AGR, CC, reg. 15731, compte de Jan van Olmen des aides accordées en 1487-1488, fol. 1r-v et 20r.

qui devaient exclusivement servir au paiement des garnisons du comté, soit 350 combattants à cheval et 200 à pied, pour protéger les moissons de l'été, et les dépenses devaient passer sous le contrôle des états[195]. Même le petit comté de Namur réduisit sa contribution à la caisse centrale de l'État : il n'accorda que 2 400 l. en 1486, pour la garde et défense du pays, et 3 200 l. en 1487, pour le même objet, ainsi qu'une gratification de 800 l. pour le gouverneur, Jean de Berghes, seigneur de Walhain[196]. Les recettes de l'aide de 11 000 l. pour trois ans ayant cours dans la châtellenie de Lille, Douai et Orchies furent quant à elles amputées par le remboursement des avances consenties l'année précédente par la ville de Lille[197]. La Hollande n'accorda aucune aide complémentaire en 1487, et il fallut donc se contenter de l'aide ordinaire de 80 000 *clinkaerts*, augmentée de la dernière portion du rééchelonnement des arriérés de 1482-1483, et du dernier terme de l'aide complémentaire accordée en 1486, soit un peu plus de 68 000 l. en tout[198]. Seules les aides de Zélande firent bonne figure, puisqu'en plus des aides ordinaires accordées pour six ans en 1481, le produit de l'aide complémentaire de 43 000 l. commençait à entrer dans les caisses ; en tout, le comté fournit près de 55 000 l., soit l'équivalent de sa quote-part de l'aide de 500 000 *ridders*[199]. Le bilan d'ensemble, cependant, était sans appel : les recettes fiscales avaient été divisées par deux par rapport à l'année précédente. 1487 s'achevait donc sur une déroute militaire, une faillite fiscale et une crise économique majeure. La conséquence en fut une crise politique d'une violence sans précédent depuis la révolte qui avait accompagné l'avènement des Valois en Flandre dans les années 1378-1384.

---

195 ADN, Cumulus 16214, quatrième compte de Jean de la Croix des aides de Hainaut, 1486-1487. Les nobles étaient prêts à accorder le double, soit 12 000 écus (Léopold DEVILLERS, « Le Hainaut sous la régence de Maximilien. 1486-1488 » ..., p. 236-239).

196 AGR, CC, reg. 16596 et 16597, 1er et 2e comptes de Jacques Maty, receveur des aides du comté de Namur commis par le seigneur de Walhain, gouverneur et souverain bailli de Namur, de l'aide accordée en août 1486 et janvier 1487.

197 Voir annexe II, tableaux synthétiques des aides accordées par les principautés (Lille, Douai, Orchies).

198 NA, Chambre des comptes de La Haye, rek. 3397, 2e compte de Thomas Beuckelaere des arriérés de l'aide ordinaire pour 1482-1483, pour les deux derniers termes levés en 1487 ; rek. 3395, 4e compte de Thomas Beuckelaere de l'aide ordinaire levée en 1487.

199 Voir annexe II, tableaux synthétiques des aides accordées par les principautés (Zélande).

CHAPITRE 6

La guerre inexpiable (1488-1489)

À l'été 1487, la faillite du gouvernement de Maximilien était complète. Qui aurait pu prévoir un tel désastre deux ans plus tôt, alors que le régent défilait victorieux à la tête de ses lansquenets à Gand ? À présent, la cité dix fois rebelle redressait la tête. Maximilien, impuissant, semblait avoir perdu prise sur les événements. Après la défaite de Béthune, des échauffourées éclatèrent à Gand, et en août 1487, lors du renouvellement annuel des bancs échevinaux, d'anciens partisans du conseil de régence y firent leur retour. Le mois suivant, Jan van Coppenhole et les deux Adrien Vilain purent rentrer à Gand. En novembre 1487, à leur instigation, les métiers renversèrent la municipalité en place[1]. Cette fois cependant, ce fut à Bruges, qu'on croyait solidement tenue par les réseaux favorables au roi des Romains et à son grand argentier Pieter Lanchals, que se déroulèrent les faits les plus graves. La captivité de Maximilien, de février à mai 1488, l'épuration à laquelle se livrèrent les Flamands à l'encontre de l'entourage du roi des Romains, l'intervention armée de l'empereur, la libération de Maximilien puis la spectaculaire « trahison » de Philippe de Clèves contribuèrent à donner à cette séquence une rare intensité narrative et dramatique, ainsi qu'un retentissement considérable, à l'échelle européenne, et ce dès le moment des faits. Sujets turbulents, les Flamands n'avaient tout de même pas encore eu l'occasion de s'en prendre à un roi des Romains !

Les événements de 1488 ont intéressé les historiens depuis longtemps, et l'historiographie qui leur est relative est plus abondante encore que pour ceux qui suivirent la mort de Charles le Téméraire en 1477. Ils représentent en quelque sorte l'archétype de la révolte urbaine, réunissant tous les ingrédients qui définissent la « grande tradition de révolte » de la Flandre[2], et l'on a souligné à quel point les soulèvements de 1488, qui gagnèrent très vite l'ensemble des Pays-Bas, ont, sinon préfiguré la sécession hollandaise sous le règne de Philippe II, au moins fourni à Guillaume d'Orange-Nassau et à ses émules les références historiques nécessaires à l'assise idéologique de leur mouvement[3]. On prendra garde que l'objet de la présente étude, soit la fiscalité princière, n'introduise un biais dans l'interprétation du soulèvement de 1488. J. Dumolyn et K. Papin ont montré la multiplicité des causes des rébellions médiévales, ainsi que la cohérence et la finesse des revendications

---

1 Jelle HAEMERS, *De strijd om het regentschap…*, p. 243-248.
2 Willem Pieter BLOCKMANS, « Alternatives to Monarchical Centralisation. The Great Tradition of Revolt in Flanders and Brabant », in *Republiken und Republikanismus im Europa der Frühen Neuzeit*, 1988, p. 145-154.
3 Jelle HAEMERS, « Un miroir à double face : les chroniques de Jean Molinet et de Nicolas Despars », *Le Moyen Âge*, Tome CXVIII-2, 2012, p. 269-299.

politiques des insurgés[4]. Il en a évidemment été de même en 1488 : la maîtrise de l'impôt a été l'un des enjeux – et l'un des outils – de la lutte pour le pouvoir entre Maximilien et ses adversaires, mais non le seul.

Parmi les causes de la guerre civile commencée en 1488, on trouve beaucoup de classiques de l'histoire des rébellions qu'ont connues les Pays-Bas et en particulier la Flandre, qu'il s'agisse de la critique des conseillers du prince, des abus de pouvoir, des atteintes aux privilèges, etc. La continuité est grande, mais on ne saurait contester la spécificité de la révolte de 1488, ne serait-ce que par son ampleur. Si l'historien n'est pas un procureur, il peut être un juge, ou au moins un juge d'instruction, à condition de contextualiser les faits, les hommes et leurs actions. Il est certain que le cadre intellectuel et les valeurs de Maximilien et de son entourage d'un côté, et des rebelles de l'autre, différaient profondément[5]. Assurément, chacun se croyait dans son droit, s'est battu avec acharnement pour le faire triompher, et l'on ne saurait donner raison à un projet politique plutôt qu'à un autre. L'affrontement de Maximilien et des rebelles est un peu celui de l'ordre – en tout cas celui du prince et de l'État – et de la liberté – en tout cas celle des élites des grandes villes des Pays-Bas ; d'une certaine manière il est très représentatif de ce qui fonde la culture politique européenne.

Maximilien, comme les ducs de Bourgogne avant lui, voulait s'affirmer aux dépens des pouvoirs concurrents, et ses méthodes ne différaient guère par leur nature. En revanche, jamais personne, pas même Charles le Téméraire, n'était allé aussi loin dans l'usage de la force, et jamais ils n'avaient à ce point écrasé d'impôts les Flamands. La nature même du gouvernement de Maximilien avait changé du tout au tout depuis son arrivée aux Pays-Bas. Entre 1477 et 1482, il avait certes été autoritaire, mais il devait faire face à une guerre qui lui avait été imposée par Louis XI. Son gouvernement pouvait alors être contesté, et il le fut. Maximilien était néanmoins le plus solide rempart des pays de par-deçà contre la France. N'avait-il pas été à la hauteur de la tâche extraordinairement difficile qui était la sienne ? Il pouvait à bon droit clamer qu'il avait « exposé son corps et ses biens » pour le salut du peuple qui lui avait été confié par Dieu. De 1483 à 1485, il était encore parvenu à s'affirmer comme le garant de l'unité des pays de par-deçà, face aux agressions extérieures et aux rébellions d'Utrecht et de Liège. Tous ces efforts, tout ce capital de légitimité politique amassé dans les fatigues et la douleur, furent réduits à néant par la reprise de la guerre contre la France. Depuis 1485, les impôts avaient triplé ou quadruplé par rapport au règne de Charles le Téméraire, des lansquenets en armes pullulaient partout, tandis que les villes des frontières méridionales tombaient l'une après l'autre dans les mains des Français. Depuis 1485, Maximilien, ce n'était plus que le favoritisme, les lansquenets, l'impôt confiscatoire, la gabegie, les défaites militaires et la faillite économique.

---

4   Jan DUMOLYN, Kristof PAPIN, « Y avait-il des « révoltes fiscales » dans les villes médiévales des Pays-Bas méridionaux ? L'exemple de Saint-Omer en 1467 », *Revue du Nord*, 2012/4, n° 397, p. 827-870.

5   Sur l'univers culturel politique des cités flamandes, voir Marc BOONE, « La justice en spectacle. La justice urbaine en Flandre et la crise du pouvoir "bourguignon" (1477-1488) », *Revue historique*, 305, 2003, p. 43-65 et *À la recherche d'une modernité civique. La société urbaine des anciens Pays-Bas au bas Moyen Âge*, Bruxelles, Paris, Éditions de l'Université de Bruxelles, « Histoire », 2010.

I. La captivité de Maximilien

La sécession gantoise et la crise politique de l'automne 1487

Après la défaite de Béthune, alors que les recettes fiscales de Maximilien s'étaient partout effondrées, il était devenu évident que le roi des Romains n'était plus en mesure de poursuivre la guerre contre la France, et que ses sujets ne voulaient plus lui donner les moyens de le faire. La prise de pouvoir de ses ennemis les plus acharnés à Gand l'exposait maintenant au risque d'un nouvel embrasement de la Flandre. Moins que jamais, il pouvait donc se passer de ses lansquenets, impopulaires, violents, et d'autant plus violents et impopulaires qu'ils ne percevaient plus leur solde. Déjà, lors de la campagne d'Artois de 1486, les méfaits des Suisses et des Allemands au service de Maximilien avaient provoqué une vive émotion : *Pour la dommageuse gastine que firent les Alemans, grans rumeurs et tumulte de peuple s'esleva contre le roy, disant qu'il avoit plus foulé ses pays que ses ennemys*[6]. Outre les lansquenets, la « garde du roi », un corps informel de 1 500 à 2 000 gens de guerre à cheval, dirigé par un groupe de capitaines de toutes origines, mais principalement francophones[7], sillonnait les Pays-Bas méridionaux, et vivait de réquisitions sur l'habitant, à l'affût de toutes les occasions de s'attaquer aux Français ou aux ennemis du roi des Romains. Les capitaines prirent l'habitude de se faire payer des pots-de-vin pour passer leur chemin et loger ailleurs[8]. Cette pratique, si elle procurait un bref répit aux villes et aux châtellenies qui y avaient recours, était un vrai pousse-au-crime, puisqu'elle ne pouvait qu'inciter les gens de guerre à se faire redouter des populations.

La haine des Flamands à l'égard des capitaines et des gens de guerre de Maximilien, tous étrangers au comté, ne cessa de croître. L'oppression fiscale rendait leurs exactions encore plus insupportables, ainsi que s'en fait l'écho Jean Molinet : *Les Flamengz veoyent les pays foulléz par faulte de justice, lequelle ilz desiroyent sommièrement estre entretenue, volloyent aussy que le roy se fesist quitte des Allemans, lesquelz ilz veoyent envis, et avoyent grant regret à la paix faitte dès l'an IIII^{xx}II ; et leur sambloit bien que la fraction d'icelle leur estoit fort dommagable et que, par la mutation de la guerre, innumerables deniers, quasy par millions, s'estoyent levéz en Flandre, desquelz ilz volloyent avoir le compte, pensant que tous n'estoyent venus à la congnoissance du roy*[9]. Pour les Gantois, la responsabilité directe de Maximilien ne faisait aucun doute. Même le très farouche partisan du roi des Romains qu'est l'auteur anonyme de l'*Histoire des Païs-Bas* considère que la

---

6 Jean MOLINET, *Chroniques…*, t. I, p. 548.

7 Sur ces soldats professionnels, à la fois garde prétorienne de Maximilien et corps mercenaire, voir *infra*, p. 421 et suivantes.

8 Première mention dans le compte de la châtellenie d'Ypres du 1er septembre 1485 au 12 février 1487, à une date non précisée : Robinet Ruffin et un certain Baudechon Cunylers, capitaines de 500 et 200 hommes respectivement, logèrent deux jours et deux nuits à Wervicq, où leurs gens de guerre perpétrèrent de nombreuses exactions. Ils acceptèrent de quitter Wervicq contre 16 livres de gros (96 l. de 40 g.), puis de partir de la châtellenie pour 8 l. 4 s. de g. (49 l. 4 s. de 40 g.) supplémentaires (AGR, CC, reg. 44308, fol. 27r).

9 Jean MOLINET, *Chroniques…*, t. I, p. 582.

CHAPITRE 6

défaite de Béthune n'était que la juste punition infligée par Dieu aux gens de guerre de Maximilien pour leurs méfaits : « Aussi certes il n'en pouvoit bien venir, actendu les grans et exécrables maulx que avoient fait et faisoient les gens de guerre, tant de la garde comme les piétons, aux bonnes gens du plat pays, la pluspart desquels furent prins ou mors à ceste journée des frommages [surnom de la bataille de Béthune][10] ».

Refusant obstinément de tendre la main aux Beaujeu et de jurer à nouveau le traité d'Arras de 1482, le roi des Romains eut recours aux vieilles recettes de temps de crise. Comme en 1480-1482, il espérait s'appuyer sur les quartiers d'Ypres et de Bruges, en essayant de couper Gand de son plat pays. À la fin du mois d'août, il sollicita une nouvelle aide des Membres de Flandre. Au début du mois de septembre, il précisa sa demande. Il voulait lever un subside de guerre de 15 000 couronnes par mois pendant six mois, soit 108 000 l. de 40 g. La ville de Gand avait déjà refusé d'envoyer des représentants, et les négociations se poursuivirent sans elle jusqu'au début du mois de décembre. Après un nouveau refus, le chancelier de Flandre et de Bourgogne obligea les représentants des trois Membres restants à se présenter devant Maximilien, qui les reçut à Anvers entre le 30 octobre et le 7 novembre[11]. L'aide fut finalement accordée par Bruges, Ypres, le Franc et le plat pays du quartier de Gand à la fin du mois de novembre ou au début de décembre 1487[12]. Le subside de 15 000 couronnes par mois était accordé rétroactivement à partir de septembre 1487. Comme on pouvait s'y attendre, le rendement en fut très mauvais, et la levée fut suspendue par la révolte de février 1488. Les arriérés de cette aide furent levés après la paix de Tours, entre 1490 et 1498, de sorte qu'on peut apprécier le montant de ce qui fut acquitté pendant l'hiver 1487-1488 à environ 45 000 l. de 40 g.[13] On voit déjà se dessiner ce que sera la carte des allégeances pendant la guerre civile de 1488-1489 : la châtellenie de Furnes, dans le *Westquartier*, futur bastion de Maximilien, paya l'intégralité de sa quote-part, alors que rien ne put être recouvré dans le quartier de Gand. Entre les deux, la châtellenie d'Ypres régla un peu moins de la moitié de sa portion, de même que le Franc de Bruges. Les comptes témoignent de l'appauvrissement général. La châtellenie de Furnes ne put rien tirer de ses paroisses avant le printemps 1488, et il est probable que les sommes versées malgré tout au receveur de Flandre en 1487-1488 provenaient d'avances consenties par les notables[14]. Le Franc n'essaya même pas d'asseoir une *pointing*, et emprunta 3 600 l. pour trois mois et 2 100 l. pour un an auprès de banquiers italiens[15].

---

10   *Histoire des Païs-Bas…*, p. 717.

11   *Handelingen…*, t. I, p. 431-432.

12   Le 24 novembre 1487, il est fait mention dans les comptes d'Eekloo que les représentants de la ville sont allés à Bruges pour se prononcer sur l'aide de 108 000 l., accordée par Bruges, Ypres, Le Franc et les villes du quartier de Gand (*ibid.*, p. 434). Dès le 8 octobre, le Franc avait accordé une avance d'un peu moins de 2 500 l. de 40 g. en tant moins de la première aide à accorder, et en tant moins des deux premiers mois sur les six demandés en septembre dernier pour le paiement de ses gens de guerre sur les frontières, consenti par le Franc, à la suite de toute la Flandre, à l'exception de Gand (AGR, CC, reg. 42599, 16 septembre 1487 au 19 février 1488, fol. 13r).

13   Voir annexe I, aides accordées par la Flandre, aide n° 27.

14   AGR, CC, reg. 43185, compte de la châtellenie de Furnes du 28 avril 1487 au 13 mai 1488, fol. 7v-8r.

15   AGR, CC, reg. 42599, fol. 13r.

Pendant que Maximilien extorquait cette maigre somme à un collège représentatif croupion, les Gantois communiquaient largement auprès des autres villes des Pays-Bas. Dès la fin du mois de novembre 1487, ils écrivirent ainsi à la ville de Mons et invitèrent le Hainaut à envoyer des représentants à Gand pour débattre avec eux de la situation politique. Affirmer l'union des pays de par-deçà, faire appliquer les privilèges de 1477 et le traité d'Arras de 1482, tel était leur objectif[16]. Ils avaient bien entendu l'appui du roi de France, toujours prêt à confirmer les anciens privilèges de la ville pour nuire à Maximilien. Ce dernier n'avait plus qu'à convoquer les États généraux. Par ailleurs, pressentant fort bien les critiques qu'on pourrait lui faire, il promulgua une importante ordonnance sur la conduite des finances de décembre 1487[17]. Elle restaurait la section du conseil ducal spécialisée en matière financière, instituée jadis par Philippe le Bon, et Maximilien s'y interdisait désormais d'ordonnancer lui-même les dépenses. La direction des finances était confiée à des grands seigneurs, parmi lesquels Philippe de Clèves et Philippe de Bourgogne, seigneur de Beveren, tous deux très populaires. Le premier était le fils d'Adolphe de Ravenstein, qui avait siégé au conseil de régence en 1483-1485, en compagnie du second, depuis réconcilié avec Maximilien. L'ordonnance de 1487 était donc un acte politique, une tentative désespérée pour apaiser les esprits. Trop peu, trop tard… Lorsque Maximilien arriva à Bruges, le 16 décembre 1487, tout était en place pour le drame qui allait s'y dérouler.

Le soulèvement de Bruges

Il existe une littérature abondante sur la révolte de Bruges et la captivité de Maximilien, de février à mai 1488. Robert Wellens a établi avec précision les faits qui se sont succédé entre le 1er février et le 16 mai 1488, qu'il a replacés dans le contexte politique général des Pays-Bas[18]. Cette révolte fut d'une certaine manière le bouquet final de la tradition rebelle flamande. Elle a donné lieu à un extraordinaire déploiement de symboles, de communication et de rituels socio-politiques de la part des métiers qui manifestèrent là tout leur savoir-faire, profondément médiéval[19], et riche de promesses pour l'avenir des Pays-Bas. Plusieurs contributions récentes, se rattachant à l'anthropologie historique, ont permis de renouveler en profondeur l'historiographie des révoltes flamandes[20]. S'agissant des causes immédiates du soulèvement de Bruges,

---

16 « Lettres inédites… », t. 2., p. 328-332.

17 Ordonnance éditée par Andreas WALTHER, *Die burgundischen Zentralbehörden…*, annexe I, p. 193-195.

18 Robert WELLENS, « La révolte brugeoise de 1488 », *Handelingen van het Genootschap voor Geschiedenis. Gesticht onder de benaming Société d'Émulation te Brugge*, t. 102, 1965, p. 5-52 ; « Les instructions des députés de Douai aux États Généraux des Pays-Bas en 1488 », *Revue du Nord*, t. 62, n° 246, 1980, p. 573-578.

19 Pour une approche générale, voir Jelle HAEMERS, « A Moody Community ? Emotion and Ritual in Late Medieval Urban Revolts », in *Emotions in the Heart of the City, 14th-16th Century*, 2005, p. 63-82 et Élodie LECUPPRE-DESJARDIN, *La ville des cérémonies. Essai sur la communication politique dans les anciens Pays-Bas bourguignons*, Brepols, Turnhout, 2004, p. 293-311.

20 Vue d'ensemble sur le prétendu archaïsme des métiers et contextualisation du combat pour le monopole de l'usage de la violence entre métiers et pouvoir ducal dans Marc BOONE, « Armes, coursses, assemblees et commocions. Les gens de métiers et l'usage de la violence dans la société urbaine flamande à la fin du Moyen Âge », *Revue du Nord*, 2005/1, n° 359, p. 7-34.

226   CHAPITRE 6

puis de l'embrasement des Pays-Bas, il n'y a pas à les chercher bien loin : ils sont d'abord la conséquence de la véritable dictature militaire que le roi des Romains a cru pouvoir imposer à son retour d'Allemagne, après son élection à la couronne de Germanie. Mieux qu'un simple tableau synoptique des impositions levées sur la Flandre et les Pays-Bas, le récit d'histoire politico-fiscale que nous venons de livrer témoigne de la violence du matraquage fiscal, des abus de pouvoir et des « excès » des gens de guerre. En vérité, on ne peut qu'abonder dans le sens de Jean Molinet : cela faisait bien longtemps que *les Flamengz veoyent les pays foulléz par faulte de justice*.

Au début du mois de janvier, les Gantois passèrent à l'action. Ils ouvrirent les hostilités en s'emparant de Courtrai par surprise, au petit matin du 9 janvier 1488, en surprenant le guet aux portes de la ville[21]. Ils imposèrent une très lourde indemnité de guerre d'une livre de gros pour chacun des 2 000 Gantois qui avaient pris part à l'assaut, soit 12 000 l. de 40 g. en tout, l'équivalent de plus d'un an du budget de la ville en temps normal[22]. Généreusement, les Gantois autorisèrent les habitants de Courtrai à imposer une taille de 2 400 l. sur leur châtellenie pour se dédommager de leurs pertes. Voilà qui donnait une idée de la hiérarchie des pouvoirs au sein du comté, entre métropoles, petites villes et campagnes, telle que la concevaient les Gantois. Plutôt que de hiérarchie des pouvoirs, il conviendrait sans doute de parler de chaîne alimentaire... La capitale flamande se comportait plus en prédateur qu'en protecteur de son quartier. Quelques jours plus tard, Gand doublait son action militaire d'une action politique, en rédigeant un cahier de doléances qui était en fait un réquisitoire contre la politique de Maximilien[23]. On lui reprochait : la violation du traité d'Arras de 1482, qui avait entraîné la guerre et la ruine du commerce ; la corruption et l'incompétence des administrateurs nommés en Flandre ; la politique monétaire et la frappe de nouvelles espèces de mauvais aloi ; la réclusion de Philippe le Beau à Malines, qui ne visitait plus ses pays ; la prolifération des étrangers parmi les officiers du prince ; la restauration du Franc de Bruges en tant que quatrième membre ; et enfin sa politique fiscale. Sur ce dernier point, on ne critiquait pas tant le poids des impôts que le mauvais usage qui en avait été fait, l'opacité de leur gestion et le refus des autorités d'en rendre des comptes. L'approche gantoise, largement inspirée par Willem Zoete, successeur de Willem Rijm à la charge de premier pensionnaire du banc de la *keure*, semblait au premier abord plus juridique que politique. Les aides (sauf les toutes dernières) avaient en effet été accordées dans le cadre normal du collège des Membres de Flandre. Même excessivement lourdes, elles étaient légales. En revanche, la question de la maîtrise des deniers publics débordait sur le champ politique : c'est d'abord contre la perte de contrôle sur les recettes fiscales que s'insurgeaient les Gantois.

---

21 Jean MOLINET, *Chroniques*... , p. 584-586 et *Dagboek van Gent*... , p. 265.

22 AGR, CC, reg. 33233, fol. 65r, 24 000 l. de 20 g., *omme tontgaen vand. pullaige*. Entre 1482 et 1485, les recettes annuelles de Courtrai furent comprises entre 16 915 l. et 20 679 l. de 20 g., soit environ 8 500 et 10 300 l. de 40 g. de Flandre (*ibid.*, reg. 33228-33231).

23 Analyse des plaintes gantoises, d'après N. Despars, dans Jelle HAEMERS, « Faire son prouffit... », p. 191-198.

Les Gantois remirent leur cahier de doléances à la délégation envoyée par Ypres et Bruges pour tenter de les accorder avec le roi des Romains. Pendant ce temps, à Bruges, tandis qu'arrivaient peu à peu les délégués des États généraux, les habitants voyaient avec inquiétude et colère augmenter le nombre de gens de guerre qui campaient dans les environs, dont *la garde du roy, qui sans entretenance avoit foullé et mengiét le plat pays de Brabant et de Haynau*[24]. Dans la ville même, les accrochages se multipliaient entre la population et les jeunes gentilshommes de l'entourage de Maximilien, Allemands pour la plupart. Depuis plus d'un mois, ils logeaient à crédit dans les hôtelleries brugeoises, et n'étaient pas avares de provocations et de menaces à l'encontre des Flamands.

La présence militaire croissante était justifiée par le début des hostilités contre Gand et par la reprise des raids français. En janvier, les troupes royales avaient incendié Bourbourg et Bergues-Saint-Winoc[25]. Maximilien avait réussi à poster des garnisons dans la plupart des petites villes flamandes, à Hulst, Alost, Audenarde et Termonde, autour de Gand, en Flandre maritime et près de la frontière avec l'Artois, désormais complètement occupé par les Français. Pourtant, la violence des gens de guerre ne faisait qu'aggraver un peu plus l'exaspération des habitants, et tandis que les Gantois prenaient les mesures nécessaires pour en faire justice[26], les Brugeois ne pouvaient que se désoler d'en être les victimes impuissantes. Ils avaient cependant obtenu que la garde des portes des villes fût confiée à une garde bourgeoise. Les allées et venues de Maximilien, *qui souvent isoit et rentroit dedens la ville pour entretenance de sa gendarmerie*, firent craindre un coup de force du roi des Romains, qui aurait voulu introduire une forte garnison à Bruges, d'après Despars[27], tandis que Molinet soutient qu'il ne voulait que maintenir l'ordre et préparer *la recouvrance d'aucunes villes*[28]. Maximilien ayant accepté une quinzaine de jours auparavant de ne garder auprès de lui qu'une modeste garde personnelle, et de renvoyer hors de la ville les lansquenets qui s'y trouvaient[29], on serait tenté de croire plutôt l'historiographe bourguignon. Quoiqu'il en soit, le 31 janvier au soir, la garde de la porte de Gand refusa de le laisser partir. Maximilien voulut sortir par les autres portes, sans succès : il était désormais prisonnier. Le lendemain, à midi, les doyens des métiers ordonnèrent la levée des bannières et l'occupation en armes de la place du marché, qui fut transformée en camp retranché. Maximilien fut ensuite assigné à résidence au Cranenburg, haute et élégante bâtisse, dont les larges fenêtres offraient une vue panoramique sur la place du marché et l'estrade sur laquelle on allait interroger, torturer et exécuter les notables flamands les plus compromis avec le régime.

Les événements se précipitèrent ensuite. On mit à sac les hôtels des principaux argentiers de Maximilien, Pieter Lanchals, Thibaud Barradot et Roland Le Fèvre. Ces

---

24 Jean MOLINET, *Chroniques…*, t. I, p. 583.
25 Robert WELLENS, « La révolte brugeoise de 1488 » …, p. 13.
26 *Dagboek van Gent…*, p. 265 : Le 30 décembre 1487, l'échafaud est dressé à Gand *omme de ghezellen van oorlogen an te rechtenne van haeren delicten.*
27 Nicolaes DESPARS, *Cronijcke van den lande…*, t. IV, p. 321.
28 Jean MOLINET, *Chroniques…*, t. I, p. 583.
29 Jelle HAEMERS, *De strijd om het regentschap…*, p. 254.

deux derniers avaient eu la bonne idée de prendre le large à temps ; Lanchals, quant à lui, était introuvable. Les Gantois envoyèrent à Bruges le seigneur de Ressegem et une importante délégation, accompagnés d'une forte escorte. Les Brugeois refusèrent de les laisser entrer avec plus de cent hommes, requête qui finit par être acceptée le 9 février. On renouvela échevins et bourgmestres le 12 février, et l'on réforma les institutions municipales[30]. Le roi des Romains fut bien traité, mais on le sépara d'une grande partie de son entourage, notamment le chancelier Carondelet, Martin et Wolgang von Polheim, Philippe de Nassau, demi-frère d'Engilbert, Jean de Lannoy, abbé de Saint-Bertin, commis aux finances, et Jean de Lannoy, seigneur de Maingoval, qui furent emprisonnés à Gand[31]. S'ils craignaient de subir le même sort que Hugonet et Humbercourt en 1477, ils se trompaient. Les Brugeois voulaient d'abord juger les leurs, c'est-à-dire ceux qui avaient trahi le mandat qu'on leur avait confié. Un premier groupe de trois notables, parmi lesquels Jean van Nieuwenhove fils Michel, bourgmestre en 1476, receveur des aides de Flandre en 1477-1479, et beau-frère de Lanchals, eut à répondre publiquement d'accusations de détournement de fonds. Soumis à la question, ils furent décapités un mois après le début de leur procès. On rendit donc une justice exemplaire, cruelle et rituelle de *ceulx qui, selon leurs tirannies injuste et desraisonnable, estoyent condampnéz à la jehenne*[32], selon les propres mots de Molinet, qui il est vrai ne s'intéressait guère au sort de ces riches bourgeois, n'appartenant pas encore au monde curial et aristocratique auquel il s'adressait. Si l'indiciaire bourguignon relate avec détail « l'horrible tourment » de ces personnages soumis au supplice de l'élongation des membres, c'est avant tout pour mieux faire sentir à ses lecteurs/auditeurs l'ambiance de peur dans laquelle vivait Maximilien[33].

Cette fois, Maximilien faisait lui-même partie de la « justice en spectacle », à son plus grand désarroi, mais également à celui de ses geôliers, fort divisés, à l'image de la société brugeoise, où le monde des métiers était plus diversifié qu'à Gand, dominée par les tisserands. La ville d'Ypres avait rejoint les rebelles à reculons, et leurs homologues de Gand et de Bruges leur reprochaient leur tiédeur, voire leur duplicité – non sans raison, puisque les magistrats d'Ypres avaient fait rédiger une protestation secrète, en présence d'un notaire impérial du diocèse de Liège, dirigée contre la révolte de Bruges et de Gand[34]. Les capitaines de Maximilien menaient à présent une guerre ouverte contre les Flamands. Dès le 8 février, Philippe de Clèves avait pourvu L'Écluse d'une forte garnison de gens de guerre de Malines et Anvers[35]. Les cités brabançonnes, surtout Anvers, ne pouvaient que se réjouir du blocus naval imposé à leur rivale flamande. Au nord de Gand, la garnison de Hulst, commandée par Charles de Saveuse, seigneur de Souverain-Moulin, infligea en mars deux

---

30 Jacoba VAN LEEUWEN, « Balancing Tradition and Rites of Rebellion. The Ritual Transfer of Power in Bruges on 12 February 1488 », in *Symbolic Communication in Late Medieval Towns*, 2006, p. 65-81.

31 Jean MOLINET, *Chroniques…*, t. I, p. 604.

32 *Ibid.*, p. 599.

33 Jelle HAEMERS, « Un miroir à double face … », p. 290-295.

34 Robert WELLENS, « La révolte brugeoise de 1488 »…, p. 37-38.

35 Jean MOLINET, *Chroniques…*, t. I, p. 607-608, t. II, p. 265.

sanglants revers aux Gantois, qui leur coûtèrent plusieurs centaines de tués et de prisonniers[36]. Le seul succès des rebelles, purement défensif, avait été la défaite et la mort de Philippe de Hornes, seigneur de Gaesebeke, l'assassin de Jean de Dadizeele, qui avait tenté de reprendre Courtrai[37].

On tâcha de trouver une solution politique au conflit. Philippe le Beau convoqua les États généraux pour le 24 février. Les délégués, réunis à Malines, puis à Bruxelles, acceptèrent de se rendre à Gand. La séance s'y ouvrit avec retard, le 25 avril[38]. Entre temps, les échecs militaires des rebelles, et surtout l'arrivée d'une armée mobilisée par les villes impériales et les princes alliés aux Habsbourg, avaient rendu Gand et Bruges plus conciliantes. Le 22 avril, une avant-garde commandée par le margrave de Bade et ses frères campait sous les murs d'Audenarde. Les Flamands risquaient de se trouver pris en étau entre l'armée impériale et les Français, dont l'alliance avec les Gantois était loin de faire l'unanimité à Ypres et à Bruges. En mars 1488, Philippe de Crèvecœur avait à nouveau sommé les habitants de Tournai de le laisser entrer dans la cité, sans plus de succès qu'en 1485[39].

À Bruges, l'épuration était à présent achevée et la fièvre un peu retombée. Du 11 au 13 mars, les métiers avaient fait la preuve de leur force et de leur détermination, lors d'un *auweet*, spectaculaire défilé en armes, emprunté aux pratiques gantoises, renouvelé trois jours de suite, en empruntant des itinéraires différents pour mieux s'approprier l'espace public urbain[40]. Après plusieurs semaines de recherches infructueuses dans les caves et les monastères de la ville, on avait finalement retrouvé Pieter Lanchals, réfugié chez un bonnetier. Lanchals fut à la hauteur du spectacle dont il était bien involontairement la vedette : banc de torture, aveux, confrontation publique avec Jan van Coppenhole, condamnation à mort, rédaction d'un « fort beau testament[41] », décapitation « selon son estat », sur un drap vermeil, le 22 mars 1488[42]. Le 5 avril, les métiers quittèrent la place du marché et les bannières furent rentrées. Ceux qui avaient dirigé la cité depuis août 1485 étaient morts, condamnés, en fuite ou déclarés indignes d'occuper une charge publique[43]. Parmi les officiers de finance mis en accusation, Jérôme Lauwerin, fort exposé en tant que receveur du Franc de Bruges, était parvenu à rendre compte de sa gestion financière, et avait été libéré[44] – preuve que l'instruction judiciaire n'était pas si arbitraire qu'on a voulu le

---

36 *Ibid.*, t. I, p. 610-612.

37 Robert WELLENS, « La révolte brugeoise de 1488 » …, p. 26.

38 ID., *Les États Généraux des Pays-Bas* …, p. 199-213.

39 *Lettres de Charles VIII* …, t. II, p. 280, note 1.

40 Jelle HAEMERS et Élodie LECUPPRE-DESJARDIN, « Conquérir et reconquérir l'espace urbain. Le triomphe de la collectivité sur l'individu dans le cadre de la révolte brugeoise de 1488 », in *Voisinages, coexistences, appropriations. Groupes sociaux et territoires urbains*, 2007, p. 119-142.

41 BOONE Marc, « Un grand commis de l'État burgundo-habsbourgeois face à la mort. Le testament et la sépulture de Pierre Lanchals, Bruges, 1488 », in *Miscellanea Pierre Cockshaw*, 2009, p. 63-88.

42 Jean MOLINET, *Chroniques* …, t. I, p. 634-640.

43 Robert WELLENS, « La révolte brugeoise de 1488 » …, p. 41-42.

44 Une délégation du Franc se rend à Bruges le 14 mars 1488 pour évoquer son cas (*Handelingen* …, t. I, p. 444).

dire, ou au moins ne l'était pas toujours[45]. Molinet se fait l'écho des débats houleux et des avis très partagés qu'exprimaient les gens des métiers sur la place du marché lors de ces procès publics. Loin de les diviser, ils contribuaient à forger la culture et l'unité d'une communauté politique. Pour *variable et inconstant comme la roe de fortune*[46] que fût la volonté du commun, elle n'en était pas moins souveraine et s'imposait aux magistrats de la ville. Les procès publics de février-mars 1488 avaient été un cruel et dramatique exercice de démocratie directe, de la part d'un peuple qui voulait prendre son destin en main. Il était temps à présent de traiter avec Maximilien, dont le pape avait réclamé la libération par un monitoire daté d'avril[47].

La libération de Maximilien et le soulèvement du Brabant

Le roi des Romains était prêt à signer et à jurer à peu près n'importe quoi pour sortir du guêpier brugeois et en tirer une vengeance implacable. Au bout de quelques semaines, on arriva à un accord jugé acceptable par les Flamands et les États généraux réunis à Gand. Tous les délégués présents partageaient un objectif commun : le rétablissement de la paix avec la France et la libération de Maximilien. Seuls différaient les avis sur la forme que devait prendre la sortie de crise. Finalement, un premier traité réglait les conditions de la libération de Maximilien, qui s'engageait à évacuer toutes ses troupes de Flandre dans les quatre jours, et tous les pays de par-deçà dans les huit jours. Devaient rester otages à Bruges le comte de Volkestein, le seigneur de Hanau et Philippe de Clèves. Ce dernier devait être délié de ses obligations à l'égard de Maximilien et prendre le parti des Flamands si le roi des Romains ne tenait pas ses obligations – article de facture plutôt classique, mais qui, ne s'appliquant qu'à un seul personnage, et non des moindres, laisse soupçonner que Philippe de Clèves préparait déjà sa spectaculaire volte-face, comme le suggère J. Haemers[43]. Les deux parties se pardonnaient tout, y compris, de la part des Flamands, les levées illicites d'impôts[49], sans préjudice toutefois d'éventuelles poursuites contre les officiers de finance. Maximilien renonçait à la mambournie de la Flandre, dont le gouvernement devait à nouveau être confié à un conseil de régence, par « l'advis des seigneurs du sang », qui prendront eux-mêmes l'avis des Trois Membres. On enverrait une ambassade auprès du maréchal de Crèvecœur pour faire à nouveau crier la paix d'Arras de 1482.

Outre ce traité particulier, un acte d'*union, alliance, confederation et intelligence par ensemble des pays du roy des Romains et de monseigneur l'archiduc son filz*, daté du 12 mai, définissait le cadre du gouvernement des pays de par-deçà pendant la durée de la minorité de Philippe le Beau. Il reprenait les revendications flamandes, quelque peu atténuées pour les autres principautés, qui acceptaient toujours d'être gouvernées par

---

45 Le procès de Lanchals a respecté les formes habituelles en de telles circonstances pour des accusations aussi graves (Marc Boone, « La justice en spectacle... », p. 59-62).

46 Jean Molinet, *Chroniques*..., t. I, p. 639.

47 *Ibid.*, t. II, p. 1 à 6.

48 Jelle Haemers, « Philippe de Clèves... », p. 49-50.

49 Jean Molinet, *Chroniques*..., t. II, p. 17 : *en consentant pluseurs et diverses aydes faittes sans le sceu et consentement des Membres.*

Maximilien, en tant que tuteur de son fils. L'acte restaurait également les compétences attribuées aux États généraux en 1477, en matière diplomatique notamment, puisque leur accord serait requis avant toute déclaration de guerre[50]. L'acte d'Union, bien qu'il prévît une session annuelle des États généraux, qui allait donc au-delà de la simple permission de se réunir quand bon leur semblerait qui leur avait été donnée par le Grand Privilège de 1477, s'inscrivait plutôt en retrait par rapport à ce dernier. En effet, il ne concernait que la Flandre, le Brabant, le Hainaut et la Zélande[51], et il s'attardait très peu sur les modalités pratiques du gouvernement des Pays-Bas.

Les deux traités consacraient en fait l'autonomie et la spécificité de la Flandre, qui se souciait fort peu du sort des autres principautés. Les Flamands, en effet, se doutaient bien que le roi des Romains n'allait pas respecter ses engagements[52]. Parmi les délégués des États généraux, certains, comme les députés de Lille et Douai, avaient demandé la libération préalable du roi des Romains, faute de quoi l'accord, conclu sous la contrainte, ne pourrait être considéré comme valide. Ils avaient également jugé inutile et dangereux d'y associer le roi de France[53]. Mais que pouvaient faire d'autre les Flamands ? Ils étaient déjà au ban de l'Empire, menacés d'excommunication par le pape, et une armée impériale s'apprêtait à déferler sur la Flandre. Willem Zoete et les Gantois ne pouvaient guère qu'ajouter quelques pièces supplémentaires au dossier juridique qu'ils constituaient contre Maximilien, espérant ainsi mettre l'opinion de leur côté. Au fond, ils se trouvaient dans la même impasse que Charles le Téméraire à Péronne : ils étaient en possession d'une pièce maîtresse, mais qu'ils ne pouvaient pas échanger contre une garantie qui fût autre chose que du vent. Leur seul bouclier dont ils disposaient contre la revanche du roi des Romains était l'alliance française, fort impopulaire aux Pays-Bas. Le 16 mai 1488, Maximilien jura solennellement le traité de paix conclu avec les Membres de Flandre. Après un *Te Deum* et quelques dévotions, le roi des Romains put enfin quitter Bruges. Deux ou trois jours plus tard, d'après Molinet, Maximilien ordonnait de suspendre la publication du traité. La guerre inexpiable pouvait commencer.

II.   La guerre civile de 1488-1489

Anarchie et extension de la révolte

Le 24 mai, Maximilien retrouvait son père à Louvain. Frédéric III s'y trouvait avec une énorme armée, évaluée à 20 000 ou 30 000 combattants. Maintenant qu'un si grand nombre d'hommes avait été réuni, il était difficile de les renvoyer chez eux sans avoir accompli aucun « exploit de guerre ». Chaos et hypocrisie caractérisaient alors la situation politique. Officiellement, tout le monde était en paix : les Français,

---

50 Jean MOLINET, *Chroniques…*, t. II, p. 24-31.
51 Willem Pieter BLOCKMANS, « Autocratie ou polyarchie ? … », p. 299.
52 Jelle HAEMERS, « Philippe de Clèves… », p. 49-51.
53 Robert WELLENS, « Les instructions des députés de Douai… », p. 573-578.

les Membres de Flandre, les autres principautés des pays de par-deçà, Maximilien, Philippe le Beau et l'empereur. En réalité, dès la fin du mois de mai, deux camps irréconciliables s'étaient constitués. Philippe de Clèves et ses collègues du conseil de régence de Flandre s'attelaient à défendre le comté, alliés aux Français, contre l'invasion germano-impériale. La tâche était encore plus difficile qu'en 1485. Outre que la Flandre subissait toujours le contrecoup de la crise économique et des exactions fiscales de Maximilien, ce dernier y tenait d'importants bastions, notamment le *Westquartier* de Flandre (Furnes, Dixmude, Nieuport, Gravelines, Dunkerque) et, tout autour de Gand, Audenarde, Termonde, Alost et Hulst. Leur dispersion avait un double avantage. D'une part, elle permettait aux garnisons de vivre sur le pays sans trop de difficultés ; d'autre part, depuis ces places fortes, les capitaines de Maximilien contrôlaient une grande partie des campagnes de Flandre et pouvaient y interdire toute activité économique au profit des rebelles.

On ne peut que s'étonner de ce que les Flamands n'aient pas exigé, avant de libérer Maximilien, l'évacuation de toutes ces places, qui faisaient d'Ypres, Bruges et Gand des cités virtuellement assiégées avant même que le roi des Romains eut dénoncé les traités des 12 et 16 mai. Il fallait que la pression politique fût extrême pour que Brugeois et Gantois se soient résolus à relâcher leur proie sans même avoir pris cette précaution minimale. Il prouve *a posteriori* la faute politique majeure qu'a été la prise en otage de Maximilien. Seule Bruges, depuis que Philippe de Clèves avait rejoint le conseil de régence de Flandre, avait retrouvé l'accès à la mer, puisque la garnison de L'Écluse avait suivi le parti de son capitaine et que les rebelles tenaient déjà Damme, l'autre avant-port de Bruges sur le Zwin. Mais qui aurait envie de se risquer sur cette voie d'eau incommode, dans un pays ravagé par la guerre ? Les Flamands avaient plus que jamais besoin de l'assistance militaire des Français, mais ceux-ci étaient accaparés par la guerre de Bretagne. En mai 1488, alors que l'empereur s'apprêtait à envahir la Flandre, Louis de La Trémoille assiégeait Ancenis[54]. Aussi le maréchal d'Esquerdes ne put-il envoyer en Flandre qu'un maigre renfort de 300 à 400 lances[55]. Le 27 mai, Frédéric III et Maximilien campaient à Evergem, aux portes de Gand. Les Allemands y restèrent jusqu'à la mi-juillet, puis la plupart des contingents des villes et des princes d'Empire s'en repartirent. Ils n'avaient pu obtenir la capitulation de la cité rebelle, mais ils avaient méthodiquement ravagé toute la partie orientale du quartier de Gand et pris d'assaut Deinze[56]. Grammont était devenue une ville fantôme, désertée de ses habitants, au point que la comptabilité fut suspendue entre le 1er mai 1488 et le 1er février 1490[57].

Après cette incursion, massive mais peu efficace, comme la plupart des grands osts médiévaux, la guerre civile entra dans une forme de routine, également caractéristique de la guerre médiévale, faite d'escarmouches, d'embuscades aux portes des places tenues par l'ennemi, et, comme toujours, de courses et de razzias

---

54 *Lettres de Charles VIII…*, lettre n° 248, t. II, p. 49-51.
55 Jean MOLINET, *Chroniques…*, t. II, p. 40-41.
56 *Ibid.*, p. 39-40, 45-46, 64-65.
57 AGR, CC, reg. 35305, fol. 1r.

LA GUERRE INEXPIABLE (1488-1489)   233

dont furent victimes les paysans flamands. Les opérations, jusqu'à la fin de l'année furent marquées par une alternance de succès et de revers pour les deux partis, avec cependant un avantage assez net pour les soldats professionnels de Maximilien. Il leur arrivait de perdre – ainsi, une tentative de prise d'assaut de Damme coûta la vie au frère du margrave de Bade[58] – mais leurs défaites prêtaient en général moins à conséquence que celles infligées aux milices flamandes, plus nombreuses et moins manœuvrières, qui perdaient fréquemment des centaines, voire des milliers de mort lorsqu'elles étaient mises en déroute par les mercenaires du roi des Romains, tels ces 4 000 à 5 000 Brugeois, surpris et écrasés par un millier d'Allemands en juin 1488, qui laissèrent la moitié de leurs hommes sur le terrain, parmi lesquels des centaines de prisonniers qui durent payer de très lourdes rançons[59]. Quoi qu'il en soit, aucun des deux adversaires n'était parvenu à prendre à l'ennemi ne fût-ce qu'une place secondaire.

Restait l'action politique, qui pouvait s'avérer à la fois plus économique et infiniment plus fructueuse que l'action militaire, comme le prouve la très riche production de libelles, de pamphlets ou de mémoires justificatifs produits durant la guerre civile[60]. Chacun faisait jouer ses réseaux d'influence, et ceux des nobles du conseil de régence n'étaient pas négligeables. Philippe de Clèves, outre le port de L'Écluse, avait emporté avec lui la ville de Namur, dont il avait réprimé les troubles en avril 1488. Il avait alors installé des hommes à sa dévotion, qui lui restèrent fidèles le mois suivant[61]. Les partisans de Maximilien reprirent le château de Namur trois mois plus tard, en août[62]. À Liège, où les hostilités n'avaient jamais cessé entre l'évêque et les La Marck, ces derniers, alliés aux Français, prirent l'avantage. Le 14 mars 1488, Evrard de La Marck se présenta sous les murs de Liège et s'en empara ; le comte de Hornes, qui représentait à Liège son frère, prudemment retranché à Maastricht, fut capturé. Immédiatement proclamé protecteur de Liège, Evrard tenta toutefois de ne pas élargir le conflit aux Pays-Bas[63].

De son côté, Maximilien ordonna la tenue d'une nouvelle session des États généraux, qui se réunirent à Anvers et à Malines, les plus sûrs soutiens du roi des Romains dans tous les Pays-Bas. Ce fut un échec, malgré la longueur des discussions, qui s'étirèrent de la fin du mois d'août jusqu'au début du mois de novembre. Le roi des Romains s'y défendit des accusations portées à son encontre par les Gantois. S'agissant des levées illégales d'impôts en Flandre, il avait dû s'y résoudre *pour rembourser deniers empruntéz pour soustenir la guerre contre les Ganthois, pour redimer son filz de leurs mains et pour la protection des frontières.* D'ailleurs, *il avoit plus despendu pour les reduire en III mois que ne montoit l'emprunt des joyaulx par lui engaigéz, et que led. demaine*

---

58 Jean MOLINET, *Chroniques…*, t. II, p. 60-61.
59 713 prisonniers, rançonnés à hauteur de 54 000 mailles du Rhin, d'après Molinet (*ibid.*, p. 57-59).
60 Valérie VRANCKEN, « Papieren munitie. Een pamflet over verraad tijdens de Brusselse opstand tegen Maximiliaan van Oostenrijk (1488-1489) », *Handelingen der Koninklijke Zuid-Nederlandse Maatschappij voor Taal- en Letterkunde en Geschiedenis*, 66, 2013, p. 47-62.
61 Jelle HAEMERS, « Philippe de Clèves… », p. 48.
62 Jules BORGNET, « Troubles du comté de Namur en 1488 », *Annales de la Société archéologique de Namur*, t. 2, 1851, p. 27-56.
63 Paul HARSIN, *Études critiques…*, t. I, p. 190-212.

234 CHAPITRE 6

avoit esté engagiét du vivant madame, et, s'il avoit ung an de paix, il racheteroit tous les joyaux[64]. Au début du mois de septembre, l'empereur Frédéric III, par la bouche d'Adolphe de Nassau, développait une argumentation circonstanciée pour tenter de gagner à la cause de son fils les représentants des États généraux et convaincre les principautés de le soutenir contre les rebelles de Flandre[65]. L'échec de ce déploiement de communication politique fut total. La preuve la plus éclatante en fut administrée par le soulèvement du Brabant méridional. Quelques jours seulement après avoir été dégradé de ses charges et dignité à Anvers, Philippe de Clèves convoquait à son tour une session rivale des États généraux, conformément à l'acte d'Union de 1488, qui prévoyait de faire tenir la première séance annuelle ordinaire à Bruxelles le 1er octobre. Il se rendit dans la capitale brabançonne, espérant tirer parti du mécontentement des gens de métier, qui avaient pris le pouvoir en 1477, mais en avaient été évincés dès 1480. Après quelques tergiversations, il put y faire son entrée le 18 septembre 1488 et obtenir l'adhésion de la ville au traité de Bruges conclu avec Maximilien en mai précédent[66]. Louvain la suivit, ainsi que de nombreuses petites villes, dont Nivelles, Léau, Jodoigne, Tirlemont et Aerschot[67].

Le soulèvement brabançon contraignit aussitôt l'empereur et son fils à assouplir leur position, à accepter que les États négocient avec le roi de France, et à entrer en pourparlers avec leurs ennemis de Flandre et de Brabant[68]. Cependant, la position des deux nouvelles cités rebelles, coincées entre le Hainaut, resté fidèle au roi des Romains, le comté de Namur, rentré dans le rang un mois auparavant, et le quartier d'Anvers, était aussi précaire que celle de leurs alliées flamandes. Les frères Jean et Corneille de Berghes avaient posté une garnison à Vilvorde le lendemain de l'entrée de Philippe de Clèves à Bruxelles. De là, ils pouvaient dévaster les environs la capitale brabançonne et multiplier les escarmouches contre les milices bourgeoises. Philippe de Clèves réussit cependant à nettoyer les quartiers de Louvain et de Bruxelles de tous les autres petits châteaux tenant parti contraire. Par ailleurs, il parvint encore à étendre la révolte à la Hollande, quoiqu'avec plus de difficulté, puisqu'après la prise de Rotterdam par les *Hoeken*, en novembre 1488, ceux-ci ne purent s'emparer que de Geertruidenberg[69]. Le coup porté à la cause de Maximilien était néanmoins très rude. Au début du mois d'octobre, jetant l'éponge, et ayant à régler de très importantes affaires en Souabe et en Autriche – le roi de Hongrie Mathias Corvin occupait Vienne depuis 1485 – Frédéric III décida de rentrer en Allemagne. Il fut suivi de son fils, quelques mois plus tard, après un court séjour en Hollande en janvier

---

64 Jean Molinet, *Chroniques…*, t. II, p. 67.

65 Valérie Vrancken, « Opstand en dialoog in laatmiddeleeuws Brabant. Vier documenten uit de Brusselse opstand tegen Maximiliaan van Oostenrijk (1488-1489) », *BCRH*, 181, 2015, p. 218-228 et 245-253.

66 Lettre de Philippe de Clèves aux magistrats de Gand, 20 septembre 1488 (« Lettres inédites… », t. 2, p. 418-419) ; Jean Molinet, *Chroniques…*, t. II, p. 68-69 ; Valérie Vrancken, « Papieren munitie… », p. 49-53.

67 Jelle Haemers, « Philippe de Clèves… », p. 62.

68 Valérie Vrancken, « Opstand en dialoog… », p. 228-233.

69 Jean Molinet, *Chroniques…*, t. II, p. 84-85, Michel Joost van Gent, « *Pertijelike saken* »…, p. 379.

1489[70]. Maximilien donna la lieutenance générale des pays de par-deçà au duc Albert de Saxe, fils cadet de l'électeur de Saxe et d'une sœur de Frédéric III[71]. C'est donc politiquement discrédités, et laissant derrière eux une situation plus catastrophique encore qu'à l'arrivée de Frédéric III en Flandre, que le roi des Romains et l'Empereur toujours auguste quittaient les Pays-Bas bourguignons.

Entrée en scène d'Albert de Saxe

Le nouveau lieutenant général n'était en rien un Goliath n'ayant en face de lui que la fronde d'un berger – ou la pique d'un bourgeois tout juste capable de l'exhiber dans une fête patronale bien arrosée de bière, comme le suggère aimablement Molinet[72]. En vérité, que restait-il des Pays-Bas bourguignons sur lesquels avait régné Charles le Téméraire ? La Picardie, l'Artois et le comté de Boulogne étaient occupés par les Français. Liège était aux mains d'Evrard de La Marck. La Flandre et le Brabant méridional avaient fait sécession. Le Luxembourg, le comté de Namur et la Hollande connaissaient de nouveaux troubles. Il n'avait pas fallu un an pour que Charles d'Egmont, capturé par les Français à Béthune, revendique à nouveau le duché de Gueldre, reconquis en 1481 par Maximilien. Pour l'heure, la Gueldre restait calme… mais le quartier de Bois-le-Duc se tenait sur le qui-vive, et refusait de prendre part à la guerre civile. Dans ce chaos généralisé, où tout le monde se battait au nom de Philippe le Beau, y compris le roi de France, la faiblesse relative des deux adversaires les obligeait à négocier avec tous ceux qui détenaient une parcelle de pouvoir ou d'influence. Le 14 décembre 1488, au grand mécontentement du duc de Saxe, qui dut pourtant s'en accommoder, la châtellenie de Lille, Douai et Orchies avait proclamé sa neutralité, sur la base du traité d'Arras avec le roi, et sur la base de la liberté de circulation des biens et des personnes avec les rebelles[73]. L'assise territoriale d'Albert de Saxe était donc réduite au Hainaut, à l'archipel zélandais, au nord de la Hollande, à Anvers et à Malines, soit, si l'on se réfère à la répartition de l'aide de 500 000 *ridders*, de 30 à 35% seulement de l'assiette fiscale de 1473-1476.

Pourquoi la rébellion de 1488 a-t-elle échoué ? La défaite des Flamands et des Brabançons paraît aussi évidente et inéluctable que le succès du soulèvement hollandais le siècle suivant. Albert de Saxe a été un chef de guerre talentueux, le roi de France a abandonné les rebelles à leur sort, voilà tout. Pourtant, on ne saurait expliquer la victoire du gouverneur par l'argumentation classique, voulant que les États princiers

---

70 Hermann WIESFLECKER, *Kaiser Maximilian I.*, vol. 1 : *Jugend, burgundisches Erbe…*, p. 221-222.

71 Pour un premier aperçu de la riche carrière de ce personnage, sur lequel on reviendra, voir W. P. BLOCKMANS, « Albrecht de Stoutmoedige, hertog van Saksen, stadhouder-generaal der Nederlanden (1443-1500) », *Handelingen van de Koninklijke Kring voor Oudheidkunde Letteren en Kunst van Mechelen*, n° 95, 2ᵉ livraison, 1991, p. 189-200.

72 D'après lui, les métiers et le commun de Bruxelles *jamais n'avoyent veu baston lever synon en assemblée de ducasses* (Jean MOLINET, *Chroniques…*, t. II, p. 69-70).

73 Michaël DEPRETER, « Le prince et les États de Flandre wallonne. Des diplomaties concurrentes ? Modalités et enjeux du traité de Wavrin (14 décembre 1488) », in *Négociations, traités et diplomatie dans l'espace bourguignon*, 2013, p. 179-200.

« modernes » l'ont emporté sur les coalitions aristocratiques et les villes libres grâce à la supériorité de leurs moyens financiers, bureaucratiques et techniques. Il est vrai que les ressources des cités flamandes et brabançonnes étaient faibles, car le capital qui s'y trouvait concentré était pour ainsi dire gelé par la crise générale qui réduisait à néant les revenus des urbains. Pour autant, il en était de même pour le duc de Saxe. Les États généraux de l'été 1488 n'avaient accordé aucun subside, comprenant qu'ils ne feraient que prolonger une guerre qu'aucun des deux adversaires ne paraissait en mesure de gagner.

La guerre civile de 1488-1489 n'a pas été gagnée par le plus riche, ou le plus « moderne » par la technologie ou les moyens employés. Elle a d'abord été gagné par le camp qui, à défaut d'avoir un discours politique plus convaincant ou plus séduisant, était le moins divisé. Sur le plan militaire, elle a été gagnée par celui qui a été capable de continuer le combat dans un contexte de démodernisation générale sur le plan financier et administratif. Partout, on en était revenu aux pratiques de la guerre de Cent Ans. L'initiative était passée aux capitaines de garnisons et aux administrateurs locaux, officiers du prince et magistrats des communautés d'habitants, à qui il revenait d'organiser la cohabitation entre gens de guerre et civils, c'est-à-dire l'entretien des premiers par les seconds, dans une économie anémiée, où le numéraire faisait défaut. Nous reviendrons plus longuement sur cette question essentielle de l'économie de guerre médiévale, qui explique pour une grande part la victoire finale d'Albert de Saxe[74].

Pour l'heure, bornons-nous à constater la paralysie totale des institutions financières et fiscales centrales, qui ressort de l'analyse critique des comptes de la recette générale des finances pour les années 1488 et 1489. Un examen superficiel du compte de 1488 peut encore faire illusion Les recettes s'élèvent en effet à près de 470 000 l. tournois[75], soit presqu'autant qu'en 1479, année particulièrement faste. En réalité, les parties extraordinaires, c'est-à-dire les expédients divers d'un régime aux abois, y représentent plus de 200 000 l. (42,6%), dont un fort pourcentage de décharges rendues et non reçues (près de 82 000 l., soit 41%)[76]. La dépression des revenus du domaine se confirme, avec seulement 34 856 l. 8 s. 3 d. de recettes (7,4% du total). En apparence, les aides font encore bonne figure, en affichant une recette de 233 318 l. 16 s. 1 d. Il faut cependant en retrancher près de 92 000 l. de décharges rendues et non reçues, soit pas moins de 40%[77]. On en déduira également une très grosse décharge de 47 524 l. 1 s. 3 d., en date du 19 juillet 1488, au profit du trésorier des guerres, qui est imputée sur les recettes des aides de 63 500 *ridders* et de 108 000 l. accordées en 1487, et qui correspond en fait à une assignation faite *a posteriori*, destinée à régulariser des opérations effectuées en 1487[78]. Le revenu réel des aides pour 1488

---

74   Voir *infra*, p. 332 et suivantes.
75   468 758 l. 1 s. 4 d. (ADN, B 2136, fol. 56v).
76   200 582 l. 17 s. 1 d. (81 916 l. 13 s. 4 d. de décharges rendues et non reçues, ADN, B 2136, fol. 36r-56v).
77   91 656 l. 15 s. (ADN, B 2136, fol. 17r-35v).
78   ADN, B 2136, fol. 22r. La mention marginale des maîtres des comptes indique que cette décharge a bien été inscrite en dépense sur le deuxième compte de Roland Le Fèvre des aides accordées en 1486 et 1487, correspondant à ces deux aides (lettre de recette équivalente dans le chapitre des deniers baillés au trésorier des guerres, ADN, B 2136, fol. 59v).

LA GUERRE INEXPIABLE (1488-1489)   237

a donc été de l'ordre de 94 000 l. seulement, dont près de la moitié provenant des aides de Zélande (41 576 l. 12 s., déduction faite des décharges rendues et non reçues, soit 44%[79]), la seule province épargnée par les troubles et à l'abri des opérations militaires. Le taux de décharges n'ayant pas sorti effet est, comme on pouvait s'y attendre, particulièrement élevé pour le Brabant (68%)[80], mais également pour la Hollande (66%)[81], ce qui montre qu'à défaut d'avoir rallié la plus grande partie des villes à sa cause, Philippe de Clèves avait au moins réussi à neutraliser la contribution qu'aurait pu apporter la Hollande au parti d'Albert de Saxe.

Pour 1489, l'effondrement des revenus du domaine et des aides est encore plus net, et même les parties extraordinaires ne parviennent plus à le cacher. Le compte de 1489 n'enregistre qu'un peu plus de 225 000 l. de recettes[82], dont seulement 35 000 l. pour le domaine[83] et un peu plus de 70 000 l. pour les aides, dont 64% de décharges rendues et non reçues[84]. Sur la recette totale, plus de 40 000 l. correspondent aux premières entrées des amendes infligées aux villes soumises par Albert de Saxe à la fin de l'année 1489[85]. Il convient cependant d'y ajouter un peu plus de 145 000 l. provenant de la vente de rentes émises sur le corps du *Westquartier* de Flandre en 1489, mais inscrites au registre de 1491 de la recette générale[86]. Par ailleurs, le Hainaut, et surtout Malines et le quartier d'Anvers, entretinrent à leurs frais un grand nombre de gens de guerre, pour un montant supérieur à 150 000 l., qui n'apparaissent pas dans le compte du receveur général[87]. Les recettes réelles engrangées par l'État central en 1488-1489, avant la victoire d'Albert de Saxe, qui commence à se dessiner à l'été 1489, peuvent être estimées à 650 000 l. pour près de deux ans. La recette réelle est d'autant plus dérisoire que la valeur de la livre tournois a constamment chuté à partir de l'année 1488. Maximilien n'eut en effet d'autre choix que de recourir à l'arme ultime des princes désargentés : la dévaluation de la monnaie de compte et du gros de Flandre, à peine dissimulée par la frappe de nouvelles espèces en or[88]. Les recettes tirées du « droit seigneurial et émoluments » représentent en effet plus de 76 000 l. en 1488 (112 000 l. y compris les deniers rendus et non reçus, soit 24% de la recette totale de l'année et 26% en en retranchant les deniers rendus et non reçus) et plus de 22 500 l. en 1489 (36 000 l. y compris les deniers rendus et non reçus, soit 16% de la recette de l'année et 15% sans les deniers rendus et non reçus). La livre tournois,

---

79 6 625 l. de décharges rendues et non reçues (ADN, B 2136, fol. 30r-35r).

80 36 742 l. 19 s. sur 53 852 l. 1 s. 8 d. (ADN, B 2136, fol. 17r-21v).

81 43 788 l. 16 s. sur 66 441 l. 18 s. (ADN, B 2136, fol. 25r-29r).

82 225 659 l. 17 s. (ADN, B 2138, fol. 88r).

83 34 931 l. 1 s. 2 d. (ADN, B 2138, fol. 21v).

84 70 424 l. 1 s., dont 45 442 l. 14 s. de décharges rendues et non reçues (ADN, B 2136, fol. 22r-36v).

85 40 200 l. (ADN, B 2138, fol. 80r-87v).

86 145 146 l. 7 s. (ADN, B 2142, fol. 55r-v et 68r). La principale décharge est datée du 14 mai 1491, tandis que les trois autres sont datées de 1490.

87 Sur le financement de la guerre civile de 1488-1489, la contribution décisive d'Anvers et le détail des aides levées par Albert de Saxe sur le *Westquartier* de Flandre, voir annexe II, tableaux synthétiques des aides par principauté.

88 Sur la politique monétaire de Maximilien en 1488-1489, voir Peter SPUFFORD, *Monetary problems and policies in the Burgundian Netherlands, 1433-1496*, Leyde, E. J. Brill, 1970, p. 39, 47-52, 133-135 et 141-146.

238 CHAPITRE 6

qui valait 16,3 grammes d'argent fin depuis août 1485, fut dévaluée de 8,6% en janvier 1488 et de 33% en janvier 1489. Ainsi, en 1489, la livre ne valait plus qu'un peu moins de 10 grammes d'argent fin, soit moins de la moitié de son cours de 1477-1485 (21,72 grammes). Outre ce qui restait du domaine et des aides, outre les manipulations monétaires, Maximilien recourut à toutes les formes possibles et imaginables du crédit. Les 650 000 l. collectées en 1488-1489 équivalaient, en poids de métal précieux, à 8 tonnes d'argent fin, soit 292 000 l. au cours de la livre de Flandre en 1477-1485.

Presque complètement absente de la recette générale, la Hollande constituait quant à elle un théâtre d'opérations tout à fait distinct. Pour régler définitivement leur compte aux *Hoeken*, les états de Hollande accordèrent à Albert de Saxe et au stathouder Jean d'Egmont des subsides d'un montant vertigineux. En 1489-1490, on leva pas moins de 650 000 l. (420 000 l. en monnaie faible en 1489, 235 000 l. en monnaie forte en 1490)[89], soit plus encore que pour la guerre d'Utrecht, alors que les troubles de 1488-1490, à s'en tenir aux sources narratives, paraissent d'ampleur très limitée. En revanche, Albert de Saxe ne put en distraire un seul denier pour financer sa lutte contre les villes rebelles de Flandre et de Brabant : au contraire des Membres de Flandre, les Hollandais avaient gardé le contrôle des recettes fiscales.

L'analyse rapide des registres de 1488 et de 1489, une fois appliquées les principales corrections nécessaires à l'homogénéisation de leurs données chiffrées, fait donc apparaître un effondrement des recettes de l'ordre de 80% par rapport aux années de guerre contre la France (hors Hollande), lorsque le dialogue institutionnel avec les assemblées représentatives fonctionnait convenablement, dans un cadre administratif bien défini. Cela ne signifie pas qu'Albert de Saxe a dû conduire la guerre sans ressources ! Cela signifie qu'il a été contraint de les trouver au plus près du terrain, en utilisant les formes les plus rudimentaires de prélèvement des richesses produites ou stockées pour les redistribuer à ses troupes. À cet exercice, il fut meilleur que son adversaire.

La paix de Francfort et le traité de Tours

La guerre civile de 1488-1489 se compose de deux phases bien distinctes et à sens unique. Durant la première, qui s'achève à la fin de l'année 1488, les rebelles et leurs alliés français volèrent de succès en succès. Philippe de Crèvecœur, après être entré à Ypres en juin 1488[90], élargit sa base d'opérations en prenant les petites places des environs, et en s'attaquant au *Westquartier*. Il s'empara de Dunkerque le 16 août 1488[91], dont la chute entraîna la soumission de Bergues-Saint-Winoc. En Brabant, les rebelles prirent d'assaut Aerschot en octobre 1488. Pourtant, dès les premières semaines de 1489, on assista à un spectaculaire reflux. Le moment était venu où

---

89 *Bronnen voor de geschiedenis der dagvaarten van de Staten en steden van Holland…*, p. 1200-1201.

90 Lettre de Philippe de Clèves aux échevins d'Ypres, dimanche 22 juin 1488 (« Lettres inédites… », t. 2, p. 363-364), lettre de Charles VIII aux habitants d'Ypres, 2 juillet 1488 (*Lettres de Charles VIII…*, t. II, CCCIV, p. 129-130).

91 « Lettres inédites… », t. 2, p. 410.

« tout ce que messire Philippe et ceulx de sa sequelle entreprenoient, leur tournoit à perte et confusion[92] ». Dunkerque fut facilement reprise de nuit, du côté de la mer, par quelques centaines d'hommes menés par Denis de Moerbeke. Toujours de nuit, mais cette fois avec l'appui d'une « secrète compaignie » de bourgeois, Allemands et Bourguignons escaladèrent les murailles de Saint-Omer et prirent le contrôle de la ville le 11 février. Les Français, qui étaient parvenus à se réfugier au château, furent secourus par Philippe de Crèvecœur, mais au bout d'une semaine, celui-ci renonça à tenter un assaut depuis la citadelle, et la fit évacuer. Entre-temps, il avait appris que les Anglais s'approchaient de Saint-Omer, car Maximilien venait de conclure une alliance avec Henri VII, signée le 14 février[93]. L'effet domino joua cette fois contre les Français : les capitaines de Maximilien, Georg von Ebenstein et Denis de Moerbeke, recueillirent la reddition de Bergues, Gravelines (également évacuée par les Français), et Bourbourg, qui s'était tenue neutre jusqu'alors[94]. Le *Westquartier* était à présent dégagé et l'initiative arrachée aux Français.

C'est en Bretagne que devait se jouer le sort de la crise européenne ouverte après la mort de Louis XI. Les puissances voisines de la France ne pouvaient que s'inquiéter de la disparition du duché dans le jeu diplomatique. Pour l'Angleterre, la Bretagne avait été l'indispensable complément de Calais comme tête de pont sur le continent. Henri VII ne pouvait tolérer la perte de cette alliance de revers si utile, pas plus que l'affaiblissement durable de la puissance bourguignonne. En février et mars 1489, Bretons, Anglais, Espagnols et Impériaux conclurent une série de traités, tous dirigées contre la France[95]. Les Beaujeu avaient mangé leur pain blanc. Ils rencontraient à présent de graves difficultés en Bretagne, où la conquête marquait le pas. Le débarquement d'un contingent anglais au Conquet, en avril, acheva de les convaincre qu'il fallait lâcher du lest dans le nord. Ils tentèrent de renouer avec Maximilien, auprès de qui ils dépêchèrent Engilbert de Nassau. Maximilien, après l'*annus horribilis* qu'il avait vécue en 1488, était, pour la première fois sans doute depuis son mariage avec Marie de Bourgogne, en position de force vis-à-vis des Français. Sur le terrain, les moyens alloués par les Beaujeu au maréchal d'Esquerdes se réduisirent comme peau de chagrin. Il devait épargner ses ressources, ce qui explique sans doute sa timidité à Saint-Omer. Au printemps, l'union des deux Philippe – de Crèvecœur et de Clèves – accumula les échecs. Du 21 au 24 avril 1489, Philippe de Clèves et les La Marck assiégèrent et bombardèrent en vain Saint-Trond, défendu par Jean de Hornes en personne[96]. En mai-juin 1489, les franco-flamands firent à nouveau campagne en Flandre maritime. Tandis que les Flamands étaient écrasés par une armée anglo-germano-picarde à la mi-mai sous les murs de Dixmude, l'assaut livré par le maréchal de Crèvecœur contre Nieuport fut repoussé avec de lourdes pertes[97].

---

92 *Histoire des Païs-Bas…*, p. 734.
93 Jean MOLINET, *Chroniques…*, t. II, p. 112-113.
94 *Ibid.*, p. 89-111.
95 Yvonne LABANDE-MAILFERT, *Charles VIII. Le vouloir et la destinée*, Paris, Fayard, 1986, p. 104-108.
96 Paul HARSIN, *Études critiques…*, t. I, p. 234 ; Jean MOLINET, *Chroniques…*, t. II, p. 123-124.
97 Jean MOLINET, *Chroniques…*, t. II, p. 130-138.

240   CHAPITRE 6

Bien que les Bruxellois aient réussi le 3 avril à reprendre Vilvorde, ils échouèrent au siège de la petite ville de Hal, au sud de Bruxelles, en juin 1489[98].

Dans cette guerre civile, politique par essence, où les adversaires ne disposaient que de forces réduites, auxquelles même les plus petites villes pouvaient résister sans trop de peine, tout dépendait de la volonté des rebelles à poursuivre le combat. Or le départ de Maximilien, incarnation du mauvais gouvernement, cible de tous les pamphlets, les avait privés du plus puissant facteur de cohésion de leur alliance. L'habileté d'Albert de Saxe fit le reste. Fort de l'autorité que lui donnaient sa naissance et son expérience militaire, il prit soin d'associer dès janvier 1489 les États généraux aux négociations qui se déroulaient alors avec les rebelles[99]. En mai suivant, il écrivait aux états de Hainaut pour leur demander de lui envoyer des représentants ; il tenait, disait-il, à en avoir en permanence auprès de lui, car, « veu que ne savons la nature desdis païs, ne nous est possible povoir conduire de nous-mesmes[100] ». Sages paroles, surtout lorsqu'on dispose de milliers de lansquenets pour les appuyer ! Sur les deux principaux théâtres de la guerre civile, Flandre maritime et Brabant méridional, la direction de la guerre était partagée entre capitaines allemands, redoutables professionnels, et seigneurs indigènes. Tandis que la défense du *Westquartier* était confié au binôme Moerbeke/Ebenstein, Albert prit le commandement des opérations en Brabant, en étroite association avec le prince de Chimay, lieutenant général en Hainaut. Albert de Saxe n'a pas gagné grâce aux gros canons empilés par Maximilien dans son arsenal d'Innsbrück, pour impressionner les visiteurs de passage. Il a gagné parce qu'il avait des soldats professionnels et des capitaines audacieux, en prise avec la population locale et ayant une intelligence aiguë des situations. Il a également gagné parce qu'il concentra d'abord ses efforts contre le maillon le plus faible de la rébellion, à savoir les villes de Brabant : dès le mois de février 1489, il espérait obtenir la reddition des Bruxellois, très divisés entre eux[101].

En avril 1489, il informait le grand bailli de Hainaut qu'il était à Werchter, à peu près équidistante de Louvain, Aerschot, Malines et Bruxelles, d'où il menaçait tous les rebelles, et pouvait se porter facilement au secours du Hainaut. Dans le même temps, attentif aux répercussions morales des succès faciles que remportait Philippe de Clèves en s'emparant de petits châteaux isolés et mal défendus, il ordonnait la destruction de toutes les places qui ne pouvaient pas soutenir des sièges de plus de cinq ou six jours, et ne pouvaient donc être secourues à temps[102]. Il est intéressant de constater qu'Albert de Saxe prenait la même décision, en invoquant les mêmes raisons, que Louis XI en 1472, lorsque, après la chute de Nesle, il recommandait à ses capitaines d'incendier devant l'armée du Téméraire toutes les places secondaires[103]. Le duc de Saxe prouvait ses qualités de fin stratège, capable de distinguer l'essentiel de l'accessoire, et conscient de la dimension psychologique et politique de la guerre civile. Au printemps 1489,

---

98 *Ibid.* t. II, p. 147-151.

99 « Lettres inédites… », t. 3, p. 205-213.

100 *Ibid.*, p. 224-225.

101 Valérie VRANCKEN, « Opstand en dialoog… », p. 235.

102 « Lettres inédites… », t. 3, p. 218-220.

103 *Lettres de Louis XI…* n° 640, t. V, p. 5-7.

LA GUERRE INEXPIABLE (1488-1489)   241

alors que Crèvecœur piétinait en Flandre, le duc de Saxe entreprit en Brabant une campagne aux objectifs limités, mais parfaitement réussie. Il prit d'assaut Aerschot, le 1er mai 1489, défendue par une faible garnison française, puis Lummen, place forte des La Marck, où se trouvaient la femme et la fille du défunt Sanglier des Ardennes[104]. Au début du mois de juillet, après avoir uni ses forces à celles du prince de Chimay, le duc de Saxe assiégea le château de Genappe, qui se rendit très vite[105].

Le 22 juillet 1489, à Francfort, la paix était signée avec le roi de France. Le traité de Francfort n'était qu'un accord préliminaire, dans l'attente d'un règlement définitif entre les deux souverains, prévu à l'issue d'une rencontre entre Charles VIII et Maximilien. Il stipulait cependant que les hostilités seraient suspendues sans limite de temps. Le roi de France offrait sa médiation pour mettre un terme à la révolte flamande. Maximilien devait accorder son pardon à Philippe de Clèves et lui restituer tous ses titres et biens ; Charles VIII ferait de même avec les barons français ligués contre les Beaujeu. Ce traité[106], qui ouvrait la voie à une normalisation des rapports entre les deux princes, était nettement en faveur de Maximilien, puisqu'il consacrait l'abandon des Flamands et des Brabançons par les Français. Les jours du soulèvement brabançon étaient comptés. La chute de Tirlemont, prise d'assaut par Albert de Saxe le 11 août 1489[107], entraîna la capitulation de Bruxelles, Louvain et Nivelles[108]. Le 14 août 1489, au couvent de Daenebroeck, la paix était signée entre le duc de Saxe et les villes Brabançonnes révoltées, condamnées à une amende de 200 000 florins – un traité particulier étant conclu avec chaque ville[109]. Quelques semaines plus tard, le 9 septembre, le receveur général assignait ainsi 35 000 l. sur les compositions de Brabant[110]. Aux compositions de Bruxelles et de Louvain s'ajouta celle du quartier de Bois-le-Duc, puni pour la neutralité qu'il avait observée. Il semble que l'essentiel des sommes dues fut réglé en 1489-1490[111], dont une grande partie au profit d'Albert de Saxe[112].

---

104 Jean MOLINET, *Chroniques*…, t. II, p. 128-130.
105 *Ibid.*, p. 153-154.
106 *Ibid.*, p. 156-162 et *Ordonnances des rois de France*…, t. XX, p. 172-175.
107 Joseph CUVELIER, *Les dénombrements de foyers en Brabant*…, p. CCXV.
108 Lettre de Philippe de Clèves aux échevins d'Ypres, 31 août 1489 (« Lettres inédites… », t. 3, p. 238-239).
109 ADN, B 1706, fol. 30r-32r pour Louvain ; édition du traité Bruxellois dans Valérie VRANCKEN, « Opstand in dialoog… », p. 258-262. La part de Louvain, non précisée dans son traité particulier, puisque ses habitants s'y engageaient seulement à prendre *huere porcie ende aendeel* des 200 000 florins, se montait d'après Willem Boonen à 93 664 l., dont 20 880 l. pour le plat pays. S'y ajoutaient près de 12 000 florins promis à un certain nombre de grands personnages, dont Engilbert de Nassau (3 000 florins), le seigneur de Chièvres (2 000 florins), Corneille de Berghes (2 000 florins), et le prévôt de Maastricht (2 000 florins) (Willem BOONEN, *Geschiedenis van Leuven*…, p. 71).
110 ADN, B 2138, fol. 81v-82r : 10 000 l. sur les trois termes de la composition de Louvain, et 24 000 l. sur les trois termes de la composition de Bruxelles, toutes décharges en faveur de Hippolyte de Berthoz.
111 Les assignations évoquent trois termes pour Louvain et Bruxelles (ADN, B 2138, fol. 81v-82r), ainsi qu'un dernier terme, échéant à la Saint-Jean-Baptiste 1490, pour Bois-le-Duc (ADN, B 2140, fol. 75v). Aucune assignation n'est postérieure au 18 octobre 1490.
112 40 200 l. furent assignées par le receveur général en 1489, dont 2 800 l. rendues et non reçues (ADN, B 2138, fol. 80r-87r), 88 260 l. 3 s. 10 d. en 1490, dont 330 l. rendues et non reçues (ADN, B 2140, fol. 61v-107v), soit 125 330 l. effectivement réglées, dont 32 324 l. sur Louvain, 57 837 l. sur Bruxelles

242   CHAPITRE 6

Le 25 août 1489, Philippe de Clèves quitta Bruxelles, alors en proie à une épidémie de peste ; le duc de Saxe fit son entrée l'après-midi même, en compagnie du prince de Chimay et du comte de Nassau[113] : *Et ainsy doncques, les Bruxellois, delicieusement nourris et chauldement couvers en leur repose, ne peurent porter, endurer ne souffrir le pesant fardeau de la guerre ung an entier, ce que les Ganthois, qui leur soustenoyent le menton, ont corageusement porté puis l'espasse de XL ans*[114]. Au mépris affiché de Molinet pour les Brabançons amollis par une paix trop longue fait donc écho l'hommage sincère qu'il rendait aux Gantois, ces bourgeois qui à défaut d'avoir fait triompher leur projet politique, avaient au moins gagné le respect de leurs adversaires.

Désormais en effet, il ne restait plus à Philippe de Clèves et à ses alliés qu'à accepter le verdict des armes et le jugement des princes. Les Flamands dépêchèrent à Tours une grande ambassade pour négocier les conditions de leur capitulation avec les représentants de Maximilien, sous l'égide du roi de France. S'y trouvaient tous les principaux dirigeants de la rébellion, notamment Jean de Coppenhole, Willem Zoete, Adrien de Ressegem et Louis de la Gruuthuse. Le traité de paix, signé le 30 octobre 1489, prenait la forme d'une sentence arbitrale rendue par Charles VIII. L'intervention du roi de France n'avait fait que modérer la rigueur de l'accord, qui se traduisait par la victoire complète de Maximilien, reconnu mambour et tuteur de son fils, qui aurait en tant que tel *plain gouvernement et entier du pays et comté de Flandres*. Vêtus de noir, pieds et têtes nus, à genoux, les magistrats d'Ypres, Bruges et Gand imploreraient le pardon du roi des Romains ou de ses représentants aux portes de leurs villes. Il ne s'agissait là que de la première partie de l'amende honorable due à Maximilien, en attendant l'édification de chapelles expiatoires et de fondations pieuses pour le salut de l'âme des partisans du roi des Romains exécutés pendant les troubles, dont le détail devait être précisé lors de la future conférence de paix entre Charles VIII et Maximilien.

Quant à l'amende « profitable », elle était fixée à 300 000 écus d'or de France, soit 525 000 livres tournois ou de Flandre, puisque les cours des deux monnaies de compte devaient être alignés lors d'une réforme monétaire imminente. 40 000 l. étaient également promises à un certain nombre de personnages *dommagiéz hors explois de guerre*[115]. Cette amende, ou « composition(s) de Tours », serait payée en trois ans, aux termes de Noël, Pâques et Saint-Jean-Baptiste, à partir de Noël 1489.

---

et 35 169 l. sur Bois-le-Duc. Les comptes de Louvain pour 1489/1490 et 1490/1491 font apparaître une dépense de 64 543 florins au profit du prince (Raymond van UYTVEN, *Stadsfinanciën en stadsekonomie te Leuven...*, p. 257), soit près de deux fois les sommes qui sont mentionnées dans la recette générale des finances au titre des aides et des compositions de Brabant. Arie De Fouw (*Philips Van Kleef, een Bijdrage tot de kennis van zijn leven en karakter*, Groningen, Batavia, J. B. Wolters' uitgevers-maatschappij, 1937, p. 222) confirme qu'Albert de Saxe obtint à titre personnel le versement de sommes importantes de la part de Louvain.

113 Jean MOLINET, *Chroniques...*, t. II, p. 162-164.

114 *Ibid.*, t. II, p. 163.

115 Le texte du traité n'indique pas très clairement si ces 40 000 l. devaient être déduites des 525 000 l., au même titre que les 120 000 l. promises pour l'archiduc et 21 000 l. pour la douairière. L'analyse des comptes des villes et châtellenies de Flandre lève toute ambiguïté à ce propos : il s'agissait bien d'une amende complémentaire, à ajouter à la composition principale de 525 000 l. (voir *infra*, p. 246).

Enfin, les franchises et privilèges dont bénéficiaient le comté et les villes de Flandre étaient provisoirement ramenés à ce qu'ils étaient à la mort de Charles le Téméraire, en attendant, une fois encore, que la future conférence de paix détermine ce qui ferait l'objet d'une « modération » parmi les nouveaux privilèges accordés depuis cette date. De même, le domaine princier devait être rétabli dans l'état dans lequel il se trouvait à la mort de Marie de Bourgogne[116].

Il ne suffisait pas d'apposer les scellés des représentants des Membres de Flandre pour que le traité de Tours fût agréé par ces derniers. La situation restait très tendue dans le comté, où les violences persistèrent pendant les négociations de Tours. Ainsi, le 15 octobre, les capitaines de Maximilien accentuaient la pression sur Ypres, comme le montre la réponse de Philippe de Clèves à une demande de secours pressante que lui avait adressée le Magistrat d'Ypres[117]. Finalement, le 5 décembre 1489, la paix de Tours fut ratifiée par les Membres[118]. Il restait cependant à la faire appliquer, alors que Philippe de Clèves ne paraissait nullement disposé à rendre les armes. Il restait également à réprimer des troubles résiduels en Hollande. Les *Hoeken* étaient désormais dirigés par le jeune Frans van Brederode[119]. Si les *Hoeken* n'étaient parvenus à s'imposer dans aucune des grandes villes hollandaises, ils entretenaient une insécurité constante. Ils tenaient Rotterdam depuis novembre 1488, et Jean d'Egmont n'avait pu reprendre le petit port[120]. Il devenait urgent de mettre un terme à la « guerre du damoiseau François » (Jonker Fransen Oorlog). À Liège, l'évêque Jean de Hornes se débattait toujours avec les La Marck, soutenus par les Français. Les troubles débordaient très largement sur le comté de Namur et le duché de Luxembourg. L'opposition urbaine paraissait écrasée, mais la résistance d'une partie de la haute aristocratie néerlandaise restait encore puissante. Elle allait donner bien du fil à retordre à Albert de Saxe, dont la feuille de route s'enrichissait d'une nouvelle mission à chaque fois qu'il arrivait au bout de la précédente.

---

116 Jean MOLINET, *Chroniques*…, t. II, p. 164-173 et *Ordonnances des rois de France*…, t. XX, p. 195-200.

117 « Lettres inédites… », t. 3, p. 240-241.

118 Louis GILLIODTS VAN SEVEREN, *Inventaire des archives de la ville de Bruges*…, t. VI, p. 332.

119 On l'avait paraît-il exfiltré de Louvain, où il étudiait à l'université, pour restaurer l'unité du parti, mais son nom ne figure pas sur les matricules… (Michel Joost VAN GENT, « *Pertijelike saken* » …, p. 376, n. 1).

120 *Ibid.*, p. 375-378.

CHAPITRE 7

Un douloureux redressement (1490-1493)

En 1489, la roue avait tourné. Les révoltes du XIVe siècle s'étaient déroulées dans un contexte où le comte de Flandre était sur la défensive. Après l'avènement des ducs de Bourgogne, l'échec des révoltes de Bruges et de Gand, en 1438 et 1453 et le succès sans lendemain que fut l'octroi des privilèges de 1477, les métropoles flamandes avaient laissé échapper leur dernière chance de modifier le cours de l'histoire. Par la suite, les troubles persistèrent, mais prirent une autre tournure. Désormais en effet, ce furent des grands seigneurs qui incarnèrent la résistance à Maximilien. Jusqu'alors, de nombreux nobles, par conviction, opportunisme ou tradition familiale, avaient participé aux gouvernements insurrectionnels des villes rebelles, mais ce n'était pas eux qui tenaient le premier rôle, sinon peut-être les La Marck à Liège. En Flandre, Philippe de Clèves était retranché à L'Écluse, nid d'aigle d'un nouveau genre, situé au niveau de la mer, au beau milieu des principales routes commerciales de l'Europe du nord-ouest. Quoiqu'il bénéficiât de l'alliance des Gantois, ses partisans étaient appelés « Philippus », indice d'une personnalisation croissante du conflit, qui prenait des allures de guerre privée entre Maximilien et lui. Même chose en Hollande avec la « guerre du damoiseau François (de Brederode) », dernier épisode de la guerre entre *Hoeken* et *Kabeljauwen*. Enfin, dans un registre un peu différent, Charles d'Egmont s'efforçait de recouvrer son héritage en Gueldre, tandis que Jean de Hornes rejetait la tutelle bourguignonne sur la principauté de Liège.

I.   La Flandre indomptable

Le recouvrement des compositions de Tours et la deuxième rébellion de Bruges

Compte tenu des sommes déjà considérables avancées par Anvers, de l'appauvrissement du Brabant méridional, de la guerre civile en Hollande et des capacités contributives limitées du Hainaut et de la Zélande, Albert de Saxe dépendait dans une large mesure de la capacité des Flamands à payer les compositions de Tours. Or le montant des compositions de Tours était proprement écrasant. En monnaie de compte, elles n'étaient que de 23,6% supérieure à l'aide de 127 000 *ridders* par an pendant trois ans accordée en 1485, qui tenait lieu d'amende infligée à la Flandre pour la sécession de 1483-1485[1]. Cependant, alors que la première composition avait

---

1   188 333 l. de 40 g. par an, au lieu de 152 400 l.

246   CHAPITRE 7

été couplée avec une dévaluation monétaire qui avait diminué de 25% la valeur de la livre de Flandre, la ramenant de 21,72 à 16,29 grammes d'argent fin, la « réduction des monnaies » du 14 décembre 1489 la multiplia par trois, la portant à 29,39 grammes, au lieu de 9,96 grammes. Ainsi, évaluée en poids d'argent fin, la composition de Tours s'élevait à 5,14 tonnes par an, soit plus de deux fois les 2,48 tonnes exigées des Flamands quatre ans plus tôt. Les 127 000 *ridders* de 1485 avaient été levés sur un comté déjà affaibli, ébranlé par la courte guerre commencée en novembre 1484 et achevée en juin suivant. Quatre ans plus tard, la Flandre n'était plus qu'un champ de ruines. L'assiette des compositions était en outre plus réduite, puisqu'en furent exemptés d'une part les particuliers qui avaient soutenu Maximilien, et d'autre part les villes et districts restés fidèles au roi des Romains, dont la quote-part cumulée représentait 13,83% du Transport de 1408[2]. Il ne s'agissait pas là d'un manque à gagner pour Maximilien, puisque la quote-part des districts exemptés fut prise en charge par les villes et châtellenies rebelles, ce qui eut pour conséquence d'alourdir la facture de 16% pour ces dernières[3].

L'effrayant coup de massue des compositions de Tours, couplées avec une réforme monétaire qui portait la livre de Flandre à un niveau nettement supérieur à celui de 1477, le tout sur fond de dépression économique, devait entretenir une forte contestation à Bruges et à Gand – Ypres, quant à elle, avait obtenu de bénéficier de son rabais coutumier. Elle se le tint pour dit, et acquitta en 1490 un peu plus de trois des neuf termes des compositions (Noël 1489, Pâques 1490, Saint-Jean-Baptiste 1490 et une partie du terme de Noël 1490)[4]. Il n'en fut pas de même dans les deux plus grandes villes de Flandre, *ou encore les mauvais dominoient*[5]. Si Albert de Saxe avait

---

2 Quote-part totale calculée à partir des contributions effectives des villes et châtellenies rebelles, pour des compositions d'un montant total de 565 000 livres, incluant donc les 40 000 l. dues aux personnes *dommagiéz hors explois de guerre*. En effet, le traité de Tours précise que devaient être exemptés Audenarde (0,75% du Transport de 1408), Termonde (0,75%), Nieuport (0,70%), Furnes (0,40%) et son terroir (4,55%), Dixmude (1%), Dunkerque (0,50%), Bourbourg (0,20%) et son terroir (0,67%), Gravelines (0,05%), Lombartzide (0,05%), Loo (0,09%), Bergues (0,50%) et son terroir (3,30%) ainsi que les villes de Hulst et Alost, dont les portions ne sont pas connues, car fondues dans celles de leur châtellenie (quotes-parts indiquées dans ADN, B 6774, 1er compte de Jérôme Lauweryn, de l'aide de 400 000 écus en quatre ans, 1497). Ainsi, le total des quotes-parts des villes et districts exempts est légèrement supérieur à 13,51%. Dans la plupart des villes et châtellenies, le montant des quotes-parts est donné terme par terme. Cependant, on connaît le montant total des portions dues par la châtellenie d'Ypres et le Franc de Bruges au titre des compositions de Tours, tel qu'il fut calculé en 1489 (voir annexe I, aides de Flandre, compositions de Tours). Dans les deux cas, il correspond soit à leur part du Transport de Flandre majorée de 16% afin de compenser une quote-part exempte de 13,83%, sur un total de 565 000 l., soit à leur part du Transport majorée de 25%, pour compenser une quote-part exempte de 20%, sur un total de 525 000 l. La quote-part de 13,83% laisse une différence de 0,34% avec les 13,51% mentionnés ci-dessus, tout à fait compatible avec celles de Hulst et Alost, au contraire de la quote-part de 16%, qui donnerait aux deux petites villes de Hulst et Alost une assiette trois à cinq fois supérieure à celle de Courtrai ou d'Audenarde. La multiplication par 9 des quotes-parts données par terme des autres villes et châtellenies permet d'arriver à la même conclusion.

3 Ainsi, la quote-part de Courtrai s'élevait à 2 733 l. de 40 g. par an, soit 1,45% des compositions, au lieu de 1,25% du Transport de 1408 (AGR, CC, reg. 33236, fol. 49r).

4 AGR, CC, reg. 38714, fol. 87v, 89r-v, 97r-v.

5 *Histoire des Païs-Bas...*, p. 738.

pu faire son entrée à Bruges, il ne s'y était pas arrêté, et avait refusé de participer au banquet préparé à son intention pour célébrer la paix. Il ne put même pas aller à Gand, « car ceulx de la ville, quelque traictié qu'ils eussent, ne voulurent souffrir qu'il y entrast à main armée, ains seullement luy consentirent entrée pour luy et cinq cens hommes, dont il ne fut pas content […][6] ». La capitale flamande ne versa pas un seul denier au titre de la paix de Tours en 1490, et il fallut attendre le 7 mai pour qu'on se décidât enfin à y publier l'ordonnance monétaire de décembre 1489[7]. Quelques semaines plus tard, le 12 juin 1490, Adrien Vilain, seigneur de Ressegem, était assassiné. Il avait participé aux négociations de Tours et s'était sous doute ainsi attiré une forte impopularité, malgré les services qu'il avait constamment rendus à sa ville contre Maximilien depuis 1483. Comme en 1487, la tension montait inéluctablement.

Les Brugeois étaient encore plus divisés. Ils avaient d'abord accepté de régler dès le mois de février 1490 la somme de 39 638 l. sur leur part des compositions de Tours, soit les quatre premiers termes, de Noël 1489 à Noël 1490 inclus. Pourtant, quelques semaines plus tard, au début du printemps, ils se révoltèrent à nouveau. Albert de Saxe et son lieutenant en Flandre, Engilbert de Nassau, n'en firent qu'une bouchée. Totalement isolés de leur arrière-pays, n'ayant pas réussi à entraîner avec eux les Gantois, et alors qu'une forte garnison allemande à Damme interdisait la circulation sur le Zwin, les Brugeois ne tardèrent pas à comprendre l'inanité de leur prise d'armes. Le capitaine qu'ils avaient élu pour commander la défense de leur cité, Georges Picquavet, fut capturé alors qu'il escortait un convoi de ravitaillement venu de L'Écluse, le 27 novembre 1490[8]. Ce revers suffit à faire plier Bruges, qui se soumit le 6 décembre. Le traité de paix, signé à Damme, était pour les finances de la ville, et donc pour son indépendance politique, une véritable condamnation à mort. Les Brugeois s'y engageaient à payer, en plus des compositions de Tours, pas moins de 150 000 florins d'or de 40 g., dont 50 000 à fournir dans les huit jours, et les 100 000 autres aux termes des Saints-Jean-Baptiste 1491, 1492 et 1493. Aucune amnistie n'était accordée aux exilés. Un échafaud fut dressé sur la place du marché le 15 décembre, qui resta en place jusqu'en novembre 1491. Les chroniques récitent la litanie des exécutions qui se succédèrent pendant toute cette année. Elles ne furent en définitive guère nombreuses[9], mais leur régularité suffit à entretenir un climat de terreur qui devait faire passer aux Brugeois l'envie de se révolter à nouveau.

Malgré la capitulation de Bruges, Philippe de Clèves restait inexpugnable dans son réduit de L'Écluse. Cependant, et ce n'était pas là une mince consolation, les lieutenants de Maximilien étaient parvenus à garder le contrôle des campagnes et de

---

6 *Ibid.*

7 Jelle HAEMERS, « Philippe de Clèves… », p. 68.

8 Jean MOLINET, *Chroniques…*, t. II, p. 208-211 et *Vlaamsche kronyk…*, Charles PIOT et Josse de WEERT (éd.), *Chroniques de Brabant et de Flandre*, Bruxelles, Hayez, « Collection des chroniques belges inédites », 1879, p. 272.

9 Neuf exécutions du 15 au 18 décembre, dont celle de Picquavet, trois le 21 décembre, une le 12 janvier 1491, une le 12 avril, une le 19 juillet et une dernière le 30 juillet 1491 (*Vlaamsche kronyk…*, p. 273-274).

248 CHAPITRE 7

la quasi-totalité des petites villes flamandes. Ainsi, dans les châtellenies d'Ypres et de Courtrai, qui avaient payé de lourdes contributions aux villes rebelles en 1488-1489, la levée des termes des compositions de Tours s'y fit presque normalement en 1490. La châtellenie d'Ypres avait réglé l'intégralité de la première année dès le premier trimestre de 1490[10], et la châtellenie de Courtrai put payer les trois termes de la première année, les deux premiers en monnaie faible, il est vrai, puisque l'ordonnance monétaire du 14 décembre n'avait pas encore été promulguée dans le quartier[11]. La ville de Courtrai fit de même, et fournit la plus grande partie de sa quote-part de la première année en février 1490[12]. Parmi toutes les châtellenies, du moins celles dont les comptes ont été conservés, seul le Franc de Bruges peina à s'acquitter des premières échéances de la paix de Tours. Le receveur du Franc ne put en effet verser à Roland Le Fèvre qu'un peu moins de 15 000 l. de 40 g.[13], soit environ les deux tiers de ce qu'elle devait au titre de la première année. Cela même n'était pas si mal, pour un district au milieu duquel la guerre avait fait rage, et qui, outre les compositions de Tours, avait dû payer des appatis aux rebelles de Bruges et de L'Écluse, et supporter le logement de nombreuses compagnies de gens de guerre.

Ainsi, lorsqu'on extrapole les dépouillements des comptes disponibles, représentant près de la moitié de l'assiette de la Flandre hors les Trois Membres et les districts exempts[14], on peut estimer à quelque 73 000 l. en monnaie forte les sommes prélevées en 1490 sur les petites villes et les châtellenies de Flandre, dont la plus grande partie au début de l'année, soit 120 000 l. pour toute la Flandre en y ajoutant les sommes versées par Bruges et Ypres (60% de ce qui était dû au titre de la première année des compositions)[15]. Quant aux habitants du *Westquartier*, ils ne profitèrent guère de leur exemption des compositions de Tours : le duc de Saxe exigea de ses villes et châtellenies un *maendgeld* de 3 600 florins par mois pendant sept mois, de juillet 1490 à janvier 1491, pour l'entretien des garnisons locales, soit 25 200 l. de 40 g., contribution fort lourde qui, rapportée au Transport de 1408, n'était que d'un tiers inférieure à ce que le reste de la Flandre devait payer au titre des compositions[16].

La guerre de Gand et de Philippe de Clèves

La chute de Bruges, cependant, n'entraîna nullement la soumission de Philippe de Clèves. En effet, les Gantois se soulevèrent à leur tour lors de la traditionnelle

---

10 AGR, CC, reg. 44312, du 15 janvier 1490 au 10 janvier 1492, fol. 6r-v.
11 Soit 5 380 l. de 40 g. en monnaie forte, au lieu de 9 684 l. (AGR, CC, reg. 42936, fol. 129r-130r).
12 6 306 l. 17 s. de 20 g., par quittance du 24 février, et 1 628 l. 7 s. 12 d. de 20 g. par quittance du 14 octobre (AGR, CC, reg. 33235, fol. 46r).
13 29 954 l. 19 s. 1 ob. de 20 g. sur les termes de Noël 1489, Pâques et Saint-Jean-Baptiste 1490 (AGR, reg. 42602, fol. 5r).
14 24,52% des 55,82% de la quote-part des compositions de Tours pour les petites villes et châtellenies.
15 Voir annexe I, aides de Flandre, compositions de Tours.
16 La châtellenie de Furnes paya 891 l. 10 s. de 40 g. par mois (AGR, CC, reg. 43187, fol. 7v), soit l'équivalent d'une aide de 137 000 l. sur toute la Flandre, au lieu de 188 333 l. par an pour les compositions de Tours.

procession de Saint-Liévin, le 29 juin 1491[17]. Le doyen des tisserands et celui des matelassiers furent exécutés, tandis que le bailli de Gand, Denis de Moerbeke, fut contraint de prendre la fuite[18]. En juillet, Jan van Coppenhole, élu chef-doyen des métiers, tenait la ville d'une main de fer[19]. Il pouvait à nouveau compter sur le soutien du roi de France, car Charles VIII était sur le point de régler à son avantage la guerre de Bretagne, et Maximilien était le dernier obstacle qui se dressait sur sa route. Le 17 novembre, on célébrait les fiançailles du roi avec Anne de Bretagne. Le 25 novembre, Charles VIII prenait congé de Marguerite d'Autriche, son ex-épouse humiliée, qui était maintenant sa prisonnière. Il se maria avec Anne de Bretagne le 6 décembre, et la fit sacrer reine de France à Saint-Denis, le 8 février 1492. Les Français avaient donc tout intérêt à alimenter la révolte flamande aussi longtemps que Maximilien refuserait de reconnaître sa défaite. Ils ravitaillèrent en blé et en vin la garnison de L'Écluse et les Gantois[20], de sorte qu'ils résistèrent mieux à la famine que Bruges où, affirme Romboudt de Doppere, des veuves aisées, mais n'arrivant plus à toucher leurs revenus à cause de la crise, furent contraintes de mendier leur pain[21].

Les Gantois, qui avaient assisté en spectateurs au siège et à la chute de Bruges, entrèrent en campagne au printemps 1491. Aucun des deux adversaires ne fut en mesure de prendre l'avantage ou de changer si peu que ce fût le rapport de forces. Les rebelles aussi bien que les capitaines de la garde et les mercenaires allemands s'appliquèrent à transformer en désert le tout petit théâtre sur lequel ils se livraient une lutte à mort. Les Gantois prirent d'assaut la petite ville de Hulst le 10 juillet 1491. Ils firent chèrement payer les dommages que la garnison leur avait infligés en 1488-1489. Le capitaine de la place, Frans Sersanders – un Gantois issu d'une des rares familles favorables au prince – fut exécuté à Gand. Hulst fut reprise dès le 9 octobre par Jean de Salazar, et le commandant gantois torturé à mort[22]. Le même jour ou la veille, plusieurs centaines de Gantois furent tués alors qu'ils tentaient de s'emparer de Termonde[23]. Le 19 janvier 1492, au cours d'un raid audacieux, et avec la complicité d'un habitant, un petit parti de 300 à 400 Gantois entrèrent de nuit à

---

17 *Dagboek van Gent…*, p. 266-267, *Vlaamsche kronyk…*, p. 271. L'assassinat d'Adrien Vilain en juin 1490 fut suivie d'une phase, classique, de montée des tensions à l'intérieur de la ville et vis-à-vis du pouvoir bourguignon, puis de la prise de pouvoir de Coppenhole, en mai/juin 1491 (Victor FRIS, *Histoire de Gand…*, p. 147-148). Entre-temps, les Gantois restèrent attentistes, participant par exemple à la session de janvier-février 1491 des états de Flandre (*Handelingen…*, t. I, p. 566-571), sans pour autant contribuer aux aides.

18 Romboudt DE DOPPERE, *Fragments inédits de Romboudt de Doppere, découverts dans un manuscrit de Jacques de Meyere. Chronique brugeoise de 1491 à 1498*, Henri DUSSART (éd.), Bruges, impr. de L. de Plancke, 1892, p. 3-4.

19 Arie DE FOUW, *Philips Van Kleef…*, p. 248-255.

20 Jelle HAEMERS, « Philippe de Clèves… », p. 71.

21 Romboudt DE DOPPERE, *Fragments inédits…*, p. 5-6. La famine sévit à Bruges en juillet 1491, novembre 1491 et en février 1492 (*ibid.*, p. 15 et 21).

22 *Dagboek van Gent…*, 267-269.

23 Le 9 octobre, un messager apportait au conseil de Mons une lettre contenant les nouvelles de la victoire des gens d'armes de la garde sur un parti de 1 100 à 1 200 Flamands qui voulaient prendre Termonde (Léopold DEVILLERS, « Le Hainaut sous la régence de Maximilien. 1490-1495 » …, p. 252), *Vlaamsche kronyk…*, p. 274, Jean MOLINET, *Chronique…*, t. II, p. 231-233.

250 CHAPITRE 7

Dixmude, qu'ils mirent à sac, dépouillant les riches habitants du Franc et de Bruges qui y avaient trouvé refuge. Une semaine plus tard, Daniel de Praet les obligea à quitter la ville, en laissant sur place tout leur butin. Les habitants de Dimxude y gagnèrent l'arrivée d'une garnison allemande, qu'ils durent loger jusqu'en avril. En mars 1492, la garnison de L'Écluse incendia Aardenburg ; les Gantois firent de même à Grammont à la fin du mois[24]. Désormais, la capitale flamande ne manifestait plus son emprise sur son quartier que par l'incendie et le pillage.

Le recouvrement des compositions de Tours continua en 1491, mais se heurta dans les campagnes à des difficultés croissantes. Ainsi, le Franc de Bruges ne put verser qu'environ 4 000 l., soit moins d'un quart de sa portion[25] ; de même, la châtellenie d'Audenarde était devenue insolvable, et réserva ses rares disponibilités financières au défraiement des capitaines de gens de guerre qui passaient par là. Cependant, la soumission de Bruges faisait plus que compenser les dommages causés par la guerre sur les districts orientaux et septentrionaux du Franc et sur le district des Quatre-Métiers (Hulst, Axel, Assenede, Bochoute), les seuls touchés en permanence par les opérations. Pour fournir le premier terme des 150 000 florins, ainsi qu'une partie de l'arriéré des compositions de Tours, les Brugeois émirent 1 200 l. de rentes pour un capital de 15 000 livres[26], levèrent une capitation d'un florin d'or par feu, qui rapporta 16 718 l., et imposèrent un emprunt forcé aux 623 plus riches habitants, dont le total s'éleva à 36 372 livres de 40 g.[27] Un second emprunt forcé, d'un montant presque aussi important, fut levé sur 34 notables en juin 1491 (33 330 l.). Pour toute l'année 1491, la ville de Bruges versa plus de 110 000 l. au titre des compositions de Tours et de la paix de Damme[28]. À elle seule, la ville de Bruges rendit plus de deux fois plus d'argent que l'ensemble des petites villes et châtellenies astreintes aux compositions de Tours, dont on peut estimer la contribution totale, toujours par extrapolation, à environ 40 000 / 45 000 l., à laquelle il faut ajouter celle d'Ypres, soit un peu plus de 3 000 l. Le citron flamand rendait donc toujours son jus, mais Albert de Saxe ne pouvait que se désoler que la rigueur du traité de Tours ait provoqué une nouvelle révolte, de sorte que l'argent des compositions, au lieu de renflouer les caisses centrales, ne servait plus qu'à financer la poursuite des opérations contre les Gantois.

Le lieutenant général s'employa à relancer le dialogue institutionnel coutumier avec les principautés. Ses relations avec les assemblées représentatives respectèrent les formes légales, sans être pour autant exemptes de fermeté, voire de dureté. En

---

24 Romboudt DE DOPPERE, *Fragments inédits…*, p. 22-23.

25 Le compte de 1494-1495 indique que 8 020 l. 8 s. 3 d. de 20 g. ont été inscrites en dépense dans le compte de 1490-1491 au titre des compositions de Tours (AGR, CC, reg. 42608, fol. 32v-33r), correspondant à l'addition de cinq « parties ». On n'en a retrouvé qu'une seule (de 3 714 l. 3 s. 8 d. en avril 1491, AGR, CC, reg. 42604, fol. 8r) explicitement imputée sur les compositions. Sans doute les autres dépenses, effectuées sur ordre de Roland le Fèvre, ont-elles été déduites *a posteriori* de la quote-part du Franc des compositions.

26 100 livres de gros de rentes viagère et 100 l. de gros de rente perpétuelle au denier 15 (Louis GILLIODTS VAN SEVEREN, *Inventaire des archives de la ville de Bruges…*, t. VI, p. 347).

27 *Ibid.*, p. 347-349.

28 74 666 l. au titre des compositions (voir annexe I, aides de Flandre, compositions de Tours) et 35 733 l. au titre de la paix de Damme (AGR, CC, reg. 32544, fol. 171r).

janvier-février 1491, pour la première fois depuis l'automne 1487, on négocia avec les états de Flandre pour leur demander un subside destiné à entretenir 600 combattants à cheval et 1 200 combattants à pied pendant quatre mois, pour la réduction de L'Écluse et la garde de Saint-Omer. Le comte de Nassau et les députés présents tombèrent assez vite d'accord sur une aide de 33 600 l. pour l'entretien de 700 combattants à cheval et 1 400 combattants à pied, mais pour trois mois seulement[29]. On refusa d'accorder le moindre rabais. Toutes les villes et châtellenies durent payer l'intégralité de leur quote-part, y compris la petite ville martyre de Grammont, qui avait bénéficié d'une remise de 75% sur les compositions de Tours[30], et y compris celles du *Westquartier* qui ne voulaient voter le subside qu'à condition de pouvoir bénéficier d'une modération de leur cote[31].

On motiva cette rigueur par le fait qu'il s'agissait d'une aide sur la guerre, qui en tant que telle devait déroger aux pratiques habituelles. Cet argument, tout à fait nouveau, fut repris au printemps 1492, lorsque le duc de Saxe demanda aux États généraux un impôt de deux florins par feu sur toutes les principautés des Pays-Bas. Ce faisant, Albert de Saxe tentait de revenir au mode de fonctionnement antérieur, mis en place dans les années 1465-1475. Les États généraux devaient ainsi faire office de plate-forme de négociation commune, sans porter atteinte aux prérogatives des instances de consultation des principautés. Cette restauration était à présent à sa portée, car pendant que le comte de Nassau contenait Philippe de Clèves et les Gantois, Albert de Saxe s'était occupé des affaires liégeoises et hollandaises. Après deux années d'efforts et de campagnes continuelles, il était parvenu à rétablir l'ordre partout ; pour cela, il avait dû se résoudre à d'importants abandons sur les confins orientaux des Pays-Bas bourguignons.

II. L'extinction des conflits secondaires et l'union retrouvée des pays de par-deçà

La brutale pacification de la Hollande

Il fut assez facile de venir à bout des derniers *Hoeken* réunis autour de Frans de Brederode, des Montfoort et des Naaldwijk. Le stathouder de Hollande Jean d'Egmont prit le meilleur sur ses adversaires à l'été 1490, grâce à son expertise dans les opérations amphibies caractéristiques de cette guerre, livrée autour des canaux et des rivières qui reliaient les localités hollandaises et zélandaises. Le 17 juin 1489, il remportait une grande victoire près de Mordrecht ; quelques jours plus tard, Rotterdam retournait dans le giron bourguignon. Un peu plus d'un an plus tard, le 23 juillet 1490, Frans de Brederode était mortellement blessé sur le chenal de Brouwershaven[32]. Vers la

---

29 *Handelingen...*, t. I, p. 566-572.
30 Voir annexe I, aides accordées par la Flandre, aide n° 28.
31 *Handelingen...*, t. I, p. 572.
32 Michel Joost van Gent, « *Pertijelike saken* »..., p. 383-389.

252   CHAPITRE 7

mi-août, Albert de Saxe en personne vint assiéger le château de Montfoort, qui dut capituler. Jan de Montfoort se fit pardonner ses multiples prises d'armes depuis plus d'une dizaine d'années, mais il se voyait désormais contraint de mettre sa forteresse à la disposition du prince à chaque fois que celui-ci l'en requerrait[33]. L'irréductible était définitivement soumis.

Il avait fallu lever de très lourds impôts en 1489 et 1490, administrés par les états, en collaboration avec Jean d'Egmont et le conseil de Hollande[34]. La pression ne se relâcha pas en 1491, malgré l'épuisement des campagnes dévastées par la guerre. Elle déclencha la seule révolte proprement et exclusivement anti-fiscale qu'aient connu les Pays-Bas bourguignons entre 1477 et 1506, dite « du pain et du fromage » (*Het Kaas en Broodspel*). Le déroulement en a été étudié en détail par J. Scheurkogel[35], qui a souligné les spécificités sociales et économiques des régions les plus touchées, en l'occurrence le Kennemerland, autour d'Alkmaar, le long de la mer du Nord, entre le Texel et Amsterdam, et la Frise occidentale. Les communautés paysannes y étaient plus indépendantes qu'ailleurs, et elles possédaient une grande partie des terres. Elles y étaient en outre moins attachées, car leur faible rendement les obligeait à trouver des activités complémentaires, en particulier dans la pêche et la navigation[36]. En réalité, le *Kaas en Broodspel* présente des similitudes frappantes avec les révoltes paysannes qui ont touché la France de l'Ancien Régime : unanimisme des communautés rurales, violence ritualisée et en fin de compte relativement limitée, dirigée contre les villes et les officiers du prince[37]. La révolte paraît spontanée, et sans lien avec la guerre civile hollandaise qui déchirait les élites urbaines et nobiliaires. Au printemps 1491, les paysans s'en prirent aux gens de guerre, occupèrent le *blokhuis* de Hoorn, et entrèrent à Alkmaar pour y mettre à sac les hôtels des receveurs des impôts. Hoorn et Alkmaar durent subir la loi de ces bandes armées, tandis que Jean d'Egmont, surpris par l'ampleur des troubles, se garda de toute provocation à l'encontre des rebelles. Au printemps 1492, les autorités négocièrent avec ceux-ci, mais les violences persistèrent, et le stathouder essuya même un sérieux revers en avril, alors qu'il avait tenté, à la demande des autorités municipales, d'entrer à Alkmaar avec plusieurs centaines de gens de guerre pour rétablir l'ordre. Les rebelles s'emparèrent ensuite de Haarlem, le 3 mai, et y assassinèrent plusieurs officiers et notables. Ce coup de force décida Albert de Saxe à employer des méthodes plus radicales. Le 12 mai, un

---

33 *Ibid.*, p. 386-388, et Jean MOLINET, *Chroniques...*, t. II, p. 208-209.

34 Voir annexe II, tableaux synthétiques des aides accordées par les principautés (Hollande).

35 J. SCHEURKOGEL, « Het Kaas en Broodspel », *Bijdragen en mededelingen betreffende de geschiedenis van der Nederlanden* », t. 94, 1979, p. 189-212.

36 Sur ce point, profondément lié à l'expansion économique hollando-zélandaise à partir de la seconde moitié du XIVe siècle, voir Willem Pieter BLOCKMANS, « The Economic Expansion of Holland and Zeeland in the Fourteenth-Sixteenth Centuries », in *Studia historica oeconomica. Liber amicorum Herman van der Wee*, 1993, p. 41-58. Sur les relations des communautés paysannes avec les officiers du prince, voir du même auteur : « Widerstand holländischer Bauerngemeinden gegen das staatliche Beamtentum im 15. Jahrhundert », in *Gemeinde, Reformation und Widerstand. Festschrift für Peter Blickle zum 60. Geburtstag*, 1998, p. 329-344.

37 Yves-Marie BERCÉ, *Croquants et nu-pieds. Les soulèvements paysans en France du XVIe au XIXe siècle*, Paris, Gallimard, 1974.

UN DOULOUREUX REDRESSEMENT (1490-1493)   253

corps de 2 200 Allemands arrivait à Zandpoort. En moins d'une semaine, la révolte fut écrasée, les meneurs exécutés, Haarlem et Alkmaar mises à l'amende – 25 000 florins pour la première, 2 200 pour la seconde – les autres communautés priées de venir au Conseil de Hollande pour s'y faire communiquer le montant de la composition qu'ils auraient à payer.

La reconstruction pouvait enfin commencer. La Hollande se releva lentement de ses ruines. Depuis 1486-1487, elle avait à peu près disparu des comptes centraux de l'État bourguignon. Le domaine avait été proprement anéanti. En cinq ans, de 1488 à 1492, il ne rapporta qu'un peu plus de 23 000 l., soit à peine plus de 4 500 l. par an[38]. En 1493, le receveur général ne put assigner sur celui-ci que 1 472 l. de décharges[39]. Quant aux recettes fiscales du comté, le receveur général n'en disposa qu'à hauteur d'un peu plus de 10 000 l. par an, sous forme d'avances consenties par les villes ou de décharges sur les futures aides à accorder[40]. En 1492, on put à nouveau asseoir une aide conséquente, avec l'accord des états, mais elle ne servit qu'à apurer une partie des dettes accumulées. En effet, les états de Hollande accordèrent une aide de 100 000 l., dont 40 000 l. pour les charges communes du pays (essentiellement le paiement des intérêts des rentes vendues à cause de la guerre), et 60 000 l. pour les frais engagés à titre personnel par le duc de Saxe. L'aide de 100 000 l. devait être levée à la Saint-Jacques et à la Chandeleur suivants, soit le 25 juillet 1492 et le 2 février 1493. La situation démographique et économique de la Hollande était si déprimée qu'une commission fut chargée d'inspecter les villes et les villages les plus appauvris afin de leur distribuer des remises d'impôts. Plusieurs dizaines de communautés en bénéficièrent, pour un total de 9 437 l. 7 s. 2 d., soit, en y ajoutant les 872 l. pour les cotes des villages de la seigneurie d'Egmont, réputés exempts, environ 10% de l'aide accordée par les états[41]. Les maîtres de la Chambre de La Haye réclamèrent, en marge du compte présenté par Thomas Beuckelaere, que le duc leur présentât les quittances et les ordres de paiement justifiant l'emploi de ses deniers personnels au profit de Philippe le Beau, mais celui-ci en dispensa le gouverneur. Après l'aide de 100 000 livres, levée en 1492-1493, il fallut attendre l'émancipation de Philippe le Beau, ainsi

---

38 4 116 l. 8 s. en 1488, dont 120 l. rendues et non reçues (ADN, B 2137, fol. 10v-11r) ; 8 387 l. 5 s. en 1489 (ADN, B 2138, fol. 11r-14v) ; 8 523 l. 18 s., dont 4 000 l. rendues et non reçues en 1490 (ADN, B 2140, fol. 23r-25v) ; 4 871 l. dont 2 000 l. rendues et non reçues en 1491 (ADN, B 2142, fol. 20r-22v) ; 3 702 l. 10 s. en 1492 (ADN, B 2144, fol. 10r-12r).

39 ADN, B 2145, fol. 15r-16r.

40 66 441 l. 18 s. en 1488, dont 43 788 l. 16 s. rendues et non reçues (ADN, B 2137, fol. 25r-29r) ; 28 040 l., dont 23 100 l. rendues et non reçues en 1489 (ADN, B 2138, fol. 32r-v) ; 15 671 l. 10 s. dont 8 670 l. rendues et non reçues en 1490 (ADN, B 2140, fol. 45r-46r) ; 12 907 l. 14 s. dont 6 951 l. 4 s. rendues et non reçues en 1491 (ADN, B 2142, fol. 46r-47v) ; 23 045 l. en 1492, dont 12 600 l. rendues et non reçues (ADN, B 2144, fol. 41r-42r) : 95 110 l. de décharges rendues et non reçues sur un total de 146 106 l., soit une moyenne annuelle d'environ 30 000 l. d'assignations, dont 10 000 l. seulement qui purent être réglées.

41 NA, Chambre des comptes de La Haye, rek. 3400, cinquième compte de Thomas Beuckelaere, de l'aide de 60 000 l. accordée au duc de Saxe en 1492.

qu'un nouveau dénombrement de population au cours du second semestre 1494[42], pour que la Hollande retrouve à nouveau la place qu'elle occupait auparavant dans l'architecture fiscale des Pays-Bas bourguignons.

L'indépendance retrouvée de Liège et de la Gueldre

Dans la principauté de Liège, la guerre faisait toujours rage entre les La Marck, soutenus par une grande partie des Liégeois, et l'évêque Jean de Hornes. Le 3 avril 1490, ce dernier battit sévèrement ses adversaires à Zonhoven, et Robert de La Marck y fut capturé[43]. Un accord fut trouvé quelques jours plus tard à Aix-la-Chapelle le 10 avril 1490, mais la guerre reprit en novembre suivant, avec les ingérences étrangères habituelles : le duc de Saxe soutint militairement l'évêque de Liège, et les Français envoyèrent à Liège renforts et subsistances. Le lieutenant général avait peu de ressources à consacrer à ce conflit. Les états de Brabant accordèrent le 13 novembre une aide de 50 000 l. de 40 g., mais comme en Hollande, il fallut accorder de très nombreuses remises d'impôts : près de 150 villes et villages bénéficièrent de rabais compris entre 25 et 100% de leur quote-part, pour un total cumulé de plus de 10 000 l. venant en déduction du montant accordé par les états[44]. L'essentiel de la recette de l'aide fut employé à de tout autres usages que la guerre de Liège, notamment l'entretien de l'hôtel de Maximilien, qui en consomma plus de la moitié[45]. C'est également Hippolyte de Berthoz, maître de la chambre aux deniers du roi des Romains, qui fut le principal affectataire de deux aides de 3 800 l. et de 9 500 l., accordées par le Hainaut et Valenciennes à la fin de l'année 1489 pour la première, et à l'issue de longues négociations, d'août 1490 à février 1491, pour la seconde[46]. Le répit dont bénéficièrent le Hainaut et Valenciennes était justifié par l'ampleur de leur mobilisation financière et militaire durant la guerre civile de 1488-1489, tandis que le Brabant méridional se relevait lentement des destructions et des lourdes indemnités versées l'année précédente au titre de la paix de Daenebroeck. Aussitôt

---

42 Robert Jacob FRUIN (éd.), *Enqueste ende informatie upt stuck van der reductie ende reformatie van den schiltaelen voertijts getaxeert ende gestelt geweest over de landen van Holland ende Vrieslant, gedaen in den jaere 1494*, Leiden, 1876.

43 Jean MOLINET, *Chroniques...*, t. II, p. 175-181.

44 10 396 l. 15 s. 1 d., y compris le rabais de 4 000 l. sur les 6 000 l. de la portion du clergé, et 1 721 l. pour la mairie de Tirlemont, durement touchée par la guerre de 1488-1489, qui ne bénéficia pas à proprement parler d'un rabais, mais obtint de se faire rembourser un prêt consenti pour le paiement de la garnison de Saint-Trond (AGR, CC, reg. 15732, compte de Jean van der Eyck de l'aide accordée en novembre 1490, fol. 29r-51r).

45 Assignation de 20 000 l. au bénéfice d'Hippolyte de Berthoz, le 23 septembre 1490 (ADN, B 2140, fol. 34r-v).

46 ADN, B 12435, fol. 1r-2r, premier compte d'Olivier du Buisson des aides de Hainaut. La première fut levée aux termes de Pâques et de la Saint-Jean-Baptiste 1490. L'aide de 9 500 l. (8 000 l. pour le Hainaut, 1 500 l. pour Valenciennes) fut levée aux termes de la Saint-Jean-Baptiste et de Noël 1490 pour la part du Hainaut, aux termes de la Saint-Jean-Baptiste 1490, de Noël 1490 et de la Saint-Jean-Baptiste 1491 pour la part de Valenciennes. La totalité de la première aide fut affectée à Hippolyte de Berthoz (le receveur général n'en eut pas l'entremise) ; celui-ci disposa également de la plus grande partie de l'aide de 9 500 l., par une assignation de 5 000 l. en date du 23 septembre 1490 (*ibid.*, fol. 7r).

UN DOULOUREUX REDRESSEMENT (1490-1493)   255

après l'expulsion d'Engilbert de Nassau de Liège, le duc de Saxe voulut lever 15 000 l. sur le Brabant, mais il n'obtint des états qu'un subside de 10 000 l., accordé pour une fois pour résister aux attaques des Liégeois[47].

À l'été 1491, la lassitude gagna tous les protagonistes du drame liégeois. Cela faisait près de trente ans que le pays était déchiré par les troubles. Albert de Saxe sut tirer les conséquences de l'acharnement des Liégeois défendre leur indépendance, que ce fût à l'égard de leur évêque ou à celui du souverain des Pays-Bas. La destruction méthodique de Dinant et de Liège par Charles le Téméraire, les massacres de masse, par pendaison ou par noyade, l'exécution ou l'assassinat des dirigeants politiques liégeois, les écrasantes défaites militaires que ces derniers avaient collectionnées, rien de tout cela n'avait brisé leur volonté. La principauté comptait de nombreuses forces politiques, groupées autour de l'évêque, du chapitre cathédral, des métiers, des petites villes ou de Maastricht, concurrente de Liège. Au sein de celles-ci, les divisions étaient nombreuses. Pourtant, « l'émergence d'un discours national dans les années 1466-1468 »[48] ne s'était pas démenti, et les défaites face aux Bourguignons l'avaient encore renforcé. Les partisans de la Commune de Liège l'emportaient assez nettement, au moins à Liège, dans la plupart des petites villes, dans certains districts ruraux, et s'ils étaient minoritaires parmi les nobles, ce n'était pas de beaucoup. Le chapitre cathédral, où les chanoines étrangers ou proches de l'évêque étaient nombreux, était cependant loin de soutenir sans réserve leur prince[49]. Tous, y compris l'évêque, refusaient une tutelle venue de l'extérieur. Il était décidément vain de chercher à établir un protectorat sur les Liégeois, car toute tentative en ce sens s'était traduite par de nouveaux soulèvements quelques mois ou quelques années plus tard. Le comté de Namur, les lisières orientales du Brabant et le Luxembourg en faisaient inévitablement les frais. Les indemnités imposées au pays de Liège n'avaient jamais pu être levées, pas même la rente perpétuelle qui devait se substituer à elles, pas même la rente renégociée en 1489, trois à quatre fois plus faible que celle qui avait été imposée par Charles le Téméraire. Il fallait trouver une solution politique, acceptable par toutes les parties en présence. On s'engagea donc dans un processus de négociations, qui déboucha enfin au printemps 1492.

Le 31 août 1491, une trêve fut proclamée. Les Français quittèrent Liège le 4 septembre 1491. Le traité de paix, signé le 5 mai 1492, accordait aux La Marck une indemnité de 50 000 florins, payable en huit ans par les états de la principauté, qui s'engageaient également à dédommager leur évêque, à hauteur de 132 000 l. pour le règlement de ses dettes, et à lui servir une rente annuelle de 3 000 l. Il n'était plus question de la rente annuelle due par les Liégeois au duc de Bourgogne et à ses successeurs. Le 8 juillet et le 8 août, le roi de France et Philippe le Beau reconnaissaient la neutralité de l'évêché de Liège. Toutefois, le 8 août, Jean de Hornes, en tant que prince d'Empire,

---

47 AGR, CC, reg. 15732, compte de Jean van der Eyck de cette aide et de deux autres accordées en juillet et décembre 1493, fol. 1 r-v et 35r. Le duc de Saxe en donna quittance en octobre 1493 seulement, de sorte qu'il est probable que l'aide fut avancée par lui et levée seulement trois ans plus tard.

48 Geneviève XHAYET, *Réseaux de pouvoir et solidarités de parti à Liège au bas Moyen Âge. 1250-1468*, Publications de l'Université de Liège, Liège, 1997, p. 374.

49 *Ibid.*, p. 195-284.

s'engageait à assister le roi des Romains dans toutes ses guerres. Malgré cette réserve, la principauté de Liège était bel et bien sortie de la sphère d'influence bourguignonne. L'habileté et la modération de Jean de Hornes rendirent cette paix durable[50].

Peu avant la signature du traité, Robert de La Marck était passé à Liège le 21 mars 1492, accompagné d'un millier de Français, cette fois pour escorter Charles d'Egmont en Gueldre et soutenir ses revendications dynastiques. En effet, en dépit de tous ses efforts, Maximilien n'avait pas réussi à racheter Charles d'Egmont à Philippe de Crèvecœur, afin d'en faire à tout jamais son obligé et son serviteur, en tant que prince non couronné. Ce fut finalement le comte Vincent de Meurs, petit prince impérial, mais fort riche, dont les ancêtres s'étaient émancipés du duc de Clèves, qui avait cautionné et avancé une partie des 100 000 francs de sa rançon[51]. Charles d'Egmont put alors décliner les offres de Maximilien, et se préparer à réclamer son héritage, dont Charles le Téméraire et les fautes politiques de son père Adolphe l'avaient privé en 1473. Au sein même de l'aristocratie bourguignonne, l'annexion de 1473 suscitait un certain malaise, tant elle était contraire à la culture politique et féodale du temps. Au nom de quoi rendrait-on les descendants d'illustres lignées responsables des erreurs de leurs parents ? Ainsi, au chapitre de la Toison d'or de 1481, on reprocha à Maximilien de ne pas avoir pris conseil auprès des membres de l'ordre avant d'entreprendre la reconquête de la Gueldre deux ans plus tôt[52]. Quant aux habitants du duché, très attachés à leur indépendance, incarnée par la dynastie régnante, ils n'avaient jamais accepté l'occupation bourguignonne. Aussi la reconquête de la Gueldre par Charles d'Egmont, au printemps 1492, ne fut pas même une promenade militaire, mais un voyage inaugural ; une suite de joyeuses entrées à peine troublée par les Bourguignons, qui n'occupaient en force que la place de Wageningen. Charles d'Egmont fut triomphalement reçu à Roermond le 25 mars 1492. Dès le 16 mars, Arnhem s'était soulevée et le gouverneur du duché pour Maximilien, Adolphe de Nassau, avait été emprisonné avant d'être relâché. Même les places cédées au duc de Clèves par Charles le Téméraire en 1473 réintégrèrent le duché[53].

Pour l'heure, le duc de Saxe ne pouvait strictement rien faire, d'autant que Charles d'Egmont était fortement intégré dans les réseaux princiers de cette région de l'Empire. Le duc de Gueldre était en effet le beau-frère du duc de Lorraine, le neveu par alliance du prince d'Orange, et un ami personnel de Philippe de Clèves, dont la seigneurie de Ravenstein formait une enclave entre Brabant et duché de Gueldre. C'est à Ravenstein, sous les auspices du maître des lieux, qu'eut lieu la conférence de paix qui mit un terme à une courte et décevante campagne militaire entreprise par Maximilien et le duc de Saxe à l'été 1494[54]. Le traité qui y fut signé confiait l'arbitrage du litige aux princes électeurs allemands, et prévoyait la remise de

---

50 Paul HARSIN, *Études critiques…*, t. I, p. 258-294.

51 Jules Édouard Anne Louis STRUICK, *Gelre en Habsburg, 1492-1528*, Arnhem, S. Gonda-Quint-D. Brouwer en zoon, 1960, p. 19-21.

52 Jelle HAEMERS, *For the Common Good…*, p. 129.

53 Jules Édouard Anne Louis STRUICK, *Gelre en Habsburg…*, p. 22.

54 Hermann WIESFLECKER, *Kaiser Maximilian I*, t. 1, *Jugend…*, p. 378-382 ; Jules Édouard Anne Louis STRUICK, *Gelre en Habsburg…*, p. 34-43.

quatre villes gueldroises (Wageningen, Tiel, Erkelentz et Doesburg) entre les mains de l'archevêque de Cologne, pour garantir l'exécution de la sentence arbitrale. En réalité, ce traité ne fut jamais appliqué, et Charles de Gueldre rompit définitivement avec Maximilien à la fin de l'année. En mars 1495, celui-ci perdit la ville de Nijkerk, la dernière qu'il tenait encore. Le roi des Romains, décidément incapable de ne pas poursuivre mille lièvres à la fois, fit alors de la Gueldre une entreprise personnelle, qu'il conduisit à sa manière, têtue et brouillonne. Ce n'est qu'en 1505 qu'il céda à son fils le titre de duc de Gueldre, qui put dès lors en faire l'une de ses priorités. L'indépendance de la Gueldre, périodiquement retrempée dans le sang, avait encore de beaux jours devant elle.

La réunification fiscale – l'aide de deux florins par feu (1492)

Pendant que le duc de Saxe devait se résigner à cette importante rétraction de la sphère de co-prospérité des Pays-Bas bourguignons, la guerre faisait toujours rage en Flandre. Ni les Gantois, ni Philippe de Clèves n'avaient cédé un pouce de terrain. Albert de Saxe n'eut d'autres choix que de négocier avec lui, et convoqua pour cela les États généraux à Malines[55]. On dispose sur le déroulement de cette session d'un rapport circonstancié rédigé par Jean Fourneau, clerc du bailliage de Hainaut, édité par L.-P. Gachard[56]. La délégation envoyée par Philippe de Clèves et Gand n'avait reçu qu'un mandat très limité, qui ne les autorisait qu'à faire connaître les prétentions exorbitantes de ceux qui les envoyaient. Philippe de Clèves voulait tout simplement que Philippe le Beau et Maximilien reconnaissent qu'il n'était pour rien dans le déclenchement de la guerre civile – et donc que le roi des Romains admette implicitement sa responsabilité, en parjurant le serment qu'il avait prêté à sa libération de Bruges, en mai 1488. Il voulait également qu'on révoquât sa mise au ban de l'Empire par Frédéric III en 1488, et, plus classiquement et plus raisonnablement, qu'on lui rendît ses terres, ses pensions et ses charges, dont la capitainerie de L'Écluse, concédée à vie en 1485[57]. Le duc de Saxe ne put les satisfaire sur les articles touchant à l'honneur de Philippe de Clèves. Le 25 mars, ses ambassadeurs et ceux de Gand déclinèrent les offres de paix qu'on leur avait faites. L'échec des négociations était complet.

Cependant, le duc de Saxe avait pris à témoin les représentants des principautés, qui ne purent que constater le « mauvais vouloir » de Philippe de Clèves et de Gand. Il était désormais fondé à demander de nouveaux subsides pour vaincre ces rebelles qui refusaient si ouvertement de trouver un règlement pacifique. Alors que les recettes des compositions de Flandre et de Brabant tendaient à diminuer, le lieutenant général devait restaurer le dialogue fiscal institutionnel coutumier avec les principautés. Pour ce faire, il commença par démarcher les principautés les plus dociles. Dès le mois de décembre 1491, on avait demandé aux états de Hainaut un fouage d'un florin d'or par

---

55 Robert WELLENS, *Les États Généraux des Pays-Bas…*, p. 221-228.
56 Louis Prosper GACHARD, *Analectes historiques…*, t. III, n° CCXXXIX, p. 1-33.
57 Jelle HAEMERS, « Philippe de Clèves… », p. 72-80.

feu, en faisant savoir que le Brabant l'avait déjà accepté[58]. De fait, le premier terme de l'aide devait être levé sur le Brabant dès le 1er février 1492, à partir d'un nouveau dénombrement des feux pour les quartiers de Louvain et de Bruxelles, réalisé en janvier 1492 à leur demande, afin de prendre en compte la forte diminution de la population en 1488-1489, tandis que les deux autres quartiers avaient au contraire insisté pour que l'on se fondât sur le dénombrement de 1480[59]. En Hainaut en revanche, le duc se heurta à la résistance farouche des bourgeois de Mons[60].

Le lieutenant général saisit l'occasion que lui donnait la réunion des États généraux pour solliciter l'ensemble des pays de par-deçà. Le 15 mars 1492, le duc de Saxe invoqua les nécessités de la guerre contre la France et la Gueldre, qui menaçait de se rallumer, pour demander un subside de deux florins par feu. Pour obtenir gain de cause, Albert de Saxe disposait de deux leviers, à savoir la violence des gens de guerre qui réclamaient le paiement de leurs soldes, et la politique monétaire. Depuis juin 1491, les représentants des principautés réclamaient en effet une dévaluation[61]. L'ordonnance du 14 décembre 1489 avait si brutalement relevé la valeur de la livre de Flandre qu'elle faisait peser sur les finances des villes une menace mortelle, puisque le montant des intérêts à verser aux rentiers s'en était trouvé triplé. Les recettes ne pouvaient croître dans les mêmes proportions, car elles dépendaient principalement des accises sur le vin et la bière, très affectées par la dépression démographique, et des diverses taxes sur les activités marchandes, encore perturbées par la guerre. Par ailleurs, la baisse du pouvoir d'achat des monnaies d'or et d'argent, notamment par rapport aux pays environnants, où les métaux précieux s'échangeaient à un cours plus élevé, provoquait immanquablement une fuite de ceux-ci vers l'étranger.

Deux jours avant de demander aux États généraux les deux florins par feu, le 13 mars 1492, le lieutenant général annonça une dévaluation de 25% de la livre de 40 g. Le cours du florin à la croix Saint-André et du double patard à deux lions, les monnaies d'or et d'argent de référence, fut relevé. Vingt patards (soit dix double patards) suffiraient désormais pour faire une livre, au lieu de 24 précédemment, et le cours du florin passerait de 20 à 24 patards, soit 1,2 livre de 40 g. Calculé en poids d'argent fin, la livre vaudrait désormais 23,27 grammes, au lieu de 29,39 grammes précédemment. L'ordonnance fixant le nouveau cours des monnaies fut publiée dès le 1er avril 1492 en Hainaut[62]. Cela ne suffit pas à obtenir l'accord des députés pour le fouage, car ceux-ci se défaussèrent en invoquant leur mandat, qui ne les autorisait pas à négocier un subside qui ne figurait pas à l'ordre du jour de cette session des États généraux. « A quoy fu dit, quant à l'ayde demandé, que monseigneur envoieroit des commissaires en chascun pays, pour en faire la demande, et que ceus des estaz poroient renvoier au pays aucuns d'entre eulx, pour soliciter et avancher lad. matière au bien et à l'intention de mond. seigneur, atendu la nécessité[63] ». Ainsi, il y a tout

---

58 Léopold DEVILLERS, « Le Hainaut sous la régence de Maximilien. 1490-1495 » …, p. 254.

59 AGR, CC, reg. 15732, compte de Jean van der Eyck de l'aide des deux florins par feu, fol. 1r.

60 Sur la négociation de l'aide des deux florins par feu en Hainaut, voir *infra*, p. 309.

61 Robert WELLENS, *Les États Généraux des Pays-Bas* …, p. 219.

62 Jean-Marie CAUCHIES, « Liste chronologique des ordonnances… », ordonnance n° 219.

63 Louis Prosper GACHARD, *Analectes historiques* …, t. III, n° CCXXXIX, p. 26-27.

lieu de penser que le duc de Saxe n'espérait pas un accord immédiat, mais entendait simplement délivrer une information d'ensemble à des députés bien disposés à son égard, de manière à accélérer les discussions particulières avec les assemblées des principautés.

Le Brabant accepta rapidement d'accorder un second florin par feu[64]. Le recouvrement du fouage se fit sans difficulté, et rapporta environ 132 000 l., pour un rendement de 93%, très honorable compte tenu de la situation économique et démographique générale[65]. En Hainaut, si les nobles agréèrent très vite la demande princière, de même que les petites villes, Mons persévéra dans son refus. Il fallut négocier pied à pied des forfaits de remplacement avec chacun des trois états et avec Valenciennes, jusqu'en août suivant, pour un montant total, fort modeste, de 13 483 l. 6 s. 8 d., soit à peine un tiers de ce qu'aurait dû rapporter le fouage de deux florins par feu[66].

Au contraire du Brabant et du Hainaut, la Flandre n'avait pas été sollicitée avant les États généraux de Malines. Vivant toujours sous un régime militaire, elle n'eut guère le choix, tant les gens de guerre exerçaient une forte pression sur la population. Dans son principe, le subside fut accordé lors d'une session des états de Flandre tenue du 1er au 21 mai 1492, en contrepartie de l'approbation par Albert de Saxe d'une longue liste de concessions sur l'usage qui en serait fait et sur la discipline des gens de guerre[67]. En réalité, comme il n'était plus question d'exiger que la levée de l'imposition fût confiée à une commission des états, le lieutenant général avait les mains libres. En l'absence d'un dénombrement de population à jour, le fouage fut finalement remplacé par une aide fixée à 100 000 florins pour les quartiers d'Ypres et de Bruges, formellement accordée entre le 23 et le 27 juillet 1492 à Nieuport, et par une aide de 28 000 florins pour le quartier de Gand, hors Gand évidemment, accordée entre le 14 et le 24 août, soit 153 600 livres de 40 g. en tout. Le total de ces deux subsides indique qu'on avait une fois de plus ressuscité l'aide de 127 000 *ridders*, en faisant en sorte de compenser la part manquante de Gand, et en accordant une légère décote aux petites villes et aux châtellenies du quartier de Gand[68].

---

64 Le premier florin devait être levé en quatre fois, les 1er février, 1er mai, 1er août et 1er novembre 1492 ; le second florin aux termes des 1er août et 1er novembre 1492, 1er février et 1er mai 1493 (*ibid.*). Le second florin fut donc probablement accordé entre avril et juillet 1492.

65 AGR, CC, reg. 15732, compte de Jean van der Eyck de l'aide des deux florins par feu : 141 818 l. 9 s. de recettes attendues pour 59 327 feux fiscaux, en tenant compte de la dévaluation monétaire intervenue après le 1er terme de l'aide du premier florin. La somme inclut un forfait de 2 400 l. négocié avec les prélats. Les rabais et déductions diverses se sont élevés à 10 060 l. 11 d., soit un peu plus de 7% des recettes attendues.

66 ADN, 2e compte d'Olivier du Buisson des aides de Hainaut, B 12436, fol. 1r-v (8 250 l. pour les campagnes, 3 333 l. 6 s. 8 d. pour les villes, 1 500 l. pour les établissements religieux, 400 l. pour Valenciennes). Le dénombrement de 1479 avait recensé 21 897 feux (Maurice-Aurélien ARNOULD, *Les dénombrements de foyers dans le comté de Hainaut...*, p. 156).

67 *Handelingen...*, t. I, p. 587-606.

68 La quote-part des petites villes et châtellenies du quartier de Gand dans le Transport de 1408 était de 25,56%, soit 32 720 couronnes pour une aide de 128 000 couronnes.

260 CHAPITRE 7

L'aide n'était que légèrement supérieure à celle de Brabant ; elle restait fort lourde pour un pays aussi affaibli par la guerre. Par ailleurs, comme pour l'aide de 33 600 l. accordée au printemps 1491, tous les rabais furent révoqués – bien qu'on dût finalement se résoudre à accorder une remise de 37% à Ypres, inférieure tout de même aux deux-tiers habituels[69]. Les 128 000 florins devaient être levés en trois tiers, le premier dans un délai d'un mois après le vote, les deux autres de trois mois en trois mois, suivant des échéances variant un peu d'un district à l'autre, soit en août, novembre/décembre 1492 et mars/avril 1493. La plupart des villes et châtellenies parvinrent à s'y tenir, mais la liste des défaillances s'allongea : outre le Franc de Bruges, la châtellenie d'Ypres ne parvint à régler la plus grande partie de sa quote-part qu'en 1494, une fois la paix revenue[70]. Pour la première fois, en raison de l'état de ses finances, Bruges elle-même dut suspendre le paiement de l'aide en 1493, de même que celui des compositions de Tours et du traité de Damme[71]. La cité marchande devrait désormais négocier chaque année avec Roland Le Fèvre le rééchelonnement de ses dettes fiscales. Le recouvrement de l'aide des 100 000 / 128 000 florins s'acheva avec un retard considérable ; on peut estimer son rapport à environ 90 000 l. en 1492, 20 000 l. en 1493 et 40/45 000 l. en 1494. Ce lourd subside contribua à ralentir très nettement le rythme du règlement des compositions de Tours, qui passa de 120 000 l. par an en 1490-1491 à environ 55 000 l. en 1492 et 75 000 l. en 1493. Alors que les compositions de 1489 auraient dû être entièrement acquittées à la Saint-Jean-Baptiste 1492, Roland Le Fèvre n'avait pu faire entrer à cette date qu'environ 370 000 l. dans ses caisses, soit un peu moins de 70% du total[72].

La Hollande, occupée à panser ses plaies et à défrayer Albert de Saxe, ne fut pas astreinte à l'aide des deux florins par feu. La Zélande, où couraient déjà deux aides ordinaires, l'une de 5 000 l. pour l'entretien de l'archiduc, l'autre de 33 000 l., toutes deux accordées pour trois ans à partir de la Saint-Jean-décollace 1490, accorda un subside de 20 000 écus en mai 1492, à la place des deux florins par feu, pour le siège de L'Écluse[73]. En outre, le duc de Saxe demanda le service de guerre des nobles, vassaux et fieffés contre Philippe de Clèves, qui pouvait se justifier par le tort que portaient aux Zélandais les pirates de L'Écluse, ainsi qu'une aide complémentaire de 10 000 florins par mois sur le plat pays pendant la durée du siège, et enfin, pour faire bonne mesure, des contributions forfaitaires aux villes, habituellement exemptes des aides. Ces dernières accordèrent des subsides significatifs, puisque Middelbourg versa 6 000 florins, et Remeirswaal 4 000 florins ; en revanche, les nobles refusèrent et le service féodal pour eux-mêmes, et l'aide pour leurs tenanciers. Le duc de Saxe renonça au premier, et rabattit ses exigences pour la seconde à 4 000 florins par mois. Il envoya plusieurs centaines de gens de guerre en septembre pour faire exécuter le

---

69 Voir annexe I, aides accordées par la Flandre, aide n° 29.

70 *Ibid.*

71 En 1493-1494, Bruges paie 23 397 l. au titre des arriérés de la paix de Bruges, des compositions de Tours et de l'aide de 100 000 florins (AGR, CC, reg. 32547, fol. 182r-184r), et 14 450 l. en 1494-1495 (AGR, CC, reg. 32548, fol. 193r-194r).

72 565 000 l., auxquelles on soustrait 5,72% pour les deux-tiers de la part d'Ypres, soit 32 000 l.

73 Voir annexe II, tableaux synthétiques des aides (Zélande).

UN DOULOUREUX REDRESSEMENT (1490-1493)

recouvrement de l'aide[74]. La recette générale des finances indique que le *maendgeld* de 4 000 florins aurait été levé pendant deux mois, et que la Zélande aurait également accordé un forfait de 2 400 florins pour obtenir le départ des gens de guerre[75]. La contribution totale de la Zélande aurait donc dépassé le chiffre exceptionnellement élevé de 80 000 l. pour l'année 1492, et cela sans compter les versements forfaitaires des autres villes, telles que Zierikzee, Goes ou Flessingue.

Comme la Zélande, la châtellenie de Lille, Douai et Orchies accorda une aide ordinaire pluriannuelle, complétée par des subsides ponctuels pour la défense locale. En 1489, elle avait octroyé une aide minimale de 4 500 l. par an pendant trois ans (1489-1491)[76]. Dans les tous derniers mois de 1490, sans doute en octobre[77], les états de la châtellenie votèrent un subside beaucoup plus conséquent de 15 000 l. par an pendant trois ans, aux termes de la Saint-Jean-Baptiste et de Noël, à partir de la Saint-Jean-Baptiste 1492. Il n'était pas question en effet de ne pas faire un effort significatif, alors que la châtellenie avait été relativement épargnée par les troubles civils. Significatif, il l'était, car on atteignait presque le niveau de l'aide de 500 000 *ridders* (16 000 *ridders*, soit 19 200 l.), alors que la châtellenie était encore loin de s'être relevée de la guerre de 1477-1482. La châtellenie engagea également des frais importants pour le maintien de l'ordre, soit près de 9 500 l. entre 1490 et 1492[78]. Même le Luxembourg fut mis à contribution, pour la première fois depuis 1477, avec une aide de 16 gros par feu pour financer les opérations contre Robert de La Marck, mais celle-ci ne dut pas rapporter plus de 3 000 livres en 1492, car de gros arriérés furent recouvrés en 1495[79]. Le comté de Namur, qui avait dû fournir plus de 7 000 l. en 1491 pour le règlement de pas moins de cinq aides[80], bénéficia d'un répit complet en 1492.

Ainsi, au printemps 1492, le duc de Saxe pouvait compter sur une enveloppe d'environ 350 000 à 400 000 l. pour les dépenses qu'il engagerait jusqu'au début de l'année suivante. On était encore loin des maxima enregistrés en 1478-1479 et en 1485-1486, mais l'essentiel était que désormais, l'ensemble des pays de par-deçà marchaient à l'unisson derrière lui, et qu'après avoir refermé les dossiers de Liège et de la Gueldre, après avoir rétabli l'ordre en Hollande, il pouvait consacrer toutes

---

74 *Bronnen voor de geschiedenis der dagvaarten van de Staten van Zeeland...*, t. II, p. 524-529.

75 ADN, B 2144, fol. 47v et 49r.

76 ADN, B 6943, cahier des assignations prévisionnelles sur les trois années de cette aide, probablement rédigé en mai 1489.

77 C'est en effet en octobre que la ville de Lille accorda une avance de 3 000 l. de 40 g. sur cette aide (AM Lille, reg. 16229, fol. 30r). La première assignation sur cette aide enregistrée dans la recette générale date du 1er janvier 1491 (ADN, B 2142, fol. 40r).

78 Voir annexe II, tableaux synthétiques des aides (Lille, Douai et Orchies).

79 AGR, CC, reg. 15906, compte de Gilles de Busleyden, conseiller et commis à la recette d'une aide de 24 gros par feu, à 32 gros le florin du Rhin, accordée par le Luxembourg en 1495. La recette de l'aide de 24 gros s'est élevée à 9 316 florins de 40 g. pour 12 421 feux et demi ; l'aide de 16 gros, sur la base de ce dénombrement, devait donc se monter à environ 6 210 florins, or le compte de 1495 enregistre également une recette de 3 613 florins pour les arriérés de 1492. On en déduit que l'aide de 16 gros par feu dut rendre environ 2 400 florins en 1492.

80 Voir annexe II, tableaux synthétiques des aides (comté de Namur).

ses ressources aux priorités stratégiques du moment, à savoir l'expulsion de Philippe de Clèves de son réduit de L'Écluse, la soumission de Gand, et la conclusion d'une « bonne paix » avec la France.

III. La sortie de crise

Le règlement de la guerre de Flandre

Après son mariage avec Anne de Bretagne, Charles VIII avait moins intérêt à soutenir ouvertement la rébellion flamande. Certains, à Gand, critiquaient le gouvernement de Jan van Coppenhole, qui, en nouveau Périclès, semblait avoir abandonné le plat pays à l'ennemi, en espérant que de guerre lasse, celui-ci finirait par proposer une paix de compromis. Cette politique de la terre brûlée, clairement à l'œuvre depuis la prise de Dixmude et le sac de Grammont, n'était pas forcément la stratégie la plus mauvaise. Elle ne nécessitait pas des dépenses considérables, et faisait la part belle aux coups de main entrepris par de petites troupes désormais aguerries. Elle permettait au moins de faire l'économie des sanglants désastres infligés les années précédentes par les soldats professionnels du duc de Saxe à des milices trop nombreuses et trop peu manœuvrières. Malheureusement, cette guerre d'usure avait attiré en ville des milliers de paysans, qui n'avaient d'autres ressources que celles que leur procurait le butin pris sur « l'ennemi » – c'est-à-dire sur les villages des districts contrôlés par les hommes du comte de Nassau et du duc de Saxe. Les paysans réfugiés à Gand avaient constitué leur propre milice, indépendante de celle des bourgeois. Le 14 juin 1492, ils s'en prirent violemment à Jan van Coppenhole. Déjà mécontents du partage des dépouilles qui avaient été prises à Beveren-Waes peu de temps auparavant, ils lui reprochèrent de les avoir trop tardivement rejoints pour prendre d'assaut la place de Deinze, occupée par la garde du roi des Romains. Faute de ce renfort, ils avaient dû se replier et renoncer à l'attaque. De retour à Gand, la dispute entre Coppenhole et le capitaine des *lantvolcke* dégénéra en soulèvement général, au cours duquel Jan van Coppenhole et son frère furent arrêtés. Deux jours plus tard, ils étaient condamnés à mort et décapités. Tel est la substance des récits, en tout points convergents, de Jean Molinet et de l'auteur du Dagboek de Gand[81]. Quelques semaines plus tard, les Gantois signaient la paix de Cadzand, le 29 juillet 1492.

Sa modération ouvrit la voie à une paix durable. Les autorités renoncèrent aux spectaculaires humiliations collectives auxquelles donnaient habituellement lieu les amendes honorables des villes rebelles. La cérémonie n'eut pas lieu aux portes de Gand, mais à Hulst, le 6 août[82]. L'archiduc lui-même ne put faire son entrée solennelle dans sa capitale. On se montra également conciliant sur le montant de l'amende pécuniaire : outre leur part des compositions de Tours, fixée à 72 318 l. 15 s., les Gantois devaient s'acquitter d'un supplément de 25 000 l. pour le pardon général

---

81   *Dagboek van Gent…*, p. 270, et Jean MOLINET, *Chroniques…*, t. II, p. 253-255.
82   Romboudt DE DOPPERE, *Fragments inédits…*, p. 35.

accordé sans aucune exception[83]. L'amende propre à la paix de Cadzand était donc sept fois moins élevée que celle de la paix de Damme imposée à Bruges. Elle était même encore plus faible qu'il y paraissait, car Gand bénéficia d'une forte minoration de sa part des compositions de Tours. Les 72 318 l. 15 s. demandées représentent en effet exactement la quote-part de Gand du transport de 1408 sur une amende de 525 000 l. Autrement dit, Gand fut exemptée du surplus qu'avaient dû acquitter les autres villes et châtellenies de Flandre pour compenser la part des districts exemptés des compositions de Tours, ainsi que de sa part des 40 000 l. supplémentaires pour les notables *adommagiéz hors exploit de guerre*. Si Gand avait seulement été mise sur le même pied que les autres villes et châtellenies de Flandre, elle aurait dû payer pas moins de 90 353 l., soit 18 000 l. (25%) de plus[84]. Ces nouveaux avantages, lorsqu'on les déduit de l'amende de 25 000 l. spécifique à la paix de Cadzand, réduit le coût réel de la seconde révolte de Gand à 7 000 l. seulement, une somme dérisoire, à côté de Bruges, méthodiquement ruinée, intimidée par des exécutions publiques régulières, et militairement occupée. En revanche, l'élection de la municipalité et des doyens des métiers était soumise à une surveillance très renforcée[85]. Il n'empêche que la cité des Artevelde, inviolée, s'en sortait fort bien. C'était une vraie paix des braves qu'on lui avait accordée.

Sans doute était-ce là le prix à payer pour régler le sort de Philippe de Clèves. Celui-ci était désormais totalement isolé, depuis que le roi d'Angleterre s'était enfin décidé à intervenir sur le continent[86]. Quelques jours après le débarquement de Henri VII à Calais, à la tête d'une armée de 14 000 hommes, l'ancien chevalier de la Toison d'or acceptait enfin de traiter avec le duc de Saxe. Le 12 octobre, il ratifiait le traité de L'Écluse. Il y obtenait tout ce qu'il pouvait décemment espérer. Sa pension annuelle de 6 000 livres lui était confirmée, de même que ses charges et ses titres, dont celui de capitaine du petit et du grand château de L'Écluse, de sorte qu'aussitôt après avoir remis les deux forteresses à Albert de Saxe, celui-ci les confia à nouveau à sa garde. Ses partisans obtenaient une grâce complète et entière, et il n'oublia pas les habitants de L'Écluse, à qui fut confirmée l'exemption totale des aides et subventions qui leur avait été accordée pour dix ans en 1486. Enfin, une indemnité de 30 000 l. lui était promise pour le dédommager de ses frais, notamment pour la réparation des châteaux de L'Écluse[87].

---

83   Wouter RYCKBOSCH, *Tussen Gavere en Cadzand…*, p. 39-41.

84   Soit le Transport de 1408 (13,78%), majoré à 15,99% pour compenser la part des villes et châtellenies exemptes, sur un total de 565 000 l.

85   Après 1492, les commissaires au renouvellement de la loi, qui surveillaient l'élection au nom du prince, intégrèrent le collège des grands électeurs qui nommaient chaque année les échevins, ce qui donnait de fait la majorité aux représentants du prince, puisque quatre des huit grands électeurs étaient choisis par lui (Willem Pieter BLOCKMANS, *De volksvertegenwoordiging…*, p. 72-75).

86   Sean CUNNINGHAM, *Henry VII*, London, New York, Routledge, « Routledge historical biographies », 2007, p. 70-74.

87   Arie DE FOUW, *Philips Van Kleef…*, p. 271-275.

264 CHAPITRE 7

La reconquête de l'Artois

L'accord conclu avec Philippe de Clèves était intervenu pendant que Henri VII pillait et rasait les fortifications de la petite ville d'Ardres, qui s'était rendue aux Bourguignons, qui l'avaient ensuite remise aux Anglais[88]. Le roi d'Angleterre marcha sur Boulogne, et y arriva le 22 octobre. En réalité, Henri VII n'avait d'autre but que de contraindre les Français à reprendre le paiement des pensions dues au titre des accords de Picquigny. Le maréchal de Crèvecœur et Humbert de Batarnay s'empressèrent de négocier et de donner satisfaction aux Anglais. Dès le 3 novembre, une trêve était signée à Étaples ; le 11 novembre, elle fut convertie en traité de paix, que Charles VIII ratifia le mois suivant[89]. Pendant ce temps, Frédéric III et Maximilien convoquèrent l'ost impérial à Metz, mais les princes allemands ne voyaient pas en quoi les affaires de Bretagne concernaient l'Empire, et aucun d'eux ne répondit à l'appel[90].

Le jeune Philippe le Beau et le duc de Saxe se retrouvaient seuls, mais ils avaient tout de même pu mettre à profit la descente anglaise pour réussir ce que Maximilien n'était parvenu à faire ni en 1479, ni en 1486-1487. Tandis que tous les regards des Français s'étaient tournés vers Boulogne, des bourgeois d'Arras s'entendirent pour livrer leur ville aux Bourguignons. Cinq ou six *compaignons de simple et povre estat* gagnent d'abord la confiance des soldats français à qui avait été confiée la garde des clés de la ville. Les conjurés parviennent à prendre les empreintes des clés et à les reproduire. Les capitaines de Maximilien, à savoir Louis de Vaudrey et Wilwolt von Schaumberg, un chevalier franconien entré au service d'Albert de Saxe en 1487[91], choisissent pour frapper un moment où la garnison est réduite à quelques centaines d'hommes à cause du siège de Boulogne. Dans la nuit du 3 au 4 novembre 1492, 3 000 à 4 000 hommes, dont une moitié d'Allemands, entrent dans la ville et s'emparent dans la foulée du grand château et de la cité épiscopale[92]. Pour les bourgeois qui avaient été les complices des nouveaux maîtres, ce fut le jackpot – quoique les gens de finance de Philippe le Beau surent déployer tous leurs talents pour retarder de plusieurs années le versement de leur récompense, et avec un rabais conséquent[93].

---

88 Jean MOLINET, *Chroniques…*, t. II, p. 331-333.

89 Yvonne LABANDE-MAILFERT, *Charles VIII…*, p. 165-167.

90 Hermann WIESFLECKER, *Kaiser Maximilian I*, t. 1, *Jugend…*, p. 337.

91 Sven RABELER, *Niederadlige Lebensformen im späten Mittelalter. Wilwolt von Schaumberg (um 1450-1510) und Ludwig von Eyb d. J. (1450-1521)*, Stegaurach, Gesellschaft für Fränkische Geschichte, 2006, p. 171-210.

92 Jean MOLINET, *Chroniques…*, t. II, p. 337-349 ; Georges BISCHOFF, « "Vive Osteriche et Bourgogne !" Un preux Franc-Comtois… », p. 173-175.

93 Molinet ne cite que deux des conjurés d'Arras, un homme surnommé Grisart en raison de ses cheveux et de sa barbe poivre et sel, et un peintre originaire de Béthune, nommé Pierre Wastel. Gérard Robert, chantre de l'abbaye de Saint-Vaast, affirme que les conjurés furent au nombre de cinq, à savoir Grisart – balayeur de son état – un peintre, l'horloger de la ville, un fabricant de sayettes et un plafonneur (Gérard ROBERT, *Journal de Dom Gérard Robert, religieux de l'abbaye de Saint-Wast d'Arras*, Arras, impr. de Vve J. Degeorge, 1852, p. 87). Le receveur général a enregistré sur la recette du domaine d'Artois six décharges en date du 1er novembre 1494, en faveur d'autant de personnages qui avaient aidé à la prise d'Arras, pour un total de 3 150 l. : toutes ces décharges furent passées en deniers rendus et non reçus… Parmi eux figuraient Pierre Watel, dit Le Peintre (600 l.), et Jean Le Maire, dit Grisart

UN DOULOUREUX REDRESSEMENT (1490-1493)

Pour les autres... ce fut la ruine. Philippe de Contay, seigneur de Forest, gouverneur d'Arras, et les autres capitaines furent incapables de maîtriser leurs hommes, qui mirent la ville à sac et molestèrent l'évêque[94].

La prise d'Arras, après quinze ans d'occupation française, un mois avant le dixième anniversaire du traité conclu dans cette ville même, était un immense succès pour l'archiduc. Avec Saint-Omer et Arras, il tenait à présent les deux plus grandes villes du comté d'Artois. Les Français, cependant, occupaient toujours Aire, Thérouanne et la plupart des petites villes. Il fallait à présent tenir, alors qu'Engilbert de Nassau et Albert de Saxe étaient déjà arrivés au bout de leurs disponibilités financières. Confrontés à ce nouveau défi, ils appelèrent à l'aide l'Empereur et le roi des Romains. Dans la série des lettres missives de la Chambre des comptes de Lille, figure une instruction à *telz et telz*, envoyés au nom de l'archiduc Philippe et d'Albert de Saxe auprès de Frédéric III et des électeurs, qui devaient se retrouver à Francfort le 13 décembre 1492 suivant. Albert de Saxe s'y montre particulièrement pressant. Il craint de ne pouvoir résister seul aux Français, *actendu l'estat des pays*, car *mesd. seigneurs croient estre en la memoire et souvenance de en quel estat ilz* [Frédéric III et Maximilien] *laisserent les pays de par-deça en l'an IIII^xx VIII que leurs majestés partirent d'icy, que neantmoins par la grace de Dieu tout puissant mond. s^r le duc de Sassen, à l'assistence de mesd. seigneurs et des bons et loyaulx subgetz du roy nostre seigneur et de mesd. seigneurs de par-deça, a remit à obeissance les pays de Brabant, Flandres, Saint-Omer, Hollande, Zelande, Frise, Lembourg, Valkembourg et Dalhem, et semblablement le pays de Liege, et a l'on aussi reduit la ville et cité d'Arras et pluseurs places et villes a l'environ*[95]. Le rappel des événements passés était plutôt cru ; il était peu flatteur pour Frédéric III et son fils...

L'appel au secours ne fut pas vain. Maximilien attaqua la Franche-Comté en décembre 1492, avec 4 000 lansquenets et 2 000 Suisses, et y remporta d'importants succès[96]. En janvier 1493, son capitaine Friedrich Kappler[97] battit près de Salins les Français, qui évacuèrent la plus grande partie du comté de Bourgogne. De toute façon, Charles VIII voulait vider toutes les anciennes querelles avec ses voisins avant de se lancer à la conquête du royaume de Naples. Une conférence de paix s'ouvrit à Péronne en avril 1493. Malgré la perte de la plus grande partie de l'Artois, les ambassadeurs du roi de France surent négocier au mieux l'annulation du traité

(800 l.) (ADN, B 2148, fol. 14v-15r). Watel dut finalement conclure un appointement de 150 l. en 1499 et renoncer au reste (ADN, B 2165, fol. 283v-284r). D'autres furent un peu plus heureux. Denisot Maton, pour la même raison, reçut ainsi une assignation de 200 l. le 18 janvier 1493 (ADN, B 2146, fol. 40r), effectivement prise sur les aides de Lille ; cinq autres *compaignons* reçurent une assignation collective de 220 l. le 16 octobre 1493, également prise sur les aides de Lille (ADN, B 2146, fol. 43r), sept autres une assignation de 300 l. le 16 juillet 1493 sur les aides de Flandre (ADN, B 2146, fol. 32v). Sans doute s'agit-il plutôt de gens de guerre récompensés pour avoir été les premiers à entrer dans la ville.

94 Voir *infra*, p. 337 et suivantes.
95 ADN, B 18845, n° 29580.
96 Hermann WIESFLECKER, *Kaiser Maximilian I*, t. I, *Jugend...*, p. 339.
97 Georges BISCHOFF, « Un "condottiere" austro-bourguignon, Frédéric Cappler (v. 1440-† 1506) », in *Pays bourguignons et autrichiens (XIVe-XIVe siècles). Une confrontation institutionnelle et culturelle*, 2006, p. 145-160.

d'Arras, rendu caduc par le mariage de Charles VIII avec Anne de Bretagne. Le 23 mai 1493 était signée la paix de Senlis. Philippe retrouvait sa sœur Marguerite, reine déchue depuis un an et demi, mais toujours aux mains des Français, et avec elle la plus grande partie de sa dot, à savoir la Franche-Comté, le Charolais, l'Artois et la seigneurie de Noyers. Le sort des comtés de Mâcon, d'Auxerre et de Bar-sur-Seine devait être réglé par voie de droit, de même que tout autre différend ou revendication qui pourrait advenir. Le statut du duché de Bourgogne était ainsi laissé en suspens, de manière implicite, comme cela avait été le cas au traité d'Arras[98]. Aire, Hesdin et Béthune seraient confiées à la garde du maréchal de Crèvecœur jusqu'en 1498, c'est-à-dire jusqu'au vingtième anniversaire de Philippe le Beau ; les places devaient alors lui être restituées, après qu'il aurait prêté hommage pour les terres tenues du roi de France. Ainsi, Charles VIII conservait de solides points d'appui aux Pays-Bas, en plus de Thérouanne et de Tournai, dont la possession lui était également reconnue. On aurait donc mauvaise grâce d'accuser Charles VIII d'avoir bradé la paix avec Philippe le Beau au profit de ses chimères italiennes…

La mission d'Albert de Saxe n'était pas tout à fait finie. Il lui restait à se débarrasser des gens de guerre en garnison à Saint-Omer et Arras – qui avaient fait de ces deux villes une sorte de gage, garantissant le règlement des soldes qui leur étaient dues. Comme l'indiquent une autre instruction destinée aux représentants de l'archiduc dépêchés auprès de l'Empereur[99], ainsi qu'une demande de subside présentée aux Membres de Flandre[100], les gens de guerre présents sur les frontières étaient au nombre de 4 000 fantassins et 2 000 cavaliers. Or, aucune des principautés des Pays-Bas, épuisées par la guerre, dans un contexte économique extrêmement difficile[101], ne voulait mettre la main à la poche. Les Brabançons et les Flamands étaient enfin débarrassés de la garde et des lansquenets allemands ; c'était au tour de l'Artois de les supporter. En octobre 1492, le duc de Saxe sollicita auprès de la Flandre une aide de 35 000 couronnes pour l'entretien des gens de guerre. Sept réunions des Membres et des états de Flandre, d'octobre 1492 à mars 1493, ne suffirent pas à faire plier les Flamands[102], et seules quelques avances furent accordées par certaines châtellenies plus sensibles que les autres aux pressions politiques[103]. Le Brabant et le Hainaut,

---

98   Jean-Marie CAUCHIES, *Philippe le Beau*…, p. 14-23.

99   B 18845, n° 29583, instruction adressée au seigneur de Walhain et autres députés pour des négociations à mener avec l'Empereur [1492-1493], demandant *de dire en oultre […] par son ordonnance et commandement, [qu'] il a prins à solde et service 4 000 combatans à pié et 2 000 à cheval ausquelz l'on doit prés de deux mois, et vueillent estre payéz ou mesmes executer et lever leur payement, et les pays sont si povres que l'argent dud. payement n'est encores prest.*

100   *Handelingen*…, t. I, p. 623-626 : demande d'une aide de 35 000 couronnes pour le paiement pendant trois mois de 2000 cavaliers et 4000 fantassins pour soutenir le roi d'Angleterre.

101   Le 1er mars 1493, les habitants du Hainaut obtenaient de l'évêque de Cambrai la permission de consommer du beurre, du lait et du fromage à cause de la cherté des vivres de carême (ADN, B 2147, n° 70219).

102   *Handelingen*…, t. II, p. 615-635.

103   La châtellenie d'Ypres accorda un prêt de 350 couronnes (420 l. de 40 g.) en mars 1493 (AGR, CC, reg. 44313, fol. 11r), le Franc de Bruges 600 l. (AGR, CC, reg. 42607, fol. 28r), et Courtrai 360 l. (AGR, CC, reg. 33238, fol. 50v). L'avance du Franc de Bruges fut déduite de ce qui était encore dû au titre des

un peu plus généreux, accordèrent, le premier 30 000 florins pour le paiement des garnisons sur les frontières, à lever à la Chandeleur et le 1er mai 1493[104], le second une aide de 12 000 florins, à régler avant le 30 septembre 1493[105]. On parvint également à soutirer 4 000 l. à Valenciennes[106], 4 000 écus (4 800 l.) à la châtellenie de Lille, Douai et Orchies, exposée aux réquisitions de la garnison d'Arras, et même 4 500 l. au comté de Namur[107]. Ces quelque 63 700 l. n'équivalaient qu'à sept semaines de solde des 6 000 hommes présents sur les frontières d'Artois.

Albert de Saxe décida de réunir les États généraux. Cette séance s'étira en quatre sessions, tenues entre le 13 avril 1493 et le 31 août 1493[108]. Le duc avait d'innombrables requêtes financières à leur présenter. Il demanda une aide de 200 000 écus ou florins de 24 sous (1,2 l. de 40 g.) par an pendant trois ans pour l'entretien de l'archiduc, afin de compenser l'effondrement des revenus du domaine, ainsi qu'un subside de 100 000 florins pour le paiement des garnisons d'Arras et Saint-Omer[109], et enfin, pour faire bonne mesure, une aide de 22 000 couronnes d'or à 35 sous pièce pour le défraiement des ambassadeurs qui avaient négocié le traité de Senlis, et 20 000 florins pour l'archiduchesse Marguerite, enfin rentrée dans ces Pays-Bas qu'elle n'avait jamais vraiment connus. Par ailleurs, il leur fit part de son vif désir d'être remboursé de la dette qu'il avait personnellement contractée dans l'exercice de ses fonctions, et qu'il évaluait à 150 000 florins[110]. Les députés refusèrent d'abord tout en bloc. En avril, ils accordèrent 6 000 florins pour l'ambassade du comte de Nassau. Le 9 juin, malgré la vive opposition de la Hollande, les États généraux se résignèrent à répartir entre les provinces un subside de 60 000 écus pour la solde des gens de guerre. Encore le duc de Saxe accepta-t-il d'avancer cette somme, moyennant une compensation de 10 000 fl. pour les frais financiers qu'il aurait à supporter. Le subside fut finalement porté à 80 000 écus. La part de la Flandre, soit 20 000 florins (24 000 l. de 40 g.) fut accordé par les Membres entre le 20 juillet et le 9 août[111]. Le Brabant contribua à hauteur de 20 972 couronnes et 8 s. (25 166 l. 16 s. de 40 g.), accordées en juillet 1493[112], le Hainaut et Valenciennes de 6 472 l.[113]. Par ailleurs, la recette générale des finances mentionne 5 032 l. assignées sur la portion de cette aide pour la châtellenie

---

compositions de Tours, mais cela ne paraît pas avoir été le cas pour le prêt de la châtellenie d'Ypres. La châtellenie de Courtrai n'accorda rien, bien que le duc de Saxe ait tenté de lever sur elle 1 000 florins. Il semble donc que ses vigoureuses protestations auprès des autorités (*Handelingen…*, t. II, p. 632) aient suffi à les faire reculer.

104 AGR, CC, reg. 15732, compte de l'aide de 56 000 florins à la croix Saint-André, dont 30 000 pour les garnisons.
105 ADN, B 12436, fol. 2v, 2e compte d'Olivier du Buisson des aides de Hainaut.
106 *Ibid.*
107 AGR, CC, reg. 16602, 5e compte de Jacques du Marché des aides de Namur.
108 Robert WELLENS, *Les États Généraux des Pays-Bas…*, p. 228-234.
109 Léopold DEVILLERS, « Le Hainaut sous la régence de Maximilien. 1490-1495 »…, p. 470-472.
110 *Handelingen…*, t. I, p. 646-650.
111 *Ibid.*, p. 654-657.
112 AGR, CC, reg. 15732, compte de Jean van der Eyck de cette aide et de deux autres aides de 10 000 et 8 000 l., fol. 1r.
113 ADN, B 12436, fol. 2v-3r.

de Lille[114], 9 870 l. 3 s. pour la Zélande[115], 713 l. 4 s. pour Malines[116], ce qui semble correspondre à la totalité de leur quote-part, comme ce fut le cas pour le comté de Namur, dont la contribution de 1 159 l. apparaît aussi bien dans le registre de la recette générale des finances de 1493 que dans le compte des aides correspondant[117]. En revanche, on n'assigna que 4 779 l. 10 s. sur la Hollande[118], qui furent en réalité réglées sur d'autres aides, car les états du comté résistèrent longtemps, et il fallut attendre mars 1494 pour qu'un subside général soit accordé, englobant entre autres la part qu'aurait dû payer la Hollande pour les soldes des garnisons d'Arras et Saint-Omer[119]. La plus grande partie de cette aide générale a cependant été recouvrée, pour un total d'environ 77 000 livres (80% du montant accordé). Quant aux autres petits subsides, ils furent pour la plupart accordés par les principautés, mais en ordre très dispersé, selon des modalités différentes, et parfois avec des retards considérables[120]. Seule l'aide de 20 000 couronnes pour l'entretien de Marguerite ne fut nulle part accordée.

Les 77 000 l. étaient loin de couvrir l'intégralité des arriérés de solde des gens de guerre. Les capitaines négocièrent alors avec le duc de Saxe et le trésorier des guerres des indemnités forfaitaires. 59 décharges sur l'aide des 80 000 couronnes furent assignées en faveur de 29 capitaines entre le 16 juillet et le 22 octobre 1493[121], dont 44 décharges le 16 juillet, qui marque donc le début des opérations d'apurement des comptes du trésorier des guerres avec les capitaines bourguignons et allemands. Ces derniers évacuèrent Arras et Saint-Omer avec leurs hommes au début du mois de septembre. Ils étaient restés dix mois et dix jours, durant lesquels ils avaient dépouillé les habitants, fondu les ornements des églises, abattu le bois des forêts environnantes et vidé les celliers de l'évêque, des chanoines et de l'abbaye de Saint-

---

114 ADN, B 2146, fol. 43r et 66r.

115 *Ibid.*, fol. 49v-51r.

116 *Ibid.*, fol. 65v-66r.

117 *Ibid.*, fol. 54r et AGR, CC, reg. 16603, 4ᵉ compte de Jacques du Marché, de l'aide de 966 écus accordée pour la part du comté dans l'aide des 80 000 couronnes.

118 ADN, B 2146, fol. 47r-v. Une décharge de 394 l. 10 s. a été rendue et non reçue.

119 *Bronnen voor de geschiedenis der dagvaarten van de Staten en steden van Holland…*, p. 1202-1207 et NA, Chambre des comptes de La Haye, rek. 3401, 6ᵉ compte de Thomas Beuckelaere.

120 La Flandre accorda en 1493 1 600 florins sur les 6 000 assis sur les pays de par-deçà pour l'ambassade du comte de Nassau, mais pas sa part du défraiement de 22 000 écus d'or (voir annexe I, aides accordées par la Flandre, aide n° V) ; elle ne régla qu'en 1496 sa part des 30 000 l. du traité de L'Écluse (ADN, B 2145, n° 70028) ; le Brabant accorda en 1493 une aide de 56 000 florins dont 16 000 étaient destinés aux frais du traité de L'Écluse, et paya en 1494 et 1495 4 772 couronnes d'or pour sa part des 22 000 couronnes, ainsi qu'une aide de 8 000 l. pour l'entretien de Philippe (AGR, CC, reg. 15732) ; la Hollande et la Zélande accordèrent des aides générales de remplacement en 1494 (voir *supra*, pour la Hollande ; pour la Zélande, *Bronnen voor de geschiedenis der dagvaarten van de Staten van Zeeland…*, t. II, p. 539-542) ; le Hainaut et Valenciennes accordèrent 2 718 l. pour leur part des 40 000 couronnes (1494), ainsi que 600 l. pour leur part des 6 000 écus (1493), et le Hainaut 1 300 écus d'or sur les 22 000 (ADN, B 12436 et 12437) ; la châtellenie de Lille, Douai et Orchies n'accorda qu'une aide de 1 256 l. en 1494 pour l'entretien de l'archiduc (ADN, B 2148, fol. 36r) ; le comté de Namur accorda 200 florins sur les 6 000, ainsi que 1 000 l. pour l'entretien de l'archiduc et de sa sœur (AGR, CC, reg. 16601 et 16604).

121 Réparties sur toutes les principautés (ADN, B 2146, chapitre des aides, fol. 21r à 55v, et parties extraordinaires pour Malines (fol. 65v-66r)).

Vaast[122] : préfiguration septentrionale et à petite échelle de ce que serait le sac de Rome par les lansquenets impériaux, trente-cinq ans plus tard.

Les États généraux refusèrent d'accorder l'aide de 200 000 écus par an pendant trois ans pour l'hôtel de Philippe le Beau et le fonctionnement courant des organes centraux de l'État bourguignon, car ils souhaitaient désormais que leur jeune prince, âgé de dix-sept ans, puisse être émancipé de son père ; à travers lui, les Pays-Bas le seraient de la tutelle impériale. Après l'inauguration de Philippe le Beau et sa réception par toutes les villes et les assemblées représentatives de ses états, on pourrait procéder à l'état des lieux des finances publiques et entamer une réforme profonde. Maximilien donna son accord, car depuis la mort de son père Frédéric III le 19 août 1493, il présidait désormais aux destinées de l'Empire, et c'était alors vers l'Italie, menacée par les ambitions françaises, qu'il tournait ses regards[123]. On fixa les cérémonies d'investiture de Philippe le Beau à l'été suivant, en 1494. La mission d'Albert de Saxe touchait à sa fin. Les Pays-Bas étaient en paix, mais à quel prix ! *Ubi solitudinem faciunt, pacem appellant.*

---

122   Voir *infra*, p. 337 et suivantes.

123   Le 30 novembre 1493, il épousait par procuration Bianca Maria Sforza, sœur du duc de Milan et nièce de Ludovic le More, le vrai maître du duché.

Financer la guerre

Entre toutes les activités d'un prince, la guerre est de loin celle qui contribue le plus à déséquilibrer ses finances. La guerre est à coup sûr le défi le plus formidable auquel peuvent être confrontés les officiers en charge des deniers du prince. Les chapitres qui précèdent ont montré combien de peine éprouva Maximilien à assurer un financement qui fût à la fois sûr, régulier et suffisant pour mener à bien ses entreprises militaires. Nous l'avons vu se débattre au milieu de difficultés parfois insurmontables, assister impuissant à la débandade de troupes laissées trop longtemps sans solde, souscrire à des conditions fort peu avantageuses, voire humiliantes, pour convaincre villes et principautés de lui accorder quelques milliers de livres.

Lorsqu'on considère, non plus la guerre dans les finances du prince, mais le facteur financier dans la guerre, force est de constater que celui-ci est plus que jamais central, et qu'il est plus que jamais déterminant dans l'issue d'un conflit. En effet, en raison des faibles effectifs des armées du temps, et de la possibilité de recourir à des mercenaires, la démographie des puissances belligérantes n'a que peu d'importance. Que le royaume de France ait compté cinq ou six fois plus d'habitants que les Pays-Bas bourguignons n'avait de conséquences qu'indirectes, et, précisément, financières : le roi de France pouvait lever plusieurs millions de livres tournois sans imposer de sacrifices majeurs à sa population. De même, la technologie et les tactiques des principales puissances européennes étaient équivalentes, et ne pouvaient donner à aucune d'elle la prépondérance. Que manque l'argent, et voici une grande victoire, celle de Guinegatte, jetée aux orties ! Que les caisses soient vides et les perspectives de rentrées fiscales nulles, et voici Maximilien contraint d'accepter en Flandre un conseil de régence dont il est exclu. Que la pompe à finances soit réamorcée, et voici Maximilien défiler à la tête de ses lansquenets à Gand, et imposer sa loi aux plus turbulents de ses sujets.

Bien des coups de théâtre, parmi ceux qui se succédèrent à un rythme effréné durant ces quinze folles années, trouvent leur cause, ou une partie de leurs causes, dans les coffres de Maximilien. Au-delà des facteurs conjoncturels, coups du sort, succès militaires ou crises politiques, des causes plus profondes viennent expliquer le dénouement final, à savoir la victoire de Maximilien et Albert de Saxe. Car le fait essentiel n'est-il pas que malgré une pénurie de numéraire quasi permanente, malgré l'effondrement de 1488, ce fut bien l'impécunieux et brouillon monarque qui domina ses adversaires ? Capitaine honorable sans doute, courageux à l'évidence, Maximilien n'était en rien supérieur à un Philippe de Clèves ou à un maréchal de Crèvecœur, dont le sens politique et stratégique était certainement plus aiguisé. On ne saurait dire non plus que l'archiduc devenu roi fût très favorisé par la chance, au contraire : la mort accidentelle de Marie de Bourgogne, dans la fleur de sa jeunesse, alors qu'on attendait la disparition imminente d'un Louis XI valétudinaire, les minutes fatidiques qui décidèrent de sa capture par les Brugeois en 1488, les désastres de Saint-Aubin-du-Cormier et de Béthune, qui le privèrent de précieux capitaines ou alliés… Maximilien eut son lot de malheurs. C'est donc que le prince, ses officiers et ses capitaines parvinrent à s'accommoder de leurs difficultés financières, ou plus exactement à trouver des auxiliaires de substitution lorsque le lourd et fragile moteur de l'État de finance bourguignon était en panne, le plus souvent en raison d'aléas de nature politique. À partir de 1489/1490, se mit en place une nouvelle organisation militaire, plus adaptée aux contraintes financières. Cela ne se fit pas sans peine, ni sans tâtonnements, ni sans échecs.

Les chapitres qui suivent visent à explorer les deux problématiques majeures du financement de la guerre : d'une part accumuler de l'argent, du crédit ou des ressources en nature en grande quantité et dans les délais les plus brefs, et d'autre part, les utiliser au mieux, c'est-à-dire bâtir un système militaire adapté à ses moyens et définir en conséquence des objectifs stratégiques. Comment trouver des fonds, et comment les dépenser, telles seront les perspectives abordées successivement.

CHAPITRE 8

La part de la guerre (1477-1493)

Pour introduire ce parcours consacré au financement de la guerre, entre 1477 et 1493, on se propose en premier lieu d'apprécier de manière globale le poids des dépenses de guerre dans le budget central des Pays-Bas bourguignons. Cela nécessite au préalable d'appréhender le volume global des recettes, dans toute leur diversité, soit le domaine, les aides, subsides et compositions, et enfin les recettes extraordinaires. Les estimations obtenues livrent un certain nombre d'enseignements, qui portent sur l'ampleur de la mobilisation financière, d'une période sur l'autre, mais également sur l'emploi des ressources financières, ou encore l'efficacité relative de la dépense militaire. On peut ainsi distinguer deux régimes de financement de la guerre fondamentalement différents, selon que le prince dispose de toute latitude pour distribuer ses ressources pécuniaires comme il l'entend, ou qu'il doit au contraire se soumettre au contrôle des assemblées représentatives.

I. Les recettes centrales des Pays-Bas bourguignons entre 1477 et 1493

Rappel et précisions méthodologiques

Jusqu'à présent, nous avons étudié séparément les recettes tirées du domaine – en bloc et sur l'ensemble de la période – celles tirées des aides – par tranche chronologique, correspondant à des séquences politiques distinctes – tandis qu'il n'a été fait allusion aux recettes tirées des « parties extraordinaires » qu'à deux reprises, d'abord en lien avec le domaine, pour les rentes vendues entre 1477 et 1482, puis à l'occasion des manipulations monétaires de 1488-1489. Le temps est venu d'assembler les différentes pièces qui serviront à composer un tableau d'ensemble, en l'occurrence un triptyque.

Voici les principes directeurs suivis pour la reconstitution des recettes centrales des Pays-Bas bourguignons. Pour chaque année, on a additionné :

– Les recettes réelles tirées des aides, c'est-à-dire les sommes effectivement entrées dans les coffres des officiers de finance de Mari et Maximilien, y compris les prêts et les avances sur les recettes des années à venir. Elles ne correspondent donc pas à l'année de levée des aides sur les contribuables des Pays-Bas, mais à l'année effective de mise à disposition des fonds pour le prince. Par exemple, l'aide de 23 100 l. accordée par le Hainaut en 1486 a été levée les années suivantes, mais les états de Hainaut ont vendu des rentes afin de rassembler cette somme dès le mois de septembre 1486. Les 23 100 l. ont donc été portées en recette de l'année 1486. Logiquement, les aides levées par le conseil de régence en Flandre en 1483-1485 et en 1488-1489 n'ont pas été prises en compte dans notre reconstitution qui, si elle englobe les subsides levés par les assemblées représentatives pour leurs besoins propres, s'attache à donner une vision générale des finances publiques aux Pays-Bas du point de vue du prince. Afin de ne pas multiplier les catégories de recettes, on a compté les revenus tirés des compositions et amendes pécuniaires avec les aides, tant la différence entre les unes et les autres était parfois être ténue : à l'évidence, l'aide de 127 000 *ridders* par an pendant trois ans accordée à l'été 1485 après la soumission de la Flandre et les compositions du traité de Tours ressortissent exactement à la même catégorie de recettes. Sans doute aurait-on pu n'agréger aux aides que les compositions levées sur des principautés entières, et compter avec les recettes extraordinaires celles infligées aux villes, suivant en cela la règle le plus souvent appliquée par le receveur général. La simplicité avait cependant l'avantage d'éviter les cotes mal taillées : les amendes versées par les chef-villes de Brabant en 1489-1490 ont également été levées sur le plat pays de leur quartier.

L'exercice a évidemment ses limites. Il a pu nous échapper certains subsides, dont le receveur n'a pas eu l'entremise et qui n'ont pas été levés au profit du prince via le receveur général, mais à celui de certains grands seigneurs, de la duchesse douairière ou d'autres. Ce cas de figure ne concerne cependant que les principautés dont les comptes des aides sont lacunaires, et le montant de ces subsides complémentaires, lorsqu'on en a une vue exhaustive[1], est toujours accessoire. D'autres zones d'ombres ou de brouillards subsistent. On constate à maintes reprises que des villes ont accordé des dons ponctuels au prince, pour les motifs les plus variés, et il est peu probable que le receveur général en ait eu toujours connaissance. Par ailleurs, le coût des aides levées pour la guerre d'Utrecht a été très grossièrement estimé, tandis que celui des amendes et compositions accaparées par le duc de Saxe et ses lieutenants entre 1488 et 1492, dans le cadre de trafics d'influence avec les bancs échevinaux des villes et des châtellenies, nous échappe en grande partie. Ce n'est pas faute de sources ! Le dépouillement des comptes de la guerre d'Utrecht, conservés à La Haye, ainsi surtout que ceux des villes de Hollande, Zélande et Brabant aurait permis, et permettrait de lever bien des doutes… au prix de quelques années de travail supplémentaire. Le présent ouvrage repose sur le refus de l'idée que la surabondance de sources puisse interdire de proposer une estimation globale. S'il peut stimuler la recherche et susciter des études complémentaires invitant à corriger sensiblement certaines propositions, pour certaines principautés dans un certain contexte, il aura atteint son but.

–   Pour le domaine, ont été prises en comptes les assignations annuelles du receveur général des finances sur le domaine, dont on sait qu'elles peuvent correspondre à des recettes des années à venir. On en a toutefois soustrait les décharges

---

1   C'est le cas pour la Flandre, où les dépouillements croisés des comptes de villes et châtellenies ont permis de relever toutes les catégories de subsides, au-delà de ceux qui ont été accordés au prince (voir annexe I, tableau des aides et subsides accordés par la Flandre).

LA PART DE LA GUERRE (1477-1493)   275

finalement rendues et non reçues, de sorte que la marge d'erreur ainsi introduite est cependant faible : elle serait de l'ordre de 2 à 5% par an, dans le cadre d'une analyse à court terme, lorsque l'on compare les recettes d'une année sur l'autre[2]. Il faut cependant tenir compte, pour nos analyses qualitatives, des années de fortes tensions financières, en particulier 1479, au cours de laquelle on a très généreusement engagé les recettes des années suivantes, comme en 1482, 1486 et 1490, mais dans une bien moindre mesure.

– Pour les parties extraordinaires, qui correspondent dans leur écrasante majorité à des entrées d'argent immédiates, au prix de la réduction des recettes futures, on a repris le montant figurant dans les registres de la recette générale des finances, en en retranchant les deniers rendus et non reçus. Comme pour le domaine, on a donc assimilé année d'assignation et année de recette effective[3].

Le diagramme ainsi obtenu (diagramme n° 8) ne correspond pas exactement à ce qu'aurait été un budget de l'État bourguignon, mais plutôt à ce qu'on pourrait appeler *les recettes centrales des Pays-Bas bourguignons destinées à un usage public*. En effet, il exclut les recettes converties au profit des officiers locaux (baillis, prévôts, châtelains, capitaines de forteresse), ou des institutions provinciales (Chambres du conseil, chambres des comptes), qui figurent dans les recettes générales des différentes principautés. *A contrario*, il inclut non seulement le produit des impositions accordées au prince, à l'issue de négociations entre les assemblées représentatives et les commissaires de Marie et Maximilien, mais aussi les contributions levées de la propre initiative des principautés (avec l'autorisation du prince). Tel est le cas par exemple des navires armés pour la protection des pêcheurs de hareng, ou encore des dons accordés aux nobles et aux grands officiers pour leurs bons offices. En effet, ces gratifications ne sont pas autre chose que la déclinaison, au niveau local, du système des dons et pensions pratiqué par les ducs de Bourgogne. Les sommes accordées par les états pouvaient servir en effet à dédommager de grands personnages pour les frais qu'ils avaient engagés dans le cadre de leurs fonctions[4] ou de commissions

---

2 Compte tenu de ce que les recettes du domaine ne représentent que de 5 à 22% des revenus globaux de l'État bourguignon, et de ce qu'une nette majorité des décharges sur le domaine correspondent malgré tout à des assignations sur les recettes de l'année en cours (voir *supra*, chapitre 2).

3 Une grande partie des parties extraordinaires sont constituées par des avances accordées par les receveurs et les officiers de justice locaux. Les assignations correspondent alors à la programmation de leur remboursement, en général sur les recettes de leur office, tel le haut bailli d'Ypres, Josse de Corteville, qui se vit assigner le 22 novembre 1477 une somme de 100 l., à lever en quatre années sur les recettes des exploits de son office, pour le rembourser d'un prêt effectué au même moment (ADN, B 2115, fol. 28r). Il s'agit donc bien là d'une recette encaissée en 1477.

4 Ainsi, en 1491, le seigneur de Walhain, gouverneur et souverain bailli du comté de Namur, a dû avancer sur ses deniers personnels la somme de 680 l. à des gens de guerre, afin d'éviter qu'ils ne quittent leur garnison pour aller loger dans le plat pays, aux frais des habitants (AGR, CC, reg. 16599, 1er compte de Jacques du Marché des aides du comté de Namur). En 1487, 1488, 1491 et 1493, le gouverneur reçut, pour ses « grands services », pas moins de 2 600 l. en total cumulé, soit 12% du produit de tous les subsides accordés ces années-là (AGR, CC, reg. 15697 à 16603, comptes des aides de Namur).

ponctuelles[5], ou encore à rétribuer les services rendus, en intercédant en leur faveur[6] ou de toute autre manière. Ces rapports de clientèle participaient pleinement au bon fonctionnement de la machine d'État et au dialogue entre gouvernants et gouvernés[7]. Par ailleurs, l'argent ainsi donné continuait à circuler et à irriguer tant l'État que la société politique, sous forme de prêts consentis au prince, d'avances aux gens de guerre, ou d'achats de faveurs et de fidélités au sein des élites locales.

Enfin, avant d'analyser le diagramme obtenu, il convient de rappeler la perte des registres correspondant aux années 1478, 1483, 1485 et 1487 de la recette générale. Les conséquences en sont très limitées pour les aides et subsides, puisque l'on a eu recours à d'autres sources que la recette générale pour établir le montant effectivement levé et mis à la disposition du prince. En revanche, elles sont irréparables pour le domaine et les parties extraordinaires : il manque donc, pour ces années-là, une part importante des recettes, sans doute comprise entre 10 et 30%.

Des recettes volatiles et difficiles à prévoir

La structure des recettes a connu une évolution significative durant la crise de 1477-1493. Les années 1477-1482 offrent encore l'image d'un système financier relativement équilibré. En dépit d'incompréhensions réciproques et de fâcheries, Maximilien parvient alors à arracher aux assemblées représentatives des subsides importants, qui en 1479 ne sont pas loin d'atteindre le produit de l'aide de 500 000 *ridders* levée entre 1473 et 1476. Les recettes fiscales sont complétées par un domaine encore relativement robuste, et par les revenus complémentaires des parties extraordinaires, à hauteur de plus de 200 000 l. pour les années 1479-1481 : domaine et recettes extraordinaires représentent alors environ un tiers des recettes totales, et plus encore lorsque les relations avec les états se font plus difficiles. Après une période intermédiaire pour laquelle les chiffres sont plus incertains, en raison des lacunes de la recette générale, mais qui est à l'évidence déjà marquée par un net fléchissement des recettes domaniales, le constat est sans appel pour les années 1490-1493. Maximilien ne

---

5 Tel fut le cas de l'aide de 6 000 florins accordée par les États généraux des pays de par-deçà au comte de Nassau pour le rembourser des gratifications qu'il avait dû verser aux plénipotentiaires français, lors des négociations du traité de Senlis, afin de hâter la conclusion de la paix et le retour de Marguerite d'Autriche (voir *supra*, p. 267).

6 Ainsi, en novembre 1490, le gouverneur de Lille était parvenu, en compagnie de Jacques de Gondebault, secrétaire de Maximilien, et du seigneur d'Estrées, à faire déloger de la châtellenie les gens de guerre de la garde en leur versant de l'argent. Au printemps suivant, ces trois personnages reçurent 800 florins de récompense (400 pour le gouverneur, 200 pour chacun des deux autres) accordés par la châtellenie. Cette dépense relève donc à la fois du remboursement de frais de mission, de la rémunération d'un service rendu, et du financement de la guerre, puisque la garde n'étant plus soldée régulièrement, elle devait subsister au moyen d'expédients de ce type (AM Lille, reg. 16229, fol. 121r-v).

7 Willem Pieter BLOCKMANS, « Patronage, Brokerage and Corruption as Symptoms of Incipient State Formation in the Burgundian-Habsburg Netherlands », in *Klientelsysteme im Europa der frühen Neuzeit*, 1988, p. 117-126.

peut plus compter que sur les revenus fiscaux des aides accordées par les assemblées représentatives, ou à défaut sur les amendes infligées à ses sujets.

Ce qui frappe également, c'est la forte variation des revenus d'une année sur l'autre, et surtout l'absence de phénomènes de compensation. Les ressources du domaine et les parties extraordinaires sont les plus sollicitées lorsque les recettes fiscales sont au plus haut. Lorsque celles-ci s'effondrent, les autres sources de revenus chutent également. Maximilien et le collège directeur des finances abattent sur le tapis toute leur main, dès que la conjoncture est favorable. C'est en 1479 que le receveur général émet le plus de décharges sur le domaine, et en 1486 encore, alors que les financiers de Maximilien mettent littéralement la Flandre en coupe réglée, le total des assignations sur le domaine bondit également, quoique dans des limites plus étroites qu'auparavant. Ce n'est qu'en 1489 qu'une recette nouvelle, en l'occurrence la frappe de nouvelles espèces monétaires dévaluées, vient prendre le relais des autres sources de revenus qui se sont taries ; mais il s'agit là du plus désespéré des expédients ! Cette gestion à la hussarde montre bien que le premier des savoir-faire que l'on attend des officiers de finance de la fin du Moyen Âge est la capacité à collecter le maximum d'argent en un minimum de temps lorsque les circonstances l'exigent, sans souci du lendemain, bref, de « trouver l'argent dans la boîte à l'enchanteur », selon l'heureuse formule de Louis XI, reprise avec non moins de bonheur par Jean-François Lassalmonie. Ceci n'exclut en rien le souci d'administrer en bon père de famille les revenus du prince par temps calme, comme nous le verrons par la suite.

La mesure des recettes centrales des Pays-Bas en livres de 40 g. n'est pas suffisante, compte tenu de la forte variation de la valeur de la livre en or et en argent entre 1477 et 1493. Pour des travaux d'histoire économique portant sur la longue durée, la question de la pertinence de la conversion des monnaies de compte en équivalent or ou argent peut se poser. Ces deux métaux précieux sont en effet des marchandises, dont le cours varie en fonction de l'offre et de la demande ; ils ne constituent donc pas forcément un indicateur pertinent pour estimer le niveau des salaires ou le prix des denrées. Autrement dit, le cours de la livre correspond à des équilibres économiques généraux, et il est donc le plus souvent adapté à un contexte donné. Il saute aux yeux que ce n'est pas le cas entre 1485 et 1489, et qu'il existe bien, à l'échelle de notre période, un cours normal de la livre, et des cours excessivement bas ou trop élevés, susceptibles de fausser l'analyse. Ces derniers sont aisés à distinguer. N'étant pas viables à long ou moyen terme, ils sont très rapidement réformés : la livre de Flandre valant moins de 10 grammes d'argent ne dure pas plus d'un an (1488-1489), et la trop forte réévaluation de décembre 1489 est corrigée dès le printemps 1492. Il existe un cours « juste » de la livre de Flandre, en équilibre par rapport aux trois espaces monétaires voisins des Pays-Bas, soit l'Angleterre de la livre sterling et du noble d'or, la France de la livre tournois et de l'écu, et l'Empire, où règne en maître le florin du Rhin « à la forge des quatre électeurs » (Trêves, Cologne, Mayence, Palatinat). Ce cours tourne autour de 20/23 grammes d'argent fin ; il est en vigueur pendant la plus grande partie de la période (de 1477 à 1485, puis de 1493 à 1506), et équivaut à environ 2/2,25 grammes d'or fin. Dans le cadre du présent travail, il est donc absolument nécessaire de convertir recettes et dépenses en poids de métal précieux.

278 CHAPITRE 8

On a choisi l'argent[8], dans la mesure où le gros de Flandre, qui servait à étalonner la livre de 40 g., était une monnaie d'argent. De plus, le cours de l'or exprimé en argent est resté extrêmement stable au cours de la période étudiée.

Exprimées en poids de métal précieux, les recettes centrales des pays de pardeçà invitent à nuancer l'impression donnée par le diagramme précédent. Le pic de 1486 s'en trouve singulièrement réduit, et les recettes de 1490-1493 ragaillardies. Le diagramme n° 9 met toujours en évidence des moments de grande dépression financière, mais pour les resserrer dans le temps. Que l'on prenne comme unité de mesure la livre de Flandre ou le kilogramme d'argent fin, apparaît la singularité de la séquence 1485-1489, marquée par la hausse très importante des recettes fiscales en 1486, suivie par leur effondrement dès l'année suivante. Enfin, le volume des recettes n'est pas en soi une mesure infaillible de la puissance ou du succès du prince : les recettes fiscales de 1478, année de la reconquête du Hainaut, sont ainsi relativement modestes, et de peu supérieures à celles de 1487-1489, années de crise extrêmes.

La recette totale cumulée des parties extraordinaires, en 1479-1493 (hors 1483, 1485, 1487), s'élève à 870 000 l., soit 16,7 tonnes d'argent fin. Là aussi, que de disparités ! Les nombreuses défections des années 1477-1482 permirent à Marie et à Maximilien de confisquer pour 50 000 l. de biens appartenant à des rebelles ou aux nouveaux serviteurs de Louis XI. Encore s'agit-il là d'une recette toute relative, car une partie d'entre eux est redistribuée aux grands seigneurs restés fidèles à la maison de Bourgogne ou aux réfugiés venus de Bourgogne et de Franche-Comté. La guerre civile de 1488-1489 est de ce point de vue d'un très faible rapport. On y coupe beaucoup de têtes, mais la réconciliation passe par les abolitions générales et la restitution des biens appartenant aux rebelles venus faire amende honorable ; on a vu qu'il avait même fallu garantir la pension de Philippe de Clèves pour que celui-ci acceptât de rendre L'Écluse au duc de Saxe. La plus ordinaire des parties extraordinaires est sans aucun doute l'emprunt sous toutes ses formes, qui représente 375 000 l., pour 6,8 tonnes d'argent fin. La plus grande partie d'entre eux (205 000 l. et 4,4 tonnes d'argent) fut encaissée entre 1477 et 1482 ; elle provenait des émissions de rentes sur le domaine et des prêts des officiers de justice et de finance, à rembourser sur les revenus du domaine. On a vu qu'il fallait y voir l'une des causes de la chute des recettes domaniales à court, moyen et long terme. Aussi cette source s'est-elle rapidement tarie, avant que la crise de 1488-1489 n'oblige le pouvoir central à y recourir massivement (120 000 l. et 1,3 tonne d'argent en 1488-1489). On a déjà évoqué les mutations monétaires ordonnées au même moment (100 000 l. pour 1,3 tonne d'argent)[9].

À côté de ces principaux postes de recettes, les autres sont négligeables, d'une très grande variété, et d'un montant très aléatoire. Même le droit versé pour le scellement des actes expédiés par la chancellerie, dont on attendrait une certaine régularité,

---

8 Valeur de la livre de 40 g. établie à partir des données recueillies par Erik AERTS et Herman VAN DER WEE, *Vlaams-Brabantse muntstatistieken 1300-1506*, t. I, *De aanmuntingsgegevens van de zilvermunten*, Louvain, 1980.

9 La variation du cours de la livre explique que 120 000 l. tirées des emprunts, principalement en 1489, représentent le même poids de métal précieux que 100 000 l. tirées des mutations monétaires, principalement en 1488, lorsque le cours était plus élevé.

varie de 0 à 3 300 l., pour s'inscrire le plus souvent dans une fourchette comprise entre 500 l. et 2 000 livres[10]. L'une des recettes les plus régulières est la « censive des compagnons tenant table de prêt », soit le droit payé par les prêteurs sur gage, pour exercer leur lucrative activité, qui rapportait au trésor des ducs de Bourgogne de l'ordre de 4 000 à 10 000 l. par an, avec là aussi de fortes variations, qui s'expliquent par les fréquentes anticipations exigées de ces « juifs métaphoriques[11] ». Les prêteurs sur gages avancèrent ainsi plus de 12 000 l. en 1486, en plus de leur censive de l'année courante, soit 7 531 l. En 1488, ils versèrent plus de 10 000 l., mais moins de 800 l. l'année suivante. S'ajoutaient à ces recettes modestes, variables, mais presque toujours présentes d'une année sur l'autre, toutes sortes de revenus additionnels : les restes dus par les officiers de recette lorsque leur dernier compte, à la cessation de leurs fonctions, affichait un excédent ; les « achoppements » de gages, quand le prince ordonnait un réduction des gages versés à ses officiers, pratique fort rare, attestée à une bien modeste échelle en 1479 (2 665 l. de recettes) et en 1480 (264 l.) ; les successions de suicidés ou de bâtards ; quelques droits féodaux (mainmorte, quint et requint, etc.), qui n'apparaissent dans la recette générale que par exception ; la fonte de vaisselle ducale, pratiquée à grande échelle à deux reprises seulement[12] ; et enfin l'argent venu des « coffres du roi ». Entre 1477 et 1493, le total cumulé de toutes ces recettes connut également une forte diminution, passant d'une moyenne annuelle de 42 500 l. entre 1479 et 1482 à 13 000 l. entre 1488 et 1493. Cette forte baisse n'est évidemment pas le fait du hasard. Sans doute est-il permis de supposer que Maximilien avait sollicité de nombreuses avances auprès des officiers locaux qui percevaient ce type de recettes, et que les remboursements l'emportèrent nettement sur les nouvelles avances à partir de 1488.

Un attelage dominateur et erratique : la Flandre, le Brabant et la Hollande/ Zélande

L'analyse par principauté ou district des aides et subsides accordés entre 1477 et 1493, estimés en poids d'argent fin (diagramme n° 5), montre que si le total des recettes fiscales engrangées varie moins que ce que donnaient à penser les recettes mesurées en livres de 40 g., il cache d'énormes disparités à l'intérieur des Pays-Bas. En effet, sur dix-sept exercices financiers, à onze reprises, le total des recettes fiscales annuelles est compris, en poids d'argent fin, entre 60% et 91% de l'aide de 500 000 *ridders* de 1473-1476, soit une performance très honorable, compte tenu des pertes territoriales et de la dépression économique survenues en 1477. Pourtant, de 1477

---

10 3 300 l. 18 s. en 1490, rien du tout en 1486, alors que le niveau des recettes extraordinaires était très élevé, 144 l. 10 d. 6 d. en 1488, mais 1 067 l. 18 s. 6 d. en 1489, alors que la situation politique était tout aussi troublée.

11 Myriam GREILSAMMER, *L'usurier chrétien, un juif métaphorique ? Histoire de l'exclusion des prêteurs lombards, XIIIe-XVIIe siècle*, Rennes, Presses universitaires de Rennes, « Histoire », 2012. Leurs activités furent interdites en 1618, et les usuriers lombards durent laisser leur place aux monts-de-piété.

12 En 1477, près de 20 000 l. pour la solde du premier mois des nouvelles ordonnances (voir *supra*, p. 141), en 1482, 5 008 l. pour financer les obsèques de Marie de Bourgogne (ADN, B 2127, fol. 54r).

à 1480, en 1485-1487, puis en 1490-1493, la Flandre et le Brabant fournissent à eux seuls l'écrasante majorité des revenus fiscaux, et même des recettes générales. Une année sur trois en moyenne, les receveurs des impôts ont collecté sur les Flamands de 4,8 tonnes à 7,9 tonnes d'argent fin, alors que la part prise par la Flandre à l'aide de 500 000 *ridders* en 1472-1476 était de 3,7 tonnes d'argent par an. En 1482-1485, le centre de gravité des finances de Maximilien bascule brutalement vers le nord et l'est, après la paix d'Arras et alors que s'intensifient les opérations contre Utrecht et Liège.

Les phénomènes de compensation, qu'on n'a pas pu déceler dans l'analyse générale des recettes totales, sont également absents des aides et subsides, car si le Brabant et la Hollande contribuent davantage en 1482-1483, ce fut pour mener à bien des entreprises militaires auxquelles les deux principautés étaient directement intéressées, sans que Maximilien pût en distraire quoi que ce soit pour sa caisse personnelle ou celle du receveur général. Ce n'est qu'en 1485, de manière très claire, et en 1488-1489, dans des proportions moindres, que la Hollande et surtout le Brabant ont réellement contribué à sauver l'unité des Pays-Bas en palliant les défaillances de la Flandre. Ainsi, dans un contexte général où la solidarité entre principautés est très faible, et où les autorités ne sont pas en mesure d'imposer une direction gouvernementale réellement commune avant 1492, le Brabant apparaît comme le pivot, non seulement géographique, mais aussi financier et fiscal, des Pays-Bas bourguignons. Bien qu'il se situât assez loin derrière la Flandre et le complexe Hollande/Zélande par la recette cumulée totale (41 tonnes d'argent prélevées sur le Brabant entre 1477 et 1493, 61 tonnes sur la Flandre, 59 tonnes sur la Hollande/Zélande), le duché fut un contributeur beaucoup plus régulier, qui apporta une aide décisive aux moments de crise les plus graves. Le produit des aides et subsides de Flandre, Brabant, Hollande et Zélande représente 161 tonnes sur 174 tonnes pour l'ensemble des pays de par-deçà, soit une quote-part de 92,5%, nettement supérieure, donc, à leur assiette de l'aide de 500 000 *ridders*, pourtant déjà considérable (75,7%). La Flandre fournit à elle seule 35% des recettes fiscales levées aux Pays-Bas bourguignons entre 1477 et 1493 (23,5% pour le Brabant, 34% pour la Hollande et la Zélande). À partir de 1492-1493, conséquence de la victoire d'Albert de Saxe et de la reconstitution de l'unité politique des Pays-Bas bourguignons, le fardeau fiscal, équivalant à un peu moins de 71% du montant de l'aide de 500 000 *ridders* (10 tonnes d'argent fin par an en 1491-1493, 14 tonnes par an en 1473-1476) est à nouveau réparti de manière relativement équitable entre les principautés.

II.   La guerre : une pesée globale (1477-1493)

Méthodologie

Les registres du receveur général sont encore plus trompeurs pour le budget de la guerre que pour les recettes totales, puisque la plupart des aides et subsides administrés directement par les assemblées représentatives avaient précisément pour objet le financement de la guerre. Ainsi, pour l'année 1479, les décharges assignées au profit du trésorier des guerres Louis Quarré (44 843 l. 4 s. 8 d.)[13] et du receveur de l'artillerie (6 768 l. 16 s.)[14], représentent à peine plus de 10% de la dépense totale enregistrée par le receveur général (451 000 l.), qui ne représente elle-même qu'un peu plus de la moitié des dépenses totales engagées cette année-là par le duc et les pays de par-deçà. Même les sommes attribuées au prince d'Orange pour prolonger la résistance de la Franche-Comté (54 200 l.)[15] dépassent les très maigres ressources laissées au trésorier des guerres, soigneusement tenu à l'écart par les assemblées représentatives. Pendant ce temps, les commis nommés par les Membres de Flandre et les états de Brabant maniaient des fonds dix fois plus importants pour le paiement des gens de guerre qui affrontèrent les Français en Artois et en Cambrésis. Pour donner une estimation fidèle des dépenses de guerre, entre 1477 et 1493, il faut donc ajouter aux assignations attribuées au trésorier des guerres et au receveur de l'artillerie les aides et subsides levés par les assemblées représentatives – en prenant garde cependant d'en soustraire les restes abandonnés au trésorier des guerres. Outre le trésorier des guerres et le receveur de l'artillerie, d'autres officiers ont eu dans leurs attributions le paiement de gens de guerre[16].

Lorsque la perte conjuguée des comptes des aides et des registres de la recette générale nous interdit de connaître le détail des dépenses de subsides attestés par ailleurs, nous avons estimé leur usage à partir des exemples disponibles. Il convenait en effet d'appliquer un traitement différent aux aides dont le prince disposait librement du produit, et aux aides administrées par les assemblées représentatives, dont le produit servait exclusivement à leur objet, c'est-à-dire le paiement de gens de guerre. Dans le premier cas, une partie importante de l'argent collecté servait à d'autres usages que le financement de la guerre. Ainsi, l'aide de 108 400 couronnes accordée par le Brabant en 1478, dont le revenu net s'est élevé à un peu moins de

---

13 ADN, B 2118, fol. 85v-87v.

14 *Ibid.*, fol. 87v-88r.

15 *Ibid.*, fol. 89r-90r.

16 En 1480, Jean Fax, secrétaire de Maximilien, chargé de faire *la plus grant finance que faire pourroit pour l'excercite de la guerre*, reçut pour 32 000 l. d'assignations pour le remboursement desdits emprunts, dont on ignore l'usage précis (ADN, B 2121, fol. 84r-85r). On a ajouté cette somme aux dépenses de guerre, de même que les assignations en faveur d'André Andries, commis au paiement des Allemands (*ibid.*, fol. 75v-82r). En 1481, André Andries était à la fois commis au paiement des Allemands en service en Gueldre, et maître de la Chambre aux deniers de Maximilien. On ne peut donc distinguer avec précision les dépenses relevant de ces deux postes, parmi les 76 057 l. 19 s. 6 d. à lui assignées (ADN, B 2124, fol. 61v-65r). On a arbitrairement divisé cette somme par deux, ce qui correspond à peu près à la répartition moyenne constatée en 1480 et 1482. En 1480 en effet, Gérard de la Roche, maître de la Chambre aux deniers de Maximilien, reçut 31 282 l. 3 s. 3 d. pour son office et André Andries 58 159 l. 12 s. pour le paiement des Allemands (ADN, B 2121, fol. 71v-82r) ; en 1482, André Audries occupait toujours les deux offices, mais ceux-ci font l'objet de deux chapitres séparés, dont 41 747 l. 16 s. 1 d. pour la Chambre aux deniers et 28 561 l. 7 s. 7 d. pour le paiement des Allemands (ADN, B 2127, fol. 64-v-65v, 69v-71v). En 1481, Jean Fax bénéficie de 4 400 l. d'assignations (ADN, B 2124, fol. 67v), et en 1482, de 4 560 l. (ADN, B 2127, fol. 72v). En 1492, Jean du Loo était commis au paiement de l'armée chargée d'assiéger L'Écluse. 36 000 l. furent assignées en sa faveur (ADN, B 2144, fol. 71r).

125 000 l. de 40 g., devait servir à la guerre contre la France[17]. En réalité, 70 000 l. ont bien été employées au profit du trésorier des guerres, du receveur de l'artillerie et pour diverses dépenses de défense, mais le reste, soit 55 000 l., fut utilisé pour l'hôtel du prince, les dons et pensions, les messageries. Pour chacune des aides dont on ignore l'usage qui en a été fait, a été appliqué un ratio tenant compte du contexte[18]. Quant aux aides administrées par les organes représentatifs, leur produit net, soit le montant accordé dont on a soustrait les rabais, défauts et frais administratifs, a été entièrement pris en compte[19].

En outre, il a fallu redresser les chiffres apparaissant dans la recette générale des finances. D'une part, les lettres de recette du trésorier des guerres et du receveur de l'artillerie peuvent, comme les assignations, être rendues et non reçues[20]. Compte tenu de la complexité du système des assignations, une décharge peut très bien être rendue et non reçue en recette, mais correspondre à une vraie recette pour le trésorier des guerres. Voici Roland Le Fèvre, qui en 1488, prête 9 000 l. au trésorier des guerres. Il reçoit en échange, pour son remboursement, une assignation sur les recettes de deux tonlieux hollandais. Cette décharge a été portée en deniers rendus et non reçus[21], car Roland Le Fèvre n'a finalement rien pu tirer des receveurs de ces tonlieux. Il n'en demeure pas moins qu'il a bien avancé cette somme au trésorier des guerres, qui l'a utilisée pour son office. Ce cas de figure est très fréquent, car le trésorier des guerres a bénéficié d'un grand nombre de prêts et d'avances, dont le remboursement s'est fait avec beaucoup de retard. Nous avons donc soustrait des

---

17 AGR, CC, reg. 15729, compte des aides accordées en 1478, aide de 108 400 couronnes.

18 En 1478, pour l'aide de 127 000 *ridders* levée en Flandre, dont le receveur général a disposé entièrement, et dont le rapport a dû s'élever à 140 000 l. environ (voir annexe I, aides de Flandre, aide n° 3), ainsi que pour l'aide ordinaire de Zélande, soit 28 000 l., on a appliqué le même ratio que celui attesté pour le Brabant, soit environ 60% pour la guerre. On y a jouté 20 000 l. pour les avances accordées par les villes de Hollande. En 1485, il subsiste pour 56 000 l. d'assignations sur les aides de Flandre (ADN, B 2132, n° 69338 à 69360), sur environ 185 000 l. assignées cette année-là sur l'aide de 127 000 *ridders* par an pendant trois ans (total déduit par soustraction des décharges assignées ultérieurement sur cette aide). La plus grande partie des décharges assignées sur le terme de Noël 1485 ont été émises au profit de l'argentier et du trésorier des guerres, tandis que les assignations sur les termes postérieurs ont été principalement affectées au remboursement des marchands qui avaient prêté d'importantes sommes d'argent. Nous avons donc appliqué un ratio de 75% au terme levé à Noël 1485 de l'aide de 127 000 *ridders*, ainsi qu'à l'aide ordinaire de Zélande (toujours 20 000 l.). Aux aides levées en Flandre en 1487, on a appliqué le même ratio qu'en 1478, année comparable (guerre contre la France, situation financière tendue), soit 60%.

19 Ces aides sont toutes listées et référencées dans l'annexe II, tableaux synthétiques des aides accordées par les principautés.

20 1 998 l. en 1481 (ADN, B 2124, fol. 30r), 4 509 l. 17 s. en 1482 (ADN, B 2127, 32v, 35v, 37v, 38r, 40r), 16 078 l. en 1486 (ADN, B 2130, fol. 29r-v, 31v-32r, 42r, 48r, 49v, 53r-v, 61r, 80r), 24 725 l. en 1488 (B 2136, fol. 17r, 22v, 29r, 31v-32r), 2 500 l. en 1489 (ADN, 2138, fol. 33r), 7 000 l. en 1490 (ADN, 2140, fol. 47v), 21 987 l. 18 s. en 1491 (ADN, B 2142, fol. 31r, 51r, 78v-79r), 6 111 l. 12 s. en 1492 (ADN, B 2144, fol. 25r-v, 29v, 31v, 33r, 37v-38v), 22 017 l. 11 s. en 1493 (ADN, B 2146, fol. 26v, 27v, 30v, 32r-v, 33r, 34v-35v, 46r, 47r, 51r, 63v-64r).

21 Assignation du 31 janvier 1488, sur les tonlieux de Gouda et *Speraendam*, mise en deniers rendus et non reçus au 12ᵉ compte de Louis Quarré (ADN, B 2136, fol. 37r). On la retrouve dans le même registre, en dépense, parmi les recettes de Louis Quarré (ADN, B 2136, fol. 59r).

lettres de recette du trésorier des guerres uniquement les décharges rendues et non reçues dans le compte du receveur général, *et* dont rien ne laisse supposer qu'elles correspondent à un prêt ou à une avance.

D'autre part, le trésorier des guerres est sans doute de tous les officiers de finance celui dont les fonctions ont été les plus difficiles – Alard Coopman, trésorier des guerres entre 1485 et 1497, n'a d'ailleurs jamais rendu de compte à la Chambre de Lille[22]. De très nombreuses assignations ont été émises plusieurs années après la liquidation de certaines dépenses, pour régulariser sur le plan comptable des opérations exécutées dans l'urgence. Celles-ci portent parfois sur des sommes très considérables[23]. Le registre de l'année 1491 a nécessité de très importantes corrections, amenant à réduire de plus de la moitié les dépenses de guerre de cette année, au profit des exercices antérieurs, particulièrement ceux de 1486, 1488 et 1489. Le résultat de ce travail de sélection et de soustraction de décharges rendues et non reçues, et de redistribution de décharges inscrites dans un registre postérieur à l'exécution réelle des dépenses, aboutit aux diagrammes n° 10 à 12. Encore ne s'agit-là que d'un minimum, car de nombreuses décharges figurent dans d'autres chapitres de dépenses que ceux du trésorier des guerres ou du receveur de l'artillerie. Tel est le cas par exemple des appointements accordés aux grands seigneurs, en compensation de leurs investissements personnels pour l'entretien de garnisons ou de compagnies de gens de guerre[24], ou encore les dons accordés à des capitaines ou à de simples gens de guerre pour les aider à payer leur rançon[25]. De même, de nombreux remboursements de prêts accordés au prince pour la conduite de la guerre figurent dans la rubrique des « paiements faits par mandement particulier » ou « en l'acquit de mond. seigneur »[26]. Enfin, le chapitre

---

22 ADN, B 3540, n° 125846, 9 septembre 1507 : copie sur papier d'une sentence rendue par la Chambre des comptes de Lille, non authentifiée.

23 11 898 l. 12 s. assignées en 1485, inscrites dans le registre de 1486 (ADN, B 2133, fol. 86r-v, 88r), 2 920 l. assignées en 1488, inscrites dans le registre de 1489 (ADN, B 2138, fol. 92r), 2 545 l. 3 s. assignées en 1488, inscrites dans le registre de 1490 (ADN, B 2140, fol. 129r), 6 102 l. 8 s. assignées en 1490, mais correspondant à une dépense de 1488 (*ibid.*, fol. 130v), 145 246 l. assignées en 1490 et 1491, inscrites dans le registre de 1491, correspondant à des dépenses de 1489 (ADN, B 4183, compte des aides du *Westquartier* en 1488-1489, et ADN, B 2144, fol. 89r-v, 93v), 78 552 l. 11 s. 6 d. inscrites dans le registre de 1491, correspondant à dix décharges sur les aides de Brabant pour des dépenses antérieures (ADN, B 2144, fol. 89v pour la lettre de recette, et *ibid.*, 29v-31r et 32v-33r pour les décharges), 1 133 l. 18 s. 6 d. assignées en 1491, correspondant à une dépense de 1485 (*ibid.*, fol. 92r-v).

24 Ainsi, en 1479, Thierry de Borsset, chevalier, conseiller et chambellan, ancien sénéchal de Limbourg, recevait 1 000 l., pour sa *parpaye* de 2 000 l. accordées par Philippe le Bon, appointées avec lui pour *certain nombre de gens de guerre par lui entretenuz* en Limbourg pendant la guerre de Liège de 1465. Cette partie figure dans le chapitre des *deniers paiéz en l'acquit de mesd. seigneur et dame* (ADN, B 2118, fol. 367v-368v).

25 Ainsi, en 1479, Jean de Fontettes, écuyer échanson, capturé à la bataille de Guinegatte, recevait 70 l. pour l'aider à payer sa rançon (ADN, B 2118, fol. 292v, chapitre des dons et récompenses extraordinaires).

26 Ainsi, en 1482, pas moins de 44 000 l., en faveur de Tommaso Portinari, qui avait prêté cette somme à Charles le Téméraire et à Maximilien, et s'était vu accorder, le 24 juillet 1474, une assignation de 24 000 l. sur la recette du tonlieu de Gravelines des années 1477 et 1478, puis, le 4 mars 1478, une décharge de 10 000 l. sur le terme de Noël 1478 des aides de Flandre et, le même jour, une décharge de 10 000 l. sur les aides de Hollande, dont aucune n'avait pu sortir effet (ADN, B 2127, fol. 286v). Des

des deniers rendus et non reçus comprend de nombreuses réassignations destinées à régler des décharges passées correspondant à des dépenses de guerre[27]. En dépit des réserves indiquées sur le coût de la reconquête de la Gueldre en 1479-1481, de la guerre d'Utrecht, en 1481-1483, et sur l'ampleur des prélèvements à la source opérés par le duc de Saxe et ses lieutenants en 1488-1491, nous espérons que la marge d'erreur ne dépasse pas les 10 à 20% dans les pires des cas, et surtout qu'elle ne remet pas en cause l'ordre de grandeur proposé.

La guerre de 1477 à 1493 : deux régimes politiques et financiers concurrents

La conversion des dépenses de guerre en poids d'argent fin est riche d'enseignements. On constate tout d'abord avec étonnement que les charges militaires furent plus élevées en 1477, année de confusion, de chaos et de défaite, qu'en 1486, année paroxystique sur le plan fiscal en Flandre, alors que jamais l'autorité de Maximilien n'avait été aussi forte, et qu'il avait repris la guerre contre la France. La campagne de Guinegatte, en revanche, conforte sa première place sur le podium des campagnes les plus coûteuses : près de 12,5 tonnes d'argent furent employées à la défense des Pays-Bas bourguignons en 1479, alors que les opérations de 1486 ne mobilisèrent pas plus de 7,3 tonnes, soit à peine plus que le budget annuel moyen de la guerre en 1477-1493, qui s'élève à 5,8 tonnes. On constate que trois des années les plus coûteuses, soit respectivement 1479, 1482 et 1486, furent aussi les plus décevantes sur le plan stratégique. En 1479, la gloire de Guinegatte ne peut masquer l'échec total de la reconquête de l'Artois ; en 1482, les Français s'emparaient d'Aire-sur-la-Lys et imposaient la paix d'Arras ; en 1486, malgré la prise de Thérouanne, Maximilien échouait une nouvelle fois en Artois. Au contraire, les millésimes les plus favorables à la cause de la maison de Valois/Habsbourg s'inscrivent parfaitement dans la moyenne : 5,9 tonnes en 1478, pour la libération du Hainaut et la neutralisation de Tournai et de Cambrai, 7 tonnes en 1492, pour la soumission de Gand, la paix avec Philippe de Clèves et la reprise d'Arras.

Il est un point commun à ces succès. Dans les deux cas, Maximilien et Albert de Saxe étaient soutenus par les États généraux et les assemblées représentatives des principautés des pays de par-deçà. En 1492, le duc de Saxe avait l'entière maîtrise du système fiscal ; en 1478, l'organisation était mixte, puisqu'en plus de l'aide ordinaire qui courait en Flandre et en Brabant, les Membres de Flandre avaient accordé un subside complémentaire, levé et distribué par une commission temporaire, mais avec un net avantage à Maximilien, qui décida cette année-là de l'attribution de 70% des

---

capitaines se faisaient rembourser leurs avances : le 24 décembre 1492, on accordait, par mandement particulier, 2 000 l. à Jean de Salazar, seigneur de Saint-Martin, pour *les frais et despens par lui fais et soustenuz par ordonnance de mond. seigneur de Zaxen pour avoir fait faire et edifier tout neuf en la ville de Hulst ou il avoit par ci-devant et durant les guerres qui en Flandre ont regné esté capitaine, en la partie du costé de la ville de Gand, ung bollewerc et certain fort […] en quoy il a certiffié et affermé en sa conscience avoir frayé la somme de 2 400 l. dite monnoie et plus* (ADN, B 2144, fol. 198r).

27 Ainsi, une décharge de 200 l., en date du 14 juin 1488, au profit du trésorier des guerres pour la solde des gens de guerre de Charles de Saveuse, est réassignée en 1490 (ADN, B 2140, fol. 145v-146r).

crédits militaires. *A contrario*, on constate que plus les assemblées représentatives prennent l'ascendant sur le prince, en matière fiscale et militaire, plus les résultats sont médiocres : une victoire à la Pyrrhus en 1479, lorsque Maximilien, à défaut de contrôler l'administration des aides, est reconnu comme le chef incontesté de l'armée des Pays-Bas, un grave revers, en 1482, lorsque Maximilien peine à coordonner les initiatives locales, et un désastre épouvantable, en 1477, lorsque les États généraux ont tout pouvoir pour mettre en œuvre leurs idéaux politiques.

Lorsque l'on compare à présent les dépenses de guerre avec le volume total des recettes centrales des Pays-Bas bourguignons – opération qui a l'avantage de mettre en balance les recettes réelles avec des dépenses dont l'exécution ne souffrait pas de retard – on observe la part prépondérante de la guerre, qui s'adjuge plus de 51% des recettes, soit 99,5 tonnes d'argent sur 195 tonnes prélevées entre 1477 et 1493. Ce fait, guère surprenant, ne ressort pourtant absolument pas d'une analyse cantonnée aux registres de la recette générale, où la moyenne des lettres de recette en faveur du trésorier des guerres et du receveur de l'artillerie ne dépasse pas 36%. Le registre de 1486, dans lequel les dépenses de guerre représentent 47% de la dépense totale, apparaît comme l'un de ceux pour lesquels le fardeau de la guerre a été le plus lourd, tandis que dans le registre de 1479, celui-ci ne représente que 32% des dépenses. La prise en compte des aides et subsides accordés pour la guerre et administrés par les assemblées représentatives fait au contraire de 1486 une année conforme à la moyenne (50,4%), alors que les dépenses militaires consomment plus de 63% des recettes en 1479.

La gestion directe des aides et subsides par les organes représentatifs se traduit donc par un meilleur contrôle des deniers publics, c'est évident. Ce qui l'est moins, sans nous surprendre tout à fait, est la difficulté de Maximilien à prioriser ses dépenses. Ainsi, en dépit des recettes très considérables dégagées en 1486, et alors que la guerre avec la France venait de reprendre, il ne parvint même pas à consacrer aux opérations militaires plus d'argent qu'en 1477. Nous avons là un premier élément pour expliquer l'échec de la reconquête de l'Artois en 1486. De même, l'analyse de la macro-politique financière de Maximilien en 1480 appelle à corriger l'impression donnée par le récit des négociations conduites avec les assemblées représentatives, extrêmement difficiles, puisque la levée des aides et subsides fut presque totalement interrompue après la signature de la trêve de Notre-Dame-d'Esquerchin. En réalité, en raison de la bonne tenue des revenus du domaine et du complément apporté par les emprunts et d'autres recettes extraordinaires, le montant total prélevé cette année-là sur les pays de par-deçà s'est avéré très conséquent. Avec 13,6 tonnes d'argent entrées dans les caisses de l'État ou des assemblées représentatives, l'exercice 1480 vient en effet en cinquième position par le volume total des recettes. L'incapacité de Maximilien à mobiliser pour la guerre plus de 51% de ses ressources eut des conséquences tragiques. À l'automne, la campagne contre les barons rebelles luxembourgeois s'achevait dans la confusion que l'on sait, et Maximilien était contraint de massacrer ses propres mercenaires suisses mutinés à Luxembourg, tandis que des centaines de gens de guerre débandés pillaient les campagnes de Brabant et du Namurois.

Pourtant, malgré cela, force est de constater que l'intervention personnelle de Maximilien en tant que chef de guerre a souvent été couronnée de succès, que ce soit face à la redoutable armée française, en 1479, ou face aux rebelles de Hollande, de Gueldre et de Flandre. Il est manifeste que ce n'est que lorsque la direction de la guerre est unifiée, et tenue d'une main ferme par Maximilien ou par Albert de Saxe, que les succès sont au rendez-vous, même si l'unité de commandement n'est évidemment pas une garantie absolue de victoire. Ainsi, il se dégage une règle assez générale. Dans un modèle politique où dominent les assemblées représentatives, la mobilisation des moyens financiers pour la guerre est plus importante, à la fois dans l'absolu, par le volume d'argent prélevé sur la richesse produite, et dans le relatif, par la part plus importante dévolue à la guerre dans la dépense globale. En revanche, dans un modèle où le prince exerce le pouvoir sans partage, le moindre volume des moyens financiers affectés à la guerre est compensé par une efficacité militaire et stratégique très supérieure.

Sans doute pourrait-on faire observer que la part dévolue à la guerre, même réévaluée après corrections à 51% des recettes totales, n'est pas absolument écrasante, compte tenu des extraordinaires difficultés militaires auxquelles fut confronté Maximilien. On verra dans les chapitres qui suivent que le coût caché ou indirect de la guerre est en réalité très important, tout particulièrement lorsque le prince peut s'affranchir du contrôle des assemblées représentatives. En effet, lorsque manque l'argent pour payer les soldats, une initiative plus grande est laissée aux capitaines, qui mobilisent leur fortune ou leur crédit personnel, et favorisent la mise en place d'un système de réquisitions et de contributions de guerre extra-légales sur les habitants. On ne saurait en effet considérer que la guerre civile de 1488-1489 n'a coûté, pour les Pays-Bas, que les 6,5 tonnes d'argent versées par les principautés (Hollande non comprise, en raison de la spécificité de ce théâtre d'opérations) et le receveur général aux gens de guerre pendant ces deux années, alors qu'elle a été un désastre économique et démographique majeur. Au-delà des destructions, des pillages et des extorsions de fonds, les capitaines se sont vu accorder de très nombreux forfaits pour les arriérés de solde jusqu'en 1497. Enfin, les dons et pensions reçus par beaucoup d'entre eux résultent de la conversion des services rendus à la guerre en faveur princière, elle-même transformée en avantages pécuniaires à moyen et long terme. Dit autrement, le système politique de Maximilien repose sur une minimisation du coût direct de la guerre pour les finances de l'État bourguignon, son étalement dans le temps et son transfert vers d'autres postes de dépenses.

CHAPITRE 9

Financer la guerre

Négocier avec les assemblées représentatives

Dès les premiers jours de la crise ouverte en 1477, la perte de la moitié du domaine et le coût proprement colossal de la guerre contre la France placèrent Marie de Bourgogne et Maximilien d'Autriche dans une situation de grande dépendance à l'égard des assemblées représentatives. En portant le fer et le feu en plein cœur des Pays-Bas bourguignons, Louis XI avait fait d'un grand nombre de villes et de districts des pays de frontières, des marches militaires qui ne pouvaient plus contribuer à l'effort commun, tant elles étaient absorbées par leur propre défense. La mort de Charles le Téméraire intervenait au plus mauvais moment, puisqu'elle brisait net la marche forcée vers un État véritablement moderne que le duc avait lancée en 1472-1474, alors que la contestation était la plus forte, et les résultats obtenus les plus fragiles. Le rôle d'instance centrale de coordination dévolu aux États généraux, cette si jeune institution, était encore mal reconnu. Désormais, il n'était plus question d'accorder au prince des aides pluriannuelles. La restauration partielle de l'aide de 500 000 *ridders*, agréée par la Flandre et le Brabant en novembre 1477, ne dura guère. Les difficiles négociations conduites avec les États généraux de février 1479 entraînèrent aussitôt sa suspension et son remplacement par des aides annuelles, en général votées au début du printemps dans la perspective de la campagne d'été, parfois complétées par de maigres rallonges pour la saison froide. Les négociations avec les assemblées représentatives des principautés se déroulèrent dans un contexte de particularisme exacerbé, qui ravivait toutes les spécificités et les tensions internes propres à chacune des composantes des Pays-Bas bourguignons. Jamais sans doute le dialogue fiscal institutionnel entre le prince et ses sujets ne fut si difficile, si corseté, si empreint de brutalité, au point que le duc de Saxe n'eut d'autre solution que d'instrumentaliser la violence des gens de guerre pour faire plier les assemblées représentatives des Pays-Bas.

I. Le contexte institutionnel

Le rôle limité des États généraux en matière fiscale

Les États généraux avaient été promus et voulus par les ducs, afin de doter leurs possessions d'une instance de dialogue commune – qu'on fasse remonter leur première session à 1464, comme R. Wellens, suivant en cela une tradition relativement récente, ou bien à 1427, si l'on préfère suivre W. Blockmans. C'est en effet cette année-là que se réunirent pour la première fois les représentants de plusieurs états d'au moins deux des principautés les plus importantes[1]. Les États généraux ne prirent cependant réellement leur essor qu'à partir de 1464, après une longue interruption des réunions inter-principautaires. La crise de 1477 fut pour eux l'occasion d'une véritable refondation, et W. Blockmans en a bien souligné l'ambivalence : la démonstration de fidélité à l'égard de la dynastie régnante le disputait aux revendications politiques, débouchant sur le Grand Privilège et une limitation considérable des prérogatives princières. C'est d'ailleurs en 1477-1478 que fut employée pour la première fois l'expression d'États généraux.

L'institution nouvelle ne pouvait cependant satisfaire tout à fait ni le prince, ni ses sujets. Le premier pouvait craindre de rencontrer une opposition à ses projets d'autant plus forte qu'elle était unie. La convocation des États en 1464 n'avait-elle pas été motivée par le désir de couper l'herbe sous le pied des principales villes de Brabant, Hollande et Flandre qui souhaitaient s'assembler pour discuter des projets de croisade de Philippe le Bon, dont elles s'inquiétaient ? Lorsque le mécontentement se généralisait, il valait bien mieux en revenir aux discussions bilatérales. Quant aux principautés, si elles voyaient l'intérêt qu'il pouvait y avoir à opposer au souverain un front commun sur certains sujets, elles n'avaient aucune envie de sacrifier leurs intérêts particuliers, ni leur identité, encore moins leurs privilèges. Bref, les États généraux devaient leur existence à la commodité qu'il y avait à parler à tout le monde en même temps, dans un espace géographique suffisamment réduit et compact pour qu'ils puissent être rassemblés facilement, et suffisamment fragmenté politiquement pour que la consultation coordonnée de toutes les instances représentatives locales fasse gagner beaucoup de temps. Personne ne voulait en faire un organe de gouvernement commun. La spécificité des États généraux des pays de par-deçà tient donc à ce qu'ils réunissaient des représentants de principautés formant plusieurs peuples sur plusieurs territoires, cas de figure peu fréquent au Moyen Âge.

Après 1477, alors que les États généraux semblaient avoir définitivement perdu leur caractère d'institution princière et d'instrument d'unification, pour devenir le principal lieu d'expression d'un projet politique alternatif à celui, centralisateur, qu'avait porté Charles le Téméraire, la réaffirmation simultanée des prérogatives fiscales des assemblées des principautés introduisait beaucoup de confusion et affaiblissait d'emblée la capacité des États généraux à incarner un contre-pouvoir crédible. On a déjà souligné la contradiction qu'il y avait à vouloir lever une « armée générale » en 1477, en s'appuyant sur le cadre des principautés, dont aucune ne disposait d'une organisation administrative et politique capable d'assurer dans de bonnes conditions la levée, le financement et le commandement d'une armée, sans le concours du prince et de ses officiers centraux, sauf peut-être la Hollande, où le stathouder et le Conseil avaient l'habitude de gouverner en lien très étroit avec les chefs-villes, et qui avait su par le passé conduire ses propres guerres, en complète autonomie par rapport à Philippe le Bon[2].

---

1 BLOCKMANS Willem Pieter, « Breaking the rules. The Emergence of the States General in the Low Countries in the Fifteenth and Sixteenth centuries », in *Zelebrieren und Verhandeln. Zur Praxis ständischer Institutionen im frühneuzeitlichen Europa*, 2009, p. 185-194.
2 T. S. JANSMA, « Philippe le Bon et la guerre hollando-wende (1438-1441) », *Revue du Nord*, t. 42, n° 165, 1960, p. 5-18.

FINANCER LA GUERRE – NÉGOCIER AVEC LES ASSEMBLÉES REPRÉSENTATIVES   289

Lorsqu'on examine le contexte entourant la convocation des États généraux de 1477 à 1493, il est manifeste qu'on les a réunis principalement dans deux circonstances : lorsque le pouvoir princier était tellement faible qu'il avait besoin d'être relégitimé, fût-ce au prix de concessions politiques majeures, et lorsqu'il était suffisamment fort pour se permettre de les convoquer sans risquer d'embrasement général. Les États généraux furent assemblés cinq fois sous le règne de Marie de Bourgogne, deux fois en 1477, puis une fois chaque année en 1478, 1479 et 1480. Aucune de ces trois dernières sessions ne fut satisfaisante pour Maximilien. Celle de 1478, qui suivait pourtant le triomphe militaire de l'archiduc en Hainaut, se solda par la réduction des effectifs des compagnies d'ordonnance ; la deuxième, par l'octroi de crédits insuffisants pour la campagne d'été ; enfin, après l'échec des États généraux de Malines et d'Anvers, de janvier à mars 1480, Maximilien en revint aux négociations particulières avec les principautés. Après la mort de Marie de Bourgogne, la politique de Maximilien fut clouée au pilori aux États d'avril-mai 1482 ; l'année suivante, les États de Gand et Bruxelles confirmèrent la paix d'Arras et le départ pour la France de Marguerite d'Autriche. Si Maximilien reprit l'initiative aux États de novembre-décembre 1484, qui lui donnèrent raison dans la querelle qui l'opposait aux Flamands, ce fut pour la perdre quelques mois plus tard, malgré sa victoire éclatante. Il convoqua en effet les États en juillet 1485, à Bruges, puis à Gand et à Bruxelles. Bien qu'il eût demandé aux principautés de donner plein pouvoir à leurs députés pour conclure sans avoir à retourner auprès de leurs mandants, on refusa de lui accorder le subside général qu'il avait demandé. Maximilien ne les sollicita plus avant 1488. L'oppression fiscale qu'il fit subir à la Flandre tient beaucoup à son incapacité à répartir plus équitablement la charge de la guerre contre la France.

La guerre civile de 1488-1489 consacra l'impuissance des États généraux, pourtant convoqués à quatre reprises durant ces deux années. Par la suite, lorsque son autorité fut suffisamment restaurée, Albert de Saxe prit régulièrement leur avis, en matière monétaire et pour faire avancer les négociations avec Philippe de Clèves, mais c'est encore dans le cadre des principautés qu'il fallut négocier les impôts. Enfin, les États de Malines et d'Anvers, d'avril à août 1493, clôturèrent son gouvernement et annoncèrent l'émancipation de Philippe le Beau. Les États généraux furent donc un espace de dialogue encore mal défini, où les opinions s'exprimaient avec violence. Lorsque les Gantois produisirent la preuve de la duplicité de Marie de Bourgogne, au cours des négociations ouvertes avec Louis XI en 1477, lorsque les états passèrent au crible la politique de Maximilien, ils ne s'en prirent pas seulement aux « mauvais conseillers » : c'était au prince lui-même qu'ils reprochaient d'avoir failli à ses devoirs.

Pourtant, en dépit ou à cause de cette conflictualité permanente, le rôle des États généraux fut véritablement fondateur, car aussi douloureuse et frustrante que fût la confrontation entre le prince et ses sujets, le légitimisme finit toujours par l'emporter, de même qu'une forme de modération politique, qui leur fit rejeter tant le bellicisme forcené de Maximilien que le radicalisme des Flamands. Contrairement aux États généraux français du XIVe siècle, ils parvinrent à se placer au-dessus des partis et à faire triompher les options les plus conformes au bien commun, du point de vue qui était le plus partagé à l'époque, mais aussi sans doute du nôtre. À partir de 1494, Philippe le Beau entreprit une révolution conservatrice, bien dans la tradition médiévale,

290 CHAPITRE 9

faisant des États généraux un lieu de dialogue institutionnel apaisé, contribuant de manière décisive à la construction de ce qui serait plus tard les XVII provinces. Les États généraux devinrent alors une assemblée tout à fait conforme au modèle anthropologique proposé par M. Hébert, fondé sur l'unanimisme et la nécessaire union du prince et de ses sujets en vue du bien commun[3]. En attendant, les représentants des principautés pratiquèrent une obstruction à peu près systématique à tout ce qui pouvait contribuer à la formation d'un espace fiscal commun.

Les assemblées représentatives des pays de par-deçà : des traditions différentes

Il est généralement admis que le développement de la fiscalité moderne au XIVe siècle, principalement, voire exclusivement destinée au financement de la guerre, fut un puissant accélérateur de la construction de l'État. Pourtant, la nécessité de recueillir le consentement préalable des assemblées représentatives et la difficulté générale qu'éprouvaient les monarques européens à l'obtenir donne une impression presque inverse. La diminution des ressources propres des princes, en raison de l'affaiblissement des recettes domaniales et de l'effondrement du service féodal gratuit, entrava beaucoup leur action guerrière. Les croisades tardives ne font-elles pas bien pâle figure à côté des expéditions de Philippe Auguste et de Louis IX ? À quelles innovations, à quelles violences, à quelles transgressions Philippe le Bel dut-il se résoudre pour maintenir sa capacité d'intervention militaire, alors qu'il régnait sur un domaine beaucoup plus étendu que ses aïeux ? Le développement du dialogue institutionnel entre le prince et les assemblées d'états constitua donc un frein puissant aux guerres de conquête, à l'intérieur comme à l'extérieur de la chrétienté occidentale.

Maximilien en souffrit plus qu'aucun autre souverain de son temps, car la ligne politique suivie par les assemblées représentatives des Pays-Bas fut absolument constante : maximiser les profits politiques et minimiser l'intervention de leurs souverains dans leurs affaires. Aussi les négociations avec les assemblées d'états sont-elles longues : entre deux et quatre mois, dans les deux tiers des cas en Flandre aux XIVe et XVe siècles. Elles se tendent dans la seconde moitié du XVe siècle, précisément lorsque les recettes tirées des aides commencent à l'emporter sur celles tirées du domaine, ce qui advient dès 1454 en Flandre – soit une génération plus tôt qu'à l'échelle de l'État bourguignon. Sur les quarante-quatre négociations fiscales recensées par W. P. Blockmans dans le cadre des assemblées des Membres ou des États de Flandre entre 1384 et 1506, près d'un tiers, soit quatorze, ont débouché sur un échec pour le prince. Toutes ces négociations avortées, sauf une, se situent après 1450[4]. Il est vrai que le processus de consultation des élites dirigeantes du comté y était particulièrement large, et donc long. Après que le prince ou ses commissaires ont présenté leur demande de subside, dûment motivée, les délégués flamands se retirent, en font rapport aux conseils des Membres, qui

---

3 Michel Hébert, *Parlementer. Assemblées représentatives et échanges politiques en Europe occidentale à la fin du Moyen Âge*, Paris, De Boccard, « Romanité et modernité du droit », 2014.

4 Willem Pieter Blockmans, *De volksvertegenwoordiging…*, p. 378-439.

FINANCER LA GUERRE – NÉGOCIER AVEC LES ASSEMBLÉES REPRÉSENTATIVES   291

organisent la consultation des villes et châtellenies de leur ressort. Dans certains cas, Bruges, Gand et Ypres peuvent être amenés à convoquer des réunions par quartier. Celles-ci sont très nombreuses entre 1477 et 1488 – pas moins de cinquante, dont trente-sept sans que le duc y fût représenté. C'est alors un moyen de renforcer tout à la fois l'emprise des trois chef-villes flamandes sur leur plat pays, et leur légitimité vis-à-vis du prince lors des négociations. Ainsi, lorsque les Membres reviennent auprès du prince apporter leur réponse au nom de leur quartier, puis en leur nom commun, c'est après que plusieurs centaines de vassaux, bourgeois des villes et notabilités des paroisses rurales ont pris connaissance des demandes du prince, et ont donné leur point de vue. Le terme flamand employé pour désigner un subside, *de bede*, c'est-à-dire la prière, traduit encore mieux la relation inégale entre le comte de Flandre et ses sujets que le terme d' « aide » employé en France, et que les Bourguignons utilisèrent pour traduire son équivalent flamand. On s'est déjà suffisamment étendu sur la question flamande au cours des années 1477-1493, pour qu'il soit nécessaire d'insister sur l'hégémonie concurrente de Bruges et de Gand, et le faible rôle joué par le clergé. La noblesse, loin d'avoir disparu ou de courber l'échine devant la bourgeoisie commerçante, est très fortement représentée dans les bancs échevinaux[5]. En somme, ils ont troqué, non la puissance avec des privilèges, comme en France[6], mais le pouvoir seigneurial avec le pouvoir politique au sein des conseils de villes ou de châtellenies.

Dans les provinces moins urbanisées, où la noblesse conserve une nette prééminence sur le tiers ordre, le processus de consultation pouvait être plus expéditif. En Hainaut, lorsque la puissante ville de Mons est d'accord, deux jours suffisent pour accorder un subside. C'est le cas en avril 1482, quand il faut trouver les soldes de 50 lances pour les garnisons du Quesnoy, d'Aymeries et de Chimay : présentée le 17 avril par le grand bailli de Hainaut et Olivier de la Marche, la demande est agréée dès le 19, après une séance du conseil de Mons[7]. Tout au long de l'année 1482, riche en alertes aussi bien du côté de la France que sur le front liégeois, le grand bailli consulta de manière quasiment permanente le conseil de Mons et les grands seigneurs du comté, pour délibérer de la défense du comté. Ce petit groupe pouvait être considéré comme un condensé très honorable des états de Hainaut, de sorte qu'une fois son accord recueilli, celui des états ne faisait pas de doutes. En effet, si le périmètre des convocations adressées au clergé, à la noblesse et aux villes était extrêmement large, en particulier pour les deux premiers ordres, le pouvoir de représentation se trouvait concentré entre les mains d'une vingtaine de nobles, d'une quinzaine d'établissements religieux et d'une quinzaine de villes[8].

Cette concentration de richesses et de pouvoir, ainsi que le fait que les états de Hainaut se réunissaient à Mons, qui était par ailleurs la seule ville vraiment notable

---

5   Willem Pieter BLOCKMANS, « La représentation de la noblesse en Flandre au XVᵉ siècle », in *Guerre, pouvoir et noblesse au Moyen Âge. Mélanges en l'honneur de Philippe Contamine*, 2000, p. 93-99.

6   Philippe CONTAMINE, « De la puissance aux privilèges. Doléances de la noblesse française envers la monarchie aux XIVᵉ et XVᵉ siècles », in *La Noblesse au Moyen Âge, XIᵉ-XVᵉ siècles*, 1976, p. 235-257.

7   Léopold DEVILLERS, « Le Hainaut après la mort de Marie de Bourgogne » …, p. 198-199.

8   Marie van EECKENRODE, *Les états de Hainaut sous le règne de Philippe Le Bon (1427-1467)*, Courtrai-Heule, Commission internationale pour l'histoire des assemblées d'états, « Anciens pays et assemblées d'états », 107, 2011, p. 159-162.

CHAPITRE 9

du comté, loin devant Ath, Binche et une demi-douzaine d'autres, tout concourait à rendre extrêmement rapide la consultation des représentants des trois états… qui n'avait cependant rien d'une formalité. Ainsi, le 18 août 1490, Maximilien fit demander aux états de Hainaut une aide équivalant à la moitié de leur quote-part des 500 000 *ridders* de 1473-1476, soit 14 000 écus (16 800 l.), et ce pour trois ans. Cela parut excessif, compte tenu des très lourds impôts qu'avaient payés les habitants du Hainaut l'année précédente, pour financer la guerre contre Louvain et Bruxelles. Les négociations furent certes expédiées en trois jours, mais on n'accorda que 5 000 l. de 40 g., payables en deux termes, en février et septembre 1491, pour un an seulement, soit moins d'un tiers de ce qui avait été demandé par Maximilien. En l'occurrence, l'avis de Mons semble avoir été décisif, car les prélats refusèrent de parler en premier, comme c'était la coutume, et les nobles étaient prêts à consentir une aide de 6 000 l. par an pendant trois ans[9]. En novembre suivant, au cours d'une nouvelle session de trois jours, une rallonge de 1 000 l. fut accordée, mais Maximilien refusa de s'en contenter. Finalement, les 7-8 février 1491, on proposa 8 000 l., ce qui fut accepté. À nouveau, la noblesse s'était montrée plus conciliante que les prélats et les villes, puisque ses représentants voulaient aller jusqu'à 10 000 livres[10]. On était de toute façon fort loin des 14 000 écus réclamés par Maximilien, et il avait fallu plus de six mois pour arriver à cet accord décevant.

Tout autre encore est le panorama offert par les états de Brabant, malgré le manque d'informations dont on dispose sur leurs sessions. En effet, de nombreuses lignes de fracture y perturbèrent le déroulement normal des consultations de l'assemblée. Tout d'abord, le clergé ne cessa de contester sa quote-part, de sorte qu'il se tint très en retrait des négociations. Les nombreux établissements réguliers brabançons traversaient une grave crise économique et se déclaraient incapables de contribuer à hauteur des 12% coutumiers, dès lors que le montant de l'aide accordée devenait trop important. Les prélats du duché négocièrent donc le plus souvent de manière séparée. Sur les nombreuses aides accordées entre 1479 et 1482, la part du clergé varia de 3,33% à 12%[11], et elle s'inscrirait par la suite toujours entre ces bornes, pour une contribution maximale de 7 200 l. par subside[12].

---

9 Léopold DEVILLERS, « Le Hainaut sous la régence de Maximilien d'Autriche. 1490-1494 » …, p. 227-229.

10 *Ibid.*, p. 233-234 et 241-243.

11 AGR, CC, reg. 15729, compte de Jan van Olmen de douze aides accordées en 1479-1482 (2 230 couronnes 15 s. sur une aide de 61 400 couronnes (hors quartier de Bois-le-Duc), soit 3,6% ; 340 couronnes sur une aide pour la solde de 400 lances pendant six semaines (hors quartier de Bois-le-Duc, sauf pour le clergé), soit environ 3-4% ; 180 *ridders* 12 s. pour les 2e et 3e années de l'aide de 1 500 *ridders* accordée pour la douairière, soit 12,04% ; 133 l. pour une aide de 4 000 l. accordée pour la dépense journalière de Marie de Bourgogne (hors quartier de Bois-le-Duc), soit 3,33% ; 40 couronnes sur deux aides de 1 000 couronnes pour la défense de Cambrai et Saint-Ghislain (hors quartier de Bois-le-Duc), soit 4% ; 287 couronnes sur une aide de 7 750 couronnes pour le secours du Luxembourg (hors quartier de Bois-le-Duc, sauf pour le clergé), soit 3,71% ; 4 000 couronnes sur une aide de 40 000 l. (hors quartier de Bois-le-Duc, pour 32 000 l. sur 40 000 l.), soit 12%).

12 7 353 l. pour l'aide de 108 400 couronnes accordée en 1478 ; 6 000 l. sur l'aide de 50 000 l. accordée en avril 1486 (AGR, CC, reg. 15730, compte de Jan van Olmen de cette aide).

FINANCER LA GUERRE – NÉGOCIER AVEC LES ASSEMBLÉES REPRÉSENTATIVES   293

En Brabant comme en Flandre, le poids politique des villes était absolument écrasant, au point de confisquer très tôt le dialogue avec le prince. Sur 1 032 consultations du pays recensées par R. Uyttebrouck entre 1355 et 1430, 927 ne réunirent que des délégués des villes. Cela s'explique d'une part par l'effacement de la puissance économique des établissements religieux brabançons, et d'autre part par le nombre relativement restreint de nobles, qui n'étaient que 515, dont 19 bannerets et 124 chevaliers, en 1406[13]. L'avènement de Philippe le Bon bouleversa le rapport de forces politiques. Désormais, le prince ne dépendait plus des subsides accordés par les villes brabançonnes. Il s'employa aussitôt à restreindre les prérogatives politiques et judiciaires de leurs bancs échevinaux, sans guère rencontrer d'opposition. La noblesse du duché, quant à elle, profita des nouveaux emplois que leur offrait l'État bourguignon en formation, dont elle favorisa le développement[14]. La crise de 1477-1493, loin de freiner le déclin politique des villes, fut fatale à celles qui n'avaient pas compris, à l'instar d'Anvers, que leur prospérité dépendait désormais de leur coopération avec le prince et la haute noblesse brabançonne.

Dans le domaine fiscal, le processus était toutefois loin d'être achevé, et la représentation des villes restait encore très forte. Un acte transcrit dans le premier compte de Jan van Olmen des aides de Brabant, au sujet de l'aide de 1 500 *ridders* par an pendant trois ans accordée à Marguerite d'York le 4 janvier 1478, nous donne à voir un collège composé de trois prélats, de quatre nobles, et de pas moins de neuf délégués des quatre chef-villes et *pluiseurs autres estans assemblez en la chambre et maison de lad. ville de Brouxelles, representans les trois estas du pays de Brabant*[15]. Les chef-villes de Brabant conservaient par ailleurs la maîtrise de l'administration des aides accordées par le duché. Ainsi, le règlement de 1451 précisait que les contributions étaient payables aux bureaux des changeurs des quatre villes, dont les bancs échevinaux jugeaient le contentieux fiscal, avec appel possible au Conseil de Brabant. Si l'assiette des aides était établie par la Chambre des comptes, qui recevait pour ce faire un mandat du Conseil de Brabant une fois obtenu l'accord des états de Brabant, les quatre chef-villes recevaient une copie de l'assiette des villes et villages de leur quartier[16].

À l'instar de leurs homologues flamandes, les villes brabançonnes n'avaient pas les mêmes intérêts, ni la même ligne politique, comme le montre la participation de Louvain et de Bruxelles au soulèvement de 1488-1489. Le principal obstacle à l'unité de l'espace politique brabançon fut cependant sa taille relativement grande

---

13 Mario DAMEN, « Convocatie en representatie. De Staten van Brabant in de late middeleeuwen », *Noordbrabants historisch jaarboek*, 29, 2012, p. 30-45.

14 Raymond VAN UYTVEN, « Vorst, adel en steden. Een driehoeksverhouding in Brabant van de twaalfde tot de zestiende eeuw », *Bijdragen tot de geschiedenis*, 59, 1976, p. 93-122.

15 Les abbés d'Affligem, du Parc et de Dieleghem, les seigneurs d'Arenberg et de Marroo (?), Frédéric de Witem et Jacob Bant, le bourgmestre et le secrétaire de Louvain, le bourgmestre, un échevin, le secrétaire et le pensionnaire de Bruxelles, le bourgmestre et le secrétaire d'Anvers et le secrétaire de Bois-le-Duc (AGR, CC, reg. 15729, compte des aides accordées en 1478, fol. 2r).

16 Joseph CUVELIER, *Les dénombrements de foyers en Brabant…*, p. XXI-XXII.

(10 000 kilomètres carrés tout juste, d'après J. Cuvelier), et surtout la position très excentrée vers le nord du quartier de Bois-le-Duc. Dès 1479, celui-ci se sépara des autres[17], car il fut durement touché par les troubles qui affectaient la Hollande, l'évêché d'Utrecht et la Gueldre. On le laissa donc faire face à peu près seul aux dépenses rendues nécessaires par la défense contre les incursions régulières de bandes ennemies sur son territoire, et les autorités ne sollicitèrent plus que les trois quartiers méridionaux pour la guerre contre la France et contre les Liégeois. En 1479, on trouve l'expression « trois états des trois quartiers de Brabant[18] », comme si le duché était désormais amputé de sa partie la plus septentrionale. À partir de 1484, les aides furent à nouveau accordées par les quatre quartiers, mais celui de Bois-le-Duc bénéficia le plus souvent d'une exemption totale[19]. Sur les dix-sept aides d'un montant supérieur à 10 000 l. levées en Brabant entre 1477 et 1493, seules cinq furent accordées par l'ensemble des quatre quartiers de Brabant et par le clergé[20]. On renoua avec les pratiques antérieures à partir de l'aide de 56 000 florins à la croix Saint-André, accordée au printemps 1493[21].

La châtellenie de Lille, Douai et Orchies était en quelque sorte l'équivalent du Brabant réduit à un seul quartier. Plus encore qu'en Hainaut, le pouvoir de consentir à l'impôt était concentré en un lieu, et entre quelques mains, en l'occurrence celles *des eschevins, conseil et huyt hommes de cested. ville* [de Lille]

---

17 On ignore si les quartiers de Louvain et de Bois-le-Duc contribuèrent à l'aide de 120 000 couronnes accordée au printemps 1479 pour le paiement de 6 000 combattants, puisque seuls les comptes de Bruxelles et Anvers ont été conservés ; on sait simplement que les quotes-parts de ces deux quartiers équivalaient à un peu plus de la moitié de cette aide, et qu'il était donc prévu que Louvain et Bois-le-Duc y contribuent. En revanche, il est attesté dans le compte mentionné plus haut des aides accordées en 1479-1482 et dans un autre compte spécifique au quartier d'Anvers (AGR, CC, reg. 30895), que l'aide de 61 400 couronnes fut entièrement levée sur les trois quartiers méridionaux (la quote-part du seul quartier d'Anvers y étant de 25 000 couronnes, soit près de la moitié).

18 *Bij den drien staten vanden III quartieren slants van Brabant* (AGR, CC, reg. 15729, compte des aides accordées en 1479-1482, chapitre des gages du receveur des aides, pour l'aide de 61 400 couronnes accordée en septembre 1479).

19 Ce fut le cas pour l'aide de 24 000 l. accordée en janvier 1484 (AGR, CC, reg. 15730, compte des aides levées en 1484, fol. 41r, remise de 4 000 l., supérieure à la quote-part du quartier de Bois-le-Duc, s'élevant à 3 880 l.) ; pour l'aide de 50 000 couronnes accordée après Noël 1484 (*ibid.*, compte de cette aide, chapitre des rabais et défauts, fol. 72v-78v, remise totale de la portion du quartier, soit 9 405 l.) ; de l'aide de 30 000 l. accordée en octobre 1485 (*ibid.*, compte de cette aide, fol. 31r-v, remise totale de la portion du quartier, soit 4 457 l.) ; de l'aide de 100 000 l. accordée en septembre 1487 (AGR, CC, reg. 15731, compte de cette aide, fol. 25r-v, remise totale de la portion du quartier, soit 14 808 l.). En revanche, le quartier a contribué à l'aide de 50 000 l. accordée contre les Liégeois en avril 1486 (AGR, CC, reg. 15730, compte de cette aide) ; à celle de 50 000 l. accordée en janvier 1487 (AGR, CC, reg. 15731, compte de cette aide) ; à celle de 50 000 l. accordée en novembre 1490 (AGR, CC, reg. 15732, compte de cette aide), et à toutes les aides postérieures à 1493.

20 L'aide de 108 400 couronnes accordée en 1478, l'aide de 50 000 l. accordée en 1486 contre les Liégeois, l'aide de 50 000 l. accordée en 1487 et l'aide de 50 000 l. accordée en novembre 1490.

21 On n'a pas tenu compte de l'aide du 12e denier, en 1485, négociée par quartier, ni de l'aide des deux florins par feu, en 1492-1493, levée dans tout le duché, mais accordée plus tardivement par les quartiers de Bruxelles et de Louvain.

et [d]*es quatre haulx justiciers de la chastellenie d'icelle ville*[22]. La prééminence de Lille, résidence princière, siège de la Chambre des comptes, assise au milieu de campagnes riches et industrieuses, en plein essor, y était écrasante, d'autant que la châtellenie de Lille comptait 120 villages, tandis que les bailliages de Douai et d'Orchies n'en avaient que 24 à eux deux[23]. La noblesse était représentée par les titulaires des quatre seigneuries haut-justicières de Cysoing, Comines, Wavrin et Phalempin, ou plutôt par leurs baillis[24]. Dans une étude magistrale, Hans Cools a brossé le portrait de cette noblesse désormais très minoritaire parmi les possesseurs de fiefs (140 nobles sur 404 feudataires, tenant 684 fiefs), souvent dans la gêne, mais dont la frange supérieure, réduite à trente-deux familles, s'adjugeaient près de la moitié des revenus seigneuriaux de toute la châtellenie. C'est parmi elles que figuraient les quatre haut-justiciers, qui étaient en 1475 le seigneur de Roubaix, au titre du fief de Phalempin, Jean de Commynes, l'oncle du mémorialiste, Walerand de Berlettes, seigneur de Wavrin, et Jacqueline de Moy, dame de Cysoing. Ces familles étaient pour la plupart d'ascension récente, et gravitaient dans l'entourage proche des ducs de Bourgogne, comme les échevins de Lille[25]. Ces bourgeois et ces nobles bradaient-ils pour autant les intérêts de leurs concitoyens et de leurs manants ? Nullement.

En Hollande également, la voix des principales villes – Dordrecht, Haarlem, Delft, Leyde, Amsterdam et Gouda – était prépondérante, et elles avaient organisé leur propre réseau de concertation et d'influence depuis la fin du XIIIe siècle. Ce qu'on appelle les « états de Hollande » résulte de la réunion de représentants de ces chef-villes et de la noblesse, à l'exclusion de l'Église, fort peu puissante, en raison du faible nombre d'établissements religieux, alors que l'évêché d'Utrecht constituait une principauté autonome. À la manière anglaise, il existait une nette distinction entre la couche supérieure de la noblesse et la classe chevaleresque et seigneuriale au sens large (bannerets, chevaliers et écuyers), désignée sous le nom de *ridderschap*, qui était représentée en tant que telle aux états de Hollande ; par ailleurs, les villes de Delft, Haarlem et Leyde ouvraient largement les portes de leurs conseils de gouvernement aux chevaliers[26]. Hendrik Kokken a recensé pas moins de 807 réunions des villes et états de Hollande entre 1477 et 1494, pour une moyenne de 45 par an, soit presqu'une réunion par semaine, pour un total cumulé de 7 500 jours de discussions[27] ! Autant dire que la concertation était en réalité permanente entre les grandes villes et le Conseil de Hollande, le principal organe de justice et de gouvernement, présidé par le gouverneur, où siégeaient grands seigneurs,

---

22 AM de Lille, reg. 16225, fol. 30v.

23 Alain Derville et Bernard Delmaire, « L'agriculture de la Flandre wallonne d'après les Enquêtes fiscales (1449-1549) », *Revue du Nord*, 2008/2, n° 375-376, p. 269-302.

24 Ce sont ainsi les échevins de Lille et les baillis des hauts justiciers qui accordèrent en décembre 1488 l'aide de 4 500 l. par an pendant trois ans pour le prince, et l'aide de 6 200 l. par an pendant trois ans pour le paiement des dettes de Lille et les frais du traité de Wavrin (AM Lille, reg. 16228, fol. 30v-31v).

25 Hans Cools, « Le prince et la noblesse dans la châtellenie de Lille… », p. 387-406.

26 Hendrik Kokken, *Steden en staten…*, p. 162-163.

27 *Ibid.*, p. 126-133.

légistes et techniciens des finances, souvent étrangers, malgré le privilège de 1477, qui contraignait en théorie le prince à ne nommer que des Hollandais. La haute noblesse restait extrêmement autonome et puissante, à ceci près que les rivalités qui la divisaient rendaient les positions individuelles extrêmement précaires, indexées qu'elles étaient sur la faveur du prince et les rapports de force du moment, comme le montre la fortune puis la chute de Wolfart de Borselen entre 1477 et 1480. Le jeu politique était donc très complexe en Hollande, et faisait intervenir de nombreux acteurs, *ridderschap*, chefs de factions aristocratiques affiliés aux *Hoeken* ou aux *Kabeljauwen*, et conseils de gouvernement des villes, dont certaines pouvaient se tenir à l'écart des autres pendant un temps plus ou moins long, pour des raisons de politique interne[28]. En Zélande, le poids des villes était moindre, et la représentation politique était principalement assurée par les baillis héréditaires (*ambachtsheren*), qui tenaient leur office en fief[29].

Ainsi, à peu près partout, selon des modalités différentes, le pouvoir de représentation est confisqué par une hyperclasse de nobles et bourgeois, très proches du prince, à l'exception notable de Gand, dont la classe dirigeante était plus autonome, et de la Hollande, en raison de la lutte de partis entre *Hoeken* et *Kabeljauwen*. Cela n'en rendit pas les négociations plus faciles, car le prince et ces notables étaient liés par une relation d'interdépendance ; les échevins des villes devaient quant à eux tenir compte de l'opinion de la population citadine, si prompte à s'enflammer. Tout aussi généraux sont d'une part l'effacement du clergé, et d'autre part la posture plutôt accommodante de la noblesse à l'égard des sollicitations princières, en tout cas par rapport aux villes, partout à l'origine des mouvements de résistance à l'impôt les plus vifs. Dans l'ensemble, plus le poids politique, économique et démographique des villes est marqué, plus elles monopolisent le dialogue fiscal avec les autorités, et plus celui-ci est difficile. Par ailleurs, les villes tendent à constituer autour d'elles des zones d'influence exclusives, qui affaiblissent l'unité territoriale des principautés, au moins en Flandre et en Brabant. Fait exception la Hollande, et peut-être aussi la Zélande, fortement urbanisées, mais dont le maillage citadin était surtout composé de ce qu'on pourrait qualifier de grandes villes moyennes, dont aucune ne pouvait espérer prendre l'ascendant sur les autres. Ceci, ainsi que la fluidité des rapports de forces politiques et la liaison permanente existant entre le Conseil de Hollande et les villes empêchaient que ne s'installent des divisions durables, et donnaient une très forte cohésion à la Hollande.

---

28 On connaît mal leurs activités et leurs positions, puisque contrairement aux villes, ils n'ont pas laissé d'archives. Il y avait autour d'une dizaine de représentants de la *ridderschap* aux sessions des états de Hollande (*ibid.*, p. 31-32). Par ailleurs, les chevaliers étaient systématiquement présents à l'audition des comptes présentés aux états de Hollande (*ibid.*, p. 241).

29 *Ibid.*, p. 33-34 et introduction des *Bronnen voor de geschiedenis der dagvaarten van de Staten van Zeeland*…

II. Stratégies princières pour convaincre les assemblées d'états

Des contraintes nouvelles

Parmi tous les motifs habituels justifiant l'octroi d'une aide pour répondre aux prières du prince[30], dérivés des cas féodaux, à savoir la rançon du prince, la chevalerie du fils aîné, le mariage de la fille aînée, la défense et l'extension du pays, la joyeuse entrée, la chevalerie et le mariage du prince, seules la défense et la joyeuse entrée furent invoquées entre 1477 et 1493. La joyeuse entrée était un motif commode, qui avait permis aux prédécesseurs de Marie et de Maximilien de préparer leurs possessions au principe d'une imposition semi-permanente, puisque leur avènement avait donné lieu à l'octroi de subsides considérables, étalés sur un grand nombre d'années. Ainsi, Charles le Téméraire, peu après qu'il eut puni les Gantois pour leur soulèvement de 1467, s'était fait octroyer par la Flandre une aide de pas moins d'un million de florins à payer en seize ans, soit 75 000 l. par an, qui fut remplacée par l'aide de 127 000 *ridders* à partir de 1473. Le Brabant était alors déjà engagé dans une série de subsides de longue durée, régulièrement reconduits et augmentés[31]. En 1477, les principautés des pays de par-deçà ne s'y laissèrent pas prendre, et refusèrent le moindre subside à Marie de Bourgogne, dont les joyeuses entrées se traduisirent par une succession d'émeutes, de démonstrations de force et de concessions politiques. Aussi les aides accordées par la Flandre et le Brabant furent-elles uniquement destinées à la guerre, ainsi qu'à l'entretien des hôtels princiers, y compris celui de la duchesse douairière Marguerite d'York, pour compenser la chute des revenus domaniaux. Le Hainaut et Lille, Douai et Orchies pouvaient légitimement faire valoir l'invasion française pour s'en dispenser ; en Luxembourg, la crise politique et institutionnelle ouverte par la mort du Téméraire interdisait également de solliciter un tel subside. La Zélande et la Hollande accordèrent en 1480 l'aide de 80 000 *clinkaerts* par an pendant dix ans à l'occasion de la « réception à seigneurie » de Marie de Bourgogne, mais c'était pour eux un moyen de revenir aux anciennes coutumes et de tourner la page de l'aide générale de 500 000 *ridders*, qui leur avait été si défavorable. En plus de ces deux comtés, le Limbourg et les pays d'Outre-Meuse accordèrent un très modeste subside d'un peu plus de 8 000 l. pour l'inauguration de Marie de Bourgogne en 1478-1480[32]. Ainsi, la réaction politique de 1477 se traduisit sur le plan fiscal par un retour en arrière, non pas de quelques années, mais d'un bon quart de siècle, avant

---

30 La question de la motivation des aides n'a pas beaucoup mobilisé l'attention des historiens (Willem Pieter BLOCKMANS, *De volksvertegenwoordiging...*, p. 381-382, Hendrik KOKKEN, *Steden en staten...*, p. 217-223).

31 Le duché avait accordé une aide de 250 000 *ridders*, payable en dix ans à partir de 1462, complétée par une aide de 160 000 *ridders*, payable en cinq ans à partir de 1468, après l'avènement de Charles le Téméraire (AGR, CC, reg. 15726 et 15727). Ainsi, le Brabant devait déjà payer 57 000 *ridders* par an au titre des aides ordinaires entre 1468 et 1472, avant l'instauration de l'aide de 500 000 *ridders*.

32 AGR, CC, reg. 15808, compte rendu par Frédéric de Witthem, chevalier, châtelain et drossard de Limbourg, de deux contributions (1478-1480).

que Philippe le Bon ne fut parvenu à imposer dans la plupart de ses principautés une fiscalité légère et permanente, qu'il n'était pas utile de justifier par des circonstances exceptionnelles et précises.

Après la mort de Marie de Bourgogne, la Flandre refusa évidemment d'accorder quoi que ce fût à Maximilien, qui n'était à leurs yeux rien de plus que le géniteur de leur prince, lui-même trop jeune pour avoir droit à une joyeuse entrée en bonne et due forme. Le Brabant, s'il reconnut la mainbournie de l'archiduc, se contenta d'un subside de 24 000 l. en janvier 1484, qui n'apparaît pas spécialement comme ayant été accordé à l'occasion de l'inauguration de Maximilien[33]. La Hollande, toute à sa guerre contre les rebelles d'Utrecht, suspendit même le paiement de l'aide de 80 000 *clinkaerts*. Seuls les états de Hainaut et Valenciennes se plièrent de bonne grâce à l'exercice, et décidèrent en janvier 1484 d'attribuer, les premiers une aide de 12 000 l., la seconde un don de 2 250 l., accordés « libéralement » à Maximilien pour sa joyeuse entrée comme « tenant le bail » de son fils[34].

C'est donc la guerre, et la guerre seule, qui devait permettre au prince d'obtenir des subsides conséquents de la part de ses sujets, et cela jusqu'en 1494, situation tout à fait inédite, d'autant que les ducs de Bourgogne avaient toujours su entrer en guerre en disposant d'une épargne très conséquente. Ils avaient pu alors négocier en position de force jusqu'en 1475-1476, afin d'obtenir à l'issue d'expéditions militaire le plus souvent victorieuses des aides destinées à couvrir les frais qu'ils avaient eus[35]. De tout cet héritage politique, symbolique et pécuniaire, il ne restait plus grand-chose. Il fallait à présent convaincre les assemblées représentatives que la guerre du prince était également la leur, alors même que le périmètre géographique de la domination bourguignonne s'était réduit comme peau de chagrin, et qu'on ne pouvait plus compter sur la contribution des principautés secondaires ou des quasi-annexes (Tournai, Liège, Utrecht) pour compenser au moins en partie les éventuelles défections du Brabant, de la Flandre et de la Hollande.

Par ailleurs, au rêve de mobilisation générale caressé par les États généraux succéda l'autodéfense généralisée, d'abord au niveau des provinces, puis au niveau des communautés urbaines et villageoises directement menacées par l'invasion. Les villes préférèrent payer des guetteurs, mobiliser leurs connétablies d'archers et d'arbalétriers, parfois faire venir de Malines ou d'Allemagne des couleuvriniers et des canonniers, acheter armes et munitions, faire réparer leurs murailles et curer les fossés, plutôt que de contribuer à l'effort collectif. Ainsi, après la défaite du pont d'Espierres, en juin 1477, le seigneur de Zottegem avait dû négocier avec les Lillois pour que, au lieu de lever un contingent pour la défense de leur cité, ils versent plutôt un mois de solde aux gens de guerre du seigneur d'Estrées. Pour obtenir leur accord, Zottegem avait promis de laisser au moins 500 hommes en garnison à Lille : un pis-aller rendu nécessaire par la plus grande confiance qu'inspiraient les

---

33 Le compte n'indique aucun objet à cette aide (AGR, CC, reg. 15730, compte de cette aide, fol. 1r).

34 ADN, B 12432, 2ᵉ compte des aides de Hainaut tenu par Jean de la Croix, fol. 1r-v.

35 Ainsi pour les campagnes contre Liège, en 1468, et contre la France en 1470 et 1473 (Willem Pieter BLOCKMANS, *De volksvertegenwoordiging...*, p. 381-382).

FINANCER LA GUERRE – NÉGOCIER AVEC LES ASSEMBLÉES REPRÉSENTATIVES   299

finances urbaines et qui tarissait le vivier de recrutement des capitaines de Marie de Bourgogne[36].

Très rapidement se constitua une sorte de zone de front, comprenant les cinq grandes villes autour desquelles s'articulaient la défense des Pays-Bas face aux Français – Saint-Omer, Aire, Lille, Douai et Valenciennes – ainsi que les franges du Hainaut et de la Flandre les plus exposées aux raids des Français. Contraintes à de lourdes dépenses de guerre, ces districts et ces villes bénéficièrent soit d'une exemption fiscale totale, à l'instar de la châtellenie de Lille, Douai et Orchies jusqu'en 1485, ou du réduit artésien d'Aire et Saint-Omer[37], soit d'exemptions partielles, soit de la possibilité d'employer le produit des impôts levés dans leur ressort au paiement des garnisons qui les défendaient[38]. De ce jeu, les villes tirèrent parfois leur épingle. Ainsi, Valenciennes, qui jouissait déjà d'un statut privilégié, puisqu'elle négociait directement ses subsides avec le souverain, réduisit ses contributions au point que ses « dons et gratuités » n'étaient plus guère que des pourboires. Entre 1485 et 1488, elle refusa de déclarer au receveur des aides de Hainaut le montant des dons et aides accordés à Maximilien, indiquant simplement qu'*ilz en ont tellement fait aud. roy nostre seigneur qu'il est bien content d'eulx*[39]. On comprend la discrétion des échevins de Valenciennes, car les villes de Hainaut auraient eu quelques raisons de s'indigner : jamais ils n'accordèrent plus de 1 000 l. ou 1 500 l. par an[40] ; leur forfait, pour le remplacement du fouage de deux florins par feu, en 1492, ne s'éleva qu'à 400 livres, à peine un dixième de ce à quoi le fouage aurait pu s'élever[41]. Ce n'est qu'en mars 1493 que, confrontés au voisinage menaçant de la garnison allemande d'Arras, les Valenciennois consentirent enfin un don exceptionnel de 4 000 l. pour le paiement des gens de guerre qui la composaient[42].

De Lille, durant la guerre pour la succession de Bourgogne, Maximilien ne put tirer, outre le don de 1 000 écus destiné au seigneur d'Estrées, qu'une avance de 2 000 écus en 1477 pour le paiement des gens de guerre du seigneur de Zottegem,

---

36 Dès que fut rendue publique la décision de la ville de lever 500 à 600 hommes, Jean de Luxembourg se plaignit que *au moyen de lad. publication, pluiseurs compaignons de guerre qui s'estoient fais escripre pour passer à monstres soubz lui le delaisserent pour eulx mettre ou service de lad. ville* (AM Lille, reg. 16216, fol. 118r-v).

37 Entre le 23 février et le 18 mars 1478, une délégation de six personnes, conduite par Jacques de Ghistelle, chevalier, juré de la loi de Saint-Omer et ancien mayeur, alla à Gand solliciter auprès de Maximilien une exemption totale, qu'ils obtinrent (AM Saint-Omer, compte des argentiers, 1478-1479, voyages et vacations, fol. 95r-96r).

38 Ainsi pour la châtellenie d'Ypres, en 1479, pour les aides du printemps et de l'été (*ibid.*, aide n° 6), pour l'aide de 21 166 couronnes du printemps 1482 (*ibid.*, aide n° 13), et les aides de l'été et de l'automne 1482 (*ibid.*, aide n° 15).

39 ADN, Cumulus 16214, 4ᵉ compte de Jean de la Croix des aides de Hainaut.

40 1 000 l. en 1486 (assignation du 16 septembre 1486, pour le paiement des gens de guerre de Philippe de Clèves, ADN, B 2133, fol. 79r) et 1 500 l. pour l'aide du 12ᵉ denier (ADN, B 12433, fol. 2r, compte de Jean de la Croix, à cause des « dons et appointements faits au lieu du 12ᵉ denier du vaillant et chevance des gens d'Église, bonnes villes et habitants du Hainaut » ; à comparer aux 4 200 l. déboursées par Mons, ville pourtant plus petite).

41 ADN, B 12436, 2ᵉ compte d'Olivier du Buisson des aides de Hainaut, fol. 1v.

42 *Ibid.*, fol. 2v-3r.

dont ils devaient se faire rembourser dans les six mois[43], sa participation à une aide de 2 700 l. pour la solde de 200 archers pendant trois mois[44], ainsi qu'un prêt de 1 000 écus pour la solde des gentilshommes de l'hôtel, commandés par le seigneur de Chantereine, en 1479, remboursable par « parole de prince » sur la première aide à accorder par la Flandre[45]. Si l'on ne trouve aucune trace du remboursement des deux prêts de 1477 et 1479 dans les comptes de la ville, il n'en demeure pas moins que la contribution nette de Lille à l'effort de guerre commun fut très faible entre 1477 à 1482 : 7 500 l. de 40 g., soit 1 250 l. par an. La plupart des villes frontalières tiraient parti d'un rapport de forces très favorable avec les autorités princières, car celles-ci craignaient par-dessus tout une trahison qui aurait livré à l'ennemi l'une ou l'autre de ces places stratégiques. Il fallait faire preuve de souplesse ! Que l'on songe au traité de Wavrin, qui neutralisa la châtellenie de Lille, Douai et Orchies pendant la guerre civile de 1488-1489, sur lequel Maximilien fut contraint de fermer les yeux[46] ; à l'accord négocié avec Saint-Omer en janvier 1487, par lequel la loi de la ville consentait à ouvrir leurs portes aux soldats de Maximilien, dans un délai de trois semaines, si les Français ne cessaient pas leurs attaques contre eux[47]. Que l'on songe également, quelques années plus tôt, et de l'autre côté de la barrière, à l'avalanche de privilèges dont bénéficia Amiens en 1471, lorsqu'elle fut reprise par Louis XI[48] ! Les villes confrontées à l'agression française furent de fait soustraites à la fiscalité d'État, et les officiers de Maximilien durent batailler ferme pour mobiliser un tant soit peu l'épargne des bourgeois.

Guerre du prince, guerre des pays

Face aux *Hoeken* de Hollande, aux rebelles de Liège et d'Utrecht, Maximilien n'eut aucun mal à trouver des appuis. Mieux que cela, nous le voyons agir en tant qu'entrepreneur de guerre contre les Trajectins, puisque ce fut à l'appel des Hollandais, et à leurs frais, qu'il vint mettre le siège devant Utrecht, et remporter contre le seigneur de Montfoort une victoire éclatante. Après que le duc eut définitivement pris parti pour les *Kabeljauwen* contre les *Hoeken*, en Hollande, les premiers n'épargnèrent pas leurs deniers pour triompher des seconds. Contre les Liégeois, adversaires décidément coriaces, les quartiers d'Anvers, Louvain et Bruxelles consentirent l'effort exceptionnel que l'on sait, qui leur fit dépenser près de 250 000 l. en sept mois, de septembre 1482 à avril 1483. Par la suite, la guerre s'enlisa, mais s'il fallut renoncer à rétablir la tutelle bourguignonne sur la principauté ecclésiastique, Maximilien sollicita

---

43 AM Lille, reg. 16216, fol. 118r-v.
44 Aide de 900 l. par mois pendant trois mois (193 l. 6 s. 8 d. pour la part de Lille) pour la solde de 200 archers (AM Lille, reg. 16217, compte des crues d'accises, fol. 3r).
45 AM Lille, reg. 16218, comptes des crues d'accises, fol. 6r.
46 Michael DEPRETER, « Le prince et les États de Flandre wallonne… », p. 179-200.
47 Jean MOLINET, *Chroniques…*, t. I, p. 549-551.
48 Jean-François LASSALMONIE, *La boîte à l'enchanteur…*, p. 340.

FINANCER LA GUERRE – NÉGOCIER AVEC LES ASSEMBLÉES REPRÉSENTATIVES   301

et obtint encore deux subsides de 12 200 l. et 50 000 l. en en 1486 pour la sécurité des marches mosanes des pays de par-deçà[49].

Les guerres livrées par l'archiduc furent loin de recueillir une aussi large approbation. Que l'on songe à la difficulté qu'éprouvèrent les représentants de Maximilien auprès des états de Brabant à prolonger la levée de l'aide de 108 400 couronnes en 1479, alors que Louvain, Bruxelles et Anvers déboursèrent sans sourciller près du double de cette somme en 1482-1483 ! En 1479, il s'agissait de contribuer à une guerre désormais lointaine, puisque l'évacuation du Hainaut par Louis XI écartait toute menace directe à l'encontre des campagnes brabançonnes. Trois ans plus tard, la mort de l'évêque Louis de Bourbon avait créé une situation d'urgence qui poussa les quartiers méridionaux du duché de Brabant à réagir avec une rapidité sans précédent. Le grand dessein de Maximilien, consistant à recouvrer l'intégralité de l'héritage de sa femme, ne pouvait que laisser dubitatifs les habitants des pays de par-deçà. Les factions politiques qui militaient en faveur d'un régime constitutionnel, garantissant autonomie de gestion des communautés et respect des privilèges, comprenaient que leur intérêt n'était évidemment pas de donner à leur nouveau souverain, déjà héritier d'une grande partie des domaines habsbourgeois, les moyens de pousser encore plus avant la construction d'une monarchie centralisée. Par ailleurs, le roi de France était sans doute le plus formidable adversaire que l'archiduc pouvait trouver en Europe. Comment pouvait-il sérieusement croire qu'il gagnerait contre Louis XI, qui avait terrassé tous ses adversaires intérieurs et avait réussi à rallier à sa cause une frange importante de la noblesse bourguignonne ? La guerre de Gueldre, qui était une entreprise de conquête menée aux dépens d'un héritier légitime, et qui déstabilisait toute la basse région du Rhin, n'avait pas vocation à réunir plus de suffrages. Quant aux Flamands, s'ils tenaient tant à se gouverner par eux-mêmes, en quoi cela concernerait-il les Brabançons ou les Hollandais ? Les Brabançons ne pouvaient qu'être sensibles à l'expérience flamande, eux qui en avaient vécu de similaires lors des crises politiques qui avaient secoué leur duché au tournant des XIVe et XVe siècles[50].

Pour accéder aux bourses néerlandaises, il fallait desserrer doigt par doigt les mains qui les gardaient fermées. Dans certains cas, l'adversaire avait le bon goût de se prêter au jeu de Maximilien, et commettait de graves erreurs qu'on pouvait exploiter. À coup sûr, la stratégie très agressive de confrontation directe choisie par Louis XI en 1477-1478, et qui tranchait avec sa prudence antérieure, ne laissa aux Flamands et aux principautés menacées par l'invasion française d'autre choix que celui de se ranger derrière Maximilien. La quasi-totalité du million de livres de 40 g. dépensées pour la guerre en 1477-1479 fut affectée aux opérations contre la France. De même, la tentative des Flamands en vue de bloquer le cours de l'Escaut, en pleines foires d'Anvers, et leur expédition aussi coûteuse qu'inutile contre le quartier de Bruxelles, à la fin de l'année 1484, provoquèrent la réaction des états de Brabant, qui mobilisèrent

---

49 AGR, CC, reg. 15730, compte de Jan van Olmen d'une aide de 12 200 l., dont 12 000 l. pour le paiement des gens de guerre sur les frontières de Liège et 200 l. pour Thierry Pullon, capitaine de Huy, et d'une aide de 50 000 l., pour résister aux entreprises des Liégeois.
50 André UYTTEBROUCK, *Le Gouvernement du Duché de Brabant...*, p. 470-550.

en quelques mois près de 150 000 l. pour soumettre leurs trop remuants voisins. Enfin, l'intransigeance de Philippe de Clèves, qui avait fait de L'Écluse un nid à pirates s'en prenant à la plupart des nations commerçant avec les Pays-Bas contraignit l'ensemble des pays de par-deçà, épuisés par quinze années de guerre, à consentir un dernier et suprême effort. L'aide des deux florins par feu, ou les subsides levés à sa place, ainsi que les aides levées pour le siège de L'Écluse en Hollande et Zélande permirent de réunir les 350 000 à 400 000 livres nécessaires au règlement final de la guerre de Flandre.

Ceci nous amène à une seconde stratégie, également opportuniste, consistant à exploiter cette fois les victoires obtenues sur les opposants politiques. L'aide des deux florins par feu avait été imposée à des principautés qui souhaitaient la paix avec Philippe de Clèves, mais qui surtout, étaient pour la plupart – Hollande, Brabant et Flandre – des principautés vaincues et ruinées. La guerre contre la France, en 1486, fut entièrement financée par l'anticipation de l'aide de 127 000 *ridders* pendant trois ans, qui n'était pas autre chose qu'un tribut imposé à la Flandre, confirmé par les Membres de Flandre *ter cause vander payse*. Attention, cependant, au retour de bâton ! L'animal roué de coups, désespéré, acculé, se jettera sur son maître pour se sauver. L'aide de 202 500 l., demandée en juillet 1486, prétendait faire fond sur la peur persistante dans les campagnes, malmenées par les gens de guerre allemands, et dans les villes, tenues d'une main de fer par les partisans du nouveau roi des Romains. Il fallut tout de même deux mois pour obtenir l'aval des Membres, pourtant soumis à une très forte pression. Six mois plus tard, Maximilien n'osait plus leur demander qu'un prêt de 40 000 couronnes, et cela même ne suffit pas à détourner l'orage de sa tête. De même, les compositions de Tours furent si lourdes qu'elles ne firent que rallumer l'incendie, et prolonger la guerre civile de trois ans.

Une troisième stratégie, apparentée aux deux précédentes en ce qu'elle tendait à imposer aux assemblées représentatives une forme de contrainte extérieure, consistait à rechercher la bataille décisive, qui montrerait aux yeux de tous les capacités militaires du souverain, ainsi que la supériorité morale de sa cause. La victoire de Guinegatte permit à Maximilien de se faire accorder deux aides complémentaires par la Flandre et le Brabant, en août et septembre 1479. N'est pas Henri V qui veut, cependant, et cette option, qui ressemble à s'y méprendre à une fuite en avant, avait ceci de dangereux que son succès dépendait entièrement de l'adversaire, qui pouvait très bien refuser le combat, tel Philippe de Crèvecœur en octobre 1479, lors de la seconde campagne d'Artois. Sur le plan intérieur, elle était également risquée, à la mesure des sacrifices consentis pour la levée d'une armée. L'indignation de l'opinion après une défaite pouvait être dévastatrice, comme en France, après les désastres de Crécy et de Poitiers, comme en Flandre après l'humiliation de Béthune et la perte de Saint-Omer et de Thérouanne en 1487.

Négocier, concéder

La raison commandait donc le plus souvent d'accepter la négociation avec les assemblées représentatives, et donc, par là même, de faire des concessions. La plus évidente consistait à réduire le montant de l'aide par rapport aux demandes initialement présentées par les commissaires du prince. Les états de Hainaut, ainsi qu'on l'a vu, ne manquaient ni de détermination, ni d'arguments : ils pouvaient faire état des terribles destructions subies en 1477-1478, qui avaient entraîné une diminution de près d'un tiers de la population du comté, et de leur situation géographique malheureuse, qui en faisait comme un îlot environné d'ennemis, Français au sud, Flamands à l'ouest, Brabançons au nord, Liégeois à l'est. Leur loyauté constante à l'égard de Maximilien leur conférait également un avantage moral inappréciable. Jusqu'en 1486, leur contribution aux aides du prince ne dépassa pas 6 000 l. par an – exceptée l'aide de 13 000 l. en août et septembre 1482, mais qui était destinée à la protection de leurs frontières. On était donc très loin de leur quote-part à l'aide des 500 000 *ridders*, qui s'élevait à 28 000 *ridders*, soit 33 600 l. Même l'aide de 23 100 l. accordée en août 1486 pour le paiement des gens de guerre lui était nettement inférieure, à l'heure où la pression fiscale était extrême partout ailleurs, jusqu'à doubler ou tripler celle des dernières années du règne du Téméraire. En 1489, le Hainaut dépensa près de 33 000 l. pour les soldes des gens de guerre, mais la valeur de la livre de Flandre atteignait alors à peine le tiers de son cours de 1473-1476[51]. Même en y ajoutant les autres aides, votées pour les dépenses locales, et notamment les annuités des rentes vendues sur les états, en constante augmentation pendant toute la période, le Hainaut parvint à échapper à l'écrasement fiscal dont furent victimes les Flamands.

Constat semblable du côté de la châtellenie de Lille, lorsqu'après une longue interruption, elle réintégra le système consultatif fiscal habituel. Si les états de Lille consentirent comme la Zélande et la Hollande à voter des aides pluriannuelles, suivant un cycle triennal, leur montant apparaît comme faible, voire très faible, par rapport à la portion de la châtellenie des 500 000 *ridders*, s'élevant à 19 200 l. : 11 000 l. en 1485-1488 et 4 500 l. seulement en 1489-1491. Il est vrai que la châtellenie avait d'autres frais à assumer, notamment ceux induits par la signature du traité de Wavrin, en 1488, car la neutralité avait un prix. Les Lillois savaient décidément rester à l'écart des tempêtes qui balayaient les Pays-Bas ! En 1492, la châtellenie accorda un subside de 15 000 l. par an pendant trois ans, qui apparaît comme le plus important consenti par elle entre 1477 et 1506 ; la présence voisine de la garnison d'Arras, qui hors de tout contrôle, mettait à sac les campagnes artésiennes, les incita certainement à faire un effort.

Les marges de manœuvre furent cependant très différentes d'une principauté à l'autre. En Flandre, l'aide de 127 000 *ridders* resta une référence continuelle, constamment réclamée par Maximilien, et assez facilement agréée par les Flamands, conscients du traitement de faveur dont ils avaient joui lors de la répartition de l'aide générale de 500 000 *ridders* en 1472-1473. À l'aide de 127 000 *ridders*, rétablie une première fois en 1478-1479, succédèrent en 1480 l'aide de 6 000 combattants, d'un montant presque similaire (120 000 couronnes pour les quartiers d'Ypres et de Bruges) ; en 1482, les accords complémentaires de 50 000 et 75 000 couronnes ; en 1485-1487, l'aide de 127 000 *ridders* par an pendant trois ans ; en 1492-1493, l'aide de 128 000 florins. Les compositions de Flandre, d'un montant de 525 000 l. sur trois ans, soit 145 833 florins par an, n'en étaient guère éloignées non plus – abstraction faite de l'exemption dont bénéficiaient les villes et districts restés fidèles à Maximilien, et de l'appauvrissement général du comté.

---

51   Voir annexe II, tableaux synthétiques des aides accordées par les principautés (Hainaut).

En Brabant, la restauration de l'aide de 108 400 couronnes, correspondant également à la part du duché dans l'aide de 500 000 *ridders*, fut moins fermement réclamée par les autorités, sinon au début de la période, pour les années 1478 à 1480, et en 1487-1488. En raison de la guerre de Liège et de la contribution exceptionnelle de 1485, puis des destructions consécutives à la guerre civile de 1488-1489, les représentants de Maximilien acceptèrent des subsides généralement inférieurs de plus de la moitié à la quote-part brabançonne de l'aide de 500 000 *ridders* (50 000 l. en 1486, 1487 et 1491). En revanche, on notera que l'aide des deux florins par feu, levée en 1492-1493, rapporta un peu plus de 140 000 l. de 40 g., soit 7% de plus que les 130 080 l. de l'aide de 108 400 couronnes. Ainsi, l'aide de 500 000 *ridders* avait créé un précédent auquel on continua de se référer là où la quote-part des principautés pouvait être considérée comme équitable. Ailleurs, on trouva des jauges inférieures, paraissant plus conformes aux capacités contributives des principautés. Il existait donc partout un niveau de taxation considéré comme raisonnable et supportable, et nous nous en souviendrons lorsque nous aborderons la question de la pression fiscale sur l'ensemble de la période étudiée.

En Flandre et en Brabant, principautés qui fournirent près de 60% des recettes fiscales de Maximilien entre 1477 et 1493, les assemblées représentatives cherchèrent moins à négocier le montant des aides qu'à les assortir de garanties parfois très strictes. En premier lieu, l'accord des états est souvent subordonné à l'engagement, de la part du prince, de ne plus solliciter d'autres subsides aussi longtemps que l'aide aurait cours. Ainsi, parmi les dix conditions préalables à l'octroi de l'aide de 50 000 l. en janvier 1487, qui devait être levée aux Saint-Jean-Baptiste 1487 et 1488, le Brabant exigea d'être franc de toute nouvelle aide, ainsi que de tout prêt ou anticipation sur la prochaine aide – cavalerie classiquement utilisée par les autorités pour accroître les recettes fiscales sans passer par une négociation avec les assemblées représentatives – avant que les avances déjà accordées par les villes et les prélats soient intégralement remboursées[52]. Même demande de la part des Membres de Flandre, en 1492, pour l'aide de deux florins par feu[53], et pour l'aide de 108 000 l. accordée à la fin de l'année 1487[54].

Tout aussi fréquente est la requête d'être exempté du logement des gens de guerre. Les Brabançons avaient déjà demandé avec insistance, à l'été 1480, que les compagnies d'ordonnance en route pour le Luxembourg, ou en revenant, « vident » au plus vite le duché. Ils furent encore plus catégoriques en 1487 ; les gens de guerre

---

52   *Item, dat oec onse voirs. geneed. heere tvoirs. lant van Brabant ende ingesetene desselfs midts den selven voirs. consente niet en sal belasten met ennigen beeden, subvencie, torweyden of anderen lasten voere ende eer dat die presten vanden prelaten ende steden den selven zijnre genaden hier op gedaen int geheele volbetaalt selen wesen ende sonderlinge den tijt duerende van Sint Jansmisse naastcomende tot Sint Jansmisse over een jaar ende dat zijnre genaden van nu voertaine tselve goet lant ende ingesetene van presten ende anticipacien sal laten ongemoeyt het en zij noyt ende oerboere voere dlant* (AGR, CC, reg. 15731, compte de l'aide de 50 000 l. accordée en 1487, fol. 2r).

53   *Handelingen…*, t. I, p. 596-597.

54   Ils demandèrent la déduction des quotes-parts des villes et châtellenies de ce qu'elles avaient déjà payé pour le prêt de 40 000 couronnes (*ibid.*, p. 409).

FINANCER LA GUERRE – NÉGOCIER AVEC LES ASSEMBLÉES REPRÉSENTATIVES   305

présents en Brabant devaient immédiatement en partir, sans rester plus d'une nuit au même endroit. Leur feuille de route était même précisée : ils devaient se rendre à Louvain, puis le lendemain à Malines, et le surlendemain à Termonde, hors du duché[55]. La Flandre ne pouvait évidemment exiger le départ des gens de guerre, qui s'y trouvaient pour protéger le comté des Français ou pour soumettre les villes rebelles[56]. En 1492, les Flamands réclamèrent seulement que des mesures soient prises pour éviter que le comté ne soit « travaillé » par les gens de guerre[57]. Ils n'étaient plus en position de force, comme à l'époque de Marie de Bourgogne et de la guerre contre Louis XI. L'accord passé avec Bruges et Ypres, en avril 1480, pour l'octroi de l'aide des 6 000 combattants contenaient des dispositions beaucoup plus précises touchant à la discipline des gens de guerre, soumis à la justice des bancs échevinaux, et responsables sur leurs gages des dégâts qu'ils commettraient[58]. Afin que nul n'en ignore, en une sorte de préfiguration partielle de l'acte d'union 1482, Ypres et Bruges prévenaient qu'ils avaient délibéré de se prêter assistance mutuelle au cas où quiconque chercherait à transgresser l'accord ainsi conclu avec Marie et Maximilien[59].

Une troisième catégorie de contreparties imposées par les assemblées représentatives est constituée par les clauses imposant le respect des coutumes anciennes réglant le processus consultatif et la répartition du fardeau entre les états et les communautés. En 1487, les Brabançons obtenaient satisfaction sur ce point, car jusqu'alors, quand les prélats obtenaient un rabais, on répartissait sur les états laïcs le montant de celui-ci, de manière à compenser le manque à gagner. À partir de janvier 1487 les états laïcs exigèrent que la part du clergé soit toujours de 12%, ou à tout le moins, que personne n'aurait à payer la quote-part de ceux qui bénéficiaient d'une exemption, qui viendrait donc en déduction de la recette nette[60]. Cette clause fut effectivement mise en œuvre pour l'aide de 100 000 l. accordée en septembre 1487 : le clergé refusa

---

55   *Erst, dat midts desen consente tvoirs. lant van Brabant ende ingesetene des selfs selen bliven onbelast vander garden van allen luden van wapenen te peerde ende te voete, ende dat die ghene die alsus opt voirs. lant zijn terstont ruymen selen ende voertane uutbliven ende niet weder daar inne comen, achtervolgende den toeseggene des connincx voirs. ende en selen ten lancxten maer eene nacht op eene plaetse bliven, te wetene eenen nacht te Loevene, den anderen nacht te Mechelen, ende den anderen dair nae te Denremonden ende voerts daarna uuten voirs. lande stecken ende bliven, ende op die contrarie hier af gebuerde, dat zij de selve selen moegen doen vertogeeren uut clock slage of anderssins soe den raet gedragen sal sonder dair op in abolch des voirs. coenincx te commen* (AGR, CC, reg. 15731, compte de l'aide de 50 000 l. accordée en 1487, fol. 2r).

56   Voir cependant la demande de la châtellenie d'Ypres d'être exemptée du logement des gens de guerre, alors que se négociait la prolongation de l'aide de 127 000 *ridders* au printemps 1487 (*Handelingen...*, t. I, p. 409).

57   *Handelingen...*, t. I, p. 597.

58   Voir *infra*, p. 410.

59   [...] *de vors. van Brugghe ende van Ypre gheaccordert ende gheconcludert zijn elc anderen assistencie te doene jeghen de ghonen die tvors. consent of de condicien daeran clevende inbreken zouden willen* [...] (ADN, B 3519, n° 124382, accord entre Bruges et Ypres d'une part et les commissaires du prince d'autre part au sujet de l'aide accordée par les deux villes pour la guerre).

60   C'est l'une des conditions posées pour l'octroi de l'aide de 50 000 l. accordée en janvier 1487 (AGR, CC, reg. 15731, compte de Jan van Olmen l'aide de 50 000 l. accordée en 1487, fol. 2r : *Item, dat inde voirs. somme, die heeren de prelaten dragen sullen haer part ende portie, te wetene hueren advenant*

CHAPITRE 9

de payer plus de 4 000 l., de sorte que le montant de l'aide fut réduit à 92 000 livres[61]. Ce principe, déjà affirmé pour les communautés d'habitants en 1451, continua d'être appliqué par la suite.

En 1487 toujours, les états de Brabant demandèrent que tout différend ou contestation susceptibles de survenir à propos des aides soient tranchés conformément à l'instruction de 1451[62]. Dans le même registre, le conseil de Mons réclamait en mars 1486 que le receveur des aides du comté, nommé par les états, fût responsable de la levée d'un prêt de 5 000 l. accordé par le Hainaut à l'occasion du couronnement de Maximilien, et cela « pour tant mieulx avoir mémore de le tout desd. deniers recouvrer sur led. pays ». L'administration des états devait disposer d'une information absolument fiable et complète[63]. Dans les deux cas, il s'agissait de préserver l'autonomie de gestion des assemblées représentatives en matière fiscale et de les mettre à l'abri de toute intrusion de l'administration princière.

Les principautés ne manquèrent pas de présenter bien d'autres revendications. La préparation de la campagne militaire de l'été 1479 fit l'objet de négociations préliminaires avec les États généraux et avec les Membres de Flandre, les plus concernés en raison de leur voisinage avec l'Artois. À l'assemblée de Termonde, en février 1479, Maximilien fit savoir qu'il voulait poster des garnisons aux frontières, afin de livrer partout la « guerre guerrante » contre le roi de France, soit la guerre de courses, d'escarmouches, à la manière médiévale, qui faisait la part belle aux petites unités montées, c'est-à-dire à l'armée permanente des compagnies d'ordonnance. Cette proposition fut rejetée tout net, au profit d'opérations visant à desserrer l'étau français autour de Saint-Omer[64]. Les Flamands jugeaient prioritaire la reprise de Thérouanne, l'une des plus importantes places d'armes françaises, d'où partaient de nombreux raids de pillage en direction des châtellenies de Bailleul et de Cassel.

En 1487, exploitant à fond la situation financière très difficile de Maximilien, les Brabançons voulurent promouvoir leurs intérêts commerciaux. Ils réclamèrent ainsi l'abolition de tonlieux établis par le duc de Juliers et à Cologne[65], ainsi que le

---

gereekent van xxv die drie, als zij geplogen hebben te doene ende dat sonder uut saken van desen deen prelaet, quartier, stad, vrijheit of dorp voeren des anders gedeelte of portie ennichssins verleggen gemoeyt of gepraemt sal worden, maer dat eene jegelick gestaen sal betalende alleenlic zijn part ende portie.

61 AGR, CC, reg. 15731, compte de l'aide de 50 000 l. accordée en 1487, fol. 1v.

62 *Item, dat alle goeden, ende desgelicx alle geschillen ende questien uut saken van dese spruytende contribueren selen ende worden beslicht nae inhoudt der instructien op te beede gemaect int jaer van LI (ibid., fol. 2r).*

63 Léopold Devillers, « Le Hainaut sous la régence de Maximilien d'Autriche. 1486-1488 » …, p. 213.

64 *Handelingen …, t. I, p. 92 : […] daer zekere openinghe ende verclaers huuter name van mine gheduchten heere ende zin capitainen van orloghe den ghedeputeerde van den vors. landen ghedaen was onder andere een point te wetene dat men tvolc van wapenen legghen zoude up de frontieren in garnisoene ende den coninc van Vranckerike leveren gherre gherriant, daerjeghen hem Vlaendren, Brabant ende andere opposeerden, zegghende dat men dat niet doen noch consenteren en wille, maer zin tevrede dat men de coninc van Vranckerike zal wederstaen met crachte van volke ande afwerpen drie of viere plaetsen ligghende bij St.-Omaers.*

65 *Item, dat achtervolgende zijnen toeseggenen, die genaden des coeninx soe vele doen selen dat den tol ende donglet nieuwelic op gestelt bij den hertoge van Gulick, te weten op elc peert dat natte ware vuert x wits penningen, ende droge waren act wits penninge, sal worden afgedaen, ende insgelijcx den toll ende ongelt te Coolen opgestelet (AGR, CC, reg. 15731, compte de l'aide de 50 000 l. accordée en 1487, fol. 2r).*

rétablissement du libre-échange avec l'Angleterre, dans les mêmes conditions que sous Philippe le Bon et Charles le Téméraire[66]. Plus aisée à obtenir de la part d'un roi des Romains, la confirmation de la Bulle d'or de 1349, qui donnait aux Brabançons le droit de ne pas être cité en justice à l'extérieur du duché, était également souhaitée *aengaende der gheestelijcker jurisdictien*, sans doute parce que son application soulevait plus de difficultés pour les causes relevant des tribunaux ecclésiastiques. On touchait là en effet aux champs de compétences respectifs du pape et de l'empereur, alors que la plus grande partie du duché ressortissait aux sièges épiscopaux « étrangers » de Cambrai et de Liège. Enfin, les états de Brabant obtinrent également la confirmation d'un privilège concernant les fiefs[67].

Ces conditions exigées des assemblées représentatives, parfois doublées d'un accord prenant la forme d'un contrat, furent-elles respectées par le prince ? Il est évidemment facile de trouver d'innombrables manquements à la parole donnée. Ainsi, en Brabant, l'aide de 1487 fut levée entièrement dès le mois de juin 1487, alors qu'elle devait être levée aux termes de la Saint-Jean-Baptiste 1487 et 1488, et quelques semaines plus tard, on soutirait aux villes de Brabant de nouvelles anticipations[68]. De même, les châtellenies de Flandre qui avaient contribué au prêt de 40 000 couronnes consenti au début de l'année 1487 durent payer l'intégralité de leur quote-part de l'aide de 108 000 l. finalement accordée à la fin de l'année, sans que leurs avances fussent déduites, et cela après avoir entre-temps accordé un subside intermédiaire de 63 500 *ridders*, levé à la Saint-Jean-Baptiste 1487[69]. Pourtant, on peut à tout aussi bon droit faire remarquer que toutes les exigences, doléances et prières des états furent au moins prises en considération. Certaines étaient plus difficiles à honorer que d'autres, voire franchement illusoires. Maximilien ne pouvait évidemment imposer à sa guise des traités commerciaux à l'Angleterre, à la ville ou à l'archevêque de Cologne, ni même au duc de Juliers.

La formidable pression des circonstances empêchaient également le souverain de suivre à la lettre les engagements pris à l'égard des états. Cependant, on constate tout de même que la pression fiscale recula nettement en Flandre en 1487, par rapport à l'année précédente, et que la plupart des emprunts contractés en 1486 auprès des villes de Brabant furent remboursés sur l'aide de 50 000 l. accordée en janvier 1487[70]. De même, l'avis exprimé par les Membres de Flandre sur les buts de guerre de la campagne de 1479 fut suivi par Maximilien, qui s'en alla assiéger Thérouanne à leur

---

66 *Item, dat onse geneediche heeren dentrecours vander comenscap bij wijlen hertogen Philips ende Karelen saliger memorien tusschen hueren landen ende den rijcke van Ingelant gemaict sal doen onderhouden, soe dat de coopluden vanden lande soe vry int Ingelant vaeren selon moegen als die van Ingelant hier comen, soude ennige nieuwicheyden voertgekeert te werdene bij den van Ingelschen, of dat den selven Ingelschen ennige saufconduyten verleent solen werden, gemerct dat die cooplude dair mede in desen lande woenenden van hueren neeringen worden berooft (ibid., fol. 2v).*

67 *Die institucie vanden ottroeyen aengaende den leengoeden (ibid.).*

68 Assignations du receveur général en date des 10 et 11 août 1487, la première de 6 000 l., la seconde de 1 320 l., en anticipation sur l'aide de 108 400 couronnes en cours de négociation (AGR, CC, reg. 15731, compte de Jan van Olmen de l'aide de 92 000 l. accordée en septembre 1487, fol. 1r-v, 26r-27r).

69 Voir annexe I, aides de Flandre, aides n° 25, 26 et 27.

70 AGR, CC, reg. 15731, compte de Jan van Olmen l'aide de 50 000 l. accordée en 1487, fol. 30r-31v.

308 CHAPITRE 9

demande. Comme les ducs de Bourgogne, les souverains Habsbourg prêtèrent une très grande attention à la diplomatie économique et commerciale, à laquelle leurs sujets étaient si sensibles.

Diviser pour régner ?

Face aux assemblées représentatives, le prince n'était certes pas désarmé. Beaucoup des concessions accordées aux principautés faisaient suite à des coups de force et à des transgressions sciemment orchestrées par Maximilien pour faire plier les représentants des principautés. Par définition, faire mine d'avancer pour finalement rester sur ses positions de départ ne constitue pas un recul. Tel fut le cas lorsque Maximilien et Albert de Saxe réclamèrent en 1485 et 1492 un impôt sur le revenu et un fouage, s'attaquant ainsi à l'autonomie fiscale des principautés, et changeant la nature même de l'impôt, qui de répartition, devenait un impôt de quotité. Ce n'était là qu'un moyen de pression, d'ailleurs couronné de succès. En décembre 1481, l'arrestation de Willem Moreel et de ses amis brugeois devait pareillement préparer dans un sens favorable au prince la négociation fiscale avec Bruges et Ypres, qui déboucha sur l'octroi des aides simultanées de 50 000 et de 75 000 *ridders*, puis sur l'élargissement des accusés.

La martingale du prince consistait à exploiter les divisions sociales et politiques des principautés, et à fractionner la consultation jusqu'à isoler les adversaires les plus déterminés. Maximilien négocia séparément avec les quartiers de Brabant (1479, 1485), avec les villes de Hollande (1478) et de Zélande (1492) ou avec chacun des états de Hainaut (1485, 1492). En Flandre, il alla jusqu'à négocier avec les seuls quartiers d'Ypres et de Bruges (1480-1482), voire directement avec les petites villes et les châtellenies du quartier de Gand (1487, 1492) ; on créa même temporairement un district nouveau à partir du réduit du *Westquartier* (1488-1491). Cela pouvait localement se traduire par une remise en cause radicale des quotes-parts coutumières, au risque de mécontenter très fortement les plus gros contributeurs. C'est ce qui arriva en Hainaut lors de la négociation des forfaits accordés en remplacement de l'aide du 12ᵉ denier. La ville de Mons, sollicitée le 16 avril 1485 par Olivier de la Marche au nom de l'archiduc, avait trouvé un accord avant le 4 mai suivant, pour un montant très conséquent de 4 200 livres. Il est vrai que Maximilien, furieux qu'ils n'aient proposé que 2 000 l., les avait menacés d'un fouage de quatre florins par feu[71], qui aurait fait encore doubler leur note. Les Montois avaient de quoi se sentir se sentir floués, puisque les vingt-six prélats du comté ne donnèrent que 733 l. 10 s., les campagnes 6 000 l., et les treize autres villes 1 203 livres[72]. Mons avait donc fourni à elle seule 35% des contributions du Hainaut, alors qu'elle représentait moins de 10% de sa population[73].

------

71 Léopold DEVILLERS, « Le Hainaut sous la régence de Maximilien d'Autriche. 1483-1485 » …, p. 412-424.

72 ADN, B 12433, fol. 1r-2v, compte de Jean de la Croix, à cause des « dons et appointements faits au lieu du 12ᵉ denier du vaillant et chevance des gens d'Église, bonnes villes et habitants du Hainaut ».

73 Mons comptait environ 2 000 feux en 1430 et 3 000 en 1542, pour une population rurale totale de 21 897 feux en 1479 et 21 537 feux en 1489 (Maurice-Aurélien ARNOULD, *Les dénombrements de foyers dans le comté de Hainaut* …, p. 156 et 303-310).

FINANCER LA GUERRE – NÉGOCIER AVEC LES ASSEMBLÉES REPRÉSENTATIVES

En définitive, l'artifice était trop grossier pour être utilisé souvent ; il devait se justifier par des circonstances politiques exceptionnelles, car il donnait une sorte de prime au mauvais coucheur, qui s'en sortait invariablement mieux que les plus accommodants. Ainsi, la fâcheuse expérience du 12ᵉ denier avait vacciné le conseil de Mons, qui opposa une résistance extraordinairement farouche au fouage de deux florins par feu en 1492. Les commissaires de Maximilien présentèrent aux états de Hainaut la demande d'un premier florin par feu le 31 décembre 1491 ; dès le 2 janvier, elle était acceptée par les nobles, tandis que les prélats déclaraient ne pas être concernés par cette capitation, puisqu'ils ne payaient d'impôts que sur leurs revenus[74]. Les Montois demandèrent à se retirer, et refusèrent fermement que les prélats se séparent des villes, arguant qu'« il n'avoit jamais esté veu que lesd. prélats se desjoindeissent dez bonnes villes », et que jamais les prélats n'avaient été exempts d'impôts. En février suivant, excédés, les habitants de Mons refusèrent même d'accorder un forfait de remplacement, au lieu du florin par feu[75]. En mai 1492, alors qu'entre temps, le duc de Saxe avait demandé aux pays de par-deçà un second florin par feu, les états étaient à nouveau réunis pour discuter du premier florin[76]. Les habitants de Mons étaient donc parvenus à rétablir l'unité de l'assemblée de Hainaut, même si les positions des trois états restaient différentes, et que la levée du premier florin par feu avait déjà commencé dans les campagnes. Finalement, en juillet 1492, les villes accordèrent 3 333 l. ; le mois suivant, les prélats suivaient pour 1 500 l., tandis que la contribution totale des villages monta à 8 250 livres[77]. On le voit, par rapport à 1485, Mons était sortie à son avantage du bras de fer. Le Hainaut avait finalement limité sa contribution à 13 083 l. pour 22 000 feux, soit 0,6 l. par feu, tandis que le Brabant devait s'acquitter de près de 140 000 l. pour moins de 80 000 feux[78], soit 1,75 l. par feu. Il n'est pas surprenant, dans ces conditions, que le principe de la consultation unitaire des états ou des districts d'une même principauté fût régulièrement rappelé avec force. En 1482, les Gantois affirmaient que toute aide qui n'aurait pas reçu leur aval était illégale, et qu'en toutes circonstances, il importait de *eendrachtelic te bliven*[79]. L'impossibilité de s'affranchir de la répartition coutumière de la charge fiscale, et de trop imposer les communautés les plus fragiles économiquement – tels les prélats en Hainaut, Ypres en Flandre, etc. – tirait naturellement vers le bas le montant global des aides accordées par les principautés

---

74 Léopold DEVILLERS, « Le Hainaut sous la régence de Maximilien d'Autriche. 1490-1494 » …, p. 255-256.

75 *Ibid.*, p. 417.

76 *Ibid.*, p. 426-427.

77 ADN, B 12436, fol. 1r-2r, 2ᵉ compte des aides de Hainaut tenu par Olivier du Buisson.

78 Le Brabant comptait 86 483 feux réels (lors de l'établissement de l'assiette des impôts, les campagnes bénéficiaient d'un abattement de 20%, et les villes d'un abattement de 10% pour les ménages pauvres) en 1480, et 75 343 feux en 1496 (Joseph CUVELIER, *Les dénombrements de foyers…*, p. CLXXVII et CCXXXVIII).

79 *Handelingen…*, t. I, p. 198.

310 CHAPITRE 9

La violence des gens de guerre au service du prince

Maximilien n'hésita donc pas à faire usage de la force pour contraindre ses sujets, avec un sens consommé de la dramaturgie et de la manipulation. L'émergence d'une armée professionnelle, mercenaire et étrangère, puis la crise de 1488-1489 renversèrent le rapport dialectique unissant discipline des gens de guerre, versement régulier des soldes, et donc octroi des subsides nécessaires par les assemblées représentatives. Si celles-ci refusaient d'accorder une aide, ou si les habitants refusaient de la payer tant qu'ils seraient astreints au logement des gens de guerre, comme cela avait été le cas sous le règne de Marie de Bourgogne, pourquoi ne pas retourner la proposition dans un sens favorable au prince et se mettre du bon côté du manche ? Pourquoi ne pas refuser de faire évacuer tel district ou tel pays, tant qu'on n'accorderait pas l'argent nécessaire à la solde de gens de guerre ? Pourquoi même ne pas lâcher ses gens de guerre sur des principautés particulièrement rétives à accorder à leur « droiturier et naturel » seigneur l'aide qu'il pouvait légitimement attendre de ses sujets ? Car en effet, le serment de bien et loyalement servir, que prêtaient les gens de guerre lorsqu'ils étaient passés en revue et payés, n'était jamais valable que pour la durée du service soldé[80]. Entre 1477 et 1482, les compagnies d'ordonnance étaient dispersées tout le long de la ligne de front, et n'en bougeaient guère, de sorte que la concentration des gens de guerre était faible, et qu'ils pouvaient être facilement corrigés par les milices flamandes, comme à Courtrai en juillet 1477, près de Saint-Omer au printemps 1478 et en Hainaut durant l'hiver 1479-1480[81]. La garde du roi des Romains et les Allemands chassaient en bande, et mettaient en déroute tout ce qui pouvait leur être opposé.

Bref, il y avait tout intérêt à faire d'une faiblesse une force, et utiliser la violence des gens de guerre pour inciter les assemblées d'états à faire preuve d'un meilleur vouloir. La menace, le plus souvent, est implicite. Le prince ou ses représentants invoquent leur impuissance à réprimer les désordres des gens de guerres, tant qu'ils n'auront pas les moyens de leur verser une solde. Par un fâcheux hasard, c'est précisément au cours des très difficiles négociations conduites avec les états de Hainaut pour l'octroi de l'aide des deux florins par feu que la garde s'en vint loger en Hainaut, en mars 1492. Le 12 mars 1492, lors d'une session des états, à Mons, on signale que des gens de guerre de la garde sont arrivés à Trazegnies, et qu'ils prétendent qu'un mois de solde leur avait été assigné sur le Hainaut. Si le paiement ne se faisait, « ilz ne se polroient escuser de eulx bouter oud. pays »[82]. La chose est rapportée au duc de Saxe, aux États généraux alors assemblés à Malines. Le lieutenant général répond que « du logis des gens d'armes en Haynnau, il estoient très-desplaisans, congnoissans la léauté de ceux de Haynnau et les injures et dommaiges qu'il avoient suporté. […] Néantmoings, pour ce qu'il estoit vraysemblable que à difficulté on les aroit remis en leurs garnisons sans aucun paiement, fu dit que ceus de Haynnau recouvreroient, par

---

80 *Durant leur payement esdites garnisons*, nous indique la montre d'une compagnie de 100 archers à pied postés à La Motte-au-Bois et à la Goguerie (ADN, B 2128, n° 68957, 9 avril 1482).

81 Voir *infra*, p. 408-409.

82 Léopold DEVILLERS, « Le Hainaut sous la régence de Maximilien d'Autriche. 1490-1494 » …, p. 420.

prest ou autrement, la somme de III^m florins sur et en tant moins de l'ayde acordée, de laquelle somme on feroit paiement aus gens d'armes pour les retirer en leurs garnisons, et pour le surplus seroit dréché leur paiement, pour le tempz advenir, en fachon que plus ne seroit permis à loger sur le pays de Haynnay ne autre des pays »[83]. La duplicité du duc de Saxe est ici évidente, puisque les assignations sur les aides de Hainaut invoquées par les capitaines de la garde existaient bel bien, et qu'elles dataient… du 26 et du 27 février précédents[84].

Le dialogue entre Maximilien et les assemblées représentatives frappe par sa richesse. Dans l'ensemble, la période 1477-1482 se caractérise par un rapport de forces défavorable au prince, qui doit se justifier en permanence, négocier pied à pied, et le plus souvent, rabattre ses exigences. En réalité, le dialogue institutionnel au sein des assemblées représentatives ne s'est déroulé dans des conditions normales que pendant une période très brève, d'octobre 1477 au début de 1480. Par « conditions normales », on entend que les deux parties respectaient le cadre institutionnel hérité de deux siècles de pratiques transactionnelles, rappelées et renforcées par le Grand Privilège de 1477 – Naturellement, cela n'excluait pas des phases de tension, mais on doit plutôt les considérer comme un indice de bonne santé et de bon fonctionnement des institutions, dès lors qu'elles sont surmontées, ne débouchent pas sur une crise politique, ni ne rompent le cycle des convocations des assemblées. Dès 1480, l'incompréhension s'installe, les malentendus se multiplient et chacun cherche à empiéter sur les droits de ses interlocuteurs, qui de partenaires, se transforment en adversaires. Les Gantois se mettent à lever leurs propres impositions dans leur quartier, tandis que Maximilien se passe de leur autorisation pour se faire accorder des aides par les autres quartiers : transgressions majeures de part et d'autre ! On observe un basculement significatif du rapport des forces dans les années 1483-1485, au profit de Maximilien, mais peut-on encore qualifier de dialogue institutionnel les sessions des assemblées représentatives en 1485-1487, dominées par la crainte – crainte des gens de guerre de Maximilien en 1485-1486, crainte d'une nouvelle rébellion à partir de l'été 1487 ? Ce n'est qu'à partir du printemps 1492 que s'instaura – très progressivement, et non sans rechutes – un nouvel équilibre politique, au bénéfice mutuel du lieutenant général Albert de Saxe et des principautés des Pays-Bas.

Malgré ces crises et ces dysfonctionnements, jamais le dialogue institutionnel ne fut partout rompu. Même en 1488-1489, il demeurait des principautés loyales à Maximilien, et dans les autres, des districts ou des villes qui reconnaissaient son autorité. D'une certaine manière, on peut considérer que les années 1477-1493 n'ont fait que conforter le système représentatif antérieur à la mort du Téméraire, car en fin de compte, ni le prince ni les assemblées ne parvinrent à modifier à leur avantage les règles héritées d'une histoire déjà longue de plusieurs siècles. Chacun éprouva les limites qui lui étaient imposées sans pouvoir les repousser. Maximilien put disposer librement des deniers qui lui étaient accordés, dont il n'eut plus à rendre compte de leur usage, quand bien même les aides restaient consenties pour un objet particulier.

---

83 Louis Prosper Gachard, *Analectes historiques…*, t. III, n° CCLXXXIX, p. 424-425.
84 ADN, B 12436, 2ᵉ compte d'Olivier du Buisson des aides de Hainaut, fol. 7r.

Il ne fut plus question non plus de remettre en cause ses prérogatives militaires. Ainsi, en janvier 1488, lorsque les états de Hainaut débattent des mesures à prendre pour la sécurité du comté, ils refusent de prendre une décision quelconque, « parce que le garde des bonnes villes et places de ce pays se devoit faire par le roy et non par les estas »[85]. À l'inverse, toutes les assemblées se virent confirmer l'absolue liberté du consentement à l'impôt, ainsi que tous les privilèges dont elles bénéficiaient en matière, de répartition, de levée et de contrôle des comptes des subsides. Lorsque Maximilien choisit l'épreuve de force avec le Brabant, en ordonnant en 1483 une assiette de 4 000 l. sur le duché sans le consentement préalable des états, il soulève de violentes protestations, en profite pour faire voler quelques têtes de députés trop favorables à la paix d'Arras, mais il se garde bien de renouveler la provocation par la suite.

En fin de compte, le plus grave pour Maximilien était que si les aides consentis par les assemblées restèrent tout au long de ces années la principale source de financement de la guerre, elles étaient tout à fait insuffisantes pour ses guerres à lui, c'est-à-dire pour les conflits qui n'étaient pas reconnus comme d'intérêt public par les assemblées, ou qui tiraient leur origine d'une rébellion ouverte contre son autorité : tel fut le cas de la guerre contre la France, à partir de 1480 et jusqu'au traité d'Arras, puis en 1486-1487, et enfin la guerre civile de 1488-1489. La porte était ouverte à tous les expédients, à toutes les violences, mais aussi à toutes les expérimentations.

---

85 Léopold DEVILLERS, « Le Hainaut sous la régence de Maximilien d'Autriche. 1486-1488 » ..., p. 249-250.

CHAPITRE 10

Financer la guerre

Le recours aux expédients

Parmi les expédients employés par les princes pour le financement de leurs entreprises militaires, le recours aux marchands-banquiers est le premier qui vient à l'esprit, en raison de la notoriété de certaines grandes figures du capitalisme et du commerce médiévaux, des Bardi aux Médicis, de Dino Rapondi à Tommaso Portinari. Il est vrai que leur proximité avec le pouvoir et l'importance de certains de leurs prêts le justifient. Cependant, à se concentrer sur ces grandes fortunes, on en oublie l'usage qui a été fait de leur argent, ce qu'il permettait ou non de faire, et même, assez souvent, de rapporter les prêts à l'ensemble des recettes et des dépenses des princes concernés. En réalité, aucun des plus riches banquiers d'Europe, pas même en association avec d'autres compagnies, ne pouvait financer des campagnes actives plus d'un mois ou deux.

En 1477 et durant les années suivantes, Marie et Maximilien furent contraints de solliciter des prêts importants. Très vite toutefois, les capacités financières des marchands-banquiers de Bruges atteignirent leurs limites, et lorsque la plus grande partie des joyaux des Valois de Bourgogne eurent été engagés, vendus ou fondus, il fallut trouver d'autres sources de financement. L'appel aux marchands-banquiers devint alors exceptionnel. Cependant, s'il convient de nuancer, et en général, de grandement minorer le rôle des marchands-banquiers dans le financement de la guerre, cela ne signifie pas qu'il fut nul ou négligeable : à certains moment critiques, leurs prêts permirent de remédier aux plus graves pénuries de numéraire et de redresser des situations très compromises. Par ailleurs, si le prince dut se passer de leur crédit après 1480, ils se reconvertirent en 1485-1486 dans l'avance à court terme pour le compte des villes et des châtellenies de Flandre, pressées par les officiers de finance de Maximilien de fournir au plus vite le produit des aides consenties par les Membres de Flandre. Cela aussi ne dura qu'un temps, car le modèle du prêt à quelques mois, à un taux prohibitif de l'ordre de 20% par an, accordé par un nombre restreint de banquiers, commençait à devenir très largement obsolète.

La vente de rentes garanties par les villes, voire aux frais des villes, connut un développement certain. Cependant, là aussi, le prince ne pouvait trop tirer sur la corde, à moins de mettre en péril l'équilibre financier des villes, du moins celles qui acceptaient de collaborer avec le pouvoir princier. Les marchands-banquiers italiens de la Bruges et les villes des Pays-Bas fournirent des sommes conséquentes, et parfois considérables au prince, mais il ne s'agissait en définitive que d'avances à court ou moyen terme, dont le volume maximal était déterminé par les perspectives de recettes fiscales dérivant du dialogue institutionnel entre le prince et ses sujets dans les assemblées représentatives.

CHAPITRE 10

En réalité, les principaux bailleurs de fonds du prince, durant la grande crise de 1477-1493, furent ceux qui conduisirent la guerre et ceux qui la subirent, c'est-à-dire les capitaines de gens de guerre et les habitants des pays de par-deçà, le rôle actif revenant aux premiers. Des dizaines de grands seigneurs et de capitaines engagèrent des sommes très importantes pour que leurs compagnies de gens de guerre ne se débandent pas et poursuivent le combat. C'est leur argent, et lorsqu'ils en manquaient, leur habileté à le soutirer aux communautés rurales et urbaines, ou à défaut, à réquisitionner vivres et fourrage, qui donnèrent la victoire finale à Maximilien et Philippe le Beau.

I. Emprunter

Les banquiers de Bruges : 1477-1480

Les prêts consentis par les marchands de la place de Bruges à la maison de Bourgogne ont été étudiés en général[1] et en particulier pour le règne de Marie de Bourgogne[2]. Par ailleurs, le plus célèbre d'entre eux, Tommaso Portinari, a fait l'objet d'un article de M. Boone, qui présente en détail les affaires « publiques » du Florentin[3]. A notamment été mise en évidence la complexité des liens entre banquiers, qui se répartissaient la charge des emprunts les plus importants, les garantissaient pour tout ou partie, seuls ou en association, et le cas échéant, s'échangeaient les obligations et les créances. Nous ne nous attarderons pas sur le détail de ces opérations. Nous essaierons simplement d'établir le montant global des prêts consentis par les banquiers, ainsi que leur coût pour les finances princières, en apportant quelques menues précisions, qu'autorise le dépouillement des registres de la recette générale – avec modestie, car les jeux d'écriture de ces virtuoses de la finance étaient d'une telle complexité qu'il est aisé de confondre la recette initiale d'un prêt avec la prolongation de celui-ci ou la réassignation de son remboursement. Constatons d'emblée que si les emprunts faits aux banquiers n'apparaissent pas dans un chapitre à part – ce qui montre qu'ils n'étaient nullement considérés comme une ressource d'une nature spécifique, nécessitant un traitement unifié – ce n'est pas pour autant qu'ils sont absents de la recette générale[4]. Il faut en effet les chercher dans les chapitres des assignations sur le domaine et les aides, et plus rarement dans celui des parties extraordinaires. Ainsi, le très gros prêt consenti par Giovanni Cambi en septembre 1479, d'un montant de 36 000 l., figure dans le chapitre du domaine de Flandre, puisqu'il devait être remboursé sur les recettes domaniales de l'année suivante[5]. L'octroi d'une assignation sur les recettes de l'État bourguignon était

---

1   Jelle HAEMERS et Bart LAMBERT, « Pouvoir et argent », *Revue du Nord*, 2009/1, n° 379, p. 35-59.
2   Jelle HAEMERS, « *Ende hevet tvolc...* », p. 71-98.
3   Marc BOONE, « Apologie d'un banquier médiéval. Tommaso Portinari et l'État bourguignon », *Le Moyen Âge*, 105, 1999, p. 31-54.
4   Jelle HAEMERS, « *Ende hevet tvolc...* », p. 97.
5   ADN, B 2118, fol. 20v, décharge du 9 septembre 1479.

une garantie absolument nécessaire pour les prêteurs, du moins pour ceux qui ne demandaient pas en gages le dépôt de pièces d'orfèvrerie.

De 1477 à 1480, alors que les finances publiques étaient soumises à une pression extrême et que les frontières étaient sous la menace des armées de Louis XI, Marie et Maximilien contractèrent plusieurs emprunts majeurs. Le premier, d'un montant de 20 000 l., en novembre 1477, était destiné au secours de la Franche-Comté, où le prince d'Orange, après une brève alliance avec le roi, combattait à présent au nom de Marie de Bourgogne. L'emprunt fut traité par un syndicat conduit par Pierantonio di Guasparre Bandini-Baroncelli, directeur de la filiale des Pazzi. Les prêteurs reçurent en gage des joyaux, remis le 6 décembre 1477 ; les taux d'intérêts étaient compris entre 8 et 10% par an[6]. Le registre de la recette générale des quatre derniers mois de 1477 mentionne également un prêt de 9 000 écus consenti par Folco Portinari et Jan Canijn, garanti par le dépôt d'un drageoir garni de perles, l'un des fleurons du trésor bourguignon, qui passa entre les mains de bien des banquiers[7]. Il manque malheureusement le registre de 1478, mais le chapitre des « deniers pris à finance » du registre de 1479, où figure le paiement des intérêts versés aux banquiers, fait état de nouveaux emprunts contractés en 1478. Leur montant ne paraît pas avoir dépassé les 5 355 livres de 40 g.[8] En revanche, le Florentin Giovanni Cambi, facteur de la maison Ricasoli, accorda un prêt très important au printemps 1478, d'un montant de 18 000 l. (15 000 écus)[9]. En avril 1479, Maximilien fit saisir et vendre à son profit une très importante cargaison d'alun, d'une valeur de 38 640 l., appartenant au Génois Agostino Doria[10]. Il s'agissait là d'un emprunt forcé, destiné à trouver des liquidités au plus vite. Il reçut pour son remboursement de très nombreuses assignations en 1482, pour un montant total de 55 680 l. 3 d., dont aucune ne fut honorée. Il est vrai qu'elles s'apparentaient à des chèques en bois, car elles étaient assises sur des recettes prévisionnelles surévaluées ou très hypothétiques[11]... Toujours au printemps 1479, Giovanni Cambi avança 36 000 l., volontairement cette fois. S'y ajoutèrent d'autres

---

6 *Ibid.*, p. 90-91.

7 *Ibid.*, p. 89 (6 000 écus mentionnés dans la recette générale, pour le paiement des gens de guerre, ADN, B 2115, fol. 17v-18r).

8 Ainsi, 230 l. 12 s. 6 d. pour six mois d'intérêts de 3 075 l., échus en novembre, pour Nicolas de May, et 86 l. 8 s. pour deux mois d'intérêts, échus en février 1479, pour 2 280 l. prêtées par *Lyon Spingel*, courtier à Bruges (ADN, B 2118, fol. 388r-v). Quatre des cinq autres parties qu'on trouve dans ce chapitre concernent l'emprunt de novembre 1477, tandis que la dernière correspond à un prêt de 2 400 l. d'Enrico Arnolfini garanti par le comte de Saint-Pol, accordé en 1479 (*ibid.*, fol. 387r-389v).

9 B 18844, n° 29538, 14 octobre 1478 : copie de l'acte touchant la prolongation jusqu'au 15 janvier d'un prêt de 18 000 l. fait par Jean de Camby, marchand florentin de Bruges, sur le riche drageoir. Ce prêt était initialement destiné au paiement de l'armée que « lors il avait aux champs », au frais de 10% pour six mois finissant en novembre.

10 ADN, B 2127, fol. 289r (vente ordonnée par cédule signée de Maximilien en date du 1er avril 1479).

11 Il reçut pour son remboursement huit assignations sur les aides de Hollande (une assignation de 5 920 l. 1 d. et deux de 3 920 l. 1 d., ADN, B 2127, fol. 41r), les aides de Zélande (deux assignations de 4 000 l., *ibid.* fol. 42v) le domaine de Flandre (deux assignations de 10 000 l. et 8 000 l. et deux assignations de 6 000 l., *ibid.*, fol. 16v) et le domaine de Hollande (une assignation de 3 920 l. 1 d., *ibid.*, fol. 21v), toutes rendues et non reçues.

prêts plus modestes, tels que ceux de Nicolas de May et Colard d'Ault (4 800 l.)[12], ou Portinari (2 400 l. sur les aides de Hollande)[13].

La contribution de Portinari paraît bien modeste. Faut-il y voir les conséquences de la politique de Louis XI à l'égard des Médicis ? En réalité, l'en-cours de la dette de Charles le Téméraire vis-à-vis de lui était déjà considérable. Le 21 mars 1477, Marie de Bourgogne prenait à son compte les créances de son père, qui s'élevaient à 63 000 l. de 40 g.[14] Elles avaient été assignées sur la ferme des aluns et le tonlieu de Gravelines. La suppression de ce dernier coupait littéralement les jarrets du plus puissant banquier de Bruges, sans que l'universelle araigne n'ait grand-chose à y voir. À partir de 1477, Portinari fut plongé dans un cauchemar sans fin, les décharges rendues et non reçues se succédant les unes aux autres jusqu'en 1495 au moins, de sorte que la réouverture du tonlieu de Gravelines permit sans doute le règlement progressif de sa dette, mais que son crédit demeurait trop faible pour qu'il pût à nouveau consentir des prêts du montant de ceux qu'il avait accordés à Charles le Téméraire. Le 31 août 1495, on lui devait encore la bagatelle de 56 020 l. 13 s. de 40 g., pour laquelle on lui remit la « riche fleur de lyz », sans doute le plus beau des joyaux bourguignons. Pour le rembourser, on lui rendait la ferme du tonlieu de Gravelines, qui venait d'être attribuée à son compatriote Galteroti, pour 13 200 l. par an, dont les deux tiers étaient destinés à son remboursement. Il s'engageait à rendre la fleur de lys au bout de trois ans, après qu'on lui aurait assigné le reste de son dû. Près de vingt ans après la mort de Charles le Téméraire, Portinari traînait encore un très lourd fardeau[15]. Rentré en 1497 à Florence, il y mourut quatre ans plus tard, poursuivi par ses créanciers, et son fils Francesco dut refuser sa succession, de crainte de ne pouvoir faire face aux dettes laissées par son père. Ainsi, avant même que Laurent de Médicis ne mette fin à leur association, la mort de Charles le Téméraire avait porté un coup fatal aux affaires du Florentin[16].

Portinari n'a pas été le seul banquier à avoir connu de graves déboires à cause de l'insolvabilité princière. En 1479, le changeur Brugeois Jan Nutin avait dû payer *par grant necessité et constrainte*, de fortes sommes d'argent pour lesquelles il avait donné sa caution : il s'était engagé pour la moitié d'une créance de 7 735 l. 1 s. pour un prêt de trois mois consenti en octobre 1478 par des marchands espagnols, ainsi que 3 657 l. 15 s. dont il était le seul garant, dues à d'autres marchands pour un prêt de six mois échus le 15 janvier 1479. Les marchands en exigèrent le remboursement, et Nutin s'exécuta, *pour non perdre toute sa credence et garder l'onneur de monseigneur le duc et son honneur.* N'ayant pas de liquidités sous la main, il dut lui-même s'endetter lourdement, *c'est*

---

12 Jelle HAEMERS, « *Ende hevet tvolc…* », p. 91.

13 ADN, B 2118, fol. 43r.

14 ADN, B 20134, n° 155642, 25 mars 1477 : promesse de Marie de rembourser à Portinari les sommes de 6 000, 21 000 et 36 000 l. prêtées au feu duc et assignées sur la ferme des aluns et celle du tonlieu de Gravelines.

15 ADN, B 2152, n° 70571, 31 août 1495 : *Obligacion de messire Thomas de Portunary de rendre à monseigneur l'archiduc sa riche fleur de lyz soubz certaines condicions declarées en cested. obligacion.*

16 Sur les démêlés de Portinari avec Laurent de Médicis, voir Raymond DE ROOVER, *The Rise and Decline of the Medici Bank, 1397-1494*, Cambridge (Mass.), Harvard University Press, « Harvard Studies in Business History », 21, 1963, p. 338-357.

assavoir une partie à 40 et 30 pour cent et autre partie à 20 et 24 pour cent à raison pour an, ce qui lui coûta 800 à 900 l., sans y conter et comprendre les drois de courtiers, notaires et autres sallaires et frés qu'il a donné, sans le deshonneur qu'il en a aquys à ceste cause au prejudice de son stile. Néanmoins, pour tousjours complaire et faire service à mon tres redoubté seigneur, il accepta de n'être dédommagé qu'à hauteur de 20% d'intérêts, soit 520 livres[17]. Peut-être Nutin exagérait-il un peu les choses ; les financiers du prince réduisirent d'ailleurs le dédommagement à 399 l. 15 s. 8 d[18]. Cependant, les difficultés du banquier ne sont pas douteuses. Est-ce pour cela que Nutin embrassa la cause des rebelles en 1488-1489 ? Toujours est-il qu'on le retrouve en effet commis à la recette des deniers levés pour la guerre dans le quartier de Bruges en 1489[19].

Ainsi, les intérêts de ces prêts à court terme, très considérables en apparence, puisqu'ils étaient compris entre 12% et 20% par an[20], étaient-ils très inférieurs en réalité. Il arrivait que certaines créances fussent reprises par d'autres banquiers, pour des durées également courtes et à de forts taux d'intérêts[21]. Cependant, le plus souvent, l'opération ne se terminait pas par le remboursement à l'échéance prévue de la dette par le prince. Les archives de la Chambre des comptes de Lille, et notamment les registres dans lesquels ont été transcrites les lettres missives princières, regorgent d'accords conclus avec les banquiers, visant à rééchelonner leur créance, à des conditions fort peu favorables pour eux, car lorsqu'un emprunt n'était pas remboursé, Maximilien n'entendait nullement que les intérêts courent jusqu'au remboursement. Ainsi, en février 1482, Pierantonio Bandini, pour obtenir le remboursement de 7 347 l. 18 s., était allé porter plainte au Grand Conseil. « Pour considération de ses services », osa-t-on préciser, et comme il avait longtemps prêté cette somme sans intérêts, les commis sur le fait des domaine et finances accordèrent que moyennant un nouveau prêt de 1 200 l. comptant, l'ensemble serait réassigné sur les aides et le domaine, de 1482 à 1486[22]. Autant dire qu'il n'était pas tout à fait encore tiré d'affaire... En général, le montant des intérêts était gelé au niveau qu'ils avaient atteint à l'issue du contrat initial. Giovanni Cambi, qui avait prêté 18 000 l. pour six mois en mai 1478, à 20% par an, reçut une assignation de 19 800 l. sur le terme de janvier 1479 de l'aide de 127 000 ridders, comprenant donc les 10% d'intérêts dus pour le semestre, mais elle ne fut pas honorée, car la même somme fut réassignée en trois parties, sur les aides de Hollande, en

---

17 ADN, B 18844, n° 29542, 1479 : état des sommes dues à Jan Nutin, préliminaire à un accord conclu avec les commis sur le fait des domaine et finances.

18 Lors pour ce que Jehan Nutin a par ci-devant affirmé de non avoir consenti aucune renovacion de frait depuis le 15e de janvier [14]78 en avant et s'il n'appert point d'aucune ordonnance (ibid.).

19 AGR, CC, reg. 42601, compte du Franc de Bruges de septembre 1488 à septembre 1489, fol. 172r-175v.

20 12% pour une partie du prêt consenti par les marchands espagnols en 1478 ; un état des sommes pour lesquelles Bandini s'était engagé en 1478 mentionne des taux de 8, 9 et 10% pour six mois (ADN, B 18844, n° 29543).

21 Les 7 735 l. réclamées pour moitié à Nutin résultaient d'une reprise de ce type : les marchands espagnols qui réclamaient leur argent avaient en fait remboursé l'argent prêté par Bandini en novembre 1477 pour le secours de la Franche-Comté, y compris les intérêts (ADN, B 18844, n° 29537, 23 septembre 1478, copie de l'acte touchant le remboursement par Garcia d'Alvo et Jean Henrick, Espagnols, à Pierre-Antoine Bandin).

22 ADN, B 2125, n° 68722, 20 février 1482.

CHAPITRE 10

juin 1480[23]. L'une d'elles, d'un montant de 5 000 l., fut à nouveau rendue et non reçue, réassignée en 1482[24], et cette fois enfin réglée. Bref, Cambi avait dû attendre plus de trois ans pour récupérer l'intégralité de sa mise. Il n'avait pu arracher qu'un supplément de 600 l., correspondant aux intérêts de deux mois supplémentaires, prolongeant le prêt jusqu'au 15 janvier 1479[25]. Avant même d'être remboursé de l'intégralité de son prêt, il avait dû en consentir un autre d'un montant de 36 000 l. – un prêt distinct du précédent, car outre qu'il était gagé sur la riche fleur de lys, tandis que les 18 000 l. de 1478 l'avaient été sur le riche drageoir, il fut remboursé pour moitié sur la recette du domaine de Flandre de l'année 1480[26], pour moitié en 1482[27].

Portinari et Agostino Doria durent prendre leur mal en patience beaucoup plus longtemps, sans pour autant recevoir des intérêts à la mesure des fonds ainsi immobilisés. Imagine-t-on à combien se serait élevée la créance de Portinari, à 20% par an pendant plus de vingt ans ? Sans atteindre un tel rendement, les investissements qu'il aurait pu faire en employant cet argent pour ses affaires auraient à coup sûr généré des profits considérables. La perte des registres de la recette générale correspondant aux années 1483, 1485 et 1487 ne nous interdit pas de suivre le détail des relations financières entre Doria et Maximilien, après l'échec du remboursement de sa créance des 55 680 l. 6 d. en 1482, car il subsiste un état de toutes les parties passées au profit de Doria, en recette et en dépense, par le receveur général des finances[28]. En 1485, par l'intermédiaire de son facteur Cristoforo Negrone, lui et son frère Giovanni reçurent pour 74 880 l. 6 d. d'assignations, en vertu de leurs prêts passés – et peut-être d'autres consentis depuis[29] – dont 36 000 l. à prendre en six ans sur la ferme des aluns, confiée aux Doria, et le reste sur les aides de Flandre, en trois assignations de 12 960 l. 2 d., sur les années 1486 à 1488[30]. Le feuilleton, cependant, n'était nullement terminé, puisqu'on apprend dans le chapitre des deniers payés par mandement particulier de l'année 1498 que seule l'une des trois assignations de 12 960 l. avait été honorée. Agostino Doria avait pris sur la ferme des aluns 6 000 l. par an en 1487 et 1488, puis seulement 4 000 l. par an de 1491 à 1496, puis, lorsque sa ferme avait été renouvelée pour cinq ans en 1496,

---

23   5 000 l. sur le terme de la Saint-Jean-Baptiste 1480, 5 000 l. sur le terme d'août 1480 et 9 800 l. sur le terme de la Saint-Rémi 1480 (ADN, B 2121, fol. 36r).

24   Réassignation sur la composition de Leyde (ADN, B 2124, fol. 44r et 314v).

25   ADN, B 18844, n° 29538, 14 octobre 1478, accord conclu avec les commis sur le fait des domaine et finances.

26   L'assignation, qui portait sur la recette du domaine et des aides, a été inscrite dans le chapitre du domaine de Flandre, et la mention marginale de contrôle indique qu'elle a bien été prise en dépense sur le premier compte de Roland Le Fèvre du domaine de Flandre (ADN, B 2118, fol. 20v).

27   ADN, B 2127, fol. 288v, chapitre des deniers payés par mandement particulier, qui précise qu'en raison des lourdes charges qui pesaient sur la recette du domaine de Flandre, Roland Le Fèvre n'avait pu régler que la moitié de la somme.

28   ADN, B 2134, n° 69472.

29   Face aux 74 880 l. 6 d. de recettes, les auteurs de la synthèse financière n'ont retrouvé que 58 680 l. 6 d. en dépenses, au chapitre des deniers rendus et non reçus (*ibid.*). La différence de 16 000 l. correspond peut-être à un nouveau prêt consenti en 1485.

30   L'une d'entre elles a d'ailleurs été conservée dans les pièces justificatives de la Chambre des comptes (ADN, B 2132, n° 69346).

on l'autorisa à prendre 4 000 l. par an, soit 52 000 l. prises ou à prendre sur la ferme des aluns de 1487 à 1501. Compte tenu de ces recettes, et compte tenu également de nouveaux prêts consentis par Agostino Doria[31], celui-ci restait créditeur de 21 827 l. 6 s. 3 d., qui donnèrent lieu à trois nouvelles assignations sur les aides de Flandre[32]. L'une d'elle, rendue et non reçue, fut comprise dans un règlement de 25 000 l. figurant dans le registre de 1505[33]. Sans doute s'agissait-il là du dernier épisode de l'affaire de la cargaison d'alun saisie en 1479, soldée plus d'un quart de siècle plus tard !

Ainsi, le remboursement de la quasi-totalité des prêts dépassant les quelques milliers de livres était soumis à des contingences majeures, dont le règlement était voué à s'étaler sur des décennies entières. Bien sûr, il n'était pas anormal que le prince détienne une sorte de compte permanent chez ces grands banquiers, et soit donc leur perpétuel débiteur. Cependant, le caractère très aléatoire du remboursement représentait un gros risque pour eux, qui l'emportait de beaucoup sur le gain qu'ils pouvaient en attendre. L'impression générale est donc que pour ces marchands-banquiers, les prêts au prince ne sont pas destinés à dégager un profit financier ; ce sont des opérations éminemment politiques, destinées à gagner les faveurs du prince. Coûteuses, risquées, il importait de ne pas les multiplier. L'adjudication à Portinari de la ferme de Gravelines, pendant au moins quatorze ans[34], à Doria de la ferme des aluns pendant une durée au moins équivalente, ne valait sans doute pas les tribulations dans lesquelles Charles le Téméraire puis Maximilien les avaient plongés. Si Doria et Portinari échappèrent à la ruine, Cambi avait dû quant à lui déposer le bilan en 1483[35].

À partir de 1480, on constate un effondrement du volume des prêts accordés par les marchands de Bruges et d'ailleurs[36], qui deviennent alors marginaux, et même négligeables, aussi bien par rapport aux recettes générales de l'État bourguignon que par rapport aux avances et aux prêts consentis par les officiers de justice et de recette, les grands seigneurs et les prélats des pays de par-deçà. Outre que Marie et Maximilien étaient alors incapables de rembourser les emprunts précédemment contractés, sans doute ne leur restait-il plus guère de joyaux ou de vaisselle précieuse à mettre en gage. À

---

31 Dont 8 000 l. prêtées le 13 mai 1491 (ADN, B 2162, fol. 257r-259v).

32 Trois assignations de 7 275 l. 15 s. 5 d., sur la 3e année de l'aide de 100 000 couronnes par an pendant quatre ans accordée par la Flandre, sur la 4e année de cette aide, et sur la première année de la première aide à accorder par la Flandre (ADN, B 2162, fol. 39r-v).

33 ADN, B 2191, fol. 444r-445r.

34 Portinari rendit en 1495 un compte du tonlieu pour onze années, finies le 31 juillet 1495 (ADN, B 2144, fol. 58v, mention marginale). Il devait conserver la ferme trois ans de plus, à partir du 1er août 1495. En 1501, elle était tenue par Girolamo Frescobaldi (ADN, B 2173, fol. 47r).

35 Jelle HAEMERS, « *Ende hevet tvolc…* », p. 94.

36 Le chapitre des deniers pris à frais et finance indique 1 146 l. assignées en 1480 pour le remboursement de deux prêts de 6 936 l. 10 s. (Ansaldo de Lomellini) et 3 000 l. (*Demerite de La Coste*, Génois), accordés en juin 1480 (ADN, B 2121, fol. 567v-568r), 2 052 l. en 1481, dont 1 372 l. pour des avances de deux à cinq mois et 680 l. pour un prêt accordé par un maître d'hôtel pour un an et demi (B 2124, fol. 313r-314r). Ce chapitre disparaît de la recette générale à partir de 1482. Il fait son retour dans le registre de 1492, après la fusion des offices du receveur général et de l'argentier (B 2146, fol. 201r-204v, 4 151 l. 2 s., B 2148, fol. 188r-189r, 270 l.). En octobre 1480, Girolamo Frescobaldi prêta 3 600 l., garanties par des pièces de harnois garnies de pierres précieuses (ADN, B 2122, n° 68529, procès-verbal de remise).

cet égard, il convient de mentionner, en plus des quelque 20 000 l. de vaisselle fondue en novembre 1477 pour la solde de la nouvelle ordonnance, une vente assez considérable faite au profit du roi d'Angleterre au printemps 1479, pour le remboursement d'une somme équivalente prêtée par celui-ci, sans doute en 1477 ou en 1478. Seules 2 654 l. 8 s. 4 d. apparaissent dans la recette générale des finances de 1479, car il s'agissait du surplus rapporté par la vente par rapport au total de la dette, mais nous conservons dans les copies des lettres missives le texte de l'attestation de remise au sommelier de corps du roi d'Angleterre et à un marchand anglais de pas moins de 1 272 marcs, une once et douze esterlins de vaisselle d'argent doré, à 13 l. 19 s. de 40 g. le marc, et de sept onces d'émaux d'or, à 120 l. le marc d'or, soit environ 18 000 l. de 40 g.[37]

C'est donc principalement durant les premières années de la guerre contre la France que les banquiers italiens de Bruges jouèrent un rôle significatif. Par la suite, les relations qu'ils entretinrent avec le prince se bornèrent à réclamer sans relâche le règlement de leurs assignations. La multiplication des réassignations faites en lieu et place de décharges rendues et non reçues ne doit pas nous tromper : l'essentiel des sommes fournies au prince par les banquiers se résume aux 20 000 l. prêtées pour le secours de la Franche-Comté en 1477, à la cargaison d'alun saisie aux dépens de Doria, et aux 54 000 l. prêtées par Cambi, soit à peine plus de 110 000 l. en tout, c'est-à-dire moins de 4% des recettes engrangées par l'État bourguignon pendant le règne de Marie de Bourgogne, aides administrées par les assemblées représentatives comprises. C'est dire si la contribution des banquiers de la place de Bruges aux finances de l'État bourguignon fut modeste. On ne saurait comparer Portinari, Doria ou Cambi aux Italiens du début du XIVe siècle, qui tinrent entre leurs mains les finances de monarchies ou de principautés entières, tels les Biche et Mouche de Philippe le Bel, les receveurs italiens des comtes de Flandre de la maison de Dampierre[38], les Bardi et les Peruzzi d'Édouard III, ou les frères Rapondi, au service de Philippe le Hardi et Jean sans Peur.

Pour autant, les coups de pouce qu'ils donnèrent à Marie et Maximilien furent, ou auraient pu être, ce qui est la même chose du point de vue qui nous occupe, déterminants en certains cas. Les 20 000 l. versées au prince d'Orange permirent de prolonger la résistance de la Franche-Comté, qui empêcha Louis XI de concentrer toutes ses forces sur le théâtre d'opérations du Nord en 1478. Les 18 000 l. prêtées par Cambi en mai 1478, lors de la reconquête du Hainaut furent sans aucun doute les bienvenues, alors que plusieurs milliers de Suisses, toujours prêts à déserter dès que la solde manquait, servaient dans l'armée de Maximilien. Les 38 000 l. résultant du produit de la vente de l'alun appartenant à Agostino Doria, en avril 1479, puis les 36 000 l. avancées par Cambi en septembre suivant, fournirent à chaque fois l'équivalent d'un mois de solde de 9 000 hommes de pied, soit la moitié de l'infanterie flamande qui accompagnait alors l'archiduc. Que les campagnes militaires menées en Artois en 1479 n'aient débouché en définitive que sur une victoire sans lendemain ne doit pas faire oublier qu'elles n'auraient peut-être pas même été possibles sans Doria et Cambi.

---

37 ADN, B 18844, n° 29544.
38 Raymond MONIER, *Les institutions financières du comté de Flandre…*, p. 52-55.

FINANCER LA GUERRE – LE RECOURS AUX EXPÉDIENTS 321

Les avances à court terme sur les aides de Flandre (1485-1487)

Après 1480, les marchands-banquiers ne se détournèrent pas complètement des finances publiques, car ils voyaient tout le potentiel que présentaient les aides accordées par les assemblées représentatives, dont le recouvrement était à peu près assuré. Le tout était de ne pas se contenter d'une assignation générale et mal définie sur la recette des aides de telle principauté, mais de prêter de l'argent sur un subside bien précis et régulièrement consenti. En février 1482, nous voyons ainsi Cambi et Lomellini faire une avance substantielle de 13 380 l. sur les aides qui venaient d'être accordées par Ypres et Bruges... et dont la levée fut bien malencontreusement suspendue par la mort de Marie de Bourgogne[39]. Gageons que cela ne contribua pas à arranger les affaires de Cambi, mais pourtant, la mésaventure ne découragea pas ses collègues, qui trouvèrent le moyen de s'en garantir. Si le crédit du prince était faible, pourquoi ne pas traiter directement avec les villes, voire les châtellenies de Flandre, qui n'avaient pas les mêmes réserves de capital que les villes ? Les notables, les propriétaires fonciers et les marchands pouvaient cautionner les avances, et ils n'avaient certes pas les moyens de traiter leurs créanciers avec la même désinvolture que le prince.

Ainsi voyons-nous le Franc de Bruges emprunter deux fois 3 000 l. de 40 g. pour payer sa portion de l'aide de 240 000 couronnes levée sur les quartiers de Bruges et d'Ypres en 1482, d'abord pour quatre mois en septembre, puis pour deux mois, sur le deuxième terme de l'aide, en janvier ou février 1483. Les bourgmestres, les échevins et le receveur de la châtellenie s'étaient engagés pour cette somme, au taux exorbitant de 24% par an, envers des marchands dont le nom n'est pas précisé[40]. L'opération rapporta 420 l. de 40 g. aux marchands, soit un profit plus que raisonnable pour un risque très faible. Ce type d'opérations connut un développement extraordinaire après la soumission de la Flandre en 1485, et lorsqu'il fallut financer une nouvelle guerre contre la France. Les sommes avancées par les Italiens de Bruges changèrent alors d'ordre de grandeur. En juillet 1485, le Florentin Lorenzo Cantonso (ou *Comtus, Cantouste, Conthus...*), et le Génois Stefano Spinola avancèrent près de 9 000 l. de 40 g. sur le terme de Noël 1485 de l'aide de 127 000 *ridders*, soit la quasi-totalité de la portion du Franc[41]. Il en coûta 1 140 l. d'intérêts à la châtellenie. L'année suivante, cinq associés prêtèrent près de 11 400 l. au Franc de Bruges, en juillet, sur le premier terme de l'aide des 15 000 combattants et pour une durée de trois mois[42]. Parmi eux, on trouve trois Italiens, dont un Filippo Pinello, omniprésent par la suite, ainsi que

---

39 6 040 l. pour Cambi et 7 340 l. pour Lomellini (ADN, B 2127, fol. 35v-36r, fol. 39v) ; Cambi prêta également 2 560 l. sur les aides de Zélande (*ibid.*, fol. 42r).

40 AGR, CC, reg. 42594, 14 septembre 1482 au 15 septembre 1483, fol. 102r-v (assiette de la *pointing*) et 108v-109r (dépense correspondante).

41 5 904 livres de 40 g. (984 livres de gros) pour Cantonso, pour 540 l. de 40 g. d'intérêts (AGR, CC, reg. 42597, 2 juillet 1485 au 20 février 1486, puis du 20 février au 13 septembre 1486, fol. 196r-v) et 3 000 l. pour Spinola, pour 600 l. d'intérêts (*ibid.*, fol. 196r).

42 1 900 livres de gros empruntées pour trois mois à Willem Houtmaerct, Jan de Hondt, *Benigne de Cassines*, Girolamo Centurione et Filippo Pinello, marchands, pour le paiement de l'aide des 15 000 combattants (*ibid.*, fol. 196v).

Jan de Hondt et Willem Houtmaerct, bien connu à Bruges, pour avoir été un partisan déterminé de Charles le Téméraire, et receveur de Bruges de 1479 à 1482[43]. Le mois suivant, Hondt et Houtmaerct s'associèrent aux frères Giovanni et Agostino Doria et à Cantonso, pour une nouvelle avance de 10 140 l. Le même Cantonso, cette fois en collaboration avec le Lucquois Real Reali, prêtèrent encore 8 730 l. en septembre 1486[44]. La châtellenie dut débourser 5 374 l. 10 s. de 40 g. pour les intérêts de ces avances de trois mois, d'un montant total de 39 174 l., soit 14 % ! S'y ajoutaient encore les frais de courtage, s'élevant à 4 gros par livre de gros, soit 0,28 %, pour un total de 110 l. 9 s. gros (662 l. 14 s. de 40 g.), finalement arrondi à 500 l. de 40 g.[45] Ces près de 40 000 l. s'ajoutaient aux 8 232 l. avancées par Stefano Spinola en avril 1486 pour l'anticipation du terme de la Saint-Jean-Baptiste 1486 de l'aide de 127 000 *ridders*, dont le frais s'éleva à 1 032 l. de 40 g.[46] Le total des « frais et finance » payés par le Franc de Bruges pour les avances du printemps et de l'été 1486 représentait l'équivalent de 40 % du montant de sa portion d'une aide de 127 000 *ridders*[47]. Pour réunir ces sommes, il avait fallu faire appel à l'ensemble des nations italiennes de la place de Bruges, Florentins, Lucquois, Génois, ainsi qu'aux grandes fortunes de Bruges. La ville de Bruges n'eut pas besoin de recourir aux avances à court terme pour fournir rapidement sa quote-part de l'aide des 15 000 hommes, pour laquelle elle reçut deux quittances de Roland Le Fèvre le 30 juillet et le 23 août 1486[48]. Les autres villes et châtellenies de Flandre ne purent ou ne voulurent imiter le Franc, de sorte que tout le poids des avances sur l'aide des 15 000 hommes et les anticipations de l'aide de 127 000 *ridders* pesa sur la grande place financière et son arrière-pays, qui fournirent à eux seuls près de 70 000 l. au cours de l'été 1486.

Après l'échec de la campagne de Maximilien, il fallut à nouveau réunir des fonds importants, dès la fin de l'hiver 1486-1487, pour tenter de sauver Thérouanne, la seule conquête notable de l'année passée. C'est alors que Maximilien et ses conseillers eurent l'idée de négocier un prêt de 40 000 couronnes sur l'ensemble de la Flandre, garanti par les villes et les châtellenies au prorata du Transport de 1408, puisque ce prêt devait prendre la forme d'une avance sur la prochaine aide à accorder par les Membres de Flandre. Les unes – les plus nombreuses – préférèrent payer leur portion immédiatement, comme s'il s'était agi d'une aide normale, les autres se contentèrent de donner leur caution pour une somme équivalente à leur quote-part du Transport de 1408, qui fut fournie par les banquiers. Ce n'est qu'après la guerre civile que ces derniers purent être remboursés[49]. Le receveur général des finances délivra trois

---

43 Jelle HAEMERS, « *Ende hevet tvolc…* », p. 286-289.

44 1 690 livres de gros empruntées à Lorenzo Cantonso, Giovanni et Agostino Doria, Willem Houtmaerct et Jan de Hondt, pour trois mois, et 1 455 livres de gros empruntées à Real Reali et Cantonso pour le paiement des 15 000 gens de guerre (*ibid.*, fol. 196v-197r).

45 *Ibid.*, fol. 197r.

46 *Ibid.*, fol. 152r-v.

47 Afin d'y faire face, les bourgmestres, échevins et receveur du Franc assirent 6 078 l. 18 s. de 20 g. sur la châtellenie en septembre 1486 pour les intérêts et frais de courtage, soit 14,2 % de la *pointing* du 20 septembre 1486 (AGR, CC, reg. 42598, fol. 147r-148r).

48 Voir annexe I, aides de Flandre, aide n° 23.

49 *Ibid.*, aide n° 24.

FINANCER LA GUERRE – LE RECOURS AUX EXPÉDIENTS 323

quittances en faveur de Cantonso (13 200 l.de 40 g.), Niccolo (2 400 l.) et Stefano (12 000 l.) Spinola le 6 mai 1487[50], sans doute au titre du prêt des 40 000 couronnes.

Par la suite, les villes et châtellenies ne firent plus appel aux Italiens. Beaucoup de ces derniers, partis à Anvers en 1488-1489, ne revinrent que progressivement à Bruges, qui resta en état de blocus jusqu'à la capitulation de L'Écluse en 1492. La situation économique et démographique de la Flandre, très fragile, exposait en outre les villes et les châtellenies au risque de ne pouvoir se défaire rapidement de ces emprunts dont le coût était particulièrement prohibitif. Aussi préférèrent-elles négocier des délais de paiement avec Roland Le Fèvre, ou faire appel à leurs ressources internes : saisie temporaire de l'argent des orphelins mis en dépôt et administré par les communautés[51], vente de lots de draps appartenant aux marchands locaux et remboursés six mois ou un an plus tard, emprunts aux notables, ou encore suspension du paiement des vacations et des gages des échevins et des officiers locaux[52]. S'il est encore fait mention, dans les comptes des villes et châtellenies, de marchands et de banquiers, c'est très épisodiquement, soit à l'occasion d'avances limitées dans le temps et par le montant[53], soit pour le paiement de vieilles obligations restées en souffrance[54]. Pendant le règne personnel de Philippe le Beau, le grand nombre de remises d'impôts accordées par le prince, la reprise économique et le repeuplement de la Flandre permirent aux communautés de s'acquitter facilement de leurs quotes-parts, et rendirent inutiles les prêts à court terme, d'autant plus que le retour de la paix s'accompagna d'une plus grande tolérance des receveurs des aides quant aux délais de paiement.

Les villes

Les villes des Pays-Bas bourguignons furent en définitive les principaux organismes prêteurs du prince, qui eut recours à elles quasiment chaque année. Leur contribution prenait différentes formes. La plus modeste était la garantie qu'elles donnaient aux ventes de rentes sur le domaine princier, c'est-à-dire sur les revenus que percevait le souverain, en particulier la part qu'il touchait sur les accises, les tonlieux, les recettes des offices de justice, etc. Le risque encouru par les villes et les rentiers était très faible, voire nul, puisque l'on connaissait les revenus moyens annuels du domaine,

---

50 ADN, B 2164, n° 71517 à 71519.

51 Ainsi, le Franc préleva en avril 1488 150 livres de gros sur le *wesenghelde*, pour le paiement des soldes des garnisons de Middelbourg et Koksijde (AGR, CC, reg. 42600, fol. 1r).

52 Sur les stratégies financières des villes et châtellenies de Flandre, voir *infra*, chapitre 15.

53 Le Franc emprunta ainsi encore 350 livres de gros (2 100 l. de 40 g.) pour un an à la fin de l'année 1487, dont 200 l. à 17% par an auprès de *Nicolas Bertram*, à rembourser à la Saint-Rémi 1488 et 150 l. à 20% par an auprès d'*Antoine Spingele*, pour un coût total de 72,5 livres de gros (AGR, CC, reg. 42599, fol. 13r). Le Franc emprunta encore 200 livres de gros (1 200 l. de 40 g.) en septembre 1491, pour les soldes de la garnison de Damme, sur ce qui était encore dû de la paix de Tours. Le prêt ne fut remboursé qu'à la Saint-Jean-Baptiste 1494 (AGR, reg. 42607, fol. 104v).

54 En juillet 1496, la châtellenie de Courtrai paya ainsi à Agostino Doria et Filippo Pinello une obligation de 1 582 florins pour l'accord des 50 000 florins fait avec le roi des Romains – il s'agit sans doute de l'aide accordée à la libération de Maximilien en 1488 (AGR, CC, reg. 42939, fol. 1r-2r (assiette), 72v (remboursement du principal) et 73v (complément pour une différence de taux de change)).

mais bien entendu, l'engagement croissant des revenus domaniaux réduisait la possibilité de recourir à cette formule. Ainsi a-t-on vu que cette possibilité était par exemple épuisée dans la châtellenie de Lille[55]. Les ventes de rentes sur le domaine garanties par les villes, nombreuses pendant le règne de Marie de Bourgogne pour le financement de la guerre contre Louis XI, se raréfièrent par la suite, jusqu'à devenir exceptionnelles. En réalité, les villes se signalèrent surtout par les facilités de trésorerie qu'elles accordaient au souverain en avançant l'argent des aides. Il leur fallait alors vendre des rentes entièrement à leur charge. Lorsque l'avance devait être remboursée sur le produit d'une aide déjà consentie, le risque était négligeable ; lorsqu'elle se faisait sur une aide encore à négocier, grandes étaient les chances de ne jamais revoir la couleur de l'argent ainsi prêté, qui passerait alors dans la catégorie des dons gracieux rétrospectifs. Ce fut le cas, on l'a vu, pour le prêt de 40 000 couronnes accordé par les Membres de Flandre au printemps 1487.

Les villes en étaient douloureusement conscientes, de sorte qu'elles n'étaient guère enclines à prêter de l'argent, lorsque les négociations avec les assemblées représentatives étaient dans l'impasse. Le volume des sommes fournies au prince de cette manière était en général faible, et très insuffisant pour faire face aux besoins du financement de la guerre. Ainsi, lors de la crise politique de la fin de l'année 1481 en Flandre, les villes et les châtellenies furent démarchées de manière à peu près systématique par Marie et Maximilien, mais elles n'accordèrent que de minces avances, de l'ordre d'une trentaine de milliers de livres au maximum[56]. Ce n'est qu'après son dénouement, lorsque les quartiers d'Ypres et de Bruges accordèrent les aides de 50 000 et 75 000 couronnes, que Bruges avança d'abord 7 200 l., puis 12 000 l., conjointement avec le Franc de Bruges, en janvier 1482[57]. On comprend leur réticence, car elles ne furent jamais remboursées de ce qu'elles avaient avancé l'année précédente.

Cela dit, en mégotant, puis en accordant ces médiocres prêts entre octobre et décembre 1481, les Flamands avaient repoussé la levée d'une nouvelle aide d'au moins six mois ; ils avaient donc réalisé une économie indirecte assez substantielle sur ce qu'ils auraient dû payer en 1481 si le dialogue fiscal institutionnel avait connu une issue favorable au prince. Cette stratégie n'avait de sens que si les villes prêtaient des sommes nettement inférieures à leur portion habituelle, c'est-à-dire, pour la Flandre, à leur assiette de l'aide de 127 000 *ridders*. En dehors des prêts ponctuels, accordés par l'une ou l'autre ville, les opérations concertées et d'un peu d'envergure sont rares. Les villes de Hollande, en proie aux troubles politiques tardant à voter une aide pour l'inauguration de leur duchesse, qui d'ailleurs ne se pressait pas d'y faire sa joyeuse entrée, avancèrent 22 975 l. à l'automne 1478[58]. Encore Amsterdam et Haarlem s'étaient-elles abstenues d'y participer. Dordrecht fut la principale contributrice, avec 10 000 l., soit l'équivalent de trois ans de sa portion de l'aide de 80 000 *clinkaerts*

---

55 Voir *supra*, p. 110.

56 Voir annexe I, aides accordées par la Flandre, aide n° 13.

57 Comptes de ces aides, tenu par Jean du Loo (ADN, B 6773, fol. 1v), compte du Franc de Bruges pour 1481-1482 (AGR, CC, reg. 42592, fol. 6v-7r).

58 NA, Chambre des comptes de La Haye, rek. 3389, compte de Clais van Assendelf, fait en 1478.

enfin accordée en 1480. Le remboursement de l'avance fut étalé sur les échéances de ce subside décennal. Par ailleurs, à l'été 1486, alors que la guerre venait de reprendre avec la France, les villes de Brabant accordèrent une avance massive de 33 147 l. 1 s. Cette avance fut équitablement répartie entre les chefs-villes, et la ville de Tirlemont y participa également[59].

Cette somme, aussi importante qu'elle ait été, n'aida que peu Maximilien, qui pouvait alors compter sur les subsides massifs accordés par la Flandre. L'avance ne suffit pas à empêcher l'échec du « voyage de France », en août-septembre ; en revanche, elle contribua à aggraver la crise financière de l'été suivant, puisque sous la pression des états de Brabant, Maximilien fut contraint de rembourser l'avance sur l'aide de 50 000 l. accordée en janvier 1487, de sorte que la contribution nette du Brabant fut cette année-là proprement dérisoire. Ainsi, lorsque l'argent coulait à flot dans les caisses, les villes y ajoutaient un complément de quelques dizaines de milliers de livres au plus pour l'ensemble des Pays-Bas. Lorsque l'argent manquait, il fallait leur faire violence pour ne leur arracher que de minuscules subsides. Sur le plan qualitatif, contrairement aux marchands, on ne constate pas non plus de contributions décisives pour les affaires du prince.

Cependant, même marginales, les facilités accordées par les villes étaient indispensables à la bonne marche de l'État de finance, ainsi que le montre le recensement des assignations transcrites dans la recette générale des finances correspondant à des avances de villes. La chose est certaine lorsqu'une décharge est destinée au remboursement de *semblable somme* prêtée par telle ou telle ville. À s'en tenir à ces données assurées, on obtient un total de 61 771 l. 15 s. 6 d. pour l'année 1486[60], y compris les avances des villes de Brabant enregistrées seulement en 1491 par le receveur général, soit 9,4 % du total assigné sur les aides, hors deniers rendus et non reçus, et

---

59 9 500 l. par Anvers, 8 000 l. par Bruxelles, 7 500 l. par Louvain, 4 647 l. 1 s. par Tirlemont et 3 500 l. par Bois-le-Duc (AGR, CC, reg. 15731, compte de l'aide de 50 000 l. accordée en 1487, fol. 30r-31v). Sur ces sommes, 23 000 l. furent enregistrées *a posteriori* dans le compte de la recette générale des finances (ADN, B 2142, fol. 30v-31r, assignations du 4 février 1491 : 7 500 l. sur Louvain, autant sur Anvers, 8 000 l. sur Bruxelles).

60 Une décharge de 951 l. 11 s. 6 d. pour semblable somme prêtée pour la guerre de Flandre par Anvers, le 10 octobre 1486 (ADN, B 2133, fol. 30r) ; 540 l. prêtées par Audenarde pour le paiement de sa garnison le 23 avril 1485 (inscrit dans le compte de 1486 de la recette générale, *ibid.*, fol. 79v), encore 5 000 l. par Audenarde le 7 janvier, toujours pour sa garnison (*ibid.*, fol. 36r) ; 3 000 l. prêtées par Anvers le 22 octobre 1486 (*ibid.*, fol. 46v-47r) ; 10 147 l. 1 s. par Anvers, Bois-le-Duc et Tirlemont, qui furent remboursées l'année suivante sur l'aide de 50 000 l. (voir ci-dessus et B 2133, fol. 28v-29v), auxquelles s'ajoutent encore 97 l. prêtées par Tirlemont, non remboursées sur cette aide, mais mentionnée dans la recette générale (B 2133, fol. 29v) ; 23 000 l. prêtées par Anvers, Louvain et Bruxelles en 1486, mais enregistrées seulement en 1491 (voir ci-dessus) ; 1 000 l. le 31 juillet, par Berg-op-Zoom pour le paiement des gentilshommes de l'hôtel (*ibid.*, fol. 56r-v) ; 3 000 l. le 28 octobre, par Berg-op-Zoom, pour le paiement d'un marchand de vin (*ibid.*, fol. 58v-59r) ; 667 l. 13 s. le 26 juillet par Middelbourg en Zélande prêtées lors du siège de L'Écluse (*ibid.*, fol. 61v) ; 2 000 l. le 21 juin par la ville de Goes pour Maximilien (*ibid.*, fol. 60r) ; 2 000 l. le 14 juillet par Reimerswaal (*ibid.*, fol. 60v), 6 000 l. par Middelbourg le 24 juillet (*ibid.*, fol. 61r) ; 3 568 l. 10 s. anticipées par Zierikzee (*ibid.*, fol. 63r) ; 800 l. prêtées par la ville de Lille, pour le paiement de la garnison (*ibid.*, fol. 74v).

9 760 l. pour 1492[61], soit 2,6% des assignations sur les aides et les compositions, hors deniers rendus et non reçus. Il s'agit là d'un minimum, car il faut encore y ajouter la plupart des décharges assignées sur la portion d'une ville d'une aide venant d'être accordée[62]. D'autres, insoupçonnables, ne sont révélées que par le croisement de la recette générale avec les comptes des villes. Tel est le cas, pour l'année 1486, des aides de Lille, Douai et Orchies, sur lesquelles furent assignées 11 700 l., hors deniers rendus et non reçus, et dont le compte de la ville de Lille nous indique que 10 000 l. furent avancées par la municipalité[63]. Quoi qu'il en soit, la proportion de décharges correspondant à des avances consenties par les villes, trois à quatre plus importante en 1486 qu'en 1492, confirme l'effet de levier créé par les impositions accordées par les assemblées représentatives. Alors qu'en 1486, la quasi-totalité des principautés accordèrent de très généreux subsides, Albert de Saxe dut batailler ferme pour obtenir l'aide des deux florins par feu en 1492. Les autorités ne purent alors compter que sur Malines et Anvers pour abonder leur trésorerie. Il est vrai qu'à ce moment-là, la stratégie du gouvernement avait changé ; plutôt que de quémander des avances auprès des villes, on donna aux compagnies de gens de guerre des assignations sur des principautés ou des districts bien déterminés, à charge pour elles d'y loger et de hâter le versement des sommes dues, par la simple menace que faisait peser leur présence[64]. Ainsi, la charge des prêts par anticipation sur les aides se déplaçait des villes vers les campagnes, nettement plus vulnérables aux violences des gens de guerre. Sur l'ensemble des années 1477-1493, on peut estimer que les avances consenties par les villes assuraient à Maximilien une marge de manœuvre financière de l'ordre de 5% à 15% du montant des aides accordées chaque année.

Une analyse plus fine des prêts des villes révèle une extraordinaire disparité, qui donne l'exacte mesure des liens financiers et politiques noués par le prince avec

---

61 5 760 l. (4 800 florins à la croix Saint-André) le 25 mai 1492 pour Malines et Anvers, qui avaient donné leur caution pour semblable somme prêtée par des marchands pour le paiement de gens de guerre (ADN, B 2144, fol. 20v) ; 4 000 l. prêtées par Anvers le 5 octobre 1492 au duc de Saxe pour le paiement de gens de guerre (*ibid.*, fol. 24r).

62 Ainsi, le 15 août 1485, quatre décharges furent assignées sur la recette de l'aide de 30 000 l. sur le point d'être accordée par le Brabant, toutes pour le paiement des fantassins suisses, la première de 44 l. 10 s. sur la ville de Hal, la seconde de 600 l. sur la portion de Tirlemont, la troisième de 2 930 l. 18 s. sur celle de Louvain, et la dernière de 425 l. sur celle de Léau. Le montant de ces assignations était manifestement proportionné aux facultés contributives des cités concernées. La quasi-totalité des autres décharges sur cette aide furent également assignées sur les portions des principales villes, ce qui laisse supposer qu'elles avancèrent également la part de leur quartier (AGR, CC, reg. 15730, compte de cette aide, fol. 18r-27r). En revanche, dans d'autres cas, les assignations sur un district particulier se justifient par la proximité du bénéficiaire de la décharge, ainsi Corneille de Berghes fut assigné sur les aides de Brabant, quartier de Bois-le-Duc, pour la solde de la garnison de Grave (voir *infra*, p. 346).

63 Voir *infra*.

64 Ainsi, neuf décharges furent assignées sur les aides de Brabant le 26 et le 27 février, pour le paiement d'un mois de solde d'autant de compagnies de la garde (ADN, B 2144, fol. 17r-18v) ; neuf assignations, également datées du 26 et du 27 février, toujours pour la garde, cette fois sur les aides de Hainaut (*ibid.*, fol. 36r-37v) ; sept assignations sur des districts flamands du 25 avril au 22 mai 1492, pour un mois de solde d'autant de compagnies de la garde (*ibid.*, fol. 27v-33r) ; trois assignations sur les aides de Lille, Douai et Orchies, le 4 novembre pour un mois de solde de trois compagnies de la garde (*ibid.*, fol. 35v).

chacune de ses grandes métropoles. Jamais le prince ne put obtenir la moindre avance de Gand, eût-il l'idée saugrenue de faire appel à ses incommodes sujets. Pas la moindre avance non plus des villes de son quartier – si Audenarde fait exception en 1485-1486, c'est que les habitants devaient cohabiter avec une garnison dont il valait mieux que les soldes fussent payées. Si en 1478, Amsterdam et Haarlem avaient refusé de participer à la levée de fonds alors organisée en Hollande, c'est que Maximilien, prenant acte de la victoire temporaire des *Hoeken*, s'étaient rapprochés d'eux et des villes dominées par eux, alors qu'Amsterdam et Haarlem restaient fidèles à la cause des *Kabeljauwen*. On a vu qu'il avait fallu une crise politique majeure pour que Bruges acceptât d'utiliser son crédit au bénéfice du prince en janvier 1482. Sans surprise, les villes les plus généreuses et les plus régulièrement sollicitées furent Malines et Anvers.

C'est pendant la guerre civile de 1488-1489 que la contribution d'Anvers fut la plus importante, et, pour le coup, une véritable planche de salut pour Maximilien et Albert de Saxe. Dès le mois de juin, Anvers et Malines prêtèrent 2 200 l. au roi des Romains[65]. Après la révolte de Bruxelles et Louvain, Anvers investit littéralement à fonds perdus sur la victoire de Maximilien. Le 6 septembre, elle prêtait 21 395 l. 12 s. 6 d., toujours sur une bien hypothétique première aide à accorder par le Brabant[66], 2 400 l. le 24 septembre, sur la monnaie d'Anvers[67], puis encore 12 000 l. en décembre[68]. Au même moment, elle commençait à entretenir à ses frais une force armée considérable, qui lui coûta 128 289 l. d'octobre 1488 à août 1489. Forte de 180 cavaliers et 670 fantassins en octobre 188, elle atteignit les 1 400 hommes, dont 400 cavaliers, au printemps 1489. Sa composition ne différait par de celle des autres unités combattant pour le roi des Romains ; on y trouvait des nobles brabançons, dont certains proches des milieux dirigeants d'Anvers, de nombreux soldats de métier, dont certains capitaines de la garde (Rodrigue de Lalaing et Alvarado), et les inévitables lansquenets germaniques[69]. À elle seule, Anvers rémunérait peut-être un quart des gens de guerre à la disposition d'Albert de Saxe, et ceux-ci étaient à coup sûr les seuls qui avaient le privilège de recevoir une solde régulière, ce qui en faisait une force particulièrement opérationnelle. *High risk, high reward* : les bourgeois d'Anvers n'eurent pas à se plaindre de leur retour sur investissement.

Le cas de Lille

Les autres avances consenties par les villes ont été beaucoup plus modestes, en général de l'ordre de quelques milliers de livres. Les comptes de la ville de Lille formant une série à peu près continue, il est possible d'en tirer de très utiles informations sur

---

65 Décharge du 30 juin 1488 sur la première aide à accorder par le Brabant (ADN, B 2136, fol. 18r). Elle est rendue et non reçue : cela signifie non que le prêt n'a pas eu lieu, mais que son remboursement n'a pu être pris sur les aides de Brabant.

66 *Ibid.*, fol. 18v-19r.

67 *Ibid.*, fol. 47v.

68 *Ibid.*, fol. 21v.

69 Frederik Buylaert, J. Van Camp et Bert Verwerft, « Urban Militias, Nobles and Mercenaries. The Organisation of the Antwerp Army in the Flemish-Brabantine Revolt of the 1480s », *The Journal of Medieval Military History*, 9, 2011, p. 146-166.

la façon dont une ville moyenne, très liée au pouvoir central, parvenait à satisfaire les exigences princières sans mettre en danger l'équilibre de ses finances. La ville de Lille procéda en effet à trente-cinq ventes de rentes entre 1485 et 1502[70], pour un capital total de 122 905 l. 10 s. de 20 g., soit 61 452 l. 15 s. de 40 g. au moment de l'émission, au taux moyen de 8,32%. La charge maximale supportée par la ville, au titre des rentes vendues après 1477, s'éleva à 5 641 l. de 20 g. en 1498-1499, avant de régresser à partir de l'année suivante. Elle était assez modérée, puisqu'elle ne représentait que 14,18% des recettes de la ville. La charge maximale relative s'éleva à 18,68% des recettes de la ville affectés au service de la dette en 1500-1501, alors que les recettes de la ville avaient plus fortement reculé que le total des annuités payées aux rentiers, mais dès l'année suivante, les rentes postérieures à 1477 n'absorbaient plus que 13,25% des recettes de la ville. Il s'agissait là des nouvelles rentes, qui s'ajoutaient aux rentes déjà à la charge de la ville en 1477, soit 13 415 l. de 20 g. en 1477-1478 (41,2% de la recette de cet exercice). Cependant, Lille parvint à contenir le poids global de la dette à un niveau raisonnable, puisqu'en 1498-1499, le service de la dette consommait 19 508 l. de 20 g., soit 49% des recettes de l'exercice. En 1501-1502, la dépense fut un peu plus importante – 25 913 l. 8 s., soit 72% des recettes de l'année – mais pas moins de 10 893 l. étaient en fait consacrées au rachat de rentes anciennes. Ainsi, à l'aube du XVIe siècle, et après la crise de 1477-1493, les annuités dues aux rentiers représentaient moins de la moitié de la dépense ordinaire de la cité, qui était en mesure de consacrer le tiers de ses revenus au rachat des rentes et donc au remboursement de sa dette. Bref, les finances de Lille affichaient une santé éclatante, presque insolente, au moment où les bourgeois de Gand, Bruges, Haarlem et Leyde n'osaient plus sortir de chez eux, de crainte d'être arrêtés et internés en raison des colossaux arriérés de rentes que leurs villes étaient dans l'incapacité de payer.

Pourtant, à partir de 1485, lorsque la châtellenie de Lille, Douai et Orchies contribua à nouveau aux aides, et que la ville de Lille ne pouvait plus s'abriter derrière sa situation de place frontière pour échapper à l'impôt, elle eut aussitôt à faire face à d'importantes dépenses. En août 1485, elle dut avancer les 3 000 écus exigés par le seigneur d'Espierres, capitaine du château de Lille au nom du conseil de régence, pour qu'il consente à quitter la place, dont 2 000 pour le remboursement de ce qu'il avait lui-même dû verser à son prédécesseur, Philippe Pot, seigneur de la Roche, en 1477, et 1 000 écus pour le règlement de ses dettes, soit 8 000 l. de 20 g.[71] Les frais de la garnison postée à Orchies par le conseil de régence en 1484-1485, ainsi qu'une gratification de 1 200 l. accordée au seigneur d'Espierres pour qu'il négocie avec Philippe de Crèvecœur la neutralité de la châtellenie en 1485, furent également à sa charge, pour un total de 4 183 l. de 20 g.[72] La ville émit 250 l. de rentes perpétuelles

---

70 AM de Lille, comptes de l'argentier, de 1485 à 1502, registres 16224 à 16238. Ont été dépouillés de manière systématique, en recette, les chapitres relatifs aux ventes de rentes et aux *deniers rembourséz à lad. ville* par le receveur des aides de la châtellenie, et en dépense, les dépenses extraordinaires pour le prince ou la châtellenie, ainsi que tous les chapitres de dépense pour le paiement des annuités des rentes et leur remboursement.

71 AM Lille, reg. 16224, fol. 122r-v.

72 *Ibid.*, fol. 120v-121r.

au denier 16 pour la garnison d'Orchies, et 796 l. de rentes viagères au denier 10, ainsi que 9 l. 7 s. 6 d. de rentes perpétuelles au denier 16 pour le seigneur d'Espierres. Dès l'année suivante, Lille obtint des états de la châtellenie, pour son remboursement, une assiette de 13 454 l., à payer en trois ans, qui lui fut en effet entièrement réglée par le receveur des aides de la châtellenie Jean Le Philippe. La ville ne parvint pas à racheter l'intégralité des rentes vendues en 1485, mais elle put tout de même en diminuer considérablement le coût annuel, ramené à 511 l. de 20 g. par an à partir de 1488-1489, soit 48,4% des intérêts annuels dus au moment de l'émission des rentes, et toutes les rentes perpétuelles avaient été rachetées.

Cette première expérience donna le ton pour les années suivantes, car le Magistrat de Lille s'en tint scrupuleusement à la même politique, consistant d'une part à privilégier les rentes viagères, en général à une vie, qui s'éteignaient d'elles-mêmes, et d'autre part à s'assurer que les avances seraient remboursées dans les délais les plus brefs sur le produit des aides levées dans la châtellenie – même si naturellement, Lille prenait sa part des aides, soit environ 30%. C'est très probablement sur les recettes des crues d'accises que fut payée la quote-part de Lille des aides de la châtellenie. Jusqu'en 1478-1479, les crues d'accises faisaient l'objet d'un compte à part, joint au compte principal[73]. En 1479-1480 et 1480-1481, le compte n'est plus joint au compte principal, mais on indique dans ce dernier la recette des crues d'accises, ou au moins une partie de celle-ci[74]. Toute mention des crues disparaît à partir d'octobre 1481; pourtant, l'existence d'un compte à part est attestée dans le compte commun de l'année 1488-1489, dans lequel apparaît une retenue de 7 801 l. de 20 g., opérée sur les recettes des crues d'accises. Il est précisé qu'en raison du faible cours de la livre, qui rendait le rachat des rentes excessivement coûteux, on avait décidé d'affecter l'argent des crues d'accises à d'autres usages que celui pour lequel il était destiné, à savoir la résorption de la dette[75]. Par ailleurs, au dernier feuillet du compte commun de certaines années, il est fait mention de la balance du compte des crues d'accises.

Ainsi, Lille avait suivi l'exemple des Gantois, qui tentèrent en 1479 de limiter le poids de la dette en sanctuarisant dans un compte à part les recettes destinées au paiement des rentes[76]. Les Lillois avaient décidé d'affecter les revenus tirés des crues d'accises aux dépenses extraordinaires et aux subsides princiers, tandis que le surplus servait à racheter les rentes à la charge de la ville. En revanche, les ventes de rentes ponctuelles, pour le prince ou les affaires de la châtellenie, figuraient dans le compte commun, ainsi que les versements effectués par le receveur des aides de la châtellenie pour le rachat de ces rentes. De fait – à la différence des Gantois – la municipalité réussit à assainir progressivement ses finances (voir diagramme n° 13). Ce succès est surtout à mettre au crédit de la stabilité politique de la ville, qui s'abstint

---

73   Deux cahiers de sept folios chacun, annexés au registre de 1477-1478 (reg. 16217) et de 1478-1479 (reg. 16218).

74   8 000 l. en 1479-1480 et 4 662 l. en 1480-1481.

75   *Desquelz deniers qui avoient esté reçeus à hault pris, l'on ne se povoient acquitter envers iceulx à qui sont deues lesd. rentes sans grant perte, obstant qu'ilz n'estoient teneus de les recevoir aud. hault pris* (AM Lille, reg. 16228, fol. 33r).

76   Wouter RYCKBOSCH, *Tussen Gavere en Cadzand...*, p. 271-274.

de prendre trop ouvertement parti, comme en témoigne la neutralité qu'elle observa aussi bien en 1484-1485 qu'en 1488-1489. Cependant, de même que Courtrai avait été contrainte par la force des choses à pencher plutôt du côté des Gantois, et de contribuer aux subsides ordonnés par les Membres et les deux conseils de régence, Lille jugea de bonne politique d'afficher un soutien mesuré à Maximilien. En 1485-1486, elle accepta de lui avancer des sommes importantes sur l'aide de 11 000 l. de 40 g. par an pendant trois à partir de Noël 1485, accordée par la châtellenie à l'été 1485, à savoir 5 000 l. sur la première année, autant sur la seconde (dont 1 000 l. pour Marguerite d'York), puis sur la troisième année. S'y ajoutèrent encore 6 000 l. correspondant à l'intégralité de la recette d'une aide complémentaire accordée en 1486 pour la guerre contre la France, qui devait être levée aux termes de Noël 1488 et de la Saint-Jean-Baptiste 1489[77]. Lille avait donc avancé pas moins de 21 000 l. de 40 g. en 1485-1486, dont 5 000 l. remboursées dès cet exercice financier par Jean Le Philippe, au titre de la première année de l'aide triennale. Le remboursement des 16 000 l. restantes se fit plus difficilement, puisque le receveur des aides reversa à la ville 3 800 l. de 20 g., en 1486-1487, 4 824 l. 5 s. en 1487-1488, 2 350 l. en 1488-1489, soit 10 924 l. 5 s. de 20 g.[78] Le paiement du reste fit l'objet d'une nouvelle aide assise sur la châtellenie, d'un montant de 6 200 l. de 40 g. par an pendant trois ans, à partir de la Saint-Jean-Baptiste 1489, destinée à régler également d'autres dettes contractées par Lille pour les affaires de la châtellenie, de sorte que la ville de Lille ne fut enfin intégralement remboursée de ses avances de 1486 qu'à Noël 1491[79].

Lille avait financé les avances de 1486 au moyen d'émissions de rentes perpétuelles et viagères, pour un total de 17 100 l. de 40 g., pour une charge annuelle de 1 312 l. 10 s. (7,7% d'intérêts) complétées par un emprunt de 3 900 l. sur ses bourgeois. En raison du retard mis par Jean Le Philippe à rembourser les sommes empruntées, la ville ne put racheter toutes les rentes vendues pour le compte du prince, mais en 1502, la plus grande partie en avait tout de même été remboursée, puisque les annuités ne représentaient plus que 403 l., soit moins d'un tiers des intérêts initiaux. Lille avait encore de quoi prêter de l'argent à Maximilien ; après tout, les 1 312 l. 10 s. d'annuités nouvelles à la charge de la ville ne représentaient que 5 à 10% de la recette ordinaire de la municipalité. Pourtant, le Magistrat de Lille n'avait aucune envie de renouveler une telle expérience, et de faire les frais des retards du receveur des aides. Aussi n'accorda-t-il plus rien à Maximilien les années suivantes. Il est vrai que la guerre de 1488-1489 entraîna de nouvelles dépenses pour la ville – celles précisément, qui furent remboursées par l'aide de 6 200 l. par an pendant trois ans – pour le paiement des Allemands en garnison au château, les gratifications versées aux négociateurs du traité de neutralité conclu avec Philippe de Clèves, le rachat de blés saisis par les lansquenets, le siège du château d'Estaimbourg, tenu par des pillards, etc[80].

---

77 AM Lille, reg. 16225, fol. 32v-37r.
78 AM Lille, reg. 16226 à 16229, chapitre des deniers remboursés par Jean Le Philippe.
79 AM, Lille, reg. 16230, fol. 28r.
80 Dans le registre de l'année 1488-1489 (reg. 16228, fol. 30v-31r), figure l'exposé des motifs de cette aide : pour remédier *aux grans foulles et oppressions* des Français, qui déjà avaient pris les places de Wavrin, Rosimbos, Lomme et autres, les Lillois conclurent un traité avec le seigneur d'Esquerdes au nom du

Ce n'est que lorsque l'aide de 15 000 l. par an pendant trois ans, à lever entre la Saint-Jean-Baptiste 1492 et Noël 1494, fut accordée par la châtellenie en août 1490, que Lille fut à nouveau sollicitée pour une avance sur ce nouveau subside, dont la levée avait été singulièrement différée. Cette fois, les Lillois prirent leurs précautions, en exigeant que les annuités des rentes vendues par la ville soient payées par le prince, sur les aides de la châtellenie, puisque le domaine était ici totalement engagé. On accorda donc deux avances de 3 000 l. de 40 g., sur les deux premières années de l'aide, financées au moyen de la vente de rentes perpétuelles au denier 15, dont le montant, pour se garantir des dévaluations monétaires, rétablir la confiance et ainsi attirer les investisseurs étrangers, en particuliers les bourgeois de Tournai, fut fixé en florins d'or à la croix Saint-André[81]. Il en coûta désormais 400 florins d'or par an au receveur de la châtellenie de Lille, soit 400 l. par an jusqu'en 1492, puis 540 l., le florin compté à 27 s., c'est-à-dire trois sous au-dessus du cours officiel[82]. En 1495-1496, le receveur des aides put racheter 150 des 400 florins[83], puis 50 l'année suivante[84], puis encore trois en 1497-1498[85]. En 1502, 197 florins restaient à la charge de la recette des aides de Lille, Douai et Orchies. En février 1493, la ville accorda un prêt de 4 000 l. de 40 g. pour les soldes de la garnison de Lille[86], très rapidement remboursé[87], et en 1496 encore 1 500 l. pour le voyage de Philippe le Beau en Allemagne. On émit alors des rentes perpétuelles, dont les annuités furent

---

roi de France et avec l'accord de Maximilien et de son fils. Pour ce faire, il fallut engager des dépenses de messagerie, d'ambassades, reprendre la place d'Estaimbourg, garder le château de La Royère, payer les soldes de gens de guerre à pied et à cheval levés contre les pillards, et régler plusieurs autres parties pour l'entretien du traité, telles que le paiement de la rançon de deux hommes d'armes français de la compagnie du bâtard de Bourbon, comme pour l'accord fait par les habitants de Comines avec Georges d'Ebenstein, capitaine de Saint-Omer, pour le rachat de certains blés pris à Comines par des Allemands de Lille, qui s'étaient ensuite retirés à Saint-Omer. De plus, depuis la conclusion du traité, la ville dut encore avancer de fortes sommes aux Allemands du château de Lille. En tout, Lille avait dépensé 27 000 l. de 20 g. pour les affaires de la châtellenie, et Maximilien lui devait encore 27 090 l. de 20 g. pour divers prêts. On décida de lever sur la châtellenie une assiette d'un montant équivalent, soit 27 045 l. de 40 g., dont 18 600 l. attribuées à Lille, la différence entre les deux sommes représentant sans doute la quote-part de Lille, soit 31,2%. Le versement des sommes dues à Lille par le receveur des aides suivit à peu de choses près l'échéancier prévu : 4 700 l. de 20 g., sur les 6 200 l. du terme de la Saint-Jean-Baptiste 1489 (AM Lille, reg. 16228, fol. 30r), 12 400 l. de 20 g. pour les deux termes de l'année 1490-1491 (reg. 16229, fol. 29r), 6 200 l. de 20 g. pour le dernier terme de l'aide (Noël 1491, reg. 16230, fol. 27r). Le compte de l'année 1489-1490 a disparu, mais le compte de l'exercice suivant nous indique que la plus grande partie de ces deux échéances avait été réglée en temps et en heure, à l'exception de 1 080 l. de 20 g., retenues par le receveur des aides, qui les remboursa en 1490-1491 (reg. 16229, fol. 29r).

81 AM Lille, reg. 16229, fol. 29r, 30r-31r.
82 AM Lille, reg. 16231, fol. 33v.
83 AM Lille, reg. 16233, fol. 33r.
84 AM Lille, reg. 16234, fol. 31r.
85 *Ibid.*, fol. 30v.
86 AM Lille, reg. 16231, fol. 34v.
87 2 000 l. de 40 g. remboursées sur le même compte de 1492-1493 (*ibid.*, fol. 33v-34r), le reste probablement sur le compte suivant, qui n'a pas été conservé, puisqu'il n'en est plus question par la suite.

prises sur le domaine, un peu requinqué par la paix, en l'occurrence la part du prince sur les accises de la ville[88].

Ainsi, Lille ne se montra pas d'une générosité excessive à l'égard de Maximilien. Le prince ne put faire appel au crédit de la ville que de manière exceptionnelle, pour des sommes de plus en plus réduites (21 000 l. en 1486, 6 000 l. en 1490, 3 000 l. en 1493, 1 500 l. en 1496), et à des conditions de plus en plus sévères, au prix de l'amputation partielle, mais durable, non seulement des recettes du domaine, mais aussi de celles des aides. En réalité, Lille a bien plutôt été le banquier de la châtellenie que celui de Maximilien. Néanmoins, ce temps d'expérimentations avait permis au prince de fixer sa doctrine à l'égard des villes. Il les sollicitait ponctuellement, pour des avances à court ou moyen terme – de trois mois à deux ans – en leur donnant toutes les garanties nécessaires, sinon pour le remboursement, toujours vulnérable à la conjoncture politique et financière, au moins pour le paiement des annuités des rentes vendues pour rassembler les capitaux demandés. À partir de 1496, les intérêts dus aux rentiers furent à nouveau pris sur la recette du quart des accises revenant au prince[89]. Sur l'ensemble de la période, la dette princière garantie par Lille fut assez stable, puisque le montant des annuités reversées à la ville s'élevait à 540 l. en 1493-1494, et à un peu moins de 600 l. en 1501-1502. Si Philippe le Beau voulait que cela continue, il savait qu'il ne pouvait pas demander à Lille plus de 1 000, 2 000 ou 3 000 l. une fois tous les trois ou quatre ans.

L'exemple de Lille montre la complexité des relations entre les ducs de Bourgogne et les communautés urbaines. Le soutien de ces dernières était très loin de leur être acquis d'office, et ils ne pouvaient compter sur un flux régulier et assuré d'argent frais. Chaque opération financière faisait l'objet d'une négociation serrée, et plus le prélèvement était important, plus il s'écoulait de temps avant qu'on puisse à nouveau faire appel à la ville qui venait d'être ponctionnée. La prudence financière des villes qui entretenaient des relations privilégiées avec le prince interdisait d'en tirer beaucoup d'argent. Quant aux anciennes cités rebelles, enfin vaincues en 1492, elles étaient toutes en situation de quasi-faillite. Définitivement, les villes ne constituaient pas une source de financement suffisante pour faire face aux besoins croissants du prince. Leur rôle, dans l'État de finance de Maximilien, consistait à en lubrifier les rouages, comme l'huile dans un moteur, mais certainement pas à fournir le carburant indispensable à son action.

II.   Vivre sur le pays

Ce n'est qu'à partir de 1492 que les recettes tirées des compositions de Tours et des aides légalement accordées par les assemblées représentatives permirent de couvrir la plus grande partie des dépenses engagées par Maximilien et le duc de Saxe pour triompher des rebelles. Les dépenses de guerre enregistrées dans la recette générale

---

88 AM Lille, reg. 16233, fol. 119r.
89 En 1498-1499, avances de 1 200 l. (AM Lille, reg. 16235, fol. 31v-32r) et 2 720 l. (AM Lille, reg. 16236, fol. 32v-33v).

des finances ou dans les comptes des aides des principautés frôlèrent cette année-là les 300 000 l., soit leur plus haut niveau depuis 1488, exprimées à la fois en livres de 40 g. (à l'exception de l'année 1489) et en poids d'argent fin (y compris 1489). Cette somme restait cependant assez sensiblement inférieure aux quelque 400 000 l. que représentaient un an de solde des 4 000 fantassins et 2 000 cavaliers à la solde de Maximilien et du duc de Saxe à la fin de l'année. Tout porte à croire que les effectifs engagés depuis 1488 n'ont jamais été de beaucoup inférieurs à ce nombre. En estimant le total moyen annuel des soldes dues aux gens de guerre depuis 1488 à 350 000 / 400 000 livres – estimation basse, qui ignore la hausse des soldes en 1488-1489 pour compenser l'effondrement de la valeur de la livre de 40 g., ainsi que les surcoûts liés à certaines opérations de plus grande ampleur, comme le siège de L'Écluse – la différence entre le total cumulé des soldes dues aux gens de guerre entre 1488 et 1493 et celui des assignations expédiées en faveur du trésorier des guerres pendant la même période à pu s'élever à 500 000 / 700 000 livres.

Le temps des sauvegardes et des compositions (1488-1492)

De 1488 à 1492, alors que la plus grande partie des Pays-Bas était en état de sécession et qu'il n'était plus question de réunir les assemblées représentatives, les capitaines de Maximilien durent recourir aux expédients les plus divers pour continuer à servir leur prince. Pour ce faire, ils pouvaient choisir sur une palette assez large de procédés déjà en usage durant la guerre de Cent Ans, allant du racket pur et simple à des systèmes plus élaborés qui ne se différenciaient guère de l'impôt légal[90]. Philippe Contamine distingue ainsi la rançon, en contrepartie de laquelle une population échappe au pillage, telle celle que versèrent aux Gantois les habitants de Courtrai en 1488 ; le rachat, versé à la suite d'une course ou d'une expédition de pillage ; l'indemnité versée à des gens de guerre pour obtenir leur départ d'un territoire ou d'une place occupés par eux ; enfin l'apatis ou apatissement, résultant d'un accord oral ou écrit entre des gens de guerre et la population d'un espace donné, le plus souvent une paroisse, par lequel les premiers laissent la seconde en paix, en contrepartie d'une somme forfaitaire ou de livraisons de denrées, fourrage, etc. Les termes les plus employés en Flandre, Hainaut et Brabant entre 1488 et 1492, pour désigner cette dernière pratique, sont ceux de « garde », « sauvegarde », mais surtout le verbe « composer » et dans une moindre mesure son substantif « composition », fortement polysémiques, puisqu'ils s'appliquent à toute forme de subside négocié avec une communauté en dehors du cadre des assemblées représentatives.

La guerre civile de 1488-1489 en fut l'âge d'or, en raison de l'effondrement des structures fisco-financières de l'État. En Flandre et Brabant méridional, le pays était

---

90 Philippe CONTAMINE (« Lever l'impôt en terre de guerre. Rançons, appatis et souffrances de guerre dans la France des XIVe et XVe siècles », in *L'impôt au Moyen Âge*, 2002, p. 11-40) voit dans les apatis une « caricature de l'impôt à la fin du Moyen Âge, éclairante comme toute caricature » ; voir aussi Anne Elizabeth CURRY, « Les "gens vivans sur le païs" pendant l'occupation anglaise de la Normandie (1417-1450) », in *La guerre, la violence et les gens au Moyen Âge*, 1996, p. 209-221.

réputé ennemi et pouvait donc être « composé » à volonté par les garnisons loyales à Maximilien. Après la signature du traité de Tours, la situation changea en Flandre. La guerre ne reprit plus qu'avec les villes de Gand et de Bruges, et la quasi-totalité des petites villes et des châtellenies restèrent dans l'obédience de Maximilien. Les indemnités de Tours offraient par ailleurs à ses gens de guerre et de finance un droit de tirage sur les communautés flamandes qui n'était limité que par leur capacité à s'acquitter de l'amende. Les compositions ne cessèrent cependant pas, mais c'était désormais surtout les Gantois et les gens de guerre de Philippe de Clèves qui les levaient autour de Gand et de L'Écluse. En revanche, ce fut paradoxalement le Hainaut qui eut le plus à en souffrir, au gré du passage des gens de guerre. Ce triste privilège tient à la faible capacité contributive du Hainaut, qui n'était pas en mesure d'accorder des subsides suffisamment importants pour financer l'effort de guerre.

Quel fut le montant total de ces compositions et autres gardes ou sauvegardes concédées aux populations rurales pour leur laisser le droit de cultiver leurs terres ? Nous n'avons à ce sujet qu'une mince documentation, dont on a fait état ailleurs[91], et que nous nous contenterons de résumer, en y ajoutant les quelques pièces supplémentaires qu'on a pu trouver. Le compte de Jean du Loo des aides du *Westquartier* en 1488-1489, mentionne les compositions levées sur les villes et châtellenies de Bailleul, Poperinge et Cassel pour les mois de juin à septembre 1489, pour un total de 11 000 livres[92], soit l'équivalent de 1,2 fois leur assiette de l'aide de 127 000 *ridders*[93]. Encore s'agissait-il de livres très affaiblies, équivalant à moins de 4 000 l. au cours de 1473-1476. Cela permettait tout juste de régler quelques semaines de solde des Allemands en garnison dans le *Westquartier*. Cet exemple n'est pas forcément très représentatif de l'ampleur de ce phénomène, dans la mesure où le ressort concerné est assez grand, et où ces sommes furent recueillies par un officier du prince. Les mentions de sauvegardes ou de compositions sont extrêmement rares dans les comptes des châtellenies de Flandre, puisqu'elles étaient le plus souvent supportées directement par les paroisses.

Elles apparaissent de manière incidente, car les châtelleries accordèrent de nombreuses gratifications aux capitaines de gens de guerre pour les inciter à faire cesser leurs extorsions et à aller voir dans les districts voisins si l'herbe n'était pas plus verte et les veaux, vaches, cochons plus gras. Ainsi, la châtellenie d'Ypres versa en janvier 1491 100 florins aux capitaines de 800 Allemands et 200 florins aux capitaines de la garde, pour que leurs hommes ne se dispersent pas dans les campagnes[94] ; sans doute un peu plus tôt, il avait fallu débourser 300 florins pour faire partir 700 gens de guerre des environs de Menin, où ils avaient déjà commencé à taxer jusqu'à 100 florins par paroisse ; ces hommes venaient de Liège[95]. À la fin

---

91 Amable SABLON DU CORAIL, « L'État princier à l'épreuve. Financer et conduire la guerre pendant la crise de l'État bourguignon (1477-1493) », *Revue historique*, vol. 679, 2016, p. 549-576.

92 ADN, B 4183, fol. 7r-v.

93 La quote-part de la ville et châtellenie de Bailleul, de la ville et châtellenie de Cassel et de la ville de Poperinge s'élevait à 5,95% du Transport de 1408.

94 AGR, CC, reg. 44312, fol. 29r.

95 *Ibid.*, fol. 38r-v.

FINANCER LA GUERRE – LE RECOURS AUX EXPÉDIENTS   335

de l'année 1491, les capitaines de la garde reçurent 180 l. de 40 g., pour prix de leur promesse de ne pas venir loger dans la châtellenie[96]. En octobre 1491, il en coûtait 600 l. à la châtellenie de Lille pour obtenir un semblable sursis[97] ; quelques mois plus tard, les capitaines de la garde étaient de retour, et récoltèrent 430 l. pour passer leur chemin[98]. De tels trafics étaient ouvertement encouragés par les officiers du prince. En 1492, c'est à l'injonction du seigneur de Ronny, lieutenant du comte de Nassau en Flandre, que la châtellenie d'Ypres remit 154 l. au capitaine allemand *Ydelt* afin d'éviter que ses hommes ne molestent les populations[99]. Cette même année, on multiplia les dons de draps et d'argent aux capitaines : un drap d'une valeur de 45 l. de 40 g. offert au capitaine de Damme pour qu'il ordonne à ses hommes de ne pas rançonner les ressortissants de la châtellenie ; trois draps, d'une valeur de 150 l., et 36 l. en argent pour que Rodrigue de Lalaing et le capitaine Pieters fassent cesser les compositions que levaient leurs 800 à 900 hommes dans la région de Rumbeke ; un drap, d'une valeur de 54 l., et 30 l. en argent à *Berthelot* et *Froidebise* pour qu'ils quittent Waestene ; 80 florins à Jörg Hang, capitaine des Allemands de Commines[100]. La ponction ainsi opérée sur les finances de la châtellenie était modeste, puisqu'elle ne dépasse pas les 5% des dépenses des années 1490 à 1492. Elle fut du même ordre dans les autres châtellenies, à savoir deux ou trois pots-de-vin d'une centaine ou de quelques centaines de florins par an[101].

Ces dépenses donnent à voir des pratiques de micro-racket à l'échelle des villages, à une époque où elles étaient devenues assez rares, alors qu'elles avaient été systématiques en 1488-1489. Les 100 florins, non plus par châtellenie, mais par paroisse, qu'entendaient prendre dans la région de Menin les gens de guerre revenus de Liège, soit 1, 2 ou 3 florins par feu – l'équivalent d'un lourd subside public – paraissent

---

96 *Ibid.*, fol. 59r.

97 Somme avancée par la ville de Lille (AM Lille, reg. 16229, fol. 119v-121r).

98 En janvier 1492, pour éviter le logement des gens de guerre de la garde, ont été payées : 200 l. pour Louis de Vaudrey, 80 l. à Simon et Thomas François, lieutenants de Ferry de Nouvelles, et 50 l. à Robert de Landeheck, chevalier ; en février, on versa 100 l. au seigneur de Hautbourdin, pour Jennet Desprez, capitaine de gens de guerre logés dans la châtellenie, afin qu'il s'en aille avec ses hommes (AM Lille, reg. 16230, fol. 111r).

99 AGR, CC, reg. 44313, fol. 10v.

100 *Ibid.*, fol. 10v et suivants.

101 En 1492, la châtellenie de Courtrai versait 120 l. de 40 g. à Louis de Vaudrey, et 30 l. à son maréchal, pour qu'ils quittent la châtellenie dans les huit jours, sans attendre le paiement des 2 000 écus assignés sur elle (AGR, CC, reg. 42936, fol. 75v) ; on donnait également 100 couronnes d'or (126 l. de 40 g.) aux capitaines *Angole* et *Sanche* pour qu'ils sortent de Menin (*ibid.*, fol. 86v), et 100 l. de 40 g. au seigneur de Forest, qui devait traverser la châtellenie, pour qu'il le fasse le plus vite possible (*ibid.*, fol. 122v). En août 1490, la châtellenie d'Audenarde versait 300 l. de 40 g. pour éviter que la garde n'entre sur son territoire (AGR, CC, reg. 41916, fol. 2r-v et 7r ; quittance signée par le capitaine d'Audenarde, Robert de Melun). En septembre 1490, le Franc de Bruges payait 300 l. de 40 g. au capitaine de Nieuport, Melchior de Maßmünster, pour que les gens de guerre évacuent la place de Hoye (AGR, CC, reg. 42604, fol. 85r) ; quelques mois plus tôt, en février, on avait dû verser 3 000 l. de 40 g. en faible monnaie (soit 1 000 l. en monnaie réévaluée) au même, ainsi qu'à Charles de Saveuse, Georg von Ebenstein et Daniel de Praet pour l'évacuation de Koekelare (AGR, CC, reg. 42604, fol. 85v).

nettement plus proches de la réalité de ce que fut la contribution des villages soumis au régime des sauvegardes. Voici encore Melchior de Maßmünster, grand veneur de Flandre, capitaine de Nieuport et Saeftingen (*Chastinghes*). Il entretint à ses frais une petite garnison de seize hommes dans cette dernière place, située à proximité de Hulst, pendant vingt-neuf mois, du 14 février 1489 jusqu'au 8 juin 1491 – ce qui lui coûta la bagatelle de 3 737 l. 12 s. Après la prise de Hulst par les Gantois, on lui ordonna *par expres ordonnance de bouche*, de lever 40 cavaliers et 250 fantassins pour renforcer Saeftingen et harceler l'ennemi, toujours à ses frais. Heureusement pour lui, la prise de Hulst l'autorisait à prélever des sauvegardes et à passer des « appointements » avec les communautés rurales des environs. En tout, il put prélever 2 936 l. sur le district de Hulst et celui d'Axel, ainsi que sur la ville de Hulst elle-même, qui dut acheter 200 l. l'autorisation de laisser entrer des vivres, puis verser 400 l. lorsqu'elle fut reprise par les gens de guerre de Maximilien. Ces sommes sont considérables pour un territoire aussi petit et une période aussi courte, puisque Hulst fut reprise dès le 9 octobre 1491. Elle permit à Maßmünster de payer à ses hommes plus de la moitié de leurs soldes (elles s'élevaient à 5 577 l. pour trois mois et sept jours de service), sans que les gens de finance de Maximilien lui aient procuré le moindre denier[102].

En février 1492, la très forte résistance de Mons à l'aide des deux florins par feu s'explique par l'exaspération des habitants du Hainaut, qui demandaient l'abolition des « gardes des villages » perçues par les gens de guerre de Maximilien[103], et des tailles mises sur plusieurs villages « à le posté d'aucuns particulers, que jamais n'avoit esté veu, avecq les gardes des villaiges[104] ». Trois ans plus tôt, alors que la guerre civile faisait rage, le capitaine d'Enghien, réclamant une exemption d'impôts pour la terre d'Enghien, exposait que la garnison de Hal avait « composé et appatis lesd. villages pour en tirer foin et avoine pour les chevaux, ce qui revient pour certains villages à 4 ou 5 l. de gros par mois[105] ». Quatre ou cinq livres de gros, soit 24 à 30 l. de 40 g. par mois, pour des villages dont la population était le plus souvent de l'ordre d'une quarantaine de feux, dans une principauté où la pression fiscale moyenne ne dépassait pas 6 à 7 sous par feu et *par an*, soit à peine le tiers ou la moitié de ce que les gens de guerre prenaient *chaque mois* ! Autant dire que les habitants se faisaient proprement dépouiller de tout le fruit de leurs terres et de leur travail.

Les sources narratives évoquent quelques opérations plus spectaculaires par l'ampleur des sommes extraites et par l'étendue des territoires ainsi composés. Peu

---

102 ADN, B 2159, fol. 259v-261v, chapitre des deniers payés en l'acquit de mondit seigneur (1497). On lui devait alors 11 934 l. 7 s., dont il avait reçu 2 936 l., à savoir 900 l. de ceux du métier de Hulst à cause d'une sauvegarde négociée après la prise de Hulst par les Gantois, 600 l. des mêmes pour une nouvelle sauvegarde, 200 l. versées par les habitants de Hulst pour l'autorisation donnée par le comte de Nassau de faire entrer des vivres dans la ville, 400 l. des habitants de Hulst après leur capitulation, 500 l. de ceux du métier d'Axel, à cause d'un appointement fait avec eux le 20 octobre 1491, et 336 l. payées par trois paroisses.

103 Léopold Devillers, « Le Hainaut sous la régence de Maximilien. 1490-1495 » …, p. 250-254 et 426-427.

104 *Ibid.*, p. 249.

105 Léopold Devillers, « Le Hainaut sous la régence de Maximilien. 1488-1489 » …, p. 257-259.

après la révolte de Bruges, en mars 1488, Charles de Saveuse, depuis son nid d'aigle de Hulst, parvint ainsi à faire prendre en charge les soldes de sa garnison par les ennemis gantois, composés à 4 000 écus par mois pour *redimer de feu* leurs moulins à vent[106], affaire confirmée par l'auteur anonyme de l' « Histoire des guerres et troubles de Flandres », très favorable à Maximilien, qui évoque deux compositions de 6 000 florins, servant au paiement de 2 000 Allemands en garnison à Hulst[107]. En octobre 1492, Philippe de Clèves négocia une composition de 12 000 l. avec les habitants du Franc oriental, pour leur laisser le droit de réparer les digues qui menaçaient ruine sur le front de mer[108]. Des collectes aussi plantureuses paraissent cependant avoir été exceptionnelles. Le plus souvent, elles associaient numéraire et livraisons en nature. Ainsi, à la fin de l'année 1492, Louis de Vaudrey, alors châtelain de Bouchain, *composoit et taxoit ces meismes villages* [aux alentours du Cateau-Cambrésis] *et les villages du party de France jusques a Peronne et, selon leur quantité de leur valeur, faisoit payer par mois certaine quotte d'argent pour la entretenance des hommes d'armes et livrer bledz, avaines et litz pour les couchier*[109].

L'occupation d'Arras (1492-1493)

Indéniablement, il est à mettre au crédit du duc de Saxe d'avoir tenté en 1492 de substituer le régime fiscal légal, dût-on pour cela tordre le bras aux assemblées représentatives, à celui des apatissements et des gardes. Il souhaitait rétablir le monopole fiscal du prince, et mettre fin aux tailles mises « à le posté d'aucuns particuliers ». Malheureusement, si ce but parut à la portée de sa main à la fin de l'année 1492, la prise d'Arras en novembre 1492 causa une rechute très brutale. Il se révéla en effet très vite impossible de régler la solde des gens de guerre concentrés en grand nombre à Saint-Omer et Arras, alors que l'aide des deux florins par feu arrivait à son terme. Désormais libérés de la présence menaçante des garnisons allemandes et de la garde, la Flandre, le Brabant et le Hainaut n'avaient plus de raisons de céder aux demandes du gouvernement. À partir d'octobre 1492 et jusqu'au printemps suivant, le duc de Saxe négocia sans relâche, mais ne put récolter qu'une soixantaine de milliers de livres, dont la levée devait prendre plusieurs mois[110]. Cela ne représentait pas même deux mois de solde, c'est-à-dire moins de temps qu'il n'en avait fallu pour convaincre les assemblées représentatives de les accorder. À nouveau, à l'impasse financière répondit un extraordinaire déchaînement de violence des gens de guerre à Arras.

Il subsiste dans les archives de la Chambre des comptes de Lille quelques pièces se rapportant à l'occupation d'Arras par ceux-ci, qui dura plus de dix mois, de novembre 1492 à la mi-septembre 1493. Il s'agit de lettres accordées par l'archiduc Philippe aux communautés (moines de Saint-Vaast, chanoines et évêque, bourgeois)

---

106 Jean MOLINET, *Chroniques…*, t. I, p. 611.

107 *Histoire des guerres et troubles de Flandres, in* Joseph Jean DE SMET (éd.), *Recueil des chroniques de Flandre*, t. IV, « Chroniques belges inédites », Bruxelles, Hayez, 1865, p. 521-522 et 524.

108 Romboudt DE DOPPERE, *Fragments inédits…*, p. 11.

109 Jean MOLINET, *Chroniques…*, t. II, p. 249.

110 Voir *supra*, p. 266-267.

CHAPITRE 10

qui avaient été mises à contribution dès la prise de la ville, et qui demandèrent toutes sortes de compensations financières après leur libération. Elles indiquent d'une part les sommes d'argent payées aux gens de guerre, dont le montant avait en général été certifié par les capitaines, et d'autre part l'estimation des dégâts infligés par les gens de guerre, pour lesquels on peut soupçonner quelques exagérations. Les plus touchés furent les religieux de l'abbaye de Saint-Vaast, qui avaient déjà subi bien des misères de la part des Français. Les moines avaient été chassés pendant cinq ans, durant lesquels les religieux français qui les avaient remplacés avaient contracté des dettes qu'il leur avait fallu payer. Ils évaluèrent leur perte à plus de 100 000 florins, sans compter l'argent qu'ils avaient dû donner pour le paiement des gens de guerre de Maximilien en garnison à Arras. Or, ceux-ci avaient emporté les blés entreposés dans leur abbaye pour leur subsistance, fondu toute l'orfèvrerie liturgique, pressuré leurs censiers, au point que beaucoup ne pourraient plus rien payer avant plusieurs années ; ils avaient abattu tout le bois de Mofflaines où se trouvaient pas moins de 12 000 chênes, et détruit plusieurs de leurs exploitations agricoles. Le montant de ce qui leur avait été volé ou extorqué s'élevait selon eux à 62 000 florins. Par lettre du 4 février 1494, ils obtinrent une exemption totale du droit de gavène qu'ils devaient sur leurs propriétés en Artois, pour une durée de six ans[111].

Le doyen et le chapitre cathédral de Notre-Dame d'Arras avaient quant à eux obtenu dès décembre 1492 l'attribution des revenus du domaine comtal d'Avesnes-le-Comte, Aubigny, Rémy et Fampoux, soit 500 à 600 l. par an, jusqu'au remboursement complet des 16 823 l. 6 s. 8 d. de 40 g. qu'ils avaient dû prêter pour le paiement des soldes des gens de guerre. Pour rassembler l'argent, ils avaient dû vendre les joyaux de leur église, ainsi que des rentes sur leur temporel, alors même que la plupart des terres dont ils tiraient leurs revenus étaient toujours aux mains des Français[112]. Un peu plus tard, en juillet 1493, l'évêque d'Arras obtint une assurance semblable de la part de Philippe le Beau, pour le remboursement de 11 639 l. 10 s. 8 d. de 40 g. prêtées à « diverses fois » pour le paiement des gens de guerre, à payer sur la première aide d'Artois en trois années[113]. On a conservé l'attestation, ou l'une des attestations que lui avaient délivrées les capitaines d'Arras en avril 1493[114]. Pour motiver leurs hommes avant la prise de la ville, les capitaines leur avaient promis pas moins de trois mois de solde, *ce que ne poons bonnement ne promptement faire ne trouver argent sans l'ayde des bons bourgois, manans, habitants et autres notables personnages de lad. ville et cité, qui estoient mengié desd. gens de guerre et vivoient soubz eux en actendant leurd. paiement, à la grant foulle du peuple, à quoy nous avons grant regret pour les desordres qui se faisoient en lad. ville et cité par faulte dud. payement. C'est donc pour obveyer*

---

111 ADN, B 2149, n° 70297, 4 février 1494, mandement adressé aux commis sur le fait des domaine et finances.
112 ADN, B 2145, n° 69962, 21 décembre 1492, mandement adressé aux commis sur le fait des domaine et finances.
113 ADN, B 2147, n° 70091, 18 juillet 1493, mandement aux commis sur les domaine et finances.
114 ADN, B 2147, n° 70114, 28 avril 1493, attestation signée par Guillaume de Schambourg, chevalier, lieutenant du duc de Saxe, Philippe de Contay, seigneur de Forest, gouverneur d'Arras et capitaine de Douai, et Louis de Vaudrey, capitaine de la cité d'Arras et des gentilshommes de l'hôtel.

FINANCER LA GUERRE – LE RECOURS AUX EXPÉDIENTS

ausd. mengeries et inconveniens, et pour eviter de deux maulx le plus grant et prendre le moindre qu'ils demandèrent des sommes très considérables, en plus d'une première contribution de 6 000 l. demandée aux habitants d'Arras, à l'évêque et au monastère de Saint-Vaast, dont 666 l. (11%) à la charge de l'évêque. Celui-ci avait également dû verser 3 264 l. en argent comptant le jour de la prise de la ville et il avait fait délivrer 1 800 *menchault* de blé à 18 s. pièce (1 620 l.) aux gens de guerre allemands et wallons, ainsi que du foin, du bois, des meubles et des chevaux, valant environ 1 000 florins. Depuis, l'évêque avait encore prêté aux capitaines et chefs de bandes 5 568 l. 17 s. 4 d. Par ailleurs, l'attestation évoque les dommages par lui soutenus pour deux propriétés brûlées dans les environs de la ville, et autres, estimés à plus de 10 000 florins.

Tout ceci donne une idée de la violence du choc subi par les habitants lors de la prise de la ville : des milliers d'hommes submergeant la ville en pleine nuit, faisant main basse aussitôt sur toutes les réserves de numéraire, et s'emparant de tous les stocks de vivres, bois et foin disponibles ; par la suite, la saisie méthodique de tous les objets précieux pouvant être fondus ; enfin, pendant des semaines et des mois, les pressions constantes exercées sur les habitants pour les forcer à emprunter de l'argent et vendre des rentes sur leurs propriétés. Le journal tenu par Gérard Robert relate avec précision les moments de grande tension vécus par les religieux et les habitants tout au long de cette occupation : les multiples « effrois » suscités par l'irruption de gens de guerre avinés et agressifs, venus se saisir de tout ce qui pouvait se boire, se manger ou se vendre, les prises d'otages, qu'on moleste, qu'on entasse dans des celliers surchauffés, et qu'on oblige à s'engager pour des sommes très supérieures à leurs facultés[115], etc. Le 18 novembre 1495, les maire et échevins de la ville d'Arras obtinrent de Philippe le Beau une exemption de leur portion de l'aide ordinaire d'Artois, pour une durée de dix ans, ainsi que la cession, pendant la même durée, du quart des accises revenant au prince, dont le rapport net était estimé à 700 ou 800 l. par an. Le quart des accises devait servir au remboursement des 25 500 l. de 40 g. prêtées par le corps de la ville et les habitants. Pour faire bonne mesure, peu avant leur départ de la ville, comme les gens de guerre n'avaient pas été entièrement payés de leur solde, les Allemands exigèrent des habitants un ultime versement de 4 florins par fantassin, et *afin de les avoir plus tost, abatirent pluiseurs maisons*. Il en coûta environ 6 000 florins d'or à la ville. Ce fut là la dernière exaction des mercenaires allemands à Arras[116].

Les gens de guerre qui prirent et occupèrent Arras furent au nombre de 3 000 à 4 000, d'après Molinet, dont une moitié d'Allemands, et la dernière levée de 6 000 florins d'or à 4 florins par tête indique qu'il y avait encore 1 500 Allemands à Arras en septembre 1493, sans compter les Wallons. Ils restèrent dix mois et demi, de sorte qu'on peut estimer à environ 200 000 l. le montant total des soldes dues pour leur

---

115 Gérard ROBERT, *Journal de Dom Gérard Robert, religieux de l'abbaye de Saint-Wast d'Arras*, Arras, impr. de Vve J. Degeorge, 1852, p. 87-147.

116 ADN, B 2152, n° 70545, mandement adressé aux commis sur le fait des domaine et finances. Il s'agit d'une confirmation d'une lettre patente du 21 janvier 1493, que contestait le receveur du domaine d'Arras en vertu d'une ordonnance annulant les aliénations du domaine.

temps de service à Arras[117]. L'aide de 80 000 florins, laborieusement accordée par les États généraux au printemps 1493, dont la recette nette fut légèrement inférieure à 80 000 livres[118], ne permit donc de couvrir qu'un peu plus d'un tiers du total – et il fallait également payer les gens de guerre en garnison à Saint-Omer et ailleurs.

Si l'on en croit les lettres accordées à la ville d'Arras, à l'évêque, au chapitre cathédral et à l'abbaye, ce furent largement plus de 120 000 l. que les mercenaires allemands parvinrent à arracher aux Arrageois, en ne comptant que les sommes payées, et non l'estimation des dégâts collatéraux qui avaient été infligés à leurs biens. Ainsi, l'exemple d'Arras illustre l'incapacité du gouvernement bourguignon à extraire des Pays-Bas un flux de numéraire suffisant pour l'entretien d'une force armée modeste, tout autant que l'imagination fertile dont surent faire preuve les gens de guerre pour la pallier, et faire en sorte que la guerre nourrisse la guerre. Dans la balance, ce fut eux qui apportèrent la contribution la plus importante au paiement de leurs soldes, représentant sans doute environ la moitié de ce qui leur était dû. S'ils y parvinrent, c'est parce qu'ils avaient fait irruption dans une grande et ancienne cité qui avait beaucoup souffert pendant les dernières années du règne de Louis XI, mais qui était restée à l'abri des convulsions politiques de la décennie suivante. En moins d'un an, un immense capital de richesses accumulées pendant plusieurs siècles par de très importantes institutions ecclésiastiques avait été largement dilapidé. Gageons que les Arrageois regrettèrent – au moins un temps – l'occupation française !

Capitaines et gens de guerre soutirèrent donc des sommes parfois très importantes aux populations qu'ils étaient censés protéger, et cela avec l'approbation tacite du duc de Saxe et de ses lieutenants, en dehors de tout contrôle de l'administration fiscale. Ainsi, les compositions perçues par Charles de Saveuse sur les Gantois ou le Franc de Bruges, qui rapportèrent plusieurs milliers de florins, n'apparaissent pas dans l'état récapitulatif qui fut dressé en 1497 pour établir les sommes qui lui étaient encore dues au titre de ses service de guerre[119]. Se sont-ils pour autant enrichis ? Rien n'est moins sûr. En Flandre, en 1488-1489, tout autant qu'à Arras, en 1492, on observe que, passés les premiers mois de la guerre et une fois dissipée l'ivresse des pillages anarchiques, il fallait vivre dans un environnement hostile et déserté, où l'activité économique s'était effondrée. Les capitaines et leurs hommes n'avaient plus guère le choix qu'entre des sauvegardes imposées à des territoires assez vastes, mais d'un faible rendement, à l'image de celle collectée à Cassel, Poperinge et Bailleul en 1489, et l'extorsion intensive pratiquée sur un nombre réduit de paroisses, incapables d'entretenir des bandes nombreuses plus de quelques jours. Les cinq paroisses de la châtellenie d'Ypres taxées à 100 florins en 1492 par les gens de guerre venus de Liège n'auraient fourni que moins d'une semaine de solde à ces 700 hommes, si la levée n'en avait pas été interrompue par le versement d'une composition de rachat, d'un montant lui-même encore inférieur.

---

117 Sur la base du nombre d'hommes le plus élevé, soit 4 000 hommes, et de la solde des gens de pied, soit 4 florins (5 l. de 40 g.). Il est en effet plus que probable que la majorité des 6 000 hommes alors au service de Maximilien et d'Albert de Saxe se soient trouvés à Arras en 1492-1493.

118 Voir *supra*, p. 267-268.

119 Voir *infra*.

Plus que l'argent en bonne et belle monnaie, extorqué à des communautés très appauvries qui n'avaient plus qu'un accès limité au marché, dans un contexte économique déprimé, ce sont probablement les réquisitions en nature, tel ce fourrage pris par la garnison de Hal sur la terre d'Enghien, qui permirent aux gens de guerre de subvenir à leurs besoins élémentaires. Même après la restauration de l'autorité princière et de ce qu'on pourrait appeler la « légalité fiscale », le duc de Saxe ne pouvait qu'avec peine lever sur l'ensemble des Pays-Bas bourguignons les quelque 400 000 l. par an nécessaires au paiement régulier des soldes des 6 000 hommes à son service en 1492-1493. Quel effectif ridicule au regard d'une population d'environ deux millions d'habitants ! En revanche, un ensemble territorial tel que celui que constituaient les pays de par-deçà était à coup sûr en mesure de fournir les vivres nécessaires à ce petit nombre de gens de guerre, à condition qu'ils ne stationnent pas trop longtemps au même endroit. Ainsi peut-on observer que la population du Hainaut, après la forte diminution due à l'invasion française de 1477, se stabilisa ensuite autour de 22 000 feux[120], sans que les épreuves des années 1489-1492 aient eu de conséquences significatives sur le plan démographique.

Ainsi, à condition que les capitaines sachent ménager les ressources des territoires où ils étaient amenés à opérer, il leur était possible de subsister sans trop de difficultés, en imposant sans doute de terribles souffrances aux populations, mais sans provoquer leur mort ou leur exil. Le régime des compositions et des sauvegardes était donc, comme le disaient les capitaines d'Arras, entre plusieurs maux le moindre, ou encore une bonne réponse à la famine monétaire avec laquelle se débattaient les États européens à l'aube des Temps modernes, peut-être même la seule, pour les États qui n'avaient pas comme la France une population suffisamment nombreuse pour que l'entretien d'une force armée pendant plus de quelques mois fût autre chose qu'un dangereux mirage.

III. Les capitaines de Maximilien : des entrepreneurs de guerre ?

Faire face à l'irrégularité des soldes

Ainsi qu'on a pu s'en rendre compte à satiété, les compagnies et bandes de gens de guerre au service de Maximilien ont été mal et très irrégulièrement payées. En témoignent les désordres et les violences dont ont été victimes les pays de par-deçà pendant plus d'une quinzaine d'années. Dans ce contexte, les capitaines devaient donc pourvoir à l'entretien matériel de leurs hommes, soit en y allant de leur poche, soit en organisant au mieux l'exploitation des territoires où leurs hommes étaient logés ou postés. De tout temps et en tout lieu, les capitaines ont dû prêter attention à l'intendance – sans pour autant en devenir les esclaves. Cependant, à partir du moment où le service féodal, puis le service féodal soldé, laissaient la place à un système

---

120 Maurice-Aurélien Arnould, *Les Dénombrements de foyers dans le comté de Hainaut...*, p. 156.

342 CHAPITRE 10

entièrement professionnalisé, marqué par la montée en puissance du mercenariat, la capacité à vivre en autonomie complète lorsque l'État n'était plus en mesure de payer les gens de guerre devenait le premier des talents attendus d'un capitaine. Nous disposons d'un témoignage exceptionnel, permettant de mesurer les difficultés auxquelles l'un d'entre eux fut confronté. Dans le registre de la recette générale de l'année 1497, au chapitre des « deniers payés en l'acquit de monseigneur », figure une dépense de 9 912 l. destinée à couvrir une partie de l'arriéré de solde dû à Charles de Saveuse, seigneur de Souverain-Moulin, pour ses services de guerre entre 1485 et 1495[121]. On y trouve un état récapitulatif des sommes à lui versées depuis le début de son temps de service, synthétisant le contenu de deux cahiers annotés par les gens de la Chambre des comptes de Lille[122] (voir diagramme n° 14). Charles de Saveuse, l'un des plus fidèles capitaines de Marie et Maximilien, capitaine de Renescure, importante place-forte confisquée à Philippe de Commynes, située près de Saint-Omer, du côté flamand du Neuffossé, avait participé à la campagne de Flandre de 1485 à la tête d'une petite compagnie de 50, puis 56 cavaliers, avant d'être envoyé en garnison à Bastogne, en Luxembourg, au début de l'année suivante. Il fut rappelé en Artois, et à partir du 1er août 1486, lors de la reprise de la guerre avec la France, sa compagnie fut portée à 225 cavaliers et 180 archers à pied. Les fantassins furent renvoyés après l'échec de la campagne de Saint-Quentin et d'Arras, le 15 novembre 1486. Les effectifs des cavaliers furent au contraire légèrement augmentés à 239 hommes. La compagnie resta sur ce pied jusqu'au 31 décembre 1487 – des lettres de retenue en date du 1er mars 1487 autorisaient Charles de Saveuse à lever jusqu'à 300 gens de guerre à cheval, mais en juin 1487, sa compagnie ne comptait que 236 cavaliers, dont 57 hommes d'armes et 92 arbalétriers à cheval et demi-lances – puis elle fut réduite à 200 cavaliers à partir du 1er janvier 1488. Les hommes de Saveuse passèrent l'année 1488 à Hulst, puis à Dixmude. Après la prise de Saint-Omer, en février 1489, on leva 200 cavaliers supplémentaires. Les 400 hommes de la compagnie restèrent en garnison à Saint-Omer jusqu'en février 1490. La paix de Tours explique sans doute la réduction drastique qu'elle subit alors, puisqu'à partir de mai 1490, elle ne comptait plus que soixante hommes. Peut-être même avait-elle été licenciée complètement entre le 8 février et le 1er mai 1490, période pour laquelle Saveuse ne réclama rien, avant que la seconde révolte de Bruges ne justifie le rappel d'une fraction de l'unité, sans doute le noyau qui avait accompagné le seigneur de Souverain-Moulin depuis 1485. Les effectifs furent progressivement augmentés, d'abord à cent hommes, à compter du 1er avril 1491, puis à 150 cavaliers à partir du 1er octobre 1491, et ce jusqu'au 1er avril 1493 ; une crue de 50 cavaliers fut alors levée, de sorte que la compagnie de Saveuse comptait 200 hommes lors de son licenciement définitif à la fin du mois de septembre 1493. S'y ajoutèrent par ailleurs

---

121 ADN, B 2159, fol. 266v-271v. La partie a été rayée, puis recopiée dans le même chapitre du registre suivant de la recette générale des finances (B 2162, fol. 261r-265v).

122 Cahiers édités dans Bertrand SCHNERB, *La noblesse au service du prince. Les Saveuse. Un hostel noble de Picardie au temps de l'État bourguignon*, Turnhout, Brepols, « Burgundica », 27, annexe, p. 335-343. Les cahiers sont attachés ensemble et ont été annotés par les maîtres de la Chambre des comptes. Le second contient une liste des paiements effectués par le trésorier des guerres en faveur de Charles de Saveuse.

FINANCER LA GUERRE – LE RECOURS AUX EXPÉDIENTS   343

quelques dizaines de gens de pied affectés ponctuellement à la garde de Gravelines, de Renescure et d'autres places. La garnison de Gravelines fut portée à 130 fantassins pendant toute l'année 1489, et l'on recruta 200 fantassins à partir du 1er avril 1493, après le départ de la garnison allemande de Saint-Omer, pour la protection de cette place. Ils furent également licenciés en septembre 1493.

Le premier outil du capitaine – et de ses employeurs – pour répondre à l'irrégularité des ressources financières consistait donc à jouer sur les effectifs, qui, dans le cas de Charles de Saveuse, ont varié de un à huit entre 1485 et 1493. Cela n'empêcha pas le seigneur de Souverain-Moulin de devoir vivre à crédit à peine sa compagnie levée, puisque ses cavaliers ne reçurent que 500 l. entre le début d'août 1485 et la fin du mois de mai 1486, soit à peine plus d'un mois de salaire pour dix mois de service[123]. Charles de Saveuse profita ensuite de la manne flamande, puisqu'il reçut entre le 30 mai et le 30 août 1486 pas moins de 10 335 l. 9 s., dont près de la moitié au titre de ses arriérés, qui se trouvèrent ainsi intégralement réglés[124]. Puis, plus rien ou presque, alors qu'il avait plus de 400 hommes sous ses ordres, et que le coût mensuel des soldes de sa compagnie était passé de 448 l. à 2 686 l. de 40 g. Seules 75 l. lui furent délivrées le 9 septembre, encore 465 l. le 23 octobre, et enfin 2 600 l. le 10 janvier 1487. Le montant des impayés devait alors dépasser les quatre mois de solde, sur six mois et dix jours de service. Ce n'était que le début ! Sa compagnie ne reçut qu'un mois de solde (1 988 l.) en août 1487[125], ainsi que 3 160 l., payées en six fois[126], soit l'équivalent d'un mois et demi, pour une période de trois ans, entre janvier 1487 et janvier 1490, cumulant ainsi un arriéré de l'ordre de 75 000 l. pour ses 200 à 250 cavaliers ! Entre janvier et mars 1490, Saveuse eut sa part des premiers deniers des compositions de Tours, soit 20 138 l. 3 s. de 40 g.[127], mais on était encore loin du compte, et ce Pactole s'évapora aussi vite qu'il était sorti de terre. La situation n'était pas si grave qu'en 1488-1489, puisqu'il put se procurer 8 482 l. entre mai 1490 et septembre 1492[128], pour une charge mensuelle comprise entre 360 l. (6 l. pour 60 cavaliers) et 1 200 l. (8 l. pour 150 cavaliers, car la solde fut portée de 6 à 8 l. par mois en avril 1492, afin de compenser la dévaluation de 25% de la livre de Flandre). Il avait donc encaissé un peu moins de la moitié des 18 360 l. dues à ses hommes pour vingt-neuf mois de service (non compris les gages du capitaine). On lui régla ensuite

---

123 300 l. le 8 août 1485, pour un service compté à partir du 25 juin, et 200 l. le 8 octobre 1486 (*ibid.*).

124 896 l. le 30 mai pour deux mois de solde de 56 cavaliers, 2 688 l. le 2 juin pour six mois de solde de 56 cavaliers à partir du 2 août 1485, 100 l. le 14 juin, 1 344 l. le 18 juillet pour trois mois de solde de 56 cavaliers finis le 1er mai 1486, 2 686 l. le 6 août pour un mois de solde de 215 cavaliers et 184 fantassins à partir du 31 juillet, 1 000 l. le 9 août sur leur dû, 110 l. le 19 août et 511 l. 9 s. le 27 août pour 15 jours de solde de 192 archers dont trois doubles payes (soit 195 payes), 1 000 l. le 30 août sur les soldes dues à 215 cavaliers et 195 archers (*ibid.*).

125 1 988 l. pour un mois à partir du 5 août 1487 pour 236 combattants à cheval (*ibid.*).

126 240 l. le 4 juin 1487, 600 l. le 18 juin 1487, 200 l. le 14 juin 1488, 1 000 l. le 5 octobre 1488, 120 l. le 30 décembre 1488, 1 000 l. le 22 février 1489 (*ibid.*).

127 4 000 l. le 22 janvier, 7 138 l. 3 s. le 28 février et 10 000 l. le 16 mars 1490 (*ibid.*).

128 642 l. le 24 juillet 1490, 1 000 l. le même jour sur une décharge de 2 000 l., dont le reste a été porté en deniers rendus et non reçus, 2 520 l. le 28 décembre 1490 pour sept mois de solde finis le 31 janvier 1491, 1 080 l. le 15 mai 1491 pour trois mois finis le 30 avril, 1 200 l. pour deux mois le 27 février 1492, 1 800 l. le 7 octobre pour trois mois (octobre à décembre 1491), 240 l. le 12 août 1492 (*ibid.*).

CHAPITRE 10

deux assignations massives, l'une de 9 446 l. 17 s. le 20 septembre 1492, l'autre de 8 000 l. au moment du règlement général du 16 juillet 1493. À cette date, il avait reçu en tout environ 67 000 l. du trésorier des guerres, 3 300 l. de divers receveurs locaux, environ 2 200 l. pour les droits du tonlieu de Gravelines, perçus directement par Charles de Saveuse en 1489, et 3 775 l. avancées par Portinari, sans doute au titre de la ferme du même tonlieu, soit environ 77 000 l. pour plus de huit années de services continuels[129]. S'y ajoutèrent encore 24 044 l. d'assignations en sa faveur, finalement rendues et non reçues. Le total des soldes dues aux gens de guerre de la compagnie de Charles de Saveuse de 1485 à 1495 s'élève à 156 472 l. 5 s., dont 8 800 l. pour ses gages de capitaine pendant quatre-vingt-six mois et dix jours, comptés à partir du 1er août 1485.

Une nouvelle fois, on ne peut qu'être frappé par le caractère exorbitant de cette somme, correspondant certes à huit années de service, mais pour une compagnie peu nombreuse, dont l'effectif moyen était compris entre 150 et 200 hommes. Les soldes de cette très modeste bande de gens de guerre représentaient l'équivalent d'un an de l'aide de 127 000 *ridders*, payée par la plus riche des principautés bourguignonnes ! Le capitaine et ses hommes n'en avaient finalement perçu que 45% en 1497. On note que ce pourcentage est assez proche de celui qu'on a grossièrement évalué pour la garnison d'Arras en 1492-1493. Il l'est également de ce que les états de Hainaut purent distribuer aux gens de guerre entretenus par eux pour la sécurité du comté en 1489 : les 600 à 700 combattants à cheval et 300 fantassins, tous commandés par des seigneurs hennuyers, reçurent quatre mois et demi de solde pour leur service entre janvier et septembre 1489[130].

Ainsi, les capitaines de gens de guerre avaient la responsabilité écrasante de pourvoir aux besoins de leurs troupes dans une proportion supérieure à ce que l'appareil fiscal et financier de l'État bourguignon était en mesure de fournir. Non bien sûr que Charles de Saveuse ait eu à payer de sa poche les quelque 85 000 l. qu'il réclamait en 1495-1497. En faisant la part des deux années de guerre civile, pendant lesquels les effectifs commandés par lui étaient les plus importants, et alors que toute licence lui était laissée pour vivre aux dépens de la population rebelle, on voit qu'en 1485-1487, comme en 1490-1493, Charles de Saveuse pouvait compter sur un gros versement annuel, ou sur une série de versements importants à intervalles rapprochés : un an de solde ou à peu près réglé en 1486, une belle indemnité prise sur les compositions de Tours en 1490, un an encore en septembre 1492 et en juillet 1493. Entre décembre 1490 et février 1492, les soldes furent versées un peu plus régulièrement, et pour des mois entiers de service, plutôt qu'en « prêt sur ce qui peut lui être dû », en fonction de l'état toujours incertain de la trésorerie des guerres. Même pendant ces embellies

---

129 1 000 l. du receveur de Cassel, 600 l. du receveur de Warneton, 300 l. du receveur de Bailleul, 400 l. du receveur de Poperinge, 1 000 l. de la ville de Hulst, 400 l. de Melchior de Maßmünster (*ibid.*).

130 Léopold DEVILLERS, « Le Hainaut sous la régence de Maximilien. 1488-1489 » ..., p. 232-245 : aide pour le paiement de 15 jours de solde assise au début du mois de janvier, et trois aides pour un mois de solde assises début février, début avril et début juin, d'après les comptes présentés aux états de Hainaut ; il subsiste encore le compte d'une aide levée en septembre 1489, pour un mois de solde des gens de guerre entretenus par les états, afin de les faire « tirer hors de leurs garnisons », alors que la guerre civile touchait à sa fin après la capitulation du Brabant (AGR, CC, reg. 51284, compte d'Olivier du Buisson d'une aide de 25 950 l. de 20 g.).

passagères, Charles de Saveuse devait pouvoir disposer d'un fonds de roulement conséquent. En 1480, Saveuse était en mesure d'avancer aux hommes de sa compagnie d'ordonnance la coquette somme de 5 088 l., pour le remboursement de laquelle Maximilien lui avait cédé la seigneurie et le château de Renescure, confisqués à Commynes[131]. Par ailleurs, les seize mois de solde dus à Saveuse pour les cinquante cavaliers mis en garnison à Saint-Omer entre novembre 1493 et février 1495 se montaient à 7 325 l., et il était cette fois hors de question de vivre sur le pays, alors que la paix était revenue. Ces sommes sont considérables : c'est pour avoir eu des difficultés à rembourser la moitié de 7 735 l. que le changeur brugeois Jan Nutin dut entacher son honneur et contracter des emprunts à taux usuraires afin d'honorer la garantie qu'il avait donnée[132]. Comment Charles de Saveuse put-il réunir ces fonds, alors que ses possessions personnelles se trouvaient en territoire occupé par les Français ? Fit-il appel à ses relations, à sa parentèle ? Nous l'ignorons, mais en tous les cas, on voit qu'un capitaine de rang relativement subalterne devait être capable de lever des capitaux importants, équivalant à plusieurs années des revenus de très grandes seigneuries.

D'une manière générale, on constate une forte diminution des effectifs des compagnies de gens de guerre après 1484-1485, par ailleurs soumis à de plus grandes fluctuations que ceux des compagnies d'ordonnance disparues en 1482. Le nombre de gens de guerre des nouvelles unités, de taille très différente, souvent modeste, était calibré en fonction des besoins militaires et des capacités financières du moment, mais sans doute aussi de la fortune et du crédit de leurs capitaines. C'est sans doute pour cela qu'elles restèrent opérationnelles pendant une dizaine d'années. Le coût des compagnies de la nouvelle ordonnance – de 1 200 l. par mois pour 50 lances à 2 400 l. pour 100 lances – était trop élevé pour la plupart des capitaines, alors qu'elles n'étaient régulièrement soldées qu'au printemps et à l'été. Le système qui prévalut à partir de 1484-1485, beaucoup plus souple, était à coup sûr mieux adapté à la situation nouvelle et précaire des finances princières, qui fonctionnaient sur un mode alternatif et plutôt aléatoire.

Grands seigneurs et écuyers aventureux

D'autres que Charles de Saveuse engagèrent leur avoir pour le service de Maximilien. Tous appartiennent au milieu dirigeant des grands seigneurs, richement possessionnés, qui devaient leur ascension au service des Valois de Bourgogne. Tel était le cas des frères Corneille et Jean de Berghes. Le premier, en tant que capitaine de Grave, une forteresse stratégique placée sur la Meuse, à la frontière de la Gueldre et du Brabant, conquise par lui en 1480[133], a dû largement puiser dans sa cassette personnelle pour payer les soldes de la garnison. Jusqu'en 1492, alors que le calme régnait en Gueldre, elle se réduisait à seize hommes, mais le retour triomphal de

---

131 ADN, B 2145, n° 69942, 16 octobre 1492, mandement de Maximilien et Philippe aux commis des finances (ADN, B 2149, n° 70311, quittance de Charles de Saveuse, 17 mai 1494).

132 Voir *supra*, p. 316-317.

133 Hans COOLS, « Les frères Henri, Jean, Antoine et Corneille de Glymes-Bergen. Les Quatre Fils Aymon des Pays-Bas bourguignons », in *Le héros bourguignon. Histoire et épopée*, 2001, p. 127.

346 CHAPITRE 10

Charles d'Egmont – né à Grave – changea la donne. Une quittance de Corneille de Berghes, en date du 9 août 1493, pour 3 433 l., récapitule une série de paiements effectués en sa faveur pour l'entretien de la garnison depuis 1491[134]. Les effectifs furent portés à 30 hommes en 1491, à 100 hommes au début de l'année suivante, puis à 200 hommes dès le mois d'avril 1492. Par la suite, ils tournèrent autour de 130 à 150 hommes de pied, payés quatre florins du Rhin d'or par mois, ce qui laisse suppose qu'il s'agissait de mercenaires allemands, avant d'être ramenés à 100 en 1493. Nombre réduit, là encore, mais au fil des mois, l'arriéré de leurs soldes atteignit des montants considérables. La quittance du 9 août 1493 fait état de 13 743 l., dont 10 310 l. avaient déjà été réglées, mais les assignations enregistrées dans la recette générale pour l'entretien de la garnison de Grave depuis 1489 s'élèvent en tout à 25 917 l. 2 s., y compris les sommes accordées pour les réparations du château[135]. Corneille de Berghes ne fut jamais laissé longtemps sans ressources, et le rythme des décharges en sa faveur est relativement régulier. Cependant, les plus de 7 000 l. d'assignations sur les premières aides à accorder par le Brabant, dont certaines assises sur les environs immédiats de la forteresse, à savoir le quartier de Bois-le-Duc et le pays de Cuijk, correspondent soit à des avances consenties ou imposées localement, soit à des prêts personnels de Corneille de Berghes. Celui-ci dut également y employer les revenus de l'ammanie d'Anvers, dont il détenait l'office. Bref, il devait prendre toutes sortes d'initiatives, avec les autorités locales ou avec les manieurs d'argent, afin de ne jamais laisser sans protection la ville et le château de Grave, dont dépendait la sécurité du Brabant septentrional.

---

134 ADN, B 2147, n° 70240, 9 août 1493 : quittance par C. de Berghes, chevalier, maréchal de l'ost du roi des Romains et de l'archiduc, capitaine des ville et château de Grave, pour 3 433 l. versées par le trésorier des guerres pour *reste et parpaye* des gages des gens de guerre à pied qu'il a entretenus et entretiendra en garnison au château de Grave jusqu'au 9 septembre prochain, à l'encontre du duc de Gueldre.

135 4 000 l. le 31 janvier 1490 pour l'entretien des ville et château de Grave (ADN, B 2140, fol. 30v) ; 1 000 l. le 31 mars 1490 pour l'entretien des gens de guerre de Grave (*ibid.*, fol. 82v-83r) ; deux décharges de 500 l. le même jour pour la même raison (*ibid.*, fol. 83r) ; 3 000 l. le 20 juin 1491, pour les fortifications et les réparations du château sur les trois premières aides à accorder (ADN, B 2142, fol. 34r) ; 1 200 l. le 2 septembre 1491, sur les revenus de l'ammanie d'Anvers, détenus par Corneille de Berghes, pour l'entretien de certain nombre de gens de guerre et bateaux par mer, comme des ville et château de Grave (*ibid.*, fol. 6r) ; 673 l. 19 s. 5 d. ob. le 2 septembre 1491 sur la première aide à accorder, quartier de Bois-le-Duc, pour l'entretien de la ville, du château et autres usages (*ibid.*, fol. 35v) ; 810 l. le 20 novembre 1492, sur la première aide à accorder, quartier de Bois-le-Duc, pour l'entretien de 30 compagnons à pied à Grave (*ibid.*, fol. 36v) ; 450 l. le 25 mars 1492, pour un mois de 100 piétons (ADN, B 2144, fol. 20r), 1 610 l. le 24 avril, pour 200 piétons (*ibid.*, fol. 20r) ; 920 l. le 19 juin pour un mois entier de 200 piétons (*ibid.*, fol. 21r) ; 920 l. le 28 juin pour un mois entier de 200 piétons à partir du 26 juin (*ibid.*, fol. 21r) ; 4 800 l. le 8 janvier 1493, moitié pour les réparations et les fortifications, moitié pour les soldes (ADN, B 2147, fol. 21r-v) ; 3 657 l. 2 s. le 9 août 1493 pour l'entretien des gens de guerre qu'il avait entretenus et entretenait en la ville et château de Grave jusqu'au 6 septembre (*ibid.*, fol. 26r) ; 1 350 l. le 18 octobre, pour trois mois des 100 compagnons de guerre qu'il entretenait à Grave sur la première aide à accorder par le Brabant (*ibid.*, fol. 27v-28r) ; 1 200 l. le 30 novembre 1493, correspondant en fait à une même somme levée en 1489, par lettres de commission spéciales du 31 mai, sur les manants du pays de Cujik, en prêt et avance (ADN, B 2147, fol. 70r).

Son frère Jean, seigneur de Walhain, vendit quant à lui des rentes perpétuelles et viagères sur sa terre de Berghes. Les seuls Bruxellois en avaient acheté pour un capital de 20 226 l., qui leur fut confisqué après leur rébellion de 1488[136]. Il est probable que Jean de Berghes avait vendu ces rentes pour le compte de Maximilien, garantissant sur ses revenus propres le paiement des annuités, ainsi que le faisaient les villes pour les rentes émises sur leur « corps ». Ce chiffre donne un aperçu de l'argent que pouvaient mobiliser grâce à leurs propriétés foncières de grands seigneurs qui n'avaient pas grand-chose à envier aux villes : Bruges détient le record de la plus grosse émission de rentes pour le compte de Maximilien, avec 36 000 l. levées en 1479, une somme exceptionnelle, pourtant moins de deux fois supérieure à ce qu'avait vendu le seigneur de Walhain aux Bruxellois rebelles, qui ne représentaient eux-mêmes sans doute qu'une partie des acheteurs des rentes constituées sur la terre de Berghes. Ainsi, le seigneur de Berghes, qui n'était ni Philippe de Clèves, ni le comte de Nassau, pouvait à lui seul lever plusieurs dizaines de milliers de livres, sans risquer pour autant de mordre la poussière, à l'instar de Portinari et Cambi. De même, après la mort de Henri de Berghes, évêque de Cambrai, ses frères réclamèrent à Philippe le Bon le remboursement de 33 688 l. de 40 g. que le prélat avait dépensées pour le service de l'archiduc[137].

Autre richissime seigneur, Guillaume de Croy, seigneur de Chièvres, qui s'est particulièrement distingué durant les heures les plus sombres de la guerre civile. Ainsi, le 20 août 1488, Jean de Berghes, seigneur de Walhain, gouverneur du comté de Namur, alors en train de reprendre le château de Namur aux partisans de Philippe de Clèves, attestait qu'il avait passé en revue les 172 chevaux de la compagnie du seigneur de Chièvres, et que ce dernier leur avait payé un mois de solde, soit environ 1 400 l. de 40 g.[138] L'année suivante, il prenait une part active à la victoire remportée sur les Brabançons. Corneille de Berghes, faisant alors fonction de maréchal de l'ost du roi des Romains, attestait que Chièvres avait servi avec 400 cavaliers pendant vingt-six jours, en mars-avril 1489, au camp de Werchter, puis encore vingt-et-un jours avec 500 cavaliers et 600 fantassins, du 21 juin au 12 juillet, pour la levée du siège de Hal et la prise de quelques châteaux autour de Nivelles, puis encore quarante jours, avec 80 cavaliers, lors de la prise de Tirlemont par le duc de Saxe, du 8 août au 16 septembre[139]. En avril comme en juin-juillet, ce fut lui qui avança l'argent des soldes de ses hommes, dont la plupart était commandée par Louis de Vaudrey, qui reconnut avoir reçu de Guillaume de Croy 7 280 l. de 40 g.[140] Ainsi, le paiement d'une grande partie de la

---

136 ADN, B 2136, fol. 53r-54r. La décharge a été finalement passée en deniers rendus et non reçus dans le compte de l'argentier (6e compte de Hue du Mont), qui en était le bénéficiaire.
137 Hans COOLS, « Les frères Henri, Jean, Antoine et Corneille de Glymes-Bergen… », p. 131.
138 ADN, B 2137, n° 69613, attestation signée des deux hommes.
139 ADN, B 2139, n° 69699, 15 août 1489, attestation signée par Corneille de Berghes.
140 ADN, B 2139, n° 69702, 1er juin 1489, attestation de Louis de Vaudrey, capitaine de la garde du roi des Romains, qu'il avait servi sous le seigneur de Chièvres avec 340 hommes de guerre à cheval pendant un mois commençant le 25 mars dernier. Ce faisant, il avait reçu 3 060 l. de 40 g., au prix de 9 l. par cheval et par mois. Attestation du même (ADN, B 2139, n° 69701, 4 août 1489) que le seigneur de Chièvres avait quitté Namur par ordonnance du duc de Saxe le 21 juin dernier pour l'accompagner

348   CHAPITRE 10

garde du roi des Romains, pendant les courtes mais décisives campagnes d'Albert de Saxe en Brabant, lui fut largement sous-traité. Par ailleurs, Chièvres prit à sa charge la garnison de sa forteresse de Beaumont[141]. Sa contribution au financement de la guerre fut donc à peu près du même ordre que celle de Saveuse, à ceci près qu'il n'agissait pas en tant que commandant d'unité, mais en tant que second des plus grands seigneurs auxquels avait échu la conduite des opérations.

L'implication financière de ces derniers s'avéra très supérieure, au vu des quelques indices que nous possédons. Car la fortune des Croy ou des Berghes était encore nettement en-deçà de celles des lignages princiers ou apparentés à des princes, vassaux immédiats de l'empereur, tels que les Clèves, les Nassau ou les Egmont. Ainsi, le comte de Nassau, Engilbert, seigneur de Breda, capitaine général de Flandre en 1490-1492, recevait pas moins de 14 550 l. le 1er décembre 1491, pour quinze mois de solde de 80 cavaliers et 50 fantassins entretenus par lui à Aardenburg et Damme, jusqu'au 30 novembre précédent; il s'agissait là de livres de 40 g. à leur cours le plus élevé[142]. En 1498, la dette de Philippe le Beau à son égard atteignait 73 540 l. 2 s. 7 d., pour ses services de guerre et l'arriéré de ses pensions, dont 25 669 l. 9 s. qu'il avait prêtées pour le paiement des gens de guerre allemands en garnison à Damme et ailleurs pendant la guerre de Flandre[143]. Par ailleurs, le comte de Nassau parvint à obtenir pour son compte personnel de très importantes indemnités, lorsque les Brugeois capitulèrent pour la seconde et dernière fois en novembre 1490, puisqu'il encaissa près de 25 000 livres de 40 g. quelques années plus tard, au titre des sommes dont la ville de Bruges s'était obligée envers lui au traité de Damme[144]. Une partie de cet argent servit sans doute à payer les gens de guerre dont il avait dû avancer les soldes. Quelques années plus tard, en 1498, Adolphe de Nassau, maréchal d'Autriche après l'arrivée de Maximilien aux Pays-Bas, passait avec les financiers de Philippe le Beau un appointement de 37 000 l. en contrepartie de l'abandon de toutes les créances qui lui étaient dues pour ses pensions, gages et services de guerre[145]. En 1494, Jean d'Egmont obtenait quant à lui un premier règlement de 1 000 l. sur les 36 000 l.

---

devant Hal et l'aider à en lever le siège, avec 440 hommes à cheval et 500 à pied, auquel service il vaqua jusqu'au 12 juillet suivant, au tarif de 9 l. par mois pour les cavaliers, et 5 l. par mois pour les fantassins, soit 4 220 l. en tout (trois semaines de solde pour les cavaliers et 15 jours pour les fantassins).

141   ADN, B 2139, n° 69700, 2 octobre 1489, attestation de Charles de Croy, prince de Chimay, lieutenant et capitaine général du comté de Hainaut, au sujet de l'entretien à Beaumont par le seigneur de Chièvres de 30 combattants à cheval et 40 à pied, sous Charles de Lugny, pendant trois mois, sans pour cela avoir reçu aucun paiement.

142   ADN, B 2143, n° 69924, 1er décembre 1491, quittance par Engilbert de Nassau de 14 550 l. versées par le trésorier des guerres pour le paiement de 80 combattants à cheval et 50 à pied, au prix de 9 l. par cavalier et 5 l. par mois le piéton.

143   ADN, B 2162, fol. 253v-254r.

144   AGR, CC, reg. 32546, compte de Bruges pour l'année 1492-1493, fol. 184v-185v, règlement de 12 707 l. 6 s. 8 d. de 40 g. en vertu de lettres d'obligation données lors de la paix de Bruges; AGR, CC, reg. 32547, compte de Bruges pour l'année 1493-1494, fol. 185v-189v, règlement de 2 025 l. de gros (12 150 l. de 40 g.) au même pour la même raison.

145   ADN, B 2162, fol. 57r.

qu'on lui avait promises pour les services de guerre rendus par son père lors de la reconquête de la Gueldre en 1479-1481[146].

Cela fait-il cependant de ces hommes des « entrepreneurs de guerre », selon l'expression forgée et popularisée par l'historien Fritz Redlich ? Si pour ce dernier, ce concept s'applique plutôt aux XVIe et XVIIe siècles, il en distingue les premières formes rudimentaires au XVe siècle. Cependant, au-delà de l'échelle encore modeste des effectifs ainsi que des techniques financières employées, qu'il reconnaît volontiers, on peut s'interroger sur la recevabilité du terme « entreprenariat ». Il suppose en effet que les capitaines aient espéré faire de la guerre une activité professionnelle exclusive et rentable, en recrutant et rémunérant eux-mêmes leurs hommes, et en passant des contrats fondés sur un prix de revient calculé et maîtrisé. Ce n'est assurément pas le cas de nos grands seigneurs, qui étaient avant tout des serviteurs de leur prince. Ils ne tiraient pas de bénéfices directs de la guerre, mais c'est la guerre et les services qu'ils y rendaient, parmi bien d'autres, qui leur permettaient de gagner la faveur du prince, dont découlaient ensuite des avantages matériels et symboliques de toutes sortes.

Tel était même le cas d'Albert de Saxe, qui de tous ces puissants personnages, est pourtant celui qui s'approche le plus de la figure classique de l'entrepreneur militaire. La dette de Maximilien et Philippe le Beau à l'égard du gouverneur des Pays-Bas avait atteint les 301 928 florins en novembre 1494[147]. Même en en soustrayant les 37 625 florins dus au titre de sa participation à une campagne contre les Hongrois antérieure à son arrivée aux Pays-Bas, on mesure l'ampleur de l'effort personnel consenti par Albert de Saxe, dont les revenus personnels, après la partition de la Saxe entre son frère Ernest et lui, ne dépassaient pas les 73 073 florins en moyenne par an[148]. En cinq ans, il avait dépensé presque l'équivalent de la totalité de ses revenus personnels, contracté pour cela des emprunts considérables, et engagé de larges parties de ses domaines. Voilà un entrepreneur pour qui la recherche de rentabilité ne semble pas avoir été le souci premier ! Entraîné dans une spirale infernale, dont il ne pouvait sortir sans mettre gravement en péril son honneur, Albert de Saxe ne pouvait plus compter que sur la gratitude du roi des Romains et de son fils, et sur leur capacité à lui procurer une faveur assez exceptionnelle pour compenser la peine et l'argent dissipés aux Pays-Bas. Par ailleurs, la grande majorité des capitaines et des gens de guerre qui lui obéissaient ne lui étaient pas attachés par des liens personnels, pas plus les seigneurs originaires des pays de par-deçà que la garde wallonne de Maximilien ou les lansquenets, commandés par des capitaines venant d'Allemagne du Sud ou des

---

146 ADN, B 20135, n° 155652, 26 mars 1494, quittance par Jean, comte d'Egmont, lieutenant général de Hollande, Zélande et Frise, de 1 000 l. sur 36 000 l. dues pour services de guerre à feu Guillaume, père de Jean.

147 Paul BAKS, « Albrecht der Beherzte als erblicher Gubernator und Potestat Frieslands. Beweggründe und Verlauf seines friesischen "Abenteuers" », in *Herzog Albrecht der Beherzte (1443-1500)*, 2002, p. 114, et dans le même ouvrage, André THIEME, « Herzog Albrecht der Beherzte im Dienste des Reiches. Zu fürstlichen Karrieremustern im 15. Jahrhundert », p. 96-97.

148 Uwe SCHIRMER, « Die finanziellen Einkünfte Albrechts des Beherzten, 1485-1500 », *Herzog Albrecht der Beherzte (1443-1500)*, 2002, p. 143-176.

possessions héréditaires des Habsbourg[149]. Le duc de Saxe ne disposait que d'une modeste garde personnelle, de 150 cavaliers et 200 piétons, pour laquelle une pension de 45 000 florins par an lui avait été accordée[150]. Il avait déjà eu recours à cette formule, consistant à se faire accorder un forfait annuel pour l'entretien d'une compagnie de gens de guerre, pour la campagne de Hongrie. On lui avait alors promis 10 000 florins par an pour un contingent de 200 cavaliers avec leurs bagages[151]. Quelques années plus tard, il négociait, d'ailleurs sans succès, un accord du même genre ; en 1495, il demandait treize mois de solde à l'empereur pour l'entretien de 400 lances par an[152]. Fritz Redlich voit dans ce treizième mois un bénéfice recherché par Albert de Saxe, ce qui paraît forcer un peu l'interprétation, compte tenu du caractère imprévisible de la guerre, des inévitables surcoûts à la charge des capitaines, et surtout de l'irrégularité avec laquelle les échéances étaient réglées. Encore peut-on dans ce cas effectivement parler de contrat, ce qui ne paraît pas avoir été le cas pour la lieutenance générale aux Pays-Bas. Albert de Saxe n'y a pas fait d'investissement financier. Il a tenté – avec succès – de faire face à la situation, pour gagner la faveur de l'empereur, en risquant sa fortune et l'avenir de sa dynastie.

Au mieux, ce qu'on rencontre dans l'espace néerlando-bourguignon, à l'aube du XVIᵉ siècle, ce sont des professionnels de la guerre, qui n'ont d'autre activité que celle des armes. Ceux-là, en effet, abondent parmi les capitaines de bandes de gens de pied allemands, et au sein de la garde du roi des Romains. Ils n'ont cependant aucune ressource propre, et doivent donc, lorsque l'argent manque, se tourner vers des seigneurs plus riches, tel Louis de Vaudrey, subventionné à la semaine ou peu s'en faut par Guillaume de Chièvres en 1489, ou vivre chichement, si possible chez l'habitant et à ses frais. Des pots-de-vin de quelques dizaines ou centaines de florins que leur servaient les châtellenies ou les assemblées représentatives suffisaient à les faire partir. Maximilien lui-même savait que ses capitaines – à l'exception notable des lansquenets et des Suisses – n'étaient pas trop exigeants avec lui. Ainsi, Rodrigue de Lalaing, écuyer, capitaine de 60 chevaux de la garde, se contenta, pour s'en aller prendre part à la reconquête de la Franche-Comté, de 80 l. le 21 février 1493, accordées pour ses bons services et pour *m'ayder a desloger des pays de par deça pour à tout mes gens de guerre me tyrer en Bourgoingne par devers le roy*[153]. Le même jour, ses collègues Jennot d'Elsat et Gracien d'Alvarado touchaient respectivement 50 l. et 120 l. pour la même raison[154]. Encore la garde savait-elle se faire craindre. Bien des gentilshommes, soldats occasionnels requis par les autorités locales, furent plus

---

149 Voir *infra*, chapitre 14.

150 C'est ainsi que se défendit Albert de Saxe, aux États généraux de Malines (février -mars 1492), alors que la rumeur circulait qu'il prenait chaque année 100 000 florins sur les revenus de Maximilien et de Philippe (Louis Prosper GACHARD, *Analectes historiques…*, t. III, n° CCXXXIX, p. 9).

151 André THIEME, « Herzog Albrecht der Beherzte im Dienste… », p. 93.

152 Fritz REDLICH, *The German military enterpriser…*, p. 98.

153 ADN, B 2147, n° 70195, quittance de Rodrigue de Lalaing.

154 ADN, B 2147, n° 70218, 21 février 1493, quittance de Jennot d'Elsat, capitaine de 20 chevaux et 100 piétons pour 50 l. et B 2153, n° 70690, quittance de Gracien d'Alvarado, capitaine de 100 chevaux, pour 120 l.

mal traités. Voici Perceval et Jean de Grantmont, écuyers, accompagnés de leur frère bâtard Jacques, qui pour six mois de services en Franche-Comté en tant qu'hommes d'armes à quatre chevaux, n'avaient touché qu'un mois de solde ; Perceval avait en outre levé une centaine de fantassins qu'il *entretint de vivres et autres choses le terme de six mois*[155]. En octobre 1494, ils obtinrent un appointement général de 135 l., qui ne couvrait même pas l'intégralité de leur solde d'hommes d'armes.

À part Louis de Vaudrey, membre d'un très respectable lignage de Bourgogne, aucun des capitaines de la garde ne put acquérir de position solide ou enviable dans la société de leur temps, encore moins une fortune suffisante pour entretenir sur leurs propres deniers une compagnie de gens de guerre, aussi modeste soit-elle. Ces purs meneurs d'hommes devaient donc trouver des sponsors d'un autre niveau que le leur, manier la violence sans état d'âme, mais sans excès, et faire preuve d'une ingéniosité constante – d'industrie, en somme, mais au sens moral et non économique du terme – pour continuer de vivre la vie errante et aventureuse qui leur convenait, et non pour s'enrichir, même s'ils pouvaient caresser le rêve d'un exploit ou d'une prise qui assurerait leur fortune. Le constat est à peu près le même pour les capitaines de lansquenets, où les Georg von Ebenstein et les Wiwolt von Schaumburg se comptaient sur les doigts d'une main – d'autant que les bandes de lansquenets, très bien payés et toujours employés par milliers, nécessitaient des dizaines de milliers de florins par mois, c'est-à-dire des fortunes inaccessibles à des particuliers. À travers les exemples qui précèdent, et à travers les pratiques de rémunération des gens de guerre, on voit que c'est lentement, et d'abord chez les gens de guerre de l'extraction la plus médiocre, qu'émerge une perception nouvelle, qui fait de la solde non plus un simple défraiement, destiné à couvrir les dépenses personnelles des gens de guerre[156], mais un véritable revenu, à côté des profits casuels de la guerre, qu'étaient le pillage, les rançons, etc. Les gentilshommes n'avaient pas à s'étonner, encore moins se scandaliser de ne recevoir que la moitié de leurs gages théoriques. Ils n'avaient qu'à attendre que leur souverain seigneur leur donne d'autres preuves tangibles de sa reconnaissance.

La logique générale de la politique militaire du prince mise en œuvre à partir de 1484-1485, avec une accélération sensible à partir de 1488, consistait donc à faire prendre en charge une grande partie du financement de la guerre par ceux-là mêmes qui la faisaient. On profitait ainsi d'un effet de levier considérable, car à leur capacité à lever des fonds très importants, les grands seigneurs ajoutaient le crédit que leur valait leur position auprès du prince, ainsi que leur réseau de fidèles et de vassaux, auxquels ils pouvaient demander de servir sans solde pendant un temps plus ou moins long, et qui acceptaient sans doute de ne pas être payés pour l'intégralité de leur temps de service. Dans cette optique, il y avait un avantage évident à laisser les lieutenants généraux et les délégataires du pouvoir central avancer la plus grande partie

---

155 ADN, B 2149, n° 70309, 4 octobre 1494, certification de Jean Bontemps, conseiller et trésorier des finances, des services de guerre faits par Perceval, Jean et Jacques de Grantmont ; B 2149, n° 70277, 2 octobre 1494, mandement aux commis des finances ordonnant le paiement de 150 francs de Bourgogne, soit 135 l. de 40 g., aux frères de Grantmont.

156 Sur cette question, voir Philippe CONTAMINE, *La Guerre au Moyen Âge…*, p. 192-207.

des frais. À leur tour, ces derniers accordaient d'importantes ristournes aux financiers du prince lorsqu'on négociait les remboursements. Lorsqu'Adolphe de Nassau et le comte d'Egmont arrachaient leurs forfaits de 37 000 l. et 36 000 l., à combien se serait élevée la dépense si Maximilien et Philippe le Beau avaient dû régler l'intégralité des services de guerre rendus par eux et leurs hommes ? Au double, au triple ? Aucun banquier, même Tommaso Portinari au plus fort de ses activités, n'était en mesure de procurer à Maximilien de telles sommes, ni une telle gamme de services, sans courir aussitôt le risque de la faillite. Dans aucun autre domaine que la guerre, le recours au « courtage du pouvoir » n'était aussi indispensable pour le prince[157].

Ce régime de financement de la guerre, s'il ne constituait pas à proprement parler un système, tant sa genèse tenait aux circonstances et à l'urgence, doit sans doute son origine aux leçons que tira Maximilien de l'échec des compagnies d'ordonnance, qui nécessitaient une fiscalité d'État performante et au débit régulier. Les années 1494 à 1500 seront largement consacrées au règlement, à meilleur frais, des dettes contractées au nom du roi des Romains et de l'archiduc. C'est alors qu'Albert de Saxe tentera d'obtenir le remboursement des centaines de milliers de florins qu'il avait dépensés au service de la maison d'Autriche, entraînant sa fortune et sa descendance dans l'aventure sans espoir que fut la conquête de la Frise orientale. Cette tendance à la sous-traitance de la conduite de la guerre se confirmera encore après 1494, afin de réduire le coût des dépenses militaires. On entrerait alors véritablement dans un système d'entreprenariat militaire, qui réussit fort bien aux Habsbourg. D'Albert de Saxe à Wallenstein, qui mieux qu'eux savait se défaire des créanciers importuns ?

---

157 Robert Stein (éd.), *Powerbrokers in the Late Middle Ages. The Burgundian Low Countries in a European Context*, Turnhout, Brepols, « Burgundica », 4, 2001 ; Willem Pieter Blockmans, « Patronage, Brokerage and Corruption as Symptoms of Incipient State Formation in the Burgundian-Habsburg Netherlands », in *Klientelsysteme im Europa der frühen Neuzeit*, 1988, p. 117-126.

CHAPITRE 11

La comptabilité de la guerre

L'examen du coût global de la guerre et de ses modes de financement a mis en évidence deux régimes politico-financiers distincts. Le passage de l'un à l'autre illustre les capacités d'adaptation du pouvoir central, soit Maximilien, Albert de Saxe, et leurs conseillers, aux contraintes financières et politiques. On a pu observer que le changement du mode de financement de la guerre s'est traduit par une modification sensible des structures militaires, en particulier par l'abandon du modèle des compagnies d'ordonnances, après les expérimentations des années 1471 à 1482, qui débouchèrent sur un double échec (1477, 1482). Ceci nous amène logiquement au budget de la guerre, c'est-à-dire à l'usage qui a été fait des sommes réunies par les moyens étudiés dans la partie précédente. Comment utiliser au mieux des ressources limitées ? Quelle stratégie adopter, et quelle organisation militaire mettre en place, en fonction des cultures et des pratiques guerrières locales, des cadres préexistants, et des objectifs définis par la direction politique ?

Pour le prince, ses officiers de finance et ses capitaines, l'enjeu était double. Ils devaient d'abord assurer la protection des frontières, et donc entretenir des garnisons dans les places les plus exposées, en y associant autant que possible la population locale. Mais ils ne pouvaient rester passifs ; il leur fallait aussi entreprendre de grandes opérations offensives destinées à faire plier l'ennemi. Celles-ci supposaient une très importante concentration de moyens, ainsi qu'une organisation et une préparation dont la complexité ne cessa de s'accroître dans les derniers siècles du Moyen Âge. C'est à deux d'entre elles, à savoir la campagne de Guinegatte en 1479 et la campagne d'Artois en 1486, que nous allons nous intéresser. Il s'agit des plus grandes opérations militaires de la période, toutes les deux placées sous le commandement direct de Maximilien. Dans les deux cas, elles se soldèrent par de graves défaites stratégiques, qui dégénérèrent en crise politique quelques mois plus tard. Pourtant, des fonds très importants ont été mobilisés pour les financer, poussant vers des hauteurs vertigineuses les exercices financiers de ces deux années, parmi les plus coûteuses pour les contribuables des pays de par-deçà. Pourquoi ces échecs, alors que l'argent n'a pas manqué, au moins en apparence ? Y répondre, c'est comprendre les ressorts les plus délicats et les plus cachés du financement de la guerre, c'est aller au plus près des combattants, du trésorier des guerres, du receveur de l'artillerie, et des receveurs des châtellenies.

I. La campagne de Guinegatte (1479)

Les effectifs et les soldes

La campagne de Guinegatte est l'une des mieux documentées, puisqu'au registre de la recette générale des finances s'ajoutent les comptes des villes et châtellenies de Flandre, ainsi que de précieux états récapitulatifs dressés par les maîtres de la Chambre des comptes de Lille. On a vu que la préparation de la campagne fit l'objet d'âpres négociations, tant sur le montant des subsides que sur le choix des objectifs stratégiques. Maximilien eut beau les limiter à la reprise de Thérouanne, comme le lui demandaient les Flamands, on ne lui accorda pas tout de suite les moyens financiers nécessaires à la conduite d'un siège en règle. En effet, les aides accordées par la Flandre et le Brabant, dites des 7 000 et des 6 000 combattants, suffisaient à peine à régler les soldes des compagnies d'ordonnance[1]. Dans ces conditions, il ne pouvait être question de reprendre l'offensive sans faire appel aux milices de Flandre ; il n'était en effet plus possible recruter les milliers de mercenaires suisses, dont la seule présence avait suffi à faire déguerpir les Français des places qu'ils occupaient en Hainaut l'année précédente. On mobilisa donc les Flamands pour une première campagne, encore limitée, au début du mois de juin. Sur ordre de Maximilien, Dadizeele se rendit à Aire avec 3 400 hommes des châtellenies de Courtrai, Ypres et Bailleul, pour escorter de l'artillerie le long de la Lys. Partis d'Armentières le 9 juin, ils arrivèrent à Saint-Omer le 16 juin, après quelques escarmouches avec les Français. Les Flamands campèrent à Arques quelques jours, puis rentrèrent dans leurs foyers[2].

Après une fausse alerte, début juillet, le grand jour arriva. Vers la mi-juillet, l'ensemble des milices flamandes fut convoqué, soit 11 000 hommes, d'après Jean de Dadizeele, leur capitaine général[3]. Ce chiffre est sensiblement plus faible que ceux qu'avance Molinet, car il affirme que l'ensemble de l'armée commandée par Maximilien comptait 27 400 hommes, parmi lesquels 825 lances d'ordonnance, soit 4 100 combattants, 500 archers anglais commandés par Thomas Euvringham[4], et un contingent allemand dont on ignore la taille, mais qui n'a pas dû dépasser de beaucoup les 1 000 hommes[5], ce qui laisse une vingtaine de milliers d'hommes pour les sergents flamands et le personnel non-combattant ou semi-combattant des pionniers, charretiers, vivandiers, etc. Parmi les comptes des villes et châtellenies de Flandre dépouillés par nos soins, seuls ceux de la châtellenie d'Ypres et du Franc de Bruges mentionnent des paiements directs aux hommes levés dans leur ressort. Un

---

1 Voir *supra*, p. 151-152.
2 Jean de Dadizeele, *Mémoires…*, p. 17-18.
3 *Ibid.*
4 Jean Molinet, *Chroniques…*, t. I, p. 301-304.
5 En 1479, la ville d'Ypres a payé un mois de solde des 733 combattants allemands commandés par le comte de Zollern (AGR, CC, reg. 38703, fol. 84v-85r). S'y ajoutèrent quelques centaines de couleuvriniers et de canonniers placés en garnison à Saint-Omer, Aire, Lille, Douai et Valenciennes, à raison de 50 à 200 par place (Amable Sablon du Corail, *Croix fourchues contre croix droites…*, p. 281).

état des recettes et dépenses des commis à la « guerre et armée de l'année [1479] », remis en janvier 1482 à la Chambre des comptes[6], indique quant à lui que seules les châtellenies du Franc, de Bergues-Saint-Winocq, de Furnes, et « autres » plus petites, parmi lesquelles il convient donc de faire figurer la châtellenie d'Ypres (soit, au total, sans doute un peu moins de 25% du Transport de 1408), ont payé une partie de leur contribution en fournissant des gens d'armes, *le nombre de leurs gens rabatant de leur portion*. Partout ailleurs, les communautés s'acquittèrent de leur quote-part des aides de 96 000 et 100 000 *ridders* auprès des commis à la recette de leur quartier nommés par Ypres, Bruges et Gand, qui centralisèrent les recettes et les redistribuèrent aux gens de guerre, en fonction des besoins, soit aux milices urbaines et rurales, soit aux hommes d'armes des compagnies d'ordonnance. Les contingents envoyés par les villes et châtellenies paraissent avoir été de taille éminemment variable, puisque celui du Franc de Bruges ne dépassa pas les 840 hommes (environ 7 000 hommes pour toute la Flandre, au *prorata* du Transport de 1408), tandis que celui de la châtellenie d'Ypres, beaucoup plus proche du théâtre des opérations, paraît avoir atteint les 400/450 hommes[7] (18 000 à 20 000 hommes pour toute la Flandre au *prorata* du Transport de 1408). Dadizeele tirant une grande fierté du grand nombre d'hommes passés en revue et commandés par lui, il n'y a pas lieu de penser que le chiffre qu'il propose ait été sous-évalué de beaucoup. Le nombre de combattants enrôlés sous les bannières des milices des communes de Flandre s'est donc probablement situé dans une fourchette de 10 000 à 15 000 hommes.

La campagne de Guinegatte fut très courte. Les Flamands campèrent jusqu'au 25 juillet à côté de Cassel, sans doute pour attendre l'arrivée des derniers contingents. Le 26 juillet, ils partaient avec Maximilien vers Thérouanne. Le 6 août, les Français arrivèrent sur la rive sud de la Lys, pour combattre Maximilien et l'obliger à lever le siège. On livra bataille le 7 août[8], sur le plateau de Guinegatte. Après la déroute initiale des ordonnances bourguignonnes, très nettement surclassées en nombre par les 1 800 lances françaises, les Français pillèrent le camp et les bagages de Maximilien puis se dispersèrent. Les milices de Flandre, encadrées et encouragées par plusieurs centaines de nobles à pied, dont Maximilien, le comte de Romont et le comte de Nassau, purent alors écraser les francs-archers français, au nombre de 8 000, à leur tour placés en infériorité numérique. De retour de leur chasse au butin et aux rançons, Philippe de Crèvecœur et ses hommes d'armes constatèrent la défaite de leur infanterie et se

---

6 ADN, B 3519, n° 124377, 24 janvier 1482.

7 Le receveur de la châtellenie d'Ypres a payé en 1479, pour la campagne de Guinegatte, 7 201 l. 2 s. de 20 g., dont 3 482 l. 18 s. servirent à payer les « garnisons », ce qui laisse 3 718 l. 2 s. de 20 g. pour la solde des milices rurales. Chaque homme reçut 36 gros à son départ, puis, devant Thérouanne, 15 jours de solde, à raison de 5 gros par jour et par archer et 4,5 gros par piquier, et enfin, après Guinegatte, 3 livres de 20 g., soit 171 gros en tout par archer, et 163,5 par piquier. Le total versé correspond à la solde de 435 archers ou 455 piquiers (AGR, CC, reg. 44303, fol. 81v).

8 Récit de la bataille, fondé sur les principales sources narratives, dans Jan-Frans VERBRUGGEN, *De slag bij Guinegate, 7 augustus 1479. De verdediging van het graafschap Vlaanderen tegen de Koning van Frankrijk, 1477-1480*, Bruxelles, « Travaux du Centre d'histoire militaire – Bijdragen Centrum voor militaire geschiedenis », 27, 1993.

retirèrent du champ de bataille. La gloire était à Maximilien, mais s'il put revendiquer la victoire, il dut donner congé à ses hommes dès le 12 août[9]. Pourquoi ? Molinet n'en dit rien. Les Flamands le réclamèrent-ils, pressés de regagner leurs champs ou leurs ateliers, avec le sentiment du devoir accompli ? Les pertes infligées par les Français au camp et au train d'artillerie bourguignons interdisaient-elles de poursuivre le siège de Thérouanne ? Toujours est-il que Maximilien se replia à Aire-sur-la-Lys dès le 9 ou le 10 août. La garnison française de Thérouanne était sauvée.

L'heureuse issue de la bataille de Guinegatte, que les Bourguignons appelèrent plutôt la journée de « La Viesville » ou « de Blangy », incita les Membres de Flandre à accorder enfin à Maximilien les moyens d'entreprendre une action offensive en Artois. Une nouvelle mobilisation eut donc lieu à partir du 9 septembre 1479. D'après Dadizeele, les Flamands se pressèrent aux revues de troupes en plus grand nombre encore qu'en juillet 1479. Nous ne sommes pas obligés de le croire, car le contingent du Franc de Bruges passa de 830 hommes pour le premier « voyage » à 740 hommes pour le second. C'est peut-être cette difficulté à trouver suffisamment de volontaires pour remplacer les pertes de Guinegatte, ou les défaillants en tout genre et pour toute raison, qui explique que l'on perdit un temps considérable à concentrer l'armée. En effet, ce n'est qu'au bout d'un mois, le 6 octobre, que Maximilien quittait Saint-Omer. Neuf jours plus tard, après une démonstration sous les murs d'Arras, il était revenu à Lille et licenciait ses hommes[10]. Les résultats étaient dérisoires ; seules trois places mineures, dont deux préalablement évacuées par les Français, avaient été incendiées. Ainsi, les milices avaient été mobilisées plus de deux mois – environ quatre-vingts jours pour le contingent du Franc[11], et une cinquantaine de jours pour la châtellenie d'Ypres[12] – pour un service de guerre effectif de 23 jours seulement. Fort logiquement, il semble que les districts méridionaux de Flandre envoyèrent plus d'hommes que ceux du nord du comté, mais qui servirent moins longtemps. Le coût total des soldes versées aux milices fut donc probablement compris entre 90 000 livres de 40 g. (deux mois de service de 10 000 hommes, à 3 sous par jour et par homme) et 135 000 l. (pour 15 000 hommes, au même tarif et pour la même durée). À partir des informations livrées par les comptes de la châtellenie d'Ypres et du Franc de Bruges, on peut estimer par extrapolation le coût de la mobilisation des milices de Flandre à environ 105 000 / 110 000 livres[13] pour les deux campagnes de l'été et de l'automne 1479.

---

9 Jean de DADIZEELE, Mémoires..., p. 17-19.

10 Ibid...., p. 20 ; Jean MOLINET, Chroniques..., t. I, p. 318-319.

11 AGR, CC, reg. 42590, fol. 122r-136r.

12 Les soldes versées aux archers et aux piquiers de la châtellenie d'Ypres, mentionnées ci-dessus, correspondent à environ 34 jours de service pour la campagne de Guinegatte. Pour celle d'octobre, le compte indique que l'armement a duré 16 jours. Pour cette châtellenie, située au plus près des combats, le ratio entre jours de service et jours de campagne effective, un peu plus favorable, ne s'élève pourtant qu'à 23 jours de campagne sur 50 jours de mobilisation (AGR, CC, reg. 44303, fol. 81v-82r).

13 La châtellenie d'Ypres, outre les 3 718 l. de la campagne de Guinegatte (1 859 l. 2 s. de 40 g.), régla 17 932 journées de solde, à 5 g. par jour, pour la campagne d'octobre et d'autres mobilisations ponctuelles pour répondre à diverses alertes aux frontières (2 241 l. 10 s. de 40 g.), soit 4 100 l. de

L'intendance et l'artillerie

Les compagnies d'ordonnance devant (en théorie...) être soldées pour toute la durée de la guerre, il serait inapproprié de les prendre en compte dans le bilan financier de l'offensive de 1479. Il faut en revanche additionner tous les surcoûts qu'elle a générés par rapport aux charges permanentes de la guerre. Le poste de dépenses le plus important, quoique loin derrière les soldes des sergents flamands, est celui de l'intendance, de l'armement et de l'artillerie, dont étaient responsables le receveur, le maître et son lieutenant, et le contrôleur de l'artillerie.

Le receveur de l'artillerie Laurent Le Mutere(r) bénéficia de lettres de recette pour un montant total de 6 768 l. 16 s. en 1479, dont 4 000 l. comptant le 22 mai 1479. Ce total est très inférieur aux sommes effectivement consacrées à l'artillerie au sens large. En effet, sur une feuille intercalée dans l'état des sommes versées aux gens de guerre en avril et mai 1479 par les commis nommés par les Membres de Flandre, déjà cité[14], figure une liste des sommes reçues par Laurent le Mutere, entre le 14 juin 1479 et le 20 juin 1480 *de ceulx de Bruges*. Il s'agit probablement des membres brugeois de la commission nommée par Ypres, Bruges et Gand pour lever et distribuer les aides accordées pour la guerre en 1479. En tous les cas, ces versements proviennent de fonds qui n'ont pas été mis à la disposition des officiers de finance du prince, et ne figurent pas dans la recette générale. Laurent Le Mutere reçut 12 000 l. entre le 14 juin et le 23 août 1479, prises sur l'aide de 96 000 *ridders*, puis à nouveau 2 200 l. entre le 25 septembre et le 18 octobre 1480, prises sur une aide de 7 000 l. destinée spécifiquement à l'artillerie, votée en même temps que l'aide de 100 000 *ridders*, en août 1479. Les services de l'artillerie disposèrent donc d'une enveloppe d'environ 21 000 l. pour remplir leur office.

Il subsiste dans les archives de la Chambre des comptes de Lille une trentaine de pièces, mandements, attestations et quittances, rendant compte de leur activité entre mai et octobre 1479. L'une des plus importantes est la dernière membrane d'un rouleau de treize feuillets, répertoriant les bombardiers, canonniers, cuveliers, charpentiers, carreliers, maréchaux, tailleurs de pierres de bombarde et « autres bâtons », fondeurs de plommées pour serpentines, huchiers, tendeurs de tentes et pavillons, *harnesqueurs*, gens à cheval, pionniers et mineurs qui ont servi pendant la campagne d'Artois, les uns « depuis leur venue » jusqu'au 15 octobre, les autres du 15 août jusqu'au 22 octobre[15]. La somme de la dépense totale s'élève à 5 373 l. 17 s. 3 d.,

---

40 g. pour la solde des milices entre juillet et octobre 1479 (AGR, CC, reg. 44303, *ibid.*). Le Franc de Bruges, quant à lui, dépensa 21 876 l. de 20 g., soit 10 938 l. de 40 g., pour la solde des deux contingents de juillet/août et septembre/octobre (AGR, CC, reg. 42590, *ibid.*). Extrapolées à l'ensemble de la Flandre, au *prorata* du Transport de 1408, ces contributions donneraient un total de 106 000 l. La part du Franc de Bruges étant cinq fois plus élevée que celle de la châtellenie d'Ypres (11,9% au lieu de 2,2%), l'extrapolation penche naturellement plutôt de son côté ; ce déséquilibre, réel, rend cependant compte de la géographie de la Flandre, orientée au sud-ouest/nord-est, et qui éloignait donc du théâtre des opérations la plus grande partie des villes et châtellenies. De ce fait, la situation du Franc paraît plus représentative que celle du district frontalier qu'était la châtellenie d'Ypres.

14   ADN, B 3519, n° 124374.
15   ADN, B 2119, n° 68421.

CHAPITRE 11

attestée par le sceau (manquant) et le seing manuel de Jean Dommarien, maître de l'artillerie, et le seing de Jean Charles, contrôleur de l'artillerie. Elle suggère que les spécialistes rémunérés par l'intendance et l'artillerie ont été plusieurs centaines – de 400 à 600 pour deux ou trois mois de service, pour un tarif moyen de 3 sous par jour.

Aux gages versés au personnel de l'artillerie, s'ajoutait la très lourde dépense représentée par le charroi, soit le paiement des charretiers, déterminé non par le nombre de charretiers, mais par celui des chevaux employés pour tirer chars, charrettes et chariots, soit 2 à 4 s. par cheval et par jour[16]. Ainsi, l'entretien d'un cheval de trait équivalait aux gages d'un fantassin, et le coût d'un attelage de deux puissantes bêtes, seules capables de tirer les pièces d'artillerie les plus lourdes, était égal à celui d'un homme d'armes à trois chevaux. Le transport de l'artillerie pour le siège de Thérouanne, sur des distances pourtant relativement courtes, et alors que de nombreuses voies d'eau étaient disponibles, mobilisa toute l'attention des autorités militaires au début de l'été[17]. Les officiers de l'artillerie distribuèrent un grand nombre d'armes offensives, à savoir plusieurs milliers de piques, d'arcs, de cordes d'arc, de douzaines de flèches et de fûts de lances à cheval. Ces fournitures venant seulement en complément ou en remplacement de ce qui avait été perdu ou utilisé par les gens de guerre, leur coût était relativement faible. Un état prévisionnel des dépenses du train d'artillerie qui devait accompagner l'armée de Maximilien en Luxembourg en 1480 indique les prix de ces articles : 2,5 sous la douzaine de cordes d'arc, 3 sous pour la fabrication d'un arc (bois fourni), 4,5 sous pour une douzaine de flèches, 12 livres pour un millier de viretons d'arbalètes – soit un peu moins de 3 sous la douzaine – 5 sous pour une pique longue[18], 4 sous pour une moyenne, 14 sous le fût de lance de cavalerie, 6 sous pour le fût de demi-lance[19]. En temps d'opérations actives, les fournitures pouvaient être fort nombreuses. On délivra ainsi au seigneur de Beveren, pour sa compagnie de 100 lances, 100 douzaines de flèches, 200 cordes et 100 piques, le 3 août 1479[20] ; 50 lances, 50 demi-lances, 200 arcs à main et 100 piques le 27 septembre[21]. Le coût cumulé de ces livraisons, pour un rééquipement à peu près complet de la compagnie, représente une somme plutôt modeste de 165 livres de 40 g. – soit environ 1 500 à 2 000 l. pour toute l'ordonnance ducale, si les autres compagnies ont été logées à la même enseigne, ce qui semble probable au vu des nombreuses pièces conservées attestant la distribution de fournitures de

---

16 Le Franc de Bruges paya ainsi en septembre ou octobre 1479 un petit arriéré de 375 l. 3 s. de 20 g., dû par le receveur de l'artillerie à des charretiers de la châtellenie, au taux de 8 gros par jour et par cheval, soit 4 sous (AGR, CC, reg. 42590, fol. 148v-149v). Le tarif de 4 s. par jour est également attesté pour une voiture attelée de quatre chevaux, employée pendant 63 jours (*ibid.*, fol. 146r-v).

17 ADN, B 2119, n° 68422, 31 juillet 1479 : fragment d'un état des paiements faits aux charretiers de l'artillerie (389 l. 11 s. 6 d.), qui ont servi en juin et juillet 1479, à mener l'artillerie, « grosse et menue », jusqu'à Aire, et de là à l'ost du roi devant Thérouanne.

18 En 1480, le Franc de Bruges payait 9 s. la pique de 18 pieds de longueur (AGR, CC, reg. 42590, fol. 153r-v).

19 État prévisionnel des dépenses d'artillerie pour l'armée du duc « présentement aux champs », ADN, B 3519, n° 124380, fol. 2r.

20 ADN, B 3522, n° 124721, 3 août 1479 : mandement de Maximilien au maître de l'artillerie.

21 ADN, B 3522, n° 124726, 27 septembre 1479 : mandement de Maximilien au maître de l'artillerie.

guerre[22]. Les livraisons de piques, arcs et flèches aux contingents flamands sont moins nombreuses, et apparaissent comme des dépannages ponctuels plutôt que comme une pratique systématique[23]. Il est vrai que les villes et châtellenies devaient envoyer à l'armée des contingents tout équipés. Le Franc de Bruges fit ainsi acheter pour son contingent une centaine de piques et diverses fournitures ; il dut également engager d'importantes dépenses pour le charroi, l'achat ou la location de chevaux et de charrettes, et le dédommagement de ceux qui avaient été perdus à Guinegatte, pour la somme totale, non négligeable, de 1 416 l. 5 s. de 40 g. pour un contingent de 840 hommes[24].

S'agissant de l'artillerie proprement dite, on ne dispose malheureusement que de très peu d'éléments relatifs à la nature et au nombre des pièces utilisées par les canonniers de Maximilien au siège de Thérouanne ; on ignore également la consommation de poudre, sans doute la plus coûteuse de toutes les munitions de guerre, puisqu'un seul tonneau de poudre valait de 30 à 60 livres[25], et que 165 tonneaux étaient jugés nécessaires en 1480 pour la campagne qui se préparait contre les barons rebelles du Luxembourg[26] : il fallait donc compter sur une dépense de 5 000 à 10 000 livres de 40 g. pour une campagne moyenne. Quant au coût des pièces proprement dites, qui devaient être régulièrement refondues, il était considérable, sans parler des essieux, des manteaux, des treuils et de l'équipement nécessaire à leur transport et à leur utilisation.

---

22 ADN, B 3521, n° 124623, 31 mai 1479 : mandement de Maximilien au maître de l'artillerie de délivrer au comte de Porcien 100 arcs pour les archers de sa compagnie (*ibid.*, n° 124601, 1er juin, reçu de Philippe de Croy) ; *ibid.*, n° 124688, 31 mai 1479 : mandement du même au même de délivrer au comte de Nassau et au seigneur de Beveren 200 arcs à main (*ibid.*, n° 124635, 1er juin, décharge) ; *ibid.*, n° 124627, 3 juin 1479 : décharge donnée au maître de l'artillerie pour 100 arcs en bois d'if donnés au seigneur de Chantereine ; *ibid.*, n° 124628, 3 août 1479 : mandement de Maximilien au maître de l'artillerie de délivrer à Engilbert de Nassau 100 douzaines de flèches, 200 cordes et 100 piques (*ibid.*, n° 124720, décharge du comte de Nassau, du 2 août) ; ADN, B 3522, n° 124725, 29 septembre 1479 : mandement du même au même de délivrer au comte de Nassau 50 lances, 50 demi-lances, 100 piques, etc. ; ADN, B 3521, n° 124645, 4 octobre : ordre de délivrer 150 arcs et 30 demi-lances aux archers du seigneur de Chantereine ; ADN, B 3524, n° 124912, 8 octobre 1479 : lettre du bâtard de Saint-Pol au maître de l'artillerie lui demandant 100 arcs, 100 trousses, 200 ou 300 cordes, 100 piques et 30 lances.

23 ADN, B 3521, n° 124624, fin juillet 1479 : mandement de Maximilien au maître de l'artillerie de délivrer à Jean de Dadizeele 300 arcs et 300 piques (*ibid.*, n° 124651 : reçu du bailli, 2 août 1479) ; ADN, B 3521, n° 124646, 5 octobre 1479 : décharge donnée au maître de l'artillerie pour 12 piques, 6 arcs et 3 douzaines de flèches par Pierre Matelin, conducteur des gens de guerre d'Audenarde ; *ibid.*, n° 124575, 5 octobre 1479 : ordre donné au maître de l'artillerie de délivrer à Georges Triest, capitaine d'Ardembourg, pour lui et ceux de Gand, 150 piques, 50 arcs et un demi-tonneau de poudre.

24 AGR, CC, reg. 42589, fol. 176r-184v.

25 ADN, B 2131, n° 69243, 24 novembre 1484 : quittance de 98 l. à Louis de Tret, ouvrier de poudres de canon de Namur, pour la livraison à Malines en octobre dernier de 612,5 l. de poudre serpentine en trois tonneaux pour la garnison de Malines, à 16 l. le cent, soit un peu plus de 3 sous par livre et 32,5 l. le tonneau ; B 2137, n° 69665, 12 octobre 1488 : quittance par Louis de Mauldre, ouvrier de poudre, de 9 l. 6 s. pour 31 l. de « fine poudre » de couleuvrine, soit 6 s. par livre. Même tarif de 6 s. par livre, pour de la poudre de couleuvrine achetée en 1481 pour le château de la Montoire (ADN, B 2126, n° 68933).

26 En plus des 65 tonneaux déjà disponibles, on recommandait l'achat de 100 tonneaux supplémentaires au coût estimé de 45 l. (état prévisionnel des dépenses d'artillerie pour l'armée du duc « présentement aux champs », ADN, B 3519, n° 124380, fol. 1r-v).

360 CHAPITRE 11

Compte tenu de ce qui précède, le transport et la fourniture du matériel de guerre offensif, y compris l'artillerie, a donc représenté un poste de dépenses beaucoup plus important que ce qu'indiquent les lettres de recette en faveur du receveur de l'artillerie mentionnées dans la recette générale, soit à peine 7 000 livres. Aux 22 000 l. maniées par le receveur de l'artillerie et provenant, outre les caisses centrales de l'État bourguignon, des fonds administrés par les commis des Membres de Flandre et des états de Brabant, il convient encore d'ajouter les frais supportés par les villes et châtellenies de Flandre, soit, si l'on se réfère aux dépenses enregistrées dans les comptes du Franc de Bruges, peut-être 10 000 ou 20 000 l. pour toute la Flandre. Cette somme peut paraître bien faible au regard des soldes versées aux milices de Flandre et de la charge écrasante que représentaient celles des compagnies d'ordonnance. Il convient cependant de ne pas la sous-estimer, et d'en mesurer toute la portée : la dépense est considérable pour vingt-trois jours de campagne active, marquée par un seul siège, infructueux, de moins de dix jours, de ce qui restait une petite ville, malgré son importance stratégique.

Les dons, récompenses et dédommagements accordés aux gens de guerre

Le pillage du campement bourguignon et la capture de nombreux hommes d'armes firent de la bataille de Guinegatte une victoire très coûteuse sur le plan financier – au contraire des Français, qui perdirent plus de fantassins, mais très peu de ces précieux hommes d'armes à cheval, dont l'entraînement, l'équipement et les bagages représentaient de lourds investissements financiers. Par ailleurs, leur campement semble avoir été moins somptueusement pourvu que celui des Bourguignons. Les Français s'y emparèrent de centaines ou de milliers de chevaux, de pièces d'armures, voire d'orfèvrerie. Ainsi Philippe de Bourgogne, seigneur de Beveren y perdit-il son collier de la Toison d'or, d'autres « chaînes d'or », des robes et de la vaisselle d'argent ; pour l'aider à en racheter, ainsi qu'à *remettre sus ensemble ses gens pour la prouchaine saison*, Maximilien lui accorda un don de 4 500 l., soit l'équivalent de près de deux mois de solde de 100 lances d'ordonnance[27] ! L'archiduc multiplia les « dons par mandement particulier » ainsi que les « dons et récompenses extraordinaires par le rôle », dont une liste était dressée chaque mois, pour secourir ses serviteurs méritants, malchanceux, voire nécessiteux, lorsque, privés de leurs biens en Artois ou en Bourgogne, ils n'avaient plus aucun moyen de subsister[28]. Dans le compte de 1479 de la recette générale des finances, pas moins de cinquante-six individus bénéficièrent de dons personnels, pour les dédommager des pertes qu'ils avaient subies pendant les campagnes de 1479, pour un total de 8 521 l. 16 s. Cela continua en 1480, notamment en faveur des prisonniers libérés tardivement par les Français pour réunir leur rançon : onze nouveaux bénéficiaires émargèrent au rôle des dons et récompenses extraordinaires,

---

27 Somme à régler en trois ans, à partir de février 1480 (1 500 l. dans le compte de 1480 du receveur général, ADN, B 2121, fol. 447v-448r).

28 Tel ce Jean Granart, qui avait *habandonné ses femme, enffans et biens quelzconques ou pays d'Artois pour tenir son party* (ADN, B 2121, fol. 424v-425r).

ou reçurent un mandement du prince, tandis que trois de ceux qui avaient déjà été servis en 1479 reçurent un subside complémentaire en 1480, pour un total de 4 397 l. 16 s., y compris le premier tiers des 4 500 l. accordées à Philippe de Beveren. Ainsi, le total des dédommagements et récompenses directement liés à la bataille de Guinegatte et aux campagnes d'Artois de 1479 s'élève à près de 16 000 l., y compris les 3 000 l. assignées sur les recettes de 1481 et 1482 en faveur de Philippe de Bourgogne-Beveren.

Si le don moyen s'élève à 231 l., le don médian n'est que de 50 l., tant les inégalités sont grandes d'un personnage à l'autre. Tandis qu'un cuisinier allemand, capturé à Guinegatte, se voyait accorder 19 l. 4 s. pour ses pertes et sa rançon[29], Jean de Berghes, seigneur de Walhain, qui n'avait pourtant pas été capturé, reçut 600 l. pour ses *pertes, dommaiges et interrestz qu'il a euz et soustenuz à lad. derreniere journee obtenue par mond. s* a l'encontre des François ses ennemis et aussi pour lui aucunement aidier à remectre sus et servir mond. s* en l'armée qu'il remectoit lors sus*[30]. Lorsqu'on accordait 24 ou 30 l. à trois hommes d'armes pour l'achat d'un harnois complet[31], 14 l. à un écuyer de cuisine pour l'achat d'un cheval[32], Antoine d'Usye, écuyer d'écurie de l'hôtel de Maximilien, recevait 120 l. pour remplacer sa monture[33], tuée sous lui lors de la bataille, alors qu'il portait l'étendard de l'archiduc ; une très belle somme, pour s'acheter un destrier de toute première catégorie et récompenser sa bravoure.

Dix-neuf allocataires de dons princiers, en 1479-1480, soit près d'un sur trois, avaient été capturés, et devaient s'acquitter de très lourdes rançons. Pour neuf d'entre eux, le montant de celle-ci est précisé. Pour les gens de guerre des ordonnances et de l'hôtel, elle semble correspondre, de manière assez systématique, à environ un an de solde[34] : 80 écus d'or (96 l. de 40 g.) pour un archer de corps[35], 100[36] ou 120 écus[37] pour un homme d'armes servant dans une compagnie d'ordonnance, 200[38] ou 210

---

29 ADN, B 2118, fol. 285r.

30 *Ibid.*, fol. 303r.

31 30 l. pour Joachim Sancsart, homme d'armes de la compagnie du comte de Saint-Pol, et 30 l. pour Pierre Crespo, écuyer espagnol (*ibid.*, fol. 279v), 24 l. pour Georges Guiselin, chevalier, conseiller, chambellan (*ibid.*, fol. 281v).

32 *Ibid.*, fol. 290v (Guillaume de Mailly).

33 *Ibid.*, fol. 289v.

34 Les hommes d'armes recevaient 15 francs de 32 gros par mois, soit 10 écus de 48 gros par mois ; les gentilshommes de l'hôtel 24 francs par mois (16 écus par mois, 192 par an) lorsqu'ils servaient dans la compagnie du seigneur de Chantereine, les archers de corps 9 l. par mois (130 écus par an), et les archers de la garde 7 l. 10 s. (108 écus par an) (ADN, B 2128, n° 69077, 27 juin 1482, quittance du seigneur de Chantereine pour les soldes de sa compagnie).

35 *Ibid.*, fol. 314r, 128 l. pour aider Jehan Debecq dit Broquade, archer de corps, à payer sa rançon de 80 écus.

36 ADN, B 2121, fol. 377v, 39 l. à Floris d'Inghenemme, homme d'armes de la compagnie du comte de Nassau, pour l'aider à payer sa rançon de 100 écus, après sa capture et une détention de sept mois.

37 ADN, B 2118, fol. 309v-310r, 80 l. à Pierre du Chastel, homme d'armes de la compagnie de Pierre de Hennin, seigneur de Boussu, pour l'aider à payer sa rançon de 120 écus, après sa capture lors d'une course près d'Arras, et pour ses pertes et dommages, depuis qu'il a été capturé à la bataille de Nancy.

38 *Ibid.*, fol. 310v, 400 l. à Jacques Dinregny, écuyer d'écurie, pour l'aider à payer sa rançon de 200 écus, pour ses pertes et dommages et pour la perte de ses chevaux et habillements de guerre à Guinegatte ; *ibid.*, fol. 312 r-v, 400 l. à Jean Le Prevost, écuyer homme d'armes de l'hôtel, de la compagnie du seigneur de Chantereine, pour l'aider à payer sa rançon de 200 écus, et pour ses pertes et dommages.

écus[39], voire 300 écus[40] pour un écuyer de l'hôtel, servant comme homme d'armes auprès de la personne du prince ou dans la compagnie du seigneur de Chantereine, capitaine des gentilshommes de l'hôtel. Les rançons des grands seigneurs, richement possessionnés, étaient beaucoup plus lourdes : ainsi, Charles d'Oignies, seigneur d'Estrées, dont le revenu foncier annuel était estimé à 2 000 l., dut acheter sa liberté pour 6 000 écus, alors même qu'il avait perdu l'ensemble de ses terres situées en Artois[41].

Outre la très grande amplitude des dons accordés par le prince, qui vont de 14 l. aux 4 500 livres promises au seigneur de Beveren, on peut observer que la très grande majorité des bénéficiaires de la faveur princière font partie de son entourage immédiat : 44 des 67 personnages recensés sont membres de son hôtel. Mieux vaut être un simple archer de corps qu'un gentilhomme anonyme servant dans une compagnie d'ordonnance. Quatre des premiers, outre leurs deux capitaines, Antoine d'Auxy et Pierre de Crépieul, sont récompensés pour leurs services de guerre, pour un maximum de 128 livres[42], alors que seuls neuf représentants de la seconde catégorie, beaucoup plus nombreuse, sont dédommagés d'une partie de leurs pertes, pour un maximum de 100 livres. Encore compte-t-on parmi eux deux hommes d'armes de la compagnie du seigneur de Chantereine[43], dont on ignore s'ils faisaient partie de l'hôtel ou d'une éventuelle crue qui aurait été levée pour compléter les effectifs jusqu'à 100 lances[44]. Cinq autres faisaient partie des compagnies du comte de Romont, du comte de Nassau et de Philippe de Beveren[45], trois des

---

39 *Ibid.*, 336 l. à Jehannet Fretin, écuyer tranchant, pour l'aider à payer sa rançon de 210 écus, et pour ses pertes et dommages.

40 ADN, B 2121, fol. 451v-452r, 240 l. pour Guillaume de Saint-Andoche, écuyer d'écurie, pour l'aider à payer sa rançon de 300 écus et pour les arriérés sur ses gages comptés dans les escroes de l'hôtel.

41 ADN, B 2118, fol. 308r-v.

42 50 l. pour Colin Bourlet et Tassin Le Thellier, à partager entre eux (*ibid.*, fol. 291v-292r), 128 l. pour Debecq dit Brocade, pour sa rançon et pour s'équiper (*ibid.*, fol. 314r), 32 l. pour Pierard Bourlet (un parent du premier ?), pour sa rançon et son équipement (*ibid.*, fol. 289v-290r).

43 100 l. à Adrien Mainbode, *homme d'armes soubz la compaignie de mg[r] de Chanteraine*, pour la perte de deux chevaux (ADN, B 2121, fol. 447r-v), et 34 l. à Jean Granart, *escuier homme d'armes soubz le s[r] de Chanteraine*, pour la perte d'un cheval à Guinegatte et d'un autre lors d'une course jusqu'à Péronne (*ibid.*, fol. 424v-425r). Ils pourraient très bien faire partie de l'hôtel, comme ce Jean Le Prevost, tantôt désigné comme eux, tantôt comme *escuier homme d'armes de l'ostel de mond. s[r] soubz et en la compaignie de mg[r] de Chanteraine, capitaine des chevaliers et gentilzhommes d'icellui hostel* (ADN, B 2118, fol. 312r-313r).

44 Ainsi, une crue de 40 archers à cheval fut levée en février 1480 pour la campagne de Gueldre (ADN, B 2124, fol. 331v). En novembre 1479, la compagnie du seigneur de Chantereine comptait 73 gentilshommes, 8 archers de corps et 43 archers de la garde (ADN, B 2121, fol. 573r-v), alors qu'elle était soldée pour 100 lances en août (97 hommes d'armes à trois chevaux, 198 archers à cheval et 100 archers à pied) et septembre 1479 (100 hommes d'armes à trois chevaux, 201 archers à cheval et 100 archers à pied, après le recrutement de 3 hommes d'armes et 3 archers à cheval supplémentaires) (AGR, CC, reg. 48799, compte de la part du quartier de Bruxelles de l'aide de 120 000 couronnes accordée en avril 1479).

45 43 l. 4 s. à Jeannet Fasselin et Christophe d'Azincourt, hommes d'armes de la compagnie du seigneur de Beveren, pour un harnois complet (*ibid.*, fol. 281v), 60 l. à Pierre Hongerstain et Guillaume d'Argenton, de la compagnie du comte de Romont, à partager entre eux pour leurs services depuis

plus puissants seigneurs des Pays-Bas. Pour le commun des archers et des hommes d'armes servant dans les compagnies d'ordonnance commandées par des capitaines de moindre relief social, il ne restait rien, ou presque[46]. Voici Jean de Savoye, un écuyer bourguignon, qui avait *habandonné et delaissé tous quelzconques ses biens gisans oud. pays de Bourgoigne, tellement qu'il n'a aucune chose dont il se puist vivre*, et qui avait été *sy fort blechié ou visaige* [à Guinegatte] *qu'il en est et demoura a tousjours deffiguré*. Pour tous ces sacrifices, il obtint 20 petites livres destinées à subventionner ses études à Louvain[47]. Le conseil de Courtrai accorda à la veuve d'un charretier de la ville tué à Guinegatte, qui y avait perdu sa voiture et ses chevaux, une aumône presque deux fois supérieure[48]. Ceci peut contribuer à expliquer le ralliement massif de la noblesse bourguignonne à Louis XI en 1477 : pour tous les nobles et possesseurs de fiefs situés dans les provinces conquises par les Français, et qui n'avaient pas assez de fortune ou de relations pour approcher la personne du prince, l'alternative était simple : se soumettre au roi de France, ou disparaître.

Les allocations distribuées vont de 14 à 120 l. pour l'achat un cheval ; pour un harnois complet, de 18 l. pour une *cuirache, saldes, flancquars, sallade et gorgerin* achetés à un marchand de Bruxelles, jusqu'à 43 l. 4 s. pour un *harnoix complet garny d'armes, saldes, flancquars et gorgerin*, les dotations les plus communes s'élevant à 24, 30 ou 36. Ainsi, l'équipement d'un homme d'armes coûtait un minimum de 40 à 50 l. pour un cheval et une armure ordinaires, sans compter la lance, l'épée et éventuellement un petit roncin pour les déplacements ordinaires, ainsi que l'équipement et les chevaux du coutillier et du domestique qui l'accompagnaient. Le prix de la panoplie individuelle de l'homme d'armes donne une idée du capital mobilisé en première ligne lors d'une bataille rangée : 40 000 l. au moins pour les 825 lances d'ordonnance, et sans doute le double si l'on y ajoute les deux archers à cheval par lance. Plusieurs dizaines de milliers de livres d'équipement furent donc perdues à Guinegatte, et plusieurs dizaines de milliers d'autres durent être trouvées pour payer les rançons aux Français. À supposer qu'un quart seulement des hommes d'armes bourguignons présents à Guinegatte fut capturé, soit 200 – ce qui ne paraît pas hors de propos, puisque Molinet reconnaît la mort d'une centaine d'hommes d'armes bourguignons – le total monte déjà à 24 000 l. en leur appliquant le tarif le moins élevé indiqué dans la recette générale des finances, soit 100 écus, et cela sans compter ni les archers à cheval, ni les prises plus intéressantes, comme Wolfgang de Polheim, dont on sait seulement qu'il fut mis à *grosse et excessive ranchon*[49], ou le seigneur d'Estrées, qui dut s'acquitter de 6 000 écus. Les confrontations armées, simples escarmouches ou grandes batailles, étaient donc de formidables loteries pour

---

deux ans et pour les aider à s'entretenir (*ibid.*, fol. 284v), 39 l. 12 s. à Floris d'Inghenemme, homme d'armes de la compagnie du comte de Nassau, pour sa rançon et se rééquiper (ADN, B 2121 fol. 377v).

46 30 l. à Joachim Sancsart, déjà cité, homme d'armes de la compagnie du comte de Saint-Pol, pour un harnois (ADN, B 2118, fol. 279v) et 36 l. à Jean de Myeurs, écuyer « homme d'armes des ordonnances », pour sa rançon et pour l'achat d'un harnois complet (ADN, B 2121, fol. 401v).

47 ADN, B 2121, fol. 412r.

48 72 livres de 20 g., soit 36 l. de 40 g. (AGR, CC, reg. 33225, fol. 54v).

49 *Ibid.*, fol. 459r.

CHAPITRE 11

lesquelles la roue de fortune s'affolait, vers le haut pour les uns, vers les abysses pour les autres. Pour ceux qui gravitaient autour du prince, et qui ne mouraient pas au combat, la guerre leur apportait la gloire d'une captivité honorable ou la fortune, en cas de bonne prise ; pour les autres, il s'agissait d'une activité dangereuse, pratiquée sans filet, qui engageait l'avenir de leurs lignages.

Les causes d'un échec

Molinet, muet sur les causes de la dispersion de l'armée de Maximilien après la bataille de Guinegatte, donne trois motifs d'explication à l'échec final de la seconde mobilisation, au milieu du mois d'octobre : *Et, à cause que le tempz d'yver donnoit son approche, que male paye estoit en règne, et que les Flamengz se commenchoyent à reffroidier, le duc d'Austrice deffit son armée*[50]. Ainsi s'achevait une campagne commencée trois mois plus tôt. Il est en effet permis de considérer les deux séquences de juillet-août et de septembre-octobre comme une seule campagne, dont l'élan a été brisé par le départ des milices de Flandre après la bataille de Guinegatte. Il ne fait pas de doutes que Maximilien aurait voulu exploiter sa victoire pour achever le siège de Thérouanne. Ce qui reste du rôle de paiement des pionniers, canonniers et charretiers de l'artillerie montre que ceux-ci n'ont pas été licenciés après Guinegatte. Le 17 août, il demandait à ses deux principaux capitaines qui opéraient en Gueldre, Reinprecht von Reichenburg et Adolphe de Nassau, de venir le rejoindre avec les gens de guerre de leurs charges[51]. Dès le 21 août, il adressait à tous ses officiers une lettre de placart ordonnant pour le 4 septembre le rassemblement de tous ceux qui avaient participé au voyage de Guinegatte et la levée de toutes les milices de Flandre[52].

Après un mois passé à remobiliser les sergents flamands, la campagne d'octobre s'acheva aussi brutalement que celle d'août : alors que le 12 et le 13 octobre, Maximilien ordonnait au gouverneur de Lille d'envoyer au plus vite des vivres entre Douai et Arras, le 14 octobre, il lui récrivait pour lui dire de retenir auprès de lui les convois de ravitaillement, car il venait de renvoyer les milices de Flandre et de Brabant chez elles[53]. Pourquoi une telle mobilisation d'hommes et d'argent a-t-elle débouché sur de si médiocres résultats ? À cause du manque d'argent ? En apparence, non. Les Flamands accordèrent en effet très vite l'aide de 100 000 *ridders* pour *continuer et sieuyr* la victoire de Guinegatte[54], et l'on a déjà observé que le rendement de ces deux aides fut supérieur à 100%, Ypres, Gand et Bruges parvenant à soutirer aux châtellenies de leurs quartiers des contributions supérieures à leurs quotes-parts théoriques[55]. Cependant, *male paye* ne signifie pas forcément qu'il y ait eu une pénurie d'argent généralisée. En réalité, le fond du problème était que l'archiduc n'avait la main ni sur la levée, ni sur le paiement des troupes, l'initiative revenant en ce domaine aux

---

50 Jean MOLINET, *Chroniques…*, t. I, p. 319.
51 ADN, B 2118, fol. 181r, petite messagerie.
52 Jean de DADIZEELE, *Mémoires…*, pièce justificative n° XLVIII, p. 83-84.
53 ADN, B 2118, fol. 200r, petite messagerie.
54 Entre le 20 et le 31 août, voir *supra*, p. 152.
55 Voir annexe I, aides de Flandre, aide n° 6.

Membres, mais surtout aux villes et aux châtellenies, qui avaient des pratiques fort différentes, dont l'efficacité laissait parfois à désirer.

Ainsi, dans le Franc de Bruges, l'assiette des impôts destinés à la solde des contingents et au paiement des aides de 96 000 et 100 000 *ridders* se fit à contretemps : à une première *pointing*, répartie sur les contribuables en avril 1479[56], en succéda une seconde le 17 août seulement[57], soit dix jours après la bataille de Guinegatte, alors que les soldats du Franc avaient déjà regagné leurs foyers. Enfin, une troisième *pointing* fut assise en octobre[58], pour régler les arriérés dus aux commis chargés du recouvrement des aides accordées par les Membres de Flandre. Pour toute la campagne de juillet/août, les miliciens envoyés par le Franc de Bruges n'eurent pour subsister qu'une seule couronne (24 sous, ou 1,2 livre de Flandre), qui avait été avancée par les paroisses à la demande des autorités du Franc[59]. Ils durent attendre la *pointing* d'août pour que leur solde leur soit enfin payée – c'est également sur les fonds de cette *pointing* que fut réglée la solde du voyage de septembre/octobre[60].

Au contraire du Franc de Bruges, la châtellenie d'Ypres se montra très prévoyante. Les autorités étalèrent dans le temps la perception des aides, en imposant quatre assiettes les 18 avril, 18 juillet, 29 août et 10 octobre 1479[61], s'assurant ainsi des rentrées d'argent régulières. Leur contingent ne manqua donc jamais de numéraire, et les sergents de la châtellenie reçurent leurs soldes de manière fractionnée, ainsi qu'on l'a déjà vu[62] : 36 gros, soit près d'une livre, au moment du départ, puis quinze jours de solde lors du siège de Thérouanne (environ 2 livres), puis encore 1,5 livre immédiatement après la bataille de Guinegatte. On ne sait ce qu'il en fut de l'armement d'octobre, sinon que les miliciens reçurent au moins un paiement de quinze jours de solde, et que les assiettes des 29 août et du 10 octobre étaient bien coordonnées au rythme de la mobilisation et des opérations.

Le Franc de Bruges et la châtellenie d'Ypres, par leur contribution en nature, c'est-à-dire en contingents armés et soldés, font figure d'exception. C'est en fin de compte de la capacité des autres villes et châtellenies à s'acquitter en temps et en heure de leur contribution en argent que dépendait le sort de la campagne – d'autant que le Franc de Bruges lui-même paya la plus grande partie de sa quote-part en argent, plutôt qu'en hommes. Or là aussi, nous constatons d'importants dysfonctionnements. En effet, dans le Franc de Bruges, il semble que la plus grande partie des recettes de la *pointing* d'avril 1479 fut conservée dans les coffres du receveur jusqu'en septembre, lorsque le changeur Jan Nutin s'acquitta pour le compte du Franc de Bruges de la somme de 12 128 l. 12 s. sur les 13 709 l. de 40 g. de la quote-part du Franc de l'aide

---

56 AGR, CC, reg. 42589, fol. 142v.
57 AGR, CC, reg. 42590, fol. 119r.
58 *Ibid.*, fol. 137r-v.
59 C'est ce qu'indique l'exposé des motifs de la *pointing* d'août 1479 ; par ailleurs, le compte de 1478-1479 mentionne le paiement d'une avance de 48 s. de 20 g., soit une couronne, au contingent du Franc (AGR, CC, reg. 42589, fol. 147v-148v) : s'agit-il du remboursement des paroisses ?
60 *Ibid.*, fol. 122r-130r.
61 AGR, CC, reg. 44303, fol. 3v-5v.
62 Voir *supra*, note n° 7.

de 96 000 *ridders*[63]. Entre les mois d'avril et de septembre, le Franc ne fournit que 1 321 l. 12 s. en mai pour la solde d'un mois de la compagnie de 50 lances de Jean de Luxembourg, 1 076 l. pour le prêt d'une couronne par homme, au départ pour l'armée du contingent du district, et seulement 120 l. versées directement à Jan van Nieuwenhove[64].

On constate un semblable déséquilibre dans le compte de la châtellenie d'Audenarde. Les autorités répartirent pas moins de sept assiettes sur leurs contribuables entre avril et octobre[65], de manière à étaler dans le temps la levée des 2 587 l. auxquelles s'élevait leur quote-part des deux aides, ainsi que les contributions complémentaires pour les levées d'hommes. Ils ne fournirent cependant que 792 l. entre mars et juillet, sous la forme d'une contribution mensuelle de 198 l., avant de verser, comme pour solde de tout-compte, une très grosse contribution de 3 793 l. à la requête des Gantois, à une date inconnue, mais sans doute à la fin de l'année[66]. Le *maendgeld* de 198 l. correspond à leur quote-part mensuelle de l'aide des 7 000 combattants, rabattue de 40%, en vertu de la remise qui leur avait été accordée pour les destructions commises par la garnison de Tournai. Puis, vers le mois de septembre, le rabais semble avoir été révoqué, à la demande des Gantois, qui exigèrent une très forte contribution, excédant même le montant de leur quote-part des aides de 96 000 et 100 00 *ridders*. Dans le Franc de Bruges également, nous voyons les responsables des finances prendre – enfin – des mesures d'urgence en octobre pour lever des fonds rapidement. Le 4 octobre, ils procédèrent à la vente directe de balles de futaines, empruntées à un marchand qui devait en être remboursé le 1er avril suivant[67].

On ne peut tout à fait exclure que les très importants paiements constatés en fin d'exercice budgétaire dans les comptes du Franc et de la châtellenie d'Audenarde correspondent à une sorte d'apurement des comptes. Dans l'urgence, on ne se serait guère soucié d'enregistrer le détail des entrées et des sorties d'argent, et l'on aurait attendu la fin de la campagne pour tirer un bilan précis des versements de numéraire aux commis des Trois Membres et des paiements directs aux troupes. Peu probable cependant, car dans ce cas, on ne comprendrait pas pourquoi les paiements antérieurs, d'un montant plus faible, ont été si fidèlement notés, ni pourquoi une telle pratique ne se retrouve pas dans les comptes des années postérieures ou antérieures. Les comptes des villes et châtellenies étaient en effet toujours dressés en fin d'exercice. Quoiqu'il en soit, cela reflète à tout le moins la grande confusion qui prévalut dans la gestion des deniers de la guerre à l'été 1479, et l'impression qui domine est que les autorités du Franc de Bruges et de la châtellenie d'Audenarde firent preuve du plus grand attentisme. On lève les impôts accordés par les Membres, mais on s'efforce d'en garder le produit par-devers soi le plus longtemps possible. S'agissant

---

63 AGR, CC, reg. 42589, fol. 148v-149r.
64 *Ibid.*, fol. 147v-148r.
65 AGR, CC, reg. 41912, fol. 4v-7v.
66 *Ibid.*, fol. 39v, 40v, 41v, 44v.
67 AGR, CC, reg. 42590, fol. 143r-v. Les balles furent vendues pour 306 livres de gros, avec une perte de 36 l. 5 s. de gros.

de la châtellenie d'Ypres, exposée aux raids de pillage de Thérouanne, le voisinage immédiat des Français n'a pu que les inciter à l'exemplarité.

Ainsi, il fallut près de six mois pour que la mobilisation des ressources des Pays-Bas bourguignons atteigne son plein effet. Au printemps, les recettes des aides servaient à l'entretien des garnisons et des ordonnances, tandis que l'artillerie était lentement acheminée vers Aire-sur-la-Lys. Le siège de Thérouanne prit un tour inattendu avec la bataille de Guinegatte. Surpris par leur victoire et l'ampleur des pertes, et alors que les vivres et l'argent commençaient à faire défaut, pour cette campagne dont les moyens et les objectifs avaient été dimensionnés *a minima* au début de l'année, certains contingents, plus mal lotis, quittèrent l'armée, entraînant les autres. En septembre, un nouvel effort fut fourni pour profiter de la dynamique créée par Guinegatte. Cette fois, tout le monde y mit du sien ; les Membres, enfin conscients de l'enjeu, se firent plus exigeants à l'égard des villes et châtellenies de leur quartier, et de fait, on leva une nouvelle armée, plus importante que la précédente, affirme Molinet, en raison d'une plus forte participation du Brabant. Plus importante, mais également plus déséquilibrée, car les ordonnances étaient fort peu nombreuses : pour 36 000 fantassins, il n'y aurait eu que 900 à 1 000 cavaliers, soit 300 à 400 lances seulement[68]. Le 14 septembre, Maximilien écrivait à Jean de Dadizeele, déjà arrivé à Aire-sur-la-Lys avec ses milices, que les ordonnances n'avaient toujours pas reçu leur solde d'août, dont elles avaient le plus grand besoin, après avoir été si fortement éprouvées à Guinegatte[69]. À coup sûr, la dispersion des responsabilités en matière financière, qui empêchait Maximilien de disposer de ressources au demeurant plutôt abondantes dans l'absolu, a coûté fort cher…

Sans doute Maximilien fut-il alors contraint de définir une nouvelle stratégie. Puisque son armée était peu expérimentée et très nombreuse, et donc difficile à ravitailler, il décida de ne pas reprendre le siège de Thérouanne. Il préféra se livrer à une démonstration de force en Artois, afin de provoquer un second affrontement avec les Français, qu'il espérait décisif : Il envoya d'abord son roi d'armes à Hesdin, auprès de Philippe de Crèvecœur, pour le défier, *car il avoit grant desir de soy joindre aux François*. Il se dirigea ensuite vers Saint-Pol-sur-Ternoise, *sur l'esperance de trouver ses ennemis en barbe* ; sous les murs d'Arras, *il monstra son armée, cuidans que les Franchois les deussent combattre*[70]. Après tout, l'année précédente, en Hainaut, tout avait cédé devant lui ! Pourquoi n'en aurait-il pas été de même en Artois, vieux fief de la maison de Bourgogne, occupé en toute illégalité par Louis XI, alors qu'il avait remporté une victoire éclatante deux mois auparavant ? Mais l'enchantement était rompu. Philippe de Crèvecœur déclina la sommation du roi d'armes, lui faisant *très crue et estrange responce*. Le capitaine français savait que le temps jouait pour lui. Sans doute ne s'attendait-il tout de même pas à ce que l'armée burgondo-flamande levât le

---

68 Jean MOLINET, *Chroniques…*, t. I, p. 317.
69 *Car de nostre part feuissons prests ne feust que noz gens de guerre de noz ordonnances n'ont esté payez en temps et que bien savez que ilz nous ont dit qu'ilz ne peuvent remettre suz sans avoir le payment du moys d'aoust* (Jean de DADIZEELE, *Mémoires…*, pièce justificative n° L, p. 85-86).
70 Jean MOLINET, *Chroniques…*, t. I, p. 318-319.

camp le surlendemain de son arrivée devant Arras ! L'expérience du commandement français avait dissipé les illusions du jeune prince et de sa jeune armée, née du régime de cohabitation instauré en 1477. Le défaut de planification et de coordination entre Maximilien et les Membres de Flandre fut criant, d'un bout à l'autre de ce trimestre glorieux, sanglant, et finalement stérile.

II. La campagne de l'été 1486

Mais où donc est passé l'argent des Flamands?

Dans la nuit du 8 au 9 juin 1486, Jean de Salazar prenait par surprise Thérouanne, avec 700 à 900 hommes, la veille de l'entrée d'une garnison française. Sans doute surpris par l'initiative de son capitaine, Maximilien ne la désavoua pas, et décida de préparer la reconquête de l'Artois. Une nouvelle fois, la paix d'Arras était rompue. On ne peut en imputer la responsabilité à Maximilien, qui profitait d'une opportunité stratégique, alors que les Français avaient soutenu ouvertement la sécession de la Flandre l'année précédente. Pourtant, c'est dans une grande précipitation que se prépara la guerre contre la France. Les officiers de Maximilien s'affairèrent en juin et en juillet pour rassembler argent, hommes et matériel. On ne peut malheureusement suivre la campagne de 1486 avec autant de précision que celle de 1479, car la petite messagerie relevait alors de l'argentier, dont le compte fait défaut pour cette année. Ce que l'on en sait est ce que Molinet nous en dit, à savoir que Maximilien prit la tête d'une armée de 14 000 à 15 000 hommes, dont une moitié de Suisses et de lansquenets, vers la fin du mois de juillet, à Arques. Il commença par ravitailler la ville de Thérouanne, puis s'empara de Lens, une place très secondaire. C'est à ce moment que Molinet situe la première défection des mercenaires suisses, dont 300 à 400 auraient rejoint les rangs des Français. Maximilien s'en alla ensuite à Lille, afin de pourvoir au manque de vivres, tandis que son armée restait à La Bassée[71]. Au début du mois de septembre, le roi des Romains reprit le commandement de ses troupes et marcha vers Saint-Quentin, qu'il tenta vainement de prendre par surprise. Quelques jours plus tard, l'armée se dispersait, faute de soldes.

Faute de soldes ! Alors que les recettes frôlèrent les 900 000 l. pour l'année 1486, pour près de 14 tonnes d'argent fin, dont plus de la moitié prélevée sur le comté de Flandre ! Certes, on a vu que la part dévolue au trésorier des guerres était beaucoup plus faible qu'en 1479, et ne franchit que de peu la barre des 50%. Avec plus de 450 000 l. disponibles pour le paiement des gens de guerre, Maximilien était tout de même au large. S'agit-il alors, comme en août 1479, d'un problème de décalage entre le cycle des recettes et celui des dépenses ? On peut là aussi en douter, puisqu'outre le produit des anticipations de l'aide de 127 000 *ridders* accordée pour trois ans en 1485, s'ajouta celui de l'aide colossale des 15 000 combattants pendant trois mois accordée en juillet par les Membres de Flandre. Si la levée de ces aides ne se fit pas sans difficultés, ainsi

---

71 *Ibid.*, p. 542-545.

LA COMPTABILITÉ DE LA GUERRE 369

qu'on l'a vu, les banquiers italiens de Bruges avancèrent des sommes très importantes, montant jusqu'à 70 000 l., dans l'attente du recouvrement des impôts[72].

Les lettres de recette du trésorier des guerres confirment l'abondance du flot de numéraire qui alimenta ses caisses au cours de l'été 1486. Entre le 6 juillet et le 1er octobre 1486, le receveur général lui attribua pas moins de 266 159 l. de 40 g. pour « convertir au fait de son office »[73], dont 201 659 l. lui furent versées comptant. Pourtant, le trésorier des guerres et les capitaines de Maximilien ne parvinrent pas à retenir auprès d'eux leurs mercenaires germaniques. Les Suisses désertèrent les premiers – 3 000 d'après Molinet, dont les propos sont confirmés par une lettre de Charles VIII aux cantons, qui insistait malicieusement sur l'insolvabilité de Maximilien[74]. Le roi de France indiquait que les Suisses s'étaient rendus à lui, mais qu'il avait dû les renvoyer avant l'hiver. Si seulement ils s'étaient tout de suite enrôlés dans son armée, ils se seraient épargné toutes ces déconvenues, tellement prévisibles ! Les liens diplomatiques franco-suisses, resserrés par le renouvellement de l'alliance en 1484, ainsi que par les connexions de certains officiers du roi avec les capitaines suisses[75] expliquent la rapidité avec laquelle les mercenaires helvétiques décidèrent de rentrer chez eux, d'autant que les Français avaient poussé la courtoisie jusqu'à leur remettre une petite somme d'argent pour faciliter leur retour – et limiter les violences contre les populations des régions traversées. Le départ des Suisses ruinait les espérances de Maximilien, qui n'avait de toute façon manifestement pas d'objectif stratégique bien clair en tête[76].

En avait-il d'ailleurs les moyens ? L'intendance semble en effet avoir laissé à désirer. Il ne subsiste qu'une demi-douzaine de pièces justificatives rendues par le receveur de l'artillerie à la Chambre des comptes de Lille pour l'année 1486. Ce faible nombre, par rapport à 1479, porte-t-il témoignage d'une moindre attention portée à l'équipement ? On le dirait bien, au vu des lettres de recette en faveur du receveur de l'artillerie, dont le total ne monte qu'à 13 121 l. 12 s. pour 1486. En apparence, la somme est deux fois plus importante qu'en 1479, mais cette fois, la recette générale a enregistré la totalité des fonds mis à la disposition du receveur de l'artillerie, puisque les assemblées d'états de Flandre et de Brabant n'accordèrent pas de subside complémentaire pour l'artillerie, tandis que les villes et châtellenies de Flandre, toutes occupées à réunir l'argent des aides et à rémunérer courtiers, marchands et banquiers pour leurs emprunts à court terme, ne fournirent aucun complément en nature, sous forme de charroi, de prêt de tentes ou d'artillerie. Ainsi, les fonds alloués à l'artillerie furent probablement trois à quatre fois moins importants qu'en 1479. Maximilien, qui rentrait juste d'Allemagne en juin, et passa plus d'un mois à

---

72 Voir *supra*, p. 321-322.
73 ADN, B 2133, fol. 86v-89v.
74 *Lettres de Charles VIII...*, t. I, lettre n° 81, p. 137-140 : *Significarunt enim tunc nobis se apud hostem esse nullis exsolutis stipendiis, quare optabant accedere ad nos honestis condicionibus.*
75 C'est ce qu'on peut déduire d'un complot évoqué par Molinet, réel ou supposé, qui aurait impliqué plusieurs centaines de Suisses ; ils auraient tenté de livrer le roi des Romains aux Français pour obtenir le paiement de leur solde (Jean MOLINET, *Chroniques...*, t. I, p. 544).
76 Jean MOLINET, *Chroniques...*, t. I, p. 547-548.

recevoir les hommages des délégations venues de tous les Pays-Bas pour le féliciter de son élection, n'était pas dans la meilleure des situations pour organiser un train d'artillerie très important. De fait, les quelques pièces conservées en provenance de la recette de l'artillerie indiquent une planification tardive, et manquant de minutie. Au lieu des nombreuses livraisons d'armes, compagnie par compagnie, adaptées à la composition de chacune d'elle, subsistant pour la campagne de 1479, nous ne trouvons en 1486 que deux mandements de Maximilien, l'un en date du 9 août, soit longtemps après le début de la campagne, prescrivant au receveur de l'artillerie la livraison de 500 piques longues et 500 moyennes, 1 000 arcs, 2 000 douzaines de flèches, cordes à l'avenant[77], l'autre, du 26 août, qui demande à nouveau 500 piques longues, 500 moyennes et toutes les lances, arcs et flèches qu'il sera possible d'envoyer[78].

Le mandement du 26 août, alors que Maximilien se trouvait à Lens, avait pour objet principal le transport des pièces d'artillerie. Il ordonnait qu'on lui envoyât deux grosses bombardes de l'arsenal de Malines, avec pour chacune d'elle une réserve de 100 boulets de pierre, avec deux manteaux, ainsi que tous les courtauds, et pour chacun 150 boulets de pierre, et enfin une bombarde baptisée *Michault*, avec le manteau et les pierres y servant. Le chancelier de Brabant procurerait au receveur tous les chevaux de corvée qu'il pourrait rassembler. Le moins qu'on puisse dire est qu'il était temps de s'occuper de leur transport à l'armée. Le premier mandement relatif à l'artillerie encore conservé date du 15 août. Il ordonnait à Roland Le Fèvre de payer au plus vite une somme de 600 l. destinée au transport de l'artillerie qui se trouvait à Ypres[79]. Enfin, le 18 septembre, Pierquin Trompe, marinier à Merville, recevait 7 livres du receveur, sur ce qui pouvait lui être dû pour avoir « en ce présent mois de septembre » transporté de Lille à Valenciennes la grosse bombarde de fer *Namur*, avec son manteau et 30 boulets de pierres, 129 pierres de courtauds, ainsi que 17 pierres de la bombarde *Acht*, qui faisait partie du train d'artillerie de l'armée du roi des Romains en Artois[80]. Outre que toutes les bouches à feu mentionnées, bombardes et courtauds, appartenaient à une filière technologique en voie d'obsolescence, ou en tout cas vouées à ne pas avoir de postérité[81], alors que se développait la gamme des serpentines et des couleuvrines, ces deux mandements et cette quittance reflètent la précipitation et l'approximation qui présidèrent à l'organisation du parc d'artillerie de Maximilien, ce prince pourtant si passionné par les secrets de l'arme nouvelle. Le manque d'artillerie performante est d'ailleurs l'une des causes évoquées par Molinet pour expliquer l'échec de la campagne de 1486 : *Le roy, considerant les manières et estranges termes que lui tenoyent les Allemans, voyant d'aultre costé que son artillerie ne lui donnoit nulle approche pour achever quelque haultaine emprinse et que vivres à grant difficulté arrivoyent en son oost, il se tira de sa personne en sa ville de Lisle et leissa*

---

77 ADN, B 3523, n° 124837.
78 *Ibid.*, n° 124838.
79 ADN, B 3524, n° 124917.
80 ADN, B 2134, n° 69458.
81 Emmanuel de CROUY-CHANEL, *Canons médiévaux. Puissance du feu*, Paris, REMPART, « Patrimoine vivant », 2010, p. 102.

son armée à La Bassée en la conduite de ses princes[82]. On comprend pourquoi le roi des Romains, après avoir pris Lens, n'avait guère d'autre option que de s'essayer à quelque « embûche » contre les places les moins bien défendues par les Français, et qu'il se soit éloigné du théâtre principal des opérations pour tenter sa chance contre Saint-Quentin.

La médiocrité du train d'artillerie de Maximilien n'explique cependant pas la désertion en masse des soldats suisses, ni le manque d'argent. Pourquoi l'argent coulait-il à flot au début du mois d'août, alors que deux mois plus tard, le 6 octobre, le comte de Zollern, qui se trouvait à Maubeuge avec une partie de ses lansquenets, alertait le grand bailli de Hainaut que ses hommes malmenaient les habitants de la ville, pillaient les environs et menaçaient de s'en aller si leur solde n'était pas versée dans les deux ou trois jours[83] ? Cela défie l'entendement, et nous n'avons qu'une explication partielle à proposer, à savoir que la grande majorité des recettes de l'année 1486 avait déjà été engagée. Ainsi, l'état des paiements effectués au profit des gens de guerre commandés par Charles de Saveuse, déjà mentionné, fait apparaître que sur les 10 335 l. réglées entre le 30 mai et le 30 août 1486, 5 028 l., soit 49%, servirent à payer les arriérés de solde dus aux 56 cavaliers commandés par Charles de Saveuse d'avril 1485 au 1er mai 1486[84].

En gardant des effectifs militaires très importants après sa victoire contre les Flamands, le roi des Romains avait donc vraisemblablement accumulé d'énormes arriérés de soldes, que le très violent choc fiscal de l'été 1486 contribua à résorber, sans pour autant donner à Maximilien les moyens d'entreprendre une campagne offensive en Artois. La plus grande partie des près de 270 000 l. mises à la disposition du trésorier des guerres provenaient des quelque 170 000 l. que rapporta de net l'aide des 15 000 combattants pendant trois mois. Or, le produit de ce subside fut versé en deux fois, à l'extrême fin du mois de juillet, puis au tournant du mois de septembre, comme en témoignent les dates des quittances remises par Roland Le Fèvre aux villes et châtellenies de Flandre[85], ainsi qu'une copieuse lettre de recette, pour un montant de 91 549 l. 18 s. 9 d., délivrée le 20 septembre par le receveur général des finances en faveur du trésorier des guerres[86]. Ainsi, la première tranche du subside fut sans doute employée au paiement d'une partie des arriérés dus aux capitaines de Maximilien en service depuis la paix de 1485, tandis que la deuxième tranche n'était pas encore disponible que la plupart des mercenaires étrangers avaient déjà quitté l'armée : *Et, toutesvoyes, les Alemans n'avoyent cause de ce faire, car le roy avoit préparé leur payement, et, de fait, l'envoyèt jusques au chasteau de Sorre, quand xvᶜ Alemans d'une bende et xiiiiᶜ d'une aultre, sans recepvoir paiie, se tournèrent du parti des Franchois*[87]. L'argent arrivé en septembre suffisait de toute façon à peine à régler les nouveaux

---

82 Jean MOLINET, *Chroniques…*, t. I, p. 544.
83 Léopold DEVILLERS, « Le Hainaut après la mort de Marie de Bourgogne. 1486-1488 » …, p. 227.
84 ADN, B 2159, fol. 266v-271v.
85 Le 30 juillet et le 8 septembre pour Courtrai, le 30 juillet et le 23 août pour Bruges, quittance générale donnée à la châtellenie d'Ypres le 18 septembre (voir annexe I, aides de Flandre, aide n°23).
86 ADN, B 2133, fol. 89r.
87 Jean MOLINET, *Chronique…*, t. I, p. 548.

arriérés, correspondant aux enrôlements massifs de juillet 1486. Aux augmentations d'effectifs des compagnies bourguignonnes existantes, s'ajoutaient les avances réglées aux Suisses. Ces derniers exigeaient en effet d'être payés depuis leur départ de leur domicile, et d'avance, au début de chaque mois de service, ce qui engendrait des surcoûts par rapport à leur temps de présence effectif à l'armée[88]. Pour estimer les soldes des 15 000 hommes en campagne de la fin juillet à la mi-septembre, un ordre de grandeur d'environ 80 000 l. pour 5 000 cavaliers pendant deux mois, et de 150 000 l. pour 10 000 fantassins payés pour trois mois paraît acceptable – mettons, pour conserver une marge d'erreur confortable, de 200 000 à 250 000 l.

Compte tenu de la dette de guerre contractée auparavant par Maximilien, la mobilisation de l'été 1486 n'était pas tenable, en dépit du volume très élevées des recettes générales. La fin piteuse de la campagne de 1486 est donc imputable d'une part à la stratégie brouillonne de Maximilien, et d'autre part à une politique financière particulièrement malavisée. Le roi des Romains avait levé une armée beaucoup trop nombreuse par rapport à ses capacités financières, et inutilement nombreuse compte tenu de l'impréparation de son train d'artillerie, qui ne lui permettait que des opérations d'envergure limitée. Du point de vue des élites dirigeantes des villes de Flandre, le bilan était sans appel : Maximilien avait disposé de sommes colossales, sans en rendre compte à personne – pas même aux organes de contrôle internes à l'État bourguignon, puisque les maîtres de la Chambre des comptes durent attendre dix ou quinze ans pour se faire remettre un compte partiel des opérations du trésorier des guerres – et en octobre 1486, après une campagne calamiteuse, il fallait recruter des gens de guerre pour faire face aux violences des mercenaires débandés. On comprend assez bien pourquoi les Flamands ressentirent le besoin de se faire expliquer l'usage qui avait été fait de leurs impôts.

Les clés de la victoire

Dès le mois de septembre 1486, avec l'arrivée massive de compagnies d'ordonnance françaises en Artois et en Vermandois, et alors que les Beaujeu s'étaient réconciliés avec la plus grande partie des barons du royaume, se fermait la parenthèse plus favorable à la cause des Valois-Habsbourg, ouverte par la victoire de 1485 sur les Flamands et la prise de Thérouanne en 1486. Les désastres de 1487, puis la guerre civile, mirent un terme à cette seconde guerre d'Artois. Puis, coup de tonnerre dans un ciel bleu, voilà que les capitaines de Maximilien, bourguignons et allemands, s'emparent d'Arras, la capitale du comté d'Artois, si fermement tenue par les Français. Pour réussir cet exploit, point de mobilisation massive, ni d'extorsions fiscales autres

---

88 C'est ce que stipulaient les traités de 1474 et de 1499 conclus avec la France, qui exigeaient par ailleurs un engagement minimal de trois mois : […] *Quae quidem stipendia, quamprimum illos domo egredi contigerit, initium sument ; et quando majestas regia hujusmodi auxilia requirenda duxerit, trina continua nostratibus stipendia debebit* […] (Jean DUMONT, *Corps universel diplomatique du droit des gens*, t. IV, 1re partie, p. 333, traité de 1499). C'est également le cas en décembre 1514, dans un projet de traité avec le pape (*Amtliche Sammlung der ältern eidgenössischen Abschiede*, Philipp Anton von SEGESSER (éd.), volume III, t. 2, *1500-1520*, Lucerne, Zurich, 1869, annexes, p. 1365-1369).

que celles que pratiquaient les gens de guerre en garnison en Flandre pour subvenir à leurs besoins. Point de train d'artillerie, de centaines de charrettes, de chevaux, de pionniers, fèvres, tailleurs de pierre, mais seulement quelques échelles. La prise d'Arras est l'archétype de ce que pouvait réaliser la « guerre guerrante », ou « guerre guerroyante », se caractérisant par des opérations de faible intensité, mobilisant peu de moyens matériels et techniques, mais de très haut rendement. On l'a vu, c'est ce modèle de guerre qu'avaient rejeté les États généraux au début de l'année 1479, car il ne pouvait être pratiqué que par les soldats professionnels des compagnies d'ordonnance, c'est-à-dire par un outil militaire entièrement à la main du prince. L'essor de l'infanterie, depuis les guerres de Bourgogne, y avait ajouté les bandes des mercenaires suisses et de lansquenets, qui tinrent désormais le premier rôle dans les guerres livrées par les empereurs germaniques, maîtres des Pays-Bas.

Les campagnes de 1479 et 1486, comme celle, victorieuse, de 1478, par l'ampleur des effectifs mis en œuvre, se rattachent à la tradition militaire médiévale des grands osts, qu'on peut définir comme étant une guerre de haute intensité et de faible rendement. Ce modèle reste celui que préféraient les princes, qui pouvaient y étaler toute leur puissance, leurs plus belles bombardes, les pièces d'artillerie moyennes et petites par centaine, le grand nombre de leurs vassaux et de leurs alliés, les milices de leurs plus grandes villes, arborant fièrement les bannières des métiers. Malheureusement, ces grandes démonstrations de force étaient le plus souvent aussi coûteuses qu'inefficaces. Pour un succès facile remporté comme celui de Roosebeke en 1382, combien de Poitiers, d'Azincourt, de Neuss, ou, plus communément et beaucoup plus fréquemment, « d'osts boueux », qui se dispersent d'eux-mêmes ou doivent être licenciés sans avoir arraché le plus petit gain ?

Le succès de 1478 tenait pour l'essentiel aux scrupules tardifs de Louis XI, qui se rendit compte que l'occupation de terres d'Empire l'exposait à une situation très inconfortable sur le plan diplomatique. La libération du Hainaut et de Cambrai avait masqué les faiblesses intrinsèques aux osts médiévaux, de plusieurs dizaines de milliers d'hommes, lourdes, peu manœuvrières, dont la durée de vie ne dépassait jamais quelques semaines, compte tenu des contraintes inhérentes à des contingents dont la majorité était composée de soldats non professionnels, qui n'avaient qu'une hâte, rentrer dans leurs foyers au plus vite. En 1486, Maximilien avait rassemblé une armée entièrement professionnelle, mais trop nombreuse, donc trop chère, et qui n'était pas plus capable de rester longtemps en campagne que les armées mixtes de 1478-1479, associant compagnies d'ordonnance et milices communales. La guerre civile de 1488-1489 obligea Maximilien et Albert de Saxe à en revenir au modèle de la guerre guerrante, celle de du Guesclin et de Jeanne d'Arc, une guerre besogneuse, sale, pratiquée par des professionnels d'origine parfois douteuse, mais qui est encore, en ce XVe siècle finissant, le seul capable d'emporter la décision.

CHAPITRE 12

L'appel aux communautés et aux vassaux

Milices urbaines, levées rurales, convocations des nobles

En raison du primat absolu des dépenses militaires dans les finances des États à la fin du Moyen Âge, « la guerre est le principal agent du bien commun. Ce dernier finit par ailleurs par se restreindre à la défense du royaume [de France][1]. » Les penseurs de la chose politique, théologiens et philosophes, obsédés par la notion de « bien public » ou de « commun profit », etc., ne pouvaient donc faire l'économie d'une réflexion sur la manière de conduire la guerre et de la financer. Aux Pays-Bas bourguignons, les défaites et la mort de Charles le Téméraire signaient l'échec d'un certain modèle, celui d'une armée réglée, émanation d'un État souverain fondé sur l'ordre et la justice[2]. En moins d'une quinzaine d'années, on vit les gouvernants des Pays-Bas expérimenter la plupart des modes d'organisation militaire que pouvaient adopter les États princiers à la fin du Moyen Âge.

Dans un premier temps, tout imprégnés de l'enthousiasme fiévreux et inquiet de la réaction politique de 1477, les États généraux voulurent revenir aux anciennes traditions militaires, fondées sur la levée des milices et l'appel au service militaire des vassaux. Il ne s'agissait en rien d'un retour à la féodalité, car si les États généraux entendaient rappeler aux sujets du prince leurs devoirs militaires, ceux-ci étaient collectifs, et non individuels. Les obligations s'imposaient aux communautés et aux nobles de chaque principauté dans leur ensemble, et n'étaient universelles qu'au niveau des villes, des châtellenies ou des principautés. Au sein des villes et des châtellenies, ou parmi les nobles, on faisait appel au volontariat individuel ; par ailleurs, autre différence notable par rapport au service féodal, les combattants recevaient une solde journalière. Depuis quelques temps, les milices flamandes sont en train de sortir d'un très long purgatoire historiographique, et il en était bien temps. Cependant, il convient de considérer la question dans un cadre plus large, qui est celui des levées communales, qu'elles fussent urbaines ou rurales. Il faut également envisager l'intervention du prince, qui eut une vraie politique à leur égard. Interviennent d'une part la culture et l'imaginaire militaire des élites du temps, et d'autre part les enseignements tirés (ou pas) d'expériences somme toute contrastées, voire contradictoires. Le problème du rapport entre le coût financier de ces levées et leur efficacité s'inscrit bien sûr au cœur de ces débats, de manière sous-jacente, ou tout à fait explicite.

---

1 Lydwine SCORDIA, « *Le roi doit vivre du sien* » ..., p. 201.
2 CONTAMINE Philippe, « L'armée de Charles le Téméraire. Expression d'un État en devenir ou instrument d'un conquérant ? », *in* Maurice VAÏSSE (éd.), *Aux armes, citoyens ! Conscription et armée de métier des Grecs à nos jours*, Paris, Armand Colin, 1998, p. 61-77.

I. Le contexte idéologique

L'hostilité des assemblées représentatives aux armées permanentes

Il règne un très large consensus politique, à la fin du Moyen Âge, sur la manière dont le prince doit défendre le peuple que Dieu lui a confié. Il lui suffit de s'appuyer sur sa noblesse et sur l'amour de ses sujets, qui ne sauraient lui refuser l'aide dont il aurait besoin. Tout gouvernant qui s'écarte de ce modèle s'attire les critiques les plus virulentes des assemblées d'états, en particulier de la part des représentants des villes et du clergé. On craint à la fois la violence des gens de guerre mercenaires, souvent étrangers, et les aspirations tyranniques d'un prince qui s'appuierait sur eux. Dans sa première harangue au nom des trois états, prononcée à Tours, le 10 février 1484, le théologien et chanoine de Paris Jean de Rély dénonce entre autres abus du gouvernement de Louis XI, les désordres provoqués par les « gens d'armes qui ne sont point nobles, ne de maison aucune ». Ces gens de guerre « qui ne sont de nulle maison, et n'ont de quoi vivre, qui ont honte de retourner au labour, quant ilz sont cassez des ordonnances », sont le reflet inversé du modèle incarné par le romain Cincinnatus qui, « après les grans victoires qu'il avoit euez, retourna à labourer ses quatre arpens de terre »[3]. La guerre ne saurait être une profession ou une activité lucrative. La guerre est le pire des fléaux, qui détruit les biens et les récoltes, sème la mort, et corrompt ceux qui la pratiquent. Aussi doit-elle être autant que possible réservée aux nobles, que leur éducation et l'excellence morale dont ils ont hérité par le sang rendent capables de résister aux vices inhérents à cette activité dangereuse et ambiguë. Seuls doivent « (pour)suivre les armes » les hommes honnêtes, enracinés, avouables, membres reconnus et éminents de la communauté du royaume. L'idéal de cette société structurée par l'idéologie du schéma trifonctionnel, distinguant ceux qui travaillent, ceux qui prient et ceux qui combattent, est donc profondément pacifiste.

La société européenne du XVe siècle est attachée à la paix, mais aussi à ses libertés. Or l'histoire antique n'offre-t-elle pas d'innombrables exemples de tyrans régnant par la peur et le fer de mercenaires à leur solde ? Aux États généraux de Tours, le clerc normand Jean Masselin l'affirme haut et fort : « D'ailleurs, on dit que les tyrans ont multiplié ces armées à gages, afin d'inspirer la terreur à leurs sujets, et d'exercer plus licencieusement leur puissance[4]. » Thomas Basin, partisan convaincu d'une monarchie tempérée par les meilleurs (c'est-à-dire par lui), dans le cadre des assemblées représentatives, exprime très régulièrement le même point de vue dans son *Histoire de Louis XI*. Il ne tarit pas d'éloges sur les francs-archers, institution de son héros Charles VII. S'il ne les compare pas aux légions de la République romaine,

---

3 Jean Masselin, *Journal des États généraux de France tenus à Tours en 1484 sous le règne de Charles VIII*, Paris, Imprimerie royale, « Collection de documents inédits sur l'histoire de France », 1835, p. 206-207.

4 *Ibid*, p. 370-371 : *Ceterum tyranni feruntur hos stipendiarios multiplicasse, ut terrorem facerent subditis, et suam potenciam licentius exercerent.*

le brave et austère Cincinnatus apparaît en filigrane : « Il [Charles VII] a mis sur pied les francs-archers, mais ceux-ci restaient chacun chez soi, s'occupant à cultiver leurs champs ou à exercer leurs métiers, et ils ne recevaient aucune paye, sauf s'ils étaient appelés à faire campagne hors de leur pays[5]. » Ce qu'il dit de l'armée permanente est plus nuancé, car il s'agit bien d'une création de Charles VII, qu'il ne désapprouve pas, mais présente comme un pis-aller :

> « Et c'est avec mille et cinq cents lances seulement et ses francs-archers qu'il vint à bout de cette guerre importante et difficile sans appeler d'urgence et de force au service d'ost (*ad castrensia sua servicia*) les nobles du royaume dont il savait qu'une longue suite de bataille les avait alors réduits à la pauvreté. Nombre d'entre eux cependant, par affection pour lui et dans un mouvement généreux, accoururent à son service spontanément et sans la moindre pression[6]. »

Ainsi, les ordonnances avaient momentanément pris le relais d'une noblesse empêchée, car réduite à la misère – diagnostic qui ne manquait pas de lucidité, qu'on pourrait tout aussi bien appliquer aux Pays-Bas bourguignons des années 1485-1493. Pour Thomas Basin, le mode normal de mobilisation est donc toujours l'appel au volontariat, l'amour et la fidélité des vassaux pour leur roi en garantissant le succès. Dans ce court extrait transpire également une critique implicite à l'égard du ban et arrière-ban, obligation militaire désormais circonscrite à la noblesse depuis les réformes de Charles VII. Pourquoi contraindre les nobles à servir en personne, alors qu'ils le font spontanément lorsqu'ils en ont les moyens ? Thomas Basin visait là les abus de Louis XI, exprimés dans le cahier de doléances de la noblesse aux États de Tours : les fieffés du royaume avaient été si accablés par les convocations du ban et de l'arrière-ban qu'ils demandaient que les prochaines semonces soient décidées par mûre délibération du conseil du roi, et réservées à la protection du royaume ; ils demandaient surtout à être payés pour leur service, Louis XI n'ayant eu que trop tendance à ne jamais régler les soldes qui leur étaient dues[7].

Une telle vision était-elle si naïve ? Les francs-archers se sont-ils si mal comportés au combat ? Après tout, ils ont en effet contribué à la reconquête du royaume en 1449-1453, et Louis XI a systématiquement fait appel à eux pour résister aux puissantes coalitions formées contre lui. Le massacre de Guinegatte a beaucoup nui à leur réputation, alors que la défaite est d'abord imputable à l'indiscipline des compagnies d'ordonnance, et qu'ils ont été battus par une infanterie ennemie sans doute beaucoup plus nombreuse. Ils n'ont pas démérité, et les rois ont tenté à plusieurs reprises de ressusciter cette institution ; les légions provinciales de François Ier peuvent être considérées comme leur ultime avatar. Les francs-archers dérivaient des compagnies urbaines d'archers et d'arbalétriers, apparues au XIVe siècle, et des milices communales, plus anciennes

---

5 Thomas BASIN, Histoire de Louis XI…, t. III, p. 321.

6 *Ibid.*, p. 375.

7 Jean MASSELIN, *Journal des États généraux*…, p. 666-667.

CHAPITRE 12

encore[8]. On a beau jeu d'évoquer la révolution militaire de l'âge moderne, qui aurait condamné ces formes médiévales, inabouties, et en quelque sorte prématurées de la conscription moderne, au profit d'armées entièrement professionnelles. Ces Suisses, qu'on s'arrachait désormais à haut prix, n'étaient-ils pas, comme avant eux les archers anglais, des levées communales, rendues redoutables par l'arme qu'ils employaient, très efficace, mais exigeant un entraînement difficile, ici la hallebarde, là le *longbow* gallois ? À l'origine, les soldats d'Édouard III et des cantons suisses n'étaient pas autre chose que des miliciens, que les guerres continuelles et leurs succès transformèrent progressivement en professionnels courtisés par des princes étrangers.

Ainsi, vers 1500, « […] un grand nombre de peuples résistent obstinément à la mise en place des nouvelles structures militaires (ainsi l'Angleterre). Fait plus important encore : au combat ces peuples ne s'estiment pas et ne sont estimés nullement inférieurs aux armées de métier qui leur sont éventuellement opposées[9] ». Les Flamands, assurément, en font partie ! Pourtant, au contraire des républiques urbaines italiennes, en particulier Florence[10], les institutions militaires des villes de Flandre ne suscitèrent ni littérature, ni réflexion spécifiques. C'est qu'en Flandre comme ailleurs, le regard porté sur l'organisation militaire des sociétés, perçue comme une donnée immuable et comme le produit de cultures nationales spécifiques, est essentiellement d'ordre négatif : les armées mercenaires sont mauvaises, car elles charrient avec elle le vice, la violence et la tyrannie. Les peuples doivent donc assurer leur défense par eux-mêmes.

Ce n'est pas à l'heure où des levées communales venaient de triompher de l'armée professionnelle de Charles le Téméraire que les États généraux réformateurs allaient commencer à remettre en cause leur propre modèle. Charles le Téméraire avait fait appel aux meilleurs spécialistes étrangers, archers anglais, hommes d'armes italiens. Ils avaient été balayés par des va-nu-pieds que le duc était allé attaquer sur leurs terres. L'armée du roi de France elle-même, si elle n'était plus composée de contingents féodo-vassaliques, pouvait être perçue comme une armée nationale davantage que comme une armée professionnelle, et elle n'était en aucun cas mercenaire, du moins avant que Louis XI ne se mette à enrôler des Suisses. Les francs-archers, issus des communautés du royaume, et les compagnies d'ordonnance, réceptacle de la noblesse du royaume, pouvaient à bon droit apparaître, *mutatis mutandis*, comme les dignes héritiers des communiers et des chevaliers de Philippe Auguste. Le succès des réformes de Charles VII tient à ce que le roi et ses conseillers avaient réussi à repenser les cadres socio-militaires traditionnels pour les revitaliser et leur donner plus d'efficacité, en suivant une méthode qui associait pragmatisme et systématisme.

---

8   Philippe CONTAMINE, *Guerre, État et société* …, p. 337-338.

9   Philippe CONTAMINE, *La guerre au Moyen Âge*, Paris, Presses universitaires de France, « Nouvelle Clio », 1994, 4ᵉ édition [1980], p. 306.

10   Avant Machiavel, Leonardo Bruni avait déjà beaucoup réfléchi à la « relation intime entre puissance militaire et la *forma civitatis* » (Charles Calvert BAYLEY, *War and Society in Renaissance Florence. The « De Militia » of Leonardo Bruni*, Toronto, University of Toronto Press, 1961, p. 198).

Les auteurs de traités politiques et militaires

Il n'y a dans la littérature que peu de traces d'une réflexion d'ensemble, autre que très générale, liant organisation militaire et régime politique. Les auteurs de traités militaires, s'ils adoptent une démarche méthodique, essentiellement chronologique, allant de la décision du prince d'entrer en guerre jusqu'à la bataille ou au siège, ne s'intéressent guère au recrutement, à la préparation et à l'entraînement des gens de guerre, toutes choses qui se situent à la charnière des champs politique, social et militaire. Philippe de Clèves, comme Robert de Balsac et Béraud Stuart, passent directement de la délibération du prince en son conseil, au cours duquel sont constatées la justesse de la cause et la nécessité de partir en guerre, à l'entrée en campagne, *des que vous aurez vostre armée acoustrée*, pour le premier[11], *à l'entrée du pays des ennemys* pour les seconds. Seul s'y intéresse Machiavel qui, dans son *Art de la guerre*[12], après avoir posé le principe de la supériorité d'une armée de citoyens, et avant de passer au détail de l'armement, aux formations tactiques et à l'ordre de marche, s'efforce d'adapter à son temps les enseignements des anciens, à la lumière d'expériences contemporaines.

Il distingue ainsi les levées à usage immédiat, lorsqu'il existe un vivier d'hommes exercés au métier des armes, et les levées « pour entraîner les recrues en vue d'un usage ultérieur[13] ». La question de l'entraînement est ensuite abordée. En cela réside son indéniable modernité, en dépit de la faible valeur opératoire de cette œuvre de stratège de cabinet. Il existait en Europe occidentale suffisamment d'hommes habitués à « suivre les armes », de toute catégorie et de toute spécialité, pour avoir à se préoccuper d'en trouver en nombre suffisant. Le principal souci du prince et des grands officiers militaires est bien plutôt de sélectionner, parmi tous ceux qui accourent en masse aux revues de troupes, les chefs et les soldats les plus expérimentés et dont les qualités morales sont les plus élevées. Robert de Balsac, dans son traité repris et enrichi par Béraud Stuart[14], recommande ainsi d'*assembler toute son armée et faire ses monstres et scavoir quelz gens il a et faire chasser tous gens inutiles et qui ne servent de rien*[15]. Philippe Contamine a souligné que les compagnies d'ordonnance de Charles VII résultaient en premier lieu d'une opération de sélection, effectuée parmi les gens de guerre de tous horizons et de toutes motivations qui se battaient en son nom depuis plusieurs décennies[16].

---

11 Philippe de CLÈVES, *Instruction de toutes manières de guerroyer, tant par terre que par mer, et des choses y servantes*, Paris, G. Morel, 1558, p. 9.

12 Nicolas MACHIAVEL, *L'art de la guerre*, Jean-Yves BORIAUD (trad.), Paris, Perrin, « Tempus », 2011.

13 *Ibid.*, p. 76 et 103 et suivantes.

14 *Traité sur l'art de la guerre de Berault Stuart, seigneur d'Aubigny*, Élie de COMMINGES (éd.), La Haye, Martinus Nijhof, 1976, p. 4. Sur ce traité, voir Philippe CONTAMINE, *La France aux xive et xve siècles*, « The War Literature of the Late Middle Ages : the Treatises of Robert de Balsac and Béraud Stuart, Lord of Aubigny », Paris, 1981, p. 102-121.

15 *Traité sur l'art de la guerre…*, p. 4.

16 Philippe CONTAMINE, *Guerre, État et société…*, p. 271-273.

380 CHAPITRE 12

Tous nos auteurs, sans exception, insistent sur la nécessité de payer régulièrement les troupes, garantie de l'ordre, de la discipline et de l'efficacité des gens de guerre. Philippe de Mézières y consacre de longs développements dans le *Songe du Vieux pèlerin*. Sur les six cases de son échiquier allégorique consacrées à la guerre, deux traitent de cette question[17]. Il y propose des solutions fortement inspirées, on y reviendra, du mouvement réformateur des années 1340-1350. Pourtant, même un penseur à la réflexion aussi ample que Philippe de Mézières ne réfléchit pas à un système militaire propre au régime politique qu'il promeut, à savoir une monarchie tempérée par conseil. Il ne donne jamais d'autres causes que morales aux défaites françaises face aux Anglais, et n'interroge ni la stratégie, ni l'organisation des armées royales. Que le roi soit bien entouré, que les Français se repentent de leurs péchés, que les seigneurs et les nobles renoncent à leur train de vie dispendieux, et les hommes d'armes français recommenceront à triompher des Anglais.

Peut-être les Flamands faisaient-ils la même lecture, morale et religieuse, de leur histoire récente, pour tirer aussi peu de leçons pratiques de leurs défaites, car en 1477, les jours glorieux de Courtrai étaient décidément bien lointains. De même, parmi les griefs adressés à Maximilien par les Gantois en 1488, aucun ne porte sur sa politique militaire. Si sa gestion de l'argent des aides accordées par les Flamands est durement critiquée, aucune allusion n'est faite aux désordres des gens de guerre, pourtant bien nombreux, de l'aveu même de Molinet ; nulle allusion non plus aux désastres militaires de 1487 ; nulle allusion, enfin, au caractère étranger et mercenaire des lansquenets qui pullulaient et terrorisaient la population. Les Flamands, et avec eux les représentants des grandes villes des Pays-Bas, avaient pourtant parfaitement compris le lien qui existait entre systèmes politique et militaire. La tentative des États généraux de 1477 de mettre en place un outil militaire conforme à leurs idéaux politiques présente un caractère tout à fait exceptionnel à bien des égards, malgré son échec final.

II.   Une difficile résurrection (1477)

Armée du prince, ou armée des pays de par-deçà ?

Dans le courant du mois de février 1477, les députés des États généraux de 1477 rendirent un *avis* sur le fait de *l'armée générale pour résister à ses malvueillans*. Cet avis a été publié une première fois par Louis-Prosper Gachard, puis par Joseph Cuvelier un siècle plus tard[18]. Ce document méritait certes qu'on se penchât sérieusement sur son cas, car s'il est fort bref, lorsqu'on le compare avec les ordonnances militaires princières, il n'en constitue pas moins un ambitieux programme de réforme militaire.

---

17 Sixième et septième cases du quatrième quartier (levée des aides et paiement des gens de guerre ; surveillance des effectifs et des paies des capitaines, Philippe de MÉZIÈRES, *Le Songe du vieil pelerin*, George William COOPLAND (éd.), Cambridge, Cambridge University Press, 1969, p. 392-404 ; Joël BLANCHARD (trad.), Paris, Pocket, 2008, p. 868-880).

18 *Actes des États généraux des anciens Pays-Bas…*, pièce n° 6, p. 303-304.

Cet avis proposait en effet rien de moins que la levée d'une armée commune aux pays de par-deçà, commandée ou au moins placée sous l'autorité d'Adolphe de Clèves, seigneur de Ravenstein, en tant que capitaine général des Pays-Bas bourguignons. Le premier article de l'avis stipulait que les gens de guerre prêteraient serment de fidélité à la duchesse Marie et d'obéissance à leurs capitaines. Il s'agissait pourtant bien plutôt de l'armée des Provinces-Unies des Pays-Bas, car le nombre de combattants faisait l'objet d'une répartition proportionnelle au potentiel démographique de chaque principauté[19], et chacune d'elle devait non seulement payer les soldes de son contingent[20], mais également se pourvoir *d'artillerie de tret, de maillez de plomb et de tous bastons deffensables, et par especial de piques*. L'avis ne faisait aucune allusion au ban et arrière-ban, obligation fort peu goûtée par les détenteurs de fiefs, qui avaient gardé un mauvais souvenir des semonces à répétition de Charles le Téméraire et des taxes de remplacement perçues sur les défaillants. Pour les députés des États généraux de 1477 comme pour ceux des États généraux de Tours en 1484, seigneurs fonciers dans leur immense majorité, les volontaires devaient suffire !

Pour les attirer, et surtout garantir l'ordre et la discipline, une attention particulière était portée à la question des soldes. Elles devaient être très généreuses, et payées chaque mois, *bien et deuement*; en effet, *les gaiges dessusd. ont estet miz si hault affin que les gens d'armes ne facent point de dommage sur le plat pays, et affin qu'ilz paient touttes choses*. Qu'en est-il réellement? Le niveau de rémunération était très élevé pour les hommes d'armes, puisque le chevalier à quatre chevaux devait toucher 30 francs par mois, soit 24 livres de 40 g., et l'homme d'armes à trois chevaux, 20 francs par mois, soit 16 livres de 40 g. Par comparaison avec le roi de France, qui versait 15 livres tournois aux hommes d'armes de ses ordonnances, tous à trois chevaux, le bonus accordé au Bourguignon était de l'ordre de 17%, après conversion des soldes en poids d'or fin[21]. En revanche, les soldes versées aux arbalétriers, sans doute à cheval, à savoir 15 francs pour *deux arbalestriers contet pour une lanche*, étaient au contraire de 13% inférieures à celles que recevaient les archers à cheval français, de même que celle promise à la catégorie la plus nombreuse, l'homme de pied, gagé 5 francs par mois (4 livres de 40 g.). L'avantage dont bénéficiaient les hommes d'armes correspondait-il à un déséquilibre entre l'offre et la demande ? Il est certain que la perte de la plus grande partie des provinces françaises amputait gravement le vivier de gentilshommes susceptibles de servir en harnois blanc, la lance au poing. On

---

19 Voir *supra*, p. 128-129.
20 *Chascun pays trouvera la paye de ses gens soubz luy.*
21 Depuis l'ordonnance de 1474, la florin à la croix Saint-André, contenant 2,69 grammes d'or pur valait 48 gros de Flandre (Erik Aerts et Herman Van der Wee, *Vlaams-Brabantse muntstatistieken…*, t. II, p. 69), ce qui mettait le cours de la livre de Flandre à 2,24 grammes d'or. L'homme d'armes à trois chevaux percevait donc 35,87 grammes d'or par mois. En France, depuis novembre 1475, le cours de l'écu à la couronne (23 carats 1/8e, soit 96,35% d'aloi, pour une taille de 72 au marc, soit 3,28 g. d'or pur), valait 32 s. 1 d. (Natalis de Wailly, *Mémoire sur les variations de la livre tournois depuis le règne de Saint Louis jusqu'à l'établissement de la monnaie décimale*, Paris, Imprimerie impériale, 1857, p. 78). Le cours de la livre tournois était donc de 2,05 g., ce qui plaçait la solde de l'homme d'armes à 30,75 g. d'or par mois.

constate cependant que la hiérarchie des gages reflète les intérêts directs des nobles et des bourgeois représentés aux États généraux, qui avaient peu de chances de servir en tant que piquier ou arbalétrier. Des anciens cadres féodaux, n'avait été retenu que ce qui allait dans le sens du projet politique porté par les États de 1477. Ainsi, les obligations militaires des fieffés n'étaient pas évoquées ; ils n'étaient pas non plus tenus de servir sous les ordres de leur seigneur direct. En revanche, la forte surprime accordée aux hommes d'armes à quatre chevaux, par rapport aux hommes d'armes à trois chevaux, rappelait l'ancienne distinction entre chevaliers bannerets et bacheliers.

Les gens de guerre étaient tenus de payer tout ce qu'ils prendraient, sous peine de saisie sur leurs corps et leurs biens ; de même, la désertion ou tout simplement les absences *sans congié ou consentement* seraient punies par *la derraine supplice sans déport*. En revanche, chevaux et armement ne pourraient faire l'objet d'aucun prêt sur gages, ni être saisis par les créanciers. Les veuves et orphelins des gens de guerre morts au service seraient nourris aux frais des pays de par-deçà, qui paieraient également les rançons de ceux qui auraient été capturés honorablement. Si les devoirs des gens de guerre enrôlés dans l'armée générale étaient relativement classiques, les droits qui leur étaient reconnus imprimaient une forte marque de modernité au programme militaire des États. L'ensemble composait une armée au service du bien commun, faisant appel à tous les volontaires – auxquels était promise une avance de deux mois de solde pour *eux mettre suz*.

La postérité de l'avis sur l'armée générale : l'échec de 1477

L'avis de 1477 était en absolue cohérence avec le programme mis en œuvre au même moment, bâti autour de la nouvelle constitution écrite qu'était le Grand Privilège, de l'autonomie des principautés, et de la réaffirmation de la fidélité dynastique à la maison des Valois. Cependant, le projet politique des États généraux de 1477 portait en lui une contradiction qui le condamnait à l'avance, et qui est particulièrement sensible pour la conduite de la guerre. L'union personnelle des pays de par-deçà avait créé une communauté de destin, à laquelle adhéraient les États généraux ; pourtant ceux-ci ne s'étaient pas doté d'un organe de gouvernement, ou à défaut d'un bureau permanent, à l'instar des *Diputationes* des *Cortes* des États de la Couronne d'Aragon. Nulle tentative non plus en vue d'imposer des représentants au sein du conseil du souverain, comme le revendiquèrent à de nombreuses reprises les États généraux français. Au vrai, tout semblait fait pour éviter de pousser trop loin l'intégration politique des Pays-Bas bourguignons, de crainte de porter atteinte aux libertés et aux coutumes des principautés. Il n'y avait donc d'autre gouvernement central que le conseil du prince, et lui donner trop de pouvoir aurait été mettre en péril les acquis de 1477. En fait d'*armée générale*, il n'y eut que la juxtaposition d'armées particulières, chacun veillant à sa sécurité immédiate.

La belle union, que celle des pays de par-deçà ! La Flandre ne fit guère d'efforts pour secourir Arras, et ne commença à se mobiliser que lorsque les Français s'approchèrent dangereusement de ses frontières ; pendant ce temps, le Hainaut reçut de bien maigres renforts de Brabant. L'occupation de Tournai par les ordonnances royales agit comme un électrochoc. On concentra au moins une dizaine de milliers

L'APPEL AUX COMMUNAUTÉS ET AUX VASSAUX   383

d'hommes à Espierres, aux confins de la Flandre, du Hainaut et du Tournaisis. On y dressa un camp pour protéger le comté des incursions des compagnies d'ordonnance postées à Tournai. Chaque ville ou châtellenie envoya semble-t-il son contingent. Celui de Courtrai comptait 117 hommes, dont 20 à cheval, auxquels s'ajoutaient une sorte d'état-major, composé d'un capitaine, d'un clerc et d'un trompette[22]. La ville de Bruges put mettre en ligne plusieurs milliers de piquiers, archers, arbalétriers et couleuvriniers, soutenus par un imposant train d'artillerie. Elle s'adjoignit encore les services de 40 lances, entretenues à ses frais pendant dix mois et commandées par Daniel de Praet, seigneur de Merwede, rejeton d'une ancienne lignée chevaleresque de Hollande méridionale[23]. Chaque ville ou district envoya donc des unités autonomes, intégrées, proportionnées à leur puissance ou à l'image qu'ils voulaient en donner. Bannières, pièces d'artillerie, livrées uniformes aux armes et devises, concouraient à donner une dimension agonistique évidente à la parade des milices de Flandre rassemblées au camp d'Espierres.

Tous les indices convergent dans le sens d'une armée composée de gens de métiers, principalement à pied, et de nobles et notables servant comme hommes d'armes à cheval, sous les bannières de leurs villes ou de leurs châtellenies, et commandés soit par des officiers du prince néerlandophones, baillis, écoutètes ou châtelains, soit par des capitaines nommés par les conseils des districts de Flandre, tels Jean de Dadizeele, grand bailli de Gand, et Louis de la Gruuthuse, élu capitaine de Bruges. Jean de Luxembourg, seigneur de Zottegem, grand seigneur, favorable au nouveau régime, neveu du connétable de Saint-Pol[24], fut nommé capitaine général du comté. Les soldes versées aux gens de guerre, conformément à l'*avis* de 1477, étaient conséquentes, et excédaient même que ce que préconisait le texte. Courtrai versa ainsi pas moins de 7,5 l. de 40 g. pour le premier mois de solde de ses sergents, soit près du double de la solde prévue par l'avis (4 l. de 40 g.), sans doute pour les aider à s'équiper. Ils furent ensuite payés aux gages de 3 sous par jour, soit 4,5 livres de 40 g. par mois[25]. Cette solde était quasiment égale à celle des archers à pied français. Les cavaliers reçurent quant à eux 5 s. par jour, soit 7,5 livres de 40 g. par mois, mais on ignore s'ils servaient avec un ou plusieurs chevaux. Qu'on ait seulement indiqué le nombre de combattants à cheval, plutôt qu'un nombre de lances, fait plutôt pencher pour la première hypothèse, auquel cas ils auraient bénéficié de gages tout à fait somptueux.

C'était donc une bien belle armée que la Flandre avait mobilisée pour sa défense, et le camp d'Espierres avait fière allure ! Il fallait cependant songer à la suite. Ce fut

---

22 AGR, CC, reg. 33223, fol. 103r-v.

23 Hans Cools, *Mannen met Macht...*, notice n° 182, p. 266-267. Sa compagnie disparut rapidement du tableau des effectifs de la nouvelle ordonnance.

24 *Ibid.*, notice n° 165, p. 259.

25 Solde versée pour le premier mois de 40 hommes envoyés au Neuffossé, compté à partir du 12 avril ; idem pour un second contingent de 44 hommes envoyé en renfort au Neuffossé, à partir du 27 avril. Lorsqu'on ordonna aux 84 soudoyers d'aller à Espierres, on leva 37 hommes supplémentaires pour les accompagner, à partir du 31 mai ; on fut même plus généreux encore avec ces derniers, puisqu'on leur versa 15 l. 16 s. de 20 g. (7,9 l. de 40 g.). Par la suite, tous reçurent 3 s. par jour jusqu'au 30 juin ou au 2 juillet 1477 (AGR, CC, reg. 33223, fol. 102r-103v).

l'objet de plusieurs sessions des Membres de Flandre, au cours du mois de juin. À l'exhortation de Jean de Luxembourg, entre le 18 et le 24 juin, Gand et Bruges s'accordèrent sur une aide de 2 000 combattants à cheval et 2 000 combattants à pied, mais Ypres la rejeta, non dans son principe, mais à cause de la quote-part trop élevée qu'on voulait lui imposer. Cette aide était-elle destinée à financer des garnisons, pour prendre le relais du camp d'Espierres, qui ne pouvait durer éternellement ? En effet, dans le compte de Bruges correspondant à l'exercice budgétaire 1476-1477, on précise que cette aide avait été délibérée par les instances dirigeantes de la ville parce que « le commun se plaignait du coût et du poids des armements précédents[26] ». Dès la séance du 10 au 14 juin, les Membres avaient préconisé de renforcer le retranchement qui s'appuyait sur le cours de l'Espierre, petite rivière qui se jetait dans l'Escaut, afin de réduire le nombre de gens de guerre nécessaires à la défense de l'important point de passage qu'était le pont sur l'Escaut[27]. Par ailleurs, les représentants de la châtellenie de Courtrai s'inquiétèrent dans les derniers jours du mois de juin des rumeurs qui couraient, selon lesquelles les gens de guerre menaçaient de quitter le camp, les exposant ainsi aux pillages des soldats du roi[28]. Ainsi, l'enthousiasme et l'ardeur patriotique des Flamands semblent s'être refroidis très vite, avant même la défaite du 27 juin.

Ce jour-là, la mort du duc de Gueldre au pont d'Espierres suffit à faire voler en éclat le consensus politique relatif qui avait régné jusqu'alors. Les Flamands, qui venaient de perdre leur chef, avaient à peine regagné leur campement que les Gantois accusèrent les Brugeois d'avoir été à l'origine de la défaite en exigeant une sortie contre Tournai, *voeillans user de leur seulle oppinion*[29]. C'est en effet au retour de cette expédition, qui avait mené les Flamands jusque dans les faubourgs de Tournai, que les Français attaquèrent Adolphe de Gueldre alors que celui-ci protégeait l'arrière-garde. Les Brugeois rétorquèrent qu'ils n'étaient en rien responsables de cette décision malheureuse qui avait été imposée par *maulvais garchons tant de Gand come de Bruges*. On mesure ainsi le peu d'autorité qu'avait pu avoir le duc de Gueldre sur cet assortiment de contingents rivaux… La querelle entre Bruges et Gand dégénéra très vite : *Finablement tant et sy hault monta leur arrogance, que de parolles ils procédèrent a voye de faict, et en y eult de navrez et tuez plus que ils ne avoit eult en la prinse et mort de leur cief et capitaine le duc de Gueldres*[30]. Jean de Luxembourg, pressentant le désastre qui arriverait si les Français et leurs alliés de Tournai attaquaient à l'improviste, parvint seulement à convaincre les Flamands d'évacuer le camp d'Espierres, ce qui fut fait dans la plus grande précipitation. Deux jours plus tard, les Brugeois, accompagnés par des

---

26 AGR, CC, reg. 32529, fol. 151r-v.

27 *Handelingen…*, t. I, p. 27 : *Ende was ooc doe gheraemt ende advis ghenomen bij scepenen van Ghend ende andere notabele lieden van der castelrie van Curtrike ende Audenarde dat men tpassage van Spiere zo sterc maken zoude mits datter eene beke es, met die te doen diepene ende widene dat men tvors. passaige met cleener menichte houden zoude.*

28 *Ibid.*, p. 28-29 : […] *men vreesde ende horde zegghen dat de wapeninghe van daghe te daghe van Spiere vertrecken zouden.*

29 Jean NICOLAY, *Kalendrier des guerres…*, t. I, p. 77.

30 *Ibid.*

contingents de leur quartier (Franc de Bruges, Damme, L'Écluse) et de Courtrai, prirent l'initiative de réoccuper Espierres. Voyant qu'ils étaient assez peu nombreux – 3 000 à 4 000 hommes, d'après Nicolay – et profitant de la *paour et doulte dont encore estoient plaint* leurs adversaires, les capitaines français de Tournai les attaquèrent aussitôt avec 400 lances et les écrasèrent. Plus de la moitié des Flamands fut tuée ou capturée, et les Français y firent un extraordinaire butin : quarante bannières, une trentaine de pièces d'artillerie, et un charroi considérable, *vins, vivres, espices et dragheryes dont les Brughelins, quy sont délificatifs sups plusieurs nacions, avoient a largesse*[31].

La honte de ce désastre infligé aux milices de Bruges par quelques centaines de cavaliers audacieux et expérimentés acheva de convaincre les autorités municipales que la guerre était décidément un métier. Les états de Flandre, réunis à Gand du 26 juin au 4 juillet pour délibérer à nouveau sur l'aide des 2 000 combattants à cheval et des 2 000 combattants à pied, fixèrent les gages qui devaient être servis aux gens de guerre, à savoir 18 livres pour les hommes d'armes, 6 l. pour les archers à cheval et 4 l. pour les piquiers[32]. Ce sont effectivement ces tarifs qui furent pratiqués peu après, lorsque Bruges prit à sa charge un mois de solde des 100 lances en garnison à Saint-Omer, sous le commandement du seigneur de Zottegem[33]. On se résignait donc à nouveau à entretenir des gens de guerre professionnels, en mesure de défendre le comté contre les ordonnances françaises. Les Gantois restaient cependant violemment hostiles à cette idée. Leur haine à l'égard de la noblesse bourguignonne francophone était encore si forte que le 5 juillet 1477, Jean de Luxembourg fut attaqué par des miliciens gantois postés à Courtrai lorsque celui-ci y passa en revue une compagnie de gens de guerre « welches » – peut-être celle qui fut ensuite cantonnée à Saint-Omer. Les Gantois blessèrent et tuèrent plusieurs soldats, et tirèrent à la serpentine sur la maison où s'était réfugié le seigneur de Zottegem. Quelques jours plus tard, Jean de Dadizeele, qui n'avait pu refréner les ardeurs de ses compatriotes, rendit compte de cette *groote commotie* aux autorités gantoises. Celles-ci le renvoyèrent à Courtrai avec une forte escorte pour rétablir l'ordre et punir les perturbateurs[34]. Il y parvint et fit décapiter trois meneurs, mais le moins qu'on puisse dire est que les esprits restaient très échauffés…

Dans la première quinzaine d'août, les Français infligèrent de nouvelles défaites sanglantes aux Flamands. Ils franchirent le Neuffossé et balayèrent les milices qui s'étaient réfugiées sur le mont de Cassel. Celles-ci furent sans doute nettement moins nombreuses que les 28 000 à 30 000 hommes évoqués par Louis XI dans sa lettre circulaire du 13 août, car ni Bruges, ni Courtrai, qui pansaient encore leurs plaies, ne

---

31 *Ibid.*, p. 80-83.

32 *Handelingen…*, t. I, p. 29.

33 Par rapport aux hommes d'armes français, une solde de 18 l. représentait une prime de 31%. Les archers à cheval étaient moins bien lotis, puisque leur solde représentait 87% de celle des archers à cheval français. La garnison de Saint-Omer ne comptait pas de piquiers, mais des archers à pied, soldés 5 g. 1 d. par jour, soit 3,875 l. par mois (84% de la solde des archers à pied français). En revanche, contrairement aux Français, les coutilliers à cheval recevaient une solde propre, égale à celle des archers à cheval (paiement effectué par la ville de Bruges, AGR, CC, reg. 32529, compte de l'année 1476-1477, fol. 151r-v).

34 Jean de DADIZEELE, *Mémoires…*, p. 9.

paraissent y avoir envoyé de contingents. Il est probable que le roi ne rencontra que les milices rassemblées par Ypres et les châtellenies environnantes. Si le communiqué de victoire diffusé par Louis XI à ses bonnes villes ne doit bien sûr pas être pris au pied de la lettre, il n'en demeurait pas moins que les Français ne rencontraient plus aucune résistance structurée dans les campagnes flamandes. Il s'en était suivi le pillage et l'incendie des châtellenies de Bailleul et de Cassel. Partout, *Dame Fortune, en ce tempore, fut aux Flamens dure marrastre, non pas au pont d'Espierres seullement, mais au Noeuf-Fossé et pluseurs frontières èsqueles, jassoit ce que curieuse garde et diligente veille y fut mise du parti de madamoiselle, toutesvoyes, Franchois penetrèrent la conté, l'adommagèrent en pluseurs fachons, bruslèrent la valée de Cassel, pillèrent les gros villages et leurs avantcoureurs boutèrent les feus jusques à IIII lieues près de Gand*[35]. Quelques jours plus tard, à la fin du mois d'août, Maximilien était accueilli en sauveur en Flandre. L'opinion était mûre pour une restauration partielle des ordonnances militaires de Charles le Téméraire.

Fallait-il pour autant jeter le bébé avec l'eau du bain ? Les Gantois, au contraire des Brugeois, s'y refusèrent. Après des dizaines d'années de mise en sommeil des milices communales, en plein chaos politique, on ne pouvait s'attendre à des miracles. Les défaites de 1477 s'expliquent d'abord par l'absence d'une autorité reconnue de tous. Dans le contexte politique de 1477, le malheureux duc de Gueldre ne pouvait être chose qu'un général inaugurant les chrysanthèmes – et, en l'occurrence, les siens. Il n'est point besoin de s'étendre sur les conséquences dramatiques de la rivalité entre Gand et Bruges, alors qu'Ypres n'était plus en position de rééquilibrer le collège des Membres. L'inexpérience militaire des gens de métier n'est donc guère en cause dans ces désastres. Elle était de toute façon modérée par la forte cohésion que donnait à ses troupes l'organisation corporative. Ces hommes se connaissaient, étaient très attachés à l'honneur de leur cité, de leur métier, et beaucoup d'entre eux avaient servi comme volontaires dans les armées des ducs de Bourgogne. Ce que les Suisses avaient réussi à faire, sans artillerie ni cavalerie, ou si peu, dans le cadre de leurs vallées et de leurs toutes petites cités, elles aussi rivales, était-il donc hors de portée des Flamands ? À présent, le seul apprentissage qui valait était l'expérience du combat, et pour cela, il fallait persévérer dans la voie ouverte en 1477.

III. Essor et contradictions d'une institution

La renaissance des milices de Flandre sous l'égide du prince (1478-1479)

Malgré la reconstitution des compagnies d'ordonnance, en octobre 1477, Maximilien ne pouvait en aucun cas se passer des milices flamandes. Il lui manquait en effet une infanterie nombreuse, capable d'affronter les francs-archers français en bataille rangée. La défense des frontières, si elle incombait principalement aux ordonnances en garnison à Saint-Omer, Aire, Lille, Douai et Valenciennes, devait aussi pouvoir compter sur le renfort ponctuel des mobilisations paysannes, appelées au son du tocsin. Les autorités

---

35 Jean MOLINET, *Chroniques…*, t. I, p. 218.

bourguignonnes, appuyées en cela par les Membres de Flandre, et relayées par les baillis et les capitaines des villes et châtellenies, s'efforcèrent de contrôler l'armement des populations et de recenser les hommes susceptibles d'être mobilisés en cas de menace. Car en effet, tout au long du Moyen Âge et encore à l'époque moderne, les États princiers voyaient dans les habitants des campagnes, non des classes dangereuses toujours prêtes à se soulever contre leur domination, mais un vivier dans lequel elles pouvaient puiser, et dont il fallait entretenir les qualités militaires[36].

Maximilien promulgua plusieurs ordonnances sur les obligations militaires des populations. Les ordonnances de février et mars 1479 prescrivaient que chacun devait s'armer « selon son état » et se tenir prêt à répondre aux convocations des autorités. Les habitants du plat pays devaient se pourvoir d'une pique ou d'un arc, et se rassembler par dizaines[37]. Deux ans plus tard, le 16 février 1481, Maximilien adressait un mandement au seigneur de Hames, gouverneur de la châtellenie de Lille, Douai et Orchies, lui ordonnant de recenser les fieffés et les hommes valides susceptibles de défendre Lille, Douai ou toute autre ville sur les frontières. Les paysans âgés de dix-huit à soixante ans devaient se munir, pour les plus riches d'un haubergeon, pour les autres d'une pique, celle-ci devant être fournie par la communauté en cas de dénuement extrême. Ils devaient être encadrés par des dizeniers et des centeniers[38]. Le principal vecteur de mise en œuvre de ces règlements était la montre et revue, opération qui comprenait à la fois l'inspection des armes et des hommes, ainsi que leur recensement. Il ne s'agissait donc en rien d'une formalité, d'autant qu'elles étaient en général décidées dans un contexte de tension ou de danger. Elles étaient un puissant outil de communication et de mobilisation des forces morales et matérielles des communautés, dont la cohésion s'en trouvait nécessairement renforcée. L'indice le plus sûr de la volonté des autorités de faire vivre l'institution milicienne est donc la fréquence des revues, et les moyens mis en œuvre pour qu'elles fussent couronnées de succès.

Les revues des milices rurales et urbaines furent extrêmement nombreuses en Flandre après 1477. À Gand, puis dans le quartier, puis dans tout le comté, Jean de Dadizeele en fut l'un des promoteurs les plus convaincus et les plus efficaces. On étendit progressivement le périmètre des convocations, jusqu'à en faire une obligation véritablement universelle. On peut supposer qu'on procéda ainsi en raison de l'absence d'un dénombrement de population récent, qui interdisait d'anticiper avec précision le rendement des revues – sans même parler de la volonté des habitants de se présenter spontanément aux convocations, équipés et en armes. Le 30 janvier 1478, Dadizeele

---

36 HAMON Philippe, « « Aux armes, paysans ! » : les engagements militaires des ruraux en Bretagne de la fin du Moyen Âge à la Révolution », *Mémoires de la société d'histoire et d'archéologie de Bretagne*, 92, 2014, p. 221-244.

37 Henri-Louis-Gustave GUILLAUME, *Histoire de l'organisation militaire sous les ducs de Bourgogne*, Bruxelles, M. Hayez, 1848, p. 171-172.

38 Félix BRASSART (éd.), *Bans et arrière-bans de la Flandre wallonne sous Charles le Téméraire et Maximilien d'Autriche : la féodalité dans le nord de la France*, Douai, L. Crépin, 1884. Le 18 février 1481, Maximilien ordonnait au grand bailli et aux prévôts de Hainaut de passer en revue le 4 mars suivant tous les hommes âgés de plus de dix-huit ans, qui devaient s'armer d'une pique ou d'un arc muni de ses flèches (ADN, B 2124, chapitre de la petite messagerie, fol. 92r).

388 CHAPITRE 12

passait en revue 1 600 hommes levés à Gand et dans la châtellenie[39]. Quelques semaines plus tard, il était commis à sélectionner et passer en revue la portion due par ces mêmes districts au titre de l'aide des 5 000 combattants et de la levée de 15 000 hommes[40]. Le 2 février 1479, accompagné par des notables gantois, il inspectait 5 600 hommes de trente-six paroisses situées dans les environs de Courtrai[41]. Au printemps suivant, compte tenu des résultats très encourageants de ces revues partielles, on décrétait dans toute la Flandre une levée de 150 000 hommes, qui devaient se tenir prêts à repousser les Français. Jean de Dadizeele fut nommé par Maximilien capitaine pour les quartiers d'Ypres et de Gand. Il ne s'agissait évidemment pas d'une mobilisation effective, mais on attendait des communautés de Flandre qu'elles s'organisent pour que ce nombre d'hommes soit sélectionné, équipé et mis en alerte – *te stellene ende ghereet te makene hondert ende vychtich duusent vechtende mannen lieden van orloghen de nutste ende soffisantste ter orloghe die men sal connen vinden ende kiezen in ons land van Vlaenderen*[42] – afin de répondre aux convocations des autorités militaires. Ce chiffre correspondant approximativement au nombre de feux estimé de la population du comté, c'était rien de moins qu'une forme de conscription générale des adultes valides « des plus suffisants pour la guerre » qu'on tentait de mettre en place.

Ainsi, le système paraît avoir reposé sur une mobilisation à deux niveaux. Les 150 000 hommes du printemps l'été 1479 définissaient un potentiel maximal, servant de référence pour des mobilisations partielles. Il revenait alors à chaque paroisse de désigner, parmi les volontaires les mieux équipés, ceux qui formeraient le contingent demandé, avant la revue des capitaines[43]. Ainsi, à la manière médiévale, le système panachait obligation militaire générale et volontariat – comme on le faisait en France pour les francs-archers, mais à une échelle beaucoup plus large. L'une des conditions du succès était l'exactitude avec laquelle devaient être payés les gages de ceux qui répondaient aux convocations ou à l'appel du tocsin, y compris en dehors des services de guerre. En 1482, la châtellenie d'Ypres versa ainsi deux jours de solde à 121 hommes, qui étaient venus à Messines au son de la cloche, mais avaient été renvoyés chez eux après la revue, avec l'ordre de rester prêts au cas où ils en seraient requis[44].

Force est de constater que tous ces efforts ne tardèrent pas à porter leurs fruits. Le 30 mars 1478, les échevins et les chefs-doyens de Gand écrivaient à Dadizeele pour lui signaler qu'ils avaient été informés que certains des miliciens n'étaient pas équipés comme il convenait ; on lui demandait d'y remédier au plus vite[45]. Quelques

---

39 Jean de DADIZEELE, *Mémoires…*, p. 11.

40 *Ibid.*, p. 11-12.

41 *Ibid.*, p. 16.

42 Commission de Jean van Dadizeele, *ibid.*, pièce justificative n° XLII, p. 77-78.

43 Ainsi, au moment de la guerre civile de 1484-1485, Louis de Crane, chevalier, bailli de Bruges et du Franc, fut défrayé de 18 livres pour avoir reçu à montre pendant douze jours les soudoyers qui avaient été désignés pour servir en cas de besoin (AGR, CC, reg. 42596, compte du Franc de Bruges (1484-1485), fol. 156r-157v).

44 AGR, CC, reg. 44305, compte de la châtellenie du 11 février au 22 mai 1482, fol. 12r-13r : […] *waren wederomme thuiswaert ghesonden als de vors. kiesinghe daente ghedaen was om altiits bereet te zine alst meerder nood zijn zoude ende men ze ontbieden zoude.*

45 Jean van DADIZEELE, *Mémoires…*, pièce justificative n° XXVIII, p. 62.

mois plus tard, les milices étaient suffisamment opérationnelles pour remporter leur premier succès militaire. Le 18 mai 1478, 700 à 800 Flamands, aidés par 80 archers anglais, tendirent une embuscade à la compagnie de Maurice du Mené, qui rentrait à Tournai chargée du produit du pillage d'un gros village situé près d'Audenarde. Les Français y perdirent de 200 à 400 hommes, et le frère de Maurice du Mené fut tué[46]. Les milices flamandes contribuèrent au succès de la campagne de mai-juin 1478 ; elles furent semblent-ils mobilisées en petit nombre en juin – Courtrai entretint 47 *saudeniers* pendant vingt-deux jours, du 6 au 21 juin, ce qui par extrapolation, donnerait quelque 3 500 à 4 000 hommes pour toute la Flandre – puis en beaucoup plus grand nombre et pour un mois entier, du 22 juin au 20 juillet – peut-être 13 000 à 14 000 hommes, car Courtrai paya deux fois quatorze jours à 169 hommes, comprenant les 47 de la première levée[47]. Nous ne reviendrons pas sur les levées de la campagne d'été de 1479. Mal employées dans un cadre mal défini, les milices servirent tout de même près de trois mois, et l'emportèrent sur la meilleure armée du moment.

Vers une armée « nationale » flamande (1481-1489) ?

Après l'échec de la reconquête de l'Artois, et alors que se tendaient les relations entre les assemblées représentatives et Maximilien, on ne fit pas appel aux milices flamandes l'année suivante. Au printemps 1481, alors que les trêves avec la France étaient courtes et mal assurées avec la France, et que Louis XI faisait manœuvrer toute son armée au Pont-de-l'Arche, les frontières parurent à nouveau menacées. Compte tenu du niveau d'alerte, on procéda à une nouvelle mobilisation générale, décidée dans la seconde quinzaine de juin. Malgré la prolongation des trêves pour un an, à partir du 30 juin 1481, on maintint la convocation des milices, qui devaient être passées en revue à la fin du mois de juillet et au début du mois d'août[48]. À la fin de l'année, l'inquiétude demeurait, puisque Bruges demanda au Franc d'entretenir une petite troupe de 129 hommes, sous les ordres du seigneur de Merwede, capitaine du Franc de l'Est, qui furent soldés du 13 septembre au 20 décembre[49]. Il existait en effet un état-major permanent, composé, outre le bailli du Franc, d'un capitaine général[50] et de trois capitaines particuliers du Franc de l'Est, de l'Ouest et Nord. Les capitaines ne recevaient pas de solde annuelle, mais des vacations pour leurs déplacements dans les paroisses inspectées, et bien sûr des gages à chaque fois qu'ils commandaient leurs contingents. À la fin de l'année 1481, le seigneur de Merwede, reçut ainsi 50 l. pour les revues qu'il avait passées des gens de guerre de son district[51].

---

46 Jean NICOLAY, *Kalendrier des guerres...*, t. I, p. 254-256, Jean MOLINET, *Chroniques...*, t. I, p. 263-264 et Jean de DADIZEELE, *Mémoires...*, p. 12.

47 AGR, CC, compte de la ville de Courtrai pour 1478, reg. 33224, fol. 70r-v.

48 *Handelingen...*, t. I, p. 177-183. Les milices du Franc devaient être passées en revue à Roeselare (Roulers) le 29 juillet et à Ierssele le 5 août.

49 AGR, CC, reg. 42592, fol. 10r-11v.

50 En 1481-1482, il s'agissait de Jooris van Schorisse, chevalier, seigneur de Meulebeke (AGR, CC, reg. 42590, fol. 154v).

51 AGR, CC, reg. 42592, compte du Franc de Bruges (1481-1482), fol. 11v.

390 CHAPITRE 12

C'était donc un outil militaire performant qui commençait à se forger sous le marteau des autorités. On peut imaginer qu'une partie des habitants du plat pays, gens de guerre occasionnels, étaient en voie de professionnalisation, et que c'est parmi eux que le seigneur de Merwede trouva les 129 hommes qui passèrent un trimestre entier sous les armes. On observe le même phénomène à Tournai, où pendant l'occupation française se constitua un groupe de quelques centaines d'hommes, *pietons courreurs*[52], ou *accoustumés de courre*[53], qui accompagnaient les Français au cours de leurs raids de pillage en Flandre et en Hainaut. Mais qui donc avait la maîtrise de ces milices? Ypres, Gand et Bruges, ou Maximilien? Tant que les Membres et l'archiduc parvenaient à s'entendre, tant que des hommes tels que Jean de Dadizeele parvenaient à faire coopérer levées communales et gens de guerre de l'ordonnance, l'ambiguïté pouvait demeurer sans dommage pour quiconque. Le 7 septembre 1477, nous voyons ainsi Maximilien remercier le bailli de Gand pour avoir *fait l'acointance entre le cappitaine, bailli, prevosts et eschevins de nostre ville* [de Courtrai] *et les compaignons de guerre qui paravant y estoient, tellement qu'ilz se contenteront bien les ungs des aultres*[54]. Dadizeele reçut ses commissions tantôt des Gantois – pour les 5 000 combattants, le 15 mars 1478 – tantôt de Maximilien – pour la portion des 150 000 hommes des quartiers d'Ypres et de Gand, en 1479. Il obéissait à la fois aux ordres de Maximilien, pour la conduite des opérations militaires, et à ceux du conseil de Gand, pour la levée, la solde et la discipline des gens de guerre.

C'en fut fini de cette concorde relative à la fin de l'année 1481, après l'assassinat de Dadizeele et la reprise en main par Maximilien du gouvernement de Bruges. En décembre 1481, les Gantois ordonnèrent une revue générale des milices de leur quartier. Maximilien s'y opposa. Pour s'en expliquer, les Gantois réunirent alors les délégués des villes et châtellenies de leur quartier – au moment même où Maximilien tenait une session des états de Flandre à Bruges. Guillaume Rijm leur exposa que les Gantois étaient parfaitement fondés à prescrire les montres et revues, puisque c'était pour les besoins de la défense commune. Il rappela les violences commises par les gens de guerre du prince, et affirmait que l'annulation des revues préludait à l'arrivée en Flandre de nouvelles garnisons étrangères. On ne pouvait mieux dire que le maintien sur le pied de guerre des populations flamandes pouvait seul garantir la préservation des privilèges et franchises du comté de Flandre[55].

Après la mort de Marie de Bourgogne, les milices passèrent sous le contrôle exclusif des Membres de Flandre. Elles furent alors très sollicitées pour la défense des frontières. Les capitaines du Franc reçurent 728 l. 14 s. 6 d. de 20 g. pour avoir passé les revues de leurs gens de guerre et les avoir menés contre l'ennemi au son du tocsin; la somme, assez importante, suppose de nombreux déplacements[56]. Au même moment, la châtellenie d'Ypres connut aussi de nombreuses alertes, et

---

52 Jean NICOLAY, *Kalendrier des guerres…*, t. I, p. 194-195.
53 *Ibid.*, p. 191.
54 Jean de DADIZEELE, *Mémoires…*, pièce justificative n° XXV, p. 58-59.
55 *Handelingen…*, t. I, p. 193-195.
56 AGR, CC, reg. 42592, compte du Franc de Bruges (1481-1482), fol. 12v-13v.

les paroisses envoyèrent régulièrement leurs « réservistes » répondre aux appels du tocsin[57]. Du 2 au 20 avril, près de 200 hommes furent mobilisés ; pour 20 jours de service, payés par la châtellenie au tarif commun aux gens de guerre à pied, soit 3 sous par jour (6 s. parisis de Flandre), ils furent passés en revue pas moins de quatre fois[58]. Le « voyage de Poperinge » donna lieu à une nouvelle mobilisation générale des milices de Flandre, presque équivalente à celles de 1478 et 1479. C'est évidemment sur elles que s'appuya le conseil de régence en 1484-1485 pour attaquer le Brabant et tenter de défendre la Flandre contre Maximilien.

On le sait, ce fut en vain. L'institution était pourtant prometteuse, et la principale cause de l'échec de sa modernisation, après des décennies de mise en sommeil, fut sans doute la division des Flamands et la faible détermination des Brugeois. Car ce sont bien eux qui dès juillet 1477, préférèrent donner de l'argent aux capitaines de Marie et de Maximilien, plutôt que de courir à nouveau le risque d'une défaite sanglante face aux Français. Eux encore qui après la prise d'Aire en 1482, appelèrent à l'aide Maximilien et ses ordonnances, et se déclarèrent prêts à lui reconnaître la régence et la tutelle de son fils. Eux toujours, qui lors de la guerre civile de 1488-1489, dépensèrent des sommes très considérables pour l'entretien d'une garnison mercenaire à Damme et à L'Écluse, au lieu d'y poster des milices[59]. La volonté vacillante des Brugeois leur coûta cher, et les entraîna dans un cercle vicieux : leurs milices, moins entraînées que celles des Gantois, essuyèrent des désastres sanglants, du pont d'Espierres jusqu'aux défaites à répétition infligées par les lansquenets de Maximilien, qui ne pouvaient que les renforcer dans l'idée qu'il valait mieux employer des troupes professionnelles. La ville d'Ypres, cette belle endormie, n'avait quant à elle ni les moyens, ni l'ambition de se doter d'institutions militaires puissantes.

A contrario, les Gantois pouvaient aligner des milliers d'hommes venus des métiers du textile, réunis autour d'un projet politique qui faisait largement consensus, ce qui conférait à leurs armées une plus grande cohésion, et donc une plus grande efficacité. De fait, contrairement aux Brugeois, ils ne connurent que très peu de défaites. Ils ne cherchèrent pas à revenir au camp d'Espierres, après la mort du duc de Gueldre, et évitèrent les confrontations directes avec les armées professionnelles du roi des Romains pendant la guerre civile, remportant même quelques succès locaux. La grande faiblesse des milices résidait bien sûr dans leur incapacité à mener de grandes opérations offensives, et en particulier à assiéger des grandes villes. Cela ne prêtait guère à conséquence, car leur objectif politique n'était pas d'arrondir leur territoire, mais de défendre leur autonomie et d'asseoir leur pouvoir sur leur quartier, ce qui ne nécessitait pas des déploiements de force très importants.

En vérité, les Gantois partagèrent avec les deux autres chefs de quartier la responsabilité de l'échec du développement d'une armée proprement flamande. Bruges, Gand,

---

57 AGR, CC, reg. 44305, compte de la châtellenie du 11 février au 22 mai 1482, fol. 10v-12r.
58 *Ibid.*
59 D'après Molinet, cette garnison leur coûtait 100 livres de gros par jour, soit 18 000 l. de 40 g. par mois *dont, pour le bon payement qu'ilz firent de leurs sauldars, furent ilz* [les Brugeois] *dilligamment servis* (Jean MOLINET, *Chroniques…*, t. II, p. 60-61).

CHAPITRE 12

et à plus forte raison Ypres, avaient-elles intérêt à encourager l'armement des ruraux ? Évidemment non. Les paroisses qui avaient pris l'habitude de se mobiliser contre les Français ne pouvaient-elles être tentées de résister les armes à la main aux règlements édictés par les autorités urbaines et contraires à leurs intérêts économiques ? Il le semble bien, lorsque nous voyons les échevins d'Ypres réclamer l'aide des chaperons blancs et rouges de Gand et Bruges, en mai 1484, pour faire respecter l'interdiction des métiers à tisser dans les campagnes de son quartier[60]. Si le conseil de régence de 1483-1485 fit appel aux milices rurales, notamment pour la courte campagne contre le Brabant, puis pour l'ultime « voyage de Thielt » en avril-mai 1485, ce ne fut pas du tout le cas du second conseil de 1488-1489. La forte représentation des grands seigneurs et des chevaliers de la Toison d'or au sein du premier conseil avait permis de faire émerger une vision unitaire du gouvernement du comté, à l'œuvre dans le domaine financier, avec l'émission de rentes gagées sur les revenus du pays, et non plus seulement ceux des villes, mais aussi dans le domaine militaire.

En 1488-1489, les Gantois eux-mêmes se gardèrent de faire appel aux levées rurales. Après la prise de Courtrai, en janvier 1488, ils tentèrent non de s'adjoindre les services des habitants du district, mais d'imposer une garnison permanente, tandis qu'ils multipliaient les impositions sur le plat pays pour payer les soldes de leurs miliciens[61]. On a vu que la rivalité entre les milices urbaines et les *lantvolcke* coûta le pouvoir et la vie à Jan van Coppenhole, les paysans réfugiés à Gand semblant s'être constitués d'eux-mêmes en milice, afin de se donner une activité susceptible de les occuper et de les nourrir par le pillage. Ainsi, ces mêmes Gantois qui faisaient de la levée communale – au sens large de levée des communautés urbaines et rurales – le reflet inversé et idéal de l'armée permanente de Charles le Téméraire, contribuèrent au sabotage de ce qui était en si bonne voie en 1478-1479, à savoir la systématisation et l'institutionnalisation des levées rurales, qui auraient pu déboucher sur le développement d'une armée « nationale », transcendant l'opposition villes/campagnes et la tripartition du comté en quartiers.

À l'inverse, dans le quartier d'Ypres, moins fermement dominé par sa capitale, nous voyons la châtellenie d'Ypres s'appuyer sur ses ressortissants pour assurer sa défense en 1488-1489. La grande majorité des lourdes impositions levées dans la châtellenie (près de 17 081 l. de 40 g. pour les deux années, soit l'équivalent de 750 000 à 800 000 l. pour toute la Flandre[62]) servit à payer les vacations de gens de guerre sélectionnés dans les paroisses pour garder les passages, escorter des convois de ravitaillement vers

---

60 *Handelingen…*, t. I, p. 330.

61 AGR, CC, reg. 42935, compte de la châtellenie de Courtrai pour les années 1488 et 1489, p. 7-40 : montant total, pour les deux années, de 20 485 l. de 40 g. (en 1488, assiettes de 400 et 175 livres de gros, assiette de 1 530 l. de 40 g. pour le paiement d'un mois de 170 soldats en garnison à Courtrai, et assiette pour la part de la châtellenie d'une aide de 40 000 couronnes ; en 1489, assiettes de 1 200, 600 et 437 livres de gros), soit l'équivalent de plus de 470 000 l. de 40 g. à l'échelle de la Flandre – et cela sans compter les assiettes particulières, levées sur les *roeden* de la châtellenie pour la défense locale ou les frais d'administration.

62 AGR, CC, reg. 44310, compte de la châtellenie d'Ypres de mars 1488 à février 1489, fol. 1r-3v et reg. 44311, compte de février 1489 à janvier 1490, fol. 1r-2v.

les villes, faire le guet, ou encore défendre les églises fortifiées des gros villages[63]. Ils fournirent également des pionniers aux Français, et envoyèrent même un contingent de 300 hommes au siège de Dixmude, en mai 1489. Ils y payèrent un lourd tribut, car seuls 80 hommes bénéficièrent de la gratification de 18 sous parisis de Flandre versée à ceux qui avaient pu en réchapper sains et saufs[64]. En somme, il s'agissait là d'une nouvelle illustration de l'incapacité des Membres à choisir entre un modèle politique « à la hollandaise », prenant la forme d'un condominium assuré par la noblesse et les principales villes sur l'ensemble du comté, et celui de l'association de cités-États, donnant la priorité au maintien de l'hégémonie économique et politique sur leur *contado*.

Persistances de l'appel aux communautés et aux nobles aux Pays-Bas

Maximilien lui-même ne semble pas avoir craint de continuer à faire appel aux levées communales, qui ont été mobilisées en Flandre pour la dernière fois en février-mars 1487, lors d'une opération de ravitaillement de Thérouanne, c'est-à-dire peu avant la montée des tensions politiques qui débouchèrent sur la révolte de 1488. Ailleurs qu'en Flandre, outre quelques convocations résiduelles du ban et arrière-ban, en particulier en Hainaut, les milices brabançonnes et hollandaises jouèrent un rôle important dans les guerres liégeoises, ainsi que contre les rebelles d'Utrecht et les *Hoeken*. Les milices et les nobles du duché de Brabant furent mis à contribution en 1477, pour fournir les garnisons qui défendirent Valenciennes, Maubeuge et Le Quesnoy. À l'été 1479, ce furent encore 200 cavaliers brabançons qui relevèrent à Cambrai les compagnies d'ordonnance qui s'y trouvaient, afin de leur permettre de rejoindre l'armée de Maximilien à Saint-Omer[65]. Ces cavaliers étaient commandés par Jan van Ranst, margrave d'Anvers[66], l'un des capitaines les plus actifs de Maximilien, alors même qu'il n'avait pas de compagnie d'ordonnance. Les nobles brabançons, peu nombreux mais extrêmement puissants[67], ne pouvaient guère s'abstenir de revêtir le harnois, que ce fût au titre du ban et arrière-ban ou de leur proximité avec le prince, qui faisait du service militaire une obligation sociale et politique, bien plutôt que légale. C'est également dans un rôle purement défensif que l'on retrouve les contingents du comté de Namur et du duché de Brabant l'année suivante, lors de la campagne de Luxembourg[68].

---

63 AGR, CC, reg. 44310, fol. 6r-19r (plus de 6 200 l. de 40 g. de dépenses de guerre), et reg. 44311, fol. 4v-8r (plus de 4 500 l. de 40 g. de dépenses de guerre).

64 AGR, CC, reg. 44311, fol. 5r-v.

65 Le 11 juillet 1479, Maximilien demandait au conseil de Brabant de hâter l'envoi des 200 hommes votés par les états pour remplacer l'ordonnance à Cambrai (ADN, B 2118, fol. 165v).

66 La présence de Jan van Ranst est attestée à Cambrai le 20 octobre 1479, date à laquelle il attendait la relève (ADN, B 2118, fol. 203v, petite messagerie).

67 Deux nobles seulement pour 1 000 habitants d'après Hans Cools, « Le prince et la noblesse dans la châtellenie de Lille… », p. 387-406.

68 Le 8 juillet 1480, le duc ordonnait aux habitants de Judoigne, Bruxelles, Tirlemont et Louvain d'envoyer *le residu de leurs gens tous payez*, ainsi que des vivres (AD Nord, B 2121, fol. 181r, petite messagerie). La plupart des gens de guerre de Louvain et Anvers étaient rassemblés à Namur le

Plus rarement, les Brabançons participèrent à des opérations offensives, aussi bien contre Liège que contre Utrecht. C'est ainsi avec 500 cavaliers et 1 000 piquiers brabançons, conduits par Henri de Zwanen, que Philippe de Clèves prit Saint-Trond le 3 septembre 1482. Ils furent rejoints par Ranst et cent cavaliers, qui étaient certainement des vassaux du duché, le maire de Louvain et 800 à 900 piétons, le bailli du Brabant romand et d'autres piquiers[69]. Jean Molinet évoque la présence de 4 000 Namurois à la bataille d'Hollogne-sur-Geer, en janvier 1483, mais il s'agit sans doute d'un raccourci, englobant l'ensemble des milices brabançonnes et namuroises, car il ne parle que des Brabançons dans son récit de la bataille[70]. Contrairement aux milices flamandes, essentiellement composées d'un très grand nombre de fantassins, les contingents brabançons comptaient donc un plus petit nombre d'hommes, mais comportant une proportion notable de cavaliers. On se trouve ici dans un cadre très traditionnel, assez proche du système militaire bourguignon antérieur à la création de l'armée permanente de Charles le Téméraire, fondé sur l'appel aux volontaires, parmi les catégories de population susceptibles d'être astreintes au service armé, à savoir les bourgeois des villes et les nobles. La prise en main du financement et de la solde des gens de guerre par les assemblées représentatives constituait la différence la plus importante par rapport aux armées levées par les ducs de Bourgogne pour combattre les Liégeois.

Comme à Bruges, on constate une préférence générale des villes pour le recours à des professionnels soldés par leurs soins, particulièrement marquée dans les métropoles les plus riches. Ainsi, l'étude approfondie à laquelle se sont livrés F. Buylaert, J. van Vamp et B. Verwerft sur l'armée entretenue par la ville d'Anvers d'octobre 1488 à août 1489, montre que la grande majorité des 850 à 1 400 hommes qu'elle a comptés étaient des mercenaires germaniques ou étrangers, malgré la présence constante d'un petit groupe de capitaines faisant partie des milieux dirigeants de la cité. Le conseil d'Anvers parvenait ainsi à conserver une certaine emprise sur les compagnies qu'il mettait à la disposition du duc Albert de Saxe, et ce dernier devait tenir compte des intérêts d'Anvers lorsqu'il établissait ses plans de campagne[71]. Le Brabant fut le théâtre de l'irrésistible montée en puissance des mercenaires étrangers, suisses et allemands. Déjà, dans l'armée soldée en 1482-1483 par les quartiers d'Anvers, Bruxelles et Louvain pour la guerre contre Liège, les 1 400 Allemands du comte de Zollern formaient un corps d'élite qui fut pour beaucoup dans la victoire remportée par Philippe de Clèves à Hollogne-sur-Geer. Sous réserve d'investigations supplémentaires, il semble que la même tendance soit à l'œuvre dans les villes hollandaises, en tout cas pour les opérations terrestres. Comme en Brabant, ce sont les chef-villes de Hollande qui tinrent les comptes de l'armée mobilisée contre Utrecht, et le récit

---

28 juin 1480, d'où le duc leur demanda d'aller à Marche-en-Famenne (*ibid.*, fcl. 174v-175r). Les Malinois reçurent quant à eux le 21 juillet l'ordre d'envoyer de 80 à 100 couleuvriniers à Binche (*ibid.*, fol. 194-v).

69 Jean Molinet, *Chroniques…*, t. I, p. 376. Molinet utilise la graphie « Henri de Saure ».

70 *Ibid.*, p. 410.

71 Frederik Buylaert, J. Van Camp et Bert Verwerft, « Urban Militias, Nobles and Mercenaries… », p. 146-166.

du siège par Molinet met en relief la présence très importante de soldats étrangers, allemands, picards, hennuyers et bourguignons[72]. Dès 1480-1481, Josse de Lalaing avait à sa disposition de nombreux étrangers pour soumettre les villes dominées par les *Hoeken*, dont le corps de 1 500 archers anglais débarqué aux Pays-Bas en août 1480, qui devait être payé avec le produit de l'aide de 5 000 combattants demandée aux états de Hollande[73].

Ainsi, le processus général d'affaiblissement des obligations militaires imposées aux sujets des Pays-Bas ne fut ni linéaire dans le temps, ni homogène dans l'espace. Non seulement, il n'avait rien d'inéluctable, mais la mobilisation des milices rurales en Flandre en 1478-1479 leur donna un second souffle. Maximilien en fit largement usage, souvent avec succès, lorsqu'il les employa soit pour la défense de proximité, en tant que réserve territoriale, soit en campagne. Elles étaient alors en mesure d'affronter les adversaires les plus redoutables, lorsqu'elles étaient encadrées par les capitaines et les soldats professionnels de Maximilien. Médiocres dans les opérations offensives, en raison de leur peu de goût pour les campagnes prolongées, leur contribution à la défense des Pays-Bas bourguignons fut cependant décisive, et cela à un coût modéré pour les finances publiques. Lors des campagnes où elles furent le plus employées, à savoir celles de 1478 et de 1479, le coût cumulé des soldes versées aux milices flamandes ne dépassa sans doute pas les 200 000 à 250 000 l., soit une grosse centaine de milliers de livres pour une campagne majeure de deux mois. L'entretien de 1 000 lances d'ordonnance représentait une dépense annuelle quatre fois supérieure. Les compagnies d'ordonnance ne pouvaient assiéger une grande ville sans le concours de forces d'infanterie, et face aux chevauchées françaises, elles n'obtinrent guère plus de succès que les mobilisations temporaires des milices locales. L'appel aux communes demeure donc essentiel, en cette fin de xve siècle, et dans cette partie de l'Europe. Le prince ne saurait s'en passer, et sa légitimité n'est pas contestée, pas plus que ne l'était le service militaire des nobles, dès lors qu'on ne cherchait pas à le transformer en imposition sur les revenus seigneuriaux, à l'image du ban et arrière-ban à la fin du règne du Téméraire.

---

72 Jean MOLINET, *Chroniques…*, t. I, p. 419-422.
73 Voir *supra*, p. 168.

CHAPITRE 13

L'échec de la nouvelle ordonnance

Après les désastres de l'été 1477, les Flamands se résignèrent à la résurrection de compagnies d'ordonnance. Le deuil et l'émotion firent un instant passer à l'arrière-plan la méfiance profonde des élites flamandes et brabançonnes à l'égard de ces « armées à gages » que flétrissait quelques années plus tard le Français Jean Masselin aux États généraux de Tours. Ce revirement ne dura qu'un temps. Lorsque la peur eut reculé et que la ligne de front fut, sinon tout à fait sécurisée, du moins fermement stabilisée, les anciennes préventions ne tardèrent pas à refaire surface. La guerre était désormais circonscrite à l'Artois et à ses marges, tandis que la Flandre flamingante était protégée par le glacis défensif constitué autour d'Aire et de Saint-Omer, du canal du Neuffossé et de Lille et Douai. Comment, dans ces conditions, soutenir l'effort de guerre dans la durée ? La « nouvelle ordonnance » de Maximilien, pendant tout le temps de sa brève existence, fut le jouet des rivalités politiques entre Maximilien et les assemblées d'états, ainsi que de la conjoncture militaire et diplomatique.

I. Les compagnies d'ordonnance de 1477 à 1482 : les capitaines et les effectifs

La réforme de l'automne 1477

Tirant parti du sursaut moral que sa venue aux Pays-Bas avait provoqué chez ses nouveaux sujets, Maximilien s'attela dès l'automne 1477 à la reconstitution d'une force mobile, capable d'assurer la défense des places fortes les plus menacées par les Français. Le retour progressif des débris de l'armée bourguignonne écrasée à Nancy, puis des prisonniers libérés par les Lorrains et la Basse-Union, permirent de renforcer les garnisons des frontières de l'Artois. Celles d'Aire et de Saint-Omer furent les plus importantes, puisque le paiement d'un mois de leurs soldes coûtait déjà 13 050 l. en août 1477[1]. On sait par ailleurs que le 24 septembre 1477, les seigneurs de Chantereine et de Beveren avaient sous leurs ordres au moins 150 lances pour le premier, et 100 lances pour le second[2]. En juillet et août, les soldes de la garnison de Lille s'élevaient à 2 249 l. 12 s. pour deux mois, celles des compagnies postées à Douai, sous les ordres

---

1 ADN, B 2115, fol. 31v, deniers baillés à Louis Quarré pour le paiement des gens de guerre, versement effectué le 23 septembre 1477.
2 *Ibid.*, petite messagerie, fol. 61r, mention d'une lettre du 24 septembre adressée à ces deux chefs.

du comte de Romont et de Jean de Salazar, à près de 7 500 l. en septembre[3]. Ainsi, le total cumulé mensuel des soldes des garnisons des villes d'Artois et de Flandre dépassait les 20 000 l. au moment de l'arrivée de Maximilien, sans compter les places de Hainaut défendues par l'arrière-ban brabançon. Cette somme équivalait déjà à ce que devait coûter la nouvelle ordonnance à la fin de l'année. Déjà également, le profil des capitaines avec lesquels l'archiduc adressait les dépêches les plus fréquentes révélait une évolution significative par rapport à l'armée de Charles le Téméraire.

Le temps vint bientôt de mettre de l'ordre dans ces compagnies aux effectifs éminemment variables, où voisinaient hommes d'armes, archers à cheval, piquiers et archers à pied dans des proportions toujours différentes. Le 22 octobre, Maximilien demandait à huit de ses capitaines de *mectre suz certain nombre de gens de guerre pour furnir ses garnisons*[4]. Le 10 novembre, six de ces huit capitaines, et sept autres, recevaient l'ordre de procéder aux montres de leurs troupes[5]. Nous ne disposons d'aucun état complet des compagnies de la nouvelle ordonnance mise sur pied en 1477, pas plus d'ailleurs que pour les années suivantes. Le total de leurs effectifs n'est avéré qu'en novembre 1477, lorsque Louis Quarré reçut une assignation de 19 652 l. pour le paiement des 800 lances de la nouvelle ordonnance[6]. Nous en sommes donc réduits aux conjectures, et aux faisceaux d'indices concordants, pour établir la liste des capitaines, et surtout les effectifs de leurs compagnies, qui ont pu varier du simple au quadruple entre 1477 et 1482. Le nombre de lances par compagnie est cependant toujours attesté au moins une fois, et souvent beaucoup plus que cela, dans les pièces justificatives encore conservées dans les archives de la Chambre des comptes, les états récapitulatifs des paiements effectués par les receveurs nommés par les principautés, et le chapitre des deniers baillés au trésorier des guerre de la recette générale. Par ailleurs, dans le chapitre de la petite messagerie du même receveur général, les capitaines d'ordonnance sont des correspondants très privilégiés de Maximilien, qui leur adressait communément jusqu'à une dépêche par mois entre 1477 et 1482[7].

Nous savons ainsi que Philippe de Bourgogne, seigneur de Beveren se trouvait à Saint-Omer, avec 100 lances le 24 septembre 1477[8], tandis que la garde d'Aire sur-la-Lys était confiée à Charles de Saveuse, seigneur de Souverain-Moulin, dont la qualité de capitaine est attestée au printemps 1478[9]. Les gens de guerre du seigneur de Hames, au nombre de 50 lances le 22 juillet 1478[10], furent cantonnés à Lille, dont leur commandant était capitaine et gouverneur[11]. Jacques de Savoie, comte de

---

3   *Ibid.*, paiements aux gens de guerre, fol. 32r.
4   *Ibid.*, fol. 71v-72r.
5   *Ibid.*, fol. 73r-v.
6   *Ibid.*, paiements aux gens de guerre, fol. 33v.
7   Amable SABLON DU CORAIL, *Croix fourchues contre croix droites…*, annexe 2bis (dépouillement de la petite messagerie de 1477 à 1482, sous forme de tableau).
8   Voir *supra*.
9   J. de Dadizeele, *Mémoires…*, pièce justificative n° XL, 13 mars 1478, commission pour faire cesser les violences commises en Flandre par les gens de Salazar, Saveuse et C. de Berghes.
10 ADN, B 2118, petite messagerie, fol. 294r.
11 Capitaine de Lille en 1477-1479, puis gouverneur de la châtellenie de Lille, Douai et Orchies de 1480 jusqu'au 20 février 1484 au plus tard (Hans COOLS, *Mannen met Macht…*, notice n° 116, p. 229-230).

Romont veilla quant à lui à la sécurité de la place de Douai, de même que Jean de Salazar. À l'été 1477, le montant des soldes versées aux gens de guerre commandés par ce dernier correspondait à un effectif d'une cinquantaine de lances[12], attesté en décembre 1478[13]. La compagnie de Jean de Luxembourg, seigneur de Zottegem, contribua à la défense des places comprises entre la Lys, la Deûle et l'Escaut : elle se trouvait à Audenarde en novembre-décembre 1477, puis, après l'évacuation de Tournai par les Français, à Lille ou à Douai[14]. Son frère Jacques, seigneur de Fiennes, opérait également en Flandre wallonne, de même que Pierre de Luxembourg, comte de Saint-Pol *in partibus*[15]. Plus mobile cependant, puisqu'on annonçait en avril 1478 sa prochaine arrivée à Saint-Omer à la tête de sa compagnie de 100 lances[16].

La défense du Hainaut était assurée par Philippe de Clèves à Valenciennes, par Jean de Hennin, seigneur de Boussu, qu'on trouve à Beaumont en novembre 1477, et par les cousins de Croy, qui pouvaient s'appuyer sur leurs forteresses de Porcien et de Chimay, importants points d'appui dans cette région proche du Luxembourg, de l'évêché de Liège et de la Lorraine. Ainsi, d'après ce que l'on sait des effectifs des compagnies d'ordonnance au tournant de 1477-1478, et compte tenu qu'ils étaient toujours compris entre 50 et 100 lances, on peut inférer que la défense des frontières des Pays-Bas bourguignons était articulée, autour des secteurs d'Aire/Saint-Omer (150 lances à 200 lances), Lille/Douai/Valenciennes (400 à 550 lances), et des lisières méridionales et orientales du Hainaut (150 à 300 lances). Face aux 800 lances bourguignonnes, commandées par douze capitaines assurés ou présumés, l'armée royale en alignait près de 3 000, de Boulogne à Avesnes-sur-Helpe, sans compter les mortes-payes et autres troupes supplétives.

Les effectifs de l'ordonnance princière de 1478 à 1482

Le nombre de compagnies et leurs effectifs varièrent considérablement par la suite. On a vu que les ordonnances furent réduites à 500 lances pendant l'hiver 1478-1479[17]. À leur apogée, à l'été 1480, elles comptèrent jusqu'à 1 350 lances. Dix-neuf capitaines ont été identifiés entre 1477 et 1482, pour un maximum de dix-sept simultanément en fonction.

De tous, le plus souvent mentionné dans les sources est Philippe de Bourgogne-Beveren, qui commanda 100 lances, en garnison à Saint-Omer d'un bout à l'autre de la période, jusqu'au printemps ou à l'été 1482, lorsque sa compagnie fut sans

---

12 1 336 l. 16 s. le 2 septembre 1477, pour la solde du mois de juillet (ADN, B 2115, fol. 31r).

13 AM de Saint-Omer, compte des argentiers, 1478-1479, fol. 112r. Un messager de la ville allait porter avant le 11 décembre 1478 une lettre à Philippe de Beveren lui annonçant l'arrivée de la compagnie de 50 lances de Salazar à Saint-Omer.

14 Amable Sablon du Corail, *Croix fourchues contre croix droites…*, annexe 2bis.

15 Hans Cools, *Mannen met Macht…*, notice n° 167, p. 260-261.

16 AM Saint-Omer, compte des argentiers, 1478-1479, voyages et vacations, fol. 96v-97r.

17 Assignation de 13 953 l. pour les soldes du second mois des gens de guerre des ordonnances, en date du 19 janvier 1479 (AD Nord, B 2118, fol. 85v).

400 CHAPITRE 13

doute réduite à 50 lances[18]. Capitaine général de Picardie et de Saint-Omer[19], chevalier de la Toison d'or en 1478, conservateur des trêves pour Saint-Omer et ses environs lors des suspensions d'armes de septembre 1477 et de 1480-1481, il fut véritablement le gardien des portes de Flandre pendant toute la durée de la guerre contre Louis XI. À Aire, Charles de Saveuse, seigneur de Souverain-Moulin, capitaine du château de Renescure, commanda 50 lances de 1480 à 1482, et sans doute dès 1477[20]. On constate une semblable continuité à Lille, où fut cantonnée la compagnie de Jean, seigneur de Hames, de 1477 à 1480, jusqu'au probable licenciement de sa compagnie[21], ainsi qu'à Douai, où furent postés les hommes du comte de Romont (100 lances à l'été 1480[22]) pendant toute la durée de la guerre[23]. C'est également le secteur de Lille, Douai et Cambrai que défendirent les compagnies des seigneurs de Fiennes et de Zottegem, toutes deux fortes de 50 lances à l'été 1480[24]. Elles y restèrent jusqu'en 1480 (Zottegem) et 1482 (Fiennes, auquel avait succédé le seigneur de Maingoval).

De même, après la libération du Hainaut, les 100 lances du comte de Saint-Pol[25] furent postées à Bohain et au Cateau-Cambrésis, anciens fiefs paternels, sous le commandement de Jean, bâtard de Luxembourg, seigneur de Hautbourdin, demi-frère de Pierre de Luxembourg. Quant à Philippe de Clèves, dont la carrière politique est si bien connue, on n'aurait garde d'oublier qu'il commanda en personne une compagnie de 100 lances[26], qui constitue donc sa première expérience militaire importante, alors qu'il avait tout juste passé les vingt-et-un ans. Ses hommes furent cantonnés à Valenciennes, puis à Cambrai, jusqu'à la campagne de Luxembourg, après quoi, ils restèrent sur les marches de Liège.

Nous sommes mieux renseignés sur l'ordre de bataille des ordonnances bourguignonnes à partir du printemps 1479, à la veille de la campagne de Guinegatte.

---

18 100 lances en mai 1479 (ADN, B 3519, n° 124374), et encore le 5 février 1482 (ADN, B 2127, fol. 319r-v). Le 4 novembre 1482, 2 640 l. suffisaient pour un mois de solde de sa compagnie, ce qui laisse supposer une diminution d'effectifs de l'ordre de 50% (ADN, B 2127, fol. 68r-v).

19 AM Saint-Omer, compte des argentiers, 1478-1479, fol. 111-v, petite messagerie.

20 Ses 50 lances font partie des compagnies soldées par les commis au paiement des gens de guerre des Membres de Flandre entre mai et septembre 1480 (ADN, B 3519, n° 124381). S'y ajoutent de nombreuses décharges du receveur général pour le paiement de sa compagnie, les dernières datant du 29 mars 1482 (ADN, B 2127, fol. 66v, 50 lances) et du 26 juin 1482 (ibid., fol. 68r).

21 Dernière mention le 27 juin 1480 (ADN, fol. 174r-v).

22 Ses 100 lances font partie des compagnies soldées par les commis au paiement des gens de guerre des Membres de Flandre entre mai et septembre 1480 (ADN, B 3519, n° 124381).

23 Assignation du 17 janvier 1482 (ADN, B 2127, fol. 318r-v).

24 ADN, B 3519, n° 124381.

25 Ses 100 lances font partie des compagnies soldées par les commis au paiement des gens de guerre des Membres de Flandre en avril-mai 1479 (ADN, B 3519, n° 124374). Le 16 mars 1480, le trésorier des guerres recevait une assignation pour le paiement de 90 hommes d'armes, 200 archers à cheval et 100 archers à pied (ADN, B 2121, fol. 574v).

26 Effectif attesté la première fois entre mai et septembre 1479, lorsque sa compagnie fut à la charge du quartier de Bruxelles (AGR, CC, reg. 48799) ; encore le 10 septembre 1480 (paiement de la moitié de sa compagnie, pour 15 jours, au cours de la campagne de Luxembourg, ADN, B 2121, fol. 588v).

On sait que les compagnies hennuyères du seigneur de Boussu[27], de Philippe de Croy, comte de Porcien[28] et de son cousin et homonyme Philippe de Croy, comte de Chimay, étaient fortes de 100 lances pour les deux premières, de 50 lances pour la dernière[29]. C'est également au printemps 1479 qu'apparaissent deux nouvelles compagnies. Celle de Henri de Hornes, seigneur de Perwijs[30], fut soldée par le quartier d'Anvers de juillet à octobre 1479[31]. Elle comptait alors 50 lances, effectif qu'elle conserva au moins jusqu'en 1481[32]. Comme Philippe de Clèves, le seigneur de Perwijs fut appelé à intervenir partout où les intérêts du Brabant se trouvaient menacés, d'abord en Hainaut en 1477, où son action fut sévèrement mise en cause par Jean Molinet, lors de la défense d'Avesnes[33], puis en Luxembourg, en 1480, mais c'est surtout au nord du duché, contre les Gueldrois, qu'il apparaît par la suite dans la petite messagerie de la recette générale. Le 28 novembre 1482, il était d'ailleurs capitaine de la ville de Grave[34].

La compagnie d'Engilbert de Nassau[35], quant à elle, était forte de 100 lances, mais en sous-effectif lorsqu'elle fut payée par les états de Flandre au printemps 1479[36]. Elle était alors du côté d'Aire et de Saint-Omer, tandis que se préparait la campagne de Guinegatte. Cependant, à la différence de « Philippe monseigneur », le comte de Nassau laissa le commandement de ses gens de guerre à son lieutenant, Corneille de Berghes (ou Glymes-Berghen)[37], autre grand aristocrate brabançon, à partir du début de l'année 1480[38]. Ce dernier se trouvait alors à Cambrai, où sa présence est attestée jusqu'en août 1482[39] ; il pouvait ainsi veiller à la sécurité de son frère aîné Henri, élu évêque de Cambrai en juin 1480 et investi en septembre suivant[40].

Après l'achèvement de la conquête de la Franche-Comté par les Français, en 1479, Maximilien se soucia de faire une place aux deux hommes qui s'étaient le plus illustrés dans les pays de par-delà, à savoir le prince d'Orange[41] et Claude de

---

27 Ses 100 lances font partie des compagnies soldées par les commis au paiement des gens de guerre des Membres de Flandre en avril-mai 1479 (ADN, B 3519, n° 124374) ; elles recevaient encore un mois de solde en mars 1480 (ADN, B 2121, fol. 575v-576r).

28 Assignation de 1 560 l. le 24 mars 1480, sur son dû pour les soldes de 100 lances depuis le 1er novembre 1479 (ADN, B 2121, fol. 575r-v).

29 Un mois de solde à partir du 24 mars 1480, pour 50 lances (ADN, B 2121, fol. 575r).

30 Hans Cools, *Mannen met Macht…*, notice n° 127, p. 235-236.

31 AGR, CC, reg. 30896, p. 7-10.

32 Paiement de 1 800 l. pour six semaines de solde de 50 lances le 1er mai 1481 (B 2124, fol. 323r).

33 Jean Molinet, *Chroniques…*, t. I, p. 196-201.

34 ADN, B 2127, petite messagerie, fol. 162r-v.

35 Hans Cools, *Mannen met Macht…*, notice n° 189, p. 269-272

36 Elle comptait 70 hommes d'armes, 140 archers à cheval et 100 archers à pied en avril-mai 1479 (ADN, B 3519, n° 124374).

37 Hans Cools, *Mannen met Macht…*, notice n° 93, p. 215-216.

38 Corneille de Berghes était lieutenant de la compagnie du comte de Nassau le 15 mars 1480 (paiement effectué par le trésorier des guerres, B 2121, fol. 574r) ; il y avait alors 50 hommes d'armes seulement, mais 200 archers à cheval et 100 archers à pied.

39 Amable Sablon du Corail, *Croix fourchues contre croix droites…*, annexe 2bis.

40 Hans Cools, *Mannen met Macht…*, p. 312.

41 *Ibid.*, notice n° 48, p. 186-189.

Vaudrey, ainsi qu'à ceux qui les avaient accompagnés en exil. Le 9 mai 1480, le second reçut l'ordre d'aller à Lille pour faire passer les revues de ses cent *nouvelles* lances[42], et en juin 1480, le prince d'Orange bénéficiait d'une assignation de 2 000 l. pour la solde de 500 cavaliers, ce qui correspond aux effectifs d'une compagnie de 100 lances, sans les archers à pied[43]. À l'été 1480, les effectifs de la nouvelle ordonnance bourguignonne atteignirent leur niveau le plus élevé, soit 1 350 lances, réparties en dix-sept compagnies[44]. La composition du corps des capitaines n'avait que peu changé depuis 1477. Seuls le comte de Porcien et Jacques de Luxembourg laissèrent leur place respectivement à Jean de Trazegnies, seigneur d'Irchonwez[45], et Jean de Lannoy, seigneur de Maingoval[46]. Ni l'un ni l'autre ne semble avoir été disgracié, puisque l'archiduc continua de correspondre avec eux après qu'ils furent déchargés de leur compagnie.

Après la très chaotique campagne de Luxembourg, puis la signature des trêves de Notre-Dame d'Esquerchin et la suspension des aides accordées par la Flandre et le Brabant, les compagnies d'ordonnance de Maximilien subirent une sévère cure d'amaigrissement. Seules les compagnies du seigneur de Hames (50 lances) et du seigneur de Zottegem (50 lances) paraissent avoir été licenciées en totalité. Une brutale disgrâce est sans doute à l'origine de la disparition du second, puisque le 10 février 1481, Maximilien ordonnait à Jean de Luxembourg de venir auprès de lui, sous peine de confiscation de ses biens[47]. Après cette date, il n'est plus fait mention de lui nulle part ; il mourut au Portugal en 1485[48]. Peut-être ses trop bonnes relations avec les Membres de Flandre, quelques mois avant le meurtre de Jean de Dadizeele, constituent-elles un facteur d'explication ? C'est sans doute également pour des raisons politiques – l'affaiblissement de la position d'Adolphe de Ravenstein à la Cour – que Philippe de Clèves vit sa compagnie réduite à 12 hommes d'armes et 60 archers à cheval[49], ce qui en faisait un hôtel militaire en miniature, plutôt qu'une unité opérationnelle.

---

42 ADN, B 2121, petite messagerie, fol. 152v-153r.

43 Assignation sur les aides de Flandre (ADN, B 2121, fol. 27v).

44 Philippe de Beveren, 100 lances ; Charles de Saveuse, 50 lances ; Engilbert de Nassau/Corneille de Berghes, 100 lances ; Philippe de Clèves, 100 lances ; comte de Romont, 100 lances ; comte de Chimay, 100 lances ; comte de Porcien, 50 lances ; Jean, seigneur de Hames, 50 lances ; Pierre, seigneur de Boussu, 100 lances ; Henri, seigneur de Perwez, 50 lances ; seigneur de Fiennes, 50 lances ; seigneur de Zottegem, 50 lances ; Pierre II, comte de Saint-Pol, 100 lances ; prince d'Orange, 100 lances ; Jean de Salazar, 100 lances ; gouverneur de Luxembourg (voir *infra*), 50 lances ; Claude de Vaudrey, 100 lances.

45 Assignation en faveur de Trazegnies pour un mois de solde à partir du 1er avril 1481, pour 50 lances (ADN, B 2124, fol. 317r) postées en garnison à Chimay et au Quesnoy et encore le 15 mars 1482 (ADN, B 2127, fol. 322v). Le seigneur d'Irchonwez paraît donc avoir relevé Philippe de Croy, dont la compagnie est mentionnée pour la dernière fois en octobre 1480.

46 La compagnie du seigneur de Fiennes disparaît de la documentation en août 1480, précisément au moment où l'archiduc commence à correspondre avec le seigneur de Maingoval. Ce dernier commandait 50 lances en 1481-1482, du côté de Douai et d'Aymeries, c'est-à-dire à peu près dans le même périmètre que celui où opérait l'unité du seigneur de Fiennes, signalée entre Mons, Lille et Douai (ADN, B 2124, fol. 321r-v et fol. 328r, ADN, B 2127, fol. 38r).

47 ADN, B 2124, petite messagerie, fol. 90v.

48 Hans Cools, *Mannen met Macht...*, notice n° 165, p. 259.

49 Paiement d'un mois de solde le 27 juillet 1481 (ADN, B 2124, fol. 325v).

L'ÉCHEC DE LA NOUVELLE ORDONNANCE 403

Semblable mésaventure arriva au comte de Romont, qui ne commandait plus qu'à 100 cavaliers (25 lances?) et 112 fantassins allemandes à Douai au début de l'année 1482[50]. Autant de nouveaux coups portés au parti « aristocratique-conservateur » dont Maximilien cherchait alors à se débarrasser. Le parcours ultérieur du seigneur de Hames, qui négocia le traité de neutralité conclu avec Philippe de Crèvecœur en 1488 pour la châtellenie de Lille, du comte de Romont, qui commanda les troupes flamandes en 1485, et de Philippe de Clèves, bien connu, confirme la (trop?) grande indépendance dont pouvaient faire preuve ces personnages à l'égard de leur prince.

La plupart des autres compagnies subsistèrent, mais sur un pied beaucoup plus modeste. La compagnie du seigneur de Boussu fut réduite de 100 à 25 lances pendant l'hiver 1480-1481[51], comme celle du comte de Chimay[52], et comme les compagnies « bourguignonnes » du prince d'Orange[53] et de Claude de Vaudrey[54], quelques mois seulement après leur constitution. Ces quatre compagnies-croupion restèrent en Luxembourg et sur les marches de Liège pour y monter la garde. Le comte de Nassau, le comte de Saint-Pol et Jean de Salazar s'en sortirent mieux, puisqu'ils ne durent congédier que la moitié de leurs 100 lances – la compagnie de Salazar retrouvait ainsi son effectif antérieur[55]. La compagnie de Nassau fut renforcée par une crue de 5 hommes d'armes et 50 archers à cheval au printemps 1481[56]. Toutes les trois regagnèrent leur garnison d'attache après la campagne de Luxembourg, à savoir Aire et Saint-Omer pour Salazar, Bohain-en-Vermandois pour le comte de Saint-Pol[57] et Cambrai pour la compagnie de Nassau commandée par Corneille de Berghes.

Au début de l'année 1481, les ordonnances de Maximilien ne comptaient plus que 712 lances au maximum[58], réparties en quinze compagnies, y compris la compagnie du seigneur de Perwijs, qui existait encore en janvier 1482, mais dont on ignore alors

---

50 Assignation du 17 janvier 1482 (ADN, B 2127, fol. 318r-v).

51 25 lances soldées pour un mois à partir du 12 février 1481 (ADN, B 2124, fol. 319r) ; le 28 mars 1482, elles recevaient deux mois et demi de solde, pour leur service à compter du 15 juillet 1481 (ADN, B 2127, fol. 323r-v).

52 Un mois de solde pour ses 25 lances le 13 février 1481 (ADN, B 2124, fol. 318r-v).

53 Un mois de solde pour ses 25 lances le 16 février 1481 (ADN, B 2124, fol. 318v-319r).

54 Paiements effectués par le trésorier des guerres de février à octobre 1481 (ADN, B 2124, fol. 319r-v). La compagnie se trouvait alors à Bouvignes.

55 Sa compagnie était soldée pour 50 lances en février 1480 (ADN, B 2121, fol. 576r-v), et 100 lances entre mai et septembre 1480 (état des paiements...). Sa compagnie comptait 300 hommes le 18 janvier 1481, 50 lances le 4 juillet suivant (ADN, B 2124, fol. 29r et 325r-v).

56 La compagnie comptait en effet 55 hommes d'armes et 150 archers à cheval en avril et septembre 1481 (ADN, B 2124, fol. 321v-328r) ; crue soldée à part le 10 janvier 1482 (ADN, B 2127, fol. 320v-321r) ; dernier paiement pour 55 hommes d'armes et 150 archers à cheval le 24 mars 1482 (*ibid.*, fol. 323v-324r).

57 ADN, B 2127, fol. 35r, paiements aux gens de guerre.

58 Soit les 1 350 lances recensées à l'été 1480, dont on soustrait 50 lances pour la disparition de la compagnie du seigneur de Hames, 50 lances pour celle du seigneur de Zottegem, 88 lances pour la réduction de la compagnie de Philippe de Clèves, 50 lances pour celle du comte de Nassau, 75 lances pour celle du seigneur de Boussu, 50 lances pour celle du comte de Saint-Pol, 75 lances pour celle du prince d'Orange, 75 lances pour celle du comte de Romont et 75 lances pour celle de Claude de Vaudrey.

les effectifs[59], et y compris les hommes du gouverneur de Luxembourg. En effet, aux compagnies d'ordonnance, il faut ajouter la force mise à la disposition d'Evrard de La Marck, seigneur d'Aremberg, puis de Claude de Neufchâtel. Elle comptait 200 cavaliers et 100 piétons de janvier 1478 à novembre 1478, puis, à partir de ce moment, ces 300 hommes furent comptés pour 50 lances, pour les soldes desquelles le gouverneur reçut quelques versements « en tant moins de ce qui peut lui être dû »[60]. Cette compagnie fut payée d'avril à septembre 1479 par le quartier d'Anvers[61]. Lorsque Evrard de La Marck fut remercié[62], on en revint à la situation antérieure, puisque Neufchâtel commandait à nouveau des cavaliers et des piétons – 300 cavaliers et 100 piétons le 22 avril 1481[63], 300 cavaliers en mars 1482[64]. Le coût de cette unité représentait en théorie près de 20 000 l. par an, soit environ 60 000 l. pour trois années de service, dont Evrard n'avait reçu que 5 500 l. le 6 décembre 1480, soit moins de 10%, et 22% si l'on y ajoute les 7 900 livres versées par le quartier d'Anvers en 1479. Ces désignations fluctuantes, ainsi que l'irrégularité et la modicité de leurs gages, laissent penser que ces 300 hommes constituaient une sorte de formation intermédiaire entre la compagnie d'ordonnance et l'arrière-ban, composée pour l'essentiel de fidèles du gouverneur et de vassaux, qui n'étaient pas en permanence en service, mais étaient à sa disposition en cas de besoin. Le compte du commis par le quartier d'Anvers à faire le paiement de sa compagnie précise du reste qu'il s'y trouvait des arbalétriers à cheval, au lieu des habituels archers à cheval.

La mort de Marie de Bourgogne fut sans doute suivie de nouvelles réductions d'effectifs, attestées pour la compagnie du seigneur de Beveren, dont la moitié des gens de guerre furent licenciés. De même, la compagnie de Charles de Saveuse vit ses effectifs amputés de 10 lances sur 50[65]. La prise en main du financement et de la conduite de la guerre contre la France par les Membres de Flandre, tandis que le Brabant consacrait toutes ses ressources à la guerre contre les Liégeois, porta le coup de grâce à la nouvelle ordonnance. Passé le mois d'avril 1482, le trésorier des guerres ne versa plus aux capitaines bourguignons que des acomptes, à déduire des arriérés de solde qui ne cessaient de grossir[66]. Les principautés prirent le relais, chacune pourvoyant à sa sécurité, avec des moyens toujours plus réduits. À partir d'avril 1482, le Hainaut n'entretint plus que 50 lances pour la protection de sa frontière[67] ; en septembre, la désagrégation de l'ordonnance était complète, puisque le comté

---

59 ADN, B 2127, fol. 32r, assignation sur les aides de Brabant pour le paiement de ses gens de guerre.

60 300 l. le 24 août 1480, en plus de 4 800 l. déjà versées auparavant (ADN, B 2121, fol. 580r-v) ; 400 l. le 6 décembre 1480 (*ibid.*, fol. 584v).

61 AGR, CC, reg. 30896, p. 3-4.

62 Hans COOLS, *Mannen met Macht…*, notice n° 192, p. 274-275.

63 ADN, B 2128, n° 68941, mandement ordonnant la revue de ces gens de guerre.

64 ADN, B 2127, paiements aux gens de guerre, fol. 67v.

65 Sa compagnie comptait 40 hommes d'armes, 80 archers à cheval et 40 archers à pied le 26 juin 1482 (ADN, B 2127, fol. 68r), au lieu de 50 lances le 29 mars (mandement ordonnant la revue de sa compagnie, ADN, B 2125, n° 68726).

66 ADN, B 2127, paiements aux gens de guerre, fol. 68r.

67 30 lances au Quesnoy, sous le seigneur d'Irchonwez, 10 lances à Chimay, sous Gilles de Bouzanton, et 10 lances à Aymeries, sous le seigneur de Villers (Léopold DEVILLERS, « Le Hainaut après la mort de Marie de Bourgogne » …, p. 199-201, 227-231).

L'ÉCHEC DE LA NOUVELLE ORDONNANCE   405

ne soldait plus que de tout petits contingents dispersés dans les places frontalières, pour un total de 225 cavaliers et 121 fantassins[68]. Après la signature du traité d'Arras, on put enfin licencier les dernières garnisons.

Caractères de la nouvelle ordonnance bourguignonne

La nouvelle ordonnance présente des caractéristiques qui la distinguent fondamentalement de son équivalent français d'une part, et de l'armée de Charles le Téméraire d'autre part. Il convient d'abord de s'arrêter sur le profil social et politique du corps des capitaines. Celui-ci est en effet très homogène, puisqu'il fut largement dominé par les grands seigneurs les mieux intégrés au système curial bourguignon, et les plus connectés aux réseaux de pouvoir de la haute aristocratie de l'Europe du Nord-Ouest. Pas moins de huit d'entre eux, soit près de la moitié, reçurent le collier aux briquets de l'ordre de la Toison d'or ; parmi eux, seul Engilbert de Nassau avait été promu avant l'avènement de Marie de Bourgogne[69]. On veilla partout à poster les compagnies dans les villes situées dans les aires d'influence des capitaines, où ceux-ci avaient des terres à défendre, des vassaux qui pouvaient les servir, ainsi que des réseaux d'influence sur lesquels s'appuyer au sein des élites urbaines, et où de ce fait, le dialogue avec les assemblées représentatives s'en trouvait grandement facilité. Ainsi étaient concentrés entre leurs mains tous les moyens de la puissance à la fin du Moyen Âge, richesse foncière, fidélités personnelles dérivées de la féodalité, dignités et offices princiers, et accès à la fiscalité publique. On constate également en France une tendance à placer en garnison les compagnies d'ordonnance dans les provinces dont étaient originaires le capitaine et la plupart de ses hommes. Cependant, les compagnies d'ordonnance restaient très mobiles et prêtes à traverser le royaume à l'injonction du monarque[70].

Au contraire, aux Pays-Bas bourguignons, les déplacements furent extrêmement rares. Les campagnes de 1478 et de 1479 mobilisèrent la plupart des compagnies de la nouvelle ordonnance, mais elles restèrent fort près de leur base, puisque les trois-quarts d'entre elles se trouvaient stationnées entre Saint-Omer et Cambrai. La campagne menée en Luxembourg, en 1480, fut celle qui les éloigna le plus de leur lieu de garnison ; encore a-t-on vu que les compagnies n'y envoyèrent que la moitié de leurs effectifs, sous le commandement de leur capitaine, ainsi qu'en attestent des missives du 16 et du 17 juillet 1480, adressées à Philippe de Beveren, Jean de Salazar, Jean et Jacques de Luxembourg, ainsi qu'au comte de Romont[71].

---

68 *Ibid.*, p. 239-247.

69 Engilbert de Nassau, en 1473 ; Jacques de Luxembourg, seigneur de Fiennes, Jacques de Savoie, comte de Romont, Pierre II de Luxembourg, comte de Saint-Pol, Philippe de Bourgogne, seigneur de Beveren, en 1478 ; Pierre de Hennin, seigneur de Boussu, en 1481 ; Claude de Neufchâtel, seigneur du Fay, en 1491 ; Corneille de Berghes en 1501 (voir Raphaël DE SMEDT (éd.), *Les chevaliers de l'ordre de la Toison d'or au XVᵉ siècle. Notices bio-bibliographiques*, 2ᵉ éd., Francfort-sur-le-Main, P. Lang, « Kieler Werkstücke », n° 3, 2000).

70 Jean-François LASSALMONIE, « L'abbé Le Grand et le compte du trésorier des guerres pour 1464. Les compagnies d'ordonnance à la veille du bien public », *Journal des Savants*, 2001, p. 43-92.

71 ADN, B 2121, petite messagerie, fol. 190v-191v.

Pour autant, cet enracinement local était modéré par l'envergure sociale et politique des capitaines. On peut en effet difficilement qualifier Jean de Luxembourg ou Philippe de Bourgogne de seigneurs flamands, quoiqu'ils en aient parlé la langue, qu'ils fussent possessionnés en Flandre, et qu'ils aient su nouer des liens de confiance, voire constituer des réseaux politiques avec les élites de Bruges ou de Gand. Il serait également hardi de voir en Philippe de Clèves ou en Engilbert de Nassau de simples Brabançons… L'horizon très large de leurs intérêts, leurs liens avec la cour de Bourgogne et avec la noblesse supra-régionale des pays de par-deçà en faisaient évidemment des représentants du prince bien plus que ceux de leurs sujets. En cela, les capitaines d'ordonnance formaient un corps tout à fait distinct des baillis ou capitaines de châteaux, villes ou châtellenies, dont la langue maternelle était le flamand, et dont le sentiment d'appartenance dominant était le patriotisme principautaire, voire campanaire. Les compagnies d'ordonnance étaient décidément l'armée personnelle du prince, composées dans leur écrasante majorité de francophones. Bien que nous ne disposions, pour toute la période, que d'une seule montre d'armes, très partielle, portant sur 32 hommes d'armes, 170 archers à cheval et 580 archers et piquiers « nouvellement mis sus » pour renforcer la garnison d'Aire et de Saint-Omer en juin 1477[72], on constate que la quasi-totalité des hommes d'armes et des archers mentionnés incidemment dans les sources, notamment dans le chapitre des dons et récompenses de la recette générale des finances, ont des noms à consonance francophone, à l'exception d'un écuyer espagnol, d'un autre d'origine ibérique et d'un certain Floris d'Inghenemme, appartenant à la compagnie du comte de Nassau[73]. De même, sur les 32 hommes d'armes qui s'apprêtaient à rejoindre la compagnie du seigneur de Beveren à Saint-Omer en 1477, seul un certain Jaquotin de Seninghem peut être rattaché au domaine flamand, les autres paraissant plutôt originaires des marches francophones du comté de Flandre, Artois, Boulonnais et Picardie.

Les Flamands ne s'y trompèrent pas, lorsqu'ils prirent à partie les gens de guerre « welches » du seigneur de Zottegem, et qu'ils tirèrent à coup de canon sur ce dernier, pourtant l'un des seigneurs bourguignons les plus disposés à coopérer avec eux. À coup sûr, l'élimination de celui-ci et la mort du seigneur de Dadizeele dut creuser encore un peu plus le fossé existant entre les ordonnances ducales et les élites flamandes, tandis que l'arrivée aux Pays-Bas du prince d'Orange, de Claude de Vaudrey et du groupe franc-comtois qui les suivait renforçait encore l'empreinte francophone de la nouvelle ordonnance. Plus que jamais, ceux qui payaient étaient flamands ou néerlandophones, tandis que ceux qui combattaient étaient étrangers, et principalement francophones. Cela avait déjà été le cas sous le règne de Charles le Téméraire, mais dans une moindre mesure, car les pays de par-delà, la Picardie et l'Artois contribuaient aux finances ordinaires et extraordinaires ducales. En outre, la présence dans les compagnies d'ordonnance bourguignonnes d'une forte composante d'infanterie, chaque lance comptant un arbalétrier à pied, un couleuvrinier à main et un piquier, assurait une meilleure représentation des provinces néerlandaises

---

72 ADN, B 2112, n° 68104, 11 juin 1477.

73 Voir *supra*, p. 361, note n° 36.

L'ÉCHEC DE LA NOUVELLE ORDONNANCE   407

dans l'armée du prince[74]. Dans la nouvelle ordonnance de 1477, il n'y avait plus qu'un homme d'armes à trois chevaux, deux archers à cheval et un archer à pied, soit quatre combattants par lance, ce qui la rapprochait très fortement du modèle français, l'archer à pied apparaissant comme une survivance résiduelle du modèle bourguignon. L'écrasante majorité de l'infanterie était désormais fournie par les milices urbaines ou les levées rurales, ainsi que par les compagnies de couleuvriniers à main soldées directement par les municipalités.

La grille des salaires resta à peu près constante pour toute la période. Ils étaient évalués en francs de 32 gros, peut-être pour faciliter la comparaison avec les soldes versées aux compagnies d'ordonnance royales – quoique la dévaluation de la livre de Flandre, en septembre 1477, l'ait quelque peu faussée, puisque la livre de Flandre ne valut plus, à partir de ce moment, qu'environ 1,09 livre tournois, au lieu de 1,2 précédemment, ce qui mettait le franc de 32 gros à 0,87 livre tournois, au lieu de 0,97 précédemment. L'homme d'armes de le nouvelle ordonnance recevait 15 francs par mois, l'archer à cheval 5 francs et l'archer à pied 4 francs[75]. En quelques rares occasions, l'homme d'armes reçut des gages plus généreux, de 18 francs par mois[76]. On était loin des grasses rémunérations que les États généraux s'étaient promis de verser ! En 1477, l'homme d'armes touchait 13% de moins et l'archer à cheval 42% de moins que leurs homologues français, et l'archer à pied 30% de moins que l'archer à pied du champ du roi. La lance bourguignonne coûtait 30 francs par mois (24 livres de 40 g., et 26 livres tournois), en y ajoutant la solde du capitaine, qui s'élevait à un franc par lance et par mois ; elle revenait donc un peu moins chère que la lance française (31 livres tournois par mois, soit 15 l. pour l'homme d'armes, 7,5 l. pour chacun des deux archers, et une livre pour le capitaine), et comprenait un combattant supplémentaire.

La charge pour les finances bourguignonnes était cependant très conséquente, puisqu'elle oscillait entre 144 000 l. par an pour 500 lances et 345 000 l. par an pour 1 200 lances. Le coût cumulé théorique total de la nouvelle ordonnance, entre octobre 1477 et juin 1482, a pu s'élever à environ 1 à 1,2 million de livres de 40 g.[77], soit à peu près la moitié des dépenses de guerre des pays de par-deçà de janvier 1477 à décembre 1482, qui sont de l'ordre de 2,1 millions de livres[78]. Lourd fardeau que celui

---

74   Sur ce sujet, voir Charles BRUSTEN, « L'armée bourguignonne de 1465 à 1477 », *Revue internationale d'histoire militaire*, 20, 1959, p. 452-466 ; *in* Daniel REICHEL (dir.), *Grandson 1476. Essai d'approche pluridisciplinaire d'une action militaire du XVe siècle*, Lausanne, Centre d'histoire et de prospective militaires, 1976, p. 112-169.

75   Parmi d'innombrables occurrences, quelques-unes prises tout au long des cinq années : la montre des 32 hommes d'armes, 170 archers à cheval et 580 archers et piquiers mentionnée ci-dessus ; les soldes payées par les quartiers d'Anvers et de Bruxelles (AGR, CC, reg. 30895, 30896 et 48799) ; les soldes payées par le trésorier des guerres en 1480, 1481 et 1482 (ADN, B 2121, fol. 571v et suivants, B 2124, fol. 315r et suivants, B 2127, fol. 320v et suivants).

76   Ainsi, les compagnies soldées par la Flandre en avril et mai 1479 (ADN, B 3519, n° 124374) ; la compagnie du seigneur de Zottegem, soldée par les Brugeois à l'été 1477 (AGR, CC, reg. 32529, fol. 151r-v).

77   800 lances soldées d'octobre 1477 à septembre 1478, 500 lances d'octobre 1478 à mars 1479, 1 000 à 1 200 lances d'avril 1479 à août 1480, 600 à 650 lances de septembre 1480 à mars 1482.

78   Voir *supra*, p. 284-287 et diagrammes n° 10 à 12.

408   CHAPITRE 13

que représentait l'entretien de moins de 4 000 hommes pour un ensemble territorial peuplé d'environ deux millions d'habitants, mais en théorie compatible avec le potentiel fiscal des pays de par-deçà. Pourtant, jamais ceux-ci ne furent en mesure de répondre aux deux conditions absolument nécessaires au maintien de l'ordre et de la discipline des gens de guerre, à savoir payer leurs gages en totalité, et avec régularité. Très peu de temps après la reconstitution des compagnies d'ordonnance, les gens de guerre se rendirent en effet coupables de toutes sortes d'excès et de violences.

II. L'échec de l'acculturation des compagnies d'ordonnance aux Pays-Bas bourguignons

À armée permanente, soldes permanentes...

Le 13 mars 1478, Jean de Dadizeele recevait une commission pour faire cesser les violences commises en Flandre par les gens de guerre des compagnies de Jean de Salazar, Charles de Saveuse et Corneille de Berghes. Entre novembre 1478 et février 1479, les extorsions et réquisitions des gens de guerre des ordonnances furent régulièrement à l'ordre du jour des réunions des Membres de Flandre[79]. En décembre 1478, il fallut la médiation de Jacques de Ghistelle, chevalier et ancien mayeur de Saint-Omer, pour régler un violent différend entre des gens de guerre et la population de la châtellenie de Bergues-Saint-Winoc. Celle-ci s'était soulevée contre des hommes de la compagnie de Philippe de Beveren, qui avaient dû se réfugier à Wormhout et attendre le secours de leurs camarades restés à Aire et Saint-Omer. Finalement, les gens de guerre quittèrent la châtellenie, moyennant le paiement de l'aide due pour leur solde – probablement le terme de janvier 1479 de l'aide de 127 000 *ridders*[80]. Au cours de l'hiver 1479-1480, alors que sévissait une vague de froid, des routiers ravagèrent le Hainaut, avec la complicité de nombreux seigneurs, si l'on en croit Jean Molinet, qui consacre à cet épisode un court chapitre, fort intéressant, car il met en scène une réaction publique extra-princière. Les Flamands, à la requête des états de Hainaut, envoyèrent 1 600 piquiers à Mons, commandés par l'un des futurs champions de la cause flamande durant les guerres civiles de 1485 et 1488-1489, Adrien Vilain, seigneur de Liedekerke. Ils dispersèrent un millier

---

79 *Handelingen...*, t. I, p. 80-89. Les premières plaintes émanèrent de ceux du quartier de Gand, à nouveau à l'encontre de la compagnie de Jean de Salazar, qui aurait commis pour 248 livres de 20 g. de dégâts dans la châtellenie d'Audenarde, et bien plus dans le pays d'Alost (*ibid.*, p. 80-88). Le problème était à nouveau soulevé au cours d'une réunion des Membres de Flandre, entre le 29 décembre 1478 et le 2 janvier 1479 ; il y fut rappelé que les 500 000 *ridders* avaient été accordés pour le paiement des gens de guerre. Les habitants de la châtellenie d'Ypres envoyèrent des représentants à la réunion des Membres tenue entre le 19 et le 27 janvier 1479 pour les prévenir que des fourriers étaient venus préparer le logement de gens de guerre, et que beaucoup d'autres s'apprêtaient à venir (*ibid.*, p. 89-90).

80 AM Saint-Omer, compte des argentiers, 1478-1479, voyages et vacations, fol. 103v-104r.

de pillards établis à Maubeuge et mirent fin aux troubles[81]. Il est probable que la demande d'intervention soit venue de Mons, qui correspondait régulièrement avec les autres métropoles des Pays-Bas, de sorte que la restauration de l'ordre public fut le fruit d'une coopération interurbaine transcendant les principautés, qui jetait un jour fâcheux sur l'impuissance de Maximilien et de ses officiers face à ce type de situation. En effet, dès le 12 décembre 1479, Maximilien avait été informé par le grand bailli de Hainaut des exactions commises par les gens de guerre. Il avait alors annoncé qu'il dépêchait le prévôt des maréchaux, et qu'il s'apprêtait à envoyer les arriérés de solde dus aux pillards[82]. Manifestement, cela n'avait pu être fait, ou n'avait pas suffi.

Le 4 avril 1480 encore, Maximilien ordonnait au comte de Romont et aux autres capitaines logés en Brabant de quitter la principauté, afin de ne pas retarder la levée des aides accordées par les états du duché[83]. C'est donc que les gens de guerre devaient s'être dispersés dans les campagnes, et avoir pris un peu trop leurs aises avec leurs hôtes. On eut à nouveau recours au chantage à l'impôt en septembre suivant : le 19 septembre, Maximilien demandait aux villes de Louvain, Anvers et Bruxelles de payer les soldes des ordonnances ducales *et tellement ilz feissent que par faulte dud. paiement ilz ne fussent pas la cause que lesd. gens de guerre habandonnassent mond. s*[84]. Trois jours plus tard, peut-être à la suite des protestations des chef-villes, il ordonnait à Philippe de Beveren, Jean de Salazar et Charles de Saveuse, dont les troupes maraudaient dans la partie romande du Brabant, de « vider » au plus vite le duché, car à cause d'eux, les habitants refusaient de payer leur contribution[85]. Quelques semaines auparavant, en juillet/août 1480, malgré l'octroi de nouvelles impositions pour la campagne d'été, les Membres de Flandre durent rappeler à l'ordre des bandes de gens de guerre installées dans certaines localités de la châtellenie d'Ypres, et leur demander de cesser leurs déprédations, sans grand succès[86]. En novembre 1482, le prince d'Orange et Claude de Vaudrey étaient priés de rétablir la discipline de leurs hommes, car les Brabançons menaçaient de les chasser *manu militari*[87].

De tous ces exemples, on peut tirer plusieurs leçons. D'abord, à une exception près, tous les troubles relevés dans nos sources eurent lieu en hiver, car c'est au début de chaque printemps que les assemblées d'états accordaient ou prolongeaient les grands subsides pour la conduite de la guerre. Le Brabant et la Flandre y ajoutaient parfois une aide complémentaire pour l'entretien des garnisons pendant l'hiver, mais elles étaient d'un montant très faible[88]. Tout se passe donc comme si les États

---

81 Jean MOLINET, *Chroniques...*, t. I, p. 321-324.

82 « Lettres inédites... », t. 2, p. 278-279.

83 ADN, B 2121, petite messagerie, fol. 137v.

84 *Ibid.*, fol. 245v, 19 septembre 1480.

85 *Ibid.*, fol. 247r, 22 septembre 1480.

86 *Handelingen...*, t. I, p. 151-153.

87 ADN, B 2127, petite messagerie, fol. 159r et 161r.

88 En Flandre, trois aides de 21 200 à 22 500 couronnes accordées en 1480, 1481 et 1482, soit, pour chacune d'elle, de quoi payer 500 lances pendant deux mois seulement (voir annexe I, aides accordées par la Flandre, aides n° 9, 10 et 11). Le Brabant n'accorda qu'une seule aide, pour le paiement de 400 lances pendant six semaines (voir annexe II, tableaux synthétiques des aides accordées par les principautés (Brabant)).

généraux ignoraient l'existence de compagnies d'ordonnance permanentes, qu'il fallait solder également pendant la saison froide, puisque les courses en profondeur menées par les Français ne cessaient nullement à la fin de l'été. Il est vrai que de son côté, Maximilien paraissait incapable d'épargner de quoi payer ses ordonnances sur les recettes des aides accordées au printemps, qui auraient pourtant dû être affectées à ce seul usage. On a vu au chapitre précédent que les subsides mis à la disposition du prince avaient tendance à être détournés de leur objet. C'est ce qui se produisit pour l'aide de 127 000 *ridders* et pour l'aide de 108 400 couronnes accordées par la Flandre et le Brabant à l'automne 1477[89], alors même que leur levée avait été échelonnée sur plusieurs termes (1er janvier, 1er mai et 1er septembre pour l'aide de 127 000 *ridders* ; 1er mars, 1er juillet et 1er novembre pour l'aide de 108 400 couronnes), assurant des rentrées fiscales régulières, chaque mois ou tous les deux mois.

Les troubles de mars 1478 étaient aisément explicables, compte tenu du fait que les premières recettes des aides accordées en 1477 commençaient tout juste à être encaissées, et que la pompe à finances venait d'être réamorcée, et l'ensemble des ordonnances princières reçut la solde du mois de mars à partir du 24 mars, sur le produit du premier terme de l'aide de Brabant[90]. En revanche, les désordres de l'hiver suivant contribuèrent sans doute à convaincre les assemblées représentatives de reprendre en main la gestion des aides levées pour la guerre. Des commissaires nommés par les Membres de Flandre administrèrent les aides accordées au printemps 1479, tandis qu'en Brabant, les villes de Bruxelles, Anvers et Louvain se répartirent les compagnies de gens de guerre à entretenir. L'année suivante, le vote de l'aide de 120 000 couronnes donna lieu à un accord entre les six commissaires du prince et les quartiers d'Ypres et de Bruges[91]. Tandis que le premier article rappelait que l'argent devait servir exclusivement au paiement des gens de guerre[92], les trois suivants traitaient des mesures à prendre pour assurer leur discipline. Le deuxième justifiait la nécessité de préserver les Flamands des violences des gens de guerre par le fait qu'elles pouvaient retarder la levée des subsides[93]. Le troisième prévoyait le remboursement des dommages causés aux sujets de Marie et de Maximilien sur les gages des fautifs, et

---

89 Sur 116 000 l. assignées sur l'aide de 108 400 couronnes, seules 54 000 l. le furent explicitement au bénéfice du trésorier des guerres. Même en y ajoutant les décharges en faveur du receveur général, en supposant que celui-ci en réattribua ensuite le produit au trésorier des guerres en totalité, hypothèse peu probable, le total ne monte qu'à 81 000 l., soit à peine 62% de la recette théorique totale (AGR, CC, reg. 15729, compte de l'aide de 108 400 couronnes, fol. 59r-63r).

90 *Ibid.*, deux assignations de 8 305 l. et 12 000 l. en faveur du trésorier des guerres pour la solde de mars.

91 ADN, B 3519, n° 124382, 22 avril 1480. Les commissaires du prince étaient Martin Lem, trésorier des finances, l'évêque de Tournai, le seigneur de Montigny, le prévôt de Notre-Dame de Bruges, le doyen de Saint-Donat et le président du Conseil de Flandre.

92 *Ibid.* : […] *Eerst dat de penninghe die men heffen zal omme de betalinghe te dozne den vors. VI^m vechtender* [mannen] *allenlic bekeert zullen werden, in tonderhout vanden zelven ende vanden vors. drie scepen, zonder die te bekeerne ofte moghen doen bekeren in eeneghen anderen usaigen.*

93 *Ibid.* : *Item dat onse vors. geduchte heere zal doen bescudden de ondersaten ten platten lande ende ooc inde steden gheseten in tvors. land van allen etinghen oppressien ende violencien, ten hende dat de vors. ondersaten gheene cause en hebben hemlieden te excuseerne de betalinghe te doene omme tonderhout vanden volcke van wapenen voorn.*

rappelait que les bancs échevinaux des villes et châtellenies étaient compétents pour traiter ce genre de litiges[94]. Enfin, on s'accorda sur le nom des commissaires aux revues des troupes, à savoir le grand bailli de Bruges, Roland de Hallewin, le gouverneur de Lille, Douai et Orchies, Jean, seigneur de Hames, et le seigneur de Caestre, tous trois officiers du prince, ayant la confiance des Membres de Flandre[95]. Cet accord offrait des conditions un peu plus favorables au prince que l'année précédente, puisqu'en 1479, les états de Flandre avaient insisté pour qu'une commission issue de leurs rangs passent les revues des compagnies d'ordonnance mises à la charge de la Flandre[96].

En cela, les assemblées représentatives appliquaient les principes réformateurs traditionnels. Ainsi, dans le *Songe du vieux pèlerin*, Philippe de Mézières recommandait de confier aux communautés d'habitants, bonnes villes et châtellenies, la gestion des subsides accordés au prince *affin que les dictes aides sans dommaige du peuple soient employees en retranchant l'occasion de toute violence et de toute larrecin touchant aux aides, et que desd. aides le roy en soit servi entierement et non pas par partie a sa guerre [...], affin aussi que les dictes gens d'armes soient selon leur retenue payees de moys en moys, il seroit expedient [...] (que) par le commandement de ta royalle mageste et ordonnance royalle, les bonnes villes du royaume et les chastellenies, par bonne reigle bien ordonnee et donne(e) par ton conseil royal, en prensissent la charge et la paine de liever les aides, chacun de son destroit*[97]. Des commissions de notables devaient assurer une gestion plus rigoureuse, et surtout plus honnête, que les officiers du roi, chargés de tous les maux. Ces commissaires devaient travailler en étroite collaboration avec les capitaines royaux, choisis par le roi parmi des gentilshommes de bonne vie et mœurs, mais ne possédant pas d'intérêts dans la région, afin d'éviter qu'ils ne passent trop de temps sur leurs terres – on a vu que Maximilien préféra au contraire choisir des capitaines d'ordonnance bien en prise avec la société locale.

La maîtrise de la levée et de la distribution des impôts par les assemblées d'états, elles-mêmes dans la main des principales métropoles néerlandaises, se traduisit-elle par une raréfaction des violences militaires ? Nullement. Les très graves troubles de l'hiver 1479-1480 survinrent peu après la campagne de l'automne 1479, au cours de laquelle les Flamands consentirent l'effort fiscal que l'on sait. Si la première aide des 7 000 combattants servit à payer les soldes de l'ordonnance ducale au cours du printemps, le produit de l'aide des 100 000 *ridders* accordée en août 1479 fut consumé par les milices de Flandre, mobilisées trois mois, pour à peine plus de trois semaines

---

94 *Ibid.* : *Item ende up al dien datter eeneghe oppressie, scade in steden of up tplatte land ghedaen worde bij de volcke van wappenen, dat men dat verhalen zal up de capiteynen vanden scade doenders, de welke scade ten eersten paiemente hemlieden afghecort zal werden bij den tresoriers bij onsen voors. geduchten heere gheordonnert ter betalinghe, dies zullen de scades nemers goede informacie doen bij der wet daer de scade ghescict es, ofte zal de scadenemere moghen de vors. scade groten bij zijnen eede.*

95 *Ibid.* : *Item dat de monstren ende reveuwen vand. volcke van wapenen ghedaen ende ghepasseert zullen zijn de vors. .v. maenden lanc gheduerende bij mer Roelland van Halewin, hoochbailli van Brugghe, den heere van Hames, ende den heere van Caestre, ruidders, etc., de welke onse vors. gheduchte heere daertoe committeren ende auctoriseren zal.*

96 Les députés des états de Flandre passèrent les revues une première fois entre le 22 avril et le 11 mai 1479 (*Handelingen* ... , t. I, p. 102), et à nouveau début juin (*ibid.*, p. 104 et 105).

97 Philippe de MÉZIÈRES, *Le Songe du vieil pelerin* ... , t. II, p. 393-394.

412   CHAPITRE 13

de service actif. Ainsi, l'absence d'une direction militaire et financière unifiée en 1479 fut directement responsable, non seulement de l'échec des deux campagnes, mais aussi de l'indiscipline des gens de guerre, mis au régime sec après le trop coûteux été 1479. Pour y remédier, outre l'expédition armée contre les routiers de Hainaut, il fallut que les Membres de Flandre et les états de Brabant accordent d'urgence un subside complémentaire, les premiers une aide de 22 500 *ridders*, les seconds une aide d'environ 10 000 l., pour l'entretien de 400 lances pendant six semaines. Comme le voulaient les Membres de Flandre, pas un denier de leurs impôts ne servit à payer les pensions des conseillers de Maximilien ou les frais de bouche de la cour ; tous furent convertis à la guerre, mais on dépensa beaucoup plus, pour un résultat nul.

Au printemps 1480, le Brabant et la Flandre accordèrent à nouveau des aides très conséquentes : 120 000 couronnes pour les quartiers d'Ypres et de Bruges, sans compter l'aide levée par les Gantois sécessionnistes, destinée à leur seule défense, et à nouveau 108 400 couronnes pour le Brabant. Leur montant suffisait à solder près de 1 000 lances pendant un an. Pourtant, à nouveau, les commissions des Membres de Flandre et des états de Brabant furent incapables de payer l'intégralité des soldes des ordonnances ducales, non pas pendant une année entière, comme cela paraissait possible, mais même durant les seuls mois de printemps et d'été, jusqu'à la signature des trêves avec la France. On a déjà vu que le rendement de ces aides fut sérieusement obéré par les rabais et les contestations de toutes sortes, qui en limitèrent le produit total à moins de 190 000 livres de 40 g. Un extrait de l'état des paiements effectués par les commissaires flamands, rendu pour ou par la Chambre des comptes de Lille, montre que seuls 26,5% des quelque 16 082 l. 10 s. 8 d. de gros, soit 96 495 l. 4 s., auxquelles s'éleva la recette finale de l'aide de 120 000 couronnes, furent employés au profit des gens de guerre de l'ordonnance[98]. Les mieux servis furent ceux de la compagnie de Philippe de Beveren, qui reçurent la presque totalité des quatre mois de solde qui auraient dû leur être réglés pendant la durée de l'aide, de mai à août 1480. Les autres ne reçurent qu'un à trois mois de solde[99]. Un deuxième quart de la recette servit à payer de très nombreuses garnisons, dispersées un peu partout, dans les grandes villes, comme Saint-Omer, Aire ou Douai, ou dans de petites places, à Gravelines, Renescure, ou Bourbourg. 1 860 l. (320 l. g.) furent employées à défrayer les miliciens mobilisés autour de Cassel sous le commandement de Jean de Dadizeele, tandis que 270 l. (45 l. g.) financèrent une modeste « course par mer ». La dispersion de ces ressources pourtant mesurées est tout à fait frappante – le primat des préoccupations locales aussi : est-ce un hasard si les compagnies d'ordonnance

---

98 ADN, B 3519, n° 124381, comptes de Pierre de Buis et J. de Wailly de l'aide des 6 000 combattants, de mai à septembre 1480.

99 Philippe de Bourgogne, seigneur de Beveren, pour 100 lances, 300 archers à cheval et 314 piétons reçut 2 014 l. 8 s. g., soit 94% du total dû (un peu moins de quatre mois) ; Jean de Salazar, pour 100 lances, 712 l. 13 s. 4 d., soit 44,5% du total dû (un peu moins de deux mois) ; Charles de Saveuse, pour 50 lances, 644 l. 4 s., soit 80,5% du total dû (un peu plus de trois mois) ; le comte de Romont, pour 100 lances, 678 l. 18 s. 8 d., soit 42,4% du total dû ; Jacques de Luxembourg, seigneur de Fiennes, pour 50 lances, 509 l. 14 s. 10 d., soit 62,6% du total dû ; Jean de Luxembourg, seigneur de Zottegem, pour 50 lances, 383 l. 9 s. 10 d., soit 47,9% du total dû.

les mieux payées furent celles qui étaient postées à Aire et Saint-Omer (Beveren et Saveuse), ces places si importantes pour la sécurité de la Flandre flamingante, tandis que celles qui se trouvaient en Flandre wallonne ne reçurent guère plus d'un mois ou deux ? Le compte fait également état de 1 407 l. g. rendues et non reçues, mais rien n'est dit des 36% restants de la recette. Auraient-ils été mise en réserve et employés par Bruges et Ypres après la rédaction de l'extrait ? C'est probable, car les comptes des villes et châtellenies de Flandre confirment bien la recette indiquée dans l'extrait, déduction faite du très gros rabais accordé à Ypres[100]. Par ailleurs, le compte de la châtellenie d'Ypres montre que si celle-ci paya l'intégralité de sa quote-part, elle le fit avec retard, comme en attestent les quittances délivrées par les commissaires de Bruges, datées du 12 août, du 30 septembre et du 15 décembre, tandis que la dernière n'avait pas encore été rendue au moment de la clôture du compte[101]. En Brabant également, un défaut de 8 314 couronnes fut constaté par rapport à la recette théorique, et levé l'année suivante. Comme les Flamands, les villes brabançonnes avaient entretenu leurs propres contingents[102], réduisant ainsi les ressources disponibles pour le paiement des compagnies d'ordonnance.

Une équation politique et financière impossible

Ainsi donc, malgré la lourdeur des contributions levées en Flandre, malgré l'exclusion complète des officiers de Maximilien de la gestion de l'aide des 120 000 *ridders* / 6 000 hommes, en recette comme en dépense, les ordonnances ducales n'avaient pas même été payées en intégralité, alors que la saison des campagnes actives battait son plein. Faut-il s'étonner que les compagnies d'ordonnance se soient aussitôt dispersées dans les riches campagnes brabançonnes, sur la route du Luxembourg, au mois de septembre suivant ? La terrible campagne de l'été 1480, avec ses traînards, ses pillards, la mutinerie des mercenaires suisses, le mécontentement des assemblées représentatives, illustre le cercle vicieux d'où Maximilien n'arrivait pas à sortir. Mal aimées, donc mal payées, les compagnies au service de l'archiduc n'en étaient que plus violentes et enclines à s'emparer par la force de ce que ces paysans et ces bourgeois qu'ils protégeaient des Français refusaient de leur donner. Leurs exactions, en retour, nourrissaient le ressentiment et la résistance des populations.

Après la signature des trêves de Notre-Dame-d'Esquerchin, les ordonnances, très fortement réduites, vécurent de demi-soldes, au gré des expédients financiers, des très modestes subsides accordés par les principautés, se résumant souvent à des avances accordées par les grandes villes, alors que se tarissaient les recettes domaniales, lourdement engagées les trois années précédentes. Il est impossible de mesurer la proportion d'arriérés dus aux compagnies d'ordonnance pour leur service de

---

100 Voir annexe I, aides accordées par la Flandre, aide n° 7.

101 AGR, CC, reg. 44304, fol. 9r-v.

102 Ainsi, la ville de Louvain avait levé à ses frais 200 cavaliers, 600 fantassins et 128 Suisses, en service de la mi-juillet à la fin septembre, pour un coût total de 5 831 florins (Willem BOONEN, *Geschidenis van Leuven...*, p. 63-64).

CHAPITRE 13

septembre 1480 à mars 1482. Les reliquats de l'aide de 120 000 couronnes, recouvrés à la fin de l'année 1480 en Flandre, furent probablement employés au règlement des soldes des compagnies d'ordonnance à partir de septembre 1480. Pour l'année 1481, la recette générale enregistre à peine 26 000 l. versées aux ordonnances ducales[103], soit l'équivalent d'un peu plus d'un mois et demi de solde des 650 à 700 lances alors au service de Maximilien. Une bonne partie de ces décharges provenaient du revenu des quatre mini-subsides accordés par le Brabant en 1481, dont la recette totale ne dépassa pas les 20 000 livres[104]. S'y ajoutèrent une aide de 21 166 couronnes accordée par la Flandre durant les premiers mois de l'année[105], ainsi quelques milliers ou dizaines de milliers de livres versées en guise d'avance par les districts de Flandre[106], qui durent être payées directement aux gens de guerre, puisqu'on n'en trouve pas trace dans la recette générale. Additionnés ensemble, il est très peu probable que ces fonds de tiroir aient permis de régler plus de la moitié des soldes dues aux gens de guerre des ordonnances. Comment firent les gens de guerre pour subsister ? Sans doute ceux qui le purent prirent-ils des permissions prolongées et se retirèrent sur leurs terres ou chez des parents. Les autres durent vendre ou engager leurs harnois et surtout leurs chevaux, si chers à nourrir. La mort de Marie de Bourgogne brisa net le redressement politique et financier amorcé en novembre 1481 ; la nouvelle ordonnance se dissolvait peu à peu ; elle avait complètement disparu en décembre 1482.

Par un étonnant paradoxe, dû aux origines et à la nature même de l'État bourguignon, union de principautés aux cultures diverses et au patriotisme exacerbé, les compagnies d'ordonnance furent perçues comme une armée étrangère, voire mercenaire, alors même qu'elles étaient composées de loyaux sujets de la maison de Bourgogne – notamment ceux qui avaient abandonné tous leurs biens dans les pays de par-deçà. L'échec de la recréation des compagnies d'ordonnance, évident un peu moins de trois ans après leur reconstitution, tenait d'abord au rapport de forces politique. Les compagnies d'ordonnance étaient l'enfant contrefait et maladif du régime mixte né des convulsions de 1477. Maximilien n'était pas assez fort pour imposer une politique militaire ferme et centralisée, adossée à une fiscalité stable. En 1479-1480, alors que les états de Brabant et les Membres de Flandre exerçaient un contrôle absolu sur le financement de la guerre, ces assemblées ne se résolurent qu'avec répugnance à entretenir les compagnies d'ordonnance princières, préférant consacrer des ressources notables au maintien des institutions militaires traditionnelles. Cela sans doute aurait pu être pertinent, si les assemblées représentatives s'étaient entendues sur un modèle militaire alternatif, mais elles-mêmes, on l'a vu, hésitèrent, et manquèrent de l'unité de vue et de la volonté nécessaires à sa mise en œuvre.

---

103 70 340 l. assignées en 1481 au profit du trésorier des guerres pour le paiement des gens de guerre, dont 26 046 l. 16 s. versées aux compagnies d'ordonnance, 10 461 l. à la compagnie des gentilshommes de l'hôtel commandée par le seigneur de Chantereine, le reste aux archers anglais arrivés en août 1480, et à des bandes de gens de guerre en opération en Luxembourg (ADN, B 2124, fol. 315r-333r).

104 Voir annexe II, tableaux synthétiques des aides accordées par les principautés.

105 Voir annexe I, aides accordées par la Flandre, aide n° 10.

106 *Ibid.*, aide n° 12. Les aides levées dans le quartier de Gand ne servirent pas au paiement des soldes des ordonnances ducales.

CHAPITRE 14

L'armée de Maximilien et d'Albert de Saxe

Une armée professionnelle et non permanente

L'échec des compagnies d'ordonnance fut tel que Maximilien ne chercha pas à les reconstituer après sa victoire sur les Flamands en 1485. On observe alors une rupture très nette dans la politique militaire du prince, qui tourna le dos aux institutions traditionnelles (milices et arrière-ban) comme au modèle français. Les armées commandées par Maximilien et le duc de Saxe se caractérisent par leur taille plus réduite, et surtout par le recours exclusif à des troupes professionnelles, recrutées dans les pays obéissant ou ayant obéi aux ducs de Bourgogne, et, de manière croissante, en terre germanique. L'âge d'or du mercenariat et des lansquenets allait débuter en Europe.

La disparition de l'unique compte du trésorier des guerres Alard Coopman pour les années 1484 à 1493, rendu par sa veuve plusieurs années après sa mort, et qui devait donc être de toute façon assez partiel, nous interdit de connaître avec exactitude la composition des armées rassemblées par Maximilien et Albert de Saxe. Nous ne disposons pas non plus d'états récapitulatifs semblables aux extraits rassemblés par la Chambre des comptes en 1479-1480, et il faut encore déplorer la grande rareté de quittances ou de mandements relatifs au paiement de gens de guerre – qui s'explique précisément par l'effacement de l'administration militaire, et la mise au néant des procédures décrites dans les savantes ordonnances de Charles le Téméraire. Quant aux sources narratives, plutôt généreuses, Jean Molinet et les autres chroniqueurs ne donnent le plus souvent qu'une estimation globale du nombre de combattants mobilisés. Les combats de la guerre civile ayant été fractionnés en une multitude de petits théâtres d'opération, il faut alors additionner les nombreuses garnisons postées au même moment en Flandre et en Brabant, ou logées dans les provinces voisines, en courant le risque d'en oublier, ou au contraire de compter deux fois des effectifs passés d'un endroit à un autre.

Demeurent tout de même quelque 650 mentions de compagnies, le plus souvent éparses, retrouvées dans les comptes et les pièces justificatives dépouillés. Dans un peu plus d'un tiers de ces mentions, le nombre de gens de guerre soldés est indiqué. Enfin, du montant total des assignations passées au profit du trésorier des guerres, des subsides levés par les principautés pour leur défense, et de la grille tarifaire des soldes versées aux gens de guerre, il est possible de tirer un tableau général de ce que fut l'armée de Maximilien. On peut y distinguer trois composantes principales, à savoir les garnisons, en général statiques ou opérant dans un périmètre restreint, la « garde du roi des Romains », unité d'élite de combattants majoritairement montés à cheval, et les lansquenets et autres mercenaires suisses. Compte tenu de la grande plasticité des compagnies et des armées de ce temps, il ne faut pas exagérer leur spécialisation, et on observe une certaine porosité entre ces trois catégories : des lansquenets furent postés au même endroit pendant des durées prolongées, les

416 CHAPITRE 14

compagnies des principaux commandants de place pouvaient s'aventurer loin de leurs bases si nécessaire, tandis que la garde ne prit son autonomie par rapport aux autres compagnies et n'acquit sa personnalité propre qu'au bout de quelques années.

I. Après l'Ordonnance : la nouvelle armée bourguignonne

Un noyau de capitaines professionnels

Après le licenciement des compagnies d'ordonnance, à la fin de l'année 1482, Maximilien se soucia d'accorder son soutien financier à certains gentilshommes qui l'avaient servi les années précédentes. Ainsi, lorsqu'il fit sa joyeuse entrée en Hainaut en février 1484, en tant que tuteur de son fils, il fit attribuer à une dizaine d'entre eux des gratifications comprises entre 25 et 240 livres sur l'aide accordée par le Hainaut pour l'inauguration de sa régence[1]. Parmi eux se trouvent deux futurs capitaines de la garde, et sans doute les plus fréquemment cités par les chroniqueurs, à savoir Louis de Vaudrey[2], d'ailleurs le mieux doté de tous, avec 240 l., et « Alverade », c'est-à-dire Gracien Alvarado, qui reçut 120 l. Figurent également parmi les donataires de 1484 d'autres personnages qu'on peut qualifier sans trop d'anachronisme de militaires de carrière, mais qui jouèrent un rôle plus modeste dans les guerres à venir, signe que la cristallisation de ce milieu de capitaines professionnels n'en était qu'à son commencement. Voici Adrien Mainbode, à qui 150 l. furent accordées en 1484, et qui avait déjà reçu 100 l. en 1479 pour le dédommager de la perte de ses chevaux à Guinegatte[3]. Pendant la guerre de Flandre, il commanderait une petite troupe, postée à Koksijde, en 1488, puis à Hal, où il soutint le siège de la ville contre Philippe de Clèves[4]. Il ne fit donc pas à proprement parler de la garde, pas plus qu'un certain Jacques d'Elsat, probablement le même que ce Jennot d'Elsat, qu'on retrouve à la tête d'une compagnie composée principalement de gens de pied, à Deinze et à Aardenburg, au printemps et à l'été 1492[5]. De même, les états de service militaires de

---

1 ADN, B 6884, fol. 5r-6v, 2ᵉ compte de Jean de la Croix, démembré en deux cahiers (ADN, B 12432, pour les folios 1 et 12-13, B 6884 pour les folios 2 à 11).

2 Sur ce personnage, cousin germain de Claude de Vaudrey, voir Georges BISCHOFF, « "Vive Osteriche et Bourgogne !" Un preux Franc-Comtois au service de Maximilien Iᵉʳ, Louis de Vaudrey », in *La Franche-Comté à la charnière du Moyen Âge et de la Renaissance*, 2003, p. 161-186.

3 Voir *supra*, p. 362, note n° 43.

4 Chef de la petite garnison d'une trentaine d'hommes du château de Koksijde, près de Middelbourg, il capitulait face à l'assaut conduits par les Brugeois à la fin de juin 1488, (Jean MOLINET, *Chroniques…*, t. II, p. 57-59, où il est désigné sous le nom d'Adrien Mainbon). Le 10 mai 1489, arrivé peu de temps avant à Hal avec 20 hommes, il sauva la ville des Bruxellois (*ibid.*, p. 132). Il défendit encore Hal lors du siège de la ville du 20 au 24 juin 1489 (*ibid.*, p. 147). En 1493, il bénéficia d'un appointement de 1 200 l. pour ses services de guerre (assignations sur les aides de Hainaut et de Brabant, ADN, B 2146, fol. 27v et 46r).

5 Assignation le 22 mai 1492, sur les aides de Flandre, pour les 20 combattants à cheval et 100 à pied entretenus par lui à Deinze (B 2144, fol. 27v-28r) ; autre assignation du 13 août pour sa compagnie de 7 combattants à cheval et 100 à pied, en garnison à Aardenburg (*ibid.*, fol. 29v-30r).

Rodrigue et Méliador, tous les deux bâtards de Lalaing, qui reçurent respectivement 72 l. et 120 l. en février 1484, ne dépassèrent que rarement le cadre du Hainaut[6]. Autre représentant de ce milieu de petits capitaines, Hutin de Habart, originaire du comté de Boulogne, qui faisait partie des hommes d'armes passés à montres en juin 1477 avant d'intégrer la compagnie de Philippe de Bourgogne-Beveren. Il commande la garnison de Thiennes à l'été 1480[7], se fait remarquer à Hoorn, en 1482 ; il est armé chevalier avant la bataille d'Hollogne-sur-Geer par Philippe de Clèves, avant de se joindre au siège d'Utrecht[8]. Lorsqu'il reçoit 70 l. sur les aides de Hainaut le 14 février 1484, Hutin de Habart est conseiller et chambellan. Il participe à la défense du Hainaut en 1489, en tant que capitaine de Braine-le-Comte[9]. Il mourut quelques mois plus tard[10]. Enfin, parmi les bénéficiaires de la générosité de Maximilien en 1484, trois écuyers, du nom de Parades, Jannot de Sive et Dieghe, bénéficiaires de dons plus modestes de 25 à 40 l., y firent là leur seule apparition dans notre documentation.

On observe donc l'existence d'un petit groupe de gentilshommes aptes à la guerre et aux fonctions de commandement, d'origine géographique variée, mais où le Hainaut se taille la part du lion, ainsi que les lisières francophones des pays de par-deçà. Molinet évoque ainsi *les jeunes gentilzhommes de Haynau, esprins de hardy volloir, cuidans mieulx faire que les nobles ancyens experimentéz de la guerre*, qui tentèrent en vain de prendre Arras au printemps 1489[11]. La présence ibérique est également forte et continue de 1477 à 1492, car outre la figure montante d'Alvarado, outre ce Dieghe, voire ce Parades gratifiés en 1484, Jean de Salazar sut se maintenir dans la faveur du prince. Il recevait ainsi une très grosse « récompense » de 4 000 l. le 10 janvier 1484 – assignées sur les aides de Hollande, et effectivement réglées[12], là où tant d'autres décharges passèrent directement dans le chapitre des deniers rendus et non reçus, en ces temps de disette financière. La diversité des parcours et des destins de ces capitaines confirmés ou de ces jeunes pousses reflète le caractère *sui generis*, et dans une large mesure spontané, des compagnies de gens de guerre au service de Maximilien et Philippe après la dissolution des ordonnances. Elles s'agrègent autour

---

6 Rodrigue, homme d'armes à trois chevaux, entretenu par les états de Hainaut en 1482 au Quesnoy (Léopold DEVILLERS, « Le Hainaut après la mort de Marie de Bourgogne » …, p. 263-264), participa au siège d'Utrecht (Jean MOLINET, *Chroniques*… , t. II, p. 419). Le 16 juillet 1493, on lui accorda 1 159 l. pour le reste des gages dus à ses gens de guerre (assignation sur les aides de Namur, ADN, B 2146, fol. 54r). Méliador participa à une escarmouche victorieuse contre les Français, près de Douai, en août 1492, avec Louis de Vaudrey et Philippe de Belleforière (Jean MOLINET, *Chroniques*… , t. II, p. 329-330). En 1489, il commandait 20 cavaliers et 34 fantassins en garnison à Braine-le-Comte, dont il était capitaine (Léopold DEVILLERS, « Le Hainaut sous la régence de Maximilien d'Autriche. 1488-1489 » … , p. 232-245).

7 Il reçoit 185 l. 16 s. 2 d. g., soit 1 100 francs de 32 g. (ADN, B 3519, n° 124381).

8 Jean MOLINET, *Chroniques*… , t. I, p. 352-353, 410, 419.

9 En mars, il commandait 20 cavaliers et 50 fantassins (Léopold DEVILLERS, « Le Hainaut sous la régence de Maximilien d'Autriche. 1488-1489 » … , p. 232-245).

10 Sa veuve et ses héritiers reçurent une assignation de 261 l. 10 s. le 10 septembre 1489 pour les soldes des gens de guerre entretenus à Braine (ADN, B 2138, fol. 9v-10r).

11 Jean MOLINET, *Chroniques*… , t. II, p. 126-128.

12 ADN, B 2130, fol. 36r.

418   CHAPITRE 14

de capitaines, que leurs talents, leur richesse et leur proximité avec le prince rendaient capables de lever et surtout d'entretenir des bandes de gens de guerre.

Des compagnies polyvalentes et agiles

Après 1482, il n'est plus jamais question de « lances » dans notre documentation, que ce soit pour désigner un ensemble organique composé de plusieurs catégories de combattants suivant une proportion déterminée (comme la lance de la nouvelle ordonnance, rassemblant un homme d'armes à trois chevaux, deux archers à cheval et un archer à pied), ou seulement un homme d'armes accompagné de ses valets ou coutilliers. Désormais, on ne dénombre plus que les « combattants à cheval ». Cela ne signifie nullement que l'armement ait été uniformisé ; au contraire, cette appellation générale semble plutôt faite pour ne pas avoir à énumérer une trop grande variété de combattants. L'unique document qui indique la composition interne d'une de ces compagnies, à savoir le très riche état des paiements délivrés à celle qu'a commandée Charles de Saveuse entre 1485 et 1493[13], indique que le 6 août 1487, il y avait, parmi les 236 combattants à cheval, 57 hommes d'armes, et 92 demi-lances et crennequiniers montés – les 87 combattants manquants étant sans doute les suivants des hommes d'armes montés à deux ou trois chevaux. Un an plus tôt jour pour jour, sa compagnie comptait 215 combattants à cheval, dont 46 hommes d'armes et 92 archers montés, et 184 archers à pied. On en déduit donc que la plupart des hommes d'armes servaient avec un unique valet, également armé pour le combat, et que les archers montés, suivant en cela une tendance également sensible en France, avaient pour partie troqué l'arc long contre une arbalète ou la demi-lance de cavalerie.

L'organisation en compagnies d'ordonnance, qui figeait leur composition interne, établissant une catégorie supérieure, celle des hommes d'armes, surplombant de haut les archers à cheval, très mal payés par rapport à leurs homologues français, n'était à l'évidence plus adaptée au profil social et économique des gens de guerre, pas plus qu'à leur équipement ou à leurs pratiques guerrières, devenus très disparates. Il supposait un vivier de nobles disposant de revenus confortables et formés à la culture du combat à la lance, or celui-ci s'était trouvé brutalement asséché par l'occupation des provinces francophones. Pourquoi se priver des services d'écuyers expérimentés, mais désargentés, qui n'étaient plus capables d'entretenir une suite de trois chevaux, voire même de servir en tant qu'homme d'armes ? Dans la guerre de courses et les batailles de rencontre qui faisaient le quotidien des opérations militaires, peu importait que les cavaliers fussent seulement armés d'une demi-lance. La ruse, la souplesse, la rapidité d'exécution faisaient le succès, bien plus que les armures rutilantes ou les longues lances de cavalerie, comme ce pouvait être le cas en bataille rangée. Dès la fin de l'année 1482, parmi les nombreuses petites garnisons entretenues par les états de Hainaut, les hommes d'armes ne servaient plus qu'avec deux chevaux[14]. Par ailleurs, l'essor de l'infanterie et des corps mercenaires condamnait les compagnies

---

13   Voir *supra*, p. 342 et suivantes.
14   Léopold DEVILLERS, « Le Hainaut après la mort de Marie de Bourgogne » …, p. 271-275.

L'ARMÉE DE MAXIMILIEN ET D'ALBERT DE SAXE   419

intégrées, comportant toutes les catégories de combattants, y compris des archers à pied et des archers à cheval censés mettre pied à terre pour se servir correctement de leur arc long. Entre 1484 et 1493, les compagnies de gens de guerre autres que les lansquenets ou les Suisses restèrent souvent mixtes, mais le nombre de fantassins variait grandement, au gré des besoins ponctuels, lorsqu'il fallait renforcer une garnison, par exemple. Seuls les cavaliers en étaient le noyau permanent.

Le passage de la lance au combattant à cheval en apparence indifférencié avait d'importantes conséquences sur la rétribution des gens de guerre, toujours soldés au mois, mais sur un mode plus égalitaire, puisque l' écart de solde entre l'archer à cheval et l'homme d'armes était réduit de 1 pour 3 (5 l. pour le premier, 15 l. pour le second), voire 3,6 (lorsque la solde de l'homme d'armes montait à 18 l.) entre 1477 et 1482, à 1 pour 2, dès lors que la plupart des hommes d'armes ne servaient plus qu'à deux chevaux. Peut-être même les suivants des hommes d'armes, en tant que combattants à part entière, étaient-ils directement payés par le capitaine ou par le trésorier des guerres ? Possible, mais peu probable tout de même. La solde des combattants à cheval s'élevait à 8 l. par mois en 1485-1487[15] ; elle était donc devenue très confortable par rapport au temps de la nouvelle ordonnance, mais aussi par rapport à leurs homologues français, rémunérés à hauteur de 5 livres tournois par cheval entretenu (15 l. pour un homme d'armes à trois chevaux, 7,5 l. pour les archers, qui disposaient d'un valet pour deux). Jusqu'à la dévaluation de la livre de Flandre en novembre 1485, la solde par cheval représentait l'équivalent de 10,25 g. d'or pur en France et de 17,92 g. aux Pays-Bas ; par la suite et jusqu'en 1487, l'équivalent de 10,25 g. d'or en France et de 14,32 g. aux Pays-Bas.

L'embellie salariale ne dura guère, puisque les compagnies de gens de guerre cessèrent quasiment d'être payées en 1488-1489. Si les compositions de Tours et la restauration de la légalité fiscale à partir de 1490 permirent au trésorier des guerres de rémunérer plus généreusement les troupes au service de Maximilien, la situation restait trop fragile et aléatoire pour que l'on fût en mesure de verser aux gens de guerre leur solde à intervalles réguliers et pour des mois entiers. Lorsqu'on le connaît, le montant des gages mensuels n'est donc guère signifiant. On observe seulement que les dévaluations de 1488-1489 furent parfois compensées par une augmentation de la solde, mais cela est très loin d'avoir été systématique[16]. Les services des cavaliers de la compagnie de Saveuse furent comptés à 8 l. par mois pendant la guerre civile, mais cela résultait d'un accord conclu *a posteriori* avec les gens de la Chambre des comptes, sur lequel le capitaine consentit le rabais que l'on sait. À partir de 1490, ses combattants à cheval perçurent des gages – effectivement payés, cette fois, mais très

---

15 Deux exemples parmi beaucoup d'autres : 1 600 l. pour un mois des 200 cavaliers du seigneur de Chantereine le 4 juillet 1486 (ADN, B 2133, fol. 55r) ; 800 l. pour un mois des 100 cavaliers levés par le bâtard de Fenin en juillet 1486 (ADN, B 2133, fol. 74 v).

16 En juin 1489, la solde de la garde du roi était à peine réévaluée à 9 l. par mois (ADN, B 2139, n° 69702). Les soldes servies aux gens de guerre en garnison en Hainaut en 1489 étaient quant à elles restées à 8 l. par mois pour les combattants à cheval (Léopold DEVILLERS, « Le Hainaut sous la régence de Maximilien d'Autriche. 1488-1489 » …, p. 232-245, et AGR, CC, reg. 51284, compte d'une aide de 25 950 l. de 20 g. en septembre 1489).

CHAPITRE 14

irrégulièrement – de 6 l. par mois, soit 19,32 grammes d'or, c'est-à-dire 35% de plus qu'en 1485-1487, malgré la baisse nominale de la solde exprimée en livres de Flandre, compte tenu de la très forte réévaluation de la monnaie de compte.

Les soldes purent à nouveau être versées à un rythme presque mensuel en 1492. Celle des gens de guerre à cheval de Charles de Saveuse fut portée à 8 l. à partir du 1er avril 1492, ce qui faisait plus que compenser la dévaluation de la livre de Flandre décidée alors, et leur procurait une augmentation de près de 6%. Il n'est pas évident de déduire des assignations du receveur général en faveur du trésorier des guerres la grille tarifaire alors appliquée, car les sommes versées correspondent à l'addition des soldes des fantassins, des cavaliers et parfois, mais sans que cela fût toujours précisé, du capitaine. De ces équations à trois inconnues, dont l'une aléatoire, il ressort que les combattants à cheval percevaient le plus souvent de 7,5 l. à 8 l. par mois, les fantassins de 3,5 à 4 l., et les capitaines de 50 à 100 l., en fonction de l'importance de leur compagnie, ou encore une demi-livre par combattant[17]. Il est donc probable que le montant des soldes des gens de guerre comme des capitaines ait fait l'objet de négociations au cas par cas avec le trésorier des guerres. La rémunération des gens de guerre restait cependant confortable pour tous, et toujours très supérieure à celle de leurs homologues français. Après la légère dévaluation de 9% de la livre tournois, le 30 juillet 1487[18], les gens de guerre de l'ordonnance du roi de France ne touchaient plus en effet que 9,35 grammes d'or par cheval, soit environ la moitié.

Maximilien faisait donc le choix de troupes à cheval moins nombreuses, mieux payées – même si le temps cumulé durant lequel les soldes furent effectivement versées mois par mois et en intégralité ne dépasse pas les deux à trois ans sur quelque huit années de guerre – et sans les bouches inutiles que constituait en France la trop nombreuse domesticité des nobles de l'ordonnance. Dans le royaume, le retour à la paix intérieure, puis la réconciliation du pouvoir monarchique avec la haute noblesse sous Charles VIII et Louis XII, s'étaient en effet traduits par le rétablissement au sein des compagnies d'ordonnance des hiérarchies sociales antérieures, bien visible dans l'évolution du profil social du corps des capitaines après la mort de Louis XI. Les compagnies d'ordonnance, qui sous Charles VII étaient commandées par des capitaines expérimentés, issus de la moyenne ou de la petite noblesse, et où les archers et même une partie des hommes d'armes étaient roturiers, furent alors confiées aux princes, aux grands seigneurs et à quelques représentants de la vieille noblesse chevaleresque ; désormais, tous les hommes d'armes et une grande partie des archers étaient nobles[19].

---

17 Ainsi, Robert de Landeheck, capitaine de la garde, recevait 500 l. pour la solde du mois de mai 1492 de lui et 60 cavaliers, soit probablement 7,5 l. par cavalier et 50 l. pour lui (25 avr. 1492, B 2144, fol. 33r) ; Alvarado, 1 513 l. en février 1492 pour lui-même et ses 178 combattants à cheval, soit 8 l. par cavalier et 89 l. pour lui (*ibid.*, fol. 177v) ; Gérard Servy, bailli de Ninove, 168 l. pour la solde de janvier et février de 6 cavaliers et 12 piétons en garnison à Ninove, soit 7 l. pour les premiers et 3,5 l. pour les seconds, ou encore 6 et 3 l., et 12 l. pour le capitaine (*ibid.*, fol. 17r).

18 L'écu à la couronne valait désormais 35 s. au lieu de 32 s. 1 d. précédemment (Natalis de WAILLY, *Mémoire sur les variations de la livre tournois...*, p. 78).

19 Philippe CONTAMINE, *Guerre, État et société...*, p. 399-434.

Aux Pays-Bas, on observe le processus exactement inverse. La grande majorité des capitaines de la nouvelle ordonnance bourguignonne étaient issus de la haute noblesse curiale gravitant autour des ducs de Bourgogne. Ces personnages sont très loin d'avoir disparu, après 1482-1483 ; ils occupent même plus que jamais le premier plan de la scène politique et militaire, mais ils remplissent plutôt des fonctions de commandement générales, laissant à d'autres le soin de diriger garnisons et compagnies de gens de guerre. Les capitaines sont plus nombreux qu'avant, et commandent de petites unités, de quelques dizaines jusqu'à 100 ou 150 combattants à cheval, flanquées d'un nombre très variable de gens de pied. Les plus grosses compagnies, au plus haut de leurs effectifs, ne dépassent que très rarement les 200 à 300 hommes : ce sont celle de Charles de Saveuse, qui comptait plus de 400 hommes en 1486, 1489 et 1493, celle de Louis de Vaudrey, avec 340 cavaliers en avril 1489[20] et 200 combattants à cheval et 106 à pied en février 1492[21], et celle de Jean de Salazar, qui commandait 60 cavaliers et 300 fantassins à Hulst en avril suivant[22].

La « garde » du roi des Romains

À côté des garnisons en charge de la défense de proximité, sans doute recrutées sur une base locale[23], même si elles formaient parfois de véritables compagnies professionnelles, aux effectifs considérables, à l'instar de celles de Saveuse ou de Salazar, la fameuse « garde du roi des Romains » offre un profil tout différent. Elle se tailla une redoutable réputation pendant la guerre civile de 1488-1489, et sillonna pendant une quinzaine d'années les Pays-Bas et la vallée du Rhin jusqu'aux confins de la Suisse. Son histoire particulière la distingue des autres « compagnies d'aventures » de la fin du Moyen Âge. Comme son nom l'indique, elle est en effet née dans l'entourage de Maximilien, à partir d'un noyau de capitaines professionnels dont certains s'étaient illustrés ou avaient déjà combattu lors de la guerre contre la France en 1477-1482. À ce titre, elle est plus proche des Écorcheurs des années 1440 que des Grandes Compagnies des années 1360[24].

Les premières mentions de la « garde » font référence aux gentilshommes de l'hôtel, commandés entre 1477 et 1482 par Jacques Kaeljoot, ou Galiot, seigneur

---

20 Attestation de Louis de Vaudrey d'avoir servi avec ce nombre d'hommes à partir du 25 mars 1489 (ADN, B 2139, n° 69702).

21 Assignation sur les aides de Hainaut, 26 février 1492 (ADN, B 2144, fol. 36r-v).

22 Assignation sur les aides de Flandre, 26 avril 1492 (ADN, B 2144, fol. 27r-v).

23 C'est le cas des compagnies de Denis de Moerbeke et de Charles de Saveuse, lors de la reprise de Saint-Omer en 1489 : *Semblablement, Denis de Morbecque et messire Charles de Saveuses et leurs gens, qui la pluspart sont Boulenois, dès leur première enffance exercitéz aux armes à cause de la frontière d'Angleterre qu'il ont en barbe* (Jean MOLINET, *Chroniques...*, t. II, p. 105-106).

24 Voir Philippe CONTAMINE, « Les compagnies d'aventure en France pendant la guerre de cent ans », *Mélanges de l'École française de Rome. Moyen Âge, temps modernes*, 87, 1975, p. 365-396, et l'étude qu'a consacrée V. Toureille à une grande figure de l'écorcherie, Robert de Sarrebrück (Valérie TOUREILLE, *Robert de Sarrebrück ou L'honneur d'un écorcheur, v. 1400-v. 1462*, Rennes, Presses universitaires de Rennes, 2014).

de Chantereine[25], chevalier de Saint-Jean, commandeur de Brabant et de Liège, gouverneur des commanderies de Flandre. Ancien capitaine d'ordonnance de Charles le Téméraire, *très preu et vaillant chevalier de Rodes*, qui au lendemain de la défaite de Nancy, *recoeulla les gentilzhommes de son* [Charles le Téméraire] *hostel, sy les nourri, soustint, entretint, abilla et monta*[26]. Cette compagnie, dans laquelle les gentilshommes devaient servir par roulement, comptait 73 gentilshommes servant comme hommes d'armes, 50 archers de la garde et 8 archers de corps en 1479-1480, puis, à partir de janvier 1481, 60 gentilshommes, 20 archers de corps et 50 archers de la garde[27]. Il n'est plus fait mention de la compagnie des gentilshommes de l'hôtel en 1483-1484, mais le seigneur de Chantereine reprit du service en 1485[28]. En juillet 1486, on dit qu'il commandait la « garde » du roi des Romains et que celle-ci comptait 200 cavaliers, aux gages de 8 l. par mois[29]. Les effectifs en étaient singulièrement élastiques, puisque quatre mois plus tôt, elle était presque deux fois plus nombreuse[30], et qu'à la fin de l'année, le montant de la solde versée pour un mois de service équivalait aux gages de 568 combattants à cheval[31].

La continuité avec la période antérieure semble parfaite, puisque Adrien Mainbode, qui était gentilhomme de l'hôtel et combattit à Guinegatte sous les ordres de Chantereine, recevait le 12 juillet 1486 un don de 300 l. pour les services qu'il avait rendus « comme homme d'armes de la garde »[32]. Ainsi, en juillet 1486, la garde est simplement le terme nouvellement retenu pour désigner l'hôtel militaire de Maximilien, peut-être à la suite de l'élection de celui-ci comme roi des Romains. La perte du registre de la recette générale des finances nous interdit malheureusement de suivre la garde au cours de l'année 1487. Molinet y fait allusion dans son récit de la bataille de Béthune, à laquelle auraient participé des *escades* de la garde[33]. Quelques mois plus tard, en novembre 1487, dans une lettre écrite au conseil de Mons[34], les Gantois évoquaient les violences commises par « la garde et les gendarmes du roi » à l'encontre des populations. Dès lors, elle s'affirme comme une unité spécifique, autant redoutée de ses ennemis que des habitants du plat pays. La perte du registre de la recette générale des finances pour l'année 1487, et le manque d'informations complémentaires nous interdisent de saisir avec plus de précision cette mutation sensible. Chantereine disparaît ainsi de nos sources comptables en décembre 1486, et cela définitivement, car il prit le parti de Philippe de Clèves en 1488.

---

25 Hans COOLS, *Mannen met Macht…*, notice n° 82, p. 209-210.

26 Jean MOLINET, *Chroniques…*, t. I, p. 169.

27 Amable SABLON DU CORAIL, *Croix fourchues contre croix droites…*, p. 118-119.

28 22 juillet 1485, assignation de 1 600 l. sur les aides de Brabant pour le paiement de ses gens de guerre (AGR, CC, reg. 15730, compte de l'aide de 50 000 couronnes accordé en 1485, fol. 59r-71r).

29 Assignation sur les aides de Hollande, ADN, B 2133, fol. 55r.

30 Lettre de recette de 6 192 l. (2 x 8 l. x 387 cavaliers) en faveur du trésorier des guerres, pour deux mois entiers de la garde, le 20 février 1486 (ADN, B 2133, fol. 85v).

31 Assignation de 4 544 l. sur les aides de Flandre pour un mois entier des gages de la garde le 23 novembre 1486 (ADN, B 2133, fol. 49r).

32 Assignation sur le domaine de Flandre, ADN, B 2133, fol. 11v.

33 Jean MOLINET, *Chroniques…*, t. I, p. 573.

34 « Lettres inédites… », t. 2, p. 328-330.

L'ARMÉE DE MAXIMILIEN ET D'ALBERT DE SAXE   423

On peut cependant formuler l'hypothèse suivante. La forte augmentation des effectifs de la garde à la fin de l'année 1486, qui la fit passer de 200 hommes à près de 600 hommes, nécessita sans doute un recrutement extérieur à l'hôtel. Cela semble déjà avoir été le cas du temps de la nouvelle ordonnance, puisqu'à l'été 1479, la compagnie de Chantereine avait été payée pour 100 lances fournies, ce qui suppose que les effectifs des gentilshommes de l'hôtel aient été complétés par d'autres hommes d'armes, et que la quasi-totalité des archers à cheval et à pied ne faisaient pas partie de la maison du prince[35]. Ces forces supplétives se seraient ensuite séparées de l'hôtel *stricto sensu*, pour rassembler la plus grande partie des forces mobiles à la disposition d'Albert de Saxe. La guerre civile de 1488-1489 acheva de former sa personnalité et de lui donner des contours beaucoup plus stables. On sait peu de choses cependant sur son organisation interne. En avril 1488, dans une attestation délivrée au receveur de l'artillerie, l'une de ses plus illustres figures, Ferry de Nouvelles, était qualifié de « chef d'escadre de la garde du roi des Romains »[36]. Très vite, elle apparaît comme un agrégat de compagnies de taille très différente, proportionnelle à la réputation et à l'envergure des capitaines.

Les sources comptables font régulièrement allusion à la garde en 1488-1489[37], mais à la mesure, fort modeste, des soldes que les officiers de finance pouvaient se permettre de leur verser. Si nous voyons les chroniqueurs citer à de multiples reprises les capitaines de la garde, ce n'est véritablement qu'à partir de l'expédition de Metz, au printemps 1490, qu'ils préfèrent l'appellation collective à l'énumération de ses capitaines. La garde est alors devenue une entreprise militaire privée. Tandis qu'en avril-mai 1488, Molinet évoque simplement l'oost des Allemans [qui] *estoyent en grant nombre et aussy de Walons à cheval et à pieds, soubz la conduite de Ferry de Nouvelle, Loys de Vaudré, Jehan de Vy*[38], les référence à la « garde » deviennent obsessionnelles deux ans plus tard, tant la Flandre résonne du bruit de leurs exploits sur les Français et les rebelles, et de leur violence à l'égard des populations. Dans son journal-chronique, dont les fragments conservés couvrent les années 1491 à 1498, le clerc brugeois Romboudt de Doppere en parle comme d'une organisation criminelle, n'épargnant rien ni personne : *Erat enim Custodia illa perdita hominum colluvies, impia et crudelis adeo ut omnia diriperet, nemini parceret, nemini quicquam relinqueret*[39].

En raison de la désorganisation des finances en 1488-1489, on ne peut estimer le nombre de gens de guerre enrôlés dans la garde du roi avant la paix de Tours. Les

---

35 Les gentilshommes, archers de corps et de la garde étaient alors 131, et les 100 lances soldées par le quartier de Bruxelles de mai à septembre étaient au complet, avec 400 combattants (AGR, CC, reg. 48799, compte du quartier de Bruxelles pour sa part de l'aide de 120 000 couronnes accordée en avril 1479).

36 ADN, B 3524, n° 124926, 22 avril 1488 : décharge de Ferry de Nouvelles, pour une livraison d'arcs et de flèches.

37 Elle bénéficiait de deux assignations de 400 l. et 2 750 l., sur la première aide qui serait accordée par le Hainaut, le 28 janvier et le 27 juillet 1488 (ADN, B 2136, fol. 24r). Le 1er juin et le 4 août 1489, Louis de Vaudrey signait deux attestations en tant que « capitaine de la garde du roi des Romains » (ADN, B 2139, n° 69701 et 69702).

38 Jean MOLINET, *Chroniques…*, t. II, p. 42.

39 Romboudt de DOPPERE, *Fragments inédits…*, p. 4.

CHAPITRE 14

capitaines qui en feraient partie lors de la guerre de Metz paraissent avoir été dispersés sur les nombreux théâtres d'opération. Parmi les quelque 500 à 700 combattants à cheval soldés par le Hainaut pendant toute l'année 1489, la plupart d'entre eux étaient commandés par des nobles du comté, qui regagnèrent leurs foyers après la capitulation des villes rebelles brabançonnes. Seuls Ferry de Nouvelles, à la tête de 40 cavaliers et 80 fantassins et « Petit Jean » de Strasbourg, capitaine de 15 cavaliers et 15 fantassins, rejoindraient ensuite la garde. Les autres capitaines opéraient en Brabant, avec le duc de Saxe. Gracien d'Alvarado accompagnait ce dernier lors de la prise d'Aerschot et Lummen en Brabant[40], tandis que Louis de Vaudrey obtenait la capitulation du château de Genappe, le 8 juillet 1489, et y faisait son entrée à la tête de 100 cavaliers[41]. En Flandre, tandis que Charles de Saveuse et Jean de Salazar harcelaient les Gantois depuis leur réduit de Hulst, la défense du *Westquartier* incombait aux capitaines allemands et aux officiers locaux, tels Daniel de Praet et Denis de Moerbeke. Aucun d'eux ne devait faire partie de la garde.

Événement fondateur pour son identité et sa légende, l'expédition de Metz mobilisa la garde de mars à juin 1490, c'est-à-dire juste après la capitulation de la Flandre. Maximilien et le duc de Saxe y virent sans doute l'occasion de défendre leurs intérêts en Lorraine, aux dépens de René II, tout en se déchargeant momentanément du paiement de leur solde, puisque la garde fut engagée par la ville de Metz. Cette guerre mobilisa 1 500 cavaliers et 800 fantassins mercenaires du côté des Messins, parmi lesquels Alvarado commandait 140 hommes « très bien en point »[42], et Louis de Vaudrey 245 cavaliers et 32 fantassins[43]. L'Espagnol produisit une forte impression sur Philippe de Vigneulles, qui le décrit comme *un homme grcz, court et membreu, et qui avoit une grande taillarde en la joue ; par quoy il le faisoit hideux veoir et monstroit une chier tres cruelle*[44]. Tandis que les capitaines les mieux implantés aux Pays-Bas et les mieux insérés dans les réseaux de pouvoir de la Cour demeuraient sur place, souvent en tant que capitaines de place, avec des garnisons réduites, les autres firent donc le choix de l'aventure et de l'errance, au gré des engagements. Jean de Salazar resta ainsi à Hulst, dont il était capitaine, et où il commanda une forte garnison composée de 60 à 100 cavaliers et de 300 à 450 fantassins[45].

La garde du roi des Romains revint aux Pays-Bas dès le mois de juillet 1490, au grand effroi des états de Hainaut, qui réclamèrent et obtinrent des mandements pour les faire déloger au plus vite. Elle fut conduite dans le bailliage de Tournai ; elle

---

40 Jean MOLINET, *Chroniques…*, t. II, p. 128-130.

41 *Ibid.*, p. 154.

42 Philippe de VIGNEULLES, *Chronique*, Charles BRUNEAU (éd.), Metz, Société d'histoire et d'archéologie de la Lorraine, 1927, t. III, p. 152-153 et 169.

43 Georges BISCHOFF, « "Vive Osteriche et Bourgogne !"… », p. 171.

44 Philippe CONTAMINE, « René II et les mercenaires de langue germanique. La guerre contre Robert de la Marck, seigneur de Sedan (1496) », in *Cinq-centième anniversaire de la bataille de Nancy (1477)*, 1979, p. 381 (d'après Philippe de Vigneulles).

45 Assignation de 3 500 l. le 14 octobre 1491 pour le paiement d'un mois de 100 cavaliers et 450 fantassins en garnison à Hulst (ADN, B 2140, fol. 50r) et assignation de 3 440 l. le 26 avril 1492 pour un mois entier de 60 cavaliers et 300 fantassins en garnison à Hulst (ADN, B 2142, fol. 27r-v).

comptait alors environ 1 400 combattants à cheval et 300 fantassins[46]. Molinet, qui évalue leur nombre à 1 500 chevaux, affirme qu'ils firent, à leur retour du voyage de Metz, *tant de foules, exactions et gastines au povre peuple que les paysans les nommèrent celux de la gaste*. La garde prit ensuite ses quartiers à Aardenburg, d'où ils combattirent les Brugeois à nouveau révoltés[47]. Ils restèrent en Flandre jusqu'à la conclusion de la paix avec Gand et Philippe de Clèves. On dispose d'un ordre de bataille sans doute complet des compagnies de la garde les 26 et 27 février 1492, grâce à une série d'assignations plus précises que d'habitude, capitaine par capitaine, sur les aides de Brabant, Flandre, Hollande et Hainaut[48], qu'on peut donc croiser d'une part avec les comptes présentés par les receveurs des aides de Brabant et de Hainaut aux Chambres des comptes de Bruxelles et de Lille[49], d'autre part avec le compte présenté par le receveur des aides de Hainaut aux états de la province, qu'a pu dépouiller Léopold Devillers avant sa disparition en 1940[50]. Elle comptait alors de 620 à 768 cavaliers et de 126 à 146 fantassins, répartis en sept compagnies[51].

Compagnies « wallonnes » et garnisons locales

La défense locale reposait largement sur les capitaines issus de la couche supérieure de la moyenne noblesse, appartenant à d'anciennes lignées de chevaliers bannerets, comme Charles de Saveuse, opérant à proximité immédiate de leurs possessions. Si Saveuse s'illustra à Hulst contre les Gantois, c'est encore à la limite de l'Artois et de son Boulonnais natal qu'on le trouve le plus souvent : il tint garnison dans son château de Renescure[52], c'est à Saint-Omer qu'il finit la guerre[53], et c'est en tant que bailli de Saint-Omer qu'il acheva sa brillante carrière au service de la maison de Bourgogne. En Hainaut, les Croy s'imposèrent toujours plus comme le pivot central de la défense, avec le concours ponctuel et temporaire des vassaux du comté[54]. De

---

46 Le Hainaut sous la régence de Maximilien d'Autriche. 1490-1494 » …, p. 220-221.
47 Jean Molinet, *Chroniques*…, t. II, p. 209.
48 ADN, B 2144, fol. 17r-41r.
49 ADN, B 12436, fol. 7r-8r et AGR, CC, reg. 15732, compte de l'aide des deux florins par feu, fol. 51r-68v.
50 Léopold Devillers, « Le Hainaut sous la régence de Maximilien d'Autriche. 1490-1494 », p. 436-437.
51 Louis de Vaudrey, écuyer, capitaine de 170 combattants à cheval et 106 fantassins (assignation du 27 février 1492 sur les aides de Brabant pour un mois de solde de la compagnie ; une autre assignation, en date du 26 février 1492, sur les aides de Hainaut, également pour un mois de solde, recense 200 cavaliers et 106 fantassins), Robert de Landehec, chevalier, capitaine de 80 cavaliers, Laurent, bâtard de Cordon, capitaine de 80 chevaux, Simon François, écuyer, capitaine de 100 cavaliers et 20 fantassins (autre assignation du même jour pour 60 cavaliers), Petit Jean de Strasbourg, écuyer, capitaine de 80 cavaliers et 20 fantassins, Petit Jean de Piémont, dit le capitaine des Piètres, écuyer, capitaine de 50 cavaliers, Gratien Alvarado, écuyer, capitaine de 178 cavaliers (autre assignation du même jour pour 100 cavaliers).
52 État des paiements mentionné ci-dessus et décharge de la recette générale (ADN, B 2133, fol. 29r).
53 Deux assignations du 16 juillet 1493 pour ses gens de guerre en garnison à Saint-Omer et Arras (2146, fol. 36r-v et 47v).
54 Les états de Hainaut, au cours du premier semestre 1489, au plus fort des opérations contre le Brabant, entretinrent un nombre considérable de gens de guerre pour leur sécurité, soit 600 cavaliers en janvier 1489, 735 combattants à cheval et 354 fantassins en mars, 735 cavaliers et 324 fantassins

426 CHAPITRE 14

1486 à 1490, Charles de Croy, prince de Chimay, entretint de 60 à 135 combattants à cheval, postés dans sa ville de Chimay et dans les places environnantes[55], et il fut investi des fonctions de lieutenant et capitaine général de Hainaut lors du départ de Maximilien en Allemagne[56]. Le rôle du grand bailli de Hainaut, Antoine Rolin, paraît beaucoup plus effacé, même s'il conduisit une brève expédition de police en 1490, contre le bâtard de Berlaimont, *raubritter* au petit pied, qui fut arrêté et décapité[57], et même si son fils Louis, seigneur de Lens, commandait une garnison de 200 hommes à Soignies en 1489[58].

Sur les lisières septentrionales du Brabant, Corneille de Berghes veillait. En septembre 1484, il était à Gorinchem, avec 200 hommes[59], et de 1490 à 1493, il entretint 100 à 200 fantassins au château de Grave[60]. De 1488 à 1493 au moins, Floris d'Egmont, seigneur d'IJsselstein, garda l'importante forteresse de Wageningen, à une quarantaine de kilomètres à peine d'IJsselstein, avec un nombre indéterminé de gens de guerre[61]. L'un des auteurs de l'audacieuse prise d'Arras, Philippe Le Jeune, seigneur de Forest et de Contay, était également un enraciné : possessionné dans la châtellenie de Lille, il commanda la garnison de Douai en 1488-1490, et son père avait lui-même été gouverneur d'Arras[62]. La guerre était redevenue une affaire de

---

en avril et 735 cavaliers et 314 fantassins en juin (Léopold DEVILLERS, « Le Hainaut sous la régence de Maximilien d'Autriche. 1488-1489 », p. 232-245). Bien qu'on y trouve quelques capitaines de la garde, la plupart de ces hommes ont été commandés par des nobles du comté, dont on ne retrouve pas d'autres mentions, en tout cas en tant que capitaines de gens de guerre, ni avant, ni après (tels Guillaume de Ligne, seigneur de Barbençon, mobilisé avec une vingtaine de cavaliers, Louis d'Aymeries, seigneur de Lens, avec 80 à 100 cavaliers, Michel de Sars, seigneur de Clerfayt, avec de 15 à 25 cavaliers, Fastré, seigneur d'Esclaybes, avec 40 cavaliers, etc.).

55 Les 9 et 10 décembre 1486, deux décharges étaient assignées sur les aides de Flandre et de Brabant pour la solde de trois mois de 135 combattants à cheval en garnison à Chimay (ADN, B 2133, fol. 32r et 49v, et B 2134, n° 69433, 9 décembre 1486, lettre de recette de Louis Quarré pour le 9 décembre) ; en 1489, le prince de Chimay entretint 88 cavaliers et 14 fantassins en mars, 60 cavaliers en juin (Léopold DEVILLERS, « Le Hainaut sous la régence de Maximilien d'Autriche. 1488-1489 », p. 232-245) ; ses hommes étaient au nombre de 80 combattants à cheval le 6 mars 1490 (assignations sur les aides et les rentes vendues en Flandre, ADN, B 2142, fol. 55r-v).

56 Jean MOLINET, *Chroniques…*, t. II, p. 114.

57 *Ibid.*, p. 204-206.

58 Léopold DEVILLERS, « Le Hainaut… 1488-1489 », *loc. cit.*

59 Assignation du 3 octobre 1485, pour la solde de septembre 1484, sur les aides de Brabant (AGR, CC, reg. 15730, compte du 12e denier accordé en 1485).

60 Assignation de 4 000 l. le 31 janvier 1490 sur les aides de Brabant et de 500 l. le 31 mars 1490 sur les aides de Flandre pour la garnison de Grave (ADN, B 2140, fol. 30v et 83r) ; assignations sur les aides de Brabant les 25 mars, 24 avril et 28 juin 1492 pour le paiement de 100 (25 mars), puis 200 combattants à pied (ADN, B 2144, fol. 20r et 21r) ; ils étaient à nouveau 100 l'année suivante (assignation de 1 350 l. pour le paiement de trois mois de solde, le 18 octobre 1493, ADN, B 2146, fol. 27v-28r).

61 Assignation de 3 600 l. le 4 juin 1488, 1 000 l. le 24 avril 1492 et 3 400 l. le 1er octobre 1493 pour le paiement des gens de guerre en garnison à Wageningen, Leerdam et *Vure* (ADN, B 2136, fol. 25v-26r, B 2144, fol. 41r et B 2146, fol. 51r).

62 19 juillet 1488, assignation de 4 500 l. pour le paiement de ses gens de guerre à Douai (ADN, B 2136, fol. 22v), 1 000 l. sur les aides de Lille pour la même raison le 12 janvier 1489 (ADN, B 2138, fol. 38r-v), et 1 500 l. sur les compositions de Flandre le 1er avril 1490 (ADN, 2140, fol. 86r).

L'ARMÉE DE MAXIMILIEN ET D'ALBERT DE SAXE **427**

voisins et de lignages qui se connaissaient ou se détestaient depuis des générations, à l'instar des Egmont et des seigneurs de Montfoort. De Jean de Salazar, on aurait pu supposer une plus grande inclination au mouvement et aux expéditions lointaines. De fait, il paraît être retourné en Espagne, pour une mission diplomatique, en 1489[63]. Cependant, en qualité de capitaine, il ne s'aventura jamais en dehors de la Flandre et de ses confins : il prit et défendit Thérouanne en 1486-1487, puis demeura à Hulst jusqu'à la fin de la guerre de Gand, et probablement jusqu'au licenciement final des gens de guerre, à l'été 1493[64].

On recense bien d'autres garnisons, souvent très petites, commandées par des nobles exerçant des offices locaux. De 1488 à 1493, Denis de Moerbeke défendit Furnes dont il était le bailli, et son château de La-Motte-au-Bois, à la tête de quelques dizaines de cavaliers et de fantassins[65]. En 1492, Philippe de Moerbeke était à Bourbourg, avec de 60 à 80 combattants à cheval[66], Jennot d'Elsat à Deinze, avec 20 cavaliers et 100 fantassins[67], Hugues de Melun en Flandre orientale, à Termonde[68]. Le frère de ce dernier, Robert de Melun, seigneur de Rosny, apparaît comme un capitaine plus mobile, puisqu'il commandait la garnison du Quesnoy en 1487-1489[69], participa aux opérations en Brabant en 1489[70], fut capitaine des ville et châtellenie d'Audenarde en 1490-1492[71], et ne manqua pas la prise d'Arras en novembre 1492[72]. Philippe de Belleforrière, son lieutenant en 1489[73], et prévôt du Quesnoy en 1492, commandait la garnison de cette place, forte de 30 cavaliers et 60 fantassins en mars 1492[74].

---

63 Assignation de 3 000 l. sur les profits de la monnaie, le 16 décembre 1488, dont 2 000 l. pour le paiement de la garnison de Hulst, 600 l. pour le comte de Zollern, et 400 l. pour les frais du voyage de Salazar en Espagne (ADN, B 2136, fol. 52v). Il disparaît de la documentation jusqu'en 1490.

64 Il y était le 14 octobre 1491 (ADN, B 2142, fol. 50r), et il en était encore capitaine en février 1493 (ADN, B 2146, fol. 5r).

65 La recette générale des finances le mentionne à plusieurs reprises (la première fois le 19 juillet 1488, pour ses gens de guerre postés au château de La-Motte-au-Bois et à Dunkerque, ADN, B 2136, fol. 22r) mais ce sont les comptes de la châtellenie de Furnes qui indiquent le nombre de combattants de sa petite compagnie, soit 20 cavaliers et 30 fantassins le 30 juin et le 30 juillet 1488 (AGR, CC, reg. 43186, fol. 43r-v). En 1493, lors de l'établissement des créances dues à l'ensemble des capitaines licenciés, on lui accorda 3 525 l. 11 s. pour tout ce qui lui était dû (ADN, B 2146, fol. 35r).

66 Assignation sur les aides de Hainaut le 27 février 1492 pour 80 combattants à cheval (ADN, B 2144, fol. 37r) ; autre assignation pour 70 combattants le même jour (*ibid.*, fol. 18v) et autres assignations pour 60 combattants de mai à juillet 1492 (*ibid.*, fol. 27r et 29r).

67 Assignation sur les aides de Flandre (ADN, B 2144, fol. 27v-28r).

68 Hugues de Melun était capitaine de Termonde en février 1490 (ADN, B 2140, fol. 68r-v) et en septembre 1492 (ADN, B 2144, fol. 31r), avec un nombre non précisé de gens de guerre.

69 Léopold DEVILLERS, « Le Hainaut sous la régence de Maximilien d'Autriche. 1486-1487 » ..., p. 241 (transcription d'un mandement du 7 août 1487 à lui adressé) et « Le Hainaut sous la régence de Maximilien d'Autriche. 1488-1489 », p. 232-245.

70 Jean MOLINET, *Chroniques*..., t. II, p. 115-117.

71 AGR, CC, reg. 41916, fol. 5r, 7r.

72 Jean MOLINET, *Chroniques*..., t. II, p. 341. On le retrouverait en 1506 : il était alors chargé de la défense de l'Artois, avec 500 fantassins (ADN, B 18846, n° 29666, 29 octobre 1506).

73 Jean MOLINET, *Chroniques*..., t. II, p. 147.

74 ADN, B 2144, fol. 38r.

428   CHAPITRE 14

Cette grosse douzaine de garnisons entretenues simultanément constituaient un maillage territorial aux fils ténus, mais adapté aux menaces. Elles s'inscrivent dans une forme de continuité avec la défunte nouvelle ordonnance, dont Saveuse et Berghes avaient d'ailleurs commandé des compagnies. Elles s'en distinguent par le format, beaucoup plus restreint et surtout très modulable. Ainsi voit-on le seigneur d'IJsselstein comme Philippe de Contay servir tantôt avec des fantassins, tantôt avec des cavaliers[75], au gré des besoins. L'ennemi s'approche-t-il ? Les garnisons environnantes sont renforcées, comme celle de Saeftingen, qui passa de 16 hommes à 250 piétons et 40 cavaliers après la chute de Hulst aux mains des Gantois en 1491, pour être réduite aussitôt après la reprise de Hulst, trois mois plus tard[76]. Au printemps 1492, on jugea prudent de mettre à Bruges une garnison de 100 cavaliers et 100 fantassins, placée sous le commandement de Jean de Dinteville[77]. À l'été 1492, alors que l'effort de guerre était à son maximum, à la fois contre la France et contre Philippe de Clèves, l'addition de toutes ces forces, tantôt infimes[78], tantôt plus consistantes[79], ne paraît pas excéder les 1 500 hommes, dont une majorité de fantassins.

La garde du roi des Romains rassemblait donc à elle seule la majorité des gens de guerre à cheval au service de Maximilien et du duc de Saxe en 1491-1492, dont ils étaient en quelque sorte la force d'action rapide. En y ajoutant les compagnies de Charles de Saveuse et de Jean de Salazar, les plus importantes, les plus permanentes et les plus professionnelles parmi les autres bandes de gens de guerre, nous pouvons estimer à 2 000 ou 2 500 hommes, dont deux tiers de cavaliers, le nombre de combattants de langue wallonne, ou au moins romane, pour y inclure les Ibériques, composant les unités mobiles qui servirent de manière à peu près continue de 1484 jusqu'à leur licenciement à l'été 1493. Il s'agit d'un effectif modeste, mais performant, rompu à l'usage de la violence sous toutes ses formes, pour pressurer les populations, prendre par surprise châteaux et villes, et finalement emporter la décision. Les soldes élevés en faisaient un outil relativement onéreux, compte tenu de l'affaiblissement des capacités contributives des Pays-Bas bourguignons entre 1488 et 1493. Sur la base des effectifs recensés à l'été 1492, la garde et les garnisons wallonnes de Flandre représentaient une charge de plus de 150 000 l. par an, soit plus d'un tiers des recettes encaissées par

---

75 Philippe de Contay accompagna Maximilien, durant la campagne de 1486, avec une compagnie de 218 archers à pied (30 août 1486, quittance de Philippe de Contay, capitaine de 218 archers au service de Maximilien en son « voyage et armée de France », pour une somme de 582 l. 5 s., ADN, B 2141, n° 69851). En juin 1489, il sert en Hainaut à la tête de 40 combattants à cheval de la « compagnie et hôtel » de l'archiduc (Léopold DEVILLERS, « Le Hainaut sous la régence de Maximilien d'Autriche. 1488-1489 », p. 232-245). Inversement, le seigneur d'IJsselstein commandait un contingent de cavaliers à l'armée de 1486 (assignation de 2 329 l. 10 s. le 1er août 1486 pour un mois de ses gens de guerre à cheval « lors au service du roi », soit environ 250 à 300 hommes, ADN, B 2133, fol. 87v).

76 Voir supra, p. 336.

77 ADN, B 2144, fol. 32r. En janvier et février 1493, on leva 200 fantassins de crue postés à Bruges et à Ostende et dans une église fortifiée (ibid.).

78 Tels ces 10 combattants à cheval postés par le seigneur de Rosny à Dixmude après le départ de la garnison allemande en mai 1492 (ADN, B 2144, 67v-68r).

79 Tels les 60 cavaliers et 300 fantassins de Salazar à Hulst, la garnison de Grave (200 fantassins), la compagnie de Saveuse (150 cavaliers) ou les 200 hommes de Jean de Dinteville à Bruges.

le prince, et les deux tiers des dépenses de guerre enregistrées pendant cette période. Cette somme équivalait aux soldes de 500 lances de la nouvelle ordonnance, voire 700 lances, si l'on tient compte de la différence de valeur intrinsèque de la livre de Flandre entre 1477-1485 et 1490-1492.

Pourtant, les performances militaires de la garde et des compagnies wallonnes semblent justifier le choix de Maximilien. En plus des nombreuses victoires remportées contre les rebelles de Flandre, de Brabant, de Hollande et de Liège, ses capitaines parvinrent à reprendre Thérouanne, et surtout Arras aux Français. La nouvelle ordonnance de 1477-1482 était deux à trois fois plus nombreuse que la garde, mais elle restait très largement surclassée en nombre et en qualité par les compagnies d'ordonnance françaises. Pendant l'occupation de Tournai par les Français, les hommes d'armes bourguignons furent incapables d'empêcher ou seulement de contenir les raids de pillage de leurs adversaires. Le *Kalendrier des guerres* ne mentionne qu'un seul combat notable, qui tourna à l'avantage des Français, près du pont de Bouvines, tandis que les capitaines bourguignons « éprouvèrent la bonté de leurs chevaux, fuyans jusques aux barrières de Lille »[80], et ce furent en fin de compte les milices gantoises, épaulées par quelques dizaines d'archers anglais, qui infligèrent la seule défaite sérieuse essuyée par la garnison de Tournai en 1477-1478[81]. Les ordonnances bourguignonnes furent balayées à Guinegatte, et se désagrégèrent à l'occasion de chaque grande expédition, faute de solde, pour se répandre dans le plat pays et y malmener les habitants. La violence de la garde de Maximilien, au moins, permettait à ses capitaines de subsister et de conserver la cohésion de leurs unités en toutes circonstances.

II.   Suisses et lansquenets à la conquête des Pays-Bas

Naissance d'un corps de bataille

Lorsque Maximilien arriva aux Pays-Bas, il était accompagné d'une suite de gentilshommes allemands, qui formèrent l'hôtel de l'archiduc, dont André Andries était le maître de la chambre aux deniers[82], et Reinprecht von Reichenburg le maréchal[83]. Ce dernier combattit en Gueldre, en compagnie d'Adolphe de Nassau, jusqu'en 1481. Il avait emmené avec lui la plus grande partie des gentilshommes allemands, à l'exception de ceux qui étaient le plus proches de Maximilien, dont Wolfgang et Martin de Polheim. Dès 1477, la plupart des villes sur les frontières de l'Artois virent leur garnison renforcée par une compagnie de fantassins allemands, aux effectifs réduits et compris entre 50 et 150. Il s'agissait pour la plupart de couleuvriniers à main,

---

80 Jean NICOLAY, *Kalendrier des guerres…*, p. 174.
81 Voir *supra*, p. 389.
82 Voir *supra*, p. 281, note n° 16.
83 Roland SCHÄFFER, *Reinprecht von Reichenburg (1434-1505). Feldhauptmann und Landeshauptmann der Steiermark. Die steirische Landesverwaltung um 1500*, Mémoire de l'Université de Graz, 1981, p. 136-142.

430   CHAPITRE 14

ou hacquebutiers, spécialistes des armes à feu, utiles dans la guerre de siège, mais nettement moins en campagne, et ils connurent de nombreuses déconvenues face aux ordonnances françaises[84]. Ils paraissent déjà originaires de Suisse et d'Allemagne du Sud, mais c'est l'année suivante, après la signature du traité de paix avec les cantons et à l'occasion de la campagne de printemps, que furent pour la première fois employés massivement des Suisses par Maximilien, sans doute plus de 4 000, qui contribuèrent très activement au succès alors remporté par l'archiduc face à Louis XI.

Par la suite, le nombre d'Allemands et/ou de Suisses employés aux Pays-Bas grossit lentement. À la fin de l'année 1479, 733 Allemands se trouvaient ainsi à Ypres, sous le commandement d'un comte de Zollern[85]. Peut-être s'agit-il du même que celui que nous trouvons à Weerd, dans le pays de Liège, avec 1 120 Allemands en novembre 1482[86], et qui s'illustra à la bataille d'Hollogne-sur-Geer en janvier suivant[87]. Celui-ci est en tout cas très certainement Frédéric-Albert de Zollern, qui fut tué au siège d'Utrecht, auquel il participa avec 1 500 soldats allemands d'après Molinet[88]. En mai 1480, plus de 700 Allemands furent employés au siège de Wageningen, parmi lesquels on retrouve deux capitaines en garnison à Saint-Omer deux ans plus tôt ; le 13 octobre 1480, ils étaient près de 450 à être passés en revue à Luxembourg[89]. On ne sait s'ils firent partie des soldats qui se mutinèrent quelques jours plus tard, après avoir reçu deux semaines de paye au lieu du mois complet qu'ils réclamaient, et qui menacèrent de faire subir un mauvais sort à Maximilien : *Nous avons mis à fin le duc Charles, encoire y meterons nous cestui cy*. Ils furent massacrés par les capitaines bourguignons et franc-comtois de Maximilien, déclenchant en retour une violente émeute à Luxembourg contre les Wallons, dont plusieurs dizaines trouvèrent la mort[90]. De la difficulté de commander des armées cosmopolites... Molinet use presque exclusivement du terme d'Allemands pour désigner l'ensemble des mercenaires germanophones, de sorte qu'il est difficile d'établir la provenance exacte de ces hommes ; en l'occurrence, la référence peu flatteuse à la mort de Charles le Téméraire permet seule de déduire la probable origine suisse des mutins – encore qu'il peut s'agir également d'Alsaciens, ressortissants de la Basse-Union.

Toujours est-il qu'on constate dès 1479-1480 la présence désormais continue de mercenaires germaniques dans les armées de Maximilien. Une mutation importante s'opère alors. Tandis que les Allemands – au sens large – sont désormais employés en nombre, plutôt qu'en petites compagnies dispersées dans les places frontières, la trêve signée avec la France sonne la fin des grandes mobilisations de dizaines de milliers de piquiers flamands. Par ailleurs, d'août 1480 à avril 1481, l'archiduc employa pour la première et dernière fois un corps de 1 500 archers anglais pour les guerres de Gueldre et de Hollande. L'expérience ne fut guère concluante, et ressembla beaucoup

---

84   Amable SABLON DU CORAIL, « Les étrangers... », p. 402-403.
85   AGR, CC, reg. 38703, compte de la ville d'Ypres pour l'année 1479, fol. 84v-85r.
86   Assignation du 30 novembre 1482 sur les aides de Brabant (ADN, B 2127, fol. 60v).
87   Jean MOLINET, *Chroniques...*, t. I, p. 410-411.
88   *Ibid.*, p. 419-422.
89   Amable SABLON DU CORAIL, « Les étrangers... », p. 407-410.
90   Jean MOLINET, *Chroniques...*, t. I, p. 331-332.

à celle que fit au même moment Louis XI avec un contingent de 6 000 Suisses prêté par les cantons. Dans les deux cas, Maximilien et Louis XI avaient invoqué des traités d'alliance ; les discussions qui suivirent entraînèrent d'importants délais, de sorte qu'Anglais et Suisses arrivèrent sur le théâtre des opérations au moment exact où les négociations franco-bourguignonnes débouchaient sur la trêve de Notre-Dame-d'Esquerchin. Par ailleurs, le recrutement de soldats étrangers par le biais de conventions diplomatiques, outre qu'il était à la merci du revirement de la partie alliée, manquait de souplesse. On ne pouvait toujours choisir les capitaines, le nombre de soldats était fixé par avance, souvent à un niveau trop élevé, il fallait parfois payer les premiers mois d'avance, etc. Le corps expéditionnaire anglais avait coûté plus de 60 000 l. pour des services très limités, face à des rebelles hollandais qui ne méritaient sans doute pas qu'on leur opposât la fine fleur des archers européens[91]. Pour les princes, il valait bien mieux contracter directement avec les capitaines mercenaires, sans s'embarrasser de pourparlers interminables entre ambassades. Le recrutement de capitaines anglais ne pouvait se faire sans l'autorisation expresse de leur souverain, au contraire des Allemands et des Suisses, sur lesquels les gouvernements des cantons n'avaient qu'une prise très limitée.

Ainsi, à partir 1480/1481, et bien qu'ils ne fussent sans doute pas plus de 1 000 à 1 500 dans tous les Pays-Bas bourguignons, les Allemands restaient à peu près les seuls en lice pour constituer le corps de bataille principal des armées de Maximilien. Ils touchaient des gages très confortables de 3 sous par jour, soit 4,5 l. par mois[92], supérieurs de 41% donc aux 4 f. de 32 gros que recevaient les gens de pied originaires des Pays-Bas, mais encore inférieurs de 11% aux 6 livres tournois versées par Louis XI à ses mercenaires suisses. Les gages étaient uniformes, les capitaines recevant une double solde. Ils sont qualifiés soit d'Allemands tout court, soit de couleuvriniers allemands, et jusqu'en 1479, ce sont bien leurs armes à feu qui les caractérisent sous la plume de Molinet et de Jean Nicolay, pour lequel Allemands et hacquebutiers sont quasiment des synonymes. Les montres, quittances, ou mentions qu'on trouve dans les comptes des villes ou de l'État bourguignon relèvent cependant très tôt, et de manière presque systématique la présence de piquiers aux côtés des couleuvriniers[93]. Ces Allemands se signalent déjà par leur agressivité et leur élan offensif, d'abord vains face aux ordonnances françaises, qui les mettent en déroute à plusieurs reprises[94], mais qui contribuent dans une large mesure au succès du

---

91 Amable SABLON DU CORAIL, « Les étrangers… », p. 393-398.

92 Tarif appliqué aux 723 Allemands employés au siège de Wageningen en 1480 (ADN, B 3536, n° 125725), en 1481 (ADN, B 2124, fol. 332r), et en 1482 (ADN, B 2127, fol. 319v). En 1479, les Allemands en garnison à Ypres recevaient 4 couronnes de 48 gros (voir *supra*).

93 AM de Lille, reg. 16216, compte de la ville pour l'année 1477, fol. 115r, 254 l. pour 122 « compagnons allemands, couleuvriniers, piquiers et hacquebussiers » ; ADN, B 2122, n° 68527, fragments d'un état de paiement des sommes dues à des capitaines de couleuvriniers et de piquiers passés en revue à Luxembourg en octobre 1480 ; B 2125, n° 68725, 29 mars 1482 : mandement au comte de Zollern de passer à montres à Bruges 21 gens de guerre allemands à pied commandés par Mathys Wiltfang, celui-ci compté pour deux, et 65 gens de guerre allemands à pied, piquiers et couleuvriniers, commandés par Hans Henninger.

94 Amable SABLON DU CORAIL, « Les étrangers… », p. 403-405.

CHAPITRE 14

siège d'Utrecht et à la victoire d'Hollogne-sur-Geer. Lors de cette dernière bataille, les Allemands étaient au nombre de 1 500 sur 6 000 combattants, soit un quart des effectifs. Molinet vante *les merveilleux et vigoreux corages des Alemans*, et affirme que parmi les trente écuyers allemands adoubés avant la bataille par le comte de Zollern, *n'y eubt celui qui ne fusist navré à la journée*[95]. À Hollogne encore, Molinet évoque le massacre des Suisses au service des Liégeois par les Allemands du comte de Zollern, *qui gaires ne les amoyent*. Il s'agit sans doute là d'une des toutes premières mentions de l'antagonisme entre les Suisses et ces pré-lansquenets, arrivés aux Pays-Bas en tant que couleuvriniers à main et hacquebutiers, et qui s'étaient rapidement transformés en fantassins de choc. Sans doute ne faut-il pas attacher trop d'importance à l'armement, puisqu'on voit en Suisse même de nombreux soldats se faire enrôler comme couleuvriniers, afin de toucher des gages supérieurs, alors qu'au combat, ils abandonnaient leur arme à feu pour la pique ou la hallebarde[96]. Il semble donc que ce soit surtout les conditions d'emploi de ces troupes, soit en petit nombre, en garnison, soit en grandes unités, en bataille rangé, qui déterminaient l'armement utilisé et leur manière de combattre.

Par ailleurs, les bandes de gens de guerre germaniques sont encore largement indifférenciées. La montre d'armes d'une compagnie de 240 hommes (y compris les doubles payes), passée à Arras en septembre 1493, révèle une anthroponymie se rattachant à l'Allemagne du Sud dans le sens le plus large du terme. Neuf hommes sont dits originaires de Bâle, et d'autres de Fribourg, Nuremberg ou encore Wurzbourg[97]. De même, les noms de capitaines en garnison à Damme en décembre 1490 semblent indiquer qu'ils provenaient également de la haute vallée du Rhin[98]. Peu à peu cependant se constituent des identités propres et concurrentes. Ainsi voyons-nous en 1492 un Suisse de la garnison de L'Écluse défier en combat singulier un lansquenet de l'armée assiégeante. Le Suisse veut combattre avec une hallebarde, le lansquenet préfère la pique. On tire au sort, et c'est la pique qui l'emporte. Le lansquenet en profite, embrochant son adversaire dès le début du combat, mais le Suisse parvient à égorger son adversaire avec la dague dont chacun s'était muni en plus de la pique. Il guérit de sa blessure, jusqu'à pouvoir assister à l'entrée de Louis XII à Paris, sept ans plus tard[99] ! Nous voyons là s'exprimer le goût des Suisses et des lansquenets pour les exploits virils et sanglants, accomplis dans une atmosphère joyeuse de défi permanent de la mort, ainsi que le tropisme français des Suisses, dont l'arme nationale est alors plus que jamais la hallebarde.

95　Jean MOLINET, *Chroniques…*, t. I, p. 410-411.

96　Walter SCHAUFELBERGER, *Der Alte Schweizer und sein Krieg. Studien zur Kriegführung vornehmlich im 15. Jahrhundert*, Zurich, Europa-Verlag, 1952, p. 15-22.

97　ADN, B 20171, n° 156175, septembre 1493 : montres des Allemands en garnison à Arras sous Hans Eben.

98　Pierre Wissenere, 235 hommes, Ythel Vocht, pour 228 hommes, Coens Heckinger, 303 hommes, Jérôme Rapp, 234 hommes, Georges Deuxelle, 178 hommes, Georges Brun, 204 hommes, Conrart Hablutzele, 376 hommes, Michel Metzkes, 244 hommes, Claes van Hazel, 184 hommes, Wolrick van Bazel, 127 hommes, Riebergher, 223 hommes (ADN, B 2141, n° 69791).

99　Jean MOLINET, *Chroniques…*, t. II, p. 309-319.

L'ARMÉE DE MAXIMILIEN ET D'ALBERT DE SAXE   433

Les lansquenets face aux Flamands et aux Français

À partir de la guerre contre la Flandre, au second semestre 1484, l'infanterie de Maximilien est désormais très majoritairement composée d'Allemands et de Suisses, et c'est avec 5 000 d'entre eux qu'il fait son entrée victorieuse à Gand, le 7 juillet 1485[100]. Sans doute la plupart d'entre furent-ils licenciés par la suite, mais pas tous, car en octobre 1485, le chevalier Martin Schwartz recevait quinze jours de solde pour 1 400 à 1 500 fantassins suisses[101]. Par ailleurs, certaines bandes d'Allemands furent ensuite envoyées sur les frontières de Liège, et environ 500 d'entre eux étaient en garnison à Tongres en janvier 1486[102]. Maximilien maintint également quelques centaines d'hommes en garnison en Flandre[103]. Lorsque la guerre reprit contre la France, il recruta, ainsi qu'on l'a vu, 6 000 à 8 000 mercenaires germaniques à l'été 1486, dont une moitié de Suisses. Une bonne partie d'entre eux déserta dès le mois de septembre, faute de soldes régulièrement versées. Il en resta plusieurs milliers ; de ce moment, les Pays-Bas durent subir leur présence continuelle jusqu'à leur licenciement définitif en septembre 1493. Lansquenets et Suisses furent de toutes les guerres livrées par Maximilien et Albert de Saxe entre 1485 et 1493, mais on ne trouve jamais plus de 2 000 à 2 500 d'entre eux engagés dans une même campagne. En juin 1487, ils étaient 2 000 pour accompagner le dernier convoi de ravitaillement à Thérouanne avant la chute de la place[104] ; 2 000 également lorsque Albert de Saxe fit son entrée victorieuse à Bruxelles deux ans plus tard[105] ; 2 200 que le lieutenant général envoya en Hollande en mai 1492 pour écraser la Révolte du pain et du fromage[106]. 1 400 seulement, dont 100 Suisses, lorsqu'ils participèrent à la prise d'Arras[107].

Très instables, ces bandes peuvent à tout moment déserter ou se trouver un nouvel employeur. Ainsi, la plupart des Allemands qui avaient servi Albert de Saxe contre les Brabançons furent recrutés par l'évêque de Liège Jean de Hornes en 1490, au moment où la garde allait se faire embaucher par la ville de Metz. Cependant, les trois-quarts des 1 900 Allemands levés par l'évêque tournèrent casaque et passèrent du côté des Liégeois quelques mois plus tard, et c'est avec eux qu'ils affrontèrent l'évêque, ses fidèles et Ferry de Nouvelles, un ancien capitaine de la garde de Maximilien venu prêter main forte à Jean de Hornes. Cette fois, les Allemands se retrouvèrent dans le camp des vaincus[108]. Il est vrai que les revers de fortune ne les épargnent pas.

---

100 *Ibid.*, t. I, p. 448.
101 AGR, CC, reg. 15730, compte de l'aide du 12ᵉ denier accordée par le Brabant en 1485, assignation de 3 060 l.
102 Lettre de recette du trésorier des guerres, du 5 janvier 1486, de 2 200 l. pour un mois entier de la garnison allemande de Tongres (ADN, B 2133, fol. 85r).
103 Lettre de recette de 1 716 l. pour des piétons allemands en garnison sur les frontières de Flandre, le 17 février 1486 (*ibid.*) ; le lendemain, Pierre Blare recevait 420 l. pour deux mois entiers de la garnison de Nieuport (soit environ 50 hommes, à 4 l. par mois, *ibid.*).
104 Jean MOLINET, *Chroniques…*, t. I, p. 567.
105 *Ibid.*, t. II, p. 163.
106 *Ibid.*, p. 297.
107 *Ibid.*, p. 341.
108 *Ibid.*, p. 175-176.

434 CHAPITRE 14

Ainsi, lorsque le comte de Lincoln se souleva contre Henri VII Tudor en 1487 pour mettre sur le trône un imposteur se faisant passer pour l'un des fils d'Édouard IV, il fit appel à la duchesse douairière Marguerite, qui lui envoya Martin Schwartz et 1 500 mercenaires germaniques. L'armée du comte de Lincoln fut écrasée à la bataille de Stoke, et la presque totalité des Allemands y mourut, *sagittéz et chargiéz de trait comme hirechons*[109], preuve que les archers anglais n'avaient décidément rien perdu de leur efficacité. Telle fut la fin de Martin Schwartz, ce chevalier flamboyant, à la carrière météorique, qui s'était fait remarquer à Bruxelles, au retour de l'élection impériale, en 1486, *tout chargiét d'orfaverie, pareillement ses pages, tamburins, et aultres en grand nombre, et tous d'une livrée, lui seul à cheval, lors que l'empereur, le roy et les nobles alloyent à pied, se gaudissoit plus pompeusement que s'il eusist esté filz de prince ou d'ung bien grand comte*[110]. La bataille de Saint-Aubin-du-Cormier fut également une hécatombe pour les quelques centaines d'Allemands conduits par le bâtard Baudouin de Bourgogne pour soutenir les ambitions bretonnes de Maximilien.

La rareté des quittances ou des montres d'armes nous interdit de suivre des parcours individuels de plus de quelques années, et seules quelques grandes figures émergent de ces ténèbres documentaires. En tant que principal – mais non unique – capitaine de gens de pied allemands, le comte de Zollern est véritablement celui qui a fait des quelques bandes éparses de 1477 un corps d'élite, présent à toutes les affaires d'importance aux côtés de Maximilien. Parmi les trois fils du comte Jobst-Nicolas de Zollern, à savoir Frédéric-Albert, tué à Utrecht en 1483[111], Eitel-Frédéric le Jeune, mort au siège de Montfoort en 1490[112], et Frédéric-Jean, mort sous les murs de Termonde en 1484, nous inclinons à penser, mais sans certitude absolue, qu'il s'agit du premier, car deux pièces d'archives mentionnent un Albrecht, comte de Soren, en 1480 et 1481[113]. Lui succédèrent Martin Schwartz, puis, à partir de 1488, Georg von Ebenstein, originaire de Trente, en Tyrol du Sud (ou du Trentin Haut-Adige !), le principal défenseur du réduit tenu par les partisans de Maximilien dans le *Westquartier* de Flandre en 1488-1489, et l'auteur de l'audacieuse prise de Saint-Omer en 1489. Par la suite, il demeura à Saint-Omer qu'il gardait avec une garnison forte de 350 hommes en 1490[114]. Comme tous les autres capitaines licenciés en juillet 1493, il demanda le règlement des arriérés de solde. Ebenstein s'adjugea pas moins de huit assignations

---

109 Jean MOLINET, *Chroniques…*, t. I, p. 564.

110 *Ibid.*, p. 528.

111 Hermann WIESFLECKER, *Kaiser Maximilian I*, vol. 1, *Jugend, burgundisches Erbe und Römisches Königtum…*, p. 169.

112 Hans COOLS, *Mannen met Macht…*, notice n° 266, p. 307.

113 ADN, B 2122, n° 68527, fragments d'un état de paiement : Albert servit d'avril à juin 1480 avec huit écuyers, sans doute en Gueldre ; B 2126, n° 68814, 29 juillet 1481 : quittance de Clauer Hans, conducteur de 78 compagnons de guerre de langue allemande, passés à montres par devant *Albrecht, comte de Soren*.

114 ADN, B 2141, n° 69854, 19 mai 1490 : quittance de Georges de Benstain, capitaine de 350 compagnons de guerre allemands à pied y compris les doubles payes, pour une somme de 4 200 florins du Rhin d'or, et n° 69853, 1er décembre 1490 : quittance par Georges de Benstain, capitaine de 20 compagnons de guerre allemands à cheval et 350 à pied, y compris les doubles payes, en garnison à Saint-Omer, pour une somme de 7 480 l.

en sa faveur, le 16 juillet 1493, pour un total de 9 926 l. 6 s., auxquelles s'ajouta encore un forfait final de 5 000 l., assigné en 1494 et 1495[115].

À la garnison de Saint-Omer, il est possible d'ajouter au moins la garnison de Damme, beaucoup plus importante, qui reçut un mois de solde le 31 décembre 1490, alors qu'elle menaçait de partir si on ne la payait pas immédiatement[116]. Les Allemands y étaient 2 536, répartis en onze bandes de 127 à 376 hommes. Par ailleurs, le 30 juin 1490, Charles de Vy et Wendelin von Ambourg recevaient une assignation de 1 600 l. en tant que capitaines de 1 500 fantassins allemands, en *Westflandre* et ailleurs, mais cela peut correspondre à des services antérieurs à cette date[117]. On hésitera donc à les compter en plus des garnisons de Saint-Omer et de Damme, sinon pour définir la limite supérieure du nombre de mercenaires allemands employés contre les rebelles flamands, qui aurait donc été compris entre 3 000 et 5 000 hommes. Un peu moins de deux ans plus tard, en février 1493, à Arras, où se trouvaient sans doute concentrés la plus grande partie des Allemands, après la fin de la rébellion gantoise, Wilwolt von Schaumberg, co-auteur avec Louis de Vaudrey de la prise d'Arras[118], commandait 2 250 Allemands[119].

De toutes ces indications parcellaires, on peut tout de même en déduire l'essentiel nécessaire à notre propos. Les Allemands constituèrent entre 1488 et 1493 la plus grande partie de l'infanterie dont disposèrent Maximilien et Albert de Saxe pour reconquérir les Pays-Bas. Ils furent sans doute de 3 000 à 4 000 hommes, affectés en fonction des besoins soit à un corps de bataille de 2 000 à 2 500 hommes, là où portait l'effort de guerre principal, soit à des garnisons de 100 à 300 hommes, réparties sur les frontières de Gueldre ou de Flandre et d'Artois. Leurs soldes s'élevaient à 4 l. par mois en 1490-1493, ce qui était très généreux, quoiqu'un peu moins que les 4,5 florins du Rhin que le roi de France s'étaient engagés à verser aux soldats suisses en vertu des traités d'alliance avec les cantons de 1474/1475 et 1499[120] : même au cours le plus élevé de la livre de Flandre, le florin du Rhin valant alors 18 s. 6 d.[121], les Allemands au service de Maximilien recevaient l'équivalent de 4,32 florins. La charge que représentaient les soldes des Allemands était donc très considérable, puisqu'elle était de l'ordre de 150 000 à 200 000 l. par an.

---

115 ADN, B 2146, fol. 24r, 25r-v, 26v, 32r-v, 50r-v, 65v-66r, B 2148, fol. 45r et B 2151, fol. 41r-v.

116 ADN, B 2141, n° 69791, 31 décembre 1490 : état des sommes versées par Alard Coopman, trésorier des guerres, à l'ordonnance du comte de Nassau, pour le paiement des fantassins allemands en garnison à Damme.

117 Assignation sur les compositions de Flandre (ADN, B 2140, fol. 98r).

118 Sven RABELER, *Niederadlige Lebensformen*... , p. 201-205.

119 Lettre de recette en faveur du trésorier des guerres, pour les 2 250 Allemands, y compris les doubles soldes, sous *Wilbrecht van Scauwembourg* (ADN, B 2146, fol. 75v).

120 Jean DUMONT, *Corps universel diplomatique*... , t. III, 3e partie, p. 406.

121 Cours donné dans la quittance, déjà citée, de Georg von Ebenstein, en date du 19 mai 1490 (ADN, B 2141, n° 69854).

Conclusion

En y ajoutant le coût des compagnies wallonnes, ce n'était pas moins de 300 000 à 400 000 l. qu'Albert de Saxe devait trouver chaque année de guerre pour entretenir ses garnisons, la garde et ses mercenaires germaniques. À la fin de l'année 1492, Albert de Saxe disposait d'environ 6 000 hommes, dont 4 000 fantassins et 2 000 cavaliers, d'après l'instruction, déjà citée, adressée à Jean de Berghes s'en allant voir Maximilien, alors en Alsace, pour lui demander un secours militaire immédiat[122]. Cette estimation est compatible avec les chiffres donnés par Molinet pour la prise d'Arras, soit 3 000 à 4 000 hommes, auxquels il faut ajouter toutes les garnisons laissées en Flandre, en Hainaut et en Gueldre. À 8 l. par cavalier et 4 l. par fantassin, la charge mensuelle s'élevait à 32 000 l. par mois, soit, pour la période allant du 1er janvier 1493 jusqu'au licenciement des dernières bandes, en septembre suivant, 300 000 l. environ. Les assignations en faveur du trésorier des guerres et du commis à faire le paiement des troupes employées au siège de L'Écluse s'élèvent pour la même période à un peu plus de 250 000 livres[123]. Ainsi, le déficit de la caisse militaire avait été réduit à 15% du montant des soldes dues – à quoi il fallait encore ajouter les arriérés à régler. Ce sont donc une fois de plus l'épargne des villes et des nobles et surtout les biens, le bétail et les récoltes des populations rurales qui payèrent la différence, avec de très lourds intérêts. Les souffrances des habitants d'Arras et des populations exposées à la guerre, durant les derniers mois de la crise de 1477-1493 ne doivent cependant pas faire perdre de vue l'essentiel : Maximilien était enfin parvenu à forger un outil militaire correspondant à peu près à ses moyens financiers, et qui lui permit de remporter la victoire sur ses opposants politiques, ainsi que sur le roi de France.

En 1477, les États généraux avaient envisagé la création d'une armée qui fût celle des Pays-Bas, et qui aurait été simplement mise à la disposition du prince pour assurer leur défense. Quinze ans plus tard, les pays de par-deçà devaient supporter la présence d'une armée professionnelle, au service exclusif du prince. L'échec politique des assemblées représentatives ne saurait être plus total. Et pourtant, les États généraux de 1477 firent preuve d'infiniment plus d'audace qu'en France les États généraux de Tours, presque contemporains. Ces derniers avaient été réunis dans un contexte similaire – la position des Beaujeu n'était alors guère mieux assurée que celle de Marie de Bourgogne, jeune femme isolée, mais souveraine légitime. Aux Pays-Bas également, l'assemblée était composée de notables relativement bien disposés à l'égard de la dynastie régnante. Cependant, les délégués français avaient pris acte de toutes les innovations fiscales et militaires introduites par la monarchie et consolidés sous Charles VII. Ils ne contestaient même plus le principe d'une armée permanente adossée à une fiscalité tout aussi permanente.

---

122 ADN, B 18845, n° 29583 : instruction adressée au seigneur de Walhain pour des négociations à mener avec l'Empereur.

123 216 591 l. 8 s. 4 d. pour le trésorier des guerres (ADN, B 2144, fol. 69v), et 36 000 l. pour le commis au paiement de l'armée employée au siège de L'Écluse (*ibid.*, fol. 71r).

En France, aux États de Tours, aussitôt après avoir réaffirmé son opposition aux armées professionnelles, Jean Masselin renonçait à demander la dissolution des compagnies d'ordonnance, au motif que « la coutume de payer des gens d'armes s'est tellement invétérée, qu'il n'est pas aisé de l'abolir sur le champ, et qu'il vaut mieux, en se conformant aux habitudes des hommes de ce temps, la maintenir encore entière[124] ». Toute la timidité des États de Tours se trouve condensée dans ces quelques lignes... Les débats à peine ouverts, on abandonnait les principes fondamentaux dont les assemblées représentatives tiraient leur légitimité, pour entrer dans les querelles de chiffres et les marchandages. Combien pour la taille, un million de livres, deux millions ? Au bout de quelques semaines, les députés se laissèrent docilement congédier par les Beaujeu, après avoir obtenu une baisse significative de la taille, mais sans aucune garantie qu'elle échapperait désormais à l'arbitraire du gouvernement royal. Il est vrai que l'armée de Charles VII et de Louis XI avait fait la preuve de son efficacité. De même, les Anglais n'avaient aucune raison de remettre en cause leur organisation militaire, fondée sur l'arc long et la levée d'armées sous contrat auprès des grands barons du royaume. C'est bien la défaite de Charles le Téméraire qui permit aux États généraux de 1477 d'imposer leur vision de ce que devait être la défense des Pays-Bas, et c'est encore la défaite qui les obligea à composer avec Maximilien dès la fin de l'année. La réaction de 1477 et son échec sont de ce point de vue tout à fait comparables avec la résurrection des milices florentines, au temps de la République du gonfalonier Soderini, qui trouverait son navrant épilogue dans le désastre que leur infligèrent les Espagnols en 1512.

De son côté, Maximilien connut également l'échec avec la restauration de la nouvelle ordonnance, qui fut comme une seconde mort de Charles le Téméraire. Désormais, Maximilien s'appuierait sur quelques milliers de soldats, présents sur tous les fronts et soudés par une expérience commune. C'en était fini du modèle bourguignon, lui-même d'inspiration française. Prenant acte de l'échec des compagnies d'ordonnance et de toutes les tentatives visant à mettre en place une armée commune aux Pays-Bas, financée régulièrement par les assemblées représentatives, Maximilien et Albert de Saxe utilisèrent un corps étranger, craint des populations, et sciemment utilisé comme moyen de pression pour forcer le consentement à l'impôt.

---

124 Jean MASSELIN, *Journal des États généraux...*, p. 370-371.

CHAPITRE 15

Les communautés face à l'impôt princier

Jusqu'à présent, nous avons adopté le point de vue du prince, en butte aux difficultés du financement de la guerre. Celles-ci furent telles que Maximilien et Albert de Saxe durent renoncer à en faire un monopole princier. Pour subvenir à leurs besoins et être en capacité de poursuivre les opérations, les capitaines de gens de guerre eurent affaire à une multiplicité d'interlocuteurs, dont le trésorier des guerres n'était que le principal. Afin d'obtenir ravitaillement, logement et espèces monétaires, ils leur arrivèrent bien souvent de s'adresser directement aux communautés, villes, châtellenies, paroisses. C'est vers elles qu'il faut à présent tourner notre regard.

Si nous n'avons que de très partiels indices ou informations sur la part des richesses prélevées par les capitaines sur les habitants au cours des années 1488-1493, il n'en est pas de même pour les aides et subsides régulièrement accordés par les assemblées représentatives, et régulièrement dépensés par les receveurs des aides et le trésorier des guerres. De quel poids pesait la fiscalité d'État pour ceux qui y étaient soumis ? Il convient d'emblée de distinguer les finances des communautés de celles des particuliers, notamment en raison de la situation très différente des villes par rapport aux campagnes. Les premières payaient les impôts dus au prince sur le budget commun, principalement abondé par la fiscalité indirecte, tandis que les secondes vivaient sous le régime de la taille personnelle. Pour les habitants des campagnes, quelle part du revenu individuel représentaient les impositions levées par ou pour le prince ? Question fort complexe, à laquelle nous nous contenterons d'apporter de trop rares éléments de réponse.

De toute façon, le taux de prélèvement obligatoire pratiqué aux Pays-Bas, quand bien même le connaîtrait-on avec précision, n'est en rien un indicateur absolu. Payer des impôts sur ses revenus n'a pas exactement la même portée à la fin du XVe siècle et dans nos sociétés contemporaines développées, où la sécurité alimentaire est assurée, où regorgent les biens de consommation et d'équipement, et où le contribuable, en général salarié, est soumis à chaque instant aux tentations de la société de consommation de masse. Par ailleurs, les services rendus par l'État en contrepartie des prélèvements opérés par lui n'étaient bien sûr pas les mêmes, non plus que la façon dont ils étaient perçus par les contribuables. À partir du moment où nous ignorons la structure des budgets des ménages médiévaux, dans les villes et plus encore dans les campagnes, nous ne pouvons déduire qu'une ponction de 10% serait négligeable, ou qu'un taux de 30 à 50% représenterait au contraire une charge trop lourde, les privant de biens ou de services auxquels ils n'avaient de toute façon pas accès. Un indicateur beaucoup plus pertinent, dans l'optique de la présente étude, et par ailleurs beaucoup plus facile à établir, est la capacité des communautés à faire face aux obligations fiscales princières. À quel moment et dans quelles circonstances les contribuables n'ont-ils plus été en mesure de payer leurs impôts, parce qu'ils n'en avaient plus les moyens ? Le recensement et l'analyse des cas d'insolvabilité sont riches d'enseignements. Dans les pages qui vont suivre, nous allons donc nous attacher au destin de trois communautés flamandes, dont, une fois n'est pas coutume, deux rurales – le Franc de Bruges et la châtellenie de Courtrai – et une ville moyenne – Courtrai – et verrons comment elles ont traversé la tourmente des années 1477-1493.

I.   La Flandre jusqu'en 1487

Une principauté relativement épargnée par la fiscalité princière

Aux Pays-Bas comme en France au même moment, la fiscalité pesait d'un poids fort inégal d'une principauté à l'autre. On a déjà insisté sur le caractère coutumier de la fiscalité : on paye beaucoup d'impôts là où l'habitude a été prise depuis longtemps d'en payer plus qu'ailleurs. Ce qui est vrai de la Normandie des rois de France, victime des succès politiques de ses premiers ducs et de l'avance relative de son administration à l'époque féodale, l'est également pour la Hollande et la Zélande, fort mal traitées lors de la répartition des quotes-parts de l'aide de 500 000 *ridders* en 1472. Au contraire, la résistance obstinée de la Flandre aux velléités de leurs comtes leur valut un régime de faveur. En 1469 encore, Charles le Téméraire ne put mener à bien le dénombrement de population qui aurait permis d'ajuster le prélèvement fiscal à la richesse des Flamands. Jamais achevé, le recensement ne porta que sur la moitié des campagnes, et vingt-neuf villes sur quarante-neuf. Les Quatre Membres y échappèrent, ainsi que la plupart des villes moyennes, soit les deux tiers de la population[1]. Les villes et châtellenies dénombrées font état de près de 47 000 feux, ce qui, croisé avec les quotes-parts du nouveau Transport établi en 1517, a permis à W. Prevenier d'estimer la population de la Flandre à environ 660 000 habitants à la veille de la crise de 1477-1493, soit près de 150 000 feux. La part prise par la Flandre dans l'aide des 500 000 *ridders*, soit 127 000 *ridders* (152 400 l. de 40 g.), équivalait donc à une ponction moyenne d'une livre de 40 g. par feu, dont on peut supposer qu'elle était relativement légère par rapport aux autres principautés des Pays-Bas, moins bien loties que la Flandre, car trop accommodantes avec le pouvoir central.

Quant à estimer l'importance de ce prélèvement sur le revenu des particuliers, le mieux est encore de le demander aux contemporains ! Nous avons vu qu'en 1485, Maximilien prétendait lever en 1485 une imposition du 12e denier sur les « rentes, revenus, pratiques, négociations et ouvrages[2] » pour écraser les rebelles de Flandre. En réalité, l'archiduc ne s'en servit que comme d'une menace agitée pour inciter

---

1   J. DE SMET, « Le dénombrement des foyers en Flandre en 1469 », *BCRH*, 99, 1935, p. 105-150, et Walter PREVENIER, « La démographie des villes du comté de Flandre … », p. 255-276.

2   Léopold DEVILLERS, « Le Hainaut sous la régence de Maximilien. 1483-1485 » …, p. 419-420.

LES COMMUNAUTÉS FACE À L'IMPÔT PRINCIER 441

les principautés qui le reconnaissaient comme régent à lui accorder des aides plus substantielles qu'à l'accoutumée, ce qu'elles firent : on peut donc en déduire que ce taux du 12e denier, soit 8,25%, était considéré comme supérieur à ce qui se pratiquait habituellement. Par ailleurs, lors de la négociation de l'aide de deux florins par feu en 1492, les Flamands firent savoir qu'ils ne voulaient pas que l'imposition dépassât les deux florins par tranche de deux livres de gros de revenu (12 l. de 40 g.), soit environ 15%[3]. Ce taux d'un sixième correspondrait donc à un seuil maximum à ne pas dépasser, tout en étant *a priori* suffisant pour fournir au prince les deux florins par ménage demandés, puisque l'aide venait d'être accordée par les représentants flamands. De ces exemples, on croit pouvoir conclure qu'une imposition d'une à deux livres de 40 g. par feu représentait un prélèvement de l'ordre de 5 à 15% sur le revenu moyen. Cet ordre de grandeur est confirmé par d'autres éléments postérieurs à la période étudiée, notamment l'enquête fiscale menée en 1505 dans la châtellenie de Lille, Douai et Orchies[4]. Pour peu qu'on élargisse la comparaison avec la France, on peut encore apporter deux autres pièces au dossier, absolument convergentes elles aussi avec ce qui précède. En 1493, les députés de Languedoc vinrent se plaindre auprès du roi du poids excessif de la fiscalité par rapport aux autres provinces françaises. D'après eux, la taille s'élevait chez eux à 4 l. 9 s. tournois par feu, alors que le Languedoïl ne contribuait qu'à hauteur de 20 sous par feu et la généralité d'Outre-Seine-et-Yonne de 26 sous 6 deniers. Même la Normandie, elle aussi lourdement surtaxée à 56 sous par feu, soit un peu moins de trois livres tournois, n'était pas aussi pressurée que le Languedoc[5]. Ce taux moyen de trois livres par feu en Normandie est confirmé par une discussion qui opposa aux États généraux de Tours, en 1484, les représentants des bailliages de Haute Normandie à ceux de la Basse Normandie, au sujet de la répartition de la taille. Les premiers se plaignaient d'avoir à subir un fardeau de 6 l. par feu, deux fois plus élevé que ce qui était demandé aux habitants de Basse Normandie. Les seconds rétorquèrent qu'en Haute Normandie, un feu regroupait une famille élargie aux gendres et belles-filles[6]. Ainsi, dans la plus riche province de France, au sortir du règne de Louis XI, l'impôt pouvait être considéré comme lourd à partir de 3 l., et écrasant à partir de 6 l. À supposer que le revenu moyen normand ait été égal à celui des Flamands – la valeur de la livre tournois était alors très proche de celle de la livre de 40 g. de Flandre – la taille royale aurait alors représenté un prélèvement sur le revenu de l'ordre de 15/20 à 30/40%, ce qui paraît en effet compatible avec le mécontentement des députés normands, qui ne cessèrent de demander un allègement de la quote-part de leur province par rapport aux autres généralités du royaume.

---

3 *Handelingen…*, t. I, p. 596-597.
4 Cette question sera traitée plus complètement dans un autre ouvrage à paraître sur les finances des Pays-Bas sous le règne de Philippe le Beau (1494-1506).
5 Henri GILLES, *Les États du Languedoc au XVe siècle…*, Toulouse, Privat, 1965, p. 168-170.
6 Jean MASSELIN, *Journal des États généraux…*, p. 583-585.

CHAPITRE 15

Le tournant de 1486-1487 en Flandre

Sauf exceptions, dues à l'obsolescence du Transport de 1408 ou aux destructions subies par telle ou telle communauté au cours de la guerre contre Louis XI, les villes et châtellenies flamandes n'eurent guère de difficultés à s'acquitter des impositions accordées à Marie et à Maximilien. Le quadruplement des impôts en 1485-1486, après la soumission du comté par Maximilien, changea-t-elle la donne ? Force est de constater que jusqu'à la fin de l'automne 1486, la grande majorité des villes et des châtellenies de Flandre purent fournir l'intégralité de leur quote-part des aides géantes que les Membres avaient été contraints d'accorder à Maximilien. Ainsi, les châtellenies d'Ypres et d'Audenarde, pourtant confrontées directement à la guerre contre la France, et pour la châtellenie d'Audenarde, à la guerre civile de 1484-1485, purent régler la facture plutôt salée qui leur avait été présentée[7].

Les rabais avaient pourtant été distribués avec modération. On n'accorda de remises supplémentaires sur l'aide de 127 000 *ridders* qu'aux villes et châtellenies qui avaient fait la preuve de leur difficulté à régler leur quote-part[8]. Encore l'aide de 127 000 *ridders*, en tant qu'aide ordinaire, avait-elle fait l'objet d'un plus grand nombre de rabais, qu'on refusa d'appliquer aux autres aides, notamment celles accordées pour la guerre. Seule la ville de Gand, qui bénéficia semble-t-il d'un rabais de 50% que ne justifiaient ni un appauvrissement relatif depuis 1408, ni les dommages de guerre, fut ménagée pour des raisons d'ordre politique[9]. Les remises d'impôts, toujours partielles, furent donc étroitement encadrées. Comment parvint-on à réunir ces sommes absolument sans précédent, dont le total dut tangenter les 500 000 l. de 40 g. ? Est-ce que les villes, qui disposaient de réserves de capitaux plus importantes et payaient les impôts princiers sur leur budget commun, eurent besoin de lever des tailles sur leurs bourgeois parce que les traditionnelles émissions de rentes ne suffisaient plus ou risquaient de ne pas trouver preneurs ? Ce ne fut le cas ni à Courtrai, ni à Audenarde, bien que la première se procurât les fonds nécessaires en vendant des charges de draps empruntées à des particuliers[10]. Dans les châtellenies, a-t-on des indices de défaillances de communautés autres que celles qui ont obtenu une exemption régulière sous la forme d'un mandement de Maximilien aux commis sur le fait des domaine et finances ? On n'en trouve pas la trace dans les comptes des châtellenies d'Audenarde et d'Ypres, mais cela n'est pas absolument décisif, dans la mesure où l'on ne peut pas exclure que les *pointers* aient tenu compte de la moindre capacité contributive de certaines paroisses en en surtaxant d'autres plus aisées, atténuant ainsi la grande rigidité du Transport de 1408. Le compte du Franc de Bruges est en revanche beaucoup plus détaillé, et il est d'autant plus intéressant qu'il embrasse un grand nombre de paroisses, représentant près de 12% du Transport de 1408. Pour chaque assiette, *pointing* ou *zetting*, ordonnée par les échevins sur les paroisses de la châtellenie, il indique en dépense les deniers

---

7   Voir annexe I, aides accordées par la Flandre, aides n° 18, 19 et 20.
8   Voir *supra*, p. 205 et suivantes.
9   *Ibid.*, d'après Wouter Ryckbosch, *Tussen Gavere en Cadzand...*, p. 332.
10   Voir *infra*.

LES COMMUNAUTÉS FACE À L'IMPÔT PRINCIER 443

rendus et non reçus pour les raisons les plus diverses, contestations ou insolvabilité. Pour l'année 1486, outre quelques litiges annexes, notamment à propos de la question des *hagheporters* de Bruges[11], seules L'Écluse[12] et Lichtervelde[13] refusèrent de payer en raison de leur pauvreté et des arriérés qui s'étaient accumulés. Les habitants de Lichtervelde furent sommés par des huissiers, certains d'entre eux furent emprisonnés pendant deux ou trois mois, mais rien n'y fit[14]. Un accord fut trouvé avec L'Écluse, mais il ne put être exécuté que partiellement, en raison de la situation économique et financière critique de la petite cité portuaire. Sur l'ensemble des assiettes réparties par les échevins du Franc, les défauts et rabais dépassent à peine les 4%[15]. Ainsi, les contribuables fournirent de leur poche l'intégralité, ou peu s'en faut, des sommes colossales exigées par le roi des Romains et ses officiers. Les villes et châtellenies ne contractèrent que des emprunts à très court terme, auprès des banquiers ou des plus riches de leurs concitoyens, remboursés quelques mois plus tard.

Le volume total des prélèvements obligatoires est bien sûr le premier et principal facteur déterminant la gêne causée par la fiscalité princière, mais il n'est pas le seul. D'autres éléments contribuent en effet à aggraver la « douleur fiscale », ou, au contraire, à la soulager. Pour les Flamands, tout concourait à rendre insupportables les exigences de leur gouvernement. La soudaineté de certaines aides n'avait en effet d'égal que l'irrégularité des échéances ; on ne laissait aux villes et aux châtellenies qu'un délai extraordinairement court pour les régler. Les comptes et surtout les mentions marginales des maîtres des comptes de Lille mentionnent à l'occasion la date des quittances délivrées par le receveur général aux communautés qui avaient payé leur quote-part. La date de ces quittances donne donc une idée assez fidèle du calendrier des paiements, surtout lorsqu'on la croise avec la date des assiettes réparties par les châtellenies sur les paroisses de leur ressort, qui ne correspondent que rarement avec les échéances coutumières indiquées lors du vote des aides par les Membres, c'est-à-dire le plus souvent la Saint-Jean-Baptiste et Noël.

Ainsi, la châtellenie d'Ypres leva près de 15 000 l. de 40 g. en 1486 pour régler les impôts princiers de l'année ainsi que les frais administratifs généraux. Cette somme fut levée en cinq fois. Une première assiette d'environ 1 750 l. fut répartie le 1er janvier 1486. Les trois autres se succédèrent à intervalles très rapprochés le 14 mai, le 1er juillet et le 2 août 1486, pour un montant total de plus de 9 700 l. Enfin, une dernière *pointing* d'un peu plus de 3 350 l. fut ordonnée le 22 octobre[16]. Les deux tiers des impôts

---

11 AGR, CC, reg. 42598, fol. 139v.

12 Le compte de l'année 1486-1487 enregistre un manque à gagner de 2 343 l. 14 s. ob. de 20 g. sur la quote-part de L'Écluse, dont on ne put recouvrer que 310 l. 11 s. 6 d. (AGR, CC, reg. 42598, fol. 153v).

13 Le même compte enregistre la totalité de la portion de Lichtervelde, soit 2 045 l. de 20 g., en deniers rendus et non reçus (*ibid.*).

14 *Wat diligencie dese ontfanghere ghedaen heift bij execucien van diverse duerwaerders ende ooc bij huerlieder laten bij twee ofte drie maenden ghevanghen te houdene up den steten daer zij noch ligghen, hij en heift daerof gheene bethalingen comen ghecrijghen, ende dat bij den aermode vand. voors. plecke, ende ooc ter cause van diverse achterstellen* (*ibid.*).

15 4 546 l. 3 s. ob. de deniers rendus et non reçus dans le compte de 1486-1487, sur une recette totale de 112 905 l. 14 s. 8 d. de 20 g. (*ibid.*, fol. 153v-154r).

16 AGR, CC, reg. 44308, du 1er septembre 1485 au 12 février 1487, fol. 1r-4r.

CHAPITRE 15

ont donc été levés en un trimestre, ce que confirment les quittances de Roland Le Fèvre, en date du 5 juillet et du 18 septembre pour un total de plus de 6 000 livres de 40 g.[17] Les autres comptes, moins bien renseignés, font cependant tous apparaître un pic semblable durant l'été, correspondant bien sûr à la campagne menée en Artois par Maximilien. Plusieurs comptes de villes et de châtellenies, ainsi que la recette générale des finances[18], mentionnent une avance de 60 000 l. sur l'aide des 15 000 combattants qui était en cours de négociation chez les Membres de Flandre. Le compte de la châtellenie d'Audenarde indique que le billet d'imposition du conseil des finances et du receveur général exigeait qu'elle fût versée dans les huit jours[19] ! En réalité, l'aide des 15 000 combattants fut partout levée très rapidement, mais selon des modalités très différentes. La châtellenie d'Ypres la régla en une seule fois, obtenant le 18 septembre la quittance déjà mentionnée, alors que la ville de Courtrai le fit en deux fois, le 30 juillet et le 8 septembre[20]. Le Franc, quant à lui, emprunta près de 40 000 l. sur la place de Bruges à court terme[21]. Les intérêts, très élevés, s'échelonnèrent de 16% à plus de 27% ; ils alourdirent d'autant la note présentée aux contribuables du Franc.

Il ressort de tout ceci que le receveur général de Flandre, Roland Le Fèvre, fut intraitable sur le montant des impositions dues par les communautés flamandes, mais que leur règlement fit l'objet de nombreux aménagements, sans doute réglés par des négociations directes entre Le Fèvre et les conseils des villes et des châtellenies. Le receveur général devait bien sûr tenir compte du fait que les grandes villes, et également le Franc, avaient un accès beaucoup plus direct au crédit des grands marchands-banquiers italiens de la place de Bruges. Le Transport de 1408 fut scrupuleusement respecté, et l'intégralité des sommes dues levée, sauf à pouvoir exciper de remises d'impôts revêtues de toutes les signatures, sceaux et contreseings voulus. Sans doute les villes avaient-elles pu protéger leurs bourgeois du choc fiscal au moyen des ventes de rentes, mais comment les paysans flamands s'y prirent-ils pour trouver en temps et en heure les sommes qui étaient demandées dans un environnement fiscal aussi mouvant, aussi incertain, et aussi peu unifié ? Durent-ils puiser dans leur épargne ? L'effondrement fiscal auquel on assista l'année suivante tendrait à valider cette hypothèse.

Car c'est en effet en 1487 que le Franc de Bruges fut pour la première fois confronté à de très graves problèmes de solvabilité de ses communautés, et cela malgré la relative modération fiscale dont avaient fait preuve Maximilien et ses conseillers, à leur corps défendant. Alors que l'année précédente, la châtellenie avait été en mesure d'honorer toutes les échéances fiscales, on ne put cette fois recouvrer que le quart du montant des deux assiettes réparties en octobre 1487[22]. Le Franc ne put régler tout ce qu'il devait

---

17 *Ibid.*, mentions marginales, fol. 8r-v.

18 ADN, B 2133, fol. 42v-43r.

19 AGR, CC, reg. 41914, compte du 5 février 1484 au 5 février 1487, fol. 5v.

20 AGR, CC, reg. 33232, fol. 56r.

21 Voir *supra*, p. 321-323.

22 En octobre 1487, on répartit une *zetting* de 33 000 livres de 20 g., soit 16 500 l. de 40 g., pour éponger le déficit du compte précédent, ainsi qu'une *pointing* de 34 119 l. 17 s. de 20 g. (17 059 l. 18 s. 6 d. de 40 g.) pour le paiement des aides. Sur ces quelque 33 500 l. de 40 g., on ne put en recouvrer qu'un peu plus de 16 000 l., dont 7 000 l. avaient en fait été avancées par de riches particuliers (AGR, CC, reg. 42599, fol. 8-9).

LES COMMUNAUTÉS FACE À L'IMPÔT PRINCIER 445

à Roland Le Fèvre qu'en faisant supporter le déficit comptable par certains riches particuliers de la châtellenie, et surtout en empruntant au Gênois Stena Spinola la somme de 7 200 livres en avril 1487[23]. On ignore si les autres districts flamands furent contraints de recourir à de tels expédients pour fournir leur quote-part à Roland Le Fèvre. Il est certain que le Franc de Bruges, longue bande littorale où se trouvaient un grand nombre de villes portuaires petites et moyennes vivant du commerce et de la pêche, était particulièrement exposé en temps de guerre. Pour élucider les causes de ce dramatique effondrement des capacités contributives flamandes, il n'est donc pas aisé de faire la part des prélèvements fiscaux de l'année précédente et celle des désastres militaires.

II. Le Franc de Bruges

Une crise financière de dix ans

Le Franc de Bruges eut les plus grandes difficultés à se relever de l'effondrement des échanges commerciaux après la reprise de la guerre contre la France, et plus encore du saccage de ses campagnes au cours des années 1488-1492. En 1499-1500 encore, plus de sept ans après le retour de la paix, certaines paroisses n'étaient toujours pas en mesure de payer l'intégralité de leur quote-part des aides accordées par les Membres de Flandre. Cette année-là furent réparties une *zetting* de 19 526 l. de 20 g. pour les frais de la châtellenie et une *pointing* de 33 205 l. 4 s. 6 d. de 40 g. pour les aides du prince, soit 26 365 l. 12 s. 3 d. de 40 g., dont un peu plus de 1 082 l. ne purent être recouvrées, soit 4,1% de l'assiette totale[24], alors que le Franc de Bruges bénéficiait d'un rabais d'un tiers sur les aides accordées par les Membres de Flandre. Les communautés insolvables traînaient encore derrière elles un boulet de pas moins de 65 830 l. de 40 g. d'arriérés, accumulés depuis 1487[25] ! Les comptes du Franc de Bruges, extrêmement précis, ont ceci d'intéressant que contrairement à ceux des autres châtellenies, le receveur indique pour chaque assiette ce qui a pu être effectivement levé sur les paroisses du Franc. De plus, le receveur mentionne également ce qui a pu être recouvré des arriérés des assiettes passées, ainsi que le montant restant encore à acquitter[26]. Chaque nouvelle assiette entraînait de nouveaux

---

23 Il reçut 172 livres de gros pour le prêt de ces 1 200 livres de gros, soit un intérêt de 14% (*ibid.*, fol. 152r-v).

24 AGR, CC, reg. 42613, compte du Franc de Bruges, du 1er septembre 1499 au 31 août 1500, fol. 1r-8r.

25 *Ibid.*, fol. 25v (131 661 l. 1 s. 1 d. de 20 g.).

26 Cette pratique se distingue des règles comptables en usage, qui voulaient que les deniers non recouvrés figurent en dépense, en deniers rendus et non reçus. Elle fut introduite par Simon van den Rive, qui succéda à Jérôme Lauwerin en février 1488, pas immédiatement, mais dans son troisième et dernier compte, du 15 septembre 1489 au 18 janvier 1490 (AGR, CC, reg. 42603). Jérôme Lauwerin, redevenu receveur du Franc après la soumission de la Flandre, revint à l'ancienne manière dans son premier compte de l'après-guerre civile (reg. 42602), avant de reprendre le nouveau style utilisé par son prédécesseur, définitivement cette fois (reg. 42604). Le compte gagnait en lisibilité ce qu'il perdait en rigueur comptable.

446 CHAPITRE 15

impayés, venant grossir la dette, tandis qu'à l'inverse, les arriérés recouvrés chaque année contribuaient à la réduire. De la sorte, nous pouvons d'une part mesurer la capacité du Franc à régler les nouvelles assiettes réparties chaque année, et d'autre part, l'évolution de la dette cumulée au titre des impayés des contributions passées. Pour que la dette cumulée diminue, il fallait bien sûr que la somme de ce qui avait pu être recouvré au titre des arriérés des années passées soit supérieure au montant de ce qui n'avait pu être levé sur les impôts de l'année en cours. Cette pratique s'installa à partir de l'après-guerre civile, lorsqu'il fallut régler les compositions de Tours, et qu'on put aussitôt apprécier l'ampleur du désastre. Le compte de l'année 1489-1490 relève ainsi les arriérés encore dus depuis 1487. Après lui avoir appliqué quelques corrections[27], nous pouvons tirer de cette série continue de très précieuses informations figurées dans les diagrammes n° 15 et 16[28].

La capacité contributive du Franc, déjà fortement entamée en 1487, fut pratiquement réduite à néant par la guerre civile de 1488-1489, et plus encore par la seconde rébellion de Bruges et de Gand, qui se déroula presque entièrement sur son sol, entraînant la fermeture de la navigation sur le Zwin, ainsi que l'occupation de Damme et de L'Écluse par d'imposantes garnisons qui couraient la campagne en réquisitionnant ou pillant tout ce qui s'y trouvait. On ne put donc lever que des sommes dérisoires, équivalant à moins de 20% des assiettes réparties sur le Franc, elles-mêmes très inférieures à ce qui aurait été nécessaire pour honorer les échéances fiscales des compositions de Tours et des aides accordées par les Membres. Ainsi, à l'issue de l'année comptable 1491-1492, correspondant aux derniers termes des compositions de Tours, seules 17 500 l. de 40 g. avaient pu être payées sur les 78 072 l. auxquelles s'élevait la part du Franc de Bruges, soit 22,4%[29].

Ce ne fut qu'à partir de 1495 que les communautés de la châtellenie furent en mesure de payer plus de 50% des nouvelles assiettes. En 1498, on franchit un

---

27 En effet, dans un premier temps (reg. 42604), on retira de la liste les arriérés dus au titre des années de guerre civile (*zetting* de 1488 et *pointing* de juin 1489). Ils réapparurent en 1499, mais pour tenir compte de la valeur de livre de Flandre à ce moment-là, on compta 14 s. par livre, diminuant ainsi de 30% la dette restante (reg. 42612, fol. 19r). Afin de ne pas introduire de biais, on les a bien entendu réintégrés, et l'on a appliqué le taux de 14 s. par livre pour les années 1488 et 1489. Par ailleurs, il peut y avoir de légères différences, d'une année sur l'autre, dans le calcul des arriérés, dues par exemple à l'ajout d'arriérés sur des recettes non fiscales.

28 Ces diagrammes résultent de l'exploitation des données indiquées dans les registres de compte de la châtellenie du Franc de Bruges de 1489-1490 à 1499-1500, aux chapitres des recettes des *zettingen* et *pointingen* (AGR, CC, reg. 42602, fol. 60v, reg. 42603, fol. 6v, 10r, 13v, 19r, reg. 42604, fol. 5v, 6v-7r, reg. 42605, fol. 2r, 5v-6r, reg. 42606, fol. 5v, 10v, 14r, 18r, 21v, reg. 42607, fol. 8r, 11v, 14r, 17v, 21v, 25v, reg. 42608, fol. 8r, 11r, 13v, 16r, 19v, 23v, 27v, reg. 42609, fol. 7r, fol. 10r, 12v, 15r, 18v, 22r, 26r, 30v, reg. 42610, fol. 6v, 9r, 11r, 13r, 16r, 19r, 22v, 26r, 30r, reg. 42611, fol. 7r, 10r, 12r, 14r, 17r, 19v, 22v, 25r, 28r, 32r, 33r, reg. 42612, fol. 6r-v, 7v, 9v, 11r, 12v, 13v, 14v, 15v, 16v, 17r-v, 18r-v, 19v, reg. 42613, fol. 4v, 8r-v, 10r, 11v, 13r-14v, 16r, 17v, 18v, 19v, 21r, 21v-22r, 22v-23r, 25r-v). Pour l'année 1489-1490, deux comptes ont été tenus simultanément, l'un pour les *zettingen* et *pointingen* d'octobre 1489 (AGR, CC, reg. 42603, troisième et dernier compte de Simon van den Rive), l'autre pour une *omstelling* de 63 700 l. de 20 g. répartie pour le règlement des premiers termes des compositions de Tours (AGR, CC, reg. 42602, premier compte de Jérôme Lauwerin après 1489).

29 Bilan récapitulatif dans le compte de 1493-1494 (AGR, reg. 42607, fol. 32v-33r).

nouveau palier, dans l'absolu et dans le relatif, puisque le Franc retrouva un taux de solvabilité de 94%, qui se confirma par la suite, ce qui doubla quasiment sa contribution nette, qui passa de 12 746 l. de 40 g. à 22 603 l. d'une année sur l'autre. C'est également en 1495 que pour la première fois, le montant des arriérés qu'on put recouvrer sur les paroisses les plus pauvres dépassa celui des arriérés sur les assiettes nouvellement réparties. La dette cumulée de la châtellenie amorça alors enfin sa décrue, après cinq années de hausse continue, qui l'avait fait passer de 26 308 l. de 40 g. en janvier 1490 à 80 969 l. en septembre 1495. Cinq ans plus tard, elle avait diminué de 32,6%.

Un assainissement financier subordonné à la création d'une dette consolidée et au prix d'un alourdissement durable de la fiscalité locale

Deux mesures vinrent seconder le relèvement naturel de la démographie et de l'économie une fois la paix revenue. Tout d'abord, le Franc bénéficia d'un rabais significatif sur les aides accordées par les Membres. Lorsque ceux-ci consentirent enfin, après de longues et pénibles négociations, une aide de 120 000 couronnes à lever à partir du 1er novembre 1495 pour la Joyeuse Entrée de Philippe le Beau, on octroya à la châtellenie une remise des deux-cinquièmes[30]. Celle-ci fut ramenée au tiers lors du vote de l'aide de 100 000 couronnes par an accordée pour quatre ans, à lever à partir de la Saint-Jean-Baptiste 1497[31]. Il fut reconduit pour l'aide ordinaire de 1501-1503[32]. En 1507, à l'issue d'une nouvelle aide quadriennale, soit quinze ans après la paix de L'Écluse, le Franc jouissait encore d'une remise d'un sixième sur sa part des aides accordées au prince[33]. Est-ce que ce rabais fut appliqué à l'ensemble des communautés du Franc, ou bien prioritairement aux paroisses qui avaient le plus souffert de la guerre ? Cela n'est pas formellement attesté pour le Franc, mais dans les lettres patentes accordant une remise d'impôts à la ville et à la châtellenie de Cassel en 1487, il était bien précisé que les *bedesetters* devaient faire porter le rabais sur les paroisses les plus pauvres[34].

L'exemption partielle accordée par Philippe le Beau ne peut de toute façon pas expliquer la brusque amélioration du taux de recouvrement des assiettes, passé de 29% en 1493-1494 à 55% en 1494-1495, c'est-à-dire avant l'octroi du rabais des deux-cinquièmes. En revanche, c'est peut-être la modification de ses modalités d'application qui explique la brusque restauration de la solvabilité des communautés du Franc entre 1496-1497 et 1497-1498. Peut-être se serait-on enfin résolu à une approche sélective, en réduisant massivement les cotes des communautés les plus appauvries et en augmentant celles des autres. On ne peut bien sûr exclure l'hypothèse d'une

---

30 AGR, CC, reg. 42609, fol. 1r-7r.
31 AGR, CC, 42610, fol. 1r-6r. Voir également le compte correspondant des aides de Flandre, tenu par Jérôme Lauwerin (ADN, B 6774, fol. 3r).
32 AGR, CC, reg. 42614, fol. 27r.
33 ADN, B 6776, 13e compte de Jérôme Lauwerin des aides de Flandre (1507).
34 ADN, B 2134, n° 69408, 18 mars 1487.

CHAPITRE 15

reprise économique due à des facteurs extérieurs (bonne récolte, reprise des relations commerciales avec l'Angleterre, etc.)[35].

Sans doute plus décisive pour l'assainissement des finances du Franc fut l'émission massive de rentes à laquelle se résolurent les autorités du Franc en 1494-1495. À l'été 1494, le Franc vendit pour 100 431 l. 7 s. 6 d. de 20 g. de rentes perpétuelles au denier 15[36] ; s'y ajoutèrent encore 46 785 l. l'année suivante[37]. Ce capital de près de 75 000 l. de 40 g. permit au Franc de Bruges de régler enfin ce qu'il devait encore des compositions de Tours et de l'aide de 100 000 florins accordée en 1492-1493. La châtellenie fut donc quitte de ses dettes à l'égard du receveur général de Flandre, au prix de la constitution d'une dette consolidée non négligeable, représentant une charge fixe de 5 000 l. de 40 g. par an. Ainsi, à la *zetting* annuelle, destinée à couvrir les frais administratifs du Franc de Bruges, dont les vacations de ses représentants, fixée en temps normal à 7 000 l. de 40 g., s'ajouta une *pointing* de 5 500 à 6 000 l. pour le règlement des intérêts des rentes perpétuelles. Contrairement aux grandes villes de Flandre et de Hollande, tellement surendettées qu'elles durent surseoir au paiement des rentes, voire annuler purement et simplement une partie des arriérés, la charge que représentaient ces nouvelles rentes n'était en rien excessive par rapport aux capacités financières du Franc. Il n'empêche qu'à partir de 1495, la structure du budget du Franc de Bruges se modifia en profondeur, puisque la part destinée aux seuls besoins du Franc, et entièrement gérée par les autorités de la châtellenie, crut significativement par rapport à la part destinée à être remise au receveur général des aides de Flandre, et passa nettement au-dessus des 50%. Ainsi, à cause de la fiscalité princière et de son impérieuse pression, le Franc de Bruges fut amené à constituer et à administrer un budget autonome (voir diagramme n° 17).

L'identité des acheteurs des rentes de 1494-1495 est, comme on peut s'en douter, du plus grand intérêt. Lors de la première émission, qui fut également la plus importante, on est frappé par l'importance de la contribution de la haute administration de l'État bourguignon : le seigneur de Walhain acheta à lui seul pour 5 000 l. de rentes, suivi par Thibaud Barradot (4 500 l.), Roland Le Fèvre (3 000 l.), Guy de Baenst (2 700 l.), Alard Coopman (2 400 l.) et Jean Sauvage (900 l.). À eux seuls, ces six personnages fournirent près des deux-cinquièmes du capital levé par le Franc[38]. On ne saurait mieux illustrer le rôle déterminant joué par ce petit groupe dirigeant, au sein duquel se détachent très nettement les spécialistes des finances. Le profil des acquéreurs de rentes changea radicalement l'année suivante, puisque s'y distinguent cette fois les

---

35 L'agriculture repartit très vigoureusement sitôt la paix revenue, de sorte que les prix du seigle et du froment relevés à Anvers et Lierre furent plutôt bas dans les années 1493-1502 (Herman Van der Wee, *The Growth of the Antwerp Market*…, t. I, p. 177 et 185-186, et t. II, p. 114).

36 AGR, CC, reg. 42608, fol. 28r-29v.

37 AGR, CC, reg. 42609, fol. 31r-v.

38 Il n'est pas impossible que cette opération résultât non d'une vente de rentes, mais de la conversion de créances anciennes dues à ces personnages en rentes perpétuelles au denier 15. Cela ne change rien aux conclusions qu'on peut en tirer quant à l'importance de ce groupe d'officiers de finance, puisque ces créances correspondraient alors à des prêts consentis au prince ou au Franc, non pas en 1494-1495 mais auparavant, à une date inconnue.

étrangers de Bruges, banquiers habituels de la maison de Bourgogne, Pietro Bandini, Girolamo Frescobaldi, Antonio Galteroti, Niccolò Spinelli, qui raflèrent plus des trois-quarts de l'emprunt (17 640 l. sur 23 392 l. 10 s.).

La constitution d'une dette consolidée par le Franc de Bruges marque donc l'entrée de la châtellenie dans la modernité financière. En effet, malgré les nouvelles charges induites pour le budget commun, l'émission de rentes était tout de même un mode de financement plus efficace et sans doute moins coûteux que les emprunts à court terme, contractés à des taux prohibitifs en 1485-1486. Il ne semble pas que le recouvrement progressif des arriérés d'impôts dus par les paroisses ait servi à résorber les rentes perpétuelles vendues en 1494-1495, du moins avant les années 1500. À partir de 1497-1498, la charge fiscale moyenne pesant sur le Franc de Bruges se stabilisa à un niveau assez élevé, de l'ordre de 25 000 à 30 000 l. de 40 g. par an (voir diagramme n° 18). En l'absence à peu près totale d'informations précises sur la démographie du Franc, il n'est pas possible de convertir ce chiffre en pression fiscale annuelle moyenne par feu, mais comment résister à l'envie de proposer des estimations ? En appliquant la quote-part du Transport de 1408 aux 150 000 feux que devait compter la Flandre vers 1469, la population de la châtellenie aurait dû se situer aux alentours de 17 500 à 18 000 feux. Après la véritable apocalypse des années 1488-1492, on voit mal comment la population aurait pu ne pas être au moins divisée par deux, peut-être même par trois ou quatre, ce qui la situerait dans une fourchette de 5 000 à 10 000 feux. De cela, on peut inférer que la pression fiscale par feu, dans les dernières années du XVe siècle, a pu se situer aux alentours de 3 à 6 l. par feu, soit beaucoup plus que les autres parties des Pays-Bas bourguignons, alors même que la fiscalité princière était modérée et que le Franc bénéficiait d'un rabais substantiel. Ainsi, après le choc sans précédent des années 1488-1492, le Franc de Bruges était sorti de la crise financière, mais la situation économique de ses habitants, toujours lourdement ponctionnés, demeurait extrêmement précaire.

III. La châtellenie de Courtrai

Une châtellenie aux capacités contributives peu entamées

La châtellenie de Courtrai traversa la crise politique de 1477-1493 avec un atout de taille, car elle était l'une des grandes gagnantes de l'échec de la remise à jour du Transport de 1408. Le dénombrement de 1469 fait état de 7 159 feux dans les cinquante-huit communautés recensées[39], sur les soixante-douze que comptait le district. La quote-part dévolue à la châtellenie dans le Transport de 1408 étant de 4,34 %, le nombre d'habitants qu'aurait dû compter la châtellenie pour que sa quote-part fût juste et équitable par rapport aux autres, était d'environ 6 500 feux pour une population estimée à 150 000 feux. Le dénombrement partiel de 1469 excédait déjà ce chiffre de 10 %, alors que près d'un cinquième de la châtellenie n'avait pas été visité

---

39 J. DE SMET, « Le dénombrement… ».

CHAPITRE 15

par la commission de recensement. La situation économique et démographique de cette châtellenie était donc florissante en 1477, par rapport au reste de la Flandre et par rapport à l'assiette de 1306-1312 remaniée en 1408. On y trouvait de nombreux gros villages ou petites villes, tels que Menin, Wervik, Deinze ou Tielt, et en 1469, huit localités dépassaient les 200 feux.

Elle fut durement touchée par les courses de la garnison de Tournai, en 1477-1478, mais retrouva une quiétude relative à partir de l'été 1478. Un rabais de 40% sur les aides fut accordé en 1478, mais la châtellenie cessa d'en bénéficier dès l'année suivante[40]. On ne décèle alors pas la moindre trace de gêne financière dans les comptes des receveurs de la châtellenie, qui ne mentionnent aucun défaut de paiement, et n'eurent pas besoin d'emprunter de l'argent aux banquiers de Bruges ou aux notables de leur ressort. La pression fiscale fut cependant significative, puisque les autorités ordonnèrent la levée de 23 558 l. 5 s. 6 d. de 20 g., soit 11 779 l. 2 s. 9 d. de 40 g., pour payer les subsides votés par les Membres de Flandre[41]. En attribuant à la châtellenie une population de l'ordre de 8 500 feux en 1469, pour tenir compte des paroisses non dénombrées, la contribution moyenne se serait située aux alentours de 1,4 l. par foyer. En prenant en compte la baisse de population consécutive aux opérations militaires de 1477-1478, qui a été de l'ordre de 30% dans le Hainaut voisin, la contribution moyenne par feu a donc pu se trouver comprise entre 1,5 et 2 l. Ce fut il est vrai un maximum, qui ne fut pas dépassé avant 1485-1486, sinon en 1482 (plus de 12 200 l. de 40 g. levées sur la châtellenie[42]). Même en 1484, les assiettes qui se succédèrent, à la demande des Gantois et du conseil de régence, ne dépassèrent pas les 7 500 livres de 40 g.[43]

En 1485, la châtellenie subit la guerre de plein fouet, mais heureusement pour peu de temps. Les comptes manquent pour 1486 et 1487, tandis que celui des années 1488 et 1489 relève de très nombreuses assiettes, ordonnées par les Gantois pour la défense du comté, ou par les autorités de la châtellenie pour assurer la sécurité des habitants, mais comme on ignore l'ampleur de la dépopulation et surtout le cours auquel la livre de Flandre avait été fixée par les cités rebelles, il serait imprudent d'en tirer de conclusions. Les comptes furent en quelque sorte remis à zéro après la capitulation de la Flandre. La part de la châtellenie de Courtrai pour le paiement des compositions de Tours fut alors fixée à 6 456 l. de 20 g. pour chacun des neuf termes[44], soit 29 052 l. de 40 g. au total, au nouveau cours de la livre de Flandre, extrêmement élevé. S'y ajoutèrent, pour l'année 1490, les arriérés d'une aide anciennement accordée à Marguerite d'York, fort modique (520 l. 10 s. de 40 g.) mais dont la levée avait été suspendue par la guerre[45]. Les deux premiers termes des compositions de Tours, celui de Noël 1489 et de Pâques 1490, furent réglés en

---

40 Voir *supra*, p. 154.
41 AGR, CC, reg. 42932, compte de la châtellenie de Courtrai pour les années 1478 et 1479, fol. 7v-12r.
42 24 486 l. 10 s. 8 d. de 20 g. (AGR, CC, reg. 42933, compte de la châtellenie de Courtrai pour les années 1482 et 1483, fol. 3r-12v).
43 14 856 l. 4 s. 8 d. de 20 g. (AGR, CC, reg. 42934, compte de la châtellenie de Courtrai pour les années 1484 et 1485, fol. 4r-10r).
44 AGR, CC, reg. 42936, compte de la châtellenie de Courtrai pour les années 1490 et 1491, fol. 129r-v.
45 *Ibid.*, fol. 8v-10r.

« petite monnaie », c'est-à-dire au taux antérieur à la réforme monétaire, soit au tiers de la nouvelle valeur de la livre de Flandre. Il est vrai que le temps manquait, car l'impitoyable Roland Le Fèvre, dans sa lettre d'octroi du 4 février 1490, prescrivant l'assiette de la première échéance, ordonna que celle-ci fût versée dans les six jours, pour le paiement de diverses garnisons[46].

On ne sait que peu de choses sur le paiement des échéances suivantes, car Roland Le Fèvre donna une quittance générale pour les six premiers termes des compositions de Tours le 6 janvier 1492[47]. En apparence, la châtellenie avait donc réussi à régler le montant des indemnités de guerre en temps et en heure. En réalité, il ne s'agissait que d'une fiction comptable. Contrairement aux comptes du receveur du Franc de Bruges, ceux de la châtellenie de Courtrai ne traduisent nullement la réalité des flux financiers. Y figurent d'une part les dépenses obligatoires de la châtellenie, pour ses dépenses de fonctionnement et les subsides publics, et d'autre part les assiettes réparties par les échevins sur ordre du receveur de Flandre. Ainsi trouve-t-on en dépense le droit d'un créancier ou du receveur général de Flandre à être payé, et en recette le droit du receveur de la châtellenie à réclamer auprès des paroisses leur quote-part des assiettes fiscales.

Par bonheur, on trouve dans les derniers feuillets du compte correspondant aux années 1490 et 1491, à la suite de la signature des commissaires-auditeurs, portant approbation de la balance finale, une liste de cinquante-trois paroisses de la châtellenie encore redevables d'arriérés de paiement, pour un total de 14 478 l. 4 s. de 20 g.[48], soit presque exactement 25% des 58 109 l. 12 s. 6 d. de 20 g. auxquelles s'élevaient les recettes théoriques de la châtellenie pour ces deux années, dont 18 758 l. en 1490 et 39 015 l. en 1491[49]. Il y a tout lieu de croire que la grande majorité de ces défauts de paiement doivent être attribués aux assiettes de 1491, deux fois plus importantes en volume, et ce alors que les Gantois avaient repris les armes au printemps 1491. Ainsi, les *bedesetters* de la châtellenie ne furent sans doute pas en mesure de collecter plus des deux tiers des échéances dues en 1491, soit environ 24 000 l. de 20 g., ou encore 12 000 l. de 40 g. – environ 9 000 l. si l'on en retranche le terme de Noël 1491 des compositions de Tours, probablement recouvré au début de l'année suivante.

Le plus surprenant est encore que malgré la guerre, les habitants de la châtellenie aient pu fournir cette somme, considérable, équivalant en poids de métal précieux à ce qu'ils avaient payé en 1479. Compte tenu de l'extraordinaire choc démographique et économique subi par la châtellenie depuis 1485, la population avait certainement beaucoup décru. Une enquête diligentée en 1486 par la Chambre des comptes de Lille sur les destructions commises à Ninove par les lansquenets de Maximilien l'année précédente révélait que cette localité, située une cinquantaine de kilomètres à l'est de Courtrai, avait perdu 500 de ses 1 300 habitants[50]. Dans quel état pouvait se trouver

---

46 *Ibid.*, fol. 4v-6r.
47 Mentionnée en marge des dépenses correspondant aux six termes (*ibid.*, fol. 129r-130v).
48 *Ibid.*, fol. 132r-134r.
49 La différence entre 58 109 l. et la somme de (18 758 l. + 39 015 l.) s'explique par de menues recettes extra-fiscales entrées dans la caisse du receveur de la châtellenie.
50 ADN, B 3519, n° 124384, fol. 6v et 7r.

la châtellenie de Courtrai, après non pas six mois de guerre-éclair, mais deux ans d'une guerre inexpiable, qui avait vu passer l'imposante armée impériale conduite par Frédéric III, puis les Français de Philippe de Crèvecœur, et qui en 1491, devait pourvoir à tous les besoins de la garnison de Deinze ! Les gros bourgs de la châtellenie, dépourvus de murailles pour la plupart, ne pouvaient qu'attirer les convoitises de la garde, des mercenaires allemands, sans oublier... les paysans du quartier de Gand, réfugiés dans la capitale flamande, qui avaient constitué leur propre milice pour livrer une guerre implacable à leurs ennemis et vivre aux dépens du plat pays. En tablant sur une population réduite de moitié – estimation tout à fait arbitraire, mais qui a le mérite de donner une référence susceptible d'être affinée et discutée, la pression fiscale par feu a pu dépasser les 4 à 5 livres dans certaines paroisses.

C'est pourtant l'année 1492 qui fut la plus difficile à passer. Les assiettes se succédèrent alors à un rythme effréné. On réclama pas moins de 40 840 l. de 20 g.[51] L'année suivante, les assiettes redescendirent au niveau beaucoup plus raisonnable de 18 111 l. de 20 g.[52] Le compte des années 1492 et 1493 enregistre, toujours après la balance validée par les commissaires-auditeurs, un arriéré de 19 135 l. 18 s. 1 d. de 20 g. encore dû par les paroisses, y compris les anciens restes[53]. Autrement dit, l'endettement de la châtellenie ne s'était accru que de 4 657 l. de 20 g. par rapport au dernier compte, clos au début de l'année 1492, de sorte que les paroisses avaient pu cette fois régler 92,1% de leur facture, qui, toujours sur la base d'une population réduite de moitié, se serait élevée à 5 ou 6 l. en 1492 et à 1 l. en 1493. Il est probable que les paroisses payèrent une partie de leur dû en 1493 plutôt qu'en 1492, ce que suggère le fait qu'au moment de la clôture du compte, intervenue en octobre 1493, Roland Le Fèvre n'avait pas encore donné quittance à la châtellenie pour les derniers termes des compositions de Tours[54]. Par ailleurs, le total de 19 135 l. ne prenait pas en compte certains arriérés dus sur les dernières assiettes ; il faut donc sans doute y ajouter quelques milliers de livres. Il n'empêche. On ne peut qu'être surpris par la capacité de la châtellenie de Courtrai à régler la très grande majorité des énormes sommes qui lui étaient demandées. Au sortir de l'effroyable crise de 1477-1493, les finances de la châtellenie sont fragiles, mais elles paraissent tout de même en bien meilleur état que ce que la situation économique et démographique pouvait laisser craindre.

Un redressement rapide et complet

À la fin de la guerre civile, la dette de la châtellenie s'élevait à un peu plus de 25 000 l. de 20 g., soit 12 500 l. de 40 g. Aux arriérés dus par les paroisses, soit 19 135 l. de 20 g., il fallait en effet encore additionner le déficit cumulé des comptes, soit 5 925 l. 8 s.

---

51 Aux dernières échéances des compositions de Tours s'ajoutèrent un forfait de 3 000 l. de 40 g., exigé par Roland Le Fèvre à cause du taux auquel avaient été réglés les deux premiers termes des compositions de Tours, ainsi que les deux premières échéances de l'aide de 28 000 florins remplaçant l'aide de deux florins par feu (AGR, CC, reg. 42937, fol. 1r-8v).

52 *Ibid.*, fol. 9r-10r et reg. 42938, fol. 1r-2v.

53 AGR, CC, reg. 42937, fol. 130r-133r.

54 *Ibid.* fol. 124v-125r (mentions marginales).

LES COMMUNAUTÉS FACE À L'IMPÔT PRINCIER

5 d. à la fin de l'année 1493[55]. Ces dettes correspondaient à des impayés équivalents, dont les derniers feuillets du compte de la châtellenie pour les années 1492 et 1493 nous livrent le détail. La partie la plus importante est constituée par les emprunts contractés auprès de divers banquiers, qui avaient donc avancé à Roland Le Fèvre l'argent des assiettes réparties sur les paroisses. Ainsi, le receveur de la châtellenie devait 13 063 l. 4 s. de 20 g. à des marchands-banquiers de Courtrai, Bruges, Anvers et Lille. Parmi eux, les Génois établis à Bruges (Filippo Spinelli, Agostino Doria et Giovanni Battista) détenaient une créance de 3 156 l. Le reste paraît avoir été réparti entre un grand nombre de marchands flamands, qui ne sont pas tous nommés, bien que le nom de Jacques Porret ressorte à trois reprises, pour des obligations partagées avec d'autres, d'un montant total de 8 088 l. Par ailleurs, on emprunta également de l'argent aux paroisses les plus riches de la châtellenie, pour un total de 4 344 l. 4 s., tandis que les notables missionnés par la châtellenie durent avancer de leur poche le coût des nombreux voyages et vacations où ils furent employés en 1492-1493, pour un total estimé par le receveur à environ 4 000 l. Enfin, on n'avait pu honorer certaines assignations de Roland Le Fèvre sur la châtellenie, pour un total de 4 286 l. 8 s.

On mesure ainsi d'une part l'insincérité du compte de la châtellenie, et d'autre part le caractère périlleux des acrobaties financières, exécutées dans l'opacité la plus totale du point de vue de la comptabilité publique, auxquelles était contraint le receveur Eustache Minne. Se dessine ensuite l'ordre des priorités : il fallait d'abord satisfaire Roland Le Fèvre, afin d'éviter des exécutions judiciaires aussi désagréables que coûteuses. Pour y arriver, Eustache Minne diversifiait les sources de financement, en privilégiant semble-t-il celles qui provenaient de l'intérieur même de la châtellenie – paroisses, notables et banquiers. Cette mini-annexe au compte de 1492-1493 révèle également la position de force de Roland Le Fèvre, qui se décharge entièrement sur la châtellenie des frais financiers engendrés par les prêts à court terme auprès des banquiers. Une châtellenie tarde-t-elle trop à régler ses assignations ? Il ordonne l'arrestation ou l'internement de quelques notables, et il ne reste plus aux autorités locales qu'à démarcher des banquiers ou à lever d'urgence une nouvelle assiette. Ce fut le cas en juillet 1493 : il en coûta pas moins de 3 616 l. de 20 g. pour faire libérer des prisonniers détenus au château de Courtrai[56].

Comment le passif de la châtellenie de Courtrai fut-il apuré ? On aurait pu donner quitus aux communautés surendettées, et répartir l'arriéré sur les autres localités de la châtellenie. Cela supposait une cohésion et une solidarité internes qui n'existaient manifestement pas, et qui surtout ne répondaient pas à la conception coutumière et juridique qu'on se faisait des obligations fiscales des communautés. Le prince n'ayant octroyé aucun rabais à la châtellenie, il ne pouvait imposer à celle-ci une plus juste répartition du fardeau entre les paroisses, comme il l'avait fait en 1487 pour la châtellenie de Cassel. Dans la châtellenie de Courtrai, il est arrivé que les paroisses les moins appauvries avancent d'importantes sommes d'argent ; ces avances étaient

---

55 *Ibid.*, fol. 129v.
56 AGR, CC, reg. 42938, fol. 142v.

454 CHAPITRE 15

ensuite remboursées (ou déduites de leurs assiettes postérieures)[57]. Le recouvrement des arriérés dus par les paroisses les plus en difficulté se fit de manière assez archaïque : au lieu de rééchelonner les dettes paroisse par paroisse, des assiettes spécifiques leur furent imposées à partir de 1494.

Pour déterminer la quote-part des paroisses en s'épargnant des calculs trop complexes, on utilisait une matrice de référence, le « transport », d'un montant d'environ 301 l., qu'on multipliait en proportion de la somme à lever : pour réunir 3 000 l., on levait ainsi dix transports sur les paroisses, et il suffisait de multiplier par dix la quote-part fixe et immuable de chaque communauté. En 1495, à l'occasion d'une assiette nouvelle de dix transports sur l'ensemble de la châtellenie, les paroisses encore redevables de l'aide de 28 000 florins et des compositions de Tours durent payer dix transports de plus que les autres pour le règlement de leurs anciennes dettes, soit vingt transports[58]. En tout, les paroisses endettées durent payer vingt-sept transports supplémentaires en 1495-1496[59]. On ignore malheureusement quelle somme put ainsi être levée, car Eustache Minne mourut à la fin de l'année 1493, de sorte que les transports supplémentaires furent recouvrés au profit non du nouveau receveur, qui les mentionne pour mémoire, mais des héritiers d'Eustache Minne[60]. Il est avéré cependant qu'ils ne suffirent pas à résorber tout le passif accumulé depuis 1491, ne serait-ce que parce que leur rapport maximal ne dépassait que de peu les 8 000 livres de 20 g.[61], et que les paroisses endettées ne constituaient, évidemment et fort heureusement, qu'une partie de la châtellenie. Pressées par leurs créanciers, les autorités de la châtellenie décidèrent donc en 1496 de lever des assiettes sur l'ensemble des paroisses, afin de régler 10 829 l. de 20 g. de dettes[62]. Cela suffit à payer au moins les dernières assignations de Roland Le Fèvre, ainsi que les marchands-banquiers extérieurs à la châtellenie, sans attendre la fin du recouvrement des arriérés d'impôts sur les communautés appauvries. Celles-ci durent cependant donner des lettres d'obligation par lesquelles elles s'engageaient à rembourser la part qui avait été prise en charge par les autres paroisses à titre d'avance[63].

Par la suite, les comptes de la châtellenie de Courtrai ne font plus état de nouveaux transports sur les paroisses endettées, mais il fait peu de doutes que ces dernières remboursèrent progressivement leur dû à l'égard des héritiers d'Eustache Minne. Ainsi donc, le règlement des dettes de la châtellenie de Courtrai se fit en trois temps. Roland Le Fèvre fut le premier à être quitte à l'égard de la châtellenie de Courtrai. En 1495,

---

57 Ce fut par exemple le cas pour les douze transports avancés par certaines paroisses en juillet 1493 pour libérer les habitants emprisonnés au château de Courtrai, qui furent remboursés sur une assiette générale de quarante transports levée en septembre 1493 (*ibid.*, fol. 1r-2v).

58 AGR, CC, reg. 42938, fol. 8r-9r.

59 À la fin de l'année 1495, elles payèrent 21 transports au lieu de 16 (*ibid.*, fol. 12v-13v), et au début de l'année suivante, 40 transports au lieu de 28 (AGR, CC, reg. 42939, fol. 1r-2r).

60 Ainsi qu'il est indiqué lors de l'assiette des 20/10 transports en 1495.

61 27 transports de 301 l. 6 s. font 8 135 l. 2 s.

62 3 616 l. sur une première assiette (AGR, CC, reg. 42939, fol. 1r-2r), 3 013 l. 6 s. 8 d. sur une assiette suivante (*ibid.*, fol. 3v-4v) et 4 200 l. sur la dernière assiette de l'année (*ibid.*, fol. 5v-6v).

63 AGR, CC, reg. 42939, fol. 3v-4v.

il terminait de recouvrer ce que la châtellenie devait encore de sa portion de l'aide de 108 000 l. accordée en 1487, et qui constituait la dernière dette de la châtellenie à son égard[64]. Dans un deuxième temps, au cours de l'année 1496, furent remboursés les marchands qui avaient avancé de l'argent à la châtellenie, et réglées les dernières obligations qu'elle devait encore au titre des assignations de Roland Le Fèvre. Dans un troisième temps, dont on ignore l'échéance, on put sans doute payer les vacations des notables restées en souffrance, et rembourser les avances des paroisses les plus riches de la châtellenie au moyen de transports supplémentaires levés sur les autres. À partir de 1497, les assiettes annuelles s'inscrivent dans une fourchette beaucoup plus stable et raisonnable de l'ordre de 7 000 à 8 500 livres de 40 g. par an, soit 1 à 2 livres par feu environ[65]. Il n'avait fallu à la châtellenie de Courtrai qu'une demi-douzaine d'années pour effacer les séquelles financières de la crise de l'État bourguignon.

IV. La ville de Courtrai

La gestion prudente d'une stricte oligarchie

Nous en savons beaucoup sur cette ville moyenne plutôt prospère qu'était Courtrai, grâce à la belle étude qu'a consacrée C. Pauwelijn à sa société au XVe siècle[66]. En 1440, on y comptait environ 1 800 feux, dont une majorité de célibataires ou de ménages sans enfants, pour une population totale d'un peu plus de 5 000 habitants. Deux générations plus tard, en 1477-1478, la population semble s'être légèrement tassée, et la pauvreté a fortement progressé – près d'un cinquième des habitants reçoivent des aumônes distribuées par la ville, soit cinq fois plus qu'en 1440. Bien que la classe supérieure fût également touchée par ce déclin, qui avait grignoté la valeur totale de son patrimoine, la richesse restait à la fin du siècle très concentrée entre les mains de vingt-cinq familles déclarant des fortunes supérieures à 3 000 l. de 40 g., et dans une moindre mesure dans celles d'un groupe de bourgeois aisés, représentant moins de 10% de la population. Le reste de celle-ci se répartissait entre la classe moyenne supérieure des maîtres artisans des professions les plus rémunératrices (27%) et une *low middle class* aux limites de la précarité. L'industrie textile, en pleine reconversion[67], ne se portait pas si mal, et ce sont toujours des marchands drapiers

---

64 Après déduction d'un paiement effectué au profit de la garnison de Deinze en mai et juillet 1492, d'un montant de 2 081 florins (AGR, CC, reg. 42937, fol. 125v), la châtellenie devait encore 3 284 l. 10 s. de 40 g., qui furent réglées à la Saint-Rémi 1494, à Pâques et à la Saint-Rémi 1495 (AGR, CC, reg. 42938, fol. 136v-137r).

65 55 transport en 1497, soit 8 286 l. de 40 g. (AGR, CC, reg. 42939, fol. 7r-9r) ; 57 transports en 1498, soit 8 587 l. de 40 g. (AGR, CC, reg. 42940, fol. 1r-6v) ; 49 transports en 1499, soit 7 382 l. de 40 g. (*ibid.*, fol. 7r-40v).

66 Cécile PAUWELIJN, « De gegoede burgerij van Kortrijk in de 15de eeuw (1433-1496) », in *Studien betreffende de sociale strukturen te Brugge, Kortrijk en Gent in de 14e en 15e eeuw*, 1971, p. 155-213.

67 STABEL Peter, « Décadence ou survie ? Économies urbaines et industries textiles dans les petites villes drapières de la Flandre orientale (14e-16e siècles) », in *La draperie ancienne des Pays-Bas*, 1993, p. 63-84.

qui composent la majorité du groupe dominant, en particulier les courtiers et les teinturiers. La classe supérieure de la bourgeoisie, dont étaient issus les deux tiers des échevins qui se succédèrent jusqu'en 1494, accaparait également le pouvoir politique. Sa direction fut dans l'ensemble prudente et avisée. L'échevinage de Courtrai prit garde de ne jamais heurter de front les positions du grand frère gantois, sans jamais trop se compromettre avec eux. Contrairement à Lille, jamais la ville ne prêta d'argent à Maximilien, ou ne lui accorda d'autres avances que celles qui avaient été négociées dans le cadre de l'assemblée des Membres de Flandre.

De ses fortifications et de son sens de la mesure, Courtrai retira bien des avantages, notamment d'ordre fiscal. Si elle prit part à l'effort de guerre de 1477, et donc à la déroute du pont d'Espierres, elle ne contribua en revanche que fort peu à l'aide des 5 000 combattants l'année suivante[68]. Elle paya strictement sa part des aides accordées pour la guerre en 1479-1480, alors que toutes les châtellenies contribuèrent au-delà de leur assiette, et que même Ypres consentit un effort supplémentaire[69]. Par la suite, la ville s'acquitta de toutes ses obligations. Elle obéit au conseil de régence, en 1484-1485, mais sa contribution à l'effort de guerre, en 1485, fut minimale, puisque Courtrai se contenta d'entretenir une petite garnison de quelques dizaines d'hommes, sans participer de quelque manière que ce soit aux grands armements ordonnés par le conseil[70]. En janvier 1488, la ville connut son seul vrai revers de fortune, lorsque les Gantois s'en emparèrent par surprise. Les Courtraisiens durent alors payer une très lourde contribution de guerre, pour éviter le pillage de la ville, de 6 l. de 40 g. par Gantois ayant pris part à l'entreprise, soit 12 000 l. en tout. En vérité, l'occupation gantoise ne dura guère. Comme en 1485, Courtrai prit à sa charge le paiement d'une modeste garnison jusqu'en avril 1488. Là s'arrêta sa participation à la guerre civile de 1488-1489, au cours de laquelle elle semble avoir observé une neutralité assez stricte, à l'image de la châtellenie voisine de Lille, Douai et Orchies. La ville n'échappa cependant pas au paiement des compositions de Tours, contrairement à sa voisine Audenarde, mais au moins s'était-elle épargné la présence d'une nombreuse et remuante garnison allemande. Par la suite, Courtrai ne s'écarta plus du lot commun, et régla toutes ses contributions avec exactitude.

Les finances municipales tinrent fort bien le choc de la crise de 1477-1493, mieux même qu'en 1436-1440, dans un climat économique général pourtant moins favorable, et alors même que l'assiette de 1408 paraît avoir été sensiblement supérieure au poids démographique réel de la ville. En effet, sa population paraît avoir compté environ 1 500 feux en 1477-1478, soit 1% de la population flamande, tandis que sa quote-part des aides était de 1,25%. Non seulement Courtrai put régler sans difficulté l'ensemble des aides, compositions et indemnités de guerre auxquelles elle fut assujettie, mais la petite ville put le faire avec une économie de moyens qui la distingue de cités plus grandes et plus exposées aux troubles. Ainsi, elle ne recourut qu'à trois reprises aux impositions directes : en 1477-1478 et en 1480, pour des montants très mesurés,

---

68 Voir annexe I, aides accordées par la Flandre, aide n° 4.

69 *Ibid.*, aide n° 6.

70 *Ibid.*, aide n° 19.

compris entre 500 et 600 l. de 40 g. par an. Significativement, cela correspond à la période durant laquelle la ville de Gand, pour la première fois depuis fort longtemps, mit en place une imposition directe ordinaire sur les revenus des rentes et la valeur des maisons[71]. Dans l'une et l'autre ville, on y renonça en 1481-1482, pour privilégier comme auparavant les impositions indirectes sur le vin et la bière[72]. Encore Courtrai ne se résolut-elle à augmenter les accises qu'à partir de la Saint-Rémi 1485. Les crues d'accises augmentèrent les recettes tirées des droits indirects de 35 à 65% par an. Les accises anciennes et nouvelles représentèrent désormais les trois-quarts des recettes ordinaires totales de la cité, au lieu d'un peu plus de la moitié précédemment (voir diagramme n° 19).

Une dette maîtrisée

À ces recettes ordinaires s'ajoutait une gamme assez large de recettes extraordinaires ressortissant toutes à la catégorie de l'emprunt. Les émissions de rentes en étaient la forme la plus courante. Les rentes viagères à une vie, au denier 8, avaient la très nette préférence des autorités, au point que les rentes perpétuelles apparaissent comme un ultime recours, qui n'a été employé qu'à deux reprises, en 1479, pour les coûteuses campagnes militaires en Artois, et en 1490, pour régler les premières échéances des compositions de Tours. Il est vrai qu'au contraire des rentes viagères, dont le taux correspond à ce qui se pratiquait à peu près partout ailleurs, les rentes perpétuelles étaient vendues au denier 13 (7,7% d'intérêts servis chaque année aux rentiers), plutôt qu'au denier 15 ou 16 (6,67% ou 6,25%), taux habituellement constatés pour ces placements financiers[73]. Le produit de la vente de rentes, viagères ou perpétuelles, reste toujours confiné dans d'étroites limites, surtout après la hausse des accises décidée en 1485 : les recettes tirées de la vente de rentes représentent 19,4% des recettes totales de la ville entre 1477 et 1485, pour un maximum de 31,6% en 1482 et 27% en 1485. Entre 1488 et 1502, elles n'en représentent plus que 9,8%, pour un maximum, tout à fait exceptionnel, de 29,7% en 1490, correspondant, on l'a vu, à des circonstances exceptionnelles également.

Aussi la dette de Courtrai est-elle bien maîtrisée, même si elle continue de peser lourdement sur les finances municipales. La charge des intérêts servis aux rentiers

---

71 Wouter RYCKBOSCH, *Tussen Gavere en Cadzand...*, p. 108-111.

72 À Gand, le compte annuel de la ville est fort loin de constituer un budget consolidé, et il existe de nombreux comptes annexes, en recette et en dépense, en particulier pour les impositions directes levées pour la guerre ; il n'est donc pas impossible qu'on en ait perdu certains, et avec eux la trace de certaines impositions directes (Wouter RYCKBOSCH, *ibid.*, p. 100-117). Ce n'est pas le cas à Courtrai, dont les comptes paraissent recenser systématiquement aussi bien les recettes (crues d'accises, tailles, emprunts forcés) que les dépenses extraordinaires (aides accordées par les Membres, fourniture de contingents armés, compositions de Tours, rançon de 1488). À notre connaissance, seul l'emprunt forcé de 1488 donna lieu à un compte annexe (voir *infra*).

73 Le Franc de Bruges, comme on l'a vu, constitua des rentes au denier 15 en 1495-1496 ; la plupart des rentes vendues par Gand le furent au denier 16, sauf en 1488, où la crise financière et politique obligea la municipalité à consentir un taux de 8,33% (denier 12) (Wouter RYCKBOSCH, *Tussen Gavere en Cadzand...*, p. 256).

consomme en 1477 3 255 l. de 40 g., soit 32,4% des recettes de la ville, et 4 077 l. un quart de siècle plus tard, soit 42% des recettes. Elle avait progressé de 35% entre 1477 et 1493, pour refluer, lentement mais sûrement, dès l'année suivante. Entre 1494 et 1502, elle avait diminué de 7,3%. La quasi-totalité de la charge provenant des rentes viagères, la dette municipale avait vocation à se résorber naturellement. Les intérêts des rentes perpétuelles, qui avaient atteint un maximum plutôt dérisoire de 269 l. par an en 1493 (2,2% des recettes de Courtrai cette année-là), diminuèrent du reste beaucoup plus vite que ceux des rentes viagères, sans doute parce que les autorités les remboursèrent en priorité. En 1502, le receveur de la ville ne devait plus aux rentiers perpétuels que 186 l. de 40 g. par an.

Outre la vente de rentes, procédé coûteux, utilisé avec une parcimonie d'autant plus grande que les intérêts servis aux rentiers constituaient déjà en 1477 le principal poste de dépenses de la ville, et de loin, la municipalité n'hésitait pas à recourir aux emprunts à court terme. Au lieu de s'adresser aux puissants marchands-banquiers de Bruges, les Courtraisiens trouvèrent les prêteurs en leur sein. Ils demandèrent régulièrement aux drapiers de leur avancer des charges de drap, que la municipalité faisait ensuite vendre à son profit. Les charges étaient ensuite remboursées aux drapiers, quelques mois plus tard, à un prix toujours supérieur aux recettes de la vente, mais dont on ignore s'il correspondait au prix du marché. Outre que de cette manière, l'argent ne sortait pas de la ville, la formule avait l'intérêt de subventionner l'industrie drapière locale – même si évidemment, on peut soupçonner toutes sortes d'arrangements peu avouables dans le cercle très restreint de l'élite dirigeante de la cité. La vente de draps fut principalement utilisée en 1486, 1491 et 1492, c'est-à-dire pour faire face à une crue très importante de la charge fiscale, temporaire ou dont on espérait qu'elle le fût. L'ampleur des pertes à la vente varie beaucoup. Ainsi, en 1492, on vendit pour 57 livres de gros trois charges de drap remboursées à hauteur de 61 l. g., soit 6,5% de perte, tandis que trois autres charges, estimées à 63 l. g., ne trouvèrent preneurs qu'à 47 l. 10 s. g., soit 24,6% de perte[74]. Sur l'ensemble de l'année, on vendit 14 charges de drap, dont la valeur avait été fixée à 316 l. g., soit 1 896 l. de 40 g., et qui furent achetées au prix de 1 513 l. 10 s. de 40 g. (-20,1%). Trois charges devaient être remboursées au fournisseur à Pâques 1492, trois autres à la Saint-Jean-Baptiste 1492, et les huit restantes à Pâques 1493. Ces opérations furent en effet inscrites en dépense des comptes de 1492 et 1493[75]. Enfin, le receveur de la ville usa du déficit comme d'un outil de maîtrise budgétaire supplémentaire, notamment en 1478, 1482, 1486 et 1491-1492. Il est probable que ce déficit fut supporté, ici comme dans la châtellenie de Courtrai après 1490, par les notables et les officiers de la ville qui durent attendre le règlement de leurs vacations, de leurs gages ou de leurs créances.

C'est en diversifiant encore un peu plus la gamme des recettes extraordinaires que Courtrai put surmonter sa crise la plus sérieuse, à savoir la prise de la ville par les Gantois, en janvier 1488. Le paiement de l'indemnité de 12 000 l. de 40 g. constituait un choc équivalent à plus d'une année de dépenses ordinaires, à laquelle s'ajoutèrent

---

74 AGR, CC, reg. 33237, fol. 10v.
75 *Ibid.*, et AGR, CC, reg. 33237, fol. 51v et 33238, fol. 51r-v.

d'importantes dépenses militaires, pour l'entretien d'une garnison de janvier à avril 1488, qui s'élevèrent à plus de 4 000 l. La plus grande partie provint d'un emprunt forcé sur les habitants, qui rapporta 10 281 l. 10 s. de 40 g. Le remboursement commença à partir de 1490, et fit l'objet d'un compte séparé auquel furent affectées des recettes spécifiques, dont on ignore la provenance. Le compte de 1491 indique en clôture que 7 555 l. 10 s. de 40 g. restaient dues à la fin de l'année, alors que l'année précédente, la dette était restée presque entière, à 10 161 l. 10 s.[76] Par la suite, il n'en est plus fait mention, sinon en 1493, car pour faire face aux dépenses de la ville, on décida de prendre 1 444 l. de 40 g. sur les recettes destinées au remboursement des bourgeois qui avaient contribué à l'emprunt de 1488, et qui cinq ans plus tard, n'avaient donc toujours pas recouvré l'intégralité de leur mise[77]. Outre l'emprunt forcé sur les bourgeois de Courtrai, les Gantois autorisèrent généreusement la petite cité à asseoir une imposition de 2 400 livres de 40 g. sur sa châtellenie pour soulager ses finances[78]. Les habitants de la châtellenie furent également mis à contribution pour la solde de la garnison, à hauteur de 2 800 livres[79], mais il est vrai que cette fois, on pouvait estimer qu'ils bénéficiaient du surcroît de sécurité apporté par les 400 fantassins et les cinquante combattants à cheval soldés du 15 janvier au 15 février 1488. Par la suite, on se contenta d'une centaine d'hommes, en plus des trente hommes postés au château[80]. Après le mois de juin, on crut pouvoir se passer de garnison. L'armée de l'empereur avait quitté la Flandre, et les hostilités se déplacèrent à proximité immédiate de Gand et de Bruges. Au vu des milliers d'hommes qui s'affrontaient de part et d'autre, la centaine de gens de guerre que Courtrai était en mesure d'entretenir, au prix de dépenses très lourdes, ne pouvait guère faire la différence, ni prétendre protéger efficacement les populations de la châtellenie. Enfin, la saisie des revenus des personnes « tenant parti contraire » rapporta 531 l. de 40 g. ; les intérêts des rentes qui leur étaient dues, soit 687 l. 10 s. de 40 g. (16% des annuités des rentes) furent également portés en recette du compte.

Conclusion

Villes et campagnes

S'il est devenu désormais assez habituel de comparer les situations financières des villes médiévales, à l'échelle régionale, voire à l'échelle européenne, la Flandre offre l'avantage très considérable de permettre la confrontation entre finances des villes et finances des communautés rurales, puisque la châtellenie y constituait un échelon intermédiaire qui n'existait généralement pas ailleurs entre la paroisse et

---

76 AGR, CC, reg. 33235 et 33236, clôture.
77 AGR, CC, reg. 33238, fol. 10v-11r.
78 AGR, CC, reg. 33233, fol. 10v.
79 *Ibid.*
80 *Ibid.*, fol. 65r-66r, 70v.

la principauté ou un quelconque ressort féodal. La châtellenie correspondait à une unité de gestion dont la taille et le fonctionnement étaient très similaires à ceux des villes. Quels enseignements peut-on en tirer ? Le premier, d'une grande banalité, est que les villes concentrent la richesse, et que leur statut de centre de consommation permet de disposer d'une fiscalité dont le débit est particulièrement important. À cette vérité générale, on peut cependant associer quelques chiffres. Avec des recettes comprises entre 9 000 et 12 000 l. en temps normal, soit de 6 à 8 l. par feu, dont 50 à 75% de prélèvements obligatoires, la capacité de captation de richesse de Courtrai est deux à trois fois plus importante que celle du Franc de Bruges ou de la châtellenie de Courtrai, où la collecte de plus de 3 à 4 l. par feu représente un effort considérable. Quelle part des accises était-elle payée par les bourgeois de Courtrai, plutôt que par les habitants du plat pays environnant, venus se désaltérer dans la petite cité un jour de marché ou de fête ? Nous l'ignorons, mais il est évident que les impositions indirectes permettaient aux bourgeois des villes de se décharger sur d'autres d'une part de leur fardeau fiscal. C'est d'ailleurs un grief que les nobles et les prélats de la Couronne d'Aragon faisaient aux villes royales en 1362 : les habitants de leurs seigneuries, qui payaient déjà la taille, étaient imposés une deuxième fois lorsqu'ils contribuaient bien malgré eux aux accises perçues dans les centres urbains du domaine royal[81].

La grande stabilité du budget municipal contraste singulièrement avec les très fortes oscillations des budgets des châtellenies, enchaînés à la courbe des prélèvements princiers, dont on a pu observer les hauts et les bas jusqu'en 1494. Les contributions de Courtrai aux aides du prince suivent pourtant la tendance générale, et même encore plus exactement, car la ville étant capable de faire face aux exigences les plus lourdes, elle n'a pas eu besoin d'étaler sur plusieurs années certaines échéances plus importantes, comme le firent la plupart des châtellenies rurales, qui ne furent quittes des compositions de Tours qu'en 1495-1496.

Cependant, compte tenu de l'importance des dépenses ordinaires de la ville, pour le fonctionnement courant de son administration, le service de la dette, et l'entretien des bâtiments municipaux – au premier rang desquels les fortifications – la part des subsides accordés au souverain est proportionnellement plus faible, de sorte que la stabilité des autres postes de dépenses amortit mécaniquement les effets des fortes oscillations de la fiscalité princière sur le budget général. Ainsi, la multiplication par quatre ou cinq de la pression fiscale, entre 1485 et 1486, a-t-elle entraîné une hausse de 44% des dépenses de la ville de Courtrai, importante, sans doute, mais trois fois plus faible que celle que l'on mesure dans les comptes du Franc de Bruges, où avant les années 1490-1493, les impôts princiers représentaient 85 à 90% des dépenses totales. À Courtrai, sur l'ensemble de la période, la « part du prince », soit l'addition des subsides et des contingents militaires soldés par la ville pour le compte du prince ou du conseil de régence, est de 18,6% des dépenses municipales, pour un maximum de 46,2% en 1486 et un minimum de 5% en 1495 (voir diagramme n° 20). Il est assez

---

81 Manuel SANCHEZ, Antoni FURIÓ DIEGO, José Angel SESMA MUÑOZ, « Old and New Forms of Taxation in the Crown of Aragon (13th-14th Centuries) », *La fiscalità nell'economia europea secc. XIII-XVIII...*, 2008, p. 121-122.

remarquable que les années 1477-1482 (19,7% de dépenses pour le prince en moyenne par an), malgré la guerre contre la France, ne furent pas, sur le plan fiscal, sensiblement plus sombres que les années 1497-1502 (18,3%), même si la différence est un peu plus marquée en valeur absolue (11 929 l. prélevées sur la ville entre 1477 et 1482, 9 525 l. entre 1497 et 1502). Cette relative stabilité tient en grande partie à la capacité d'esquive des Courtraisiens, qui profitèrent de la confusion politique sous Marie de Bourgogne pour ne pas honorer tous leurs engagements militaires et financiers.

Ainsi, à la fin de la période étudiée, alors que le régime politique et financier de l'État princier de Philippe le Beau a enfin trouvé son équilibre, la fiscalité d'État ne représente, pour une ville telle que Courtrai, dont les finances sont bien gérées, qu'un petit cinquième des dépenses générales, au lieu de 40% pour le Franc de Bruges, après l'apparition d'une dette consolidée, et de 50% à 75% pour la châtellenie de Courtrai[82]. À Gand, la part des aides était encore plus réduite – environ 10 à 15% par an – mais la capitale flamande fut si souvent en état de sécession que ce pourcentage n'a guère de valeur pour une appréciation d'ensemble[83]. On ne peut pas dire que ses finances en aient profité, en raison des dépenses militaires énormes qu'elle eut à prendre en charge lorsqu'elle fut en guerre contre Maximilien, et des indemnités qu'elle dut finalement payer après la paix de Cadzand. À partir des années 1497-1498, Gand contribua régulièrement aux aides, mais en bénéficiant d'un rabais forfaitaire très conséquent de 9 930 l. par an, équivalant à 60% de sa part de l'aide quadriennale de 1497-1500[84], et encore à 46% de l'aide quadriennale de 1504-1507[85]. Le budget de Gand tournant autour de deux millions à deux millions et demi de gros par an au début des années 1490, soit de 50 000 à 60 000 l. de 40 g., il est probable que le poids de la fiscalité princière ordinaire resta dans cette fourchette de 10 à 15% des dépenses annuelles de la cité.

« Part du prince » et « part à cause du prince »

À vrai dire, pour plus de pertinence, il faudrait également prendre en compte les effets indirects des prélèvements princiers, à savoir le poids des annuités des rentes émises dans le seul but de payer les subsides accordés par les Membres de Flandre. Si la « part du prince », dans le cas de Courtrai, est d'un cinquième, ce qu'on pourrait appeler la « part à cause du prince » est de l'ordre de 60%. Que dire de Gand et de Bruges, proprement écrasées par le poids de leur dette ! En 1494, Gand ne pouvait consacrer plus de 41% de ses dépenses au paiement des intérêts des rentes, soit un

---

82 Assiette totale de 15 970 l. de 20 g. en 1497 (AGR, reg. 42939, fol. 7r-11r) pour 12 100 l. versées au receveur de Flandre (*ibid.*, fol. 71v-72r) ; 17 175 l. levées sur la châtellenie en 1498 (reg. 42940, fol. 1r-6v), pour 8 020 l. versées au receveur des aides de Flandre (*ibid.*, fol. 54r-v).

83 Wouter Ryckbosch, *Tussen Gavere en Cadzand...*, annexe C, p. 313.

84 9 930 l. sur 16 530 l. (ADN, B 6774, fol. 1r).

85 9 930 l. sur 21 489 l. (ADN, B 6776, fol. 1r) : Gand conservait son rabais sur le principal de 120 000 l., mais devait payer l'intégralité de sa part d'une crue de 36 000 l. (ADN, B 6871, n° 156470, 11 décembre 1505, lettres patentes accordant un rabais valable pour la prorogation de l'aide pour trois ans, rappelant les conditions du précédent rabais, accordé par lettres du 23 mai 1504).

peu plus de 24 000 l. de 40 g., alors qu'elle traînait un arriéré de près de 100 000 l. d'intérêts en souffrance, qu'elle n'arrivait pas à résorber, et pour lequel Philippe le Beau accorda de nombreuses lettres autorisant la cité à suspendre ses paiements[86]. Les finances de Bruges étaient encore plus sinistrées. Les lettres patentes du 22 mars 1499, par lesquelles Philippe le Beau limitait le montant des aides dues par la ville à un forfait de 6 000 l. par an pendant huit ans, en dressent un tableau apocalyptique[87]. Deux ans plus tôt, Philippe avait fait grâce à la ville de Bruges de la moitié de sa portion de toutes les aides qui seraient accordées pendant quatre ans. On avait alors ordonné un « état » valable pour huit ans, qui était un plan d'apurement de la dette. Malgré tous leurs efforts, les recettes municipales étaient si diminuées qu'il était impossible aux Brugeois de s'acquitter de la moitié restante de leur portion des aides, ni de rembourser la dette. Ils avaient pourtant contraint la plupart des rentiers à renoncer à plus de 10 ans d'arrérages de rentes – ce qui constituait rien de moins qu'une banqueroute partielle – et en dépit de cela, la dette s'élevait à 400 000 écus, tant en emprunts forcés sur les bourgeois, qu'en annuités de rentes et en obligations dues aux banquiers. La charge annuelle des rentes s'élevait alors à 40 000 livres de 40 g. Les grandes cités flamandes étaient à genoux.

Si les châtellenies rurales, dans l'ensemble, remontèrent plus rapidement la pente, la charge de la part à cause du prince était y était encore plus écrasante, et dépassait allègrement les 90 à 95%. Encore faudrait-il prendre en compte les vacations exécutées pour se rendre aux sessions des Membres de Flandre, ou aux réunions préparatoires à celles-ci, puisque l'on y discutait principalement des demandes de subsides présentées par le prince ! Des chapitres précédents, il ressort que dans la part du prince ou à cause du prince, on pourrait tout aussi bien remplacer « prince » par « guerre ». Bien que les villes, et donc leurs finances, aient existé avant la mise en place d'une fiscalité d'État ordinaire, leurs budgets portent désormais l'empreinte de la guerre : c'est à cause de la guerre que Maximilien sollicite des aides, à cause de la guerre encore que les revenus domaniaux se sont effondrés, et qu'il faut désormais les compenser par une fiscalité permanente, à cause de la guerre civile que Bruges et Gand avaient dû s'endetter dans des proportions affolantes pour régler les amendes auxquelles elles avaient été condamnées. À peu près partout, les dépenses effectuées dans le seul intérêt des habitants des villes deviennent minoritaires dans les budgets municipaux.

De l'archaïsme comme bouclier fiscal

Au terme de ces pérégrinations flamandes, que peut-on conclure sur le potentiel fiscal du comté ? Nous voyons que dans son ensemble, la Flandre est en mesure de fournir sans trop de difficultés nettement plus que sa quote-part de l'aide de 500 000 ridders accordée en 1473, et même près du double en 1478-1482, soit de 250 000 à 300 000 l. de 40 g. par an. En revanche, la ponction opérée en 1486, s'élevant à environ un demi-million de livres, entraîna, outre les troubles politiques que l'on sait, un

---

86 Wouter Ryckbosch, *Tussen Gavere en Cadzand...*, p. 261-277 et 313.
87 ADN, B 6871, n° 156468.

effondrement fiscal durable. Jamais plus par la suite, et cela au moins jusqu'à la fin du règne de Philippe le Beau, le prince ne put tirer plus de 150 000 à 200 000 livres par an du comté de Flandre. À cela, les raisons sont multiples. La principale semble tenir au fait que même si le taux moyen d'imposition n'était sans doute pas très élevé, par rapport au revenu moyen comme par rapport aux principautés environnantes ou à certaines provinces françaises, l'absence d'un dénombrement fiable des populations et de leurs biens empêchait de rendre ce taux moyen uniforme dans tout le comté, de sorte que certaines villes ou châtellenies étaient très lourdement surtaxées. Les autres en profitaient allègrement, avec d'autant moins de mauvaise conscience, peut-on le supposer, que les districts surtaxés pouvaient demander et obtenir des rabais ou des exemptions partielles. Ainsi, la Flandre tout entière bénéficiait de l'archaïsme de son système fiscal. C'est également pour des raisons d'ordre politique et culturel qu'il ne pouvait être question d'obliger les villes à recourir à l'imposition directe. En fin de compte, la banqueroute des finances municipales assurait une protection fort efficace aux particuliers. Sans doute risquaient-ils d'être arrêtés par leurs créanciers dans les autres villes, mais là encore, ils finissaient toujours par obtenir des lettres de surséance de la part du prince qui les mettaient à l'abri de ce désagrément.

Conclusion générale

La mort de Charles le Téméraire et la crise politique qui suivit ébranlèrent l'État bourguignon jusqu'aux premières pierres de ses fondations. En l'espace de quelques semaines, Louis XI lui arracha, en même temps que la plupart des fiefs mouvant de la Couronne, sa colonne vertébrale, à savoir la noblesse francophone de Bourgogne et de Picardie. Elle dirigeait les armées du duc de Bourgogne, peuplait sa Cour et ses conseils, s'en allant même à la conquête des plus hautes fonctions publiques dans les principautés septentrionales. Louis XI ne s'y est pas trompé. En 1477, il s'est d'abord attaqué à la Bourgogne, à la Picardie, à l'Artois, au Hainaut – pourtant terre d'Empire – mais pas à la Flandre. Il ne voulait pas de ces grandes villes, riches mais rebelles, qui causaient tant d'embarras à leurs seigneurs. Au début de son règne, ne s'était-il pas empressé d'inféoder Gênes au duc de Milan ? S'il a dépensé des fortunes pour acheter le ralliement d'une grande partie de la noblesse bourguignonne de culture française, s'il a toujours soufflé avec délectation sur les braises qui couvaient à Gand et ailleurs, jamais Louis XI n'a essayé d'annexer les métropoles néerlandaises. Philippe de Commynes ne dit pas autre chose, lorsqu'il évoque les conséquences de la perte de l'Artois, *d'où s'en tiroit de bonnes gens de guerre pour les* [les rebelles flamands] *aider a chastier quand ilz feront les folz*. En en privant Maximilien, Louis XI *le laissoit le plus pouvre seigneur du monde, sans avoir obeissance, sinon au plaisir de ceulx de Gand*[1]. Bien sûr, cette parole est celle d'un noble qui ne comprend pas, refuse de comprendre ou affecte de ne pas comprendre la mentalité et les aspirations politiques des villes. Il n'en demeure pas moins qu'il avait parfaitement saisi le basculement radical du rapport des forces politiques après 1477.

L'invasion française bouleversa l'assise géographique et humaine de la construction politique bâtie par les quatre ducs de Bourgogne de la maison de Valois. Elle libéra les forces qui sommeillaient dans les grandes cités de Flandre, de Brabant et de Hollande, domptées et entravées par Philippe le Bon et Charles le Téméraire, mais qui ne demandaient qu'à se réveiller une fois encore. Paradoxalement, les réformes financières et militaires de Charles le Téméraire leur avaient donné un poids politique plus important encore qu'auparavant. La marginalisation des finances domaniales, causée en premier lieu par l'explosion des dépenses consécutive à la mise en place de l'armée permanente en 1471-1473, et rendue critique par la perte de la plus grande partie des provinces « françaises » en 1477, contraignait le prince à un dialogue permanent avec ses sujets – en tout cas la *sanior pars* de ceux-ci. Désormais, l'équilibre des

---

1 Philippe de COMMYNES, *Mémoires*, Joël BLANCHARD (éd.), Paris, Pocket, « Agora », n° 265, 2004, p. 463.

finances des ducs de Bourgogne dépendrait des relations qu'ils entretiendraient avec les assemblées représentatives de leurs possessions, et donc avec les gouvernements des villes, qui occupaient en leur sein une position dominante, au point que dans les principautés les plus urbanisées, les assemblées représentatives se confondaient presque avec un syndic des principales métropoles. Ainsi, le grand duel avec Louis XI, puis la victoire de ce dernier, s'étaient traduits par une redistribution des cartes du pouvoir au détriment du duc de Bourgogne et de ses continuateurs : elles étaient désormais concentrées entre les mains des personnalités dominantes d'une douzaine de villes de Flandre (Gand, Bruges), de Brabant (Louvain, Bois-le-Duc, Bruxelles, Anvers) et de Hollande (Amsterdam, Dordrecht, Leyde, Haarlem). Les ducs de Bourgogne pouvaient bien châtier régulièrement les cités qui osaient leur tenir tête ; ils ne pouvaient éradiquer l'idéologie que partageait une grande partie de leur population. Celle-ci faisait de l'autonomie politique et de la défense des libertés de leur ville bien plus qu'une simple opinion : une manière d'être et d'agir, et une raison d'être et d'agir.

Que reste-t-il de l'héritage des grands ducs de Ponant ?

Pourtant, il fallut moins de quinze ans pour sauver la plus grande partie de l'héritage bourguignon. Mieux que cela, à partir des années 1497-1501, Philippe le Beau parvint à accomplir la révolution fiscale, sur laquelle avait buté Philippe le Bon, et que Charles le Téméraire n'avait réussi à imposer que par la force, dans un environnement profondément conflictuel[2]. C'est donc que les ruines de 1477 avaient dissimulé au regard une infrastructure d'une singulière résistance.

On y trouve en premier lieu, transposé du modèle monarchique français, peut-être pas encore une religion royale, mais au moins un profond attachement à la dynastie régnante. Par un autre paradoxe, cette loyauté dérive du patriotisme viscéral des populations des principautés réunies par les ducs de Bourgogne. Car à la fin du Moyen Âge, il ne peut y avoir de « sentiment national » sans que celui-ci ne soit incarné par une dynastie princière. Ainsi, l'indépendance de la Gueldre passait nécessairement par la victoire de Charles d'Egmont, celui-ci dût-il ensuite entretenir des relations houleuses avec les états de sa principauté. Le particularisme breton, si fort, ne se releva pas du mariage d'Anne de Bretagne, héritière légitime des Montfort, avec Charles VIII, puis Louis XII, avant que le mariage de sa fille Claude avec François Ier ne vienne encore retremper la légitimité de la prise de possession du duché par la monarchie. Moins d'un demi-siècle avait suffi pour que la Bretagne fût incorporée au domaine sans guère de résistance. *A contrario*, la violence de l'annexion de la Normandie par Philippe Auguste nourrit un sentiment d'injustice et de frustration, sur lequel purent jouer les Anglais, avec un succès sans doute limité[3], mais moins

---

2 C'est en effet à partir de ces années que Philippe le Beau parvint à se faire accorder par l'ensemble des principautés des Pays-Bas des aides ordinaires pluriannuelles.

3 Anne Elizabeth CURRY « Concilier les ambitions militaires et les intérêts civils : l'occupation anglaise de la Normandie (1417-1450) », in *La guerre à la fin du Moyen Âge*, 2013, p. 967-976.

CONCLUSION GÉNÉRALE   467

de quinze ans après leur expulsion, lors de la guerre du Bien Public, on vit encore resurgir le désir des Normands d'avoir leur « prince particulier », en l'occurrence Charles de France.

Aucun des principaux meneurs flamands n'osa jamais franchir le pas de la destitution de leur prince. Quelle réussite pour la maison de Bourgogne, qui hérita du comté de Flandre dans un contexte si difficile ! Les innombrables conflits qui les opposèrent à leurs sujets ne doivent pas cacher l'essentiel, à savoir qu'ils sont parvenus à se forger une légitimité incontestable, dont le moins qu'on puisse dire est qu'elle n'était pas gagnée d'avance. Ce profond légitimisme des Flamands, si contraire à leurs intérêts, fut sans doute une formidable entrave pour la réalisation de leur projet politique. De ce point de vue, on peut dire que l'arrivée de Maximilien constituait pour eux une aubaine : c'était un étranger, dont le tempérament était peu fait pour s'accorder avec celui de ses sujets par alliance, et qui resta toute sa vie profondément hostile à leur culture politique. La personne et le gouvernement de Maximilien libéraient donc les Flamands du devoir d'obéissance, qui leur commandait de solliciter le pardon du prince même lorsqu'ils l'avaient vaincu et lui avaient imposé des concessions politiques[4]. La mort de Marie de Bourgogne leur laissait une dizaine d'années pour faire triompher leur programme avant la majorité du comte de Flandre Philippe. Ils manquèrent cette opportunité historique, et ce n'est pas faute de l'avoir saisie.

Mais les Flamands n'étaient pas seuls ! Dans leur lutte contre Gand et Bruges, Maximilien et Philippe furent – et c'est là un troisième paradoxe – très aidés par le caractère composite de l'assemblage territorial sur lequel ils régnaient. Maximilien éprouva d'énormes difficultés pour imposer aux pays de par-deçà une direction politique unique, et aucun autre domaine que celui de la fiscalité et des finances ne l'illustre avec plus d'éclat. La guerre contre la France fut pour l'essentiel l'affaire de la Flandre et du Hainaut, les autres principautés n'y participant que par intermittence, et toujours en proportion de leurs intérêts directs. Ainsi Marie et Maximilien durent-ils accepter en 1477 que la Hollande et la Zélande arment une flotte de guerre, au lieu de participer à la mobilisation terrestre, à l'évidence prioritaire, lorsque Louis XI frappait aux portes de la Flandre. La participation du Brabant ne fut significative qu'en 1478-1479, lorsque les armées de Louis XI, depuis Tournai, pouvaient dévaster le Hainaut et menacer les frontières méridionales du duché. Par la suite, le désengagement des Brabançons fut complet… jusqu'en 1485, lorsque les Flamands, avec un insondable manque de sens politique, les attaquèrent, et ne leur laissèrent d'autre choix que de se jeter dans les bras de Maximilien. Quant à la Hollande et à la Zélande, en dehors des aides ordinaires généralistes, d'un montant beaucoup plus modeste que leur quote-part de la défunte aide des 500 000 *ridders*, ce n'est guère qu'en 1486 qu'elles accordèrent des subsides significatifs (un peu plus de 110 000 l.) pour la guerre contre

---

4   Cela a sans aucun doute libéré la parole de Guillaume Zoete aux Etats généraux de 1488 : aurait-il pu réclamer la déchéance de Maximilien s'il avait été comte de Flandre (Jan DUMOLYN et Jelle HAEMERS, « Les bonnes causes du peuple pour se révolter. Le contrat politique en Flandre médiévale d'après Guillaume Zoete (1488) », *in* François FORONDA (dir.), *Avant le contrat social. Le contrat politique dans l'Occident médiéval*, « Histoire ancienne et médiévale », 2011, p. 327-346) ?

CONCLUSION GÉNÉRALE

la France. Encore avait-il fallu user d'un subterfuge, et prétendre que l'argent ainsi levé servirait à l'armement d'une flotte, en définitive jamais assemblée.

Pendant toutes ces années, la répugnance avec laquelle les états de Hollande et de Brabant acceptèrent de se défaire de quelques dizaines de milliers de livres pour soutenir Maximilien dans sa lutte à mort contre Louis XI et les Beaujeu, contraste avec la pression fiscale affolante qu'ils imposèrent d'eux-mêmes à leurs administrés pour leurs guerres particulières. La seule Hollande dépensa au moins 1,3 million de livres pour vaincre Utrecht et les derniers partisans des *Hoeken*. L'attachement des principautés au chacun chez soi et au chacun pour soi pouvait cependant avoir des conséquences très fâcheuses pour elles-mêmes, car comme l'avait indiqué Maximilien lorsqu'il exhorta vainement les États généraux en 1482, la mise en commun des moyens militaires et financiers permettait une défense plus efficace, et donc moins coûteuse. Il n'est que de voir l'enlisement de la guerre de Liège, malgré les sacrifices consentis par le Brabant, alors que Charles le Téméraire avait réglé la question en moins de quatre ans. Pendant une dizaine d'années, les marches orientales du Brabant et du comté de Namur, sans oublier le Luxembourg, furent déstabilisés par les troubles que connaissait la principauté épiscopale.

Tout cela, donc, ne peut qu'apporter de l'eau au moulin de ceux qui soulignent les insuffisances de la construction politique bourguignonne. Pourtant, que se serait-il passé si les ducs de Bourgogne avaient poussé aussi loin qu'ils le souhaitaient l'intégration politique des différentes pièces de leur Empire ? Que se serait-il passé pour Maximilien si Flamands, Brabançons et Hollandais s'étaient accordés pour faire des États généraux un vrai organe de gouvernement ? Faute d'investir pleinement cette institution, à laquelle le Grand Privilège avait donné une ampleur inédite, ils laissèrent Maximilien le faire à leur place. Non sans que ce dernier y essuie de nombreuses déconvenues, bien sûr ! Le rôle des États généraux fut très limité en matière fiscale, et ce n'est que sous le règne de Philippe le Beau que le prince put en faire un organe de concertation, et uniquement pour les subsides complémentaires aux aides ordinaires accordées par les assemblées représentatives des principautés, qui lui procuraient l'essentiel de ses ressources. Ce sont également les États généraux qui imposèrent le traité d'Arras à Maximilien, dont il ne voulait à aucun prix. Ce sont encore eux qui, opposant une fin de non-recevoir à la plupart des demandes fiscales d'Albert de Saxe en 1493, déclenchèrent l'émancipation de Philippe le Beau.

Les États généraux ont pourtant joué un rôle de modérateur et de médiateur absolument crucial pour la victoire finale de Maximilien. En 1482, les Flamands s'y sentirent bien isolés, lorsqu'ils furent les seuls à refuser à l'archiduc la tutelle de ses enfants. Ils s'y trouvèrent quasiment en position d'accusés en 1488, bien que les États généraux aient accepté de siéger à Gand. Ils durent libérer bien vite leur otage, sans pouvoir prendre aucune garantie concrète. En 1492, Albert de Saxe sut gagner leur soutien, face à l'intransigeance de Philippe de Clèves et des Gantois. Aux moments décisifs, les États généraux se rangèrent donc toujours derrière leur souverain. Même lorsqu'ils contraignirent Maximilien à signer la paix d'Arras, on peut dire que d'une certaine manière, en agissant ainsi, ils se montraient plus royalistes que le roi, car la conclusion de la paix était dans l'avantage même de Maximilien. Qu'y avait-il à gagner à prolonger la guerre contre un roi mourant, qui ne demandait rien de plus que la

CONCLUSION GÉNÉRALE **469**

propriété de ce qu'il détenait déjà, alors que l'état de guerre ruinait les Pays-Bas et que les concessions qu'on ferait pourraient être remises en cause tant que le mariage de Marguerite d'Autriche n'aurait pas été consommé ? Les États généraux représentaient des intérêts trop divergents pour porter des revendications communes autres que très générales, et s'opposer avec quelque chance de succès au gouvernement central du prince. On a souligné la contradiction qu'il y avait à donner tant de prérogatives aux États généraux, en 1477, pour refuser par la suite de se plier à la discipline collective qui seule aurait permis de faire respecter les dispositions du Grand Privilège. Le morcellement politique des Pays-Bas joua donc en faveur des ducs de Bourgogne, puis des Habsbourgs, qui n'eurent jamais en face d'eux une opposition unie.

Par ailleurs, aux Pays-Bas comme ailleurs, les assemblées représentatives étaient encore prisonnières de l'idéologie du consensus et des théories organistes médiévales, auxquelles elles devaient d'ailleurs leur existence : pas de parlement ou d'états généraux sans souverain, pas de corps mystique sans un souverain qui en était nécessairement le chef[5] : « C'est pour pouvoir consentir, et non pour pouvoir refuser, sauf exception, que les assemblées revendiquent cette liberté qui, seule, garantit la viabilité de l'échange[6] ». À vrai dire, cela est peut-être moins vrai des assemblées des Pays-Bas qui bien souvent, refusent, et parfois sans ménagement, les demandes de leur souverain. Les Flamands ne craignirent pas d'outrager la malheureuse Marie de Bourgogne, en exhibant la lettre qu'elle avait imprudemment écrite à Louis XI, en 1477 ; Maximilien fit également l'expérience de leur rudesse, aux États généraux comme à Bruges, durant sa captivité, où il dut subir toutes les avanies imaginables. Pour autant, si elles savent négocier pied à pied, et défendre leurs prérogatives, les assemblées représentatives ne sont pas des instances de gouvernement. Elles ne sont en aucune manière une alternative au gouvernement monarchique – car avoir un projet politique alternatif[7] ne signifie pas être capable de se donner les moyens de le mettre en œuvre. Les expériences avortées des conseils de régence flamands, la seconde (1488-1489) encore plus ratée que la première (1483-1485), le montrent à l'envi. Les assemblées représentatives ne sont rien sans leur souverain, ou, dans le cas de la Hollande, de son représentant, car elles ne sont pas et n'ont jamais été des organes de décision – contrairement aux conseils des villes.

Il restait en outre de l'ancienne dynastie un capital symbolique et imaginaire considérable. La fascination qu'elle exerça en Europe, et particulièrement dans le monde germanique, n'explique-t-elle pas en partie l'acharnement que Maximilien mit à défendre les droits de son épouse ? N'explique-t-elle pas le dévouement dont

---

5 Voir sur ce point Jacques KRYNEN, *L'empire du roi. Idées et croyances politiques en France, XIIIe-XVe siècle*, Paris, Gallimard, « bibliothèque des histoires, 1993, p. 241-251, et les développements que consacre au Parlement anglais Ernst Hartwig KANTOROWICZ, *Les deux corps du roi. Essais sur la théologie politique au Moyen Âge*, in *Oeuvres*, Alain BOUREAU (éd.), Paris, Gallimard, 2000.

6 Michel HÉBERT, *Parlementer. Assemblées représentatives…*, p. 433.

7 Willem Pieter, BLOCKMANS « Alternatives to Monarchial Centralisation. The Great Tradition of Revolt in Flanders and Brabant », *in* Elisabeth MÜLLER-LUCKNER et Helmut Georg KOENIGSBERGER (éd.), *Republiken und Republikanismus im Europa der Frühen Neuzeit*, Munich, Oldenbourg, 1988, p. 145-154.

firent preuve les nombreux seigneurs qui prirent le parti de Marie après 1477 ? Enfin, les Pays-Bas formaient un espace très peuplé, économiquement avancé. Maximilien avait donc entre ses mains un grand potentiel de richesses. Du moins le croyait-il.

La loi d'airain du faible pouvoir d'achat de l'impôt princier

Car en effet, disposer de vastes et riches possessions ne suffit pas à donner des moyens d'action suffisants. Comme les autres princes de son temps, Maximilien était confronté à un environnement économique particulièrement contraint. Au fond, le principal des problèmes qu'il eut à surmonter n'était pas l'existence d'assemblées représentatives très attachées à leurs prérogatives fiscales. Le prélèvement fiscal par foyer n'était pas, aux Pays-Bas, significativement inférieur à ce qu'il était en France. Dans l'une et l'autre monarchie, il s'inscrivait dans une fourchette, volontairement large, de 0,5 à 2 l., soit environ 5 à 15 % des revenus des laïcs non nobles, et cela en temps de pression fiscal modérée. Or d'un bout à l'autre de la présente étude, on ne peut qu'être frappé par la faible valeur de la monnaie, non pas tant pour acheter des biens que pour acheter le service des hommes. Car en effet, c'est le coût exorbitant des salaires, par rapport aux recettes fiscales et aux revenus domaniaux, qui frappe constamment l'observateur. Nous avons déjà relevé que pour l'entretien régulier de la modeste compagnie de Charles de Saveuse, qui n'a que rarement dépassé les deux cents hommes, pendant moins d'une dizaine d'années, Maximilien aurait dû débourser plus de 150 000 l. de 40 gros, soit l'équivalent de la quote-part de la Flandre dans l'aide des 500 000 *ridders*, considérée comme une limite haute de la fiscalité princière. Le montant de 500 000 *ridders* avait du reste été calibré, à l'origine, pour une armée permanente de 1 200 lances, soit moins d'une dizaine de milliers de combattants. Cela même constituait un effort excessif pour l'État bourguignon, d'autant qu'aux soldes des compagnies ducales, il fallait ajouter les innombrables frais annexes pour le charroi, l'artillerie, l'intendance et les levées supplétives. Nous suivrons donc Michel Mollat, contre Richard Vaughan, lorsqu'il fait de la crise financière l'une des principales causes de la défaite du Téméraire[8]. À l'échec de l'armée de Charles le Téméraire (1473-1476) succéda celui des compagnies d'ordonnance de Marie et Maximilien (1477-1482).

Que l'un des plus riches États de la Chrétienté occidentale, avec une population estimée à plus de 2,5 millions d'habitants, n'ait jamais été en mesure de financer une armée permanente plus de quelques années invite à réfléchir. C'est également au prix d'une fiscalité particulièrement oppressive, objet de scandale à l'intérieur comme à l'extérieur de ses frontières, que la France de Louis XI parvint à solder une cinquantaine de milliers d'hommes entre 1480 et 1483. Ce qui est vrai pour les grands États dynastiques l'est encore plus pour les communautés d'habitants. La

---

8 Michel MOLLAT DU JOURDIN, « Une enquête à poursuivre. La situation financière de Charles le Téméraire dans les derniers temps de son règne », in *Cinq-centième anniversaire de la bataille de Nancy (1477)*, 1979, p. 175-185 ; Richard VAUGHAN, « 500 Years after the Great Battles », *Bijdragen en Mededelingen betreffende de Geschiedenis der Nederlanden*, 1980, p. 377-390.

CONCLUSION GÉNÉRALE   471

garnison du château de Lille, forte de *71 hommes* seulement, représentait en 1488-1489 une charge annuelle de plus de 7 000 l., proprement insupportable non seulement pour la ville de Lille, mais aussi pour la châtellenie de Lille, Douai et Orchies tout entière. Six mois de solde de cette minuscule garnison consumèrent les deux tiers des recettes de la première année de l'aide triennale accordée en 1489 par les états de la châtellenie[9]. Que dire de Courtrai, incapable, et à vrai dire peu désireuse de solder plus de quelques dizaines d'hommes en 1485 et en 1488 ?

La portée de ce constat nous semble considérable, et dépasser largement le cas de l'État bourguignon. Le faible pouvoir d'achat de l'impôt princier limite les moyens d'action des États européens, et entrave la marche vers l'absolutisme commencée dès le XIIe siècle. Comment ne pas mettre ce phénomène en rapport avec le célèbre « âge d'or des salaires » ? Si celui-ci fait aujourd'hui l'objet de contestations, c'est du point de vue du salarié, c'est-à-dire de ses conditions de vie. En effet, âge d'or des salaires n'est pas forcément synonyme d'âge d'or pour les salariés[10], mais ce n'est pas là la question qui nous occupe. Il nous semble que la hausse des salaires, par ailleurs avérée, est un très puissant facteur pour expliquer que le développement de l'État « moderne » ait marqué le pas aux XIVe-XVe siècles, avant de reprendre, puis de s'accélérer au cours du XVIe siècle, alors que les salaires ont amorcé leur longue descente aux enfers. Si l'hypothèse se vérifie, nous n'aurons bien sûr fait que déplacer le problème, car il restera alors à expliquer le mouvement de hausse et de baisse des salaires – encore que la dépression démographique consécutive à la Peste noire, puis la reconstitution de la population au niveau antérieur aux années 1340-1350 semble un argument assez décisif, bien qu'il soit suspect à certains en raison même de sa simplicité, de son évidence et de son caractère incontestable, ce qui n'est pas si courant dans la discipline historique. Il faudra également mettre la question du pouvoir d'achat de l'impôt princier en relation avec un autre problème épineux, qui est celui de la « famine monétaire » de la fin du Moyen Âge. Les salaires étaient-ils trop élevés par rapport à la valeur du travail ou à la richesse produite, ou bien par rapport à une certaine quantité d'or ou d'argent en circulation, qui aurait été notoirement insuffisante ? Toutes choses qui nécessitent une culture économique de base faisant défaut à l'auteur de ces lignes.

En tout cas, une chose nous paraît certaine : si le royaume des ducs de Bourgogne est resté inachevé, si les États princiers de la fin du Moyen Âge nous semblent si fragiles, si sujets à des crises financières bloquant complètement leur fonctionnement normal, et contraignant les gouvernants à se rabattre sur toutes sortes d'expédients, ce n'est pas par l'archaïsme de leurs structures. Sans doute ne disposaient-ils pas des outils postérieurs à la révolution financière chère à James Tracy, à savoir une dette consolidée, négociable et attractive pour les investisseurs. En revanche, ils avaient les compétences techniques, comptables et administratives pour dénombrer les

---

9   ADN, B 6942, fol. 1r.
10 Jean-Pierre SOSSON, « Les XIVe et XVe siècles. Un "âge d'or de la main-d'oeuvre" ? Quelques réflexions à propos des anciens Pays-Bas méridionaux », in *Aspects de la vie économique des pays bourguignons*, 1987, p. 17-38.

populations, asseoir les impôts, les lever avec régularité, en association ou pas avec des assemblées représentatives. Plus importants encore, ces subsides faisaient l'objet d'un dialogue institutionnel, au cours duquel la légitimité de l'impôt, son administration, son usage et les modalités de sa levée étaient débattus, et donc soumis à un processus d'amélioration continue. Ces impôts n'étaient nullement négligeables, et si la pression fiscale s'est à coup sûr aggravée entre le début du XVIe siècle et les XVIIe-XVIIIe siècles, ce ne peut être que de manière relativement marginale, car si l'on accepte la proposition suivant laquelle la pression fiscale tournerait autour de 10 % du revenu en temps de paix, et deux à trois fois plus en temps de guerre à la fin du XVe siècle, la marge de progression était relativement faible. Même en doublant ou en triplant le niveau d'imposition, le nombre d'hommes employable par l'État bourguignon n'aurait pas dépassé une ou deux dizaines de milliers, soit un ratio, extrêmement faible, d'un agent public (civil ou militaire) pour 1 300 ou 2 600 habitants.

L'enquête serait à prolonger pour l'administration civile, non seulement celle de l'État (y compris le personnel des administrations et des juridictions inférieures, bailliages et prévôtés), mais aussi des communautés urbaines. Les officiers municipaux rémunérés à l'année par les villes, même grandes, semblent n'avoir été qu'une poignée au XVe siècle. Il est bien possible que Lille, incapable de faire face à l'entretien des 71 Allemands du château en 1488-1489, ait pu disposer d'une administration permanente de cet ordre de grandeur à la fin du XVIIIe siècle. Pourquoi ne pas étendre ce questionnement à la sphère privée, et aux sources littéraires ? Valets et domestiques sont omniprésents dans les pièces de Molière. Le ménagier de Paris, riche bourgeois de la fin du XVe siècle, paraît ne disposer que d'une domesticité très restreinte. Marc Boone recense, dans le livre de comptes de Simon Borluut, riche bourgeois Gantois, 28 serviteurs employés entre 1450 et 1462. Le nombre est important, mais doit être modéré par le fait qu'ils ne servaient en général que peu de temps, et que le *turn-over* y était considérable. Ces valets ne touchaient que de modestes gages annuels, équivalant à 20/30 jours de salaire d'un ouvrier du bâtiment. En somme, la domesticité de l'une des plus riches familles gantoises à la fin du XVe siècle paraît à peine plus considérable que celle d'un notaire de province au XIXe siècle[11].

Ainsi, la structure des recettes de l'État bourguignon paraît moins important que leur montant global : le passage du *domain state* au *tax state*, s'il a eu les conséquences politiques considérables que l'on a vues pour les relations entre les princes et ses sujets, ne s'est pas accompagné d'un changement d'échelle des recettes… Cette constatation paraît donner raison à Guy Bois, qui voyait dans la fiscalité dite moderne une réponse à la chute de la rente seigneuriale, l'impôt revenant, par des « canaux divers » à la noblesse[12] – à cette importante correction près que ce n'est pas « la » noblesse qui bénéficiait des retombées de la fiscalité publique, mais *des* nobles,

---

11 Marc Boone, « La domesticité d'une grande famille patricienne gantoise d'après le livre de comptes de Simon Borluut (1450-1463) », in *Les niveaux de vie au Moyen Âge. Mesures, perceptions et représentations*, 1999, p. 77-90

12 Guy Bois, « Noblesse et crise des revenus seigneuriaux en France aux XIVe et XVe siècles », in *La Noblesse au Moyen Âge. XIe-XVe siècles*, 1976, p. 219-233.

extraordinairement peu nombreux, ainsi que le suggère l'examen des bénéficiaires des dons et récompenses distribués après la bataille de Guinegatte.

Répondre aux contraintes économiques et financières

Il convient cependant de dépasser le sombre tableau qu'on vient de brosser des capacités d'action de l'État princier. Maximilien et Albert de Saxe, prenant la mesure de ces contraintes, ont su trouver des réponses adaptées, et c'est sans doute là-dessus qu'il nous faut insister. On l'a vu, la guerre est de loin le défi le plus formidable auquel a été confronté l'État bourguignon, car en temps de paix, contrairement à une idée tenace, le domaine princier suffisait en général à l'entretien du prince – à condition bien sûr qu'il n'ait pas été trop entamé par une crise durable, comme ce fut le cas en 1477-1493. L'adage selon lequel « le roi doit vivre du sien » n'a jamais signifié que le prince ne devait pas lever d'impôts ! Il voulait que le prince, en temps ordinaire, se contente de ses revenus propres, et ne touche pas à ceux de ses sujets. En cas de guerre, il allait de soi qu'il avait besoin de leur aide… à condition que la guerre fût considérée comme juste et/ou utile. La guerre visant à remettre en cause le traité d'Arras de 1482 ne l'était assurément pas. Aussi Maximilien eut-il du mal à la financer, et l'on a vu que c'est précisément pour cela qu'il a été amené à accroître dans des proportions inédites la pression fiscale sur la Flandre. Ces contraintes le poussèrent à innover. Sur le plan financier, d'abord, il délégua aux communautés, villes, châtellenies ou principautés, le soin d'emprunter à court terme auprès des banquiers, ou de vendre des rentes garanties par elles, en attendant la levée effective des impositions accordées par les assemblées représentatives. Sur le plan militaire, il recourut massivement aux mercenaires allemands, coûteux, sans doute, mais efficaces, et employables en moins grand nombre que les milices flamandes, pléthoriques, peu maniables, et qu'on ne pouvait garder mobilisées bien longtemps. Comme les rois d'Angleterre, puis, avec un temps de retard, les rois de France pendant la guerre de Cent Ans, il préféra les petites armées professionnelles aux grands osts médiévaux composés principalement d'astreints à un service obligatoire, qui s'évaporaient d'eux-mêmes en quelques semaines, à moins qu'entretemps ils n'aient mordu la poussière en bataille rangée. Maximilien sut ainsi trouver le *military format*[13] le plus efficient, à savoir une organisation militaire offrant le meilleur rapport entre efficacité, coût et loyauté.

Surtout, ces compagnies professionnelles et mercenaires étaient capables de « vivre sur le pays » lorsque le prince n'était plus en mesure de les solder. Elles savaient également moduler leurs effectifs en fonction du contexte politique et des disponibilités financières. En cela, elles étaient infiniment plus souples que les compagnies d'ordonnance que Marie et Maximilien tentèrent de ressusciter en 1477-1482, qui coûtaient les yeux de la tête et que seule la plus grande monarchie

---

13 Samuel E. Finer, « State- and Nation-Building in Europe: the Role of the Military », *in* Charles Tilly (éd.), *The Formation of National States in Westerne Europe*, Princeton, Princeton University Press, « Studies in Political Development », 1975, p. 84-163.

du temps, le royaume de France, avait les moyens de se payer. En somme, l'armée qui opéra aux Pays-Bas entre 1484 et 1493, par ses effectifs, par sa structure, par son fonctionnement, par le profil de ses hommes – et malgré la différence de nationalité, d'armement et de tactiques – fait beaucoup songer à la « première armée permanente anglaise[14] », à savoir la garnison de la Normandie lancastrienne, forte de 2 000 à 5 000 hommes, répartie dans tout le duché à raison de quelques dizaines à quelques centaines d'hommes par place, commandés par des capitaines très réactifs, puisant au besoin dans un vivier de professionnels disponibles pour des opérations ponctuelles, lorsque montait le niveau de la menace. Ce modèle, conforme au pragmatisme médiéval, peut paraître assez éloigné des canons de la modernité, qu'on associe volontiers à l'augmentation plus ou moins contrôlée des effectifs et à l'uniformisation des unités. Il était pourtant parfaitement adapté aux contraintes économiques du temps, et le plus propre à remporter la victoire.

C'est grâce à la supériorité de leur outil militaire qu'Albert de Saxe et Maximilien parvinrent à soumettre les rebelles de Hollande, de Liège, d'Utrecht, de Flandre et de Brabant, et finalement à reconquérir l'Artois. Les rebelles de Flandre ne furent pas en mesure de lui opposer un modèle d'organisation militaire d'une égale efficacité. Ils se révélèrent incapables de répondre à la guerre d'usure imposée par leurs adversaires, et durent finalement capituler. Car il faut bien trouver une explication à leur défaite. Une explication de type gramsciste – les ducs de Bourgogne ont gagné parce que l'idéologie dominante et la sacralisation du pouvoir princier à la fin du Moyen Âge leur auraient assuré l'hégémonie culturelle, ne donnant à leurs adversaires d'autre possibilité que celle de s'y soumettre – ne tient pas. L'école historique flamande a en effet tourné la page de la légende noire des métiers, largement inspirée par les écrits de Henri Pirenne. Le projet politique flamand était cohérent, et profondément en accord avec les valeurs de son temps, faisant de la cité des hommes, même sous un régime monarchique, une communauté d'hommes libres[15]. La confrontation entre Maximilien et la Flandre opposait donc deux idéologies cohérentes, puisées aux mêmes sources, conçues dans un même cadre et avec les mêmes outils intellectuels, et donc d'une égale légitimité. On ne peut dire non plus que Maximilien et Albert de Saxe aient bénéficié d'une vraie supériorité de moyens financiers, surtout en 1488-1489, lorsque tout le système fisco-financier de l'État bourguignon s'était effondré. Les prêts d'Anvers, les subsides de Hainaut et de Zélande, complétés par les revenus personnels d'Albert de Saxe et les recettes des dévaluations monétaires ne suffisaient certes pas à mener des opérations de grande envergure.

La défaite flamande tient donc à des causes politiques et militaires. Politiques d'abord : les villes rebelles ne surent pas choisir entre le modèle de la cité-État, à

---

14 Anne Elizabeth Curry, « The First English Standing Army ? Military Organization in Lancastrian Normandy, 1420-1450 », *in* Charles Derek Ross (éd.), *Patronage, Pedigree and Power in Later Medieval England*, Gloucester, 1979, p. 193-214.

15 Jan Dumolyn et Jelle Haemers, « Les bonnes causes du peuple pour se révolter. Le contrat politique en Flandre médiévale d'après Guillaume Zoete (1488) », *in* François Foronda (dir.), *Avant le contrat social. Le contrat politique dans l'Occident médiéval*, « Histoire ancienne et médiévale », 2011, p. 327-346.

l'italienne, et le modèle, à la hollandaise, d'une fédération de villes capables de faire preuve d'un peu de hauteur de vues et de faire passer l'intérêt commun et à long terme au-dessus des intérêts particuliers et à court terme de chacune d'elle. Si pendant un bref moment, le conseil de régence de 1483-1485 parut avoir imposé une politique fiscale harmonisée, cela ne fut plus du tout le cas en 1488-1489. Tandis que les magistrats d'Ypres, qui avaient rallié la rébellion sans beaucoup de conviction, ne songeaient qu'à briser les métiers à tisser des campagnes, Brugeois et Gantois se disputèrent les personnes de Maximilien et de son entourage. Vis-à-vis de leurs quartiers, Gand et Bruges ne cherchèrent nullement à gagner le soutien de leur quartier mais seulement à asseoir leur domination, la première en privant le Franc de son statut de Membre, la seconde en pratiquant une politique prédatrice, dont témoignent la prise de Courtrai et l'ampleur du prélèvement fiscal sur les petites villes et les châtellenies. Tout aussi maladroite fut la politique des Flamands à l'égard des autres principautés : ils menacent la ville de Mons en 1483-1484, après la capture de leurs ambassadeurs par Lancelot de Berlaymont, et s'en prennent aux Brabançons quelques mois plus tard. Aux États généraux, ils ne cessent de mettre en avant leurs différences, leur particularisme, et leur appartenance au royaume de France.

Il nous semble que la réhabilitation du projet politique flamand – et en effet, on ne peut que juger avec sévérité la politique de Maximilien après 1485 – ne saurait masquer l'incapacité totale dont firent preuve ses partisans à trouver une stratégie capable de leur donner la victoire. En somme, le sentiment de la justesse de leur cause leur tenait lieu de stratégie. À la suite de Molinet, on ne peut qu'admirer la détermination et la ténacité des Gantois, qu'aucune défaite ne vint jamais abattre. Ils y gagnèrent, outre le respect de leurs adversaires, du moins de certains d'entre eux, une paix finale qui leur fut infiniment plus douce qu'à Bruges. Les Gantois furent également les seuls à avoir entretenu des milices capables, sinon de triompher des lansquenets et de la garde de Maximilien, du moins de leur infliger des revers locaux[16]. À nouveau, les Brugeois furent victimes de leurs hésitations. En 1477, ils sont étrillés à Espierres, et renoncent aussitôt à faire usage de leurs milices, préférant subventionner directement des compagnies de gens de guerre. En juin 1488 et en mai 1489, les milices brugeoises ne sortent de chez elles que pour se faire encore écraser, et en 1490, on les voit à nouveau faire appel à des mercenaires pour tenir la place de Damme. Ainsi, sur le plan militaire, malgré leur attachement au modèle classique des communes médiévales, dans lequel les bourgeois assurent eux-mêmes leur défense, les villes rebelles de Flandre et de Brabant, à l'exception notable, mais partielle de Gand, ne purent le mettre à jour des évolutions de l'art de la guerre à la fin du XVᵉ siècle, alors qu'ils avaient le potentiel humain, administratif et technique pour le faire. Albert de Saxe et Maximilien devaient donc dans une large mesure leur victoire à la supériorité de leur modèle militaire, et elle-même tenait en grande partie à l'extraordinaire investissement de la noblesse des Pays-Bas.

---

16 Sur les milices gantoises, voir Jelle HAEMERS et Botho VERBIST, « Het Gentse gemeenteleger in het laatste kwart van de vijftiende eeuw. Een politieke, financiële en militaire analyse van stadsmilities », *Handelingen der Maatschappij voor Geschiedenis en Oudheidkunde te Gent*, 62, 2008, p. 291-326.

Un État de noblesse ?

Ce sont en effet les grands seigneurs de Hainaut, Brabant et Hollande qui contribuèrent de la manière la plus décisive au succès final du roi des Romains. Ils y consacrèrent des sommes très importantes, sans doute très supérieures à celles que purent avancer les marchands-banquiers italiens, à leurs risques et périls. Ils pallièrent dans une large mesure à l'effondrement de l'État de finance en 1488-1489. Pendant toute la période, ils surent répondre aux besoins locaux, en avançant de l'argent et en faisant appel à leurs réseaux. Si le service féodal en tant que tel a entièrement disparu, si les nobles rejettent toute résurrection de l'arrière-ban sous la forme d'une taxe de remplacement ou d'un service en armes obligatoire, les seigneurs sont encore nombreux à répondre volontairement à l'appel des grands officiers du prince pour assurer la défense de proximité. Ils attendent en retour une solde, avancée par leurs capitaines, ou payée par les assemblées représentatives. Ils espèrent surtout que leur protecteur intercédera auprès du prince pour leur obtenir des faveurs, un office ou une pension.

Maximilien et Albert de Saxe s'appuyèrent sur un tout petit groupe de personnages immensément puissants, qui tinrent à bout de bras un État bourguignon riche de ses fidèles plus encore que de ses structures administratives et fiscales. Leurs responsabilités étaient considérables, comme le montre le contraste entre le stathoudérat calamiteux de Wolfart de Borselen et le redressement opéré par ses successeurs, Josse de Lalaing puis Jean d'Egmont. Sans le comte de Nassau et les frères de Berghes en Brabant, ou les Croy en Hainaut, le duc de Saxe aurait-il pu remporter la guerre civile ? Rien n'est moins sûr. Les relations avec la haute noblesse flamande furent beaucoup plus complexes. Si Philippe de Bourgogne-Beveren sut rebondir après son faux-pas de 1483-1485, il le dut surtout à sa naissance et à son mariage avec Anne de Borselen. Il fut à peu près le seul à échapper à la grande purge qui frappa les autres magnats du comté, la chute la plus spectaculaire ayant été celle de Louis de la Gruuthuse. De même, en Flandre wallonne et sur les lisières du Hainaut et de l'Artois, les Luxembourg se maintinrent difficilement et sombrèrent dans une quasi-disgrâce après 1482. L'action des Nassau, des Chièvres ou des Berghes était relayée par des seigneurs de moindre envergure, mais dont le rôle dans la survie de l'Etat bourguignon fut tout aussi déterminant : Daniel de Praet, Denis de Moerbeke et Charles de Saveuse dans le *Westquartier* et en Artois, Jean de Salazar et Robert de Melun en Flandre, Philippe de Contay et Louis de Vaudrey sur tous les fronts.

Le groupe dirigeant se distingue par sa forte cohésion. Sans doute la Cour est-elle partagée entre plusieurs coteries, défendant des lignes politiques différentes, en faveur du roi de France, de l'Angleterre ou de Maximilien. Après le sanglant règlement de comptes de 1477, orchestré par Adolphe de Clèves aux dépens d'Hugonet et d'Humbercourt – qui n'appartenaient ni l'un ni l'autre à la haute noblesse – les grands seigneurs qui soutenaient Marie de Bourgogne et Maximilien furent assez solidaires les uns des autres pour faire taire leurs divisions. Cela ne veut pas dire que ce milieu dominant n'ait pas connu une mutation assez profonde entre 1477 et 1506. Outre l'éviction de la noblesse flamande, il faut signaler le relatif effacement de la noblesse de service. Parmi ceux qui devaient leur fortune à la Cour de Bourgogne, seuls les

CONCLUSION GÉNÉRALE **477**

Croy parvinrent à se hisser dans le groupe des magnats. Le fils du chancelier Rolin, Antoine, seigneur d'Aymeries, occupait en Hainaut une position enviable, en tant que grand bailli, mais relativement secondaire par rapport aux Croy. Le groupe des militaires de carrière, apparu à la fin du règne de Charles le Téméraire, souffrit de la disparition des compagnies d'ordonnance. Les exploits de Salazar, Louis de Vaudrey ou Charles de Saveuse remplissent les pages des chroniques de Molinet, leur assurant une *fama* des plus durables, mais aucun d'eux ne participa au gouvernement de l'État bourguignon. Le pouvoir se concentra donc en quelques mains expertes, avec le soutien des spécialistes des finances, qui tendirent également à former un groupe de plus en plus restreint. La multiplication des receveurs des aides en 1500/1501 s'accompagna de leur marginalisation. Cette réforme est contemporaine de la mutation de la direction des finances, accaparée par quelques grands seigneurs et trésoriers-commis. En 1499, cers derniers furent tous remplacés par le tout-puissant Jérôme Lauwerin, également receveur des aides de Flandre[17].

Pour autant, le poids des grands seigneurs au sein de l'hôtel et de la Cour de Bourgogne n'avait jamais été aussi grand. Ces seigneurs étaient des puissances financières indépendantes de l'État bourguignon, grâce à leur richesse foncière, même si celle-ci ne se traduisait pas par l'existence de grands fiefs autonomes et menaçant l'unité des pays de par-deçà. Encore qu'ils aient réclamé pour leurs terres de grands privilèges. En 1495, lorsque fut levée l'aide destinée à financer la campagne du margrave de Bade contre le seigneur de Sedan, les sujets luxembourgeois du comte de Nassau, domiciliés dans le comté de Vianden et dans ses autres fiefs, refusèrent d'y contribuer. Ils étaient au nombre de 1 393 feux, et représentaient alors plus de 10 % de la population du duché[18]. De même, lorsque la seigneurie d'Egmont fut érigée au rang de comté, ses habitants y gagnèrent une exemption totale d'impôts. En 1496-1497, cette exemption diminua de 870 l. la recette de l'aide accordée par la Hollande pour la réception de Philippe le Beau, soit 1,3 % de la recette totale[19]. Ce ne sont pas là d'énormes fiefs. Pourtant, les comtes de Nassau et d'Egmont étaient en mesure d'en tirer des dizaines de milliers de livres le cas échéant – ce qui, soit dit en passant, invite à relativiser la crise de la seigneurie à la fin du Moyen Âge. À tout prendre, les grands seigneurs néerlandais étaient plus indépendants du prince que pouvait l'être le duc de Bourbon à l'égard d'un roi de France qui lui fournissait plus de la moitié de ses revenus, par le biais des pensions et des gages associés aux grands offices qu'il occupait.

L'État burgondo-habsbourgeois est donc un État princier « néo-féodal », en ce sens qu'il reste féodal dans son esprit, même s'il ne l'est évidemment plus dans ses formes extérieures. La clé de la réussite réside toujours dans la capacité du prince à fédérer autour de lui les principaux représentants de la noblesse et à susciter leur

---

17 L'administration des finances, leur direction et le milieu des officiers de finance au tournant du xve et du xvie siècles seront examinés en détail dans un ouvrage en préparation sur les finances des Pays-Bas bourguignons sous le règne de Philippe le Beau (1494-1506).

18 1 393 feux sur 13 814 (AGR, CC, reg. 15906, compte de cette aide par Gilles de Busleyden).

19 NA, Chambre des comptes de La Haye, reg. 3402, 7e compte de Thomas Beuckelaere de l'aide de 120 000 *clinkaerts*.

dévouement. Les villes forment des points de concentration de richesses considérables, mais difficilement exploitables. Même les villes les plus loyales au prince, telle Lille, sont réticentes à s'endetter pour son compte. Chaque vente de rentes fait l'objet d'une négociation complexe ; lorsqu'il s'agit de faire entrer une garnison, il faut dépêcher une ambassade. Les élections échevinales font l'objet d'un contrôle de plus en plus étroit de la part du prince ; c'est d'ailleurs le résultat le plus concret obtenu par Albert de Saxe à l'issue de la guerre civile. Pourtant, l'intégration des villes à l'État est encore peu avancée, notamment par rapport à la France, où les officiers du roi commencent à peupler les corps de ville et à y supplanter la bourgeoisie marchande. La semi-dictature de P. Lanchals à Bruges, entre 1485 et 1487, fut en définitive sans lendemain, comme furent également sans lendemain, en sens inverse, les tentatives des villes de Flandre en vue de prendre le contrôle du conseil du prince et de ses institutions financières.

La mise en place d'une fiscalité permanente dans les faits, sinon en droit, tendit même à réduire le rôle des marchands-banquiers, beaucoup plus puissants dans le cadre du *domain state*. Il était fini, le temps où une poignée de financiers pouvait faire main basse sur l'ensemble des revenus ordinaires pendant plusieurs années. Sans doute les officiers de finance jouent-ils un rôle de médiateur entre les villes et le prince. Celui-ci est en définitive assez restreint, car l'ampleur des avances et des emprunts dont le prince peut espérer disposer dépend avant tout du volume des aides et subsides accordés par les assemblées représentatives. Ce n'est pas grâce aux villes ou au capitalisme naissant que Maximilien et Albert de Saxe ont fini par l'emporter, pas plus que Charles VII n'en a eu besoin pour refonder l'État royal dans les années 1430. Jacques Cœur est venu après Jeanne d'Arc, mettant ses ressources au service d'une cause qui avait déjà gagné. Autrement dit, l'union du capital symbolique accumulé par la monarchie capétienne et du capital militaire de la noblesse, a précédé le capital financier. Le développement de l'État princier n'est nullement le fruit de l'essor de la bourgeoisie et de l'économie marchande. Il résulte de la faculté des princes et de leurs noblesses à s'adapter à un environnement nouveau, à une société plus mobile, plus diversifiée, techniquement plus avancée, mais dont les ressorts profonds sont demeurés les mêmes.

ANNEXE I

Aides et compositions levées en Flandre

Nota : la méthodologie employée pour estimer la recette nette des aides, subsides et compositions levés en Flandre est exposée au chapitre premier (*supra*, p. 98-100). En cas d'incertitude, les contributions des villes et châtellenies sont composées en italique ; les nombres indiqués résultent alors d'hypothèses fondées sur le contexte politique ou général (par exemple, le paiement effectif des échéances précédentes ou suivantes d'une aide pluriannuelle). Les dates des quittances du receveur des aides sont indiquées, à chaque fois qu'elles sont mentionnées dans les comptes.

Aide n° 1 : levée de gens de guerre d'avril à septembre 1477					
Districts / villes	Assiette de 1408	Portion théorique	Rabais / impayés en %	Rabais / impayés	Montant acquitté	Référence
Ville de Courtrai	1,25%				1 740	Solde de 40, puis 124 combattants levés par la ville (AGR, reg. 33223, fol. 102v-103v)
Extrapolation aux trois quartiers, hors Membres					86 582	
Ypres	8,58%				?	
Bruges	15,71%				20 000	La ville de Bruges a engagé environ 20 000 l. pour ses dépenses de guerre d'avril à août (AGR, CC, reg. 32529, fol. 144v-150v)
Gand	13,78%				11 595	W. Ryckbosch, *Tussen Gavere en Cadzand…*, annexe O, p. 332
Total Membres					31 595	
Total					**118 177**	Estimation retenue : 110 000 l. à 130 000 l. pour toute la Flandre

Aide n° 2 : aide de 2 000 combattants à pied et 2 000 combattants à cheval pour un mois (octobre 1477), levée dans les quartiers de Bruges et de Gand						
Districts / villes	Assiette de 1408	Portion théorique	Rabais / impayés en %	Rabais / impayés	Montant acquitté	Référence
Courtrai	1,25%	225	12,00%	27	198	Comptant, sur leur portion (AGR, reg. 33224, fol. 103v)
Franc de Bruges	11,90%	2 142	0,00%	0	3 211	Comptant, somme versée au trésorier de Bruges (AGR, reg. 42588, fol. 26v)
Total échantillon	13,15%	2 367			3 409	
Extrapolation à l'ensemble des petites villes et châtellenies des quartiers de Bruges et de Gand, hors Membres					13 740	
Ypres	8,58%	1 544	0,00%	0	0	Refus d'y contribuer (*Handelingen ...*, t. I, p. 28-30)
Bruges	15,71%	2 828	0,00%	0	13 426	Comptant, pour le seigneur de Zottegem (AGR, CC, reg. 32529, fol. 151r)
Gand	13,78%	2 480	0,00%	0	2 480	Registre manquant. Par défaut
Total Membres					15 906	
Total = Extrapolation châtellenies et petites villes + contributions des Membres					29 646	Estimation retenue : 20 000 l. à 30 000 l. ; la contribution excédentaire du Franc de Bruges n'est peut-être pas représentative ; la contribution de Bruges correspond peut-être à celle de tout le quartier.

Aide n° 3 : aide de 127 000 *ridders* (1478)						
Districts / villes	Assiette de 1408	Portion théorique	Rabais / impayés en %	Rabais / impayés	Montant acquitté	Référence
Châtellenie d'Ypres	2,20%	3 353	8,33%	279	3 073	Remise du quart de la portion de la châtellenie pour le terme de mai 1478 (AGR, reg. 44303, fol. 6v-7r ; 8v-9r)
Châtellenie de Courtrai	4,34%	6 614	40,00%	2 646	3 966	Comptant, avec un rabais de 40%, par quittances des 8 janvier, 8 mai et 8 septembre 1478 (AGR, reg. 42932, fol. 25r, 42v et 70r)
Châtellenie d'Audenarde	1,10%	1 676	0,00%	0	1 676	Rabais de 40% sur l'assiette répartie sur les paroisses (AGR, reg. 41912, fol. 1v, 2v, 3v), mais la châtellenie paye cependant l'intégralité de sa portion aux Gantois (*ibid.*, fol. 15v, 19v, 23v)
Courtrai	1,25%	1 905	0,00%	0	1 905	Comptant (AGR, reg. 33224, fol. 35v)
Franc de Bruges	11,90%	18 136	0,00%	0	18 142	Comptant (AGR, reg. 42588, fol. 25v-26r)
Total échantillon	20,79%	31 684			28 763	
Extrapolation à l'ensemble des petites villes et châtellenies					86 053	
Ypres	8,58%	13 076	50,00%	6 538	6 538	Comptant (AGR, reg. 38702, fol. 62v, 64r (quittance du 3 juillet), 65r (quittance du 2 octobre))
Bruges	15,71%	23 942	0,00%	0	23 942	Comptant (reg. 32530, fol. 130r et AGR, reg. 32531, fol. 152v-153r)

Aide n° 3 (suite): aide de 127 000 *ridders* (1478)						
Districts / villes	Assiette de 1408	Portion théorique	Rabais / impayés en %	Rabais / impayés	Montant acquitté	Référence
Gand	13,78%	21 001	0,00%	0	21 001	W. Ryckbosch, *Tussen Gavere en Cadzand…*, annexe O, p. 332 [le compte de 1478-1479 a été perdu, mais celui de 1477-1478 fait apparaître que Gand s'est bien acquittée de sa quote-part des deux premiers termes de cette aide]
Total Membres	38,07%	58 019			51 481	
Total = Extrapolation châtellenies et petites villes + contributions des Membres					**137 534**	
Total rabais recensés				9 463		
Montant maximum levé = montant théorique – rabais attestés				**142 937**		

Aide n° 4 : 5 000 combattants par mois pendant 4 mois (1478)					
Districts / villes	Assiette de 1408	Portion théorique	Rabais / impayés en %	Rabais / impayés	Montant acquitté	Référence
Châtellenie d'Ypres	2,20%	1 980	0,00%	0	1 980	Comptant (AGR, reg. 44303, fol. 9v-10r)
Châtellenie de Courtrai	4,34%	3 906	0,00%	0	842	842 l. payées comptant à Jean de Dadizeele (AGR, reg. 42932, fol. 4v-7r, 42v, 46v, 70v). Le reste payé directement aux soldats ?
Châtellenie d'Audenarde	1,10%	990	40,20%	398	592	Seulement 591,5 l. payées aux Gantois (AGR, CC, reg. 41912, fol. 22r), soit plus que le rabais consenti en théorie, limité à 15 hommes sur les 55 de la portion de la châtellenie (*ibid.*, fol. 2r, 3r-v)
Courtrai	1,25%	1 125	0,00%	0	1 430	370 l. payées comptant à Jean de Dadizeele, et 1 060 l. payées aux gens de guerre fournis par Courtrai de février à juillet 1478 (AGR, reg. 33224, fol. 80r-v), et encore 192 l. 10 s. payées à Jean de Dadizeele sur le plein paiement de l'aide en 1479 (reg. 33225, fol. 50r)
Franc de Bruges	11,90%	10 710	0,00%	0	10 400	AGR, reg. 42588, fol. 26v-27r
Total échantillon	20,79%	18 711			15 244	
Extrapolation à l'ensemble des petites villes et châtellenies					45 606	

Aide n° 4 (suite): 5 000 combattants par mois pendant 4 mois (1478)						
Districts / villes	Assiette de 1408	Portion théorique	Rabais / impayés	Rabais / impayés	Montant acquitté	Référence
Ypres	8,58%	7 722	81,00%	6 255	1 464	Portion d'Ypres fixée à 80 hommes sur 5 000, soit 1,60 % (AGR, reg. 38702, fol. 62r et 63v)
Bruges	15,71%	14 139	0,00%		5 848	Dépenses de guerre pour l'année 1478 : 5 848 l. (AGR, reg. 32530, fol. 155r-161v). Ces dépenses paraissent partielles, ne concernant que les gages de quelques dizaines de couleuvriniers envoyés sur les frontières, les gages de Louis de La Gruuthuse et de son fils en tant que capitaines de la ville, et des frais d'artillerie.
Gand	13,78%	12 402	0,00%	0	12 402	Registre manquant. Par défaut
Total Membres					19 714	
Total = Extrapolation châtellenies et petites villes + contributions des Membres					65 320	
Total rabais recensés				6 653		
Montant maximum levé = montant théorique – rabais attestés				83 347		

Aide n° 5 : 2ᵉ année de l'aide de 127 000 *ridders*, 1ᵉʳ terme (janvier 1479)					
Districts / villes	Assiette de 1408	Portion théorique	Rabais / impayés en %	Rabais / impayés	Montant acquitté	Référence
Châtellenie d'Ypres	2,20%	1 118	0,00%	0	1 118	Comptant (AGR, reg. 44303, fol. 9r)
Châtellenie de Courtrai	4,34%	2 205	40,00%	882	1 323	Comptant, quittance du 6 janvier 1479 (AGR, reg. 42932, fol. 84r)
Châtellenie d'Audenarde	1,10%	559	0,00%	0	559	Rabais de 40% sur l'assiette répartie sur les paroisses (AGR, reg. 41912, fol. 4r), mais la châtellenie paye malgré tout l'intégralité de sa portion aux Gantois (*ibid.*, fol. 38r)
Courtrai	1,25%	635	0,00%	0	635	Comptant (AGR, reg. 33225, fol. 35v)
Franc de Bruges	11,90%	6 045	0,00%	0	6 047	Comptant (AGR, reg. 42589, fol. 146v)
Total échantillon	20,79%	10 561			9 681	
Extrapolation à l'ensemble des petites villes et châtellenies					28 965	
Ypres	8,58%	4 359	50,00%	2 179	2 179	Comptant, quittance du 6 janvier (AGR, reg. 38703, fol. 72v)
Bruges	15,71%	7 981	0,00%	0	7 981	Comptant, quittance du 8 décembre 1478 (AGR, reg. 32531, fol. 152v-153r)
Gand	13,78%	7 000	0,00%	0	*7 000*	Registre manquant. Par défaut
Total Membres					17 160	
Total (chât. + Membres)					**46 125**	
Total rabais recensés				3 061		
Montant maximum				**47 739**		

Aide n° 6 : 96 000 et 100 000 *ridders* pour la solde des combattants des campagnes de Guinegatte et d'octobre 1479				
Districts / villes	Assiette de 1408	Portion théorique	Montant acquitté	Référence
Châtellenie d'Ypres	2,20%	5 174	8 569	Mise à part une avance de 700 couronnes, tout l'argent a servi à payer directement soit le contingent de la châtellenie, en juillet et en octobre, soit les garnisons. Les soldats de de la châtellenie ont été payés pour une durée de quatre à six semaines en juillet, 15 jours en octobre, et encore en plusieurs autres occasions pour la protection des frontières, non précisées en détail (AGR, CC, reg. 44303, fol. 11r et 81v-84v).
Châtellenie de Courtrai	4,34%	10 208	11 812	La châtellenie se voit asseoir une aide de 254 000 *ridders* à payer en six termes mensuels. Elle lève trois termes sur six, avec un rabais de 40% (AGR, CC, reg. 42932, fol. 9r-11v), dont le montant est versé comptant au receveur commis dans le quartier de Gand (*ibid.*, fol. 101r, 111r-v, 122v, par quittances du 1er mai, 10 juillet et 8 septembre) – l'énormité de l'assiette faisant plus que compenser le rabais et les trois termes manquants. Elle paye également sa part de l'aide de 100 000 *ridders*, sans rabais (*ibid.*, fol. 155v-156v).
Châtellenie d'Audenarde	1,10%	2 587	3 167	Sept assiettes (AGR, CC, reg. 41912, fol. 4v-7v), et quatre règlements comptants, dont deux de 198 l. en mars et mai, un de 396 l. en juin, et un de 3 793 l., entre les mains des Gantois (*ibid.*, fol. 39v, 40v, 41v, 44v) pour le solde de ces aides et celles de 1480, ce qui correspond exactement à l'intégralité des quotes-parts théoriques, augmentées de 580 l. pour les soldes de 130 hommes pendant 15 jours (*ibid.*, fol. 7v), ordonnés par les Gantois le 30 septembre 1479. Ce subside complémentaire est ajouté ici à la quote-part de la châtellenie des aides de 96 000 et 100 000 *ridders*.
Courtrai	1,25%	2 940	1 708	Courtrai paye un 2e terme de l'aide de 127 000 *ridders* pour les 7 000 hommes (635 l.), ainsi que 611,25 l. pour son reste de l'aide de 100 000 couronnes, 402 l. pour les aubergistes de Courtrai qui avaient logé des Gantois en garnison à Courtrai, ainsi que 59,5 l. pour les soldats envoyés à l'armée au nom de la ville, à raison d'un gros par jour (AGR, CC, reg. 33225, fol. 35v, 54r-v).
Franc de Bruges	11,90%	27 989	39 950	Dont un peu plus de 22 000 l. payées à Jan Nutin, pour la part du Franc de l'aide de 7 000 combattants d'avril à septembre, et 6 047 l. payées aux Brugeois en décembre 1479/février 1480. Le reste a servi à payer les soldes du contingent du Franc pour un peu plus d'un mois à chaque fois (830 hommes au premier voyage, 740 au second, AGR, CC, reg. 42589, fol. 147r-149r, reg. 42590, fol. 122r-136r, 146r-148r, 150r-155v).

Aide n° 6 (suite): 96 000 et 100 000 *ridders* pour la solde des combattants des campagnes de Guinegatte et d'octobre 1479				
Districts / villes	Assiette de 1408	Portion théorique	Montant acquitté	Référence
Total échantillon	20,79%		65 205	
Extrapolation hors Membres			195 083	
Ypres	8,58%	20 180	12 313	Un peu plus de 9 033 l. ont été versées aux gens de guerre de l'ordonnance et aux Allemands en garnison à Ypres, 2 680 l. au receveur de l'artillerie, et encore 600 l. en avance sur la première aide à accorder au receveur général des finances (AGR, CC, reg. 38703, fol. 84v-85r)
Bruges	15,71%	36 950	*18 000*	8 090 l. de mai à août 1479 (AGR, reg. 32531, fol. 180v-181r), 23 904 l. pour la guerre en 1479-1480, correspondant à la fin de l'aide de 100 000 couronnes accordée après Guinegatte ; aux frais engagés pour la protection d'Aire et Saint-Omer ; à l'entretien de 2 000 gens de pied de janvier à mars 1480 (voir aide n° 7), auxquels ceux de Bruges ont rajouté 500 hommes de cheval ; au début de l'aide de 6 000 gens de guerre pour l'été (voir aide n° 9), y compris l'équipement de navires de guerre pour protéger les pêcheurs de hareng, dont deux équipés par Bruges (reg. 32532, fol. 171r-v). Par soustraction, on estime donc à 20 000 l. la contribution de Bruges au titre de cette aide et de l'aide n° 9. On a arbitrairement attribué 10 000 l. à chacune de ces aides, et ajouté pour celle-ci les 8 090 l. dépensées de mai à août 1479.
Gand	13,78%	32 411	*32 411*	W. Ryckbosch, *Tussen Gavere en Cadzand…*, annexe O, p. 332 [Le compte de 1478-1479 a été perdu ; celui de 1479-1480 fait apparaître une dépense de 9 541 l. pour les subsides versés au prince à la fin de l'année 1479.]
Total Membres			62 724	
Total (Membres + extrapolation hors Membres)			**257 808**	Estimation retenue : 260 000 l. pour toute la Flandre

Aide n° 7 : aide pour la solde de 2 000 hommes par mois pendant trois mois, de janvier à mars 1480, à 3 s. par jour et par homme (22 500 écus)					
Circonscriptions	Assiette de 1408	Portion théorique	Rabais / impayés en %	Rabais / impayés	Montant acquitté	Références
Quartier de Gand	39,34%				0	Compris dans l'aide des 15 000 couronnes par mois pendant sept mois (voir aide n° 8)
Quartier de Bruges	43,29%	11 688	20,24%	2 365	9 323	État des sommes versées par Bruges pour son quartier entre 1478 et 1480 (ADN, B 3519, n° 124379). Viennent en déduction la portion de L'Écluse et de Dixmude, et les restes dus par le Franc et d'autres villes.
Quartier d'Ypres	17,38%	4 693	56,85%	2 668	2 500	Portion limitée à 150 hommes pour le quartier. Ypres a payé 1 150 l. pour sa part de 150 hommes pendant trois mois et demi (AGR, reg. 38704, fol. 85v-86r) et la châtellenie d'Ypres 495 l. pour sa portion des 150 hommes, établie à 22 hommes, pour cinq mois (AGR, reg. 44304, fol. 8v).
Total	100,01%				11 823	

Aide n° 8 : aide levée sur le quartier de Gand pour sa protection en 1480 (soit sa quote-part de 15 000 couronnes par mois pendant sept mois)					
Circonscriptions	Assiette de 1408	Portion théorique	Rabais / impayés en %	Rabais / impayés	Montant acquitté	Références
Châtellenie d'Audenarde	1,10%	1 386	0,00%	0	1 386	Total de 4 585 l. payées entre les mains des Gantois en 1479 et 1480 (*ibid.*, fol. 39v, 40v, 41v, 44v), pour les aides de 96 000 et 100 000 *ridders* accordées en 1479 (voir aide n° 6) et celle-ci, ainsi que pour une levée de 130 hommes pendant 15 jours en octobre 1479, ce qui correspond exactement à l'intégralité des quotes-parts théoriques de chacune de ces contributions (*ibid.*, fol. 7v)
Courtrai	1,25%	1 575	0,00%	0	1 575	Payé comptant à Joos van Nieuwenhuis, commis par Gand à faire la recette de cette aide (AGR, reg. 33226, fol. 51r-v)
Total échantillon	2,35%				2 961	
Extrapolation au quartier de Gand					32 206	
Gand	13,78%	17 363	0,00%	0	*0*	Wouter Ryckbosch, *Tussen Gavere en Cadzand…*, p. 45 et 332 (compte tenu à part ?)
Total = Extrapolation châtellenies et petites villes + contribution de Gand					32 206	
Maximum (total théorique – rabais attestés)				**49 570**		

Aide n° 9 : aide levée sur les quartiers d'Ypres et de Bruges pour la guerre en 1480 (soit leur quote-part de 200 000 couronnes sur la Flandre, à lever en cinq mois, dont le cinquième a finalement été supprimé)						
Circonscriptions	Assiette de 1408	Portion théorique	Rabais / impayés en %	Rabais / impayés	Montant acquitté	Référence
Châtellenie d'Ypres	2,20%	4 224	0,00%	0	4 224	Payé comptant, pour 4 mois sur 5 (AGR, reg. 44304, fol. 9r-v)
Franc de Bruges	11,90%	22 848	0,00%	0	22 851	Portion du Franc fixée à 22 851 l. (AGR, reg. 42591, fol. 176v) : 18 489 l. payées comptant aux commissaires brugeois (AGR, reg. 42590, fol. 155r-v et reg. 42591, fol. 176v), le reste pour d'autres dépenses exécutées sur l'ordre de ces commissaires, dont 619 l. payées à des charretiers envoyés en Luxembourg (AGR, reg. 42590, fol. 150v-156v, reg. 42591, fol. 174r-180v)
Ypres	8,58%	16 474	89,00%	14 662	1 818	Comptant (AGR, reg. 38704, fol. 90v) / 2 100 écus versés par Ypres d'après un état de la Chambre des comptes de Lille (voir *infra*)
Bruges	15,71%	30 163	10,00%	3 000	27 000	7 921 l. pour la fin de cette aide sur le compte de 1480-1481 (AGR, CC, reg. 32533, fol. 185r), et environ 10 000 l. sur les 23 904 l. inscrites en dépenses de guerre globales pour le compte précédent (voir aide n° 6). S'y ajoutent encore 6 920 l. de reste sur cette aide, réglées en 1482 (ADN, B 2124, fol. 29r).

L'état dressé par la Chambre des comptes de Lille des sommes levées entre 1478 et 1480 sur les quartiers d'Ypres et de Bruges indique que les commissaires ont levé et dépensé 80 413 écus, soit **96 496 l.** (ADN, B 3519, n° 124379). Les maîtres des comptes constatent un manque de 15 587 écus sur les 96 000 écus théoriquement dus (18 704 l.), ce qui correspond à peu près au défaut constaté pour Ypres et au déficit estimé de la contribution de Bruges, après avoir pris en compte les 6 920 l. payées en 1481.

Aide n° 10 : 21 166 couronnes pour le paiement des gens de guerre (printemps 1481)					
Circonscriptions	Assiette de 1408	Portion théorique	Rabais / impayés en %	Rabais / impayés	Montant acquitté	Référence
Châtellenie d'Ypres	2,20%	559	10,55%	59	500	Comptant, en tant moins de leur portion de cette aide (AGR, reg. 44304, fol. 9v)
Châtellenie d'Audenarde	1,10%	279	0,00%	0	279	Comptant (AGR, reg. 41913, fol. 6r)
Courtrai	1,25%	318	0,00%	0	318	Comptant (AGR, reg. 33227, fol. 42r)
Franc de Bruges	11,90%	3 023	15,50%	469	2 554	1 794 l. payées comptant au commis à tenir la recette de cette aide, le reste en achat d'armes ou aux capitaines et gens de guerre chargés de la protection du Franc, ou en prêt de charroi pour le Luxembourg (AGR, reg. 42591, fol. 174r-180v)
Total échantillon	16,45%				3 651	
Extrapolation hors Membres					13 805	
Ypres	8,58%	2 179	100,00%	2 179	0	Aucun paiement au titre de cette aide (AGR, reg. 38705)
Bruges	15,71%	3 990	0,00%	0	3 991	Comptant (AGR, CC, reg. 32533, fol. 185r)
Gand	13,78%	3 500	0,00%	0	0	Wouter Ryckbosch, *Tussen Gavere en Cadzand...*, p. 45 et 332 (compte tenu à part ?)
Total Membres					3 991	
Total = Châtellenies + Membres					**17 796**	
Total rabais recensés				2 707		
Maximum levé (- rabais attestés)			**26 692**			

Aide n° 11 : Aide levée sur le quartier de Gand, correspondant à sa quote-part de 20 000 couronnes sur la Flandre, octobre 1481						
Circonscriptions	Assiette de 1408	Portion théorique	Rabais / impayés en %	Rabais / impayés	Montant acquitté	Référence
Châtellenie d'Audenarde	1,10%	264	0,00%	0	264	Comptant (AGR, reg. 41912, fol. 9r)
Courtrai	1,25%	300	0,00%	0	300	Comptant (AGR, reg. 33227, fol. 42r)
Total échantillon	2,35%	564			564	
Extrapolation quartier de Gand					**6 134**	
Gand	13,78%	3 307	0,00%	0	*0*	Wouter Ryckbosch, *Tussen Gavere en Cadzand…*, p. 45 et 332 (compte tenu à part ?)
Maximum levé (- rabais attestés)				**9 441**		

Aide n° 12 : avances et dépenses de guerre des quartiers d'Ypres et Bruges (octobre-décembre 1481)						
Circonscriptions	Assiette de 1408	Portion théorique	Rabais / impayés en %	Rabais / impayés	Montant acquitté	Référence
Châtellenie d'Ypres	2,20%				1 500	Comptant, par manière de prêt sur la première aide (AGR, reg. 44304, fol. 10r)
Franc de Bruges	11,90%				7 990	6 218 l. d'avance comptant (AGR, CC, reg. 42592, fol. 6v-9v), et 1 772 l. pour la solde de 130 hommes pendant trois mois (AGR, CC, reg. 42592, fol. 10r-11v)
Total échantillon	14,10%				9 490	
Extrapolation aux quartiers d'Ypres et de Bruges					24 479	
Ypres	8,58%				1 244	Pour la solde de gens de guerre payés directement par la ville (AGR, reg. 38705, fol. 89v et 93v-94v)
Bruges	15,71%				3 000	23 940 l. inscrites en dépense pour la guerre en 1481-1482 (AGR, CC, reg. 32534, fol. 178r-v), dont on soustrait la part de Bruges de l'avance de 12 000 l. faite en 1482 par Bruges et le Franc, soit 6 960 l. (voir aide n° 13), les 7 200 l. pour l'avance sur l'aide de 75 000 couronnes accordée en janvier 1482 (ADN, B 6773, fol. 1v) et le paiement de 6 920 l. pour les arriérés de l'aide de 200 000 couronnes accordée en 1480 (ADN, B 2124, fol. 29r)
Total Membres					4 244	
Total = Extrapolation châtellenies et petites villes + Bruges et Ypres					28 723	Estimation retenue : 25 000 l. à 30 000 l. pour les quartiers d'Ypres et de Bruges

Aide n° 13 : aide de 21 166 couronnes et autres avances pour la protection du comté (printemps 1482)						
Circonscriptions	Assiette de 1408	Portion théorique	Rabais / impayés en %	Rabais / impayés	Montant acquitté	Référence
Châtellenie d'Ypres	2,20%	559	0,00%	0	800	Nombreuses mentions de paiement de gens de guerre levés dans les paroisses de la châtellenie pour sa défense, pour un total d'environ 800 l. du 26 mars au 8 avril 1482 (AGR, CC, reg. 44305, fol. 9r-15r)
Châtellenie de Furnes	4,55%	1 156	0,00%	0	1 156	Comptant (AGR, CC, reg. 43181, fol. 7r)
Châtellenie de Courtrai	4,34%	1 102	0,00%	0	1 102	Comptant, par quittance du 30 mai 1482 (AGR, CC, reg. 42933, fol. 65v)
Termonde	0,75%	191	0,00%	0	191	Comptant (AGR, CC, reg. 38047, fol. 96v)
Châtellenie d'Audenarde	1,10%	279	0,00%	0	279	Comptant (AGR, CC, reg. 41913, fol. 13v)
Courtrai	1,25%	318	0,00%	0	318	Comptant (AGR, CC, reg. 33228, fol. 51r)
Total échantillon	14,19%				3 846	
Extrapolation hors Membres et hors Franc de Bruges					13 632	
Ypres	8,58%	2 179	100,00%	0	0	Aucun paiement au titre de cette aide (AGR, CC, reg. 38706)
Franc de Bruges	11,90%	3 023	0,00%	0	6 340	12 000 l. avancées au début de 1482 par Bruges et le Franc, dont 5 040 l. à la charge du Franc, puis 1 300 l. avancées par le Franc au cours du premier trimestre 1482, le tout à déduire des premières aides à accorder (AGR, CC, reg. 42592, fol. 6v-7r)

Aide n° 13 (suite): aide de 21 166 couronnes et autres avances pour la protection du comté (printemps 1482)						
Circonscriptions	Assiette de 1408	Portion théorique	Rabais / impayés en %	Rabais / impayés	Montant acquitté	Référence
Bruges	15,71%	3 990	0,00%	0	10 950	Comptant (AGR, CC, reg. 32534, fol. 178r-v) ; on y ajoute la part de Bruges de l'avance de 12 000 l. mentionnée ci-dessus, soit 6 960 l.
Gand	13,78%	3 500	0,00%	0	*0*	Wouter Ryckbosch, *Tussen Gavere en Cadzand...*, p. 45 et 332 (compte tenu à part ?)
Total Membres					20 290	
Total = Extrapolation châtellenies et petites villes + contributions des Membres					**33 922**	
Total rabais recensés				0		
Maximum (total théorique – rabais attestés)				**37 422**		Soit 25 400 l. (aide de 21 166 couronnes) + avances du Franc et de Bruges

	Aide n° 14 : aides levées sur le quartier de Gand à l'été et à l'automne 1482, correspondant à sa quote-part de 60 000, puis 120 000 couronnes sur la Flandre					
Circonscriptions	Assiette de 1408	Portion théorique	Rabais / impayés en %	Rabais / impayés	Montant acquitté	Référence
Châtellenie de Courtrai	4,34%	9 374	0,00%	0	9 374	Comptant, par quittances du 11 avril 1483 et du 13 décembre 1483 (AGR, CC, reg. 42933, fol. 66r-v)
Châtellenie d'Audenarde	1,10%	2 376	0,00%	0	2 376	Comptant (AGR, CC, reg. 41913, fol. 15r et 19v)
Termonde	0,75%	1 080	0,00%	0	1 080	Comptant (AGR, CC, reg. 38048, fol. 96r et reg. 38049, fol. 99r-v). Pour les 120 000 couronnes, 637 l. 10 s. payées par la ville, le reste par les métiers : « [...] onse portie drouch int geheele hondert tachtentich pondt groote, waer af dat de neeringhen hebben betaelt in mindernessen 67 persoonen elken een pont gr. [...] »
Courtrai	1,25%	2 700	33,33%	891	1 809	La ville de Courtrai ne contribue pas à l'aide de 60 000 couronnes (AGR, CC, reg. 33228, fol. 51v)
Total échantillon	7,44%				14 639	
Quartier de Gand					**50 372**	
Gand	13,78%	29 765	0,00%	0	0	Wouter Ryckbosch, *Tussen Gavere en Cadzand...*, p. 45 et 332 (compte tenu à part ?)
Total rabais recensés				891		
Maximum levé (- rabais attestés)				**84 083**		

					Aide n° 15 : aide levée sur les quartiers de Bruges et d'Ypres à l'été et à l'automne 1482, correspondant à leur quote-part de 240 000 couronnes sur la Flandre	
Circonscriptions	Assiette de 1408	Portion théorique	Rabais / impayés en %	Rabais / impayés	Montant acquitté	Référence
Châtellenie d'Ypres	2,20%	6 336	0,00%		6 300	Solde de gens de guerre (environ 6 300 l. dépensées de la mi-avril à novembre 1482, AGR, CC, reg. 44305, fol. 16r-25v et 44306, fol. 10r-16v)
Châtellenie de Furnes	4,55%	13 104	54,40%	7 128	5 976	1 044 l. payées à 580 hommes pour le voyage de Poperinge, 12 jours à 3 s. par jour ; le reste comptant (564 l. 7 s., sur leur portion de 60 000 couronnes, 4 368 l. pour le premier terme de l'aide de 240 000 couronnes, AGR, CC, reg. 43181, fol. 7v-8v)
Franc de Bruges	11,90%	34 272	0,00%	0	34 352	5 947 l. payées pour l'entretien de 1 000 sergents à Poperinge pendant 5 semaines (AGR, CC, reg. 42593, fol. 89r-91v), 7 251 l. payées pour deux aides de 21 166 couronnes et de 60 000 couronnes (*ibid.*, fol. 93r), 1 200 l. sur ce qu'ils peuvent encore devoir à cause des aides pour la guerre (*ibid.*, fol. 93v), 2 110 l. pour une avance sur la première aide à accorder (*ibid.*, fol. 94r), puis encore 16 735 l. payées comptant pour l'aide de 240 000 couronnes (reg. 42594, fol. 108r : 22 313 l., dont il faut déduire un quart, pour un rabais accordé sur le 2e terme, qui figure en recette (*ibid.*, fol. 105v)), 1 109 l. pour diverses mobilisations à la suite de diverses alertes (reg. 42593, fol. 94v-96v)
Total échantillon	18,65%				46 628	
Extrapolation quartiers d'Ypres et de Bruges					90 930	

Circonscriptions	Assiette de 1408	Portion théorique	Rabais / impayés en %	Rabais / impayés	Montant acquitté	Référence
Aide n° 15 (suite): aide levée sur les quartiers de Bruges et d'Ypres à l'été et à l'automne 1482, correspondant à leur quote-part de 240 000 couronnes sur la Flandre						
Ypres	8,58%	24 710	95,09%	23 497	1 213	AGR, CC, reg. 38706, fol. 98r-v, fol. 102r et 103v : 1 013 l. payées à des gens de guerre, et 200 l. d'avance sur la première aide, accordée à la duchesse
Bruges	15,71%	45 245	30,00%	13 667	31 578	Comptant (AGR, reg. 35235, fol. 84r, quittances du 24 septembre 1482 et du 28 août 1483)
Total Membres					32 791	
Total = châtellenies + Membres					**123 721**	
Total rabais attestés					44 292	
Maximum levé (- rabais recensés)				**130 524**		

Aide n° 16 : aides accordées en décembre 1482, sur une base différente dans chaque quartier (quote-part d'une aide de 40 000 couronnes sur le quartier de Gand ; d'une aide de 8 333 couronnes dans le quartier de Bruges ; d'une aide de 20 000 couronnes dans le quartier d'Ypres)					
Circonscriptions	Assiette de 1408	Portion théorique	Rabais / impayés en %	Rabais / impayés	Montant acquitté	Référence
Châtellenie d'Ypres	2,20%	528	0,00%	0	528	Comptant (AGR, CC, reg. 44306, fol. 5r-v)
Châtellenie de Courtrai	4,34%	2 083	0,00%	0	2 083	Comptant, par quittance du 13 juin 1483 (AGR, CC, reg. 42933, fol. 66v)
Châtellenie d'Audenarde	1,10%	528	0,00%	0	528	Comptant (AGR, CC, reg. 41913, fol. 20v)
Courtrai	1,25%	600	0,00%	0	600	Comptant (AGR, CC, reg. 33229, fol. 6v)
Châtellenie de Furnes	4,55%	455	0,00%	360	95	Comptant, sur la portion de la châtellenie (AGR, CC, reg. 43182, fol. 7v)
Franc de Bruges	11,90%	1 190	0,00%	0	1 190	Comptant (AGR, CC, reg. 42595, fol. 9r)
Total échantillon	25,34%				5 024	
Extrapolation hors Membres					17 138	(8,8% de 20 000 couronnes pour le quartier d'Ypres, 25,56% de 40 000 couronnes pour le quartier de Gand, 27,58% de 8 333 couronnes pour le quartier de Bruges)
Ypres	8,58%	2 059	100,00%	2 059	0	AGR, CC, reg. 38706 et 38707 : aucun paiement effectué au titre de cette aide
Bruges	15,71%	1 571	0,00%	1 571	0	AGR, CC, reg. 32535 : aucun paiement effectué au titre de cette aide
Gand	13,78%	6 614	0,00%	6 614	0	Wouter Ryckbosch, *Tussen Gavere en Cadzand …*, p. 45 et 332 (compte tenu à part ?)
Total rabais attestés				3 990		

Aide n° 17 : aide de 10 000 couronnes, à 24 s. la cour., accordée en septembre 1483 sur tout le comté de Flandre						
Circonscriptions	Assiette de 1408	Portion théorique	Rabais / impayés en %	Rabais / impayés	Montant acquitté	Référence
Quartier d'Ypres (hors Ypres)	7,30%	876	2,74%	24	852	Comptant (AGR, CC, reg. 48837, compte des subventions assises et levées sur le quartier d'Ypres entre septembre 1483 et décembre 1484). Le quartier d'Ypres ne comprend alors ni Poperinge, ni Thorout.
Châtellenie de Courtrai	4,34%	521	0,00%	0	521	Comptant, par quittance du 27 décembre 1483 (AGR, CC, reg. 42933, fol. 67r)
Châtellenie d'Audenarde	1,10%	132	0,00%	0	132	Comptant (AGR, CC, reg. 41913, fol. 23r)
Courtrai	1,25%	150	0,00%	0	150	Comptant (AGR, CC, reg. 33229, fol. 7r)
Châtellenie de Furnes	4,55%	546	0,00%	0	546	Comptant (AGR, CC, reg. 43182, fol. 7r-v)
Franc de Bruges	11,90%	1 428	0,00%	0	1 428	Comptant (AGR, CC, reg. 42595, fol. 9r)
Total échantillon	30,44%				3 629	
Extrapolation hors Membres					7 415	

Aide n° 17 (suite) : aide de 10 000 couronnes, à 24 s. la cour., accordée en septembre 1483 sur tout le comté de Flandre						
Circonscriptions	Assiette	Portion théorique	Rabais / impayés en %	Rabais / impayés	Montant acquitté	Référence
Ypres	8,58%	1 030	66,67%	686	343	Comptant (AGR, CC, reg. 48837, compte des subventions assises et levées sur le quartier d'Ypres entre septembre 1483 et décembre 1484, reg. 38707, fol. 84v et 38708, fol. 80r)
Bruges	15,71%	1 885	0,00%	0	*1 885*	Jelle Haemers, « Faire son prouffit… », p. 203 (environ 35 000 l. de 40 gros levées en 1483-1484 pour la guerre et la cour)
Gand	13,78%	1 654	0,00%	0	1 654	Les comptes des aides levées dans le quartier de Gand en 1483-1484 indiquent une recette supérieure à la quote-part des aides accordées pour ces années (Jelle HAEMERS, *De strijd om het regentschap…*, p. 132-133)
Total Membres					3 882	
Total (chât. + Membres)					**11 297**	
Total rabais recensés				710		
Maximum (– rabais attestés)				**11 290**		

Aide n° 18 : trois impositions assises sur la Flandre pour l'entretien de l'archiduc et la protection des frontières de décembre 1483 à octobre 1484, soit 40 000 couronnes pour la première, 20 000 couronnes pour la deuxième ; pour la troisième, quote-part d'une aide de 20 000 couronnes pour le quartier de Bruges et quote-part d'une aide de 40 000 couronnes pour les quartiers d'Ypres et de Gand

Circonscriptions	Assiette de 1408	Portion théorique	Rabais / impayés en %	Rabais / impayés	Montant acquitté	Référence
Quartier d'Ypres (hors Ypres)	7,30%	8 760	2,33%	204	8 556	Comptant (AGR, CC, reg. 48837, compte des subventions assises et levées sur le quartier d'Ypres entre septembre 1483 et décembre 1484). Rabais accordé à Merville : 100% sur la première aide, 75% sur les deux autres
Châtellenie de Courtrai	4,34%	5 208	0,00%	0	5 208	Comptant (AGR, CC, reg. 42933, fol. 67r, pour l'aide de 40 000 couronnes assise en décembre 1483 (quittance non rendue à la clôture du compte), et 42934, fol. 68r-v (quittances des 6 et 26 août pour les deux autres))
Châtellenie d'Audenarde	1,10%	1 320	0,00%	0	1 320	Comptant (AGR, CC, reg. 41913, fol. 24v, reg. 41914, fol. 9r-v)
Courtrai	1,25%	1 500	0,00%	0	1 500	Comptant (AGR, CC, reg. 33229, fol. 7v et reg. 33230, fol. 5r-v)
Châtellenie de Furnes	4,55%	4 368	0,00%	0	4 368	AGR, CC, reg. 43184, fol. 4v, 6r, 7r, 11r : aides de 40 000 couronnes (10 000 pour l'entretien de l'archiduc, 10 000 pour l'ambassade et 20 000 pour la défense des frontières), 20 000 couronnes (*idem*), 20 000 couronnes (entretien de Philippe et garnisons)
Franc de Bruges	11,90%	11 424	0,00%	0	11 424	Comptant (AGR, CC, reg. 42595, fol. 9r et 42596, fol. 114r)
Total échantillon	30,44%				32 376	
Extrapolation hors Membres					**67 500**	Calculé sur la base de 100 000 couronnes pour les quartiers d'Ypres et de Gand et 80 000 couronnes pour le quartier de Bruges

	Circonscriptions	Assiette de 1408	Portion théorique	Rabais / impayés en %	Rabais / impayés	Montant acquitté	Référence
							Aide n° 18 (suite): trois impositions assises sur la Flandre pour l'entretien de l'archiduc et la protection des frontières de décembre 1483 à octobre 1484, soit 40 000 couronnes pour la première, 20 000 couronnes pour la deuxième ; pour la troisième, quote-part d'une aide de 20 000 couronnes pour le quartier de Bruges et quote-part d'une aide de 40 000 couronnes pour les quartiers d'Ypres et de Gand

Circonscriptions	Assiette de 1408	Portion théorique	Rabais / impayés en %	Rabais / impayés	Montant acquitté	Référence
Ypres	8,58%	10 296	66,67%	6 864	3 432	AGR, CC, reg. 38707, fol. 84v et 38708, fol. 80v-81r (une partie de la première aide payée en décembre 1483)
Bruges	15,71%	15 082	0,00%	0	15 082	Jelle Haemers, « Faire son prouffit… », p. 203 (environ 35 000 l. de 40 gros levées en 1483-1484 pour la guerre et la cour) et AGR, CC, reg. 32536, fol. 115v, juste portion de l'aide de 40 000 couronnes accordée en octobre 1484
Gand	13,78%	16 536	0,00%	0	16 536	Les comptes des aides levées dans le quartier de Gand en 1483-1484 indiquent une recette supérieure à la quote-part des aides accordées pour ces années (Jelle HAEMERS, *De strijd om het regentschap…*, p. 132-133)
Total Membres					35 049	
Total = Extrapolation châtellenies et petites villes + contributions des Membres				**102 549**		
Total rabais recensés				7 068		
Montant maximum levé = montant théorique – rabais attestés			**102 559**			

Aide n° 19 : contributions de guerre (novembre 1484-juin 1485)				
Circonscriptions	Assiette de 1408	Contribution	Équivalent de la contribution extrapolée à l'échelle de la Flandre	Référence
Châtellenie d'Ypres	2,20%	3 981	180 955	1 581 l. pour la solde de 356 combattants pour la campagne de Brabant en décembre 1484-janvier 1485 ; 1 056 l. pour la part de la châtellenie d'une aide de 40 000 couronnes assise en avril 1485 ; 1 344 l. pour la solde de 150, puis 234 combattants mobilisés en avril-mai 1485 (AGR, CC, reg. 44307, fol. 10r-13v)
Châtellenie de Courtrai	4,34%	2 434	56 083	1 200 l. comptant, sur la part de la châtellenie d'une assiette de 40 000 couronnes imposée par Gand en novembre 1484 par quittances du 20 décembre 1484 et du 14 avril 1485 (AGR, CC, reg. 42934, fol. 69r), et encore 1 234 l. versées d'avril à juin 1485 à des capitaines de gens de guerre (*ibid.*, fol. 69r-70r)
Châtellenie d'Audenarde	1,10%	457	41 545	Une assiette de 364 l. levée pour la part de la châtellenie de 300 ou 400 (sic) gens de guerre levés par ordonnance des échevins et capitaines de Gand, par lettres de placard du 31 janvier 1485, aux frais des habitants d'entre la Lys et l'Escaut pour faire face aux courses de la garnison d'Audenarde, et une assiette de 460 l. pour l'entretien de 100 gens de guerre en garnison à Deinze et dans la châtellenie (AGR, CC, reg. 41914, fol. 2r-3r). Finalement, la châtellenie ne dépense que 457 l. pour le paiement de la garnison de Deinze (AGR, CC, reg. 41914, fol. 15r, 16r-v).
Courtrai	1,25%	1 009	80 740	La ville de Courtrai a entretenu à ses frais une petite garnison de quelques dizaines d'hommes entre janvier et juin 1485 (AGR, CC, reg. 33231, fol. 62v-63v).
Châtellenie de Furnes	4,55%	2 184	48 000	Levée de la portion de la châtellenie d'une aide de 40 000 couronnes, pour la défense du pays, en décembre 1484 (AGR, CC, reg. 43184, fol. 8v et 11r)

Aide n° 19 (suite): contributions de guerre (novembre 1484-juin 1485)				
Circonscriptions	Assiette de 1408	Contribution	Équivalent de la contribution extrapolée à l'échelle de la Flandre	Référence
Franc de Bruges	11,90%	12 658	106 370	5 714 l. pour sa portion d'une aide de 40 000 couronnes, 2 379 l. pour la solde de 550 combattants pour la campagne de Brabant en décembre 1484-janvier 1485 ; 1 528 l. pour la solde de 1 500 combattants pour le voyage de Thielt pendant les derniers jours de février ; 1 200 l. versées comptant à la ville de Bruges, sur sa portion des 6 000 combattants ordonnés par les Membres de Flandre en mai 1485 ; 1 837 l. pour le paiement de gens de guerre mobilisés en plusieurs occasions (AGR, CC, reg. 42596, fol. 114r, 132r-139r, 140r-147r, 148r-157v)
Total échantillon	25,34%	22 723	**89 673**	
Ypres	8,58%	2 461	20 681	1 373 l. pour la part de la ville de l'aide de 40 000 couronnes ordonnée en décembre 1484 (avec un rabais des deux tiers) ; 1 088 l. pour les soldes de 60 hommes mobilisés aux frais de la ville d'Ypres en avril-mai 1485 (AGR, CC, reg. 38709, fol. 53r, 55r-56r)
Bruges	15,71%	14 190	90 325	La portion de Bruges d'une aide de 40 000 couronnes et encore 1 108 l. de gros pour la quote-part de Bruges de 6 000 combattants pendant 47 jours (AGR, CC, reg. 32536, fol. 115v-116r)
Gand	13,78%	?	?	Wouter Ryckbosch, *Tussen Gavere en Cadzand...*, p. 45 et 332 (compte tenu à part ?)
Estimation retenue : entre **70 000** et **110 000** l.				

Aide n° 20 : terme de Noël 1485 de l'aide de 127 000 *ridders*					
Circonscriptions	Assiette de 1408	Portion théorique	Rabais / impayés en %	Rabais / impayés	Montant acquitté	Référence
Châtellenie d'Ypres	2,20%	1 676	0,00%	0	1 676	Comptant, plus grande partie du terme anticipé en août 1485 (AGR, CC, reg. 44307, fol. 14v-15r)
Franc de Bruges	11,90%	9 068	0,00%	0	9 068	Comptant, terme anticipé en juillet/août et emprunté à deux banquiers florentin et génois (AGR, CC, reg. 42597, fol. 194r-v)
Grammont	0,32%	245	100,00%	245	0	Exemption totale, en raison des pertes dues à la guerre à partir du 1er septembre 1485 (AGR, CC, reg. 35302, fol. 47v-48r)
Termonde	0,75%	572	100,00%	572	0	Exemption de la totalité de l'aide de 127 000 *ridders* (ADN, B 2135, n° 69499, et AGR, CC, reg. 38052)
Biervliet	0,20%	152	0,00%	0	152	Comptant (AGR, CC, reg. 32124, fol. 7r)
Châtellenie d'Audenarde	1,10%	838	0,00%	0	838	Comptant, anticipé en août au moyen de l'émission de 90 l. de rentes viagères au denier 10 (AGR, CC, reg. 41914, fol. 19v)
Audenarde	0,75%	572	50,00%	286	286	Comptant, inscrit sur le compte de 1486, avec un rabais de 50% pour les services rendus pendant la guerre (AGR, CC, reg. 31788)
Courtrai	1,25%	953	0,00%	0	953	1 200 l. payées comptant en octobre 1485 sur les termes de Noël 1485 et Saint-Jean-Baptiste 1486 (AGR, CC, reg. 33231, fol. 64r)
Total échantillon	18,47%				12 973	
Extrapolation hors Membres					43 685	

Aide n° 20 (suite): terme de Noël 1485 de l'aide de 127 000 *ridders*					
Circonscriptions	Assiette de 1408	Portion théorique	Rabais / impayés en %	Rabais / impayés	Montant acquitté	Référence
Ypres	8,58%	6 538	33,33%	2 179	4 359	Payé comptant en janvier 1486 (AGR, CC, reg. 38710, fol. 82v)
Bruges	15,71%	11 971	0,00%	0	11 973	Comptant, quittance du 8 décembre 1485 (AGR, CC, reg. 32537, fol. 150v-151r)
Gand	13,78%	10 500	50,00%	5 250	5 250	Gand a payé en tout 1 019 674 gros au titre de l'aide de 127 000 *ridders*, pour les cinq termes levés en 1485-1486 (25 492 l. de 40 g.), soit 50% de sa portion (Wouter Ryckbosch, *Tussen Gavere en Cadzand…*, p. 332)
Total Membres					21 582	
Total = Extrapolation châtellenies et petites villes + contributions des Membres					**65 267**	
Rabais accordé au terroir de Cassel	2,80%	2 134		533		Un quart de leur portion des trois premiers termes (ADN, B 2143, n° 69881) et la moitié des trois derniers termes (ADN, B 2143, n° 69885)
Total rabais recensés				9 064		
Montant maximum levé = montant théorique – rabais attestés			**67 136**			

Circonscriptions	Assiette de 1408	Portion théorique	Rabais / impayés en %	Rabais / impayés	Montant acquitté	Référence
						Aide n° 21 : aide de 20 000 l. accordée pour les garnisons mises sus contre les Liégeois (février 1486), à lever en trois fois, en mars, avril et mai
Châtellenie d'Ypres	2,20%	440	0,00%	0	440	Comptant (AGR, CC, reg. 44308, fol. 7v-8r)
Franc de Bruges	11,90%	2 380	0,00%	0	2 381	Comptant (AGR, CC, reg. 42597, fol. 194v-195r)
Grammont	0,32%	64	58,35%	37	27	Sur l'anticipation de 2 000 couronnes faite en mars 1486 du terme de la Saint-Jean-Baptiste 1486, et l'aide de 20 000 l., Grammont ne paie que 53 l. 10 s. 3 d. parisis (AGR, CC, reg. 35302, fol. 48r-v)
Termonde	0,75%	150	0,00%	0	150	Comptant (AGR, CC, reg. 38052, fol. 78v)
Biervliet	0,20%	40	0,00%	0	40	Comptant (AGR, CC, reg. 32124, fol. 7r)
Châtellenie d'Audenarde	1,10%	220	0,00%	0	220	Comptant (AGR, CC, reg. 41914, fol. 24v)
Audenarde	0,75%	150	0,00%	0	150	Comptant, sans le rabais dont la ville bénéficie pour l'aide principale (AGR, CC, reg. 31788)
Courtrai	1,25%	250	0,00%	0	250	Comptant (AGR, CC, reg. 33232)
Total échantillon	18,47%				3 658	
Extrapolation hors Membres					12 317	

Aide n° 21 (suite): aide de 20 000 l. accordée pour les garnisons mises sus contre les Liégeois (février 1486), à lever en trois fois, en mars, avril et mai					
Circonscriptions	Assiette de 1408	Portion théorique	Rabais / impayés en %	Rabais / impayés	Montant acquitté	Référence
Ypres	8,58%	1 716	85,43%	1 466	250	Forfait. Il leur est remis tout le reste (AGR, CC, reg. 38710, fol. 85r)
Bruges	15,71%	3 142	0,00%	0	3 143	Comptant, quittances des 16 mars, 29 mars et 18 avril (AGR, CC, reg. 32537, fol. 150r-v)
Gand	13,78%	2 756	0,00%	0	2 756	Wouter Ryckbosch, *Tussen Gavere en Cadzand…*, p. 332
Total Membres					6 149	
Total = Extrapolation châtellenies et petites villes + contributions des Membres					18 466	
Total rabais recensés				1 503		
Montant maximum levé = montant théorique – rabais attestés				18 497		

Aide n° 22 : Aide de 127 000 *ridders* (termes Saint-Jean-Baptiste et Noël 1486), anticipation des deux derniers termes de l'aide de 127 000 *ridders* (termes Noël 1487 et Saint-Jean-Baptiste 1488)

Circonscriptions	Assiette de 1408	Portion théorique	Rabais / impayés en %	Rabais / impayés	Montant acquitté	Référence
Châtellenie d'Ypres	2,20%	6 706	0,00%	0	6 706	Comptant. Termes de la Saint-Jean-Baptiste et de Noël 1486 payés respectivement le 2 mars et le 5 juillet 1486 (AGR, CC, reg. 44308, fol. 7v-8r)
Franc de Bruges	11,90%	36 271	1,16%	421	35 864	Comptant : total résultant de l'addition de tous les versements effectués auprès de Roland Le Fèvre au titre de l'aide de 127 000 *ridders* et de ses anticipations (AGR, CC, reg. 42597, fol. 194r-195v, et reg. 42598, fol. 11r et 151r). La part de l'Écluse, en litige, a été soustraite des termes de l'anticipation.
Grammont	0,32%	979	100,00%	979	0	Exemption totale de l'aide de 127 000 *ridders* à partir de septembre 1486 (AGR, CC, reg. 35303)
Termonde	0,75%	2 286	100,00%	2 286	0	Exemption de la totalité de l'aide de 127 000 *ridders* (ADN, B 2135, n° 69499, et AGR, CC, reg. 38052 et 38053)
Biervliet	0,20%	610	37,50%	229	381	Rabais de la moitié des deux dernières années de l'aide, soit trois termes sur les quatre concernés (AGR, CC, reg. 32124, fol. 7r-v)
Châtellenie d'Audenarde	1,10%	3 353	0,00%	0	3 353	Comptant (AGR, CC, reg. 41914, fol. 23v, 30v, 35r, 37v). Terme de Noël 1486 payé le 11 août 1486, par acquit de Roland Le Fèvre du 24 juillet (*sic*). Termes de Noël 1487 et de la Saint-Jean-Baptiste 1488 anticipés en novembre et décembre 1486
Audenarde	0,75%	2 286	50,00%	1 143	1 143	Comptant (AGR, CC, reg. 31788)
Courtrai	1,25%	3 810	0,00%	0	3 810	Comptant (AGR, CC, reg. 33232, fol. 56r-57r)
Total échantillon	18,47%				51 256	
Extrapolation hors Membres					172 601	

Aide n° 22 (suite): Aide de 127 000 *ridders* (termes Saint-Jean-Baptiste et Noël 1486), anticipation des deux derniers termes de l'aide de 127 000 *ridders* (termes Noël 1487 et Saint-Jean-Baptiste 1488)						
Circonscriptions	Assiette de 1408	Portion théorique	Rabais / impayés en %	Rabais / impayés	Montant acquitté	Référence
Ypres	8,58%	26 152	33,33%	8 717	17 435	Comptant (AGR, CC, reg. 38710, fol. 86v, 92r-v)
Bruges	15,71%	47 884	25,00%	11 974	35 910	Comptant (AGR, CC, reg. 32537, fol. 150v-151r (terme de la Saint-Jean-Baptiste 1486, quittance du 10 mars 1486) ; reg. 32538, fol. 145r (terme de Noël 1486, quittance du 9 octobre 1486, terme de la Saint-Jean-Baptiste 1487 avancé en mai 1486)). En revanche, ni le terme de Noël 1487, ni le terme de la Saint-Jean-Baptiste 1488 n'ont été avancés par Bruges.
Gand	13,78%	42 001	50,00%	21 001	21 001	Gand a payé en tout 1 019 674 gros au titre de l'aide de 127 000 *ridders*, pour les cinq termes levés en 1485-1486, soit 25 492 l. de 40 g., soit un peu moins de 50% de sa portion (Wouter Ryckbosch, *Tussen Gavere en Cadzand…*, p. 332).
Total Membres					74 345	
Total = Extrapolation châtellenies et petites villes + contributions des Membres					**246 946**	
Rabais accordé à Poperinge	1,44%				1 463	Un tiers des cinq derniers termes de l'aide de 127 000 *ridders* (ADN, B 2141, n° 69796)
Rabais accordé au terroir de Cassel	2,80%				3 200	Un quart de leur portion des trois premiers termes, la moitié de leur portion des trois derniers termes (ADN, B 2134, n° 69408)
Total rabais recensés					51 413	
Montant maximum levé = montant théorique − rabais attestés			**253 387**			

Aide n° 23 : aide des 15 000 combattants pour trois mois, accordée en août 1486
(60 000 l. à lever dans les huit jours par lettre du 26 juillet ; le reste assis par lettre du 22 août)

Circonscriptions	Assiette de 1408	Portion théorique	Rabais / impayés en %	Rabais / impayés	Montant acquitté	Référence
Châtellenie d'Ypres	2,20%	4 455	0,00%	0	4 455	Comptant. Quittance du 18 septembre 1486 (AGR, CC, reg. 44308, fol. 8v)
Franc de Bruges	11,90%	24 098	2,33%	561	23 533	Comptant. Défaut de L'Écluse (AGR, CC, reg. 42597, fol. 195r)
Grammont	0,32%	651	94,00%	611	39	Grammont ne paie qu'une faible partie de sa portion, sans qu'il soit précisé que la ville bénéficiait d'un rabais (AGR, CC, reg. 35303, fol. 76v-77v).
Termonde	0,75%	1 519	0,00%	0	1 519	Comptant (AGR, CC, reg. 38053, fol. 87r-88r)
Biervliet	0,20%	405	50,00%	203	203	Comptant (AGR, CC, reg. 32124, fol. 7r)
Châtellenie d'Audenarde	1,10%	2 228	0,00%	0	2 228	Comptant, payé en deux termes, 660 l. pour la portion de la châtellenie des 60 000 l. et 1 567,5 l. par quittance du 8 septembre (AGR, CC, reg. 41914, fol. 30r et 32v).
Audenarde	0,75%	1 519	50,00%	759	759	Comptant (AGR, CC, reg. 31788)
Courtrai	1,25%	2 531	0,00%	0	2 531	Comptant, 1 200 l. le 30 juillet, le reste le 8 septembre (AGR, CC, reg. 33232, fol. 56r)
Total échantillon	18,47%				35 266	
Extrapolation hors Membres					118 755	

Aide n° 23 (suite): aide des 15 000 combattants pour trois mois, accordée en août 1486 **(60 000 l. à lever dans les huit jours par lettre du 26 juillet ; le reste assis par lettre du 22 août)**						
Circonscriptions	Assiette de 1408	Portion théorique	Rabais / impayés en %	Rabais / impayés	Montant acquitté	Référence
Ypres	8,58%	17 375	87,91%	15 274	2 100	Comptant (AGR, CC, reg. 38710, fol. 91r)
Bruges	15,71%	31 813	0,00%	0	31 818	Comptant, quittances des 30 juillet et 23 août (AGR, CC, reg. 32537, fol. 151v)
Gand	13,78%	27 905	50,00%	13 952	13 952	Wouter Ryckbosch, *Tussen Gavere en Cadzand…*, p. 331-332
Total Membres					47 870	
Total = Extrapolation châtellenies et petites villes + contributions des Membres					**166 625**	
Rabais accordé à la châtellenie de Bailleul	1,65%			1 671		Remise de 1 670 l. 12 s. 6 d. accordée sur cette aide, soit près de la moitié de leur portion (ADN, B 2134, n° 69409)
Total rabais recensés				33 031		
Montant maximum levé = montant théorique – rabais attestés			**169 469**			

Aide n° 24 : terme Noël 1487 de l'aide de 127 000 *ridders*					
Circonscriptions	Assiette de 1408	Portion théorique	Rabais / impayés en %	Rabais / impayés	Montant acquitté	Référence
Châtellenie d'Ypres	2,20%	1 676	0,00%	0	1 676	Comptant ; payé après le 12 février 1487, date de début du compte (AGR, CC, reg. 44309, fol. 8v)
Franc de Bruges	11,90%	9 068	0,00%	0	9 071	6 000 l. avancées en avril et en août 1486, le reste est réglé sur le compte de 1486-1487 (AGR, CC, reg. 42597, fol. 195v-196r, et reg. 42598, fol. 151r)
Châtellenie de Furnes	4,55%	3 467	0,00%	0	3 467	Comptant (AGR, CC, reg. 43185, fol. 7r (folioté 6))
Grammont	0,32%	245	100,00%	245	0	Exemption totale de l'aide de 127 000 *ridders* à partir de septembre 1486 (AGR, CC, reg. 35303)
Termonde	0,75%	572	100,00%	572	0	Exemption de la totalité de l'aide de 127 000 *ridders* (ADN, B 2135, n° 69499, et AGR, CC, reg. 38053)
Biervliet	0,20%	152	50,00%	76	76	Rabais de la moitié des deux dernières années de l'aide (AGR, CC, reg. 32124, fol. 7r)
Audenarde	0,75%	572	50,00%	286	286	Payé après la Chandeleur 1487, échéance du dernier compte conservé de la ville (AGR, CC, reg. 31788) avant ceux des années 1490
Courtrai	1,25%	953	0,00%	0	953	Comptant. Payé sur le compte de 1486 (AGR, CC, reg. 33232, fol. 56v)
Total échantillon	21,92%				15 529	
Extrapolation					44 062	

Aide n° 24 (suite): terme Noël 1487 de l'aide de 127 000 *ridders*					
Circonscriptions	Assiette de 1408	Portion théorique	Rabais / impayés en %	Rabais / impayés	Montant acquitté	Référence
Ypres	8,58%	6 538	33,33%	2 179	4 359	300 l. au sʳ d'IJsselstein en 1486, le reste en 1487 (AGR, CC, reg. 38710, fol. 88v-89r et reg. 38711, fol. 91v)
Bruges	15,71%	11 971	100,00%	11 971	0	Déjà avancé en 1486 (voir aide n° 22)
Gand	13,78%	10 500	0,00%	0	10 500	Wouter Ryckbosch, *Tussen Gavere en Cadzand…*, p. 332
Total Membres					14 859	
Total					**58 921**	
Rabais Poperinge	1,44%			366		Un tiers des cinq derniers termes de l'aide de 127 000 *ridders* (ADN, B 2141, n° 69796)
Rabais Cassel	2,80%			1 067		Un quart de leur portion des trois premiers termes, la moitié de leur portion des trois derniers termes (ADN, B 2134, n° 69408)
Total rabais recensés				16 762		
Maximum				**59 438**		

Aide n° 25 : prêt de 40 000 couronnes sur la première aide à accorder					
Circonscriptions	Assiette de 1408	Portion théorique	Rabais / impayés en %	Rabais / impayés	Montant acquitté	Référence
Châtellenie d'Ypres	2,20%	1 056	0,00%	0	1 056	Comptant, avancé en mars 1487 (AGR, CC, reg. 44309, fol. 6r)
Châtellenie de Furnes	4,55%	2 184	0,00%	0	2 184	Comptant (AGR, CC, reg. 43185, fol. 7v)
Franc de Bruges	11,90%	5 712	2,39%	137	5 574	Comptant, moins la portion de L'Écluse (AGR, CC, reg. 42598, fol. 151v)
Grammont	0,32%	154	100,00%	154	0	Réglé en 1497-1498 (AGR, CC, reg. 35313, fol. 78v)
Châtellenie d'Audenarde	1,10%	528	0,00%	528	0	Réglé par quittance du 20 septembre 1495 (AGR, CC, reg. 41917, fol. 37v)
Termonde	0,75%	360	100,00%	360	0	Non réglé en 1486-1487 (AGR, CC, reg. 38053), mais les comptes suivants ont été perdus
Biervliet	0,20%	96	100,00%	96	0	Non réglé en 1487 (AGR, CC, reg. 32124 et 32125), mais il manque les comptes des années 1489-1494
Total échantillon	21,02%				8 814	
Extrapolation					26 080	
Ypres	8,58%	4 118	100,00%	4 118	0	AGR, CC, reg. 38711 : aucun paiement effectué au titre de cette avance
Bruges	15,71%	7 541	0,00%	0	7 542	Comptant, quittance du 27 février 1487 (AGR, CC, reg. 32539, fol. 115r)
Gand	13,78%	6 614	100,00%	6 614	0	Gand n'y contribue pas.
Total Membres					7 542	
Total					33 622	
Total rabais recensés				12 007		
Maximum				35 993		

Aide n° 26 : aide de 63 500 *ridders*, à lever à la Saint-Jean-Baptiste 1487					
Circonscriptions	Assiette de 1408	Portion théorique	Rabais / impayés en %	Rabais / impayés	Montant acquitté	Référence
Châtellenie d'Ypres	2,20%	1 676	0,00%	0	1 676	Comptant (AGR, CC, reg. 44309, fol. 6r)
Châtellenie de Furnes	4,55%	3 467	0,00%	0	3 467	Comptant (AGR, CC, reg. 43185, fol. 7r (folioté 6)), pour l'aide de 127 000 *ridders* par an *van neus gheconsenteert*
Franc de Bruges	11,90%	9 068	1,56%	141	8 931	Comptant, moins les deux tiers de la portion de L'Écluse, en litige (AGR, CC, reg. 42598, fol. 151v)
Châtellenie d'Audenarde	1,10%	838	0,00%	0	838	Probablement payé en 1487-1489 (compte manquant), puisqu'un arriéré de 82 l. est réglé en décembre 1493 (reg. 41917, fol. 33v)
Grammont	0,32%	245	100,00%	245	0	Exemption totale (AGR, CC, reg. 35304, fol. 62v-63r). Mention de l'assiette de cette aide sur le terroir d'Alost et Grammont, faite le 19 juillet 1487
Biervliet	0,20%	152	100,00%	152	0	Exemption totale des aides pour six ans (AGR, CC, reg. 32124 et ADN, B 2147, n° 70133)
Total échantillon	20,27%				14 913	
Extrapolation hors Membres					45 758	

Aide n° 26 (suite): aide de 63 500 *ridders*, à lever à la Saint-Jean-Baptiste 1487					
Circonscriptions	Assiette de 1408	Portion théorique	Rabais / impayés en %	Rabais / impayés	Montant acquitté	Référence
Ypres	8,58%	6 538	67,93%	4 441	2 097	Ypres n'y contribue pas, mais paye à ses frais une garnison pour assurer sa sécurité et dépense pour cela un peu moins de 2 100 l. (AGR, CC, reg. 38711, fol. 92v-93r).
Bruges	15,71%	11 971	0,00%	0	11 971	Comptant, quittance du 10 septembre 1487 (AGR, CC, reg. 32539, fol. 145r)
Gand	13,78%	10 500	100,00%	10 500	0	Gand n'y contribue pas.
Total = Extrapolation châtellenies et petites villes + contributions des Membres				59 826		
Total rabais recensés				15 480		
Montant maximum levé = montant théorique – rabais attestés			60 720			

Aide n° 27 : aide de 108 000 l., à lever en 1487-1488													
Circonscriptions	Assiette de 1408	Portion théorique	Rabais et impayés en 1487-1488	1487	1488	1489	1490	1491	1492	1493	1494	1495	Références
Châtellenie d'Ypres	2,20%	2 376	53,20%	1 264	1 112						1 264		Comptant (AGR, CC, reg. 44309, fol. 6v-7r), le reste payé en janvier 1494 (AGR, CC, reg. 44313, fol. 11v)
Châtellenie de Furnes	4,55%	4 914	0,00%	0	3 233	1 681							3 233 l. en 1487-1488 (AGR, CC, reg. 43185, fol. 7v-8r), le reste en 1488-1489 (AGR, CC, reg. 43186, fol. 13r-v)
Châtellenie de Courtrai	4,34%	4 687	100,00%	4 687					2 081		1 095	2 190	2 081 florins versés en 1492 pour le paiement de la garnison de Deinze ont été déduits *a posteriori* de la quote-part de la châtellenie de l'aide de 108 000 l. (AGR, CC, reg. 42937, fol. 6r). Le reste a été rééchelonné sur trois termes en 1494-1495, soit 1 095 l. en 1494 et 2 190 l. en 1495 (AGR, CC, reg. 42937, fol. 136v-137r) – le reste à payer tenant compte de la dévaluation de la livre à Pâques 1492.
Châtellenie d'Audenarde	1,10%	1 188	100,00%	1 188						680		508		Aide assise en 1495, mais dépense échelonnée (680 l. par diverses quittances, dont la dernière date du 25 février 1496, sur le compte de 1493-1495, 508 l. pour compléter la somme sur le compte de 1496-1498. Le tout permet de payer un acquit de 1 188 l. de 40 g. du receveur de Flandre en date du 15 novembre 1493 (AGR, CC, reg. 41917, fol. 3v-4r et 45v, 41918, fol. 12v).
Franc de Bruges	11,90%	12 852	43,12%	5 542	7 310								Payé comptant, financé par des emprunts (AGR, CC, reg. 42599, fol. 13r). Assiette pour le remboursement des emprunts répartie en 1491 (AGR, CC, reg. 42604, fol. 1r-v)

Aide n° 27 (suite): aide de 108 000 l., à lever en 1487-1488															
Circonscriptions	Assiette de 1408	Portion théorique	Rabais et impayés en 1487-1488		1487	1488	1489	1490	1491	1492	1493	1494	1495	Références
Grammont	0,32%	347	100,00%	347										Exemption totale (AGR, CC, reg. 35304)
Biervliet	0,20%	216	100,00%	216										Exemption totale des aides pour six ans (AGR, CC, reg. 32124 et ADN, B 2147, n° 70133)
Total échantillon	24,61%				11 655	1 681	0	0	0	2 081	680	2 359	2 698	
Extrapolation					29 329	4 230	0	0	0	5 236	1 708	5 936	6 789	
Ypres	8,58%	9 266	100,00%	9 266										Rien payé, ni en 1487, ni en 1488, ni les années suivantes (AGR, CC, reg. 38711 et suivants)
Bruges	15,71%	16 967	25,00%	4 242	12 908									Comptant, quittance du 20 janvier 1488 (AGR, CC reg. 32539, fol. 115r). B 3524, n° 124930, 22 janvier 1490 : attestation de Michel de Heere d'avoir payé au receveur de Flandre la part de la ville de Bruges dans l'aide de 108 000 l. de 40 g. accordée par la Flandre, s'élevant à 2 151 l. g.
Gand	13,78%	14 882	100,00%	14 882										Gand n'y contribue pas.
Total Membres					12 908	0	0	0	0	0	0	0	0	
Total					42 237	4 230	0	0	0	5 236	1 708	5 936	6 789	Estimation générale, employée pour l'annexe II : 40 000 l. payées en 1487, 5 000 l. payées en 1488, 5 000 l. en 1492, 3 000 l. en 1493, 10 000 l. en 1494, 10 000 l. en 1495, et 35 000 l. de rabais et impayés

Compositions de Tours

Circonscriptions	Assiette de 1408	Assiette hors villes et châtellenies exemptes	Montant de la portion totale	Montant théorique par année	Rabais	1490 (plus Noël 89)	Montant versé en 1491	Montant versé en 1492	Montant versé en 1493	Montant versé en 1494	Montant versé en 1495 et après	Total
Châtellenie d'Ypres[1]	2,20%	2,55%	14 425	4 808		4 275	4 595	400	4 510			13 780
Ville de Grammont[2]	0,34%	0,39%	2 229	743	1 337					188	376	564
Châtellenie d'Audenarde[3]	1,10%	1,28%	7 212	2 404		2 338	778	357	2 244	1 489	1 111	8 317
Châtellenie de Courtrai[4]	4,34%	5,04%	28 457	9 486		8 608	6 456	3 228	9 456			27 748
Ville de Courtrai[5]	1,25%	1,45%	8 196	2 732		1 865	3 032	2 558				7 455
Franc de Bruges[6]	11,90%	13,81%	78 026	26 009		14 978	4 010	16 650	1 500	40 935		78 073
Total	21,13%	24,52%	138 545	46 182		32 064	18 871	23 193	17 710	42 612	1 487	135 937
Extrapolation						72 990	42 958	52 796	40 315	97 001	3 385	309 445

1 AGR, CC, reg. 44312, fol. 6r-v et fol. 8r-v et 4431r, fol. 2r et 10r-v (portion totale de la châtellenie fixée par Roland Le Fèvre à 14 429 florins de 40 gros, reg. 44313, fol. 10r-v).

2 Le paiement du quart non remis est rééchelonné sur trois ans, aux termes d'octobre et avril, à partir d'octobre 1494 (AGR, CC, reg. 35310, fol. 37r-v, reg. 35311, fol. 24r et reg. 35313, fol. 49v).

3 AGR, CC, reg. 41915, fol. 18v-19r, 41916, fol. 18v, 21v, 27r, 31r et 32r, reg. 41917, fol.17r, 18r, 28r-29r, 32v, 33r-v, 34r, 37v, 41r, reg. 41918, fol. 8v, 16r, 21r). Le 4 septembre 1494, les *hoftpointers* estimaient qu'il restait encore 3 220 l. 12 s. dues au titre des compositions de Tours (reg. 41917, fol. 3r-v). La répartition entre les années 1493 et 1494 est approximative, compte tenu de l'ordre chronologique très relatif des opérations transcrites dans le compte de 1493-1496.

4 Deux premiers termes reçus en monnaie faible. Six premiers termes reçus par quittance du 8 janvier 1492 (AGR, CC, reg. 42936, fol. 129r-130r) ; la quittance du 7ᵉ terme n'avait pas encore été rendue à la clôture du compte de 1490-1492, et correspond donc probablement à un paiement effectué en 1492 (*ibid.*, fol. 130r). De même, pour les 8ᵉ et 9ᵉ termes, inscrits dans le compte de 1492-1493, les quittances n'avaient pas été rendues à la clôture du compte en octobre 1493 ; on a donc imputé sur l'année 1493 ces termes, ainsi qu'une somme de 3 000 l. versée au titre des deux premiers termes, à cause de la différence de change (reg. 42937, fol.124v-125r).

5 AGR, CC, reg. 33235, fol. 46r, reg. 33236, fol. 49r et reg. 33237, fol. 50v-51r (premier terme pris en monnaie faible).

6 Paiements dans reg. 42603, fol. 51r, reg. 42604, fol. 8r, reg. 42605, fol. 8r-v, reg. 42606, fol. 24r bis, reg. 42607, fol. 27v-28r ; récapitulatif général des paiements effectués au titre des compositions de Tours et de l'aide de deux florins par feu dans le compte de 1494-1495 (AGR, CC, reg. 42608, fol. 32v-33r, qui établit le total

	Compositions de Tours (suite)										
Circonscriptions	Assiette de 1408	Assiette hors villes et châtellenies exemptes	Montant de la portion totale	Montant théorique par année	Rabais	1490 (plus Noël 89)	Montant versé en 1491	Montant versé en 1492	Montant versé en 1493	Montant versé en 1494	Montant versé en 1495 et après	Total
Ypres[7]	8,58%	9,96%	56 257	18 752	37 505	6 433	3 057	617	4 445		4 380	18 932
Bruges[8]	15,71%	18,23%	103 007	34 336		39 638	74 666	0	3 220	4 092	5 865	127 481
Gand[9]	13,78%	15,99%	90 353	30 118	18 071				27 260	7 128	37 930	72 318
Membres	38,07%	44,18%	249 618	83 206		46 071	77 723	617	34 925	11 220	48 175	218 731
Total						119 061	120 681	53 413	75 240	108 221	51 560	**528 176**
Total rabais					56 913							

des compositions de Tours à 156 144 l. parisis). On s'est fondé sur les années échevinales, de septembre à août ; ainsi, la colonne 1491 correspond au compte de 1490-1491. Le récapitulatif ne coïncide pas exactement avec les parties retrouvées dans les comptes antérieurs, et l'on s'est efforcé de croiser les deux sources, pour un total qui correspond au règlement final de 1495.

7   6 433 l. versées en 1490, y compris un premier terme payé en monnaie légère, converti en monnaie forte, et donc divisé par trois (AGR, CC, reg. 38714, fol. 87v, 89r-v, 97r-v) ; 3 057 l. en 1491 (reg. 38715, fol. 70v, 72v, 76r-v), 617 l. en 1492 (reg. 38716, fol. 87r et 89r), 4 244 l. en 1493 (reg. 38717, fol. 82r, 83r, 86v-87r, 89v-90v), registre de 1494 manquant, 1 367 l. en 1495 (reg. 38718, fol. 59r-v), 2 426 l. en 1496 (reg. 38719, fol. 52r-v, 54r-v), 587 l. en 1497 (reg. 38720, fol. 58r)

8   39 638 l. payées en 1489-1490 (Gilliodts van Severen…, t.VI, p. 337), 17 402 l. en 1490-1491 (reg. 32544, fol. 169v-170r), 57 264 l. en 1491-1492 (reg. 32545, fol. 194-195v), 3 220 l. en 1492-1493 (reg. 32546, fol. 183r), 4 092 l. en 1493-1494 (reg. 32547, fol. 183r-184r) et 5 865 l. en 1494-1495 (reg. 32548, fol. 193r-194r). Comme pour le Franc de Bruges, on s'est fondé sur les années échevinales. On a en revanche opéré une correction significative, en reportant sur l'année 1491 l'ensemble des paiements inscrits sur le compte de 1491-1492, car toutes les quittances de Roland Le Fèvre sont datées des derniers mois de 1491.

9   Wouter Ryckbosch, *Tussen Gavere en Cadzand…*, p. 39-41 (pour 1495, addition de ce qui a été payé en 1495 et ce qui restait à payer)

Aide n° 28 : Aide de 33 600 l. accordée au printemps 1491 pour recouvrer L'Écluse et garder les frontières, à payer en trois termes (mars, avril et mai)						
Circonscriptions	Assiette de 1408	Portion théorique	Rabais / impayés en %	Rabais / impayés	Montant acquitté	Référence
Châtellenie d'Ypres	2,20%	739	0,00%	0	739	Comptant, par trois quittances (AGR, CC, reg. 44312, fol. 6v-7r)
Châtellenie de Courtrai	4,34%	1 458	0,00%	0	1 458	Comptant, par quittance du 20 mai 1491 (AGR, CC, reg. 42936, fol. 130v)
Châtellenie d'Audenarde	1,10%	370	0,00%	0	370	Comptant. Deux premiers termes réglés en mars et avril 1491 (AGR, CC, reg. 41916, fol. 15v et 16v) ; le dernier mois n'a pas été réglé en mai, mais a été mis au débit de la châtellenie et réglé en plusieurs fois (80 l. en 1492, reg. 41916, fol. 32r, 24 l. 12 s. sur une partie de 245 l. en 1493, reg. 41917, fol. 33v).
Ville de Grammont	0,32%	108	0,00%	0	120	Comptant (AGR, CC, reg. 35306, fol. 81v-82v)
Courtrai	1,25%	420	0,00%	0	420	Comptant, décharge du 17 mai 1491 (AGR, CC, reg. 33236, fol. 49r)
Franc de Bruges	11,90%	3 998	4,50%	180	3 812	Comptant, quittance manquante, et 180 l. réclamées par les maîtres des comptes (AGR, CC, reg. 42604, fol. 8r)
Audenarde	0,75%	252	0,00%	0	252	Comptant (AGR, CC, reg. 31789)
Total échantillon	21,86%				7 171	
Extrapolation hors Membres					20 404	

Aide n° 28 : Aide de 33 600 l. accordée au printemps 1491 pour recouvrer L'Écluse et garder les frontières, à payer en trois termes (mars, avril et mai)						
Circonscriptions	Assiette de 1408	Portion théorique	Rabais / impayés en %	Rabais / impayés	Montant acquitté	Référence
Ypres	8,58%	2 883	33,33%	961	1 922	Comptant (AGR, CC, reg. 38715, fol. 71v)
Bruges	15,71%	5 279	0,00%	0	5 274	Comptant (AGR, reg. 32544, fol. 169r)
Gand	13,78%	4 630	100,00%	4 630	0	En rébellion
Total Membres					7 196	
Total = Extrapolation châtellenies et petites villes + contributions des Membres					27 600	
Total rabais recensés				5 771		
Montant maximum levé = montant théorique – rabais attestés				27 829		

Aide n° 29 : 100 000 florins (Bruges et Ypres) / 28 000 florins (Gand) en juillet/août 1492

Circonscriptions	Assiette de 1408	Assiette corrigée	Portion théorique	Rabais / impayés en %	Rabais / impayés	Montant payé en 1492	Montant payé en 1493	Montant payé en 1494	Total
Châtellenie de Courtrai[1]	4,34%	16,94%	6 098	0,00%		4 164	2 082	0	6 246
Audenarde[2]	0,75%	2,93%	1 054	0,00%		720	360	0	1 080
Châtellenie d'Audenarde[3]	1,10%	4,29%	1 546	0,00%		284	1 513	0	1 797
Courtrai[4]	1,25%	4,88%	1 756	0,00%		740	1 060	0	1 800
Total échantillon	7,44%	29,04%	10 454			5 908	5 015	0	10 923
Extrapolation quartier de Gand (hors ville de Gand)[5]						20 344	17 269	0	37 614

1 Comptant (AGR, CC, reg. 42936, fol. 125r-v)

2 Comptant (AGR, CC, reg. 31789)

3 Comptant (AGR, CC, reg. 41916, fol. 33v et reg. 41917, fol. 15v, 17r, 29v et 33v)

4 600 l. comptant en 1492, et 140 l. payées à un capitaine suisse ; 1 060 l. payées comptant en trois fois en janvier et mars 1493 (AGR, CC, reg. 33237, fol. 51r-v et reg. 33238, fol. 50r-v)

5 [Grammont paye sa portion de cette aide en 1494-1495, AGR, CC, reg. 35310, fol. 37v] L'intégralité de l'aide de 28 000 florins a été assise sur le quartier de Gand, hors la ville de Gand

Aide n° 29 (suite): 100 000 florins (Bruges et Ypres) / 28 000 florins (Gand) en juillet/août 1492									
Circonscriptions	Assiette de 1408	Assiette corrigée	Portion théorique	Rabais / impayés en %	Rabais / impayés	Montant payé en 1492	Montant payé en 1493	Montant payé en 1494	Total
Franc de Bruges[6]	11,90%	19,64%	23 564	0,00%		10 067	0	14 167	24 234
Châtellenie d'Ypres[7]	2,20%	3,63%	4 356	0,00%		4 501	0	0	4 501
Total échantillon	14,10%	23,27%	27 921			14 568	0	14 167	28 735
Extrapolation quartiers d'Ypres et de Bruges (hors Ypres et Bruges)						37 536	0	36 502	74 038
Ypres[8]	8,58%	14,16%	16 990	37,32%	6 340	10 650	0	0	10 650
Bruges[9]	15,71%	25,92%	31 109	0,00%		21 300	2 700	7 100	31 100
Total						89 830	19 969	43 602	153 402

6 Paiements dans AGR, CC, reg. 42605, fol. 8v, reg. 42606, fol., 24v-24r bis, reg. 42607, fol. 28r ; récapitulatif général des paiements effectués au titre des compositions de Tours et de l'aide de deux florins par feu dans le compte de 1494-1495 (AGR, CC, reg. 42608, fol. 32v-33r). Comme pour les compositions de Tours, le récapitulatif ne coïncide pas exactement avec les parties retrouvées dans les comptes antérieurs, et l'on s'est efforcé de croiser les deux sources, pour un total qui correspond au règlement final de 1495.

7 Comptant (AGR, CC, reg. 44313, fol. 10v)

8 Par accord avec Roland Le Fèvre, la portion de la ville a été diminuée à 10 650 l. (AGR, CC, reg. 38716, fol. 91v)

9 6 216 l. en 1492 (AGR, reg. 32545, fol. 198r), 17 796 l. en 1492-1493 (AGR, reg. 32546, fol. 198r-v, dont au moins 15 060 l. en 1492 et au moins 1 548 l. en 1493). En 1493-1494, Bruges paie 16 392 l. au titre des arriérés cumulés de la paix de Bruges, des compositions de Tours et de l'aide de 100 000 florins (reg. 32547, fol. 182r-184r). À ce moment, il restait encore 7 097 l. dues pour les 100 000 florins. Par souci de simplicité, on a imputé sur 1494 l'ensemble des arriérés dus au titre de cette dernière aide, et l'on a affecté tout le reste aux indemnités du traité de Damme

Aide n° 30 : aide de 20 000 couronnes pour la part de la Flandre des 80 000 couronnes destinées au paiement des soldes des garnisons d'Arras et de Saint-Omer, à payer à la *Bamesse* et à la Saint-Martin					
Circonscriptions	Assiette de 1408	Portion théorique	Rabais / impayés en %	Rabais / impayés	Montant acquitté	Référence
Châtellenie d'Ypres	2,20%	528	0,00%	0	528	Comptant : 105 l. payées en 1493, 423 l. en 1494 (AGR, CC, reg. 44313, fol. 11v)
Châtellenie de Courtrai	4,34%	1 042	0,00%	0	1 042	Comptant, par quittances des 8 octobre et 12 novembre 1493 (AGR, CC, reg. 42938, fol. 135r-v)
Châtellenie d'Audenarde	1,10%	264	50,00%	132	132	Comptant, par quittance du 8 octobre 1493 (AGR, CC, reg. 41917, fol. 15v)
Ville de Grammont	0,34%	82	0,00%	0	82	Comptant en 1497-1498 (AGR, CC, reg. 35313, fol. 28r)
Courtrai	1,25%	300	0,00%	0	300	Comptant, par quittances de Roland Le Fèvre en date du 8 octobre et du 13 novembre 1493 (AGR, CC, reg. 33238, fol. 50v)
Franc de Bruges	11,90%	2 856	0,00%	0	2 856	Comptant (AGR, CC, reg. 42607, fol. 28r)
Total échantillon	21,13%				4 940	
Extrapolation hors Membres					14 541	

Aide n° 30 (suite): aide de 20 000 couronnes pour la part de la Flandre des 80 000 couronnes destinées au paiement des soldes des garnisons d'Arras et de Saint-Omer, à payer à la *Bamesse* et à la Saint-Martin					
Circonscriptions	Assiette de 1408	Portion théorique	Rabais / impayés en %	Rabais / impayés	Montant acquitté	Référence
Ypres	8,58%	2 059	33,33%	686	1 373	Comptant (AGR, CC, reg. 38717, fol. 90r-v)
Bruges	15,71%	3 770	0,00%	0	3 770	Comptant (AGR, CC, reg. 32547, fol. 185r)
Gand	13,78%	3 307	20,00%	661	2 668	Wouter Ryckbosch, *Tussen Gavere en Cadzand…*, p. 332
Total Membres					7 811	
Total = Extrapolation châtellenies et petites villes + contributions des Membres					22 352	
Total rabais recensés				1 480		
Montant maximum levé = montant théorique – rabais attestés			22 520			

Aide n° I : Aide de 2 500 *ridders* par an pendant seize ans pour Marguerite d'York, à partir de 1468 et jusqu'à la Saint-Jean-Baptiste 1484																
Circonscriptions	Assiette de 1408	Portion théorique (par an)	Rabais / impayés en %	Rabais / impayés	1477	1478	1479	1480	1481	1482	1483	1484	1485	Total	Référence
Courtrai	1,25%	38	0,00%	0			94	38	19	38	38	38	0	263	AGR, CC, reg. 33225, fol. 56r, reg. 33225, fol. 51v, reg. 33226, fol. 44v, reg. 33227, fol. 49v, reg. 33228, fol. 6v à partir de la fin, reg. 33229, 5r à partir de la fin (mq Noël 1480)
Châtellenie d'Ypres	2,20%	61	0,00%	0		132	61	61	61				193	508	AGR, CC, reg. 44303, fol. 10r-v, reg. 44304, fol. 9r, 10r, reg. 44305 fol. 14r-v
Franc de Bruges	11,90%	357	0,00%	0		714	179	357	357	179	349	349	0	2 482	AGR, CC, reg. 42589, fol. 146v-147r, reg. 42590, fol. 150v, reg. 42591, fol. 176r-v, reg. 42592, fol. 6r, reg. 42594, fol. 108r-v, reg. 42595, fol. 9r-v (mq Saint-Jean-Baptiste 1483)
Total échantillon	15,35%	456				846	333	456	437	216	386	386	193	3 253	
Extrapolation petites villes et châtellenies de Flandre						3 413	1 345	1 838	1 762	871	1 558	1 558	779	13 124	

Circonscriptions	Assiette de 1408	Portion théorique (par an)	Rabais / impayés en %	Rabais / impayés	1477	1478	1479	1480	1481	1482	1483	1484	1485	Total	Référence
															Aide n° I (suite): Aide de 2 500 *ridders* par an pendant seize ans pour Marguerite d'York, à partir de 1468 et jusqu'à la Saint-Jean-Baptiste 1484
Ypres	8,58%	257	100,00%	257		0	0	0	0	0	0	0	0	0	Exemption totale
Bruges	15,71%	471	70,70%	333		138	138	138	138	138	138			828	AGR, CC, reg. 32530, fol. 130r-v, reg. 32531, fol. 153r, reg. 32532, fol. 146v, reg. 32533, fol. 154r, reg. 32534, fol. 145v, reg. 32534, fol. 145v. Portion de la ville limitée à 23 livres de gros par an, et il manque la dernière année
Gand	13,78%	413	71,00%	293	120	120	120	120	120	120	120			840	Wouter Ryckbosch, *Tussen Gavere en Cadzand…*, p. 332
Total = Extrapolation châtellenies et petites villes + contributions des Membres					120	3 671	1 603	2 096	2 020	1 129	1 816	1 558	779	14 792	

Aide n° II : Aide de 20 000 couronnes accordée pour le règlement des dettes de Marie de Bourgogne (1485)											
Circonscriptions	Assiette de 1408	Portion théorique	Rabais / impayés en %	Rabais / impayés	1485	1486	1487	1488	Après 1488	Total	Référence
Châtellenie de Courtrai	4,34%	1 042	0,00%	0	0	0	0	0	1 042	1 042	AGR, CC, reg. 42938, fol. 136r, quittance d'octobre 1492
Châtellenie d'Ypres	2,20%	528	0,00%	0	0	0	0	0	528	528	AGR, CC, reg. 44313 (1491), fol. 11v
Franc de Bruges	11,90%	2 856	0,00%	0	0	0	0	0	2 587	2 587	AGR, CC, reg. 42607, fol. 28v (238 l.), reg. 42608 (1494-1495), fol. 32v (2 619 l.)
Total échantillon	18,44%	4 426			0	0	0	0	4 157	4 157	
Extrapolation petites villes et châtellenies de Flandre					0	0	0	0	13 961	13 961	
Ypres	8,58%	2 059	100,00%	0	0	0	0	0	0	0	Aucune mention de cette aide
Bruges	15,71%	3 770	0,00%			1 200			2 570	3 770	AGR, CC, reg. 32537, reg. 32538, fol. 151v, reg. 32547 (1493-1494), fol. 184v (1 000 l.), le reste pris sur une partie commune à divers arriérés, par quittance de mai 1494, reg. 32549, fol. 258r
Gand	13,78%	3 307	0,00%	0	0	0	0	0	0	0	Wouter Ryckbosch, *Tussen Gavere en Cadzand…*, p. 332
Total = Extrapolation châtellenies et petites villes + contributions des Membres					0	1 200	0	0	16 531	17 731	

Aide n° III : Aide de 10 000 *ridders* par an pendant trois ans accordée à la duchesse douairière (1485-1488)											

Circonscriptions	Assiette de 1408	Portion théorique	Rabais / impayés en %	Rabais / impayés	1485	1486	1487	1488	Après 1488	Total	Référence
Courtrai	1,25%	450	0,00%	0	0	150	*150*		150	450	AGR, CC, reg. 33232, fol. 55v (1486), reg. 33235, fol. 46r (1490)
Châtellenie d'Ypres	2,20%	792	0,00%	0	132	264	132		264	792	AGR, CC, reg. 44308, fol. 7v, 8r, reg. 44309, fol. 9r, reg. 44310, fol. 6r, reg. 44312, fol. 6r (1490)
Franc de Bruges	11,90%	4 284	0,00%	0	714	1 429	714		1 400	4 258	AGR, CC, reg. 42597, fol. 194v, reg. 42598, fol. 151v-152r, reg. 42605, fol. 8r (1492)
Total échantillon	15,35%	5 526			846	1 843	996	0	1 814	5 500	
Extrapolation petites villes et châtellenies de Flandre					3 414	7 436	4 019	0	7 319	22 188	La plus grande partie des arriérés de la 3e année de l'aide furent réglés en 1490 (Courtrai et châtellenie d'Ypres, ci-dessus, mais aussi châtellenie de Courtrai, AGR, CC, reg. 42936, fol. 130r).
Ypres	8,58%	3 089	33,33%	1 030		687	687		687	2 060	AGR, CC, reg. 38710, fol. 90v, reg. 38711, fol. 83r, 88r, reg. 38714, fol. 94r (1490), reg. 38715, fol. 76r (1491)
Bruges	15,71%	5 656	0,00%			1 886	1 886		1 886	5 657	AGR, CC, reg. 32537, fol. 151r, reg. 32538, fol. 145r
Gand	13,78%	4 961	0,00%		1 653	1 653			1 653	4 959	Wouter Ryckbosch, *Tussen Gavere en Cadzand…*, p. 332
Total					5 067	11 661	6 591	0	11 544	34 863	

Aide n° IV : Aide de 25 000 l. à payer en trois termes (deux en 1486, un en 1487), pour dons et gratuités accordés à divers seigneurs du sang pour avoir moyenné la paix de 1485								
Circonscriptions	Assiette de 1408	Portion théorique	Rabais / impayés en %	Rabais / impayés	1486	1487	Total	Référence
Courtrai	1,25%	313	0,00%	0	104	208	312	AGR, CC, reg. 33232, fol. 55v-56r (1486)
Châtellenie d'Ypres	2,20%	550	0,00%	0	189	370	559	AGR, CC, reg. 44308, fol. 8r, reg. 44309, fol. 9r, reg. 44310, fol. 6v
Franc de Bruges	11,90%	2 975	0,00%	0	1 984	992	2 976	AGR, CC, reg. 42597, fol. 196r, reg. 42598, fol. 152r
Total échantillon	15,35%	3 838			2 277	1 570	3 848	
Extrapolation petites villes et châtellenies de Flandre					9 189	6 336	15 524	
Ypres	8,58%	2 145	85,50%	1 834	104	208	312	AGR, CC, reg. 38710, fol. 88v, reg. 38711, fol. 84r et 88r
Bruges	15,71%	3 928	0,00%		2 619	1 309	3 928	AGR, CC, reg. 32537, fol. 151r, reg. 32538, fol. 151v
Gand	13,78%	3 445	0,00%		3 445		3 445	Wouter Ryckbosch, *Tussen Gavere en Cadzand…*, p. 332
Total = Extrapolation châtellenies et petites villes + contributions des Membres					15 357	7 853	23 209	

Aide n° V : Aide de de 6 000 florins d'or accordée aux seigneurs qui ont négocié la paix de Senlis, dont 1 600 à la charge de la Flandre (1 920 l. de 40 g.)						
Circonscriptions	Assiette de 1408	Portion théorique	Rabais / impayés en %	Rabais / impayés	Montant réglé	Référence
Châtellenie de Courtrai	4,34%	83	0,00%	0	83	AGR, CC, reg. 42937, fol. 136v
Châtellenie d'Ypres	2,20%	42	0,00%	0	42	AGR, CC, reg. 44313, fol. 11v
Franc de Bruges	11,90%	228	0,00%	0	229	AGR, CC, reg. 42607, fol. 1r-8r
Total échantillon	18,44%	354			354	
Extrapolation petites villes et châtellenies de Flandre					1 188	
Ypres	8,58%	165	6,70%	11	154	AGR, CC, reg. 38717, fol. 85r
Bruges	15,71%	0	0,00%	0	0	Nulle mention de cette aide
Gand	13,78%	265	0,00%	0	0	Wouter Ryckbosch, *Tussen Gavere en Cadzand…*, p. 332
Total = Extrapolation châtellenies et petites villes + contributions des Membres					1 342	

ANNEXE II

Tableau général des aides, subsides et compositions levés dans les principautés des pays de par-deçà (1477-1493)

Duché de Brabant

Nota : En cas d'incertitude sur la recette effective des aides, contributions et compositions, les montants estimés sont composés en italique. Le total des recettes levées chaque année est arrondi à 500 l. de 40 g. près.

	[1473]	1477	1478	1479	1480
Recettes dont le receveur général a disposé pour ses assignations	130 080	0	135 000	42 000	40 500
Recettes administrées par les assemblées représentatives ou par des receveurs particuliers		50 000	10 000	181 000	72 000
Total	130 080	50 000	145 000	223 000	112 500
Population (feux)	85 527	85 527	85 527	85 527	86 483
Prélèvement par feu (campagne)	1,12	0,41	1,19	1,83	0,92
Prélèvement par feu (général)	1,52	0,58	1,70	2,61	1,30
Les aides, avances ou compositions n'apparaissant pas dans la recette générale figurent dans les cases en grisé. Parfois, le receveur général des finances a pu disposer d'une partie du produit de ces subsides. Dans ce cas, le montant de ces sommes est indiqué et composé en caractères soulignés. Enfin, les subsides levés dans les principautés pour rembourser des avances ou des rentes figurent entre	Part du Brabant dans l'aide de 500 000 *ridders*, soit 108 400 *ridders*	Frais d'entretien des garnisons du Hainaut : fourchette estimée de l'ordre de 5 000 à 8 000 l. par mois à partir de mars/avril, soit environ 50 000 à 60 000 l.	108 400 couronnes, pour la guerre contre les Français (assiette de 130 267 l. et 6 997 l. de rabais, AGR, CC, reg. 15729) 8 115 l. assignées sur les aides d'Outre-Meuse (AGR, CC, reg. 15729) Don de 1 000 l. d'Anvers (AGR, CC, reg. 15729)	Aide de 4 000 l. accordée par le clergé de Brabant (ADN, B 2118, fol. 60v-61v) Don de 3 600 l. (ADN, B 2118, fol. 60v) 1 500 *ridders* pour Marguerite d'York (1 891 l. et 12 l. de rabais, AGR, CC, reg. 15729)	5 400 l. assignées sur les aides d'Outre-Meuse (y compris 2 000 l. le 28 décembre 1479, ADN, B 2118, fol. 38v-39r et B 2121, fol. 25r) Aide pour l'entretien de 400 lances pendant six semaines (7 500 l. assignées par le receveur général, ADN, B 2121, fol. 25v) 1 500 *ridders* pour Marguerite d'York (1 891 l. et 12 l. de rabais, AGR, CC, reg. 15729)

	[1473]	1477	1478	1479	1480
Les aides, avances ou compositions n'apparaissant pas dans la recette générale figurent dans les cases en grisé. Parfois, le receveur général des finances a pu disposer d'une partie du produit de ces subsides. Dans ce cas, le montant de ces sommes est indiqué et composé en caractères soulignés. Enfin, les subsides levés dans les principautés pour rembourser des avances ou des rentes figurent entre crochets.			2 600 l. pour le mois de service aux armées dû par le quartier de Bois-le-Duc (ADN, B 2118, fol. 48r-v et 66r)	Aide de 120 000 écus ou des 6 000 combattants (<u>29 000 l. de reste assignées par le receveur général</u>, AGR, CC, reg. 48799 (Bruxelles) et 30896 (Anvers))	Aide de 108 400 couronnes (2 500 couronnes de défauts pour la part des prélats, environ 16 000 couronnes pour la part du quartier de Bois-le-Duc, 8 314 couronnes de défauts sur les quartiers d'Anvers, Louvain et Bruxelles, réglées en 1481 – <u>27 500 l. assignées par le receveur général</u>, AGR, CC, reg. 15729)
			8 000 l. pour l'entretien de Marie (assiette de 8 080 l. et 5 l. de rabais, AGR, CC, reg. 15729)	Aide de 61 400 couronnes (<u>5 000 l. de reste assignées par le receveur général</u>, 4 500 l. de défauts pour la part des prélats, AGR, CC, reg. 15729 (prélats) et reg. 30895 (Anvers))	
			1 500 *ridders* pour Marguerite d'York (1 892 l. et 2 l. de rabais, AGR, CC, reg. 15729)		

540 ANNEXE II

	1481	1482	1483	1484
Recettes dont le receveur général a disposé pour ses assignations	25 000	34 500	4 000	20 000
Recettes administrées par les assemblées représentatives ou par des receveurs particuliers	8 500	67 000	160 000	18 000
Total	33 500	101 500	164 000	38 000
Population (feux)	86 483	86 483	86 483	86 483
Prélèvement par feu (campagne)	0,28	0,83	1,35	0,31
Prélèvement par feu (général)	0,39	1,17	1,90	0,44

	1481	1482	1483	1484
Les aides, avances ou compositions n'apparaissant pas dans la recette générale figurent dans les cases en grisé. Parfois, le receveur général des finances a pu disposer d'une partie du produit de ces subsides. Dans ce cas, le montant de ces sommes est indiqué et composé en caractères soulignés. Enfin, les subsides levés dans les principautés pour rembourser des avances ou des rentes figurent entre crochets.	8 314 couronnes accordées par les trois quartiers de Bruxelles, Anvers et Louvain pour les restes de l'aide de 108 400 couronnes (10 007 l. et 86 l. de rabais, AGR, CC, reg. 15729)	Aide de 32 000 l. pour l'entretien de l'état de Maximilien (Bois-le-Duc n'y contribue pas). 34 717 l. assises sur l'aide de 32 000 l. et l'aide de 8 000 l. ci-dessous (5 300 l. pour la part manquante de Bois-le-Duc de l'aide de 32 000 l., et 277 l. de rabais sur les deux aides, soit environ 220 l. sur les 32 000 l. et 57 l. sur les 8 000 l., AGR, CC, reg. 15729)	Aide de 4 000 l. pour les frais de la guerre de Liège (4 011 l., 14 l. de rabais, AGR, CC, reg. 15730)	Aide de 24 000 l., à payer à la Chandeleur et à la Saint-Rémi 1484 (24 057 l., 4 170 l. de rabais, dont 4 000 l. pour le quartier de Bois-le-Duc, à cause du coût de la guerre de Gueldre, AGR, CC, reg. 15730)
	1 500 l. assignées sur les aides d'Outre-Meuse (ADN, B 2124, fol. 26v)	200 l. accordées par le quartier de Bois-le-Duc (ADN, B 2127, fol. 34r)	Aide accordée par les quartiers de Bruxelles, Louvain et Anvers pour la guerre de Liège : 160 000 l. dépensées de janvier à avril 1483 (Willem Boonen, *Geschiedenis van Leuven…*, p. 65-69)	Aide de 4 000 l. pour la dépense des enfants de Maximilien (AGR, CC, reg. 15730)
	4 800 l. pour la composition de ceux de Bruxelles (ADN, B 2124, fol. 44r)	Avance de 4 800 l. accordée par Louvain et Anvers (ADN, B 2127, fol. 59v)		Aides de 2 000 couronnes pour Philippe de Clèves et 5 000 l. pour Engilbert de Nassau, à payer à la Chandeleur et à la Saint-Rémi 1484, AGR, CC, reg. 15730)

	1481	1482	1483	1484
Les aides, avances ou compositions n'apparaissant pas dans la recette générale figurent dans les cases en grisé. Parfois, le receveur général des finances a pu disposer d'une partie du produit de ces subsides. Dans ce cas, le montant de ces sommes est indiqué et composé en caractères soulignés. Enfin, les subsides levés dans les principautés pour rembourser des avances ou des rentes figurent entre crochets.	Aide de 7 750 couronnes pour le secours du Luxembourg (8 911 l., 80 l. de rabais, AGR, CC, reg. 15729)	Aide de 8 000 l. pour l'entretien de Marie et de ses enfants (57 l. de rabais, AGR, CC, reg. 15729)		400 l. pour le comte de Zollern, à payer à la Chandeleur 1484 (AGR, CC, reg. 15730)
	Deux aides de 1 000 couronnes pour l'évêque de Cambrai et Jean d'Immersele (2 424 l., 6 l. de rabais, AGR, CC, reg. 15729)	Aide accordée par les quartiers de Bruxelles, Louvain et Anvers pour la guerre de Liège : 48 000 l. dépensées de septembre à décembre 1482 (Willem Boonen, *Geschiedenis van Leuven…*, p. 65-69)		3 728 l. pour les garnisons de Cambrai, Huy et Saint-Trond (AGR, CC, reg. 15730)
	Aide de 4 000 l. pour Marie (4 014 l., 5 l. de rabais, AGR, CC, reg. 15729)	Deux premiers termes du remboursement de 3 508 couronnes en faveur de la ville de Bruxelles (2 109 l. assises, AGR, CC, reg. 15729)		Deux derniers termes du remboursement de 3 508 couronnes en faveur de la ville de Bruxelles, à payer à la Chandeleur et à la Saint-Rémi 1484 (2 105 l. assises, AGR, CC, reg. 15730)
	Aide de 1 900 l. pour le paiement des commissaires aux montres (1 916 l., 9 l. de rabais, AGR, CC, reg. 15729)	Aide de 12 000 l. pour l'artillerie et les « écoutes » du voyage de Liège (3 000 l. assignées par le receveur général, ADN, B 2127, fol. 60v)		Remboursement de 636 l. fait à la ville d'Anvers, à payer à la Chandeleur 1484 (AGR, CC, reg. 15730)

	1485	1486	1487	1488
Recettes dont le receveur général a disposé pour ses assignations	203 000	96 000	53 000	69 500
Recettes administrées par les assemblées représentatives ou par des receveurs particuliers	14 000	0	6 000	36 000
Total	217 000	96 000	59 000	105 500
Population (feux)	86 483	86 483	86 483	86 483
Prélèvement par feu (campagne)	1,78	0,79	0,49	0,86
Prélèvement par feu (général)	2,51	1,11	0,68	1,21
Les aides, avances ou compositions n'apparaissant pas dans la recette générale figurent dans les cases en grisé. Parfois, le receveur général des finances a pu disposer d'une partie du produit de ces subsides. Dans ce cas, le montant de ces sommes est indiqué et composé en caractères soulignés. Enfin, les subsides levés dans les principautés pour rembourser des avances ou des rentes figurent entre crochets.	Aide de 50 000 couronnes (10 800 l. de rabais, dont 9 404 l. pour le quartier de Bois-le-Duc, AGR, CC, reg. 15730)	Aide de 12 200 l. accordée en février 1486 (35 l. de rabais et défauts, AGR, CC, reg. 15730)	Termes de Noël 1487 et de la Saint-Jean-Baptiste 1488 d'une aide de 100 000 l. accordée en septembre 1487 (10 637 l. de rabais, et 12 106 l. pour la portion de Bruxelles que la ville refuse de payer à cause de ses prêts antérieurs, AGR, CC, reg. 15731)	
	Aide du 12e denier (environ 90 500 l. et 1 376 l. de rabais pour les campagnes, et forfait estimé à 40 000 l. pour les chef-villes, AGR, CC, reg. 15730)	Aide de 50 000 l. accordée en avril 1486 (1 000 l. de rabais et défauts, AGR, CC, reg. 15730)	Aide de 50 000 l. assise en janvier 1487 (2 114 l. de rabais, et 33 147 l. pour le remboursement des avances des villes en 1486, AGR, CC, reg. 15731)	2 020 l. levées dans le quartier de Bruxelles après la libération de Maximilien (AGR, CC, reg. 15731)

	1485	1486	1487	1488
Les aides, avances ou compositions n'apparaissant pas dans la recette générale figurent dans les cases en grisé. Parfois, le receveur général des finances a pu disposer d'une partie du produit de ces subsides. Dans ce cas, le montant de ces sommes est indiqué et composé en caractères soulignés. Enfin, les subsides levés dans les principautés pour rembourser des avances ou des rentes figurent entre crochets.	Aide de 30 000 l., assise en novembre 1485 (5 100 l. de rabais, AGR, CC, reg. 15730)	Prêt de 2 000 l. fait par la ville de Bruxelles (ADN, B 2133, fol. 73r)	1 500 l. pour l'évêque de Cambrai et le bâtard de Brabant, à payer à la Chandeleur 1487 (AGR, CC, reg. 15731)	Environ 24 000 l. prêtées par Anvers pendant la captivité de Maximilien et pour la garnison de Hulst (*ibid.*, fol. 18r-19r, 47v)
	2 195 l. pour Louvain, Bruxelles et Anvers, pour les intérêts des rentes viagères vendues pour les 30 000 l. (AGR, CC, reg. 15730)	Avance de 33 147 l. consentie par les villes et quartiers de Brabant en 1486 (AGR, CC, reg. 15731)	600 l. pour le comte de Zollern, à payer à la Chandeleur 1487 (AGR, CC, reg. 15731)	Coût de l'armée entretenue pas Anvers pour le compte de Maximilien et Albert de Saxe : 19 500 l. (Frederik Buylaert, J. Van Camp et Bert Verwerft, « Urban Militias … »)
	6 000 couronnes pour la rançon du seigneur de Culembourg, dont 4 000 payables en 1485 (AGR, CC, reg. 15730)		1 080 l. pour le remboursement de Tirlemont, qui avait prêté cette somme à la demande des états de Brabant (AGR, CC, reg. 15731)	Aide de 8 000 l. pour l'entretien de Philippe (Saint-Jean-Baptiste et Saint-Rémi 1488, AGR, CC, reg. 15731)
	2 000 couronnes pour le seigneur de Walhain (AGR, CC, reg. 15730)			Avance de 12 000 l. accordée par Anvers (<u>5 000 l. dans la recette générale</u>, B 2136, fol. 21v) à la fin de 1488.
	4 700 l. pour le remboursement de semblable somme employée par Corneille de Berghes et Henri de Swaeff, chevaliers, durant la dernière guerre de Liège (AGR, CC, reg. 15730)		Dernier terme des 6 000 couronnes accordées en 1485 pour la rançon du seigneur de Culembourg, reporté à la Chandeleur 1487 (AGR, CC, reg. 15731)	1 500 l. pour l'évêque de Cambrai et le bâtard de Brabant, à payer à la Chandeleur 1488 (AGR, CC, reg. 15731)

	1489	1490	1491	1492	1493
Recettes dont le receveur général a disposé pour ses assignations	42 000	83 000	39 500	104 000	118 000
Recettes administrées par les assemblées représentatives ou par des receveurs particuliers	108 000	3 500	10 000		9 000
Total	150 000	86 500	49 500	104 000	127 000
Population (feux)	70 000	70 000	70 000	72 774	72 774
Prélèvement par feu (campagne)	1,69	0,97	0,56	1,06	1,30
Prélèvement par feu (général)	2,14	1,24	0,71	1,43	1,69

Les aides, avances ou compositions n'apparaissant pas dans la recette générale figurent dans les cases en grisé. Parfois, le receveur général des finances a pu disposer d'une partie du produit de ces subsides. Dans ce cas, le montant de ces sommes est indiqué et composé en caractères soulignés. Enfin, les subsides levés dans les principautés pour rembourser des avances ou des rentes figurent entre crochets.

Compositions de Brabant (125 000 l. assignées par le receveur général sur les « trois termes » des compositions de Brabant, ADN, B 2138, fol. 80r-87r et 2140, fol. 61v-107v). Répartition (très approximative) à raison d'un terme en 1489 et deux termes en 1490

Aide de 50 000 l. accordée en novembre 1490 (1 721 l. pour le remboursement de Tirlemont, 42 l. pour le remboursement de Tubize, 8 758 l. de rabais, AGR, CC, reg. 15732)

Le 1er florin et la moitié du 2e florin par feu (6 fois 14 831,75 florins, la première fois à 20 s. – avant la dévaluation de la livre de 40 gros à Pâques 1492 –, les autres à 24 s., soit 105 622 l., moins 5 799 l. de rabais et défauts, 1 468 l. remboursées à Tirlemont et 766 l. à Anvers, AGR, CC, reg. 15732)

La moitié du 2e florin par feu (35 596 l., moins 1 941 l. de rabais et défauts, et 503 l. remboursées à Tirlemont, AGR, CC, reg. 15732)

Aide de 56 000 florins pour la paix de l'Écluse et autrement (67 200 l., 7 135 l. de rabais et défauts, AGR, CC, reg. 15732)

	1489	1490	1491	1492	1493
Les aides, avances ou compositions n'apparaissent pas dans la recette générale figurent dans les cases en grisé. Parfois, le receveur général des finances a pu disposer d'une partie du produit de ces subsides. Dans ce cas, le montant de ces sommes est indiqué et composé en caractères soulignés. Enfin, les subsides levés dans les principautés pour rembourser des avances ou des rentes figurent entre crochets.	Coût de l'armée entretenue pas Anvers pour le compte de Maximilien et Albert de Saxe : 108 000 l. (Frederik Buylaert, J. Van Camp et Bert Verwerft, « Urban Militias… »)	Prêt de 6 000 l. en faible monnaie sur les ville et mairie de Tirlemont en mars 1490 (AGR, CC, reg. 15731, compte de l'aide de 100 000 l. accordée en septembre 1487 ; 3 692 l. en monnaie forte remboursées en 1491 et 1492, sur l'aide de 50 000 l. accordée en novembre 1490 et l'aide des deux florins par feu accordée en 1492-1493, AGR, CC, reg. 15732)	Aide de 10 000 l. consenti en décembre 1490 au duc de Saxe pour la défense contre les Liégeois (7 l. de défauts, AGR, CC, reg. 15732)	Avance de 4 000 florins d'or pour l'artillerie servant au siège de l'Écluse, jamais remboursée (une aide est levée en 1495 pour le remboursement des villes qui avaient avancé la plus grande partie de la somme, AGR, CC, reg. 15732)	Aide de 80 000 couronnes consenti par tous les états de par-deçà pour le paiement des gens de guerre d'Arras et Saint-Omer (assiette de 25 167 l., 92 l. de rabais, AGR, CC, reg. 15732) Assiette de 2 237 l. pour le paiement des officiers qui ont fait justice de plusieurs bandits de grand chemin (AGR, CC, reg. 15732) 7 000 l. accordées en juillet 1491 par les villes de Louvain, Bruxelles, Anvers, Bois-le-Duc, Nivelles, Tirlemont, pour elles et au nom de toutes les villes et villages de Brabant, pour le défraiement de plusieurs seigneurs (AGR, CC, reg. 15732)

Comté de Flandre

Nota : Les montants indiqués résultent, pour la plupart des aides et compositions, d'une estimation fondée sur les contributions effectives d'un échantillon plus ou moins large de villes et châtellenies (voir *supra*, annexe I). Le total des recettes levées chaque année est arrondi à 5 000 l. de 40 g. près.

	[1473]	1477	1478	1479	1480
Aides apparaissant dans la recette générale	152 400		140 000	65 000	2 000
Aides n'apparaissant pas dans la recette générale		130 000	70 000	260 000	135 000
Aides n'apparaissant pas dans la recette générale (complément pour estimation haute)		20 000	25 000		17 000
Total maximum estimé (arrondi aux 5 000 l. supérieures)	152 400	150 000	235 000	325 000	155 000
Les aides, avances ou compositions n'apparaissant pas dans la recette générale figurent dans les cases en grisé. Parfois, le receveur général des finances a pu disposer d'une partie du produit de ces subsides. Dans ce cas, le montant de ces sommes est indiqué et composé en caractères soulignés.	Part de la Flandre dans l'aide de 500 000 *ridders*, soit 127 000 *ridders*	Levée de combattants en avril-juin 1477, contre Tournai, puis en août 1477, pour protéger le Neuffossé [Annexe I, aide n° 1]	127 000 *ridders*, termes de janvier, mai et septembre 1478 [Annexe I, aide n° 3]	127 000 *ridders*, terme de janvier 1479 (1er terme de la 2e année) [Annexe I, aide n° 5]	Aide de 2 000 écus (ADN, B 2121, fol. 28r-v)
		Aide de 4 000 combattants pour un mois [quartier de Bruges et Gand seulement] [Annexe I, aide n° 2]	Aide de 5 000 combattants pour 4 mois / 15 000 combattants [Annexe I, aide n° 4]	Aide de 24 000 f., soit 20 000 l., accordée par le clergé (ADN, B 2118, fol. 53v-54v)	Portion du quartier de Gand d'une aide de 15 000 couronnes pendant 7 mois (soit 5 910 couronnes par mois, de janvier à juillet 1480) [Annexe I, aide n° 8]

	[1473]	1477	1478	1479	1480
Les aides, avances ou compositions n'apparaissant pas dans la recette générale figurent dans les cases en grisé. Parfois, le receveur général des finances a pu disposer d'une partie du produit de ces subsides. Dans ce cas, le montant de ces sommes est indiqué et composé en caractères soulignés.			Aide de 2 500 *ridders* pour Marguerite d'York (3 500 l.) [Annexe I, aide n° I]	Aide de 100 000 *ridders* pour la continuation de Guinegatte [Annexe I, aide n° 6]	120 000 écus accordés par Bruges et Ypres en 1480, pour les soldes de mai à septembre de 6 000 combattants [80 413 écus payés, moins 7 000 l. assignées en 1481] [Annexe I, aide n° 9]
				Aide des 7 000 combattants pour quatre mois (96 000 *ridders*) [Annexe I, aide n° 6]	22 500 couronnes accordées par la Flandre pour l'entretien de 2 000 hommes pendant trois mois, soit janvier à mars 1480 [Quartier de Bruges et d'Ypres, annexe I, aide n° 7]
				Contributions excédentaires de diverses villes et châtellenies par rapport aux aides de 96 000 et 100 000 *ridders* [Annexe I, aide n° 6]	
				Aide de 2 500 *ridders* pour Marguerite d'York (1 500 l.) [Annexe I, aide n° I]	

	1481	1482	1483	1484
Aides apparaissant dans la recette générale	11 000	21 500		
Aides n'apparaissant pas dans la recette générale	55 000	210 000	30 000	105 000
Aides n'apparaissant pas dans la recette générale (complément pour estimation haute)	6 500	33 500		
Total maximum estimé (arrondi aux 5 000 l. supérieures)	75 000	265 000	30 000	105 000
Les aides, avances ou compositions n'apparaissent pas dans la recette générale figurent dans les cases en grisé. Parfois, le receveur général des finances a pu disposer d'une partie du produit de ces subsides. Dans ce cas, le montant de ces sommes est indiqué et composé en caractères soulignés.	6 920 l. avancées par Bruges et finalement déduites des arriérés des 120 000 écus accordés en 1480, ADN, B 2124, fol. 29r Aide de 8 000 l. accordée par le clergé (à payer en 1481-1482, ADN, B 2124, fol. 29v)	Reste de 50 000 écus votés en 1481 par les quartiers de Bruges et Ypres, pour les restes des aides de Flandre jusqu'à la fin décembre 1481 [1 600 l. payées, ADN, B 6773] Aide de 75 000 écus par an pendant la durée de la guerre accordée par Bruges et Ypres, *par maniere de provision pour l'entretien des gens de guerre* [16 000 l. payées, ADN, B 6773]	Aide accordée par les Trois Membres pour les ambassades et la protection des frontières (janvier-février 1483) (portion du quartier de Gand de 40 000 couronnes, portion du quartier de Bruges de 8 333 couronnes, portion du quartier d'Ypres de 20 000 couronnes) [Annexe I, aide n° 16]	Aide de 40 000 couronnes accordée en décembre 1483 [Annexe I, aide n° 18] 20 000 couronnes accordées en juin 1484 pour le paiement des gens de guerre sur les frontières [Annexe I, aide n° 18]

	1481	1482	1483	1484
Les aides, avances ou compositions n'apparaissant pas dans la recette générale figurent dans les cases en grisé. Parfois, le receveur général des finances a pu disposer d'une partie du produit de ces subsides. Dans ce cas, le montant de ces sommes est indiqué et composé en caractères soulignés.	Aide de 21 200 écus pour le paiement des gens de guerre (printemps 1481) [Annexe I, aide n° 10]	Aide de 8 000 l. accordée par le clergé (à payer en 1481-1482, ADN, B 2124, fol. 29v)	10 000 couronnes accordées par les Trois Membres en septembre 1483, pour le paiement des gens de guerre mis en garnison dans diverses places, comme Ruppelmonde et L'Écluse [Annexe I, aide n° 17]	Portion du quartier de Bruges de 20 000 couronnes, et portion des quartiers de Gand et d'Ypres de 40 000 couronnes, accordées en août-octobre pour le paiement des gens de guerre [Annexe I, aide n° 18]
	Portion du quartier de Gand d'une aide de 20 000 couronnes (soit 7 880 couronnes, en octobre 1481) [Annexe I, aide n° 11]	Portion de Gand d'une aide de 180 000 couronnes (soit 70 920 couronnes, été-automne 1482) [Annexe I, aide n° 14]	Aide de 2 500 *ridders* pour Marguerite d'York (2 000 l.) [Annexe I, aide n° I]	Aide de 2 500 *ridders* pour Marguerite d'York (1 500 l.) [Annexe I, aide n° I]
	Avances et paiements aux gens de guerre consentis par les quartiers d'Ypres et de Bruges [Annexe I, aide n° 12]	Portion de Bruges et d'Ypres d'une aide de 240 000 couronnes (soit 145 680 couronnes, été-automne 1482) [Annexe I, aide n° 15]		
	Aide de 2 500 *ridders* pour Marguerite d'York (2 000 l.) [Annexe I, aide n° I]	Aide de 21 200 écus pour le paiement des gens de guerre (début 1482) [Annexe I, aide n° 13]		

	1485	1486	1487	1488
Aides apparaissant dans la recette générale	65 000	435 000	195 000	
Aides n'apparaissant pas dans la recette générale	100 000	55 000	18 000	17 000
Aides n'apparaissant pas dans la recette générale (complément pour estimation haute)				
Total maximum estimé (arrondi aux 5 000 l. supérieures)	165 000	490 000	215 000	20 000
Les aides, avances ou compositions n'apparaissant pas dans la recette générale figurent dans les cases en grisé. Parfois, le receveur général des finances a pu disposer d'une partie du produit de ces subsides. Dans ce cas, le montant de ces sommes est indiqué et composé en caractères soulignés.	Terme de Noël 1485 de l'aide de 127 000 *ridders* [Annexe I, aide n° 20] Contributions levées par le conseil de régence de Flandre pour la défense du comté contre Maximilien (novembre 1484-juin 1485) [Annexe I, aide n° 19]	Aide de 20 000 l. accordée pour les garnisons postées contre les Liégeois (février 1486) [Annexe I, aide n° 21] 2ᵉ et 3ᵉ termes de l'aide de 127 000 *ridders*, anticipation des 5ᵉ et 6ᵉ termes [Annexe I, aide n° 22] Aide des 15 000 combattants pour trois mois accordée en août 1486 [Annexe I, aide n° 23]	5ᵉ terme de l'aide de 127 000 *ridders* (Noël 1487) [Annexe I, aide n° 24] Avance de 40 000 couronnes [Annexe I, aide n° 25] Aide de 63 500 *ridders*, à payer à la Saint-Jean-Baptiste 1487 [Annexe I, aide n° 26]	Contributions des villes et districts restés fidèles à Maximilien : 15 000 l. environ, d'après les comptes de la châtellenie de Furnes (AGR, CC, reg. 43186, fol. 43r-44v)

	1485	1486	1487	1488
Les aides, avances ou compositions n'apparaissant pas dans la recette générale figurent dans les cases en grisé. Parfois, le receveur général des finances a pu disposer d'une partie du produit de ces subsides. Dans ce cas, le montant de ces sommes est indiqué et composé en caractères soulignés.	Aide de 20 000 couronnes pour les dettes de Marie de Bourgogne [Annexe I, aide n° II]	Terme de Noël 1485 de l'aide de 10 000 *ridders* par an pendant trois ans pour Marguerite d'York (11 700 l.) [Annexe I, aide n° III]	Aide de 108 000 l. pour l'entretien des garnisons de Flandre (15 000 couronnes par mois pendant 6 mois, de septembre 1487 à février 1488), accordées par Ypres, Bruges, le Franc, et le quartier de Gand (hors Gand) [Annexe I, aide n° 27]	Aide de 2 500 *ridders* pour Marguerite d'York (2 000 l.) [Annexe I, aide n° I]
	Terme de Noël 1485 de l'aide de 10 000 *ridders* par an pendant trois ans pour Marguerite d'York (5 000 l.) [Annexe I, aide n° III]	Deux premiers termes de l'aide de 25 000 l. accordée en dons et gratuités pour divers seigneurs (15 000 l.) [Annexe I, aide n° IV]	Terme de Noël 1485 de l'aide de 10 000 *ridders* par an pendant trois ans pour Marguerite d'York (6 500 l.) [Annexe I, aide n° III]	
		Aide de 12 000 couronnes levée dans le quartier de Bruges pour l'entretien de 8 navires de guerre (AGR, CC, reg. 42597, fol. 194v et 32537, fol. 151r)	Dernier terme de l'aide de 25 000 l. accordée en dons et gratuités pour divers seigneurs (8 000 l.) [Annexe I, aide n° IV]	
		14 400 l. de gratifications accordées par le Franc de Bruges à Maximilien et aux grands seigneurs qui ont favorisé la restauration du Franc en tant que quatrième Membre de Flandre (AGR, CC, reg. 42597, fol. 10v-11r)	Solde de 1 500 à 3 500 combattants pour 15 jours, pour le ravitaillement de Thérouanne : 3 500 l. environ (AGR, CC, reg. 42598, fol. 152r (Franc de Bruges), reg. 38711, fol. 84v-85r (Ypres), reg. 44309, fol. 23r-v)	

	1489	1490	1491
Aides apparaissant dans la recette générale	65 000	170 000	186 000
Aides n'apparaissant pas dans la recette générale	25 000	35 000	8 000
Aides n'apparaissant pas dans la recette générale (complément pour estimation haute)			
Total maximum estimé (arrondi aux 5 000 l. supérieures)	90 000	205 000	195 000
Les aides, avances ou compositions n'apparaissant pas dans la recette générale figurent dans les cases en grisé. Parfois, le receveur général des finances a pu disposer d'une partie du produit de ces subsides. Dans ce cas, le montant de ces sommes est indiqué et composé en caractères soulignés.	Première taxation sur le *Westquartier* pour le paiement des gens de guerre (10 000 l., ADN, B 4183)	Compositions de Tours : termes de Noël 1489, Pâques 1490, Saint-Jean-Baptiste 1490 et Noël 1490 [Annexe I, Compositions de Tours]	Compositions de Tours : termes de Pâques 1491, Saint-Jean-Baptiste 1491 et Noël 1491 [Annexe I, Compositions de Tours]
	Deuxième taxation sur le *Westquartier* pour le paiement des gens de guerre (20 000 l., ADN, B 4183)	50 000 florins dus par Bruges pour le premier versement de l'indemnité de 150 000 florins à cause de la paix de Damme [AGR, CC, reg. 32544, fol. 171r : 50 000 l.]	Aide de 33 600 l. à payer de mars à mai 1491 [Annexe I, aide n° 28]
	Aides de 5 000 et 8 000 l. accordées par le *Westquartier* pour le paiement des Allemands et des Anglais (ADN, B 4183)	Aide de 3 000 couronnes par mois pendant quatre mois accordée par le *Westquartier* (juillet à octobre, AGR, CC, reg. 43187, fol. 7v (châtellenie de Furnes))	33 000 florins dus par Bruges pour le premier des trois termes restants de l'indemnité de 150 000 florins à cause de la paix de Damme (Saint-Jean-Baptiste 1491) [AGR, CC, reg. 32544, fol. 171r : environ 36 000 l.]

	1489	1490	1491
Les aides, avances ou compositions n'apparaissant pas dans la recette générale figurent dans les cases en grisé. Parfois, le receveur général des finances a pu disposer d'une partie du produit de ces subsides. Dans ce cas, le montant de ces sommes est indiqué et composé en caractères soulignés.	Apatissements et sauvegardes dans le *Westquartier* : 11 000 l. (ADN, B 4183)	Aide de 3 000 couronnes par mois pendant quatre mois accordée par le *Westquartier* (novembre 1490 à janvier 1491, AGR, CC, reg. 43187, fol. 7v (châtellenie de Furnes))	Aide de 3 000 couronnes par mois pendant quatre mois accordée par le *Westquartier* (novembre 1490 à janvier 1491, AGR, CC, reg. 43187, fol. 7v (châtellenie de Furnes))
	Avance de 10 000 l. consentie par le *Westquartier* sur la première aide à accorder (ADN, B 4183)	Arriérés pour la 3e et dernière année de l'aide de 10 000 *ridders* par an pendant trois ans pour Marguerite d'York (10 000 l.) [Annexe I, aide n° III]	Arriérés : 4 000 l. pour l'aide de 20 000 couronnes accordée en 1485 pour les dettes de Marie [Annexe I, aide n° II]
	[Emprunt de 72 000 l. sur les villes de Westflandre (pour mémoire)]	Aide de 4 000 couronnes accordée par le *Westquartier* en juin 1490 pour les frais du comte de Nassau à cause de son voyage en France (AGR, CC, reg. 43187, fol. 7v (châtellenie de Furnes))	
	Contributions complémentaires : 8 800 l. pour la châtellenie de Furnes, soit environ 25 000 l. pour les villes et districts contrôlés par Maximilien (AGR, CC, reg. 43186, fol. 43r-49r)		

	1492	1493
Aides apparaissant dans la recette générale	195 000	130 000
Aides n'apparaissant pas dans la recette générale	5 000	5 000
Aides n'apparaissant pas dans la recette générale (complément pour estimation haute)		
Total maximum estimé (arrondi aux 5 000 l. supérieures)	200 000	135 000
Les aides, avances ou compositions n'apparaissant pas dans la recette générale figurent dans les cases en grisé. Parfois, le receveur général des finances a pu disposer d'une partie du produit de ces subsides. Dans ce cas, le montant de ces sommes est indiqué et composé en caractères soulignés.	Compositions de Tours : termes de Pâques 1492, Saint-Jean-Baptiste 1492 [Annexe I, Compositions de Tours] 33 000 florins dus par Bruges pour le deuxième des trois termes restants de l'indemnité de 150 000 florins à cause de la paix de Damme (Saint-Jean-Baptiste 1492) [florin à 24 s.] [AGR, CC, reg. 32545, fol. 196r-v, environ 45 500 l.] Aide des 100 000 florins accordés par Bruges, Ypres et le Franc, 28 000 par les petites villes du quartier de Gand, à payer en trois termes (deux en 1492, un en 1493) [Annexe I, aide n° 29]	33 000 florins dus par Bruges pour le dernier des trois termes restants de l'indemnité de 150 000 florins à cause de la paix de Damme (Saint-Jean-Baptiste 1493) [florin à 24 s.] [AGR, CC, reg. 32546, fol. 183v-184r, environ 10 000 l.] Aide des 100 000 florins accordés par Bruges, Ypres et le Franc, 28 000 par les petites villes du quartier de Gand, à payer en trois termes (deux en 1492, un en 1493) [Annexe I, aide n° 29] 20 000 couronnes sur les 80 000 accordées pour la solde des garnisons d'Arras, Saint-Omer et autres [Annexe I, aide n° 30]

	1492	1493
Les aides, avances ou compositions n'apparaissant pas dans la recette générale figurent dans les cases en grisé. Parfois, le receveur général des finances a pu disposer d'une partie du produit de ces subsides. Dans ce cas, le montant de ces sommes est indiqué et composé en caractères soulignés.	Arriérés : 10 000 l. pour la portion de Bruges de l'aide de 108 000 l. [Annexe I, aide n° 27]	Arriérés : 3 000 l. pour la portion de Bruges de l'aide de 108 000 l. [Annexe I, aide n° 27] ; 75 000 l. pour les compositions de Tours [Annexe I, Compositions de Tours]
	Arriérés : 1 500 l. pour la 3e année de l'aide de la douairière [Annexe I, aide n° III]	1 600 florins de 24 s., sur les 6 000 accordées par les États généraux pour le voyage du comte de Nassau [Annexe I, aide, n° V]
	Arriérés : 4 000 l. pour l'aide de 20 000 couronnes accordée en 1485 pour les dettes de Marie [Annexe I, aide n° II]	Arriérés : 4 000 l. pour l'aide de 20 000 couronnes accordée en 1485 pour les dettes de Marie [Annexe I, aide n° II]

Châtellenie de Lille, Douai et Orchies

	[1473]	1485	1486	1487	1488
Aides apparaissant dans la recette générale des finances	19 200	13 000	18 900	6 600	6 700
Aides n'apparaissant pas dans la recette générale des finances		6 000		3 500	1 500
Total	19 200	19 000	18 900	10 100	8 200

Les aides, avances ou compositions n'apparaissant pas dans la recette générale figurent dans les cases en grisé. Parfois, le receveur général des finances a pu disposer d'une partie du produit de ces subsides. Dans ce cas, le montant de ces sommes est indiqué et composé en caractères soulignés. Enfin, les subsides levés dans les principautés pour rembourser des avances ou des rentes figurent entre crochets.	Part de la châtellenie dans l'aide de 500 000 *ridders*	Premier terme de l'aide de 11 000 l. par an pendant trois ans (8 297 l. sur les campagnes, 11 000 l. avec les villes, A. Derville, *Enquête 1491*, p. 30) accordée par Lille et la châtellenie, à partir de la Saint-Jean-Baptiste 1485 (dont on soustrait 2 500 l. pour le premier terme du remboursement de l'avance de 10 000 l. ci-dessous, AM Lille, reg. 16225, fol. 33v-34r)	2ᵉ et 3ᵉ termes de l'aide de 11 000 l. par an pendant trois ans (8 297 l. sur les campagnes, 11 000 l. avec les villes, A. Derville, *Enquête 1491*, p. 30) accordée par Lille et la châtellenie (dont on soustrait 3 900 l. pour le remboursement de l'avance de 10 000 l. faite en 1485, AM Lille, reg. 16225, fol. 33v-34r, reg. 16226, fol. 30v)	4ᵉ et 5ᵉ termes de 11 000 l. par an pendant trois ans (8 297 l. sur les campagnes, 11 000 l. avec les villes, A. Derville, *Enquête 1491*, p. 30) accordée par Lille et la châtellenie (dont on soustrait 4 412 l. pour le remboursement des avances consenties en 1485 et 1486, AM Lille, reg. 16226, fol. 30v, reg. 16227, fol. 27r)	6ᵉ et dernier terme de l'aide de 11 000 l. par an pendant trois ans (8 297 l. sur les campagnes, 11 000 l. avec les villes, A. Derville, *Enquête 1491*, p. 30) accordée par Lille et la châtellenie (dont on soustrait 1 800 l. pour le remboursement des avances consenties en 1485 et 1486, AM Lille, reg. 16227, fol. 27r)

	[1473]	1485	1486	1487	1488
Les aides, avances ou compositions n'apparaissant pas dans la recette générale figurent dans les cases en grisé. Parfois, le receveur général des finances a pu disposer d'une partie du produit de ces subsides. Dans ce cas, le montant de ces sommes est indiqué et composé en caractères soulignés. Enfin, les subsides levés dans les principautés pour rembourser des avances ou des rentes figurent entre crochets.		Avance de 10 000 l. sur les deux premières années de l'aide de 11 000 l. (AM Lille, reg. 16224, fol. 30v-31r)	Avance de 6 000 l. sur une aide à lever en 1488-1489 (AM Lille, reg. 16225, fol. 34v-35r)	Subsides complémentaires de 700 l. pour la garnison de Wavrin, 750 l. pour les pertes de Philippe de Clèves à Béthune, 400 l. pour la moitié du premier mois des 100 combattants à cheval mis en garnison à Lille (AM Lille, reg. 16226, fol. 109v-110r, reg. 16227, fol. 27v-28r)	1er terme de l'aide de 6 000 l. dont le produit avait été avancé par Lille en 1486, qui aurait dû servir à rembourser la ville, mais qui a finalement été retenu par le receveur des aides
		6 055 l. accordées par la châtellenie pour le seigneur d'Espierres et le conseil de régence (AM Lille, reg. 16224, fol. 120v-122v)	Avance de 5 000 l. sur la 3e année de l'aide de 8 297 l., et prêt de 1 000 l. au seigneur de Chantereine (AM Lille, reg. 16225, fol. 36v-37r)	Aide de 1 600 l. accordée par la châtellenie pour la garde des moissons (AM Lille, reg. 16226, fol. 109v-110r)	Subsides complémentaires de 600 l. pour la dépense de l'archiduc et de 900 l. pour la solde de la garnison allemande du château (AM Lille, reg. 16227, fol. 29v et 102r-v)
		[Assiette complémentaire de 6 275 l. à lever en trois ans à partir de Noël 1485, accordée par les états de la châtellenie pour le remboursement des 6 055 l. avancées par Lille en 1485, AM Lille, reg. 16225, fol. 33v-34r, 16226, fol. 30v, 16227, fol. 27r]			

	1489	1490	1491
Aides apparaissant dans la recette générale des finances	8 200	7 200	12 500
Aides n'apparaissant pas dans la recette générale des finances	11 200	1 850	800
Total	19 400	9 050	13 300
Les aides, avances ou compositions n'apparaissant pas dans la recette générale figurent dans les cases en grisé. Parfois, le receveur général des finances a pu disposer d'une partie du produit de ces subsides. Dans ce cas, le montant de ces sommes est indiqué et composé en caractères soulignés. Enfin, les subsides levés dans les principautés pour rembourser des avances ou des rentes figurent entre crochets.	Aide de 4 500 l. par an pendant trois ans (dont on soustrait 76 l. pour le remboursement des avances consenties en 1485-1486, AM Lille, reg. 16228, fol. 3or et ADN, B 6942, état prévisionnel des assignations sur cette aide)	2ᵉ année de l'aide de 4 500 l. par an pendant trois ans (dont on soustrait 1 800 l. pour le remboursement du prêt accordé par Lille à la douairière en 1489, AM Lille, reg. 16229, fol. 29r, et ADN, B 6942, état prévisionnel des assignations sur cette aide)	3ᵉ année de l'aide de 4 500 l. par an pendant trois ans (dont on soustrait 1 000 l. pour le remboursement du prêt accordé par Lille à la douairière en 1489, AM Lille, reg. 16230, fol. 28r, et ADN, B 6942, état prévisionnel des assignations sur cette aide)
	2ᵉ terme de l'aide de 6 000 l. dont le produit avait été avancé par Lille en 1486, qui aurait dû servir à rembourser la ville, mais qui a finalement été retenu par le receveur des aides	1ᵉʳ terme de la crue de 4 450 l. (ADN, B 2140, fol. 42r-v)	2ᵉ et 3ᵉ termes de la crue de 4 450 l. (ADN, B 2140, fol. 42r-v)
	Retenue de 750 l. opérée par le receveur des aides sur une aide de 18 600 l. à payer en trois ans pour les dépenses du traité de Wavrin conclu avec Philippe de Crèvecœur et le remboursement des avances de Lille (AM Lille, reg. 16228, fol. 3or)	Avance de 3 000 l. consentie par Lille sur l'aide accordée pour les années 1492-1494 (AM Lille, reg. 16229, fol. 3or et ADN, B 2140, fol. 41v-42r)	6 000 l. avancées par Lille sur l'aide accordée pour les années 1492-1494 (une partie de 3 000 l., deux de 1 000 l. et une de 1 000 l. pour l'abbé de Saint-Bertin, AM Lille, reg. 16229, fol. 119r-120v et ADN, B 2142, fol. 42r-43r)

	1489	1490	1491
Les aides, avances ou compositions n'apparaissant pas dans la recette générale figurent dans les cases en grisé. Parfois, le receveur général des finances a pu disposer d'une partie du produit de ces subsides. Dans ce cas, le montant de ces sommes est indiqué et composé en caractères soulignés. Enfin, les subsides levés dans les principautés pour rembourser des avances ou des rentes figurent entre crochets.	Aide de 1 200 l. pour deux mois de 50 combattants à cheval et 40 à pied levés pour la protection des marchands ; 1 634 l. payées par Lille pour la défense de la châtellenie, avance de 1 584 l. sur la 2e année de l'aide de 4 500 l. pour le paiement des Allemands de la garnison du château (AM Lille, reg. 16228, fol. 104v-111r)	1 850 l. prêtées par Lille pour le départ de la garde (AM Lille, reg. 16229, fol. 121v-122r)	800 l. pour éviter que la garde du roi et de l'archiduc ne loge dans la châtellenie (AM Lille, reg. 16229, fol. 119v-120r)
	3 278 l. payées par Lille pour le traité de neutralité signé avec Crèvecœur, 700 l. payées par la châtellenie pour les blés pris à Commines (AM Lille, reg. 16228, fol. 104v-111r), avance de 2 800 l. fait par la ville de Lille à la douairière (AM Lille, reg. 16229, fol. 29r)	[Assiette de 1 850 l. accordée par les états de la châtellenie, à payer en quatre ans et demi, pour le remboursement de Lille qui avait avancé la somme pour le départ de la garde en 1490, AM Lille, reg. 16229, fol. 29r, reg. 16230, fol. 28r, reg. 16231, fol. 33v, reg. 16232, fol. 30r-v]	
	[Assiette de 18 600 l. accordée par les états de la châtellenie, à payer en six termes à partir de la Saint-Jean-Baptiste 1489, pour les dépenses du traité de Wavrin et le remboursement des avances de Lille, AM Lille, reg. 16228, fol. 30v-31r et 104v, reg. 16229, fol. 29r, reg. 16230, fol. 28r]		

	1492	1493
Aides apparaissant dans la recette générale des finances	11 800	27 400
Aides n'apparaissant pas dans la recette générale des finances	8 000	
Total	19 800	27 400
Les aides, avances ou compositions n'apparaissant pas dans la recette générale figurent dans les cases en grisé. Parfois, le receveur général des finances a pu disposer d'une partie du produit de ces subsides. Dans ce cas, le montant de ces sommes est indiqué et composé en caractères soulignés. Enfin, les subsides levés dans les principautés pour rembourser des avances ou des rentes figurent entre crochets.	Première année d'une aide de 15 000 l. par an pendant trois ans (dont on soustrait 3 200 l. pour le remboursement des sommes avancées en 1491, 981 l. pour la première année du remboursement des avances consenties aux Allemands du château de Lille en 1489, AM, Lille, reg. 16230, fol. 28r-v et 16231, fol. 33v)	Deuxième année d'une aide de 15 000 l. par an pendant trois ans (dont on soustrait 981 l. pour la deuxième année du remboursement des avances consenties aux Allemands du château de Lille en 1489, AM Lille, reg. 16231, fol. 33v)
	7 572 l. avancées par Lille pour la défense de la châtellenie (1 270 l. pour la reprise de La Bassée, 826 l. pour l'entretien de petites garnisons, 1 019 l. pour le délogement de la garde, 3 740 l. pour les garnisons de Wavrin [7 combattants à cheval et 56 à pied] et de Lille [110 combattants à cheval], 237 l. payées par Lille pour le ravitaillement de la garnison de La Bassée en décembre 1492, 480 l. prêtées au gouverneur pour le paiement de 120 piétons envoyés à La Bassée après son recouvrement, AM Lille, reg. 16230, fol. 110v-114r et 16231, fol. 122v)	3 932 l. pour la portion de la châtellenie des 80 000 écus accordés pour le paiement des garnisons d'Arras et Saint-Omer (AM Lille, reg. 16231, fol. 34r et ADN, B 2146, fol. 66r)
		Aide de 4 000 écus accordée en novembre 1492 pour les soldes des garnisons d'Arras et Saint-Omer (AM Lille, reg. 16231, fol. 124v)
		Prêt de 1 000 l. pour le délogement de la garnison d'Arras, consenti par la ville de Lille (AM Lille, reg. 16231, fol. 125r, prêt remboursé en 1503, sur le 3e compte de Jacques de Themsicke des aides de Lille, ADN, B 2146, fol. 69r-v, mention marginale)

	1492	1493
Les aides, avances ou compositions n'apparaissant pas dans la recette générale figurent dans les cases en grisé. Parfois, le receveur général des finances a pu disposer d'une partie du produit de ces subsides. Dans ce cas, le montant de ces sommes est indiqué et composé en caractères soulignés. Enfin, les subsides levés dans les principautés pour rembourser des avances ou des rentes figurent entre crochets.	430 l. payées à Louis de Vaudrey pour éviter que la garde ne loge à Lille (AM Lille, reg. 16230, fol. 28v et 111r)	Retenue de 3 675 l. sur une assiette de 6 675 l. destinée à rembourser les frais engagés par Lille pour la reprise de La Bassée (AM Lille, reg. 16231, fol. 33v)
	[Assiette de 1 850 l. accordée par les états de la châtellenie, à payer en quatre ans et demi, pour le remboursement de Lille qui avait avancé la somme pour le départ de la garde en 1490, AM Lille, reg. 16229, fol. 29r, reg. 16230, fol. 28r, reg. 16231, fol. 33v, reg. 16232, fol. 30r-v]	
		[Assiette de 6 675 l. destinée à rembourser les frais engagés par Lille pour la reprise de La Bassée et la défense de la châtellenie en 1492, AM Lille, reg. 16231, fol. 33v]

Comté de Hollande et Frise occidentale

Nota : En cas d'incertitude sur la recette effective des aides, contributions et compositions, les montants estimés sont composés en italique.

	[1473]	1477	1478	1479	1480
Aides apparaissant dans la recette générale des finances	101 600		23 000	0	125 000
Aides n'apparaissant pas dans la recette générale des finances		*50 000*	*0*	*0*	*24 000*
Total	101 600	*50 000*	23 000	0	149 000

Les aides, avances ou compositions n'apparaissant pas dans la recette générale figurent dans les cases en grisé. Parfois, le receveur général des finances a pu disposer d'une partie du produit de ces subsides. Dans ce cas, le montant de ces sommes est indiqué et composé en caractères soulignés. Enfin, les subsides levés dans les principautés pour rembourser des avances ou des rentes figurent entre crochets.	Part de la Hollande dans l'aide de 500 000 *ridders*, soit les deux tiers de 127 000 *ridders*	Armement d'une flotte de 36 bâtiments : fourchette estimée à 50 000/ 60 000 l. (Adriaan Gerard Jongkees, « Armement et action d'une flotte de guerre… »)	Avance consentie par Alkmaar, Hoorn, Leyde, Delft, Gouda, Dordrecht en 1478 (NA, CC La Haye, rek. 3389)	Trois premières années de l'aide de 80 000 *clinkaerts* accordée en 1478/1480 (assiette de 123 627 l., 110 525 l. d'assignations réglées sur les trois premières années de l'aide ; 5 651 l. de rabais et d'*overschot* (déduits de la recette, ou mis en dépense) ; 24 600 l. avancées par les villes au premier trimestre 1480, 20 670 l. remboursées sur la recette des trois premières années (NA, CC La Haye, rek. 3388)
				Aide pour l'entretien de gens de guerre sur les frontières de Gueldre : 3 500 l. assignées par le receveur général (ADN, B 2121, fol. 29r et 32r)
				Aide de 3 000 *clinkaerts* pour la duchesse Marie pendant huit ans, la première année échéant aux termes de la Saint-Jean-Baptiste et de Noël 1480 (1 987 l. délivrées à Thibaud Barradot, NA, CC La Haye, rek. 3388)

	[1473]	1477	1478	1479	1480
Les aides, avances ou compositions n'apparaissant pas dans la recette générale figurent dans les cases en grisé. Parfois, le receveur général des finances a pu disposer d'une partie du produit de ces subsides. Dans ce cas, le montant de ces sommes est indiqué et composé en caractères soulignés. Enfin, les subsides levés dans les principautés pour rembourser des avances ou des rentes figurent entre crochets.					Aide de 4 000 *clinkaerts* accordée à la douairière pendant trois ans, la première année échéant aux termes de la Saint-Jean-Baptiste et de Noël 1480 (appointée à la place de ce qui lui restait dû pour l'aide de 16 ans accordée après son mariage avec Charles) (2 499 l. délivrées à son receveur, NA, CC La Haye, rek. 3388)
					Assiette complémentaire de 2 000 *clinkaerts* au profit d'Amsterdam, Haarlem, Gouda, Delft et Leyde, pour ce qu'elles ont donné et doivent encore donner au « capitaine général de la mer » (NA, CC La Haye, rek. 3388)
					Aide de 18 000 l. accordée par les villes de Hollande pour l'armement de seize navires de guerre et de 2 400 marins et soldats pour la protection de la pêche et du commerce, financée par un *pontgheld* sur la marchandise et un *lastgeld* sur le hareng (*Bronnen Dagvaarten Holland*, p. 269, NA, CC La Haye, rek. 3388)

	1481	1482	1483
Aides apparaissant dans la recette générale des finances	110 000	10 000	25 000
Aides n'apparaissant pas dans la recette générale des finances	105 000	215 000	320 000
Total	215 000	225 000	345 000
Les aides, avances ou compositions n'apparaissant pas dans la recette générale figurent dans les cases en grisé. Parfois, le receveur général des finances a pu disposer d'une partie du produit de ces subsides. Dans ce cas, le montant de ces sommes est indiqué et composé en caractères soulignés. Enfin, les subsides levés dans les principautés pour rembourser des avances ou des rentes figurent entre crochets.	Quatrième année de l'aide de 80 000 *clinkaerts* accordée en 1478/1480 (assiette de 48 246 l., 27 836 l. d'assignations réglées sur la 4ᵉ année ; 8 139 l. remboursées aux villes, 2 336 l. de rabais et d'*overschot* (déduits de la recette, ou mis en dépense), NA, CC La Haye, rek. 3390)	Composition de Leyde : 10 000 l. en 1482 (Michel Joost van Gent, « *Pertijelike saken* » ..., p. 308)	Une moitié de la sixième année de l'aide de 80 000 *clinkaerts* accordée en 1478/1480 (assiette de 61 814 l. pour les trois termes de 1483-1484, 45 788 l. d'assignations réglées ; 7 685 l. remboursées aux villes, 8 029 l. de rabais et d'*overschot* (déduits de la recette, ou mis en dépense), NA, CC La Haye, rek. 3392)
	Aide de 5 000 hommes pendant deux mois pour la soumission de Leyde (moins la part des villes *Hoeken*, soit 1 248 hommes), soit environ 30 000 l. (*Bronnen Dagvaarten Holland*, p. 312-313, Michel Joost van Gent, « *Pertijelike saken* » ..., p. 287 et ADN, B 2124, fol. 30r-31r)		
	Amendes imposées à Leerdam, Hoorn, Alkmaar et Gouda : 9 200 l. (Michel Joost van Gent, « *Pertijelike saken* » ..., p. 308 et ADN, B 2124, fol. 45r-49r)	Aide de 3 000 *clinkaerts* pour la duchesse Marie pendant huit ans (1 987 l. délivrées à Thibaud Barradot, NA, CC La Haye, rek. 3390)	Composition de Leyde : 10 000 l. en 1483 (Michel Joost van Gent, « *Pertijelike saken* » ..., p. 308)

	1481	1482	1483
Les aides, avances ou compositions n'apparaissant pas dans la recette générale figurent dans les cases en grisé. Parfois, le receveur général des finances a pu disposer d'une partie du produit de ces subsides. Dans ce cas, le montant de ces sommes est indiqué et composé en caractères soulignés. Enfin, les subsides levés dans les principautés pour rembourser des avances ou des rentes figurent entre crochets.	Composition de Leyde : 25 000 l. en 1481 (Michel Joost van Gent, « Pertijelike saken » …, p. 308 et ADN, B 2124, fol. 43v-46r)	Aide de 4 000 *clinkaerts* accordée à la douairière pendant trois ans (2 649 l. délivrées à son receveur, NA, CC La Haye, rek. 3391)	
	Subside de 7 200 l. accordé par Haarlem, Delft et Amsterdam en mars 1481 (ADN, B 2124, fol. 30r)		Aide de 3 000 *clinkaerts* pour la duchesse Marie pendant huit ans (3 913 l. délivrées à Thibaud Barradot pour les trois termes de 1483-1484, NA, CC La Haye, rek. 3392)
	Aide de 3 000 *clinkaerts* pour la duchesse Marie pendant huit ans (1 987 l. délivrées à Thibaud Barradot, NA, CC La Haye, rek. 3390)	Aide levée pour l'armement de huit navires de guerre et 1 350 gens de guerre pour la protection de la pêche et du commerce (*Bronnen Dagvaarten Holland*, p. 427-429) : environ 10 000 l.	Aide de 20 000 l. accordée par les six chef-villes de Hollande pour la guerre de Clèves (*Bronnen Dagvaarten Holland*, p. 523-524, 527, ADN, B 2130, fol. 50v)
	Aide de 4 000 *clinkaerts* accordée à la douairière pendant trois ans (2 649 l. délivrées à son receveur, NA, CC La Haye, rek. 3390)		[Guerre contre Utrecht, siège de la cité épiscopale de juin à août 1483. En mai 1483, la solde des gens de guerre à la charge de la Hollande coûtait 18 840 l. par mois (*Bronnen Dagvaarten Holland*, p. 495). Levée de 30 000 à 35 000 florins en septembre pour le congé des troupes (*ibid.*, p. 526 et 528)]
	[Aide pour l'entretien de 450 cavaliers pour le maintien de l'ordre, d'abord pour trois mois, puis prolongée (*Bronnen Dagvaarten Holland*, p. 310, 318, 339-340). *Rutergelde* pour la guerre contre Utrecht, levé d'octobre à décembre (*ibid.*, p. 356 et 376)]	[Poursuite de la levée du *rutergelde* pour la guerre contre Utrecht, de janvier à septembre au moins (*Bronnen Dagvaarten Holland*, p. 378, 388-389, 413). Licenciement de gens de guerre en septembre (*ibid.*, p. 441-442)]	
	Coût total de la guerre d'Utrecht : environ 600 000 l., soit le montant de la contribution générale (*omslag*) accordée en juillet 1484 pour le remboursement des rentes vendues par les villes de Hollande entre 1481 et 1483 (*Bronnen Dagvaarten Holland*, p. 579-581, lettres du stathouder de Hollande, vidimant les lettres patentes de Maximilien et prescrivant la levée de la contribution). Répartition approximative des dépenses de guerre : 100 000 l. en 1481, 200 000 l. en 1482 et 300 000 l. en 1483		

	1484	1485	1486
Aides apparaissant dans la recette générale des finances	45 500	138 500	75 000
Aides n'apparaissant pas dans la recette générale des finances	2 500	3 000	2 500
Total	48 000	141 500	77 500

Les aides, avances ou compositions n'apparaissant pas dans la recette générale figurent dans les cases en grisé. Parfois, le receveur général des finances a pu disposer d'une partie du produit de ces subsides. Dans ce cas, le montant de ces sommes est indiqué et composé en caractères soulignés. Enfin, les subsides levés dans les principautés pour rembourser des avances ou des rentes figurent entre crochets.

1484

Septième année de l'aide de 80 000 *clinkaerts* accordée en 1478/1480 (assiette de 61 814 l. pour les trois termes de 1483-1484, 45 788 l. d'assignations réglées ; 7 685 l. remboursées aux villes, 8 029 l. de rabais et d'*overschot* (déduits de la recette, ou mis en dépense), NA, CC La Haye, rek. 3392)

Composition d'Utrecht : 10 000 l. en novembre 1484 (ADN, B 2130, fol. 48v-49v)

Composition de Leyde : 5 000 l. en 1484 (Michel Joost van Gent, « *Pertijelike saken* » …, p. 308)

1485

Huitième année de l'aide de 80 000 *clinkaerts* accordée en 1478/1480 (assiette de 41 209 l., 31 436 l. d'assignations réglées ; 5 123 l. remboursées aux villes, 4 528 l. de rabais et d'*overschot* (déduits de la recette, ou mis en dépense), NA, CC La Haye, rek. 3393)

Deux premiers termes du recouvrement des arriérés des trois termes des 80 000 *clinkaerts* qui n'avaient pu être levés en 1482-1483 (assiette de 39 555 l. pour 1485-1486, 21 100 l. d'assignations réglées ; 5 970 l. remboursées aux villes ; 9 315 l. de rabais et d'*overschot* (déduits de la recette, ou mis en dépense), NA, CC La Haye, rek. 3396)

Aide accordée à la place du 12e denier, déduite de l'assiette des 600 000 l. pour le remboursement des dettes de la guerre d'Utrecht (assiette de 74 933 l. ; remise de 5 067 l. accordée à Dordrecht ; 76 285 l. assignées sur cette aide, NA, CC La Haye, rek. 3398)

Composition de Leyde : 10 000 l. en 1485 (Michel Joost van Gent, « *Pertijelike saken* » …, p. 308)

Don de 1 375 l. accordé par 61 officiers du pays (NA, CC La Haye, rek. 3398)

1486

Neuvième année de l'aide de 80 000 *clinkaerts* accordée en 1478/1480 (assiette de 41 209 l., 21 910 l. d'assignations réglées ; 13 223 l. remboursées aux villes, 4 598 l. de rabais et d'*overschot* (déduits de la recette, ou mis en dépense), NA, CC La Haye, rek. 3394)

3e et 4e termes du recouvrement des arriérés des trois termes des 80 000 *clinkaerts* qui n'avaient pu être levés en 1482-1483 (assiette de 39 555 l. pour 1485-1486, 21 100 l. d'assignations réglées ; 5 970 l. remboursées aux villes ; 9 315 l. de rabais et d'*overschot* (déduits de la recette, ou mis en dépense), NA, CC La Haye, rek. 3396)

Aide accordée en mai 1486, pour les coûts à venir du couronnement de Maximilien et pour la protection de la pêche au hareng, à payer aux termes de la Saint-Jean-Baptiste et de Noël 1486 et de la Saint-Jean-Baptiste 1487. Terme de la Saint-Jean-Baptiste 1486 pris sur l'assiette des 600 000 l. (assiette de 70 476 l., 60 504 l. d'assignations ; rabais de 5 777 l. pour Dordrecht ; 5 349 l. pour les rabais et défauts, NA, CC La Haye, rek. 3399)

1484	1485	1486
Les aides, avances ou compositions n'apparaissant pas dans la recette générale figurent dans les cases en grisé. Parfois, le receveur général des finances a pu disposer d'une partie du produit de ces subsides. Dans ce cas, le montant de ces sommes est indiqué et composé en caractères soulignés. Enfin, les subsides levés dans les principautés pour rembourser des avances ou des rentes figurent entre crochets.	Aide de 3 000 *clinkaerts* pour la duchesse Marie pendant huit ans (3 913 l. délivrées à Thibaud Barradot pour les trois termes de 1483-1484, NA, CC La Haye, rek. 3392)	13 500 l. prêtées par Delft et Dordrecht, remboursées, avec les intérêts, en 1486-1487 (NA, CC La Haye, rek. 3394 et 3395)	3e et 4e termes du recouvrement des arriérés de l'aide de 3 000 *clinkaerts* pour la duchesse Marie, dont la levée avait été suspendue en 1482-1483 (1 035 l. délivrées à Thibaud Barradot pour les quatre termes de 1485-1486, NA, CC La Haye, rek. 3396)
		Aide de 3 000 *clinkaerts* pour la duchesse Marie pendant huit ans (2 603 l. délivrées à Thibaud Barradot, NA, CC La Haye, rek. 3393)	
		Deux premiers termes du recouvrement des arriérés de l'aide de 3 000 *clinkaerts* pour la duchesse Marie dont la levée avait été suspendue en en 1482-1483 (1 035 l. délivrées à Thibaud Barradot pour les quatre termes de 1485-1486, NA, CC La Haye, rek. 3396)	Aide de 3 000 *clinkaerts* pour la duchesse Marie pendant huit ans (1 952 l. délivrées à Thibaud Barradot, NA, CC La Haye, rek. 3394)

[Pour mémoire : assiette de 600 000 l. pour le remboursement des rentes vendues pour la guerre d'Utrecht, à lever en six ans, dont cinq termes seulement furent levés sur les douze prévus (un en 1484, deux en 1485 et deux en 1486), soit 181 617 l. effectivement recouvrées (Hendrik Kokken, *Steden en Staten*, p. 229)]

	1487	1488	1489	1490	1491	1492	1493
Aides apparaissant dans la recette générale des finances	58 000	8 000					
Aides n'apparaissant pas dans la recette générale des finances	2 000	0	420 000	235 000	20 000	45 000	45 000
Total	60 000	8 000	420 000	235 000	20 000	45 000	45 000

Les aides, avances ou compositions n'apparaissant pas dans la recette générale figurent dans les cases en grisé. Parfois, le receveur général des finances a pu disposer d'une partie du produit de ces subsides. Dans ce cas, le montant de ces sommes est indiqué et composé en caractères soulignés. Enfin, les subsides levés dans les principautés pour rembourser des avances ou des rentes figurent entre crochets.

Dixième année de l'aide de 80 000 *clinkaerts* accordée en 1478/1480 (assiette de 41 209 l., 23 698 l. d'assignations réglées ; 12 548 l. remboursées aux villes, 4 669 l. de rabais et d'*overschot* (déduits de la recette, ou mis en dépense), NA, CC La Haye, rek. 3394)

Anticipation de 8 000 l. accordée par la Hollande sur la prochaine aide à accorder (ADN, B 2136, fol. 26r)

Aides levées pour la *Jonker Fransenoorlog* : le compte rendu aux états relève une recette de 419 907 l. en faible monnaie et de 234 700 l. en monnaie forte pour les deux années de la guerre (*Bronnen Dagvaarten Holland*, p. 1200-1201). On a imputé les recettes en faible monnaie sur l'année 1489 et les recettes en monnaie forte sur l'année 1490, puisque l'ordonnance de réévaluation de la livre de 40 gros a été publiée en décembre 1489.

Subsides pour l'armement de navires destinés à la protection de la pêche et du commerce contre les pirates de L'Écluse : en mai, projet d'une aide de 7 700 couronnes par mois pour une flotte armée par 1 400 hommes (*Bronnen Dagvaarten Holland*, p. 1007-1008, 2 200 couronnes à la charge de la Zélande, 2 200 à la charge des quartiers d'Anvers et de Bois-le-Duc en Brabant, 3 300 à la charge de la Hollande), nouvelles sollicitations en août et octobre (*ibid.*, p. 1041, 1043), ordonnance du gouverneur prescrivant la levée d'un *lastgeld* sur le hareng pour l'armement d'une flotte de seize navires en octobre (*ibid.*, p. 1043)

Aide de 100 000 l. accordée par les états de Hollande, à lever à la Saint-Jacques 1492 et à la Chandeleur 1493, dont 60 000 l. pour le duc de Saxe et 40 000 l. pour les frais supportés par les états ; 10 310 l. de rabais et défauts ; 52 686 l. remises au duc de Saxe (NA, CC La Haye, rek. 3400)

	1487	1488	1489	1490	1491	1492	1493
Les aides, avances ou compositions n'apparaissant pas dans la recette générale figurent dans les cases en grisé. Parfois, le receveur général des finances a pu disposer d'une partie du produit de ces subsides. Dans ce cas, le montant de ces sommes est indiqué et composé en caractères soulignés. Enfin, les subsides levés dans les principautés pour rembourser des avances ou des rentes figurent entre crochets.	Derniers termes du recouvrement des arriérés des trois termes des 80 000 *clinkaerts* qui n'avaient pu être levés en 1482-1483 (assiette de 22 257 l., 9 018 l. d'assignations réglées ; 3 331 l. remboursées aux villes ; 4 791 l. de rabais et d'*overschot* (déduits de la recette, ou mis en dépense), NA, CC La Haye, rek. 3397)					Amendes imposées aux villes et communautés rebelles après la répression de la révolte du pain et du fromage : montant inconnu	
	Aide accordée en mai 1486, pour les coûts à venir de son couronnement et pour la protection de la pêche au hareng, à payer aux termes de la Saint-Jean-Baptiste et de Noël 1486 et de la Saint-Jean-Baptiste 1487. Terme de la Saint-Jean-Baptiste 1486 pris sur l'assiette des 600 000 l. (assiette de 70 476 l., 60 504 l. d'assignations ; rabais de 5 777 l. pour Dordrecht ; 5 349 l. pour les rabais et défauts, NA, CC La Haye, rek. 3399)						

	1487	1488	1489	1490	1491	1492	1493
Les aides, avances ou compositions n'apparaissant pas dans la recette générale figurent dans les cases en grisé. Parfois, le receveur général des finances a pu disposer d'une partie du produit de ces subsides. Dans ce cas, le montant de ces sommes est indiqué et composé en caractères soulignés. Enfin, les subsides levés dans les principautés pour rembourser des avances ou des rentes figurent entre crochets.	Derniers termes du recouvrement des arriérés de l'aide de 3 000 *clinkaerts* pour la duchesse Marie dont la levée avait été suspendue en 1482-1483 (298 l. délivrées à Thibaud Barradot, NA, CC La Haye, rek. 3397)						
	Aide de 3 000 *clinkaerts* pour la duchesse Marie pendant huit ans (1 952 l. délivrées à Thibaud Barradot, NA, CC La Haye, rek. 3395)						

Comté de Zélande

Nota : En Zélande, le système de répartition des aides reposait sur des contributions foncières par mesure de terre, avec un double rôle d'imposition, prenant en compte l'ensemble des terres recensées – c'est l'assiette élargie, ou *bi den brede* –, ou bien laissant aux baillis héréditaires (*ambachtsheren*) les recettes levées sur près d'un tiers de la surface cultivée – c'est l'assiette *steenschietens*[10]. Les aides sont réparties à raison d'un ou plusieurs gros par mesure de terre, un gros par mesure de terre *steenschietens* valant environ 2 000 l. pour toute la Zélande, et un gros par mesure de terre *bi den brede* environ 3 000 l. Ainsi, pour recouvrer l'aide de 15 000 l. accordée en novembre 1489, les états de Zélande ont levé une imposition de 5 gros par mesure de terre *bi den brede*. De même, pour l'aide de 40 000 l. accordée en juillet 1486, les états de Zélande ont décidé de taxer le hareng, à raison de 7 000 l., et de lever 11 000 l. par an pendant trois ans, à raison de 4 gros *steenschietens* et d'un gros *bi den brede* par mesure de terre.

Par ailleurs, l'année fiscale commençait à la Saint-Jean-décollace (29 août), et comprenait trois termes (Noël, Pâques et Saint-Jean-décollace de l'année suivante). Ainsi, un impôt « échéant à la Saint-Jean-décollace 1489 » était en réalité levé pour un tiers en 1489, et pour deux tiers en 1490. Il en a été tenu compte dans le tableau qui suit.

En cas d'incertitude sur la recette effective des aides, contributions et compositions, les montants estimés sont composés en italique.

---

10   Peter A. HENDERIKX, « *De vorming in 1555 van het markizaat van Veere en de aard en herkomst van de aan het markizaat verbonden goederen en heerlijkheden* », in *Borsele – Bourgondië – Oranje. Heren en markiezen van Veere en Vlissingen*, 2009, p. 63-70.

	[1473]	1477	1478	1479	1480
Aides apparaissant dans la recette générale des finances	50 800		7 000	20 000	20 000
Aides n'apparaissant pas dans la recette générale des finances		20 000	0	0	30 000
Total	50 800	20 000	7 000	20 000	50 000

| Les aides, avances ou compositions n'apparaissant pas dans la recette générale figurent dans les cases en grisé. Parfois, le receveur général des finances a pu disposer d'une partie du produit de ces subsides. Dans ce cas, le montant de ces sommes est indiqué et composé en caractères soulignés. Enfin, les subsides levés dans les principautés pour rembourser des avances ou des rentes figurent entre crochets. | Part de la Zélande dans l'aide de 500 000 *ridders*, soit un tiers de 127 000 *ridders*, financée par une imposition de 18 gros par mesure de terre *steenschietens* et une taxe sur la consommation de la bière (*Bronnen Staten en steden Zeeland*, I, p. 347-348) | Armement d'une flotte navale de 36 bâtiments : fourchette estimée à 15 000/20 000 l. (Adriaan Gerard Jongkees, « Armement et action d'une flotte de guerre… »), financée en partie par une aide de 6 g. *steenschietens*, soit 12 000 l. (*Bronnen Staten en steden Zeeland*, I, p. 348) | Aide de 10 gros *steenschietens* accordée pour trois ans, le premier terme échéant à la Saint-Jean-décollace 1478, soit 20 000 l. (*Bronnen Staten en steden Zeeland*, I, p. 348) [Un tiers en 1478… deux tiers en 1481] | Aide de 10 gros par mesure de terre *steenschietens*, accordée pour trois ans, le premier terme échéant à la Saint-Jean-décollace 1478, soit 20 000 l. (*Bronnen Staten en steden Zeeland*, I, p. 348 ; 17 253 l. assignées sur l'année échéant à la Saint-Jean-décollace 1479, ADN, B 2118, fol. 43v-45v, B 2121, fol. 40r-v) [Un tiers en 1478… deux tiers en 1481] | Aide de 10 gros par mesure de terre *steenschietens*, accordée pour trois ans, le premier terme échéant à la Saint-Jean-décollace 1478, soit 20 000 l. (*Bronnen Staten en steden Zeeland*, I, p. 348 ; 21 606 l. assignées sur l'année échéant à la Saint-Jean-décollace 1480, ADN, B 2118, fol. 44v-46r, B 2121, 38r-40v) [Un tiers en 1478… deux tiers en 1481] |
| | | | [Aide de 2 gros *bi den brede*, à payer en deux ans, pour couvrir les frais des armements navals de 1476 et 1477 contre les Français (*Bronnen Staten en steden Zeeland*, I, p. 349), soit 3 000 l. par an pendant deux ans] | | Entretien par la Hollande et la Zélande d'une flotte de seize navires pour la protection de la pêche et du commerce, dont cinq à la charge de la Zélande (*Bronnen Staten en steden Zeeland*, II, p. 365-369). Coût estimé pour la Zélande à 30 000 l. compte tenu des aides accordées pour le remboursement des armements navals avancés par les villes |

	1481	1482	1483	1484	1485
Aides apparaissant dans la recette générale des finances	22 500	28 000	30 000	35 500	58 000
Aides n'apparaissant pas dans la recette générale des finances	2 500	7 500	7 500	7 500	7 500
Total	25 000	35 500	37 500	43 000	65 500

	1481	1482	1483	1484	1485
Les aides, avances ou compositions n'apparaissant pas dans la recette générale figurent dans les cases en grisé. Parfois, le receveur général des finances a pu disposer d'une partie du produit de ces subsides. Dans ce cas, le montant de ces sommes est indiqué et composé en caractères soulignés. Enfin, les subsides levés dans les principautés pour rembourser des avances ou des rentes figurent entre crochets.	Aide de 14 gros par mesure de terre *steenschietens*, accordée en août 1481 pour six ans, la première année échéant à la Saint-Jean-décollace 1481, soit 28 000 l. (*Bronnen Staten en steden Zeeland*, II, p. 382-383). En contrepartie, Maximilien ne demandera plus à la Zélande de payer sa contribution pour la soumission de Leyde [Un tiers en 1481… deux tiers en 1487]				

Aide de 10 gros par mesure de terre *steenschietens*, accordée pour trois ans, le premier terme échéant à la Saint-Jean-décollace 1478, soit 20 000 l. (*Bronnen Staten en steden Zeeland*, I, p. 348 ; 21 606 l. assignées sur l'année échéant à la Saint-Jean-décollace 1480, ADN, B 2118, fol. 44v-46r, B 2121, 38r-40v) [Un tiers en 1478… deux tiers en 1481]

Aide de 10 000 l. par an pendant trois ans, accordée en octobre 1484, à lever aux Saint-Jean-décollace 1484, 1485 et 1486 (*Bronnen Staten en steden Zeeland*, II, p. 408-409) [Un tiers en 1484… deux tiers en 1487]

Aide de 2 gros par mesure de terre *bi den brede* accordée à Maximilien et Philippe pour un an, à condition d'exempter la Zélande de tout service de guerre contre Utrecht, soit 6 000 l. (*Bronnen Staten en steden Zeeland*, I, p. 396-397) [Un tiers en 1483, deux tiers en 1484]

Aide de 20 000 l. accordée en juin 1485 (*Bronnen Staten en steden Zeeland*, II, p. 419 ; ADN, B 2140, fol. 46v)

Aide d'un gros par mesure de terre *bi den brede* pour Marie de Bourgogne, pendant six ans, soit 3 000 l. (*Bronnen Staten en steden Zeeland*, II, p. 382-383) [Un tiers en 1481… deux tiers en 1487]

Aide d'un demi-gros par mesure de terre *bi den brede* pour le comte de Charolais et sa sœur, pendant six ans, soit 1 500 l. (*Bronnen Staten en steden Zeeland*, II, p. 382-383) [Un tiers en 1481… deux tiers en 1487]

Aide d'un gros par mesure de terre *bi den brede* pour la douairière, pendant six ans, soit 3 000 l. (*Bronnen Staten en steden Zeeland*, II, p. 382-383) [Un tiers en 1481… deux tiers en 1487]

[Aide de 2 gros 4 mites *bi den brede* pour le remboursement des frais avancés par les villes pour la protection de la pêche et du commerce de 1476 à 1480 (1 200 l. de 40 g. par année et par ville zélandaise), soit 6 750 l. (*Bronnen Staten en steden Zeeland*, II, p. 383 et 408-409)]

	1486	1487	1488	1489
Aides apparaissant dans la recette générale des finances	45 000	54 000	54 000	49 000
Aides n'apparaissant pas dans la recette générale des finances	7 500	5 000	0	0
Total	52 500	59 000	54 000	49 000

Les aides, avances ou compositions n'apparaissant pas dans la recette générale figurent dans les cases en grisé. Parfois, le receveur général des finances a pu disposer d'une partie du produit de ces subsides. Dans ce cas, le montant de ces sommes est indiqué et composé en caractères soulignés. Enfin, les subsides levés dans les principautés pour rembourser des avances ou des rentes figurent entre crochets.

Aide de 10 000 l. par an pendant trois ans, accordée en octobre 1484, à lever aux Saint-Jean-décollace 1484, 1485 et 1486 (*Bronnen Staten en steden Zeeland*, II, p. 408-409) [Un tiers en 1484… deux tiers en 1487]

Aide de 14 gros par mesure de terre *steenschietens*, accordée en août 1481 pour six ans, la première année échéant à la Saint-Jean-décollace 1481, soit 28 000 l. (*Bronnen Staten en steden Zeeland*, II, p. 382-383). En contrepartie, Maximilien ne demandera plus à la Zélande de payer sa contribution pour la soumission de Leyde [Un tiers en 1481… deux tiers en 1487].

[Aide de 2 gros 4 mites *bi den brede* pour le remboursement des frais avancés par les villes pour la protection de la pêche et du commerce de 1476 à 1480 (1 200 l. de 40 g. par année et par ville zélandaise), soit 6 750 l. (*Bronnen Staten en steden Zeeland*, II, p. 383 et 408-409)]

Avance de 6 000 l. sur la première aide à accorder (*Bronnen Staten en steden Zeeland*, II, p. 456).

Aide de 29 000 l., accordée en août 1488, y compris l'anticipation de 6 000 l. accordée par les villes de Zélande en 1488, financée par une imposition de 10 gros par mesure de terre *bi den brede*, à lever à la Saint-Jean-décollace 1489. Produit avancé par une vente de rentes (*Bronnen Staten en steden Zeeland*, II, p. 466-468) [Un tiers en 1489, deux tiers en 1490, moins les 6 000 l. avancées en 1488]

Aide de 14 gros par mesure de terre *steenschietens*, accordée en février 1485, pour les années échéant aux Saint-Jean-décollace 1487, 1488, 1489, et sans doute en partie anticipée en 1485, soit 28 000 l. (*Bronnen Staten en steden Zeeland*, II, p. 415) [Un tiers en 1487… deux tiers en 1490]

Aide de 3 gros *bi den brede* pendant deux ans, accordée en juin 1487, sous réserve que Maximilien ne demande plus rien à la Zélande, soit 9 000 l. par an (*Bronnen Staten en steden Zeeland*, II, p. 441) [Un tiers en 1487… deux tiers en 1489]

	1486	1487	1488	1489
Les aides, avances ou compositions n'apparaissant pas dans la recette générale figurent dans les cases en grisé. Parfois, le receveur général des finances a pu disposer d'une partie du produit de ces subsides. Dans ce cas, le montant de ces sommes est indiqué et composé en caractères soulignés. Enfin, les subsides levés dans les principautés pour rembourser des avances ou des rentes figurent entre crochets.	Aide de 40 000 l. accordée le 1er juillet 1486, financée à hauteur de 7 000 l. par une taxe sur le hareng, le reste par une imposition de 4 g. *steenschietens* et de 2 g. *bi den brede*, dont 1 g. pour les nobles de Zélande, à lever aux Saint-Jean-décollace 1486, 1487 et 1488. Les 4 gros *steenschietens* et le gros *bi den brede* alloués au prince rapporteront 11 000 l. par an. S'y ajoutent encore 3 000 l. de 40 g., pour les besoins pressants de Maximilien, financées par une imposition d'1 gros *bi den brede*, échéant à la Saint-Jean-décollace 1486, soit 21 000 l. en 1486-1487, 11 000 l. en 1487-1488 et 11 000 l. en 1488-1489 (*Bronnen Staten en steden Zeeland*, II, p. 425-427).			
	Aide d'un gros par mesure de terre *bi den brede* pour Marie de Bourgogne, pendant six ans, soit 3 000 l. (*Bronnen Staten en steden Zeeland*, II, p. 382-383) [Un tiers en 1481… deux tiers en 1487]			30 août 1489 : convocation des états de Zélande, sommés de pourvoir au paiement de 600 soldats envoyés en Zélande pour leur protection contre les rebelles (*Bronnen Staten en steden Zeeland*, II, p. 486). L'issue de cette convocation n'est pas connue.
	Aide d'un demi-gros par mesure de terre *bi den brede* pour le comte de Charolais et sa sœur, pendant six ans, soit 1 500 l. (*Bronnen Staten en steden Zeeland*, II, p. 382-383) [Un tiers en 1481… deux tiers en 1487]			
	Aide d'un gros par mesure de terre *bi den brede* pour la douairière, pendant six ans, soit 3 000 l. (*Bronnen Staten en steden Zeeland*, II, p. 382-383) [Un tiers en 1481… deux tiers en 1487]			

	1490	1491	1492	1493
Aides apparaissant dans la recette générale des finances	49 500	38 000	79 000	48 000
Aides n'apparaissant pas dans la recette générale des finances	0	0	0	0
Total	49 500	38 000	79 000	48 000

Les aides, avances ou compositions n'apparaissant pas dans la recette générale figurent dans les cases en grisé. Parfois, le receveur général des finances a pu disposer d'une partie du produit de ces subsides. Dans ce cas, le montant de ces sommes est indiqué et composé en caractères soulignés. Enfin, les subsides levés dans les principautés pour rembourser des avances ou des rentes figurent entre crochets.	Aide de 15 000 l., à payer en trois ans, à partir de la Saint-Jean-décollace 1490, au moyen d'une imposition de 5 g. par mesure de terre *bi den brede*, pour l'entretien de l'archiduc, accordée en novembre 1489 (*Bronnen Staten en steden Zeeland*, II, p. 493-494) [Un tiers en 1490… deux tiers en 1493]		
	Aide de 15 gros *steenschietens* et 1 gros *bi den brede* par an pendant trois ans, à partir de la Saint-Jean-décollace 1490, accordée en juillet 1490, sous réserve que cette aide servirait à la défense du pays en cas de guerre, notamment contre le roi de Danemark, soit 33 000 l. (*Bronnen Staten en steden Zeeland*, II, p. 500-503 ; 30 090 l. assignées sur le terme échéant à la Saint-Jean-décollace 1490, 35 263 l. sur l'année échéant à la Saint-Jean-décollace 1491, 31 821 l. sur l'année échéant à la Saint-Jean-décollace 1492, ADN, B 2140, fol. 48v-57v, B 2142, fol. 24r, 48r-54r, B 2144, fol. 43r-49v) [Un tiers en 1490… deux tiers en 1493]		
	Prêt de 3 000 l. accordé par les états de Zélande (*Bronnen Staten en steden Zeeland*, II, p. 485)	Aide de 20 000 écus accordée en mai 1492 pour le paiement des gens de guerre étant au siège de L'Écluse, à la place de l'aide des deux florins par feu (*Bronnen Staten en steden Zeeland*, II, p. 520-522)	Aide de 8 000 l. accordée en novembre 1492 pour le règlement des 30 000 l. dues à Philippe de Clèves au titre du traité de L'Écluse (*Bronnen Staten en steden Zeeland*, II, p. 531)

	1490	1491	1492	1493
Les aides, avances ou compositions n'apparaissant pas dans la recette générale figurent dans les cases en grisé. Parfois, le receveur général des finances a pu disposer d'une partie du produit de ces subsides. Dans ce cas, le montant de ces sommes est indiqué et composé en caractères soulignés. Enfin, les subsides levés dans les principautés pour rembourser des avances ou des rentes figurent entre crochets.	Aide de 14 gros par mesure de terre *steenschietens*, accordée en février 1485, pour les années échéant aux Saint-Jean-décollace 1487, 1488, 1489, et sans doute en partie anticipée en 1485, soit 28 000 l. (*Bronnen Staten en steden Zeeland*, II, p. 415) [Un tiers en 1487… deux tiers en 1490] Aide de 29 000 l., accordée en août 1488, y compris l'anticipation de 6 000 l. accordée par les villes de Zélande en 1488, financée par une imposition de 10 gros par mesure de terre *bi den brede*, à lever à la Saint-Jean-décollace 1489. Produit avancé par une vente de rentes (*Bronnen Staten en steden Zeeland*, II, p. 466-468) [Un tiers en 1489, deux tiers en 1490, moins les 6 000 l. avancées en 1488]		Le duc de Saxe demande le service de guerre des nobles, vassaux et fieffés pour le siège de L'Écluse, ainsi qu'une aide complémentaire de 10 000 florins par mois sur le plat pays pendant la durée du siège, et demande des contributions forfaitaires aux villes. Middelbourg paye 6 000 florins, Remeirswaal 4 000 florins, mais les nobles refusent et le service et l'aide. Le duc de Saxe rabat ses exigences à 4 000 florins par mois, et envoie plusieurs centaines de gens de guerre en septembre pour faire exécuter la levée de l'aide. Finalement, un mois est payé (4 562 l. assignées par le receveur général, ADN, B 2144, fol. 47v et 49r), un second réclamé mais pas levé ; soit 14 000 florins, sans compter les contributions éventuelles des autres villes (*Bronnen Staten en steden Zeeland*, II, p. 524-529)	Aide de 12 119 couronnes accordée en juillet 1493, pour la part de la Zélande des aides de 80 000 couronnes pour les garnisons d'Arras et de Saint-Omer, ainsi que des 1 600 et 22 000 florins pour le comte de Nassau et le seigneur de Walhain qui ont négocié le traité de Senlis, sous réserve que la Zélande soit exemptée du 2e mois de solde des gens de guerre présents en Zélande ; aide à payer en deux termes, en août et octobre 1493. Elle est accordée à la place de la prolongation de l'aide accordée en 1490 (*Bronnen Staten en steden Zeeland*, II, p. 539-542)

Comté de Hainaut

Nota : En raison des dénombrements de population effectués en 1476, 1479 et 1481, il est possible de connaître la pression fiscale réelle moyenne par feu rural en Hainaut. Nous disposons en effet, grâce aux dépouillements effectués par Léopold Devillers, d'une liste à peu près complète des assiettes réellement réparties sur le comté entre 1482 et 1494. La quote-part dont devaient s'acquitter les campagnes (représentées par les nobles), les villes et les prélats avait été fixée par la coutume à un tiers pour chacun des trois états de Hainaut. En réalité, la part assignée aux campagnes et aux villes a régulièrement été supérieure, en raison des défaillances des établissements religieux, qui invoquèrent à de nombreuses reprises leur situation économique difficile. La part réelle acquittée par les campagnes fut ainsi comprise entre 33,33% et 41% ; nous avons retenu un taux moyen de 36 % pour les années pour lesquelles les informations manquent.

	1473	1477	1478	1479
Aides dont le receveur général a eu l'entremise (Hainaut et Valenciennes)	42 600		8 000	6 000
Aides dont le receveur général n'a pas eu l'entremise (Hainaut et Valenciennes)		4 000	960	7 550
Total des aides pour le prince et la guerre (Hainaut)	33 600	4 000	8 960	13 550
Total des aides pour le prince et la guerre (Valenciennes)	9 000			
Population du Hainaut (hors villes), en nombre de feux, d'après les dénombrements de 1473, 1479 et 1481	29 412			21 897
Assiettes totales levées sur le Hainaut (hors Valenciennes)	33 600	0	0	22 800
Contribution des campagnes du Hainaut	11 200	0	0	7 592
Prélèvement moyen par feu sur les campagnes	0,38	0	0	0,35

	1473	1477	1478	1479
Les aides, avances ou compositions n'apparaissant pas dans la recette générale figurent dans les cases en grisé. Parfois, le receveur général des finances a pu disposer d'une partie du produit de ces subsides. Dans ce cas, le montant de ces sommes est indiqué et composé en caractères soulignés. Les assiettes réparties par les états de Hainaut pour payer aussi bien les aides accordées au prince que les dépenses particulières de la principauté (annuités des rentes, vacations, etc.) figurent entre crochets dans les cases en grisé sombre.	Part du Hainaut et de Valenciennes dans l'aide de 500 000 *ridders*	Solde de 200 lances pour un mois (octobre 1477) : 4 000 l. levées en vendant des rentes (ADN, B 12615)	Aide de 8 000 l. pour l'artillerie et autrement, accordée en mai 1478 (levées en vendant des rentes, ADN, B 12615)	Aide de 6 000 l. accordée pour la guerre en mai 1479 (ADN, Cumulus, 16213, fol. 1r)
			960 l. pour la solde de la garnison de Maubeuge (levées en vendant des rentes, ADN, B 12615)	Aide de 2 000 l. accordée en mai 1479 pour l'entretien de l'état de la duchesse (ADN, Cumulus, 16213, fol. 1r)
			[En l'absence du registre de la recette générale de 1478, et de compte des aides détaillé, on ignore si le receveur général a eu l'entremise des deux aides ci-dessus]	Entretien de 500 combattants en garnison à Cambrai pendant deux mois (4 800 l., ADN, Cumulus, 16213, fol. 1r)
				750 l. pour les fortifications du Quesnoy (ADN, B 12615)
				[Assiette de 36 000 l. ordonnée par les états, à payer en juin 1479 et janvier 1480 pour payer les aides accordées depuis 1477 (hors l'aide pour la garnison de Cambrai). Sur cette assiette, 14 400 l. sont destinées au paiement des annuités des rentes et au remboursement des rentes vendues en 1477 (ADN, B 12615)]

	1480	1481	1482	1483	1484
Aides dont le receveur général a eu l'entremise (Hainaut et Valenciennes)					7 125
Aides dont le receveur général n'a pas eu l'entremise (Hainaut et Valenciennes)	5 000		14 500	600	875
Total des aides pour le prince et la guerre (Hainaut)	5 000		14 500	600	6 750
Total des aides pour le prince et la guerre (Valenciennes)					1 250
Population du Hainaut (hors villes)	21 897	21 537	21 537	21 537	21 537
Assiettes totales levées sur le Hainaut (hors Valenciennes)	18 000	4 500	19 000	9 000	10 500
Contribution des campagnes du Hainaut	6 000	1 620	6 840	3 240	3 780
Prélèvement moyen par feu sur les campagnes	0,27	0,07	0,31	0,15	0,18

	1480	1481	1482	1483	1484
Les aides, avances ou compositions n'apparaissant pas dans la recette générale figurent dans les cases en grisé. Parfois, le receveur général des finances a pu disposer d'une partie du produit de ces subsides. Dans ce cas, le montant de ces sommes est indiqué et composé en caractères soulignés. Les assiettes réparties par les états de Hainaut pour payer aussi bien les aides accordées au prince que les dépenses particulières de la principauté (annuités des rentes, vacations, etc.) figurent entre crochets dans les cases en grisé sombre.	Aide de 5 000 l. accordée pour l'entretien de l'armée de Luxembourg en août 1480 (émission de rentes, ADN, B 19998, n° 19531)		Aide de 1 500 l. pour l'entretien de 50 lances pendant un mois, à lever au terme de la Saint-Jean-Baptiste 1482 (ADN, B 19998, n° 19531)	Gratification de 600 l. accordée au s^r de Croy pour avoir accompagné Marguerite d'Autriche en France ADN, B 19998, n° 19531)	Aide de 12 000 l. accordée par le Hainaut et de 2 250 l. par Valenciennes pour l'inauguration de Maximilien, à payer à la Saint-Jean-Baptiste 1484 et à la Chandeleur 1485 (ADN, B 12618, n° 152757, état en bref, et B 12432)
	[Assiette de 36 000 l. ordonnée par les états, à payer en juin 1479 et janvier 1480 pour payer les aides accordées depuis 1477 (hors l'aide pour la garnison de Cambrai), ainsi que les annuités des rentes et le remboursement des rentes émises en 1477 (ADN, B 12615, 14 400 l. pour les rentes)]	[Assiette pour les annuités des rentes et les frais d'administration des états de Hainaut estimée à 4 500 l.]	Aide de 13 000 l. à lever en août et septembre 1482, pour la défense du comté (ADN, B 19998, n° 19531 : 38% pour les campagnes, 38% pour les villes, 24% pour l'église)	[Assiette de 9 000 l. répartie par les états en février 1483 (Devillers, *BCRH*, t. 10, 1889, p. 375-376)]	Aide de 1 500 l. accordée par le Hainaut et de 250 l. par Valenciennes pour les dettes de Marie, à payer à la Saint-Jean-Baptiste 1484 et à la Chandeleur 1485 (ADN, B 12432)
			[Assiette pour les annuités des rentes et les frais d'administration des états de Hainaut estimée à 4 500 l., pour une assiette totale de 19 000 l.]		[Assiette de 21 000 l. répartie en mai 1484, à payer pour moitié en 1484, pour moitié en 1485 (Devillers, *BCRH*, t. 10, 1889, p. 391-395)]

	1485	1486	1487	1488
Aides dont le receveur général a eu l'entremise (Hainaut et Valenciennes)	23 761	23 400		3 000
Aides dont le receveur général n'a pas eu l'entremise (Ht + Val)	3 675	5 000	12 500	16 500
Total des aides pour le prince et la guerre (Hainaut)	24 700	27 400	12 500	17 500
Total des aides pour le prince et la guerre (Valenciennes)	2 750	1 000		2 000
Population rurale du Hainaut	21 537	21 537	21 537	21 537
Assiettes totales levées sur le Hainaut (hors Valenciennes)	36 000	0	23 500	17 500
Contribution des campagnes du Hainaut	14 000	0	8 460	10 000
Prélèvement moyen par feu sur les campagnes	0,65	0	0,39	0,46

	1485	1486	1487	1488
Les aides, avances ou compositions n'apparaissant pas dans la recette générale figurent dans les cases en grisé. Parfois, le receveur général des finances a pu disposer d'une partie du produit de ces subsides. Dans ce cas, le montant de ces sommes est indiqué et composé en caractères soulignés. Les assiettes réparties par les états de Hainaut pour payer aussi bien les aides accordées au prince que les dépenses particulières de la principauté (annuités des rentes, vacations, etc.) figurent entre crochets dans les cases en grisé sombre.	Aide de 12 000 l. accordée par le Hainaut et de 2 250 l. par Valenciennes pour l'inauguration de Maximilien, à payer à la Saint-Jean-Baptiste 1484 et à la Chandeleur 1485 (ADN, B 12618, n° 152757, état en bref, et B 12432)	Aide de 23 100 l. accordée an août 1486 pour le paiement de 3 mois entiers de 400 gens de guerre à cheval et 1 000 combattants à pied (717 l. de rabais) (émission de rentes, ADN, Cumulus 16214, et AGR, CC, reg. 51284)	Aide de 6 000 écus pour le paiement de 2 mois de 350 chevaux et 200 piétons pour la garde du Hainaut et de la moisson (été 1487, ADN, Cumulus 16214)	Aide de 3 000 l. pour la part du Hainaut des 50 000 l. accordées par les pays de par-deçà à la suite du traité signé pour la libération de Maximilien (ADN, B 12434, fol. 1r-v)
	Aide de 3 000 l. accordée en janvier 1485 (ADN, B 6884, fol. 2r)		Prêt de 1 700 l. pour que la garde quitte Maubeuge, qui ne semble pas avoir été remboursé (décembre 1487, ADN, Cumulus 16214)	Aide de 2 500 l. pour l'entretien de l'archiduc, accordée en janvier 1488 (ADN, B 12434, fol. 1r-v)
	Aide de 12 136 l. accordée par les prélats, les nobles et les villes de Hainaut, et de 1 500 l. par Valenciennes, à la place du 12ᵉ denier (ADN, B 12433)			
	Solde de la compagnie du seigneur de Ligne pendant trois mois (environ 2 000 l.), 400 l. accordées au même en récompense de ses frais, 400 l. pour Marguerite d'York (Devillers, *BCRH*, t. 10, 1889, p. 403-411)	Don de 1 000 l. fait par Valenciennes en septembre 1486	Aide de 1 000 écus pour l'ambassade envoyée par Maximilien à Rome (ADN, Cumulus 16214)	Aide de la « bonne voeille », accordée en juillet 1488 par les nobles (8 000 l. pour les campagnes, ADN, B 12435), Mons (2 000 l., Devillers, *BCRH*, t. 15, p. 188-193), Valenciennes (2 000 l.), sans doute aussi les petites villes et peut-être les prélats (part estimée à 2 000 l., compte tenu de leur contribution lors du rachat du 12ᵉ denier en 1485)

	1485	1486	1487	1488
Les aides, avances ou compositions n'apparaissant pas dans la recette générale figurent dans les cases en grisé. Parfois, le receveur général des finances a pu disposer d'une partie du produit de ces subsides. Dans ce cas, le montant de ces sommes est indiqué et composé en caractères soulignés. Les assiettes réparties par les états de Hainaut pour payer aussi bien les aides accordées au prince que les dépenses particulières de la principauté (annuités des rentes, vacations, etc.) figurent entre crochets dans les cases en grisé sombre.	Aide de 1 500 l. accordée par le Hainaut et de 250 l. par Valenciennes pour les dettes de Marie, à payer à la Saint-Jean-Baptiste 1484 et à la Chandeleur 1485 (ADN, B 12432)	Prêt de 5 000 l. pour l'élection du roi des Romains, qui ne semble pas avoir été remboursé (émission de rentes, ADN, Cumulus 16214, et AGR, CC, reg. 51284)	Aide de 2 000 écus pour l'évêque de Cambrai (ADN, Cumulus 16214)	
	[Assiette de 21 000 l. répartie en mai 1484, à payer pour moitié en 1484, pour moitié en 1485 (Devillers, *BCRH*, t. 10, 1889, p. 391-395) ; assiette de 13 500 l. répartie en mars 1485 (Devillers, *BCRH*, t. 10, 1889, p. 440) ; assiette pour l'aide levée à la place du 12e denier]		[Assiette de 16 200 l. pour payer les trois subsides ci-dessus et les rentes à la charge des états (ADN, Cumulus 16214) ; assiette pour l'aide de 6 000 écus]	[Assiette pour le règlement des trois aides ci-dessus]

	1489	1490	1491	1492	1493
Aides dont le receveur général a eu l'entremise (Hainaut et Valenciennes)			9 000	12 350	24 700
Aides dont le receveur général n'a pas eu l'entremise (Hainaut et Valenciennes)	37 000	3 800	2 700	2 500	
Total des aides pour le prince et la guerre (Hainaut)	37 000	3 000	10 700	13 200	19 700
Total des aides pour le prince et la guerre (Valenciennes)		800	1 000	1 650	5 000
Population du Hainaut (hors villes)	21 537	21 537	21 537	21 537	21 537
Assiettes totales levées sur le Hainaut (hors Valenciennes)	42 000	3 000	18 000	15 000	32 000
Contribution des campagnes du Hainaut	15 120	1 080	6 480	5 400	11 520
Prélèvement moyen par feu sur les campagnes	0,70	0,05	0,30	0,25	0,54

	1489	1490	1491	1492	1493
Les aides, avances ou compositions n'apparaissant pas dans la recette générale figurent dans les cases en grisé. Parfois, le receveur général des finances a pu disposer d'une partie du produit de ces subsides. Dans ce cas, le montant de ces sommes est indiqué et composé en caractères soulignés. Les assiettes réparties par les états de Hainaut pour payer aussi bien les aides accordées au prince que les dépenses particulières de la principauté (annuités des rentes, vacations, etc.) figurent entre crochets dans les cases en grisé sombre.	Aide de 2 900 l. pour le paiement de 600 combattants à cheval pendant quinze jours, en janvier 1489 (Devillers, *BCRH*, t. 15, p. 235-239)	Aide de 3 000 l. accordée en décembre 1489 par le Hainaut pour l'entretien de l'archiduc et don de 800 l. accordé par Valenciennes (121 l. de rabais et exemptions, ADN, B 12435, fol. 1r-v)	Aide de 8 000 l. accordée par le Hainaut pour l'archiduc (436 l. de rabais et exemptions), et de 1 500 l. par Valenciennes, (deux termes en 1491 pour le Hainaut, trois termes, dont deux en 1491 et un en 1492, pour Valenciennes, ADN, B 12435, fol. 2r)	500 l. pour le dernier terme de l'aide accordée par Valenciennes en 1490	Don de 4 000 l. accordé en mars 1493 par Valenciennes pour le paiement de la garnison d'Arras
	Aide de 8 072 l. accordée en février 1489, aide de 8 900 l. accordée en avril 1489, aide de 7 250 l. accordée en juin 1489 pour le paiement de gens de guerre (Devillers, *BCRH*, t. 15, p. 235-239)			Subsides accordés à la place de l'aide des 2 florins par feu, soit 8 250 l. par les nobles, 3 333 l. par les villes (164 l. de rabais pour les villes), 400 l. par Valenciennes (ADN, B 12436)	Aide de 12 000 écus pour la guerre contre la France et le recouvrement de Marguerite, accordée le 31 octobre 1492 (564 l. de rabais et exemptions, ADN, B 12436)
	Aide de 2 000 l. pour la solde de 15 jours de 1 000 piétons fournis au duc de Saxe, entre le 25 juin et le 10 juillet (Devillers, *BCRH*, t. 15, p. 235-239)		2 700 l. de gratifications accordées au prince de Chimay, au comte de Nassau, etc. (Devillers, *BCRH*, t. 16, p. 246-247)	Aide de 1 500 l. accordée par les prélats en août 1492, pour l'entretien de l'hôtel de l'archiduc (111 l. de rabais et exemptions, ADN, B 12436)	5 658 l. pour la part du Hainaut de l'aide de 80 000 écus pour le paiement de la garnison d'Arras (221 l. de rabais et exemptions, ADN, B 12436), et 814 l. pour Valenciennes

	1489	1490	1491	1492	1493
Les aides, avances ou compositions n'apparaissant pas dans la recette générale figurent dans les cases en grisé. Parfois, le receveur général des finances a pu disposer d'une partie du produit de ces subsides. Dans ce cas, le montant de ces sommes est indiqué et composé en caractères soulignés. Les assiettes réparties par les états de Hainaut pour payer aussi bien les aides accordées au prince que les dépenses particulières de la principauté (annuités des rentes, vacations, etc.) figurent entre crochets dans les cases en grisé sombre.	7 000 l. distribuées en septembre 1489 aux gens de guerre pour les faire quitter le Hainaut et 850 l. pour le défraiement de certains nobles	[Assiette de 3 000 l. pour le règlement de l'aide ci-dessus (Devillers, *BCRH*, t. 16, p. 220-221)]	[Assiette de 18 000 l. pour le paiement des aides et le cours des rentes (Devillers, *BCRH*, t. 16, p. 246-247)]	Paiement de 750 l. fait par Valenciennes à Louis de Vaudrey en octobre 1492 (ADN, B 12436, fol. 3r)	450 l. (Hainaut) et 150 l. (Valenciennes) pour l'aide de 6 000 écus d'or accordée pour le comte de Nassau (ADN, B 12436)
	[Assiette de 12 975 l. en septembre 1489, pour le paiement de l'aide ci-dessus, le défraiement de nobles et le paiement des rentes (AGR, CC 51284, 41 % à la charge des campagnes) ; assiettes pour les aides accordées de janvier à juillet 1489]			[Assiette de 15 000 l. en août 1492 (Devillers, *BCRH*, t. 16, p. 430-431)]	[Assiette de 31 500 l. en juillet 1493 (Devillers, *BCRH*, t. 16, p. 462-465)]

Comté de Namur

	[1473]	1478	1479	1480	1481	1482	1483	1484	1485	1486	1487
Aides apparaissant dans la recette générale des finances	7 560	4 800	4 800	4 700	4 800			4 800			
Aides n'apparaissant pas dans la recette générale des finances										2 700	4 400
Total	7 560	4 800	4 800	4 700	4 800	0	0	4 800	0	2 700	4 400

	[1473]	1478	1479	1480	1481	1482	1483	1484	1485	1486	1487

	[1473]	1478	1479	1480	1481	1482	1483	1484	1485	1486	1487

	[1473]	1478	1479	1480	1481	1482	1483	1484	1485	1486	1487
Les aides, avances ou compositions n'apparaissant pas dans la recette générale figurent dans les cases en grisé.	Part du comté de Namur dans l'aide de 500 000 *ridders*	Aide de 6 137 l. accordée par les états de Namur (4 845 l. après retranchement des assiettes des enclaves du comté en Brabant et en Gueldre, AGR, CC, reg. 16591)	Aide de 4 835 l. accordée en janvier 1479 (assiette de 4 845 l., 62 l. de rabais et exemptions, AGR, CC, reg. 16592)	Aide de 4 835 l. par an pendant trois ans à partir de mars 1480, 1re année (assiette de 4 843 l., 155 l. de rabais et exemptions, AGR, CC, reg. 16593)	Aide de 4 835 l. par an pendant trois ans à partir de mars 1480, 2e année (assiette de 4 843 l., 43 l. de rabais et exemptions, AGR, CC, reg. 16594)	Suspension de l'aide de 4 538 l. par an pendant trois ans à cause de la guerre contre Liège		Aide de 4 835 l. par an pendant trois ans à partir de mars 1480, 3e année (assiette de 4 843 l., 43 l. de rabais et exemptions, AGR, CC, reg. 16595)		Aide de 2 400 l. pour la garde du pays, et crue de 308 l. (assiette de 2 708 l., 36 l. de rabais et exemptions, AGR, CC, reg. 16596)	Aide de 3 200 l. pour la garde du pays, aide de 800 l. pour le gouverneur, en rémunération de ses services, et crue de 439 l. pour le recouvrement de l'aide (assiette de 4 439 l., 73 l. de rabais et exemptions, AGR, CC, reg. 16597)

	1488	1489	1490	1491	1492	1493
Aides apparaissant dans la recette générale des finances				850		6 600
Aides n'apparaissant pas dans la recette générale des finances	4 300			5 850		800
Total	4 300	0	0	6 700	0	7 400

	1488	1489	1490	1491	1492	1493
Les aides, avances ou compositions n'apparaissant pas dans la recette générale figurent dans les cases en grisé.	Aide de 3 200 l. pour la garde du pays, aide de 800 l. pour le gouverneur, en rémunération de ses services, et crue de 445 l. pour le recouvrement de l'aide (assiette de 4 445 l., 172 l. de rabais et exemptions, AGR, CC, reg. 16598)			900 l. accordées pour le paiement de gens de guerre à cheval de la compagnie de Thierry Poullon, capitaine de Fallais, et de Laurent bâtard de Courdon, lieutenant de Jean de Vy, pour la garde du pays, 120 l. pour l'évêque de Cambrai, 680 l. pour le remboursement des frais avancés par le gouverneur du comté de Namur (assiette de 1 801 l., 55 l. de rabais et exemptions, AGR, CC, reg. 16599)		4 500 l. pour subvenir aux affaires du prince, pour ses dépenses ordinaires et pour les soldes des gens de guerre (assiette de 5 300 l., y compris le subside ci-dessous, 155 l. de rabais, AGR, reg. 16602)
				3 500 l. pour les garnisons du pays de Namur, 500 l. pour le gouverneur, 400 l. pour le seigneur de Chièvres, lieutenant du roi sur le fait de la guerre à Namur (assiette de 5 224 l., 263 l. de rabais et exemptions, AGR, CC, reg. 16600 – 853 l. assignées par le receveur général)		500 l. pour le gouverneur (voir ci-dessus)
						Portion du comté de Namur de l'aide de 80 000 écus pour les garnisons d'Arras et Saint-Omer (assiette de 1 519 l., 43 l. de rabais, AGR, reg. 16603)
						200 florins d'or accordée par le comté de Namur pour sa portion des 6 000 florins accordés au comte de Nassau (assiette de 296 l., AGR, reg. 16601)

Carte des Pays-Bas bourguignons

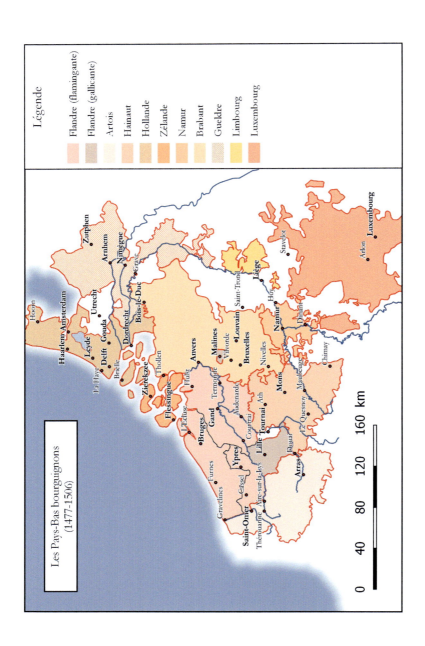

Diagrammes

Diagramme n° 1: Assignations du receveur général sur le domaine (livres de 40 gros)

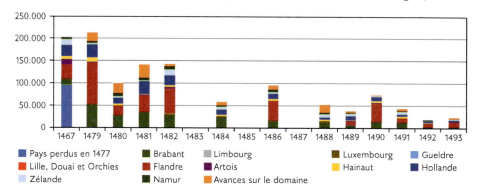

Diagramme n° 2: Assignations du receveur général et exécution par le receveur de Flandre (livres de 40 gros)[1]

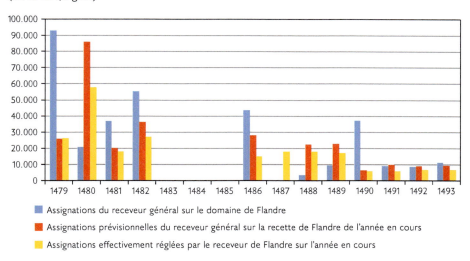

---

1 La perte des registres de la recette générale de 1478, 1485 et 1487 réduit le montant des assignations sur les années 1479, 1486 et 1488. Par ailleurs, par exception, 28 630 l. 4 s réglées en 1488-1489 sur le domaine de Flandre ont fait l'objet d'une régularisation postérieure, par deux assignations datées des 2 et 12 juillet 1490 (ADN, B 2140, fol. 14r-v). En revanche, le compte du domaine de Flandre ayant été conservé pour l'année 1487, on connaît le total des assignations réglées par Roland Le Fèvre cette année-là.

Diagramme n° 3 : Assignations du receveur général sur le domaine de Brabant
(livres de 40 gros)

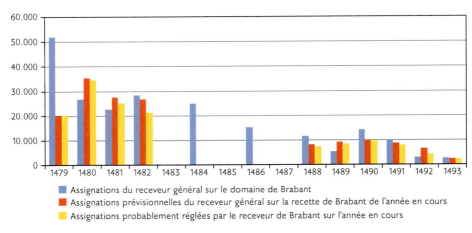

Diagramme n° 4 : Aides, subsides et compositions levés dans les pays de par-deçà
(1477-1493) (livres de 40 gros)

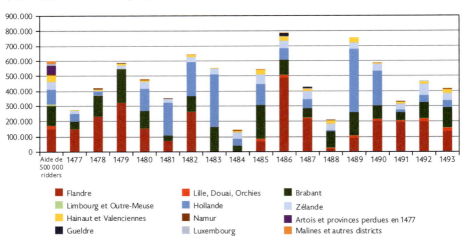

Diagramme n° 5: Aides, subsides et compositions levés dans les pays de par-deçà (1477-1493), en kilogrammes d'argent fin

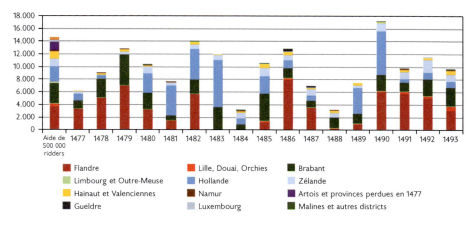

Diagramme n° 6: Aides et compositions levées en Brabant (1477-1493) (livres de 40 gros)

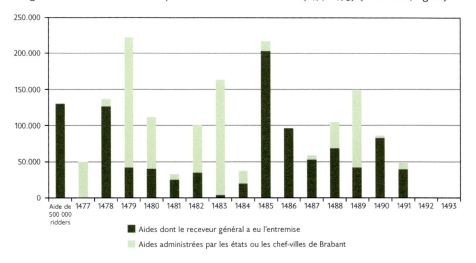

Diagramme n° 7 : Aides et compositions levées en Flandre (1477-1493) (livres de 40 gros)

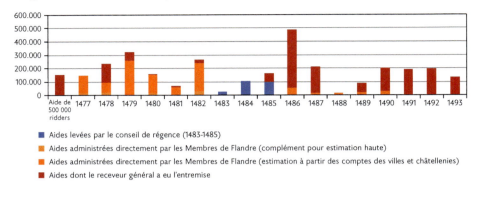

- Aides levées par le conseil de régence (1483-1485)
- Aides administrées directement par les Membres de Flandre (complément pour estimation haute)
- Aides administrées directement par les Membres de Flandre (estimation à partir des comptes des villes et châtellenies)
- Aides dont le receveur général a eu l'entremise

Diagramme n° 8 : Recettes centrales des Pays-Bas bourguignons (1477-1493) (livres de 40 gros)

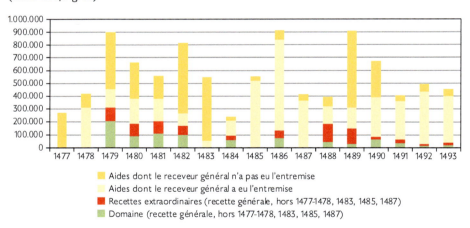

- Aides dont le receveur général n'a pas eu l'entremise
- Aides dont le receveur général a eu l'entremise
- Recettes extraordinaires (recette générale, hors 1477-1478, 1483, 1485, 1487)
- Domaine (recette générale, hors 1477-1478, 1483, 1485, 1487)

DIAGRAMMES 607

Diagramme n° 9 : Recettes centrales des Pays-Bas bourguignons (1477-1493)
(kilogrammes d'argent fin)

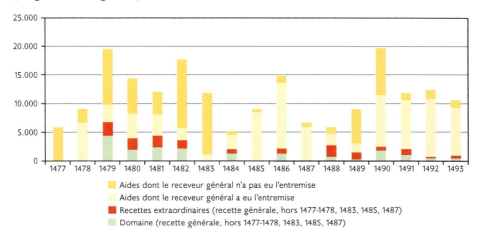

■ Aides dont le receveur général n'a pas eu l'entremise
■ Aides dont le receveur général a eu l'entremise
■ Recettes extraordinaires (recette générale, hors 1477-1478, 1483, 1485, 1487)
■ Domaine (recette générale, hors 1477-1478, 1483, 1485, 1487)

Diagramme n° 10 : Dépenses de guerre (1477-1493) (livres de 40 gros)

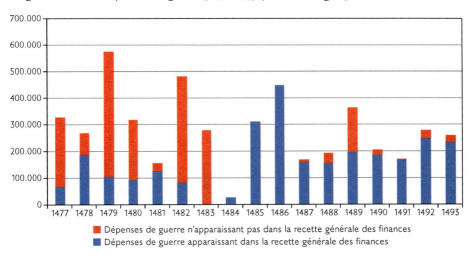

■ Dépenses de guerre n'apparaissant pas dans la recette générale des finances
■ Dépenses de guerre apparaissant dans la recette générale des finances

608 DIAGRAMMES

Diagramme n° 11 : Dépenses de guerre (1477-1493) (kilogrammes d'argent fin)

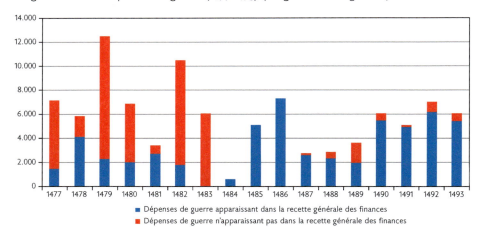

Diagramme n° 12 : Dépenses de guerre rapportées aux recettes centrales (1477-1493) (livres de 40 gros)

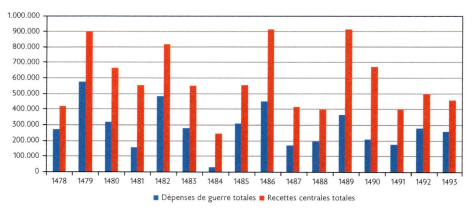

DIAGRAMMES 609

Diagramme n° 13 : Annuités des rentes vendues par Lille après 1477 (1477-1503) (livres de 40 gros)

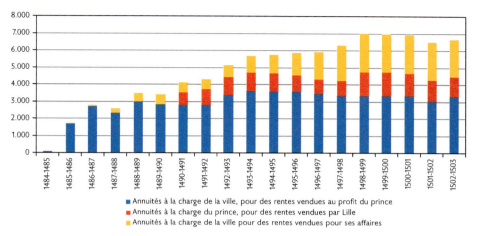

Diagramme n° 14 : La compagnie de Charles de Saveuse (1485-1493)

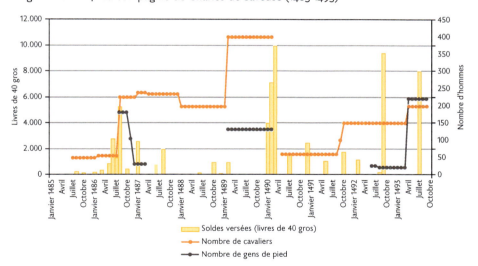

Diagramme n° 15 : Capacités contributives du Franc

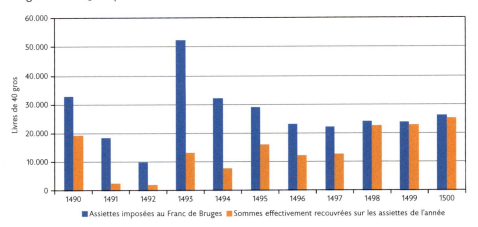

Diagramme n° 16 : Dette fiscale du Franc

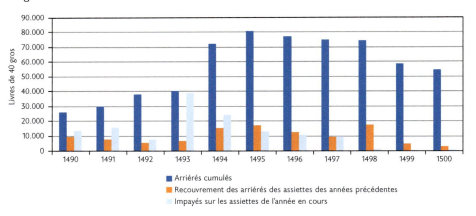

Diagramme n° 17 : Structure des dépenses du Franc de Bruges

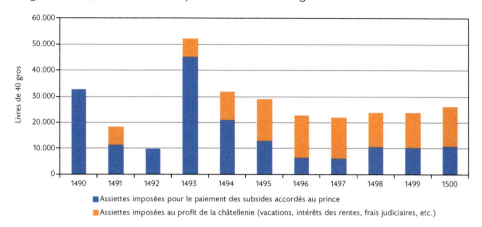

■ Assiettes imposées pour le paiement des subsides accordés au prince
■ Assiettes imposées au profit de la châtellenie (vacations, intérêts des rentes, frais judiciaires, etc.)

Diagramme n° 18 : Prélèvements fiscaux annuels sur le Franc de Bruges

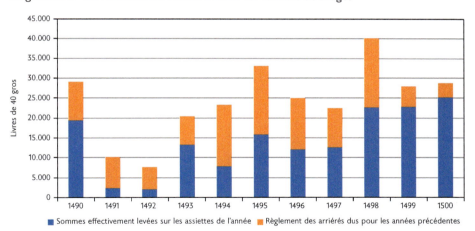

■ Sommes effectivement levées sur les assiettes de l'année   ■ Règlement des arriérés dus pour les années précédentes

Diagramme n° 19 : Recettes de la ville de Courtrai (1477-1502) (livres de 40 gros)

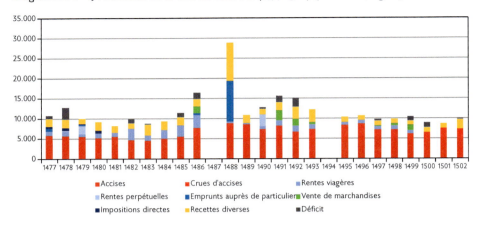

Diagramme n° 20 : Dépenses de la ville de Courtrai (1477-1502) (livres de 40 gros)

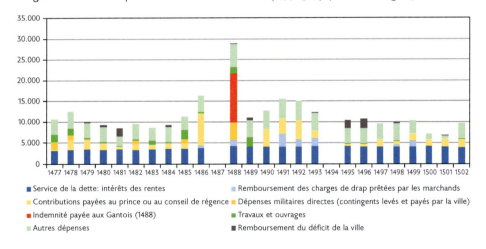

Index nominum

Aa (fleuve)   134

Aardenburg (Pays-Bas, prov.
Zélande)   250, 348, 416, 425

Acht (bombarde)   370

ADOLPHE Ier d'Egmont, duc de Gueldre
(1438-1477)   134, 165, 256, 384, 386,
391

Aerschot (Belgique, prov. Brabant-
Flamand)   234, 238, 240-241, 424

Affligem (abbaye d', Belgique, prov.
Brabant-Flamand)   293

Aigremont (Belgique, prov. Liège)   172,
208

Aire-sur-la-Lys (France, Pas-de-Calais)
89, 150, 176, 178-179, 182-183, 216, 265-266,
284, 299, 354, 356, 358, 367, 386, 391,
397-401, 403, 406, 408, 412-413

ALBERT III l'Intrépide, duc de Saxe,
lieutenant général des Pays-Bas
bourguignons, gouverneur héréditaire
de Frise (1443-1500)   18, 73, 75, 121,
235-238, 240-243, 245-248, 250-269,
271, 274, 278, 280, 284, 286-287, 289,
308-311, 326-327, 332-333, 337-338,
340-341, 347-350, 352-353, 373, 384, 415,
423-424, 428, 433, 435-437, 439, 468,
473-476, 478

Alkmaar (Pays-Bas, prov. Frise-
Occidentale)   143, 167, 169, 252-253

Allemagne   156, 165, 206-208, 210, 216,
226-227, 234, 256, 264, 281, 298, 331,
349, 361, 369, 426, 430, 432

Allemands (gens de guerre)   76, 88-89,
146-147, 153, 166, 187, 189-190, 194-195,
202, 204, 207, 210, 223, 232-233, 239-
240, 247, 249-250, 253, 264, 266, 268,
281, 298-299, 302, 310, 330-331, 334-335,
337-340, 343, 346, 348-350, 354, 370,

372, 394-395, 403, 423-424, 428-435,
452, 456, 472-473

Alost (Aalst, Belgique, prov. Flandre-
Orientale)   183, 219, 227, 232, 246,
408

ALVARADO (Gracien d'), capitaine de la
garde du roi des Romains   327, 350,
416-417, 420, 424-425

Amboise (France, Indre-et-Loire)   184

AMBOISE (Charles Ier d'), gouverneur de
Bourgogne et de Champagne (mort
en 1481)   125, 135, 149, 162, 173

AMBOURG (Wendelin von), capitaine de
lansquenets   435

Amersfoort (Pays-Bas, prov.
Utrecht)   169, 188

Amiens (France, Somme)   125, 141, 300

Amsterdam (Pays-Bas, prov. Hollande-
Septentrionale)   155, 167, 169, 194,
252, 295, 324, 327, 466

Ancenis (France, Loire-Atlantique)   232

ANDRIES (André)   166, 281, 429

Angleterre, Anglais   7, 10-11, 89, 105-106,
114-115, 126, 131, 147, 151, 162, 168, 193,
207, 239, 263-264, 277, 307, 320, 333,
354, 378, 380, 389, 395, 414, 421, 429-
431, 434, 437, 448, 466, 473-474, 476

ANGOLE, capitaine de gens de
guerre   335

ANNE, duchesse de Bretagne, reine de
France (1477-1514)   249, 262

Anvers (Antwerpen, Belgique, ch.-l.
prov.)   77-78, 94, 105, 119-120, 137,
142, 145, 151-152, 154-155, 159, 161, 164,
175-176, 186-188, 196-198, 203, 208, 224,
228, 233-235, 237, 245, 289, 293-294,
300-301, 323, 325-327, 346, 393-394, 401,
404, 407, 409-410, 448, 453, 466, 474

INDEX NOMINUM

ARC (Jeanne d') (v. 1412-1431)   373, 478
Ardennes   171-173, 217
Ardres (France, Pas-de-Calais)   264
ARENBERG, *voir* MARCK
   (Evrard III de LA), seigneur
   d'Arenberg
ARGENTON (Guillaume d'), homme
   d'armes   362
Arlon (Belgique, prov.
   Luxembourg)   162
ARMAGNAC (Jean d'), duc de Nemours
   (1467-1500)   117
ARNEMUIDEN, *voir* TRAZEGNIES
   (Arnoul de), seigneur d'Arnemuiden
Arnhem (Pays-Bas, ch.-l. prov.
   Gueldre)   166, 189,256
Arques (France, Pas-de-Calais)   210,
   354, 368
Arras (France, Pas-de-Calais)   126,
   131-132, 134, 149, 157, 209, 264-268, 284,
   299, 303, 337-342, 344, 356, 361, 364,
   367-368, 372-373, 382, 417, 425-427,
   429, 432-433, 435-436
Arras (traité d', 1435)   127
Arras (traité d', 1438)   130
Arras (traité d', 1482)   183, 185, 201, 209,
   224-226, 230, 235, 266, 280, 284, 289,
   312, 368, 405, 468, 473
ARRAS (évêque d'), voir RANCHICOURT
   (Pierre de), évêque d'Arras
Artois (comté d')   8, 66, 98, 103, 107,
   110-111, 118, 126, 128-129, 131-134, 141,
   149-150, 156, 158, 163, 179, 183, 185, 203,
   208-210, 214-216, 223, 227, 235, 264-267,
   281, 284-285, 302, 306, 320, 338-339,
   342, 353, 356-357, 360-362, 367-368,
   370-372, 389, 397-398, 406, 425, 427,
   429, 435, 444, 457, 465, 474, 476
Assenede (Belgique, prov. Flandre-
   Orientale)   250
Ath (Belgique, prov. Hainaut)   292
Aubigny-en-Artois (France, Pas-de-
   Calais)   338
Audenarde (Oudenaarde, Belgique, prov.
   Flandre-Orientale)   97-98, 108, 132,

136, 142, 144-145, 153, 160, 181, 194-195,
201-203, 205, 227, 229, 232, 246, 250,
325, 327, 335, 359, 366, 384, 389, 399,
408, 427, 442, 444, 456
Aulnoye-Aymeries (France, Nord)   183,
   291, 402, 404
AULT (Colard d'), marchand-banquier
   de Bruges   316
Auvergne   212
Auxerre (France, Yonne)   266
AUXY (Antoine d'), capitaine des
   archers de corps du duc   362
Avesnes-le-Comte (France, Pas-de-
   Calais)   338
Avesnes-sur-Helpe (France, Nord)
   132, 134, 137, 399, 401
Axel (Pays-Bas, prov. Zélande)   250, 336
AYMERIES, *voir* ROLIN (Antoine),
   seigneur d'Aymeries
AZINCOURT (Christophe d'), homme
   d'armes   362
BADE (margrave de), *voir* CHRISTOPHE
   Ier, margrave de Bade
BAENST (Guy II de), conseiller de
   Marie et Maximilien, bourgmestre du
   Franc de Bruges   448
BAILLET (Martin), chevaucheur de
   l'écurie   109
Bailleul (France, Nord)   136, 176, 182,
   306, 334, 340, 344, 354, 386
Bâle (Suisse)   432
BALSAC (Robert de), capitaine français
   (v. 1440-1503)   379
BANDINI-BARONCELLI (Pierantonio di
   Guasparre), banquier florentin   315,
   317, 449
BANT (Jacob), délégué aux états de
   Brabant   293
Bapaume (France, Pas-de-Calais)   126
BARBENÇON, *voir* LIGNE (Guillaume
   de), seigneur de Barbençon
BARDI (compagnie)   313, 320
BARRADOT (Thibaud), trésorier des
   finances   89, 160, 170, 216, 227, 448
Bar-sur-Seine (France, Aube)   266

INDEX NOMINUM

BASIN (Thomas), évêque de Lisieux (v. 1412-1491) 139, 148, 190, 376-377

BATARNAY (Humbert de), conseiller de Louis XI, Charles VIII, Louis XII et François Ier (v. 1438-1523) 163, 264

BATTISTA (Giovanni), marchand-banquier génois 453

BAUDOUIN IX, comte de Flandre (1171-1205) 108

BAZEL (Wolrick van), capitaine de gens de guerre de langue allemande 432

BEAUJEU, *voir* FRANCE (Anne de), dame de Beaujeu, BOURBON (Pierre II de), seigneur de Beaujeu, puis duc de Bourbon

Beaumont (Belgique, prov. Hainaut) 173, 348, 399

BEERSEL, *voir* WITTEM (Henri de), seigneur de Beersel

Beoostenschelde (Pays-Bas, prov. Zélande) 170

BERGHES (Corneille de), capitaine de Grave (1458-1508/1509) 89, 137, 208, 234, 241, 326, 345-348, 398, 401-403, 405, 408, 426, 428, 476

BERGHES (Jean III de), seigneur de Walhain, premier chambellan de Philippe le Beau (1452-1532) 220, 234, 345, 347-348, 361, 436, 476

BERGHES (Henri de), évêque de Cambrai (1449-1502) 347-348, 476

Berg-op-Zoom (Bergen-op-Zoom, Pays-Bas, prov. Brabant-Septentrional) 325

Bergues-Saint-Winoc (France, Nord) 176, 227, 238-239, 246, 355, 408

Berlaimont (France, Nord) 183

BERLAYMONT (Lancelot de), chevalier hainuyer (mort en 1484) 190-191, 202, 475

BERLETTES (Walerand de), seigneur de Wavrin 295

BERTHELOT, capitaine de gens de guerre 335

BERTHOZ (Hippolyte de), maître de la Chambre aux deniers de Maximilien 241, 254

BERTRAM (Nicolas), marchand-banquier 323

Béthune (France, Pas-de-Calais) 134, 157, 264, 266

Béthune (bataille de, 1487) 216-217, 221, 223-224, 235, 272, 302, 422

BEUCKELAERE (Thomas), receveur des aides de Hollande 253

BEVEREN, *voir* BOURGOGNE (Philippe de), seigneur de Beveren

Beveren-Waes (Belgique, prov. Flandre-Orientale) 262

BICHE (Biccio Franzesi), marchand-banquier florentin 320

Biervliet (Pays-Bas, prov. Zélande) 108, 215, 218

Binche (Belgique, prov. Hainaut) 292, 394

Blangy (France, Pas-de-Calais) 356

BLARE (Pierre), capitaine de gens de guerre de langue allemande 433

Bochoute (Belgique, prov. Flandre-Orientale) 250

BOGAERT (Pieter), commis sur le fait des domaine et finances 64

Bohain-en-Vermandois (France, Aisne) 400, 403

Bois-le-Duc ('s-Hertogenbosch, Pays-Bas, prov. Brabant-Septentrional) 85, 142, 145, 152, 154, 158-159, 166, 176, 197-198, 208, 235, 241-242, 292-294, 325-326, 346, 466

BONTEMPS (Jean), trésorier des finances 351

BOONEN (Willem), chroniqueur 187, 241, 413

BORSSELE (Anne de), fille et héritière de Wolfert VI de Borssele 439, 546

BORSSELE (Wolfart VI de) (v. 1430-1486), seigneur de Veere, stathouder de Hollande 117, 142, 166, 191, 296, 476

616 INDEX NOMINUM

BORSSET (Thierry de), sénéchal de Limbourg 283

Bouchain (France, Nord) 131, 148, 337

Boulogne (France, Pas-de-Calais) 110, 118, 127-128, 131, 133, 235, 264, 399, 406, 417, 425

BOURBON (Louis de), évêque de Liège (1438-1482) 162, 171-173, 182, 186, 207, 301

BOURBON (Louis, bâtard de), amiral de France (mort en 1487) 126

BOURBON (Pierre II de), seigneur de Beaujeu, puis duc de Bourbon (1438-1503) 185-186, 201-202, 207, 209-210, 214-217, 224, 239, 241, 372, 436-437, 468

Bourbourg (France, Nord) 108, 227, 239, 246, 412, 427

BOURGOGNE (Antoine de), dit le Grand Bâtard (1428-1504) 92, 191

BOURGOGNE (Baudouin, bâtard de) (v. 1446-1508) 217, 434

BOURGOGNE (David de), évêque d'Utrecht (mort en 1494) 118, 165-168, 188

BOURGOGNE (duc de), *voir* CHARLES Ier le Téméraire, duc de Bourgogne, JEAN Ier sans Peur, duc de Bourgogne, PHILIPPE Ier le Hardi, duc de Bourgogne, PHILIPPE II le Bon, duc de Bourgogne, PHILIPPE III le Beau, archiduc d'Autriche, duc de Bourgogne

BOURGOGNE (Jean de), protonotaire apostolique 109

BOURGOGNE (Philippe de), seigneur de Beveren (v. 1455-1494) 109, 176, 190-191, 225, 358-362, 397-399, 402, 404-406, 408-409, 412-413, 417, 476

BOURLET (Colin), archer de corps de Marie et Maximilien 362

BOURLET (Pierard), archer de corps de Marie et Maximilien 362

BOUSSU, *voir* HENNIN (Pierre de), seigneur de Boussu

Bouvignes-sur-Meuse (Belgique, prov. Namur) 403

Bouvines (France, Nord) 429

Brabant (duché de) 8, *passim*

Braine-le-Comte (Belgique, prov. Hainaut) 417

BREDA, *voir* NASSAU-DILLENBURG (Engilbert II, comte de), seigneur de Breda

BREDERODE (Frans de) (mort en 1490) 243, 245, 251

Bretagne (duché de) 7, 21, 207, 209, 214, 216, 232, 239, 249, 264, 466

Brielle (Pays-Bas, prov. Hollande-méridionale) 120, 133

BRIMEU (Guy de), seigneur de Humbercourt, gouverneur de Liège (mort en 1477) 171, 228, 476

Brouwershaven (Pays-Bas, prov. Zélande) 117, 251

Bruges (Brugge, Belgique, prov. Flandre-Occidentale) 15, *passim*

BRUGES (Jean V de), seigneur de la Gruuthuse et d'Espierres (v. 1458-1512) 206, 328-329

BRUGES (Louis de), seigneur de la Gruuthuse, comte de Winchester (v. 1427-1492) 115, 131, 190, 206, 242, 383, 476

BRUN (Georges), capitaine de gens de guerre de langue allemande 432

BRUNI (Leonardo), humaniste florentin 378

Bruxelles (cap. Belgique) 85, 131, 139, 142, 145, 150, 152, 154, 159, 161, 164, 176, 186-188, 196-198, 208, 219, 229, 234-235, 240-242, 258, 289, 292-294, 300-301, 325, 327, 363, 393-394, 400, 407, 409-410, 423, 433-434, 466

Bruxelles (Chambre des comptes de) 63, 77-79, 84-86, 92, 94, 96, 99, 112, 121, 142, 186, 197, 425

BUISSON (Olivier du), receveur des aides de Hainaut 75

Cadzand (traité de, 1492) 262-263, 461

CAESTRE (seigneur de), chevalier flamand, commis à passer en revue les troupes soldées par la Flandre 411

INDEX NOMINUM **617**

Calais (France, Pas-de-Calais) 105-106, 138, 239, 263

CAMBI (Giovanni), marchand-banquier florentin 315, 317-321, 347

Cambrai (France, Nord) 132, 147-149, 164, 194, 284, 292, 307, 373, 393, 400-401, 403, 405

CANIJN (Jan), marchand-banquier de Bruges 315

Carignan (France, Ardennes) 162

CARONDELET (Jean), seigneur de Champvans, chancelier de Flandre et de Bourgogne (1428/1429-1502) 109, 228

Cassel (France, Nord) 93, 133-134, 176, 207, 216, 306, 334, 340, 344, 355, 385-386, 412, 447, 453

CASSINES (Bénigne de), marchand-banquier de Bruges 321

CENTURIONE (Girolamo), marchand-banquier génois 321

CHABANNES (Antoine de), comte de Dammartin (mort en 1488) 147, 149

Champagne (France) 215

CHAMPVANS, *voir* CARONDELET (Jean), seigneur de Champvans

CHANTEREINE, *voir* KAELJOOT ou GALIOT (Jacques), seigneur de Chantereine

CHARLES (Jean), contrôleur de l'artillerie 358

CHARLES d'Egmont, duc de Gueldre (1467-1538) 217, 235, 245, 256-257, 346, 466

CHARLES Ier le Téméraire, duc de Bourgogne (1433-1477) 7-8, 11, 13, 19, 21, 64, 90, 101-102, 110-111, 114, 116-117, 121-122, 125-127, 129-132, 135, 138, 140, 155, 165, 168, 170-173, 178, 185, 205, 211, 221-222, 231, 235, 240, 243, 255-256, 283, 287-288, 297, 303, 311, 316, 319, 322, 375, 378, 381, 386, 392, 394-395, 398, 405-406, 415, 422, 430, 437, 440, 465-466, 468, 470, 478

CHARLES VII, roi de France (1403-1461) 376-379, 420, 436-437, 478

CHARLES VIII, roi de France (1470-1498) 127, 202, 204, 207, 209-210, 217, 225, 231, 234-235, 241-242, 249, 255, 262, 264-266, 331, 369, 420, 466

Charolais (comté de) 266

CHASTEL (Pierre du), homme d'armes 361

CHIÈVRES, *voir* CROY (Guillaume de), seigneur de Chièvres

Chimay (Belgique, prov. Hainaut) 76, 162, 183, 209, 291, 399, 402, 404, 426

CHIMAY, *voir* CROY (Charles de), comte puis prince de Chimay, CROY (Philippe de), comte de Chimay

CHRISTOPHE Ier, margrave de Bade (1453-1527) 229, 233, 477

CINCINNATUS 376-377

CLAUDE, reine de France (1499-1524) 466

CLERFAYT, *voir* SARS (Michel de), seigneur de Clerfayt

CLÈVES (Adolphe de), seigneur de Ravenstein (1425-1492) 128, 131, 190-191, 225, 381, 402, 476

CLÈVES (ducs de), *voir* JEAN Ier, duc de Clèves, JEAN II, duc de Clèves

CLÈVES (Engilbert de) 169

CLÈVES (Philippe de), seigneur de Ravenstein (1456-1528) 65, 108, 137, 182-183, 186, 194, 209, 217, 221, 225, 228, 230, 232-234, 237, 239-243, 245, 247-249, 251, 256-257, 260, 262-264, 271, 278, 284, 289, 299, 302, 330, 334, 337, 347, 379, 394, 399-403, 406, 416-417, 422, 425, 428, 468

COLARD (Jean), receveur des subsides levés dans le quartier d'Ypres 192

Cologne (Allemagne, Rhénanie-Westphalie) 8, 139, 189, 257, 277, 306-307

Comines (France, Nord) 295, 331

COMMYNES (Jean de La Clyte, seigneur de) 295

COMMYNES (Philippe de), conseiller de Louis XI et de Charles VIII (1447-1511) 126-127, 139, 342, 345, 465

COMTUS (Lorenzo), marchand-banquier florentin 205, 321

Condé-sur-l'Escaut (France, Nord) 117, 146-147

CONTAY (Philippe LE JEUNE, seigneur de Forest et de) 235, 335, 338, 426, 428, 476,

COOPMAN (Alard), trésorier des guerres 73, 88, 283, 415, 435, 448

COPPENHOLE (Frans van) (mort en 1492) 203, 262

COPPENHOLE (Jan van) (mort en 1492) 203, 221, 229, 242, 249, 262, 392

CORTEVILLE (Josse de), haut bailli d'Ypres 181, 275

Courtrai (Kortrijk, Belgique, prov. Flandre-Occidentale) 97-98, 107-108, 121, 133, 135-137, 142, 144-145, 153-154, 160, 181-182, 194-196, 200-201, 212, 226, 229, 246, 248, 266-267, 291, 310, 323, 330, 333, 335, 354, 363, 371, 383-385, 388-390, 392, 440, 442, 444, 449-491, 471, 475

CRAON, *voir* LA TRÉMOILLE (Georges II de), seigneur de Craon

CRÉPIEUL (Pierre de), capitaine des archers de corps de Maximilien 362

Crespin (France, Nord) 147

CRESPO (Pierre), écuyer espagnol 361

CRÈVECŒUR (Philippe de), seigneur d'Esquerdes, maréchal de France (mort en 1494) 134, 152, 182, 202-203, 209, 215-217, 229-230, 232, 238-239, 241, 256, 264, 266, 271, 302, 328, 330, 355, 367, 403, 452

CROESINK (Jacob) 116

CROY (Antoine, seigneur de), conseiller de Philippe le Bon (mort en 1475) 117

CROY (Charles de), comte puis prince de Chimay (v. 1450-1527) 75-77, 209, 240-242, 348, 426, 476-477

CROY (Guillaume de), seigneur de Chièvres (1458-1521) 89, 117, 241, 347-348, 350, 476-477

CROY (Jacques de), protonotaire apostolique, candidat à l'évêché de Liège 186

CROY (Jean de), conseiller de Philippe le Bon (mort en 1473)

CROY (Philippe de), comte de Chimay (1434-1482) 172-174, 399, 401-403, 425

CROY (Philippe de), comte de Porcien (mort en 1511) 117, 359, 399, 401-402, 425, 476-477

Cujik (Pays-Bas, Brabant-Septentrional) 346

CUNYLERS (Baudechon), capitaine de gens de guerre 223

Cysoing (France, Nord) 266

CYSOING, *voir* MOY (Jacqueline de), dame de Cysoing 295

DADIZEELE (Jan van/Jean de), grand bailli de Gand (mort en 1481) 131, 148, 157, 175, 229, 354-356, 359, 364, 367, 383, 385, 387-390, 398, 402, 406, 408, 412

Dalhem (comté de) 265

DAMMARTIN, *voir* CHABANNES (Antoine de), comte de Dammartin

Damme (Belgique, prov. Flandre-Occidentale) 88, 106, 232-233, 247, 323, 335, 348, 385, 391, 432, 435, 446, 475

Damme (traité de, 1490) 247, 250, 260, 263, 348

Damvillers (France, Meuse) 171

Dantzig (Gdansk, Pologne) 180

DEBECQ DIT BROQUADE (Jean), archer de corps de Maximilien 361

Deinze (Belgique, prov. Flandre-Orientale) 232, 262, 416, 427, 450, 452, 455

Delft (Pays-Bas, prov. Hollande-Méridionale) 120, 143, 167, 169, 194, 295

DESPREZ (Jennet), capitaine de gens de guerre 335

Deûle (rivière) 148, 399

INDEX NOMINUM **619**

DIEGHE, écuyer pensionné par Maximilien 417

Dijon (France, Côte-d'or) 135

Dinant (Belgique, prov. Namur) 255

DINTEVILLE (Jean de), maître de l'artillerie 428

Dixmude (Diksmuide, Belgique, prov. Flandre-Occidentale) 96, 120, 232, 239, 246, 250, 262, 342, 393, 428

Doesburg (Pays-Bas, prov. Gueldre) 257

Dole (France, Jura) 134-135

Domburg (Pays-Bas, prov. Zélande) 117

DOMMARIEN (Jean de), maître de l'artillerie 358

DOMPIERRE (Hue de), trésorier des guerres 172

DOPPERE (Romboudt de), clerc brugeois 249, 423

Dordrecht (Pays-Bas, prov. Hollande-Méridionale) 130, 143, 167-168, 194, 199, 295, 324, 466

DORIA (Agostino), marchand-banquier génois 315, 318-319, 320, 322-323, 453

DORIA (Giovanni), marchand-banquier génois 318, 322

Douai (France, Nord) 121, 132, 148, 169, 182, 205, 231, 295, 299, 338, 354, 364, 386-387, 397, 399-400, 402-403, 412, 417, 426

Dunkerque (France, Nord) 96, 108, 120, 232, 238-239, 246, 427

Durbuy (Belgique, prov. Luxembourg) 173

EBENSTEIN (Georg von) (mort en 1499), capitaine de lansquenets 88, 239-240, 335, 351, 434-435

Eekloo (Belgique, prov. Flandre-Orientale) 224

EGMONT (Catherine d'), régente de Gueldre 165, 169

EGMONT (Charles d'), duc de Gueldre, *voir* CHARLES d'Egmont, duc de Gueldre

EGMONT (Floris d'), seigneur d'IJsselstein (1469-1539) 426, 428

EGMONT (Guillaume d'), gouverneur de Gueldre (1412-1483) 165

EGMONT (Jean III d'), stathouder de Hollande (1438-1516) 137, 168, 194, 209, 238, 243, 251-252, 348-349, 352, 476-477

ELSAT (Jennot d'), capitaine de gens de guerre 350, 416, 427

Ename (Belgique, prov. Flandre-Orientale) 202-203

Enghien (Belgique, prov. Hainaut) 336, 341

Eperlecques (France, Pas-de-Calais) 117

Erkelentz (Allemagne, Rhénanie-Westphalie) 257

ERNEST, duc de Saxe (1441-1486) 349

Escaut (fleuve) 115, 133, 146-148, 195-196, 202, 301, 384

Esch-sur-Alzette (Grand-Duché de Luxembourg) 173

ESCLAYBES (Fastré, seigneur d'), capitaine de gens de guerre 426

Espagne, Espagnols 80, 105, 115, 180, 239, 316-317, 361, 406, 424, 427, 437

Espierres (Spiere, com. Espierres-Helchin, Belgique, prov. Flandre-Occidentale) 133, 383, 385, 475

ESPIERRES (seigneur d'), *voir* BRUGES (Jean V de), seigneur de la Gruuthuse et d'Espierres

ESQUERDES, *voir* CRÈVECŒUR (Philippe de), seigneur d'Esquerdes

Estaimbourg (Belgique, prov. Hainaut) 330-331

ESTRÉES, *voir* OIGNIES (Charles d'), seigneur d'Estrées

Étaples (France, Pas-de-Calais) 264

EUVRINGHAM (Thomas), capitaine anglais 354

Evergem (Belgique, prov. Flandre-Orientale) 232

Falkenstein (Waldhof-Falkenstein, Allemagne, Rhénanie-Palatinat) 173

Fampoux (France, Pas-de-Calais) 338

FASSELIN (Jeannet), homme d'armes 362

FAX (Jean), secrétaire de Maximilien 281

FENIN (bâtard de), capitaine de gens de guerre 419

FIENNES, *voir* LUXEMBOURG (Jacques de), seigneur de Fiennes

Flandre (comté de) 8, *passim*

Flessingue (Pays-Bas, prov. Zélande) 117, 203, 261

Florence (Italie, Toscane) 66, 205, 314-316, 321-322, 378, 437

FOREST, *voir* CONTAY (Philippe LE JEUNE, seigneur de Forest et de)

Fougères (France, Ille-et-Vilaine) 210

FOURNEAU (Jean), clerc du bailliage de Hainaut 257

Franc de Bruges (châtellenie du) 15, 98, 107, 136, 144, 153, 159, 163-165, 176-177, 180-182, 195, 200, 205-206, 209, 211, 215, 224, 226, 229, 246, 248, 250, 260, 266, 317, 321-324, 335, 337, 340, 354-360, 365-366, 385, 388-390, 440, 442-449, 451, 457, 460-461, 475

FRANCE (Anne de), dame de Beaujeu (1461-1522) 185, 201-202, 207, 209-210, 214-217, 224, 239, 241, 372, 436-437, 468

Francfort-sur-le-Main (Frankfurt-am-Main, Allemagne, Hesse) 207-208, 241, 265

Franche-Comté (France) 22, 102, 111, 118, 125, 135, 147, 156, 162, 184, 265-266, 278, 281, 315, 317, 320, 350-351, 401, 406, 430

Franchimont (Belgique, prov. Liège) 172, 208

FRANÇOIS (Simon), capitaine de la garde du roi des Romains 335, 425

FRANÇOIS Iᵉʳ, roi de France (1494-1547) 16, 377, 466

FRANÇOIS II, duc de Bretagne (1435-1488) 202, 207, 217

FRÉDÉRIC III, empereur romain (1415-1493) 171, 207, 221, 231-232, 234-235, 257, 264-265, 269, 350, 452, 459

FRESCOBALDI (Girolamo), marchand-banquier florentin 319, 449

FRETIN (Jehannet), écuyer tranchant 362

Fribourg (Suisse) 432

Fribourg-en-Brisgau (Allemagne, Bade-Wurtemberg) 432

Frise (Hollande) 84, 93-94, 167, 189, 199, 209, 252, 265, 349, 352

FROIDEBISE, capitaine de gens de guerre 335

Furnes (Veurne, Belgique, prov. Flandre-Occidentale) 81, 96, 98, 120, 176, 224, 232, 246, 248, 355, 427

GAESEBEKE, *voir* HORNES (Philippe de), seigneur de Gaesebeke

GALEOTTO (Giacomo), capitaine napolitain (mort en 1488) 137

GALIOT, *voir* KAELJOOT *ou* GALIOT (Jacques), seigneur de Chantereine

GALTEROTI (Antonio), marchand-banquier florentin 316, 449

Gand (Gent, Belgique, prov. Flandre-Orientale) 15, *passim*

Gavre (traité de, 1453) 206

Geertruidenberg (Pays-Bas, prov. Brabant-Septentrional) 234

Genappe (Belgique, prov. Brabant-Wallon) 241, 424

GHISTELLE (Jacques de), chevalier, maire de Saint-Omer 299, 408

Goes (Pays-Bas, prov. Zélande) 261, 325

GONDEVAL (Nicolas de), trésorier des finances 64

Gorcy (France, Meurthe-et-Moselle) 173

Gorinchem (Gorkum ou Gorcum, Pays-Bas, prov. Hollande-Méridionale) 120, 166, 426

Grammont (Geraardsbergen, Belgique, prov. Flandre-Orientale) 195, 205, 215, 218-219, 232, 250-251, 262

GRANART (Jean), homme d'armes 360, 362

Grand Privilège (1477) 114, 116, 129, 140, 149, 180, 231, 288, 311, 382, 468-469

Grandson (bataille de, 1476) 127

GRANTMONT (Perceval et Jean de), gentilshommes franc-comtois 351

Grave (Pays-Bas, prov. Brabant-Septentrional) 169, 200, 326, 345-346, 401, 426, 428

Gravelines (France, Nord) 105-108, 112, 114, 116, 136, 232, 239, 246, 283, 316, 319, 343-344, 412

Gray (France, Haute-Saône) 135

GRUUTHUSE (seigneur de la), voir BRUGES (Jean V de), seigneur de la Gruuthuse et d'Espierres, BRUGES (Louis de), seigneur de la Gruuthuse, comte de Winchester

Gueldre (duché de) 8, 66, 95, 118, 143, 155, 158, 164-169, 174, 189, 200, 235, 245, 256-258, 261, 281, 284, 286, 294, 301, 345, 349, 362, 364, 401, 429-430, 434-436, 466

GUELDRE (duc de), voir ADOLPHE Ier d'Egmont, duc de Gueldre, CHARLES d'Egmont, duc de Gueldre

GUESCLIN (Bertrand du), connétable de France (v. 1320-1380) 373

GUILLAUME V, comte de Hollande (1330-1389) 130

GUILLAUME VIII, duc de Juliers (1455-1511) 306-307

Guinegatte (Enguinegatte, France, Pas-de-Calais) 152-153, 155, 175, 271, 283-284, 302, 353-367, 377, 400-401, 416, 422, 429, 473

Guise (France, Aisne) 216

GUISE, voir ARMAGNAC (Louis d'), comte de Guise

GUISELIN (Georges), chevalier, conseiller et chambellan de Maximilien 361

Guyenne (duché de) 216

Haarlem (Pays-Bas, prov. Hollande-Septentrionale) 138, 155, 167, 169, 190, 193, 252-253, 295, 324, 327-328, 466

HABART (Hutin de), homme d'armes et capitaine 417

HABLUTZELE (Conrart), capitaine de lansquenets 432

Hainaut (comté de) 8, passim

Hal (Belgique, prov. Brabant-Flamand) 240, 326, 336, 341, 347-348, 416

HALLEWIN (Roland de), grand bailli de Bruges 411

HAMES (Jean, seigneur de), capitaine du château de Lille, gouverneur de la châtellenie de Lille, Douai et Orchies (mort en 1504) 387, 398, 400, 402-403, 411

HANETON (Philippe), audiencier et premier secrétaire de Philippe le Beau 80, 82, 89

HANG (Jörg), capitaine de gens de guerre allemands 335

HANS (Clauer), capitaine de gens de guerre allemands 434

Hasselt (Belgique, prov. Limbourg) 182

HAUTBOURDIN, voir LUXEMBOURG (Jean, bâtard de), seigneur de Hautbourdin

HAZEL (Claes van), capitaine de gens de guerre allemands 432

HECKINGER (Coens), capitaine de gens de guerre allemands 432

HEDA (Willem), chroniqueur néerlandais 189

HELYS (Édouard), homme d'armes anglais 89

HENNIN (Pierre de), seigneur de Boussu (1433-1490) 174, 177, 361, 399, 401-403, 405,

HENNINGER (Hans), capitaine de gens de guerre allemands 89, 431

HENRI V, roi d'Angleterre (1386-1422) 11, 302

HENRI VII, roi d'Angleterre (1457-1509)   11, 115, 217, 239, 263-264, 434

Hesbaye (Belgique)   172

Hesdin (France, Pas-de-Calais)   266, 367

HOCHBERG (Rodolphe IV de), seigneur de Rothelin et Badenweiler (mort en 1487)   172

Hollande (comté de)   8, *passim*

Hollogne-sur-Geer (com. Geer, Belgique, prov. Liège)   184, 186, 394, 417, 430, 432

HONDT (Jan DE), marchand-banquier de Bruges   321-322

HONGERSTAIN (Pierre), homme d'armes   362

Hongrie (royaume de)   234, 350

Honte (embouchure de l'Escaut)   115

Hoorn (Pays-Bas, prov. Hollande-Septentrionale)   130, 143, 166-167, 169-170, 188, 252, 417

HORNES (Frédéric de), seigneur de Montigny (mort en 1487)   210, 216, 410

HORNES (Henri de), seigneur de Perwijs (mort en 1483)   401-403

HORNES (Jacques, comte de)   175, 189, 233

HORNES (Jean de), évêque de Liège (1450-1505)   118, 186, 208, 239, 243, 245, 254-256, 433

HORNES (Philippe de), seigneur de Gaesebeke (mort en 1488)   175, 229

HOUTMAERCT (Guillaume), marchand-banquier de Bruges   321-322

Hoye (non identifié, Belgique, prov. Flandre-Occidentale ?)   335

HUGONET (Guillaume), chancelier de Flandre et Bourgogne (mort en 1477)   7-8, 128, 228, 476

Hulst (Pays-Bas, prov. Zélande)   106, 227-228, 232, 246, 249-250, 262, 284, 336-337, 342, 344, 421, 424-425, 427-428

HUMBERCOURT, *voir* BRIMEU (Guy de), seigneur de Humbercourt, gouverneur de Liège

HUMIÈRES (Jean d')   109

Huy (Belgique, prov. Liège)   186-187, 194, 301

IJSSELSTEIN, *voir* EGMONT (Floris d'), seigneur d'IJsselstein

INGHENEMME (Floris d'), homme d'armes   361, 363, 406

IRCHONWEZ, *voir* TRAZEGNIES (Jean de), seigneur d'Irchonwez

JACQUELINE de Bavière, comtesse de Hainaut, de Hollande et de Zélande (1401-1436)   130, 178

JEAN Ier, duc de Clèves (1419-1481)   169, 256

JEAN II, duc de Clèves (1458-1521)   169, 185, 188-190, 192

JEAN Ier sans Peur, duc de Bourgogne (1371-1419)   21, 81, 85, 101, 290, 360, 499

JULIERS (duc de), *voir* GUILLAUME VIII, duc de Juliers

KAELJOOT *ou* GALIOT (Jacques), seigneur de Chantereine, capitaine des gentilshommes de l'hôtel   162, 173, 300, 359, 361-362, 397, 414, 419, 421-423

KAPPLER (Friedrich) (v. 1440-1506)   265

Kennemerland (Pays-Bas, prov. Hollande-Septentrionale)   167, 252

Koekelare (Belgique, prov. Flandre-Occidentale)   335

Koksijde (Belgique, prov. Flandre-Occidentale)   323, 416

La Bassée (France, Nord)   368, 371

LA CROIX (Jean de), receveur des aides de Hainaut   95, 161

LADISLAS IV Jagellon, roi de Bohême et de Hongrie (1456-1516)   171

La Haye (Pays-Bas, prov. Hollande-méridionale)   166, 274

La Haye (Chambre des comptes de)   63, 84-86, 94, 253

LALAING (Josse de), stathouder de Hollande (v. 1437-1483)   166, 168, 188, 209, 395, 476

INDEX NOMINUM **623**

LALAING (Méliador, bâtard de),
capitaine de gens de guerre   417
LALAING (Rodrigue, bâtard de),
capitaine de gens de guerre   327, 335,
350, 417
La Motte-au-Bois (com. Morbecque,
France, Nord)   310, 427
LANCHALS (Pieter) (v. 1441/1442-1488),
receveur général des finances,
trésorier des finances, maître d'hôtel
de Maximilien   64, 76, 116, 216, 221,
227-230, 478
LANDEHECK (Robert de), chevalier,
capitaine de la garde du roi des
Romains   335, 420
Landen (Belgique, prov. Brabant-
Flamand)   183
Landrecies (France, Nord)   131
Languedoïl (France)   441
LANNOY (Baudouin II de), seigneur de
Molembais (v. 1436-1501)   198
LANNOY (Jean de), abbé de Saint-
Bertin   (mort avant le 3 novembre
1492)   228
LANNOY (Jean de), seigneur de
Maingoval   (mort en 1498)   228,
400, 402
LA ROCHE (Gérard de), maître
de la Chambre aux deniers de
Maximilien   281
La Royère (com. Estaimpuis, Belgique,
prov. Hainaut)   331
LA TOUR D'AUVERGNE
(maison de)   127
LA TRÉMOILLE (Georges II de),
seigneur de Craon (v. 1437-
1481)   125, 134-135
LA TRÉMOILLE (Louis II de), vicomte
de Thouars (1460-1525)   232
LAUWERIN (Jérôme), receveur des
aides de Flandre et trésorier général
des finances (mort en 1509)   80, 93,
229, 445, 477
La Viesville, voir *Guinegatte*
LE BÈGUE (Thierry), trésorier des
finances   73

Le Cateau-Cambrésis (France,
Nord)   337, 400
LE FÈVRE (Roland), receveur des aides
de Flandre, trésorier des finances   81,
96, 104, 107-111, 117, 121, 205, 216, 227,
236, 248, 250, 260, 282, 318, 322-323,
370-371, 444-445, 448, 451-455
LE LÉGAST (Jean), député aux
États généraux de 1482, orateur
pour la Hollande, la Zélande et le
Hainaut   178
LE MAIRE (Jean), bourgeois
d'Arras   264
LE MUTERE(R) (Laurent), receveur de
l'artillerie   172, 357
LE PHILIPPE (Jean), receveur des aides
de Lille, Douai et Orchies   329-330
LE PREVOST (Jean), écuyer homme
d'armes de l'hôtel   361-362
Le Quesnoy (France, Nord)   131, 147,
183, 291, 393, 402, 404, 417, 427
LE THELLIER (Tassin), archer de corps
de Maximilien   362
LEEM (Maarten), bourgmestre
de Bruges, surintendant des
finances   175
Leerdam (Pays-Bas, prov. Hollande-
méridionale)   165, 169, 426
Lens (France, Pas-de-Calais)   126, 210,
368, 370-371
Leuze-en-Hainaut (Belgique, prov.
Hainaut)   117
Leyde (Pays-Bas, prov. Hollande-
Méridionale)   138, 143, 166-170,
193-194, 237, 295, 318, 466
Lichtervelde (Belgique, prov. Flandre-
Occidentale)   443
LIEDEKERKE (Adrien Vilain, seigneur
de)   203, 221, 408
Liedekerke (Belgique, prov. Brabant-
Flamand)   191
Liège (Belgique, ch.-l. de prov.)   77-78,
118, 164-165, 168, 171-173, 179, 182-183,
185-188, 207-208, 214, 222, 228, 233, 235,
243, 245, 251, 254-256, 261, 265, 280,
283, 291, 294, 298, 300-301, 303-304,

624 INDEX NOMINUM

307, 334-335, 340, 393-394, 399-400, 403-404, 422, 429-430, 432-433, 468, 474

Lierre (Lier, Belgique, prov. Anvers)   142, 448

LIGNE (Guillaume de), seigneur de Barbençon   426

Lille (France, Nord)   14, *passim*

Lille (Chambre des comptes de)   14, 63-100 (*passim*), 109, 111, 117-118, 120-121, 160-161, 190, 265, 283, 295, 317, 337, 342, 354-355, 357, 369, 372, 398, 412, 415, 419, 425, 443, 451

Lille, Douai et Orchies (châtellenie de)   18, 70, 77, 99, 153, 155, 179, 205-206, 214, 220, 235, 261, 267-268, 294, 297, 299-300, 326, 328, 331, 387, 398, 411, 441, 456, 471

Limbourg (duché de)   84, 283, 297

Logne (com. Ferrières, Belgique, prov. Liège)   172-173, 208

Lombartzide (Lombardsijde, Belgique, prov. Flandre-Ocidentale)   246

LOMELLINI (Ansaldo de), marchand-banquier génois   319, 321

Lomme (com. Lille, France, Nord)   330

LONGIN (Simon), receveur des finances   70, 73, 81

Looz (com. Borgloon, Belgique, prov. Limbourg)   182

Lorraine (France)   132, 172-173, 399, 424

Louis Ier le Pieux, empereur (778-840)   129

LOUIS XI, roi de France (1423-1483)   7-8, 10, 18, 87, 116, 118, 121, 125-163 (*passim*), 173, 177-180, 183-185, 188, 190, 202, 204, 209, 212-215, 222, 239-240, 272, 277-278, 287, 289, 300-301, 305-306, 315-316, 320, 324, 340, 363, 367, 373, 376-378, 385-386, 389, 400, 420, 430-431, 437, 441-442, 465-470

LOUIS XII, roi de France (1462-1515)   202, 207, 420, 432, 466

Louvain (Leuven, Belgique, prov. Brabant-Flamand)   78, 85, 139-142,

145, 152, 154, 159, 161, 164, 176, 186-188, 197-198, 208, 231, 234, 240-243, 258, 278, 292-294, 300-301, 305, 325-327, 363, 393-394, 409-410, 413, 466

LUGNY (Charles de), capitaine de gens de guerre   348

Lummen (Belgique, prov. Limbourg)   172, 241, 424

Luxembourg (cap. Grand-Duché de Luxembourg)   172-173, 285, 430-431

Luxembourg (duché de)   66, 92, 96, 118, 149, 161-162, 164-165, 171-174, 179, 182, 210, 217, 235, 243, 255, 261, 292, 297, 304, 342, 358, 399-405, 413-414, 468

LUXEMBOURG (Jacques de), seigneur de Fiennes (v. 1445-1487)   148, 198, 399-400, 402, 405, 412, 476

LUXEMBOURG (Jacques de), seigneur de Richebourg (v. 1420-1487)   148

LUXEMBOURG (Jean de), seigneur de Zottegem (mort en 1485)   136, 153, 298-299, 366, 383-385, 399-400, 402-403, 405-407, 412, 476

LUXEMBOURG (Jean, bâtard de), seigneur de Hautbourdin   335, 400

LUXEMBOURG (Louis de), comte de Saint-Pol, connétable de France (1418-1475)   383

LUXEMBOURG (Pierre II de), comte de Saint-Pol (v. 1440-1482)   115, 150, 315, 361, 363, 399-400, 402-403, 405, 476

Lys (rivière)   132, 134, 137, 182, 354-355, 399

Maastricht (Pays-Bas, prov. Limbourg)   139, 207, 233, 241, 255

MACHIAVEL (Nicolas), secrétaire de la chancellerie de Florence (1469-1527)   378-379

Mâcon (France, Saône-et-Loire)   266

MAINBODE (Adrien), homme d'armes et capitaine   362, 416, 422

MAINGOVAL, *voir* LANNOY (Jean de), seigneur de Maingoval

MALET (Anselme), receveur des aides de Hainaut 95

Malines (Mechelen, Belgique, prov. Anvers) 78, 85, 96, 105-106, 157, 173, 181, 226, 228-229, 233, 235, 237, 240, 259, 268, 289, 298, 305, 310, 326-327, 350, 359, 370

Manche (mer) 10

MARAFFIN (Louis de), gouverneur de Cambrai 132

MARCHE (Olivier de LA) (v. 1425/1429-1502) 90, 117, 173, 198, 291, 308

Marche-en-Famenne (Belgique, prov. Luxembourg) 162, 394

MARCK (Evrard III de LA), seigneur d'Arenberg (v. 1434-1496) 172-174, 182, 186, 208, 233, 235, 239, 243, 245, 254-255, 293, 404

MARCK (Guillaume de LA) (mort en 1485) 172-173, 182, 185-186, 188, 191, 207-208, 241

MARCK (Robert Ier de LA), seigneur de Sedan, duc de Bouillon (mort en 1489) 172-173, 208

MARCK (Robert II de LA), seigneur de Sedan, duc de Bouillon (1468-1536) 254-256, 261, 477

MARGUERITE d'Autriche, infante d'Espagne, duchesse de Savoie (1480-1530) 80, 166, 177, 179, 183-184, 188, 194, 249, 266-268, 276, 289, 469

MARGUERITE de Bavière, comtesse de Hollande, de Zélande et de Hainaut (1311-1356) 130

MARGUERITE d'York, duchesse de Bourgogne (1446-1503) 94, 106, 108, 125, 127-128, 162, 170, 205, 207, 211-212, 242, 274, 292-293, 297, 330, 434, 450

MARIE Ire, duchesse de Bourgogne (1457-1477) 12, *passim*

MARROO (seigneur de), noble brabançon 293

Marville (France, Meuse) 171

MASSELIN (Jean), doyen du chapitre cathédral de Rouen 376, 397, 437

MASSMÜNSTER / MASEVAUX (Melchior de), grand veneur de Flandre, capitaine de Nieuport et Saeftingen 335-336, 344

MATELIN (Pierre), capitaine de gens de guerre d'Audenarde 359

MATON (Denisot), bourgeois d'Arras 265

Maubeuge (France, Nord) 144, 183, 371, 393, 409

MAULDRE (Louis de), ouvrier de poudre 359

MAXIMILIEN Ier, archiduc d'Autriche, roi des Romains, Empereur du Saint-Empire (1457-1519) 8, *passim*

MAY (Nicolas de), marchand-banquier 315-316

Mayence (Allemagne, Rhénanie-Palatinat) 277

MÉDICIS (Laurent de) (1449-1492) 313, 316

MELUN (Hugues de), capitaine de gens de guerre, bailli de Termonde (v. 1450-1524) 427

MELUN (Robert de), seigneur de Ronny, capitaine d'Audenarde 335, 427, 476

MENÉ (Maurice du), capitaine d'ordonnance français 389

Menin (Menen, Belgique, prov. Flandre-Orientale) 334-335, 450

Mer du Nord 252

Merville (France, Nord) 136, 192, 370

MERWEDE, *voir* PRAET (Daniel de), seigneur de Merwede

Messines (Mesen, Belgique, prov. Flandre-Occidentale) 388

Metz (France, Moselle) 264, 423-425, 433

METZKES (Michel), capitaine de lansquenets 432

MEULEBEKE, *voir* SCHORISSE (Jooris van), seigneur de Meulebeke

MEURS (Vincent, comte de) 256

Meuse (fleuve) 172, 345

626 INDEX NOMINUM

Mézières (France, Ardennes) 162

MÉZIÈRES (Philippe de) (v. 1327-1405) 380, 411

Michault (bombarde) 370

MINNE (Eustache), receveur de la châtellenie de Courtrai 453-454

MOERBEKE (Denis de), capitaine de Saint-Omer 239-240, 249, 421, 424, 427, 476

MOERBEKE (Philippe de), capitaine de gens de guerre 427

Mofflaines (forêt de) (France, Pas-de-Calais) 338

MOLEMBAIS, *voir* LANNOY (Baudouin II de), seigneur de Molembais

MOLINET (Jean), chroniqueur (v. 1435-1507) 133-134, 137, 139, 146-147, 150, 182, 190, 195-196, 209, 215-216, 223, 226-228, 230-231, 235, 242, 262, 264, 339, 354, 356, 363-364, 367-370, 380, 391, 394-395, 401, 408, 415, 417, 422-423, 425, 430-432, 436, 475, 477

Mons (Belgique, ch.-l. prov. Hainaut) 95-96, 129, 146-147, 191, 194, 198, 214, 225, 249, 258-259, 291-292, 299, 306, 308-310, 336, 402, 408-409, 422, 475

MONT (Hue du), argentier, trésorier des finances 77, 347

MONTFOORT (Jan van, burgrave de) (v. 1448-1521/1522), 168-170, 185, 188, 251-252, 300, 427

Montfoort (Pays-Bas, prov. Utrecht) 252, 434

MONTIGNY, *voir* HORNES (Frédéric de), seigneur de Montigny

Moordrecht (Pays-Bas, Hollande-Méridionale) 251

Morat (bataille de, 1476) 90,127

MORCHESNE (Odart), notaire et secrétaire de Charles VII 87

MOREEL (Willem), bourgeois de Bruges, surintendant des finances 175, 177, 203, 308

Moselle (rivière) 172

MOUCHE (Musciatto Franzesi), marchand-banquier florentin 320

MOY (Jacqueline de), dame de Cysoing 295

Munster (Allemagne, Rhénanie-Westphalie) 189

Naaldwijk (Pays-Bas, prov. Hollande-Méridionale) 251

Naarden (Pays-Bas, prov. Hollande-Septentrionale) 170, 185

Namur (Belgique, ch.-l. prov.) 233, 347, 359, 393

Namur (comté de) 8, 18, 69, 93-94, 106, 111, 128-129, 133, 146, 155, 162, 164, 177, 179, 187-188, 220, 234-235, 243, 255, 261, 267-268, 275, 285, 347, 393-394, 417, 468

Namur (bombarde) 88, 370

Nancy (bataille de, 1477) 8, 90, 125, 171, 217, 361, 397, 422

Nancy (France, Meurthe-et-Moselle) 165

NASSAU (Adolphe de), maréchal d'Autriche, gouverneur de Gueldre 83, 165-166, 189, 234, 256, 348, 352, 364, 429

NASSAU (Philippe de) 228

NASSAU-DILLENBURG (Engilbert II, comte de), seigneur de Breda (1451-1504) 89, 162, 173, 186, 194, 208-209, 217, 228, 239, 241-242, 247, 251, 255, 262, 265, 267-268, 276, 335-336, 347-348, 355, 359, 361-363, 401-403, 405-406, 435, 476-477

NEGRONE (Cristoforo et Giovanni), facteurs d'Agostino Doria 318

NEMOURS, *voir* ARMAGNAC (Jean d'), duc de Nemours

Nesle (Somme) 240

NEUFCHÂTEL (Claude de), seigneur du Fay, maréchal de Bourgogne, gouverneur de Luxembourg (v. 1450-1505) 174, 404-405

Neuffossé (canal du) (France, Pas-de-Calais) 134-135, 148, 157, 182, 342, 383, 385, 397

INDEX NOMINUM 627

Neuss (Allemagne, Rhénanie-du-Nord-Westphalie) 373

NICOLAY (Jean), clerc de Tournai 148, 385, 431

Nieuport (Niewpoort, Belgique, Flandre-Occidentale) 96, 106, 108, 120, 144, 232, 239, 246, 259, 335-336, 433

NIEUWENHOVE FILS KLAAS (Jan van), bourgmestre de Bruges 175

NIEUWENHOVE FILS MICHEL (Jean de), bourgmestre de Bruges, receveur des aides de Flandre (mort en 1488) 140-141, 228

Nieuwkerke (com. Heuvelland, Belgique, prov. Flandre-Occidentale) 206

Nijkerk (Pays-Bas, prov. Gueldre) 257

Nimègue (Pays-Bas, prov. Gueldre) 165-166, 169

Ninove (Belgique, prov. Flandre-Orientale) 195, 420, 451

Nivelles (Belgique, prov. Brabant-Wallon) 142, 234, 241, 347

Notre-Dame-d'Esquerchin (trêves de) 451

NOUVELLES (Ferry de), capitaine de la garde du roi des Romains 335, 423-424, 433

Noyers (Yonne) 266

Nuremberg (Allemagne, Bavière) 432

NUTIN (Jan), changeur de Bruges 316-317, 345, 363, 365

OIGNIES (Charles d'), seigneur d'Estrées 276, 298-299, 362

OLMEN (Jan van), receveur des aides de Brabant 145, 152, 155, 158, 197, 293

ONREDENE (Daniel), échevin gantois (mort en 1485) 203

ORANGE (Jean de Chalon, prince d') (1443-1502) 135, 162, 173-174, 256, 281, 315, 320, 401-403, 406, 409

Orchies (France, Nord) 206, 295, 328-329

Outre-Meuse (pays d') 145, 297

Outre-Seine-et-Yonne (généralité d') 441

PALAUT (Thierry de), capitaine de gens de guerre 169

PARADES, écuyer 417

Paris (cap. France) 202, 376, 432, 472

Paris (Chambre des comptes de) 79, 81, 117

PAZZI (maison) 315

Péronne (France, Somme) 126, 231, 265, 337, 362

PERUZZI (maison) 320

PERWIJS, *voir* HORNES (Henri de), seigneur de Perwijs

Pétange (Petingen, Grand-Duché de Luxembourg) 173

Phalempin (France, Nord) 295

PHILIPPE Ier le Hardi, duc de Bourgogne (1342-1404) 13, 79, 104-105, 107, 113, 118, 320

PHILIPPE II Auguste, roi de France (1165-1223) 290, 378, 466

PHILIPPE II le Bon, duc de Bourgogne (1396-1467) 13, 65, 79, 85-86, 101-103, 105, 107, 116-117, 121, 130, 132, 165, 168, 173, 206, 212, 225, 283, 288-289, 293, 298, 307, 347, 465-466

PHILIPPE III le Beau, archiduc d'Autriche, duc de Bourgogne (1478-1506) 12, 15-16, 18, 71, 77, 80, 82-83, 87, 89, 115, 117, 119, 143, 177, 183, 194, 203-204, 206, 226, 229-230, 232, 235, 253, 255, 257, 264-266, 268-269, 314, 323, 331-332, 337-339, 345, 348, 350, 352, 417, 441, 447, 461-463, 466-468, 477

PHILIPPE IV le Bel, roi de France (1268-1314) 290, 320

Picardie (France) 110, 118, 125, 127, 141, 209, 215, 235, 239, 395, 400, 406, 465

PICQUAVET (Georges), capitaine de Bruges 247

Picquigny (traité de, 1475) 126, 183, 264

PIÉMONT (Petit Jean de), dit le capitaine des Piètres 425

PIETERS (= capitaine des Piètres ?), capitaine de gens de guerre 335

INDEX NOMINUM

PINELLO (Filippo), marchand-banquier génois 321, 323

Ploërmel (France, Morbihan) 216

POLHEIM (Martin de) (av. 1458-1498) 228, 429

POLHEIM (Wolfgang de) (1458-1512) 228, 363, 429

Pont-à-Vendin (France, Pas-de-Calais) 148

Pont-de-l'Arche (France, Eure) 389

PORCIEN, *voir* CROY (Philippe de), comte de Porcien

PORRET (Jacques), marchand-banquier 453

PORTINARI (Folco), marchand-banquier florentin 315

PORTINARI (Tommaso), marchand-banquier florentin (v. 1425-1501) 105, 107, 194, 283, 313-314, 316, 318-320, 344, 347, 352

Portugal 402

POT (Philippe), seigneur de la Roche (v. 1428-1493) 206, 328

PRAET (Daniel de), seigneur de Merwede 189, 250, 335, 383, 389-390, 424, 476

PULLON (Thierry), capitaine de gens de guerre 301

Putten (Pays-Bas, prov. Hollande-Méridionale) 93, 107, 167

QUARRÉ (Louis), receveur général des finances (mort en 1519) 65, 70, 78, 281-282, 397-398, 426

Quatre-Métiers (bailliage des) (Belgique, Flandre-Occidentale) 106, 250

RANCHICOURT (Pierre de), évêque d'Arras 265, 268, 337-340

RANST (Jan van), margrave d'Anvers 393-394

RAPONDI (Dino), marchand-banquier lucquois (v. 1350-1416) 313, 320

RAPP (Jérôme), capitaine de lansquenets 432

Ravenstein (Pays-Bas, Brabant-Septentrional) 256

RAVENSTEIN, *voir* CLÈVES (Adolphe de), seigneur de Ravenstein, CLÈVES (Philippe de), seigneur de Ravenstein

REALI (Real), marchand-banquier lucquois 322

REICHENBURG (Reinprecht von), maréchal de l'hôtel de Maximilien (1434-1505) 165-166, 364, 429

Reimerswaal (auj. disparue, Pays-Bas, prov. Zélande) 325

RÉLY (Jean de), chanoine de Paris, orateur des États généraux (1484) 376

RENÉ II, duc de Lorraine (1451-1508) 171-173, 256, 424

Renescure (France, Nord) 93, 176, 216-217, 342-343, 345, 400, 412

RESSEGEM (Adrien VILAIN, seigneur de) (mort en 1490) 190, 201, 203, 228, 242, 247

Rhin (fleuve) 166, 301, 421, 432

RICASOLI (maison) 315

RICHARD III, roi d'Angleterre (1452-1485) 183

RICHEBOURG, *voir* LUXEMBOURG (Jacques de), seigneur de Richebourg

RIEBEKE (Jan van), bourgeois de Bruges 175

RIEBERGHER, capitaine de lansquenets 432

RIJM (Willem), premier pensionnaire de Gand (mort en 1485) 178-180, 203, 226, 390

RIPERGHE (Rentz van), capitaine de gens de guerre allemands 88

Rodemack (France, Moselle) 174

RODRIGUE (Jean), écuyer de cuisine 109

Roermond (Pays-Bas, prov. Limbourg) 256

ROLIN (Antoine), seigneur d'Aymeries, grand bailli de Hainaut (v. 1424-1497) 426, 477

Rome (cap. Italie) 269, 376

ROMONT, *voir* SAVOIE (Jacques de), comte de Romont

RONNY, *voir* MELUN (Robert de), seigneur de Ronny

Roosebeke (bataille de, 1382)   133, 373

Rosimbos (Rosembois, com. Fournes-en-Weppes, France, Nord)   330

Rotterdam (Pays-Bas, Hollande-Méridionale)   166-167, 234, 243, 251

Roulers (Roeselare, Belgique, prov. Flandre-Orientale)   389

RUFFIN (Robinet), capitaine de gens de guerre   223

Rumbeke (com. Roeselare (Roulers), Belgique, prov. Flandre-Occidentale)   335

Rupelmonde (com. Kruibeke, prov. Flandre-Orientale)   106, 108, 191,

Saeftingen (auj. disparu, Pays-Bas, prov. Zélande)   108, 191, 336, 428

SAINT-ANDOCHE (Guillaume de), écuyer d'écurie   362

Saint-Aubin-du-Cormier (bataille de, 1488)   272, 434

SAINT-BERTIN, *voir* LANNOY (Jean de), abbé de Saint-Bertin

Saint-Donat(ien), Bruges (Belgique, Flandre-Occidentale)   410

Saint-Ghislain (Belgique, prov. Hainaut)   164, 292

Saint-Malo (Ille-et-Vilaine)   217

SAINT-MARTIN, *voir* SALAZAR (Jean de), seigneur de Saint-Martin

Saint-Omer (France, Pas-de-Calais)   89, 134, 136, 146, 150, 152, 176, 178-179, 182, 210, 216-217, 222, 239, 251, 265-268, 299-300, 302, 306, 310, 331, 337, 340, 342-343, 345, 354, 356, 385-386, 393, 397-401, 403, 405-406, 408, 412-413, 421, 425, 430, 434-435

Saint-Pol-sur-Ternoise (France, Pas-de-Calais)   367

SAINT-POL, *voir* LUXEMBOURG (Louis de), comte de Saint-Pol,

LUXEMBOURG (Pierre II de), comte de Saint-Pol

Saint-Quentin (France, Aisne)   210, 342, 368, 371

Saint-Saulve (France, Nord)   147

Saint-Trond (Sint-Truiden, Belgique, prov. Limbourg)   182, 194, 239, 254, 394

Saint-Vaast (Arras, France, Pas-de-Calais), abbaye bénédictine   264, 337-339

SALAZAR (Jean de), seigneur de Saint-Martin, chevalier, capitaine de gens de guerre   89, 144, 210, 249, 284, 368, 398-399, 402-403, 405, 408-409, 412, 417, 421, 424, 427-428, 476-477

Salins-les-Bains (Jura)   265

SALM-CHÂTEAU (seigneur de)   173

SALMON (Henri), homme d'armes anglais   89

SANCHE, capitaine de gens de guerre   335

SANCSART (Joachim), homme d'armes   361, 363

SARS (Michel de), seigneur de Clerfayt   426

SAUVAGE (Jean (Le)), président de la Chambre du Conseil de Flandre   448

SAVEUSE (Charles de), seigneur de Souverain-Moulin, capitaine de gens de guerre   108, 163, 176, 191, 228, 284, 335, 337, 340, 342-345, 348, 371, 398, 400, 402, 404, 408-409, 412-413, 418-421, 424-425, 428, 470, 476-477

SAVOIE (Jacques de), comte de Romont (v. 1450-1486)   191, 196, 355, 362, 398-400, 402-403, 405, 409, 412

SAVOYE (Jean de), écuyer, homme d'armes   363

SAXE, *voir* ALBERT III l'Intrépide, duc de Saxe

SCHAUMBERG (Wiwolt von), capitaine de lansquenets (v. 1450-1510)   264, 435

Schoonhoven (Pays-Bas, prov. Hollande-Méridionale)   130, 167

INDEX NOMINUM

SCHORISSE (Jooris van), seigneur de
Meulebeke 389

SCHWARTZ (Martin), capitaine de gens
de guerre de langue allemande (mort
en 1487) 433-434

SEDAN, *voir* MARCK (Robert II de LA),
seigneur de Sedan, duc de Bouillon

Selles (château de, com. Cambrai,
Aisne) 148, 156

SENINGHEM (Jaquotin de), homme
d'armes 406

Senlis (traité de, 1493) 266-267, 276

SERSANDERS (Frans), capitaine de
Hulst (mort en 1491) 249

SFORZA (Bianca Maria), épouse de
Maximilien Ier (1472-1510) 269

SIVE (Jannot de), écuyer pensionné par
Maximilien 417

SODERINI (Piero), gonfalonier de
la République de Florence (1450-
1522) 437

Solre-le-Château (France, Nord) 183

Souabe (Allemagne, Bavière) 234

SOUVERAIN-MOULIN, *voir* SAVEUSE
(Charles de), seigneur de Souverain-
Moulin

SPINOLA (Niccolò), marchand-banquier
génois 323

SPINOLA (Stefano/Stena), marchand-
banquier génois 205, 321-323, 445

STAVELOT (abbé de) 172-173

Stoke (bataille de, 1487) 217, 434

Stokkem (Dilsen-Stokkem, Belgique,
prov. Limbourg) 208

STRASBOURG (Petit Jean de), capitaine de
la garde du roi des Romains 424-425

Strijen (Pays-Bas, prov. Hollande-
Méridionale) 93, 116

STUART (Béraud), seigneur d'Aubigny
(v. 1450-1508) 379

Suisse 135, 147, 172, 369, 421, 430, 432

Suisses (gens de guerre) 135, 144, 147,
149, 173, 194, 202, 210, 223, 265, 285,
320, 326, 350, 354, 366-369, 371-373, 378,
386, 394, 413, 415, 419, 430-433, 435

SURIENNE (François de), capitaine de
gens de guerre pour le roi d'Angleterre
(v. 1400-1462) 210

Termonde (Dendermonde, Belgique,
prov. Flandre-Orientale) 106, 120,
150-151, 191, 194-195, 201, 203, 215, 227,
232, 246, 249, 305-306, 427, 434

Texel (Pays-Bas, prov. Hollande-
Méridionale) 252

THIBAUD (Aubert), maître de la
Chambre aux deniers de Jeanne de
Castille 31

Thiennes (France, Nord) 417

Thionville (France, Moselle) 162, 173

Thorout (Belgique, prov. Flandre-
Occidentale) 136

Tiel (Pays-Bas, prov. Gueldre) 257

Tielt (Belgique, prov. Flandre-
Occidentale) 450

Tirlemont (Tienen, Belgique, prov.
Brabant-Flamand) 234, 241, 254,
325-326, 347, 393

Tongres (Tongeren, Belgique, prov.
Limbourg) 186, 433

Tournai (Belgique, prov. Hainaut) 118,
131-135, 137, 144, 146-149, 156, 202-203,
206, 229, 266, 284, 298, 331, 366, 382-385,
389-390, 399, 410, 424, 429, 450, 467

Tours (États généraux de, 1484) 376-
377, 381, 397, 436-437, 441

Tours (France, Indre-et-Loire) 180,
216, 242

Tours (traité de, 1489) 224, 242-243,
245-251, 260, 262-263, 267, 274, 302,
323, 332, 334, 337, 342-376, 419, 423,
446, 448, 450-452, 454, 456-457, 460

TRAZEGNIES (Arnoul de), seigneur
d'Arnemuiden 89

TRAZEGNIES (Jean de), seigneur
d'Irchonwez 402

Trazegnies (Belgique, prov.
Hainaut) 310

Trélon (France, Nord) 183

Trente (Italie, Trentin-Haut-
Adige) 434

INDEX NOMINUM **631**

TRET (Louis de), ouvrier de poudres 359

Trèves (Allemagne, Rhénanie-Palatinat) 277

TRIEST (Georges), capitaine d'Aardenburg 359

TROMPE (Pierquin), batelier 370

Tyrol (Autriche) 434

USYE (Antoine d'), écuyer d'écurie 361

UTRECHT (Jean d'), capitaine de gens de guerre 29

Utrecht (Pays-Bas, ch.-l. prov.) 118, 165, 168, 169, 174, 183, 185-186, 188-190, 193, 207, 280, 298, 300, 394, 434, 468

Valenciennes (France, Nord) 137, 146-147, 178, 182, 194, 198, 214, 254, 259, 267-268, 298-299, 354, 370, 386, 393, 399-400

VAUDREY (Claude de), capitaine de gens de guerre 174, 402-403, 406, 409

VAUDREY (Louis de), capitaine des gentilshommes de l'hôtel 264, 335, 337-338, 347, 350-351, 416-417, 421, 423-425, 435, 476-477

Veere (Pays-Bas, prov. Zélande) 88, 166, 191

Venlo (Pays-Bas, prov. Limbourg) 166, 169

Vermandois (France, Aisne) 372

Vianden (Grand-Duché de Luxembourg) 173

Vianen (Pays-Bas, prov. Utrecht) 188

Vienne (cap. Autriche) 139, 234

Vilvorde (Vilvoorde, Belgique, prov. Brabant-Flamand) 142, 234, 240

VIRNEMBOURG (comte de) 173

Virton (Belgique, prov. Luxembourg) 162, 171, 173

VOCHT (Ythel), capitaine de lansquenets 432

Voorne (Pays-Bas, prov. Hollande-Méridionale) 93, 120

Vure (loc. non identifié, Pays-Bas, Gueldre ?) 426

Waestene (Belgique, prov. Flandre-Occidentale) 335

Wageningen (Pays-Bas, prov. Gueldre) 185, 256-257, 426, 430-431

WALHAIN, voir BERGHES (Jean III de), seigneur de Walhain

WALLENSTEIN (Albrecht von) (1583-1634) 352

WARBECK (Perkin), prétendant à la couronne d'Angleterre (mort en 1499) 115

Warneton (com. Comines-Warneton, Belgique, prov. Hainaut) 176, 344

WASSENAAR (Jan, seigneur de), burgrave de Leyde (1427-1496) 117

WASTEL (Pierre), bourgeois d'Arras 264

Wavrin (France, Nord) 295, 300, 303, 330

WAVRIN, voir BERLETTES (Walerand de), seigneur de Wavrin

Wazemmes (com. Lille, France, Nord) 532

Werchter (com. Rotselaar, Belgique, prov. Brabant-Flamand) 240, 347

Werden (Woerden ?, Pays-Bas, prov. Utrecht) 76

Wervicq (Wervik, Belgique, prov. Flandre-Occidentale) 223

Westflandre, Westquartier 96, 98, 120, 176, 216, 224, 232, 237-240, 248, 251, 283, 308, 334, 424, 434-435, 476

Westkapelle (Pays-Bas, prov. Zélande) 117

WILTFANG (Mathys), capitaine de gens de guerre de langue allemande 89, 431

WISSENERE (Pierre), capitaine de lansquenets 432

Worms (Allemagne, Rhénanie-Palatinat) 411

Wurzbourg (Allemagne, Bavière) 432

YDELT, capitaine de gens de guerre de langue allemande 335

Yersekeroord (tonlieu de, Pays-Bas, prov. Zélande) 115

INDEX NOMINUM

Ypres (Ieper, Belgique, prov. Flandre-
Occidentale) 15, *passim*
Zandpoort (Pays-Bas, prov. Hollande-
Septentrionale) 253
Zélande (Pays-Bas) 8, 11, 15, 18, 66, 69,
84, 94-95, 106, 116, 128, 133, 138, 141, 143,
146, 155-156, 166-168, 170, 193-194, 199,
203, 213, 220, 231, 235, 237, 245, 251-252,
260-261, 265, 268, 274, 280, 282, 296-
297, 302-303, 308, 315, 321, 325, 349,
440, 467, 474
Zierikzee (Pays-Bas, prov.
Zélande) 261, 325
ZOETE (Willem), premier pensionnaire
de Gand 226, 231, 242, 467
ZOLLERN (Frédéric le jeune), comte de
(1454-1490) 434

ZOLLERN (Frédéric-Albert), comte de
(v. 1455-1483) 76-77, 89 (?), 153 (?),
187 (?), 188, 354 (?), 394 (?), 430, 431
(?), 432 (?), 434
ZOLLERN (Frédéric-Jean), comte de (v.
1455-1484) 194, 434
ZOLLERN (Jobst-Nicolas), comte de
(1433-1488) 371, 427, 434
Zonhoven (Belgique, prov.
Limbourg) 254
ZOTTEGEM, *voir* LUXEMBOURG (Jean
de), seigneur de Zottegem
Zutphen (Pays-Bas, Gueldre) 166, 189
ZWAEF (Henri), capitaine de gens de
guerre 208
ZWANEN (Henri de), capitaine de gens
de guerre 394